C. Schah Sedi/M. Schah Sedi

Personenschäden

AnwaltsPraxis

Personenschäden

4. Auflage 2026

Von

Rechtsanwältin **Cordula Schah Sedi**
Fachanwältin für Verkehrsrecht
Mediatorin (Hochschule Darmstadt)
ö.b.u.v. Sachverständige für die Ermittlung des Haushaltsführungsschadens (IHK Rostock)
Rostock

und

Rechtsanwalt **Michel Schah Sedi**
Fachanwalt für Verkehrsrecht
Fachanwalt für Versicherungsrecht
Mediator (Hochschule Darmstadt)
Rostock

DeutscherAnwaltVerlag

Zitiervorschlag:
C. Schah Sedi/M. Schah Sedi, Personenschäden, § 1 Rn 1

Hinweis
Die Ausführungen in diesem Werk wurden mit Sorgfalt und nach bestem Wissen erstellt. Sie stellen jedoch lediglich Arbeitshilfen und Anregungen für die Lösung typischer Fallgestaltungen dar. Die Eigenverantwortung für die Formulierung von Verträgen, Verfügungen und Schriftsätzen trägt der Benutzer. Herausgeber, Autoren und Verlag übernehmen keinerlei Haftung für die Richtigkeit und Vollständigkeit der in diesem Buch enthaltenen Ausführungen.

Anregungen und Kritik zu diesem Werk senden Sie bitte an
kontakt@anwaltverlag.de
Autoren und Verlag freuen sich auf Ihre Rückmeldung.

Satz: PMGi Agentur für intelligente Medien GmbH
Druck: Hans Soldan Druck GmbH, Essen
Umschlaggestaltung: gentura, Holger Neumann, Bochum
ISBN 978-3-8240-1770-6

Bibliografische Information der Deutschen Nationalbibliothek
Die Deutsche Nationalbibliothek verzeichnet diese Publikation in der Deutschen Nationalbibliografie; detaillierte bibliografische Daten sind im Internet über http://dnb.d-nb.de abrufbar.

Vorwort

Mit der 4. Auflage des bisherigen Werkes „Personenschäden“ in der Reihe *Das verkehrsrechtliche Mandat* haben sich der Verlag und die Autoren entschieden, das Werk nunmehr in der Reihe *AnwaltsPraxis* fortzusetzen.

Der bisherige Fokus der Vorauflagen auf den Personenschaden im Verkehrsrecht hat sich in der Praxis als zu eng erwiesen. Viele Praktiker aus z.B. den Bereichen des Medizinrechts und des Tierhalterhaftpflichtrechts haben zum Vorgängerwerk aus dem Fachgebiet des Verkehrsrechts gegriffen, um von dort das Handwerkszeug für die außergerichtliche Regulierung der Schmerzensgeld- und Schadensersatzansprüche ihrer Mandanten zu übernehmen. Letztlich betraf das auch die traurigen Fälle der Personenschadensregulierung nach dem Germanwingsunfall im Jahr 2015 aus dem Luftverkehrsrecht. Alle diese Rechtsgebiete haben – ebenso wie das Sportrecht und das private Haftpflichtrecht – eine gemeinsame Schnittmenge: Wenn der Haftungsgrund feststeht, geht es bei der Schadenshöhe in allen Fällen immer um Schmerzensgeld, Erwerbsschaden, Haushaltsführungsschaden und vermehrte Bedürfnisse. Genau da setzt nun dieses Werk in der 4. Auflage an. Wenn der Haftungsgrund feststeht, liefert es das Handwerkszeug, um – unabhängig vom betroffenen Rechtsgebiet, dem der Haftungsgrund entspringt – als universelle Arbeitshilfe allen Schadensersatzrechtlern ein Vademecum bei der außergerichtlichen Bezifferung und Regulierung der Personenschadensersatzansprüche ihrer geschädigten Mandanten zu sein. Selbstverständlich ist das Werk auch geeignet, um die Haftungshöhe im Bereich von Schmerzensgeld und Schadensersatz in einem Klageverfahren schlüssig und substantiiert vorzutragen.

Abermals konnte der Bearbeiterkreis erweitert werden. Die Einzelheiten dazu ergeben sich aus dem Bearbeiterverzeichnis. Neben den bisherigen Autoren *Cordula Schah Sedi* (Fachanwältin für Verkehrsrecht, Mediatorin und öffentlich bestellte und vereidigte Sachverständige für die Ermittlung des Haushaltsführungsschadens – IHK Rostock) und *Michel Schah Sedi* (Fachanwalt für Verkehrsrecht und Fachanwalt für Versicherungsrecht, Mediator) wurde der Bearbeiterkreis dieser 4. Auflage erweitert um Rechtsanwältin *Johanna Wunderlich*, wissenschaftliche Mitarbeiterin Dipl. Jur. *Hannah Budde*, Rechtsanwalt *Hauke Oppermann* (LL.M., Fachanwalt für Medizinrecht, Fachanwalt für Verkehrsrecht, Lehrbeauftragter des Instituts für Rehabilitationsforschung und Personenschaden-Management am An-Institut der Medizinischen Hochschule Brandenburg) und Rechtsanwalt *Jan Philipp Bergmann* (LL.M., Fachanwalt für Medizinrecht, Fachanwalt für Verkehrsrecht, Lehrbeauftragter des Instituts für Rehabilitationsforschung und Personenschaden-Management am An-Institut der Medizinischen Hochschule Brandenburg). Bereits an der Vorauflage arbeiteten Rechtsanwalt *André Wilk* sowie Rechtsanwalt *André Westphal* (Fachanwalt für Verkehrsrecht und Fachanwalt für

Versicherungsrecht) mit. Dem bewährten Team und dem erweiterten Bearbeiterkreis der 4. Auflage gilt der besondere Dank der „Altautoren“.

Wie auch in den vorherigen Auflagen gilt unser großer Dank der Rechtsanwaltsfachangestellten *Martina Hagemann*, der Rechtsanwaltsfachangestellten *Karolin Kisiel* sowie der Rechtsanwaltsfachangestellten *Laura Abraham*. Wir danken für die enorme Geduld, die die Erstellung der 4. Auflage von unseren Rechtsanwaltsfachangestellten gefordert hat. Ohne sie wäre so manches Detail unberücksichtigt geblieben und ohne ihre hohe Leistungsbereitschaft wäre die Erstellung der druckfertigen Version nicht in dem gebotenen Zeitfenster umsetzbar gewesen. Die Autoren und Bearbeiter möchten sich an dieser Stelle ausdrücklich dafür bedanken.

Besonderer Dank gilt Dipl.-Jur. *Hannah Budde* und stud. iur. *Sarah Kühne* für die mit großer Umsicht durchgeführte Druckfahnenkorrektur.

Bereits seit der 1. Auflage dieses Werkes war es kontinuierlich das Anliegen der Autoren, einen Beitrag dazu zu leisten, dass Geschädigtenvertreter und Schädiger (bzw. deren eintrittspflichtiger Haftpflichtversicherer im Rahmen des gesetzlichen Schuldbeitritts) fair und auf Augenhöhe miteinander umgehen und verhandeln können. An diesem Wunsch hat sich auch in der nunmehr vorgelegten 4. Auflage nichts geändert. Wie immer sind die Autoren für Anregungen und auch Kritik sehr dankbar (info@schah-sedi.de).

September 2025

Cordula Schah Sedi
Rechtsanwältin
Fachanwältin für Verkehrsrecht
Mediatorin (Hochschule Darmstadt)
öffentlich bestellte und vereidigte Sachverständige für die Ermittlung des Haushaltsführungsschadens – IHK Rostock

Michel Schah Sedi
Rechtsanwalt
Fachanwalt für Verkehrsrecht
Fachanwalt für Versicherungsrecht
Mediator (Hochschule Darmstadt)

Inhaltsübersicht

Vorwort 5
Bearbeiterverzeichnis 31
Musterverzeichnis 33
Literaturverzeichnis 35

§ 1 Einleitung 37
§ 2 Die Mandatierung beim Personenschaden 43
§ 3 Personenschadensmanagement 53
§ 4 Ansprüche bei Verletzung 71
§ 5 Ansprüche bei Tötung 211
§ 6 Kapitalisierung von Schadensersatzrenten 299
§ 7 Einwände des Versicherers und Gegenargumente 339
§ 8 Kürzungs- und Verteilungsverfahren bei (vermeintlicher) Überschreitung der Deckungssumme 357
§ 9 Abfindungsvergleich bei außergerichtlicher Regulierung 379
§ 10 Personenversicherungen 447
§ 11 Unfallmedizin für Anwälte 539
§ 12 Anhang 621

Stichwortverzeichnis 671

Inhaltsverzeichnis

Vorwort ... 5

Bearbeiterverzeichnis ... 31

Musterverzeichnis ... 33

Literaturverzeichnis ... 35

§ 1 Einleitung ... 37

§ 2 Die Mandatierung beim Personenschaden ... 43

A. Sachverhaltsermittlung ... 43

B. Getrennte Akten für unterschiedliche Rechtsgebiete ... 44

C. Parteiverrat (§ 356 StGB) vermeiden ... 44

D. Erkennen des Personen(groß)schadens ... 45

E. Tipps zur Aktenführung beim Personen(groß)schaden ... 48

I. Handaktenblatt, Auftrag, Vollmachten, Entbindungserklärung von der ärztlichen Schweigepflicht ... 48

II. Skizze der Verletzungen anhand des menschlichen Skeletts ... 49

III. Sachverhaltsschilderung ... 49

IV. Schriftverkehr mit Mandant, Versicherer, Rechtsschutz etc. ... 49

V. Schmerzensgeld ... 49

VI. Erwerbsschaden ... 50

VII. Haushaltsführungsschaden ... 51

VIII. Vermehrte Bedürfnisse/Pflegekosten ... 51

IX. Tabellarische Anspruchsübersicht dem Grunde und der Höhe nach . 51

X. Abfindungserklärung ... 52

§ 3 Personenschadensmanagement ... 53

A. Allgemeines ... 53

B. Sozialrechtliches Schadensmanagement ... 54

C. Zivilrechtliches Schadensmanagement ... 56

D. Rechtsbeziehungen innerhalb des Schadensmanagements: Code of Conduct, Ziff. 2 ... 61

E. Fallerkennung: Welcher Sachverhalt ist für das Reha-Management geeignet?. 62

F. Ablauf des Reha-Managements: Code of Conduct, Ziff. 3 ... 65

G. Aufgaben des Rechtsanwalts und seine Vergütung ... 67

§ 4 Ansprüche bei Verletzung ... 71
A. Schmerzensgeld ... 71
I. Einleitung ... 72
II. Die Bemessung ... 75
1. Funktionen des Schmerzensgeldes ... 75
a) Ausgleichsfunktion ... 75
b) Genugtuungsfunktion ... 75
c) Präventionsfunktion ... 75
d) Keine Sanktionsfunktion ... 75
2. Wesentliche Faktoren bei der Schmerzensgeldbemessung ... 76
a) Schwere und Art der Verletzung ... 76
aa) Individuelle Lebensbeeinträchtigung als Leitkriterium ... 76
bb) Einbeziehung objektiv vorhersehbarer Folgeschäden ... 76
b) Dauer der Beeinträchtigung ... 78
c) Wahrnehmung und subjektive Empfindung ... 78
d) Verschuldensgrad ... 79
e) Verhalten des Schädigers ... 79
f) Fazit ... 79
g) Tendenzen der Rechtsprechung zu höheren Schmerzensgeldern ... 79
h) Exkurs: Richtige Einbeziehung von Vergleichsentscheidungen mit Rentenbaustein ... 80
3. Beweislast und Beweismaß (§§ 286, 287 ZPO) im Überblick ... 82
a) Subjektive und objektive Beweislast ... 82
b) Haftungsbegründung vs. Haftungsausfüllung ... 82
4. Bemessungsmethoden – Wie wird die Höhe von Schmerzensgeldern bestimmt? ... 83
a) Traditionelle Tabellenmethode ... 83
aa) Vorgehensweise bei der Tabellenmethode ... 83
(1) Ermittlung eines vergleichbaren Falls ... 83
(2) Abgleich der Umstände ... 84
(3) Anpassung an den Einzelfall ... 84
bb) Kritik und Grenzen der Tabellen ... 84
(1) Begrenzter Datenbestand ... 84
(2) Mangelnde Individualisierung ... 85
(3) Prozesstaktische Verzerrungen aus Klagen vor 1996 ... 85
(4) Kein dogmatischer Anspruch ... 85
cc) Bemessung durch Gesamtwürdigung ... 86
b) Versuch der taggenauen Bemessung und Reaktion des BGH ... 86
5. Einzelfragen in der Schmerzensgeldbemessung ... 88
a) Verschuldenshaftung und Gefährdungshaftung ... 88
b) Hobby ... 88

c) Schmerzensgeld für Kinder ... 89
d) Verletzungsbedingte Einschränkungen in der Tierhaltung ... 89
e) Psychische Unfallfolgen ... 90
f) Vorhersehbarkeitsrechtsprechung des BGH ... 91
g) Bagatellverletzungen ... 92
h) Vorschadenseinwand des Schädigers ... 93
i) Mitverschulden ... 93
j) Regulierungsverzögerung/Zinsanspruch ... 94
k) Gesamtschuldnerschaft bei ärztlichen Behandlungsfehlern ... 95
l) Anrechenbarkeit des Schmerzensgeldes ... 95
aa) Bürgergeld ... 95
bb) Ehelicher Zugewinnausgleich ... 95
cc) Prozesskostenhilfe ... 96
III. Lagebezeichnungen, Ebenen und Bewegungsrichtungen ... 96
1. Anatomische Lage- und Richtungsbezeichnungen ... 96
2. Hauptebenen im Körper ... 97
3. Bewegungsrichtungen ... 97
4. Nutzen für Schmerzensgeldverfahren ... 98
B. Erwerbsschaden ... 98
I. Allgemeines ... 99
1. Begriff ... 99
2. Umfang ... 99
II. Einzelne Regulierungsabschnitte (vom Unfallzeitpunkt bis zum Eintritt in das gesetzliche Rentenalter) ... 100
1. Erstes Zeitfenster: Entgeltfortzahlung durch den Arbeitgeber ... 100
2. Zweites Zeitfenster: Krankengeld/Verletztengeld ... 100
3. Drittes Zeitfenster: Erwerbsminderungsrente/Verletztenrente ... 100
4. Viertes Zeitfenster: Eintritt in das gesetzliche Rentenalter ... 101
III. Schadensermittlung: Hätte-Verdienst minus Ist-Verdienst zuzüglich Vorteilsausgleich abzüglich Schadensminderungspflicht ... 102
1. Umfang des Hätte-Verdienstes ... 102
2. Umfang des Ist-Verdienstes ... 104
3. Vorteilsausgleich ... 106
4. Schadensminderungspflicht ... 109
a) Erwerbsobliegenheit ... 109
b) Umschulung ... 111
IV. Prüfungsschema: Ermittlung des Erwerbsschadens (sog. ungedeckte Schadensspitze) eines abhängig Beschäftigten ohne Berücksichtigung des Zukunftsschadens ... 111
1. Ausgangspunkt: der Anspruch vom Unfallzeitpunkt bis zum Regulierungsstichtag ... 111
a) Ermittlung des Hätte-Verdienstes ... 112

b) Ermittlung des Ist-Verdienstes ... 112
c) Vorteilsausgleich ... 112
d) Schadensminderungspflicht ... 112
2. Berechnung der „ungedeckten Schadensspitze" ... 112
3. Steuerschaden ... 113
V. Zukünftiger Erwerbsschaden ab dem Regulierungsstichtag – Zukunftsprognose ... 114
1. Besonderheiten bei abhängig Beschäftigten ... 115
2. Besonderheiten bei Kindern, Schülern, Auszubildenden und Studenten ... 115
3. Besonderheiten bei Selbstständigen ... 118
a) Kosten einer Ersatzkraft ... 119
b) Entgang des Gewinns durch Umsatzreduzierung ... 119
c) Fiktive Schadensberechnung auf der Grundlage der Vorjahresergebnisse ... 119
d) Unfallbedingte Unternehmensaufgabe ... 121
4. Erwerbsschaden des Arbeitslosen ... 121
5. Erwerbsschaden des Sozialhilfeempfängers ... 122
VI. Formulierungsbeispiel zur außergerichtlichen Geltendmachung des zukünftigen Erwerbsschadens eines im Unfallzeitpunkt 16 Jahre alten ungelernten Mannes ... 123
C. Haushaltsführungsschaden ... 125
I. Allgemeines ... 126
1. Begriff ... 126
2. Dogmatische Einordnung: vereitelte Eigenversorgung und/oder Fremdversorgung ... 126
3. Darlegungs- und Beweislast sowie Substantiierungsanforderungen ... 127
4. Bezifferung des Haushaltsführungsschadens ... 130
a) Methoden zur Schadensersatzberechnung ... 130
aa) Differenzmethode ... 131
bb) Quotenmethode ... 131
b) Tabellen zur Ermittlung der Schadenshöhe ... 133
c) Formen der Abrechnung/Regulierung des Haushaltsführungsschadens ... 136
aa) Konkrete Abrechnung ... 137
bb) Normative Abrechnung ... 137
(1) Die Entwicklung der Stundensatzhöhe in der Rechtsprechung der letzten Jahre ... 138
(2) Exemplarische Gerichtsentscheidungen zur Stundensatzhöhe ... 149

cc) Mischform zwischen konkreter und normativer Abrechnung ... 150
d) Zeitfenster zur vereinfachten Berechnung ... 150
5. Einzelfragen bei der Bemessung des Haushaltsführungsschadens. 153
a) Psychische Verletzungen und Verletzungsfolgen ... 153
b) Umorganisation, Kompensation, überobligatorischer Einsatz . 154
aa) Umorganisation im Einpersonen- und im Mehrpersonenhaushalt ... 154
bb) Vermehrte Nutzung technischer Haushaltsgeräte ... 155
cc) Kompensationsgrenze bei geringen Beeinträchtigungen ... 157
dd) Überobligatorischer Einsatz trotz erheblicher Verletzungen ... 158
c) Kongruente Leistungen Dritter ... 159
d) Nichteheliche Lebensgemeinschaft ... 161
e) Kinder und Haushaltsführungsschaden ... 164
aa) Kindliche Mithilfepflicht ... 164
bb) Erwachsene Kinder im elterlichen Haushalt ... 164
cc) Dienstleistungsschaden, §§ 845, 1615 BGB ... 165
f) Haustiere und Haushaltsführungsschaden ... 165
g) Keine Begrenzung auf das 75. Lebensjahr ... 167
II. Prüfungsschema ... 168
1. Zeitfenster bilden ... 168
2. Angaben aus dem Haushalt des Geschädigten ... 168
3. Berechnungsmethoden: Vergleich zwischen „vorher" und „nachher" oder quotale Schadensermittlung? ... 169
4. Berechnung des Anspruchs innerhalb der einzelnen Zeitfenster .. 169
III. Zusammenfassung ... 172
IV. Musterfall zum Haushaltsführungsschaden ... 172
1. Sachverhalt ... 172
2. Arbeitshilfen ... 173
3. Lösung ... 175
D. Vermehrte Bedürfnisse ... 180
I. Allgemeines ... 180
1. Begriff ... 180
2. Umfang ... 181
3. Fälligkeit ... 183
II. Abgrenzung zum Heil- und Hilfsmittelverzeichnis, § 139 SGB V ... 184
III. Alphabetische Liste vermehrter Bedürfnisse ... 185
IV. Bedarfsermittlung ... 187
V. Musterfall zur außergerichtlichen Geltendmachung vermehrter Bedürfnisse ... 190

VI. Schwerpunkt: Pflege ... 197
1. Allgemeines ... 197
2. Pflegebedürftigkeit ... 197
3. Pflegekosten ... 199
4. Ausgewählte Hilfsmittel bei Pflegebedürftigkeit ... 204
5. Kongruente Leistungen ... 206
6. Haushaltsangehörigen- und Familienprivileg ... 208
VII. Schwerpunkt: Verletzungsbedingte Beeinträchtigung in der Haushaltsführung als vermehrtes Bedürfnis ... 209
1. Allgemeines ... 209
2. Abgrenzung Haushaltsführungsschaden – vermehrtes Bedürfnis nach der Kopfteil-Rechtsprechung des BGH im Mehrpersonenhaushalt ... 209
3. Abgrenzung Haushaltsführungsschaden – vermehrte Bedürfnisse im Mehrpersonenhaushalt nach dem tatsächlichen Aufwand ... 210
4. Kongruente Leistungen ... 210

§ 5 Ansprüche bei Tötung ... 211

A. Allgemeines ... 211
B. Barunterhaltsschaden ... 213
I. Allgemeine Grundsätze ... 213
1. Unterhaltsberechtigte ... 213
2. Bedürftigkeit des Unterhaltsberechtigten ... 214
a) Erwerbstätigkeitspflicht ... 215
b) Wiederverheiratungsmöglichkeit ... 216
c) Spätere Bedürftigkeit ... 216
3. Leistungsfähigkeit des Verpflichteten ... 216
4. Gesetzlicher Unterhalt ... 216
5. Laufzeit des Anspruchs ... 218
II. Technik der Unterhaltsberechnung (Ansprüche Witwe/Witwer) ... 219
1. Einleitung ... 219
2. Ermittlung des Barunterhaltsschadens ... 219
3. 6-Stufenmodell zur Ermittlung des Unterhaltsschadens ... 220
a) Erste Stufe: Nettoeinkommen des Getöteten ... 223
aa) Arbeitnehmer ... 224
bb) Selbstständige ... 226
b) Zweite Stufe: Fixe Kosten ... 227
aa) Bedeutung ... 227
bb) Fixkostenliste ... 229
cc) Prozentualer Fixkostenanteil Ehemann/Ehefrau/Doppelverdiener ... 233

c) Dritte Stufe: Unterhaltsquoten ... 235
aa) Alleinverdiener ... 235
bb) Doppelverdiener ... 237
d) Vierte Stufe: Anteile fixe Kosten ... 237
e) Fünfte Stufe: Ersparter Unterhalt (bei Doppelverdienern) ... 238
f) Sechste Stufe: Mitverschulden/Witwenrente ... 239
III. Musterfälle ... 240
1. Allgemeines ... 240
2. Berechnung mit Vermögensbildung ... 241
3. Ansprüche Witwe/Witwer (Barunterhalt) ... 242
a) Alleinverdiener ohne Kind (ohne Mithaftung) ... 242
b) Alleinverdiener ohne Kind (mit Mithaftung) ... 242
c) Alleinverdiener mit 1 Kind (ohne Mithaftung) ... 243
d) Alleinverdiener mit 1 Kind (mit Mithaftung) ... 244
e) Alleinverdiener mit 2 Kindern (ohne Mithaftung) ... 245
f) Alleinverdiener mit 2 Kindern (mit Mithaftung) ... 245
g) Alleinverdiener mit 3 Kindern (ohne Mithaftung) ... 246
h) Alleinverdiener mit 3 Kindern (mit Mithaftung) ... 247
i) Doppelverdiener ohne Kind (ohne Mithaftung) ... 248
j) Doppelverdiener ohne Kind (mit Mithaftung) ... 249
k) Doppelverdiener mit 1 Kind (ohne Mithaftung) ... 250
l) Doppelverdiener mit 1 Kind (mit Mithaftung) ... 251
m) Doppelverdiener mit 2 Kindern (ohne Mithaftung) ... 253
n) Doppelverdiener mit 2 Kindern (mit Mithaftung) ... 254
o) Doppelverdiener mit 3 Kindern (ohne Mithaftung) ... 255
p) Doppelverdiener mit 3 Kindern (mit Mithaftung) ... 257
q) Doppelverdiener ohne Kinder (ohne Mithaftung/mit Vermögensbildung) ... 258
4. Unterhaltsansprüche der Waisen ... 260
a) Allgemeines ... 260
b) Technik der Unterhaltsberechnung ... 260
c) Musterfälle: Ansprüche der Waisen/Kinder (Barunterhalt) ... 261
aa) Alleinverdiener mit 1 Kind (ohne Mithaftung) ... 261
bb) Alleinverdiener mit 1 Kind (mit Mithaftung) ... 262
cc) Alleinverdiener mit 2 Kindern (ohne Mithaftung) ... 262
dd) Alleinverdiener mit 2 Kindern (mit Mithaftung) ... 263
ee) Alleinverdiener mit 3 Kindern (ohne Mithaftung) ... 264
ff) Alleinverdiener mit 3 Kindern (mit Mithaftung) ... 265
gg) Doppelverdiener mit 1 Kind (ohne Mithaftung) ... 265
hh) Doppelverdiener mit 1 Kind (mit Mithaftung) ... 266
ii) Doppelverdiener mit 2 Kindern (ohne Mithaftung) ... 267
jj) Doppelverdiener mit 2 Kindern (mit Mithaftung) ... 268

kk) Doppelverdiener mit 3 Kindern (ohne Mithaftung) 269
ll) Doppelverdiener mit 3 Kindern (mit Mithaftung) 270
C. Haushaltsführungsschaden 271
I. Grundlagen 271
II. Berechnungsgrundsätze 276
1. Die 4-Schritt-Methode 276
a) 1. Schritt: Berechnung des Arbeitszeitbedarfs im reduzierten Haushalt 277
b) 2. Schritt: Feststellung der Mithilfepflicht der Hinterbliebenen. 277
c) 3. Schritt: Ermittlung des Schadensersatzbetrages 278
d) 4. Schritt: Aufteilung des Ersatzbetrages auf die Hinterbliebenen nach Quoten 278
e) Ggf. Unterhaltsersparnis abziehen 279
f) Mithaftung 279
2. Stellungnahme 280
3. Beispiele 280
a) Ansprüche des Witwers, wenn die nicht erwerbstätige Hausfrau verstirbt 280
b) Ansprüche der Witwe, wenn der Alleinverdiener verstirbt 281
aa) 1. Schritt: Berechnung des wöchentlichen Arbeitszeitbedarfs beim reduzierten Haushalt 282
bb) 2. Schritt: Abzug der Mithilfepflicht der Hinterbliebenen (Ehemann, Ehefrau, Waisen) in Wochenstunden 282
(1) Ehepartner 282
(2) Kinder (Waisen) 282
(3) Abzug Mitarbeitspflicht 283
cc) 3. Schritt: Multiplikation dieser errechneten Wochenstundenzahl mit dem normativen Stundenlohn einer Hilfskraft 283
dd) 4. Schritt: Aufteilung errechneter monatlicher Nettoschaden auf die Hinterbliebenen nach Quoten (Witwe, Witwer, Waisen nach Tabelle 4) 284
D. Betreuungsunterhaltsschaden 284
I. Allgemeines 284
II. Fallkonstellationen 286
1. Tod der alleinerziehenden Mutter 286
2. Tod beider Elternteile 287
3. Unterbringung in einem Pflegeheim 287
4. Tötung des Kindes/Ansprüche der Eltern 287
E. Beerdigungskosten 287
I. Anspruchsberechtigte Personen 287
II. Überholende Kausalität 288
III. Umfang der Ersatzpflicht 288

IV. Beerdigungskosten – Blanko-Muster ... 288
F. Hinterbliebenengeld und geerbtes Schmerzensgeld ... 290
I. Hinterbliebenengeld ... 291
1. Aktuelle Rechtslage ... 291
2. Sinn und Zweck des Anspruches ... 291
3. Alte Rechtslage ... 292
4. Verhältnis von Schockschaden und Hinterbliebenengeld ... 292
5. Systematische Einordnung ... 293
6. Anspruchsvoraussetzungen ... 293
a) Anspruchsberechtigte ... 294
b) Anspruchshöhe ... 296
II. Das geerbte Schmerzensgeld ... 297

§ 6 Kapitalisierung von Schadensersatzrenten ... 299
A. Begrifflichkeiten und Problemkreise ... 299
I. Kapitalisierung ... 299
II. Kapitalisierungszinsfuß, Zinsertrag, Rentendynamik etc. ... 302
III. Der „wichtige Grund“ i.S.d. § 843 Abs. 3 BGB ... 306
IV. Ansatz von Schwintowski ... 313
B. Vertiefung: Kapitalisierungszinsfuß ... 314
I. Anwendungshilfen für die Rechtspraxis ... 315
II. Die Höhe des Zinssatzes bzw. Kapitalisierungszinsfußes ... 317
1. Marktgegebenheiten ... 317
2. Urteil des LG Stuttgart vom 26.1.2005 ... 318
3. Bemessungsfaktoren des BGH ... 318
a) Dynamisierung wegen Preissteigerungen ... 318
b) Dynamisierung wegen Gehaltserhöhungen ... 319
c) Abgeltungssteuer ... 319
d) Verwaltungskosten des Kapitals ... 320
4. Schlussfolgerung ... 321
C. Aufklärungspflichten des Anwalts über den Kapitalisierungszinsfuß und den wichtigen Grund ... 324
D. Technik der Kapitalisierung ... 326
I. Einleitung ... 326
II. Vergangenheit ... 326
III. Zukunft ... 327
E. Zusammenfassung: Was braucht man für die Kapitalisierung? ... 328
I. Stichtag der Kapitalisierung ... 328
II. Geburtsdatum des Geschädigten ... 328
III. Kapitalisierungstabellen ... 328
IV. Schadenspositionen, die einer Kapitalisierung unterliegen ... 330

V. Laufzeit der Rente 331
1. Lebenslängliche Leibrente 331
2. Temporäre Leibrente 331
3. Aufgeschobene Rente 332
4. Verbindungsrente 333
VI. Kapitalisierungszinssatz 334
F. Appell und Ausblick 335

§ 7 Einwände des Versicherers und Gegenargumente 339
A. Einleitung 339
B. Alle materiellen Ansprüche 340
C. Schmerzensgeld 341
D. Haushaltsführungsschaden 344
E. Verdienstausfall 347
F. Vermehrte Bedürfnisse 351
G. Sonstiges 353

§ 8 Kürzungs- und Verteilungsverfahren bei (vermeintlicher) Überschreitung der Deckungssumme 357
A. Allgemeines 357
B. Rechtlicher Rahmen des Kürzungs- und Verteilungsverfahrens 358
C. Deckungssumme 359
I. Gesetzliche und vertragliche Grundlagen 360
II. Rentendeckungsstock 361
D. Kürzungs- und Verteilungsverfahren 362
I. Ermittlung der relevanten Schadenssummen 363
1. Kapitalforderungen 364
2. Rentenbarwerte 365
II. Quotierung 367
III. Verteilung Rangfolge der Anspruchsteller 368
1. Befriedigungsvorrecht § 116 Abs. 4 SGB X 369
2. Befriedigungsvorrecht § 118 VVG 370
E. Besondere Konstellationen und Herausforderungen 372
I. Mehrere Geschädigte 372
II. Streitige Ansprüche 373
III. Prozesskosten und Verzugszinsen 375
F. Fazit 376

§ 9 Abfindungsvergleich bei außergerichtlicher Regulierung 379
A. (Un)Wirksamkeit/Abänderung 379
I. Einleitung 379

II. Anfechtbarkeit eines Abfindungsvergleiches 382
1. Arglistige Täuschung (§ 123 BGB) 382
2. Irrtumsanfechtung (§ 119 BGB) 382
III. Unwirksamkeit eines Abfindungsvergleiches (§ 779 Abs. 1 BGB) ... 382
IV. Störung der Geschäftsgrundlage (§ 313 BGB) 383
V. Abänderbarkeit (§ 323 ZPO) 388
VI. Gerichtliche Genehmigung: Vertreter, Ergänzungspfleger, Vormund, Betreuer 389
1. Einleitung 389
2. Außergerichtlicher Vergleich 389
a) Vertretungsberechtigte waren am Unfall nicht beteiligt 390
aa) Volljähriger Anspruchsteller 390
bb) Minderjährige Anspruchsteller 391
b) Vertretungsberechtigte waren am Unfall beteiligt 392
aa) Volljährige Anspruchsteller 392
bb) Minderjähriger Anspruchsteller 393
3. Gerichtlicher Vergleich 393
B. Vorbehalte in der Abfindungserklärung 394
I. Sicherster Weg: keine vorbehaltlose Abfindungserklärung und Verjährungsschutz beachten 394
1. Keine vorbehaltlose Abfindungserklärung 394
2. Verjährungsschutz beachten 397
II. Vollumfänglicher immaterieller und materieller Zukunftsschadensvorbehalt 399
III. Immaterieller Zukunftsschadensvorbehalt bei Teilschmerzensgeldabfindung 400
IV. Vorbehalt zum Anspruch auf Ersatz des Erwerbsschadens 402
V. Vorbehalt zum Anspruch auf Ersatz des Haushaltsführungsschadens 405
VI. Vorbehalt zum Anspruch auf Ersatz der vermehrten Bedürfnisse 407
VII. Vorbehalt der Abänderbarkeit wiederkehrender Leistungen 409
VIII. Steuervorbehalt 410
IX. Kinder haften für ihre Eltern, §§ 1601, 1602 BGB 411
X. Vorbehalt übergegangener und übergehender Ansprüche auf Dritte. 411
C. Tipps für die optimale Gestaltung des Regulierungsgespräches 414
D. Aufklärung des Mandanten vor Abschluss eines Abfindungsvergleiches 421
I. Einleitung 421
II. Pflicht des Rechtsanwalts zur umfassenden Aufklärung des Mandanten 421
III. Aufklärung über Vor- und Nachteile des beabsichtigten Vergleiches und Prozessrisikos 423

IV. Aufklärung über Rechtsfolgen des Abfindungsvergleiches bzw. Rechtsfolgen vereinbarter Vorbehalte im Hinblick auf die Abänderbarkeit wiederkehrender Leistungen und die Verjährung vorbehaltener Ansprüche ... 424
V. Anwaltliches Haftungsrisiko ... 425
VI. Muster: Umfassendes Aufklärungsschreiben an den Mandanten ... 427
E. Gebühren des Rechtsanwalts ... 435
I. Einleitung ... 435
II. Außergerichtliche Gebühren ... 435
1. Erstattbarkeit der Rechtsanwaltsgebühren ... 435
2. Geschäftsgebühr, Nr. 2300 VV RVG ... 436
3. Einigungsgebühr, Nr. 1000 VV RVG ... 438
4. Außergerichtliche Einigung trotz Klageauftrags ... 438
5. Hebegebühr, Nr. 1009 VV RVG ... 439
6. Differenzgebühr ... 440
7. Sonderprobleme ... 441
a) Familien-/ Betreuungsgerichtliche Genehmigung ... 441
b) Ersatzfähigkeit der Rechtsverfolgungskosten gegen den eigenen Unfallversicherer ... 442
c) Erstattungsfähigkeit von Gebühren für die Einholung einer Deckungszusage beim Rechtsschutzversicherer ... 443
d) Gebühren für Beschwerden gegenüber der Bundesanstalt für Finanzdienstleistungsaufsicht (BaFin) ... 444
e) Anwaltshonorar bei Vertretung innerhalb des privaten Schadensmanagements ... 445

§ 10 Personenversicherungen ... 447

A. Private Unfallversicherung ... 447
I. Einleitung ... 447
II. Unfallbegriff ... 449
1. Plötzlich ... 450
2. Einwirkung von außen ... 451
3. Unfreiwillig ... 452
4. Gesundheitsschädigung ... 453
5. Kausalität ... 453
III. Leistungsarten ... 454
1. Invaliditätsleistung ... 454
a) Invalidität ... 454
b) Formelle Voraussetzungen (Fristen) ... 455
aa) Eintritt und ärztliche Feststellung der Invalidität innerhalb von 15 Monaten ... 456

bb) Geltendmachung der Invalidität innerhalb von 15 Monaten ... 461
c) Hinweis nach § 186 VVG ... 464
d) Treuwidriges Berufen auf Fristversäumnis, § 242 BGB ... 467
e) Invaliditätsbemessung (Grad der Invalidität) ... 468
aa) Invaliditätsbemessung nach Gliedertaxe ... 469
(1) Auslegungsverständnis ... 469
(2) Invaliditätsgrad ist Rechtsfrage ... 470
(3) Invaliditätsgrad bei Funktionsbeeinträchtigung ... 471
(4) Invaliditätsgrad bei Mehrfachverletzungen ... 473
(5) Invaliditätsgrad bei Im-Gelenk-Klausel ... 474
bb) Invaliditätsbemessung außerhalb der Gliedertaxe ... 475
(1) Grad der Behinderung als Orientierung? ... 475
(2) Gliedertaxe als Kontrollmechanismus ... 476
f) Leistungskürzung ... 476
aa) Minderung bei Vorinvalidität ... 477
bb) Mitwirkung von Krankheiten und Gebrechen ... 477
g) Neubemessung der Invalidität ... 478
h) Inhalt des Gutachtens ... 478
2. Unfallrente ... 480
3. Tagegeld ... 481
4. Krankenhaustagegeld ... 482
5. Todesfallleistung ... 482
6. Sonstiges ... 482
IV. Ausschlüsse ... 483
1. Ausgeschlossene Unfälle ... 483
a) Durch Bewusstseinsstörungen ... 483
aa) Außerhalb des Straßenverkehrs ... 484
bb) Innerhalb des Straßenverkehrs ... 484
cc) Sonstige Verkehrsteilnehmer ... 485
b) Durch vorsätzliche Straftat ... 487
c) Durch Rennen mit Motorfahrzeugen ... 488
2. Ausgeschlossene Gesundheitsschäden ... 489
a) Bandscheibenschäden und Blutungen aus inneren Organen und Gehirnblutungen ... 489
b) Durch Strahlen ... 490
c) Durch Heilmaßnahmen und Eingriffe ... 490
d) Krankhafte Störungen infolge psychischer Reaktionen ... 491
aa) BGH, Urt. v. 23.6.2004 ... 491
bb) BGH, Urt. v. 29.9.2004 ... 492
cc) OLG Hamm, Urt. v. 25.1.2006 ... 492

V. Obliegenheiten nach einem Unfall 496
1. Obliegenheiten 496
2. Folgen der Obliegenheitsverletzung 497
VI. Leistungsentscheidung 497
1. Ablehnung oder Anerkenntnis 497
2. Anerkenntnis mit Vorbehaltserklärung 498
VII. Nachprüfung und Neubemessung der Invalidität 498
VIII. Rechtsverfolgungskosten 499
B. Berufsunfähigkeitszusatzversicherung (BUZ) 500
I. Einleitung 500
II. Zweck der BUZ 500
III. Begriff der Berufsunfähigkeit 502
1. Definition 502
a) Berufsunfähigkeit – konkrete Verweisungsklausel, § 2 Abs. 1 ABB ... 502
b) Berufsunfähigkeit – abstrakte Verweisungsklausel 504
2. Berufsunfähigkeit und verwandte Rechtsbereiche 505
3. Auf welche Tätigkeit ist abzustellen? 507
4. Individuelle Tätigkeit 508
5. Selbstständige 510
6. Beamte 513
7. Auszubildende/Schüler/Studenten 513
8. Arbeitslose 514
IV. Verweisungsrecht des Versicherers auf einen anderen Beruf 514
1. Konkrete Verweisung 514
2. Abstrakte Verweisung 516
3. Kenntnisse und Fähigkeiten, Ausbildung und Erfahrungen 517
4. Arbeitsmarktlage 518
5. Ortswechsel 519
6. Beispiele 519
7. Zeitpunkt der abstrakten Verweisung 520
8. Rück- oder Fortwirkungsfiktion der Berufsunfähigkeit 520
V. Berufsunfähigkeit infolge Pflegebedürftigkeit 521
VI. Leistungsarten 522
1. Beitragsbefreiung 522
2. Zahlung einer Berufsunfähigkeitsrente 522
VII. Obliegenheiten des Versicherungsnehmers 523
VIII. Entscheidung über Leistungspflicht 524
1. Leistungsanerkenntnis 524
2. Befristetes Anerkenntnis 525
a) Zeitlich befristetes Anerkenntnis 525
b) Wiederholt zeitlich befristetes Anerkenntnis 526

c) Befristetes Anerkenntnis für die Vergangenheit 527
d) Zusammenfassung befristetes Anerkenntnis 527
3. (Unzulässiges) Fingiertes Anerkenntnis 527
4. Kulanzentscheidungen 528
5. Folgen unwirksamer befristeter oder fingierter Anerkenntnisse/ Folgen von Kulanzentscheidungen 528
6. Vereinbarungen zwischen Versicherer und Versicherungsnehmer. 529
a) Anforderungen 529
b) Rechtsfolge – Anerkenntnis? 530
IX. Nachprüfungsverfahren 531
X. Vorvertragliche Anzeigepflichtverletzung 533
XI. Wissenswertes 535
1. Prozessuales 535
2. Verjährung 535
3. Streitwerte 535
a) BUZ-Leistungsklagen 535
b) BUZ-Feststellungsklagen 536
c) Abfindungsvergleiche 536

§ 11 Unfallmedizin für Anwälte 539

A. Einleitung 539
I. Medizinische Fachbegriffe 539
II. Bedeutung 539
1. Schmerzensgeld 541
2. Haushaltsführungsschaden 543
3. Erwerbsschaden 543
B. Körperteile 545
I. Arm 545
1. Oberarm 545
a) Oberarmschaftfraktur 545
aa) Grundlagen 545
bb) Arztkontakt/Rücksprache 545
cc) Komplikationen, Spätfolgen und Risiken 545
b) Oberarmkopffraktur 546
aa) Grundlagen 546
bb) Arztkontakt/Rücksprache 546
cc) Komplikationen, Spätfolgen und Risiken 547
c) Bizepssehnenabriss 547
aa) Grundlagen 547
bb) Arztkontakt/Rücksprache 548
cc) Komplikationen, Spätfolgen und Risiken 548

2. Unterarm 548
a) Unterarmschaftfraktur 548
aa) Grundlagen 548
bb) Arztkontakt/Rücksprache 549
cc) Komplikationen, Spätfolgen und Risiken 549
b) Distale Radiusfraktur 550
aa) Grundlagen 550
bb) Arztkontakt/Rücksprache 550
cc) Komplikationen, Spätfolgen und Risiken 550
II. Auge 551
1. Verletzung der Augenhöhle/Sehnerv 551
a) Grundlagen 551
b) Arztkontakt/Rücksprache 551
c) Komplikationen, Spätfolgen und Risiken 551
2. Zerebrale Sehstörung 551
a) Grundlagen 551
b) Arztkontakt/Rücksprache 552
c) Komplikationen, Spätfolgen und Risiken 552
III. Bandscheibenvorfälle 552
IV. Becken 553
1. Beckenringverletzung 553
a) Grundlagen 553
b) Arztkontakt/Rücksprache 554
c) Komplikationen, Spätfolgen und Risiken 554
2. Acetabulumfraktur 555
a) Grundlagen 555
b) Arztkontakt/Rücksprache 555
c) Komplikationen, Spätfolgen und Risiken 555
V. Brustkorb: Thoraxtrauma 556
1. Grundlagen 556
2. Arztkontakt/Rücksprache 557
3. Komplikationen, Spätfolgen und Risiken 557
VI. Ellenbogen 557
1. Ellenbogenluxation 557
a) Grundlagen 557
b) Arztkontakt/Rücksprache 557
c) Komplikationen, Spätfolgen und Risiken 557
2. Radiusköpfchenfraktur 558
a) Grundlagen 558
b) Arztkontakt/Rücksprache 558
c) Komplikationen, Spätfolgen und Risiken 558

3. Olekranonfraktur ... 559
a) Grundlagen ... 559
b) Arztkontakt/Rücksprache ... 559
c) Komplikationen, Spätfolgen und Risiken ... 559
VII. Fuß ... 560
1. Kalkaneusfraktur ... 560
a) Grundlagen ... 560
b) Arztkontakt/Rücksprache ... 560
c) Komplikationen, Spätfolgen und Risiken ... 560
2. Talusfraktur ... 561
a) Grundlagen ... 561
b) Arztkontakt/Rücksprache ... 561
c) Komplikationen, Spätfolgen und Risiken ... 561
3. Mittelfußfraktur ... 562
a) Grundlagen ... 562
b) Arztkontakt/Rücksprache ... 562
c) Komplikationen, Spätfolgen und Risiken ... 562
4. Fußwurzelfraktur ... 563
a) Grundlagen ... 563
b) Arztkontakt/Rücksprache ... 563
c) Komplikationen, Spätfolgen und Risiken ... 563
VIII. Gesicht: Gesichtsschädelfraktur ... 563
1. Grundlagen ... 563
2. Arztkontakt/Rücksprache ... 564
3. Komplikationen, Spätfolgen und Risiken ... 564
IX. Hand/Handgelenk ... 565
1. Kahnbeinfraktur ... 565
a) Grundlagen ... 565
b) Arztkontakt/Rücksprache ... 565
c) Komplikationen, Spätfolgen und Risiken ... 565
2. Fraktur/Luxation der Handwurzel ... 566
a) Grundlagen ... 566
b) Arztkontakt/Rücksprache ... 566
c) Komplikationen, Spätfolgen und Risiken ... 566
3. Mittelhandfraktur ... 566
a) Grundlagen ... 566
b) Arztkontakt/Rücksprache ... 567
c) Komplikationen, Spätfolgen und Risiken ... 567
X. Hüftgelenk ... 567
1. Hüftgelenksluxation/Hüftluxation ... 567
a) Grundlagen ... 567
b) Arztkontakt/Rücksprache ... 568

c) Komplikationen, Spätfolgen und Risiken 568
2. Hüftkopffraktur 568
a) Grundlagen 568
b) Arztkontakt/Rücksprache 568
c) Komplikationen, Spätfolgen und Risiken 568
3. Schenkelhalsfraktur 569
a) Grundlagen 569
b) Arztkontakt/Rücksprache 570
c) Komplikationen, Spätfolgen und Risiken 570
4. Pertrochantäre Femurfraktur 571
a) Grundlagen 571
b) Arztkontakt/Rücksprache 571
c) Komplikationen, Spätfolgen und Risiken 571
XI. HWS: Schleudertrauma 572
1. Grundlagen 572
2. Arztkontakt/Rücksprache 575
3. Komplikationen, Spätfolgen und Risiken 575
XII. Knie 576
1. Tibiakopffraktur 576
a) Grundlagen 576
b) Arztkontakt/Rücksprache 576
c) Komplikationen, Spätfolgen und Risiken 576
2. Patellafraktur 576
a) Grundlagen 576
b) Arztkontakt/Rücksprache 577
c) Komplikationen, Spätfolgen und Risiken 577
3. Patellaluxation 577
a) Grundlagen 577
b) Arztkontakt/Rücksprache 578
c) Komplikationen, Spätfolgen und Risiken 578
4. Kniebandverletzungen 578
a) Grundlagen 578
b) Arztkontakt/Rücksprache 578
c) Komplikationen, Spätfolgen und Risiken 579
5. Meniskusschaden 579
a) Grundlagen 579
b) Arztkontakt/Rücksprache 579
c) Komplikationen, Spätfolgen und Risiken 579
XIII. Nerven 580
1. Grundlagen 580
2. Arztkontakt/Rücksprache 581
3. Komplikationen, Spätfolgen und Risiken 581

XIV. Oberschenkel 581
1. Oberschenkelschaftfraktur 581
a) Grundlagen 581
b) Arztkontakt/Rücksprache 582
c) Komplikationen, Spätfolgen und Risiken 582
2. Distale Oberschenkelfraktur 582
a) Grundlagen 582
b) Arztkontakt/Rücksprache 583
c) Komplikationen, Spätfolgen und Risiken 583
XV. Ohr: Pyramidenlängsfraktur 583
1. Grundlagen 583
2. Arztkontakt/Rücksprache 584
3. Komplikationen, Spätfolgen und Risiken 584
XVI. Querschnittslähmung 584
1. Grundlagen 584
2. Arztkontakt/Rücksprache 587
3. Komplikationen, Spätfolgen und Risiken 587
XVII. Schulter 588
1. Schulterbeinfraktur (Klavikulafraktur) 588
a) Grundlagen 588
b) Arztkontakt/Rücksprache 588
c) Komplikationen, Spätfolgen und Risiken 588
2. Schultereckgelenkssprengung 589
a) Grundlagen 589
b) Arztkontakt/Rücksprache 589
c) Komplikationen, Spätfolgen und Risiken 589
3. Rotatorenmanschettenruptur 590
a) Grundlagen 590
b) Arztkontakt/Rücksprache 591
c) Komplikationen, Spätfolgen und Risiken 591
4. Schulterluxation 591
a) Grundlagen 591
b) Arztkontakt/Rücksprache 592
c) Komplikationen, Spätfolgen und Risiken 592
XVIII. Sprunggelenk/Unterschenkel 592
1. Unterschenkelschaftfraktur 592
a) Grundlagen 592
b) Arztkontakt/Rücksprache 593
c) Komplikationen, Spätfolgen und Risiken 593
2. Pilon-Tibiale-Fraktur 593
a) Grundlagen 593

b) Arztkontakt/Rücksprache ... 594
c) Komplikationen, Spätfolgen und Risiken ... 594
3. Sprunggelenksfraktur ... 594
a) Grundlagen ... 594
b) Arztkontakt/Rücksprache ... 595
c) Komplikationen, Spätfolgen und Risiken ... 595
C. Tipps zur Vermeidung von Fehlern bei der Beurteilung medizinischer Sachverhalte ... 595
I. Was ist dauerhaft geschädigt? Was bedeutet dies für den Geschädigten in Beruf und Alltag? ... 596
II. Rücksprache Facharzt/Arztliste ... 597
III. Brüche/Frakturen ... 597
IV. Weichteilschädigung ... 598
V. Operation ... 598
VI. Begleitverletzungen ... 598
VII. Gutachter = Operateur ... 598
VIII. Allgemeine Tipps zur Prüfung von medizinischen Gutachten ... 599
D. Erläuterung der häufigsten Komplikationen/Spätfolgen/Risiken in der Personenschadensregulierung ... 604
I. Einleitung ... 604
II. Alphabetische Begriffe ... 605
1. Achsfehlstellungen ... 605
2. Amputationen ... 606
3. Arthrose ... 607
4. Arthrofibrose ... 609
5. Embolie ... 609
6. Epilepsie ... 610
7. Fixateur externe ... 611
8. Gefäßschäden ... 611
9. Infektionen ... 611
10. Kompartmentsyndrom ... 612
11. Morbus Sudeck ... 613
12. Nekrose ... 615
13. Offene Frakturen ... 616
14. Geschlossene Frakturen ... 616
15. Osteitis ... 617
16. Pseudarthrose ... 618
17. Thrombose ... 619
18. Verbrennungen ... 619

§ 12 Anhang 621
A. Muster zu § 4 – Ansprüche bei Verletzung 621
I. Beispiel – Schmerzensgeldbezifferung 621
II. Fragebogen zur Pflege/Betreuung 629
B. Muster zu § 5 – Ansprüche bei Tötung 631
I. Fragebogen zur Ermittlung des Barunterhaltsschadens 631
II. Fixkostenliste 632
III. Muster zur Unterhaltsberechnung 635
1. Ansprüche Witwe/Witwer 635
a) Alleinverdiener ohne Kind (ohne Mithaftung) 635
b) Alleinverdiener ohne Kind (mit Mithaftung) 636
c) Alleinverdiener mit 1 Kind (ohne Mithaftung) 637
d) Alleinverdiener mit 1 Kind (mit Mithaftung) 637
e) Alleinverdiener mit 2 Kindern (ohne Mithaftung) 638
f) Alleinverdiener mit 2 Kindern (mit Mithaftung) 639
g) Alleinverdiener mit 3 Kindern (ohne Mithaftung) 640
h) Alleinverdiener mit 3 Kindern (mit Mithaftung) 640
i) Doppelverdiener ohne Kind (ohne Mithaftung) 641
j) Doppelverdiener ohne Kind (mit Mithaftung) 642
k) Doppelverdiener mit 1 Kind (ohne Mithaftung) 644
l) Doppelverdiener mit 1 Kind (mit Mithaftung) 645
m) Doppelverdiener mit 2 Kindern (ohne Mithaftung) 647
n) Doppelverdiener mit 2 Kindern (mit Mithaftung) 648
o) Doppelverdiener mit 3 Kindern (ohne Mithaftung) 650
p) Doppelverdiener mit 3 Kindern (mit Mithaftung) 651
q) Doppelverdiener ohne Kind (ohne Mithaftung/mit Vermögensbildung) 652
2. Ansprüche Waisen/Kinder 654
a) Alleinverdiener mit 1 Kind (ohne Mithaftung) 654
b) Alleinverdiener mit 1 Kind (mit Mithaftung) 655
c) Alleinverdiener mit 2 Kindern (ohne Mithaftung) 655
d) Alleinverdiener mit 2 Kindern (mit Mithaftung) 656
e) Alleinverdiener mit 3 Kindern (ohne Mithaftung) 657
f) Alleinverdiener mit 3 Kindern (mit Mithaftung) 658
g) Doppelverdiener mit 1 Kind (ohne Mithaftung) 658
h) Doppelverdiener mit 1 Kind (mit Mithaftung) 659
i) Doppelverdiener mit 2 Kindern (ohne Mithaftung) 660
j) Doppelverdiener mit 2 Kindern (mit Mithaftung) 661
k) Doppelverdiener mit 3 Kindern (ohne Mithaftung) 662
l) Doppelverdiener mit 3 Kindern (mit Mithaftung) 663

IV. Muster zum Haushaltsführungsschaden 664
1. Ansprüche bei Alleinverdienerehe 664
a) Ansprüche des Witwers, wenn die nicht erwerbstätige Hausfrau verstirbt 664
b) Ansprüche der Witwe, wenn Alleinverdiener verstirbt 666
c) Ansprüche des Witwers, wenn mitverdienende Ehefrau verstirbt 666
d) Ansprüche der Witwe, wenn mitverdienender Ehemann verstirbt 667
2. Ansprüche der Waisen 668
V. Beerdigungskosten 669
C. Muster zu § 10 Personenversicherungen: Ärztliche Bescheinigung für die versicherte Person 670

Stichwortverzeichnis 671

Bearbeiterverzeichnis

§ 1 Einleitung
RAin Cordula Schah Sedi/RA Michel Schah Sedi/RA Jan Philipp Bergmann, LL.M.

§ 2 Die Mandatierung beim Personenschaden
RAin Cordula Schah Sedi

§ 3 Personenschadensmanagement
RA André Wilk/RAin Cordula Schah Sedi

§ 4 Ansprüche bei Verletzung
RAin Cordula Schah Sedi/RA Michel Schah Sedi/RA Jan Philipp Bergmann, LL.M./RAin Johanna Wunderlich/Dipl.-Jur. Hannah Budde

§ 5 Ansprüche bei Tötung
RA Michel Schah Sedi/RA Hauke Oppermann, LL.M./RAin Johanna Wunderlich/Dipl.-Jur. Hannah Budde

§ 6 Kapitalisierung von Schadensersatzrenten
RA Hauke Oppermann, LL.M./RAin Johanna Wunderlich

§ 7 Einwände des Versicherers und Gegenargumente
RAin Cordula Schah Sedi/RA Michel Schah Sedi

§ 8 Kürzungs- und Verteilungsverfahren bei (vermeintlicher) Überschreitung der Deckungssumme
RA André Wilk/RAin Cordula Schah Sedi

§ 9 Abfindungsvergleich bei außergerichtlicher Regulierung
RAin Cordula Schah Sedi/RA Michel Schah Sedi/RAin Johanna Wunderlich/Dipl.-Jur. Hannah Budde/RA Jan Philipp Bergmann, LL.M.

§ 10 Personenversicherungen
RA Michel Schah Sedi/RA André Westphal

§ 11 Unfallmedizin für Anwälte
RA Michel Schah Sedi

§ 12 Anhang
RAin Cordula Schah Sedi/RAin Johanna Wunderlich/RA Michel Schah Sedi

Musterverzeichnis

§ 4 Ansprüche bei Verletzung

4.1 Außergerichtliche Geltendmachung des zukünftigen Erwerbsschadens .. 123
4.2 Außergerichtliche Geltendmachung vermehrter Bedürfnisse 190

§ 5 Ansprüche bei Tötung

5.1 Fragebogen zur Ermittlung des Barunterhaltsschadens 219
5.2 Fixkostenliste 229
5.3 Berechnungsmuster 1 234
5.4 Beerdigungskosten 289

§ 9 Abfindungsvergleich bei außergerichtlicher Regulierung

9.1 Allgemeiner Vorbehalt (Variante 1) 398
9.2 Allgemeiner Vorbehalt (Variante 2) 398
9.3 Immaterieller Zukunftsschadensvorbehalt bei Teilschmerzensgeldabfindung 401
9.4 Umfassendes Aufklärungsschreiben an den Mandanten 427

§ 10 Personenversicherungen

10.1 Ärztliche Invaliditätsbescheinigung für die versicherte Person 458

§ 12 Anhang

12.1 Schmerzensgeld: 1.300.000,00 EUR zzgl. immaterieller Zukunftsschadensvorbehalt 621
12.2 Pflege- und Betreuungsübersicht für Unfallereignisse 629
12.3 Fragebogen Pflege/Betreuung/Begleitung 630
12.4 Fragebogen zur Ermittlung des Barunterhaltsschadens 631
12.5 Fixkostenliste 632
12.6 Alleinverdiener ohne Kind (ohne Mithaftung) 635
12.7 Alleinverdiener ohne Kind (mit Mithaftung) 636
12.8 Alleinverdiener mit 1 Kind (ohne Mithaftung) 637
12.9 Alleinverdiener mit 1 Kind (mit Mithaftung) 637
12.10 Alleinverdiener mit 2 Kindern (ohne Mithaftung) 638
12.11 Alleinverdiener mit 2 Kindern (mit Mithaftung) 639
12.12 Alleinverdiener mit 3 Kindern (ohne Mithaftung) 640
12.13 Alleinverdiener mit 3 Kindern (mit Mithaftung) 640
12.14 Doppelverdiener ohne Kind (ohne Mithaftung) 641

12.15 Doppelverdiener ohne Kind (mit Mithaftung) ... 642
12.16 Doppelverdiener mit 1 Kind (ohne Mithaftung) ... 644
12.17 Doppelverdiener mit 1 Kind (mit Mithaftung) ... 645
12.18 Doppelverdiener mit 2 Kindern (ohne Mithaftung) ... 647
12.19 Doppelverdiener mit 2 Kindern (mit Mithaftung) ... 648
12.20 Doppelverdiener mit 3 Kindern (ohne Mithaftung) ... 650
12.21 Doppelverdiener mit 3 Kindern (mit Mithaftung) ... 651
12.22 Doppelverdiener ohne Kind (ohne Mithaftung/mit Vermögensbildung) . 652
12.23 Alleinverdiener mit 1 Kind (ohne Mithaftung) ... 654
12.24 Alleinverdiener mit 1 Kind (mit Mithaftung) ... 655
12.25 Alleinverdiener mit 2 Kindern (ohne Mithaftung) ... 655
12.26 Alleinverdiener mit 2 Kindern (mit Mithaftung) ... 656
12.27 Alleinverdiener mit 3 Kindern (ohne Mithaftung) ... 657
12.28 Alleinverdiener mit 3 Kindern (mit Mithaftung) ... 658
12.29 Doppelverdiener mit 1 Kind (ohne Mithaftung) ... 658
12.30 Doppelverdiener mit 1 Kind (mit Mithaftung) ... 659
12.31 Doppelverdiener mit 2 Kindern (ohne Mithaftung) ... 660
12.32 Doppelverdiener mit 2 Kindern (mit Mithaftung) ... 661
12.33 Doppelverdiener mit 3 Kindern (ohne Mithaftung) ... 662
12.34 Doppelverdiener mit 3 Kindern (mit Mithaftung) ... 663
12.35 Ansprüche des Witwers, wenn die nicht erwerbstätige Hausfrau verstirbt 664
12.36 Ansprüche der Witwe, wenn Alleinverdiener verstirbt ... 666
12.37 Ansprüche des Witwers, wenn mitverdienende Ehefrau verstirbt ... 666
12.38 Ansprüche der Witwe, wenn mitverdienender Ehemann verstirbt ... 667
12.39 Ansprüche der Waisen ... 668
12.40 Beerdigungskosten ... 669
12.41 Ärztliche Bescheinigung für die versicherte Person ... 670

Literaturverzeichnis

Buschbell/Hering, Handbuch Rechtsschutzversicherung, 6. Auflage 2015

Drees, Schadensberechnung bei Unfällen mit Todesfolge, 2. Auflage 1994

Eckelmann/Nehls, Schadensersatz bei Verletzung und Tötung, 1987

Gebhardt, Das verkehrsrechtliche Mandat, Bd. 1: Verteidigung in Verkehrsstraf- und Ordnungswidrigkeitenverfahren, 9. Auflage 2020

Geigel, Der Haftpflichtprozess, 29. Auflage 2024

Graf/Grill/Wedig, Beschleunigungsverletzung der Halswirbelsäule, 2008

Grimm/Kloth, Unfallversicherung: AUB, Kommentar, 6. Auflage 2020

Grüneberg, Bürgerliches Gesetzbuch: BGB, 84. Auflage 2025

Hacks/Wellner/Klein/Kohake, SchmerzensgeldBeträge 2025, 43. Auflage 2025

Himmelreich/Halm, Handbuch Verkehrsrecht, 7. Auflage 2022

Höke, Münchener Anwaltshandbuch Straßenverkehrsrecht, 6. Auflage 2025

Hugemann, Personenschaden-Management, 2007

Jaeger/Luckey, Handbuch Schmerzensgeld, 12. Auflage 2024

Jahnke, Abfindung von Personenschadenansprüchen, 4. Auflage 2024

Jahnke, Der Verdienstausfall im Schadenersatzrecht, 4. Auflage 2015

Jahnke/Thinesse-Wiehofsky, Unfälle mit Kindern und Arzthaftung bei Geburtsschäden, 2013

Kuhn, Schadensverteilung bei Verkehrsunfällen, 11. Auflage 2023

Küppersbusch/Höher, Ersatzansprüche bei Personenschaden, 14. Auflage 2024

Kuklinski/Schemionek, Schwachstelle Genick, 7. Auflage 2010

Naumann/Brinkmann, Die private Unfallversicherung in der Beraterpraxis, 2. Auflage 2012

Nehls/Nehls, Kapitalisierungstabellen, 2. Auflage 2001

Luckey, Handbuch Personenschaden, 4. Auflage 2025

Pardey, Berechnung von Personenschäden, 4. Auflage 2010

Pardey, Der Haushaltsführungsschaden, 2024

Pardey/Balke/Link, Schadenrecht, 2023

Prölss/Martin, Versicherungsvertragsgesetz, 32. Auflage 2024

Quirmbach/Gräfenstein/Strunk, Kapitalisierungstabellen, 3. Auflage 2020

Schah Sedi, Praxishandbuch Haushaltsführungsschaden, 2017

Schah Sedi/Grotelüschen, Kapitalisierungstabellen, 2023

Schneider, Das verkehrsrechtliche Mandat, Bd. 2: Verkehrszivilrecht, 8. Auflage 2020

Schwintowski/C. Schah Sedi/M. Schah Sedi, Handbuch Schmerzensgeld, 2. Auflage 2020

Slizyk, Beck'sche Schmerzensgeld-Tabelle, 21. Auflage 2024

Tietgens/Nugel, AnwaltFormulare Verkehrsrecht, 9. Auflage 2025

van Bühren, Das verkehrsrechtliche Mandat, Bd. 4: Versicherungsrecht, 3. Auflage 2016

van Bühren (Hrsg.), Handbuch Versicherungsrecht, 8. Auflage 2025

Wellner, BGH-Rechtsprechung zum Personenschaden, 3. Auflage 2025

§ 1 Einleitung

Die Regulierung von Personenschäden wird in der Praxis häufig unterschätzt. Tatsächlich erfordert sie vertiefte Kenntnisse in einer Vielzahl von Rechtsgebieten, darunter das allgemeine zivilrechtliche Haftungsrecht, das Verkehrsrecht, die Produkthaftung, die Arzthaftung, das Medikamenten- und Medizinproduktehaftungsrecht, die Tierhalterhaftung, das Luftfahrtrecht, das Sozialversicherungsrecht und das Versicherungsrecht. Zu den Voraussetzungen der Haftung existiert eine Fülle an Literatur, aus Sicht der Geschädigten liegt der eigentliche Schwerpunkt allerdings auf der Frage, wie hoch ihre Ansprüche ausfallen. Der Bereich der Schadenszumessung wird von Juristen jedoch regelmäßig erheblich zu gering gewichtet. Mehr als 90 % aller Personenschäden werden außergerichtlich reguliert. Dies führt dazu, dass Forderungshöhen, Abwägungsgründe und konkret gezahlte Entschädigungssummen nicht offengelegt werden. Urteile, die sich eingehend mit der Bemessung der Schadenshöhe befassen, sind selten. Meist beinhalten sie lediglich pauschale Verweise auf Vergleichsentscheidungen oder berufen sich auf Schätzungsbefugnisse. 1

Für die Anwaltschaft besteht hier ein großes Risiko, denn ohne fundiertes Fachwissen wird regelmäßig lediglich ein unzureichendes Ergebnis für die Mandanten erzielt, was nicht nur die Geschädigten benachteiligt, sondern auch die Haftungsgefahr für den Rechtsbeistand erhöht. Wer nicht auf Augenhöhe mit der Versichererseite agiert, gerät leicht ins Hintertreffen, denn Versicherungen verfügen erfahrungsgemäß über ein ausgeprägtes Spezialwissen zur Schadensbemessung. Deshalb liegt der Schwerpunkt dieses Buches in der Darstellung der außergerichtlichen Regulierung. Anhand von Beispielen und Musterschreiben werden die möglichen Ansprüche eines Geschädigten umfänglich und dennoch praxisnah dargestellt. 2

Aufgrund ihrer langjährigen Erfahrung in der Bearbeitung von Personenschäden vertreten die Verfasser die Ansicht, dass die außergerichtliche Regulierung zur Höhe in fast allen Fällen einem gerichtlichen Verfahren vorzuziehen ist. Geschädigte gehen in der Regel – irrig – davon aus, dass ihnen vor Gericht alle geltend gemachten Ansprüche vollumfänglich zugesprochen werden, insbesondere wenn sie schuldlos in den schadensauslösenden Sachverhalt hineingeraten sind. Hierbei unterschätzen sie jedoch oftmals die mehrjährige Laufzeit eines solchen Klageverfahrens, den Zermürbungseffekt durch die Einholung unzähliger Sachverständigengutachten und letztlich überschätzen sie die Kompetenz eines Einzelrichters oder einer Kammer, die gerade nicht auf Deliktsrecht spezialisiert ist („Vor Gericht und auf hoher See ist man in Gottes Hand.“). Geschädigte verstehen nicht, dass sie ein Klageverfahren möglicherweise auch deshalb verlieren, weil sie an der Darlegungs- 3 und Beweislast scheitern oder weil während eines langjährigen Gerichtsverfahrens überholende Kausalitäten die zunächst gute Beweislage in ein völlig anderes Licht stellen.

4 Vieles spricht für die außergerichtliche Regulierung: Der Anwalt und sein Mandant bestimmen das Regulierungstempo. Der Versicherer reguliert den Personenschaden in der Regel zeitnäher, als dass ein Gericht eine abschließende Entscheidung trifft. Weiterhin ist der Geschädigte nicht an einen vom Gericht bestimmten öffentlich bestellten und vereidigten Sachverständigen gebunden, sondern kann im Einvernehmen mit dem Gegner zum Beispiel den Arzt/die Klinik für ein Abschlussgutachten auswählen. Ferner ist der Geschädigte nicht mit den Kosten für derartige medizinische Feststellungen belastet, weil diese Gutachten vom Versicherer in Auftrag gegeben und auch von diesem bezahlt werden. Im Klageverfahren hingegen ist der Geschädigte darlegungs- und beweisbelastet und muss entsprechende Kostenvorschüsse für die Einholung von Sachverständigengutachten für die anspruchsbegründenden Tatsachen aufbringen. Im Ergebnis spricht also mehr dafür, in die außergerichtliche Regulierung einzusteigen, als Personenschadenssachverhalte zur Haftungshöhe rechtshängig zu machen.

5 Gleichwohl muss davor gewarnt werden, die Regulierung eines Personen(groß)schadens auf die leichte Schulter zu nehmen. Die Regulierung des Personenschadens ist nicht nur eine rechtlich schwierige Materie, sondern erfordert vom Rechtsanwalt mit zunehmender Schadensintensität beim Mandanten ein erhebliches Einfühlungsvermögen in dessen Situation. Solche Sachverhalte stellen oftmals menschliche Tragödien dar. Der Verlust körperlicher Unversehrtheit, die Erkenntnis, auf dem Arbeitsmarkt nicht wieder Fuß fassen zu können, die Abkehr vieler Freunde („Wer will schon mit dem depressiven Geschädigten an Krücken in die Disco gehen?“) und oftmals die unfallbedingte Trennung vom langjährigen Partner kennzeichnen die menschliche Seite des Lebenssachverhalts, den der Anwalt zur Regulierung angetragen bekommt. Es ist nicht nur das Leben des Einzelnen betroffen, sondern es sind ganze Familien, die mit ihrem Familienschicksal durch das Schicksal des Einzelnen tiefgreifend berührt und in ihren Grundfesten erschüttert sind. Schwerstgeschädigte legen ihre gesamte Existenz und finanzielle Zukunft in die Hand des Anwalts und vertrauen auf eine optimale Regulierung. Jeder Anwalt, der ein solches Mandat annimmt, muss sich der enormen emotionalen Verantwortung bewusst sein. Er ist oftmals das letzte Bindeglied des Geschädigten in die alte Welt derer, die nicht verletzt sind, die ihren Arbeitsplatz nicht unfallbedingt verloren haben und deren soziales Netzwerk weitestgehend funktionsfähig ist. Diese Situation fordert den Anwalt! Dass der Anwalt seinem Mandanten die Gesundheit nicht zurückgeben kann, liegt auf der Hand. Dass der Anwalt jedoch die zukünftige Lebenssituation seines Mandanten maßgeblich beeinflussen kann, sollte eindeutig als Chance und nicht als Risiko in der Schadensregulierung bewertet werden.

Um auf gleicher Augenhöhe mit dem Schädiger bzw. dessen Haftpflichtversicherer verhandeln zu können, bedarf es exzellenter Fachkenntnisse in Verbindung mit Verhandlungsgeschick und der Fähigkeit, den Lebenssachverhalt des Mandanten in groben Zügen für Jahrzehnte vorauszusehen, da andernfalls eine Entscheidung, ob kapitalisiert werden soll oder nicht, gar nicht möglich wäre. Ob es überhaupt zur Kapitalisierung kommt, muss in jedem einzelnen Sachverhalt gründlich geprüft werden. Ferner muss geprüft werden, ob es für den Mandanten vorteilhaft ist, wenn alle Ansprüche kapitalisiert werden oder ob der Vorteil vielmehr darin liegt, nur einzelne Ansprüche zu kapitalisieren oder gar einzelne Ansprüche nur über definierte Zeiträume zu kapitalisieren, um danach dem Mandanten die Sicherheit wiederkehrender Leistungen zu geben. Auch die Höhe erzielbarer Renditen auf dem Kapitalmarkt und der im Einzelnen aushandelbare Kapitalisierungsfaktor müssen gründlich mit dem Mandanten besprochen werden. Die Kapitalisierungsparameter in dem einen Sachverhalt müssen nicht zugleich für einen anderen Sachverhalt passend sein. Deshalb ist jeder Anwalt gut beraten, wenn er sich vor einer möglichen (Teil-)Kapitalisierung intensiv mit dem Lebenssachverhalt und dem familiären Umfeld und den Bedürfnissen seines Mandanten beschäftigt. 6

Dieses Buch ist keine wissenschaftliche Auseinandersetzung mit dogmatischen Fragestellungen aus dem Deliktsrecht. Es vermittelt Praktikerwissen und ist gekennzeichnet durch Tipps aus der Regulierungspraxis des Geschädigtenvertreters. 7

Mit diesem Buch soll der Anwalt effizient Personenschäden regulieren können. Dies beginnt bereits beim Anlegen der Akte nach einem System, das dazu beiträgt, Ansprüche nicht zu übersehen, andererseits aber auch unnötige Arbeit zu ersparen. Bereits beim Anlegen der Akte werden die Weichen so gestellt, dass selbst nach Jahren der Mandatsbearbeitung ohne zeitaufwendiges Durchblättern und Suchen in der Akte Dokumente auf den ersten Zugriff auffindbar sind. Zugleich erspart es sich der Anwalt, der die Akte in der hier empfohlenen Form anlegt, bei der Bezifferung der einzelnen Ansprüche stundenlang Akten zu sortieren oder in unsortierten Konvoluten Arztberichte, Rentenbescheide und Zuzahlungsquittungen etc. suchen zu müssen. 8

Bereits das System der Aktenanlage gibt die Gliederung für das Anspruchsschreiben gegenüber dem Versicherer und auch die Gliederung des Aufklärungsschreibens an den Mandanten vor. So kann selbst in mehrbändigen Akten effizient gearbeitet werden. 9

Die einzelnen Schadensersatzansprüche werden systematisch „zerlegt“, so dass eine gründliche Bezifferung möglich ist, ohne dass wesentliche Positionen vergessen werden. Vollständig durchformulierte Mustertexte zur Geltendmachung der einzelnen Ansprüche sind ebenso enthalten wie Blanko-Muster für die Bezifferung eines Tötungsfalls. Die meisten Lebenssachverhalte beim Tötungsfall sind mit Beispielsberechnungen verständlich aufbereitet und der regulierende Anwalt hat die Möglichkeit, im Anhang vorhandene Blanko-Muster eins zu eins in die Handakte zu 10 übernehmen, um die Unterhaltsansprüche der verschiedenen Hinterbliebenen errechnen zu können.

11 Ein weiterer Schwerpunkt dieses Buches ist der außergerichtliche Abfindungsvergleich. Für die wesentlichen Zukunftsschadensvorbehalte zu den unterschiedlichen Schadensersatzansprüchen werden Musterformulierungen vorgeschlagen.

12 Nach der Erfahrung der Autoren wird oft die Vorbereitung und Bedeutung eines Regulierungsgesprächs beim Geschädigtenvertreter völlig unterschätzt. Deshalb werden für das „Herzstück" der außergerichtlichen Regulierung zahlreiche Tipps und Hinweise gegeben.

13 Vor Abschluss eines außergerichtlichen Abfindungsvergleichs ist der Mandant über dessen Bedeutung und Tragweite aufzuklären. Das ist einerseits deshalb erforderlich, weil der Mandant – und nicht sein Anwalt – mit dem Regulierungsergebnis für den Rest seines Lebens klarkommen muss. Andererseits lauert hier eine der größten Haftungsquellen des Anwalts. Die unzureichende Aufklärung steht hier beinahe der unterbliebenen Aufklärung gleich. Haftungsrechtlich entscheidend ist nicht nur die Tatsache, dass der Anwalt alle in Betracht kommenden Ansprüche erschöpfend und richtig beziffert, sondern darüber hinaus auch die Tatsache, dass er seinen Mandanten vor Abschluss eines außergerichtlichen Abfindungsvergleichs im erforderlichen und ausreichenden Umfang über Bedeutung und Tragweite der vom Versicherer angebotenen Abfindungszahlung aufklärt.

14 Ein weiterer Schwerpunkt dieses Buches liegt in der Darstellung unfallmedizinischer Aspekte häufig auftretender Ausgangsverletzungen. Da nach bisheriger Rechtsprechung des Bundesgerichtshofs mit dem Schmerzensgeld nicht nur die Ausgangsverletzungen und Dauerfolgen abgegolten werden sollen, sondern zugleich auch bereits die medizinisch objektiv vorhersehbaren Folgen (Spätschäden), muss der Rechtsanwalt hier medizinische Kenntnisse haben. Wer nicht weiß, mit welchen Komplikationen, Spätfolgen und Risiken einzelner Ausgangsverletzungen zu rechnen ist, wird für seinen Mandanten zwangsläufig zumindest nach der herkömmlichen Schmerzensgeldbemessungspraxis ein zu niedriges Schmerzensgeld fordern. Diese Rechtsprechung erfordert die Bezifferung des Schmerzensgeldes „von hinten": Nicht die Ausgangsverletzung ist das maßgebliche Kriterium, sondern das, was sich objektiv vorhersehbar aus der Ausgangsverletzung noch im Folgenden für den Geschädigten gesundheitlich ergeben kann. Es liegt auf der Hand, dass eine derartige Bearbeitungsweise zu wesentlich höheren Schmerzensgeldforderungen führen kann, als lediglich die schmerzensgeldrechtliche Bewertung einer oftmals medizinisch gut versorgten Ausgangsverletzung.

15 Seit dem Erscheinen der Vorauflage sind nunmehr mehr als sieben Jahre vergangen. Etliche Gesetzesänderungen haben zu dem Erfordernis geführt, in der vorliegenden 4. Auflage des Werkes eine größere Anzahl von Kapiteln vollständig neu zu bearbeiten.

In den Jahren 2019 (Landgericht Gießen), 2020 (OLG Oldenburg), 2021 (Schleswig-Holsteinisches Oberlandesgericht) und 2024 (Hanseatisches Oberlandesgericht Hamburg) wurden kurz hintereinander jeweils 800.000,00 EUR Schmerzensgeld für schwerste Verletzungen und Verletzungsfolgen ausgeurteilt. Diese Rechtsprechung macht deutlich, dass die Tendenz zu höheren Schmerzensgeldern unumkehrbar ist. Inzwischen werden außergerichtlich Beträge von mehr als 1 Million EUR auf die Schadensersatzposition des Schmerzensgeldes geleistet. Wir haben diese Entwicklung in der Rechtsprechung zum Anlass genommen, die bisherigen Ausführungen zum Schmerzensgeld in wesentlichen Teilen neu zu überarbeiten.

Auch das Kapitel des Haushaltsführungsschadens ist in weiten Teilen aktualisiert worden. Besonders thematisiert wurden dabei die Stundenverrechnungssätze bei normativer Abrechnung des Haushaltsführungsschadens – nicht zuletzt vor dem Hintergrund der neuen Rechtsprechung des Bundesgerichtshofes vom November 2024.

Entfallen ist das bisherige Kapitel zur Mediation in der Personenschadensregulierung. Die Mediation konnte sich nicht im Bereich der außergerichtlichen Schadensregulierung etablieren. Wer sich hier informieren möchte, kann auf die Vorauflage – dort § 9 – zurückgreifen.

Aufgrund von gesetzlichen Änderungen war die Aktualisierung der Ausführungen zum Abfindungsvergleich bei außergerichtlicher Regulierung erforderlich. Das bezieht sich insbesondere auf Konstellationen, in denen das Familiengericht involviert ist.

Ebenfalls vollständig neu bearbeitet wurde der Anspruch auf das Hinterbliebenengeld. Die dafür erforderliche Rechtsgrundlage wurde seinerzeit bei Erscheinen der Vorauflage im Sommer 2017 geschaffen. Dieser Anspruch wurde in § 844 Abs. 3 BGB eingefügt. Er war auch Thema des Verkehrsgerichtstages 2025 in Goslar. Zwischen der Vorauflage und der aktuellen Auflage dieses Werkes sind erstmalig Entscheidungen zum Hinterbliebenengeld ergangen. Auch hat sich eine breite Diskussion in der Literatur dazu entwickelt. Diese neuere Rechtsentwicklung haben wir in der aktuellen 4. Auflage damit erstmalig vertiefter aufgegriffen.

Im Bereich der Kapitalisierung ergab sich ebenfalls das Erfordernis, das Kapitel grundlegend zu überarbeiten.

Gleiches gilt für das Kapitel zum Kürzungs- und Verteilungsverfahren – wenngleich diese Fälle in der Praxis selten, dann aber haftungsträchtig sind. Es empfiehlt sich in einem solchen Fall, sehr gründlich in Literatur und Rechtsprechung zu recherchieren.

Im Personenversicherungsrecht wurde die Unfallversicherung an die aktuellen Bedingungen des GDV-AUB 2020 angepasst und es wurde aktuelle Rechtsprechung eingearbeitet. Zwischen der Vorauflage und der aktuellen Auflage des Werkes sind zwischenzeitlich einige Urteile zu damals nur punktuell erörterten Rechtsproblemen ergangen, sodass diese in der aktuellen Auflage Eingang gefunden haben. Ähnlich verhält es sich im Recht der Berufsunfähigkeits(zusatz)versicherung. Hier sind die Bedingungen des GDV Stand 11/2022 Grundlage der aktuellen Auflage. Die Entscheidungen des BGH zur Befristung bilden in diesem Kapitel einen Schwerpunkt.

Den Praktikeranteil in diesem Werk rundet eine vollständig neu erstellte „Einwandsliste des Versicherers" ab. Wir haben in dieser – nicht abschließenden – Liste die regelmäßig von eintrittspflichtigen Haftpflichtversicherern angeführten Argumente in der Schadensregulierung zu den einzelnen materiellen Schadensersatzpositionen erfasst und eine aus unserer Sicht mögliche Antwort gegenübergestellt.

16 Mit dieser erweiterten und vollständig überarbeiteten Neuauflage dieses Werkes wendet sich das Buch an alle Anwälte, die Personenschäden regulieren, unabhängig davon, in welchem Rechtsgebiet der Haftungsgrund verankert ist. Selbst der Anwalt, der vielleicht nur ein einziges Mal während seiner Berufsausübung einen Personengroßschaden angetragen bekommt, wird daraus seinen Nutzen ziehen können, nicht zuletzt, um die eigene Haftung zu minimieren. Bereits für diesen einen Fall lohnt und rechnet sich die Anschaffung dieses Werkes. Es vermittelt die erforderliche Expertise, um Verhandlungen mit Versicherern sachgerecht und selbstbewusst führen zu können. Auf diese Weise können Geschädigte eine angemessene Entschädigung erhalten, während Anwälte ihre eigene Haftung minimieren. Entscheidend ist, sämtliche Schadenspositionen zu erkennen und diese umfassend zu beziffern, um sie gegenüber dem Versicherer erfolgreich durchsetzen zu können. Wo sich bislang eine Lücke auftut, soll dieses Werk Abhilfe schaffen, indem es den Wissensvorsprung der Versicherer ausgleicht und Praktikern in diesem komplexen Fachgebiet eine solide Grundlage bietet.

§ 2 Die Mandatierung beim Personenschaden

Literatur:

Höke, Münchener Anwaltshandbuch Straßenverkehrsrecht, 6. Aufl. 2025; *Pschyrembel*, Klinisches Wörterbuch, 269. Aufl. 2023; *Schah Sedi*, Praxishandbuch Haushaltsführungsschaden, 1. Aufl. 2017; *Schah Sedi/Schah Sedi*, Die anwaltliche Beratungspflicht zu Beginn des Mandates und vor Abschluss eines außergerichtlichen Abfindungsvergleiches unter besonderer Berücksichtigung des Personenschadens, zfs 2008, 491 ff.; *Schneider*, Das verkehrsrechtliche Mandat, Band 2: Verkehrszivilrecht, 8. Aufl. 2020; *Tietgens/Nugel*, AnwaltFormulare Verkehrsrecht, 9. Aufl. 2024; *van Bühren*, Interessenkonflikte bei der Vertretung mehrerer Unfallbeteiligter, zfs 2014, 189 ff.

A. Sachverhaltsermittlung

Am Anfang des Mandates steht die gründliche und umfängliche **Sachverhaltsermittlung**. Um den Mandanten pflichtgemäß vor Schäden zu bewahren und ihn entsprechend zu beraten und zu belehren, bedarf es zuvor einer sorgfältigen Aufklärung des Sachverhaltes. Zu den grundlegenden Pflichten des Anwalts gehört es, den rechtlich zu beurteilenden Sachverhalt sorgfältig und vollständig zu ermitteln. Immer dann, wenn nach den Umständen für eine zutreffende rechtliche Einordnung die Kenntnis weiterer Tatsachen erforderlich ist, deren rechtliche Bedeutung dem Mandanten nicht ohne Weiteres ersichtlich ist, darf sich der Anwalt nicht mit dem begnügen, was ihm sein Mandant berichtet, sondern er hat sich durch zusätzliche Fragen um eine ergänzende Aufklärung zu bemühen (BGH NJW 1994, 1472; 1994, 2223; 1998, 2048). Mit anderen Worten: Der Anwalt muss im Dialog mit seinem Mandanten auf eine umfassende Sachverhaltskenntnis hinarbeiten, was sich im Einzelfall nicht nur auf die Entgegennahme verbaler Sachverhaltsangaben durch den Mandanten beziehen kann, sondern darüber hinaus vielfach die Sichtung und das Studium der vom Mandanten beigebrachten oder beizubringenden Dokumente erfordert. Dieses kann im Einzelfall durchaus einen erheblichen Zeitaufwand darstellen, je nachdem wie viel Schriftverkehr der Mandant im Vorfeld entweder selbst geführt hat oder gegebenenfalls durch einen zuvor beauftragten Rechtsanwalt schon geführt worden ist. Hin und wieder kann dies ein zeitraubendes Unterfangen für den mandatierten Rechtsanwalt bedeuten. Dennoch ist dieses Zeitinvestment unabdingbare Voraussetzung für die Sachverhaltsermittlung und die sich daran anschließende Beurteilung der Sach- und Rechtslage, die der Anwalt dem Mandanten schuldet. Gegebenenfalls kann sogar ein Besuch des Anwalts in der Häuslichkeit des Mandanten oder aber bei längerem Krankenhausaufenthalt auch eine Besprechung mit dem Mandanten im Krankenhaus erforderlich sein. 1

Mitunter stellt man bei der Sachverhaltsermittlung fest, dass es widersprüchliche Informationen z.B. zum Unfallhergang gibt oder medizinische Befundunterlagen lückenhaft sind. Wenn der Mandant trotz schriftlicher Aufforderung an diesen Stellen nicht für Klarheit sorgt, besteht die Möglichkeit, dass der Anwalt versucht wird, zu instrumentalisieren. Konsequent ist es, ein Mandat bereits an dieser Stelle zu kündigen unter Hinweis darauf, dass das notwendige Vertrauensverhältnis nicht besteht. Eines ist sicher: eine für alle zufriedenstellende Regulierung wird es bei derartigen manipulativem Verhalten nicht geben können.

B. Getrennte Akten für unterschiedliche Rechtsgebiete

2 Oftmals bringt es eine schadensersatzrechtliche Mandatierung mit sich, dass unterschiedliche Rechtsgebiete betroffen sein können, wie das Recht der privaten Unfallversicherung sowie der Berufsunfähigkeitszusatzversicherung. Auch das Sozialrecht ist meistens betroffen, wenn Ansprüche auf Leistungen aus der gesetzlichen Unfallversicherung und/oder aus der gesetzlichen Rentenversicherung in Betracht kommen. Gelegentlich bestehen auch Ansprüche gegen Sozialhilfeträger oder gegen die Bundesagentur für Arbeit.

3 Hierbei ist zu berücksichtigen, dass der Anwalt für jede dieser Angelegenheiten getrennt zu bevollmächtigen ist und jeder einzelne Auftrag getrennt und losgelöst von den anderen Einzelmandatierungen isoliert abrechenbar ist. Nicht nur wegen der besseren Übersichtlichkeit, sondern auch aus haftungsrechtlichen Überlegungen (unterschiedliche Fristen!) empfiehlt sich die strikte Trennung in unterschiedliche Akten.

Praxistipp

Wenn die Einzelmandate kanzleiintern von verschiedenen Anwälten bearbeitet werden, dann sollte in regelmäßigen Abständen eine gemeinsame Besprechung aller Sachbearbeiter, die mit ein- und demselben Lebenssachverhalt mandatiert worden sind, erfolgen. Oftmals finden sich wichtige Informationen in medizinischen Gutachten, die in die Haftpflichtakte eingehen, aber nicht automatisch als Kopie zur Akte „private Unfallversicherung" oder „BUZ" oder „Erwerbsminderungsrente" genommen werden. Dadurch können wertvolle Informationen für die anderen Sachbearbeiter verloren gehen, obgleich sie sich in der Kanzlei bereits in einer Akte bei einem anderen Sachbearbeiter befinden.

C. Parteiverrat (§ 356 StGB) vermeiden

4 Gerade in größeren Kanzleien kann es – zunächst unbemerkt – zur Doppelmandatierung kommen, weil unterschiedliche Beteiligte ein- und desselben Verkehrsunfalls Besprechungstermine bei unterschiedlichen Sachbearbeitern innerhalb eines Büros erhalten. Oftmals fällt das relativ schnell bei der elektronischen Aktenanlage auf.

5 Es gibt aber noch einen zweiten Aspekt, der den Anwalt oft unbemerkt in die Nähe des **Parteiverrats** bringen kann. Es sind oftmals die Konstellationen, in denen nicht nur der Fahrer des Fahrzeugs, sondern auch die Insassen des Fahrzeugs den Anwalt mit der Regulierung von Schmerzensgeld- und Schadensersatzansprüchen aus ein-

und demselben Unfallereignis beauftragen wollen. Der Hintergrund ist darin zu sehen, dass seit dem 1.8.2002 der Insasse einen vollen Schadensersatzanspruch gem. § 7 StVG gegen den Halter einschließlich Schmerzensgeldanspruch hat, selbst wenn den Halter kein Verschulden trifft oder gar ein für den Halter unabwendbares Ereignis gegeben ist. Dies ist deshalb relevant, weil gegenüber einem Geschädigten, der selber nicht für die Betriebsgefahr eines verunfallten Kraftfahrzeugs einzustehen hat, wie dies bei Insassen der Fall ist, der Halter als Schädiger sich seit dem 1.8.2002 nur bei höherer Gewalt (§ 7 Abs. 2 StVG) entlasten kann. Dies gelingt so gut wie nie. Um aus diesem Dilemma heraus zu kommen, wird teilweise vertreten, dass der Anwalt sich bei der Interessenwahrnehmung der Fahrzeuginsassen das Mandat ausschließlich im Verhältnis zum gegnerischen Haftpflichtversicherer erteilen lassen soll, wobei ausdrücklich keine Ansprüche gegenüber dem eigenen Fahrer bzw. dessen Haftpflichtversicherung geltend gemacht werden sollen (*Schneider*, § 1 Rn 130 m.w.N.). Ein solches Vorgehen erfordert eine schriftlich dokumentierte Aufklärung des Mandanten. Ferner sind die Vollmacht und der schriftliche Auftrag schriftlich entsprechend auf die gesamtschuldnerische Geltendmachung der Inanspruchnahme des gegnerischen Versicherers unter Ausschluss der haftungsrechtlichen Ansprüche gegenüber dem eigenen Fahrer bzw. bzw. dessen Haftpflichtversicherers zu beschränken (so *Schneider*, § 1 Rn 131). Ob das allerdings eine wirklich tragfähige Lösung ist, muss jeder Anwalt für sich selbst entscheiden. Staatsanwälte können hier auch eine andere Auffassung vertreten. *Van Bühren* hält die Mehrfachvertretung für zulässig, wenn jeder betroffene Mandant über die Tatsache der Mehrfachversicherung aufgeklärt wird, ebenso über die daraus resultierenden nachteiligen Rechtsfolgen (*van Bühren*, zfs 2014, 194). Jeder Anwalt muss an dieser Stelle für sich entscheiden, wie weit er sich in diesen Graubereich hinein bewegt. Sollte ein Mitverschulden im Raum stehen, wird dringend von der „**Doppelvertretung**" der Insassen abgeraten.

D. Erkennen des Personen(groß)schadens

Die größte Schwierigkeit bei der Regulierung des Personenschadens liegt darin, aus der Fülle der Personenschäden den Großschaden herauszufinden. Dieses erfordert besondere Sachkenntnis und begründet ein erhebliches Haftungspotential. Jeder Anwalt ist also gut beraten, bei der Aufklärung des Sachverhalts Indizien aufzunehmen, die für das Vorliegen eines Großschadens sprechen können. Man kann sogar sagen, dass viele Anwälte **Personengroßschäden** in ihren Aktenschränken verwahren, ohne dies jemals erkannt zu haben. Die Abgrenzung des Personengroßschadens vom mittleren Personenschaden kann nach dem finanziellen Aufwand erfolgen, der vom Haftpflichtversicherer für die Regulierung aufzubringen ist (so *Höke*, § 26 Rn 5). Hier wird danach differenziert, ob für einen Personenschaden weniger als 50.000 EUR Aufwand zu leisten sind oder mehr als 50.000 EUR gezahlt werden müssen. Der Großschaden beginnt nach dieser Lesart also ab 50.000 EUR Auf- 6 wand. Unklar bleibt jedoch an dieser Stelle, wie der Aufwand zu definieren ist. Handelt es sich um die Ansprüche, für die der Geschädigte aktivlegitimiert ist oder auch um diejenigen Ansprüche, die bereits im Zeitpunkt des Unfallereignisses gem. § 119 SGB X auf den Sozialversicherungsträger übergegangen sind? Man muss wohl davon ausgehen, dass es sich bei der 50.000 Euro-Marke um diejenigen Ansprüche handelt, wegen derer der Geschädigte in seiner Person aktivlegitimiert ist. Dieses ist im Verhältnis zu den übergegangenen oder übergehenden Ansprüchen auf Dritte ohnehin oftmals der bei weitem kleinere Anteil am Gesamtschaden.

7 Nun steht es jedoch nicht von Anfang an offenkundig fest, dass der vorliegende Sachverhalt, der vom Mandanten vorgetragen wird, diese Voraussetzungen erfüllt. Gerade der Anwalt, der nur hin und wieder oder vielleicht nur ein einziges Mal in seiner Anwaltstätigkeit mit der Regulierung eines Personengroßschadens beauftragt wird, verfügt nicht über die nötige Erfahrung, um zu Beginn des Mandats überschlägig die einzelnen Schadensersatzpositionen ermitteln zu können, damit er feststellen kann, ob der vom Versicherer zu leistende Aufwand den Betrag von 50.000 EUR übersteigt oder nicht. Hierfür kommt es vielmehr auf verschiedene Indizien im Rahmen der Sachverhaltsaufklärung an. So spricht vieles für das Vorliegen eines Großschadens, wenn der Geschädigte ein Polytrauma erlitten hat. Hierbei handelt es sich um eine gleichzeitig entstandene Verletzung mehrerer Körperregionen oder Organsysteme, wobei wenigstens eine Verletzung oder die Kombination mehrerer lebensbedrohlich ist (*Pschyrembel*, Stichwort „Polytrauma"). Oftmals tritt als Folge eines Polytraumas ein medizinischer Dauerschaden bis an das Lebensende ein. Je nach Ausprägung des Dauerschadens ist damit der dauernde Verlust oder die dauerhafte erhebliche Einschränkung der Erwerbsfähigkeit verbunden. Dies führt nicht selten zum Verlust des Arbeitsplatzes, weil entweder die physischen oder die psychischen Voraussetzungen fehlen, die Arbeitsleistung im alten Umfang wie vor dem Unfall zu erbringen. Oftmals schildert der Mandant wochenlange bis monatelange stationäre Aufenthalte in Kliniken und Rehaeinrichtungen. Nach diesseitigem Verständnis sollte die Abgrenzung nicht an einer Euromarke erfolgen, sondern danach, ob ein Dauerschaden vorliegt, der eine weitere Erwerbstätigkeit ausschließt, weil dieses zugleich einen Rentenanspruch im Bereich des Erwerbsschadens und auch des Haushaltsführungsschadens begründet – erst recht natürlich, wenn pflegerische Unterstützung erforderlich ist.

8 Wenn der Anwalt nun festgestellt hat, dass das ihm angetragene Mandat ein Personengroßschaden ist, muss er sich ernsthaft die Frage stellen, ob er die notwenige Kompetenz zur Regulierung der Ansprüche eines Schwerstverletzten überhaupt hat. So weist *Höke* (§ 1 Rn 2–5) zu Recht darauf hin, dass die Regulierung schwerwiegender Personenschäden notwendige Spezialkenntnisse erfordert, nicht zuletzt auch unter dem Aspekt der Vermeidung von Regressfällen. Um die Regulierung mit dem gegnerischen Haftpflichtversicherer auf gleicher Augenhöhe betreiben zu können, bedarf es enormer Spezialkenntnisse, nicht nur im Zivilrecht, sondern im Sozialrecht, wenn es z.B. um die Abgrenzung übergegangener oder übergehender

Ansprüche geht. Man muss sich vor Augen halten, dass der Sachbearbeiter in der Personengroßschadensabteilung eines Versicherers den ganzen Tag nichts anderes tut, als Personengroßschäden zu regulieren. Er ist also bestens mit der Materie vertraut. Der Versicherer wendet oftmals auch erhebliche Kosten auf, um seine Mitarbeiter in Seminaren intern oder extern schulen zu lassen. Großschadenssachbearbeiter erhalten auf diesem Wege immer wieder Kenntnis von aktueller Rechtsprechung. Sie haben eine große Anzahl von Fachzeitschriften regelmäßig zur Hand und darüber hinaus die Möglichkeit, hausintern beispielsweise auf medizinische oder verkehrsunfallanalytische Sachverständige zurückzugreifen. Dies alles kostet nicht nur Zeit, sondern auch Geld. Um also auf gleicher Augenhöhe mit dem Regulierer einer Großschadensabteilung verhandeln zu können, sollte der Geschädigtenvertreter mindestens spezialisierter Fachanwalt sein, der sich darüber hinaus nicht nur in den Pflichtfortbildungen, sondern in weiteren Fortbildungsveranstaltungen immer wieder auf den aktuellen juristischen Stand und auch in benachbarten Disziplinen, wie z.B. der Unfallchirurgie und -orthopädie sowie der Unfallpsychologie, bringen lässt. Auch Kenntnisse in der Unfallanalytik sind unabdingbar, um qualifizierte Einwände gegen das behauptete Mitverschulden des eigenen Mandanten vorbringen zu können. Der Erwerb all dieser Spezialkenntnisse ist nicht nur zeit-, sondern vor allem auch kostenintensiv im doppelten Sinne: Einerseits kann der Anwalt während solcher Fortbildungsmaßnahmen seine Dezernatsarbeit nicht voranbringen und entsprechend keine Honorareinnahmen erzielen und andererseits sind auch die Seminargebühren, die Kosten der Anreise und gegebenenfalls der Übernachtung in einem Hotel, nicht unerheblich. Insoweit wird man derartiges Spezialwissen, wie es für die Regulierung eines Personengroßschadens erforderlich ist, eher in größeren Kanzleien antreffen, als bei Einzelanwälten. Der Anwalt, der – aus welchen Gründen auch immer – nicht über das Spezialwissen verfügt, sollte sich entweder der Hilfe eines anderen erfahrenen Anwaltskollegen bedienen oder aber sich gründlich und zeitintensiv in die Spezialliteratur einarbeiten.

Um eine optimale Regulierung aller Schadensersatzansprüche des Geschädigten zu erzielen, ist es neben eigenen Spezialkenntnissen des Rechtsanwalts unabdingbar, dass dieser auf ein Netzwerk anderer Spezialisten aus dem medizinischen Bereich zurückgreifen kann. Als Interessenvertreter des Geschädigten bedarf es oftmals jahrelanger Kleinarbeit, um endlich diejenigen Mediziner zu finden, die ihrerseits über ausreichende Kompetenz verfügen, ohne ihre Neutralität durch bevorzugte Abarbeitung von Assekuranzaufträgen eingebüßt zu haben. Der spezialisierte Rechtsanwalt verfügt deshalb nicht nur über ein Netzwerk aus spezialisierten Medizinern, Psychologen und Traumatologen, sondern darüber hinaus gehören in das Netzwerk unabdingbar öffentlich bestellte und vereidigte Sachverständige im Bereich der Unfallanalytik. Zum Netzwerk zählen auch Reha-Fachleute, die sich zumeist bei privaten Dienstleistern finden, die Personenschadensmanagement anbieten. Anwälte, die über dieses Know-how verfügen, sind prädestiniert für die optimale Schadensregulierung im Interesse des Geschädigten.

9 Letztlich sollte der Anwalt, der die Regulierung eines Personengroßschadens übernimmt, auf ausreichenden eigenen Versicherungsschutz bei seiner **Berufshaftpflichtversicherung** bedacht sein. Wer seine Mandate nur mit der gesetzlichen Mindestversicherungssumme abgesichert hat, sollte entweder das Einzelmandat isoliert versichern oder sich dessen bewusst sein, dass er im Schadensfalle mit anzunehmender Sicherheit persönlich und unbeschränkt seinem Mandanten gegenüber Haus und Hof haften muss. Ein unzureichend beziffertер oder völlig vergessener Teilaspekt in der Regulierung, wie z.B. ein vergessener Verjährungsschutz bei den vorbehaltenen Ansprüchen, kann leicht zu einem Schaden im sechsstelligen Bereich zu Lasten des Mandanten (und damit zu Lasten des haftenden Anwaltes) führen. Der Versicherungsschutz aus der Mindestversicherungssumme ist dann schnell erschöpft.

E. Tipps zur Aktenführung beim Personen(groß)schaden

10 In diesem Kapitel soll die Aktenführung bei der zivilrechtlichen Regulierung von Schmerzensgeld- und Schadensersatzansprüchen eines Geschädigten im Vordergrund stehen. Die **Aktenführung** in benachbarten Rechtsgebieten ist nicht Gegenstand dieser Darstellung. Gleichfalls kann für das Erstgespräch mit dem Mandanten auf diverse Checklisten in der Literatur verwiesen werden, so beispielsweise auf die Checklisten und Musterschreiben bei *Tietgens/Nugel*, § 1 Rn 10 ff., 21 sowie bei *Schneider*, § 14 Anhang Rn 2 ff.

11 Hier geht es darum, dem Anwalt eine Gliederung seiner Akte an die Hand zu geben, die es ihm ermöglicht, einen Personen(groß)schaden zu strukturieren, um während der gesamten Zeit der Mandatierung die eingehenden Informationen, Dokumente etc. von Anfang an in eine systematische Ordnung zu bringen, die eine übersichtliche Abarbeitung der einzelnen Schadensersatzansprüche ermöglicht. Zu diesem Zweck benötigt man neben der gewöhnlichen Handakte mindestens einen Ordner mit Hebelmechanik (z.B. Leitzordner o.Ä.) sowie eine größere Anzahl von Trennblättern DIN lang (DL). In der klassischen Handakte kann der Schriftverkehr mit dem Mandanten, dem gegnerischen Haftpflichtversicherer und auch dem Rechtsschutzversicherer geführt werden. Man kann jedoch auch auf die klassische Handakte verzichten und auch diesen Schriftverkehr von Anfang an in den Ordner mit einheften. Es bietet sich die nachfolgend dargestellte Gliederung innerhalb des Ordners an.

I. Handaktenblatt, Auftrag, Vollmachten, Entbindungserklärung von der ärztlichen Schweigepflicht

12 Das **Handaktenblatt**, der Auftrag, die **Vollmachten** sowie die **Entbindungserklärung von der ärztlichen Schweigepflicht** werden jeweils in einzelne Folientaschen eingelegt und in die Akte obenauf geheftet (die Folientaschen verhindern das Ein-

reißen dieser wichtigen Dokumente, zumal der Ordner oftmals durchgeblättert werden wird und erfahrungsgemäß die ersten Seiten dann besonders leiden).

II. Skizze der Verletzungen anhand des menschlichen Skeletts

Ebenfalls in eine Folientüte eingelegt wird die Abbildung eines menschlichen Skeletts. Dieses kann gegoogelt werden, wobei darauf zu achten ist, dass alle Gliedmaßen und alle Knochen vollständig abgebildet sind. **13**

Um in der weiteren Regulierung schnell einen Überblick über die **Ausgangsverletzungen** und **Dauerfolgen** zu erhalten, sollten auf diesem Blatt mit farbigem Stift skizzenhaft die Ausgangsverletzungen eingetragen und die Dauerfolgen mit einer anderen Farbe markiert werden. Für die Ausgangsverletzungen eignet sich der erste Arztbericht nach dem Unfall. Hier sind oftmals alle aktuellen Diagnosen umfassend dargestellt. Hinsichtlich der Dauerfolgen sollte auf einen der letzten Arztberichte zurückgegriffen werden. Die Dauerfolgen kristallisieren sich erst im Laufe der weiteren medizinischen Behandlung heraus und stehen oftmals erst nach ein bis zwei Jahren überhaupt fest. Mit Hilfe der optischen Übersicht der Verletzungsfolgen kann in der Regulierung ein Schnellüberblick hinsichtlich der Parameter, die bspw. für die Regulierung des Schmerzensgeldes ausschlaggebend sind, geschaffen werden. **14**

III. Sachverhaltsschilderung

Für eine Schnellübersicht und eine geordnete Darstellung des Sachverhaltes im Schriftverkehr mit Dritten sollte bereits an dieser Stelle auf einer einzelnen Seite eine kurze Sachverhaltsdarstellung des wesentlichen Schadenshergangs erfolgen. Zweckmäßig ist auch eine handschriftliche Skizze, die die wesentlichen Eckpunkte der Schadenssituation enthält – möglicherweise ergänzt um Fotos. **15**

IV. Schriftverkehr mit Mandant, Versicherer, Rechtsschutz etc.

Hinter diesem Trennblatt sollte der gesamte Schriftverkehr mit dem Mandanten, dem Versicherer und dem Rechtsschutzversicherer sowie sonstigen Dritten geführt werden. Die jeweiligen Anlagen dieser Schreiben sollten möglichst frühzeitig den Trennblättern zu den Themenbereichen Schmerzensgeld, Erwerbsschaden, Haushaltsführungsschaden etc. zugeordnet werden. Dies schafft eine Übersichtlichkeit des Schriftverkehrs. **16**

V. Schmerzensgeld

Hinter dem nächsten Trennblatt „**Schmerzensgeld**“ werden fortan alle Arztberichte, Gutachten etc. gesammelt, möglichst in chronologischer Reihenfolge, wobei der jeweils aktuellste Bericht obenauf geheftet ist. Dieses Vorgehen ermöglicht bei der **17**

Anspruchsbezifferung ein schnelles Erfassen der schmerzensgeldrelevanten Eckdaten wie Ausgangsverletzungen, Behandlungsdauer und Dauerschäden. In der Regel verjüngt sich die medizinische Information, da das Unfallereignis in die Gegenwart hineinreicht. In den letzten Gutachten/Arztberichten wird der Fokus auf Dauerfolgen der Ausgangsverletzungen gerichtet sein. Wer die eingehenden medizinischen Befundunterlagen von Anfang an in dieser Reihenfolge abheftet, hat es bei der Bezifferung des Schmerzensgeldes und auch des Haushaltsführungsschadens einfacher.

VI. Erwerbsschaden

18 Hinter dem weiteren Trennblatt „**Erwerbsschaden**" werden alle Unterlagen für die Bezifferung des Erwerbsschadens gesammelt. Die Unterlagen beginnen zweckmäßigerweise mit den letzten zwölf Entgeltabrechnungen vor dem Schadenstag und beinhalten dann den Nachweis sämtlicher Leistungsabrechnungen bzw. Leistungsbescheide der Sozialversicherungsträger. Zu nennen sind an dieser Stelle die Bestätigungen der gesetzlichen Krankenversicherung über Höhe und Leistungszeitraum von **Entgeltersatzleistungen**. Später sind Leistungsbescheide der Deutschen Rentenversicherung wegen der Zahlung von Erwerbsminderungsrente aufzunehmen. Im Falle eines Wegeunfalls kommen die Leistungsbescheide einer gesetzlichen Unfallversicherung bei erbrachten Entgeltersatzleistungen hinzu. Gegebenenfalls bezieht der Geschädigte nach Ablauf des Krankengeldes noch Arbeitslosengeld I, so dass Leistungsbescheide der Bundesagentur für Arbeit aufzunehmen sind. Wenn kein Sozialversicherungsträger eintrittspflichtig ist, können auch Leistungsbescheide der Sozialhilfe erfolgen, so dass diese ebenfalls in die Akte zu nehmen sind. Für die Bezifferung des Erwerbsschadens ist oftmals auch die Berechnung des Hätte-Verdienstes durch den ehemaligen Arbeitgeber hilfreich. Eine solche wird auch hinter das Trennblatt „Erwerbsschaden" zur Akte genommen.

19 Die chronologische Abheftung dieser Unterlagen vereinfacht letztlich auch die Bezifferung des Erwerbsschadens. Das Hätte-Einkommen ergibt sich regelmäßig aus den Entgeltabrechnungen vor dem Unfall und das Ist-Einkommen ergibt sich dann in chronologischer Reihenfolge aus den geleisteten Entgeltersatzleistungen. Die Differenz bildet den ersatzfähigen Schaden.

20 Für den verletzten selbstständigen Unternehmer ergibt sich für die Bezifferung seines Verdienstausfalls die Notwendigkeit betriebswirtschaftlicher Auswertungen, Bilanzen, Einnahmenüberschussrechnungen etc., welche ebenfalls zur Akte zu nehmen sind. Hinzu kommen Einkommensteuerbescheide sowie Bescheide über die gesonderte und einheitliche Feststellung von Besteuerungsgrundlagen und im Laufe der Regulierung oftmals eingeholte Sachverständigengutachten zur Höhe des Einkommensschadens des selbstständigen Unternehmers.

VII. Haushaltsführungsschaden

21 Hinter dem Trennblatt „**Haushaltsführungsschaden**“ werden zunächst die vom Mandanten ausgefüllten Fragebögen (hierzu siehe z.B. den Fragebogen in § 11 des Praxishandbuchs Haushaltsführungsschaden) zur Akte genommen. Ergänzt werden diese Fragebögen durch Fotos vom Haushalt des Mandanten, wobei jeder Raum aus zwei verschiedenen Perspektiven erfasst sein sollte. Auch Außenansichten des bewohnten Gebäudes und fotografierte Gärten (Vorgarten/Hausgarten/Pachtgarten) sollten zur Akte genommen werden. Oftmals verfügen Mandanten sogar noch über bauplanungsrechtliche Unterlagen, die in Kopie ebenfalls im Regulierungsgespräch hilfreich sein können. Anhand dieser Materialien kann der Haushaltsführungsschaden unter Berücksichtigung von § 287 ZPO zuverlässig geschätzt werden und die vom Mandanten zur Verfügung gestellten Fotodokumente können im Regulierungsgespräch herangezogen werden, um einen besonders hohen Haushaltsführungsaufwand oder eine hohe Anspruchstiefe zu dokumentieren.

VIII. Vermehrte Bedürfnisse/Pflegekosten

22 Hinter dem Trennstreifen mit der Beschriftung „**vermehrte Bedürfnisse/Pflegekosten**“ werden alle Belege gesammelt, die der Mandant im Laufe der Regulierung zur Akte reicht, weil er unfallbedingt Ausgaben für die Anschaffung von **Hilfs-/Heilmitteln** hatte. Hierhin gehören auch die Abrechnungen mit dem Pflegedienst bzw. eingeholte Pflegegutachten. Sämtliche Belege, die zur Bezifferung der vermehrten Bedürfnisse gesammelt werden, sollten an dieser Stelle zusammengeführt werden.

23 Um die Kanzlei nicht übermäßig mit dem Sortieren und Erfassen von Einzelbelegen zu beschäftigen, sollte dem Mandanten aufgegeben werden, alle Belege für schadensbedingte Anschaffungen in eine Excel-Tabelle einzutragen und die Belege entsprechend zu nummerieren. Hilfreich bei der Auswahl und zur Abgrenzung der Sowiesokosten hat sich diese Faustformel erwiesen: wenn die Ausgabe auch ohne Schadensereignis erfolgt wäre, gehört der Beleg nicht in die Tabelle; ist das Geld wegen des Schadens ausgegeben worden, muss der Beleg in der Tabelle erfasst werden.

IX. Tabellarische Anspruchsübersicht dem Grunde und der Höhe nach

24 Nachdem die einzelnen Ansprüche dem Grunde und der Höhe nach beziffert worden sind, empfiehlt es sich, eine tabellarische Übersicht in Form einer Excel-Tabelle anzulegen. Aus dieser Tabelle sollten die aufaddierten Zahlungsansprüche vom Unfalltag bis zum Regulierungsstichtag und für die Kapitalisierung in einer zweiten Spalte der zugrunde zu legende Jahresbetrag erfasst werden, wobei an dieser Stelle bereits in Vorbereitung des Regulierungsgesprächs durchaus die Faktoren für eine

Kapitalisierung mit 1 %, 2 % und 3 % notiert werden sollten. Dies schafft Übersichtlichkeit und ist Argumentationshilfe im Regulierungsgespräch. Diese tabellarische Übersicht ermöglicht nach Abschluss der Regulierung einen schnellen Zugriff, wenn einige Jahre vergangen sind und die Akte bereits archiviert ist. Mit Hilfe dieser Übersicht können relativ schnell die geltend gemachten und regulierten Einzelbeträge erfasst werden. Dieses ist mitunter erforderlich, wenn bspw. der Mandant den Anwalt gesondert mit der Überwachung des Beitragsregresses für seine Altersrente beauftragt. Da diese Regressverfahren oftmals langjährig laufen, ermöglicht die tabellarische Übersicht die kurzfristige Einarbeitung in die „alte" Akte, ohne besonderen Zeitaufwand.

X. Abfindungserklärung

25 Das letzte Trennblatt der Akte beinhaltet dann noch eine Kopie der **Abfindungserklärung** (Vordruck des Haftpflichtversicherers) sowie die ggf. damit im Zusammenhang stehenden Anlagen. Diese Unterlagen schließen die Akte chronologisch ab. Personen(groß)schadensakten sollten (sofern Lagerkapazitäten vorhanden sind) über die gesetzliche Aufbewahrungsfrist hinaus aufbewahrt werden. Der Grund liegt darin, dass der Versicherer ggf. eine **Verjährungsverzichtserklärung** abgegeben hat oder erklärt hat, sich so behandeln zu lassen, als sei am Tage der Unterzeichnung der Abfindungserklärung gegen ihn ein gerichtliches Feststellungsurteil ergangen. Damit verjährt das Stammrecht erst in 30 Jahren. Allerdings ist der Anwalt nicht verpflichtet, diese Unterlagen für seinen Mandanten 30 Jahre lange zu archivieren. Jedoch hat die lange Aufbewahrung der Unterlagen für z.B. 10 Jahre durchaus auch den Zweck der eigenen Enthaftung. Auch das sollte im Fokus bleiben.

§ 3 Personenschadensmanagement

Literatur:

Deutsche Gesetzliche Unfallversicherung e.V. (DGUV), Leistungen zur sozialen Teilhabe – Handlungsleitfaden, 2023; *Höfle*, Das Rehabilitations-Management, Ein hervorragendes Mittel der erfolgreichen anwaltlichen Schadensregulierung, MittBl. Der ARGE VerkR 2006, 48 ff.; *Höke*, Münchener Anwaltshandbuch Straßenverkehrsrecht, 6. Aufl. 2025; *Hugemann*, Personenschadens-Management, 2007; *Lauer*, Personenschadensmanagement – Fallerkennung und Prozess, MittBl. Der ARGE VerkR 2006, 43 ff.; LG Heilbronn zfs 1998, 247; *Schah Sedi*, Reha-Management Schwerstverletzter nach Verkehrsunfällen: aktuelle Entwicklungen in einem 25jährigen Erfolgsmodell, NZV 8/2022, S. 367 ff.; *Schneider*, Das verkehrsrechtliche Mandat, Bd. 2: Verkehrszivilrecht, 8. Aufl. 2020; *Schneider*, Personenschadensmanagement aus Sicht des Geschädigten, zfs 2008, 303 ff.

A. Allgemeines

Das Personenschadensmanagement – kurz: **Reha-Management** – ist aus der Regulierungspraxis des Personen(groß)schadens nicht mehr wegzudenken. Das Reha-Management ist mittlerweile fest etabliert in der Schadensregulierung. Ein Geschädigter, der über seinen Rechtsanwalt die Einschaltung eines Personenschadensmanagements beim Haftpflichtversicherer einfordert, läuft in der Regel „offene Türen" ein. Der Grund liegt in der **Win-win-Situation** für beide Seiten. Der Geschädigte wird massiv unterstützt bei der Folgenbeseitigung des Schadensereignisses und der Versicherer kann durch gezielte Maßnahmen eine Chronifizierung von Unfallfolgen vermeiden und so erheblich dazu beitragen, dass der Geschädigte wieder in das Berufsleben integriert werden kann. Darin steckt auf lange Sicht gesehen ein erhebliches finanzielles Sparpotenzial für den Haftpflichtversicherer. Der Vorteil für den Geschädigten auf der anderen Seite liegt darin, medizinisch optimal versorgt zu werden und bei der Suche nach einem schadensbedingt geeigneten Arbeitsplatz professionell unterstützt zu werden. 1

Die angestrebte selbstbestimmte und eigenverantwortliche Teilhabe am gesellschaftlichen Leben soll zu mehr Zufriedenheit führen und sich damit positiv auf alle Rehabilitationsbereiche auswirken. Nur eine ganzheitliche Betrachtung der gesundheitlichen Beeinträchtigungen ermöglicht es, die individuelle Situation der Betroffenen richtig einzuschätzen und passgenaue Lösungen für das jeweilige Reha-Management zu finden (DGUV, Handlungsleitfaden 2021).

Es ist grundsätzlich zwischen dem **sozialrechtlichen Schadensmanagement** und dem **zivilrechtlichen Schadensmanagement** zu unterscheiden. Es besteht eine große Schnittmenge zwischen den Möglichkeiten des **sozialrechtlichen Reha-Managements** und den Bereichen und Arten des **zivilrechtlichen Reha-Managements**, die sich wie folgt zusammenfassen lassen: **medizinisches Reha-Management**, **Pflegemanagement**, **berufliches Reha-Management** und **Technikmanagement**.

B. Sozialrechtliches Schadensmanagement

2 Mit Inkrafttreten des SGB IX am 1.7.2001 wurde die Rehabilitation und Teilhabe behinderter Menschen sozialrechtlich geregelt. Zur **Teilhabe** werden Leistungen zur **medizinischen Rehabilitation**, Leistungen zur **Teilhabe am Arbeitsleben**, **unterhaltssichernde** und andere ergänzende **Leistungen**, ebenso wie Leistungen zur Teilhabe am **Leben in der Gemeinschaft** gezählt (§ 4 SGB IX).

3 Insbesondere die gesetzliche Unfallversicherung erbringt im Sinne der ganzheitlichen Rehabilitation neben der medizinischen Rehabilitation und den Leistungen zur Teilhabe am Arbeitsleben auch Leistungen zur sozialen Teilhabe (§ 76 SGB IX i.V.m. § 39 SGB VII). Leistungen zur sozialen Teilhabe sollen eine gleichberechtigte Teilhabe am Leben ermöglichen bzw. erleichtern (DGUV, Handlungsleitfaden 2021). § 6 Abs. 1 Nr. 3 SGB IX benennt die gesetzliche Unfallversicherung ausdrücklich als zuständigen Rehabilitationsträger für Leistungen zur sozialen Teilhabe gemäß § 5 Nr. 5 SGB IX.

Im Einzelfall sind Leistungen zur sozialen Teilhabe von der Hilfsmittelversorgung, den Hilfsmittelrichtlinien (§ 31 SGB VII) und Pflegeleistungen (§ 44 SGB VII) abzugrenzen.

4 Gemäß der Behindertenrechtskonvention der Vereinten Nationen soll die betroffene Person mit ihren individuellen Wünschen und Bedürfnissen im Mittelpunkt stehen. Sie soll durch die gesetzliche Unfallversicherung mit allen geeigneten Mitteln bei einer möglichst selbstbestimmten und eigenverantwortlichen Lebensführung im eigenen Wohnraum sowie im Sozialraum unterstützt und gefördert werden (DGUV, Handlungsleitfaden 2021).

5 Nicht nur die medizinische, sondern auch die berufliche und soziale Teilhabe sollen in der gesetzlichen Unfallversicherung gemäß dem Grundsatz „Alles aus einer Hand“ miteinander verbunden werden. Sie beeinflussen sich gegenseitig und stellen einen ganzheitlichen Rehabilitationsprozess dar, der über das **sozialrechtliche Reha-Management** gesteuert werden soll. Das gesetzliche bzw. sozialpolitische Ziel der sozialen Teilhabe ist die Unterstützung der Selbstbestimmung und der gleichberechtigten Teilhabe am Leben in der Gesellschaft (§ 26 Abs. 2 Nr. 3 SGB VII; § 76 Abs. 1 SGB IX). Menschen mit Behinderungen sollen befähigt bzw. unterstützt werden, die Anforderungen des täglichen Lebens sowohl im eigenen Wohnraum als auch im Sozialraum möglichst eigenständig zu bewältigen (DGUV, Handlungsleitfaden 2023).

6 Anspruchsgrundlagen für Leistungen zur sozialen Teilhabe nach dem SGB VII sind entsprechend § 26 Abs. 2 Nr. 3 und Nr. 4 SGB VII i.V.m. § 39 Abs. 1 SGB VII insbesondere:

- § 40 SGB VII, § 39 Abs. 1 Nr. 1 SGB VII
- § 41 SGB VII
- § 39 Abs. 1 Nr. 2 SGB VII

Gleichberechtigte Anspruchsgrundlage neben dem SGB VII für Leistungen zur sozialen Teilhabe in der gesetzlichen Unfallversicherung ist § 76 SGB IX. § 76 Abs. 2 SGB IX enthält einen offenen, d.h. nicht abschließenden („insbesondere“) Katalog von Leistungen (DGUV, Handlungsleitfaden 2021).

Leistungen zur sozialen Teilhabe sind eigenständige Leistungen der gesetzlichen Unfallversicherung. Sie werden ohne besonderen Antrag von den Unfallversicherungsträgern (von Amts wegen) erbracht. Ziel ist es, Menschen mit Behinderung durch Leistungen der sozialen Teilhabe ein selbstbestimmtes Leben im eigenen Wohnraum sowie in ihrem Sozialraum zu ermöglichen (DGUV, Handlungsleitfaden 2023). **7**

Hinsichtlich der im Einzelfall zu erbringenden Leistungen haben die Unfallversicherungsträger ein Auswahlermessen. Dabei sollen die persönlichen, wirtschaftlichen und örtlichen Verhältnisse sowie die Wünsche der Versicherten berücksichtigt werden. Die gesetzliche Unfallversicherung hat dabei ihr Ermessen entsprechend dem Zweck der Ermächtigung auszuüben, wobei die gesetzlichen Grenzen des Ermessens einzuhalten sind (DGUV, Handlungsleitfaden 2021). **8**

Zur Stärkung der Eigenverantwortung und Selbstbestimmtheit der Betroffenen wird proaktiv seitens der gesetzlichen Unfallversicherung zum **persönlichen Budget** (§ 29 SGB IX) beraten. Voraussetzung für den Bezug des persönlichen Budgets ist, dass die Leistungen dem Geschädigten auch tatsächlich zustehen und dass sie „budgetfähig“ sind (DGUV, Handlungsleitfaden 2021). **9**

> *Praxistipp*
>
> Insbesondere in den Fällen, in denen ein Mitverschulden und somit eine Haftungsquote eine Rolle spielt oder in Fällen, in denen vom eintrittspflichtigen Haftpflichtversicherer die Beauftragung eines **zivilrechtlichen Schadensmanagements** abgelehnt wird, ist es ratsam, die proaktive Beratung im **sozialrechtlichen Reha-Management** z.B. zum **persönlichen Budget** gegenüber dem Sozialversicherungsträger einzufordern.

Bei dauerhaften Unfallfolgen kann ein persönliches Budget auch als Dauerleistung erbracht werden.

> *Praxistipp*
>
> Sollte die eintrittspflichtige Haftpflichtversicherung des Schädigers die Implementierung eines sogenannten Arbeitgebermodells zur Absicherung des unfallbedingt notwendigen Pflege- und Betreuungsbedarfs des Geschädigten verweigern, stellt das **persönliche Budget** nach § 29 SGB IX eine alternative Möglichkeit dar, dieses sogenannte Arbeitgebermodell unter Umgehung des unwilligen Haftpflichtversicherers dennoch zu implementieren.
>
> Die Auseinandersetzung mit der gegnerischen Haftpflichtversicherung bleibt dann dem Sozialversicherungsträger im Regressverfahren überlassen.

C. Zivilrechtliches Schadensmanagement

10 Die Geburtsstunde des **zivilrechtlichen Schadensmanagements** ist auf die zweite Hälfte der 90er Jahre des vorherigen Jahrhunderts zu datieren. Das **Personenschadensmanagement** war mittlerweile viermal beim Verkehrsgerichtstag in Goslar Thema eines Arbeitskreises, nämlich beim 38. Verkehrsgerichtstag im Jahr 2000, beim 46. Verkehrsgerichtstag im Jahr 2008, beim 60. Verkehrsgerichtstag im Jahr 2022 sowie beim 56. Verkehrsgerichtstag im Jahr 2018 im Rahmen des Arbeitskreises über Ansprüche Schwerstverletzter.

11 Unverkennbar besteht eine große Schnittmenge zwischen den sozialrechtlichen Leistungsgruppen und den Bereichen und Arten des **zivilrechtlichen Reha-Managements**, die sich wie folgt darstellen lassen: **medizinisches Reha-Management, Pflegemanagement, berufliches Reha-Management** und **Technikmanagement** (s.o.). In der Praxis ist das Phänomen feststellbar, dass die Gewährung gleichartiger sozialrechtlicher Leistungen nach SGB VII und SGB IX einen gewissen Anlaufzeitraum benötigt, hingegen vergleichbare Leistungen des zivilrechtlichen Reha-Managements innerhalb weniger Wochen nach dem Schadensereignis dem Geschädigten bereits zur Verfügung stehen können. Bedenkt man, dass der Sozialversicherungsträger die von ihm aufgewendeten Kosten für Teilhabeleistungen nach einem Schadensereignis ohnehin beim Haftpflichtversicherer regressiert, dann fällt auf, dass dem Haftpflichtversicherer durch die Einschaltung des Reha-Managements an sich keine Mehrkosten entstehen, da er diese bei alternativem Tätigwerden des Sozialversicherungsträgers ebenfalls zu tragen hätte. Eine Kostenersparnis ergibt sich im Einzelfall immer dann, wenn Teilungsabkommen zwischen dem Sozialversicherungsträger und dem Haftpflichtversicherer bestehen, die einen 100 %igen Regress der vom Sozialversicherungsträger erbrachten Teilhabeleistungen ausschließen.

12 Jedem Geschädigten ist jedoch die Inanspruchnahme des zivilrechtlichen Personenschadensmanagements auf Kosten des Haftpflichtversicherers anzuraten, weil sich hier die Flexibilität der privatrechtlichen Organisationsform deutlich im Vorteil befindet im Vergleich zu den sozialrechtlichen Vorgaben, die ein Sozialversicherungsträger zu beachten hat, bevor er gleichwertige **Teilhabeleistungen** erbringen kann.

13 Mittlerweile wird allseits die Einrichtung eines **Rehabilitations-Managements** befürwortet. Allerdings sollten hierfür Voraussetzungen geschaffen und beachtet sowie Kontrollmechanismen eingerichtet werden, die sowohl den persönlichkeitsrechtlichen Schutz des Unfallopfers sicherstellen als auch den Ausschluss schadensersatzrechtlicher Nachteile gewährleisten. Daher wurde bereits im Jahre 2002 durch die Arbeitsgemeinschaft Verkehrsrecht dazu ein Regelwerk (**Code of Conduct**) aufgestellt, welches die Grundregeln für die Tätigkeit des **Reha-Dienstleisters** festlegt.

Veränderte Kommunikationsarten, veränderte Arbeitsabläufe und die Entwicklungen des Marktes der **Reha-Anbieter** in den letzten knapp 23 Jahren machten zwischenzeitlich eine zeitgerechte Anpassung des Code of Conduct notwendig. Der volle Wortlaut des Code of Conduct des Reha-Managements ist auf der Homepage der Arbeitsgemeinschaft Verkehrsrecht des Deutschen Anwaltvereins e.V. (https://www.verkehrsanwaelte.de/fileadmin/user_upload/content-files/fuer-anwaelte/reha-dienste/Code_of_Conduct_2018–01–31.pdf.pdf) zu finden.

Die wichtigsten Grundsätze des Code of Conduct des Reha-Managements sind folgende:

- Das Reha-Management darf nicht vom Haftpflichtversicherer selbst durchgeführt werden, sondern liegt in der Hand eines **Rehabilitationsdienstes**.
- Der Reha-Dienst ist personell und organisatorisch vom Haftpflichtversicherer unabhängig, weisungsfrei und neutral. Art und Umfang seiner Tätigkeit wird ausschließlich durch das **Rehabilitationsziel** bestimmt.
- Der Reha-Dienst hat sich jeglicher Einflussnahme oder gar Beurteilung auf die Regulierung des Schadens zum Grund oder zur Höhe der Ansprüche zu enthalten und bereits der Möglichkeit des Entstehens eines dahin gehenden Anscheins entgegenzuwirken.
- Der vom Haftpflichtversicherer zu beauftragende Reha-Dienst wird einvernehmlich mit dem Anwalt des Unfallopfers vorher bestimmt.
- Der Anwalt des Unfallopfers und der Haftpflichtversicherer legen das Rehabilitationsziel zuvor fest.
- Die Kosten des Reha-Managements trägt, auch bei nur quotaler Haftung, der Haftpflichtversicherer.

Ein vergleichbarer Anspruch oder gar gesetzliche Anspruchsgrundlagen, wie sie es für das **sozialrechtliche Reha-Management** gibt, existieren für das **zivilrechtliche Reha-Management** in der Form nicht. 14

Allerdings muss mit dem weit verbreiteten Irrtum aufgeräumt werden, dass die Einrichtung des zivilrechtlichen Reha-Managements „stets auf ausschließlich freiwilliger Basis" (vgl. Code of Conduct) beruht. 15

Ein wesentlicher Bestandteil des Code of Conduct des Reha-Managements ist die „**Freiwilligkeit**" aller Beteiligter des Personenschadensmanagements. Daraus ergibt sich die weitere beim 60. Verkehrsgerichtstag diskutierte Frage, ob Geschädigte einen Anspruch auf Einschaltung eines **privaten Reha-Dienstleisters** haben.

Die Praxisrelevanz dieser Fragestellung ist gemessen an der ausgesprochen großen Bereitschaft der KH-Versicherer zur Kostenübernahme von **privatem Personenschadensmanagement** zwar gering, aber dennoch nicht von der Hand zu weisen. Betroffen von dieser Fragestellung sind Fälle, in denen keine – oder nur eine untergeordnete – **Win-win-Situation** für den KH-Versicherer vorliegt. Ein nicht nur singuläres Beispiel aus der Praxis, bei welchem die menschliche Dramatik in der vermeintlichen Ausweglosigkeit aus der Situation liegt, verdeutlicht das: ein schwerstgeschädigtes und vollumfänglich pflegebedürftiges Unfallopfer, dessen zukünftige Eingliederung in das Erwerbsleben ausgeschlossen ist, wird zu Hause, sowohl von einem professionellen Pflegedienst stundenweise, als auch für den überwiegenden 16

Rest des Tages und der Nacht und unentgeltlich von den Angehörigen gepflegt und betreut. Letztere haben deshalb ihre bislang ausgeübte eigene Berufstätigkeit aufgegeben. Diese „gemischten Modelle“ werden in vielen Fällen vom KH-Versicherer sehenden Auges trotz massiver Intervention der beauftragten Anwälte ohne PSM sich selbst überlassen. Es findet sich die Argumentation, dass das doch ganz hervorragend klappt und der Pflegedienst über die Pflegekasse läuft, die alles regressieren würde, und – soweit die Voraussetzungen vorliegen – die gesetzliche Unfallversicherung mit Rat und Tat zur Seite steht, weshalb ein Personenschadensmanagement nicht notwendig sei. Im Übrigen bestünde kein Anspruch darauf, weil dies auch eine für den Versicherer freiwillige Angelegenheit sei.

17 Tatsache ist jedoch, dass nur ein spezialisierter Reha-Dienstleister in der Lage ist, den vollständigen Pflegebedarf außerhalb des Sozialrechts zu erfassen und dieses organisatorisch sowie arbeitsrechtlich fehlerfrei im Rahmen eines Arbeitgebermodells abzusichern. Kein Schwerstgeschädigter kann den Dienstplan für seine Pflege erstellen, in dem Krankheits- und Urlaubszeiten abgefedert werden, sowie die Lohnbuchhaltung vornehmen und die notwendigen Zahlungen an Arbeitnehmer, Finanzamt und SVT bewirken. Diese komplexe Aufgabe erfordert den Rechtsanspruch auf Kostenübernahme für ein privates Reha-Management, innerhalb dessen das Pflegemodell betreut wird. Dazu zählt auch die Kostenübernahme für die reinen Verwaltungskosten des Arbeitgebermodells (Inkasso vom Versicherer, Auskehrung der Arbeitsentgelte, Abführung von Steuern, Sozialabgaben und Versicherungen etc.).

18 Personenschadensmanagement mit dem Hinweis auf dessen Freiwilligkeit im Rahmen des **Code of Conduct** zu versagen, wird der Situation nicht gerecht. Nach seiner Rechtsnatur ist der Code of Conduct eine rechtlich unverbindliche, auf Verhaltenslenkung abzielende Regelung, die allgemeine oder spezielle Verhaltensanforderungen formuliert (www.gabler-banklexikon.de/definition/code-conduct-70622.de). Der Code of Conduct ist keine materiell–rechtliche Anspruchsgrundlage!

19 Im konkreten Fall beansprucht der Code of Conduct seine Gültigkeit im Dreiecksverhältnis zwischen Versicherer und Geschädigtem (Zuwendungsverhältnis) sowie Versicherer und Reha Dienst (Deckungsverhältnis) und zwischen Reha-Dienst und Geschädigtem (Leistungsverhältnis). Der Code of Conduct beinhaltet innerhalb dieses Dreiecksverhältnisses Verhaltensanforderungen, denen sich die Beteiligten freiwillig unterwerfen, sobald das Personenschadensmanagement etabliert ist. Das hat zur Konsequenz, dass die im Code auf Conduct postulierte Freiwilligkeit in dem Sinne zu verstehen ist, dass es den Beteiligten freisteht, jederzeit – und ohne Angabe von Gründen – das Reha-Management zu beenden. Aus dieser Rechtsnatur eines privatschriftlichen Verhaltenskodex lässt sich jedoch nicht ableiten, dass im obigen Beispiel der Schwerstverletzte keinen Anspruch auf Personenschadensmanagement bzw. dessen Kostenübernahme hat. Der Code of Conduct gilt schlicht so lange

nicht, bis sich die oben genannten Beteiligten auf die Installation eines Personenschadensmanagements verständigt haben. Deshalb kann sich der KH-Versicherer nicht auf seine eigene mangelnde Freiwilligkeit berufen, um sich so einer Kostentragung für diese Dienstleistung zu entziehen.

Zumeist wird dabei übersehen, dass sich der Anspruch auf das Reha-Management unmittelbar aus dem Schadensersatzrecht ergibt. Es kommt darauf an, welche Anspruchsgrundlage greift: Naturalrestitution nach § 249 Abs. 1 BGB oder die Ersetzungsbefugnis nach § 249 Abs. 2 BGB. Das hängt vom Willen des Geschädigten ab. 20

Im Verhältnis zum Schädiger ist das Reha-Management als Naturalrestitution nach § 249 Abs. 1 BGB zu qualifizieren. Der Schädiger ist verpflichtet, den Zustand wie vor dem Schadensereignis wiederherzustellen. Die Naturalrestitution unterliegt der Regie des Schädigers (*Hugemann*, S. 56 m.w.N.). Die Konsequenz ist, dass der Geschädigte den Schädiger nicht auf eine bestimmte Form der Naturalrestitution festlegen kann und er damit keinen Anspruch auf Einschaltung eines (bestimmten) Reha-Dienstes hat (*Hugemann*, S. 56). 21

Anders sieht es nach § 249 Abs. 2 BGB aus. Macht der Geschädigte von seiner Ersetzungsbefugnis Gebrauch, kann er vom Schädiger den zur Wiederherstellung erforderlichen Geldbetrag verlangen. Es tritt ein Regimewechsel zu seinen Gunsten ein. Er kann die Kosten für den selbst beauftragten Reha-Dienstleister verlangen (*Hugemann*, S. 80), denn sie sind ein Schadensersatz in Geld, der nach § 249 Abs. 2 BGB geschuldet ist. 22

Daneben tritt der ausschließlich auf Geld gerichtete Anspruch nach § 117 Abs. 1 S. 3 VVG gegen den KH-Versicherer. Der Geschädigte kann danach die Kosten des selbst beauftragten Personenschadensmanagement unmittelbar beim KH-Versicherer einklagen (*Hugemann*, S. 80). 23

Aber: sowohl der Anspruch nach § 249 Abs. 2 BGB als auch der Anspruch nach § 117 Abs. 1 S. 3 VVG bedeuten keinen Freibrief für den Geschädigten. Bei der selbstveranlassten Beauftragung des Personenschadensmanagements ist das Gebot der Erforderlichkeit (§ 249 Abs. 2 BGB) dabei ebenso zu beachten wie die Einhaltung der Schadensminderungspflicht (§ 254 Abs. 2 BGB). 24

Somit trägt der Geschädigte das Prozessrisiko, die Kosten des selbstbeauftragten Personenschadensmanagements entweder nur teilweise oder aber gar nicht erstattet zu bekommen. Deshalb sollte die Einschaltung des Reha-Managements immer vorrangig zwischen dem Geschädigten und dem KH-Versicherer aufgrund gemeinsamer Willensbildung erfolgen. Eine streitige Auseinandersetzung sollte ausschließlich den Sachverhalten vorbehalten bleiben, in denen der Rechtsweg alternativlos ist – wie im obigen Beispielsfall. Die streitigen Fälle sind in der Praxis nicht sehr zahlreich, weil das Personenschadensmanagement aufgrund der erforderlichen langen Laufzeit – siehe obiges Beispiel – Kosten im hohen vierstelligen und sogar im fünfstelligen Bereich ausmachen kann, die der Geschädigte zunächst zu verauslagen 25 hat, bevor er sie als Schadensersatzanspruch rechtshängig machen kann. In einer ähnlichen alternativlosen Situation befand sich der junge, verletzte Kläger nach schwerem Schädelhirntrauma, der für seine berufliche Rehabilitation die Kosten eines selbstbeauftragten, professionellen Reha-Managements einklagen musste, weil der eintrittspflichtige KH-Versicherer das Personenschadensmanagement verweigert hat. Das **LG Heilbronn, Urt. v. 24.11.1997 – 6 O 1852/97** hat die Ersatzfähigkeit dieser Kosten bejaht und dem Kläger einen fünfstelligen Betrag zugesprochen, den dieser für das privat beauftragte Reha-Management entrichtet hatte, nachdem der KH-Versicherer diese Kostenübernahme abgelehnt hatte (LG Heilbronn zfs 1998, 247).

26 Die Anspruchsgrundlage dafür fand sich in den §§ 7 Abs. 1, 18 Abs. 1 StVG, § 823 Abs. 1 und 2 BGB i.V.m. § 230 StGB, §§ 842, 843 BGB sowie § 3 PflVG (welcher mittlerweile in dem oben zitierten § 117 Abs. 1 S. 3 VVG aufgegangen ist).

27 So sind – unter Beachtung der Erforderlichkeit – die Kosten eines professionellen **Reha-Managements** schadensrechtlich ersatzfähig und es besteht ein Anspruch auf ein **zivilrechtliches Reha-Management**, welcher sich aus § 249 BGB herleitet.

28 *Praxistipp*

Der Rechtsanwalt des Geschädigten sollte dennoch frühzeitig die Implementierung eines **zivilrechtlichen Reha-Managements** beim KH-Versicherer anregen und diesen von der **Win-win-Situation** überzeugen. Insbesondere bei schwerstpflegebedürftigen Geschädigten, die kaum Aussicht auf eine Reintegration in das Erwerbsleben haben, könnte sich der KH-Versicherer gegen ein Reha-Management zur Organisation der Pflege (z.B. Planung, Organisation und Umsetzung eines sog. **Arbeitgebermodells** zur Absicherung der unfallbedingt notwendigen Pflege in der Häuslichkeit) sperren, da dies mit erheblichen Kosten für diesen verbunden ist. Daher ist es für den Geschädigtenvertreter wichtig, den KH-Versicherer von seinem Nutzen aus diesem Reha-Management zu überzeugen, der darin liegt, dass der unfallbedingte Pflege- und Betreuungsbedarf abgesichert und geordnet abgedeckt wird und so zusätzliche Kosten beim KH-Versicherer vermieden werden. Die Win-win-Situation bei der Pflege kann durchaus auch darin liegen, dass durch professionelle Organisation des unfallbedingten Pflege- und Betreuungsbedarfs und die Einbindung von geschultem Personal Pflegefehler vermieden werden, die andernfalls zu einem weiteren Schaden und damit weiteren Kosten zu Lasten des KH-Versicherers führen könnten. Zudem hat ein Geschädigter, der sich selbst die eigene Pflege nicht organisieren kann, ohnehin einen Anspruch auf professionelle Unterstützung für die Schaffung eines passgenauen Pflegekonzeptes nach § 249 Abs. 2 BGB.

D. Rechtsbeziehungen innerhalb des Schadensmanagements: Code of Conduct, Ziff. 2

Das **Personenschadensmanagement** basiert auf einem Dreiecksverhältnis zwischen dem Versicherer, dem **Reha-Dienstleister** sowie dem Geschädigten, vertreten durch seinen Rechtsanwalt. Rechtlich von besonderem Interesse ist die Rechtsbeziehung zwischen dem Geschädigten und dem Reha-Dienstleister. Nachdem zuvor ein Vertrag zugunsten Dritter zwischen dem Haftpflichtversicherer und dem Reha-Dienstleister geschlossen wurde, stellt sich alsdann die Frage nach der Qualität der Rechtsbeziehung zwischen dem Geschädigten und dem Reha-Dienst. In diesem Rechtsverhältnis besteht kein Vertragsverhältnis. Auf der anderen Seite ist zu berücksichtigen, dass der Geschädigte dem Reha-Manager sehr sensible und höchstpersönliche Daten mitteilen muss, um das angestrebte Reha-Ziel zu erreichen. In diesem Rechtsverhältnis besteht ein Bedürfnis nach Kontrollmechanismen, die den persönlichkeitsrechtlichen Schutz des Geschädigten einerseits sicherstellen und andererseits den Ausschluss schadensersatzrechtlicher Nachteile gewährleisten. In diesem Sinne wurde im Arbeitskreis I des 46. Deutschen Verkehrsgerichtstages 2008 eine Empfehlung postuliert, wonach die für die effektive Arbeit des Reha-Managements erforderliche Unabhängigkeit dadurch sichergestellt wird, dass die bereits im Jahr 2002 entwickelten und inzwischen neu geregelten Grundsätze, nämlich die des **Code of Conduct des Reha-Managements**, zugrunde gelegt werden. Danach darf das Reha-Management nicht vom Haftpflichtversicherer selbst durchgeführt werden, sondern nur von einem personell und organisatorisch vom Haftpflichtversicherer unabhängigen Rehabilitationsdienstleister. Dieser ist weisungsfrei und neutral. Das **Rehabilitationsziel** bestimmt die Art und den Umfang der Tätigkeit des Reha-Dienstleisters. Er ist hinsichtlich aller außerhalb des Rehabilitationszieles liegenden Erkenntnisse zur Verschwiegenheit verpflichtet. Weiterhin hat er sich jeglicher Einflussnahme oder Beurteilung auf die Regulierung des Schadens zum Grund oder zur Höhe der Ansprüche zu enthalten und bereits der Möglichkeit des Entstehens eines dahingehenden Anscheins entgegenzuwirken. Zur Sicherung der Qualität, der Objektivität und Wahrung der Unabhängigkeit, muss beim Rehabilitationsdienstleister ein **Beirat** oder eine vergleichbare Einrichtung errichtet sein. Diese besteht aus mindestens drei Experten aus den Bereichen Medizin, Recht und Arbeits-/Sozialwesen. Die Berufung des Vertreters aus dem Bereich Recht erfolgt durch Entsendung der **ARGE Verkehrsrecht des Deutschen Anwaltvereins**. Die Entsendung ist auf fünf Jahre befristet, wobei weitere Entsendungen zulässig sind. Die herausragende Bedeutung des Beirates zur Kontrolle der Einhaltung des Code of Conduct wird nun dadurch betont, dass die Zuständigkeit des Beirates an erster Stelle und hervorgehoben als eigener Punkt im Code of Conduct dargestellt wird. Zudem wird der Inhalt der Kontrolltätigkeit geregelt. 29

E. Fallerkennung: Welcher Sachverhalt ist für das Reha-Management geeignet?

30 Aspekte, die einen Sachverhalt als geeignet für das Personenschadensmanagement erscheinen lassen, sind trotz des Unfallereignisses neben der beruflichen Qualifikation die physische und psychische Leistungsfähigkeit, Selbstvertrauen und Dynamik.

31 Im Bereich der **medizinischen Rehabilitation** ist die Erkennung des geeigneten Falls recht einfach: Bei schweren und schwersten Personenschäden sollte immer die professionelle medizinische Rehabilitation durch einen **Reha-Dienstleister** beim Versicherer angeregt werden. Unabhängig davon, ob eine vollständige Wiederherstellung möglich ist, um den Verletzten in der Folge dann beruflich zu rehabilitieren, stellt die medizinische Wiederherstellung für alle Beteiligten immer eine **Win-win-Situation** dar. Der Versicherer kann sich bei frühzeitiger professioneller medizinischer Betreuung eine Menge an Kosten ersparen, die sich durch lang anhaltende und sich immer weiter verschlechternde Schadensbilder aufgrund unzureichender medizinischer Versorgung ergeben können. Der Geschädigte kann demgegenüber auf diesem Wege auch in den Genuss von **privatärztlicher Behandlung** gelangen, wenn er ansonsten gesetzlich krankenversichert ist. Oftmals ist es möglich, Behandlungstherapien auf Empfehlung des **Reha-Managers** vom Versicherer direkt bezahlt zu bekommen, die üblicherweise nur im Wege einer **privatärztlichen Verordnung** möglich sind.

> *Praxistipp*
>
> Der Rechtsanwalt des Geschädigten sollte frühzeitig die **medizinische Rehabilitation** durch einen **Reha-Dienstleister** anregen und bereits im ersten gemeinsamen Gespräch mit dem **Fallmanager** und dem Geschädigten abklären, welche Behandlungsmöglichkeiten bestehen, um eine optimale Wiederherstellung des Gesundheitszustandes zu erreichen. Hier sollten ausdrücklich auch solche medizinisch erforderlichen Therapien angesprochen werden, deren Kosten der gesetzliche Sozialversicherer oftmals nicht trägt. Namentlich sind dies z.B. osteopathische Behandlungen, die äußerst wirkungsvoll sein können, sich jedoch wegen der erforderlichen Anzahl als eine verhältnismäßig teure Therapie darstellen können. Das Gleiche gilt für alle Bereiche der sog. Komplementärmedizin.

> *Praxistipp*
>
> Oftmals scheuen Ärzte davor zurück, den Geschädigten die medizinisch notwendigen physiotherapeutischen Behandlungsmaßnahmen zu verordnen. In der Regel wird dies damit begründet, dass das Budget für diese Leistung bereits vom Arzt ausgeschöpft worden sei. Auch hier bietet sich die Einschaltung **medizinischen Schadensmanagements** an, um von neutraler Seite abklären zu las-

sen, ob derartige therapeutische Maßnahmen erforderlich sind und deshalb unmittelbar vom Versicherer an den Leistungserbringer erstattet werden können.

Ein Sachverhalt ist zudem für das Schadensmanagement geeignet, wenn bei berufli- 32
chen Fragestellungen die Aussicht besteht, eine angemessene, auf den Geschädigten zugeschnittene, wirtschaftlich sinnvolle Beschäftigung zu erhalten oder eine dem (Rest-) Leistungspotential entsprechende neue berufliche Tätigkeit zu finden. Das **berufliche Reha-Management** stößt jedoch dann an seine Grenzen, wenn schwerste Verletzungen, das fortgeschrittene Lebensalter des Geschädigten (ggf. in Verbindung mit mangelnder oder fehlender beruflicher Qualifikation) und infrastrukturell schlechte Arbeitsmarktbedingungen bestehen. Im Einzelfall ist sehr genau auszuloten, ob bei Vorhandensein eines oder mehrerer dieser genannten Aspekte das **berufliche Schadensmanagement** nicht deshalb in Frage zu stellen ist, weil das gewünschte **Rehabilitationsziel** realistischerweise nicht erreicht werden kann. Zu bedenken ist auch, dass bei dem Geschädigten mit dem Angebot des beruflichen Reha-Managements die Hoffnung geweckt wird, wieder „in sein altes Leben“ zurückkehren zu können. Das Scheitern eines derartigen beruflichen Schadensmanagements kann zu schwerwiegenden psychischen Folgeproblemen führen.

Mitunter ist es im Rahmen der Schadensregulierung notwendig, den steinigen Weg 33
eines von Anfang an wenig aussichtsreichen beruflichen Schadensmanagements zu gehen. An dieser Stelle soll die oftmals gehandhabte Regulierungspraxis des Erwerbsschadens durch den Haftpflichtversicherer als kritisch bewertet werden, wenn dieser unter dem Gesichtspunkt der Schadensminderung vom Geschädigten den Einsatz seines **Restleistungsvermögens** fordert, obgleich der Geschädigte dazu aufgrund der Unfallfolgen kaum im Stande ist. Nicht selten droht der Versicherer, von der ungedeckten Schadensspitze den Verdienst aus einem fiktiven Minijob (aktuell 556,00 EUR) abzusetzen. Diese Konstellation ist oftmals dann gegeben, wenn der Geschädigte nach sozialrechtlichen Parametern noch im Stande ist, eine Erwerbstätigkeit von weniger als drei Stunden pro Tag auszuüben, er jedoch keiner Erwerbstätigkeit nachgeht. Die sozialmedizinische Leistungsbeurteilung ist jedoch nicht der alleinige Maßstab für die zivilrechtliche Erwerbsschadensregulierung. Oftmals sind es gerade die oben genannten sozioökonomischen Parameter wie das fortgeschrittene Lebensalter des Geschädigten und die bereits unfallbedingte Dauer der Arbeitslosigkeit von mehr als einem Jahr (nach der Definition der Bundesagentur für Arbeit zählt der Geschädigte dann zur Gruppe der sogenannten Langzeitarbeitslosen), die der Rückkehr auf den Arbeitsmarkt entgegenstehen. Nicht selten steht auch die Intensität des physischen Dauerschadens in Verbindung mit einer mangelnden oder gänzlich fehlenden beruflichen Qualifikation einer beruflichen Wiedereingliederung selbst für weniger als drei Stunden pro Tag im Wege. Der Arbeitsmarkt in seiner heutigen Ausprägung ist nicht darauf ausgerichtet, schwer- bzw. schwerstverletzte Langzeitarbeitslose aufzunehmen, bei denen jederzeit die Gefahr besteht, dass sie den Anforderungen des Arbeitsplatzes unfallbedingt nicht mehr

gewachsen sind. Das Überangebot gesunder und nicht behinderter Arbeitnehmer wirkt sich zu Lasten der Unfallopfer aus. In der Praxis kommt es nicht selten vor, dass es trotz der Einschaltung eines teuren Personenschadensmanagements nicht gelingt, einen verunfallten Menschen im Arbeitsmarkt zu integrieren, obwohl er medizinisch über ein Restleistungsvermögen verfügt. Dies ist jedoch dem Schadensfall geschuldet, nicht dem Arbeitsmarkt und sollte nicht mit dem allgemeinen Arbeitsplatzrisiko vermengt werden. Deshalb liegt das Risiko, eine bestehende Restleistungsfähigkeit nicht marktgerecht zu verwerten, beim Versicherer und nicht beim Geschädigten.

Wenn gleichwohl ein Versicherer unter Hinweis auf die Schadensminderungspflicht die fehlende Mitwirkung bei der Annahme eines Minijobs reklamiert und die ungedeckte Schadensspitze entsprechend zu kürzen beabsichtigt, dann sollte der Geschädigtenvertreter die Einschaltung eines **Personenschadensmanagers** zur **beruflichen Rehabilitation** beim Versicherer anregen und ausdrücklich die Leistungsbereitschaft des Geschädigten in den Vordergrund stellen und das **Restleistungsvermögen** anbieten.

34 Wenn dann trotz professioneller Unterstützung durch das **Reha-Management** eine Rückkehr ins Arbeitsleben nicht mehr möglich ist, steht der Regulierung der vollen ungedeckten Schadensspitze beim Erwerbsschaden nichts mehr im Wege. Der Anwalt, der zur optimierten Schadensregulierung diesen Weg mit seinem Mandanten gehen möchte, tut gut daran, dem Mandanten von Anfang an das hohe Risiko des Scheiterns einer **beruflichen Rehabilitation** aufzuzeigen, um dann nicht negative psychische Folgen auszulösen, wenn das **Schadensmanagement** ergebnislos beendet wird.

35 Die Einschaltung des **Pflegemanagements** versteht sich immer dann von selbst, wenn ein Geschädigter unfallbedingt pflegebedürftig ist i.S.d. §§ 14 ff. SGB XI. Hier sollte der Geschädigtenvertreter sofort bei Mandatsbeginn auf die Einschaltung eines **Reha-Managements** hinwirken, um eine mögliche häusliche Pflegesituation zu optimieren, indem Familienangehörige vom **Fallmanager** entsprechend beraten werden und eine möglichst passgenaue Ausstattung mit Pflegemitteln und Hilfsmitteln erfolgen kann. Ebenso kann der Fallmanager bei der Einrichtung eines ggf. notwendigen sogenannten **Arbeitgebermodells** oder der Organisation von stationärer Pflege auf Dauer oder zeitlich befristet behilflich sein.

36 Zumeist geht die Einschaltung des **Pflegemanagements** mit dem **Technikmanagement** Hand in Hand. Damit ist der Aspekt der Planung und Koordination eines **barrierefreien Umfeldes** angesprochen. Kein Geschädigter sollte sich unnötig mit diesen Fragestellungen beschäftigen. **Reha-Dienstleister** haben professionalisierte **Schadensmanager** für diese Sparte. Es handelt sich dabei um spezialisierte Architekten oder Bauingenieure. Deren profundes Spezialwissen sollten sich der Geschädigte und auch der Versicherer durch Einschaltung eines Reha-Managements zunutze machen. Fehlgeplante Umbaumaßnahmen „auf eigene Faust“ des Geschädig-

ten können ggf. schadensersatzrechtlich nicht regulierbar sein und verursachen in der Folge oft weitere Kosten.

Praxistipp

Zur Festigung einzelner Regulierungspositionen, insbesondere im Rahmen der vermehrten Bedürfnisse, ist es immer sinnvoll, wenn der Rechtsanwalt für seinen Mandanten die Einschaltung eines **Personenschadensmanagements** initiiert. Auf diesem Wege erhält der Geschädigte nicht selten einen „Fürsprecher" in der Gestalt des **Schadensmanagers**, wenn es um die optimierte Naturalrestitution des Schadens geht. Das Votum des Schadensmanagers für die Kostenübernahme von Hilfs- und Heilmitteln kann langwierige Entscheidungsfindungsprozesse beim Sozialversicherer ersetzen, die nicht selten die Durchführung eines sozialgerichtlichen Klageverfahrens notwendig machen. Dem Geschädigten ist nicht damit gedient, dass er die medizinisch notwendigen Hilfs- und Heilmittel erst nach einem jahrelangen sozialgerichtlichen Klageverfahren vom Sozialversicherungsträger bezahlt bekommt. Das Personenschadensmanagement verkürzt hier den Leidensweg des Geschädigten im wahrsten Sinne des Wortes, wenn aufgrund des Votums des Schadensmanagers der Versicherer trotz möglicher vorrangiger Leistungsverpflichtung des Sozialversicherers in die Leistungserbringung aktiv durch direkte Kostenübernahme einsteigt.

F. Ablauf des Reha-Managements: Code of Conduct, Ziff. 3

Das Verfahren des **Reha-Managements** wird ebenfalls maßgeblich bestimmt durch den **Code of Conduct (Ziff. 3)**. Insoweit wird Bezug genommen auf die Ausführungen von *Höfle*, MittBl. der ARGE VerkR 2006, 48 f. 37

Das **Schadensmanagement** erfolgt aufgrund einer Vereinbarung zwischen dem Haftpflichtversicherer und dem Anwalt des Geschädigten. Der Verständigung über das „ob" des **Reha-Managements** folgt eine einvernehmlich zwischen Haftpflichtversicherer und Anwalt zu treffende Vereinbarung über den zu beauftragenden **Reha-Dienstleister**. 38

Gemeinsam mit dem Haftpflichtversicherer legt der Geschädigtenanwalt in Absprache mit seinem Mandanten das **Rehabilitationsziel** fest. Die Beauftragung eines Reha-Dienstleisters erfolgt immer und ausschließlich auf Kosten des Schädigers, selbst dann, wenn möglicherweise eine Haftungsquote gegeben ist. Selbst eine teilweise Kostenerstattung durch den Geschädigten ist ausgeschlossen, wenn das **Reha-Management** fehlschlägt oder, aus welchen Gründen auch immer, abgebrochen wird. 39

Entscheidend ist, dass die Entbindungserklärung von der Schweigepflicht vom Reha-Dienstleister nur zum Zwecke der **medizinischen** und/oder **beruflichen Rehabilitation** verwendet werden darf. Sie ist deshalb nicht gegenüber dem Haftpflichtver- 40 sicherer, sondern ausschließlich gegenüber dem **Reha-Dienstleister** zu erteilen. In der Entbindungserklärung ist das **Rehabilitationsziel** zu definieren. Damit ist ausgeschlossen, dass „**Zufallsbefunde**“ dem Haftpflichtversicherer zur Kenntnis gelangen.

41 Der Haftpflichtversicherer, der Geschädigte und auch dessen Anwalt haben sich eines einseitigen fernmündlichen Informationsaustausches zu enthalten. Sollte dieser im Interesse der Erreichung des Rehabilitationsziels unbedingt notwendig sein, so sind die jeweils anderen Beteiligten in dem beschriebenen Dreiecksverhältnis davon unverzüglich schriftlich zu unterrichten.

Wichtig ist, dass sich sowohl der Haftpflichtversicherer als auch der Anwalt des Geschädigten dazu verpflichten, in einem etwaigen Rechtsstreit Mitarbeiter des Rehabilitationsdienstleisters nicht als Beweismittel in das Verfahren einzuführen.

42 Um einen geordneten Qualitätsstandard des Schadensmanagements zu gewährleisten, sollte der Geschädigtenvertreter vor der Beauftragung eines **Reha-Dienstleisters** darauf achten, dass dieser von der **Arbeitsgemeinschaft Verkehrsrecht des Deutschen Anwaltsvereins** geprüft wurde. Nur wenn der **Code of Conduct** in allen Einzelheiten erfüllt ist und sich der Reha-Dienstleister verpflichtet hat, die im Rahmen des Code of Conduct aufgestellten Verfahrensgrundsätze einzuhalten, kann er auf Antrag von der Arbeitsgemeinschaft Verkehrsrecht des Deutschen Anwaltsvereins anerkannt werden. Diejenigen Reha-Dienstleister, die dieses Anerkennungsverfahren durchlaufen haben, dürfen im Rechtsverkehr nach außen auf diese Anerkennung hinweisen. Diese Anerkennung ist ein wichtiges Qualitätsmerkmal bei der Auswahl des Reha-Dienstleisters. Das bedeutet zwar nicht, dass nicht zertifizierte Dienstleister „schlechter“ sind. Erforderlich ist es jedoch aus Sicht des Geschädigten, den Dienstleister zuvor mit allen zu Gebote stehenden Mitteln (z.B. Internet) zu „prüfen“ und ggf. kritische Fragen zur Kompetenz zu stellen.

43 Das **Muster einer Rehabilitationsvereinbarung** unter Einhaltung des Code of Conduct findet sich bei *Höke*, Münchener Anwaltshandbuch Straßenverkehrsrecht, § 26 Rn 500.

44 Neben der Etablierung des Schadensmanagements sollten **verjährungsunterbrechende** oder **verjährungshemmende Maßnahmen** ergriffen werden, da andernfalls die Gefahr besteht, dass bei Scheitern oder vorzeitiger Beendigung des Reha-Managements Ansprüche des Geschädigten verjähren. Oftmals läuft das Reha-Management über Jahre, ohne dass parallel dazu ein Abschluss der Schadensangelegenheit in rechtlicher Hinsicht gefunden werden kann. Mit Sicherheit wäre es ungünstig, den Versicherer nur zum Zwecke der Erlangung eines rechtskräftigen Titels mit einer Feststellungsklage zu überziehen. Das würde das Schadensmanagement überschatten und könnte sich negativ auf die vertrauensvolle Zusammenarbeit zwischen Geschädigtem und Reha-Manager auswirken. Sinnvoller ist es, stattdessen den Versicherer aufzufordern, mit der Wirkung eines am Tage der Abgabe der Erklärung rechtskräftigen Feststellungsurteils zu erklären, dass dieser für

alle immateriellen und materiellen Ansprüche aus dem Schadensereignis eintritt. Am besten erfolgt diese Erklärung zudem unter **Verzicht auf die Einrede der Verjährung** gem. § 202 Abs. 2 BGB.

Wenn der Versicherer eine derartig weitreichende Erklärung zu diesem Zeitpunkt noch nicht außergerichtlich abgeben möchte, dann sollte jedenfalls eine Vereinbarung des Inhaltes getroffen werden, wonach die **Verjährung** der Schadensersatzansprüche während des Laufs des Schadensmanagements als gehemmt gilt (*Schneider*, § 9 Rn 580).

G. Aufgaben des Rechtsanwalts und seine Vergütung

Häufig ist es der Rechtsanwalt des Geschädigten, der den dringenden Handlungs- 45
bedarf für ein **professionelles Schadensmanagement** aufgrund der Schwere der Ausgangsverletzungen feststellt. Der Anwalt, der ein Schadensmanagement initiiert, bürdet sich ein gutes Stück an Mehrarbeit gegenüber dem „Normalfall" der bloßen Schadensregulierung aus einem Verkehrsunfall auf. Aktives Schadensmanagement verlangt vom Rechtsanwalt des Geschädigten ein **hohes persönliches Engagement** und einen weitaus größeren Zeiteinsatz in der Schadensregulierung als unter Verzicht auf das Schadensmanagement. Zunächst sind die Verhandlungen mit dem Haftpflichtversicherer zum „ob" des Schadensmanagements zu führen und es ist die Rehabilitationsvereinbarung im Zusammenwirken mit dem Geschädigten und dem gegnerischen Haftpflichtversicherer auszuarbeiten. Aktives Schadensmanagement erfordert in vielen Bereichen die Präsenz des Rechtsanwalts, wenn es um Besprechungen mit dem Geschädigten und dem Schadensmanager geht. Damit sind Anfahrtswege verbunden, da derartige Besprechungen durchaus in der Häuslichkeit des Geschädigten stattfinden können, und in manchen Fallgestaltungen auch zwingend vor Ort sattfinden müssen. Diese **Meetings** gehen mit einem hohen Beratungsbedürfnis des Geschädigten vor einem solchen Termin und in der Nacharbeit eines solchen Termins einher. Der Geschädigte ist unsicher, wie er sich im Gespräch verhalten soll. Vielfach wird dem **Schadensmanager** ein (unbegründetes) Misstrauen des Geschädigten entgegengebracht ob des Verdachts, der Schadensmanager stehe im Lager des Versicherers. Es erfordert vom Geschädigtenvertreter viel Einfühlungsvermögen und Sachkompetenz, dem eigenen Mandanten zu erklären, welchen Bedeutungsgehalt hier der **Code of Conduct** hat. Bei vielen Geschädigten verbleiben in der Zusammenarbeit mit dem Schadensmanager immer eine gewisse Reserviertheit und Zurückhaltung. Nicht selten gibt es in der gemeinsamen Gesprächsführung mit dem Schadensmanager, dem Geschädigten und seinem Rechtsanwalt die Situation, in der der Schadensmanager eine gewisse Loyalität zugunsten des Haftpflichtversicherers und damit zu Lasten des Geschädigten verbalisiert. Das ist oftmals dann der Fall, wenn der Geschädigte kostenintensive, therapeutische Leistungen abfordert, die in dieser Form nicht vom Sozialversicherungsträger getragen werden. Es ist immer wieder die Aufgabe des Rechtsanwalts, mit

Fingerspitzengefühl auf eine vertrauensvolle Zusammenarbeit hinzuwirken, damit das **Rehabilitationsziel** erreicht werden kann.

46 Die Nachbereitung derartiger gemeinsamer Besprechungstermine erfordert die Abwägung von Vor- und Nachteilen der Umsetzung einer konkreten Reha-Maßnahme. Darüber ist der Geschädigte umfänglich zu beraten. Wenn er sich dann auf eine Reha-Maßnahme einlässt, die der **Fallmanager** vorschlägt, ist es die Aufgabe des Rechtsanwalts, die **Kontrollfunktion** auszuüben, ob die Maßnahme im besprochenen Umfang umgesetzt wird und der Schadensmanager dabei seine Objektivität und Unabhängigkeit bewahrt.

47 Fernerhin erfordert das Schadensmanagement vom Anwalt auch die Bewältigung zusätzlicher Papierberge: Nicht selten kommen im Laufe eines mehrjährigen Schadensmanagements zahlreiche umfängliche Ergebnisberichte und/oder Zwischenergebnisberichte zusammen, die verantwortungsvoll durchgearbeitet werden müssen und mit dem Mandanten zu besprechen sind. Das erfordert vom Rechtsanwalt auch besondere medizinische Fachkenntnisse im Rahmen der **medizinischen Rehabilitation**, da die Berichte zumeist durch ergänzende Befundunterlagen oder ergänzend eingeholte spezielle medizinische Stellungnahmen angereichert sind. Um also eine vom Schadensmanager vorgeschlagene Rehabilitationsmaßnahme zu erfassen, die Umsetzung kritisch zu begleiten und das erreichte Ziel zu überprüfen, bedarf es besonderer Kompetenzen des Rechtsanwalts. Derjenige Rechtsanwalt, der sich darauf einlässt, aktives Schadensmanagement für seinen Mandanten zu begleiten, wird sehr viel Zeit in die Schadensregulierung investieren müssen. Auch wird er sich mit den emotionalen Unfallfolgen seines Mandanten beschäftigen müssen. An dieser Stelle ist dann neben exzellentem juristischem Handwerkszeug die Fähigkeit zur Empathie Voraussetzung für die Schadensregulierung.

48 Wegen dieser hohen Verantwortung, dem erheblichen Zeitaufwand und dem erhöhten Haftungsrisiko ist die Einbindung des Rechtsanwalts in das **Schadensmanagement** gebührenrechtlich von gesonderter Bedeutung. Nach einhelliger Auffassung ist das **Reha-Management** eine **„andere Angelegenheit" i.S.v. § 15 RVG** (*Hugemann*, S. 145; *Höke*, a.a.O., § 26 Rn 500). Empfohlen wird in diesem Zusammenhang der Abschluss einer Vergütungsvereinbarung des Rechtsanwalts mit dem Haftpflichtversicherer in Höhe von 3,5 Gebühren nach dem Wert der Aufwendungen des Haftpflichtversicherers für das Schadensmanagement (so *Schneider*, § 9 Rn 582; *Hugemann*, S. 150 ff.).

Praxistipp

Mitunter erscheint dem Haftpflichtversicherer der Ansatz einer 3,5 Gebühr nach dem Wert der Aufwendungen des Haftpflichtversicherers im **Schadensmanagement** für zu hoch und er stellt im selben Atemzug das **Reha-Management** zur Disposition. An dieser Stelle sollte der Anwalt dem Versicherer klar machen, dass auch der Versicherer ein Interesse am Tätigwerden des Anwalts im Schadensmanagement hat, da dessen Qualifikation und Kooperationsbereitschaft den Ablauf des Reha-Managements fördern, statt ihn unnötig zu behindern. Dem Versicherer sollte aufgezeigt werden, dass nur das Schadensmanagement zu einer schnelleren und erfolgversprechenderen Rückkehr des Geschädigten in das Erwerbsleben führen und damit eine deutliche Reduzierung des Erwerbsschadens zur Folge haben wird. Auch hinsichtlich der **medizinischen Rehabilitation** gilt, dass diese zu einer erheblichen Kostenreduzierung durch Optimierung der Pflege und Versorgung des Mandanten mit technischen Hilfsmitteln führt. Hierfür ist unbedingt das vertrauensvolle Zusammenwirken von Anwalt und Schadensmanager erforderlich. Schließlich soll dem Versicherer in einer solchen Situation entgegengehalten werden können, dass nur eine frühzeitige professionelle Intervention die Ausweitung des ohnehin schon eingetretenen Schadens verhindert. Der Anwalt sollte sich als **Bindeglied** zwischen **Mandant** und **Schadensmanager** darstellen, der erheblichen Einfluss auf die **win-win-Situation** des Schadensmanagements hat.

Praxistipp

In der Praxis hat es sich bei der Abfindung des Personenschadens als eine tragfähige Lösung zur Abrechnung erwiesen, wenn mit dem Haftpflichtversicherer eine Erhöhung des Erledigungswertes um ein oder zwei Gebührensprünge vereinbart wird.

Der Rechtsanwalt sollte sich bei seiner Einbindung in das **Schadensmanagement** bewusst sein, dass er eine verantwortungsvolle und haftungsträchtige Aufgabe übernimmt, die deshalb niemand zum Nulltarif von ihm verlangen kann.

§ 4 Ansprüche bei Verletzung

A. Schmerzensgeld

Literatur:

Bischoff, Psychische Schäden als Unfallfolgen, zfs 2008, 122 ff.; *Bötticher*, Die Einschränkung des Ersatzes immateriellen Schadens und der Genugtuungsanspruch wegen Persönlichkeitsminderung, MDR 1963, 353–360; *Canaris*, in: Gewinnabschöpfung bei Verletzung des allgemeinen Persönlichkeitsrechts – Festschrift für Erwin Deutsch zum 70. Geburtstag, 1999; *Chapmann/Bornstein*, The More You Ask For, the More You Get: Anchoring in Personal Injury Verdicts, Applied – Cognitive Psychology 1996, 519–540; *Dammann*, Drei Thesen zur Kritik der Schmerzensgeldbemessung, Zeitschrift für Rechtspolitik 1970, 76–78; *Diederichsen*, Zur gesetzlichen Neuordnung des Schuldrechts, Archiv für die civilistische Praxis (AcP) 1982, 101–125; *Diehl*, Aktuelle Probleme des Schmerzensgeldes im Verkehrsrecht, zfs 2007, 10 ff.; *Dreier*, Kompensation und Prävention – Rechtsfolgen unerlaubter Handlung im Bürgerlichen, Immaterialgüter- und Wettbewerbsrecht, 2002; *Eggert*, Der Vorschadeneinwand des Schädigers im Haftpflichtprozess – Teil 2 Personenschaden, Verkehrsrecht aktuell 2010, 60 ff.; *Eggert*, HWS-Verletzungen in der aktuellen gerichtlichen Praxis, Verkehrsrecht aktuell 2004, 204 ff.; *Eggert*, Prozessuale Besonderheiten beim Schmerzensgeld, Verkehrsrecht aktuell 2007, 64 ff.; *Eggert*, Schadensersatz bei psychischen Schäden, Verkehrsrecht aktuell 2005, 207 ff.; *Eggert*, Schmerzensgeld aktuell, Verkehrsrecht aktuell 2004, 24 ff.; *Ekkenga/Kuntz* (Hrsg.), in: Bürgerliches Gesetzbuch – Mit Einführungsgesetz und Nebengesetzen, 13. Aufl. 2014; *Ernst*, Erfolgreicher Nachweis von Unfallverletzungen und deren Folgen, Verkehrsrecht aktuell 2008, 186 ff.; *Geppert*, Die Peinliche Halsgerichtsordnung Karls V. (die „Carolina"), JA 2015, 143–153; *Gmür*, Grundriß der deutschen Rechtsgeschichte 1978; *Grunewald/Nugel*, Betrugsabwehr bei behaupteten psychischen Unfallfolgen, zfs 2013, 607 ff.; *Hacks/Wellner/Häcker*, Schmerzensgeld-Beträge 2020 – Über 3000 Urteile, mit den neuesten Entscheidungen deutscher Gerichte, Bemessungsgrundlagen, unfallmedizinisches Wörterbuch, 38. Aufl. 2020; *Hacks/Wellner/Klein/Kohake*, Schmerzensgeld-Beträge 2025, 43. Aufl. 2025; *Halm/Staab*, Posttraumatische Belastungsstörungen nach einem Unfallereignis, DAR 2009, 677 ff.; *Herr*, Schmerzensgeld im Zugewinnausgleich, NJW 2008, 262; *Heßler*, in: Zöller (Hrsg.), Zivilprozessordnung – Mit FamFG (§§ 1–185, 200–270) und Gerichtsverfassungsgesetz, den Einführungsgesetzen, mit Internationalem Zivilprozessrecht, EuGVVO und weiteren EU-Verordnungen, Kostenanmerkungen: Kommentar, 35. Aufl. 2024; *Höke*, Münchener Anwaltshandbuch Straßenverkehrsrecht, 6. Aufl. 2025; *Honsell*, Die Funktionen des Schmerzensgeldes, VersR 1974, 205–207; *Huber*, Der Ersatz künftiger Einbußen beim Personenschaden, zfs 2018, 484–494; *Huber*, in: Rechtsprechung in Wissenschaft, Praxis und Lehre – Festschrift für Barbara Dauner-Lieb, 1. Aufl. 2025, S. 590 ff.; *Jaeger*, Die Schmerzensgeldklage im Adhäsionsverfahren – ist schnelles Recht auch gutes Recht? – Überlegungen zur Rechtsprechung der Strafsenate des BGH mit Blick auf die Entscheidung der Vereinigten Großen Senate (VGGS) des BGH vom 16.9.2016 (VGS 1/16), VersR 2017, 449–458; *Jaeger*, Einfluss der Niedrigzinsphase auf die Bemessung des Schmerzensgeldes, VersR 2019, 577–589; *Jaeger*, Entwicklungen der Rechtsprechung zu hohen Schmerzensgeldern Kurzreferat, VersR 2013, 134–139; *Jaeger*, Höchstes Schmerzensgeld – ist der Gipfel erreicht?, VersR 2009, 159–164; *Jaeger/Luckey*, Handbuch Schmerzensgeld, Systematische Erläuterungen, Schmerzensgeldtabelle, Muster und Sterbetafeln, Medizinisches Lexikon, 12. Aufl. 2024; *Jahnke*, Schadenrechtliche Aspekte der Schmerzensgeldrente, r+s 2006, 228 ff.; *Jahnke/Thinesse-Wiehofsky*, Unfälle mit Kindern und Arzthaftung bei Geburtsschäden, 2013; *Jansen*, in Dorn/Zimmermann/Schmoeckel/Rückert (Hrsg.), Historisch-kritischer Kommentar zum BGB 2007; *Jatzow*, Motive zu dem Entwurf eines Bürgerlichen Gesetzbuches für das Deutsche Reich – Band 2 – Recht der Schuldverhältnisse – Amtliche Ausgabe, 1888; *Jauernig*, Bürgerliches Gesetzbuch. Mit Rom-I-, Rom-II-VO, EuUnthVO/HUntProt und EuErbVO: Kommentar, 19. Aufl. 2023; *Kafitz*, Der Kampf ums Schmerzensgeld im Vorfeld des BGB von 1900 am Beispiel zweier Reichsgerichtsurteile aus 1882, Diss. jur 2005; *Klippel*, Deutsche Rechts- und Gerichtskarte – Mit einem Orientierungsheft neu herausgegeben und mit einer Einleitung versehen von Diethelm Klippel, Nachdruck der Ausgabe von Th. G. Fischer u. Co., Kassel 1896, Aschaffenburg, 1996 1886; *Klode*, Punitive Damages – Ein aktueller Beitrag zum US-amerikanischen Strafschadensersatz, NJOZ 2009, 1762–1773; *Korch*, Berechnung von Schmerzensgeld nach der Art der Behandlung und der Dauer der Beeinträchtigung, EWiR 2019, 143–144; *Korch*, Haftung und Verhalten – Eine ökonomische Untersuchung des Haftungsrechts unter Berücksichtigung begrenzter Rationalität und komplexer Präferenzen, 2015; *Küppersbusch/Höher*, Ersatzansprüche bei Personenschaden, 14. Aufl. 2024; *Lange*, Schadensersatz – Handbuch des Schuldrechts, 3. Aufl. 2003; *Löwe*, Der Gedanke der Prävention im deutschen Schadensersatzrecht 2000; *Luckey*, Aktuelles zum Schmerzensgeldklage, NJW 2019, 3361–3363; *Luckey*, Bemessung des Schmerzensgelds – Umgang mit Präjudizien, SVR 2013, 410–413; *Luckey*, Möglichkeit oder Einbeziehung der wirtschaftlichen Verhältnisse des Schädigers und des Geschädigten bei der Schmerzensgeldbestimmung, DAR 2017, 258–264; *Luckey*, Schmerzensgeldtabellen – Sinnhaftigkeit und Grenzen, SVR 2014, 125; *Menger*, Das bürgerliche Recht und die besitzlosen Volksklassen, 3. Aufl. 1904; *Mertens*, Der Begriff des Vermögensschadens im Bürgerlichen Recht 1967; *Nehlsen-v. Stryk*, Schmerzensgeld ohne Genugtuung, JZ 1987, 119–127; *Neuner*, Das Schmerzensgeld, JuS 2013, 577–585; *Nixdorf*, Mysterium Schmerzensgeld, NZV 1996, 89–94; *Reimann*, Einführung in das US-amerikanische Privatrecht, 2. Aufl. 2004; *Säcker/Rixecker/Hartmut* (Hrsg.), MüKo zum Bürgerlichen Gesetzbuch, 10. Aufl. 2025; *Schah Sedi/Budde*, Der „richtige“ Stundensatz für die unentgeltliche Hilfe im Haushalt des Unfallopfers – zugleich eine kritische Auseinandersetzung mit der Entscheidung des BGH vom 5.11.2024 – VI ZR 12/24, DAR 2025, 242, 242 ff.; *Schlobach*, Das Präventionsprinzip im Recht des Schadensersatzes, 2004; *Schmidt*, Das Schadensersatzrecht des Entwurfs – in: Gutachten aus dem Anwaltsstande über die erste Lesung des Entwurfs eines BGB 1890; *Schneider*, Das verkehrsrechtliche Mandat, Bd. 2: Verkehrszivilrecht, 8. Aufl. 2020; *Schwintowski*, Der Anspruch auf taggenaue Berechnung des Schmerzensgeldes, VuR 2011, 117–119; *Schwintowski/Schah Sedi/Schah Sedi*, Handbuch Schmerzensgeld – Taggenaue Schmerzensgeldbemessung, Schmerzensgeldtabelle, Arbeitshilfen, Musterfälle (Intensiv 15 %, Stationär 10 %, Reha 9 %, Ambulant 8 %), 2013; *Schwintowski/Schah Sedi/Schah Sedi*, Handbuch Schmerzensgeld, 2. Aufl. 2020; *Slizyk*, Schmerzensgeld 2020 – Handbuch und Tabellen; 16. Aufl. 2020; *Slizyk*, Schmerzensgeld 2025 – Handbuch und Tabellen, 21. Aufl. 2025; *Slizyk*, Taggenaue Bemessung des Schmerzensgeldes und Ermittlung des Haushaltsführungsschadens aufgrund des verfügbaren Nettoeinkommens und des gesetzlichen Mindestlohns, NZV 2019, 351–359; *Spindler*, in: Bamberger/Roth (Hrsg.), Beck'scher Online-Kommentar BGB 2025; *Statistisches Bundesamt*, Volkswirtschaftliche Gesamtrechnungen – Inlandsproduktberechnung Detaillierte Jahresergebnisse, Fachserie 18 Reihe 1.4 2018; *Staudinger*, Kommentar zum Bürgerlichen Gesetzbuch mit Einführungsgesetz und Nebengesetzen, Buch 2: Recht der Schuldverhältnisse, §§ 249–254 (Schadensersatzrecht), 2021; *Stöhr*, Psychische Gesundheitsschäden und Regress, NZV 2009, 161 ff.; *Teplitzky*, Die unzureichende Schmerzensgeldbemessung, NJW 1966, 388–390; *Thora*, Bemessung des Schmerzensgeldanspruchs nach Tagessätzen, MedR 2019, 861–865; *Thüsing*, Wertende Schadensberechnung, 2001; *von Jeinsen*, Das Angehörigenschmerzensgeld – Systembruch oder Fortentwicklung?, zfs 2008, 61 ff.; *Wagner*, Prävention und Verhaltenssteuerung durch Privatrecht – Anmaßung oder legitime Aufgabe?, Archiv für die civilistische Praxis (AcP) 2006, S. 352–476; *Welke*, Die Repersonalisierung des Rechtskonflikts – Zum gegenwärtigen Verhältnis von Straf- und Zivilrecht; zugleich eine Analyse von exemplary (punitive) damages 2008; *Wellner*, BGH-Rechtsprechung zum Personenschaden, 3. Aufl. 2024; *Wellner*, Keine „taggenaue“ Berechnung des Schmerzensgeldes, Fachinfo-Magazin – Höhe Schmerzensgeldbeträge (HSB) 2019; *Wertenbruch*, Haftung des Unfallverursachers für Zweitschädigung durch ärztliche Behandlung, NJW 2008, 2962 ff.; *Zekoll*, Änderungen im System der Punitive damages?, VersR 1992, 1059–1063; *Ziegler/Cayukli*, Unterschiedlich hohe Schmerzensgelder bei Männern und Frauen, zfs 2013, 424 ff.; *Zoll*, Entwicklungen im Personenschadensrecht, RuS 2011, 133–144; *Zoll*, Schadensregulierung bei vermehrten Bedürfnissen Schwerstverletzter, NJW 2014, 967–973.

I. Einleitung

1 Mit Inkrafttreten des BGB am 1.1.1900 wurde der **Schmerzensgeldanspruch** erstmals gesetzlich geregelt – zunächst in § 847 BGB a.F. Erfasst wurden Verletzungen von Körper, Gesundheit, Freiheit sowie der sexuellen Selbstbestimmung einer Frau.

Lange Zeit wurde das Schmerzensgeld primär als Ausgleich für immaterielles Leid verstanden. Die Genugtuungsfunktion spielte in Rechtsprechung und Literatur eine untergeordnete Rolle. Dies änderte sich mit dem Grundsatzbeschluss des Großen Zivilsenats des BGH vom 6.7.1955 (BGHZ 18, 149, 154 ff.; NJW 1955, 1675), der die sogenannte **Doppelfunktion** des Schmerzensgeldes festlegte: Es dient sowohl dem angemessenen **Ausgleich** immaterieller Schäden als auch der **Genugtuung** des Geschädigten. 2

In der Praxis führte dies lange Zeit jedoch nicht zu hohen Entschädigungen, da die Gerichte bis 1996 an die bezifferten Klageanträge gebunden waren („ne ultra petita"). Aus Angst vor hohen Prozesskosten/-risiken setzten Anwälte die Beträge oft zu niedrig an, was zu einer insgesamt zurückhaltenden Schmerzensgeldpraxis führte. 3

Eine Wende brachte die Entscheidung des BGH vom 30.4.1996 (BGHZ 132, 341 = NJW 1996, 2425), die **unbezifferte Schmerzensgeldanträge** ausdrücklich zuließ. Dies eröffnete den Gerichten die Möglichkeit, angemessene Beträge auch oberhalb der Mindestforderungen festzusetzen, was in der Folge zu einer langsamen, aber spürbaren Erhöhung der zugesprochenen Summen führte. 4

> *Praxistipp*
>
> Bei der Bemessung des Schmerzensgeldes nie auf Vergleichsentscheidungen zurückgreifen, die vor dem Jahr 2000 ergangen sind.

Mit dem „Zweiten Gesetz zur Änderung schadensrechtlicher Vorschriften" vom 19.7.2002 wurde § 847 BGB a.F. aufgehoben und das Schmerzensgeld in § 253 Abs. 2 BGB neu verankert. Seitdem besteht der Anspruch unabhängig von der Anspruchsgrundlage (deliktische, vertragliche oder gefahrgeneigte Haftung). Damit wurde die Opferposition gestärkt und eine Annäherung an europäische Rechtsordnungen vollzogen. 5

Gleichzeitig stellte der Gesetzgeber klar, dass für nicht ausdrücklich genannte Rechtsgüter (z.B. Persönlichkeitsrecht) das Schmerzensgeld nicht über § 253 Abs. 2 BGB beansprucht werden kann („**Analogieverbot**"). Solche Ansprüche müssen weiterhin auf § 823 Abs. 1 BGB i.V.m. Art. 1 und 2 GG gestützt werden (BGHZ 132, 341 = NJW 1996, 2425). 6

Wie ermittelt man in Deutschland auf angemessene Weise ein Schmerzensgeld, das körperliche oder seelische Verletzungen ausgleichen soll? Diese Frage stellt sich seit Jahrzehnten und führt immer wieder zu erheblichen Rechtsproblemen. Dabei versteht man unter **Schmerzensgeld** – auch **immaterieller Schadensersatz** genannt – die Kompensation für **Nichtvermögensschäden** wie körperliches und seelisches Leid, Schmerzen, Angst, Entstellungen und vergleichbare Beeinträchtigungen. Anders als bei Vermögensschäden (z.B. Reparaturkosten oder Heilbehandlungsausgaben), bei denen eine klare Berechnung oder Naturalrestitution möglich ist, fehlen zur Ermittlung immateriellen Leids eindeutig definierte Maßstäbe. 7

8 Aus Sicht der geschädigten Person (etwa nach einem Unfall oder einer vorsätzlichen Körperverletzung) besteht deshalb anfangs Unsicherheit darüber, welcher finanzielle Ausgleich für erlittene Schmerzen und seelisches Leid beansprucht werden kann. Aufgabe des Justizsystems ist nun, in jedem Einzelfall eine „angemessene" Summe zu bestimmen, die einerseits dem Ausmaß der Beeinträchtigung Rechnung trägt und andererseits überzogene Forderungen vermeidet. Obwohl das Schmerzensgeldrecht seit Inkrafttreten des Bürgerlichen Gesetzbuches (BGB) am 1.1.1900 bereits einen weiten Weg zurückgelegt hat, ist die Bandbreite an ausgeurteilten Schmerzensgeldbeträgen bei ähnlichen Verletzungsbildern noch immer groß, wie die unterschiedlichen Schmerzensgeldtabellen und die obergerichtliche Rechtsprechung zeigen.

9 Das Problem wird besonders deutlich, wenn Fälle betrachtet werden, in denen für schwerste Verletzungen oder Übergriffe lediglich äußerst niedrige Summen zugesprochen werden. Ein prägnantes Beispiel ist ein Urteil des OLG Hamm (Urt. v. 28.3.2014 – 9 W 4/14, openJur 2014, 8660), bei dem ein damals elfjähriger Junge, der in mehreren brutalen Taten mehrfach schwer sexuell missbraucht wurde, lediglich 10.000 EUR Schmerzensgeld erhielt, obwohl er neben erlittenem körperlichen Leid erhebliche psychische Beeinträchtigungen zurückbehielt. Umgerechnet auf die erwartete Lebensdauer des Geschädigten ergibt sich ein Tagessatz von etwa 0,37 EUR. Ergebnisse wie dieses werfen die Frage auf, ob das deutsche Schmerzensgeldsystem ausreichende Maßstäbe für schwere immaterielle Schäden bereithält.

10 Einen alternativen Vorschlag entwickelten *Schwintowski/C. Schah Sedi/M. Schah Sedi*, die ein „**taggenaues" Schmerzensgeld**" befürworteten (näher dazu: *Schwintowski/Schah Sedi/Schah Sedi*, Handbuch Schmerzensgeld). Dabei wird jedem Tag des erlittenen Leids ein bestimmter Geldwert beigemessen, sodass sich die Gesamtsumme aus der Multiplikation dieses Tagessatzes mit der Dauer der Beeinträchtigung ergibt. Dieses Modell sollte einerseits transparenter sein und andererseits für betroffene Personen nachvollziehbar aufzeigen, wie sich das Schmerzensgeld zusammensetzt. Das OLG Frankfurt a.M. griff diese Idee im Urt. v. 18.10.2018 (– 22 U 97/16, veröffentlicht in VersR 2019, 435) auf, was intensive Diskussionen in Rechtsprechung und Literatur auslöste.

Der Bundesgerichtshof (BGH) kritisierte die taggenaue Methode jedoch dreieinhalb Jahre später und sprach ihr in den Urteilen vom 15.2.2022 – VI ZR 937/20 und 22.3.2022 – VI ZR 16/21 die dogmatische Grundlage ab. Im Urt. v. 15.2.2022 (– VI ZR 937/20, VersR 2022, 712–716) wertete der BGH eine derartige Tag-für-Tag-Rechnung als unzulässige „Zerstückelung" des Schmerzes, bei der die Leidensdauer übermäßig in den Mittelpunkt rückt, während andere wichtige Kriterien (z.B. Intensität, persönliche Umstände) zu wenig berücksichtigt werden.

Dennoch war dieser Versuch einer neuen Schmerzensgeldbemessung ein ganz wesentlicher Meilenstein der Schmerzensgeldentwicklung in Deutschland. Wie später noch gezeigt wird, wurde hierdurch eine breite Diskussion in Gang gesetzt, die in ihrer unmittelbaren Folge zu erheblichen Steigerungen der zuerkannten Schmerzensgelder führte. Aktuell gibt es Entscheidungen mit bis zu 1 Mio. EUR. Solche Summen waren noch kurz zuvor undenkbar.

II. Die Bemessung

1. Funktionen des Schmerzensgeldes

Die Höhe des Schmerzensgeldes richtet sich stets nach den Umständen des Einzelfalls. Grundlage ist die sog. **Doppelfunktion des Schmerzensgeldes** (BGHZ 18, 149, 154 ff.), wobei das Gericht Ausgleich und Genugtuung sowie ggf. einen präventiven Aspekt berücksichtigt. Eine Überprüfung durch den BGH erfolgt nur eingeschränkt, da dieser primär das richterliche Ermessen kontrolliert. 11

a) Ausgleichsfunktion

Eine monetäre Entschädigung soll das erlittene Leid abmildern und dem Geschädigten neue Annehmlichkeiten ermöglichen => **Kompensation** (vgl. *Jaeger/Luckey*, Rn 1125; *Schwintowski/Schah Sedi/Schah Sedi*, Rn 258). Auch bei schwersten Hirnschädigungen oder Wachkoma besteht ein objektiver Anspruch, sofern die Beeinträchtigung erheblich ist; selbst wenn das Opfer sein Leid mutmaßlich überhaupt nicht wahrnehmen kann (BGH, Urt. v. 13.10.1992 – VI ZR 201/91, BGHZ 120, 1; NJW 1993, 781). 12

b) Genugtuungsfunktion

Schmerzensgeld soll zudem eine seelische Befriedigung schaffen und verdeutlichen, dass der Schädiger für sein Unrecht einzustehen hat (BGHZ 18, 149). Bei vorsätzlichem oder grob fahrlässigem Verhalten kann dies den Betrag erhöhen. Die Vermögensverhältnisse von Schädiger und Geschädigtem bleiben laut BGH (Beschl. v. 16.9.2016 – VGS 1/16, VersR 2017, 180) außer Betracht. 13

c) Präventionsfunktion

Insbesondere bei Persönlichkeitsrechtsverletzungen erkennt der BGH eine gewisse Abschreckungswirkung des immateriellen Schadensersatzes an (vgl. *Lange*, Einl. III 2 b; *Oetker*, in: MüKo, § 249 Rn 9; *Höpfner*, in: Staudinger, § 253 Rn 29). Eine zu starke Betonung wird aber kritisch gesehen, um keine „Privatstrafe" zu schaffen. 14

d) Keine Sanktionsfunktion

Anders als beispielsweise in den USA (punitive damages) beschränkt sich das deutsche Zivilrecht auf Ausgleich und Genugtuung. Ein strafender Charakter bleibt staatlichen Sanktionen vorbehalten (Strafverfahren). 15

2. Wesentliche Faktoren bei der Schmerzensgeldbemessung

16 Nach ständiger Rechtsprechung des BGH (insbesondere Beschl. v. 6.7.1955 – GSZ 1/55, BGHZ 18, 149, 154 ff.; Urt. v. 30.4.1996 – VI ZR 55/95, BGHZ 132, 341; Urt. v. 15.2.2022 – VI ZR 937/20) fließen mehrere Kriterien in die Bemessung eines angemessenen Schmerzensgeldes ein. Sie werden in einer **Gesamtbetrachtung** gewichtet und können je nach Art und Ausmaß der Verletzung unterschiedlich stark ins Gewicht fallen.

a) Schwere und Art der Verletzung

17 Zentrale Bedeutung hat zunächst die Intensität der gesundheitlichen Beeinträchtigung, etwa bei Dauerschmerzen, gravierenden Funktionseinbußen oder teilweiser Zerstörung der Persönlichkeit (z.B. Wachkoma, Hirnschädigung). Aber auch geringere Beeinträchtigungen (Narben, leichte Mobilitätseinschränkungen) sind zu berücksichtigen, sofern sie das tägliche Leben spürbar belasten. Ausschlaggebend ist, in welchem Umfang das Opfer sein gewohntes Leben verliert (BGH VersR 1970, 281).

aa) Individuelle Lebensbeeinträchtigung als Leitkriterium

18 Nach dem BGH (Urt. v. 13.10.1992 – VI ZR 201/91, BGHZ 120, 1; VersR 1993, 327; Urt. v. 15.2.2022 – VI ZR 937/20) ist bei der Schmerzensgeldhöhe vorrangig zu fragen, in welchem Maße die Verletzung das Alltagsleben, die beruflichen Perspektiven und die gesellschaftliche Teilhabe des Geschädigten verändert. Ein identisches medizinisches Verletzungsbild (z.B. Trümmerbruch) kann – je nach beruflicher oder sozialer Situation – zu völlig unterschiedlicher Schadensintensität führen. Viele Entscheidungen in Schmerzensgeldtabellen beschränken sich jedoch auf das Verletzungsbild und nennen nicht die spezifischen Lebensumstände, was bei der Heranziehung solcher Tabellen zu einer unzureichenden Individualisierung führen kann.

> *Praxistipp*
>
> An diesem Punkt ist es wichtig, ganz intensiv mit dem Mandanten zu kommunizieren. Lassen Sie sich detailliert erläutern, was den Lebensalltag vor dem Unfall bestimmte und was nun unfallbedingt nicht mehr möglich ist. Je plastischer diese Darstellung erfolgt, desto höher ist auch die Nachvollziehbarkeit für den Versicherer oder das Gericht.

bb) Einbeziehung objektiv vorhersehbarer Folgeschäden

19 Alle absehbaren künftigen Schäden (z.B. Arthrose, Revisionsoperation, psychische Dauerbelastung) müssen bereits bei der ersten Festsetzung berücksichtigt werden, um eine „Zersplitterung“ des Anspruchs zu vermeiden (BGH NJW 1996, 2425; VersR 1970, 134). Bleiben vorhersehbare Komplikationen unerwähnt, kann sie der Geschädigte im Nachhinein nicht erneut als Erhöhungstatbestand geltend machen.

Praxistipp: Vorhersehbare Folgeschäden sicher in die Schmerzensgeldbemessung einbeziehen

In der anwaltlichen Praxis ist es entscheidend, alle bereits heute erkennbaren Komplikationen und Risiken so früh wie möglich in die Schmerzensgeldbemessung einzubeziehen. Lassen Sie sich von den behandelnden Ärztinnen und Ärzten oder einem medizinischen Sachverständigen genau erläutern, welche Folgeschäden – beispielsweise Arthrose, psychische Belastungsstörungen oder wiederkehrende Operationen – unabhängig von ihrer Wahrscheinlichkeit zu erwarten sind, und stellen Sie diese Prognosen in Ihrem Sachvortrag bzw. Ihrer Verhandlungsstrategie ausführlich dar (BGH NJW 1996, 2425). Nur so kann bereits im ersten Verfahren oder in einem Abfindungsvergleich ein „Risikoaufschlag" berücksichtigt werden, der den Grundsatz der Einmalentschädigung (BGH VersR 1970, 134) wahrt. Vergessen Sie nicht, die künftigen Risiken konkret zu benennen und, soweit möglich, durch ärztliche Stellungnahmen zu stützen. Kommt es zu einer außergerichtlichen Einigung, sollten Sie zudem prüfen, ob bestimmte besonders ungewisse Komplikationen (z.B. dauerhafte Pflegebedürftigkeit) durch einen Vorbehalt abgesichert werden müssen. Wer diese Punkte bereits im Anfangsstadium berücksichtigt, vermeidet die Gefahr, dass ein absehbarer Folgeschaden nachträglich ohne Entschädigung bleibt.

Die noch erwartbaren Folgen sind mit Blick auf die vom BGH verlangte Einbeziehung des objektiv vorhersehbaren Verlaufes für die Bemessung des dem Kläger zustehenden Schmerzensgeldes von wesentlicher Bedeutung. Es wird leider häufig – und damit schlicht falsch – zu Lasten der Geschädigten übersehen, dass nach der insoweit eindeutigen BGH-Rechtsprechung **sämtliche** objektiv vorhersehbaren Entwicklungen direkt mit in die Bemessung des Schmerzensgeldes einbezogen werden müssen. Lediglich völlig atypische Verläufe bleiben wirksam mit dem allgemeinen **immateriellen Vorbehalt** (auch **BGH-Vorbehalt** genannt) gesichert. 20

Diese **medizinisch objektiv vorhersehbaren Entwicklungen** werden vom BGH sehr weit ausgelegt. Umfasst werden hiervon nicht bloß Folgebehandlungen und deren Rekonvaleszenzzeiträume, sondern auch und gerade typische – wenn auch selten auftretende – Komplikationen, wie sie sich beispielsweise in den jeweiligen Risikoaufklärungen der zugehörigen Behandlungen wiederfinden. Für die Einbeziehung dieser individuell objektiv vorhersehbaren Folgen kommt es nicht darauf an, dass sich diese beim Mandanten konkret realisieren müssen – alleine die abstrakte Möglichkeit genügt.

Begründet wird dies damit, dass das Schmerzensgeld grds. einheitlich / im Ganzen gewährt werden soll. Der Rechtsfrieden soll nach einer solchen Entscheidung möglichst bestehen bleiben. Der Geschädigte kann somit auch bei negativen Veränderungen grds. kein weiteres Schmerzensgeld fordern, es sei denn, es ergeben sich völlig atypische Verläufe, mit deren Eintritt vorher schlicht nicht gerechnet werden konnte.

Folgerichtig bedeutet dies im Umkehrschluss: Wenn für vorhersehbare Verläufe – selbst bei deren konkretem späteren Eintritt – nicht mehr nachgefordert werden kann, müssen diese – wenn auch ggf. versehen mit einem Risikoabschlag – zwingend bereits jetzt erhöhend in die Bemessung einfließen.

> *Praxistipp*
>
> Alternativ kann für bestimmte Risiken ein konkreter Vorbehalt formuliert werden. Der häufig vereinbarte „BGH-Vorbehalt" ist nicht ausreichend!

21 Das soll an einem Beispiel verdeutlicht werden:

Bei einer komplizierten Sprunggelenksfraktur muss zwingend das mögliche Erfordernis einer dauerhaften Rollstuhlbenutzung eingepreist werden. Es besteht das Risiko von Versteifung mit Arthrosefolge und vollständiger Unbenutzbarkeit des Sprunggelenks. Die Folge ist: der Mandant wird rollstuhlpflichtig, weil die andere Körperseite die fehlende Funktion auf Dauer nicht ausgleichen kann, denn dort kommt es zu vorzeitigem Verschleiß. Fazit: das Schmerzensgeld sollte auf der Basis von Vergleichsentscheidungen bei Querschnittslähmungen (z.B. inkompletter Querschnitt) beziffert werden, um das hohe Risiko des zukünftigen Rollstuhlbedarfes von Beginn an zu berücksichtigen. Verweigert der Versicherer den Aufschlag, zahlt er also weniger, muss der konkrete **Vorbehalt** vereinbart werden, bei Eintritt der Rollstuhlabhängigkeit ein weiteres Schmerzensgeld zu leisten.

> *Praxistipp*
>
> Der Vorbehalt muss zwingend mit der Wirkung eines rechtskräftigen Feststellungsurteils erklärt werden!

b) Dauer der Beeinträchtigung

22 Je länger eine Einschränkung besteht, desto stärker kann der Schmerzensgeldanspruch ansteigen. Bereits eine kurze, aber intensive Schmerzperiode kann relevant sein (z.B. Operationen, stationäre Aufenthalte). Bei lebenslangen Schäden steigt das Gewicht dieses Faktors erheblich (vgl. BGH VersR 1970, 281).

c) Wahrnehmung und subjektive Empfindung

23 Wer die eigenen Beeinträchtigungen bewusst miterlebt, empfindet das Leid intensiver; dennoch bleibt der Anspruch auch bei fehlendem **Schmerzbewusstsein** bestehen (BGH NJW 1993, 781). Schwerste Hirnschäden begründen mithin objektiv hohe Entschädigungsansprüche, auch wenn das Opfer das eigene Leiden nicht mehr realisiert.

d) Verschuldensgrad

Nach BGH NJW 1955, 1675 kann bei grober Fahrlässigkeit oder Vorsatz eine Erhöhung gerechtfertigt sein. Allerdings dient dies nicht der Strafe, sondern lediglich der angemessenen Berücksichtigung der höheren Vorwerfbarkeit. 24

e) Verhalten des Schädigers

Verzögert der Schädiger (bzw. seine Versicherung) die Regulierung, bagatellisiert den Schaden oder verweigert Kooperation, kann dies das Schmerzensgeld erhöhen (BGH VersR 1998, 1034). Umgekehrt mindert ein kooperatives Verhalten den Anspruch nicht, kann aber in geringem Maße einzelfallbezogen berücksichtigt werden. 25

f) Fazit

Maßgeblich für die Schmerzensgeldhöhe ist vor allem die individuelle Lebensbeeinträchtigung, wobei Dauer, Verschulden sowie sämtliche möglichen Folgeschäden gleichfalls in die Gesamtabwägung einfließen. In jüngerer Zeit werden bei Schwerstverletzungen – etwa nach Amputationen oder hochgradigen Hirnschäden – deutlich höhere Beträge zugesprochen, was die fortschreitende Anerkennung der enormen Tragweite solcher Verletzungen widerspiegelt. 26

> *Praxistipp*
>
> Zur Bemessung des angemessenen Schmerzensgeldes muss zwingend umfassend nicht lediglich zum Verletzungsbild, sondern auch und gerade zur der aus dem Schadensereignis resultierenden **Lebensbeeinträchtigung** vorgetragen werden.

g) Tendenzen der Rechtsprechung zu höheren Schmerzensgeldern

In der Judikatur kann eine steigende Tendenz der **Schmerzensgeldbeträge** für Schwerstschäden in jüngster Vergangenheit wahrgenommen werden (vgl. exemplarisch v.a. LG Aurich, Urt. v. 23.11.2018 – 2 O 165/12; OLG Oldenburg, Urt. v. 18.3.2020 – 5 U 196/18, welches dem Kläger, dem behandlungsfehlerbedingt beide Unterschenkel amputiert wurden, ein Schmerzensgeld von **800.000,00 EUR** zusprach, sowie LG Gießen, Urt. v. 6.11.2019 – 5 O 376/18, welches, u.a. unter Bezugnahme auf die Niedrigzinsphase, für den Kläger, der einen schweren hypoxischen Hirnschaden erlitt, ebenfalls ein Schmerzensgeld von **800.000,00 EUR** ausurteilte; als auch LG Limburg, Urt. v. 28.6.2021 – 1 O 45/15, welches dem durch einen schweren hypoxischen Hirnschaden geschädigten Kläger ein Schmerzensgeld in Höhe von **1.000.000,00 EUR** zusprach und OLG Schleswig, Urt. v. 28.9.2021 – 7 U 29/16, welches einem Geschädigten mit einem hohen Querschnitt ein Schmerzensgeld von **800.000,00 EUR** zusprach; auch das OLG Hamburg (Urt. v. 5.9.2024 – 1 U 95/23) bestätigte jüngst eine Entscheidung des LG Hamburg, welches dem geburtsgeschädigten Kläger ein Schmerzensgeld in Höhe von **800.000,00 EUR** zusprach). 27

28 Diese Tendenz der jüngsten Vergangenheit verdeutlicht, dass die Schmerzensgeldbeträge für Schwerstverletzte deutlich anzuheben sind. Hierfür kann folgender Textbaustein Verwendung finden:

> Eine rechnerisch streng festlegbare Entschädigung für nichtvermögensrechtliche Nachteile („Schmerzensgeld") gibt es nicht, da diese nicht unmittelbar in Geld messbar sind (BGH, Beschl. v. 6.7.1955; BGH, Urt. v. 8.6.1976 – VI ZR 216/74, BeckRS 2009, 20627). **Der Tatrichter ist nicht gehindert, die in der Rechtsprechung in vergleichbaren Fällen bisher gewährten Beträge zu unterschreiten oder über sie hinauszugehen, wenn dies durch die wirtschaftliche Entwicklung oder veränderte allgemeine Wertvorstellungen gerechtfertigt ist (BGH, Urt. v. 8.6.1976).** Insoweit ist zu berücksichtigen, dass vergleichbare Fälle zwar eine Orientierungshilfe bieten, aber keine Bindungswirkung entfalten (OLG Frankfurt a.M., Urt. v. 31.1.2017; vgl. auch KG, Urt. v. 16.2.2012 – 20 U 157/10). Hierbei ist auch in Rechnung zu stellen, dass die Rechtsprechung bei der Bemessung von Schmerzensgeld nach gravierenden Verletzungen großzügiger verfährt als früher (vgl. *Slizyk*, Handbuch Schmerzensgeld, 20. Aufl. 2024, „V. Besondere Verletzungsarten und Ursachen" unter „3. Schwerstverletzungen", Rn 268 m.w.N.; OLG Köln, Beschl. v. 10.12.2014 – 5 U 75/14).

h) Exkurs: Richtige Einbeziehung von Vergleichsentscheidungen mit Rentenbaustein

29 In der deutschen Schmerzensgeldpraxis wird in den meisten Fällen ein reiner Einmalbetrag zugesprochen, der sämtliche – auch künftige – immaterielle Folgen abdecken soll. Mitunter jedoch entscheiden Gerichte zusätzlich auf eine sogenannte **Schmerzensgeldrente** (vgl. BGH, Beschl. v. 6.7.1955 – GSZ 1/55, BGHZ 18, 149), wenn die Schädigung ein stetig wiederkehrendes oder kontinuierlich andauerndes Leiden verursacht. Dabei ist es wichtig, solche Fälle nicht allein an der Höhe des Kapitalbetrags zu messen, sondern die Rente kapitalisiert in den Gesamtwert einzubeziehen. Andernfalls wirkt eine Schmerzensgeldentscheidung deutlich niedriger, als sie tatsächlich ist: Wer etwa nur die ausgesprochene Pauschalsumme erfasst, übersieht den erheblichen finanziellen Umfang, den eine regelmäßige Rentenzahlung über Jahre oder gar Jahrzehnte ausmachen kann. Zur Verdeutlichung empfiehlt es sich, die monatliche Rente hochzurechnen (z.B. anhand der statistischen **Restlebenserwartung**) und diesen Betrag zum Einmalbetrag hinzuzufügen, um eine realistische Vergleichsgröße gegenüber reinen Kapitalentschädigungen zu erhalten.

Praxistipp

Die statistische Lebenserwartung Ihres Mandanten kann z.B. in *Schah Sedi/Grotelüschen*, 2023, S. 208 oder kostenfrei in den aktuellen Kapitalisierungstabellen auf der Internetseite **www.schah-sedi.de** nachgeschaut werden.

Praxistipp

Nicht nur der Kapitalbetrag muss indexiert werden, sondern auch der kapitalisierte Rentenwert muss im Anschluss indexiert werden. Dies ist z.B. leicht mit Online-Rechnern, wie etwa von beck-online, möglich. Erst nachdem beide Teilbeträge indexiert wurden, können sie addiert werden.

Beispiel

Spricht das Gericht 200.000 EUR Sofortzahlung zu und gewährt zusätzlich eine monatliche Rente von 300 EUR auf unbestimmte Dauer, so ergibt sich – grob gerechnet und ohne Abzinsung – bei 20 Jahren Restlebenserwartung (300 EUR × 12 Monate × 20 Jahre) ein kapitalisierter Rentenwert von 72.000 EUR. Die rechnerische Gesamtentschädigung beläuft sich somit auf 272.000 EUR.

Ausgangspunkt für die Restlebenserwartung ist das Alter des Geschädigten am Unfalltag in der zugrunde liegenden Entscheidung, nicht das des eigenen Mandanten!

Achtung bei Quoten! 30

Bei der Auswertung der potenziellen Vergleichsentscheidungen muss dringend darauf geachtet werden, ob der dortigen Bemessung ggf. eine **Haftungsquote** zugrunde lag. Bei der Berechnung des angemessenen Schmerzensgeldes müssen die Beträge (Sofortzahlung und Rente) gemäß der jeweiligen Quote „heraufgerechnet" werden, um den tatsächlich für angemessen erachteten Betrag zu ermitteln.

Hinweis

Im Anhang dieses Buches (§ 12 Rdn 1 ff.) finden Sie zu diesem Thema eine ausführliche beispielhafte Bezifferung, die Sie als Textbaustein verwenden können.

In der Praxis sollte in den eigenen Fällen allerdings unbedingt der Einmalentschädigung der Vorzug gewährt werden. Der Grund hierfür ist das Risiko des **Vorversterbens**: Verstirbt die geschädigte Person früher als kalkuliert, verfällt der künftige Rentenanspruch; in einem solchen Fall wäre eine auskömmliche Einmalzahlung rückblickend wirtschaftlich vorteilhafter gewesen. Im Unterschied zur Schmerzensgeldrente kann der Kapitalbetrag vererbt werden. Darüber hinaus sind Schmerzensgeldrenten in aller Regel nicht dynamisiert und verlieren durch Inflation erheblich an Wert. Rechtlich besteht auf den Kapitalbetrag auch ein klarer Anspruch, da das Schmerzensgeld in der Sekunde des Schadensereignisses in voller Höhe zugunsten der geschädigten Person entsteht. 31

> *Praxistipp*
>
> Der Versicherer wird ein Vorversterbensrisiko als schmerzensgeldreduzierendes Argument vorbringen. Dagegen können Sie mit den sich immer weiter verbessernden medizinischen Verhältnissen argumentieren. Ob ein solches Risiko für Ihren Mandanten besteht, ist individuell zu beurteilen. Nicht jeder (Schwer-)Geschädigte stirbt unfallbedingt früher.

32 Niemand erhöht sein Schmerzensgeld durch eine Schmerzensgeldrente, da die kapitalisierte Rente aus dem Gesamtanspruch entnommen wird. Im Grunde gewährt der Geschädigte dem Versicherer ein zinsloses Darlehen. Nachvollziehbare Gründe sind dafür nicht ersichtlich. Der Versicherer legt den Kapitalbetrag, dem er die Rente entnimmt, an und verleibt sich den Zinsertrag ein. Richtig ist es andersherum: der Geschädigte legt seinen kompletten Schmerzensgeldkapitalbetrag an und generiert einen deutlich höheren Zins, der vollständig dem eigenen Vermögen zufließt und jedenfalls teilweise der Entwertung seines Schmerzensgeldes durch Inflation entgegenwirkt. Fazit: es gibt kein einziges Argument für die Vereinbarung einer Schmerzensgeldrente!

33 Ein genauer Blick auf den Urteilstext der Vergleichsentscheidung ist daher unverzichtbar, um sowohl den effektiven Gesamtumfang einer Entscheidung zu erfassen als auch die wirtschaftlichen Risiken für die Mandantschaft abzuwägen.

3. Beweislast und Beweismaß (§§ 286, 287 ZPO) im Überblick

34 Die Höhe des Schmerzensgeldes wird nach § 287 ZPO anhand einer **freien richterlichen Überzeugung** ermittelt, die lediglich eine größere Wahrscheinlichkeit voraussetzt (BGH VersR 1976, 967). Anders als im Vollbeweis nach § 286 ZPO, wo sich das Gericht vollständig von einer Behauptung überzeugen muss, kann es bei der Schadensentstehung und der Höhe eines immateriellen Schadens „freier“ schätzen. Diese erleichterten Anforderungen sollen es ermöglichen, immaterielle Beeinträchtigungen – die schwer in Zahlen zu fassen sind – pragmatisch zu bemessen.

a) Subjektive und objektive Beweislast

35 Nach dem allgemeinen Grundsatz trägt der Anspruchsteller (der Geschädigte) die Darlegungs- und **Beweislast** für alle Umstände, welche die Entstehung und das Ausmaß seines Anspruchs belegen (§ 286 ZPO bei haftungsbegründender Kausalität). Gelingt ihm dies nicht, führt ein „non liquet“ zur Abweisung der Klage. Umgekehrt muss der Beklagte diejenigen Tatsachen beweisen, die den Anspruch ausschließen oder einschränken (z.B. Vorschäden oder ein Mitverschulden).

b) Haftungsbegründung vs. Haftungsausfüllung

36 Vor einer Schätzung nach § 287 ZPO muss geklärt sein, dass überhaupt ein haftungsbegründender Umstand vorliegt (§ 286 ZPO). Erst wenn dies feststeht, tritt

die **haftungsausfüllende Kausalität** in den Vordergrund: Das Gericht kann dann die konkrete Höhe des immateriellen Schadens – etwa die Intensität von Schmerzen, die Dauer der Einschränkungen oder die Schwere psychischer Belastungen – nach einer Wahrscheinlichkeitsabwägung bemessen. Dabei steht ihm ein weiter Ermessensspielraum zu, den das Revisionsgericht (BGH) nur daraufhin überprüft, ob das richtige Beweismaß angewendet wurde oder offensichtliche Rechtsfehler vorliegen (vgl. BGH VersR 1976, 967). Eine reine Neubemessung der Schmerzensgeldhöhe ist in der Revision ausgeschlossen.

4. Bemessungsmethoden – Wie wird die Höhe von Schmerzensgeldern bestimmt?

a) Traditionelle Tabellenmethode

In der Praxis wird die Höhe des Schmerzensgeldes bei Personenschäden vor allem mithilfe sogenannter **Schmerzensgeldtabellen** bestimmt. Solche Entscheidungssammlungen (z.B. *Jaeger/Luckey*, *Hacks/Wellner/Klein/Kohake*, *Slizyk*) haben sich entwickelt, um bei ähnlichen Verletzungsmustern eine gewisse Vergleichbarkeit zu ermöglichen und damit den **Gleichheitsgrundsatz (Art. 3 GG)** zu wahren. Auf diese Weise soll verhindert werden, dass gleichartige Beeinträchtigungen zu völlig unterschiedlichen Entschädigungssummen führen („**Quergerechtigkeit**“). 37

aa) Vorgehensweise bei der Tabellenmethode

(1) Ermittlung eines vergleichbaren Falls

In einem ersten Schritt wird geprüft, ob in einer der verfügbaren Tabellen ein Verletzungsbild dokumentiert ist, das dem aktuellen Sachverhalt des Mandanten nahekommt (z.B. „komplizierter Bruch“, „Hirnschaden“, „Querschnittlähmung“). 38

Praxistipp

Ermitteln Sie zunächst anhand der Arztberichte die schwerste Verletzung Ihres Mandanten. Anhand dieser Verletzung sollten Sie in den Tabellenwerken Vergleichsentscheidungen suchen. Beachten Sie dabei, dass es einen Fall nie zweimal gibt. Es wird immer Unterschiede geben. Diese müssen Sie erkennen und präzise herausarbeiten.

Praxistipp

Suchen Sie sich maximal drei „passende“ Fälle aus den Tabellen. Alles andere überfrachtet die Bezifferung.

Praxistipp

Lesen Sie immer den Volltext. Prüfen Sie darin auch nochmal die Haftungsquote und das Alter des Geschädigten zum Schädigungszeitpunkt.

(2) Abgleich der Umstände

Im zweiten Schritt vergleicht man die dort beschriebenen Begleitumstände (Heilungsverlauf, Operationen, Dauerschäden) mit dem aktuellen Fall. Meistens finden sich nur bei einfachen Verletzungen Vergleichsentscheidungen. Bei komplexen Verletzungen ist das nahezu ausgeschlossen.

> *Praxistipp*
>
> Lesen Sie den Volltext des Urteils. Was hat das Gericht bei der Bemessung des Schmerzensgeldes besonders beachtet? Sind die Umstände in Ihrem Fall schlimmer und dadurch schmerzensgelderhöhend zu berücksichtigen?

(3) Anpassung an den Einzelfall

Zuletzt wird eine Korrektur vorgenommen, um individuellen Faktoren wie Alter, Beruf, Verschuldensgrad oder Besonderheiten der Verletzung Rechnung zu tragen. So kann sich das Schmerzensgeld in Richtung höherer oder niedrigerer Werte als in den Tabellen verzeichnet bewegen.

> *Praxistipp*
>
> Auch hier spielen insbesondere die medizinisch objektiv vorhersehbaren Verletzungsfolgen und die tatsächlichen Lebensbeeinträchtigungen eine wesentliche schmerzensgelderhöhende Rolle. Haben sich in der Vergleichsentscheidung schon einige Risiken des Verletzungsbildes Ihres Mandanten realisiert? Wurden solche überhaupt berücksichtigt? Was für ein Leben hat die Vergleichsperson geführt?

> *Praxistipp*
>
> Versuchen Sie so gut wie möglich, die Parallelen zwischen Ihrem Fall und der Vergleichsentscheidung darzustellen. Die Unterschiede zwischen der ausgewählten Vergleichsentscheidung und dem eigenen Sachverhalt sollten aufgezeigt und mit einem Aufschlag berücksichtigt werden.

bb) Kritik und Grenzen der Tabellen

39 Schmerzensgeldtabellen unterliegen gleich mehreren Kritikpunkten:

(1) Begrenzter Datenbestand

40 Zahlreiche Fälle (> 90 %) mit hohem Schmerzensgeld enden außergerichtlich und gehen somit nicht in die (gerichtlichen Entscheidungs-) Sammlungen ein. Die Tabellen bilden nur den gerichtlichen Teil der tatsächlichen Regulierungspraxis ab und geben häufig eher konservative Beträge wider. Zudem sind längst nicht alle gerichtlichen Entscheidungen veröffentlicht, sodass die Tabellenwerke nur einen sehr begrenzten Ausschnitt – ohne transparente Auswahlkriterien – abbilden.

(2) Mangelnde Individualisierung

41 Die tabellarischen Einträge beschränken sich meistens auf die medizinischen Diagnosen/Primärverletzungen und das ausgeurteilte Schmerzensgeld. Wesentliche Faktoren wie Lebensalter im Schadenszeitpunkt (oft wird dieses am Urteilstag, also viele Jahre nach dem Unfalltag ausgeführt), persönliche Lebensumstände, Auswirkungen auf Beruf und Alltag oder psychische Folgebelastungen werden nur rudimentär erfasst – **hier liegt nach dem BGH allerdings der Schwerpunkt der Bemessung** (vgl. BGH, Urt. v. 15.2.2022 – VI ZR 937/20: *„Dabei ist in erster Linie die Höhe und das Maß der entstandenen Lebensbeeinträchtigung zu berücksichtigen; hier liegt das Schwergewicht.“*). Damit kann der konkrete Einzelfall unterbewertet bleiben, wenn man sich zu eng an einem tabellarischen Vergleichsfall orientiert, der eigentlich überhaupt nicht passt.

(3) Prozesstaktische Verzerrungen aus Klagen vor 1996

42 Viele ältere Entscheidungen in den Tabellen beruhen auf der früheren „ne ultra petita“-Doktrin. Bis 1996 konnten Gerichte nicht mehr zusprechen, als der Kläger beantragt hatte (BGH, Urt. v. 30.4.1996 – VI ZR 55/95). Aus Angst vor hohen Prozessrisiken wurden die Anträge oft vorsichtig formuliert, was zu vergleichsweise niedrigen Schmerzensgeldern in den veröffentlichten Urteilen führte. Entscheidungen vor 2000 dürfen deshalb überhaupt nicht berücksichtigt werden.

(4) Kein dogmatischer Anspruch

43 Der Bundesgerichtshof sieht Tabellen explizit nur als **Orientierung**, keineswegs als rechtlich verbindliche Ober- oder Untergrenzen (vgl. BGH VersR 1970, 281; BGH VersR 1976, 967; *Oetker*, in: MüKo zum BGB, 2018, § 253 Rn 37). Das Gericht hat in jedem Einzelfall eine autonome Prüfung aller maßgeblichen Umstände vorzunehmen (§ 287 ZPO). Die pauschale Bezugnahme auf tabellarische Werte ohne Berücksichtigung der Besonderheiten des konkreten Geschehens wäre daher unzulässig.

> *Praxistipp*
>
> In der Praxis ist dennoch weiterhin überwiegend zu beobachten, dass Schmerzensgeldbemessungen in Urteilen nicht nach den Vorgaben des BGH (vgl. BGH, Urt. v. 15.2.2022 – VI ZR 937/20) abgearbeitet, sondern lediglich kurz vermeintlich vergleichbare Entscheidungen aus Tabellenwerken zitiert werden, ohne dass eine ausreichende inhaltliche Auseinandersetzung mit dem individuellen Fall stattfindet. Insbesondere findet weiterhin die zwingend erforderliche Beschäftigung mit den, auf dem jeweiligen Verletzungsbild beruhenden, individuellen Lebensbeeinträchtigungen nicht statt, obwohl hier nach dem BGH der Schwerpunkt der Bemessung liegen soll.

Insoweit besteht Verbesserungsbedarf in der Regulierungspraxis: Der Anwalt muss die besonderen Umstände des Einzelfalls umfangreich und detailliert vortragen.

cc) Bemessung durch Gesamtwürdigung

44 Zusammenfassend leisten Schmerzensgeldtabellen nur einen rudimentären Anhaltspunkt, wenn sie als **grobe Richtlinie** verwendet und im Lichte der konkreten Einzelfallumstände interpretiert werden. Wie der Bundesgerichtshof mehrfach betont hat (BGH, Beschl. v. 6.7.1955 – GSZ 1/55, BGHZ 18, 149; BGH, Urt. v. 30.4.1996 – VI ZR 55/95; BGH, Urt. v. 15.2.2022 – VI ZR 937/20), ist das **Schmerzensgeld** stets in einer **umfassenden Gesamtwürdigung** festzulegen, in der Faktoren wie Dauer, Intensität, subjektives Erleben, Verschulden und individuelle Lebenssituation des Geschädigten einfließen. Tabellenwerte können dabei nur eine erste Orientierung bieten.

b) Versuch der taggenauen Bemessung und Reaktion des BGH

45 Ein wesentlicher Impuls zur **Neubewertung** dieser traditionellen Vorgehensweise erfolgte durch das Urteil des **OLG Frankfurt a.M. v. 18.10.2018 (– 22 U 97/16, VersR 2019, 435)**. Dort verließ das Gericht die etablierte Referenzierung anhand von Tabellen und orientierte sich an dem **„taggenauen" Modell** (*Schwintowski/ C. Schah Sedi/M. Schah Sedi*), das einzelne Zeiträume des unterschiedlich graduierten Leidens mit festen Geldwerten verknüpft. So sollte für jeden Tag auf der Intensivstation, im Krankenhaus oder in der Rehabilitation in Abhängigkeit vom Grad der physischen und psychischen Einschränkung ein bestimmter Betrag angerechnet werden, womit sich – vor allem bei langwierigen Heilverläufen – ein vergleichsweise hoher Gesamtbetrag ergeben konnte. Die Autoren dieser Methode sahen darin mehr **Transparenz**, weil jede Leidensphase exakt beziffert werde, und eine **Angleichung an objektivierbare Indikatoren** (z.B. Nationalbruttoeinkommen als Bezugsgröße für den Tagessatz) erfolgen konnte, wodurch die Höhe des Schmerzensgeldes nicht mehr allein vom Einzelfallgefühl des Gerichts abhängen sollte.

46 Diese „taggenaue" Praxis löste unter den an der Personenschadensregulierung Beteiligten breite Diskussionen aus. Es wurde darauf verwiesen, dass die **Dauer des Leidens** zwar wichtig ist, andere Bemessungsfaktoren wie Intensität, Verschulden, individuelle Lebenssituation und mögliche Folgeschäden aber nicht in gleicher Weise abgebildet würden. Bedenken äußerte der Bundesgerichtshof in zwei Entscheidungen aus dem Jahr 2022: In den **Urteilen vom 15.2.2022 (– VI ZR 937/20)** und vom **22.3.2022 (– VI ZR 16/21)** führte er aus, dass die Zerlegung des Schmerzes in Tagesbeträge weder dem Wortlaut des § 253 Abs. 2 BGB noch seiner ständigen Rechtsprechung zur „einheitlichen Entschädigung" entspreche. Der BGH beanstandete, dass eine lineare Multiplikation von Tagessätzen die **Gesamtwürdigung** verfälsche und die Bemessung im Wesentlichen auf die Leidensdauer reduziere

(BGH, Urt. v. 15.2.2022 – VI ZR 937/20). Außerdem sei die Anknüpfung an volkswirtschaftliche Durchschnittswerte (etwa Pro-Kopf-Einkommen) dogmatisch nicht zu rechtfertigen, da das Schmerzensgeld auf die konkreten Umstände des individuellen Falls abstellen müsse (BGH, Urt. v. 22.3.2022 – VI ZR 16/21). Auffällig ist, dass eine gründliche Auseinandersetzung des BGH mit dem Ansatz des taggenauen Schmerzensgeldes in beiden Entscheidungen fehlt. So wird gerne übersehen, dass für den Grad der Lebensbeeinträchtigung auf die seit Jahrzehnten im Sozialversicherungsrecht bewährten Tabellen zum Grad der Schädigungsfolgen (GdS) abgestellt wurde. Erst dadurch wird das Schmerzensgeldbemessungssystem gerecht. Physische und psychische Einschränkungen werden in Prozent erfasst und in Zeiträumen zusammengelegt, die dem Genesungsverlauf entsprechen. Das ermöglicht eine Vergleichbarkeit von Sachverhalten in horizontaler (Dauer der Beeinträchtigung) und vertikaler (Intensität der Lebensbeeinträchtigung) Hinsicht. Offensichtlich missfiel dem BGH in Wahrheit die Höhe der sich darauf im Einzelfall ergebenden Schmerzensgelder, die prozentual an das Bruttonationaleinkommen angebunden waren, um auf diesem Wege automatisch Inflationsverluste auszugleichen. Damit hat der BGH einem gerechten und nachvollziehbaren Schmerzensgeldbemessungssystem die Tür zugeschlagen und Geschädigte und ihre Anwälte buchstäblich in den Regen zurückgeschickt, in dem sog. Vergleichsentscheidungen den Maßstab für ein modernes Schmerzensgeld abbilden sollen – obgleich jeder weiß, dass es niemals identische Sachverhalte gibt, die bereits entschieden wurden. Floskelhaft biegt die Rechtsprechung Sachverhalte hin, bis sie in eine „Vergleichsentscheidung“ passen und hält Beträge für ausreichend, die bereits vor mehr als 30 Jahren ausgeurteilt wurden. Die Summen ab 800.000,00 EUR wirken wieder „gegriffen“ und sind kaum geeignet, für andere schwere Verletzungsbilder Parameter zu definieren, die Allgemeingültigkeit beanspruchen.

Auch wenn das **taggenaue Modell** letztlich keine höchstrichterliche Anerkennung erfuhr, gilt es als **wesentlicher Meilenstein** in der Entwicklung der deutschen Schmerzensgeldbemessung, die seit 2018 im Falle multipler Verletzungen zu ausgeurteilten Beträgen ab 800.000,00 EUR führte. 47

Die von *Schwintowski, C. Schah Sedi und M. Schah Sedi* entwickelte Idee eines taggenauen Schmerzensgeldes, die einen fest definierten Tagessatz für unterschiedliche Leidensphasen vorschlug und damit das bis dahin vorherrschende Tabellenmodell durchbrach, entfachte eine weitreichende fachliche Debatte in Rechtsprechung und Literatur. Nach den beiden historischen Wegmarken – der BGH-Entscheidung von 1955, die Ausgleichs- und Genugtuungsfunktion immaterieller Schäden etablierte, und dem Urteil von 1996, das erstmals unbezifferte Klageanträge zuließ – war es gerade das „taggenaue“ Konzept, das die Frage aufwarf, warum die Schmerzensgeldbeträge bei selbst gravierendsten Dauerschäden nur selten 500.000 EUR überstiegen. Infolgedessen entstand eine breite Diskussion über deutlich höhere Summen, die mittlerweile in Fällen schwerer Hirnschädigungen oder hochgradiger Querschnittlähmungen die Millionengrenze erreichen. So hat das Modell doch die Art und Weise, wie Gerichte und Beteiligte über die Angemessenheit von Schmerzensgeld seit 2018 nachdenken, grundlegend verändert und damit eine Erhöhung der zugesprochenen Beträge in Deutschland nachhaltig befördert.

> *Praxistipp*
>
> Um ein Gefühl für die Angemessenheit zu entwickeln, empfiehlt es sich, Entscheidungen auf einen Tagessatz runterzurechnen. Sie werden erstaunt sein, wie wenig bspw. ein amputierter Arm wert sein soll. Diese Berechnung kann zwar nur als eine Art Plausibilitätskontrolle dienen, führt aber zu einem besseren Verständnis für die Kritik an der Höhe der Schmerzensgeldbeträge.

5. Einzelfragen in der Schmerzensgeldbemessung

48 Der folgende Abschnitt beleuchtet typische Konstellationen und Aspekte, die in der Praxis der Schmerzensgeldbemessung regelmäßig eine Rolle spielen. Er knüpft an die allgemeinen Bemessungsgrundsätze (Ausgleichs- und Genugtuungsfunktion sowie Berücksichtigung individueller Lebensbeeinträchtigung) an und zeigt auf, wie verschiedene Umstände das Schmerzensgeld konkret beeinflussen können.

a) Verschuldenshaftung und Gefährdungshaftung

49 Nach § 253 Abs. 2 BGB kann eine „billige Entschädigung in Geld“ für immaterielle Schäden bei der Verletzung von Körper oder Gesundheit verlangt werden. Diese Regelung gilt nicht nur für Fälle, in denen ein Verschulden (z.B. Fahrlässigkeit nach § 823 Abs. 1 BGB) nachgewiesen werden kann, sondern seit dem 1.8.2002 ausdrücklich auch für Konstellationen der **Gefährdungshaftung** (z.B. Halterhaftung im Straßenverkehr). Damit sind nun sämtliche grundlegenden Haftungsarten erfasst, sodass Geschädigte selbst dann ein Schmerzensgeld beanspruchen können, wenn eine Person oder Organisation verschuldensunabhängig – also ohne „Fehler“ im herkömmlichen Sinne – haftet.

b) Hobby

50 Wenn jemand aufgrund einer Verletzung sein **Hobby** nicht mehr oder nur noch eingeschränkt ausüben kann, stellt dies ein relevantes Kriterium bei der Bemessung des Schmerzensgeldes dar. Insbesondere der **Verlust von Freizeitaktivitäten** und der damit verbundenen Lebensfreude wird vom Bundesgerichtshof (BGH) als immaterieller Schaden anerkannt.

- Typische Beispiele: Ein begeisterter Tennisspieler oder eine Konzertpianistin, die ihre Tätigkeit dauerhaft nicht mehr fortführen können.
- Relevanz im Alltag: Der Verlust sozialer Kontakte, Vereinsaktivitäten oder sogar erworbener Qualifikationen (z.B. Trainerlizenzen, intensive Vorbereitungen auf Wettkämpfe) erhöht das Ausmaß des immateriellen Schadens.

Praxistipp

Erfragen Sie diese Informationen frühzeitig bei Ihrem Mandanten. So können Sie diese Einschränkungen bereits in der Bezifferung berücksichtigen. Spätestens in einem Regulierungsgespräch werden Sie diese Informationen jedoch benötigen, um die Beeinträchtigungen Ihres Mandanten plastisch und nachvollziehbar darstellen zu können.

Gerade hier liegt ein erheblicher **Ausgleichsbedarf**, wenn die Lebensqualität eines Betroffenen nachhaltig beeinträchtigt wird. Die Rechtsprechung geht bei besonders zentralen Hobbys – die das Leben des Geschädigten wesentlich prägen – von höheren Schmerzensgeldsummen aus, um die Einbuße in Freizeit, Ausgleich oder Selbstverwirklichung angemessen auszugleichen.

Gleiches gilt für **entgangenen Urlaub**.

c) Schmerzensgeld für Kinder

Kinder werden rechtlich wie Erwachsene geschützt; allerdings muss in der Praxis das Schmerzensgeld bei gleicher Verletzungshöhe immer (!) **höher** ausfallen. Hintergrund ist, dass Kinder 51

- eine **längere Lebensspanne** haben und mit den Schmerzen, Einschränkungen und Dauerfolgen viele Jahrzehnte leben müssen,
- in ihrer Entwicklung besonders empfindlich sind (z.B. schulische, soziale und psychische Auswirkungen der Verletzungen, die zu Mobbing und gesellschaftlicher Ausgrenzung führen),
- häufig eine eingeschränkte Möglichkeit haben, verlorene Fähigkeiten durch andere Aktivitäten zu kompensieren und das ein Leben lang.

Beispielsweise kann eine Beinverletzung, die bei einem Erwachsenen mit einem eingeschränkten Berufsleben einhergeht, für ein Kind gravierender sein, wenn es seine gesamte Schulausbildung, Berufsfindung und soziale Entwicklung mit dieser Beeinträchtigung durchleben muss. Daher wird bei Kindern ein höherer Schmerzensgeldbetrag als angemessen betrachtet, um ihren langwierigen Leidensweg zu kompensieren.

d) Verletzungsbedingte Einschränkungen in der Tierhaltung

Beschränkungen bei der Tierhaltung können das Schmerzensgeld steigern, insbesondere wenn die **Haustierpflege** durch die Verletzung massiv erschwert wird. Wer beispielsweise seinen Hund, seine Katze oder andere Haustiere nicht mehr wie gewohnt versorgen kann, verliert einen wesentlichen Teil seiner bisherigen Lebensgestaltung. Bei **Nutztieren** (z.B. zur Selbstversorgung oder Verkauf) tangiert dies zusätzlich den Haushaltsführungs- bzw. Erwerbsschaden. 52

Praxistipp

Vielfach wird vom Versicherer eingewandt, Tierhaltung sei bloßes Hobby und deshalb im Rahmen des Haushaltsführungsschadens nicht zu berücksichtigen. Dann sollte der Anwalt genau darlegen, welcher **Zeitaufwand** für die Pflege eines Tieres anfällt (Fütterung, Ausführen, Tierarztbesuche) und diesen Zeitbedarf beziffern (z.B. 10 EUR pro Stunde). Durch Hochrechnung auf Monats- und Jahresbasis und ggf. lebenslange Kapitalisierung lässt sich ein beachtlicher Betrag ermitteln, der – sofern nicht als eigener Haushaltsführungsschaden anerkannt – im **Schmerzensgeld** berücksichtigt werden muss!

e) Psychische Unfallfolgen

53 Bei **psychischen** Folgen eines Unfalls ist eine klare dogmatische Unterscheidung geboten:

- Handelt es sich um eine **primäre psychische Verletzung**, bei der das Beweismaß des § 286 ZPO greift?
- Oder sind die psychischen Beeinträchtigungen **Folge** einer bereits bewiesenen physischen Verletzung (§ 287 ZPO)?

Im zweiten Fall ist der Beweisaufwand geringer, sodass es für Geschädigte meist zweckmäßiger ist, die psychische Störung als **Folgeschaden** darzustellen.

54 Psychische Probleme können massiv sein, wenn der Geschädigte erkennt, dass sein früheres Leben (Beruf, Freizeit, Unabhängigkeit) unwiederbringlich verloren geht – Stichworte wie Depression, Angststörungen oder PTBS spielen eine Rolle. Entscheidend ist, dass man diesen psychischen Schaden **medizinisch** untermauert und darlegt, wie eng er mit der ursprünglichen Körperverletzung verknüpft ist (z.B. Diagnosen, Behandlung bei Psychologen oder Psychiatern).

Praxistipp

Gerade bei älteren Entscheidungen wurden psychische Beeinträchtigungen noch nicht so schwer gewichtet wie heute. Die gesellschaftliche Anerkennung von psychischen Erkrankungen und deren Auswirkungen hat sich erst im letzten Jahrzehnt langsam erhöht. Dies spiegelt sich auch in den Schmerzensgeldentscheidungen wider. Dies müssen Sie bei der Suche nach einer geeigneten Entscheidung beachten. Gerade in Vergleichsentscheidungen, in denen bis auf die psychische Beeinträchtigung viele Parameter übereinstimmen, sollte man ggf. zwei Entscheidungen heranziehen, um eine Vergleichbarkeit herzustellen. Die Entscheidungen sind dann natürlich nicht zu addieren, sondern einer Gesamtbetrachtung zu unterziehen. Die höher bemessene Entscheidung bildet den Ausgangswert und ist mit einem Aufschlag zu erhöhen.

Praxistipp

Bei schwerwiegenden körperlichen Beeinträchtigungen ergibt sich oft erst einige Zeit nach dem Schadensfall eine psychische Belastung (z.B. Depression), wenn der Geschädigte erkennt, dass er sein früheres Leben, seine berufliche Perspektive oder seinen sozialen Alltag nicht wiedererlangen wird. Es ist daher ratsam, gemeinsam mit den behandelnden Ärzten oder Psychologen genau herauszuarbeiten, ob und inwiefern die körperliche Ausgangsverletzung kausal für die psychischen Beschwerden ist. Weil § 287 ZPO ein geringeres Beweisniveau erfordert als § 286 ZPO, ist es günstiger, wenn die psychische Beeinträchtigung als „Folgeschaden" der physischen Primärverletzung angesehen wird.

f) Vorhersehbarkeitsrechtsprechung des BGH

Gemäß der BGH-Rechtsprechung (zfs 2006, 381 ff.) ist der **Grundsatz der Einheitlichkeit** des Schmerzensgeldes zu wahren: **Alle absehbaren** künftigen gesundheitlichen Verschlechterungen sind bereits bei der ersten Bemessung einzubeziehen, damit ein umfassender Ausgleich gewährleistet wird. Dies gilt auch dann, wenn ihr Eintritt unsicher bleibt oder nicht exakt quantifiziert werden kann. 55

Ob eine Spätfolge bei Zuerkennung des Schmerzensgeldes erkennbar ist, richtet sich objektiv danach, ob ein sachkundiger Mediziner diese Entwicklung absehen konnte. Verletzungsfolgen, mit denen man nach anerkannten Erfahrungssätzen **ernstlich rechnen** muss, gehören bereits in die Bemessung; eine bloße subjektive Unkenntnis der Parteien oder des Gerichts ändert daran nichts (BGH zfs 2006, 382). 56

Praxistipp

Bereits bei der Bezifferung des Schmerzensgeldes sollten die möglichen Spätfolgen in den Vordergrund gestellt werden: Jede typische Komplikation (z.B. Arthrose, Implantatlockerung, psychische Nachfolgebeschwerden) erhöht das angemessene Schmerzensgeld.

Ein gezieltes ärztliches Abschlussgutachten sollte klären, welche weiteren Beeinträchtigungen auftreten könnten.

Hilfreich ist folgende Frage an den medizinischen Gutachter:

Welche gesundheitlichen Folgeschäden sind vorhersehbar, die zum Beurteilungszeitpunkt zwar noch nicht eingetreten sind, deren Eintritt aber objektiv vorhersehbar erscheint, auch dann, wenn ihr Eintritt unwahrscheinlich ist?

Als Erläuterung sollte der Sachverständige noch folgende ergänzende Information erhalten:

Nach der Rechtsprechung des Bundesgerichtshofes gebietet es der Grundsatz der Einheitlichkeit des Schmerzensgeldes, die Höhe des dem Geschädigten zustehenden Anspruchs aufgrund einer ganzheitlichen Betrachtung der den Schadensfall prägenden Umstände unter Einbeziehung der absehbaren künftigen Entwicklung des Schadensbildes zu bemessen (BGH 14.2.2006 – VI ZR 322/04). Es geht um die Benennung möglicher Verletzungsfolgen, die zum Beurteilungszeitpunkt zwar noch nicht eingetreten sind, deren Eintritt aber medizinisch objektiv vorhersehbar erscheint, mit denen also gerechnet werden muss, obgleich sich die Folgen im Einzelfall auch nie realisieren müssen. Es geht also um die theoretische Möglichkeit des Eintritts weiterer gesundheitlicher Verschlechterungen, auch dann, wenn ihr Eintritt unwahrscheinlich ist.

Praxistipp

Wer mit Hilfe ärztlicher Expertisen alle medizinisch objektiv vorhersehbaren Spätfolgen belegt, erhöht den Schmerzensgeldbetrag erheblich. Andernfalls werden Versicherer versuchen, künftige Risiken zu bagatellisieren.

Es empfiehlt sich daher, in einem Vergleich oder einer Abfindungsvereinbarung möglichst genau festzuhalten, welche Folgeschäden absehbar sind und ein weiteres Schmerzensgeld auslösen. Dies muss durch einen konkreten Vorbehalt mit der Wirkung eines rechtskräftigen Feststellungsurteils erfolgen.

57 Auch vermeintlich „geringfügige" physische Ausgangsverletzungen können psychische Spätfolgen auslösen, die – wenn sie medizinisch vorhersehbar waren – vollständig dem Schädiger zugerechnet werden (Thüringisches OLG zfs 2007, 27 ff.).

Praxistipp

Anwälte sollten den behandelnden Arzt stets nach der Möglichkeit psychischer Folgen fragen, um diese von Anfang an in die Bemessung einzubringen und nicht erst im Nachhinein ein weiteres Schmerzensgeld verlangen zu müssen, was wegen der objektiv medizinischen Vorhersehbarkeit zumeist scheitern wird.

Da es mit steigendem Zeitablauf immer schwieriger wird, unvorhersehbare Spätfolgen eindeutig dem Unfallgeschehen zuzuordnen, ist es umso wichtiger, **vor** Vergleichsabschluss umfassend medizinische Stellungnahmen einzuholen.

g) Bagatellverletzungen

58 Es gibt keine gesetzliche Vorschrift, die bei geringen Verletzungen den Schmerzensgeldanspruch ausschließt. Selbst kleine Schürf- oder Schnittwunden können, wie das AG Lingen (zfs 1997, 172) entschied, ein niedrigeres Schmerzensgeld rechtfertigen (hier: 150 EUR).

59 In der Praxis wird jedoch häufig argumentiert, ein leichter Heckauffahrunfall bei minimaler Geschwindigkeitsdifferenz führe nur zu einer „Bagatellverletzung". Hier ist **Vorsicht** geboten: Laut OLG Frankfurt a.M. (zfs 2008, 264) kann keine feste Harmlosigkeitsgrenze bei einer bestimmten km/h-Differenz gezogen werden. Die spezifischen Umstände (**Sitzposition, Kopfdrehung, Muskelanspannung**) sind zu beachten. Der BGH (zfs 2003, 287; NZV 2008, 507; NZV 2008, 501) hat mehrfach klargestellt, dass eine starre Schwelle (z.B. 10 km/h) unzulässig ist.

h) Vorschadenseinwand des Schädigers

Nach ständiger Rechtsprechung (BGH NJW 1989, 2616) muss der Schädiger das Opfer in dessen körperlicher und psychischer Verfassung hinnehmen („Kein Anspruch auf ein gesundes Opfer"). Eine bereits bestehende **Vorerkrankung** oder konstitutionelle Schwäche schließt daher den Schmerzensgeldanspruch nicht grundsätzlich aus, sondern kann allenfalls die konkrete Höhe beeinflussen. Besonders deutlich zeigt dies das Urteil des OLG Saarbrücken (NJW spezial 2009, 761), in dem das Gericht einen 80 %igen Abschlag am Schmerzensgeld wegen einer psychischen Disposition vornahm – eine Entscheidung, die in der Literatur als überzogen kritisiert wurde, weil der Geschädigte bis zum Unfall regulär gearbeitet hatte und erst durch das Unfallereignis seine vorbestehenden „schlafenden" Beschwerden gravierend wurden. **60**

Ausschlaggebend ist stets die Frage, inwieweit der Unfall die vorhandene **Vorschädigung** tatsächlich verschlimmert oder manifestiert hat. Wer vor dem Unfall lediglich latent betroffen war, aber ohne nennenswerte Beschwerden lebte, kann im Regelfall darauf verweisen, dass die aktuell eingetretene Beeinträchtigung eben nicht auf den ohnehin geschwächten Zustand allein zurückzuführen ist, sondern maßgeblich durch das Unfallgeschehen ausgelöst wurde. Nur in seltenen Ausnahmefällen – etwa wenn die Vorschädigung bereits so dominant war, dass das Unfallereignis kaum eine zusätzliche Rolle spielt – kann ein großer oder gar vollständiger Abzug beim Schmerzensgeld gerechtfertigt sein. Entscheidend bleibt eine genaue medizinische Klärung: Liegen fundierte Gutachten vor, die belegen, dass der Unfall das Beschwerdebild erheblich verstärkt hat, wird der Vorschadenseinwand das Schmerzensgeld in der Regel nur moderat mindern oder ganz wirkungslos bleiben. **61**

> *Praxistipp*
>
> Zur Klärung können auch sog. Abgrenzungsgutachten durch Sachverständige oder Rehabilitationsdienste erstellt werden.

i) Mitverschulden

Auch beim Schmerzensgeld muss ein etwaiges **Mitverschulden** des Geschädigten nach **§ 254 BGB** berücksichtigt werden. Der Bundesgerichtshof (BGH VersR 1970, 624) stellt jedoch klar, dass dies **nicht** in einer rein mathematischen Form geschehen darf. Anders als bei vielen anderen Schadensposten, bei denen das Mitverschulden sich an einer vorab ausgehandelten Quote orientieren kann, ist das Verschulden hier nur **ein** Faktor unter mehreren (z.B. Schwere der Verletzung, Ausmaß der psychischen Belastungen, Verhalten des Schädigers nach dem Unfall). Deshalb kann das Schmerzensgeld zwar reduziert werden, falls sich der Geschädigte ein gravie- **62** rendes Mitverschulden anrechnen lassen muss – eine starre Kürzung exakt um die Mitverschuldensquote ist jedoch unzulässig.

63 In der Regulierungspraxis wenden Versicherer gleichwohl häufig ein, das Schmerzensgeld müsse „mathematisch“ nach einer festgelegten Mithaftungsquote gekürzt werden. Hier sollte man darauf verweisen, dass das Schmerzensgeld – anders als reine Vermögensschäden – der Ausgleichs- und Genugtuungsfunktion dient. Ein beherrschendes Rechenmodell ist daher verfehlt. Der BGH hat mehrfach betont, dass sich das Verschulden zwar mindernd auswirken kann, aber den Gesamtrahmen (Schwere der Verletzungen, persönliche Auswirkungen etc.) nicht ungebührlich dominieren soll.

64 **Kinder** unter 7 Jahren sind gemäß **§ 828 Abs. 1 BGB** grundsätzlich nicht deliktsfähig, sodass ihnen kein Mitverschulden zugerechnet werden kann. Eine Minderung des Schmerzensgeldes aus diesem Grund scheidet also von vornherein aus.

Für **Kinder** zwischen dem 7. und dem 10. Lebensjahr gilt nach **§ 828 Abs. 2 BGB** ein Haftungsprivileg bei Unfällen im motorisierten Straßenverkehr, soweit sich eine „typische Überforderung“ durch die besonderen Verkehrsgefahren realisiert hat (BGH v. 30.11.2004 – VI ZR 353/03 und VI ZR 365/03, NJW 2005, 354 und 356). Das bedeutet, dass man genau prüfen muss, ob das Kind lediglich leichtsinnig oder unaufmerksam war oder ob die Situation objektiv komplex war und ein Kind dieser Altersgruppe sie gar nicht adäquat einschätzen konnte. Ist Letzteres der Fall, kommt ein Mitverschuldenseinwand nicht in Betracht.

Da **§ 828 Abs. 2 BGB** keinen Unterschied macht, ob das Kind den Schaden „verursacht“ hat oder selbst Opfer ist, kann es sich auch auf den eigenen Ersatzanspruch kein Mitverschulden anrechnen lassen, wenn sich die typische Überforderungssituation tatsächlich verwirklicht hat (*Dahm*, NZV 2009, 379). Damit legt der Gesetzgeber bewusst einen hohen Schutzmaßstab für Kinder an.

j) Regulierungsverzögerung/Zinsanspruch

65 Haftpflichtversicherer verfolgen eigene wirtschaftliche Interessen und zahlen Schmerzensgeld oder entsprechende Vorschüsse oftmals nur zögerlich. Wer dennoch kurzfristig Geld benötigt, sollte eine **exakt begründete Forderung** stellen, die sich auf die ärztliche Dokumentation und vergleichbare Fallentscheidungen stützt. Je präziser die Begründung (Diagnosen, Prognosen, Vergleichsurteile), desto eher kann ein Gericht oder die Gegenseite eine rasche Regulierung befürworten.

66 Wird die Zahlung ohne legitimen Grund hinausgezögert, kann das Schmerzensgeld erhöht werden. Rechtsprechungsnachweise zu prozentualen Erhöhungen bei verschleppter Regulierung finden sich beispielsweise bei *Hacks/Wellner/Klein/Kohake*. Eine **unzureichende Vorschussleistung** kann ebenfalls zu einem Aufschlag führen, da der Geschädigte den immateriellen Schaden länger ohne finanzielle Kompensation ertragen muss.

Für den **Zinsanspruch** ist maßgeblich, wann **Verzug** eintritt (BGH NJW 1965, 1374). Der Schmerzensgeldanspruch entsteht zwar unmittelbar mit dem schädigenden Ereignis, aber Verzugszinsen fallen erst ab dem Zeitpunkt an, ab dem der Schuldner (i.d.R. die Versicherung) nach **§ 286 BGB** in Zahlungsverzug geraten ist. 67

Praxistipp

Die Akte zwei Wochen auf Wiedervorlage legen und den Versicherer rechtzeitig in Verzug setzen.

Nach **§ 3a Pflichtversicherungsgesetz** muss der Versicherer bei unstreitiger Eintrittspflicht zudem binnen drei Monaten nach Bezifferung ein Angebot unterbreiten, sonst läuft ein Zinsanspruch gemäß § 288 Abs. 1 S. 2 BGB allein durch Zeitablauf aus.

k) Gesamtschuldnerschaft bei ärztlichen Behandlungsfehlern

Kommt es bei der Heilbehandlung einer Unfallverletzung zu einem **Arzthaftungsfehler**, so haften Unfallverursacher und Arzt regelmäßig als **Gesamtschuldner** (BGH NJW 1989, 767; OLG Koblenz NJW 2009, 3006; OLG Hamm r+s 1995, 340). Nur ein besonders schwerer Behandlungsfehler, der den Schaden „überholt", kann einen eigenständigen neuen Kausalzusammenhang begründen. 68

Praxistipp

Schließen Sie die Regulierung von Schmerzensgeld erst dann ab, wenn alle geplanten operativen Maßnahmen (z.B. Metallentfernungen, Folgeeingriffe) beendet sind. Andernfalls könnten spätere Behandlungsfehler – die eigentlich dem Erstschädiger zuzurechnen sind – nicht mehr gegenüber diesem geltend gemacht werden, wenn man bereits „endgültig" abgefunden ist.

l) Anrechenbarkeit des Schmerzensgeldes

aa) Bürgergeld

Durch die Reform Anfang 2023 wurde das „Hartz IV"-System im SGB II (Grundsicherung für Arbeitsuchende) auf das **Bürgergeld** umgestellt. An der Anrechenbarkeit von Schmerzensgeld in diesem Leistungsbezug hat sich jedoch nichts Grundlegendes geändert: Nach § 11 Abs. 1 S. 1 i.V.m. § 11a Abs. 2 SGB II wird Schmerzensgeld nicht als Einkommen berücksichtigt. Betroffene müssen das erhaltene Schmerzensgeld also nicht zur Bestreitung ihres Lebensunterhalts einsetzen und es reduziert nicht den Auszahlungsbetrag des Bürgergeldes. 69

bb) Ehelicher Zugewinnausgleich

Nach ständiger Rechtsprechung des Bundesgerichtshofs (BGH NJW 1981, 1836) wird Schmerzensgeld im **Zugewinnausgleich** grundsätzlich als Vermögenswert angesehen und ist entsprechend zu berücksichtigen. Eine Ausnahme bildet die Härte- 70 fallregelung in § 1381 BGB: Dort kann man vom Regelfall abweichen, wenn eine Berücksichtigung im konkreten Fall gegen Treu und Glauben verstieße.

In der Praxis kommt es besonders dann zu Problemen, wenn ein Ehegatte den anderen durch eigenes Fehlverhalten schwer verletzt (z.B. bei einem Unfall im Familienfahrzeug), die Ehe daraufhin zerbricht und der verletzte Ehegatte Schmerzensgeldansprüche aus der eigenen Kfz-Haftpflichtversicherung des Partners erhält. Insoweit kann § 1381 BGB anwendbar sein, wenn die Zurechnung des Schmerzensgeldes zum Zugewinn im Einzelfall grob unbillig erschiene.

Notfalls sollte bei höheren Schmerzensgeldern zunächst vor deren Regulierung die Entscheidung rechtskräftig sein.

cc) Prozesskostenhilfe

71 Auch nach Einführung des Bürgergeldes bleibt für die **Prozesskostenhilfe** (PKH)-Bewilligung maßgeblich, inwieweit Vermögen zumutbar einzusetzen ist (§ 115 Abs. 3 ZPO i. V. m. § 90 SGB XII). Weil Schmerzensgeld dort regelmäßig als unantastbare Entschädigung für immaterielle Schäden gilt, kann dessen Einsatz für die Finanzierung eines Prozesses eine unzumutbare Härte darstellen (§ 90 Abs. 3 SGB XII). Schmerzensgeld bleibt damit in der Regel anrechnungsfrei, sodass der Geschädigte bei Erfüllung der übrigen Voraussetzungen weiterhin Prozesskostenhilfebeanspruchen kann.

III. Lagebezeichnungen, Ebenen und Bewegungsrichtungen

72 Bei Schmerzensgeldansprüchen infolge körperlicher Verletzungen ist eine möglichst **exakte Beschreibung** des betroffenen Körperbereichs und der entsprechenden Funktionsbeeinträchtigungen von großer Bedeutung. Mithilfe anatomischer Fachterminologie zu Lage, Ebenen und Bewegungen lassen sich selbst komplexe Verletzungsmuster präzise erfassen. Das Verständnis dieser Begriffe ist essentiell für die korrekte Auswertung der medizinischen Berichte und Gutachten zur Schmerzensgeldbezifferung.

1. Anatomische Lage- und Richtungsbezeichnungen

73 Die anatomische Terminologie geht von einer **festgelegten Grundposition** des menschlichen Körpers aus: aufrechter Stand, Blick nach vorn, Arme hängend mit nach außen zeigenden Daumen. Folgende Begriffe dienen dazu, die **Position** einer Struktur genau zu charakterisieren:

- **Cranialis** (kopfwärts) vs. **caudalis** (steißwärts)
- **Ventralis** (bauchwärts) vs. **dorsalis** (rückenwärts bzw. zum Hand- oder Fußrücken hin)
- **Palmaris** (zur Handfläche), **plantaris** (zur Fußsohle), jeweils gegenüber **dorsalis** (zum Hand- oder Fußrücken)

- **Superior** (der Obere), **inferior** (der Untere), **anterior** (der Vordere), **posterior** (der Hintere), **lateralis** (seitlich), **medialis** (zur Mitte hin)
- **Proximalis** (zum Rumpf hin) vs. **distalis** (vom Rumpf weg)

Mithilfe dieser Begriffspaare kann man beispielsweise einen Beinbruch als **dorsal-proximal** oder **medial-distal** beschreiben, ohne dass Missverständnisse entstehen.

2. Hauptebenen im Körper

Der Körper wird anatomisch in **drei Hauptebenen** unterteilt, die aufeinander senkrecht stehen: 74

- **Transversalebene (Horizontalebene):** Teilt den Körper in einen oberen (cranialen) und einen unteren (caudalen) Abschnitt.
- **Sagittalebene**: Verläuft von vorn nach hinten und trennt den Körper in eine linke und eine rechte Hälfte. Die **Medianebene** ist dabei die Sagittalebene genau in der Körpermitte.
- **Frontalebene (Koronalebene)**: Trennt den Körper in vordere (ventrale) und hintere (dorsale) Bereiche.

In bildgebenden Verfahren (MRT, CT) ermöglicht diese Einteilung eine präzise Zuordnung der Schnitte: Ein **transversaler** Schnitt zeigt zum Beispiel eine Ansicht von oben bzw. unten, während ein **frontaler** Schnitt eine vordere bzw. hintere Perspektive liefert. Im Rahmen einer Schmerzensgeldbezifferung wird so nachvollziehbar, ob ein Bruch frontal oder transversal verläuft und wie weit er in die umliegenden Strukturen eingreift. 75

3. Bewegungsrichtungen

Für die **Bewegungsbeschreibung** existieren in der Anatomie feste Termini, die in Diagnostik und Therapie, insbesondere aber auch in Gutachten, verwendet werden: 76

- **Abduktion** (Abspreizen einer Extremität von der Körpermitte) / **Adduktion** (Heranführen an die Körpermitte)
- **Anteversion** (Vorwärtsbewegung) / **Retroversion** (Rückwärtsbewegung)
- **Pronation** (Einwärtsdrehung) / **Supination** (Auswärtsdrehung), z.B. für Handgelenk oder Fuß
- **Flexion** (Beugung) / **Extension** (Streckung)
- **Innenrotation / Außenrotation** (Drehung um die eigene Achse)
- **Elevation** (Anheben) / **Depression** (Absenken), z.B. im Schultergelenk

Gerade in orthopädischen und unfallchirurgischen Fragestellungen wird hiermit eine eventuelle **Bewegungseinschränkung** detailliert bezeichnet. So lässt sich etwa präzise feststellen, ob jemand das Knie nur eingeschränkt beugen (Flexion) oder die Schulter nicht ausreichend abduzieren kann. 77

4. Nutzen für Schmerzensgeldverfahren

78 Zunächst ist das Verständnis dieser Fachtermini nötig, um die Befundunterlagen und Gutachten überhaupt inhaltlich korrekt zu verstehen. Insbesondere bei **gravierenden Verletzungen** lohnt sich eine genaue anatomische Beschreibung, um Umfang und Schweregrad des Schadens überzeugend darzulegen. **Allgemeine Aussagen** wie „der Arm ist schwer verletzt" oder „die Schulter funktioniert nicht" lassen kaum Rückschlüsse auf das tatsächliche Ausmaß der Einschränkungen zu. Formulierungen wie „Der Geschädigte kann das Knie nur bis 90° (Flexion) beugen und keine weitere Extension über 10° hinaus vornehmen" oder „Es besteht eine erheblich reduzierte Abduktion im Schultergelenk, was das Heben des Armes stark limitiert" verdeutlichen hingegen **konkret**, inwieweit die Bewegungsfähigkeit reduziert ist und wie stark der Betroffene im Alltag eingeschränkt sein kann.

79 Neben der **präzisen Darstellung** gegenüber Gericht oder Versicherer ermöglicht dieser Fachwortschatz eine reibungslosere Kommunikation mit **medizinischen Sachverständigen**, deren Gutachten ebenfalls auf denselben Termini beruhen. Ein Anwalt, der die entsprechenden anatomischen Begriffe richtig einordnen kann, ist in der Lage, unklare Diagnosen zu hinterfragen und Prognosen zu bewerten. Dies hilft, das tatsächliche Maß des immateriellen Schadens **punktgenau** herauszuarbeiten.

> *Praxistipp*
>
> Wer **Schmerzensgeldansprüche** geltend macht, sollte sich nicht nur auf allgemeine Beschreibungen verlassen, sondern – soweit möglich – die anatomische Terminologie heranziehen, um die Verletzung exakt zu benennen. So werden Bewegungsdefizite (z.B. Flexions- oder Rotationsverlust) oder Lokalisationen (z.B. dorsale, mediale Fraktur) für das Gericht und den Versicherer **nachvollziehbar** und führen in der Regel zu einer realistischeren Einschätzung des erlittenen Schadens. Gerade bei schweren Verletzungen kann dies den Ausschlag geben für eine wirklich **angemessene** Bemessung des Schmerzensgeldes.

B. Erwerbsschaden

Literatur:

Buschbell, Der Kinderunfall im Straßenverkehr, SVR 2006, 245; *Dabitz*, Besteuerung von Erwerbsschadensersatz bei Personenschäden, zfs 2016, 364–375; *Eggert*, Der Einwand des Mitverschuldens beim Erwerbsschadensersatz, Verkehrsrecht aktuell 2006, 116; *Ernst*, Die 12 wichtigsten Punkte zur Durchsetzung des Erwerbsschadens, Verkehrsrecht aktuell 2008, 132; *Heß/Burmann*, Vorteilsausgleichung beim Personenschaden, NJW-Spezial 2006, 447; *Jahnke*, Der Verdienstausfall im Schadensersatzrecht, 4. Aufl. 2015; *Jahnke/Thinesse-Wiehofsky*, Unfälle mit Kindern und Arzthaftung bei Geburtsschäden, 2013; *Kendell*, Maßnahmen zur Regulierung des Erwerbsschadens bei Selbstständigen und Freiberuflern, zfs 2007, 372; *Langenick*, Probleme bei der Ermittlung des Erwerbsschadens, insbesondere der Nachweis der Unpraktikabilität der Bruttolohnmethode auch bei sozialversicherten Geschädigten, NZV 2009, 257; *Medicus*, Schadensersatz bei Verletzung vor Eintritt in das Erwerbsleben, DAR 1994, 442; *Pardey*, Berechnung von Personenschäden, 4. Aufl. 2010; *Schah Sedi*, Erwerbsschadensersatz und Steuern, oder: die Unverzichtbarkeit des Steuervorbehaltes in der außergerichtlichen Regulierung, SVR 2016, 325–330; *Scheffen/Pardey*, Schadensersatz bei Unfällen mit Minderjährigen, 2. Aufl. 2003; *Schrader/Straube*, Die Anhebung der Regelaltersgrenze, NJW 2008, 1025; *Steffen*, Ersatz von Fortkommensnachteilen und Erwerbsschäden aus Unfällen vor Eintritt in das Erwerbsleben, DAR 1984, 1 ff.

I. Allgemeines

Die Bezifferung des **Erwerbsschadens** erfordert keine mathematisch hochtrabenden Kenntnisse. Sie erfordert jedoch ein Denken in Zeitfenstern. Die zeitlich systematische Erfassung des Erwerbsschadens in den denkbaren Zeitfenstern reduziert Fehlerquellen und schafft bei der Bezifferung eine Übersichtlichkeit. Auf diese Weise kann der Erwerbsschaden, welcher bis zum Eintritt in die Regulierungsverhandlungen entstanden ist, relativ schnell und mit einfachen Mitteln beziffert werden. Für die Bezifferung des Zukunftsschadens ist jedoch in der Regel eine Auseinandersetzung mit der Rechtsprechung und der Spezialliteratur unabdingbar. 80

1. Begriff

Die gesetzliche Regelung dieses Anspruchs findet sich in §§ 252, 842, 843 BGB, § 11 StVG. Der Anspruch besteht als Rentenanspruch, wobei gem. §§ 843 Abs. 2, 760 BGB die Rente vierteljährlich im Voraus zu leisten ist. 81

Der Verdienstausfall setzt eine **konkrete Vermögenseinbuße** beim Geschädigten voraus. Nicht ausreichend ist der Verlust oder die Minderung der Erwerbsfähigkeit als solcher. Die abstrakte Minderung der Arbeitsfähigkeit ist kein Schaden (BGH NJW 1970, 1411). Es müssen bezifferbare Vermögensverluste entstehen.

2. Umfang

Der Erwerbsschaden ermittelt sich nach der sogenannten **Differenzmethode** (BGH NJW 1999, 3625). Es ist die rechnerische Differenz zwischen dem Einkommen ohne den Unfall (Hätte-Verdienst; Kontrollfrage: Was hätte der Geschädigte heute ohne den Unfall verdient?) und dem tatsächlichen Einkommen nach dem Unfall (Ist-Verdienst; Kontrollfrage: Wie hoch ist die Summe der monatlichen Einnahmen des Geschädigten nach dem Unfall?) zu bilden; davon abzuziehen ist eventuell ein sog. Vorteilsausgleich des Geschädigten, da er für die Ausübung seiner Berufstätigkeit (zeitweilig oder auf Dauer) keine Kosten mehr aufwenden muss. Gegebenenfalls ist das rechnerische Ergebnis dann wegen Verstoßes gegen die Schadensminderungspflicht des Geschädigten um nicht realisierte fiktive Einkünfte nach unten zu korrigieren. Vereinfacht kann man also sagen: 82

Hätte-Verdienst – Ist-Verdienst + Vorteilsausgleich – Schadensminderungspflicht = Schaden (zur Schadensermittlung siehe auch Rdn 116 ff.). 83

II. Einzelne Regulierungsabschnitte (vom Unfallzeitpunkt bis zum Eintritt in das gesetzliche Rentenalter)

1. Erstes Zeitfenster: Entgeltfortzahlung durch den Arbeitgeber

84 Der Verkehrsunfall bildet den Nullpunkt, von dem aus das erste Zeitfenster gebildet wird. Dieses erfasst den Zeitraum vom Verkehrsunfall bis zum Ende der sechsten Woche nach dem Verkehrsunfallzeitpunkt. In diesem Zeitraum erhält ein Arbeitnehmer nach § 3 Entgeltfortzahlungsgesetz einen Anspruch auf **Entgeltfortzahlung** seines Arbeitseinkommens.

2. Zweites Zeitfenster: Krankengeld/Verletztengeld

85 An die Entgeltfortzahlung des Arbeitgebers schließt sich der Abschnitt der **Entgeltersatzleistungen** an. Der Geschädigte erhält jetzt entweder von der Krankenkasse das **Krankengeld** (§ 44 SGB V) oder im Falle eines Arbeitsunfalls vom gesetzlichen Unfallversicherungsträger das **Verletztengeld** (§ 45 SGB VII). Dieses wird regelmäßig für einen Zeitraum von bis zu 78 Wochen geleistet.

3. Drittes Zeitfenster: Erwerbsminderungsrente/Verletztenrente

86 Wenn die Erwerbsfähigkeit des Geschädigten auf Dauer beeinträchtigt ist, wird ihm vom zuständigen Träger der Rentenversicherung eine **Erwerbsminderungsrente** (§ 33 SGB VI) gewährt, sofern die weiteren Voraussetzungen vorliegen. Handelt es sich um einen Arbeitsunfall, dann hat der Geschädigte ggf. Anspruch auf eine **Verletztenrente** (§ 56 Abs. 1 SGB VII) seines gesetzlichen Unfallversicherungsträgers. Beide Renten können auch nebeneinander bestehen. Der Rentenbeginn kann auch bereits im zweiten Zeitfenster einsetzen, wenn nach der 26. Woche feststeht, dass die Minderung der Erwerbsfähigkeit andauert (§ 56 Abs. 1 SGB VII). Es ist nicht unbedingt erforderlich, dass das Krankengeld oder Verletztengeld für den Zeitraum von 78 Wochen gewährt wird. Steht bereits vor Ablauf von 78 Wochen fest, dass die Erwerbsfähigkeit auf Dauer beeinträchtigt ist, tritt der Rentenanspruch auf Erwerbsminderungsrente bzw. Verletztenrente (beim Arbeitsunfall) an die Stelle des Kranken- und Verletztengeldes. Das dritte Zeitfenster umfasst also temporär den Zeitraum ab dem Ende des Krankengeldes bzw. Verletztengeldes bis längstens zum Eintritt in das gesetzliche Rentenalter des Geschädigten.

87 Hierbei ist die Lebensarbeitszeit für Soldaten – je nach Dienstgrad und Verwendung – bis zum 41. oder 65. Lebensjahr zu berücksichtigen (§ 45 Soldatengesetz). Besonderheiten gelten ebenso für Polizisten und andere Beamte. Für Schwerbehinderte gilt das 63. Lebensjahr als das Ende der Lebensarbeitszeit (§ 236a SGB VI). Im Übrigen ist für Arbeitnehmer durch die Anhebung der **Regelaltersrente** in § 35 SGB VI auf nunmehr vollendete 67 Lebensjahre das Ende des dritten Zeitfensters je nach Geburtsjahrgang des Geschädigten nicht mehr einheitlich. Für die Geburtsjahrgänge vor 1947 verbleibt es bei der Regelaltersrente ab dem vollendeten 65. Le-

bensjahr. Für die Geburtsjahrgänge ab 1965 greift die Regelaltersrente ab dem vollendeten 67. Lebensjahr ein. In der nachfolgenden Tabelle aus § 7a SGB II kann der Rentenbeginn der Geburtsjahrgänge ab 1947–1964 abgelesen werden.

88

für den Geburtsjahrgang	erfolgt eine Anhebung um Monate	auf Vollendung eines Lebensalters von Jahre u. Monate	
vor 1947	0	65	0
1947	1	65	1
1948	2	65	2
1949	3	65	3
1950	4	65	4
1951	5	65	5
1952	6	65	6
1953	7	65	7
1954	8	65	8
1955	9	65	9
1956	10	65	10
1957	11	65	11
1958	12	66	0
1959	14	66	2
1960	16	66	4
1961	18	66	6
1962	20	66	8
1963	22	66	10
1964	24	67	0

4. Viertes Zeitfenster: Eintritt in das gesetzliche Rentenalter

Mit dem Eintritt in das gesetzliche Rentenalter spätestens nach Vollendung des 67. Lebensjahres erlischt der Erwerbsschaden des abhängig Beschäftigten. Der Geschädigte wäre jetzt aus dem Erwerbsleben ohnehin ausgeschieden, so dass ihm ein zivilrechtlicher Erwerbsschadensersatzanspruch aufgrund des Verkehrsunfalls nicht mehr erwächst. Gegebenenfalls ist an dieser Stelle dann zu prüfen, ob der Geschädigte gegen den Eintritt eines Rentenminderungsschadens gesichert ist. Der Anspruch des Sozialversicherers ist nach §§ 116 Abs. 1 S. 2 und 3, 119 SGB X bereits im Zeitpunkt des Unfalls auf diesen übergegangen. In der zivilrechtlichen Schadensregulierung ist der Geschädigte also wegen dieses Anspruchs nicht aktivlegitimiert. Kommt es zu einem fehlerhaften Regress des Sozialversicherungsträgers gegenüber dem Haftpflichtversicherer des Geschädigten, kann der Geschädigte nicht 89 selbst gegen den Haftpflichtversicherer vorgehen, sondern nur gegen den Sozialversicherungsträger.

90 Die Fälle des fehlerhaften Regresses sind nicht so selten, wie man gemeinhin annehmen möchte. Gerade im Falle des Mitverschuldens des Geschädigten kommt es gelegentlich vor, dass in der zivilrechtlichen Regulierung eine andere Quote mit dem Haftpflichtversicherer ausgehandelt wird, als letztlich vom Sozialversicherungsträger gegenüber dem Haftpflichtversicherer beim Rentenregress zugrunde gelegt wird. Diese Quote benachteiligt den Geschädigten häufig erheblich im Verhältnis zu der ausgehandelten Quote in der zivilrechtlichen Regulierung. Der Geschädigte kann jedoch gegen die Sozialversicherung den Rechtsweg beschreiten.

> *Praxistipp*
>
> Zur Vermeidung eines **Rentenschadens** sollte der Rechtsanwalt seinen Mandanten über die Notwendigkeit der Überprüfung des erfolgten Rentenregresses des Sozialversicherers aufklären. Jedes Tätigwerden des Rechtsanwaltes gegen den Sozialversicherer begründet ein neues Mandat und ist folglich unabhängig von der Regulierung der Ansprüche gegenüber dem Haftpflichtversicherer vergütungspflichtig. Der Anwalt sollte dies innerhalb des zivilrechtlichen Mandats dem Mandanten klar kommunizieren.

III. Schadensermittlung: Hätte-Verdienst minus Ist-Verdienst zuzüglich Vorteilsausgleich abzüglich Schadensminderungspflicht

1. Umfang des Hätte-Verdienstes

91 Der Hätte-Verdienst wird als Nettobetrag bei der Schadensbezifferung zugrunde gelegt. Vom Bruttoentgelt sind die Arbeitnehmeranteile zur Sozialversicherung (Arbeitslosenversicherung, Krankenversicherung, Pflegeversicherung, Rentenversicherung) ebenso abzusetzen wie die Einkommen- und Kirchensteuer sowie der Solidaritätszuschlag.

92 Der Hätte-Verdienst ermittelt sich beim Arbeitnehmer aus dem gesamten Nettogehalt inklusive aller Zulagen, wie **Schichtarbeitszeitvergütung**, **Erschwerniszulagen** (OLG Hamm zfs 1996, 211), **Auslandsverwendungszulagen** (OLG Hamm DAR 2006, 274), **Überstundenvergütung** (LG Saarbrücken zfs 2006, 500), **Bereitschaftsdienstzuschlag** (LG Saarbrücken zfs 2006, 500) und Gratifikationen wie zum Beispiel **Weihnachtsgeld** und **Urlaubsgeld**. Zum Bruttogehalt zählen auch **freie Kost** und **Mitarbeiterrabatte** (*Scheffen*, VersR 1990, 929). Zu berücksichtigen sind ferner **steuerfreie Spesen**, Verpflegungsmehraufwand, **Aufwandsentschädigungen** (OLG Hamm NZV 2006, 94), **Fahrtkostenersatz** (OLG Hamm NZV 2006, 94) und **Trennungsentschädigungen**. Hierbei ist zu bedenken, dass diese pauschalen Leistungen des Arbeitgebers als Ausgleich für Aufwendungen des Arbeitnehmers ge-

währt werden. Gegebenenfalls ist eine leichte Korrektur wegen ersparter Aufwendungen vorzunehmen, die daraus resultieren, dass dem Geschädigten die damit abzugeltenden Kosten nicht in vollem Umfange entstanden sind. Keinesfalls können deshalb die pauschalen Leistungen bei der Ermittlung des Hätte-Verdienstes vollständig entfallen. Ebenfalls zum Hätte-Verdienst werden **Nebeneinkünfte** gezählt. Zu nennen ist hier das **Trinkgeld** (OLG München zfs 1983, 229 und LG Hanau zfs 1994, 443) und auch die häufig anzutreffende Nebentätigkeit von Klinikärzten wie auch der Verdienstausfall von Studenten (OLG Schleswig, Der Verkehrsanwalt 2008, 122). Ebenfalls zum Hätte-Verdienst sind Steuerrückerstattungen zu addieren.

Praxistipp

Wenn der Geschädigte unregelmäßige Zulagen, Gratifikationen und Nebeneinkünfte erhält, sollten die Entgeltabrechnungen für das komplette Kalenderjahr vor dem Verkehrsunfall auf derartige Zahlungen überprüft werden. Die Gesamtsumme aus einem vollständigen Kalenderjahr kann durch Zwölftelung auf den Kalendermonat als Durchschnittswert heruntergerechnet werden und steht so bei der Schadensermittlung zur Verfügung. Da Trinkgelder regelmäßig nicht auf der Entgeltabrechnung erfasst sind, können diese aus dem Einkommensteuerbescheid des Geschädigten des Vorjahres entnommen werden und es kann ebenfalls durch Zwölftelung ein Monatsbetrag als Durchschnittswert ermittelt werden.

Hinweis

Nicht zum Hätte-Verdienst zählen Einnahmen aus Schwarzarbeit (LG Oldenburg NJW-RR 1988, 1496).

Zum Teil werden vereitelte **Eigenleistungen am Bau** ebenfalls dem Hätte-Verdienst zugeordnet (OLG Hamm VersR 1989, 152; OLG München zfs 1990, 154). Wegen der damit verbundenen Problematik, diese Eigenleistungen steuerrechtlich und sozialversicherungsrechtlich zu erfassen, sollten die vereitelten Eigenleistungen am Bau ebenso wie Renovierungsarbeiten im Haus sowie am Hausgrundstück dogmatisch den vermehrten Bedürfnissen zugeordnet werden. 93

Praxistipp

Wenn der Geschädigte über ein unregelmäßiges und schwankendes Einkommen verfügt, kann aus den Nettoentgelten der letzten ein bis drei Jahre vor dem Verkehrsunfall ein Monatsdurchschnitt ermittelt werden. Hierfür genügt häufig die Heranziehung der jeweiligen Entgeltabrechnung des Kalendermonates Dezember, wenn darin die Gesamtjahreseinkünfte kumuliert werden. Durch Zwölftelung des Jahresnettoeinkommens lässt sich schnell das durchschnittliche Nettomonatsentgelt ermitteln. Hilfsweise können auch die Einkommensteuerbescheide der letzten ein bis drei Jahre herangezogen werden. Wenn keinerlei schriftliche Unterlagen beigebracht werden können, besteht die Möglichkeit auf einen Vergleichsarbeitnehmer und dessen Einkommen abzustellen.

2. Umfang des Ist-Verdienstes

94 Der Ist-Verdienst ermittelt sich unter Berücksichtigung der oben aufgezeigten Zeitfenster aus den tatsächlichen Einnahmen des Geschädigten seit dem Verkehrsunfall bis zum Regulierungszeitpunkt.

95 Abhängig Beschäftigte erhalten in den ersten sechs Wochen nach dem Unfall ihr Arbeitseinkommen gem. § 3 Entgeltfortzahlungsgesetz noch vom Arbeitgeber. Ein Erwerbsschaden könnte sich im Einzelfall daraus ergeben, dass die oben erwähnten Zulagen etc. im sechswöchigen Entgeltfortzahlungszeitraum vom Arbeitgeber nicht mehr gezahlt werden müssen. Insoweit muss der Geschädigtenvertreter in jedem Falle auch die Entgeltabrechnungen der ersten sechs Wochen nach dem Verkehrsunfall auf derartige Reduzierungen hin überprüfen.

96 Daran schließt sich regelmäßig der Anspruch auf Zahlung von Krankengeld (§ 44 SGB V) beziehungsweise Verletztengeld (§ 45 SGB VII) an. Hier entsteht bereits die erste Lücke gegenüber dem Nettoentgelt, welches der Geschädigte zum Zeitpunkt des Unfalls verdient hat. Weitere Einnahmearten sind u.a. **Arbeitslosengeld** (§§ 3 Abs. 1 Nr. 8, 116 Nr. 1, 117 SGB III), **ALG II** (§ 19 SGB II) und **Übergangsgeld** (§ 35 SGB VII; § 20 SGB VI). Bei all diesen Einnahmen ist der Nettobetrag zu ermitteln.

Praxistipp

Der Rechtsanwalt sollte sich die Abrechnungen der jeweiligen Drittleistungsträger von seinem Mandanten aushändigen lassen. Kontoauszüge lassen den Zeitraum häufig nicht erkennen und genügen daher nicht. Bei der Abrechnung ist zu berücksichtigen, dass Kranken- und Verletztengeld, soweit die Leistungsbeträge in Tagen ermittelt werden, mit 30 Tagen monatlich zu berechnen sind. Bei wöchentlichen Zahlungen ist der Wochenbetrag mit 4,33 zu multiplizieren, um so den Monatsbetrag zu ermitteln. Um sich viel Zeit bei der Berechnung des Erwerbsschadens zu ersparen, empfiehlt es sich, bis zum Abschluss des zweiten Zeitfensters abzuwarten. Regelmäßig erhalten dann die Geschädigten eine Abrechnung der vom Sozialversicherungsträger insgesamt erbrachten Zahlungen. Mithilfe dieser Gesamtabrechnung kann im zweiten Zeitfenster der Ist-Verdienst relativ unproblematisch ermittelt werden. Spätere Verrechnungen der Sozialversicherungsträger untereinander – z.B. bei nachträglich zuerkannter Erwerbsminderungsrente – bringen dann die Erwerbsschadensberechnung des Rechtsanwaltes nicht zu Fall. Für den Zeitraum der Leistung von Entgeltersatzleistungen genügt es, wenn der Anwalt vom Versicherer Vorschusszahlungen auf den überschlägig ermittelten Erwerbsschaden anfordert und eine spezifizierte Schadensbezifferung erst nach Beendigung der Entgeltersatzleistungen am Ende des zweiten Zeitfensters vornimmt.

Wenn der Anspruch auf Kranken- beziehungsweise Verletztengeld und auch gegebenenfalls auf Arbeitslosengeld erschöpft ist, wäre der Geschädigte auf Leistungen nach dem SGB II („Hartz IV") zu verweisen, soweit er keinen Anspruch auf Erwerbsminderungsrente beziehungsweise Verletztenrente hätte. Da es sich dabei um Leistungen der Sozialhilfe handelt, findet der Grundsatz der Subsidiarität der Sozialhilfe (§ 2 SGB XII) Anwendung. Das bedeutet, dass der Geschädigte immer dann, wenn er einen Erwerbsschadensersatzanspruch hat, Leistungen der Sozialhilfe nicht beanspruchen darf. Umgekehrt heißt das, dass der Versicherer den Geschädigten bei Vorliegen eines Erwerbsschadensersatzanspruchs nicht auf Sozialhilfe verweisen kann.

Der Zeitraum im dritten Zeitfenster ist geprägt durch die Gewährung einer Erwerbsminderungsrente/Verletztenrente. Für die Bezifferung der Ist-Einnahmen des Geschädigten kann der jeweilige Rentenbescheid des Sozialversicherungsträgers herangezogen werden. Daraus ergibt sich die Nettorente. **97**

Praxistipp

Wenn feststeht, dass der Geschädigte auf Dauer Erwerbsminderungsrente/Verletztenrente beziehen wird, kann der Erwerbsschaden für die Vergangenheit sehr einfach beziffert werden.

Der Anwalt muss sich von seinem Mandanten lediglich diejenigen Abrechnungsschreiben beziehungsweise Bescheide des Sozialversicherungsträgers aushändigen lassen, die den gesamten Leistungszeitraum kumuliert erfassen. Gegebenenfalls kann der Mandant eine solche Bescheinigung beim Drittleistungsträger für den gesamten zurückliegenden Zeitraum bis zur Schadensbezifferung von dort einholen. Damit steht dann der Nettobetrag der Einnahmen des Geschädigten seit seinem Unfall ohne großen rechnerischen Aufwand in der Schadensbezifferung zur Verfügung.

Zu beachten ist unbedingt, dass Leistungen aus einer Berufsunfähigkeitszusatzversicherung (BUZ) und einer privaten Unfallversicherung sowie einer privaten Krankentagegeldversicherung nicht den Ist-Einnahmen hinzuzurechnen sind, weil es sich dabei um anrechnungsfreie **Summenversicherungen** handelt. Das gilt jedoch nicht bei Leistungen aus einer freiwilligen Versicherung in der gesetzlichen Unfallversicherung an den Mandanten. Hier besteht nach der Rechtsprechung Kongruenz.

Wenn sich der Geschädigte der Aufnahme einer zumutbaren (teilweisen) Erwerbstätigkeit widersetzt, werden die erzielbaren (fiktiven) Einkünfte bei der Bezifferung des Erwerbsschadens dem Ist-Verdienst hinzugerechnet (ständige Rechtsprechung, zuletzt: BGH zfs 2007, 83). Es wird keine Mitverschuldensquote gebildet. **98**

99 Kommt es nach dem Unfall und vor dem Wiedereintritt in die Erwerbstätigkeit zum Verlust des Arbeitsplatzes, sollte dagegen arbeitsgerichtlich vorgegangen werden. Die kampflose Akzeptanz einer arbeitgeberseitigen Kündigung kann leicht dazu führen, dass sich der Geschädigte die erzielbaren Einkünfte fiktiv beim Ist-Verdienst anrechnen lassen muss. Bei einer krankheitsbedingten Kündigung aufgrund der Unfallfolgen kann zuvor der gegnerische Haftpflichtversicherer um Kostendeckungszusage gebeten werden. Wird diese versagt, muss der Geschädigte das arbeitsgerichtliche Klageverfahren jedoch nicht aus eigenen Mitteln bezahlen. Der haftpflichtige Versicherer darf sich dann nicht darauf berufen, dass der Geschädigte seiner Schadensminderungspflicht nicht nachgekommen ist. Das wäre treuwidrig. Analog gilt das für den Fall, dass der Schädiger nicht bereit ist, die Kosten für die anwaltliche Vertretung vor dem Sozialgericht im Rentenverfahren gegen den Sozialversicherungsträger zu tragen.

3. Vorteilsausgleich

100 Der **Vorteilsausgleich** bezieht sich auf Ersparnisse während der Zeit der Arbeitsunfähigkeit, die daraus resultieren, dass ein geschädigter Arbeitnehmer in diesem Zeitraum keine Aufwendungen für die Berufsausübung hat und gegebenenfalls während Zeiten stationärer Aufnahme die Kosten für die Ernährung zuhause gespart hat.

101 Der Vorteilsausgleich lässt sich jedoch nicht in jedem Fall und nicht pauschal in gleicher Höhe ansetzen. Im Interesse des Geschädigten sollte immer von dessen individueller Situation ausgegangen werden, anstatt auf pauschalierte Sätze zwischen 5 % und 10 % – wie häufig vom Versicherer gewünscht – zurückzugreifen.

Anders als häufig vom Versicherer vorgebracht, kommt im Hinblick auf ersparte Aufwendungen ein pauschaler, zu einem bestimmten Prozentsatz vom Einkommen des Geschädigten quotierter Abzug auch nach der Rechtsprechung regelmäßig nicht ohne Weiteres in Betracht (vgl. OLG Brandenburg v. 27.4.2023 – 12 U 65/21; LG Hamburg v. 21.10.2016 – 306 O 141/16), keinesfalls ist stets ungeprüft ein Abzug von 5 % bis 10 % vorzunehmen.

Vielmehr erfolgt eine Schätzung ersparter berufsbedingter Aufwendungen ausschließlich anhand der konkreten Umstände des Einzelfalls, wobei hervorzuheben ist, dass der Schädiger für die konkrete Ersparnis berufsbedingter Aufwendungen darlegungs- und beweispflichtig ist (vgl. LG Hamburg, a.a.O.).

102 *Praxistipp*

Es empfiehlt sich vor dem Hintergrund der einzelfallbezogenen Bestimmung ersparter berufsbedingter Aufwendungen, konkret und umfänglich vorzutragen, in welcher Größenordnung sich die Einsparungen faktisch ergeben und entsprechend präzise Fragestellungen an den Geschädigten zu richten.

Nur exemplarisch ist zur Bezifferung der am häufigsten ins Feld geführten Position der Fahrtkosten die Information einzuholen, wie der Geschädigte zu seinem Arbeitsplatz und wieder zurück nach Hause gekommen ist, welche Entfernung er dabei überwinden und welche Kosten er tatsächlich aufwenden musste.

War der Geschädigte vor dem Schadensereignis regelmäßiger Nutzer des Öffentlichen Personennahverkehrs und hierdurch Inhaber des Deutschlandtickets, lassen sich die als Vorteilsausgleich anrechenbaren Kosten für den täglichen Arbeitsweg auf monatlich nicht mehr als etwa 50,00 EUR beziffern. In einem pauschalen, sich prozentual am Einkommen des Geschädigten orientierenden Abzug läge in diesem Fall eine Überkompensation zulasten des Geschädigten.

Gleiches gilt im Ergebnis, wenn der Verletzte zu Fuß, mit dem Fahrrad bzw. einem niedrig motorisierten sonstigen Zweirad zu seiner Arbeit gekommen ist, oder die Arbeitsstätte nur in geringer Entfernung zu dem Wohnort des Geschädigten liegt, sodass die für den Arbeitsweg vor dem Schadensereignis aufzuwendenden Kosten weniger als 5 % des Einkommens betragen haben.

Ist der Geschädigte mit seinem eigenen Kfz zur Arbeit gefahren, gilt es zudem, die Rechtsprechung des Bundesfinanzhofes (BFH 26.2.2009 – VI R 17/07) zu berücksichtigen, wonach ein Arbeitnehmer Fahrtkosten regelmäßig als sogenannte „**Pendlerpauschale**“ ab dem ersten Kilometer in seiner Einkommenssteuererklärung geltend machen kann. Ist dem Geschädigten vor dem Schadensereignis kein finanzieller Nachteil dadurch entstanden, dass er mit seinem Kfz zur Arbeit gefahren ist, so ändert sich an dieser Situation auch nichts, wenn die Fahrtkosten nicht mehr anfallen, weil er verletzungsbedingt seine Erwerbstätigkeit nicht mehr ausübt.

Raum für einen Vorteilsausgleich bleibt in diesem Fall ebenso wenig wie in einem jährlich etwa sechswöchigen Zeitraum, in welchem der Verletzte auch vor dem Schadensereignis urlaubsbedingt nicht zur Arbeit fahren musste.

In den Blick zu nehmen sind in diesem Zusammenhang zugleich etwaige Aufrechnungen mit solchen Kosten, die der Geschädigte durch die häusliche Verpflegung vermehrt hat, beispielsweise, weil er nicht mehr an dem vom Arbeitgeber querfinanzierten Mittagessen partizipieren kann.

Bei der Anrechnung von Kosten **doppelter Haushaltsführung** zulasten des Hätte-Einkommens (so *Jahnke*, S. 296) ist genauer hinzusehen: Kosten doppelter Haushaltsführung reduzieren den Hätte-Verdienst nur so lange, wie die doppelte Haushaltsführung nach dem schädigenden Ereignis noch aufrechterhalten wird. Häufig werden Zweithaushalte nach einem schweren Personenschaden am Arbeitsort aufgelöst, weil der Geschädigte in der Regel diese Kosten sparen möchte, zumal häufig vorhersehbar ist, dass er aufgrund der Verletzungsfolgen nicht mehr in der Lage sein wird, die alte Berufstätigkeit auszuüben. **103**

> *Praxistipp*
>
> Zur Bestimmung des Enddatums der doppelten Haushaltsführung sollte sich der Rechtsanwalt von seinem Mandanten die Kündigung des Mietvertrages und die Meldebescheinigung vom Einwohnermeldeamt aushändigen lassen. Die Kosten für die Auflösung des zweiten Haushaltes sind unfallbedingt angefallen und vom Schädiger zu erstatten.

Zu den weiteren Positionen ersparter berufsbedingter Aufwendungen zählen gegebenenfalls Berufsbekleidung (OLG Schleswig NJW-RR 2004, 599) und die Kosten für deren Reinigung. Auch hier lohnt das genaue Hinschauen: Häufig trägt der Arbeitgeber die Kosten für die Reinigung der Berufsbekleidung, so dass ersparte Aufwendungen unfallbedingt nicht erkennbar sind.

104 Soweit Aufwendungen für die Anschaffung von **Arbeitsmitteln** (Fachliteratur, Werkzeug) erspart werden, sind diese dem Hätte-Verdienst gegenzurechnen. Jedoch ist zu berücksichtigen, dass die dafür aufgewandten Geldmittel vom Geschädigten in der Regel geringer sind, als vom Versicherer gerne geschätzt. Hier lohnt ein Blick in den Einkommensteuerbescheid der letzten ein bis drei Jahre vor dem Schadensereignis und die Einsichtnahme in die der jeweiligen Steuererklärung zugrunde liegenden Originalbelege des Geschädigten.

105 Bei der Anrechnung von Beiträgen zu **Berufsverbänden** und **Gewerkschaften** ist wiederum zu berücksichtigen, dass der Geschädigte häufig die Mitgliedschaft bereits dann gekündigt hat, wenn für ihn erkennbar wurde, dass eine Rückkehr in das Erwerbsleben verletzungsbedingt nicht mehr möglich ist. Auch hier sollte sich der Anwalt des Geschädigten die Kündigung der Mitgliedschaft aushändigen lassen, um so den exakten Zeitraum zu beziffern, innerhalb dessen derartige ersparte Aufwendungen den Hätte-Verdienst tatsächlich noch minimiert haben.

106 Dem vom Versicherer bei jungen männlichen Geschädigten häufig ins Feld geführte Einwand, der ohne den Unfall zu absolvierende **Grundwehrdienst** führe zum Vorteilsausgleich zulasten des Geschädigten, kann oftmals begegnet werden durch die Nachfrage beim geschädigten Mandanten, ob er anstelle des Grundwehrdienstes einen **Ersatzdienst** (Feuerwehr, THW, DRK oder ähnlichen Einrichtungen) neben seiner Berufstätigkeit während seiner Freizeit ausgeübt hätte. Bejahendenfalls gibt es keinen Vorteilsausgleich. Für Schadensfälle, bei denen ein Grundwehrdienst nach dem 1.7.2011 fiktiv behauptet wird, ist zu beachten, dass es seit dem Tage keine gesetzliche Wehrpflicht mehr gibt. Der Grundwehrdienst findet seitdem nur noch auf freiwilliger Basis statt.

107 Letztlich sind noch die ersparten Aufwendungen für die **häusliche Verpflegung** während der stationären Aufnahme in Kliniken und Reha-Einrichtungen im Rahmen des Vorteilsausgleichs zu berücksichtigen. Nach ständiger Rechtsprechung beträgt dieser rund 10 EUR pro Tag stationärer Unterbringung (OLG Oldenburg r+s 1980, 85, AG Nordhorn zfs 1988, 135). Dieser Betrag entspricht auch demjenigen,

der nach §§ 39 Abs. 4, 40 Abs. 6 SGB V als Eigenanteil des Versicherten vom Sozialversicherungsträger ab Volljährigkeit des Geschädigten für einen Zeitraum von längstens 28 Tagen pro Kalenderjahr gefordert wird. (Beim Arbeitsunfall entfällt diese Zahlungspflicht). Danach beginnt rechnerisch erst der Vorteilsausgleich. Abweichungen nach oben benachteiligen den Geschädigten in der Schadensregulierung unangemessen. Dies gilt insbesondere dann, wenn der Geschädigte bereits vor dem Unfall nur Sozialhilfeleistungen zur Verfügung hatte; es ist mitunter schwer vorstellbar, dass von derartig niedrigen Einkünften 10 EUR pro Tag und Familienmitglied für die Ernährung ausgegeben werden. Gegebenenfalls muss dem im Rahmen der Schadensregulierung bei solchen familiären Verhältnissen durch Korrektur der Vorteilsangleichung nach unten betragsmäßig Rechnung getragen werden.

Praxistipp

Der Anwalt sollte zu diesem Zweck die Familie des Geschädigten bitten, über einen Zeitraum von einigen Wochen sämtliche Belege für Lebensmittel zu sammeln. Recht schnell lässt sich hier ein Durchschnittswert für die tägliche Geldausgabe zur Mahlzeitenzubereitung ermitteln.

Wenn feststeht, dass der Geschädigte wegen der Unfallfolgen seinen arbeitgeberseitig gekündigten Arbeitsplatz nicht wieder aufsuchen kann und erhält er im Kündigungsschutzverfahren eine **Abfindung**, dann ist diese im Rahmen des Vorteilsausgleichs nicht anzurechnen (BGH NZV 1990, 225; OLG Hamm r+s 1994, 417). 108

Nachdem der Hätte-Verdienst, der Ist-Verdienst und auch die ersparten Aufwendungen im Rahmen des Vorteilsausgleichs erfasst worden sind, steht somit zunächst der Nettoerwerbsschadensbetrag fest. 109

4. Schadensminderungspflicht

In der weiteren Schadensregulierung wird der Versicherer nunmehr die **Schadensminderungspflicht** des Geschädigten nach § 254 BGB einwenden. Hier stehen in der Regel zwei Argumente zur Verfügung: der Geschädigte wird aufgefordert, seine restliche Arbeitskraft zu verwerten (Erwerbsobliegenheit des Geschädigten) und/oder er wird zur Umschulung (auf Kosten der Sozialversicherung respektive des Haftpflichtversicherers) aufgefordert, um so wieder mindestens leidensgerecht ins Erwerbsleben integriert zu werden. 110

a) Erwerbsobliegenheit

Nach der ständigen Rechtsprechung des BGH ist der Geschädigte grundsätzlich verpflichtet, die ihm verbleibende Arbeitskraft in zumutbarer Weise so nutzbringend wie möglich schadensmindernd einzusetzen (BGH VersR 1983, 488; BGH DAR 2007, 141). 111

Die Zumutbarkeit für die Aufnahme einer Erwerbstätigkeit durch den Geschädigten bestimmt sich nach dessen Persönlichkeit, sozialer Lage, bisherigem Lebens- 112 kreis, Begabung und Anlagen, Bildungsgang, Kenntnissen und Fähigkeiten, bisherigem Werdegang, gesundheitlichen Verhältnissen, Alter, seelischer und körperlicher Anpassungsfähigkeit, Umstellungsfähigkeit, Art und Schwere der Unfallfolgen, Familie (Familienstand, Zahl und Alter der Kinder), und Wohnort (BGH VersR 1974, 142; BGH NJW 1984, 2520).

113 Verstößt der Geschädigte gegen die vom BGH entwickelten Grundsätze zur **Erwerbsobliegenheit**, so ist ein möglicher (fiktiver) Verdienst nach § 287 ZPO zu schätzen und auf den Erwerbsschadensersatzanspruch des Geschädigten anzurechnen. Eine quotenmäßige Kürzung darf nicht erfolgen (BGH NJW 2007, 64).

Praxistipp

Der Geschädigte sollte sich der kostenlosen Dienste der Bundesagentur für Arbeit zur Arbeitsvermittlung bedienen. Um einen leidensgerechten Arbeitsplatz vermittelt zu bekommen, ist es ratsam, wenn er die bislang vorliegenden medizinischen Unterlagen und auch das gegebenenfalls vorliegende Rentengutachten der Deutschen Rentenversicherung/des gesetzlichen Unfallversicherers vorlegt. Die Bundesagentur für Arbeit wird in einem solchen Falle ohnehin durch den eigenen medizinischen Dienst vorab prüfen, ob und gegebenenfalls in welchem Umfang und mit welchen Leistungseinschränkungen der Geschädigte in die Arbeitsvermittlung aufgenommen werden kann.

114 Wenn sich der Geschädigte als medizinisch (teilweise) arbeitsfähig erweist, aber andererseits ein (leidensgerechter) Arbeitsplatz trotz intensiver Suche und der Bereitschaft, den Wohnort zu wechseln nicht zur Verfügung steht, ist es ratsam, auf professionelles Schadensmanagement durch einen Reha-Dienst zurückzugreifen.

Praxistipp

Es ist die Aufgabe des Rechtsanwaltes, für seinen Mandanten mit dem Versicherer über die Einschaltung eines Reha-Dienstes zur beruflichen Rehabilitation des Geschädigten ins Gespräch zu kommen. Wenn am Ende nicht nur die eigenen Bemühungen des Geschädigten zur Wiedererlangung eines Arbeitsplatzes gescheitert sind, sondern auch diejenigen eines professionellen Schadensmanagers, steht der Schadensregulierung auch des zukünftigen Erwerbsschadens gegebenenfalls durch Kapitalisierung faktisch nicht mehr viel im Wege.

Praxistipp

Der Rechtsanwalt sollte seinen Mandanten dazu anhalten, sich selbst aktiv um eine neue leidensgerechte Arbeitsstelle zu bemühen. Hierfür sollten neben der Bundesagentur für Arbeit auch private Arbeitsvermittlungsdienste eingeschaltet werden. Auch Initiativbewerbungen und die Auswertung der Stellenanzeigen in der örtlichen und auch überörtlichen Presse nebst schriftlicher Dokumentation der Bewerbungsversuche sollten vom Rechtsanwalt bei seinem Mandanten abgefordert werden. Mündliche Bewerbungsversuche müssen nachvollziehbar stichwortartig vom Geschädigten (mit wem, wann und über welche Arbeitsstelle, mit welchem Ergebnis gesprochen wurde) dokumentiert werden. In einem späteren Klageverfahren muss der Geschädigte gegebenenfalls darlegen, was er zur Schadensminderung unternommen hat (zuletzt BGH DAR 2007, 142).

Kommt es dann zur Arbeitsaufnahme und stellt sich dabei heraus, dass der Geschädigte den Anforderungen des Arbeitsplatzes nicht gewachsen ist und bricht er die Tätigkeit deshalb ab, ist er nicht verpflichtet, weitere Versuche der Arbeitsaufnahme zu unternehmen (BGH VersR 1961, 1018).

b) Umschulung

Wenn der Geschädigte in seinem erlernten oder ausgeübten Beruf wegen seiner 115
Unfallfolgen nicht mehr tätig sein kann, gleichwohl aber noch ein mindestens teilweises Leistungsvermögen besteht, dann ist er im Rahmen seiner Schadensminderungspflicht verpflichtet, sich umschulen zu lassen (grundlegend: BGH NJW 1953, 1098). Voraussetzung ist jedoch, dass die berufliche Umschulung zur Abwendung eines Erwerbsschadens überhaupt objektiv sinnvoll erscheint (BGH NJW 1991, 1412). Wenn der Geschädigte dann eine Einkommensverbesserung erfährt, bleibt der Mehrbetrag bei der Frage des Vorteilsausgleichs unberücksichtigt (BGH NJW 1987, 2741).

IV. Prüfungsschema: Ermittlung des Erwerbsschadens (sog. ungedeckte Schadensspitze) eines abhängig Beschäftigten ohne Berücksichtigung des Zukunftsschadens

1. Ausgangspunkt: der Anspruch vom Unfallzeitpunkt bis zum Regulierungsstichtag

In der Regulierungspraxis stellt sich die Situation oftmals so dar, dass nach Ab- 116
schluss der medizinischen Akutbehandlungen und vor Eintritt in die Phase der bloßen Erhaltungstherapien der Wendepunkt in der außergerichtlichen Schadensregulierung eintritt. Zu einem vom Rechtsanwalt und seinem Mandanten definierten Zeitpunkt – dem Regulierungsstichtag – erfolgt die Bezifferung der rückständigen Ansprüche, so auch des Anspruchs auf Ersatz des Erwerbsschadens und von diesem Zeitpunkt aus gesehen die Bezifferung der zukünftigen Ansprüche. Regelmäßig liegt dieser Regulierungsstichtag in einem Zeitfenster zwischen zwei und drei Jahren nach dem Unfalltag. Bis zu diesem Termin sind die aufgelaufenen Erwerbschadensersatzansprüche durch Addition der in den jeweiligen Zeitfenstern entstandenen Teilbeträge zu ermitteln und ab diesem Termin ist eine Prognose hinsichtlich des Hätte-Verdienstes für die Zukunft erforderlich. Das nachfolgende Prüfungsschema bezieht sich auf den Zeitraum zwischen dem Unfalltag und dem Regulierungsstichtag. Für

die Ermittlung des Anspruchs ab dem Regulierungsstichtag, also des Zukunftsschadens, wird verwiesen auf die Ausführungen unten (siehe Rdn 125 ff.).

a) Ermittlung des Hätte-Verdienstes

117 Das Monatseinkommen bis zum Unfalltag (inkl. Zulagen etc., siehe Rdn 91 ff.) wird mit der Anzahl der Monate seit dem Unfall bis zum Tage der Bezifferung des aufgelaufenen Erwerbsschadens multipliziert.

b) Ermittlung des Ist-Verdienstes

118 Die monatlichen Entgeltersatzleistungen (netto) seit dem Unfalltag (siehe Rdn 94 ff.) werden bis zum Regulierungsstichtag aufaddiert.

c) Vorteilsausgleich

119 Der gesamte Zeitraum vom Unfalltag bis zum Regulierungsstichtag muss lückenlos erfasst werden und zu einer Gesamtsumme aufaddiert werden. Im Einzelfall sind die folgenden Positionen zu berücksichtigen: Kosten doppelter Haushaltsführung; Berufsbekleidung einschließlich Reinigung; Arbeitsmittel wie Fachliteratur und Werkzeug; Beiträge zu Berufsverbänden/Gewerkschaften; max. 10 EUR/Tag ersparte Aufwendungen bei stationärer Aufnahme für 28 Tage pro Monat (siehe Rdn 100 ff.).

d) Schadensminderungspflicht

120 Bei einem Verstoß gegen die Verwertung des Restleistungsvermögens minimiert sich der Erwerbsschaden. In der Praxis finden dann pauschale Abzüge bis zur maximalen Höhe von 450 EUR/Monat analog einer geringfügigen Beschäftigung statt.

2. Berechnung der „ungedeckten Schadensspitze“

121

	Zwischensumme aus a)	(siehe Rdn 117)
-	Zwischensumme aus b)	(siehe Rdn 118)
-	Zwischensumme aus c)	(siehe Rdn 119)
-	ggf. Zwischensumme aus d)	(siehe Rdn 120)
=	Erwerbsschaden nach Nettolohntheorie	

Ein Berechnungsbeispiel befindet sich unten (siehe Rdn 163, Muster 4.1).

122 Mitunter wird der Anwalt feststellen müssen, dass er einen erheblichen Berechnungsaufwand betrieben hat, um eine relativ kleine ungedeckte Schadensspitze zu ermitteln. Das tritt immer dann auf, wenn der Geschädigte zum Unfallzeitpunkt lediglich über ein geringes Einkommen verfügte, er jedoch andererseits Anspruch auf Rente wegen voller Erwerbsminderung hat und zugleich eine Verletztenrente des gesetzlichen Unfallversicherers zur Auszahlung gelangt. Hierbei ist zweierlei zu berücksichtigen: Zum einen kann selbst eine relativ geringe ungedeckte Schadensspit-

ze bei einem jungen Arbeitnehmer im Falle der Kapitalisierung des Erwerbsschadens noch einen erheblichen Zahlbetrag ausmachen, der sich nicht selten im fünfstelligen Euro-Bereich bewegt. Zum anderen kann die ungedeckte Schadensspitze in der Zukunft größer werden, wenn die Drittleistungen des Sozialversicherungsträgers teilweise oder sogar gänzlich wegfallen. Zwar wird der Versicherer dann einwenden, dass mit dem Wegfall der Drittleistungen auf den Erwerbsschaden dokumentiert sei, dass der Geschädigte wieder arbeitsfähig ist, jedoch muss das nicht in jedem Fall so zutreffen. Es gibt keine Bindungswirkung der medizinischen Einschätzung des Sozialversicherungsträgers in der zivilrechtlichen Schadensregulierung.

Praxistipp

Immer dann, wenn die ungedeckte Schadensspitze relativ gering ist oder sogar Null beträgt, weil der Geschädigte zum Zeitpunkt der Bezifferung des Erwerbsschadens Entgeltersatzleistungen eines oder mehrerer Sozialversicherungsträger bezieht, muss der Anwalt zugunsten seines Mandanten mit dem Versicherer einen **Erwerbsschadensvorbehalt** vereinbaren. Das ist gerade dann wichtig, wenn eine abschließende Regulierung durch Zahlung einer Abfindungssumme erfolgen soll. Anderenfalls besteht die Gefahr, dass sich in der Zukunft ein Erwerbsschaden bei Reduzierung oder Wegfall der Leistungen eines oder mehrerer Sozialversicherungsträger ergibt und der Geschädigte seinen dann entstehenden Erwerbsschaden beim Versicherer wegen der abschließenden Regulierung durch Abfindungszahlung nicht mehr geltend machen kann. Gerät der Erwerbsschadensvorbehalt bei der Regulierung in Vergessenheit, droht dem regulierenden Rechtsanwalt unter Umständen ein erhebliches Haftungsrisiko.

3. Steuerschaden

Dem so ermittelten Nettoerwerbsschaden für den in der Vergangenheit liegenden Zeitraum ist als weitere Schadensersatzpositionen die darauf anfallende **Einkommensteuer** hinzuzurechnen. 123

Wenn der Erwerbsschaden für mehrere Jahre in einem ersetzt wird und der Geschädigte dadurch die **Steuererleichterung des § 34 EStG** in Anspruch nehmen kann, verbleibt dieser Vorteil beim Geschädigten (BGH NJW 1994, 2084). 124

Praxistipp

Im Rahmen der Regulierungsverhandlungen muss sich der Anwalt vom Versicherer einen Vorbehalt dergestalt erklären lassen, dass dieser zuzüglich zum Netto-Erwerbsschaden die darauf anfallende Einkommensteuer (ggf. nach Vorlage des Einkommensteuerbescheides) entweder an den Geschädigten oder aber unmittelbar an das Finanzamt leistet. Hierbei ist jedoch zu berücksichtigen, dass die Zahlung auf den Schaden ihrerseits im folgenden Jahr wiederum eine zu versteuernde Einnahme darstellt. Auch der darauf anfallende Einkommensteuerbetrag muss dann entsprechend wieder vom Versicherer gegen Nachweis übernommen werden. Da jede weitere Zahlung des Versicherers auf den Schaden in den folgenden Jahren wiederum als steuerpflichtige Einnahme zu betrachten ist, besteht zum anderen auch die Möglichkeit der Einbindung des Finanzamtes bei der Ermittlung des Erwerbsschadens. In Abhängigkeit von der Höhe der Einkommensteuerzahlungsverpflichtung kann mit dem Finanzamt auch ein pauschalierter Steuerbetrag verhandelt werden, mit dem dann der gesamte Erwerbsschaden steuerrechtlich für die Zukunft abgegolten wird.

V. Zukünftiger Erwerbsschaden ab dem Regulierungsstichtag – Zukunftsprognose

125 Der Zukunftsschaden, welcher per Definition ab dem Regulierungsstichtag zu laufen beginnt, erfordert eine Prognose. Diese bezieht sich auf die wahrscheinliche berufliche Entwicklung des Geschädigten ohne den Unfall und das damit verbundene Erwerbseinkommen. Führt man sich noch einmal vor Augen, dass es der Schädiger ist, der den Geschädigten in seine missliche Lage gebracht hat und damit für die schwierige Nachweissituation der Prognose verantwortlich ist (BGH VersR 2003, 233), dann dürfen die Anforderungen an die Darlegungslast nicht überstrapaziert werden und es reicht, wenn der Geschädigte Anknüpfungstatsachen vorträgt – und auch beweist –, die eine Schadensschätzung möglich machen (BGH VersR 1995, 420).

126 Für die Frage, ob er gegen den Schädiger einen Schadensersatzanspruch hat, gelten die strengen Beweisanforderungen des § 286 ZPO (BGH VersR 2003, 118).

127 Demgegenüber ergeben sich die Beweiserleichterungen aus den §§ 287 ZPO und 252 BGB für die Frage der Schadenshöhe. Der Geschädigte ist darlegungs- und beweisbelastet dafür, in welcher Höhe ihm wie lange ein Erwerbsschaden entstanden ist.

128 Nach § 252 BGB gilt als entgangen der Gewinn, der nach dem gewöhnlichen Lauf der Dinge oder nach den besonderen Umständen mit Wahrscheinlichkeit erwartet werden konnte. Darin ist eine den § 287 ZPO ergänzende Beweiserleichterung zugunsten des Geschädigten enthalten. Dieser braucht nur die Umstände darzulegen und in den Grenzen des § 287 ZPO zu beweisen, aus denen sich nach dem gewöhnlichen Verlauf der Dinge oder den besonderen Umständen des Falles die Wahrscheinlichkeit des Gewinneintritts ergibt (BGH NJW 1964, 662). Dabei dürfen keine zu strengen Anforderungen gestellt werden (BGH NJW 1993, 1990). Erforderlich, aber auch ausreichend ist, wenn der Geschädigte die Ausgangs- und Anknüpfungstatsachen für eine Schadensschätzung vorträgt (BGH NJW 2004, 1945).

129 Hingegen müssen die „besonderen Umstände“ von demjenigen bewiesen werden, der sich darauf beruft (*Medicus*, DAR 1994, 442).

1. Besonderheiten bei abhängig Beschäftigten

Nach § 252 BGB trägt der Geschädigte die Darlegungs- und Beweislast für die Prognose entsprechend dem **gewöhnlichen Lauf der Dinge**. Hierzu zählen allgemeine Lohnerhöhungen und auch die gewöhnlichen Aufstiegsmöglichkeiten, wobei der Geschädigte durchaus eine Vergleichsperson heranziehen kann. Andererseits gehört zum gewöhnlichen Lauf der Dinge auch ein Arbeitsplatzrisiko, wie zum Beispiel die Insolvenz des Arbeitgebers, worauf sich der Versicherer berufen könnte oder auch eine unfallunabhängige Erkrankung des Geschädigten, für die ebenso der Versicherer darlegungs- und beweisbelastet ist. **130**

Einen außergewöhnlichen Lauf der Dinge muss also entsprechend derjenige beweisen, der sich darauf beruft. Das können zum einen der Geschädigte und zum anderen der Versicherer sein. **131**

Für die Prognose ist nicht auf den Unfallzeitpunkt, sondern auf den Entscheidungszeitpunkt abzustellen. Dies ermöglicht die Berücksichtigung von Entwicklungen, die sich im Zeitraum zwischen dem Unfallereignis und dem Entscheidungszeitpunkt ergeben haben (BGH NJW 1999, 563). Bei der außergerichtlichen Regulierung ist der Entscheidungszeitpunkt in diesem Sinne analog der Regulierungsstichtag. **132**

2. Besonderheiten bei Kindern, Schülern, Auszubildenden und Studenten

Bei Kindern, Schülern, Auszubildenden und Studenten muss der Schädiger alle Nachteile ausgleichen, die aus dem verzögerten oder verhinderten Berufseinstieg entstehen (BGH VersR 1985, 62). Die **Prognose**, welchen Beruf der verletzte junge Mensch ohne den Unfall ergriffen hätte, ist umso schwieriger, je jünger der Verletzte ist und je weniger weit er in seiner bisherigen Berufsausbildung fortgeschritten ist. Am schwierigsten ist es, eine Prognose für die berufliche Entwicklung eines Kindes zu treffen. Hierbei gilt der Grundsatz, dass die Schwierigkeiten einer Prognose für die Entwicklung des Erwerbslebens nicht zulasten des in jungen Jahren Geschädigten gehen dürfen, da gerade das Schadensereignis die Aufklärungsprobleme zum Schadensumfang bedingt (BGH NJW 1995, 1023; BGH DAR 1995, 202; BGH NJW 1997, 931). Aus diesem Grunde dürfen an die Darlegung konkreter Anhaltspunkte für die Schadensermittlung im Rahmen der §§ 252 S. 2 BGB, 287 Abs. 1 ZPO keine zu hohen Anforderungen gestellt werden. Dies gilt umso mehr, je jünger die geschädigte Person ist. **133**

Für die Regulierungspraxis bedeutet das, dass umso mehr „spekuliert" werden darf, je weniger weit die Berufsausbildung gediehen ist (BGH NJW 1998, 1633; OLG Hamm VersR 2000, 234; OLG Stuttgart VersR 1999, 630). *Scheffen/Pardey*, Rn 906, schlagen vor, bei schweren Schädigungen von Kindern in jungen Jahren für den Zeitpunkt des hypothetischen Schul- und Ausbildungsabschlusses an einen Mindestersatz zu denken, der an die konkreten Verhältnisse anknüpft und so gewähr- **134** leistet, dass betroffene Kinder einen angemessenen Ausgleich erhalten. Hierbei ist an die eigenen beruflichen Pläne des Kindes aus der Zeit vor dem Unfall ebenso wie an die konkreten Anstrengungen nach dem Unfall anzuknüpfen. Dabei fließen auch die Begabungen und Fähigkeiten des Kindes und auch seine Strebsamkeit in die Beurteilung mit ein. Statistische Daten sind bei einer solchen Beurteilung nicht aussagekräftig. Es kommt immer auf den individuellen Lebensweg auch des sehr jungen Geschädigten an. Dieser ist mehrheitlich geprägt von der Erziehung durch die Eltern und wird beeinflusst durch die Ausbildung und die berufliche Qualifikation von Eltern und Geschwistern, gegebenenfalls unter Berücksichtigung einer Familientradition („Arztfamilie") (OLG Frankfurt a.M. VersR 1985, 48; OLG Karlsruhe zfs 1990, 151).

135 Üblicherweise kann man von einem durchschnittlichen Erfolg in der hypothetisch anzunehmenden Erwerbstätigkeit des Kindes ausgehen. Wenn jedoch Anhaltspunkte für eine außergewöhnliche berufliche Laufbahn angelegt sind, wie zum Beispiel eine besondere musische Veranlagung („Wunderkind" am Klavier), so ist auf dieser Basis die Prognose hinsichtlich des Erwerbsschadens anzustellen.

136 Der 51. Deutsche Verkehrsgerichtstag 2013 hat sich im Arbeitskreis I mit der Erwerbsschadensermittlung vor oder kurz nach dem Berufseinstieg befasst. In den Abschlussempfehlungen heißt es, dass regelmäßig zumindest ein Mindesteinkommen festgestellt werden kann, auch wenn es sich nicht beweisen lässt, dass sich der behauptete Berufswunsch realisiert hätte. Das bedeutet nichts weniger und nichts mehr, dass es eine „Hartz IV-Karriere" per Definition nicht geben kann. Mit dem Mindestlohn sollten hier kreative Anknüpfungspunkte gerade bei verletzten jungen Menschen bildungsferner Herkunft für die Erwerbsschadensregulierung möglich sein.

137 Maßgebliche Bedeutung kommt auch der Abschlussempfehlung Nr. 2 des 51. Deutschen Verkehrsgerichtstages 2013 im Arbeitskreis I zu: Soweit bei jungen Verletzten ein Erwerbsschaden feststeht oder jedenfalls deutlich absehbar ist, sollte der Versicherer zur Verhinderung einer wirtschaftlichen Notlage des Geschädigten angemessene Vorschusszahlungen leisten. Dieser Aspekt tritt in der Regulierung immer wieder nach hinten. Junge Menschen haben keinen Anspruch auf Ersatz des Erwerbsschadens gegen Sozialversicherungsträger, sofern sie nicht bereits in dieses System finanziell geleistet haben. Das bedeutet, dass junge Verletzte sehr schnell der Sozialhilfe anheimfallen können, wenn eine Erwerbsschadensregulierung nicht forciert wird. Jeder Anwalt sollte deshalb mit dem Versicherer kurzfristig in Kontakt treten, wenn nach dem gewöhnlichen Verlauf der Dinge – d.h. ohne das stattgefundene Schadensereignis – der Mandant nun in das Berufsleben eingestiegen wäre. Hier besteht eine besondere Verpflichtung des Versicherers für angemessene Vorschüsse.

Ein häufig anzutreffender Fall ist die unfallbedingte Verzögerung in der Schul- oder Berufsausbildung, verbunden mit einem **verspäteten Eintritt in das Erwerbsleben**. Zur Schadensermittlung ist auch hier wieder der Ist-Verlauf mit dem Soll-Verlauf zu vergleichen (OLG Hamm VersR 2000, 234). Es ist zunächst die Differenz zwischen den Einkünften beim hypothetischen Beginn der Ausbildung und den fiktiven Einkünften bei verschobenem Ausbildungsende für den dazwischen liegenden Zeitraum zu bilden. Dabei kommt es nicht nur auf die entgangene Ausbildungsvergütung und das berufliche Einstiegsgehalt für den Zeitraum der Verzögerung an, sondern auch auf den lebenslangen Verdienst infolge verspäteter Einkommenssteigerungen. Damit Hand in Hand gehen auch Rentenminderungen. Dieser Leistungsverkürzungsschaden zur gesetzlichen Rente ist im Zeitpunkt des Eintritts des Versicherungsfalls zu ersetzen (*Scheffen/Pardey*, Rn 907). Der Anspruch ist zum Regulierungszeitpunkt meistens nicht bezifferbar. Der Mandant hat Anspruch auf einen konkreten Zukunftsschadensvorbehalt, wonach der Versicherer für den Rentenminderungsschaden einstehen wird. **138**

Wenn eine geplante Schul- oder Berufsausbildung, die bereits begonnen worden war, unfallbedingt abgebrochen werden muss, muss der Geschädigte unter Berücksichtigung der Beweiserleichterungen der §§ 287 ZPO, 252 BGB darlegen, dass er die Ausbildung ohne den Unfall erfolgreich abgeschlossen hätte. In die Beurteilung einbezogen wird vor allem deren bisheriger Verlauf, wobei wiederum vom gewöhnlichen und normalen Verlauf der Ausbildung auszugehen ist. Als Erwerbsschaden ist der nicht erzielte Verdienst anzusehen, der nach dem gewöhnlichen Lauf der Dinge oder nach den besonderen Umständen mit Wahrscheinlichkeit erwartet werden konnte (OLG Stuttgart VersR 1999, 630). **139**

Die Prognose des Erwerbsschadens eines jungen Geschädigten erfordert die Auseinandersetzung einerseits mit Spezialliteratur und andererseits der einzelfallbezogenen Rechtsprechung. Fallbeispiele finden sich bei *Scheffen/Pardey*, Rn 896, 898, 902 sowie *Ernst*, Verkehrsrecht aktuell 2008, 133 f. – jeweils unter Bezugnahme auf die aktuelle Rechtsprechung. **140**

> *Praxistipp*
>
> Wenn wegen des kindlichen oder jugendlichen Alters des Geschädigten eine Prognose zum Erwerbsschaden nicht möglich oder jedenfalls mit der Gefahr einer erheblichen Fehleinschätzung verbunden ist, andererseits aber davon auszugehen ist, dass er überhaupt in das Berufsleben eintreten wird, sollte zur Wahrung der Ansprüche auf Ersatz des Erwerbsschadens, der Versicherer zur Abgabe einer entsprechenden außergerichtlichen Erklärung mit der Wirkung eines gerichtlichen Feststellungsurteils veranlasst werden.
>
> Wenn jedoch andererseits feststeht, dass verletzungsbedingt ein Eintritt in das Berufsleben zu keinem Zeitpunkt stattfinden wird, sollte der Anwalt mit dem Mandanten besprechen, ob er im Rahmen von Abfindungsverhandlungen eine kapitalisierte (aufgeschobene) Leibrente geltend macht.

3. Besonderheiten bei Selbstständigen

141 In seiner Grundstruktur ermittelt sich der Erwerbsschaden des **Selbstständigen** ebenso wie beim abhängig Beschäftigten. Ein selbstständiger Unternehmer ist zunächst einmal verpflichtet, seine restliche Arbeitskraft im Rahmen des Zumutbaren zu verwerten (BGH VersR 1959, 374).

142 Allerdings erfolgt die Schadensberechnung nach der **Bruttomethode** (BGH NJW 1995, 389), was sich daraus ergibt, dass der Selbstständige keine Sozialversicherungsabgaben und auch keine Lohnsteuer bezahlt.

143 Für die Ermittlung des Erwerbsschadens ist der geschädigte Selbstständige darlegungs- und beweisbelastet im Hinblick darauf, wie sich sein Unternehmen ohne den Unfall voraussichtlich entwickelt hätte (BGH NJW 2001, 1046). Es ist also wie beim abhängig beschäftigten Arbeitnehmer eine Prognose zu erstellen. Ebenso kommen auch dem selbstständigen Unternehmer die Darlegungs- und Beweiserleichterungen der §§ 252 BGB, 287 ZPO zugute. Es kommt auch wiederum darauf an, Anknüpfungstatsachen darzustellen.

144 Für diese Anknüpfungstatsachen ist der geschädigte Unternehmer darlegungs- und beweisbelastet (BGH VersR 2003, 1141), wobei an die Darlegungslast keine allzu hohen Anforderungen gestellt werden dürfen (BGH NJW 1998, 1633).

145 Allerdings kommt es im Unterschied zum abhängig Beschäftigten beim verletzten selbstständigen Unternehmer für die Schadensermittlung nicht auf den Wegfall seiner Arbeitskraft an, sondern auf die negative Auswirkung in seinem Vermögen. Der Schädiger schuldet den **hypothetischen Unternehmergewinn** mindestens bis zur Wiederherstellung der Leistungsfähigkeit des Geschädigten, gegebenenfalls auch noch darüber hinaus, bis dieser wieder an den Unternehmergewinn anknüpfen kann, den er ohne Eintritt des Unfalls erreicht haben würde. Dieses ist der erstattungsfähige Schaden. Insoweit scheiden alle diejenigen Fälle aus, in denen der Selbstständige seine vorübergehende Leistungseinbuße nach seiner Genesung zum Beispiel durch Überstunden (BGH NJW 1971, 836) kompensiert oder durch organisatorische Maßnahmen (BGH VersR 1965, 85; BGH VersR 1961, 1018) ohne wirtschaftlichen Nachteil abfängt. Im Unterschied zum Arbeitnehmer bestimmt sich der Wert der Arbeitsleistung des Selbstständigen nicht nach seinem Zeiteinsatz im Unternehmen, sondern nach seinem wirtschaftlichen Erfolg. Aus diesem Grunde scheidet auch die Bezifferung des Erwerbsschadens abstrakt und fiktiv in Höhe des Gehaltes einer gleichwertigen Ersatzkraft aus (BGH VersR 1992, 973).

146 Es besteht eine dreifache Berechnungsmöglichkeit: es können die Kosten einer tatsächlich eingestellten Ersatzkraft geltend gemacht werden, der Erwerbsschaden kann sich aus konkret entgangenen Geschäften ergeben und letztlich besteht die Möglichkeit einer abstrakten Berechnung auf der Grundlage der Vorjahresergebnisse. Schließlich ist auch die Kombination denkbar, dass trotz eingestellter Ersatz-

kraft Gewinneinbußen vorkommen. Dann sind beide Aspekte Gegenstand der Regulierungsverhandlungen.

a) Kosten einer Ersatzkraft

Die Kosten einer Ersatzkraft müssen tatsächlich angefallen sein, das heißt die **Ersatzkraft** muss eingestellt worden sein (BGH VersR 1997, 453). Zum erstattungsfähigen Ersatzanspruch gehören neben dem Arbeitsentgelt auch die Arbeitgeber- sowie Arbeitnehmeranteile zur Sozialversicherung und die abzuführende Lohnsteuer. Etwaige Steuervorteile des selbstständigen Unternehmers als Folge der Personalkostenerhöhung wachsen dem Schädiger zu. 147

Die unentgeltliche Mitarbeit eines Familienangehörigen im Betrieb des verletzten Selbstständigen entlastet den Schädiger nicht. Zur Schadensbezifferung ist auf die Nettokosten für eine Ersatzkraft abzustellen (OLG Oldenburg zfs 1993, 263). 148

Kommt es nicht zu einem vollständigen Ausgleich des wirtschaftlichen Nachteils des Unternehmers, etwa weil die eingestellte Ersatzkraft den Geschädigten nicht zu 100 % zu ersetzen vermag oder aber wenn sich wegen der starken persönlichen Beziehungen des Geschädigten zu seinen Kunden diese wegen seiner Abwesenheit weniger kauffreudig zeigen, entsteht gleichwohl ein restlicher Gewinnausfall. Diese Lücke ist vom Schädiger auszufüllen. Hier können nebeneinander der konkrete Erwerbsschaden (Kosten Ersatzkraft) und der fiktive Erwerbsschaden (Lücke zum Unternehmergewinn ohne den Unfall) geltend gemacht werden. 149

b) Entgang des Gewinns durch Umsatzreduzierung

Der Geschädigte hat die Möglichkeit, seinen Erwerbsschaden konkret durch **entgangene Geschäfte** nachzuweisen (OLG Hamm NZV 1995, 316; LG Saarbrücken zfs 2001, 108). Hierfür ist dreierlei nachzuweisen: zunächst, dass dem Geschädigten bestimmte Aufträge ohne den Unfall erteilt worden wären, weiterhin, dass er sie unfallbedingt nicht ausführen konnte und schließlich auch später nicht nachholen konnte. Trotz der Beweiserleichterung des § 287 ZPO werden an den Nachweis, dass einzelne Aufträge unfallbedingt entgangen sind, wegen der Manipulationsgefahr durch Gefälligkeitsbescheinigungen hohe Anforderungen gestellt (BGH NJW 1971, 836). 150

c) Fiktive Schadensberechnung auf der Grundlage der Vorjahresergebnisse

Die Schadensbezifferung erfolgt anhand der **Betriebsergebnisse der Vorjahre**. Der Schaden ermittelt sich aus der Differenz zwischen dem hypothetischen Gewinn, den der Unternehmer ohne den Unfall erzielt hätte und demjenigen, der nach dem Unfall tatsächlich erzielt worden ist. Maßgeblicher Vergleichszeitraum vor dem Unfall sind die letzten 3–5 Jahre (BGH NJW 1999, 136). Bei der Schadensermittlung ist zu berücksichtigen, dass Einkünfte aus Vermietung und Verpachtung oder Kapitalerträge nicht zu berücksichtigen sind, weil sie von der Beeinträchtigung der körper- 151 lichen Integrität nicht berührt werden (*Pardey*, Rn 2350). Hierbei ist zu berücksichtigen, dass auch die Kosten vom hypothetischen Umsatz des Selbstständigen während der Zeit seiner Arbeitsunfähigkeit abzusetzen sind. Da es sich zumeist um Fixkosten handelt, nähert sich der Schaden des Selbstständigen zumeist dem Umsatzausfall.

152 Im Hinblick auf den Zukunftsschaden ist eine Erwerbsprognose erforderlich. Spätestens an dieser Stelle ist eine streitige Auseinandersetzung mit dem Versicherer vorprogrammiert. Zwar kommen dem Geschädigten an dieser Stelle wieder die Darlegungs- und Beweiserleichterungen der §§ 252 BGB, 287 ZPO zugute, jedoch sind wieder Anknüpfungstatsachen darzulegen. Schwierigkeiten ergeben sich bei jungen Unternehmen, insbesondere wenn zum Unfallzeitpunkt die Gründungsphase noch nicht oder erst soeben abgeschlossen worden ist und eine Berechnung des entgangenen Gewinns durch Vergleich von Betriebsergebnissen vor und nach dem Unfall noch nicht möglich ist. Gerade in dieser Phase ist der Erfolg eines Unternehmens ganz maßgeblich von der Persönlichkeit des Inhabers beeinflusst. Auch konjunkturelle Entwicklungen spielen bei der Bewertung des Umsatzrückgangs eine Rolle.

153 Bei der Schadensbezifferung ist auch immer die **Einkommenstendenz** zu sehen. Diese kann einerseits nach oben, aber andererseits auch nach unten zeigen. Fehlen Anhaltspunkte in die eine oder in die andere Richtung, dann kann auf den durchschnittlichen Erfolg des Geschädigten mit seinem Unternehmen abgestellt werden (BGH NJW 1998, 1634). Gleichwohl muss auch bei der Ermittlung eines durchschnittlichen Erfolges der individuelle wirtschaftliche Erfolg in der Zukunft – der Trend – ermittelt werden. *Pardey* (Rn 2374) zeigt verschiedene Berechnungsvorschläge zur Gewinnprognose auf.

154 In der Regulierungspraxis zeigt sich jedoch, dass der Geschädigtenvertreter eine andere Auffassung von der Erwerbsprognose hat, als der Versicherer. Entsprechend unterschiedlich fällt die Bezifferung dieser Schadensersatzposition aus. Es ist an dieser Stelle ratsam, wenn sich der Anwalt mindestens der Hilfe des Steuerberaters seines Mandanten zur Ermittlung des Erwerbsschadens bedient. Dies fußt nicht zuletzt auf der Erkenntnis, dass der Anwalt häufig die notwendigen Wirtschaftsdaten nicht selbst fehlerfrei ermitteln kann. Schließlich ist es auch eine Frage des Haftpflichtversicherungsschutzes, ob der Anwalt wirklich die Tätigkeit eines Steuerberaters oder Wirtschaftsprüfers an dieser Stelle übernehmen kann. Sollte sich herausstellen, dass auch der eigene Steuerberater des geschädigten Mandanten nicht in der Lage ist, den verletzungsbedingt entgangenen Gewinn zu ermitteln, dann sollte der Mandant auf die Möglichkeit hingewiesen werden, einen Sachverständigen zur Ermittlung seines fiktiven Gewinns einzuschalten. Die damit im Zusammenhang stehenden Kosten sind vom Schädiger zu erstatten. In diesem Zusammenhang soll auf die Entscheidung des BGH vom 20.10.2009 (DAR 2010, 82) hingewiesen werden. Danach ist es grundsätzlich möglich, im Wege des **selbstständigen Beweisverfahrens** ein

Sachverständigengutachten zum entgangenen Gewinn des Selbstständigen einzuholen. Ausreichend, aber auch erforderlich, ist der Vortrag von Anknüpfungstatsachen.

Es ist häufig ratsam, einen Sachverständigen zur Schadensermittlung einzusetzen, wenn der Geschädigte sein Unternehmen noch in der Gründungsphase führt und betriebswirtschaftliche Daten aus der Vergangenheit mindestens für einen Vergleichszeitraum von drei Jahren überhaupt nicht vorliegen. Oftmals wird ein Sachverständiger Vergleichszahlen aufgrund statistischer Branchenerhebungen als Ausgangsbasis nutzen. Schließlich ist auch nur dieser in der Lage, aufgrund der Einkommensteuerbescheide aus der Zeit vor der Aufnahme der selbstständigen Tätigkeit Informationen für den geplanten Unternehmenserfolg abzuleiten. Sollte der Sachverständige wider Erwarten zu dem Ergebnis gelangen, dass der Geschädigte auch ohne den Unfall seinen Betrieb nicht in die Gewinnzone geführt hätte, dann führt dies jedenfalls im Ergebnis nicht zum Wegfall des Erwerbsschadens. Fiktiv ist dann auf die Einkünfte des Geschädigten aus vergleichbarer abhängiger Beschäftigung abzustellen (BGH VersR 1957, 750). **155**

d) Unfallbedingte Unternehmensaufgabe

Wenn der Geschädigte sein Unternehmen unfallbedingt aufgeben muss, ist er für diesen Umstand darlegungs- und beweisbelastet, jedoch unter Berücksichtigung der Beweiserleichterungen der §§ 252 BGB, 287 ZPO (BGH VersR 1998, 772; BGH r+s 2001, 285). **156**

Setzt der Geschädigte seine restliche Erwerbsfähigkeit dann in der Aufnahme einer abhängigen Tätigkeit fort, so kann sich ein Erwerbsschadensersatzanspruch aus der Differenz zwischen seinem jetzigen Einkommen und dem mutmaßlichen Unternehmereinkommen darstellen (BGH r+s 2001, 285). **157**

4. Erwerbsschaden des Arbeitslosen

Der Erwerbsschaden umfasst alle wirtschaftlichen Beeinträchtigungen, die der Geschädigte erleidet, weil und soweit er seine Arbeitskraft verletzungsbedingt nicht verwerten kann. Ein derartiger Vermögensschaden entsteht auch bei einem Arbeitslosen. Der Hintergrund liegt darin, dass der Rechtsanspruch auf Arbeitslosenunterstützung nicht schon durch die bloße Tatsache der Arbeitslosigkeit entsteht, sondern voraussetzt, dass der Arbeitslose arbeitsfähig ist und sich der Arbeitsvermittlung zur Verfügung stellt. Die dem Arbeitslosen gezahlte Unterstützung soll ihm einen (teilweisen) Ausgleich für entgangenen Arbeitsverdienst verschaffen. Der Verlust der Arbeitslosenunterstützung ist daher als Erwerbsschaden anzusehen (BGH NJW 1984, 1811; BGH NJW 2008, 2185; ausdrücklich erfasst ist hierbei auch das sogenannte Arbeitslosengeld II, vgl. BGH r+s 2013, 463, inzwischen: „Bürgergeld“). **158**

In den überwiegenden Fällen ist davon auszugehen, dass die Arbeitslosigkeit ohne das schädigende Ereignis nur für einen vorübergehenden Zeitraum bestanden hätte. Der ohne Schadensmoment aller Voraussicht nach nur vorübergehend arbeitslose Geschädigte erleidet einen Erwerbsschaden, wenn er ohne den Unfall wahrscheinlich wieder eine Arbeitsstelle gefunden hätte (BGH NJW 1991, 2422).

Ob ein Verletzter ohne den Schadensfall durch Verwertung seiner Arbeitskraft Einkünfte erzielt hätte, ist durch eine nach § 252 S. 2 BGB anzustellende Prognose zu ermitteln, für die ein Wahrscheinlichkeitsurteil über den natürlichen Lauf der Dinge genügt, die sich auch auf wahrscheinliche künftige Entwicklungen erstreckt (BGH v. 14.1.1997 – VI ZR 366/95, Rn 9). Einzubeziehen sind hierbei auch andere als die zuletzt ausgeübten Beschäftigungsmöglichkeiten. Dass ein Geschädigter keine ihm zur Verfügung stehende berufliche Tätigkeitsoption für eine gewinnbringende Erwerbstätigkeit genutzt hätte, kann ohne konkrete Anhaltspunkte jedenfalls nicht angenommen werden (vgl. BGH v. 14.1.1997 – VI ZR 366/96, Rn 10).

159 Zu berücksichtigen ist, dass der Schadensersatzanspruch nach § 116 SGB X auf die Bundesagentur für Arbeit übergeht, sofern diese Leistungsfortzahlung bei Arbeitsunfähigkeit nach § 126 Abs. 1 S. 1 SGB III erbringt.

5. Erwerbsschaden des Sozialhilfeempfängers

160 Auch Bezieher von Sozialhilfeleistungen nach dem SGB II und SGB XII können verletzungsbedingt Verdienstausfallansprüche erwerben. Zu berücksichtigen ist hierbei, dass die in der Vergangenheit bereits geleistete Sozialhilfe wegen § 116 SGB X vom Verdienstausfall abzusetzen ist.

161 Hinsichtlich zukünftiger Verdienstausfallansprüche greift der **Subsidiaritätsgrundsatz** und der Geschädigte muss zunächst seinen Anspruch auf Erwerbsschadensersatz realisieren, bevor er Sozialhilfeleistungen beziehen kann (BGH NJW 1997, 2175).

162 Problematisch gestaltet sich die Abfindung des Zukunftsschadens, weil gegebenenfalls bereits ein Forderungsübergang auf den Sozialhilfeträger stattgefunden hat, da ein solcher Forderungsübergang dann erfolgt, wenn infolge des schädigenden Ereignisses aufgrund konkreter Anhaltspunkte mit der Leistungspflicht eines Sozialhilfeträgers zu rechnen ist.

> *Praxistipp*
>
> Der Rechtsanwalt sollte bei einer solchen denkbaren Konstellation von der Kapitalisierung des Erwerbsschadens Abstand nehmen. Das Risiko, bereits unerkannt übergegangene Ansprüche wegen fehlender Aktivlegitimation rechtsunwirksam abfinden zu lassen, ist sehr hoch. Möglicherweise ist ein späterer Regress des Sozialhilfeträgers beim Geschädigten wegen dessen Entreicherung nicht mehr möglich und der Anwalt haftet selbst. Der sicherste Weg ist in diesem Fall die quartalsmäßig vorschüssige Rentenzahlung gem. §§ 843 Abs. 1, 760 BGB.

Praxistipp

Wenn der Geschädigte demgegenüber bereits Sozialhilfeleistungen (z.B. „Bürgergeld“) bezieht, ist die Sachlage differenziert zu betrachten. Bezog der Geschädigte bereits vor dem Unfallereignis diese Sozialhilfeleistungen, dann ist mit einiger Wahrscheinlichkeit davon auszugehen, dass er diese Sozialhilfeleistungen auch ohne den Unfall zumindest in der näheren Zukunft bezogen haben würde. Hat der Geschädigte erst nach dem Unfallereignis Sozialhilfeleistungen bezogen, ist zu prüfen, ob dieses ausschließlich auf den Unfall zurückzuführen ist. Um Rechtssicherheit bei der Abfindung des Erwerbsschadens zu erlangen, sollte der Rechtsanwalt im einen wie im anderen Falle vom Träger der Sozialhilfe (Jobcenter, Bundesagentur für Arbeit) eine Erklärung anfordern, dass das Regressverfahren gem. § 116 SGB X beendet ist und keine weiteren Ansprüche gegenüber dem Haftpflichtversicherer geltend gemacht werden. Wird die Erklärung nicht abgegeben, sollte von einer Abfindung des Erwerbsschadens abgesehen werden. Es muss bei der quartalsmäßigen vorschüssigen Rentenzahlung gem. §§ 843 Abs. 1, 760 BGB bleiben.

VI. Formulierungsbeispiel zur außergerichtlichen Geltendmachung des zukünftigen Erwerbsschadens eines im Unfallzeitpunkt 16 Jahre alten ungelernten Mannes

▼ 163

Muster 4.1: Außergerichtliche Geltendmachung des zukünftigen Erwerbsschadens

Kfz-Haftpflichtversicherer
Postfach 12345
12345 Musterstadt

Per Fax/per E-Mail

02.01.2025

Mandant ./. Versicherer

Unser Zeichen:

Schadennummer:

Sehr geehrte Damen und Herren,

in Ergänzung zu dem bisher geführten Schriftverkehr und insbesondere zu den bislang bezifferten Ansprüchen auf Ersatz des Haushaltsführungsschadens sowie der vermehrten Bedürfnisse und des Schmerzensgeldes, möchten wir nunmehr den Erwerbsschaden unseres Mandanten ab 1.1.2025 beziffern.

Trotz des Umstandes, dass Herr A im Unfallzeitpunkt als ungelernter Hilfsarbeiter bei der H-GmbH tätig war, ist aufgrund seines damaligen Alters (16 Jahre) von einer erheblichen beruflichen Weiterentwicklung auszugehen.

Hierbei sei auf die Rechtsprechung des BGH vom 14.1.1997 (Az.: VI ZR 366/95) hingewiesen, wonach bei der nach § 252 Satz 2 BGB anzustellenden Zukunftsprognose die wahrscheinliche künftige Entwicklung maßgeblich ist (BGH VersR 1997, 366 f.; DAR 1997, 153 f.). Nach Ansicht des OLG Celle (Az.: 14 U 45/06) ist die voraussichtliche berufliche Entwicklung eines Geschädigten ohne das Schadensereignis zu beurteilen. Hierfür muss der Geschädigte zwar soweit wie möglich konkrete Anhaltspunkte für die gem. § 252 BGB zu stellende Prognose dartun, es dürfen jedoch insoweit **keine zu hohen** Anforderungen gestellt werden. Dies gilt insbesondere dort, wo der Geschädigte – etwa weil er im Zeitpunkt des Schadensereignisses noch in der Ausbildung oder am Anfang seiner beruflichen Entwicklung stand – nur wenige konkrete Anhaltspunkte dazu liefern kann, wie sich sein Erwerbsleben voraussichtlich gestaltet hätte (OLG Celle VersR 2008, 82–83 sowie OLG Celle 14.1.2009 – 14 W 52/08).

Die Berufsunfähigkeit unseres Mandanten wurde zwischenzeitlich attestiert, denn unser Mandant bezieht eine Erwerbsunfähigkeitsrente der DRV in Höhe von **940,00 EUR netto/Monat** (Anpassung zu 07/2023). Auch unter den von Ihnen erwähnten unfallunabhängigen Arbeitsmarktrisiken ist – den Unfall hinweggedacht – nach einer beruflichen Findungsphase und unter Berücksichtigung der schulischen und beruflichen Entwicklung, ein durchschnittlicher monatlicher Arbeitsverdienst in Höhe von 2.900,00 EUR netto am örtlichen Wirtschaftsmarkt Frankfurt a.M. anzusetzen. Wir haben hierzu die familiären Verhältnisse der Familie A herangezogen: Allein zwei nahe Familienmitglieder sind trotz anderer Vorausbildung seit Jahren am Frankfurter Flughafen bei der X-AG angestellt; ein Werdegang, der sich auch für unseren Mandanten ohne den Unfall ergeben hätte.

1. Herr A.A. (Bruder)
- Lademeister X-AG (seit 1994 angestellt)
- kumulierte Entgeltabrechung Dez. 2024: Gesamtnetto 37.200,00 EUR → 3.100,00 EUR netto/Monat

2. Herr F. A. (Sohn)
- Lademeister/Disponent X-AG (seit 2006 angestellt)
- Entgeltabrechnung Oktober 2024: 2.650,00 EUR netto/Monat

Auf dieser Basis ließe sich der zukünftige Erwerbsschaden unseres Mandanten ab 01/2025 regulieren. Der monatliche Schadensbetrag beläuft sich auf **2.160,00 EUR netto** (3.100,00 EUR netto Hätte-Verdienst ./. 940,00 EUR DRV Rente).

Der guten Ordnung halber möchten wir darauf hinweisen, dass wir uns selbstverständlich die Geltendmachung weiterer Schadensersatzbeträge bis zur abschließenden Regulierung der Ansprüche unseres Mandanten vorbehalten müssen. Wir gehen davon aus, dass wir in einem in Kürze zu führenden gemeinsamen Regulierungsgespräch auch die Frage klären können, ob der Erwerbsschaden verrentet werden soll oder ob sich gegebenenfalls eine Teilkapitalisierung für einen begrenzten Zeitraum anbietet.

Insoweit bitten wir um telefonische Rücksprache, um einen gemeinsamen Termin vereinbaren zu können.

Mit freundlichen Grüßen

Rechtsanwalt

▲

C. Haushaltsführungsschaden

Literatur:

Bachmor, „Das bisschen Haushalt…" – Zur substantiierten Darlegung eines unfallbedingten Haushaltsführungsschadens, NZV 2024, 298; *Bergmann*, Anmerkung zu OLG Jena, 13.4.2022 – 2 U 1250/20, Umfang des Haushaltsführungsschadens: Stundensatz und Nichtberücksichtigung von nichtehelichem Lebenspartner sowie der Versorgung von Haustieren; *Bock*, Stundensätze beim Haushaltsführungsschaden, SVR 2020, 171 ff.; *Delank*, Sind nichteheliche Partner im Verkehrs- und Versicherungsrecht den ehelichen Partnern gleichzustellen?, zfs 2007, 183 ff.; *Eilers*, Psychische Schäden als Unfallfolgen, zfs 2009, 248 ff.; *Ernst*, Die 24 wichtigsten Punkte zur optimalen Durchsetzung des Haushaltsführungsschadens, Verkehrsrecht aktuell 2008, 42 ff.; *ders.*, Anmerkung zu BGH, 3.2.2009 – VI ZR 183/08, DAR 2009, 263 ff.; *Ernst/Lang*, Schmerzensgeld und Haushaltsführungsschaden – Sind die Schätzungsgrundlagen noch aktuell?, VersR 2019, 1122 ff.; *Froitzheim*, in: BeckOK StVR, 24. Edition, Stand 15.1.2023; *Gräfenstein/Strunk*, Der Haushaltsführungsschaden: Berechnung, Beweislast und Schadenminderungspflicht, NZV 2020, 176 ff.; *Halm/Staab*, Posttraumatische Belastungsstörungen nach einem Unfallereignis, DAR 2009, 677 ff.; *Hensen*, Tierhaltung als ersatzfähige Position im Haushaltsführungsschaden, NJW-Spezial 2022, 649 ff.; *Heß/Burmann*, Der Haushaltsführungsschaden bei Verletzung – ein Fall für § 287 ZPO, NZV 2010, 8 ff.; *Höke*, Münchener Anwaltshandbuch Straßenverkehrsrecht, 6. Aufl. 2025; *Huber*, Der erlittene Haushaltsführungsschaden in Deutschland: tatsächlich voller Ausgleich der erlittenen Einbuße? – Vergleichende Betrachtungen mit dem österreichischen und schweizerischen Recht, NZV 2024, 7 ff.; *Jahnke*, Haushaltsführungsschaden, 48. VGT 2010, 99 ff.; *ders.*, Unfalltod und Schadensersatz, 2. Aufl. 2012; *ders.*, Der Verdienstausfallschaden im Schadensersatzrecht, 4. Aufl. 2015; *Jahnke/Thinesse-Wiehofsky*, Unfälle mit Kindern und Arzthaftung bei Geburtsschäden, 2013; *Kieper/Heynemann/Bergmann/Kiwitt*, in: Positionspapier der Medizinrechtsanwälte, Fortentwicklung des Haushaltsführungsschadens 2023; *Kuhn*, Methoden zur Bewertung des Haushaltsführungsschadens, 48. VGT 2010, 123 ff.; *Küppersbusch/Höher*, Ersatzansprüche bei Personenschäden, 14. Aufl. 2024; *Luckey*, Handbuch Personenschaden, 4. Aufl. 2025; *Nugel*, in: jurisPR-VerkR 20/2023 Anm. 4; *Pardey*, Bemessung des Haushaltsführungsschadens, VersR 2010, 26 ff.; *ders.*, Berechnung von Personenschäden, 4. Aufl. 2010; *ders.*, Der Haushaltsführungsschaden, 10. Aufl. 2021; *ders.*, Die nichteheliche Lebensgemeinschaft im Versicherungs- und Verkehrsrecht – Teil 1, zfs 2007, 243 ff.; – Teil 2, zfs 2007, 303 ff.; *ders.*, Neues zum Haushaltsführungsschaden; DAR 2010, 14 ff.; *Quaisser*, Haushaltsführungsschaden – Früher, heute und in Zukunft, NJW-Spezial, 2024, 329 ff.; *Schah Sedi*, Praxishandbuch Haushaltsführungsschaden, 1. Aufl. 2017; *Schah Sedi/Schah Sedi*, Der Haushaltsführungsschaden in der gerichtlichen und außergerichtlichen Regulierung, zfs 2009, 541 ff.; *Schneider*, Das verkehrsrechtliche Mandat, Band 2, 8. Aufl. 2020; *Scholten*, Bemessung des Haushaltsführungsschadens an § 21 JVEG?, zfs 2023, 204 ff.; *Warlimont*, Die Ermittlung des Wertes der Hausfrauenarbeit in Schadensersatzfällen nach der Analytischen Arbeitsbewertungsmethode, zfs 2007, 431 ff.; *ders.*, Öffentlich bestellte und vereidigte Sachverständige für Haushaltsführungsschäden, 48. VGT 2010, 139 ff.; *Wessel*, Der Haushaltsführungsschaden: Anspruchsvoraussetzungen, Darlegung und Bewertung, 48. VGT 2010, 142 ff.

I. Allgemeines

164 *Hinweis*

Die nachfolgenden Ausführungen enthalten inhaltliche Überschneidungen zum Praxishandbuch Haushaltsführungsschaden, 1. Aufl. 2017, was auf die identische Autorenschaft zurückzuführen ist. Zum besseren Verständnis der folgenden Ausführungen empfiehlt es sich dennoch, das Praxishandbuch Haushaltsführungsschaden „daneben" zu legen. Die hiesigen Beispiele sind dort nicht enthalten.

1. Begriff

165 Der **Haushaltsführungsschaden** ist in der Regulierungspraxis die am häufigsten vergessene oder aber unzureichend bezifferte Einzelposition. Gerade im Falle der Kapitalisierung ist er oftmals höher als der Schmerzensgeldanspruch. Während beim Schmerzensgeld um jeden 100-Euro-Schein gekämpft wird, werden beim kapitalisierten Haushaltsführungsschaden oftmals aus Unkenntnis oder Nachlässigkeit tausende Euro in einem einzigen Schadensfall nicht reguliert. Dies ist an sich doppelt ärgerlich: nicht nur, dass der Geschädigte seine berechtigten Ansprüche gegenüber dem Haftpflichtversicherer ggf. vollständig verliert; auch der Anwalt verliert Honoraransprüche, die bei einer Erhöhung des Gegenstandswertes infolge korrekter Berechnung des Haushaltsführungsschadens abzurechnen gewesen wären. Doch abgesehen davon setzt sich der Anwalt einem erheblichen Regressrisiko aus, wenn er vergisst, den Haushaltsführungsschaden geltend zu machen oder ihn fehlerhaft beziffert. Glücklicherweise ist in den letzten Jahrzehnten eine gewisse Trendwende erkennbar, wonach der Haushaltsführungsschaden aus seinem Schattendasein herausrückt; nicht zuletzt durch seine Thematisierung beim 48. und 62. Verkehrsgerichtstag 2010 sowie 2024 in Goslar.

Wegen der erheblichen Unterschiede bei der Berechnung des Haushaltsführungsschadens im Falle der Tötung und im Falle der Verletzung des Geschädigten erfolgt an dieser Stelle ausschließlich die Darstellung der Ansprüche bei Verletzung. Wegen der Ansprüche bei Tötung wird verwiesen auf § 5 Rdn 1 ff.

2. Dogmatische Einordnung: vereitelte Eigenversorgung und/oder Fremdversorgung

166 Bei der Schadensersatzposition des Haushaltsführungsschadens geht es darum, im Verletzungsfall die schadensbedingt **verminderte Leistungsfähigkeit** im Bereich der Haushaltsführung und auch den **vollständigen Ausfall des Haushaltsführenden**

in Geld zu beziffern. Wird in Folge der Verletzung von Körper oder Gesundheit die Erwerbsfähigkeit des Verletzten aufgehoben oder gemindert oder tritt eine Vermehrung seiner Bedürfnisse ein, so ist dem Verletzten eine Schadensersatzrente zu leisten (§ 843 Abs. 1 BGB).

Der Schadensersatzanspruch knüpft an die **vereitelte Erwerbsfähigkeit** oder das Vorhandensein **vermehrter Bedürfnisse** an. Beim Haushaltsführungsschaden können beide Aspekte zugleich betroffen sein. Der Haushaltsführungsschaden ist dogmatisch den vermehrten Bedürfnissen zuzuordnen, soweit die bisherige **Eigenversorgung** des Verletzten beeinträchtigt ist. Das betrifft den Einpersonenhaushalt und den Eigenversorgungsanteil im Mehrpersonenhaushalt. Neben der Eigenversorgung umfasst die Haushaltsführung auch die **Fremdversorgung** der anderen Haushaltsmitglieder in Form des Partners und der Kinder.

Dieser **Fremdversorgungsanteil**, den die Ehefrau in der Familie erbringt, ist per 167
Gesetz im Jahre 1958 erstmals nicht mehr als Dienst für den Ehemann, sondern als **Berufsarbeit** und damit als **Erwerbstätigkeit** qualifiziert worden. Insoweit ist der Haushaltsführungsschaden, soweit die Haushaltsführungstätigkeit für Familienmitglieder erbracht wird, dogmatisch dem **Erwerbsschaden** zuzuordnen. Selbiges gilt selbstverständlich auch für den Ehemann, der einen Fremdversorgungsanteil für seine Familie leistet. Das moderne Leitbild des Hausmannes war – wohl historisch bedingt – dem BGH seiner Zeit noch nicht präsent.

Der Haushaltsführungsschaden entsteht nicht nur bei dauerhafter Vereitelung der 168
damit im Zusammenhang stehenden Fähigkeiten, sondern er kann auch bei einem **zeitlich limitierten Verletzungsbild** gegeben sein, wie z.B. einer nach einigen Monaten vollständig und folgenlos ausgeheilten unkomplizierten Fraktur.

Anders als im Tötungsfall bestimmt sich der Haushaltsführungsschaden bei Verlet- 169
zung nicht nach der gesetzlich geschuldeten, sondern nach der ohne die Verletzung **tatsächlich erbrachten Arbeitsleistung** (BGH v. 7.5.1974 – VI ZR 10/73).

3. Darlegungs- und Beweislast sowie Substantiierungsanforderungen

Darlegungs- und beweisbelastet für Grund und Höhe seines Anspruchs ist der Ge- 170
schädigte (§ 287 ZPO). Der Anspruch ist dem Grunde nach gegeben, wenn jemand in einem Haushalt entweder alleine oder mit anderen Familienangehörigen lebt und Einschränkungen in der Fähigkeit zur Haushaltsführung vorliegen, die schadensursächlich sind.

Damit scheidet ein Haushaltsführungsschaden für alle diejenigen Geschädigten aus, 171
die dauerhaft z.B. in einer **Pflegeeinrichtung** leben, in der sie vollumfänglich hauswirtschaftlich versorgt werden. Wenn sie durch das Schadensereignis aus einem zuvor bestehenden Haushalt herausgerissen werden, so kann ein vollständiger Haushaltsführungsschaden trotz Unterbringung in einer Pflegeeinrichtung noch so lange

bestehen, wie die begründete Hoffnung bestand, dass die verletzte Person wieder in die eigene Häuslichkeit zurückkehren kann. Spätestens jedoch ab dem Zeitpunkt, zu dem der Einpersonenhaushalt aufgelöst und die Wohnung aufgegeben wurde oder im Zweipersonenhaushalt der andere Partner die zu groß gewordene Wohnung gewechselt hat, ist der Haushaltsführungsschaden des dauerhaft Abwesenden erneut zu prüfen. Der Eigenanteil an der Haushaltsführung entfällt nahezu vollständig bei **stationärer Unterbringung**; es verbleibt aber in der Regulierung noch der vollständige Fremdanteil, den der Geschädigte aus dem Pflegeheim heraus naturgemäß für die übrigen Familienmitglieder nicht leisten kann. Dieser ist zu entschädigen. Das gilt insbesondere dann, wenn ein Partner mit Kindern im Haushalt verbleibt, während der verletzte andere Partner auf Dauer im Pflegeheim verbleibt.

172 Die Komplexität einer schadensrechtlichen Bewertung individueller Haushaltsführung wirft die Frage danach auf, welche Anforderungen an einen **substantiierten Vortrag** zur Höhe des Haushaltsführungsschadens zu stellen sind sowie danach, wo die Grenzen des erforderlichen Vorbringens liegen.

Der Vortrag zur Schadenshöhe darf sich auf **Anknüpfungstatsachen** beschränken, die für die Schadensschätzung nach § 287 ZPO erforderlich sind (OLG München v. 26.5.2010 – 2 U 5620/09, juris). Hervorzuheben ist insbesondere, dass **keine überspannten Anforderungen** an den Vortrag zu stellen sind (BGH v. 18.2.1992 – VI ZR 367/90, juris). Vielmehr können im Rahmen des § 287 ZPO vor dem Hintergrund, dass die Vorschrift dem Geschädigten nicht bloß die Beweisführung, sondern auch die Darlegungslast erleichtern muss, nur herabgesetzte Anforderungen an die Substantiierung gestellt werden. Auch in der obergerichtlichen Judikatur wird dem entsprechend als erforderlich, aber auch ausreichend angesehen, wenn der Geschädigte seine **wesentlichen Lebensumstände** darlegt (vgl. u.a. OLG Dresden v. 29.5.2020 – 22 U 699/19; OLG Köln v. 12.12.2014 – 19 U 39/14).

173 Zu den in diesem Zusammenhang **vorzutragenden Tatsachen** gehören (vgl. auch u.a. OLG Celle v. 29.9.2019 – 14 U 9/10; OLG Brandenburg v. 6.7.2023 – 12 U 28/22; OLG Dresden v. 29.5.2020 – 22 U 699/19; OLG Köln v. 12.12.2014 – 19 U 39/14):

Betreffend den **Zuschnitt der konkreten Wohnsituation:**

- Wie groß ist die Gesamtfläche des Haushalts (Quadratmeterangabe einschließlich einer etwaigen Gartenfläche)?
- Wie viele Wohnräume, Wirtschaftsräume, Bäder, Kellerräume, Dachbodenfläche gehören zum Haushalt?
- Wie werden die Räumlichkeiten im Zusammenhang mit der Haushaltsführung genutzt? (Beispielsweise: Wird der Keller als Vorratsraum genutzt und daher häufig betreten? Ist der Dachboden ausgebaut und somit vollwertiger Teil des Wohnraums?)
- Über welche **Ausstattung** verfügt der Haushalt (insbesondere im Hinblick auf technische Geräte und Angaben zu deren tatsächlicher Nutzung)?

Betreffend die **sonstigen Haushaltsangehörigen:**

- Wie viele Personen gehören zum Haushalt des Geschädigten (sofern abweichend: Wie viele der zum Haushalt gehörenden Personen leben tatsächlich dort)?
- Wie alt sind die im Haushalt lebenden Personen?
- Wie hoch ist das Familiennettoeinkommen?
- Wie sind die Haushaltstätigkeiten zwischen den im Haushalt lebenden Personen vor dem Schadensereignis verteilt gewesen?
- Wie hat sich die **Verteilung der Haushaltstätigkeiten** zwischen den im Haushalt lebenden Personen nach dem Schadensereignis verändert, d.h. ist eine Umverteilung der Hausarbeit innerhalb des Haushalts möglich?

Hinweis

Im Einpersonenhaushalt ist das denknotwendig ausgeschlossen; im Mehrpersonenhaushalt muss eine echte Neuverteilung im Sinne eines Tausches überhaupt möglich sein.

Eine **Umverteilung** ist im Sinne eines Tausches zu verstehen, bei dem die verletzte Person trotz Schädigung gleichwohl Hausarbeit verrichtet, jedoch nur diejenige, die sie auch tatsächlich aufgrund ihres Verletzungsbildes ausführen kann. Wird die Haushaltstätigkeit, die normalerweise durch den Geschädigten verrichtet wird, gänzlich unter den Familienmitgliedern aufgeteilt, handelt es sich nicht um eine Umverteilung, sondern um eine vollständige Verlagerung im Sinne einer **Überkompensation**. Eine solche ist vom Geschädigten weder nach den Grundsätzen der Schadensminderungsobliegenheit zu verlangen noch darf durch sie der Schädiger entlastet werden (vgl. näher Rdn 230).

Betreffend die **einzelnen Haushaltstätigkeiten des Geschädigten**: 174

- Welche konkreten Arbeitsleistungen hat der Geschädigte vor dem Schadensereignis tatsächlich erbracht? (Empfehlenswert ist eine systematische Anordnung der Tätigkeiten orientiert an den in Tabelle 7 der „IFH-Tabelle/*Schah Sedi*“ aufgeführten einzelnen Tätigkeitsbereichen im Haushalt.)
- Wie viel Zeit hat der Geschädigte vor dem Schadensereignis konkret auf die jeweilige Arbeitsleistung verwendet? (Ggf.: Welche Tätigkeiten haben Familienmitglieder/sonstige Dritte mit welchem Zeitaufwand daneben verrichtet?)
- Welche **konkreten Tätigkeiten** kann der Geschädigte nach dem Schadensereignis nicht mehr oder nicht mehr vollständig ausführen? (Ggf. lässt sich dieser Anteil in Zeit oder in Prozent im Vergleich zum unverletzten Zustand benennen.)
- Wer übernimmt statt des Geschädigten diese Tätigkeiten? (Sofern keine interne (unentgeltliche) Umverteilung möglich ist unterstützt z.B. eine externe (entgeltlich oder unentgeltlich) Ersatzperson?)
- Wie viel Zeit benötigt die vorgenannte **Ersatzperson** für diese Tätigkeiten?

- Für den Fall der entgeltlichen Beschäftigung einer entgeltlichen Ersatzperson: Wie hoch sind der Arbeitgeberbrutto- sowie der Nettoauszahlungsbetrag der Ersatzperson?

Betreffend **sonstige in der Person des Geschädigten liegende Umstände**:

- Gibt es besondere, in der Person des konkreten Geschädigten liegende Umstände, die sich auf Art, Dauer oder Umfang der ausgeübten Haushaltstätigkeit auswirken (z.B. Berücksichtigung von Ernährungsgewohnheiten, die eine aufwendigere Essenszubereitung erfordern; Berücksichtigung von Allergien, durch die eine häufigere Reinigung des Wohnraumes nötig ist)?
- Wie fügen sich außerhalb der Haushaltsführung liegende Tätigkeiten in den Tagesablauf des Geschädigten ein und wie wirken sie sich auf die Haushaltsführung vor und nach dem Schadensereignis aus (z.B. Schlaf, Erwerbsarbeit, Entspannung, Hobbys, soziale Kontakte)?

Praxistipp

Die größten Erfolge in der Regulierung des Haushaltsführungsschadens erzielt der Rechtsanwalt, wenn er möglichst dicht am individuellen Sachverhalt des Geschädigten arbeitet. Dieses erfordert einerseits eine optimale Zuarbeit des Mandanten anhand des **Fragebogens** (vgl. IFH-Tabelle/*Schah Sedi*, § 11). Andererseits sollte es sich der Rechtsanwalt zur Regel machen, den verletzten Mandanten zu Hause aufzusuchen und sich selbst einen Überblick über den Zuschnitt des Haushaltes und den erforderlichen Arbeitsaufwand – insbesondere unter Berücksichtigung individueller Besonderheiten im Haushalt des Geschädigten – verschaffen.

Wird der Vortrag zur Höhe des Haushaltsführungsschadens trotz begründeter Darlegung der oben genannten Tatsachen von den Versicherern als zu unsubstantiiert oder überhöht bezeichnet, kann es sinnvoll sein, den Versicherer nach Rücksprache mit dem Geschädigten aufzufordern, sich selbst ein Bild von der Situation im Haushalt des Mandanten zu machen. Auch auf die Möglichkeit, einen der **öffentlich bestellten und vereidigten Sachverständigen für die Ermittlung von Haushaltsführungsschäden** hinzuzuziehen, sollte hingewiesen werden.

175 Verabsäumt der Anspruchssteller es, diejenigen Umstände vorzutragen und ggf. zu beweisen, die seine Vorstellung zur Schadenshöhe rechtfertigen sollen, muss er sich mit einer **Mindestschätzung** zufriedengeben (OLG Düsseldorf v. 29.8.2003 – 8 U 190/01, juris). Keinesfalls geht der Anspruch jedoch deshalb vollständig unter.

4. Bezifferung des Haushaltsführungsschadens

a) Methoden zur Schadensersatzberechnung

176 Die Berechnung des Haushaltsführungsschadens kann einzelfallabhängig nach der Differenzmethode oder der sogenannten Quotenmethode erfolgen.

aa) Differenzmethode

Bei der Schadensermittlung nach der **Differenzmethode** lässt sich der Haushaltsführungsschaden aus der **Differenz der Zeitverwendung** für die Haushaltsführung im unverletzten Zustand und derjenigen im verletzten Zustand ermitteln. Das Delta zwischen **„Vorher“**, auch als Hätte-Bezugsgröße bezeichnet, und **„Nachher“**, auch Ist-Zustand genannt, ist der Schaden. 177

bb) Quotenmethode

Demgegenüber lässt sich der Haushaltsführungsschaden auch mit der **Quotenmethode** ermitteln. Hierbei wird der unbeeinträchtigte Zustand als **Sollwert** betrachtet, von dem prozentual der Grad der Beeinträchtigung errechnet wird. 178

Die Quotenmethode trägt dem Umstand Rechnung, dass sich „Vorher“ und „Nachher“ nicht in jedem Fall miteinander in Beziehung setzen lassen; Besonderheiten bei der Bestimmung des dazwischenliegenden Deltas, aus welchem sich der Schaden grundsätzlich errechnet, ergeben sich insbesondere, wenn sich die Rahmenbedingungen des „Nachher“ grundlegend vom „Vorher“ unterscheiden.

Das folgende Beispiel verdeutlicht die Schwierigkeit: Hat eine zuvor in einem Einpersonenhaushalt lebende geschädigte Frau einige Jahre nach dem Schadensereignis einen Partner geheiratet und weitere zwei Jahre später ein Kind geboren und ist sie in diesem Zusammenhang zweimal umgezogen, sind „Vorher“ und „Nachher“ nicht mehr vergleichbar, obwohl ihre unfallkausalen Einschränkungen in den zwei Ehejahren und nach der Geburt des Kindes unverändert geblieben sind. Es hat sich lediglich der Zuschnitt ihres Haushalts so stark verändert, dass „Vorher“ und „Nachher“ völlig unterschiedlich sind. Hier greift man auf die Schätzung der **Minderung der Fähigkeit zur Haushaltsführung (MdH)** zurück, um den Schadensersatzbetrag quotal zu ermitteln. Es wird geschätzt, mit wie viel Prozent sich die individuellen Einschränkungen in der Haushaltsführung in den einzelnen Tätigkeitsbereichen in der Gesamtsumme in Prozent (siehe IFH-Tabelle/*Schah Sedi*, Tabelle 6, § 9 Rn 2) auswirken. Also: Zu wieviel Prozent ist die geschädigte Frau in der Fähigkeit zum Einkaufen usw. beeinträchtigt. Maßstab ist nicht „Vorher“, sondern ganz allgemein der jeweilige Tätigkeitsbereich in einem Dreipersonenhaushalt.

Bei dieser quotalen Ermittlung ist es in der Regel notwendig, als Bezugsgröße auf die statistischen Durchschnittswerte aus Tabelle 1 (IFH-Tabelle/*Schah Sedi*) zurückzugreifen. Es muss schließlich eine **Quote** von „irgendetwas“ gebildet werden. „Irgendetwas“ kann nur die durchschnittliche Zeitverwendung für die Haushaltsführung nach der Tabelle 1 sein, weil auf die Bezugsgröße des individuellen Haushalts vor dem Schadensereignis nicht zurückgegriffen werden kann (vgl. dazu auch Rdn 187 ff.).

Schließlich kann die Methode der quotalen Bestimmung der MdH genauso angewendet werden in den Sachverhalten, in denen der Haushalt „vorher“ und „nachher“ identisch konfiguriert ist. Dann wird von der individuellen Zeitverwen- 179 dung im Haushalt vor dem Schadensereignis der prozentuale Einschränkungsanteil (MdH) mit Hilfe der Tabelle 5 oder 6 (IFH-Tabelle/*Schah Sedi*) ermittelt. Das Ergebnis ist der Schadensersatzanspruch. Es dürfte sich auf diesem Weg kein anderes Resultat bzgl. der Schadenshöhe ergeben als bei der Ermittlung des Deltas zwischen Zeitaufwand für die Haushaltsführung im unversehrten und im verletzten Zustand des Geschädigten. Beide Methoden können dann im Sinne der Richtigkeitsgewähr der jeweils gefundenen und übereinstimmenden Ergebnisse betrachtet werden. Jede der beiden Methoden kann daher auch der Überprüfung des errechneten Ergebnisses mit Hilfe der anderen Methode dienen.

180 Es gilt die Einschränkung der Fähigkeit zur Haushaltsführung von anderen ähnlichen Begriffen abzugrenzen. So findet im Bereich der gesetzlichen Unfallversicherung der Begriff der Minderung der Erwerbsfähigkeit **(MdE)** im SGB VII Verwendung. Demgegenüber spricht man im sozialen Entschädigungsrecht in der Anlage zu § 2 VersMedV heute vom Grad der Schädigungsfolgen **(GdS)** und dem Grad der Behinderung **(GdB)**. Der vormals auch hier verwendete Begriff der MdE ist dadurch abgelöst worden. All das hat nichts mit der Arbeitsunfähigkeit **(AU)** – einem Begriff aus der gesetzlichen Krankenversicherung – zu tun. Auch die **Gliedertaxe** aus dem Bereich der privaten Unfallversicherung ist davon abzugrenzen.

181 Bei der **MdH** geht es darum, das Ausmaß der unfallbedingten Beeinträchtigung des verletzten Haushaltsführenden und die dadurch bedingte konkrete Einschränkung in der Haushaltsführungsfähigkeit zu erfassen. Ausgangspunkt sind dabei sowohl physische als auch psychische Verletzungsbilder, die durchaus gleichrangig nebeneinanderstehen können bzw. miteinander verbunden sein können. Verletzungen der Psyche (sowohl als Primär- als auch als Sekundärverletzung) können durchaus in Verbindung mit, aber auch vollkommen ohne physische Verletzungsbilder zu einer MdH führen.

182 Einen Gleichklang, etwa in dem Sinne, dass immer ein bestimmter Prozentsatz einer medizinisch festgestellten MdE zugleich die MdH darstellt, so wie es gelegentlich von Vertretern der Assekuranz bei der Regulierung behauptet wird, gibt es nicht. Im Einzelfall kann sogar eine relativ geringe MdE/ein geringer GdS/ein geringer GdB eine recht hohe MdH mit sich bringen. Auch ein umgekehrter Fall ist durchaus denkbar. Nicht selten sind auch die Fälle, in denen die MdE 100 % beträgt und die MdH ebenfalls 100 % ergibt. Dahinter verbergen sich häufig Verletzungsfälle, bei denen physisch, psychisch und kognitiv vom Geschädigten keinerlei Haushaltsführungstätigkeit erbracht werden kann.

183 Andererseits ist es aber genauso möglich, dass im Einzelfall ein geringerer Grad der Erwerbsminderung vorliegt und der Verletzte dennoch gänzlich außer Stande ist, den Haushalt zu versorgen. Hier spielen die Einzelheiten der erlittenen Verletzungen und die daraus resultierenden Beeinträchtigungen gerade im Haushalt die entscheidende Rolle (LG Saarbrücken zfs 2006, 501).

Man wird in etwa sagen können, dass eine hohe MdE/ein hoher GdS/ein hoher GdB oftmals auch eine hohe MdH mit sich bringt. Andererseits kann eine geringe MdE/ein geringer GdS/ein geringer GdB durchaus im Einzelfall dennoch zu einer relativ hohen MdH führen. **184**

Praxistipp

Versicherer wenden gerne die „**Faustformel**" an, wonach die MdE zu einer exakt halb so hohen MdH führt (so die mittlerweile überholte Rechtsprechung OLG Nürnberg DAR 2001, 366; LG Aachen NZV 2003, 137). Dies ist grundsätzlich falsch! Es ist im Einzelfall zu ermitteln, welche Arbeiten im Haushalt unfallbedingt nicht mehr möglich oder nicht mehr zumutbar sind. Dies ist je nach Größe und Ausstattung des Haushaltes unterschiedlich und deshalb einer „**Faustformel**" keinesfalls zugänglich.

Die MdH kann besser aus der IFH-Tabelle/*Schah Sedi*, § 9 Rn 2, Tabelle 6 abgelesen oder mit Hilfe der IFH-Tabelle/*Schah Sedi*, § 8 Rn 1 ff., Tabelle 5 selbst errechnet werden.

b) Tabellen zur Ermittlung der Schadenshöhe

Es gibt zwei Werke, die **Tabellen** zur Berechnung der Höhe des Haushaltsführungsschadens beinhalten. Das ursprünglich von *Schulz-Borck* und *Hofmann* gegründete Werk „Schadensersatz bei Ausfall von Hausfrauen und Müttern im Haushalt" wurde dann in veränderter Autorenschaft nach dem Ableben des ersten und dann zweiten Autors von *Pardey* in der aktuellen 10. Aufl. aus dem Jahr 2021 unter dem Titel **„Der Haushaltsführungsschaden"** fortgesetzt. Sämtliche Autoren dieses Tabellenwerks haben sich hierfür auf die Erhebungen des **Statistischen Bundesamts** zur Zeitverwendung im Haushalt gestützt. Dazu wurde das allgemein zugängliche und vom Statistischen Bundesamt unter völlig anderen als schadensersatzrechtlichen Aspekten aufbereitete Datenmaterial herangezogen. Berücksichtigt man, dass die **Erhebungen zur Zeitverwendung** z.B. im Auftrag des Familienministeriums mit spezieller eigener Zielsetzung erfolgten, so ist es mehr als fraglich, ob die gewonnenen Datensätze ohne Weiteres zur Berechnung von Schadensersatzansprüchen im Bereich der Haushaltsführung überhaupt herangezogen werden können. Daneben im vorgenannten Tabellenwerk unterstützend herangezogene Erhebungen des Kuratoriums für Technik und Landwirtschaft **(KTBL)** sind inzwischen zum Teil älter als 25 Jahre und verdienen damit nicht mehr das Prädikat der Aktualität. Diese seinerzeit verdienstvollen Erhebungen werden schon seit Jahren nicht mehr aktualisiert und können deshalb nicht unreflektiert in ein Tabellenwerk übernommen werden. **185**

Daneben existiert das Tabellenwerk in 1. Aufl. 2017 von *Schah Sedi*, **„Praxishandbuch Haushaltsführungsschaden"** (IFH-Tabelle/*Schah Sedi*). Dieses Tabellenwerk basiert auf einer Sonderauswertung der zuletzt im Jahr 2012/2013 durchgeführten Zeitverwendungserhebung des Statistischen Bundesamtes. Im Unterschied zu den Tabellen des zuvor genannten Werks wurden die vom Statistischen Bundesamt für die breite Öffentlichkeit publizierten Auswertungsergebnisse nicht 1 : 1 übernommen. Das **Institut für Haushaltsführungsschaden** hat im Rahmen einer **Sonderauswertung** der statistischen Erhebungsdaten ganz gezielt die im Schadensersatzrecht berücksichtigungsfähigen Haushaltstypen und jeweiligen Konfigurationen menschlichen Zusammenlebens aus dem Datenpool durch das Statistische Bundesamt selbst herausfiltern lassen. Dabei erfolgte eine Bereinigung um solche Daten, die z.B. aus Wohngemeinschaften oder Mehrgenerationen-Lebensgemeinschaften in die allgemeine Erhebung eingeflossen waren. Auch Erhebungsergebnisse aus Studentenwohngemeinschaften, Pflegeeinrichtungen etc. wurden ausgeblendet. Übrig blieb demnach ein Datenvolumen, welches ausschließlich die klassischen Haushaltstypen, wie Single-Haushalte, Paarhaushalte, Familienhaushalte mit Kindern und Alleinerziehende, abbildet. Die in diesem Zusammenhang gewonnenen Daten sind realitätsnah und bedürfen keiner weiteren Korrektur, weil „Datenverunreinigungen" der zuvor genannten Art bereits professionell beim Statistischen Bundesamt im Auftrag des Instituts für Haushaltsführungsschaden herausgefiltert worden sind. Auch wurden die in der IFH-Tabelle/*Schah Sedi* genannten **Haushaltstypen** 1–3 einkommensabhängig aus den aktuellen Datensätzen vom Statistischen Bundesamt herausgefiltert. Deshalb basieren die nachfolgenden Ausführungen, soweit auf Tabellen Bezug genommen wird, ausschließlich auf dem Tabellenwerk von *Schah Sedi*, Praxishandbuch Haushaltsführungsschaden, 1. Aufl. 2017. Zum besseren Verständnis der nachfolgenden Ausführungen ist es hilfreich, dieses begleitend zur Hand zu nehmen.

186 Es ist allgemein bekannt, dass Tabellen, die auf statistischen Erhebungen zur Zeitverwendung im Haushalt beruhen, **keine Anspruchsgrundlage** im Rechtssinne darstellen. Wie aufgezeigt bedarf es zur Erfüllung der **Substantiierungsanforderungen** gerade der Darstellung der konkreten Lebenssituation des Geschädigten vor und nach dem Schadensereignis. Der alleinige Verweis auf Tabellenwerke vermag einen hinreichend individualisierten Vortrag zur Darlegung der Höhe des Haushaltsführungsschadens somit nicht zu ersetzen (vgl. OLG Dresden v. 29.5.2020 – 22 U 699/19; OLG Hamm v. 5.5.2020 – 9 U 1/20).

187 Tabellen, welche die durchschnittlich in den jeweiligen Haushaltsformen aufgewandte Zeit darlegen, können dem Tatrichter in Ermangelung abweichender konkreter Gesichtspunkte im zu beurteilenden Sachverhalt bei der Schadensschätzung nach § 287 ZPO aber eine Orientierung sein.

Konkret hat der BGH im Jahr 2009 (3.2.2009 – VI ZR 183/08) dieses für den Sachverhalt entschieden, in dem eine verletzte Motorradfahrerin einen Anspruch auf Ersatz des Haushaltsführungsschadens während der Zeiten geltend gemacht hatte, in denen sie in ihrem Einpersonenhaushalt nicht zugegen war, weil sie stationär in einer Klinik und einer Reha-Einrichtung war. Konkrete Gesichtspunkte zu dem bei vollständiger Abwesenheit gleichwohl im Haushalt entstehenden Zeitaufwand konnte sie naturgemäß nicht vortragen. In dieser Konstellation hat der BGH auf **statistische Durchschnittswerte** (Tabelle) zurückgegriffen, weil in Ermangelung der Möglichkeit des Vortrags der Klägerin eine Schadensschätzung anders nicht möglich war. Wie hätte die Klägerin auch vortragen können, wie viel Hausarbeit noch anfällt, die sie nicht leisten kann, weil sie sich unfallbedingt nicht im Haushalt aufhalten konnte?

Vergleichbare Schwierigkeiten treten auf, wenn neue, hausarbeitsintensivierende Anknüpfungstatsachen für die Höhe des Haushaltsführungsschadens erst nach dem Schadensereignis hinzukommen (vgl. Rdn 178). Da sich der Geschädigte in derartigen Fällen zuvor nie in unverletztem Zustand mit dieser Haushaltssituation auseinandersetzen konnte, besteht diesbezüglich schlicht keine Möglichkeit, konkret zur Situation vor dem Schadensereignis vorzutragen und sodann aus einem Vergleich des Vor- und Nachher den Haushaltsführungsschaden zu errechnen.

Exemplarisch kann in diesem Zusammenhang der **Familienzuwachs** im Haushalt des Geschädigten genannt werden: Wird beispielsweise eine in einem Einpersonenhaushalt lebende ledige junge Frau verletzt, die einige Jahre nach dem Schadensereignis einen Lebenspartner findet, mit diesem zusammenzieht und eine Familie mit Kindern gründet, so wird die Kinderbetreuung (Mahlzeitenzubereitung, Beaufsichtigung des Essens, Unterstützung bei der gesamten Körperhygiene, Fahrtdienste, Freizeitbeschäftigung, Hausaufgabenbetreuung, Arztbesuche etc.) zu einer für die Haushaltsführung maßgeblichen Anknüpfungstatsache.

Die Frage, welche Stundenanzahl die Geschädigte aufwenden würde im unverletzten Zustand für die Kinderbetreuung in einem Mehrpersonenhaushalt, kann individuell von der Geschädigten in Ermangelung eigener Erfahrungen jedoch kaum durch eigene konkrete Angaben, wohl aber unter Rückgriff auf eine Tabelle, die auf statistischen Erhebungen zur Zeitverwendung im Haushalt beruht, beantwortet werden. Stellt man dann die Zeitverwendung im verletzten Zustand gegenüber, bildet das Delta den Schaden ab.

Tatsächlich sind Tabellen auch im Übrigen neben der konkreten Zeiterfassung des **188**
Geschädigten hilfreich. Sie können dazu dienen, die zeitlichen Angaben des Geschädigten zu seinen Einschränkungen in der Haushaltsführung zu **verifizieren**. Ergibt sich nach der Auswertung des Fragebogens ein deutlich vom Durchschnitt nach oben abweichender Zeitaufwand, sollte das Anlass genug sein nachzufragen, wo die individuellen Besonderheiten liegen, die einen höheren Zeitaufwand erforderlich machen, als man gemeinhin annimmt. Diese **Besonderheiten** müssen in jedem Fall substantiiert vorgetragen werden, um einen höheren als den durchschnittlichen Zeitaufwand regulieren zu können. Im umgekehrten Fall gilt es mit dem Geschädigten abzuklären, wo die Besonderheiten seines Haushalts liegen, die ihn zum **„unterdurchschnittlichen" Haushalt** machen, um so ggf. eine fehlerhafte Sachverhaltserfassung aufzuklären.

Dergestalt bietet die Hinzuziehung von Tabellen im Sinne einer **Plausibilitätskontrolle** in jedem Fall die Möglichkeit, die Nachvollziehbarkeit der Angaben des Geschädigten zu seiner Haushaltsführung zu überprüfen (OLG Dresden v. 29.5.2020 – 22 U 699/19; OLG Frankfurt a.M. v. 18.10.2018 – 22 U 97/16).

Praxistipp

Bei der Ermittlung des Haushaltsführungsschadens ist es hilfreich, wenn der Anwalt den **Haushalt des Geschädigten** selbst einmal **in Augenschein nimmt**. Gerade unter schadensrechtlichen Aspekten fallen dem Anwalt häufig eher Besonderheiten im Zuschnitt des Haushalts auf, die in den statistischen Tabellenwerken keinen Niederschlag gefunden haben. Bedeutsam sind in diesem Zusammenhang Haustiere, deren Pflege zeitweilig aufwendig sein kann. Bei übermäßiger Tierhaltung ist eine Abgrenzung vom Hobby zum Nebenerwerb (z.B. Hundezucht) zu berücksichtigen. In der Schadensregulierung ist dann darauf zu achten, dass die **Tierhaltung als Hobby** das Schmerzensgeld auch wirklich erhöht, wenn sie im Haushaltsführungsschaden unbeachtlich bleiben soll. Bei einer **Tierzucht im Nebenerwerb** sollte an die Regulierung innerhalb des Erwerbsschadens gedacht werden. Die **Tierzucht zum Eigenverbrauch** (Hühner etc.) ist dem Haushaltsführungsschaden zuzuordnen, sofern Einschränkungen in der Tierversorgung bestehen (vgl. näher Rdn 255 ff.).

189 Nun lässt sich in der außergerichtlichen Regulierungspraxis immer wieder feststellen, dass sich die Parteien auf die Anwendung von Tabellen verständigen. Dieses dient der rationellen und vereinfachten Regulierung des Haushaltsführungsschadens. Damit erspart man sich die dezidierte Aufnahme der Haushaltsparameter, ihre Darstellung im Text und ihre anschließende Diskussion in den außergerichtlichen Regulierungsverhandlungen. Diese Vorgehensweise ist grundsätzlich nicht zu beanstanden, denn es obliegt den Parteien, diese Form der Regulierung zu wählen. Es liegt auf der Hand, dass gerade in zeitlich limitierten Verletzungssachverhalten so vorgegangen werden kann, um eine pragmatische Lösung zu entwickeln. Allerdings lässt sich die Regulierung des Haushaltsführungsschadens durchaus auch privatschriftlich auf der Basis der reinen statistischen Durchschnittswerte durchführen. In dem Fall genügt es meistens, einige Ausführungen zum Haushalt zu tätigen und einige Angaben zu den Einschränkungen nach dem Unfallereignis zu machen. Auf der Basis dieser Informationen ist es oft im Rahmen der außergerichtlichen Regulierung möglich, unter Anwendung von Durchschnittswerten zu einer sachgerechten außergerichtlichen Lösung zu kommen, die beide Seiten als Vergleich akzeptieren können.

c) Formen der Abrechnung/Regulierung des Haushaltsführungsschadens

190 Je nachdem, ob zum Ausgleich der verloren gegangenen Arbeitskraft des Geschädigten im Haushalt (anteilig) eine **entgeltliche Ersatzkraft** eingestellt wurde oder eine **unentgeltliche Unterstützung** durch Familie oder Freunde erfolgt, ist zur Bezifferung des Haushaltsführungsschadens eine **konkrete**, **normative** oder **gemischt konkret-normative Abrechnung** vorzunehmen. Dies ist abhängig von dem individuellen Sachverhalt.

aa) Konkrete Abrechnung

Die Höhe des Schadensersatzbetrages bemisst sich in dem Fall, dass eine Ersatzkraft eingestellt wurde, aus dem Betrag in EUR, der für diese konkret aufgewendet wurde/wird. Dabei kommt es im Anstellungsverhältnis nicht nur auf den Nettoauszahlungsbetrag für die Ersatzkraft an, sondern auf den **Arbeitgeberbruttobetrag**, welcher den Nettoauszahlungsbetrag neben den Aufwendungen für Sozialversicherung und Steuern inkludiert und tatsächlich geleistet wurde/wird. Daneben sind die **Verwaltungskosten** dieses Arbeitsverhältnisses ebenso wie **Versicherungsbeiträge** (z.B. Haftpflichtversicherung) und **Beiträge zur gesetzlichen Unfallversicherung** ersatzpflichtig. **191**

Praxistipp

Wer auf der sicheren Seite sein möchte, sollte den Versicherer vor Einstellung einer Ersatzkraft über dieses Vorhaben informieren und sowohl die Erforderlichkeit des Zeitumfangs als auch die Höhe des Stundensatzes abklären. Damit kann dann zugleich die angemessene Bevorschussung dieser Kosten sichergestellt werden.

Wenn die entgeltlichen Leistungen nicht im Rahmen eines Arbeitsverhältnisses erbracht werden, sondern durch Einkauf von externen Dienstleistungen (z.B. von einem Anbieter für sog. **haushaltsnahe Dienstleistungen**), so ist der Abrechnungsbetrag einschließlich der ausgewiesenen Mehrwertsteuer vom Schädiger zu ersetzen. **192**

Wer vor dem Schadensereignis schon die Dienste einer angestellten Haushaltshilfe in Anspruch genommen hat, muss dieses nach dem Schadensereignis weiter aus eigener Tasche bezahlen, es sei denn der Umfang dieser Dienste hat sich anlässlich des Schadensereignisses vergrößert – sprich, die Haushaltshilfe kommt nun häufiger. Dieser „Mehranteil“ ist vom Schädiger zu ersetzen; den Umfang bildet der Arbeitgeberbruttobetrag. **193**

bb) Normative Abrechnung

Die unentgeltliche Familienunterstützung bzw. Hilfe von Freunden/Verwandten (und anderen Dritten) wird oft normativ abgerechnet und vergütet. Teilweise findet sich der Begriff der „fiktiven Abrechnung“. Der gedankliche Schritt zum „fiktiven Haushaltsführungsschaden“ ist nur noch ein kleiner. Die Verfasser vertreten die Ansicht, dass in der Schadensregulierung bei unentgeltlicher Hilfe Dritter nichts fiktiv abgerechnet wird. Die Leistung wurde erbracht und ist pekuniär abzubilden. Das ist durchaus sehr real und griffig. Deshalb wird hier der Begriff der **194**

„normativen" Abrechnung der unentgeltlich geleisteten Hilfe – im Unterschied zu der oben dargestellten konkreten Abrechnung (siehe Rdn 191 ff.) – bevorzugt.

195 Normativ abgerechnet wird der **Wert des Zeiteinsatzes der unentgeltlichen Hilfe** in der Haushaltsführung für den Geschädigten. Dieses geschieht durch die Bestimmung eines Nettostundensatzes in EUR, der dem Geschädigten zur Verfügung gestellt wird, weil nur dieser Anspruchsinhaber ist. Wie er den Betrag verwendet, bleibt ihm überlassen. Die Höhe des **Stundenverrechnungssatzes** bemisst sich nach den inhaltlichen Anforderungen an die Ersatzleistung. Wird nur Putzarbeit verrichtet, ist der Stundenverrechnungssatz naturgemäß geringer als derjenige für Mahlzeitenzubereitung und erst recht für Kinderbetreuung. Wegen der Vergütungshöhe bei normativer Abrechnung wird auf die IFH-Tabelle/*Schah Sedi*, § 10 Rn 2 f., Tabelle 7 verwiesen.

Die normative Abrechnung erfolgt in der Regel monatlich. Sowohl die Tabelle 1 (IFH-Tabelle/*Schah Sedi*, § 4 Rn 1 ff.) als auch die Tabelle 4 (IFH-Tabelle/*Schah Sedi*, § 7 Rn 6 ff.) ermöglichen es, Tages-, Wochen- und Monatswerte abzulesen.

(1) Die Entwicklung der Stundensatzhöhe in der Rechtsprechung der letzten Jahre

196 Vor dem Hintergrund, dass die normative Abrechnung der Schadenssumme anhand des durchschnittlichen Nettostundenlohns einer qualifizierten Haushaltshilfe zu bestimmen ist, war die Diskussion um die **Höhe des Stundensatzes** in den letzten Jahren wiederholt Gegenstand unzähliger Gerichtsentscheidungen.

Trotz erkennbarer steigender Tendenzen des gerichtlich zugesprochenen Stundenverrechnungssatzes (vgl. LG Tübingen v. 6.12.2022 – 5 O 183/21: 14,00 EUR; LG Köln v. 22.12.2020 – 3 O 224/16: 15,25 EUR; LG Oldenburg v. 5.11.2019 – 6 O 217/17: 14,00 EUR) stellt sich das anhaltende Problem mitunter deutlich abweichend ausgeurteilter Stundensatzhöhen. So variieren ausgeurteilte Beträge in den urbanen und ländlichen Gebieten bzw. in unterschiedlichen Bereichen Deutschlands teils erheblich und steigende Lohnentwicklungen sowie inflationäre Anpassungen werden häufig nur untergeordnet oder überhaupt nicht berücksichtigt.

Hinzukommt, dass unter Verweis auf vermeintlich aktuelle Gerichtsentscheidungen der letzten Jahre sowohl außergerichtlich von den Versicherern als auch vor Gericht nach wie vor darauf Bezug genommen wird, aus ständiger Rechtsprechung ergebe sich für die Berechnung des Haushaltsführungsschadens ein Stundensatz bei unentgeltlicher Hilfe von Familienangehörigen in Höhe von regelmäßig etwa 8,00–10,00 EUR.

Zwar spricht das OLG Celle dem Geschädigten für einen Haushaltsführungsschaden im Jahr 2003 (vgl. OLG Celle v. 9.9.2004 – 14 U 32/04) denselben Stundensatz in Höhe von 8,00 EUR zu, wie dem Geschädigten für einen Haushaltsführungsschaden in den Jahren 2019 bis 2021 (vgl. OLG Celle v. 31.1.2023 – 14 U 133/22) und schafft es damit beispiellos, für eine Dauer von fast zwei Jahrzehnten denselben restriktiven, normativen Stundensatz als angemessen zu erachten. Dass diese Rechtsprechung zwar „ständig“ ist, aber keinerlei Anpassung an wirtschaftliche Gegebenheiten enthält oder gar als angemessen im tatsächlichen Sinne gelten kann, bedarf keiner weiteren Ausführung. Berücksichtigt man, dass in dieser Zeit die Kaufkraft von 100,00 EUR auf 78,43 EUR gefallen ist und eine Preissteigerung von 27,50 % eingetreten ist (Quelle: www.laenderdaten.info/Europa/Deutschland/inflationsraten.php – abgerufen 22.10.2024) ist der vom OLG Celle angesetzte Stundensatz ins Bodenlose gefallen.

Im Übrigen wird, wenn auf eine ständig restriktive Rechtsprechung im 8–10 Euro-Bereich verwiesen wird, zumeist verkannt, dass die richtige Einordnung der in der Rechtsprechung bereits ergangenen Entscheidungen eine Mitbetrachtung des zeitlichen Abstandes zwischen Schadensereignis und gerichtlicher Entscheidung einerseits sowie der zugrundeliegenden Haushalte andererseits erforderlich macht.

(a) Perspektive der Judikatur

Nimmt man in den Blick, dass gerichtliche Entscheidungen zu Haushaltsführungsschäden in aller Regel erst viele Jahre nach Eintritt des Schadensereignisses ergehen und demnach der ausgeurteilten Stundensatzhöhe ein weit zurückliegender Zeitraum zugrunde liegt, greift der Gedanke, es gäbe eine „aktuell“ von den Gerichten nach wie vor nur restriktiv zugesprochene Stundensatzhöhe für eine Ersatzkraft, zu kurz. 197

Vielmehr kann ein gerichtlich festgesetzter normativer Stundensatz nur dann im Hinblick auf seine Geeignetheit als tatsächlich aktueller Maßstab überprüft werden, wenn eine Zusammenschau von **Schadensdatum** und Stundensatz, nicht aber von Entscheidungsdatum und Stundensatz erfolgt.

Exemplarisch soll an den Urteilen des OLG Koblenz v. 11.5.2015 – 12 U 798/14 sowie des OLG Celle v. 26.6.2019 – 14 U 154/18 aufgezeigt werden, dass jüngeren Urteilen, bei denen lediglich ein geringer Stundensatz (bei den genannten Entscheidungen jeweils in Höhe von nur 8,00 EUR) ausgeurteilt wurde, ein tatsächlich viele Jahre vergangener Haushaltsführungsschadens-Zeitraum zugrunde liegt: Im Fall des OLG Koblenz aus dem Jahr 2015 hatte die Klägerin im Dezember 2007 einen Verkehrsunfall erlitten, woraufhin sie für etwa zweieinhalb Jahre in Teilen in ihrer Haushaltsfähigkeit eingeschränkt war. Das OLG Koblenz legte der Berechnung des Haushaltsführungsschadens in den Jahren von 2007 bis 2010 gleichsam einen Stundensatz in Höhe von 8,00 EUR zugrunde. Noch deutlicher wird die Diskrepanz zwischen Zeitpunkt der gerichtlichen Entscheidung und Zeitpunkt des Haushaltsführungsschadens im Fall des OLG Celle aus dem Jahr 2019. Die dortige Klägerin hatte im August 2007 einen Verkehrsunfall erlitten und fiel in der Folge bis zum Juni 2009 in ihrer Haushaltsführung in Teilen aus; auch das OLG Celle bezifferte den daraus erwachsenden Haushaltsführungsschaden unter Zugrundelegung von 8,00 EUR pro Stunde.

Die jeweilige gerichtliche Entscheidung, einer Haushaltshilfe lediglich einen Netto-Stundensatz in Höhe von 8,00 EUR zuzusprechen, ist mithin bei den aufgezeigten Beispielen den Jahren 2007 bis 2009 bzw. 2010, d.h. einem zurückliegenden Jahrzehnt zuzuordnen, nicht aber als Ausdruck für angemessen befundene Vergütungen in aktuellen (!) Schadensfällen zu verstehen.

Bei Betrachtung des bestehenden zeitlichen Abstandes zwischen Schadensereignis und gerichtlicher Entscheidung ergibt sich neben der Erkenntnis, dass gering ausgeurteilte Stundensätze in den wohl überwiegenden Fällen keine Haushaltsführungsschäden in aktuellen Zeiten abbilden, auch in umgekehrter Hinsicht ein argumentativer Anknüpfungspunkt für die Annahme steigender Stundensätze:

So finden sich auch Entscheidungen, in welchen die Gerichte abweichend von dem „ständigen" monetären Rahmen von etwa 10,00 EUR deutlich höhere Stundensätze ausgeurteilt haben, vgl. z.B. die Entscheidung des LG Tübingen v. 15.9.2022 – 5 O 29/21 (12,00 EUR im Jahr 2015) sowie des LG Köln v. 22.12.2020 – 3 O 224/16 (15,25 EUR im Jahr 2019).

Vor dem Hintergrund, dass die exemplarisch genannten Urteile zwar jüngst 2022 und 2020 ergingen, der zu berechnende Haushaltsführungsschaden aber bereits 2015 sowie 2019 entstand, muss der von beiden Gerichten gewählte Stundensatz als angemessen bezeichnet werden, wenn man die **Geldentwertung** berücksichtigt (siehe Rdn 196 a.E.).

Die Frage, ob und in welchem Umfang aktuelle Stundensätze zur Berechnung entstandener Haushaltsführungsschäden auf als ständige Rechtsprechung bezeichnete Urteile gestützt werden können, kann folglich nicht losgelöst von dem **Datum des Schadensereignisses** beantwortet werden, wobei der massive **Kaufkraftverlust** im Blick belassen werden muss, was zu einer moderaten Anhebung jeder vermeintlichen Vergleichsentscheidung führen muss!

Diesem Ansatz folgend erachtete jüngst auch der BGH in seinem Urt. v. 5.11.2024 (– VI ZR 12/24) einen pauschalen Verweis der Vorinstanz (Berufungsgericht: LG Augsburg v. 6.12.2023 – 74 S 2948/22) auf zwei Entscheidungen des OLG München (r+s 2021, 296 Rn 76 ff. und NZW 2014, 577, 580) schon deshalb als unzureichende Schätzungsgrundlage für einen Stundenverrechnungssatz in Höhe von 8,00 EUR, *„weil beiden Entscheidungen Unfälle aus dem Jahr 2009 zugrunde lagen"*, streitgegenständlich jedoch ein im Jahr 2016 entstandener Haushaltsführungsschaden war, auf den *„die Erwägungen des Oberlandesgerichts München zum maßgeblichen Lohnniveau nicht ohne weiteres (…) übertragen werden können"* (vgl. Rn 11).

> *Hinweis*
>
> Hervorzuheben ist an dieser Stelle, dass der BGH in seinem Urt. v. 5.11.2024 in Bezug auf die vorinstanzliche Entscheidung des LG Augsburg zudem betont, dass ein Gericht die Grundsätze seiner Schätzung nach § 287 ZPO nachvollzieh-

bar und überprüfbar darzulegen hat. Schätzt ein Gericht die Höhe des Stundensatzes für eine normative Haushaltshilfe, hat es mithin „*etwa durch Angaben zur Höhe des als Bezugsgröße für den angenommenen Nettolohn herangezogenen Bruttostundenlohns und dessen Ermittlung sowie zur Höhe des als gerechtfertigt angesehenen Abzugs vom Bruttolohn*“ Ausführungen dazu zu machen, wie es auf den Stundensatz gekommen ist. Bloße Verweise auf Vergleichsentscheidungen sind vor diesem Hintergrund gleich mehrfach ungeeignet zur Schätzung des Stundenverrechnungssatzes und demnach als alleinige Begründung nicht hinzunehmen.

Des Weiteren ist ein gerichtlich zugesprochener Stundensatz zur Berechnung von **198** Haushaltsführungsschäden stets in engem Zusammenhang mit dem der Entscheidung zugrundeliegenden **Haushaltsumfang** zu betrachten. So lässt sich aus einer Zusammenschau des monatlichen Stundenvolumens und des ausgeurteilten Stundensatzes der monatliche Haushaltsführungsschaden errechnen. Sofern dieser unter der Verdienstgrenze für eine geringfügige Beschäftigung (538,00 EUR, vormals 520,00 EUR bzw. 450,00 EUR) liegt, mangelt es dem im Rahmen der normativen Abrechnung oftmals vorgenommenen pauschalen Brutto-Netto-Abschlag an einer wichtigen Grundlage:

Wer, was in der Praxis wohl ohnehin häufig der Fall sein dürfte, eine Haushaltshilfe in einem Umfang einstellt, der eine Beschäftigung auf Minijob-Basis ermöglicht, zahlt einen Stundensatz, von dem gerade kein Netto-Abzug mehr vorgenommen wird; **Netto** ist in diesen Fällen **gleich Brutto** zu bewerten. Selbiges muss für den Stundensatz einer normativ abzurechnenden Haushaltshilfe, die in demselben geringfügigen Umfang tätig wird, gelten.

Daraus ergibt sich das Folgende: Errechnet sich aus Stundenumfang und gewähltem Stundensatz im konkreten Fall ein unter der benannten Verdienstgrenze liegender monatlicher Haushaltsführungsschaden, so kann die Stundensatzhöhe jedenfalls nicht unter Verweis auf den pauschalen Brutto-Netto-Abschlag oder Vergleichsentscheidungen, bei denen ein solcher infolge eines hohen Stundenvolumens erfolgt ist, begründet werden (zu kritisieren sind daher z.B. die Begründungen zur Stundensatzhöhe, die den Entscheidungen des OLG Naumburg v. 1.10.2020 – 9 U 87/18 (8,00 EUR Stundensatz); OLG München v. 10.3.2021 – 10 U 176/20 (8,00 EUR Stundensatz) zugrunde gelegt wurden).

Auch unabhängig vom Stundenvolumen des zugrundeliegenden Haushalts, d.h. **199** selbst in den Fällen, in denen sich aus einer Multiplikation von Stundenanzahl und -satz ein über der Verdienstgrenze einer geringfügigen Beschäftigung liegender Wert ergibt, steht der Vornahme eines pauschalen, vollständigen **Brutto-Netto-Abschlags** folgende Überlegung entgegen:

Der Brutto-Netto-Abschlag gründet letztlich in dem Gedanken, dass die zwischen konkreter und normativer Abrechnung bestehenden Unterschiede berücksichtigt werden müssen; wird faktisch keine Ersatzkraft gegen Entgelt beschäftigt, fehlt es an einem realen Einstellungsverhältnis, bei welchem der durch den Arbeitgeber zu zahlende Bruttostundensatz über dem liegen würde, was die Ersatzkraft tatsächlich nur erhält.

Stellt man jedoch einen Vergleich zwischen tatsächlicher und hypothetischer Beschäftigung einer Haushaltshilfe an, um den Differenzen gerecht zu werden, so bedarf es sodann auch deren **vollständiger Betrachtung**:

Einer tatsächlich vom Geschädigten angestellten Haushaltshilfe, für deren Arbeit brutto der gesetzliche **Mindestlohn** gezahlt werden muss (ab 01/2025: 12,82 EUR), steht ein jährlicher **Urlaubsanspruch** von mindestens 24 Werktagen zu (§ 3 Abs. 1 BUrlG). Rechnet man die Anzahl der bundesweit geltenden **gesetzlichen Feiertage** (bundesweiter Durchschnitt: elf Feiertage; im Bundesland Bayern: 13 Feiertage) hinzu, so erhält eine angestellte Ersatzkraft mithin an mindestens 35 Tagen, d.h. für mehr als einen ganzen Monat bzw., gerechnet auf eine Fünftageswoche, für sieben Arbeitswochen im Jahr ihr Gehalt, ohne tatsächlich eine Arbeitsleistung erbringen zu müssen (vgl. auch § 2 Abs. 1 EntgFG). Wird entgegen des „Normalfalls" eine Beschäftigung der Haushaltshilfe an einem Sonn- oder Feiertag vereinbart, wobei nach § 11 Abs. 1 ArbZG 15 jedoch mindestens 15 Sonntage im Jahr beschäftigungsfrei bleiben müssen, so muss ein **Sonn- oder Feiertagszuschlag** gezahlt werden und es ist anschließend ein **Ersatzruhetag** zu gewähren (vgl. § 11 Abs. 3 ArbZG).

Nimmt man darüber hinaus in den Blick, dass die werktägliche Arbeitszeit einer per Arbeitsvertrag beschäftigten Haushaltshilfe acht Stunden nicht überschreiten darf, diese durch regelmäßige halbstündige bzw. 45-minütige Ruhepausen unterbrochen werden muss (vgl. § 4 ArbZG) und eine Ersatzkraft im Anstellungsverhältnis zudem bis zu sechs Wochen am Stück krankgeschrieben sein kann, ohne ihren Anspruch auf Entgeltfortzahlung zu verlieren (vgl. § 3 Abs. 1 ArbZG), so wird deutlich: Eine Haushaltshilfe, die der Verletzte schadensbedingt eingestellt hat, muss für den Erhalt ihres Gehalts faktisch in einem viel geringeren Stundenvolumen Hausarbeit erbringen als es auf den ersten Blick auf der Grundlage des Arbeitsvertrages scheint.

Hingegen wird der normativen Abrechnung des Haushaltsführungsschadens von vornherein nur der Stundenwert zugrunde gelegt, der, verrichtet durch die Familienangehörigen oder Freunde des Geschädigten, auch tatsächlich aufgewandt wird, um den Haushalt weiterzuführen. Dieses Vorgehen entspricht der Beauftragung eines **Freelancers**. Hier sind die Stundenverrechnungssätze mindestens um 80 % des vergleichbaren Nettogehalts einer eingestellten Kraft zu erhöhen, weil der Freelancer sämtliche Betriebskosten und persönlichen Abgaben sowie Versicherungsleistungen von dem Honorar zu bestreiten hat.

200 Für den Verletzten, der nach dem Schadensereignis keine Ersatzkraft einstellt, für welche die Kosten konkret bezifferbar wären, ergeben sich folglich gleich in mehrfacher Hinsicht Schwierigkeiten: Er bemüht sich trotz seines Verletzungszustands durch interne Umverteilung und Ausnutzen seiner familiären und freundschaftlichen Kontakte selbst darum, eine bestmögliche Kompensation des ersatzfähigen Schadens erreichen zu können, ohne in seiner sensiblen Situation eine fremde Person von Extern zur Aufrechterhaltung seines Haushaltes hinzuziehen zu müssen. Sein Haushaltsführungsschaden kann in der Folge nur normativ abgerechnet werden; es wird als Anknüpfungspunkt mithin der Verdienst einer „fiktiven Ersatzkraft" hinzugezogen – jedoch ohne die **gesetzlichen Bedingungen**, zu welchen diese tätig wird, ebenfalls fiktiv anzunehmen. Dass diese fiktive Ersatzkraft bei vollständiger Unterstellung der realen Gegebenheiten dank gesetzlicher Rahmenbedingungen weniger für ihren Lohn arbeiten muss und somit faktisch einen höheren Verdienst für ihre tatsächlich geleistete Arbeit innehat, bleibt mithin unberücksichtigt, wenn man dem Geschädigten im Rahmen der normativen Abrechnung einen Brutto-Netto-Abschlag zumutet.

Der vielfach vorgebrachte **Brutto-Netto-Ansatz** bedarf folglich einer differenzierten Betrachtung. Insbesondere muss ein Vergleich der Arbeitssituation einer tatsächlich eingestellten Haushaltshilfe (übersteigt ihr Stundenvolumen das einer geringfügigen Beschäftigung, erhält sie ein Nettogehalt, muss dank der gesetzlichen Bedingungen für dessen Erhalt aber weniger arbeiten als es zunächst den Anschein macht) sowie einer gedachten Haushaltshilfe (ihr Stundensatz soll gleichsam nur anhand des Nettolohns beurteilt werden, sie müsste mangels gesetzlicher Rahmenbedingungen, die ihr zugutekommen, faktisch jedoch mehr dafür arbeiten) im Ergebnis eine andere Bewertung als die eines pauschalen Abschlags erfahren:

Wurde keine Haushaltshilfe eingestellt, kann der Geschädigte nicht stundensatzmindernd auf den Nettolohn einer normativ abgerechneten Haushaltshilfe verwiesen werden, ohne dass zu seinen Gunsten ein vollumfänglicher Vergleich angestellt wird, der gleichsam zugunsten des Verletzten berücksichtigt, dass eine eingestellte Ersatzkraft aufgrund gesetzlicher Rahmenbedingungen tatsächlich weniger Zeit für den Erhalt ihres Nettogehalts investiert, als es die normative Ersatzkraft muss.

Hinweis

Die obigen Argumente dienen dazu, die Schwächen des pauschalen Brutto-Netto-Abschlags bei der Höhe des Stundenverrechnungssatzes aufzuzeigen, sowie dazu, ein Bewusstsein für sein Fehlgehen in bestimmten Haushaltssituationen zu schaffen.

Davon unberührt ist darauf hinzuweisen, dass der BGH in seiner jüngst ergangenen Entscheidung zum Haushaltsführungsschaden (BGH v. 5.11.2024 – VI ZR 12/24) betont, dass der **Mindestlohn die Untergrenze** des (etwaig) anzusetzenden Bruttolohns bilden muss, auf dessen Grundlage der Nettolohn geschätzt werden kann (vgl. Rn 12).

Höher zugrunde zu legen ist die Untergrenze in Mehrpersonenhaushalten (insbesondere in solchen, in welchen auch Kinder wohnhaft sind), in denen angesichts gesteigerter Komplexität der Haushaltsführung, Größe und Umfang des

Haushalts regelmäßig Tätigkeiten anfallen, welche eine erhöhte Qualifikation erfordern, für deren Erledigung bei lebensnaher Betrachtung kein Mindestlohn angesetzt werden kann (beispielsweise: Kinderbetreuung und -versorgung).

(b) Orientierung an § 21 JVEG

201 In jüngerer Rechtsprechung und Literatur findet in Anbetracht der nach wie vor bestehenden Ungleichheiten bei der Beurteilung des normativen Stundensatzes vermehrt eine alternative Orientierung der Höhe des Stundensatzes an **§ 21 JVEG** Beachtung (vgl. LG Tübingen v. 6.12.2022 – 5 O 183/21, v. 15.9.2022 – 5 O 29/21, v. 27.10.2015 – 5 O 155/14, v. 10.12.2013 – 5 O 80/13 sowie *Bock*, SVR 2020, 171, 174 f.; vgl. befürwortend auch *Kieper/Heynemann/Bergmann/Kiwitt*, S. 7).

Zwar hat der BGH hierzu in einem Urteil zum Haushaltsführungsschaden (BGH v. 5.11.2024 – VI ZR 12/24) ausgeführt, der in § 21 S. 1 JVEG bestimmte Stundensatz erscheine *„aus Rechtsgründen als alleinige Schätzungsgrundlage ungeeignet"* (vgl. Rn 14), jedoch bezieht sich der BGH hierbei expressis verbis zum einen lediglich auf § 21 S. 1 JVEG als **alleinige** Schätzungsgrundlage, zum anderen lässt sich der Entscheidung das Folgende entgegenhalten:

Soweit der BGH in Rn 14 seiner Entscheidungsbegründung ausführt, die Zeugenentschädigung nach dem JVEG diene, anders als die Schadensschätzung nach § 287 ZPO, nicht dazu, einen konkreten Schaden vollständig, aber nicht übermäßig zu kompensieren, muss sich vor Augen geführt werden, dass gemäß § 19 Abs. 2 i.V.m. § 21 JVEG für Nachteile, die einem Zeugen bei der Haushaltsführung entstehen, eine Entschädigung für die betroffene Stundenanzahl zu gewähren ist. Inwiefern hierin keine konkrete Kompensation eines Schadens liegen soll, bleibt unklar.

Soweit der BGH weiter formuliert, dass gegen eine Heranziehung des in § 21 S. 1 JVEG bestimmten Stundensatzes im Rahmen der Schadensschätzung nach § 287 ZPO spreche, *dass „die tatsächlichen Grundlagen, auf denen die Festsetzung der Höhe der Zeugenentschädigung beruht, nicht in einer Weise offengelegt sind, die es dem Tatrichter erlauben würde zu beurteilen, ob diese Grundlagen auch unter den Umständen des Streitfalls als Ausgangspunkt der Schadensschätzung geeignet sind"*, muss bereits hinterfragt werden, was der BGH mit den *„nicht offengelegten tatsächlichen Grundlagen"* überhaupt meint.

Sofern sich hiermit auf die Grundlage für die Höhe des normierten Stundensatzes (Stand 01/2025: 17,00 EUR) bezogen wird, ist dem entgegenzuhalten, dass sich bei tiefergehendem Blick in die **Gesetzesbegründung** zur Änderung des § 21 JVEG (https://dserver.bundestag.de/brd/2020/0565–20.pdf) aus den Nrn. 19 und 20 (S. 81) durchaus sehr offen nachvollziehbar ergibt:

> *„Der vorgeschlagenen Erhöhung der Verdienstausfallentschädigung (sowie der Erhöhung der Entschädigung für Nachteile bei der Haushaltsführung, vgl. Zusammenschau aus Nr. 19 u. 20 der Begr.) für Zeuginnen und Zeugen liegt (...)*

die Veränderung des Indexes der durchschnittlichen Bruttostundenverdienste der vollzeitbeschäftigten Arbeitnehmer im produzierenden Gewerbe und im Dienstleistungsbereich zugrunde. Das so ermittelte Ergebnis ist auf einen vollen Euro-Betrag gerundet.“

In dem **Index** liegt eine für jedermann offen einsehbare Grundlage (vgl. auf www.destatis.de abrufbare Erhebungen zu Bruttostunden und -monatsverdiensten). Diese gilt damit für die Bemessung von Schäden in der Haushaltsführung ganz allgemein und setzt sich jedenfalls nicht dem Vorwurf fehlender Transparenz aus. Die Erwägungen des Gesetzgebers zu § 21 JVEG sind plausibel und überzeugend. Es bestehen keine Bedenken, exakt diese Überlegungen im Schadensersatzrecht ebenso bei der Bemessung des Stundenverrechnungssatzes zugrunde zu legen.

Soweit sich der BGH mit seiner Kritik an *„nicht offengelegten tatsächlichen Grundlagen“* noch auf den individuellen Haushalts-Zeitbedarf beziehen könnte, der bei der Anwendung von § 21 JVEG unberücksichtigt bleibt, weil er für die dortige Entschädigung bzw. der Bezifferung ihrer Höhe nicht relevant ist, gilt es, Stundensatz und Stundenumfang auseinanderzuhalten: § 21 JVEG soll ausschließlich als Orientierung für den Stunden**satz** herangezogen werden und ist insoweit haushaltsunabhängig sowie unabhängig vom individuellen Zeitbedarf nachvollziehbar.

Vor dem Hintergrund des Dargelegten nennt auch die jüngst ergangene BGH-Entscheidung keine einschlägigen Gründe gegen eine Orientierung des Stundenverrechnungssatzes an § 21 JVEG, sodass die nachfolgenden **befürwortenden Argumente** weiterhin als tragfähig zu erachten sind:

§ 21 JVEG normiert die monetäre Entschädigung für Nachteile bei der Haushalts- **202**
führung, die Zeugen entstehen, wenn sie nicht erwerbstätig oder teilzeitbeschäftigt sind und außerhalb ihrer vereinbarten regelmäßigen täglichen Arbeitszeit herangezogen werden. Der Gesetzgeber hat die Höhe des Stundensatzes im Laufe der Jahre von 12,00 EUR auf 14,00 EUR auf **nunmehr 17,00 EUR** stetig angehoben und derart ausdrücklich eine eigene wertende Betrachtung der Haushaltstätigkeit vorgenommen, mit der er zum Ausdruck bringt, dass es sich bei Hausarbeit um dem Zeitgeschehen anzupassende geldwerte, erstattungsfähige Leistungen handelt.

Eine nachvollziehbare Begründung, weshalb die beeinträchtigte Haushaltsführung eines tatsächlich gesundheitlich Geschädigten, der medizinisch nachweislich verletzt ist, geringwertiger entschädigt werden sollte als die eines gerichtlichen Zeugen, ist nicht zuletzt vor dem Hintergrund, dass dessen eigentliche Leistungsfähigkeit im Haushalt im Rahmen der pauschalen Festlegung des § 21 JVEG sogar unberücksichtigt bleibt, nicht ersichtlich (vgl. LG Tübingen v. 15.9.2022 – 5 O 29/21).

Dogmatisch handelt es sich bei der § 21 JVEG zugrunde liegenden Zeugenverneh- **203**
mung zwar um eine von deliktsrechtlichem Schadensersatz abweichende Entschädigungssituation. Dass der Anknüpfungspunkt ein anderer ist (so OLG Frankfurt a.M. v. 18.10.18 – 22 U 97/16), kann jedoch nicht entgegenstehen, wenn sich das ge-

setzgeberische Bewusstsein für den ausgleichsbedürftigen Haushaltsschaden und die dahinterstehende Wertung im Sinne eines Erst-Recht-Schlusses übertragen lässt:

Wird der nur kurzzeitig und aus anderen als gesundheitlichen Gründen eintretende Haushaltsführungsschaden pro Stunde mit einer Entschädigung in Höhe von 17,00 EUR bemessen, so sollte der im Zweifel für den Geschädigten wesentlich schwerwiegendere, auf gesundheitlichen Gründen beruhende Ausfall der Haushaltsführung mindestens dieselbe, wenn nicht eine höhere monetäre Bewertung erfahren. Andernfalls ergibt sich beispielsweise für einen Unfallverletzten die Absurdität, für die Zeit, in der er verletzungsbedingt den Haushalt nicht führen konnte, eine geringere stündliche Entschädigung zu erhalten als für die Zeit, in der er wegen desselben Unfalls vor Gericht als Zeuge aussagt (vgl. LG Tübingen v. 15.9.2022 – 5 O 29/21).

Das Beispiel verdeutlicht: denklogischer Ansatz kann nicht sein, zwischen verschiedenen Funktionen eines Geschädigten zu differenzieren, vielmehr geht es darum, die Höhe eines Haushaltsschadens zu schätzen, der bei einem Zeugen in tatsächlicher Hinsicht dem eines Verletzten entspricht. In beiden Konstellationen sieht sich der Haushaltsführende infolge außerhalb seines Verantwortungsbereichs liegender Gegebenheiten mit einer Situation konfrontiert, in welcher er jedenfalls temporär daran gehindert ist, die Arbeit in seinem Haushalt wie gewohnt auszuführen und infolgedessen einen monetären Ersatz vom Schädiger verlangen kann. Vor dem Hintergrund, dass der Gesetzgeber es in **§ 21 JVEG** nicht für entscheidend angesehen hat, wie lange der Betroffene an der Haushaltsführung gehindert wird, kann einer Vergleichbarkeit des Haushaltsführungsschadens eines Zeugen und eines Verletzten auch nicht entgegengehalten werden, dass der Letztgenannte regelmäßig länger in seiner Haushaltsführung beeinträchtigt ist (vgl. LG Tübingen v. 15.9.2022 – 5 O 29/21, Rn 54, 57).

204 Eine Differenzierung zwischen der Entschädigung nach § 21 JVEG und der für einen verletzungsbedingten Haushaltsführungsschaden lässt sich auch nicht unter Verweis auf die im Schadensersatzrecht geltende Differenzhypothese begründen, wonach weniger ein pauschaler Wert als vielmehr der konkrete, tatsächlich entstandene Vermögensschaden, auszugleichen ist (so krit. *Nugel*, jurisPR-VerkR 20/2023 Anm. 4).

Nach der Differenzhypothese errechnet sich der zu ersetzende Schaden gerade aus dem Delta, welches sich bei einem Vergleich der vor dem Schadensereignis bestehenden Vermögenslage des Betroffenen mit der Vermögenslage nach dem Schadensereignis ergibt. Nichts anderes als ein solch konkreter Vergleich des individuellen „Vor- und Nachher" des Geschädigten wird bei der Bezifferung des Haushaltsführungsschadens angestellt, ohne dass sich das Hinzuziehen von § 21 JVEG auf die Individualität des jeweiligen Vortrages (zum Maßstab des § 287 ZPO s.o.) auswirkt. Vielmehr beschränkt sich die Diskussion rund um § 21 JVEG auf die Höhe des der normativen Abrechnung zugrunde zu legenden Stundensatzes, mit dem die konkrete Stundenzahl multipliziert wird. Eine Orientierung an § 21 JVEG, der mit Blick auf die regelmäßige Anpassung des normierten Stundensatzes durch den Gesetzgeber auch in der Lage ist, aktuelle inflationäre und wirtschaftliche Entwicklungen widerzuspiegeln, kann dem Vorwurf der Pauschalität folglich nicht ausgesetzt werden.

Nicht zuletzt vermag auch das Argument, der Staat könne sich schließlich bei der Stundensatzbemessung im Rahmen von § 21 JVEG „aus übergeordneten Gründen" großzügiger zeigen (so krit. *Scholten*, zfs 2023, 201, 204), ohne sich an der konkreten Marktlage orientieren zu müssen, nicht zu überzeugen. Zum einen verdeutlicht die stete Anpassung des Stundensatzes durch den Gesetzgeber gerade dessen hohes Interesse, den wirtschaftlichen Entwicklungen Rechnung zu tragen, wobei eben dieses Ziel im Gesetzesentwurf von der Bundesregierung auch ausdrücklich formuliert wurde (BT-Drucks 19/25740). Zum anderen vermögen die Motive für den in **§ 21 JVEG** normierten Stundensatz weder die dargelegte Vergleichbarkeit von zeugen- und verletzungsbedingtem Haushaltsführungsschaden zu beseitigen noch die obig angeführten, diesen Vergleich befürwortenden Argumente zu widerlegen. 205

Zuletzt setzt die Überlegung, es müsse für eine Orientierung an § 21 JVEG eine Situation gegeben sein, in welcher sich der Staat gleichsam aus „übergeordneten Gründen" großzügig zeigen kann, voraus, dass man in einem Stundensatz in Höhe von derzeit **17,00 EUR** pro Stunde für einen Ausfall im Haushalt überhaupt eine besondere „Großzügigkeit" sieht. Errechnet sich der Stundensatz jedoch aus der Auswertung statistischer Erhebungen zu dem durchschnittlichen Bruttostundenlohn deutscher Arbeitnehmer (vgl. hierzu auch Rdn 201), ist die Entschädigungshöhe weder großzügig noch besonders begründet, sondern schlicht realistisch – und sollte vor diesem Hintergrund für mindestens durchschnittlich gestaltete Haushaltsschäden heranziehbar sein, wobei jedoch Abweichungen nach oben bei Mehrpersonenhaushalten mit besonderen Anforderungen im Zusammenhang mit schulpflichtigen und jüngeren Kindern zu berücksichtigen sind.

(c) Orientierung an Tarifverträgen

Um die von Familienmitgliedern oder sonstigen Dritten unentgeltlich geleistete Hilfe im Haushalt im Wege der normativen Abrechnung zu regulieren, wurden vor allem in früheren Zeiten zur Bestimmung der Stundensatzhöhe Tarifverträge hinzugezogen (so insbesondere der Tarifvertrag DHB-Netzwerk Haushalt, Berufsverband der Haushaltsführenden (früher: **Deutscher Hausfrauenbund**) oder der Tarifvertrag für den öffentlichen Dienst (TVöD)); vereinzelt findet sich eine Orientierung an den Tarifverträgen auch in jüngerer Judikatur (vgl. z.B. OLG München v. 10.3.2021 – 10 U 176/20; OLG Dresden v. 29.5.2020 – 22 U 699/19). 206

207 Vor Augen geführt werden sollte sich, dass die Bedeutung von Tarifverträgen für die Bemessung von Haushaltsführungsschäden je nach Art des Tarifvertrags, der hinzugezogen werden soll, verschwindend gering ist.

Verdeutlicht werden kann dies am Beispiel des Berufsverbands der Haushaltsführenden, der als Tarifpartner der Gewerkschaft Nahrung und Genussmittel für hauswirtschaftliche Angestellte auftritt. Der zugehörige Tarifvertrag enthält nach Qualifikation und Berufserfahrung gestaffelte Vergütungen (siehe dazu näher in IFH-Tabelle/*Schah Sedi*, § 10 Rn 4 ff.). In Bezug auf das DHB-Netzwerk findet sich die Information aus dem Jahr 2020, dass dieses aus rund 45.000 Mitgliedern besteht, wobei es sich schon um einen Mitgliederhöchstwert im Vergleich zu den Vorjahren handelt (vgl. https://www.planet-wissen.de/gesellschaft/familie/beruf_hausfrau/pwiedas netzwerkhaushalt100.html, Stand 26.8.2020). In Deutschland belief sich die Zahl der Haushalte im Jahr 2020 auf etwa 41.6 Millionen (vgl. https://www-genesis.destatis.de/genesis/online?sequenz=tabelleErgebnis&selectionname=12421–0100#abreadcrumb). Haushalte, die dem DHB-Netzwerk zugehörig sind, bildeten in diesem Jahr folglich weniger als 1 % (0,98 %) deutscher Haushalte ab und können dergestalt nicht als repräsentativ gelten.

208 Angesichts wesentlich höherer Beschäftigungszahlen im Öffentlichen Dienst mag der **TVöD** zwar von höherer Marktbedeutung sein, auch sein Hinzuziehen sollte jedoch Bedenken begegnen. So stellt sich auch hier die oben aufgezeigte Schwierigkeit, wonach, wenn schon ein Vergleich einer gedachten Haushaltshilfe mit dem Stundensatz einer tatsächlichen Haushaltshilfe stattfindet, auch sämtliche Arbeitsumstände Berücksichtigung finden sollten. Den in den Tarifverträgen enthaltenen Stundenentgelten liegen Arbeitsverhältnisse auf Dauer besoldeter Arbeitnehmer zugrunde, die ihre Tätigkeit in einer Fünftagewoche verrichten, einen Anspruch auf Urlaubs- und Krankengeld haben sowie in aller Regel Weihnachtsgeld oder ähnliche Zulagen, insbesondere an Wochenenden und Feiertagen, erhalten.

Wer einspringt, um den Haushalt eines Verletzten aufzufangen und in der Haushaltsführung auszuhelfen, muss wiederum ein hohes Maß an zeitlicher Flexibilität mitbringen, wobei dies die Zeit, zu der die Arbeit erforderlich wird und ihren Umfang gleichermaßen betrifft. Je nachdem, wie sich die Fähigkeit des Verletzten, seinen Haushalt zu führen, im Laufe seines **Genesungsverlaufs** verbessert oder verschlechtert, bedarf es spontan weniger oder mehr Arbeitskraft und -zeit des Helfenden (vgl. hierzu auch *Huber*, NZV 2024, 7, 13, Rn 7 ff.).

Den Verdienst besoldeter, fest angestellter Arbeitnehmer mit dem Stundensatz einer normativen Haushaltshilfe gleichzusetzen, greift folglich zu kurz. Einzig lässt sich der Orientierung an Tarifverträgen zugutehalten, dass durch ihre Anwendung die steigende Entgeltentwicklung Einzug in die Bemessung des Haushaltsführungsschadens finden kann.

(2) Exemplarische Gerichtsentscheidungen zur Stundensatzhöhe

Die nachfolgende stichpunktartige Darstellung enthält exemplarische Gerichtsentscheidungen, bei denen zur Begründung der Stundensatzhöhe nachvollziehbar insbesondere auf das Erfordernis steigender Werte eingegangen wurde. **209**

Wie aufgezeigt ist die ausgeurteilte Stundensatzhöhe mit dem Zeitraum, in dem der streitgegenständliche Haushaltsführungsschaden bestand, in ein Verhältnis zu setzen.

LG Tübingen v. 10.12.2013 – 5 O 80/13: **12,00 EUR (aktuell 17,00 EUR)** **210**

- Zeitraum des Haushaltsführungsschadens: etwa 2010 bis 2012
- Erwägungen des Gerichts: Orientierung an § 21 JVEG aus den oben genannten Gründen

LG Osnabrück v. 13.4.2016 – 9 O 217/12: **12,00 EUR** **211**

- Zeitraum des Haushaltsführungsschadens: etwa 2010 bis 2014
- Erwägungen des Gerichts: es wird betont, dass ein Stundensatz in Höhe von nur 8,00 bis 9,00 EUR nicht nachvollziehbar ist und anständigerweise schon der Nettostundenlohn für die Jahre 2010 bis 2014 mit 11,00 EUR, ab 2015 sodann mit 12,00 EUR bemessen werden muss.

LG Oldenburg v. 5.11.2019 – 6 O 217/17 (unveröffentlicht): **14,00 EUR** **212**

- Zeitraum des Haushaltsführungsschadens: 2016
- Erwägungen des Gerichts: Es wird auf die stetig steigenden Stundenentgelte im Verlauf der Jahre verwiesen; unter Einbringung eigener Sachkunde wird praxisnah die Überlegung angestellt, dass es im Raum Oldenburg nicht realistisch wäre, eine Haushaltshilfe für einen Nettostundenlohn geringer als 14,00 EUR einzustellen.

LG Köln v. 22.12.2020 – 3 O 224/16: **15,25 Euro** **213**

- Zeitraum des Haushaltsführungsschadens: ab 2010
- Erwägungen des Gerichts: das Gericht hat den Haushaltsführungsschaden durch einen Sachverständigen ermittelt. Während für das Jahr 2010 bereits eine Stundensatzhöhe von 12,37 EUR zugrunde gelegt wurde, wurden für das Jahr 2019 15,25 EUR für angemessen erachtet. Der hinzugezogene Sachverständige führte aus, dass es sich bei dem zu bestimmenden Nettowert nicht um den Netto-Stundenlohn einer fiktiven Haushaltshilfe handeln kann, sondern vielmehr um den Geldwert einer von dieser fiktiv geleisteten Arbeitsstunde. So kann zwar im Ausgangspunkt auf eine geeignete Schätzungsgrundlage in Form von durchschnittlichen beziehungsweise tariflichen Entgelten zurückgegriffen werden, diese bedürfen jedoch in vielerlei Hinsicht einer entsprechenden Korrektur (vgl. befürwortend auch *Bergmann*, NZV 2022, 479, 480 f.).

LG Tübingen v. 15.9.2022 – 5 O 29/21: **14,00 EUR (aktuell 17,00 EUR)** **214**

- Zeitraum des Haushaltsführungsschadens: 2015
- Erwägungen des Gerichts: Orientierung an § 21 JVEG aus den oben genannten Gründen (das LG Tübingen setzt sich mit einer erweiterten Begründung der

Stundensatzhöhe auseinander und weist damit die Kritik an seiner Entscheidung aus dem Jahr 2013 zurück).

215 LG Tübingen v. 6.12.2022 – 5 O 183/21: **14,00 EUR (aktuell 17,00 EUR)**

- Zeitraum des Haushaltsführungsschadens: 11/2020 – 02/2021
- Erwägungen des Gerichts: Orientierung an § 21 JVEG aus den oben genannten Gründen

cc) Mischform zwischen konkreter und normativer Abrechnung

216 Nicht selten werden sowohl die konkrete als auch die normative Abrechnung miteinander kombiniert. Für einen Teilbereich der vom Geschädigten nicht mehr verrichtbaren Haushaltsführung wird eine Ersatzkraft eingestellt. Zumeist handelt es sich um Tätigkeitsbereiche wie die Reinigung von Wohnung und Wäsche, das Einkaufen und die Gartenarbeit. Insbesondere das Kochen und die Kinderbetreuung übernehmen demgegenüber oft außerhalb der Kernfamilie stehende Familienangehörige, wie Eltern oder Geschwister der Geschädigten unentgeltlich.

217 Der Schädiger reguliert einerseits die Aufwendungen für die konkret eingestellte Ersatzkraft (gemäß Nachweis) und die konkret aufgewendeten Kosten für das Dienstleistungsunternehmen (gemäß Nachweis) und additiv darüber hinaus die normativ abgerechneten Beträge für die unentgeltliche Hilfeleistung Dritter.

218 **Leistungen des Sozialversicherungsträgers** (SVT) für eine selbst beschaffte Haushaltshilfe werden bei der Schadensermittlung angerechnet. Oftmals stellt sich der Lebenssachverhalt so dar, dass neben einer selbst beschafften Haushaltshilfe auf Kosten des SVT noch weitere Familienmitglieder unentgeltlich Hilfe leisten. Insofern ergibt sich wieder ein abzurechnendes **Mischmodell**. Bei dieser Abrechnung wird jedoch nicht der Euro-Betrag, der vom SVT für die Haushaltshilfe erstattet wurde, am Ende abgesetzt, sondern der normative Abrechnungsanteil wird hinsichtlich der Stunden um den Stundenanteil der vom SVT bezahlten Haushaltshilfe gekürzt. Anderenfalls, wenn die Stundenverrechnungssätze des SVT und des Schädigers nicht identisch sind, kommt es ggf. zu einer pekuniären Anspruchsverkürzung des Geschädigten.

d) Zeitfenster zur vereinfachten Berechnung

219 Die Ermittlung des Haushaltsführungsschadens erfolgt analog zum Genesungsverlauf. Meistens ist er in Schadensnähe höher als zu dem Zeitpunkt, zu dem die medizinische Wiederherstellung abgeschlossen ist. Die **medizinische Wiederherstellung** ist nicht gleichbedeutend mit der vollständigen Wiederherstellung der physischen und psychischen Leistungsfähigkeit vor dem Schadensereignis. Das ist bei schweren und schwersten Personenschäden eher selten der Fall. Der Begriff der medizinischen Wiederherstellung meint vielmehr, dass weitere medizinische Verbesserungen nicht mehr möglich sind und der Geschädigte mit den verbliebenen Einschränkungen leben und seinen Haushalt verrichten muss. Er bedeutet das Ende der ärzt-

lichen Bemühungen. Dieser Zeitpunkt ist der Beginn der Dauer-MdH. **Verbesserungen und Verschlechterungen des medizinischen Status** machen die Neuberechnung der Dauer-MdH erforderlich, was jedoch oft erst nach einem mehrmonatigen oder gar mehrjährigen Zeitraum erforderlich ist.

Allerdings beeinflussen **Veränderungen im persönlichen Lebensbereich** die Höhe des Haushaltsführungsschadens ebenso. So führt neben der Eheschließung die Geburt eines oder mehrerer Kinder bei gleichbleibend (schlechtem) Gesundheitsstatus zur Neuberechnung des Anspruchs ebenso wie umgekehrt die Verkleinerung des Haushalts durch Ehescheidung oder das Verlassen des elterlichen Haushalts der in Ausbildung befindlichen Kinder oder bereits ausgebildeten Kinder.

Sowohl die gesundheitliche Entwicklung nach dem Schadensereignis als auch die persönliche Entwicklung innerhalb des familiären Umfelds liefern also Parameter, die in der Berechnung des Haushaltsführungsschadens zwingend abgebildet werden müssen. Aus diesem Grunde hat es sich bewährt, den Haushaltsführungsschaden in einzelnen **Zeitfenstern** zu ermitteln und diese Teilergebnisse sodann zu addieren.

Das **erste Zeitfenster** stellen die stationären Aufenthalte dar. Davon betroffen sind 220
Klinikaufenthalte ebenso wie stationäre Reha-Maßnahmen. Diesem Zeitfenster ist inhärent, dass der Geschädigte hinsichtlich seiner Eigenversorgung im Haushalt keiner Hilfe bedarf, da er bei stationärer Unterbringung vollumfänglich hauswirtschaftlich versorgt wird. Schadensersatzrechtlich relevant sind die auch von der Rechtsprechung unter dem Stichwort des „Erhaltungsaufwands“ anerkannten Anteile im Einpersonenhaushalt (vgl. BGH 3.2.2009 – VI ZR 183/08, OLG Frankfurt a.M. v. 23.11.2023 – 26 U 61/22), die trotz Abwesenheit nicht wegfallen (wie z.B. Blumen gießen, Postkasten leeren, im Winter heizen und Schnee räumen, ggf. Treppenhausreinigung und Straßendienst, Lüften im Allgemeinen und Schriftverkehr mit Versicherungen und sonstigen Dritten; ggf. ist die Wäsche des Geschädigten daheim zu waschen). Ebenso sind schadensersatzrechtlich relevant die Fremdversorgungsanteile in der „Restfamilie“ im Mehrpersonenhaushalt, die durch die Abwesenheit des Geschädigten vereitelt werden (Erwerbsschadensanteil beim Haushaltsführungsschaden).

In diesem ersten Zeitfenster werden sämtliche stationäre Zeiten aufaddiert, egal wann sie schadensbedingt entstanden sind.

Im **zweiten Zeitfenster** werden alle Zeiten erfasst, in denen der Geschädigte nicht 221
stationär aufgenommen wurde, weil er in der Häuslichkeit entweder auf eine stationäre Reha-Maßnahme gewartet hat oder er ambulante Therapien wahrgenommen hat. Dieses zweite Zeitfenster endet in dem Moment, in dem die medizinische Wiederherstellung abgeschlossen ist. In diesem Zeitraum finden sich unterschiedliche Genesungsqualitäten. Aus pragmatischen Gründen spricht nichts dagegen, diese Zeiten zusammenzufassen und sie einer einheitlichen Schadensschätzung zuzuführen, wenn ein weitgehend homogenes Schadensbild besteht.

Manchmal sind Geschädigte im zweiten Zeitfenster zunächst auf den Rollstuhl zur Fortbewegung angewiesen (obwohl sie nicht querschnittsgelähmt sind). Nach einiger Zeit der medizinischen Verbesserung können sie sich auf Unterarmgehstützen fortbewegen oder benötigen nur noch einseitig eine Gehhilfe, die sie nach einigen Wochen auch ablegen können. Hier kann manchmal eine Zäsur erforderlich werden und ein drittes Zeitfenster definiert werden.

222 Schließlich bildet das **dritte Zeitfenster** dann den Zeitraum ab Eintritt der Dauer-MdH ab, die wiederum daran geknüpft ist, dass weitere medizinische Verbesserungen nicht möglich sind.

223 *Praxistipp*

Zur Abgrenzung der einzelnen Zeitfenster sollte sich der Anwalt eine kalendarische Jahresübersicht (12 Monate auf einem DIN A4-Blatt) für jedes Kalenderjahr (einschließlich des Unfalljahres) ab dem Verkehrsunfall anfertigen. Auf diesen Blättern sollen zweckmäßigerweise die stationären Aufenthalte des Mandanten farbig markiert werden. Mit Hilfe der Kalenderblätter kann der gesamte Zeitraum der stationären Aufenthalte mühelos durch Addition der Wochen/Monate ermittelt werden (= 1. Zeitfenster), die dazwischen liegenden Zeiträume können ebenso einfach addiert werden (= 2. Zeitfenster) und an die Entlassung aus der letzten stationären Maßnahme kann sich dann die Dauer-MdH anschließen (= 3. Zeitfenster).

Anstelle der Kalenderblätter kann ein Tageszähler bzw. Tagesrechner im Internet benutzt werden.

Für jedes einzelne gebildete Zeitfenster ist eine MdH nach den oben dargestellten Grundsätzen zu ermitteln.

224 Bis auf das dritte Zeitfenster liegen alle vorhergehenden in der Vergangenheit und sind abgeschlossen, so dass die Berechnung des Haushaltsführungsschadens für abgeschlossene Zeiträume taggenau erfolgen muss.

Die Teilbeträge der einzelnen Zeitfenster werden addiert. Der Dauerschaden in der Haushaltsführung wird für die Vergangenheit so lange monatlich aufaddiert, bis der sogenannte Regulierungsstichtag erreicht ist. Ab diesem Tag beginnt schadensersatzrechtlich die Zukunft. Der Geschädigte hat Anspruch auf eine wiederkehrende Rentenzahlung, die quartalsmäßig vorschüssig zu leisten ist (§§ 843 Abs. 2, 760 BGB). Diese sollte abänderbar vereinbart werden, damit sie flexibel an gesundheitliche sowie familiäre Veränderungen angepasst werden kann. Im Falle eines Klageverfahrens ist der „Regulierungsstichtag" der Tag der Einreichung der Klageschrift. Sämtliche davor liegende Zeiträume werden zu einem einzigen Schadensersatzbetrag für den Haushaltsführungsschaden summiert. Mit Einreichung der Klageschrift entsteht dann der Anspruch auf wiederkehrende Leistung gemäß §§ 843 Abs. 2, 760 BGB, der als Rentenanspruch geltend zu machen ist. Im Klageverfahren sollte immer ein **Mindestanspruch** angegeben werden, damit eine Erhöhung nach

Rechtshängigkeit, z.B. aufgrund von Gutachten zum Haushaltsführungsschaden, möglich ist.

5. Einzelfragen bei der Bemessung des Haushaltsführungsschadens

Bei der Bezifferung von Haushaltsführungsschäden können sich Besonderheiten ergeben, aus denen in dem Fall, dass unbekannt ist, wie mit ihnen umzugehen ist, Stolpersteine bei der Regulierung erwachsen können. Um dieser Schwierigkeit zu begegnen, setzt sich das nachfolgende Kapitel mit derartigen Einzelfragen zur Haushaltsführungsschadensbemessung auseinander. 225

a) Psychische Verletzungen und Verletzungsfolgen

Erleidet der Geschädigte eine Verletzung der Psyche als unmittelbar aus dem Schadensereignis resultierende Primärverletzung oder stellt sich eine psychische Befindlichkeitsstörung als Folge einer physischen Primärverletzung ein, berechtigt sie ebenso wie eine körperliche Verletzung zum Ersatz des Haushaltsführungsschadens. Eine andere Bewertung lässt sich aus dem Wortlaut des § 843 Abs. 1 BGB nicht herleiten und würde auch der jüngst durch den BGH konstatierten Gleichstellung von physischen und psychischen Schäden (vgl. BGH v. 6.12.2022 – VI ZR 168/21) zuwiderlaufen. Dem entsprechend finden sich auch in der Judikatur vielfach Entscheidungen, bei denen ein Haushaltsführungsschaden infolge psychischer Verletzungen ausgeurteilt wurde (vgl. nur exemplarisch OLG München v. 27.10.1999 – 20 U 3476/99 bei posttraumatischer Belastungsstörung und somatoformer Schmerzstörung; OLG Nürnberg v. 23.12.2015 – 12 U 1263/14 bei mittelschwerer Depression). 226

Praxistipp 227

Dass nicht jede Verletzung auch zwingend zu einer Beeinträchtigung der Haushaltsführung führen muss, gilt für Verletzungen der Physis wie der Psyche gleichermaßen; einem konkreten Vortrag, der den Substantiierungsanforderungen (s.o.) gerecht wird, bedarf es zur Geltendmachung des Haushaltsführungsschadens wie aufgezeigt daher in jedem Fall.

Mangels ihrer äußerlichen Sichtbarkeit besteht bei seelischen Verletzungen jedoch noch viel eher als bei körperlichen Verletzungen, die auch der medizinische Laie unmittelbar erkennen und nachempfinden kann, die Gefahr, dass die Regulierung unter Verweis auf fehlende Nachvollziehbarkeit nur zögerlich voranschreitet oder ungenügend ausfällt.

Da Gesetz und Judikatur physische und psychische Verletzungen zugunsten des Geschädigten explizit gleichrangig als ersatzfähig erachten, entbehrt ein etwaig restriktives Regulierungsverhalten einer Grundlage – ihm sollte durch das Einreichen medizinischer Unterlagen und einen besonders substantiierten Vortrag daher entgegengetreten werden.

228 Vom Ausmaß der psychischen Beeinträchtigung hängt ab, in welchem Umfang hauswirtschaftliche Verrichtungen nicht mehr geleistet werden können. Dieses Ausmaß ist nach § 287 ZPO zu schätzen.

Das OLG Köln hat in seiner Entscheidung v. 12.12.2014 (– 19 U 39/14, juris) entschieden, dass bei **psychischen Unfallfolgen** die MdH exakt der MdE entspricht. Es begründet seine Auffassung damit, dass die neurologisch-psychische Erkrankung (die Klägerin litt infolge einer Schädelverletzung an neurologischen Einschränkungen sowie Depressionen und emotionaler Labilität) sich sowohl im allgemeinen Arbeitsleben als auch im Haushalt gleichermaßen auswirkt, weil die Geschädigte mit Krankheitswert koordinierungs-, steuerungs- und antriebsgemindert sei und dieses sowohl einer Tätigkeit im Arbeitsleben als auch im Haushalt wirkungsgleich entgegenstehe (Rn 87, juris).

Ergänzend sind natürlich die physischen Einschränkungen der so gebildeten MdH hinzuzufügen. Dies erfolgt mit Hilfe der IFH-Tabelle/*Schah Sedi*, § 8 Rn 1 ff., § 9 Rn 2, Tabelle 5 bzw. 6.

b) Umorganisation, Kompensation, überobligatorischer Einsatz

aa) Umorganisation im Einpersonen- und im Mehrpersonenhaushalt

229 Aus Schadensminderungsgründen muss der Geschädigte die Haushaltsführung ggf. umorganisieren. Im Einpersonenhaushalt mangelt es an Umverteilungspotential, sodass eine **Umorganisation** vollständig entfällt. Nur beispielhaft kann man vom Geschädigten kaum verlangen, dass er statt Mineralwasser aus Flaschen (die er nun nicht mehr selbst tragen kann) jetzt Leitungswasser trinkt, dass er weniger frisches Essen für sich zubereitet, um weniger einkaufen zu gehen und weniger zeitaufwendig mit weniger abwaschbedürftigen Küchenutensilien für sich kochen zu müssen oder dass er den Garten verkommen lässt, weil sich die Gartenarbeit umständlicher gestaltet als vor dem Schadensereignis. Hier wäre die Schadensminderungspflicht überspannt.

230 Im Mehrpersonenhaushalt bedeutet sich umzuorganisieren, dass im Wege eines Tausches die bislang vom Geschädigten ausgeübte Haushaltsführung, soweit diese verletzungsbedingt nicht mehr geleistet werden kann, auf andere Familienmitglieder bzw. in der Zweiergemeinschaft auf den anderen Partner verlagert wird. Im Gegenzug übernimmt der Geschädigte hauswirtschaftliche Anteile des Partners, die er trotz seiner Beeinträchtigungen noch verrichten kann. Keinesfalls bedeutet Umorganisation, dass die übrigen Familienmitglieder bzw. der andere Partner nun dasjenige an hauswirtschaftlicher Verrichtung noch zusätzlich übernehmen, das der Geschädigte nicht mehr leisten kann, ohne dass jenem von den Aufgaben der Haushaltsführung der Übrigen etwas übertragen wird. Muss ein anderes Haushaltsmitglied infolge des Schadensereignisses in größerem Umfang als zuvor Tätigkeiten verrichten, ist das Maß der Obliegenheit zur Umverteilung mithin überschritten.

Unter dem Stichwort der „Umorganisation" ist also genau zu prüfen, was im Sinne eines Tausches tatsächlich umorganisiert werden kann (vgl. hierzu auch Rdn 173).

bb) Vermehrte Nutzung technischer Haushaltsgeräte

Im Zuge des technischen Fortschritts wird vereinzelt vorgebracht, der vermehrt 231
mögliche Einsatz von innovativer **Haushaltstechnik** erleichtere eine Umorganisation der Haushaltsarbeit nach dem Schadensereignis (vgl. *Bachmor*, NZV 2024, 298, 298; *Quaisser*, NJW-Spezial 2024, 329, 329 f.).

Der darin anklingende pauschale Gedanke, technischer Fortschritt könne sich im Haushalt eines Geschädigten zu dessen Gunsten arbeitsmindernd auswirken, führt zu dem undifferenzierten Ergebnis, dass moderne Haushaltstechnik als Erweiterung des Umfangs der Schadensminderungsobliegenheit aufgefasst wird und dergestalt letztlich zulasten eines jeden Geschädigten geht, dessen Haushalt nach dem Schadensereignis nicht mit der neuesten Technik ausgestattet wird oder dessen kognitive oder physische Fähigkeiten nicht ausreichen, um die modernen Haushaltsgeräte zu bedienen.

Ungerechtfertigt ist dieses Ergebnis gleich in mehrfacher Hinsicht. Zum einen lässt 232
es unberücksichtigt, dass eine Vielzahl von Verletzungsbildern auch das Bedienen komplexer technischer Haushaltsgeräte unmöglich macht. Zu denken sei in diesem Zusammenhang insbesondere an sämtliche kognitive Beeinträchtigungen, aber auch an besondere physische Verletzungen: wer beispielsweise durch ein Schadensereignis vom Hals abwärts querschnittsgelähmt oder bettlägerig geworden ist, dem vermag auch ein **Thermomix** in der Küche keinerlei Arbeitserleichterung zu verschaffen.

Berücksichtigt man zudem, dass durch das Bedienenkönnen des technischen Geräts alleine noch lange keine Erledigung der Haushaltsarbeit eintritt, sondern dass hierfür nach wie vor menschliche Arbeitskraft erforderlich ist, wie beispielhaft in Form von einem Beiseite- und erneuten Hinräumen aller Stühle, Teppiche und am Boden liegenden Gegenstände, damit der **Saug- und Wischroboter** auch tatsächlich reinigen kann oder in Gestalt des Einkaufens und Tragens schwerer Zutaten, mit denen sodann das Thermomixgericht zubereitet wird, so nimmt die Vielfalt physischer Verletzungen, bei denen der Geschädigte trotz Technik in seiner Haushaltsführung beeinträchtigt ist, drastische Ausmaße an und es wird deutlich: Haushaltstechnik spart gegebenenfalls partiell Arbeitskraft, jedoch partizipieren davon nicht alle Verletzungsbilder.

Bedenkt man weiterhin, dass auch das technische Gerät selbst Schwierigkeiten für den Geschädigten birgt, wie etwa Verschleiß, Fehleranfälligkeit sowie einen Installations-, Lade-, Wartungs- und Reparaturaufwand, verliert die pauschale Einordnung moderner Haushaltsgeräte als Arbeitserleichterung an weiterer Argumentationslage.

233 Zum anderen steht die Pauschalität, mit der insbesondere auf Versichererseite vorgebracht wird, der technische Fortschritt sei in Zukunft schadensmindernd zu berücksichtigen, in krassem Widerspruch zu den von dieser Seite sonst gestellten hohen Anforderungen an die Konkretheit und Individualität des Vortrags zum Haushaltsführungsschaden. Während im Übrigen für die Regulierung des Haushaltsführungsschadens von entscheidender Relevanz sein soll, dass konkret dargelegt wird, wie alt der Geschädigte ist, in welchem Umfang er vor und nach dem Schadensereignis wie lange welche Art von Haushaltsarbeiten in welchem Haushaltsumfeld verrichtet, soll die abstrakte Möglichkeit, technischen Fortschritt im Haushalt zu nutzen, pauschal anspruchsmindernd Berücksichtigung finden.

Wer vor dem Schadensereignis keinerlei technisch fortschrittliche Haushaltshilfen verwendet hat (ein Umstand, der insbesondere bei älteren Geschädigten schon allein aufgrund der technischen Herausforderungen durchaus real ist), d.h. seine Böden mit dem klassischen Wischer und Staubsauger selbst gewischt und gesaugt hat, selbst den Rasen gemäht hat sowie längere Zeit mit verschiedenen Töpfen auf dem Herd eigens Mahlzeiten zubereitet hat und nun nach dem Schadensereignis nach Ausschöpfung des menschlichen Umverteilungspotentials einen Haushaltsführungsschaden erleidet, kann auch in Zukunft nicht pauschal auf eine schadensmindernde Berücksichtigung moderner Technik verwiesen werden.

234 Der Forderung, die Nutzung des technischen Fortschritts bei der Haushaltsführung als Ausprägung der Schadensminderungsobliegenheit zu berücksichtigen, ist noch ein weiterer Widerspruch immanent. In aller Regel handelt es sich bei modernen Haushaltsgeräten wie etwa dem Thermomix, dem Saug- und Wischroboter oder sonstigen **Smart-Home-Elementen** um äußerst kostspielige Anschaffungen. Unter dem Gesichtspunkt der Schadensminderungsobliegenheit ist vom Geschädigten grundsätzlich gerade zu verlangen, den Schaden unter zumutbaren Gesichtspunkten so gering wie möglich zu halten – sprich im Haushalt im Sinne eines Tausches für eine Umverteilung zwischen den Haushaltsangehörigen zu sorgen. Dieses bisherige Verständnis, wie ein Geschädigter der Schadensminderungsobliegenheit im Rahmen des Haushaltsführungsschadens nachkommen kann, unterscheidet sich von der Idee einer Umverteilung auf technische Haushaltsgeräte durch den Kostenaspekt deutlich.

Von den Verfechtern der technischen Erweiterung im Haushalt nicht beantwortet worden ist in diesem Zusammenhang die Frage nach der Bereitschaft zur Anschaffung der Geräte und der Bewältigung des Folgeaufwands für den **Maschinenpark** in Form von Instandhaltung, Wartung und Reparatur und Lagerkapazität.

235 *Praxistipp*

Kann für den Geschädigten substantiiert vorgetragen werden, dass eine Kompensation durch den Einsatz weiterer technischer Hilfsmittel nicht möglich ist, geht dies zulasten des Anspruchsgegners, der nach allgemeinen Grundsätzen für die Nichteinhaltung der Schadensminderungspflicht beweisbelastet ist (vgl. zfs

2023, 440, 442; *Doukoff,* in: Freymann/Wellner, jurisPK-Straßenverkehrsrecht, 2. Aufl., § 843 BGB (Stand: 11.4.2022), Rn 196 m.w.N.; *Freymann*, zfs 2020, 544, 551). Es gilt mithin erneut, das Vor- und insbesondere das Nachher des Haushalts des Geschädigten konkret darzulegen und sich im Zusammenhang mit der Schadensminderungsobliegenheit keinesfalls pauschal auf die Notwendigkeit, technisch fortschrittliche Haushaltsgeräte zu nutzen, verweisen zu lassen.

cc) Kompensationsgrenze bei geringen Beeinträchtigungen

Geringe Beeinträchtigungen in der Haushaltsführung werden oftmals als **kompensationsfähig** betrachtet. Dem liegt die Überlegung zugrunde, dass sich haushaltsspezifische Einschränkungen unterhalb eines gewissen Prozentsatzes im Haushalt unter Umständen kaum noch oder gar nicht mehr auswirken. Das kann sich zum einen bei Dauerschäden, zum anderen auch bei zeitlich kurz befristeten Unfallfolgen in dieser Form darstellen. Die Frage, bis zu welchem Prozent Haushaltseinschränkung eine Kompensationsfähigkeit des Schadens besteht, wird in der Judikatur uneinheitlich beantwortet. 236

Während in älterer Rechtsprechung vereinzelt eine MdE von bis zu 20 % von den Gerichten für kompensierbar gehalten wurde (so OLG Nürnberg, zfs 1983, 165; LG Augsburg, zfs 1984, 266; KG, zfs 2005, 183), mutet eine Vielzahl von Gerichtsentscheidungen, wonach regelmäßig nur eine MdE von unter 10 % kompensationsfähig ist, als ständige Rechtsprechung an (vgl. exemplarisch OLG Hamm, Urt. v. 11.9.2020 – 9 U 96/20, juris Rn 11; OLG München, Urt. v. 25.10.2019 – 10 U 3171/18 sowie Urt. v. 11.2.2010 – 10 U 5296/09; OLG Celle v. 14.12.2006 – 14 U 73/06), durch die zum Teil expressis verbis klargestellt wird, dass Beeinträchtigungen oberhalb von 10 % MdE im Haushalt nicht sachgerecht kompensiert werden können (so jüngst das OLG Saarbrücken, Urt. v. 20.4.2023 – 3 U 7 /23, Urt. v. 26.2.2015 – 4 U 26/14, Rn 85, juris; OLG Rostock, Urt. v. 14.6.2002, zfs 2003, 233, 234).

Dieser letztgenannten Einschätzung schließen sich die Verfasser an. Beeinträchtigungen, die eine MdE von 20 % rechtfertigen, liegen in aller Regel handfeste, dauerhafte medizinische Beeinträchtigungen zugrunde. Ob und inwieweit diese bei der Haushaltsführung kompensationsfähig sind, kann nur durch Einzelfallprüfung festgestellt werden.

Hinzukommt, dass der geringere Beeinträchtigungsgrad bei Beeinträchtigungen von weniger als 10 % MdE zwar dafür spricht, eher von einer Kompensationsmöglichkeit in der Haushaltsführung auszugehen als bei einer MdE oberhalb von 10 % – auch bei jedweder MdE von weniger als 10 % bedarf es nach Ansicht der Verfasser jedoch der individuellen Prüfung. Das ergibt sich bereits aus der Tatsache, dass die MdE eben gerade nicht identisch ist mit der MdH, sondern die MdH immer im Einzelfall zu bestimmen ist. So kann sich eine relativ geringe MdE von 10 % in ihren haushaltsspezifischen Beeinträchtigungen deutlich höher darstellen. Deshalb sollte eine pauschale Kompensationsgrenze, die an einen Prozentsatz der MdE angebunden ist, nicht statuiert werden. Vielmehr wird von den Verfassern die Auffassung vertreten, dass nichts dagegen vorzubringen ist, einen Schadensersatzanspruch selbst bei einer MdH von 10 % und weniger zu regulieren. Ein kleiner Haushaltsführungsschaden ist eben auch ein Haushaltsführungsschaden, sofern er nicht im Mehrpersonenhaushalt durch Tausch kompensiert werden kann (vgl. so auch *Ernst/Lang*, VersR 2019, 1122, 1129 f.; *Gräfenstein/Strunk*, NZV 2020, 176, 179). § 843 Abs. 1 BGB lässt daran auch keinen Zweifel aufkommen.

237 Physische und psychische Beeinträchtigungen, die lediglich **zeitlich befristet** sind, erfordern ggf. den Aufschub einzelner Haushaltsführungstätigkeiten. Wer z.B. den Arm gebrochen hat, muss während des Genesungsverlaufs nicht zwingend die Fenster putzen und die Gardinen waschen. Diese Tätigkeit ist bis zur Ausheilung der Verletzung in einigen Wochen durchaus **aufschiebbar**. Das allerdings sagt nichts über den Haushaltsführungsschaden im Übrigen aus. Beeinträchtigungen in den übrigen Bereichen der Haushaltsführung lösen deshalb im Einzelfall einen Schadensersatzanspruch aus.

dd) Überobligatorischer Einsatz trotz erheblicher Verletzungen

238 Jemand verrichtet **überobligatorisch** Haushaltsführungstätigkeiten, wenn er zu diesen aufgrund des bestehenden Verletzungsbildes nicht verpflichtet ist. Der überobligatorische Einsatz in der Haushaltsführung könnte die Vermutung nahelegen, dass ein Haushaltsführungsschaden in diesem Bereich dann doch nicht besteht. Dieser überobligatorische Einsatz entlastet jedoch den Schädiger nicht. Es ist in diesen Fällen eine Gratwanderung, festzustellen, ob der Geschädigte nicht doch etwas leistet, wozu er trotz seiner Verletzungen im Stande ist (weshalb kein Schadensersatzanspruch besteht), oder ob er Haushaltsführung z.B. unter Schmerzen verrichtet, weil er selbst lieber unter Schmerzen arbeitet, als jemand anderen zu bitten, ihm behilflich zu sein. Letztlich hilft der überobligatorische Einsatz niemandem, weil am Ende durch diese Mehrbelastung das ohnehin schon vorhandene Schadensbild sich eher noch vergrößern kann. Das allerdings wäre kontraproduktiv. Deshalb darf ein überobligatorischer Einsatz nur zeitlich befristet sein, wobei dieser dann vom Schädiger zu regulieren ist.

239 **Nicht überobligatorisch** ist es, wenn der Verletzte seine Hausarbeit trotz Verletzung vollständig – wenngleich langsamer – ausführen kann. Derartige (Frei-)Zeitverluste sind nicht entschädigungspflichtig (BGH NJW 1996, 921).

Das verdient ein genaueres Hinsehen. Nicht selten wird argumentiert, dass der Geschädigte im Fall der vollständigen Regulierung seines Erwerbsschadens nun mindestens die Zeit seiner vorherigen Erwerbstätigkeit dazu gewinnt, die er in der Haushaltsführung verwenden kann, weshalb ein Haushaltsführungsschaden nicht mehr gegeben sei. Diese Aussage kann schon deshalb nicht richtig sein, weil sich Haushaltsführung nicht bereits dadurch alleine erledigt, dass man mehr Zeit darauf verwendet als vorher. In der Regel ist sogar davon auszugehen, dass der nicht mehr schadensbedingt erwerbstätige Anspruchssteller so stark verletzt ist, dass ihm auch acht Stunden mehr Zeit für die Verrichtung der Haushaltsführung nicht helfen. Die Verletzungen, wegen derer er einer Erwerbstätigkeit nicht mehr nachgehen kann, sind genau auch diejenigen, die ihn an der uneingeschränkten Haushaltsführung hindern. Gerade Schwerverletzte beklagen immer wieder, dass bereits kleine Haushaltsverrichtungen, die vor dem Schadensereignis „nebenbei" miterledigt worden sind, nach dem Schadensereignis als kräftezehrend empfunden werden, wenn sie nicht sogar gänzlich unmöglich leistbar geworden sind.

Es ist also nicht alleine der **Faktor Zeit**, der den Haushaltsführungsschaden ausmacht, sondern die Verletzung bzw. deren Folge. Wenn überhaupt ein Mehr an Zeit dazu beitragen kann, die Haushaltsführung zu erleichtern, so wird dieses regelmäßig nicht für alle neun Tätigkeitsbereiche in der Haushaltsführung gelten (vgl. dazu IFH-Tabelle/*Schah Sedi*, § 8 Rn 2, Tabelle 5). Es kommt immer auf die Einzelfallprüfung an. Der BGH lehnt es ab, vom regulierten Erwerbsschaden darauf zu schließen, die frei gewordene Zeit minimiere den Haushaltsführungsschaden (BGH v. 18.2.1992 – VI ZR 367/90, juris).

c) Kongruente Leistungen Dritter

Kongruente Leistungen Dritter haben unter Umständen **Einfluss auf die Höhe des Haushaltsführungsschadens**. Das ergibt sich daraus, dass der Haushaltsführungsschaden – wie unter Rdn 167 dargestellt – hinsichtlich des Eigenanteils den vermehrten Bedürfnissen zuzuordnen ist und hinsichtlich des Fremdleistungsanteils (für den Partner und die Familie) als Erwerbsschaden qualifiziert wird. Je nachdem, ob eine kongruente Leistung anlässlich des Schadensfalls gewährt wird, die auf die vermehrten Bedürfnisse oder aber auf den Erwerbsschaden anrechenbar ist, kann sich der Anspruch auf Ersatz des Haushaltsführungsschadens reduzieren. Allerdings sind **Drittleistungen**, die unabhängig vom schädigenden Ereignis bereits vorher gezahlt worden sind, keinesfalls kongruent zum Haushaltsführungsschaden. Auch ist zu berücksichtigen, dass Drittleistungen teilweise nur bis zum Eintritt in das gesetzliche Rentenalter geleistet werden (z.B. Erwerbsminderungsrente). 240

Praxistipp 241

Wenn der Versicherer also unter Hinweis auf die Rechtsprechung des BGH (BGH NJW 1985, 735) auf Anrechnung der Erwerbsminderungsrente im Rahmen des Haushaltsführungsschadens besteht – soweit er als Erwerbsschaden zu qualifizieren ist, weil die Haushaltsführung für andere Familienmitglieder erbracht wird – so gilt dieses nur bis zum Eintritt in das gesetzliche Rentenalter (65. Lebensjahr bis maximal 67. Lebensjahr) des Geschädigten. In dem Moment wandelt sich die Erwerbsminderungsrente in eine Altersrente um und kann folglich den Verdienstausfall nicht mehr kompensieren. Die logische Folge ist, dass der Anwalt mit Eintritt in das gesetzliche Rentenalter des Geschädigten den Haushaltsführungsschaden wieder in voller Höhe in der Regulierung geltend machen muss. In diesem speziellen Fall ist bei der Bezifferung des Haushaltsführungsschadens deshalb in Zeitabschnitten vorzugehen.

242 Die Kongruenz hat jedoch Grenzen. Auf den Drittleistungsträger gehen die Ansprüche des Geschädigten lediglich bis zur Höhe seiner Drittleistung über, wobei diese Drittleistung im zeitlichen und sachlichen inneren Zusammenhang mit dem Schaden stehen muss (**Grundsatz der zeitlichen und sachlichen Kongruenz**). Das bedeutet, es muss eine zeitliche und sachliche Deckungsgleichheit zwischen dem Ersatzanspruch des Verletzten auf der einen Seite und der Leistung des Drittleistungsverpflichteten auf der anderen Seite bestehen.

243 **Drittleistungsträger im Personenschaden**, deren Leistungen zugleich kongruent zu den vermehrten Bedürfnissen sowie zum Erwerbsschaden sein können, sind u.a. die folgenden:

- gesetzliche und landwirtschaftliche Krankenversicherung,
- gesetzliche und landwirtschaftliche Rentenversicherung,
- Sozialhilfe und
- gesetzliche, landwirtschaftliche sowie beamtenrechtliche Unfallversicherung.

Ausschließlich kongruent zu den vermehrten Bedürfnissen sind Leistungen der gesetzlichen und privaten Pflegeversicherung. Vollständig ohne Kongruenz bleiben Leistungen der privaten Unfallversicherung sowie der Berufsunfähigkeitszusatzversicherung (BUZ), da es sich dabei um eine **Summenversicherung** handelt.

244 Je nachdem, welche Drittleistungen der Geschädigte erhält und in welcher Haushaltskonfiguration er lebt, kann sich also eine Kongruenz zum Haushaltsführungsschaden ergeben. Keinesfalls sind Drittleistungen, die Entgeltersatzcharakter haben, wie die Leistungen der Deutschen Rentenversicherung, der Landwirtschaftlichen Rentenversicherung, der Sozialhilfe sowie der gesetzlichen, landwirtschaftlichen und beamtenrechtlichen Unfallversicherung, **kongruent** zum Haushaltsführungsschaden im **Einpersonenhaushalt**. Dogmatisch ist dieser ausschließlich den vermehrten Bedürfnissen zuzuordnen, so dass eine Anrechnung ausscheidet.

Bei Leistungen aus der Pflegeversicherung ist allerdings zu beachten, dass hier Kongruenz im Rahmen der vermehrten Bedürfnisse natürlich vorrangig mit dem Schadensersatzanspruch auf zivilrechtliche Regulierung des Pflegeanspruchs besteht. Da in der Regel die Leistungen der Pflegeversicherung hinter dem tatsächlichen Bedarf des Geschädigten zurückbleiben, ist also faktisch eine Kongruenz zum Haushaltsführungsschaden kaum möglich.

245 Ein Anwendungsfall der Kongruenz zum Haushaltsführungsschaden ist folgende – relativ häufig vorkommende – **Sachverhaltskonstellation**: Der Geschädigte erhält anlässlich eines Schadensfalls eine Erwerbsminderungsrente der gesetzlichen Rentenversicherung und darüber hinaus eine Verletztenrente der gesetzlichen Unfallversicherung. Beide Drittleistungen haben Entgeltersatzcharakter und beziehen sich damit in ihrer Kongruenz auf den Erwerbsschaden. Wenn nun der Geschädigte

zum Zeitpunkt des Schadensereignisses lediglich in einer Teilzeitbeschäftigung war, kann es vorkommen, dass die Summe der Leistungen aus der gesetzlichen Rentenversicherung (Erwerbsminderungsrente) und die Verletztenrente der gesetzlichen Unfallversicherung in ihrer Summe das zum Schadenszeitpunkt tatsächlich vorhandene Nettoeinkommen aus Erwerbstätigkeit übersteigen. Hinsichtlich dieses übersteigenden Anteils besteht dann zeitliche und sachliche Kongruenz zur Haushaltsführungstätigkeit, die der Geschädigte für seine Familie erbringt, da diese dogmatisch dem Erwerbsschaden zugeordnet ist.

Für die weitere Regulierung ist also genau zu prüfen, in welcher Höhe die unfallbedingten Rentenleistungen den eigentlichen Erwerbsschaden des Geschädigten übersteigen und hinsichtlich dieses übersteigenden Anteils kongruent zum Haushaltsführungsschaden sind. Unterstellt man einmal, der Geschädigte lebt in einem Vierpersonenhaushalt mit seiner Ehepartnerin, dann verteilt der BGH aus pragmatischen Erwägungen die Arbeitsanteile in der Haushaltsführung nach Kopfteilen (BGH v. 4.12.1984 – VI ZR 117/83, juris Rn 18). Das bedeutet, der Eigenanteil in der Haushaltsführung beträgt ¼, während der Anteil an der Haushaltsführung für die Familienmitglieder in diesem Fall ¾ ausmacht. ¼ der Haushaltsführung ist also den vermehrten Bedürfnissen, nämlich der eigenen Bedarfsdeckung zugeordnet, hingegen sind ¾ dogmatisch dem Erwerbsschaden zugeordnet. Für die weitere Berechnung bedeutet dies, dass auf ¾ dieses Euro-Betrags, der für den Haushaltsführungsschaden ermittelt worden ist, der überschießende Anteil aus Erwerbsminderungsrente und Verletztenrente anrechenbar ist. Es ist nur der Restanteil kongruent zum Haushaltsführungsschaden, der nach Saldierung mit dem Nettoerwerbsschaden aus abhängiger Beschäftigung verbleibt. Mit dieser sogenannten **Kopfteilrechtsprechung** hat der BGH eine pragmatische Lösung gefunden, die jedoch im Einzelfall nicht immer den tatsächlichen Anteilen in der Haushaltsführung entspricht. Man kann davon ausgehen, dass je größer der Haushalt ist (z.B. bei kinderreichen Familien), der Eigenversorgungsanteil niedriger ist, als dieses bei der Kopfteilrechtsprechung der Fall ist. Andersherum ist der Eigenversorgungsanteil im Zweipersonenhaushalt mitunter größer als der Fremdversorgungsanteil, was bei der Kopfteilrechtsprechung in beiden Fällen ausgeblendet wird.

d) Nichteheliche Lebensgemeinschaft

Die Diskussion um den Haushaltsführungsschaden in nichtehelichen Lebens- **246**
gemeinschaften wurzelt in dessen dogmatischer Einordnung als vermehrtes Bedürfnis, soweit die Eigenversorgung des Verletzten betroffen ist, sowie als vereitelte Erwerbsfähigkeit, soweit die Fremdversorgung beeinträchtigt ist. Der BGH hat 1973 (BGH NJW 1974, 41) in Bezug auf den Fremdversorgungsanteil entschieden, dass es bei der Hausarbeit auf die für andere in Erfüllung einer **gesetzlich geschuldeten Unterhaltsverpflichtung** geleistete Tätigkeit ankommt, die eine mit der Erwerbstätigkeit vergleichbare Arbeitsleistung darstellt. Streitig bei der Thematik des Haushaltsführungsschadens in nichtehelichen Lebensgemeinschaften ist also nie der

Teilanspruch auf Ersatz des Haushaltsführungsschadens, sofern er die Eigenversorgung angeht. Dieser Teil des Haushaltsführungsschadens in der nichtehelichen Lebensgemeinschaft ist auf jeden Fall immer zu regulieren, egal welcher Rechtsauffassung man sich anschließt.

Die Debatte um den Haushaltsführungsschaden in nichtehelichen Lebensgemeinschaften, soweit er die Fremdversorgung betrifft, ist jedenfalls im Hinblick auf die außergerichtliche Regulierung eher eine theoretische. Man behilft sich hier pragmatisch, indem eine Gleichsetzung von nichtehelicher Lebensgemeinschaft mit der Ehe jedenfalls dann erfolgt, wenn aus ihr ein oder mehrere Kinder hervorgegangen sind und sie im Sinne einer Wirtschaftsgemeinschaft geführt wird.

247 Im Übrigen wird vor dem Hintergrund, dass in der nichtehelichen Lebensgemeinschaft keine gesetzlich geschuldete Unterhaltsverpflichtung besteht, teilweise argumentiert, der Schadensersatzanspruch wegen vereitelter Haushaltsführung für den nichtehelichen Lebenspartner sei nicht erstattungsfähig. Im Ergebnis erhält der Geschädigte sodann nur den Eigenversorgungsanteil seines Haushaltsführungsschadens ausgeglichen, wobei die Berechnung seines Schadens nicht konsequenterweise anhand eines Einpersonenhaushalts erfolgt, sondern anhand des Mehrpersonenhaushalts, den der Geschädigte mit seinem im Übrigen nicht als berücksichtigungsfähig erachteten nichtehelichen Partner teilt (*Huber*, NZV 2024, 7, 18 f. Rn 71 f.).

Dem entgegenstehend hat das OLG Rostock (zfs 2003, 233 ff.) zugunsten von nichtehelichen Lebensgemeinschaften argumentiert, dass der Schadensersatzanspruch nicht deshalb entfällt, weil es an einer **gesetzlichen Unterhaltsverpflichtung fehlt**. Im Gegenteil: Dieser Anspruch bestehe gerade deshalb, weil der nichteheliche Partner – ohne dazu rechtlich verpflichtet zu sein – Haushaltstätigkeit als freiwillige Leistung erbringt, die jedenfalls den Schädiger nicht entlasten darf und damit einen Schadensersatzanspruch des Geschädigten begründet. Diese Argumentation entspricht derjenigen **zu freigiebigen Leistungen** Dritter, die den Schädiger nicht entlasten dürfen und führt zudem die Absurdität der Ergebnisse vor Augen, die durch einen konsequenten Verweis auf eine fehlende gesetzliche Unterhaltsverpflichtung erzielt werden: der Schädiger, der eine Person verletzt, die bereits seit vielen Jahren mit ihrem Partner in einer gemeinsamen Wohnung lebt, sich aber gegen eine Heirat und gegen eine eingetragene Partnerschaft entschieden hat, würde im Unterschied zu einem Schädiger, der eine Person gleichen Alters und gleichen Haushaltszuschnitts verletzt, jedoch seit einem Tag verheiratet ist, privilegieren, ohne dass hierfür eine logische Rechtfertigung bestände.

248 Der bloße Verweis auf die fehlende gesetzliche Unterhaltsverpflichtung in einer nichtehelichen Lebensgemeinschaft greift als Argument gegen eine vollumfängliche Regulierung des Haushaltsführungsschadens auch angesichts gesellschaftlicher Entwicklungen zunehmend zu kurz. Das früher wohl klassische Bild des Paares, das nach einer jungen Heirat den gemeinsamen Haushalt gründet, muss angesichts einer Vielzahl neuer Lebensmodelle, etwa in Form von **Patchworkfamilien**, **Wohn-**

und Lebensgemeinschaften, in denen eine Heirat aus unterschiedlichen Gründen abgelehnt wird, als überholt bezeichnet werden.

Dass derartige gesellschaftliche Veränderungen nicht ohne rechtliche Würdigung bleiben können, hat der Gesetzgeber verdeutlicht, indem er beispielsweise in der Neufassung des VVG ausdrücklich Bezug auf die häusliche Gemeinschaft genommen und das **Angehörigenprivileg** auf den nichtehelichen Lebenspartner ausgeweitet hat (§ 86 Abs. 3 VVG n.F.).; selbst nach altem Recht (§ 67 Abs. 2 VVG a.F.) hatte der BGH (BGH NJW 2009, 2062) das Angehörigenprivileg auch auf den nichtehelichen Lebenspartner ausgedehnt, wenn zwischen den Partnern eine **Wirtschaftsgemeinschaft** bestand. Auch der VI. Senat (Haftpflichtsenat) hat entschieden, dass das Angehörigenprivileg des § 116 Abs. 6 SGB X auf die **nichteheliche Lebensgemeinschaft** analog anzuwenden ist (BGH v. 5.2.2016 – VI ZR 274/12, juris). Der Umstand, dass eine Novellierung der §§ 842, 843 BGB bislang ausgeblieben ist, steht der gesetzgeberischen Neuwertung vor dem Hintergrund, dass die Normen schon jetzt einen Ersatzanspruch für Geschädigte in nichtehelichen Lebensgemeinschaften ermöglicht, auch nicht entgegen (*Huber*, NZV 2024, 7, 18 Rn 67).

In der Rechtsprechung wird der Anspruch auf Ersatz des vollumfänglichen Haushaltsführungsschadens, dem eine nichteheliche Lebensgemeinschaft zugrunde liegt, nach wie vor zurückgewiesen (vgl. jüngst OLG Jena, Urt. v. 13.4.2022 – 2 U 1250/20; OLG Hamm, Urt. v. 26.4.2019 – 9 U 102/18). In den Blick genommen werden muss jedoch, dass die Gerichte zur Begründung zwar auf die fehlende gesetzliche Unterhaltsverpflichtung verweisen, jedoch auch darauf, dass zu einer ebenfalls anspruchsbegründenden etwaigen vertraglichen Unterhaltsverpflichtung unzureichend vorgetragen worden ist (so auch *Huber*, NZV 2024, 7, 18 Rn 68; vgl. hierzu auch § 5 Rdn 97 f.) 249

Praxistipp 250

Mögliches Einfallstor für die erfolgreiche Geltendmachung des vollen Haushaltsführungsschadens eines in nichtehelicher Gemeinschaft Lebenden ist nach jüngerer Judikatur mithin auch der **ausreichende Vortrag** einer **Vereinbarung zwischen den Haushaltsangehörigen**, aus denen die eigens auferlegte Verpflichtung, zugunsten des anderen Partners zur Mitwirkung im Haushalt verpflichtet zu sein, hervorgeht. Sofern darauf verwiesen wird, es komme ausschließlich auf gesetzliche Unterhaltspflichten an, ist dem entgegenzuhalten, dass ein Erwerbsschaden keine solche voraussetzt (vgl. BeckOK StVR/*Froitzheim*, § 842 BGB Rn 13).

Häufig wird auf Seiten des Anspruchsgegners verlangt, dass der Geschädigte einen schriftlichen Beleg einer solchen vertraglichen Verpflichtungsvereinbarung vorlegt. Betont werden muss, dass eine rechtliche Grundlage im Sinne eines Formerfordernisses, auf das sich das praxisferne Verlangen stützt, gerade nicht existiert. *Huber* merkt in diesem Zusammenhang zurecht an, dass eine widerlegliche Vermutung, wonach im Grundsatz davon ausgegangen wird, dass zwischen

Haushaltsangehörigen eine Vereinbarung, gerichtet auf die Verpflichtung zur anteiligen Haushaltsführung, getroffen wurde, sachgerechter wäre (*Huber*, NZV 2024, 7, 18 Rn 69).

251 Zusammenfassend sollte der Haushaltsführungsschaden in einer nichtehelichen Lebensgemeinschaft angesichts der aktuellen gesellschaftlichen Verhältnisse nicht in Frage gestellt werden. Nur der Vollständigkeit halber sei darauf hingewiesen, dass **gleichgeschlechtliche Partnerschaften**, die nach dem LPartG eingetragen sind, im Hinblick auf die Regulierung des Haushaltsführungsschadens und seine Bemessung der Ehe vollständig gleichstehen sowie darauf, dass ein vergleichbarer Blickwinkel auch bei Haushaltsführungsschäden in **Wohngemeinschaften** einzunehmen ist.

e) Kinder und Haushaltsführungsschaden

aa) Kindliche Mithilfepflicht

252 Auch das verletzte Kind kann einen Anspruch aus § 843 Abs. 1 BGB auf Ersatz seines Haushaltsführungsschadens innerhalb der familiären Gemeinschaft haben. Der BGH geht von einer familienrechtlich geschuldeten **Mithilfepflicht ab dem 14. Lebensjahr** (BGH VersR 1990, 907) von etwa ein bis zwei Stunden pro Tag aus. Die individuelle tatsächlich geleistete Mithilfe kann davon abweichen.

bb) Erwachsene Kinder im elterlichen Haushalt

253 Nichts anderes gilt für das **volljährige Kind** im elterlichen Haushalt. Nicht selten leben volljährige Kinder noch im Haushalt ihrer Eltern, z.B. wenn sie sich in der Berufsausbildung befinden, um so Kost und Logis zu sparen. Im Gegenzug erbringt das volljährige Kind vollwertige Beiträge zur gemeinsamen Haushaltsführung. So verteilt sich die anfallende Arbeit innerhalb einer drei- oder mehrköpfigen Familie auf alle erwachsenen Familienmitglieder. Wird ein erwachsenes Kind in einer solchen Konstellation verletzt, besteht selbstverständlich ein Anspruch auf Ersatz des Haushaltsführungsschadens. Das volljährige Kind wird in diesem Zusammenhang wie ein vollwertiges Mitglied des bestehenden Mehrpersonenhaushalts behandelt (vgl. exemplarisch Entscheidungen des BGH, wonach ein volljähriges Kind und seine Mutter einen Zweipersonenhaushalt aus Erwachsenen (BGH NJW 1989, 2539) sowie ein volljähriges Kind und seine Eltern einen Dreipersonenhaushalt bestehend aus Erwachsenen (BGH NJW 1974, 2280) bilden).

Lebt ein **alleinstehender Elternteil mit einem erwachsenen Kind** im gemeinsamen Haushalt und kann das erwachsene Kind schadensbedingt die bisher erbrachten Beiträge in der Haushaltsführung nicht mehr leisten, so entsteht ebenso ein Anspruch auf Ersatz des Haushaltsführungsschadens. Der BGH hat bereits bei einer Haushalts- und Wirtschaftsgemeinschaft eines Volljährigen mit seiner Mutter in der Form entschieden, dass auf einen Zweipersonenhaushalt abgestellt wird und nicht auf einen Einpersonenhaushalt mit Kind (BGH v. 6.6.1989, NJW 1989, 2539).

cc) Dienstleistungsschaden, §§ 845, 1615 BGB

Eine besondere Konstellation hinsichtlich des Haushaltsführungsschadens im Haushalt lebender Kinder ergibt sich, wenn das minderjährige bzw. volljährige Kind auf dem Hof seiner in der **Landwirtschaft** tätigen Familie aufwächst. Zumeist wird die Arbeit, die auf dem Hof bzw. im Rahmen des landwirtschaftlichen Betriebs anfällt, auf alle auf dem Hof lebenden Generationen verteilt, sodass auch bereits die Kinder im Laufe ihres Erwachsenwerdens progressiv an anfallender Hofarbeit beteiligt werden, deren Umfang weit über dem liegen kann, was ein Kind im Regelfall bis zu seiner Volljährigkeit bzw. dann als volljähriges Familienmitglied im bäuerlichen Haushalt leistet. 254

Bleibt das Kind auch in den ersten Jahren seines Erwachsenenlebens, beispielsweise während seiner Ausbildung, auf dem zumeist dafür ausreichend Wohnfläche bietenden Mehrgenerationen-Hof leben, ist das volljährige Kind als Ausgleich für den bereitgestellten Wohnraum sowie die familiäre Verpflegung (vgl. § 1619 BGB) in aller Regel in nicht unerheblichem Umfang weiterhin unentgeltlich in die Hof- und Landwirtschaftsarbeit des Familienbetriebs eingegliedert. Wird das volljährige Kind verletzt, liegt dem Haushaltsführungsschaden auch in diesem Fall infolge der Mitarbeitspflicht ein erhöhtes Stundenvolumen zugrunde (vgl. Saarländisches OLG v. 23.10.1987 – 3 U 176/85). Ohne das Schadensereignis hätte die **Dienstleistungspflicht** angesichts der Volljährigkeit solange bestanden, wie das erwachsene Kind in den elterlichen Haushalt integriert geblieben und von diesen im Rechtssinne unterhalten worden wäre.

Der **Dienstleistungsschaden** ist ein Anspruch der Eltern gegen den Schädiger des Kindes. Bei allen freiwilligen, über das Maß des § 1619 BGB hinausgehenden Leistungen besteht darüber hinaus zugleich der Anspruch auf Ersatz des Haushaltsführungsschadens für das Kind (ebenso: *Pardey*, Berechnung von Personenschäden, S. 504).

f) Haustiere und Haushaltsführungsschaden

Die viel diskutierte Frage, ob bzw. in welchem Umfang der zeitliche Aufwand, der mit dem Halten von Haustieren einhergeht, im Rahmen des Haushaltsführungsschadens zu ersetzen ist, wird von den Gerichten unterschiedlich beantwortet. Zwar besteht weitgehend Einigkeit darüber, dass der Zeitaufwand, der auf wirtschaftlich genutzte Tiere verwendet wird, als Teil des Erwerbsschadens Berücksichtigung finden muss (vgl. *Hensen*, NJW-Spezial 2022, 649; *Huber*, NZV 2024, 7, 16, Rn 51; *Jahnke*, Der Verdienstausfallschaden im Schadensersatzrecht, 4. Aufl. 2015, § 8 Rn 53; *Pardey*, Berechnung von Personenschäden, Rn 2476), im Übrigen verdeutlicht ein Blick in die aktuelle Judikatur jedoch, dass bereits die Anknüpfungspunkte, anhand derer für oder gegen eine Berücksichtigung von Haustieren bei der Haushaltsführungsschadensbemessung argumentiert wird, divergieren. 255

Während es beispielsweise für das OLG Düsseldorf (Urt. v. 2.1.2019 – 1 U 158/16 sowie v. 12.2.2019 – 1 U 16/18) für die Ersatzfähigkeit der für einen **Hund** aufgewandten Zeit als Haushaltsführungsschaden entscheidend darauf ankommt, ob dieser als Familien- oder als Wachhund gehalten wird und das OLG Koblenz (Urt. v. 1.3.2021 – 12 U 1297/20) die Berücksichtigung von Haustieren bei der Bemessung des Haushaltsführungsschadens für grundsätzlich möglich hält, ab einer bloßen „Liebhaberei" jedoch eine Grenze gezogen wissen will, verlangt das OLG Celle (Urt. v. 16.12.2020 – 14 U 108/20) einen Abschlag für die allgemeine Lebensfreude, die mit der Haltung von Haustieren einhergeht und das OLG Jena (Urt. v. 13.4.2022 – 2 U 250/20) lehnt gleich jegliche Tierhaltung als Haushaltsführungsschadensposition vor dem Hintergrund der Einordnung als „Hobby" ab.

Weshalb Haushaltsarbeit, die auf die Versorgung von Haustieren entfällt, dann nicht länger ersatzfähig sein soll, wenn die Haustierhaltung als Liebhaberei oder Hobby anzusehen ist, wobei im Übrigen die Differenzierungskriterien unklar bleiben, entzieht sich insbesondere vor dem Hintergrund, dass ein solcher Blickwinkel bei keiner anderen Haushaltstätigkeit eingenommen wird, jeglicher Grundlage (krit. auch *Huber*, NZV 2024, 7, 17, Rn 54 ff.). Wer beispielsweise hobbymäßig kocht, backt oder lieber gärtnert als der Durchschnitt und dabei eine allgemeine Lebensfreude empfindet, muss nicht befürchten, dass ihm seine persönliche Leidenschaft für diese Aktivitäten zum Nachteil bei der Bemessung seines Haushaltsführungsschadens gereichen – und das ist angesichts des Umstandes, dass der objektive Vergleich der Haushaltslage vor und nach einem Schadensereignis dogmatisch grundsätzlich keinen Raum für Immaterielles bietet, auch denkrichtig.

Sollte außergerichtlich die Haustierbetreuung vom Schädiger nicht im Haushaltsführungsschaden berücksichtigungsfähig sein, muss der Aspekt des „**Hobbytieres**" spürbar bei der Regulierung des Schmerzensgeldes zu Buche schlagen.

256 *Praxistipp*

Die unterschiedlichen Ansatzpunkte der Rechtsprechung bieten Raum für Rechtsunsicherheit und damit Angriffsfläche für Versicherer, die schnell eine ständige Rechtsprechung gegen die Berücksichtigung von Haustieren im Rahmen der Bemessung des Haushaltsführungsschadens erkennen wollen. Dies verkennt, dass die Vielfalt der obergerichtlichen Entscheidungen Raum für einzelfallabhängige Argumentation bietet.

Wird eine Berücksichtigung der Haustiere bei der Schmerzensgeldbemessung abgelehnt, ist unbedingt darauf zu achten, dass jedenfalls eine Einbeziehung im Rahmen des Haushaltsführungsschadens erfolgt und umgekehrt. Dass der Umstand, dass der Verletzte schadensbedingt nicht in der Lage ist, sein Tier in einem mit vor dem Schadensereignis vergleichbaren Umfang zu versorgen, nicht gänzlich unbedacht bleiben kann, ist offensichtlich.

g) Keine Begrenzung auf das 75. Lebensjahr

Der Anspruch auf Ersatz des Haushaltsführungsschadens ist eine wiederkehrende Leistung, die vom Gesetz nicht zeitlich befristet ist. Sie ist lediglich an die Voraussetzungen gebunden, dass jemand infolge der Verletzung von Körper oder Gesundheit in der Erwerbsfähigkeit eingeschränkt ist oder sich vermehrte Bedürfnisse einstellen (§ 843 Abs. 1 BGB). 257

Gleichwohl fand sich in der früheren Regulierungspraxis vereinzelt die magische Grenze des **75. Lebensjahres**. Es widerspricht der Realität, anzunehmen, die häusliche Arbeitskraft lasse mit Erreichen des 75. Lebensjahres so weit nach, dass selbst bei schadenskausalem Einschränkungsbild deshalb sowieso kein Haushaltsführungsschaden mehr nachweisbar ist. Das wäre gleichbedeutend mit der Annahme, dass mit Erreichen des 75. Lebensjahres reflexartig die Haushaltsführung eingestellt wird und diese nur noch über Fremdleistungen erbracht wird. Die Realität sieht anders aus. Es ist im Einzelfall möglich, dass die Arbeitskraft im Haushalt mit zunehmendem Alter nachlässt. Hierfür existieren individuelle Kompensationskonzepte, wie etwa „Essen auf Rädern", die Zugehfrau oder der entgeltliche Lieferservice des nächstgelegenen Supermarktes. Berücksichtigt man selbst diese „altersgerechten Konzepte" in der Haushaltsführung, so verbleibt immer noch ein Anteil an hauswirtschaftlicher Verrichtung übrig, der vom Haushaltsführenden selbst verrichtet wird. Gegenstand des Schadensersatzanspruches bei Verletzung des Haushaltsführenden ist eben genau auch dieser Anteil an selbstverrichteter Haushaltsführung unter Ausblendung der zugekauften Dienstleistungen. Damit besteht nicht das Bedürfnis, den Schadensersatzanspruch auf das 75. Lebensjahr zu begrenzen.

Dem im Ergebnis entsprechend hat sich im Laufe der Zeit eine ständige obergerichtliche Rechtsprechung entwickelt, wonach eine Begrenzung des Haushaltsführungsschadens auf das 75. Lebensjahr abzulehnen ist (vgl. z.B. OLG Frankfurt a.M. NJW-RR 2020; OLG Köln NJOZ 2016, 618; OLG Koblenz 18.4.2016 – 12 U 996/15, BeckRS 2016, 106229; OLG Düsseldorf 18.9.2006 – 1 W 53/06, BeckRS 2008, 1698):

Das OLG Celle hat bereits vor mehr als 30 Jahren ausgeurteilt, dass in Anbetracht der gestiegenen Lebenserwartung die Dauer der Schadensersatzrente nicht auf das 75. Lebensjahr begrenzt werden kann (OLG Celle zfs 1983, 291). Jüngst nimmt auch das OLG Frankfurt a.M. (Urt. v. 23.11.2023 – 26 U 61/22) diesen Gedanken auf, konstatiert, dass nach dem 75. Lebensjahr weiter die Notwendigkeit der Haushaltsführungstätigkeit besteht und führt ausdrücklich aus, dass selbst wenn der Geschädigte in Zukunft weniger leistungsfähig würde, so doch davon auszugehen sei, dass er dann trotzdem mindestens in gleichem Umfang in der Haushaltsführungstätigkeit eingeschränkt ist.

Das OLG Frankfurt a.M. geht in seinem jüngsten Urteil zudem auf die Möglichkeit ein, etwaige Änderungen, die entgegen der Vermutung der Fortführung des Haushaltes auftreten sollten, im Rahmen einer Abänderungsklage nach § 323 ZPO geltend zu machen, wobei die Beweislast beim Anspruchsgegner liegt und betont:

Würde der Ersatz des Haushaltsführungsschadens von Anfang an auf das 75. Lebensjahr begrenzt, verbliebe dem Anspruchssteller vor Gericht nur die Möglichkeit, den über die Altersgrenze hinausgehenden Haushaltsführungsschaden im Wege der Feststellungsklage geltend zu machen, womit eine Umkehr der Beweislast verbunden wäre, die den in § 843 BGB angelegten Grundsätzen entgegensteht (OLG Frankfurt a.M. NJW 2024, 1429, 1434, Rn 72).

Der Haushaltsführungsschaden läuft also **lebenslänglich**, sofern ein entsprechender Dauerschaden vorliegt.

II. Prüfungsschema

258 Mit dem nachfolgenden Prüfungsschema soll dem Geschädigtenvertreter ein „roter Faden“ an die Hand gegeben werden, mit dem einfache und mittlere Personenschäden zuverlässig hinsichtlich des Haushaltsführungsschadens berechnet werden können, ohne dass Wesentliches vergessen wird.

259 *Praxistipp*

Um den Anspruch vollständig zu erfassen, sollten die medizinischen Befundunterlagen noch einmal gründlich angeschaut werden. Das betrifft neben den Ausgangsverletzungen insbesondere auch den Dauerschaden. Nicht zu unterschätzen sind die physischen Einschränkungen, die sich daraus ergeben, dass **Osteosynthesematerial** („Metall“) auf Dauer im Körper verbleibt, weil eine Entfernung medizinisch nicht möglich ist. Man sollte die Einschränkungen selbst einmal „nachspüren“ und simulieren, um so die haushaltsspezifischen Einschränkungen besser mit Tabelle 5 und 6 der IFH-Tabelle/*Schah Sedi*, § 8 Rn 2, § 9 Rn 2, zu erfassen. Hilfreich ist auch das Studium der **Messblätter**, die sich oft in der Anlage zu medizinischen Gutachten befinden.

1. Zeitfenster bilden

260 Das erste Zeitfenster sollte alle stationären Aufenthalte (Akutklinik, Reha-Einrichtungen etc.) umfassen. Das zweite Zeitfenster ergibt sich aus den jeweils zwischen den stationären Aufenthalten liegenden Zeiträumen, und das dritte Zeitfenster setzt ein mit dem Dauerschaden, also dem medizinischen Status, der nicht weiter verbesserungsfähig ist (siehe dazu auch oben Rdn 219 ff.).

2. Angaben aus dem Haushalt des Geschädigten

261 Zur Substantiierung des Anspruchs müssen Angaben des Mandanten aus dem Fragebogen zu seinem Haushalt und zu seinen Einschränkungen aufgearbeitet und dargestellt werden. Dazu sollten die Angaben des/der Geschädigten im Fragebogen zur Erhebung der Haushaltsdaten gründlich studiert werden. Damit alle wesentli-

chen Informationen vorliegen, kann auf den Fragebogen in *Schah Sedi*, Praxishandbuch Haushaltsführungsschaden, § 11 zurückgegriffen werden, den man als Kopiervorlage verwenden kann.

3. Berechnungsmethoden: Vergleich zwischen „vorher" und „nachher" oder quotale Schadensermittlung?

Vergleicht man die Zeitverwendung im Haushalt vor dem Schadensereignis mit der Zeitverwendung im Haushalt nach dem Schadensereignis, so stellt die Differenz den ersatzfähigen Schaden dar. Das ist jedoch in all den Fällen schwierig bis unmöglich, in denen sich zwischen dem Unfallzeitpunkt und der Berechnung des Anspruchs Veränderungen im Zuschnitt des Haushalts ergeben haben. In dem Fall muss dann quotal die Einschränkung mit Hilfe der IFH-Tabelle/*Schah Sedi*, § 8 Rn 2, Tabelle 5 anhand der neun Bereiche der Haushaltstätigkeit errechnet werden. Alternativ lässt sich mit der IFH-Tabelle/*Schah Sedi*, § 9 Rn 2, Tabelle 6 bei sog. „**Katalog-Verletzungen**" der MdH-Wert aus der Tabelle ablesen. **262**

4. Berechnung des Anspruchs innerhalb der einzelnen Zeitfenster

Nun wird vom ersten bis zum dritten Zeitfenster jeweils der Anspruch einzeln ermittelt. Der wöchentliche Zeitaufwand im unverletzten Zustand bildet die Ausgangslage. Dieser wird mit dem Grad der MdH multipliziert (gebildet anhand der IFH-Tabelle/*Schah Sedi*, § 8 Rn 2, § 9 Rn 2, Tabelle 5 oder 6). Dieser Wert wird mit dem Nettostundenverrechnungssatz (s.o. Rn 214 ff.) multipliziert. Dann steht der wöchentliche Schadensersatzanspruch fest. Im genannten Tabellenwerk wurden die Tabellen so angelegt, dass ohne Umrechnungsfaktor ein Schadensersatzanspruch pro Tag, pro Woche oder aber pro Monat gebildet werden kann. Bei der Berechnung des Schadensersatzanspruchs auf der Basis des Fragebogens (IFH-Tabelle/*Schah Sedi*, § 11), der auf Wochen-Angaben basiert, muss zur Erreichung des Monatswerts der gefundene Wochenbetrag mit dem Faktor 4,33 multipliziert werden. **263**

Praxistipp **264**

Oftmals scheut der Versicherer die Einholung eines spezialisierten Sachverständigengutachtens durch einen öffentlich bestellten und vereidigten Sachverständigen aus dem hauswirtschaftlichen Bereich und drängt den Rechtsanwalt dazu, die MdH durch einen Klinikarzt feststellen zu lassen. Häufig geht dies zu Lasten des Geschädigten. Das liegt bereits darin begründet, dass der Klinikarzt (in der Regel ein Chirurg oder Orthopäde) regelmäßig den Begriff der MdH überhaupt nicht kennt und ihn deshalb fahrlässigerweise mit der sozialversicherungsrechtlichen MdE verwechselt oder aber eine eigene „Auslegung" vornimmt. Fernerhin dürfen erhebliche Zweifel daran bestehen, dass jeder beliebige Arzt dazu in der Lage ist, Einschränkungen in der Haushaltsführung festzustellen. Welcher (Klinik-)Arzt ist schon mit der Haushaltsführung im Mehrpersonenhaushalt vollumfänglich und in allen Details vertraut, um sich im Metier der MdH fehlerfrei zu bewegen? Die Einschaltung eines x-beliebigen (Klinik-)Arztes zur Ermittlung der MdH ist also keinesfalls sachgerecht. Sie ist daher abzulehnen. Da es mittlerweile öffentlich bestellte und vereidigte **Sachverständige für die Ermittlung des Haushaltsführungsschadens** gibt, sind diese den Medizinern bereits wegen § 404 Abs. 3 ZPO vorzuziehen. Die aktuell öffentlich bestellten und vereidigten Sachverständigen finden sich auf der Website der IHK im dortigen bundesweiten **Sachverständigenverzeichnis**.

265 In der zuvor beschriebenen Weise verfährt man für sämtliche Zeitfenster und addiert die jeweils in den Zeitfenstern gefundenen Endbeträge. Auf diese Weise kann man den Anspruch auf Ersatz des Haushaltsführungsschadens mit wenig Aufwand sogar für einen mehrjährigen Zeitraum in der Vergangenheit beziffern. Im letzten Zeitfenster stellt der ermittelte Monatsbetrag die Größenordnung für die wiederkehrenden Leistungen dar, zu deren Leistung der Schädiger verpflichtet ist.

266 *Praxistipp*

Bei der Anwendung der IFH-Tabelle/*Schah Sedi*, § 4 Rn 1 ff., Tabelle 1, ist einerseits darauf zu achten, ob die Tabelle für den täglichen Schadensersatzanspruch, den Wochenanspruch oder den Monatsanspruch angewendet werden soll. Sodann ist auf das **Haushaltsnettoeinkommen** sämtlicher Haushaltsmitglieder abzustellen, um innerhalb der Tabelle 1 die richtige Untertabelle A, B oder C zu finden. Die Tabelle A bezieht sich auf Haushaltskonstellationen mit einem Nettoeinkommen von unter 2.000,00 EUR pro Monat und entspricht dem Haushaltstyp 1. Die Tabelle B bezieht sich auf ein Haushaltsnettoeinkommen zwischen 2.000,00 EUR und unter 3.200,00 EUR im Monat und entspricht damit dem Haushaltstyp 2. Die Tabelle C bezieht sich auf die Arbeitszeit in Haushalten mit einem Nettoeinkommen von mehr als 3.200,00 EUR pro Monat und entspricht damit dem Haushaltstyp 3. In allen drei Tabellen erfolgt dann nochmals die Untergliederung in die tägliche Arbeitszeit, die wöchentliche Arbeitszeit und die monatliche Arbeitszeit. Damit kann dann fehlerfrei ohne Umrechnung der Tagessatz, Wochensatz oder Monatsbetrag ermittelt werden.

267 *Praxistipp*

Wenn nach dem Tabellenwerk der Schadensersatzanspruch ermittelt werden soll, ist zu berücksichtigen, dass in Familienhaushalten mit Kindern die **Kinderzuschläge** den jeweiligen Beträgen in der Tabelle 1 (IFH-Tabelle/*Schah Sedi*, § 4 Rn 1 ff.) hinzugefügt werden. Die **Kinderzuschlagstabelle** ist die Tabelle 4 (IFH-Tabelle/*Schah Sedi*, § 7 Rn 6 ff.). Auch hier wiederum sind die Zeitzuschläge für Kinder als Tagessatz, Wochenbetrag oder Monatsbetrag ausgewiesen.

Praxistipp

Kinder, die unter **Nahrungsmittelunverträglichkeiten**, Waschmittelallergien, **ADS/ADHS** leiden – was immer häufiger der Fall ist – benötigen einen erhöhten Betreuungsaufwand. Vielfach ist es auch erforderlich, dass für diese Kinder besondere Nahrungsmittel gekauft werden müssen, die dann individuell zuzubereiten sind, so dass ggf. mehrere warme Gerichte parallel gekocht werden müssen. Bei **Hautallergien** muss die Wäsche dieser Kinder gesondert mit speziellen Waschmitteln gereinigt werden. Dies ist ein erhöhter Zeitaufwand in der Haushaltsführung. Kinder, die unter ADS/ADHS leiden, stehen oftmals unter starker Medikation und es gibt einen erheblichen therapeutischen Betreuungsaufwand, der im Haushalt organisiert werden muss (Fahrten zum Arzt, zu sonstigen Therapien). Hier sollte der Anwalt explizit nachfragen, ob in der Familie des geschädigten Haushaltsführenden derartige Besonderheiten festzustellen sind und diese im Rahmen der Berechnung nach IFH-Tabelle/*Schah Sedi*, § 7 Rn 6 ff., Tabelle 4 berücksichtigen.

Erst jetzt erfolgt ggf. eine **Kürzung um kongruente Leistungen** (siehe oben 268
Rdn 240 ff.) sowie wegen eines etwaigen **Mitverschuldens**.

Für die **Stundenverrechnungssätze**, mit denen normativ unentgeltliche Hilfeleis- 269
tung im Haushalt abgerechnet wird, wird auf die Ausführungen in Rdn 209 ff. verwiesen. Sinnvoll ist primär die Orientierung an örtlich zuständigen Land- und Oberlandesgerichten, bevor bundesweit geschaut wird.

Praxistipp 270

Wenn der Versicherer keinen angemessenen Nettostundenlohn in der Regulierung zugrunde legen möchte, dann sollte er mit einer **Einzelabrechnung** der auf dem freien Markt einzukaufenden Leistung in Bezug auf die verletzungsbedingt eingeschränkten Tätigkeitsbereiche des Geschädigten konfrontiert werden. So kann z.B. die Preisliste der örtlichen Wäscherei für die Bewältigung der Haushaltswäsche fiktiv herangezogen werden. Gleiches gilt für den örtlichen Gehwegreinigungsdienst sowie die Vergabe eines Auftrags zur Erledigung sämtlicher Familieneinkäufe. Wenn ortsübliche Preise nicht vorhanden sind, dann ist auf die Preisgestaltung der geografisch nächstgelegenen Dienstleister zurückzugreifen. Wegen weiterer Einzelheiten der in Betracht kommenden **Dienstleistungsangebote** sei an dieser Stelle auf den Aufsatz der Verfasser in zfs 2009, 541 ff. verwiesen. Sollte der Versicherer fernerhin argumentieren, dass derartige Leistungen nicht fiktiv abrechenbar seien, ist er auf die ständige Rechtsprechung zur normativen Abrechnung vermehrter Bedürfnisse und auch des Erwerbsschadens zu verweisen. Bereits das Reichsgericht (RGZ 148, 68, 70) hat entschieden, dass nicht nur die tatsächlichen Aufwendungen für die Befriedigung der durch eine Körperverletzung verursachten besonderen Bedürfnisse zu ersetzen sind, sondern dass der Ersatz für vermehrte Bedürfnisse auch zu leisten ist, wenn der Verletzte sie aus Mangel an eigenen Mitteln nicht befriedigen konnte. Einer normativen Abrechnung steht also nichts im Wege. Bestätigt wird diese Auffassung durch die ständige Rechtsprechung des BGH seit 1957 (NJW 1958, 627).

III. Zusammenfassung

271 Die Angaben in der nachfolgenden Formel beziehen sich auf die IFH-Tabelle/ *Schah Sedi*, 1. Aufl. 2017.

	Zeitaufwand/Monat gem. Tabelle 1 (je nach Haushaltstyp)
+	ggf. Zeitaufwand Tabelle 4 (in Haushalten mit Kinder/n)
=	*Zwischensumme Zeitaufwand/Monat*
x	Grad der MdH (gem. Tabelle 5 oder Tabelle 6)
x	Stundenverrechnungssatz gem. Nachweis oder normativ nach den Stundensätzen der Rechtsprechung (vgl. Rn 24 ff.)
=	Schadensersatzbetrag für den Haushaltsführungsschaden pro Monat

Dieser Betrag wird in der Vergangenheit Monat für Monat aufaddiert und steht in der Zukunft als Rentenanspruch gemäß § 843 Abs. 2 i.V.m. § 760 BGB zur Verfügung.

Hinweis

Das Ergebnis ist ggf. um kongruente Leistungen sowie ein etwaiges Mitverschulden zu reduzieren.

Berechnungsbeispiele finden sich bei *Schah Sedi*, Praxishandbuch Haushaltsführungsschaden, 1. Aufl. 2017, § 12 Rn 1 ff.

IV. Musterfall zum Haushaltsführungsschaden

1. Sachverhalt

272 Frau M ist verheiratet und Mutter eines 19-jährigen Sohnes. Dieser lebt im Haushalt der Eltern. Das Familieneinkommen beträgt 3.100,00 EUR netto. Frau M wird bei einem Fahrradunfall am 2.5.2022 am rechten Fußgelenk (Bruch des oberen und unteren Sprunggelenks) verletzt, wobei die Versteifung des oberen und unteren Sprunggelenkes am 2.1.2023 erforderlich wird. Die erste OP von Frau M erfolgt am Unfalltag. Nach dem zweiwöchigen stationären Aufenthalt in der Klinik befindet sie sich anschließend zwei Wochen zu Hause. Sie ist in dieser Zeit auf den Rollstuhl angewiesen. Danach schließt sich die dreiwöchige stationären Reha an, die sodann um eine Woche verlängert wird. Nach der Rehamaßnahme verwendet Frau M für

vier Wochen Unterarmgehstützen zu Hause. Am 2.1.2023 erfolgt die Versteifung vom oberen und unteren Sprunggelenk bei Frau M, wobei sie eine Woche stationär in der Klinik aufgenommen wird und sich sodann die insgesamt dreiwöchige stationäre Rehabilitationsmaßnahme anschließt.

Wie hoch ist der Ersatz des Haushaltsführungsschadens für Frau M in diesem Zeitraum und wie hoch ist die monatliche Rente ab 2.2.2023?

2. Arbeitshilfen

Für die Berechnung sollen die IFH-Tabellen 1 (HHT 2), 6, 7 aus dem Praxishandbuch Haushaltsführungsschaden, 1. Aufl., 2017 herangezogen werden, die nachfolgend abgedr. sind (*Anm. 1*). 273

Tabelle 1: Wöchentliche Arbeitszeit in Haushalten mit einem Nettoeinkommen zwischen 2.000,00 EUR/Monat und 3.200,00 EUR/Monat, Haushaltstyp 2 (HHT 2)

Haushaltsgröße	Frau		Mann		3. EW = Kind > 18 J.	
	Std.:Min.	Dezimalstd., Dezimalmin.	Std.:Min.	Dezimalstd., Dezimalmin.	Std.:Min.	Dezimalstd., Dezimalmin.
1-Personenhaushalt						
bis 65 Jahre	20:25	20,44	16:13	16,24		
65 Jahre oder älter	31:30	31,50	23:06	23,10		
2-Personenhaushalt						
Paare bis 65 Jahre	27:18	27,30	18:33	18,55		
Paare 65 Jahre oder älter	33:57	33,95	24:47	25,76		
Alleinerziehend + 1 Kind < 18 J.	29:03	29,05	24:37	24,62		
3-Personenhaushalt						
2 EW + 1 Kind < 18 J.	37:48	37,80	22:03	22,05		
2 EW + 1 Kind > 18 J.	32:33	32,55	22:38	22,61	13:18	13,30
Alleinerziehend + 2 Kinder < 18 J.	40:22	40,39	39:05	39,06		

Tabelle 6: MdH-Tabelle bei Katalogverletzungen

Verletzung/Verletzungsfolge		MdH in %
Kniegelenk, Knorpelschäden mit anhaltenden Reizerscheinungen und Bewegungseinschränkungen	einseitig	25
	beidseitig	40
Fußverlust, nicht prothesenfähig	einseitig	45
	beidseitig	60
Fußverlust, prothesenfähig	einseitig	20
	beidseitig	40
oberes Sprunggelenk, Versteifung	einseitig	20
	beidseitig	35
unteres Sprunggelenk, Versteifung	einseitig	10
	beidseitig	15
oberes und unteres Sprunggelenk, Versteifung	einseitig	25
	beidseitig	40
oberes Sprunggelenk, Bewegungseinschränkung	einseitig	10
	beidseitig	20

In Anlehnung an die Entscheidung des **LG Köln v. 22.12.2020 (– 3 O 224/16),** in welcher das Gericht differenziert unter Einbeziehung eines Sachverständigengutachtens bereits für einen Haushaltsführungsschaden ab dem Jahr 2019 einen Stundensatz in Höhe von **15,25 EUR** ermittelte, wird dieser Wert der nachfolgenden Bezifferung beispielhaft zugrunde gelegt.

Das Gericht trägt mit der Ausurteilung der Stundensatzhöhe insbesondere dem Umstand Rechnung, dass Familiengehörige, die unentgeltlich schadensbedingt Haushaltstätigkeiten übernehmen, sich nicht undifferenziert am Stundensatz einer zu den gesetzlichen Arbeitsbedingungen tätig werdenden Haushaltshilfe messen lassen müssen, sondern dass vielmehr eine entsprechende stundensatzerhöhende Korrektur vorzunehmen ist. Dieser realitätsnahe, obig bereits dargelegte Gedanke (vgl. Rdn 199 ff.) wird für die nachfolgende Lösung aufgegriffen.

3. Lösung

(anhand statistischer Durchschnittswerte ermittelt nach *Schah Sedi*, Praxishandbuch Haushaltsführungsschaden, 1. Aufl., 2017) 274

2.5.2022 ↓	**[VKU: Verletzung rechtes Fußgelenk Bruch OSG + USG]**	3-Personenhaushalt HHT 2, Tabelle 1 Rn 6 weiblich, 32,55 Std. Woche ersparter Eigenanteil *Anm. 2)*: $^1/_3$ = 10,85 Std./Woche Fremdanteil: $^2/_3$ = 21,70 Std./Woche x 15,25 EUR/Std. = 330,93 EUR/Woche x 2 Wochen = **661,85 EUR**
2 Wochen ↓	**[Klinik]**	
2 Wochen ↓	**[Häuslichkeit: Rollstuhl]**	**MdH?** → analog Querschnitt (Paraplegiker) Tabelle 6: 50–80 % MdH → hier 60 % MdH *Anm. 3)* **Tabelle 1 Rn 6:** → 32,55 Std./Woche (weibl.) 60 % = 19,53 Std./Woche x 15,25 EUR = 297,83 EUR/Woche x 2 Wochen = **595,67 EUR**
3 Wochen 1 Woche ↓	**[stationäre Reha]**	4 Wochen wie oben „Klinik“ 297,83 EUR/Woche x 4 = **1.191,32 EUR**
4 Wochen ↓	**[Häuslichkeit: UAG]**	■ beide Hände/Arme nicht verfügbar im Gehen/Stehen ■ Schmerzen ■ wenig belastbar ■ Hausarbeit im Wesentlichen nur im Sitzen ausführbar **MdH?** = 50 % (geschätzt) *Anm. 4)* **Tabelle 1 Rn 6:** 32,55 Std./Woche (weibl.) 50 % = 16,3 Std./Woche x 15,25 EUR/Std. = 248,58 EUR/Woche x 4 Wochen = **994,32 EUR**

5 Monate	**[Ende UAG bis OP am 2.1.2023: 2.8.2022–1.1.2022]**	
↓		**MdH?** (gehbeeinträchtigt, ohne UAG, Schmerzen, bewegungseingeschränkt (Strecken, Bücken, Hocken), kein flüssiges Gangbild: Tragen nur eingeschränkt möglich, eingeschränkte Stehfähigkeit ....) Betroffene Haushaltsbereiche: ■ Einkaufen (nicht Online-Einkauf) ■ Mahlzeitenzubereitung/Hausarbeit in der Küche ■ Geschirrreinigung ■ Aufräumen/Staubsaugen, Nass- und Trockenreinigung (Böden/Fenster/Möbel) ■ Wäsche ■ Kinderbetreuung/Betreuung sonstige Haushaltsangehörige ■ häusliche Kleinarbeit ■ Gartenarbeit ■ Haushaltsorganisation/Planung/Schriftverkehr → argumentieren → schleichende Verschlechterung bis zur OP Durchschnittswert für gesamte Zeit: 35 % MdH *Anm. 5)* **Tabelle 1 Rn 6:** 32,55 Std./Woche 35 % = 11,4 Std./Woche x 15,25 EUR/Std. = 173.85 EUR/Woche x 4,33 Wochen = 752,77 EUR/Monat x 5 Monate = **3.763,85 EUR**
2.1.2023 ↓	**[OP: Versteifung OSG + USG]**	insgesamt 4 Wochen stationär analog oben 297,83 EUR/Woche x 4 Wochen = 1.191,32 EUR

1 Woche ↓	**[Klinik]**	
3 Wochen ↓	**[stationäre Reha]**	**Ergebnis Vergangenheit:** **(2.5.2022–1.2.2023)** **8.398,33 EUR**
[ab 2.2.2023	**Dauerschaden/ Häuslichkeit]**	**MdH?** = 25 % (Tabelle 6) **Tabelle 1 Rn 6:** 32,55 Std./Woche 25 % = 8,14 Std./Woche x 15,25/Std. = 124,14 EUR/Woche x 4,33 Wochen (= 1 Monat) = 537,53 EUR/Monat ab **2.2.2023** aber Achtung: Abänderbarkeit beachten *(Anm. 6)* 1. bei Veränderung des Gesundheitszustandes 2. bei Veränderung der Familienkonstellation 3. bei Veränderung des Stundenverrechnungssatzes

Ergebnis Zukunft (ab 2.2.2023):
Der monatliche Haushaltsführungsschaden beträgt
537,53 EUR/Monat.

Anmerkung 1

An dieser Stelle soll nicht verkannt werden, dass selbstverständlich derartige **Tabellen keine Anspruchsgrundlage** darstellen. Aus der außergerichtlichen Regulierungspraxis ist jedoch bekannt, dass Schadenssachverhalte aus Vereinfachungsgründen sehr häufig auf der Basis von statistischen Durchschnittsdaten im Bereich des Haushaltsführungsschadens reguliert werden. Der Geschädigtenvertreter und der Versicherer regulieren dann außergerichtlich nach einem Tabellenwerk, ohne dass der zeitraubende Vortrag zur Person und zum Haushalt im konkreten Einzelfall bis ins hundertste Detail erfolgen muss. Deshalb erfolgt im vorliegenden Musterfall die Berechnung des Haushaltsführungsschadens ausschließlich anhand **statistischer Durchschnittswerte**, so wie sie in den IFH-Tabellen enthalten sind.

Anmerkung 2

Soweit sich der Haushaltsführungsschaden auf die Eigenversorgung bezieht, wird diese zumeist vollumfänglich bei stationären Aufenthalten erspart. Der vom Geschädigten innerhalb einer Familie zu erbringende Fremdanteil in der Haushaltsführung (Erwerbsschadensanteil) bleibt indes vollumfänglich als Schadensersatzanspruch bestehen. Der ersparte Eigenanteil muss geschätzt werden. Pragmatische Lösungen sind vorzuziehen, weshalb vorliegend im Dreipersonenhaushalt der ersparte Eigenanteil mit $^1/_3$ angenommen wird.

Anmerkung 3

Die MdH während der „Wartezeit" zwischen Klinikaufenthalt und stationärer Reha muss nach § 287 ZPO hier geschätzt werden. Anhaltspunkt bildet in der Tabelle 6 die MdH für den querschnittsgelähmten Paraplegiker und ist dort mit 50 % bis 80 % ausgewiesen. Bisweilen ist es dem Paraplegiker sogar möglich, sich selbstständig innerhalb der Wohnung ohne Hilfsmittel zu bewegen, wenn er sich z.B. an Möbelstücken oder der Wand festhalten kann. Dennoch bleibt der Paraplegiker rollstuhlpflichtig. Vorliegend erscheint eine mittlere MdH zwischen 50 und 80 % als angemessen nach § 287 ZPO, weshalb die Verfasser sich hier für 60 % MdH entschieden haben. „Richtig" wäre durchaus auch eine MdH zwischen 60 % und 70 %.

Anmerkung 4

In diesem Zeitfenster bewegt sich die Geschädigte in der Häuslichkeit an Unterarmgehstützen fort. Das lässt einen größeren Bewegungsradius zu als mit dem Rollstuhl innerhalb der Wohnung. Allerdings ist der Unterschied in der Haushaltsführung nur sehr marginal. Die Benutzung von zwei Unterarmgehstützen bedeutet, dass beide Hände nicht für Verrichtungen zur Verfügung stehen während der Fortbewegung. Hausarbeit ist deshalb im Wesentlichen nur im Sitzen ausführbar und die Schmerzsymptomatik darf in diesem Zeitfenster nicht vollständig ausgeblendet werden. Aus diesem Grund ist die MdH bei Nutzung von Unterarmgehstützen anstelle eines Rollstuhls nur geringfügig geringer. Die Verfasser haben sie mit 50 % geschätzt, wobei auch eine höhere MdH nach § 287 ZPO vertretbar wäre, jedoch nicht über die MdH hinaus, die für das Zeitfenster zugrunde gelegt wird, in denen die Geschädigte den Rollstuhl benutzen muss.

Anmerkung 5

Im vorliegenden Mustersachverhalt stellt sich nach der Primärbehandlung im Laufe der folgenden Monate schleichend eine Verschlechterung ein. Dieses ist bei ähnlichen Verletzungsbildern wie im vorliegenden nicht selten der Fall. Sprunggelenksverletzungen haben nicht selten die Versteifung des Sprunggelenkes zur Folge. Das bedeutet für den vorliegenden Zeitraum von fünf Monaten, dass einerseits als Ausgangspunkt für die Höhe der MdH der erreichte Therapieerfolg nach der Rehabilitationsmaßnahme auf der Zeitachse als Anknüpfungspunkt für den Beginn des

Zeitfensters dient und auf der anderen Seite die eklatante Verschlechterung vor der Versteifungsoperation als das andere Ende des Zeitstrahls aufgefasst werden muss. Die MdH ist in diesem Zeitfenster nach § 287 ZPO zu schätzen, weshalb ein Durchschnittswert für das gesamte Zeitfenster von fünf Monaten gebildet werden kann, der dann durchgängig für diesen gesamten Zeitraum angesetzt werden kann. Nachdem Frau M im Anschluss an die stationäre Reha noch vier Wochen die Unterarmgehstützen zu Hause benutzt hat, stellte sich im Lebenssachverhalt zunächst ein Zeitraum ein, der ihr wieder eine größere Beweglichkeit gegeben hat. Frau M hat weder einen Rollstuhl noch Unterarmgehstützen benutzt. Erst schleichend ist es dann zu einem Verschlechterungsprozess gekommen, der sein Ende nach fünf Monaten mit der Versteifungsoperation gefunden hat. Zu Beginn des fünfmonatigen Zeitfensters ist die MdH deshalb geschätzt zwischen 10 % und 15 % anzusetzen und zum Ende des Zeitfensters bei 40 %–50 %. Insoweit wird auf die Tabelle 6 verwiesen, in der für die einseitige Bewegungseinschränkung des oberen Sprunggelenkes eine MdH von 10 % ausgewiesen ist, wobei die Bewegungseinschränkung des oberen **und** unteren Sprunggelenkes eine höhere MdH ausmachen kann. Ebenfalls in der Tabelle 6 ist die Versteifung des oberen und unteren Sprunggelenkes mit 25 % MdH ausgewiesen. Diese Zahl betrifft wiederum den Zustand einige Zeit nach der Versteifungsoperation, wenn keine Hilfsmittel mehr verwendet werden müssen (z.B. Unterarmgehstützen). Kurz vor einer entsprechenden Operation besteht eine erhebliche Bewegungseinschränkung des oberen und unteren Sprunggelenkes, welche durch die Versteifung und eine entsprechende postoperative Schuhversorgung dann wiederum eine Verbesserung eintritt. Die Verfasser haben sich deshalb entschieden, diesen Zeitraum mit einer MdH von 35 % zu bewerten. Eine MdH zwischen 30 und 40 % scheint in diesem Zeitfenster insgesamt angemessen zu sein, sodass nach § 287 ZPO die MdH auch entsprechend geschätzt werden könnte.

Anmerkung 6

Die Versteifung des oberen und unteren Sprunggelenkes stellt insoweit einen Dauerschaden dar, der in der Tabelle 6 mit einer MdH von 25 % ausgewiesen ist. Selten handelt es sich dabei um eine statische Größenordnung, weil die Abänderung der Haushaltsführungsschadensrente aufgrund weiterer Verschlechterungen infolge der Versteifung eintreten kann. Es ist medizinisch nicht ausgeschlossen, dass als Folge der Versteifung des oberen und unteren Sprunggelenkes davor und dahinter liegende Gelenke in Mitleidenschaft gezogen werden, weil sie nun stärker belastet werden. Entsprechend können sich neue Beschwerdebilder in diesen Bereichen entwickeln, die wiederum eine erneute Versteifung zur Folge haben können. Eine Verbesserung des Gesundheitszustandes nach Versteifung des oberen und unteren Sprunggelenkes ist allerdings langfristig nicht zu erwarten, weil die Versteifung ein Dauerzustand ist, der medizinisch derzeit kaum reversibel ist. Damit ist also die Abänderbarkeit der Haushaltsführungsschadensrente dringend geboten. Diese muss im Rahmen eines Vorbehaltes berücksichtigt werden. Darüber hinaus kann sich die **Familienkonstellation** verändern, z.B. wenn junge Geschädigte Eltern werden, weil dann die Zeitverwendung im Haushalt eine andere ist und darüber hinaus der Stundenverrechnungssatz steigt. Auch andersherum kann sich eine Abänderbarkeit ergeben, wenn Kinder älter werden und den Haushalt verlassen. Um Streitigkeiten über die Abänderbarkeit zu vermeiden, empfiehlt es sich, dass eine Vorbehaltslösung, wonach die Parteien des außergerichtlichen Vergleiches die Abänderbarkeit der Rente auf den Haushaltsführungsschaden bei Veränderung der zugrunde liegenden Berechnungsparameter vereinbaren (Zeitverwendung pro Woche im gesunden Status, Höhe der MdH, Stundenverrechnungssatz), in der Abfindungsurkunde aufgenommen wird. Dieser Vorbehalt muss mit der Wirkung eines gerichtlichen Feststellungsurteils erklärt werden, wobei jedoch die kurze Verjährung des § 197 Abs. 2 BGB bestehen bleibt (der Mandant muss entsprechend aufgeklärt werden) und der Verjährungsschutz also lediglich das Stammrecht umfasst. Mehr wäre in einem Klageverfahren an Verjährungsschutz auch nicht zu erreichen.

D. Vermehrte Bedürfnisse

Literatur:

Geigel, Der Haftpflichtprozess, 29. Aufl. 2024; *Haas*, Der Pflegebedarf querschnittsgelähmter Menschen, zfs 2006, 254 ff.; *Himmelreich/Halm*, Handbuch des Fachanwalts Verkehrsrecht, 7. Aufl. 2022; *Höke*, Münchener Anwaltshandbuch Straßenverkehrsrecht, 6. Aufl. 2025; *Huber*, Vermehrte Bedürfnisse – Pflegeleistungen bei Schwer(st)verletzten, NJW 2025, 2004; *Pardey*, Berechnung von Personenschäden, 4. Aufl. 2010; *Pardey/Balke/Link*, Schadenrecht, 1. Aufl. 2023; *Schah Sedi*, Praxishandbuch Haushaltsführungsschaden, 1. Aufl. 2017; *Schneider*, Das verkehrsrechtliche Mandat, Band 2, 8. Aufl. 2020.

I. Allgemeines

275 Eine große Fehlerquelle der Schadensregulierung liegt darin, dass der Anwalt und der Geschädigte häufig nicht alle in Betracht kommenden **vermehrten Bedürfnisse** erkennen und darüber hinaus bei deren Bezifferung nicht sauber gearbeitet wird. Auf diese Weise gehen u.U. in der Regulierung Schadensersatzleistungen im vier- bis fünfstelligen Euro-Bereich verloren. Für den Rechtsanwalt stellt dies ein erhebliches **Haftungsrisiko** dar und für den Geschädigten ist es schlicht ärgerlich.

1. Begriff

276 Was unter den vermehrten Bedürfnissen zu verstehen ist, ergibt sich nicht unmittelbar aus dem Gesetz. Hierzu hat der BGH wiederholt ausgeführt, dass darunter unfallbedingte Mehrausgaben zu verstehen sind, die ein Verletzter im Vergleich zu einem gesunden Menschen hat, weil er damit Nachteile auszugleichen hat, die aufgrund seiner körperlichen Beeinträchtigungen entstehen (vgl. u.a. BGH VersR 1974, 162; BGH, Urt. v. 19.1.1955 – VI ZR 134/54; BGH, Beschl. v. 9.4.2019 – VI ZR 377/17).

Praxistipp

Man kann mit Hilfe einer einfachen Frage abgrenzen, ob eine bestimmte Geldausgabe zu dieser Thematik vom Schädiger zu erstatten ist oder nicht: Immer dann, wenn der Geschädigte sein Portemonnaie aus der Tasche zieht, um einen Betrag für eine Ware oder Dienstleistung zu bezahlen, die er ohne den Unfall nicht erworben hätte, dann handelt es sich um eine unfallbedingte Mehrausgabe, die vom Schädiger zu erstatten ist. Bezahlt er jedoch solche Waren und Dienstleistungen, die er auch ohne den Unfall gekauft hätte, dann handelt es sich nicht um eine Schadensersatzposition, sondern um sog. **„Sowieso-Kosten"**.

Die gesetzliche Regelung dieses Anspruchs findet sich in § 843 Abs. 1 Alt. 2 BGB: Tritt infolge einer Verletzung des Körpers oder der Gesundheit des Verletzten eine Vermehrung seiner Bedürfnisse ein, so ist dem Verletzten durch Entrichtung einer Geldrente Schadensersatz zu leisten.

2. Umfang

Der Begriff der „**vermehrten Bedürfnisse**" umfasst daher alle **unfallbedingten** 277 **Mehraufwendungen**, die den Zweck haben, diejenigen Nachteile auszugleichen, die dem Verletzten in Folge dauernder Beeinträchtigungen seines körperlichen Wohlbefindens entstehen. Es muss sich demnach grundsätzlich um Mehraufwendungen handeln, die **dauernd und regelmäßig erforderlich** sind und die zudem nicht – wie etwa Heilungskosten – der Wiederherstellung der Gesundheit dienen. Zudem umfasst der Begriff „vermehrte Bedürfnisse" in § 843 Abs. 1 Alt. 2 BGB nur solche Mehraufwendungen, die dem Geschädigten im Vergleich zu einem gesunden Menschen erwachsen und sich daher von den allgemeinen Lebenshaltungskosten unterscheiden, welche in gleicher Weise vor und nach dem Unfall anfallen (BGH, Urt. v. 20.5.1958 – VI ZR 130/57, Urt. v. 25.9.1973 – VI ZR 49/72, Urt. v. 20.1.2004 – VI ZR 46/03). So kommen als ersatzpflichtige Kosten z.B. erhöhte Ausgaben für Verpflegung und Ernährung, Aufwendungen für Kuren und orthopädische Hilfsmittel sowie Pflegekosten und Kosten für Haushaltshilfen in Betracht (BGH, Urt. v. 19.5.1981 – VI ZR 108/79).

Neben diesen wiederkehrenden Aufwendungen können aber auch **einmalige Kos-** 278 **ten** zu ersetzen sein. So kann in besonders gelagerten Fällen ein Schaden nach §§ 249, 251 BGB auszugleichen sein, wenn durch die einmalige Anschaffung eines Hilfsmittels für den Verletzten dessen erhöhtes Bedürfnis für die Zukunft in ausreichendem Maße befriedigt werden kann. Diese Voraussetzung kann etwa bei der Anschaffung eines Rollstuhls für einen Gehunfähigen oder einer elektronischen Schreibhilfe für einen Querschnittsgelähmten erfüllt sein. Im Einzelfall können auch die Aufwendungen für den Bau oder Ausbau eines der Behinderung angepassten Eigenheims oder die Kosten für die Anschaffung eines Kraftfahrzeugs ersatzpflichtig sein, nämlich dann, wenn der Verletzte dadurch überhaupt erst in die Lage versetzt wird, seinen Arbeitsplatz aufzusuchen (BGH, Urt. v. 19.5.1981 - VI ZR 108/79; BGH, Urt. v. 20.1.2004 - VI ZR 46/03).

279 Die typischen Aufwendungen, die in § 843 Abs. 1 Alt. 2 BGB unter dem Begriff „Vermehrung der Bedürfnisse“ zusammengefasst sind, können nicht umfassend und abschließend aufgezählt werden. Ob derartige Aufwendungen im Einzelfall vom Schädiger zu ersetzen sind, ist eine Frage der haftungsausfüllenden Kausalität, die gemäß § 287 ZPO der richterlichen Würdigung unterliegt (BGH, Urt. v. 20.1.2004 - VI ZR 46/03).

280 Daraus ergibt sich, dass die normalen **Lebenshaltungskosten**, die unabhängig vom Unfall sowieso anfallen, nicht zu den vermehrten Bedürfnissen gezählt werden. Dabei handelt es sich um sogenannte **„Sowieso-Kosten“**. Verpflegungskosten im Krankenhaus sind nur im Einzelfall anspruchsmindernd zu bewerten. Der tägliche Zahlungsbetrag von 10,00 EUR wird vom Versicherer mit Hinweis auf volle Kongruenz nicht erstattet. Das muss nicht immer richtig sein, da aufgrund der Umstände des jeweiligen Einzelfalles eine anteilige Anrechnung geboten sein kann.

281 Zunächst hat der Verletzte einen Anspruch auf Wiederherstellung seiner körperlichen Integrität, so als wäre der Unfall nicht geschehen (§ 249 Abs. 1 BGB - „Naturalrestitution“). Dies ist bei Personenschäden vielfach nur eingeschränkt möglich und häufig auch völlig ausgeschlossen.

282 Den Verletzten treffen wegen der notwendigen medizinischen/therapeutischen Heilbehandlungen Beeinträchtigungen und teilweise erhebliche Kosten (Mehrbedarf). Der Gesundheitsschaden umfasst die realen Heilungskosten, also die Kosten ambulanter und/oder stationärer ärztlicher Behandlung. Erfasst ist also der gesamte Aufwand, der dazu dient, das verletzungsbedingte Leiden zu behandeln, zu lindern oder den Verletzten zu pflegen.

283 Darüber hinaus treffen den Verletzten zeitlich begrenzte, häufig aber dauerhafte **Einschränkungen in seiner privaten Lebensführung und seiner Berufstätigkeit**. Das kann wiederum eine erhebliche Ausstrahlungswirkung auf sein soziales Umfeld, nämlich seine Familie und Lebensbeziehungen haben. Das Unfallereignis zieht also weite Kreise, so dass man auch von Mitopfern im unmittelbaren sozialen Umfeld der verletzten Person sprechen kann (*Höfle*, S. 29).

Soweit im unmittelbaren sozialen Umfeld durch die Familie und/oder Freunde unentgeltliche Leistungen (z.B. Pflege, Betreuung, Begleitung etc.) erbracht werden, ist das gerade im Rahmen der Regulierung der vermehrten Bedürfnisse von erheblicher Bedeutung. Unentgeltlich erbrachte Leistungen vermindern nicht den Anspruch des Verletzten gegen den Schädiger und entlasten diesen nicht. Voraussetzung ist jedoch, dass der Mehrbedarfsschaden konkret und nachvollziehbar dargelegt wird. Wer die unentgeltliche Hilfe anderer in Anspruch nimmt, muss die Verrichtungen schildern, bei denen er sich einer Hilfe bedient (OLG Hamm, DAR 2003, 118).

Praxistipp

Der Geschädigte sollte einen Buchkalender führen, in dem stichwortartig unentgeltliche Leistungen der Familie und Bekannter notiert werden (wer hat wann was und warum getan?), da die Regulierung durchaus einen mehrjährigen Zeitraum in Anspruch nehmen kann und die Erinnerung an den Umfang der Hilfeleistungen naturgemäß mit Zeitablauf verblasst. So sollte insbesondere bei Personengroßschäden ein **Pflegetagebuch** geführt werden und alle weiteren vermehrten Bedürfnisse fortlaufend notiert und die Belege hierfür entsprechend gesammelt werden.

3. Fälligkeit

Der Anspruch auf Ersatz von vermehrten Bedürfnissen entsteht mit dem Eintritt **284**
der Bedarfsmehrung, nicht erst mit deren Befriedigung (so auch BGH NJW 1970, 1411). Daraus folgt, dass die konkrete Anschaffung von Hilfsmitteln zur Befriedigung vermehrter Bedürfnisse nicht erforderlich ist. Häufig scheitert die Anschaffung nämlich bereits daran, dass der Geschädigte nicht über ausreichende Geldmittel verfügt. Gleichwohl besteht ein Anspruch auf normative Abrechnung dieser Position. Voraussetzung ist lediglich, dass das in Rede stehende Hilfsmittel im Einzelfall unter Berücksichtigung der Schadensminderungspflicht sinnvoll und zweckmäßig, mithin erforderlich ist. Unerheblich ist, ob und inwieweit der Geschädigte die vermehrten Bedürfnisse aus Geldmangel nicht befriedigt oder durch überpflichtgemäße Anstrengungen ausgeglichen hat. Das darf dem Schädiger nicht zugutekommen (BGH, Urt. v. 29.10.1957 – VI ZR 233/56; KG, Urt. v. 15.2.1982; VersR 1982, 978).

Praxistipp

Wenn im Rahmen der Regulierungsverhandlungen vom Versicherer **Anschaffungsbelege** über die in Rede stehenden Hilfsmittel verlangt werden, so findet diese Forderung weder einen Anhaltspunkt in der gesetzlichen Regelung noch in der Rechtsprechung. Darauf sollte der Versicherer im Einzelfall durchaus hingewiesen werden. Dennoch erleichtert das unmittelbare und saubere Einreichen der Belege die Regulierung erheblich.

Die Geldrente für vermehrte Bedürfnisse ist für drei Monate im Voraus zu zahlen **285**
(§§ 843 Abs. 2 S. 1, 760 BGB). Da durch § 760 BGB der Zahlungstermin nach dem Kalender bestimmt wird, kommt der Versicherer allein durch Zeitablauf in **Verzug**, wenn er zunächst einmal zur laufenden Zahlung aufgefordert worden ist, ohne dass eine Mahnung notwendig ist.

Praxistipp

Der **Zinsschaden** ist eine Verhandlungsposition, die taktisch zugunsten einer finanziell höherwertigen Schadensposition im Rahmen von Regulierungsverhandlungen zurücktreten könnte.

II. Abgrenzung zum Heil- und Hilfsmittelverzeichnis, § 139 SGB V

286 Von den vermehrten Bedürfnissen i.S.d. § 843 Abs. 1 Alt. 2 BGB sind die **Heil- und/oder Hilfsmittel** abzugrenzen, die vom Sozialversicherungsträger nach den §§ 30, 31 SGB VII gewährt werden können. Nach der Definition des § 30 SGB VII sind „Hilfsmittel alle ärztlich verordneten Dienstleistungen, die einem Heilzweck dienen oder einen Heilerfolg sichern und nur von entsprechend ausgebildeten Personen erbracht werden dürfen. Hierzu gehören insbesondere Maßnahmen der physikalischen Therapie sowie der Sprach- und Beschäftigungstherapie." Hilfsmittel sind nach der Definition des § 31 Abs. 1 SGB VII „alle ärztlich verordneten Sachen, die den Erfolg der **Heilbehandlung** sichern oder die Folgen von Gesundheitsschäden mildern oder ausgleichen. Dazu gehören insbesondere Körperersatzstücke, orthopädische und andere Hilfsmittel einschließlich der notwendigen Änderung, Instandsetzung und Ersatzbeschaffung sowie der Ausbildung im Gebrauch der Hilfsmittel." Zwischen den vermehrten Bedürfnissen und den Heil- und Hilfsmitteln dieser Normen können durchaus Überschneidungen bestehen. Insoweit ist zu beachten, dass dem Geschädigten ggf. der Anspruch auf bestimmte Heil- und/oder Hilfsmittel im Rahmen der vermehrten Bedürfnisse aufgrund des **gesetzlichen Forderungsübergangs** gemäß § 116 SGB X nicht mehr zusteht. Dementsprechend kann der Geschädigte eine Regulierung durch den Versicherer nicht verlangen, da er nicht aktivlegitimiert ist. Eine Schadensersatzpflicht besteht erst dann, wenn zuvor das Leistungssystem der Sozialversicherung ausgeschöpft ist.

Praxistipp

Bevor der Rechtsanwalt die vom Mandanten erarbeitete Liste der von ihm ausgewählten Hilfsmittel zur Befriedigung seiner vermehrten Bedürfnisse beim Versicherer geltend macht, muss geprüft werden, ob diese ggf. im **Hilfsmittelverzeichnis** gem. § 139 SGB V enthalten sind. Das Hilfsmittelverzeichnis der gesetzlichen Krankenversicherungen findet man im Internet unter *www.rehadat-gkv.de*. Unter Umständen kann sich auch eine Anfrage zur Kostenübernahme – kein Antrag! – bei der gesetzlichen Krankenversicherung oder beim gesetzlichen Unfallversicherer anbieten. Mit dieser Vorarbeit kann dem gerne pauschal ins Feld geführten Einwand des Versicherers begegnet werden, die gewünschten Hilfsmittel müssen beim Sozialversicherungsträger beantragt werden und dürfen deshalb nicht vom Versicherer reguliert werden.

III. Alphabetische Liste vermehrter Bedürfnisse

Für den Schadensersatz der vermehrten Bedürfnisse ist nicht entscheidend, ob die damit im Zusammenhang stehenden Ausgaben einmalig oder wiederkehrend, regelmäßig oder unregelmäßig oder aus unterschiedlichen Gründen entstehen. Deshalb kann in der nachfolgend aufgeführten **alphabetischen Liste** nur ein kleiner Teil der möglichen vermehrten Bedürfnisse wiedergegeben werden. Welche vermehrten Bedürfnisse im Einzelfall zum Schadensersatz berechtigen, ist ganz individuell vom konkreten Schadensfall und Verletzungsbild abhängig. So können eine große Vielzahl von z.B. **Haushaltsgerätschaften**, wie einer elektrischen Brotschneidemaschine, einem elektrischen Dosenöffner, einer Linkshänderschere etc., vermehrte Bedürfnisse für den dauerhaft an der rechten Hand geschädigten Rechtshänder darstellen. Dies ist nämlich abhängig von den individuellen Verletzungsfolgen des Geschädigten und dem sich daraus ergebenden individuellen Bedarf an Hilfsmitteln. Es ist schier unmöglich, eine abschließende Aufzählung von vermehrten Bedürfnissen zu erstellen, da sich plötzlich gewöhnliche Hausratsgegenstände als notwendige Hilfsmittel und damit vermehrte Bedürfnisse darstellen können. 287

Praxistipp

Der Anwalt sollte seinen verletzten Mandanten bitten, über einen Zeitraum von mehreren Tagen an verschiedenen Stellen im Haushalt – zum Beispiel im Badezimmer, in der Küche und im Wohnzimmer – je einen Notizblock zu deponieren, um die notwendigen Hilfsmittel zu notieren, die bei der Bewältigung des Alltags mit den individuellen Verletzungsfolgen erforderlich sind.

Die nachfolgende alphabetische Liste vermehrter Bedürfnisse ist nicht abschließend, sie ist beliebig erweiterbar. 288

- **Arbeitstisch** – höhenverstellbar – sowie dazu passender Stuhl;
- **Aufzug** und Wartungskosten;
- **Automatikgetriebe** (BGH NJW RR 1992, 792);
- **Begleitperson** (für Freizeit, Kultur und Urlaub etc.);
- **Behindertengerechter Umbau** von Wohnraum (BGH NJW 1982, 757);
- **Besuchskosten** (OLG Bremen NJW 2001, 903);
- **Bettstätte**, bestehend aus druckentlastender Spezialmatratze einschließlich Spezialbettrahmen;
- **Betreuungsaufwand**;
- **Blindenhund** und Futterkosten;
- **Diät** (BGH NJW 1982, 757);
- vereitelte **Eigenleistungen am Bauvorhaben** (OLG Hamm MDR 1989, 160: Entgehen eines Wertzuwachses oder Ersatz von Mehrkosten oder Ausgleich von Darlehenszinsen);

- **Fahrtkosten** für Besuche naher Angehöriger im Krankenhaus/Reha und eigene Fahrtkosten des Geschädigten zu Arzt-/Therapieterminen ggf. mit Kosten für den Fahrer;
- **Fahrrad** mit drei Rädern;
- **Fitnesscenterkosten** (LG Köln DAR 2003, 120);
- **Fahrzeugkosten** (Anschaffungskosten, Umbaukosten für Automatikgetriebe, spezieller Fahrersitz, Einhandbetrieb, Personalkosten für Fahrer, Kosten für Treibstoffmehrverbrauch, soweit wegen eingeschränkter Fähigkeit jetzt kürzere Strecken vermehrt mit dem Pkw stattfinden);
- **Heimunterbringung,** hier auch Kosten für Besuchsfahrten, unvermeidbare Übernachtungskosten für Besucher, unvermeidbarer Verdienstausfall für Besucher, unvermeidbare Kosten zur Betreuung anderer nächster Angehöriger;
- Aufwand für **Kleidung** (erhöhter Verschleiß bei Unterarmgehstützen/Rollstuhl, Übergröße im Krankenhaus und Reha bei drückenden Narben);
- **Körperpflegemittel** (BGH VersR 1982, 238);
- **Kommunikationshilfe** (Schreibhilfe: BGH VersR 1982, 238; Lesegerät, Spracherkennung, PC, Flatrate);
- **Küche** (Neuanschaffung oder Umbau, soweit der Geschädigte mit dem Rollstuhl unterfahrbare Geräte und Arbeitsflächen benötigt oder Arbeitshöhen außerhalb der Norm benötigt werden);
- Erhöhte **Nebenkosten** (Heizung, Strom, Wasser);
- Mehraufwand für **Pflege** (Pflegekosten, Pflegeheim bzw. Pflegekraft, aber auch Pflegeleistungen der Familienangehörigen);
- Kosten für **Physiotherapie** (Wegen der Budgetierung kann der behandelnde Arzt mitunter nicht im ausreichenden Umfang Therapien verordnen. Das gilt auch für Ergotherapie, Wassertherapie, Massage, Fango Packungen etc.) (KG NZV 1992, 236);

> *Praxistipp*
>
> Der Geschädigte soll sich vom behandelnden Arzt die ärztliche Notwendigkeit von zum Beispiel 60 Einheiten Physiotherapie, manueller Therapie, Massage usw. im Zeitraum von drei Monaten schriftlich bestätigen lassen mit dem Hinweis, dass wegen der Budgetüberschreitung im konkreten Einzelfall eine Verordnung auf Kassenrezept nicht möglich ist. In diesem Fall erteilt der Versicherer oftmals eine Kostenübernahme sogar auf der Basis von privatärztlicher Abrechnung.

- **Privatunterricht** für Kinder/Schüler (BGH MDR 1992, 1191);
- Sonderzubehör zum **Rollstuhl** sowie rollstuhlgerechte Spezialkleidung für den täglichen Bedarf:
- Zuzahlungen zum orthopädischen **Schuhwerk** (KG NZV 1992, 236);

- **Schwimmbad** (Kosten für den Bau eines eigenen privaten Schwimmbades, Kosten für Eintrittsgelder im öffentlichen Schwimmbad) (OLG Hamm VersR 2000, 234; OLG Nürnberg VersR 1971, 260);
- **Sportrollstuhl** (LG Köln, Urt. v. 23.6.2015 – 5 O 488/05);
- **Stärkungsmittel**/Nahrungsergänzungsmittel, soweit verordnet (BGH, NJW 1958, 627);
- **Steuerberatungskosten** wegen der Unmöglichkeit einer eigenhändigen Steuererklärung;
- **Treppenlift**;
- **Umzugskosten** (OLG München DAR 2003, 172) und Mietmehrkosten, die daraus resultieren, dass der Geschädigte einen langjährigen preiswerten Mietzins bislang gezahlt hat, der jedoch nicht mehr marktüblich beim Wohnungswechsel ist;
- erhöhte **Versicherungsprämien** (z.B. Zuschlag bei Lebensversicherung und privater Krankenversicherung) (VersR 2000, 234; OLG Karlsruhe zfs 1994, 241);
- erhöhte Kosten für die Benutzung **öffentlicher Verkehrsmittel**, wenn der Geschädigte zuvor ein Fahrrad benutzt hat oder die Wege zu Fuß zurückgelegt hat;
- **Wäschetrockner**;
- **Werkstatt für Menschen mit Behinderung**; diese Kosten sind Aufwendungen zur Teilnahme am Erwerbsleben
- **Zuzahlungen** für Medikamente, Hilfsmittel, Therapien etc.

Praxistipp

Bei der Ausarbeitung der Zusammenstellung vermehrter Bedürfnisse sollte der Rechtsanwalt sich in die Lage seines Mandanten versetzen, wobei es im Einzelfall hilfreich sein kann – je nach Verletzungsfolgen des Mandanten – selbst einen ganzen Tag lang zum Beispiel eine Gehhilfe zu benutzen oder einen Arm am Körper fest zu fixieren, um das Tagesgeschehen einhändig zu erledigen. Das schärft den Blick für die erforderlichen Hilfsmittel. Hilfreich ist auch ein **Hausbesuch** beim Geschädigten, um dessen Wohn- und Lebenssituationen in die Bedarfsüberlegungen einzubeziehen.

IV. Bedarfsermittlung

Nachdem der Geschädigte gemeinsam mit seinem Rechtsanwalt die Auswahl der notwendigen Hilfsmittel zur Bewältigung und Befriedigung seiner vermehrten Bedürfnisse ausgewählt hat, stellt sich die Frage, in welchem Umfang diese beim Versicherer zu beziffern sind: einmalig oder regelmäßig oder unregelmäßig in mehrjährigen Abständen – je nachdem, wann eine erneute Anschaffung zu erwarten ist? Die Antwort des BGH auf diese Frage ist unbefriedigend: Es muss sich bei den vermehrten Bedürfnissen um Mehraufwendungen handeln, die dauernd und regelmäßig erforderlich sind (BGH VersR 1982, 238). Diese begrenzte Sichtweise wird 289 jedoch dem Bedarf an Artikeln zur Befriedigung der vermehrten Bedürfnisse nicht gerecht. Es kommen auch solche Mehraufwendungen als Schadensersatzposition in Betracht, die gelegentlich, im Extremfall sogar nur einmalig und solche, die darüber hinaus auch unregelmäßig erforderlich sind. Letzten Endes bestimmen das Lebensalter des Geschädigten und die Intensität der Nutzung der Hilfsmittel deren Lebensdauer und damit auch das Erfordernis einer erneuten Anschaffung. Ein junger Geschädigter kann durchaus im Laufe seines Lebens noch einige Male das Erfordernis zur räumlichen Aufstockung seines behindertengerechten Wohnraums haben. Dies kann sich alleine durch die Vergrößerung seiner familiären Situation ergeben. Auch wird ein junger Geschädigter im Laufe seines Lebens mehrfach einen leidensgerecht ausgestatteten Pkw anschaffen müssen, schlicht deshalb, weil das einmal angeschaffte Fahrzeug nur einer begrenzten Lebensdauer unterliegt. Etwas anderes mag hinsichtlich des Bedarfs von älteren Geschädigten gelten. Hier kann ein einmal angeschaffter PC als Kommunikationshilfe bis zum Lebensende ausreichend sein, was im Falle eines jungen Geschädigten mit Sicherheit kaum der Fall sein wird.

290 Diese Beispiele verdeutlichen, dass vermehrte Bedürfnisse auch **einmalige** oder **gelegentlich anfallende Kosten** auslösen können, ebenso wie regelmäßig in kleineren oder größeren Zeitabständen anfallende **Dauerkosten**. Das macht die Regulierung gegenüber dem Versicherer unübersichtlich. Wenn die Regulierung als Geldrente gem. §§ 843 Abs. 2 S. 1, 760 BGB erfolgt, muss ein quartalsmäßiger Vorschuss beziffert werden. Monatlich regelmäßig anfallende Kosten zur Befriedigung vermehrter Bedürfnisse können im 3-Monatszeitraum multipliziert werden (z.B. die Bevorschussung der Miete eines behindertengerechten Stellplatzes am Arbeitsplatz).

291 Denkbar ist auch eine **konkrete Abrechnung der jeweils anfallenden vermehrten Bedürfnisse** im Einzelfall und auf Nachweis.

- **Vorteil**: keine Gefahr, zu geringen Schadensersatz geltend zu machen, im Gegensatz zur Pauschalisierung;
- **Nachteil**: erhöhter Verwaltungsaufwand und erhöhte Verwaltungskosten.

> *Praxistipp*
>
> Für die Neuanschaffung eines Pkw mit behindertengerechter Ausstattung sollte dem Versicherer rechtzeitig ein Kostenvoranschlag vorgelegt werden, damit der Geschädigte entsprechend bevorschusst werden kann. Nach Anschaffung des Pkw sollte der Erwerb beim Versicherer umgehend unter Verrechnung des Vorschusses abgerechnet werden. Alternativ kann auch vereinbart werden, dass der Versicherer unmittelbar bei Fälligkeit an den Autoverkäufer leistet.

292 Wenn die Regulierung vermehrter Bedürfnisse als einmalige Abfindung im Rahmen einer abschließenden Abfindungserklärung realisiert werden soll, ist anders vorzugehen.

§ 843 Abs. 3 BGB gewährt dem Verletzten das Recht, statt einer Rente eine Kapitalabfindung zu verlangen, vorausgesetzt, ein wichtiger Grund liegt vor. Ohne an dieser Stelle auf die engen Voraussetzungen für einen Kapitalisierungsanspruch eingehen zu wollen, soll der Blick auf die Regulierungsrealität gerichtet werden. Denn der bei weitem größte Anteil von Personenschäden wird in der Praxis durch Zahlung einer einmaligen Kapitalabfindung reguliert. Wenn sich der Geschädigte aus gut überlegtem Eigeninteresse für eine Kapitalabfindung entscheidet, so ist es die Aufgabe des ihn vertretenden Rechtsanwalts, diese zu beziffern. Einerseits ist natürlich unbedingt auf Vollständigkeit der denkbaren vermehrten Bedürfnisse zu achten. Andererseits muss der Rechtsanwalt auch in die Zukunft blicken und ggf. einen geänderten zukünftigen Bedarf in der Regulierung berücksichtigen. Unter diesem Blickwinkel ist jede einzelne Position in der Liste der vermehrten Bedürfnisse auf ihre Relevanz hin zu prüfen. Hier sind eine gewisse Weitsicht des Rechtsanwalts und die konkrete Rücksprache mit dem Mandanten unabdingbar.

Jede Einzelposition ist hinsichtlich der Laufzeit, ihres Bedarfs und der damit im Zusammenhang stehenden Kosten (ggf. unter Berücksichtigung einer von den allgemeinen **Lebenshaltungskosten** abweichenden Kostensteigerung im Einzelfall) bezogen auf den Jahresbedarf zu beziffern. Der so ermittelte Jahresbedarf ermöglicht in den Regulierungsverhandlungen die kurzfristige Bezifferung des kapitalisierten Wertes. Außerdem kann der Jahresbedarf mühelos durch Division in die quartalsmäßigen Vorschüsse der Regulierung eingestellt werden (§§ 843 Abs. 2 S. 1, 760 BGB), wenn in den Regulierungsverhandlungen mit dem Versicherer eine Abfindung (vorerst) nicht erzielbar erscheint. 293

Praxistipp

Bei jungen Verletzten ist kaum absehbar, welche konkreten vermehrten Bedürfnisse in der Zukunft anfallen werden. Da dies primär von der gesundheitlichen Entwicklung beeinflusst wird, sollte der Anwalt gut überlegen, ob er dem Mandanten zur Kapitalisierung der zukünftigen vermehrten Bedürfnisse rät. Das Haftungsrisiko ist an dieser Stelle unübersehbar. Weniger haftungsträchtig ist es, mit dem Versicherer einen materiellen Zukunftsschadensvorbehalt im Hinblick auf die vermehrten Bedürfnisse zu vereinbaren (mit der Wirkung eines gerichtlichen Feststellungsurteils) und die in der Vergangenheit aufgelaufenen vermehrten Bedürfnisse abzurechnen. Dieser Zukunftsschadensvorbehalt ist in der Gebührenabrechnung mit dem dreieinhalbfachen Jahresbetrag (42 Monate) (§ 23 RVG, § 48 Abs. 1 S. 1 GKG, § 9 ZPO) der bislang p.a. aufgelaufenen vermehrten Bedürfnisse zu bewerten.

Die vom Geschädigten im Zusammenwirken mit seinem Rechtsanwalt ausgearbeitete Liste der vermehrten Bedürfnisse ist im Falle einer Kapitalisierung unter Berücksichtigung einer durchschnittlichen Lebensdauer jeder einzelnen Aufwendung abzuarbeiten. Einerseits bietet sich für die Bemessung der Lebensdauer ein Rückgriff auf die Dauer der **steuerlichen Abschreibung** an, andererseits genügen auch 294

Erfahrungswerte aus dem täglichen Leben. Hierbei ist zu berücksichtigen, dass insbesondere Elektronikartikel kaum wirtschaftlich reparabel sind und eine entsprechend kurze Lebensdauer aufweisen, welche die Anschaffung eines Folgegerätes regelmäßig erforderlich macht. So weisen elektronische Kleingeräte im Haushalt selten eine Lebensdauer von mehr als drei bis fünf Jahren auf, bei verstärkter Benutzung sogar noch weniger. Bekleidung unterliegt darüber hinaus je nach Beanspruchung, zum Beispiel im Rollstuhl, einem erhöhten Verschleiß (Pulloverbündchen). Wichtig ist also, dass der Geschädigte und sein Rechtsanwalt die individuelle Lebensdauer eines Hilfsmittels mit großer Sorgfalt und Umsicht ermitteln. Der Anschaffungspreis wird dann durch die geschätzte Haltbarkeit in Jahren dividiert, so dass der Jahresbetrag zur Barwertermittlung zur Verfügung steht.

295 Ein pauschalierter Kostenansatz für die gesamte Schadensersatzposition der vermehrten Bedürfnisse, gegebenenfalls im Rahmen einer Schätzung „über den Daumen“, benachteiligt den Geschädigten bei der Regulierung, weil kein Versicherer sich auf eine solche Bezifferung einlässt. Er wird bestenfalls ein Angebot unterbreiten, das bei näherer Betrachtung inakzeptabel ist. Sollte der Versicherer das geschätzte Angebot des Geschädigtenvertreters akzeptieren, dann muss davon ausgegangen werden, dass dem Geschädigten ein wesentlich höherer Schadensersatzbetrag zusteht, als gefordert wurde. Das ist haftungsrechtlich bedenklich.

V. Musterfall zur außergerichtlichen Geltendmachung vermehrter Bedürfnisse

296 ▼

Muster 4.2: Außergerichtliche Geltendmachung vermehrter Bedürfnisse

Kfz-Haftpflichtversicherer
Postfach 12345
Musterstadt

2.9.2021

Mandant ./. Versicherer

Schaden-Nr.:

Unser Zeichen:

Sehr geehrte Damen und Herren,

Bezug nehmend auf die bisher in obiger Sache geführte Korrespondenz möchten wir nunmehr die vermehrten Bedürfnisse unseres Mandanten zur Regulierung bringen. Bitte beachten Sie, dass wir uns bis zur endgültigen Regulierung die Geltendmachung weiterer Einzelpositionen vorbehalten müssen. Bereits von Ihnen geleistete Vorschüsse sind sodann selbstverständlich abzusetzen.

Unser Mandant erlitt bei dem Verkehrsunfall – Frontalkollision fahrerseitig versetzt – am 3.9.2021 eine Sprunggelenkfraktur links, eine Oberschenkelfraktur links, eine Beckenringfraktur, eine Verletzung der Lenden- und Halswirbelsäule und schwere Kopfverletzungen. Nach anfänglicher Pflegenotwendigkeit bedurfte er dauerhaft einer Schmerztherapie, der regelmäßigen Konsultation des Orthopäden sowie Neurologen und einer mehrjährigen psychotherapeutischen Betreuung. Er leidet unter Dauerschmerz, verbunden mit starken Bewegungseinschränkungen. Unser Mandant muss seinen Körper in regelmäßigen Abständen mehrfach am Tage einem Positionswechsel zwischen Liegen, Sitzen, Stehen und Gehen unterziehen. Der Geschädigte ist schnell erschöpft. Um den physiotherapeutischen Erfolg zu sichern, wurde ihm ein Jahr nach dem Verkehrsunfall – ab dem 2.9.2022 – ärztlich angeraten, sukzessive am Reha-Sport im Fitnessstudio teilzunehmen und einen gezielten Muskelaufbau zu betreiben. Das Datum der Bezifferung der Ansprüche ist der 2.9.2024, also drei Jahre nach dem Unfall. Im ersten Jahr nach dem Unfall hat sich der Geschädigte überwiegend stationär in Kliniken und Reha-Einrichtungen befunden bzw. war zu Hause pflegebedürftig. Danach hat er mit der ambulanten Therapie und dem Reha-Sport begonnen. Er wird dauerhaft in ärztlicher Behandlung bleiben. Heute machen wir für unseren Mandanten die nachfolgenden vermehrten Bedürfnisse geltend.

1. Fahrt- und Begleitkosten

Als unfallbedingte und ständig wiederkehrende Aufwendungen stellen sich für unseren Mandanten die Fahrtkosten für die Durchführung von Arztbesuchen sowie Therapiestunden und der tägliche Besuch des Sportstudios ebenso wie ein Wocheneinkauf mit dem Pkw dar. Die erhöhten Fahrtkosten ergeben sich aus der Wahrnehmung folgender Termine:

	Jahresfahrleistung im eigenen Pkw
Akupunktur zweimal wöchentlich (einfache Fahrt 8 km)	1.664 km
Psychotherapie einmal wöchentlich (einfache Fahrt 21 km)	2.184 km
Orthopäde alle zwei Monate einmal (einfache Fahrt 75 km)	900 km
Uniklinik viermal im Jahr (einfache Fahrt 75 km)	600 km
Neurologe/Chirurg viermal im Jahr (einfache Fahrt 15 km)	120 km
Fitnessstudio 6 Mal/Woche (einfache Fahrt 8 km)	4.992 km
eine wöchentliche Einkaufsfahrt (einfache Fahrt 8 km)	848 km

Insgesamt legt unser Mandant also unfallbedingt 11.308 km p.a. mit dem eigenen Pkw zurück. Es ist darauf hinzuweisen, dass unser Mandant jedoch nur kurze Strecken alleine fahren kann. Dies ist dem Umstand geschuldet, dass er bei bestimmten Blickwinkeln Doppelbilder sieht, mehrfach täglich unter starken Kopfschmerzanfällen leidet und das Risiko der Eigen- und Fremdgefährdung bei der Teilnahme am Straßenverkehr zu reduzieren ist. Wenn er einen Kopfschmerzanfall erleidet, dann besteht bei Zurücklegung einer Kurzstrecke von weniger als 20 km in jedem Fall die Möglichkeit, entweder das Ziel zu erreichen oder aber umzudrehen und nach Hause zu fahren. Daher ist es also erforderlich, dass er die Strecken zum Orthopäden sowie zur Uniklinik als Beifahrer zurücklegt. Er benötigt deshalb etwa zehnmal pro Jahr zur Wahrnehmung von Arzt- und Behandlungsterminen einen Fahrer, der während der Dauer der Behandlung auf ihn wartet. Der Zeitaufwand pro Fahrereinsatz ist mit fünf Stunden zu kalkulieren, da es nicht nur um die Fahrzeit, sondern auch um die Wartezeit während der Behandlung des Mandanten geht.

Zu der wöchentlichen Einkaufsfahrt ist auszuführen, dass unser Mandant vor dem Verkehrsunfall etwa zweimal wöchentlich mit dem Fahrrad den Einkauf für das Ehepaar erledigt hat. Seit dem Verkehrsunfall kann unser Mandant wegen seiner Schmerzen im Rücken, den Knien und den Handgelenken nicht mehr Fahrrad fahren. Außerdem ist sein Gleichgewichtsorgan durch den Tinnitus beeinträchtigt. Es besteht die Gefahr eines Sturzes mit dem Fahrrad. Um diese Gefahr zu vermeiden, hat unser Mandant das Fahrradfahren aus Sicherheitsgründen vollständig aufgegeben. Das Einkaufszentrum befindet sich etwa 8 km (einfache Fahrt) vom Wohnort unseres Mandanten entfernt. Den zweiten Einkauf, der gewöhnlich im Laufe einer Woche im Haushalt unseres Mandanten erforderlich ist, wird von der Ehefrau mit dem Fahrrad – wie vor dem Unfall – wahrgenommen.

Insgesamt ergibt sich deshalb hinsichtlich der erhöhten Fahrt- und Begleitkosten folgende Berechnung:

11.308 km p.a. x 0,35 EUR	3.957,80 EUR
Kosten für den Fahrer 10 x 5 h x 15,00 EUR netto Stundenlohn	750,00 EUR
erhöhte Fahrtkosten insgesamt	**4.707,80 EUR p.a.**

Für insgesamt drei Kalenderjahre seit dem Unfall beläuft sich der rückständige Anspruch auf **14.123,40 EUR**

2. Pkw-Umrüstungskosten

Unser Mandant hat eine linksseitige Knieverletzung erlitten und kann deshalb lediglich ein Fahrzeug mit Automatikgetriebe führen. Die Betätigung der Kupplung, um das Schaltgetriebe zu aktivieren, ist ihm aus Schmerzgründen nicht möglich. Deshalb hat unser Mandant einen Anspruch auf die Umrüstung seines Pkw auf ein Automatikgetriebe. Die Kosten der Umrüstung von Schalt- auf Automatikgetriebe belaufen sich auf 2.000,00 EUR. Unter Zugrundelegung der steuerlichen Abschreibung des Fahrzeugs und damit einschließlich des Automatikgetriebes von 6 Jahren, ergibt sich ein jährlich aufzuwendender Betrag von ca. **334,00 EUR.**

Schließlich benötigt unser Mandant wegen seiner Hüft- und Wirbelsäulenverletzungen und den sich daraus zeigenden Schmerzfolgen einen speziellen Fahrersitz, welcher 2.475,00 EUR kostet. Ebenfalls unter Berücksichtigung der steuerlichen Abschreibung des Fahrzeugs und des darin enthaltenen Sitzes über den Zeitraum von sechs Jahren muss unser Mandant also jährlich **412,50 EUR** für diesen Sitz aufwenden.

3. Stuhl und Tisch

Wie bereits mehrfach ausgeführt, leidet unser Mandant unter Schmerzen im Knie, in der Hüfte, im Rücken und in der Halswirbelsäule. Er muss seinen Körper ständig einem Positionswechsel unterziehen. So muss er sich bspw. mehrfach am Tag zur Entlastung seiner Wirbelsäule hinlegen. Er kann nicht ständig auf dem gleichen Stuhl sitzen und benötigt zur Erledigung von Schreibarbeit sowie seiner eingeschränkten Haushaltsführungstätigkeit einen höhenverstellbaren Tisch, an dem er wahlweise im Sitzen oder im Stehen arbeiten kann. Hierfür ist die Anschaffung eines Therapie- und Arbeitsstuhls von der Firma X für **1.420,00 EUR** notwendig.

Darüber hinaus ist die Anschaffung eines Sessels mit ergonomisch geformter Rückenlehne, integrierter Lordosestütze sowie Kopfstütze und verstellbarer Fußauflage erforderlich. Dieser Sessel wird von der Fa. Y angeboten. Er ist erhältlich zum Preis von **2.060,00 EUR.**

Für die Verrichtung von Tätigkeiten im Sitzen muss unser Mandant das Sitzmöbel zwischen dem eingangs beschriebenen Arbeitsstuhl und einem Einbeinhocker wechseln. Der Einbeinhocker ist ein Stützhocker, der eine halb sitzende und halb stehende Position unterstützt. Er findet insbesondere als Stehhilfe Verwendung bei der Benutzung des höhenverstellbaren Tisches, an dem unser Mandant zeitweilig im Stehen tätig ist, wenn er aus Gründen der Schmerzhaftigkeit aus der Sitzposition aufstehen muss. Dieser Spezialhocker ist von der Fa. Z zum Preis ab **344,00 EUR** erhältlich.

Zur Verlagerung des Körpergewichtes ist außerdem die Benutzung eines Sitz-/Stehtisches erforderlich. Dieser wird ebenfalls von der Fa. Z. angeboten. Das preiswerteste Modell eines Sitz-/Stehtisches kostet **952,00 EUR**. Er ist motorisch verstellbar, zum Angleichen an die jeweilige Arbeitsposition. Außerdem verfügt er über ein kleines Packmaß und ist deshalb transportfähig. Dies ist für unseren Mandanten deshalb besonders wichtig, da er den Tisch auf Urlaubsfahrten mitnehmen und am Ziel in rückenschonender Weise die Mahlzeiten einnehmen kann. Auch der Stützhocker weist lediglich geringe Abmessungen auf und kann deshalb bequem im Auto verstaut werden.

Die Gesamtkosten für die Anschaffung dieser Sitzmöbel und Arbeitshilfen belaufen sich auf 4.776,00 EUR. Da unser Mandant einer Erwerbstätigkeit seit dem Unfall nicht mehr nachgehen kann, ist er also auf die Benutzung dieser Sitzmöbel tagtäglich angewiesen. Damit unterliegen diese einer stärkeren Abnutzung als andere Sitzmöbel. Die Neuanschaffung ist deshalb alle 5 Jahre erforderlich, so dass ein jährlich aufzuwendender durchschnittlicher Aufwand von 955,20 EUR zu Buche schlägt. Von diesem Betrag sind die **Sowieso-Kosten** für die Anschaffung eines Schreibtisches, Schreibtischstuhls, Küchenstuhls und Sessels abzusetzen. Ein höhenverstellbarer Arbeitsstuhl sowie ein Schreibtisch können bereits für insgesamt 200,00 EUR (ohne besondere technische Ausstattung) erworben werden. Ein bequemer Fernsehsessel kostet 300,00 EUR, so dass **Sowieso-Kosten** in Höhe von 500,00 EUR anfallen. Ohne den Unfall hätte unser Mandant einen Einbeinhocker nicht gekauft, so dass Sowieso-Kosten hierfür nicht anzusetzen sind. Unter Berücksichtigung der Tatsache, dass unser Mandant zum Unfallzeitpunkt berufstätig war, er also diese Sitz- und Arbeitsmöbel lediglich abends bzw. am Wochenende benutzt hat, ist die Gebrauchstauglichkeit für 10 Jahre anzunehmen, so dass sich ein jährlicher Kostenaufwand von 50,00 EUR für diese Möbel ergibt. Mithin sind also von den monatlich aufzuwendenden Kosten i.H.v. 955,20 EUR für die speziellen Sitz- und Tischmöbel 50,00 EUR p.a. abzusetzen, so dass sich ein jährlicher Betrag von **905,20 EUR p.a.** ergibt, welcher von unserem Mandanten unter Berücksichtigung der Abnutzung bei gesteigerter Benutzung ergibt.

4. Sportbekleidung/Badebekleidung

Unser Mandant besucht seit zwei Jahren nahezu täglich das Fitnessstudio und geht mehrfach in der Woche schwimmen. Ein ärztliches Attest, aus dem sich die unfallbedingte Notwendigkeit ergibt, liegt in der Anlage bei. Unser Mandant benötigt Sport- sowie Badebekleidung, die wegen ihrer häufigen Benutzung einer starken Abnutzung unterliegt. Außerdem benötigt unser Mandant hierfür entsprechende Wechselbekleidung, da er bei täglichem Besuch des Fitnessstudios nicht über einen längeren Zeitraum hinweg – bis zur nächsten Befüllung der Waschmaschine – dieselbe Bekleidung tragen kann. Wegen der starken Abnutzung der Bekleidung und der Notwendigkeit einer Wechselausstattung sind pro Winter- und Sommersaison Kosten für die Sportbekleidung in Höhe von 800,00 EUR aufzuwenden. Eine Badehose kostet im Schnitt 50,00 EUR; unser Mandant benötigt davon zwei Stück p.a. Das Chlorwasser führt zu einer Materialzersetzung, insbesondere im Bereich der Gummibündchen. Die für die Badebekleidung aufzuwendenden Kosten belaufen sich auf 100,00 EUR. Hinsichtlich des Schuhwerks im Fitnessstudio ist aufgrund der Abnutzung die Anschaffung von jährlich einem Paar Sportschuhen für ca. 100,00 EUR notwendig. Insgesamt ergibt sich also ein Investitionsbedarf in Sportbekleidung/Badebekleidung von jährlich **1.000,00 EUR**.

Der Rückstand für die vergangenen zwei Jahre beläuft sich auf **2.000,00 EUR**.

5. Heizungs-, Wasser- und Strommehrverbrauch

Da unser Mandant seit dem Verkehrsunfall einer Erwerbstätigkeit aus gesundheitlichen Gründen nicht mehr nachgehen kann, hält er sich also täglich zu Hause auf. Zuvor hat er eine vollschichtige Auswärtstätigkeit ausgeübt, so dass er wenigstens neun Stunden am Tag nicht im Hause war (acht Stunden Arbeitszeit zzgl. einer Stunde Fahrtzeit für Hin- und Rückweg). Da sich unser Mandant nunmehr überwiegend zu Hause aufhält, fallen im Winter höhere Heizkosten und ein höherer Stromverbrauch für Licht an. Hierbei sind die Abwesenheitszeiten durch Arztbesuche etc. bereits berücksichtigt. Damit ergibt sich ein unfallbedingter Zusatzaufwand an Energiekosten in Höhe von **600,00 EUR p.a.**

Für die vergangenen zwei Jahre seit Beendigung der vorerst letzten stationären Aufnahme beläuft sich der Rückstand auf **1.200,00 EUR**.

6. Pflegekosten

Unser Mandant bezog in der Zeit vom 3.9.2021 bis zum 31.12.2022 Leistungen der Pflegeversicherung nach Pflegegrad 2. Unser Mandant war über einen Zeitraum von insgesamt drei Monaten, nämlich vom 1.4.2022 bis zum 8.7.2022 an den Rollstuhl gebunden. Er bedurfte hier eines hohen Pflegeaufwandes. Der über die Leistungen der Pflegekasse hinausgehende Pflegebedarf ist vom Schädiger zu ersetzen. Wir verweisen insoweit auf die Entscheidung des OLG Koblenz, 18.9.2000, VersR 2002, 244.

Unter Berücksichtigung der Tatsache, dass diese pflegerischen Leistungen neben dem Pflegedienst des DRK von der eigenen Mutter unseres Mandanten sowie von Freunden erbracht worden sind, ergibt sich Folgendes:

Nach Ihren Angaben bestand ein pflegerischer Aufwand für Körperpflege, Umziehen und Unterstützung bei der Einnahme von Mahlzeiten von 120 min täglich, mithin also ein Wochenaufwand von sieben Stunden.

Unter Zugrundelegung des Verrechnungssatzes von 30,00 EUR netto/Std. ergibt sich für die Zeit vom 1.4.2022 bis zum 8.7.2022 ein Nettoaufwand von 1.818,60 EUR/Monat (30,00 EUR/Std. x 14 Std./Wo x 4,33 Wo/Monat). Für drei Monate ergibt sich mithin ein Betrag i.H.v. **5.455,80 EUR** netto. Daneben fiel täglich die notwendige Begleitung zu Spaziergängen und Therapien an. Da Sie aufgrund von erheblichem Muskelschwund in den Armen teilweise nicht mehr in der Lage waren, den Rollstuhl eigenständig zu bewegen, waren Sie auf die Hilfe Ihrer Familie angewiesen. Ein zusätzlicher Betreuungsbedarf von 90 min täglich war daher notwendig.

Unter Zugrundelegung des Stundenverrechnungssatzes von 20,00 EUR netto ergibt sich für den Zeitraum vom 1.4.2022 bis zum 8.7.2022 ein Nettoaufwand von 909,30 EUR/Monat (20,00 EUR/Std. x 10,5 Std./Wo x 4,33 Wo/Monat). Für drei

Monate ergibt sich ein Betrag i.H.v. 2.727,90 EUR. Während dieses Zeitraumes erhielt unser Mandant ein Pflegegeld in Höhe von 347,00 EUR/Monat, welches als kongruente Leistung abzusetzen ist. Insgesamt ergibt sich ein Pflege- und Betreuungsaufwand i.H.v. **7.141,70 EUR** netto (8.182,70 EUR netto – 1.041,00 EUR). Diesen Betrag machen wir hiermit geltend.

7. Bekleidungsaufwand während Krankenhausaufenthalt/Reha-Maßnahme

Unser Mandant musste sich eine Übergangsgarderobe anschaffen, in einer wesentlich höheren Konfektionsgröße als derjenigen, die er normalerweise trägt. Dies war unfallbedingt notwendig, da die Kleidung während der stationären Aufnahme nicht auf die Wunden drücken durfte. Hier sind einmalige Anschaffungskosten von **1.319,00 EUR** angefallen. Die Belege können im Regulierungsgespräch auf Verlangen vorgelegt werden. Die Bekleidung in der Übergröße kann unser Mandant jetzt nicht mehr tragen, so dass Sowieso-Kosten nicht angefallen sind. Diesen Betrag machen wir hiermit ebenfalls geltend.

8. Zusammenfassung

Grundsätzlich gehen wir davon aus, dass für die zukünftigen vermehrten Bedürfnisse ein materieller Zukunftsschadensvorbehalt mit der Wirkung eines gerichtlichen Feststellungsurteils erklärt wird. Allerdings könnte sich unser Mandant auch vorstellen, einzelne vermehrte Bedürfnisse zu kapitalisieren, die dann für die Zukunft aus dem Vorbehalt natürlich ausgeklammert werden. Die Einzelheiten der Kapitalisierung sollten dann in einem persönlichen Regulierungsgespräch verhandelt werden. Insoweit sehen wir Ihrem Kapitalisierungsangebot entgegen. Allerdings verbietet sich die Kapitalisierung der Pflegekosten. Hier muss es zwingend beim materiellen Zukunftsschadensvorbehalt verbleiben.

In Ansehung der bereits geleisteten Vorschüsse dürfen wir um kurzfristige Anweisung eines weiteren Vorschusses in Höhe von

10.000,00 EUR

bis zum

15.9.2024

unmittelbar auf unser unten benanntes Anderkonto bitten.

Diesem Schreiben haben wir eine Stellungnahme des behandelnden Facharztes unseres Mandanten beigefügt, welcher Sie die medizinische Indikation sämtlicher geltend gemachter Hilfs-/Heilmittel entnehmen können. Des Weiteren haben wir diesem Schreiben das Schreiben des gesetzlichen Krankenversicherers unseres Mandanten, in welchem die Kostenübernahme für die oben geltend gemachten Hilfs-/Heilmittel abgelehnt wird, als Anlage beigefügt.

Mit gesonderter Post werden wir kurzfristig die übrigen Schadensersatzansprüche unseres Mandanten Ihnen gegenüber beziffern. Wir regen deshalb in Kürze ein Regulierungsgespräch über die Schadensangelegenheit in unserem Büro an. Bitte rufen Sie uns nach Erhalt dieses Schreibens an, damit wir einen Termin vereinbaren können.

Mit freundlichen Grüßen

Rechtsanwalt

Anlagen:
- Schreiben Dr. X vom 1.8.2024
- Schreiben Krankenkasse vom 27.8.2024

▲

VI. Schwerpunkt: Pflege

1. Allgemeines

Wann ist ein Unfallgeschädigter auf die Pflege anderer angewiesen? Unter welchen Bedingungen ist er also **pflegebedürftig**? Diese Frage ist weder rein praktischer Natur noch eine lediglich medizinische Frage. Vielmehr geht es darum, zusammen mit dem Geschädigten zu klären, wann und in welchem Umfang dieser alltägliche Verrichtungen des Lebens nicht mehr vollständig ohne fremde Hilfe bewältigen kann. **297**

2. Pflegebedürftigkeit

In der Vergangenheit gab es immer wieder Kritik am Pflegebedürftigkeitsbegriff und der daraus folgenden Einteilung in drei Pflegestufen, da hierbei vorwiegend die körperlichen Einschränkungen berücksichtigt wurden. So wurde 2006 durch die Bundesregierung dann auch die Überarbeitung des Pflegebegriffs angestoßen. Die ersten Arbeitsprozesse führten zu dem Ergebnis, dass es eine umfassende Neuregelung geben soll. Es wurde festgestellt, dass der bis dahin geltende Begriff der Pflegebedürftigkeit zu kurz gegriffen war. Die geistige und psychische Verfassung der Betroffenen sollte mehr Berücksichtigung finden und der Pflegebedürftigkeitsbegriff sowie das Begutachtungsschema generell neu definiert und festgelegt werden. Es soll das Prinzip „ambulant vor stationär“ gelten. Alle Neuerungen wurden im Zuge der Pflegestärkungsgesetze I–III umgesetzt. **298**

Mit Einführung des Pflegestärkungsgesetzes I zum 1.1.2015 wurden zunächst die Geldleistungen in allen Pflegebereichen erhöht und mit Blick auf Demenzerkrankungen den kognitiven Einschränkungen eine höhere Beachtung geschenkt. **299**

Das **Pflegestärkungsgesetz II** befasst sich schwerpunktmäßig mit einer neuen Differenzierung bei der Begutachtung. Dieses Gesetz ist zum 1.1.2017 in Kraft getreten. Die in der Vergangenheit geltenden drei Pflegestufen werden seitdem in fünf Pflegegrade umgewandelt. Das „Neue Begutachtungsassessment“ (NBA) ist in **300** sechs Bereiche unterteilt und wird anstelle der bisherigen Zeitmessung nach einem Punktesystem bewertet. Nunmehr werden insbesondere auch die Fähigkeiten der Selbstständigkeit in der Verrichtung alltäglicher Dinge überprüft. Dies wird dazu führen, dass auch Betroffene, die aufgrund geistiger und seelischer Beeinträchtigungen nicht mehr selbstständig ihren Alltag meistern können, in höherem Maße als bisher Anspruch auf Leistungen der Pflegeversicherung haben werden.

301 Die Pflegebedürftigkeit ist durch das 11. Buch im Sozialgesetzbuch (SGB XI) definiert. Die §§ **14, 15 SGB XI** enthalten genaue Bestimmungen, wann ein Mensch per Gesetz als pflegebedürftig gilt und wie diese Einstufung gemessen und beurteilt wird. Derzeit definiert das Pflegeversicherungsgesetz die Personen als pflegebedürftig, die *„gesundheitlich bedingte Beeinträchtigungen der Selbstständigkeit oder der Fähigkeiten aufweisen und deshalb der Hilfe durch andere bedürfen. Es muss sich um Personen handeln, die körperliche, kognitive oder psychische Beeinträchtigungen oder gesundheitlich bedingte Belastungen oder Anforderungen nicht selbstständig kompensieren oder bewältigen können. Die Pflegebedürftigkeit muss auf Dauer, voraussichtlich für mindestens sechs Monate, und mit mindestens der in § 15 festgelegten Schwere bestehen.“* (§ 14 Abs. 1 SGB XI).

302 Durch den **neuen Pflegebedürftigkeitsbegriff** haben sich schwerpunktmäßig drei Aspekte grundlegend geändert: Es werden verbesserte Leistungen für kognitiv und psychisch beeinträchtigte Menschen angeboten. Außerdem wird durch die neuen fünf Pflegegrade anstatt der vorherigen drei Pflegestufen eine differenzierte Einstufung der Pflegebedürftigen erreicht. Hierfür wurde ein neues Begutachtungsschema für die Einstufung der Pflegebedürftigen umgesetzt. Dabei werden unterschiedliche Lebensbereiche beurteilt und Punkte nach der Schwere der Beeinträchtigung vergeben. Die Module werden unterschiedlich stark gewichtet, um schließlich durch Addition der Gesamtpunkte die Einordnung in einen Pflegegrad zu ermöglichen. Bei den unterschiedlichen Modulen handelt es sich um die folgenden Lebensbereiche: Mobilität, kognitive und kommunikative Fähigkeiten sowie Verhaltensweise und psychische Problemlage, Selbstversorgung, Bewältigung von und selbstständiger Umgang mit krankheits- und therapiebedingten Belastungen, Gestaltung des Alltagslebens und sozialer Kontakte.

303 Allerdings ist dieser **gesetzliche Begriff der Pflegebedürftigkeit** nicht gleichzusetzen mit einer **allgemeinen Pflegebedürftigkeit**. Aufgrund verletzungsbedingter spezieller Anforderungen oder einer geringeren Intensität kann eine Pflegebedürftigkeit vorliegen, obwohl es nicht zu einer Anerkennung gesetzlicher Pflegeleistungen kommt. Pflege kann beispielsweise auch nur kurzfristig benötigt werden. Bei einer Pflegebedürftigkeit von unter sechs Monaten wird die Pflege nicht von der Pflegekasse finanziert. Neben der Situation, in welcher der Pflegebedarf nur auf einen kurzen Zeitraum begrenzt ist, besteht auch die Möglichkeit, dass der Pflegebedarf nicht für die Einordnung in einen Pflegegrad ausreicht. Trotzdem können Geschädigte auch in solchen Fällen durchaus der Pflege anderer bedürfen.

Genau an dieser Schnittstelle zwischen der allgemeinen und der gesetzlichen Pflegebedürftigkeit muss die gründliche und sorgfältige Arbeit des Geschädigtenvertreters ansetzen. Für eine fundierte Bezifferung ist es erforderlich, mit dem Mandanten und seinem Umfeld intensiv aufzuklären, wie viel Pflege- bzw. Betreuungsleistungen tatsächlich durch Dritte erbracht werden. In den meisten Fällen deckt die gesetzliche Pflegeversicherung, sollte sie eingreifen, lediglich einen gewissen Teil des notwendigen Pflegebedarfes ab, so dass oftmals eine über die gesetzliche Pflege hinausgehende unfallbedingte Pflegebedürftigkeit des Geschädigten bestehen kann. Anders als bei der Eingruppierung in Pflegestufen ist im Rahmen der Pflegegrade nicht mehr definiert, wie viele Minuten Pflege voraussichtlich anfallen und inwieweit diese mit dem Pflegegeld der Pflegekassen abgegolten sind. Anhand der Aufstellung des Mandanten ist der Mehrbedarf sorgfältig zu ermitteln und im Rahmen der Regulierung beim Schädiger geltend zu machen. Für Fälle, in denen die Pflegesituation sehr umfangreich oder unklar ist, kann es sich anbieten, in Absprache mit der Gegenseite ein Gutachten zum Pflegebedarf einzuholen. 304

3. Pflegekosten

Pflegebedürftige Geschädigte können entweder in der Familie von Familienangehörigen oder von Freunden zu Hause betreut werden oder aber von **professionellen Pflegekräften** in der eigenen Häuslichkeit versorgt werden. Wird ein Pflegedienst eingesetzt, erfolgt die konkrete Abrechnung mit dem Schädiger, anderenfalls muss ein normativ berechneter Ersatz erfolgen. Alternativ besteht auch die Möglichkeit einer Unterbringung und Betreuung im **Pflegeheim**. Es besteht keine Verpflichtung, den Geschädigten aus Kostengründen in einem Pflegeheim unterzubringen. Denn die häusliche Pflege ist auch dann ersatzfähig, wenn eine Unterbringung im Pflegeheim günstiger wäre. Es kommt immer auf den individuellen Bedarf an. Dieser richtet sich wiederum nach der gewählten Lebensgestaltung des Geschädigten, solange dies im Rahmen des Zumutbaren liegt (BGH, Urt. v. 28.8.2018 – VI ZR 518/16). 305

Die **Betreuung** eines pflegebedürftigen Geschädigten in seiner Häuslichkeit **durch Familienangehörige oder Freunde** darf den Schädiger jedoch dann nicht dadurch entlasten, dass diese Tätigkeiten unentgeltlich erbracht werden (BGHZ 140, 39; OLG Hamm DAR 1994, 496). Ersatzpflichtig ist der volle erforderliche Aufwand (LG Würzburg DAR 2002, 74): So kommt es bei der unentgeltlich übernommenen häuslichen Pflege durch Familienangehörige oder Freunde auf die Höhe des Aufwandes an, der erforderlich ist, den Verletzten in der von ihm gewählten und zumutbaren Lebensgestaltung pflegerisch zu versorgen. Zu Bereitschaftszeiten vgl. beispielhaft OLG Zweibrücken NJW-RR 2008, 620. 306

Die für die Pflege aufgewendete Zeit ist zu erfassen und entsprechend zu vergüten. Sollte der Geschädigte Pflegegeld erhalten, ist dies als kongruente Leistung in Abzug zu bringen. Da der Pflegegrad keine zeitbezogene Aufwandskomponente be- 307 rücksichtigt, ist der tatsächliche Bedarf zu ermitteln. Der Stundenlohn ist vom Rechtsanwalt des Geschädigten mit dem Versicherer zu verhandeln. Vergleichend ist mindestens der Nettolohn einer entgeltlich tätigen Pflegekraft heranzuziehen (BGH, Beschl. v. 9.4.2019 – VI ZR 377/17; OLG Düsseldorf NJW-RR 2003, 90). Bei der Übernahme der Pflege durch ein Elternteil ist auch der Aufwand erstattungsfähig, der für den Aufbau der Altersrente des pflegenden Elternteils notwendig ist (OLG Düsseldorf NJOZ 2009, 3422). Für die Bemessung des Stundensatzes sollten Vergütungsgruppen und Stundensätze für Pflegefachkräfte herangezogen werden. Diese können aufgrund des Maßes der Pflegebedürftigkeit und der Fachkenntnisse variieren (*Geigel*, Kap. 4 Rn 74). Zusätzlich sollte die ortsübliche durchschnittliche Vergütung ermittelt werden (LSG Sachsen, Beschl. v. 11.11.2021 – L 8 SO 39/21 B ER).

308 Anstelle einer normativen Abrechnung nach Bedarf kann auch die Implementierung eines Arbeitgebermodells sinnvoll sein. Gerade bei Personen, die einen sehr hohen Pflegebedarf haben, bietet sich eine solche Variante an. Für den Geschädigten muss dann zunächst ein umfangreiches Pflegekonzept entworfen werden, für dessen Umsetzung ein Budget zur Verfügung gestellt wird. Mit dem Budget sollen die Kosten der Pflegefach und -hilfskräfte und/oder innerfamiliären Pflegeleistungen vergütet werden. Der Geschädigte wird dann zum Arbeitgeber. Richtigerweise sollte man sich bei der Feststellung des erforderlichen Aufwands und der Ausgestaltung von Arbeitsverträgen für Mitarbeiter in Arbeitgebermodellen bundesweit am **TVöD** (besonderer Teil Pflege- und Betreuungseinrichtungen) orientieren. Zwar ist es zutreffend, dass sehr viele Angestellte im Bereich von Pflege und Betreuung bei Arbeitgebern beschäftigt sind, die keiner Tarifbindung unterliegen (z.B. private ambulante Pflegedienste). Die Erfahrung hat jedoch gezeigt, dass mit dem TVöD ein arbeitsvertraglicher Rahmen zur Verfügung steht, über den man sowohl in der Personalakquise als auch bei Einstellungsgesprächen relativ schnell eine Einigung erzielen kann. Nachdem noch vor einigen Jahren eine Vergütung gemäß TVöD, verglichen mit den durchschnittlichen Bedingungen der Pflegebranche, im oberen Drittel der Streubreite gelegen hat, haben sich durch den immer konkreter werdenden Mangel an geeignetem Personal die Durchschnittslöhne kontinuierlich erhöht. Insoweit stellt der TVöD inzwischen die Untergrenze des Verhandelbaren dar.

309 Bei Einstellung bzw. Beginn des Arbeitsverhältnisses werden Beschäftigte der Stufe 1 zugeordnet, wenn keine Berufserfahrung vorliegt. Bei mindestens einem Jahr Ausbildung erfolgt die Einstellung in Stufe 2, bei Vorliegen einer dreijährigen Ausbildung erfolgt die Zuordnung zu Stufe 3. Die Stufe 2 erreicht man nach einem Jahr in Stufe 1, Stufe 3 erreicht man nach zwei Jahren in Stufe 2, die Stufe 4 erreicht man nach drei Jahren in Stufe 3, Stufe 5 erreicht man nach vier Jahren in Stufe 4 und die Stufe 6 erreicht man nach fünf Jahren in Stufe 5. Die Eingruppierung in die entsprechenden Entgeltgruppen hat sich an der Qualität der zu erbringenden Pflegeleistungen zu orientieren. Für Nachtarbeitszeiten sollte eine Erhöhung der Vergütung um 20 % des Stundenentgeltes pro Stunde Berücksichtigung finden. Für erbrachte Pfle-

geleistungen an Sonn- und Feiertagen sollte ein entsprechender Zuschlag in Höhe von 25 %–35 % des Stundenentgeltes berücksichtigt werden.

310 Jedoch besteht auch die Möglichkeit einer **fiktiven Abrechnung der erbrachten unentgeltlichen Hilfeleistungen von Freunden und Familienmitgliedern** (BGH, Urt. v. 28.8.2018 – VI ZR 518/16). Die fiktive Abrechnung kann als Untergrenze auf der Basis des für die Pflegefachkräfte geltenden Mindestlohnes erfolgen. Dieser staffelt sich wie folgt:

- allgemeiner Mindestlohn (1.1.2015)
  - alte Bundesländer: 8,50 EUR
  - neue Bundesländer: 8,50 EUR
- allgemeiner Mindestlohn (ab 1.1.2017)
  - alte Bundesländer: 8,84 EUR
  - neue Bundesländer: 8,84 EUR
- allgemeiner Mindestlohn (ab 1.1.2021)
  - alte Bundesländer: 9,50 EUR
  - neue Bundesländer: 9,50 EUR
- allgemeiner Mindestlohn (ab 1.1.2025)
  - alte Bundesländer: 12,82 EUR
  - neue Bundesländer: 12,82 EUR
- Pflegemindestlohn (ab 1.7.2013)
  - alte Bundesländer: 9,00 EUR
  - neue Bundesländer: 8,00 EUR
- Pflegemindestlohn (ab 1.1.2017)
  - alte Bundesländer: 10,20 EUR
  - neue Bundesländer: 9,50 EUR
- Pflegemindestlohn (ab 1.7.2021)
  - alte Bundesländer:15,00 EUR
  - neue Bundesländer: 15,00 EUR
- Pflegemindestlohn (ab 1.5.2024)
  - alte Bundesländer: 19,50 EUR
  - neue Bundesländer: 19,50 EUR

Dies bezieht sich jedoch lediglich auf einfachste Leistungen im Sinne der Betreuungspflege. Darüber hinausgehende Tätigkeiten sollten – wie oben dargestellt (Rdn 308) – nach dem TVöD abgerechnet werden.

> *Praxistipp*
>
> Der Mandant sollte ein Pflegetagebuch schreiben, in dem die konkreten Arbeiten der Familienangehörigen nach Tag, Zeitaufwand und Art der Tätigkeit notiert werden (vgl. hierzu Tabelle zur Pflegeerfassung § 12 Rdn 2).

311 Grundsätzlich gilt, dass man bei Pflegeleistungen genau differenzieren muss. Es ist zu differenzieren nach Grundpflege (zum Beispiel: Füttern, Waschen, Ankleiden,

Umsetzen in Rollstuhl etc.), Betreuungspflege (Beispiel: Ausfahrt in den Park mit dem Rollstuhl, Brettspiele zur Beschäftigung des zu Pflegenden etc.) und Bereitschaftspflege (Beispiel: nächtliche Rufbereitschaft für den Fall von Spastiken oder Atemnot etc.). Hinsichtlich aller drei Bereiche ist für die Regulierung zu unterscheiden, welcher Anteil der Pflege tatsächlich auf welchen Bereich entfällt. Wichtig ist dies für die Festlegung des jeweiligen Stundensatzes. Die Grundpflege ist höher zu vergüten als die reine Bereitschaftspflege. Unter Zuhilfenahme des angesprochenen Pflegetagebuches oder besser noch eines Pflegegutachtens können die jeweiligen Zeitabschnitte stundengenau für den Tag bestimmt werden, womit dann ein Pflegebedarf pro Tag errechnet werden kann. Sofern eine Betreuung in einer Tagespflegeeinrichtung oder aber in einer Werkstatt für Menschen mit Behinderung erfolgt, sind diese Zeiten ebenfalls entsprechend zu berücksichtigen. Es empfiehlt sich, hier für jeden Tag einzeln die Stunden genau abzurechnen und die entsprechenden Sätze geltend zu machen, da mitunter gerade am Wochenende der Anteil der familiären Pflegeleistungen oftmals höher ist, weil Pflegedienste nur zeitlich limitiert zur Verfügung stehen.

Praxistipp

Um dem Mandanten zu erklären, welche Leistungen zeitlich in den Bereich Pflege und welche in den Bereich der Betreuung/Beobachtung einzusortieren sind, kann es helfen, vorab zu erklären, dass Pflege alle jene Arbeiten erfasst, bei denen der Geschädigte angefasst wird. Betreuung und Beobachtungspflege erfordern demgegenüber die Unterstützung oder Beaufsichtigung ohne unmittelbaren Körperkontakt. Andernfalls vermischen Geschädigte häufig die drei Bereiche, was sich negativ auf die Höhe der Schadenssumme auswirken kann.

312 Bei einer nach § 3 S. 1 Nr. 1a SGB VI versicherungspflichtigen Tätigkeit hat der Versicherer die Kosten der gesetzlichen Rentenversicherung ebenso zu tragen. Hinzu kommen etwaige Steuern sowie der Arbeitgeberanteil zur Sozialversicherung. Jede Arbeitskraft ist bei der gesetzlichen Unfallversicherung auf Kosten des Schädigers anzumelden.

313 Außerdem sind die Anforderungen zur sozialen Sicherung der Pflegepersonen des § 44 SGB XI zu beachten. **Pflegende Familienangehörige** sind zur Sozialversicherung anzumelden, diese Kosten muss der Schädiger (BGH, Urt. v. 28.8.2018 – VI ZR 518/16) zuzüglich etwaiger Steuern und des Arbeitgeberanteils zur Sozialversicherung erstatten. Ebenfalls besteht Versicherungspflicht bei der gesetzlichen Unfallversicherung zu Lasten des Schädigers.

314 In der Schadensregulierung besteht häufig Unsicherheit auf Seiten des Geschädigten, welcher zeitliche Aufwand für welche pflegerische Maßnahme einzusetzen ist und ob dafür eine Fachkraft oder eine Hilfskraft erforderlich ist.

Praxistipp

Meistens kann man zur Klärung dieser Fragestellung mit dem Versicherer eine Einigung dahingehend erzielen, dass dieser ein Gutachten zur Ermittlung des zeitlichen Umfanges der notwendigen Pflege und der Höhe der Pflegekosten in Auftrag gibt. Dies kann häufig über einen Rehabilitationsdienst abgewickelt werden. Der Anwalt sollte darauf achten, dass dem Gutachter die Frage aufgegeben wird, eine Abgrenzung zu dem Zeitaufwand vorzunehmen, der gemeinhin in die Bezifferung des Haushaltsführungsschadens fällt. Andernfalls besteht das Risiko, dass mit dem Argument, dass Haushaltsführungsleistungen bereits im Rahmen der ermittelten Pflegekosten enthalten sind, unberechtigte Abzüge im Rahmen des Haushaltsführungsschadens vom Versicherer vorgenommen werden. Der Hintergrund ist darin zu sehen, dass sich die Sachverständigen häufig an den sozialrechtlichen Vorgaben im SGB XI orientieren und zugleich einen Zeitaufwand im Bereich der Ernährung sowie der hauswirtschaftlichen Versorgung (Einkaufen, Kochen und Reinigung der Wohnung) im Rahmen der Ermittlung des Pflegebedarfes mitberücksichtigen, ohne diesen jedoch zeitlich zu definieren und betragsmäßig zu beziffern.

Praxistipp

Bei der Beauftragung des Gutachters sollte der Anwalt darauf hinwirken, dass ein Hinweis zur Erforderlichkeit der Anwendung eines zivilrechtlichen Maßstabes mitgeteilt wird. Dieser könnte wie folgt lauten: „Rein vorsorglich weisen wir darauf hin, dass die Ermittlung des Pflege- und Betreuungsbedarfes nach einem **zivilrechtlichen Maßstab**, insbesondere unter Berücksichtigung der Zeiterfassung für Laienkräfte, erfolgen muss. Die Zugrundelegung von Daten aus dem Sozialrecht (etwa den Richtlinien des GKV Spitzenverbandes o.ä. Publikationen) ist ungeeignet.“

Wenn der pflegebedürftige Geschädigte zu Hause durch externe Fachkräfte betreut **315**
wird, besteht selbstverständlich ebenso ein Anspruch auf Erstattung dieser Kosten. Diese können im Einzelfall auch die Kosten einer Heimunterbringung übersteigen (OLG Bremen, Urt. v. 21.4.1998 – 3 U 45/96; OLG Koblenz, Urt. v. 18.9.2000 – 12 U 1464/99; vgl. dazu auch *Huber*, NJW 2025, 2004, 2005 f.). In der Praxis gibt es verschiedene Modelle einer Betreuung durch Pflegekräfte zu Hause. So können persönliche Assistenten diese Tätigkeit übernehmen; der Geschädigte tritt dann als Arbeitgeber auf. Bei der Schadensregulierung sind auch die Arbeitgeberanteile des Geschädigten zur Sozialversicherung seines angestellten Pflegepersonals vom Versicherer ebenso wie Steuern und Beiträge zur Berufsgenossenschaft zu zahlen. Als Alternative zum sogenannten **Arbeitgebermodell** gibt es auch **Assistenzgenossenschaften**, bei denen die Assistenten ihrerseits angestellt sind. Der entscheidende Vorteil der **persönlichen Assistenz** liegt darin, dass die Geschädigten sich nicht zeitlich und inhaltlich an vorgegebene Leistungskomplexe anpassen müssen, die durch

die Pflegeversicherung vorgegeben werden. Die persönliche Assistenz ermöglicht es, weitgehend ein **selbstbestimmtes Leben** zu führen (*Haas*, zfs 2006, 254 ff.).

316 Zu berücksichtigen ist, dass bei persönlicher Assistenz für die Assistenzkraft ggf. ein erhöhter Wohnraumbedarf besteht. Hier ist möglicherweise sowohl an ein eigenes Zimmer für die Pflegekraft als auch an ein eigenes Bad zu denken. Dies ist im Rahmen der unten beschriebenen Kosten für behindertengerechtes Wohnen (siehe Rdn 318) zu regulieren.

317 Wenn der pflegebedürftige Geschädigte im Pflegeheim betreut wird, sind vom Versicherer diese Kosten zu erstatten. Gleiches gilt bei der Unterbringung in der Werkstatt für Menschen mit Behinderung. Der angemessene und erforderliche **Betreuungsbedarf** kann in verschiedener Weise gedeckt werden. Die Ersatzfähigkeit von Tagespflegeheimkosten hat nicht zur Voraussetzung, dass die dortige Unterbringung aus medizinischen Gründen unumgänglich ist (OLG Köln, Urt. v. 17.9.1987 – 7 U 76/87).

4. Ausgewählte Hilfsmittel bei Pflegebedürftigkeit

318 Neben den Ansprüchen auf Erstattung der Pflegekosten hat der pflegebedürftige Geschädigte eine Anzahl weiterer vermehrter Bedürfnisse, die im Einzelnen vom Rechtsanwalt zu regulieren sind. So kann zum Beispiel die **behindertengerechte Ausstattung** des bereits vorhandenen Wohnraums zum Tragen kommen. Im Einzelfall kann auch die Notwendigkeit des Umbaus von vorhandenem Wohnraum ebenso zur Regulierung anstehen wie der Neubau von behindertengerechtem Wohnraum. Diese Grundsätze gelten auch für eine Ferienwohnung und einen vorhandenen **Zweitwohnsitz**.

Praxistipp

Die Ermittlung der Kosten für die behindertengerechte Ausstattung des Wohnraums bzw. für den eventuell notwendigen Umbau oder Neubau sollte im Zusammenwirken mit dem Haftpflichtversicherer durch einen Sachverständigen ermittelt werden. Damit können Verzögerungen in der Regulierung vermieden werden, die daraus resultieren, dass der Versicherer andere Vorstellungen von der Umsetzung der notwendigen Belange des Geschädigten hat, als dieser selbst. Der Rechtsanwalt sollte darauf achten, dass dem Gutachter sogleich die Frage aufgegeben wird, zu klären, welche Kosten ggf. vom Sozialversicherungsträger getragen werden. Hier ist zu berücksichtigen, dass der Geschädigte wegen § 116 SGB X in der Schadensregulierung hinsichtlich dieser Kostenaspekte nicht aktivlegitimiert ist.

319 Eine Besonderheit im Rahmen der Regulierung vermehrter Bedürfnisse besteht darin, dass die notwendigen Umbaukosten bzw. Neubaukosten zur Ermöglichung eines behindertengerechten Lebens nicht fiktiv geltend gemacht werden können (OLG Hamm, Beschl. v. 11.9.2002 – 9 W 7/02).

Wenn die bislang bewohnte Wohnung nicht ausreichend Platz gewährt, damit der behinderte Geschädigte darin leben kann, hat er Anspruch auf die **Umzugskosten** in eine Wohnung, die den räumlichen Mehrbedarf deckt. Die damit im Zusammenhang stehenden Kosten für eine **höhere Miete** sind ebenfalls vom Versicherer zu übernehmen. In diesem Zusammenhang ist auch darauf hinzuweisen, dass pflegebedürftige Geschädigte häufig mehr Geld für **Heizungsenergie** ausgeben. Häufig werden die Wohnungen auch im Sommer durchgeheizt, da dauerhaft eine höhere Raumtemperatur zur Verfügung stehen muss. Dieser Mehrbedarf ist eine weitere Schadensersatzposition. 320

Für die Fortbewegung ist an ein **behindertengerechtes Kraftfahrzeug** zu denken. Dieses kann entweder als gebrauchtes Fahrzeug angeschafft werden (es finden sich zahlreiche Anbieter im Internet) oder aber es ist eine Neuanschaffung mit individuellem Umbau erforderlich. Mitunter ist es auch ausreichend, das vorhandene Fahrzeug auf ein Automatikgetriebe umzurüsten und zum Beispiel einen Schwenksitz zu integrieren. Auch ist ein Umbau von Fußpedalbetrieb auf Handbetrieb möglich. Es ist ratsam, sich umfänglich mit den technischen Möglichkeiten einer Umrüstung zu beschäftigen, um die damit verbundenen Kosten im Rahmen der Regulierung beim Versicherer geltend zu machen. Es finden sich zahlreiche spezialisierte Anbieter, die zugleich die notwendige behördliche Zulassung wegen der Umrüstung veranlassen und die Drittleistungen beim SVT einholen können. Im Zusammenhang mit der Anschaffung eines solchen Fahrzeugs ist auch an den Mehrverbrauch von Treibstoff zu denken, da der Geschädigte das Fahrzeug auch für häufigere Kurzfahrten benutzen muss, die er ggf. ohne den Unfall zu Fuß oder aber mit dem Fahrrad erledigt hätte. 321

Als Alternative zur Anschaffung eines behindertengerechten Fahrzeugs kommt die Kostenübernahme des Versicherers für die Inanspruchnahme eines **Fahrdienstes** in Betracht, der oftmals von Organisationen wie dem Deutschen Roten Kreuz etc. angeboten wird. Hier sollte mit dem Versicherer gemeinsam eine kaufmännische Kalkulation der einen oder anderen Variante besprochen werden. 322

Der Geschädigte hat auch Anspruch auf Ermöglichung einer **Urlaubsreise** und den Besuch von kulturellen Veranstaltungen (Kinobesuche, Theater etc.). Die reinen Kosten für die Wahrnehmung dieser Freizeitgestaltung sind mindestens hinsichtlich der Notwendigkeit einer **Begleitperson** voll vom Versicherer zu erstatten. Mitunter ist eine Urlaubsreise für den Rollstuhlfahrer nur über einen Spezial-Anbieter möglich. Hier sind die Mehrkosten gegenüber einer vergleichbaren Urlaubsreise für einen Menschen ohne Behinderung als Schadensersatz geltend zu machen. Der Mehrpreis ist vom Versicherer zu erstatten. Hinzu kommen gegebenenfalls die Kosten für eine Begleitperson (Stundenhonorar sowie Kosten der Urlaubsreise an sich). 323

Der pflegebedürftige Geschädigte hat unter Umständen Anspruch auf die Kostenübernahme für die Benutzung eines **Fitnessstudios** oder **Schwimmbades** (einschließlich der damit im Zusammenhang stehenden Fahrtkosten). In diesem Zu- 324 sammenhang soll die Entscheidung des OLG Nürnberg VersR 1971, 260 nicht unerwähnt bleiben, wo dem Geschädigten der Neubau eines behindertengerechten Schwimmbades zugesprochen worden ist.

325 Auch der Anspruch auf eine **Kur** ist nicht unwesentlich. Gerade vor dem Hintergrund, dass die gesetzliche Sozialversicherung in diesen Bereichen zunehmend restriktiver entscheidet, besteht häufiger der Anspruch auf eine zivilrechtliche Regulierung der damit verbundenen Kosten. Hier ist wiederum ggf. die Begleitperson rechtlich zu berücksichtigen.

326 Zu beachten ist für die praktische Regulierung weiterhin, dass für die behindertengerechte Einrichtung eines Arbeitsplatzes das Integrationsamt einstandspflichtig sein kann. Einerseits geht der Schadensersatzanspruch vom Geschädigten auf das Integrationsamt nicht über; andererseits handelt es sich nicht um freiwillige Leistungen eines Dritten, mit der Folge, dass sich insoweit der Schadensersatzanspruch des Geschädigten mindert.

5. Kongruente Leistungen

327 Bei der Regulierung vermehrter Bedürfnisse von Menschen mit Behinderung oder pflegebedürftigen Geschädigten muss im Einzelfall immer geprüft werden, ob kongruente Leistungen gewährt worden sind, weil dann ein Anspruchsübergang gem. § 116 SGB X zum Unfallzeitpunkt auf den Sozialversicherungsträger stattgefunden hat und der Geschädigte im Rahmen der zivilrechtlichen Regulierung nicht mehr aktivlegitimiert ist.

328 **Kongruente Leistungen zu vermehrten Bedürfnissen und Heilbehandlungskosten** stellen insbesondere folgende Leistungen der Sozialversicherungsträger dar, wobei diese Aufzählung aufgrund der großen Anzahl denkbarer Leistungen nicht abschließend sein kann (zitiert nach *Geigel*, Kap. 30 Rn 29 ff.):

- *„Leistungen für ambulante und stationäre Heilbehandlung einschließlich medizinischer Reha, sofern Primärverletzung durch Unfall erwiesen (BGH NJW 2020, 3176: Den Regressglaubiger treffen diesbzgl. dieselben Beweisanforderungen).*
- *Regressfähig sind sämtliche Krankenhauskosten einschl. Sonderentgelte.*
- *Erstattungsfähig ist auch der Investitionszuschlag gem. Art. 14 des Gesundheitsstrukturgesetzes, da ohne diese Zahlung der Verletzte im Krankenhaus nicht hätte behandelt werden können (BGH NJW 2011, 2583). Nicht Kosten für die Einschaltung des MDK.*
- *Zuzahlungen von Patienten (10,00 EUR pro Tag, max. 28 Tage) gem. §§ 39 Abs. 4, 61 SGB V zieht das Krankenhaus ein und verringert die Abrechnung mit der Krankenkasse entsprechend, § 43 c Abs. 3 SGB V.*
- *Kosten für eine Suchtbehandlung, sofern unfallbedingt.*

- *Kosten für Beförderung mit Rettungswagen (BGH NZV 2004, 519 nicht aber für „Fehlfahrt": BSG BeckRS 2007, 48815 – dazu Schwab, DAR 2009, 38 f.).*
- *Häusliche Krankenpflege, § 37 SGB V, § 32 SGB VII. Soweit dazu auch die hauswirtschaftliche Versorgung gehört, besteht Kongruenz zum Ersatzanspruch wegen vermehrter Bedürfnisse.*
- *Kosten für Arznei-, Verbands- und Hilfsmittel wie z.B. Brillen, Zahnersatz, Rollstuhl, §§ 31 ff. SGB V, §§ 29 ff. SGB VII.*
- *Kosten für Sondernahrung ohne Abzug für eine ersparte Verpflegung (OLG Zweibrücken, BeckRS 2010, 23466).*
- *Kosten für Belastungserprobung und Arbeitstherapie, § 42 SGB V.*
- *Ersatz für Beschädigung künstlicher Körperteile und Krankenfahrzeuge, § 33 SGB V, § 27 Abs. 2 SGB VII.*
- *(…)*
- *Beihilfe zur Anschaffung eines Pkw, soweit dies neben der beruflichen Rehabilitation auch – unfallbedingt – zur Ausgestaltung des „sonstigen Lebens" notwendig ist, z.B. § 40 SGB VII.*
- *Eingliederungshilfe gem. §§ 90 ff. SGB IX (OLG Köln, MedR 2013, 526 m. Anm. Huber);*
- *Assistenzleistungen gem. § 78 SGB IX.*
- *Aufwendungen für Inklusionsbetriebe gem. § 215 SGB IX (…).*
- *Kosten für Unterbringung in Werkstatt Menschen mit Behinderung i.S.d. § 219 SGB IX (OLG Hamm, r+s 2021, 359).*
- *Haus- und Heimpflege, § 44 SGB VII, ambulante Pflege (als Sachleistung, § 36 SGB XI oder Geldleistung gem. § 37 SGB XI).*
- *Teilstationäre oder vollstationäre Pflege gem. §§ 41 f., 43 SGB XI, soweit mit diesen Leistungen Bedürfnisse des Verletzten selbst ausgeglichen werden (BGH NJW 2006, 3565).*
- *Häusliche Krankenpflege, § 37 SGB V, § 32 SGB VII.*
- *Leistungen für Pflegebedürftige gem. §§ 63, 70 ff. SGB XII und Mehrbedarf, soweit unfallbedingt (BGH NJW 2002, 292) nicht bezüglich Blindengeld nach den Landesblindengeldgesetzen.*
- *Krankengeld bei Fernbleiben von der Arbeit wegen des unfallbedingt erkrankten Kindes, § 45 SGB V.*
- *Haushaltshilfe, § 38 SGB V, § 42 SGB VII, § 10 KVLG, (…).*
- *Aufwendungen für Kleidermehrverschleiß,*
- *Führungsgeld bei Blinden,*
- *Behindertentransport,*
- *Wohnungshilfe für Menschen mit Behinderung,*
- *Umbauten wegen Behinderung*
- *(…)."*

329 Sollte der Geschädigte Pflegegeld aus der Pflegeversicherung erhalten oder Leistungen der Sozialhilfe beziehen, so handelt es sich in beiden Fällen **um kongruente Leistungen** (BGH NJW 1996, 726 ff.; BGH zfs 2006, 618 ff.; BGH, NJW 2004, 2892).

6. Haushaltsangehörigen- und Familienprivileg

330 Auch und gerade bei der Regulierung vermehrter Bedürfnisse, insbesondere der Pflegekosten, ist das sog. Haushaltsangehörigenprivileg zu beachten.

Die wichtigste Vorschrift für die Regelung des Haushaltsangehörigenprivilegs, vormals Familienprivileg, ist § 116 Abs. 6 SGB X. Im Jahr 2020 wurde die Norm umfassend geändert, trat am 1.1.2021 in Kraft und findet auf Schadensfälle ab dem 31.12.2020 Anwendung (§ 120 Abs. 1 S. 3 SGB X). Es muss einerseits die Rechtslage bei Eintritt des Schadensereignisses bis zum 31.12.2020 und ab dem 1.1.2021 differenziert werden. Bis zum 31.12.2020 galt Folgendes:

Das sogenannte Familienprivileg (§ 116 Abs. 6 S. 1 SGB X a.F.) wendete den Übergang des Anspruchs gegen den Haftpflichtversicherer auf den Sozialleistungsträger bei nicht vorsätzlichen Schädigungen durch Familienangehörige, welche in häuslicher Gemeinschaft mit dem Geschädigten wohnen, ab. In der Folge bestand die Möglichkeit, dass der Geschädigte sowohl die Sozialleistung als auch den kongruenten Schadensersatz erhielt, mithin doppelt entschädigt wurde.

Die Rechtslage bei Eintritt des Schadensereignisses ab dem 1.1.2021 sieht nun anders aus. Anstelle des Ausschlusses des Anspruchsübergangs im Falle der Haftungsprivilegierung (Familienprivileg) wird nun bei Vorliegen der Voraussetzungen des Privilegierungstatbestandes lediglich die Geltendmachung des Anspruchs verhindert. Der Geschädigte ist hinsichtlich des kongruenten Schadensersatzanspruchs nicht mehr aktivlegitimiert, es kann also nicht mehr zu einer doppelten Entschädigung kommen (siehe Rechtslage bis zum 31.12.2020).

Geändert wurde überdies das Merkmal „Familienangehöriger“ in „Personen“. Entscheidend ist mittlerweile, dass materiell ein familiäres Näheverhältnis besteht, auf formelle familienrechtliche Verhältnisse hingegen kommt es nun nicht mehr an. Laut Gesetzesbegründung wird der bislang durch die Rechtsprechung vorgenommenen auslegenden Erweiterung des Rechtsbegriffs Rechnung getragen. Eine Änderung der Rechtslage hingegen soll damit nicht einhergehen. Personen sind somit neben Stiefeltern/-kinder etwa auch Partner einer nichtehelichen Lebensgemeinschaft.

Eine weitere Voraussetzung des § 116 Abs. 6 S. 1 SGB X ist, dass der Schädiger mit dem Geschädigten oder dessen Hinterbliebenen in häuslicher Gemeinschaft lebt, mithin eine gemeinsame Wohnung bzw. ein gemeinsamer Haushalt vorliegt. Vorübergehende Trennungen schaden nicht. Entscheidend ist ein auf Dauer ausgerichtetes Zusammenleben.

Auch ein von seinem Kind getrennt lebender Elternteil kann die Voraussetzung häuslicher Gemeinschaft erfüllen, sofern er seiner Verantwortung in dem ihm rechtlich möglichen Maße nachkommt und regelmäßig längeren Umgang mit dem Kind pflegt, so dass dieses zeitweise auch in seinen Haushalt integriert ist (BVerfGE 127, 263).

Neu eingeführt vom Gesetzgeber wurde in § 116 Abs. 6 S. 3 SGB X eine Ausnahme vom Haushaltsangehörigenprivilegierungstatbestand (S. 1), sofern die Schädigung auf den Betrieb eines KFZ zurückzuführen ist, welches gemäß § 1 PflVG oder § 1 PflVAuslG Versicherungsschutz besitzt. Hintergrund für diese Ausnahmeregelung ist der Pflichtversicherungsschutz, welcher einer Einstandspflicht des in häuslicher Gemeinschaft lebenden Schädigers entgegensteht. Von dem leistenden Sozialversicherungsträger kann der Anspruch gegenüber der Versicherung geltend gemacht werden.

VII. Schwerpunkt: Verletzungsbedingte Beeinträchtigung in der Haushaltsführung als vermehrtes Bedürfnis

1. Allgemeines

Die beeinträchtigte Fähigkeit zur Haushaltsführung kann einerseits dem Erwerbs- **331**
schaden und andererseits den vermehrten Bedürfnissen zuzurechnen sein. Das hängt davon ab, ob die Arbeitsleistung dem Beitrag zum gesetzlich geschuldeten Familienunterhalt (§ 1360 BGB) – dann Haushaltsführungsschaden – oder der Befriedigung der eigenen persönlichen Bedürfnisse dient (weshalb man auch vom **Eigenversorgungsanteil** spricht) – dann vermehrte Bedürfnisse. Wenn der Geschädigte Haushaltstätigkeiten für den Ehegatten und die Kinder verrichtet, so ist der darauf gerichtete Schadensersatzanspruch rechtlich als Erwerbsschaden zu qualifizieren. Der Anteil an den Haushaltstätigkeiten für den Geschädigten persönlich ist folglich den vermehrten Bedürfnissen schadensersatzrechtlich zuzuordnen.

2. Abgrenzung Haushaltsführungsschaden – vermehrtes Bedürfnis nach der Kopfteil-Rechtsprechung des BGH im Mehrpersonenhaushalt

Besteht ein Haushalt aus mehr als zwei Personen, ist also eine Abgrenzung zwi- **332**
schen dem Erwerbsschaden (weil die Haushaltsführung für die Familie erbracht wird) und dem eigenen Mehrbedarf (vermehrtes Bedürfnis) erforderlich. Der BGH stellt auf die Zahl der Familienmitglieder ab (BGH NJW 1985, 735). Begründet wird dies damit, dass der personenunabhängige Zeitaufwand allen Personen zugutekommt. Ein umfangreiches Musterbeispiel zur Kopfteilrechtsprechung findet sich bei IFH-Tabelle/*Schah Sedi*, § 12 Rn 16.

3. Abgrenzung Haushaltsführungsschaden – vermehrte Bedürfnisse im Mehrpersonenhaushalt nach dem tatsächlichen Aufwand

333 Die Sichtweise des BGH wird jedoch nicht allen Familienkonstellationen gerecht (ebenso *Pardey*, Der Haushaltsführungsschaden, 8. Aufl., S. 33 ff.). Gerade große Haushalte mit vielen Kindern erfordern einen wesentlich höheren Zeitaufwand in der Haushaltsführung für die Familie, insbesondere dann, wenn Kleinst- und Kleinkinder vorhanden sind, die rund um die Uhr betreut werden müssen. Auch sind Kleinkinder häufiger krank als ältere Kinder, was den erwerbsschadensrechtlichen Anteil deutlich erhöht. Bei einer „**Kopfzahlregelung**" werden Geschädigte, die (kleine) Kinder im Haushalt zu versorgen haben, unangemessen benachteiligt. Diese Argumentation findet ihre Stütze auch in der IFH-Tabelle/*Schah Sedi*, § 7 Rn 6 ff., Tabelle 4, in der Zuschläge für die Kinderbetreuung von der Geburt bis zur Volljährigkeit enthalten sind.

> *Praxistipp*
>
> Es ist ratsam, wenn der Geschädigte über einen Zeitraum von 2–4 Wochen notiert, welche Haushaltstätigkeiten in welchem zeitlichen Umfang für den Geschädigten selbst und im Übrigen für die anderen Familienmitglieder erledigt werden. Zur Vereinfachung sollte auf die üblichen neun Tätigkeitsbereiche der Hausarbeit zurückgegriffen werden (IFH-Tabelle/*Schah Sedi*, § 8 Rn 2, Tabelle 5). Nur so kann gewährleistet werden, dass eine Schadensschätzung nach § 287 ZPO wegen vorhandener Anknüpfungstatsachen im sachgerechten Interesse des Geschädigten erfolgen kann.

334 Es ist zu beachten, dass die Ermittlung des Eigenversorgungsanteils im Verhältnis zum sonstigen Haushaltsführungsschaden in Zeitabschnitten erfolgen sollte. Das ergibt sich bei Familien mit Kindern daraus, dass die Kinder größer werden und damit der Eigenversorgungsanteil des Geschädigten mit dem steigenden Lebensalter des Kindes beziehungsweise der Kinder zunehmen wird. Andererseits wird der Eigenversorgungsanteil mit zunehmendem Lebensalter des Geschädigten im 2-Personen-Haushalt dann geringer, wenn der andere Ehegatte oder Partner seinerseits aufgrund des fortgeschrittenen Alters einen gestiegenen allgemeinen Betreuungsbedarf hat, zu dessen Erbringung der Geschädigte unterhaltsrechtlich verpflichtet ist. Er wird auch dann geringer, wenn sich die Familie durch die Geburt oder Adoption weiterer Kinder vergrößert.

4. Kongruente Leistungen

335 Besonderheiten ergeben sich hinsichtlich der kongruenten Leistungen dann, wenn die Haushaltstätigkeit als Erwerbsschaden zu qualifizieren ist. Insoweit ist an dieser Stelle auf die Ausführungen oben zu verweisen (Rdn 240 ff.).

Zum Eigenversorgungsanteil kann hinsichtlich der Kongruenz auf vorstehende Ausführungen verwiesen werden (Rdn 240 ff., 327 ff.).

§ 5 Ansprüche bei Tötung

A. Allgemeines

Die Tötungsfälle sind in der Praxis bei der Bearbeitung von Personenschäden äußerst „unbeliebt", da sie sehr kompliziert zu rechnen sind, viel Zeitaufwand in der Bearbeitung bedeuten und für den Anwalt vergütungsrechtlich wenig lukrativ sind. 1

Bis dato gab es keine umfangreichen Berechnungsmuster, in denen die einzelnen Tötungsfälle mit ihren verschiedenen Konstellationen detailliert berechnet wurden. In der gängigen Literatur existieren teilweise Beispielfälle, jedoch nicht in dem Umfang, wie sie im Anhang in diesem Buch aufgeführt sind (vgl. § 12 Rdn 1 ff.). Mit der nachfolgenden umfangreichen Darstellung soll eine Lücke geschlossen werden. Der Anwalt, der einen Tötungsfall bearbeitet, kann daher die Blanko-Muster 1 zu 1 für seinen Fall übernehmen. Dies bedeutet eine erhebliche Erleichterung bei der Bearbeitung von Tötungsfällen. Natürlich sind die hier verwendeten Quoten nicht als Dogma zu werten. Die Quoten dienen der Erleichterung der Berechnung und basieren zum Großteil auf der Rechtsprechung sowie den Berechnungen, welche sich in der Praxis durchgesetzt haben. 2

Wie alle Quoten, alle Tabellen oder sonstigen Hilfsmittel dienen diese Muster lediglich der Orientierung. Dabei darf grundsätzlich nie der Einzelfall aus den Augen verloren werden. Von den standardisierten Quoten oder Tabellen muss im Einzelfall abgewichen werden, wenn die individuellen Verhältnisse des Mandanten dies erfordern. 3

Tötungsfälle gehören zum Repertoire des Verkehrsrechtlers und müssen ebenso akribisch wie Verletzungsfälle bearbeitet werden. Um Fehlerquellen zu vermeiden, jedoch alle Facetten mit vernünftigem Aufwand abzuarbeiten, wurden in diesem Buch die Blanko-Muster entworfen. Versicherer haben mittlerweile je nach Einzelfall unterschiedliche Rechenprogramme entwickelt oder sich eigene Muster zugelegt. In der Regel sind diese jedoch nicht veröffentlicht, sondern gehören zur individuellen Grundausstattung der Großschadenssachbearbeiter. 4

Bevor ein Tötungsfall bearbeitet wird, ist zunächst eine erbrechtliche Prüfung zur Feststellung des Erben vorzunehmen. Es ist zuerst – wie aus dem Erbrecht bekannt – zu prüfen, ob eine gesetzliche Erbfolge oder eine gewillkürte Erbfolge vorlag. Diese erbrechtliche Grundsatzfrage ist wichtig, da im Ergebnis mehrere Anspruchsberechtigte vorhanden sein können und sich die Frage stellt, wen der Anwalt vertritt. Werden alle Erben vertreten oder nur der hinterbliebene Ehemann/die hinterbliebene Ehefrau? Ferner hat diese erbrechtliche Prüfung auch eine gebührenrechtliche Bedeutung. Es empfiehlt sich, für jeden Anspruchsberechtigten eine gesonderte Akte zu führen, damit kein Durcheinander in den Unterlagen entsteht. 5

6 Teilweise wird immer wieder vorgetragen, dass die Unterhaltsberechnungen wie im Familienrecht mit der Düsseldorfer Tabelle durchzuführen sind. Das ist falsch. Insofern können die familienrechtlichen Grundlagen eines Unterhaltsanspruchs keineswegs auf die Tötungsfälle im deliktsrechtlichen Bereich angewandt werden.

7 Oftmals hat der Getötete nach einem Unfallereignis noch einige Zeit gelebt und ist erst nach einer Zeitspanne verstorben. In diesen Fällen muss genau getrennt werden, ob der Verletzte noch eigene Schadensersatzansprüche hatte. Dies können z.B. Gehaltsdifferenzschäden, Sachschäden, Heilbehandlungskosten oder aber auch selbstverständlich ein Schmerzensgeldanspruch gewesen sein, welcher dann auf die Erben übergegangen ist (§ 1922 BGB). Hiervon losgelöst sind die Ansprüche, die durch den Tod des zuvor Verletzten überhaupt erst entstanden sind. Es herrscht der Grundsatz, dass normalerweise jeder für seinen Unterhalt selbst sorgt. Personen, die das nicht können, sind im Sinne des Gesetzes bedürftig und unterhaltsberechtigt. Der Unterhaltsanspruch ist daher eine Durchbrechung des Prinzips, dass Dritte, die nicht selber beim Unfall sterben, keine Ersatzansprüche geltend machen können. Es ist folglich sauber zwischen den Erben und den Unterhaltsgeschädigten zu trennen. Der Unterhaltsanspruch nach § 844 Abs. 2 BGB ist nicht Gegenstand des Nachlasses des Getöteten, sondern steht ausschließlich den Unterhaltsgeschädigten zu.

8 Man prüft immer, ob der Getötete einen eigenen Anspruch auf Schadensersatz hatte. Dies bedeutet im Umkehrschluss, dass der Unterhaltsgeschädigte sich z.B. ein etwaiges Mitverschulden des Getöteten anrechnen lassen muss. Es finden hier die Grundsätze der §§ 846, 254 BGB Anwendung.

Praxistipp

Allerdings ist auch hier – wie bei den Verletztenfällen – keinesfalls pauschal ein Mitverschulden anzunehmen, sondern es bedarf einer exakten Prüfung, ob auch wirklich das vom Versicherer behauptete Mitverschulden des Getöteten vorlag. Hier ist oft eine Rücksprache mit technischen Sachverständigen notwendig, da aus unserer Erfahrung der Einwand des Mitverschuldens vom Geschädigtenvertreter viel zu schnell akzeptiert wird mit der Folge, dass dann sämtliche Schadenspositionen gequotelt werden. Gerade bei Verletzung der Gurtpflicht kann das Mitverschulden bei überwiegendem Verschulden des Gegners völlig zum Erliegen kommen. Von daher ist bei der haftungsbegründenden Kausalität äußerste Sorgfalt geboten und keinesfalls vorschnell eine Quote, die der Versicherer „diktiert", zu akzeptieren.

Sollte beim Getöteten ein Arbeitsunfall im engeren Sinne vorgelegen haben (§§ 104 ff. SGB VII), so muss sich dies der Unterhaltsgeschädigte ebenfalls anrechnen lassen.

B. Barunterhaltsschaden

Literatur:

Drees, Schadensberechnung bei Unfällen mit Todesfolge, 2. Aufl. 1994; *Eckelmann/Nehls*, Schadensersatz bei Verletzung und Tötung, Ausgabe 1987; *Ege*, Unterhaltsschaden und fixe Kosten, in: Ersatz des Unterhaltsschadens, Schriftenreihe der Arbeitsgemeinschaften des Deutschen Anwaltvereins, 1989, S. 87; *Jahnke*, Unfalltod und Schadenersatz, Unterhaltsschaden und andere Ansprüche im Todesfall, 2. Aufl. 2012; *Pardey*, Berechnung von Personenschäden, 4. Aufl. 2010; *Schah Sedi*, Praxishandbuch Haushaltsführungsschaden, 1. Aufl. 2017; *Schmitz-Herscheidt*, Der Unterhaltsschaden in der Praxis, VersR 2003, 33; *Schneider*, Das Verkehrsrechtliche Mandat, Bd. 2: Verkehrszivilrecht, 8. Aufl. 2020; *Teda*, Die Beerdigungskosten, DAR 1985, 10 ff.; *Wenker*, Die Kosten der Beerdigung, VersR 1998, 557.

I. Allgemeine Grundsätze

1. Unterhaltsberechtigte

Wird ein Mensch getötet, der gesetzlich zum Unterhalt verpflichtet war, so haben 9
die Angehörigen, die unterhaltsberechtigt sind, einen Schadensersatzanspruch. Die gesetzliche Vorschrift, die den Anspruch regelt, ist § 844 Abs. 2 BGB. Hiernach sind ersatzberechtigt die Personen, denen der Getötete im Zeitpunkt des Unfalls **gesetzlich unterhaltsverpflichtet** war. Nach dem Gesetz sind dies:

- Ehegatten untereinander, § 1360 ff. BGB, dies gilt auch für getrennt lebende Ehegatten (vgl. §§ 1361 ff. BGB). Ferner gilt dies auch nach der Scheidung (vgl. §§ 1570 ff. BGB);
- Abkömmlinge:
  - eheliche Kinder, minderjährig und volljährig (§ 1601 BGB);
  - minderjährige unverheiratete Kinder (§ 1603 Abs. 2 BGB);
  - adoptierte Kinder (§§ 1754, 1751 Abs. 4 BGB);
  - nichteheliche Kinder (§ 1615a BGB);

> *Praxistipp*
>
> Die beiden Gruppen Ehegatten und Kinder spielen bei der Berechnung des **Unterhaltsschadens** die Hauptrolle. Hierbei ist immer exakt zu trennen zwischen den einzelnen Personen, die anspruchsberechtigt sind. Ferner hat sich der Rechtsanwalt von den verschiedenen Personen jeweils gesonderte Vollmachten geben zu lassen, damit feststeht, ob das Mandat für alle anspruchsberechtigten Personen besteht oder zum Beispiel nur für den Ehegatten, aber nicht für die Kinder. Des Weiteren ist zu ermitteln, wer Erbe ist. Es ist zu prüfen, ob eine gesetzliche oder gewillkürte Erbfolge gegeben ist. Wenn die Frage geklärt ist, muss der Erbschein an den Versicherer geschickt werden. Wichtig ist, dass der mandatierte Rechtsanwalt für den Fall, dass er mehrere Erben vertritt, jeden einzelnen Anspruch bei jeder einzelnen Person prüft und beim Versicherer losgelöst voneinander geltend macht.

- alle übrigen **Verwandten in gerader Linie** (§ 1601 BGB);
- die Mutter des **nichtehelichen** Kindes (§ 1615l BGB);
- Partner einer eingetragenen **gleichgeschlechtlichen Lebenspartnerschaft** (§ 5 LPartG; *Rötel*, NZV 2001, 329 ff.).
- Ein Unterhaltsanspruch besteht nicht für folgende Personen:
  - **Stiefkinder** gegen den Ehepartner des leiblichen Elternteils;
  - **Pflegekinder**;
  - **Geschwister**;
  - **Verlobte** (OLG Frankfurt a.M. VersR 1984, 449);
  - **Unterhaltsberechtigte aufgrund einer vertraglichen Vereinbarung**. Dies ergibt sich aus dem Gesetz (§ 844 Abs. 2 BGB: „Kraft Gesetz" nicht „Kraft Vertrag").

Praxistipp

Der BGH gestattet es, im Klageverfahren für jeden Geschädigten einen bezifferten Klageantrag zu stellen, z.B. für den überlebenden Ehegatten und die überlebenden Kinder, sich aber mit einer anderen Aufteilung der dann zuzusprechenden Gesamtrente einverstanden zu erklären. Dies ist indirekt eine Durchbrechung der den Zivilprozess beherrschenden **Dispositionsmaxime** nach § 308 ZPO (BGHZ 11, 181).

2. Bedürftigkeit des Unterhaltsberechtigten

10 Der Unterhaltsberechtigte hat nur dann einen Anspruch, wenn er bedürftig ist, § 1602 Abs. 1 BGB. Für den Anspruch des **Ehegatten** auf Familienunterhalt nach § 1360 BGB gibt es hier eine Besonderheit. Die Vorschrift des § 1602 BGB findet keine Anwendung, da sich die eheliche Unterhaltspflicht unmittelbar aus der ehelichen Solidarität und Partnerschaft ergibt. Dies bedeutet, dass der Versicherer nicht mit dem Argument gehört werden kann, dass ein Unterhaltsanspruch ausgeschlossen ist, weil das eigene Einkommen zum eigenen Unterhalt reichen würde (Stichwort: die „reiche Witwe").

11 In anderen Fällen ist dagegen stets zu prüfen, ob die Unterhaltsberechtigten sich aus eigenem Vermögen selbst unterhalten können (§ 1602 BGB). Dies betrifft z.B. die Fälle der minderjährigen Kinder, die über eigenes nennenswertes Vermögen verfügen.

Praxistipp

Sollte tatsächlich einmal der Fall vorliegen, dass die Minderjährigen beim Unfalltod eines Elternteils schon „reich" waren, bleibt selbstverständlich der Anspruch auf Naturalunterhalt bestehen. Dies darf der Anwalt nicht übersehen.

a) Erwerbstätigkeitspflicht

Sehr häufig tragen Versicherer vor, wenn Witwen (wenn von Witwen die Rede ist, gilt das Gesagte natürlich auch für Witwer, wenn nicht der Ehemann verstirbt, sondern die Ehefrau) Unterhaltsansprüche geltend machen, die Witwe habe gar keinen Unterhaltsanspruch, weil sie nach dem Tod ihres Mannes nunmehr arbeiten könne. Sollte dieser Einwand kommen, hat der Anwalt der Witwe die insofern günstige Rechtsprechung des BGH auf seiner Seite. Danach gilt der Einwand nur in engen Grenzen. Die Witwe kann lediglich auf eine **zumutbare Tätigkeit** verwiesen werden. Wie generell bei derartigen Einwänden der Versicherer ist auch hier die Schadensminderungspflicht nach § 254 Abs. 2 BGB Maßstab. Der BGH hat entschieden, dass für die Frage, was der Witwe zumutbar ist, die Persönlichkeit der Witwe heranzuziehen ist, ebenso wie die bisherige Erwerbsstellung der Witwe, die wirtschaftlichen und sozialen Verhältnisse, in der die Ehegatten lebten und die Länge der Ehe (BGH VersR 76, 877; VersR 84, 936). 12

Ferner ist zu prüfen, ob betreuungsbedürftige Kinder vorhanden oder ob die Kinder in der Pubertät sind (BGH NJW 1984, 2520).

Praxistipp

Versicherer wenden manchmal ein, dass die Witwe arbeiten kann, weil die Kinder schon ziemlich groß und entsprechend deutlich selbstständiger sind. In diesem Fall sollte der Anwalt darstellen, wie wichtig die noch übrig gebliebene Mutter oder der alleinstehende Vater ist, damit das Kind nicht aus der Bahn geworfen wird. In solchen Fällen kann der Witwe nach der Rechtsprechung des BGH nicht zugemutet werden, einer Erwerbstätigkeit nachzugehen und selber Geld zu verdienen.

Einer Witwe mit kleinen Kindern ist grundsätzlich eine Erwerbstätigkeit nicht zuzumuten, da diese uneingeschränkt ihre Mutter brauchen und hier kein Verstoß gegen die Schadensminderungspflicht vorliegt, soweit keine Arbeit durch die Witwe aufgenommen wird. 13

Praxistipp

Versicherer kommen oftmals mit dem Argument, dass die Witwe nach dem Tod des Ehemanns nun etwas mehr Zeit hat, weil sie den Teil der Haushaltsarbeit nicht machen muss, den sie für den Ehemann gemacht hat. Folglich kann die Witwe auch arbeiten gehen und Geld verdienen. Hier hat der Geschädigte ebenfalls die Rechtsprechung des BGH auf seiner Seite, da die Witwe sich per se nach den Unterhaltsberechnungsgrundsätzen einen Abzug anrechnen lassen muss, weil Hausarbeit eingespart wurde.

b) Wiederverheiratungsmöglichkeit

14 Von dem Zeitpunkt der **Wiederheirat** des hinterbliebenen Ehegatten an besteht, solange diese neue Ehe dauert, kein Schadensersatzanspruch.

> *Praxistipp*
>
> Der Anwalt sollte daher seine Mandantin aufklären, dass sie durch eine erneute Heirat ihre Unterhaltsansprüche verlieren würde (BGH NJW 1979, 268). Wenn die neue Ehe geschieden wird, dann kann der Unterhaltsanspruch jedoch auch wieder aufleben.

c) Spätere Bedürftigkeit

15 Denkbar ist z.B. der Fall, dass ein Kind zu dem Zeitpunkt, in dem sein Vater stirbt, ein eigenes Einkommen hat und daher nicht unterhaltsbedürftig ist, aber später nicht mehr über dieses Einkommen verfügt und unterhaltsbedürftig wird.

> *Praxistipp*
>
> Sollte der Versicherer den Feststellungsanspruch nicht außergerichtlich erklären, muss der Anwalt eine Feststellungsklage erheben, um die zukünftigen Unterhaltspflichten zu sichern, damit keine Verjährung eintritt. Bei nicht bedürftigen Kindern ist daher immer an diesen Gesichtspunkt für die Zukunft zu denken, da sich die Lebenssituation schnell ändern kann.

3. Leistungsfähigkeit des Verpflichteten

16 Die Witwe hat keinen Unterhaltsanspruch, wenn der getötete Ehemann nicht **leistungsfähig** war. In der Praxis spielt dieser Aspekt nicht so eine große Rolle, zumal der Geschädigte sich auf die Beweiserleichterung des § 287 ZPO stützen kann (BGH zfs 1987, 133 und OLG Bremen zfs 1990, 187). Ferner kommt es auch nicht darauf an, ob der Unterhaltsverpflichtete (z.B. der getötete Ehemann) in der Vergangenheit seine Unterhaltspflicht auch tatsächlich erfüllt hat, da es nur auf das Bestehen und die Durchsetzbarkeit des Anspruchs ankommt (OLG Bremen zfs 1990, 187 und OLG Celle zfs 2005, 129).

Falls ein Fall von Nichtleistungsfähigkeit besteht, ist zudem immer zu prüfen, ob der Getötete ggf. später ohne den Unfall leistungsfähig geworden wäre. Auch in diesem Fall ist dann an eine Feststellungsklage zu denken oder aber außergerichtlich mit dem Versicherer ein entsprechender Zukunftsschadensvorbehalt mit der Wirkung eines gerichtlichen Feststellungsurteils auszuhandeln.

4. Gesetzlicher Unterhalt

17 § 844 Abs. 2 BGB besagt, dass der **gesetzlich geschuldete**, nicht der tatsächlich geleistete Unterhalt zu berücksichtigen ist. Was darunter zu verstehen ist, regelt das

BGB in den §§ 1360, 1360a Abs. 1 BGB sowie §§ 1602 Abs. 2, 1610 Abs. 1, 2 BGB. Dies bemisst sich nach den konkreten Verhältnissen der Familie aufgrund der Lebensstellung (Was war der erlernte Beruf/ausgeübte Beruf? Welcher Lebensstil existierte?). Ein Blick in das Gesetz zeigt, was unter angemessenem Unterhalt zu verstehen ist. § 1360a Abs. 1 BGB führt dies aus. Danach umfasst der angemessene Unterhalt alles, was nach den Verhältnissen der Ehegatten erforderlich ist, um die Kosten der Haushaltsführung zu bestreiten sowie die persönlichen Bedürfnisse der Ehegatten und den Lebensbedarf der gemeinsamen unterhaltsberechtigten Kinder zu befriedigen.

Man unterscheidet hier zwischen dem **Barunterhalt** und dem **Naturalunterhalt**. 18
Der Barunterhalt sind Unterhaltsleistungen in Geld. Es kommt hier insbesondere auf die Einkommensverhältnisse des Barunterhaltspflichtigen an. Vereinfacht ausgedrückt bedeutet dies, dass der Vater oder die Mutter Einkommen erzielt und das Einkommen der Familie zur Verfügung stellt. Zum sogenannten Naturalunterhalt zählt die persönliche Zuwendung durch Betreuung und Erziehung der Kinder, aber auch der gesamte Bereich der Haushaltsführung.

Generell ist bei der gesetzlichen Vorgabe zu beachten, dass die Eheleute auch **Vereinbarungen** oder **Absprachen** treffen können. 19
Die Eheleute können z.B. entsprechend ihres Lebensstils bestimmen, dass das gesamte Einkommen zum Lebensunterhalt ausgegeben werden soll und nichts zur Vermögensbildung angespart werden muss. Der eine gibt etwas mehr aus, der andere ist eher etwas sparsam. Wenn solche Absprachen zwischen den Eheleuten existieren, sind diese auch haftungsrechtlich nach dem Tod des Ehegatten verbindlich.

Praxistipp

Gerade der Bereich der **Vermögensbildung** spielt häufiger eine Rolle, da Versicherer generell immer den Einwand erheben, dass von dem Nettoeinkommen die Rücklagen zur Vermögensbildung abzuziehen sind. Dadurch fällt der Unterhaltsschaden geringer aus. Wenn die Eheleute aber etwas anderes vereinbart haben und nicht sparsam sind, so muss sich der Geschädigte dies auch nicht anspruchsmindernd abziehen lassen. Natürlich ist bezüglich der Verhältnisse darauf abzustellen, ob die entsprechenden Angaben im Hinblick auf das Einkommen realistisch sind. Sollte der Getötete Vorstandsvorsitzender eines DAX-Unternehmens gewesen sein, wird man sicherlich nicht sagen können, dass er sein komplettes Einkommen in den Lebensunterhalt gesteckt hat, sondern dann mit Sicherheit gewisse Beträge auch in die Vermögensbildung geflossen sind. Bei mittleren und kleinen Einkommen kann aber keinesfalls zwangsläufig von einer Rücklage zur Vermögensbildung ausgegangen werden. Es gibt ganz viele Familien, und diese werden immer mehr, die kein Geld für die Vermögensbildung zurücklegen können, weil sie das gesamte – geringe – Einkommen benötigen, um die Lebenshaltungskosten zu decken.

5. Laufzeit des Anspruchs

20 Die **Laufzeit** des Unterhaltsschadens ist durch den mutmaßlichen Tod des Unterhaltsverpflichteten begrenzt. Es ist daher zuerst zu schauen, wer verstorben ist. Ist der Ehemann verstorben, muss geprüft werden, wann das statistische Lebensende des Ehemanns gewesen wäre. Hierzu sind die gängigen **Sterbetafeln** (z.B. *Schah Sedi/Grotelüschen*, 2023) heranzuziehen. Man benötigt diese Daten, um den kapitalisierten Betrag auszurechnen. Zunächst ist deshalb das Alter des Betroffenen zum Zeitpunkt des Unfalls bzw. zum Zeitpunkt des Kapitalisierens zu ermitteln. Anschließend ist zu prüfen, wie hoch die durchschnittliche Lebenserwartung noch gewesen wäre.

21 Wichtig ist, dass der Unterhaltsschaden über das 67. Lebensjahr hinaus, d.h. bis zum statistischen Lebensende, zu berechnen ist.

> *Praxistipp*
>
> Die Witwe ist grundsätzlich nach den individuellen Lebensumständen ihres verstorbenen Mannes zu befragen. Im konkreten Fall kann es nämlich sein, dass eine überdurchschnittliche Lebensdauer anzunehmen ist. Dann wären die üblichen Tabellen nicht anwendbar. Die Witwe sollte daher danach befragt werden, welche Maßnahmen der Verstorbene konkret zur Gesunderhaltung ergriffen hat. Es kann bei gesunder Lebensweise auch ein Blutbild des behandelnden Arztes herangezogen werden, um zu dokumentieren, dass der Verstorbene wahrscheinlich über das statistische Lebensende hinaus gelebt hätte. Hilfreich ist auch ein Vorerkrankungsregister der Krankenkasse. Im Ergebnis kann die unterhaltsberechtigte Ehefrau mitunter so einen höheren Anspruch durchsetzen.

22 Bei einer Klage ist der geschätzte Zeitpunkt des voraussichtlichen Todes des Unterhaltspflichtigen (z.B. des verstorbenen Ehemanns) in einem Zahlungsantrag und in einem Leistungsantrag genau mit einem Kalendertag anzugeben (BGH VersR 1986, 463). Andernfalls kann ein teilweises Unterliegen mit entsprechender Kostenfolge der Fall sein.

23 Bei den **Kindern**, mithin den Waisen, ist hinsichtlich der Dauer der Unterhaltszahlungen Folgendes zu beachten:

Normalerweise ist der Anspruch bis zum 18. Lebensjahr gegeben (vgl. BGH NJW 1983, 2197). Keinesfalls sollte aber der Anspruch generell von vornherein immer auf das 18. Lebensjahr begrenzt werden. Kinder können durchaus über das 18. Lebensjahr hinaus weiterhin unterhaltsberechtigt sind.

> *Praxistipp*
>
> Der Anwalt muss hier seine Mandantin sowohl nach der eigenen Ausbildung als auch der des getöteten Ehemannes befragen, um so Rückschlüsse auf diejenige des Kindes zu ziehen. Die Lebensstellung, die Begabung, der Entwicklungsstand

des Kindes und der anderen Geschwister sind ebenfalls zu erfragen. Ferner ist die überlebende Ehefrau nach den elterlichen Plänen für das gemeinsame Kind zu befragen. Kommt man zu dem Ergebnis, dass das Kind z.B. zum Gymnasium gehen wird und anschließend studieren will, ist über das 18. Lebensjahr hinaus Unterhalt zu zahlen. Der Anspruch kann durchaus bis zum **27. Lebensjahr** bestehen (vgl. OLG Düsseldorf NJW 1961, 1408). Auch hier sind die Ansprüche für die Kinder ggf. durch einen Zukunftsschadensvorbehalt oder ein Feststellungsurteil abzusichern.

II. Technik der Unterhaltsberechnung (Ansprüche Witwe/Witwer)

1. Einleitung

Die einzelnen **Unterhaltsberechnungen** führen in der Praxis oft zu Problemen. Daher enthält dieses Buch eine Beispielsammlung (siehe Rdn 58 ff.), in der alle gängigen Probleme jeweils konkret an einem Beispiel durchgerechnet sind. Ferner enthält das Buch **Blanko-Muster** im Anhang (siehe § 12 Rdn 4 ff.), damit der Anwalt, der die Ansprüche seiner Mandantin oder seines Mandanten zu berechnen hat, „seine Zahlen“ nur noch einzusetzen braucht. In einem allerersten Schritt ist zunächst der nachfolgende **Fragebogen** mit dem Mandanten durchzugehen. 24

2. Ermittlung des Barunterhaltsschadens

▼ 25

Muster 5.1: Fragebogen zur Ermittlung des Barunterhaltsschadens

a) Alleinverdiener Ehe:
- ja
- nein

b) Doppelverdiener Ehe:
- ja
- nein

c) Wer ist gestorben?
- Ehemann
- Ehefrau

d) Wer macht Ansprüche geltend?
- Ehefrau
- Ehemann
- Kind 1
- Kind 2
- Kind 3

e) Nettoeinkommen des Verstorbenen:

f) Nettoeinkommen der/des Witwe/Witwers:

g) Fixkosten:

h) Witwenrente:

i) Waisenrente Kind 1:

j) Waisenrente Kind 2:

k) Waisenrente Kind 3:

l) Haftungsquote:

m) Prozentualer Fixkostenanteil Ehemann (Berechnungsmuster 1 siehe Rdn 45):

n) Prozentualer Fixkostenanteil Ehefrau (Berechnungsmuster 1 siehe Rdn 45):

o) Unterhaltsquote Alleinverdiener (Tabelle 1 siehe Rdn 29):

p) Unterhaltsquote Doppelverdiener (Tabelle 2 siehe Rdn 30):

q) Anteile Fixkosten (Tabelle 3 siehe Rdn 31):

▲

Nach Beantwortung dieses Fragebogens kann jeder Fall des **Unterhaltsschadens** berechnet werden. Am Anfang scheint die Barunterhaltsberechnung recht kompliziert zu sein. Tatsächlich lässt sich mit den einzelnen Beispielsfällen und den jeweiligen Erläuterungen jedoch problemlos jeder Fall lösen. Wie ein Unterhaltsschaden berechnet wird, soll im Überblick anhand des **6-Stufenmodells** erläutert werden.

3. 6-Stufenmodell zur Ermittlung des Unterhaltsschadens

26 1. Stufe **Ermittlung des Nettoeinkommens des Getöteten**
Was zu dem Nettoeinkommen zu zählen ist und was nicht, wird unter 2. (siehe Rdn 33 ff.) erläutert. Bei der Ermittlung des Nettoeinkommens wird auch gefragt, wie viel Geld die Familie für die Vermögensbildung verwendet hat, da der Betrag vorher abzusetzen ist (siehe Rdn 34).

2. Stufe **Fixe Kosten** abziehen: Der Mandant muss nach den Fixkosten befragt werden. Hierzu gibt es eine umfangreiche Liste (siehe Rdn 42).

3. Stufe Verteilung des übrig gebliebenen Einkommens auf den Getöteten und die Hinterbliebenen nach **Unterhaltsquoten** (Tabelle 1/Tabelle 2 siehe Rdn 29, 30)

4. Stufe Hinzurechnen der **anteiligen Fixkosten** bei den Hinterbliebenen (Tabelle 3 siehe Rdn 31)

5. Stufe Eventuell **Abzug ersparter Unterhalt** (bei Doppelverdienern)

6. Stufe Abzug von **Witwen-** oder/und **Waisenrente** oder Berücksichtigung einer **Mitverschuldensquote** des Getöteten (siehe Rdn 55)

Die Tabellen 1–3, die für die Unterhaltsberechnung benötigt werden, sind nachfolgend abgedr. (siehe Rdn 29 ff.).

Die Tabelle 1 enthält die Unterhaltsquoten, soweit es sich um einen Alleinverdiener handelt. Die Tabelle 2 enthält die Unterhaltsquoten, sofern es sich um eine Doppelverdienerehe handelt. Die Tabelle 3 enthält die Anteile der Fixkosten. Vertritt der Anwalt z.B. eine Witwe, die Unterhaltsansprüche geltend macht, wobei der verstorbene Ehemann der Alleinverdiener war und zwei Kinder existieren, so beträgt die Unterhaltsquote nach Tabelle 1 30 %.

Lag dagegen eine **Doppelverdienerehe** vor, besteht für die Witwe bei zwei Kindern 27
eine Unterhaltsquote nach Tabelle 2 von 35 %. Sämtliche genannten Quoten haben sich in der Praxis außergerichtlich durchgesetzt und basieren zum Großteil auf der Rechtsprechung der Oberlandesgerichte und der Rechtsprechung des BGH (BGH DAR 1987, 220; BGH VersR 1990, 317; BGH VersR 1984, 398; BGH VersR 1986, 264; OLG Düsseldorf NZV 1993, 473; OLG Brandenburg zfs 1999, 330). Der BGH (VersR 1987, 1244; VersR 1987, 507) verwendet bei Kindern je nach Alter unterschiedliche Quoten, da der Unterhaltsbedarf der Kinder sich je nach Lebensalter ändert. Dies ist zwar richtig, führt aber in der Praxis zu sehr komplizierten Berechnungen, ohne den Fall wirklich abschließen zu können. Deshalb sollte hier mit den genannten Quoten gerechnet und anschließend, nachdem die Zahlen errechnet wurden, ein Zu- oder Abschlag vorgenommen werden.

Die Quoten ermöglichen es, eine Vielzahl außergerichtlicher Fälle praktikabel zu 28
lösen. Im Einzelfall kann hiervon natürlich abgewichen werden, da die Quoten kein Dogma sind und immer anhand des Einzelfalls geprüft werden muss, ob individuelle Umstände, welche den Bedarf des jeweiligen Unterhaltsberechtigten betreffen, es rechtfertigen, mit anderen Quoten zu rechnen. Bei diesen individuellen Umständen könnte es sich zum Beispiel um die Höhe des Einkommens, das Lebensalter oder die Ausbildung der Kinder handeln, welche Einfluss auf die Quotenermittlung haben.

29 **Tabelle 1: Unterhaltsquoten Alleinverdiener**

Konstellation*	Quote	
Alleinverdiener und keine Kinder	Getöteter	55 %
	Witwe	45 %
Alleinverdiener und ein Kind	Getöteter	45 %
	Witwe	35 %
	Kind	20 %
Alleinverdiener und zwei Kinder	Getöteter	40 %
	Witwe	30 %
	Kind 1	15 %
	Kind 2	15 %
Alleinverdiener und drei Kinder	Getöteter	34 %
	Witwe	27 %
	Kind 1	13 %
	Kind 2	13 %
	Kind 3	13 %

*Die Tabelle gilt entsprechend für den umgekehrten Fall, dass nicht der Ehemann verstirbt, sondern die Ehefrau tödlich verunfallt.

30 **Tabelle 2: Unterhaltsquoten Doppelverdiener**

Konstellation*	Quote	
Doppelverdiener und keine Kinder	Getöteter	50 %
	Witwe	50 %
Doppelverdiener und ein Kind	Getöteter	40 %
	Witwe	40 %
	Kind	20 %
Doppelverdiener und zwei Kinder	Getöteter	35 %
	Witwe	35 %
	Kind 1	15 %
	Kind 2	15 %
Doppelverdiener und drei Kinder	Getöteter	30,5 %
	Witwe	30,5 %
	Kind 1	13 %
	Kind 2	13 %
	Kind 3	13 %

*Die Tabelle gilt entsprechend für den umgekehrten Fall, dass nicht der Ehemann verstirbt, sondern die Ehefrau tödlich verunfallt.

31 **Tabelle 3: Anteile Fixkosten**

Die in Tabelle 3 genannten Anteile Fixkosten haben sich ebenfalls in der Praxis außergerichtlich durchgesetzt und basieren zum Großteil auf der Rechtsprechung des

BGH (BGH VersR 1989, 333). Auch hier sind die Zahlen kein Dogma und ggf. den individuellen Verhältnissen anzupassen.

Konstellation*	**Quote**	
Allein-/Doppelverdiener und keine Kinder	Witwe	100 %
Allein-/Doppelverdiener und ein Kind	Witwe Kind	66,6 % 33,3 %
Allein-/Doppelverdiener und zwei Kinder	Witwe Kind 1 Kind 2	50 % 25 % 25 %
Alleinverdiener und drei Kinder	Witwe Kind 1 Kind 2 Kind 3	40 % 20 % 20 % 20 %

*Die Tabelle gilt entsprechend für den umgekehrten Fall, dass nicht der Ehemann verstirbt, sondern die Ehefrau tödlich verunfallt.

Nachfolgend werden die einzelnen Positionen innerhalb der 6 Stufen erläutert. Der 32
Anwalt, der einen Unterhaltsschaden zu berechnen hat, kann bei den einzelnen Positionen, wie z.B. Fixkosten oder Nettoeinkommen oder Anteile Fixkosten nachschlagen, um zu prüfen, ob für seinen Fall Probleme existieren oder nicht.

Praxistipp

Das **A und O** bei der Berechnung des Unterhaltsschadens sind die **fixen Kosten**. Versicherer versuchen hier immer wieder, berechtigte Ansprüche zu reduzieren, indem sie behaupten, die fixen Kosten seien geringer als geltend gemacht. Keinesfalls sollte der Anwalt sich mit zu geringen fixen Kosten zufrieden geben. Gerade bei Haushalten, in denen ein geringes Einkommen existiert, können fixe Kosten deutlich über **50** % realistisch sein. Versicherer versuchen zunächst einmal, die fixen Kosten bei 15 % anzusetzen, um dann großzügig im Vergleich eventuell 20 % anzubieten. Im Einzelnen wird bei den fixen Kosten hierauf exakt eingegangen. Vorab soll der Anwalt an dieser Stelle sensibilisiert werden, dass er, wenn er auf der Klaviatur der fixen Kosten richtig spielen kann, extrem viel für seinen Mandanten herausholen kann. Im umgekehrten Fall besteht ein enormes Haftungsrisiko.

a) Erste Stufe: Nettoeinkommen des Getöteten

Der Getötete war familienrechtlich verpflichtet, Unterhalt zu leisten. Grundlage ist 33
daher das **Nettoeinkommen** des Getöteten zum Unfallzeitpunkt. Dessen Höhe ist mit der Witwe/dem Witwer zunächst zu klären.

aa) Arbeitnehmer

34 War der Getötete Arbeitnehmer, muss die überlebende Ehefrau dem Anwalt sämtliche Lohn- und Gehaltsabrechnungen eines Jahres überlassen und dieser muss das Nettoeinkommen anhand dieser Unterlagen ermitteln. Ferner ist der Steuerbescheid vorzulegen. Zum Einkommen gehören folgende Positionen:

- **Überstundenvergütungen**
- **Zulagen**
- **Urlaubsgeld**
- **Weihnachtsgeld**
- **Treueprämie** (BGH VersR 1971, 153)
- **Sachbezüge** z.B. Nutzungsrecht bezüglich eines Dienstwagens (OLG Hamm zfs 1996, 211)
- **Steuerrückerstattungen** (Steuerbescheid)
- **Nebenverdienste**
- **Eigenheimzulage** (Bescheid des Finanzamtes) (BGH VersR 2004, 75)
- Renten, die der Befriedigung des Unterhaltsbedarfs dienen (wie z.B. **Verletztenrente**)
- Erwerbsersatzeinkommen, wie z.B. **Krankengeld**, **Verletztengeld**, **Arbeitslosengeld I**, **Bürgergeld**, **Grundsicherung**
- **Nicht: Kindergeld**, dieses bleibt bei der Berechnung des Unterhaltsschadens außer Betracht (BGH, Urt. v. 12.7.1979, DAR 1980, 85 und OLG Saarbrücken, SP 2005, 160)
- **Kapitaleinkünfte**, z.B. Einkünfte aus Vermietung- und Verpachtung, sind zu berücksichtigen, wenn sie dem Unterhalt dienen
- **Trinkgelder** (Steuererklärung, Steuerbescheid)
- **Kapitalertragszinsen** (Steuerbescheid)
- **Jubiläumszuwendungen**
- **Streitig: Auslösen, Spesen, Werkzeuggeld und Aufwandsentschädigungen**

Praxistipp

Die vier letztgenannten Positionen sind streitig. Der Versicherer wendet oftmals ein, dass sie nicht zur Sicherstellung des Familienunterhalts bestimmt sind und beruft sich auf die BGH-Entscheidung VersR 1986, 264. Hier sollte der Anwalt die Entscheidung des OLG Hamm (VersR 1983, 927) darstellen, wonach oftmals derartige Leistungen eine Art verschleiertes Zusatzeinkommen bedeuten und dann natürlich zu berücksichtigen sind. Der Anwalt sollte sich daher genau die Gehaltszahlungen daraufhin ansehen, ob die Spesen in der abgerechneten Höhe tatsächlich angefallen sind. Er sollte die Witwe fragen, wie hoch tatsächlich die Kosten der Übernachtung waren. Waren diese geringer als der vom Arbeitgeber erstattete Betrag, dann wird es sich wahrscheinlich um ein „verschleiertes Zusatzeinkommen" gehandelt haben, welches beim Unterhalt Berücksichtigung findet. Aus der Erfahrung der Autoren ist bekannt, dass man sich in einem solchen Fall mit dem Versicherer zum Beispiel auf eine 50 %ige Quote einigen kann, d.h. 50 % der Aufwandsentschädigung und Spesen sind dann beim Nettoeinkommen zu berücksichtigen und nicht generell abzuziehen. Es ist daher immer auf die tatsächlichen Verhältnisse abzustellen. So hat der BGH (BGH VersR 1987, 507) entschieden, dass bei Spesen, die zur Deckung besonderer Lasten einer im Außendienst tätigen Person gezahlt werden, 1/3 des Spesenansatzes den Nettoeinkünften hinzugerechnet werden muss. Der Anwalt sollte daher nicht ohne nähere Prüfung den Einwand des Versicherers akzeptieren, dass generell alle Aufwandsentschädigungen, Spesen, Werkzeuggeld sowie Auslösen vom Nettoentgelt abzuziehen sind.

Mitunter kann eine solche vergleichsweise Lösung für den Geschädigten schon einen deutlich höheren Unterhaltsanspruch bedeuten. Um das Nettoeinkommen zu errechnen, werden vom Bruttoeinkommen die Steuern, Sozialversicherungsbeiträge (Arbeitnehmeranteile zur Kranken-, Pflege-, Renten- und Arbeitslosenversicherung) sowie Aufwendungen zur Vermögensbildung und Werbungskosten abgesetzt.

Praxistipp

Bei der **Vermögensbildung** wendet der Versicherer regelmäßig einen Abzug ein. Deswegen sieht man in den Tabellen der Versicherer auch immer bei der Ermittlung des Nettoeinkommens als nächstes den Abzug für Vermögensbildung. Hier muss der Anwalt aufpassen, denn es gibt keine allgemeinen Richtlinien, ab welchem Einkommen Familien zwangsläufig immer Geld für die Vermögensbildung verwenden. Wenn der Versicherer mit pauschalen Ansätzen daherkommt, muss der Anwalt dem entgegentreten. Maßgeblich sind die individuellen **Vereinbarungen** und tatsächlichen Handhabungen der Ehegatten untereinander. Wenn die Eheleute sich entschieden haben, die gesamten Einkünfte vollständig für den Lebensunterhalt einzusetzen, so hat der Versicherer das zu akzeptieren und er kann nicht pauschal behaupten, dass von dem Nettoeinkommen ein gewisser Betrag für die Vermögensbildung abzuziehen ist. Gerade bei Einkommen kleinerer und mittlerer Art haben die Familien in der Regel kein Geld für die Vermögensbildung zur Verfügung. Von daher ist es hier wichtig, dass von dem Nettoeinkommen nur Abzüge für die Vermögensbildung vorgenommen werden, wenn diese auch tatsächlich nachgewiesen sind.

Da Versicherer oft die Vermögensbildung ins Spiel bringen, wurde dem Rechnung getragen und ein Beispiel mit Vermögensbildung aufgenommen (siehe Rdn 59). Schließlich enthält der Anhang ebenfalls ein Blanko-Muster zur Berechnung mit Vermögensbildung (siehe § 12 Rdn 22).

bb) Selbstständige

35 War der Getötete selbstständiger Unternehmer, sollte der Anwalt mehrere Dinge beachten. In diesem Fall gibt es keinen Arbeitsvertrag, keine Gehaltsabrechnungen oder sonstigen feststehenden monatlichen Größen (Ausnahme: Geschäftsführer einer Ein-Mann-GmbH). Es ist vielmehr anhand der letzten drei bis vier Jahre zu prüfen, welchen durchschnittlichen Gewinn der **Selbstständige** erwirtschaftet hat. Dieses erfolgt mittels Bilanz oder Jahresabschluss. In der Praxis empfiehlt es sich, hier mit einem Sachverständigen zusammenzuarbeiten bzw. sich mit dem Versicherer auf einen Sachverständigen (Steuerberater oder Wirtschaftsprüfer) zu einigen, der ein Gutachten erstellt.

Praxistipp

Der Geschädigtenanwalt muss bei der Formulierung des Gutachterauftrages, den der Versicherer vergibt, mitwirken und den Sachverständigen darauf hinweisen, inwieweit die Maßstäbe des § 286 ZPO und des § 287 ZPO zu berücksichtigen sind. Dies ist deshalb wichtig, weil das Gesetz dem Geschädigten nach § 287 ZPO Beweiserleichterungen einräumt. Hiernach reicht es nämlich aus, wenn der Gewinn mit einer **gewissen** Wahrscheinlichkeit erzielt worden wäre.

Praktisch ist daher die Frage zu stellen, welche Umsätze und Erlöse der Geschädigte vor dem Unfall erzielt hat und welche Umsätze und Erlöse der Selbstständige nach dem Unfall voraussichtlich erzielt hätte. Hier ist der Anwalt gefordert: Er muss das Gutachten exakt überprüfen. Er muss fragen, ob z.B. in der Vergangenheit besondere Investitionen getätigt wurden oder in der Zukunft beabsichtigt waren. Ferner sind die Hinterbliebenen danach zu fragen, welche Unternehmensveränderungen in der Zukunft angestanden hätten: Sollte z.B. der Betrieb erweitert werden? Darüber hinaus ist anhand des Jahresabschlusses bzw. der Bilanz zu prüfen, inwieweit das Betriebsergebnis in der Vergangenheit pro Jahr gestiegen ist, um daraus die Zukunftsprognose herleiten zu können.

Praxistipp

Man kann den Gewinn auch dadurch abbilden, dass auf einen Durchschnittsgewinn der letzten drei bis fünf Jahre zurückgegriffen wird, bei dem eine unterschiedliche Gewichtung erfolgt. Das Schadenjahr wird z.B. mit dem dreifachen Gewinn gerechnet, das Jahr davor mit dem zweifachen und das davor mit dem einfachen Satz, alle werden addiert und durch sechs dividiert. So erhält man einen gewichteten Ausgangswert auf der Basis von drei Jahren, der dann in der Zukunft branchenüblich mit einem Steigerungsfaktor multipliziert wird.

Praxistipp

Es empfiehlt sich, eine Prognose des zukünftigen **Betriebsgewinns immer** mit einem Fachmann (Steuerberater, Wirtschaftsprüfer) abzusprechen, da auch von dem Betriebsgewinn eine **Investitionsrücklage von 25** % abzusetzen ist. Die Berechnungen derartiger Prognosen sind daher in der Praxis nicht leicht und sollten schon deshalb stets mit der Hilfe eines spezialisierten Betriebswirtes durchgeführt werden.

Gerade bei **Familienunternehmen** kommt es vor, dass die Witwe den Betrieb weiterführt. Hier sind insbesondere landwirtschaftliche Betriebe oder auch kleinere und mittlere Einzelunternehmen zu nennen. Liegt ein solcher Fall vor, greift die sogenannte **Quellentheorie**. Das bedeutet, dass der Unterhalt aus derselben **Quelle** bestritten wird. Es ist daher lediglich die Person des Unterhaltspflichtigen gewechselt worden. Nach der Rechtsprechung müssen die Unterhaltsberechtigten sich diese Einkünfte im Wege des Vorteilsausgleichs anrechnen lassen. Auch dies ist dogmatisch für die Hinterbliebenen schwer zu verstehen, jedoch angesichts der höchstrichterlichen Rechtsprechung zu akzeptieren (vgl. BGH VersR 69, 951). 36

Liegt ein solcher Fall vor, kann den Hinterbliebenen jedoch oftmals geholfen werden, indem genau geprüft wird, ob der Witwe die Fortführung des Geschäfts auch **zumutbar** ist. Nur wenn die Zumutbarkeit feststeht, erfolgt nämlich eine Anrechnung im Rahmen des Vorteilsausgleichs. Die Frage der Zumutbarkeit richtet sich nach Alter, Leistungsfähigkeit, früherer Tätigkeit und Ausbildung der Witwe sowie der Frage, ob Kinder vorhanden und wie alt diese sind. Konkret bedeutet dies, dass es der Witwe zum Beispiel nicht zumutbar ist, einen Betrieb fortzuführen, wenn Kleinkinder oder Minderjährige bis zum 15. Lebensjahr zu betreuen sind. Der Witwe ist die Fortführung dagegen immer dann zumutbar, wenn sie früher schon im Unternehmen ihres Mannes gearbeitet hat, die Ausbildung, die sie selber absolviert hat, mit dem Gegenstand des Unternehmens im Einklang steht und keine oder aber erwachsene Kinder vorhanden sind. 37

Praxistipp

Die Frage der **Zumutbarkeit** ist daher für den Anwalt im Rahmen der Quellentheorie die Weichenstellung, mit der er eine Anrechnung der Erträge am ehesten kippen kann. Versicherer versuchen oft vorschnell, Gutachter zu beauftragen, die den Betrieb unter Berücksichtigung der Quellentheorie bewerten und entsprechende Gutachten erstellen, die dann eine Anrechnung der Einkünfte vornehmen. Hier muss der Anwalt dagegen halten und genau eruieren, ob der Witwe eine Fortführung des Betriebs tatsächlich zumutbar wäre.

b) Zweite Stufe: Fixe Kosten

aa) Bedeutung

Wenn man das Nettoeinkommen errechnet hat, sind hiervon die fixen Kosten abzusetzen. Die **Fixkosten** stellen das **A und O** der Unterhaltsberechnungen dar. Die fixen Kosten sind alle Kosten, die unabhängig von dem Wegfall des Getöteten im Haushalt **weiterlaufen**, vgl. BGH NJW 1998, 985 und NJW 2007, 506. Rechnerisch müssen die fixen Kosten vom Nettoeinkommen abgezogen werden und dann dem 38

Anteil der Unterhaltsgeschädigten an dem verbleibenden Nettoeinkommen wieder zugeschlagen werden, vgl. BGH VersR 1986, 39. Wer hier leichtfertig oder oberflächlich die Fixkosten berechnet, verschenkt Tausende von EUR. Falsch ist es in diesem Zusammenhang, die Fixkosten nicht zu berechnen, auf die Anrechnung beim Nettoeinkommen zu verzichten und stattdessen dann lediglich die Unterhaltsquoten anzuheben (so *Jahnke*, § 6 Rn 296 ff.). Wer sich hier als Geschädigtenanwalt auf eine derartige Vorgehensweise einlässt, begibt sich in den Bereich der Anwaltshaftung. Denn die später folgenden Rechenbeispiele zeigen, dass gerade die Berechnung der Fixkosten das A und O für die Berechnung des Unterhaltsschadens ist. Diese Kosten werden anschließend bei der Berechnung verteilt und den einzelnen „Berechtigten" in vollem Umfang wieder gutgeschrieben. Kontrollbeispiele der Fixkosten zeigen, dass für den Mandanten erhebliche Mehrleistungen möglich sind. Die im Anschluss abgedruckte Fixkostenliste ist eine Blanko-Liste, die vom Mandanten komplett ausgefüllt werden kann.

39 Immer wieder gerne versuchen Versicherer mit Quoten von 20 % und darunter des Nettoeinkommens als **Fixkosten** zu rechnen. Hierauf sollte sich der Geschädigtenanwalt nicht einlassen, da gerade bei niedrigen Einkommen eine tatsächliche Berechnung der Fixkosten anhand der umfangreichen Fixkostenliste ergeben wird, dass Fixkosten deutlich über **50 % des Nettoeinkommens** liegen können. Bei niedrigen Einkommen ist es erwiesenermaßen so, dass am Ende des Monats die Familien vielleicht noch 10,00 EUR oder 15,00 EUR für ein Eis oder einen Kinobesuch zur Verfügung haben. Statistisch gesehen ist festzuhalten, dass die Schere zwischen arm und reich immer weiter auseinander geht. Das heißt, dass immer mehr Familien mit immer weniger Einkommen auskommen müssen. Im Ergebnis können mehrere 100,00 EUR monatlich mehr an Unterhaltsleistungen für den Mandanten erzielt werden, wenn die Fixkostenliste sauber abgearbeitet wird. Nach der Rechtsprechung des BGH (BGH DAR 2007, 201) ist es zulässig, **40 % des Familieneinkommens** als Fixkosten anzusehen. Das zeigt, dass Fixkosten von lediglich 20–30 % des Nettoeinkommens bei Weitem zu niedrig sind. Da der Geschädigte für die Höhe der fixen Kosten darlegungs- und beweispflichtig ist, muss der Mandant hier aufgefordert werden, die Kontoauszüge der letzten Jahre durchzusehen und zu prüfen, welche Sachen angeschafft wurden. Ferner ist der Mandant danach zu befragen, welche Rücklagen gebildet werden sollten oder gebildet wurden, z.B. für das Auto, die Wohnungseinrichtung oder für etwaige Reparaturen am Eigenheim. Es ist natürlich bekannt, dass für viele Anschaffungen keine Belege mehr existieren. Dann ist es jedoch sinnvoll, mit dem Zeugenbeweis zu arbeiten und auf diese Weise zu belegen, dass tatsächlich diese oder jene Anschaffung erfolgt ist.

Praxistipp

Der Anwalt muss auch aufpassen, dass der Mandant nicht zwei verschiedene Fixkostenlisten abgibt. Die **Fixkostenliste der Deutschen Rentenversicherung** ist in ihrem Umfang wesentlich geringer als die hier Abgedruckte. Da der Versicherer an die Liste der Deutschen Rentenversicherung beim Rentenregress gelangt, wird er einwenden, die umfangreiche Fixkostenliste in der zivilrechtlichen Regulierung nicht zu akzeptieren, weil sie einen Widerspruch aufweist zu der Liste der Deutschen Rentenversicherung. Der Anwalt muss daher darauf achten, dass die Fixkostenlisten nicht erheblich voneinander abweichen.

Sollten sich die Fixkosten infolge des Todes des Unterhaltsberechtigten verändern, sind die ursprünglichen Fixkosten vom Nettoeinkommen des Getöteten abzuziehen und die aktuellen Fixkosten dem Anteil der Unterhaltsgeschädigten zuzuschlagen. Auch hier muss jedoch genau geprüft werden, ob tatsächlich und wodurch eine Erhöhung oder Veränderung eingetreten sein kann. 40

bb) Fixkostenliste

Der Anwalt muss mit dem Geschädigten nur die **Fixkostenliste** (siehe Rdn 42) ausfüllen und am Ende die Einzelbeträge addieren. Naturgemäß kann diese Liste nicht abschließend sein. 41

Praxistipp

Ein Gang durch den Supermarkt, ein Möbelhaus oder ein Kaufhaus hilft bei der Erstellung der Fixkostenliste, da mitunter Positionen, für die Geld ausgegeben wurde, vergessen wurden, diese aber bei einem Gang durch die Geschäfte wieder gedanklich aktiviert werden.

Die Fixkostenliste basiert u.a. auf der Liste von *Ege*, S. 81 ff., *Schmitz-Herscheidt*, VersR 2003, 33, *Schulz-Borck/Pardey*, 7. Aufl., Tabelle 5.3. sowie des OLG Brandenburg NZV 2001, 213. 42

▼

Muster 5.2: Fixkostenliste

I. Monatliche Aufwendungen für Wohnung/Haus (Liste alphabetisch geordnet)

- Batterien für Elektrogeräte EUR
- Bettenreinigung EUR
- Christbaum mit Zubehör EUR
- Energiekosten wie z.B. Gas, Heizöl, Fernwärme, Strom (alles inkl. Grundgebühr und Zählermiete) EUR
- Ersatzkosten (Ersatz für Haushaltsgeräte, Koch- und Essgeschirr, Küchenutensilien) EUR
- Feuerlöscherwartung EUR
- Gartengeräte, Werkzeug EUR
- Gebühr für Straßen- und Gehwegreinigung EUR
- Gemeinschaftsanlagen (Strom und Wartung) EUR

■ Grundsteuer	EUR
■ Hausmeisterkosten	EUR
■ Kaminkehrer samt Abgasmessungen	EUR
■ Kerzen (Zier-, Advents- und Notfallkerzen)	EUR
■ Miete/Mietwert	EUR
■ Müllabfuhr	EUR
■ Wasser- und Abwasserkosten samt Wasseruhrmiete, Warmwasserkosten	EUR
■ Reinigungsmaterialien/Putzmittel, Reiniger für Geschirrspüler und Waschmaschine	EUR
■ Reparaturaufwendungen (beim Mieter Kleinreparaturen gem. Vertrag)	EUR
■ Rücklagen Ersatzbeschaffung (z.B. Mobiliar)	EUR
■ Rücklagen Instandhaltung Haus/Eigentumswohnung	EUR
■ Schönheitsreparaturen/Rücklagen (mietvertragliche oder übliche)	EUR
■ im Winter: Streumaterial, Eisschaber, Schneeräumgeräte	EUR
■ Teppichreinigung	EUR
■ Ungezieferbekämpfung	EUR
■ Wartungskosten für Anlagen (z.B. Heizung, Blitzableiter etc.)	EUR
■ Wartungskosten EDV, Computer etc. und Rücklage für Neuanschaffung oder Erweiterung	EUR
■ Wohnungseinrichtung (Raten/Rücklagen für Neu-/Ersatzkäufe, Instandhaltung) [in der heutigen Zeit eine nicht zu unterschätzende Position, da ganze Wohnungseinrichtungsgegenstände vielfach finanziert werden]	EUR
■ Pflanzen (Schnitt- und Topfpflanzen)	EUR
■ Zins- und Instandhaltungsaufwendungen bis zur Höhe der fiktiven Miete [BGH VersR 1988, 954: wenn der Hinterbliebene nicht zur Miete wohnt, sondern ein eigenes Haus besitzt]	EUR

II. Monatlicher Aufwand für den Garten

■ Düngemittel	EUR
■ Ersatzpflanzen für Zier- und Nutzgarten	EUR
■ Gärtner	EUR
■ Herbizide, Insektizide	EUR
■ Obstbaumschnitt	EUR

- Rasenmäher (Treibstoff, Wartung) EUR
- Erde, Mulch EUR

III. Grabpflege

- Grabpflegekosten bei Fremdvergabe EUR
- jahreszeitliche Neubepflanzung EUR

IV. Tierhaltung

- Tierfutter EUR
- Hunde-/Katzenpensionskosten bei Abwesenheit EUR
- Hundesteuer EUR
- Tierarztkosten EUR

V. Monatlicher Aufwand für Freizeit, Information, Unterhaltung, Bildung

- GEZ Gebühren EUR
- Büchereinkäufe für Familie/Buchclub EUR
- Fernseh- und Radioprogramm-Zeitschrift EUR
- Fernsehgebühren wie Pay TV (Premiere Abos) EUR
- Gemeindeblatt/Amtsblatt/Kirchenblatt/Sonntagszeitung EUR
- Illustrierte/Lesezirkel, Fachzeitschriften EUR
- Kabelanschlussgebühr (Sattelitenempfangsgebühr bei Eigenanlage) EUR
- Kindergartenbeitrag [BGH VersR 1998, 333] EUR
- Leasinggebühr für Fernseher und HiFi-Anlage EUR
- Tageszeitung, regional und überregional EUR
- Telefongrundgebühr/Handygrundgebühr EUR
- Trinkgeld Zeitungsträger/Postzusteller etc. EUR
- Vereinsbeiträge für Mitgliedschaft bei Tennis, Golf, Fußball etc. EUR

VI. Monatlicher Aufwand für Versicherungen

- Auslandskrankenversicherung EUR
- Familienunfallversicherung EUR
- private Haftpflichtversicherung EUR
- Familienrechtsschutzversicherung EUR
- Gebäudeversicherung, Sturmschaden- u. Leitungswasserschadenversicherung EUR
- Gewässerschadenversicherung EUR
- Hausratversicherung EUR

- Tierhalterhaftpflichtversicherung (Hund, Pferd) — EUR
- Insassenunfallversicherung — EUR
- Kaskoversicherung — EUR
- Kraftfahrzeughaftpflichtversicherung — EUR
- Krankenversicherung, Krankentagegeldzusatzversicherung — EUR
- Neuwertversicherung Elektro- und Gasgeräte des Hausrats — EUR
- Öltankversicherung — EUR
- Prämien für Kapitallebensversicherungen (teilweise) (BGH, zfs 2012, 686) — EUR
- Reisegepäckversicherung — EUR
- Sterbegeldversicherung — EUR
- Verkehrs-Rechtsschutzversicherung — EUR

VII. Monatlicher Aufwand für das Familienfahrzeug

- AU-Untersuchung (jährlich) — EUR
- Automobilclub-Beitrag (wie ADAC, AvD) — EUR
- Benzinkosten (streitig; wohl ja, bei Fahrten, die die Familie betreffen, wie Urlaubsfahrten, Verwandten- und Bekanntenbesuche) — EUR
- Garagenmiete/Stellplatzkosten — EUR
- Kraftfahrzeugsteuer — EUR
- Reparaturrücklagen oder Reparaturkosten — EUR
- Rücklagen/Raten für Ersatz- oder Neufahrzeug/Abschreibung — EUR
- Schutzbriefe — EUR
- TÜV-Gebühren (Anfall 2 Jahre) — EUR
- Wagenpflege (Waschen, Konservieren, Pflegemittel, Münzstaubsauger) — EUR
- Wartungsdienst — EUR

▲

43 In einem Urteil aus dem Jahr 2012 hat der BGH (Urt. v. 5.6.2012, zfs 2012, 686) entschieden, dass nunmehr auch Aufwendungen für eine Lebensversicherung eines Selbstständigen fixe Kosten bei der Bestimmung des Barunterhaltsschadens sein können. In dem Urteil hatte der BGH wie folgt ausgeführt:

> *„Aufwendungen für die Lebensversicherung der Ehefrau des getöteten Selbstständigen, die während der Zeit der aktiven beruflichen Tätigkeit erbracht wurden, sind mit dem Anteil, der nicht der Vermögensbildung dient, als* ***fixe Kosten*** *von dem unterhaltsrechtlich relevanten Nettoeinkommen abzuziehen."*

Der BGH stellte fest, dass Aufwendungen ohne Rücklagen zur Altersvorsorge, soweit den betreffenden Personen keine ausreichend gesetzliche Altersrente zur Verfügung steht, als fixe Kosten behandelt werden. Insofern ist dieses Urteil für Geschädigtenvertreter von Bedeutung, da hierdurch bei der Berechnung eine Erhöhung des Schadensersatzanspruches entsteht.

Praxistipp

Der Anwalt sollte daher nach Lebensversicherungen und deren Ausgestaltung fragen, da durch diese teilweise Anrechnung der Prämien für die Kapitallebensversicherung durch dieses BGH-Urteil sich nunmehr Erhöhungen für den Mandanten beim Unterhaltsschaden ergeben können. In der Entscheidung des BGH vom 5.6.2012 hatten der Kläger und der verstorbene Ehemann gemeinsam einen Imbissbetrieb geführt und argumentiert, dass die Prämien für die Kapitallebensversicherung zu berücksichtigen seien, da es sich um **Aufwendungen und Rücklagen** zur Altersvorsorge handele. Die Kläger hatten sich zu Recht darauf berufen, dass nach der ständigen Rechtsprechung des BGH Aufwendungen und Rücklagen von Selbstständigen zur Altersvorsorge, welche während der Zeit der aktiven beruflichen Tätigkeit erbracht wurden, als fixe Kosten des Haushalts Berücksichtigung finden müssen und sich hier auf die ständige Rechtsprechung des BGH (z.B. VersR 64, 778) berufen.

Nicht zu den Fixkosten zählt dagegen der Aufwand für Kleidung und Nahrung. 44

cc) Prozentualer Fixkostenanteil Ehemann/Ehefrau/Doppelverdiener

Wenn **beide Ehegatten berufstätig** waren, d.h. der Getötete und auch der Hinterbliebene, ändert sich die Berechnung bei den **Fixkosten**. In diesen Fällen sind nicht vom Nettoeinkommen des Getöteten 100 % der Fixkosten abzuziehen, sondern es ist zunächst der prozentuale **Fixkostenanteil** des Ehemanns und der Ehefrau auszurechnen. Diese Rechnung erfolgt sehr einfach: Beide Nettoeinkommen werden ins Verhältnis gesetzt. Dies geschieht entsprechend des nachfolgend abgedruckten Berechnungsmusters 1. 45

Beispiel

Der Ehemann verdient 3.000,00 EUR netto, die Ehefrau 1.800,00 EUR netto. Beide Einkommen werden addiert = 4.800,00 EUR. Von diesen 4.800,00 EUR Gesamteinkommen sind 1 % = 48,00 EUR (= x). Nun muss das Einkommen der Ehefrau von 1.800,00 EUR durch 48 dividiert werden und man erhält die prozentuale Verhältniszahl. Dies sind dann ausgerechnet 37,5 %, denn 1.800,00 EUR dividiert durch 48 = 37,5. Der Anteil des Ehemanns wird analog dazu ebenfalls ausgerechnet. Das Einkommen des Ehemanns von 3.000,00 EUR wird durch 48 dividiert und man erhält 62,5, d.h. 62,5 %. Das Verhältnis der beiden Einkommen von 3.000,00 EUR netto des Ehemanns und 1.800,00 EUR netto der Ehefrau entspricht also einem Verhältnis von 62,5 % zu 37,5 %.

Die Prozentzahlen müssen jetzt auf die fixen Kosten angewendet werden. Wenn also die Fixkosten 2.000,00 EUR betragen, was vorher anhand der exakten Fixkostenliste errechnet wurde, muss bei einem Doppelverdiener und der Berechnung des Unterhaltsschadens daher die errechnete Prozentzahl auf die Fixkosten umgerechnet werden. Konkret bedeutet dies, z.B. bei 2.000,00 EUR Fixkosten würde man, wenn man den Unterhaltsschaden der Witwe ausrechnet, vom Nettoeinkommen also 62,5 % der Fixkosten absetzen. 62,5 % von 2.000,00 EUR sind 1.250,00 EUR. Im Unterschied zur Alleinverdienerehe sind bei der Doppelverdienerehe nicht 100 % der Fixkosten vom Nettoeinkommen abzuziehen, sondern der errechnete prozentuale Fixkostenanteil des Ehemanns und der prozentuale Fixkostenanteil der Ehefrau. Aus diesem Grund enthält der Fragebogen, mit dem die Berechnung eines Unterhaltsschadens immer beginnt, die Rubrik **prozentualer Fixkostenanteil Ehemann und prozentualer Fixkostenanteil Ehefrau**. Hat man diesen Wert ausgerechnet, kann man ihn in den Beispielsfällen und in den Blankovordrucken anwenden. In dem vorliegenden Beispielsfall ist der **prozentuale Fixkostenanteil Ehemann** = 1.250,00 EUR (62,5 % von 2.000,00 EUR Fixkosten) und der **prozentuale Fixkostenanteil Ehefrau** = 750,00 EUR (37,5 % von 2.000,00 EUR Fixkosten).

46 ▼

Muster 5.3: Berechnungsmuster 1

Prozentualer Fixkostenanteil Ehemann/Ehefrau (Doppelverdienerehe)

(Verhältnis beider Einkommen zu den Fixkosten)

Formel:

1.) $$\frac{\text{Nettoeinkommen Ehemann + Nettoeinkommen Ehefrau}}{100} = X$$

2.) $$\frac{\text{Nettoeinkommen Ehemann}}{X} = \mathbf{y\ \%}$$

$$\frac{\text{Nettoeinkommen Ehefrau}}{X} = \mathbf{z\ \%}$$

3.) **y %** von den Fixkosten = prozentualer Fixkostenanteil Ehemann

z % von den Fixkosten = prozentualer Fixkostenanteil Ehefrau

Beispiel:

Nettoeinkommen Ehemann	= 3.000,00 EUR
Nettoeinkommen Ehefrau	= 1.800,00 EUR
Fixkosten	= 2.000,00 EUR

1.) $$\frac{\text{3.000,00 EUR + 1.800,00 EUR}}{100} = \frac{\text{4.800,00 EUR}}{100} = 48\ (= X)$$

2.) $\frac{3.000,00 \text{ EUR}}{48} = 62,5\ \%$

$\frac{1.800,00 \text{ EUR}}{48} = 37,5\ \%$

3.) 62,5 % von 2.000,00 EUR = prozentualer Fixkostenanteil des Ehemanns
= 1.250,00 EUR

37,5 % von 2.000,00 EUR = prozentualer Fixkostenanteil der Ehefrau
= 750,00 EUR

▲

c) Dritte Stufe: Unterhaltsquoten

aa) Alleinverdiener

Nachdem im vorherigen Kapitel das Nettoeinkommen berechnet wurde und davon die fixen Kosten abgezogen wurden, muss nunmehr dieser errechnete Betrag auf die einzelnen Unterhaltsberechtigten verteilt werden. Hierfür dient die Tabelle 1 (siehe Rdn 29). Diese Verteilung auf die Unterhaltsberechtigten erfolgt nach **Unterhaltsquoten**. Der BGH hat solche Quoten gebilligt (BGH VersR 1986, 264). Der Anwalt, der einen solchen Fall zu berechnen hat, muss schauen, ob der Getötete ein Alleinverdiener war oder ob eine Doppelverdienerehe vorlag. Handelte es sich um eine Alleinverdienerehe, wird die Tabelle 1 angewandt. Bei einem Doppelverdiener verwendet man die Tabelle 2. Man unterscheidet in der Regulierungspraxis zwischen Alleinverdienerehen und Doppelverdienerehen deswegen, weil die Ansicht vertreten wird, dass der Alleinverdiener berufsbedingte Mehraufwendungen hat, die nicht mit denjenigen von Doppelverdienern zu vergleichen sind. 47

Praxistipp

Die Unterhaltquoten sind, wie vorstehend bereits erwähnt, **kein Dogma**. Sollte der Anwalt in seinem Fall zu dem Ergebnis gelangen, dass die Quoten auf den vorliegenden Sachverhalt nicht passen, weil der Grad der Teilhabe am Familieneinkommen mit den Quoten nicht kompatibel ist, so muss versucht werden, mit dem Versicherer über andere Quoten zu verhandeln. In der Literatur wird zum Beispiel die Auffassung vertreten, dass bei einem Getöteten, einer Witwe und einem Kind nicht die Quote von 45 %, 35 % und 20 % anzuwenden ist, sondern stattdessen 45 %, 40 % und 15 % (*Drees*, S. 38). *Eckelmann/Nehls*, S. 119, wiederum vertreten andere Quoten und unterscheiden zusätzlich noch hinsichtlich des Alters der Kinder. In der Praxis sind jedoch die hier abgedruckten Quoten der Tabelle 1 durchaus zu verwenden. Aus Praktikabilitätsgründen werden daher diese Quoten in den Beispielfällen angewandt. Je nach Verhandlungsgeschick kann der Anwalt es jedoch erreichen, zugunsten seines Mandanten eventuell hiervon abzuweichen.

In einem Regulierungsgespräch hilft mitunter auch der Hinweis darauf, dass die in der Praxis durchgesetzten und hier abgedruckten Quotentabellen nur teilweise höchstrichterlich bestätigt sind. Diese Tabellen sind auch **nicht wissenschaftlich** durch Vergleichsstudien begründet worden. Die Idee dieser Quoten stammt von den Versicherern selbst, um Geld zu sparen. Es ist daher in jedem Einzelfall konkret der Mandant zu befragen, ob die individuellen Verhältnisse einen erhöhten Unterhaltsbedarf rechtfertigen, der es ermöglicht, zugunsten des Geschädigten von einer anderen Unterhaltsquote auszugehen. Diese Argumentation sollte immer bei der Regulierungspraxis im Auge behalten werden.

Soll der Anwalt dagegen den Unterhaltsschaden eines **Kindes** (eines Waisen) ausrechnen, muss er in der Tabelle 1 oder 2 unter der Rubrik der Kinder die entsprechenden Zahlen ablesen. Auch hier haben sich in der Praxis Unterhaltsquoten herausgebildet, die in Tabelle 1 und Tabelle 2 festgehalten sind. Der BGH vertritt zwar die Auffassung, dass man bei den Waisen noch nach dem jeweiligen Alter zu unterscheiden habe. In der Regulierungspraxis ist dies jedoch extrem schwer durchzusetzen, da die Kinder dann jeweils, wenn sie älter werden, einer anderen Stufe zuzuordnen sind und außergerichtlich die Akte dann in der Regel nicht abgeschlossen werden kann, weil die Ansprüche immer neu zu berechnen sind. Von daher verwendet man in der Praxis auch bei den Kindern die Unterhaltsquoten entsprechend der Tabellen 1 oder 2.

Praxistipp

In der Regulierungspraxis kann hier jedoch am Ende der Regulierung noch einmal deutlich zugunsten der Kinder nach oben abgewichen werden. Nach höchstrichterlicher Rechtsprechung (BGH VersR 1987, 1243) hängt der unterschiedliche Unterhaltsbedarf der Kinder vom Alter ab. Genau aus diesem Grunde vertreten zum Beispiel auch *Eckelmann/Nehls*, S. 117, die Auffassung, dass die in der Praxis durchgesetzten und hier abgedruckten Quoten für Kinder viel zu niedrig angesetzt sind. Der Anwalt, der Kinder vertritt, hat daher bei einem Regulierungsgespräch gute Chancen, den tatsächlichen persönlichen Unterhaltsbedarf seines Mandanten höher anzusetzen als in der pauschalisierten Quotentabelle. Versicherer wollen in der Regel aus Kostengründen die Akte schließen und daher abfinden. Sie könnten die Akte jedoch nicht abfinden, wenn nach den Altersstufen, wie sie der BGH zugrunde legt, die Berechnungen zu erfolgen haben, denn in diesem Fall müsste für jedes Kind neu gerechnet werden, wenn dieses in eine neue Altersstufe kommt. Aus Praktikabilitätsgründen bilden daher die abgedruckten Quoten eine annehmbare Basis für die Berechnung des Unterhaltsschadens bei Kindern. Anschließend können Zuschläge vorgenommen werden, wenn dies aufgrund des persönlichen Unterhaltsbedarfs angebracht ist. Diese Auffassung ist auch in der Mehrzahl der Fälle im Interesse der Mandanten, da die Geschädigten in der Regel kein Interesse an einem dogmatischen Rechtsstreit über Jahre hinweg haben, sondern ihren Fall zeitnah erledigt wissen möchten. Bekanntlich ist ein Vergleich nur dann gut, wenn er beiden Seiten wehtut. Haftungsrechtlich hat der Anwalt hier auch nichts zu befürchten, wenn er den Mandanten aufgeklärt und gegenübergestellt hat, was voraussichtlich bei einer gerichtlichen Lösung erreicht werden könnte und was bei einer außergerichtlichen Lösung erreicht worden ist.

bb) Doppelverdiener

Hier gilt, was bereits beim Alleinverdiener gesagt wurde. Der Anwalt muss die Wer- **48**
te aus Tabelle 2 übernehmen, wenn es sich um eine **Doppelverdienerehe** handelt. Vertritt der Anwalt zum Beispiel eine Witwe mit zwei Kindern, beträgt ihre Quote nach Tabelle 2: 40 %.

d) Vierte Stufe: Anteile fixe Kosten

Hat man das Nettoeinkommen ermittelt, die **Fixkosten** abgesetzt und die Unter- **49**
haltsquote errechnet, kommt der **vierte Schritt (4. Stufe)**. Nun muss der Anteil des Unterhaltsberechtigten an den Fixkosten wieder **hinzuaddiert** werden. Dafür dient die Tabelle 3 (siehe Rdn 31).

Bei der Berechnung eines Unterhaltsschadens in einer **Doppelverdienerehe** ist **50**
eine Besonderheit zu berücksichtigen. Bevor die Tabelle 3 mit dem entsprechenden Anteil angewandt wird, muss zuvor der prozentuale Fixkostenanteil des Ehemanns oder der prozentuale Fixkostenanteil der Ehefrau errechnet werden, denn nur von diesen errechneten Werten ist bei der Doppelverdienerehe der entsprechende Anteil aus der Tabelle 3 zu entnehmen. Dies ist wichtig, da ansonsten falsche Unterhaltsberechnungen erfolgen (zur Berechnung des prozentualen Fixkostenanteils des Ehemanns siehe Rdn 45 ff., inkl. Berechnungsmuster 1). Bei einer Alleinverdienerehe ist der prozentuale Fixkostenanteil dagegen nicht zu berücksichtigen, sondern dort sind 100 % der Fixkosten als Ausgangsbasis anzusetzen und dann anschließend aus der Tabelle 3 der jeweilige Wert zu übernehmen. In den einzelnen Beispielen ist dies noch einmal erläutert und veranschaulicht.

Sollten dagegen die Ansprüche der Kinder/Waisen errechnet werden, ist aus der Tabelle 3 der jeweilige Wert bezüglich der Kinder abzulesen, je nachdem, ob ein Kind oder zwei Kinder Unterhaltsansprüche geltend machen. Auch hier unterscheidet man, ob eine Alleinverdienerehe oder eine Doppelverdienerehe vorliegt.

Liegt eine Alleinverdienerehe vor, ist in der 4. Stufe der jeweilige prozentuale An- **51**
teil an den Fixkosten aus der Tabelle 3 zu entnehmen. Handelt es sich zum Beispiel um eine Alleinverdienerehe mit einem Kind, so sind den errechneten fixen Kosten 33 % hinzu zu addieren. In den einzelnen Berechnungsbeispielen ist dies in den jeweiligen Stufen – in diesem Fall in der 4. Stufe – geschehen und noch einmal die jeweilige anzuwendende Tabelle in Klammern aufgeführt.

Liegt dagegen bei der Berechnung des Unterhaltsschadens der Kinder/Waisen eine **52**
Doppelverdienerehe vor, muss auch hier zunächst der **prozentuale Fixkostenanteil**

des Ehemanns/Vaters errechnet werden. Auch hierfür dient wieder das Berechnungsmuster 1 (siehe Rdn 45 ff.). Hat man den prozentualen Fixkostenanteil des Ehemanns/Vaters errechnet, ist von **diesem Wert** aus der Tabelle 3 (siehe Rdn 31) der entsprechende prozentuale Anteil zu bilden.

e) Fünfte Stufe: Ersparter Unterhalt (bei Doppelverdienern)

53 Im Unterschied zur Alleinverdienerehe gibt es bei der Berechnung der **Doppelverdienerehe** eine 5. Stufe: den ersparten Unterhalt oder auch Vorteilsausgleich. Bei den Berechnungsmustern der Alleinverdienerehe fehlt diese 5. Stufe, da kein ersparter Unterhalt abzusetzen ist.

Durch den Wegfall der Beteiligung des getöteten Ehepartners am eigenen Nettoeinkommen muss sich die Witwe, die die Ansprüche geltend macht, einen **ersparten Unterhalt** abziehen lassen. Der ersparte Unterhalt der 5. Stufe wird wie folgt berechnet: Man errechnet das Einkommen des Hinterbliebenen (Witwe/Witwer), also desjenigen, der die Ansprüche geltend macht und zieht von diesem Einkommen den **prozentualen Fixkostenanteil** der Witwe/des Witwers ab. Wie der prozentuale Fixkostenanteil ausgerechnet wird, ist anhand des Berechnungsmusters 1 (siehe Rdn 46) veranschaulicht. Anschließend wird die Unterhaltsquote des Getöteten aus der Tabelle 2 (siehe Rdn 30) entnommen. Dieser prozentuale Wert ergibt den ersparten Unterhalt, der in der 5. Stufe abzuziehen ist.

54 Anhand eines Beispiels soll dies verdeutlicht werden: Das Nettoeinkommen der Witwe beträgt 1.800,00 EUR, die Fixkosten betragen 2.000,00 EUR, der Ehemann hat ein Nettoeinkommen von 3.000,00 EUR. Der Ehemann verstirbt, es sind keine Kinder vorhanden. Der prozentuale Fixkostenanteil des Ehemanns beträgt 1.250,00 EUR (62,5 % von 2.000,00 EUR), der prozentuale Fixkostenanteil der Witwe/Ehefrau beträgt 750,00 EUR (37,5 % von 2.000,00 EUR). Die beiden Einkommen der Eheleute stehen daher in einem Verhältnis von 62,5 % zu 37,5 %. Von dem Nettoeinkommen der Witwe in Höhe von 1.800,00 EUR ist der prozentuale Fixkostenanteil der Witwe in Höhe von 750,00 EUR abzuziehen, so dass ein Betrag von 1.050,00 EUR verbleibt. Hiervon ist aus der Tabelle 2 die Quote von 50 % auszurechnen, so dass ein ersparter Unterhalt von 525,00 EUR zu subtrahieren ist. Diese Summe (525,00 EUR) ist von der zuvor errechneten 4. Stufe abzusetzen. In den einzelnen Berechnungsbeispielen ist die 5. Stufe noch einmal mit denselben Zahlen erläutert.

Sind in der Doppelverdienerehe in dem zu errechnenden Fall dagegen Kinder vorhanden, muss die entsprechende Unterhaltsquote aus Tabelle 2 (siehe Rdn 30) entnommen werden. Bei einem Kind beträgt die Quote 40 %, bei zwei Kindern 35 % und bei drei Kindern 30,5 %.

f) Sechste Stufe: Mitverschulden/Witwenrente

Sollte seitens des Getöteten ein **Mitverschulden** am Unfall vorliegen, so muss sich der Dritte, der nunmehr die Ansprüche geltend macht, dieses Verschulden anspruchsmindernd gem. §§ 846, 254 BGB zurechnen lassen. Dies geschieht dadurch, dass die Haftungsquote ermittelt wird und entsprechend in den Beispielen bei der Anspruchsberechnung gekürzt wird. 55

Praxistipp

Es ist hier immer genau zu prüfen, ob wirklich ein Mitverschulden vorliegt. Versicherer versuchen häufig und manchmal auch recht pauschal von einem Mitverschulden auszugehen. Der Anwalt sollte hier mit Kfz-Sachverständigen und Unfallrekonstruktionsgutachtern zusammenarbeiten. Oftmals wird z.B. der Einwand des Nichtanschnallens als Mitverschuldenseinwand seitens des Versicherers vorgebracht. Hat der Versicherer dann jedoch nicht die Beweise gesichert, z.B. den Gurt ausgebaut und gutachtertechnisch untersucht, kann dieser Einwand in einem Prozess nicht aufrechterhalten werden. Dann darf sich der Anwalt nicht pauschal außergerichtlich einen Abzug von 20 oder 30 % anrechnen lassen. Hier muss er immer die Beweislast im Auge haben und entsprechend vortragen. Bei einem Personengroßschaden kann gerade eine Quote einen erheblichen Betrag in EUR ausmachen. Deshalb sollte sich der Geschädigtenanwalt nie auf pauschale Quoten einlassen und auch nie zu leichtfertig die vom Versicherer diskutierte Quote akzeptieren. Wenn die Quote erst einmal feststeht, werden **sämtliche** Schadenspositionen entsprechend gekürzt – und das für Jahrzehnte.

Wurde eine **Witwenrente** gezahlt, muss diese abgesetzt werden. In den einzelnen diesbezüglich abgedruckten Fällen ist der entsprechende Rechenschritt mit aufgeführt. 56

Eine weitere Besonderheit bei den Doppelverdienerfällen besteht im Rahmen des Mitverschuldens in Form des **Quotenvorrechts**. Bei der 5. Stufe des ersparten Unterhalts ist dieses Quotenvorrecht zu berücksichtigen (BGH VersR 1987, 70). Die Witwe, die den Anspruch geltend macht, kann den ersparten Unterhalt mit dem Mitverschuldensanteil verrechnen. Dies hat für sie Vorteile. In den einzelnen Beispielen ist bei den Doppelverdienerfällen und den Mithaftungsfällen in der 6. Stufe das Quotenvorrecht eingearbeitet. Es wird daher zunächst der prozentuale Mitverschuldensanteil, nachdem der Betrag in der 5. Stufe errechnet wurde, berücksichtigt. Der Unterhaltsbetrag von 870,00 EUR monatlich würde bei einem 50%igen Mitverschulden 435,00 EUR monatlich betragen. Nach der Rechtsprechung des BGH kann jedoch die Witwe zunächst den Mitverschuldensanteil mit dem eigenen ersparten Unterhalt (siehe 5. Stufe) verrechnen. Bei dem errechneten Beispiel (siehe Rdn 71) in der Fallliste muss die Witwe sich daher nur einen monatlichen Betrag von 67,50 EUR bezüglich des Mitverschuldens anrechnen lassen und nicht von 57

435,00 EUR, was den ursprünglichen 50%igen Mitverschuldensanteil ausmachen würde. Die Beispiele zeigen, dass das Quotenvorrecht auf keinen Fall vergessen werden darf, da dies bei der Berechnung des Unterhaltsschadens zu erheblichen Unterschieden führen kann. Auch hier lauert eine Haftungsfalle für den mandatierten Rechtsanwalt.

III. Musterfälle

1. Allgemeines

58 Zunächst werden in den Beispielfällen komplett die Konstellationen durchgerechnet, in denen eine **Alleinverdienerehe** vorliegt – Fälle unter 3a–h (siehe Rdn 60–67). Danach werden die Fälle durchgerechnet, in denen von einer **Doppelverdienerehe** ausgegangen wird – Fälle unter 3i–p (siehe Rdn 68–75). Hieran schließen sich die Fälle an, in welchen nicht die Witwe oder der Witwer Ansprüche stellt, sondern der Unterhaltsanspruch der **Kinder/Waisen** errechnet wird – Fälle unter 4c (siehe Rdn 80–91). Bei den Fällen der Doppelverdienerehe wendet der BGH die sogenannte „verfeinerte" Methode (BGH VersR 1983, 726) an und kommt zu demselben Ergebnis, wie in den Musterbeispielen ausgeführt, auch wenn die Berechnung etwas anders erfolgt. Bei den einzelnen Berechnungen ist immer genau zu unterscheiden, ob die Ansprüche der Witwe, des Witwers oder der Kinder/Waisen errechnet werden. Der Verstorbene ist immer in Fettdruck hervorgehoben, so dass es leichter ist, den Fall herauszuarbeiten. Ferner ist kursiv gedruckt, ob es sich um eine Alleinverdiener- oder eine Doppelverdienerehe handelt. Außerdem ist „abzüglich" und „zuzüglich" in den Beispielen auch jeweils fett gedruckt, damit man dies nicht bei der Berechnung verwechselt. Zusätzlich wurden einige Beispiele auch unter Berücksichtigung eines Quotenvorrechts gerechnet. Im Anhang des Buches (siehe § 12 Rdn 6 ff.) finden sich die Beispiele nochmals in Form von Blanko-Mustern zum Vervielfältigen. Diese Vorlagen können bereits während der Mandatsbesprechung verwendet werden, um die Angaben des Mandanten schneller zu erfassen.

> *Praxistipp*
>
> Immer, wenn ein Mitverschulden im Raum steht und eine Doppelverdienerehe gegeben ist, muss der Anwalt an das Quotenvorrecht denken. Das Quotenvorrecht wirkt sich umso gravierender aus, je höher die jeweilige Mitverschuldensquote ausfällt (zum Quotenvorrecht vgl. BGH VersR 1987, 70).

Schließlich ist, wie bereits erwähnt, die jeweilige Quote (Prozent) in den Mustern lediglich ein Vorschlag zur vereinfachten Bearbeitung der Fälle. Sollten individuell die Verhältnisse in dem jeweiligen Fall anders liegen, müssen die Quoten individuell angepasst werden, da die Quote teilweise von den Versicherern ins Spiel gebracht wird, um die Fälle praktikabel zu lösen. Dies hat der BGH (VersR 83, 726) mehrfach betont.

2. Berechnung mit Vermögensbildung

Innerhalb der Musterfälle zur **Unterhaltsberechnung** ist im Beispiel q) (siehe Rdn 76) eine Konstellation erfasst, in der die **Vermögensbildung** eine Rolle spielt. Versicherer wenden einen Abzug wegen Vermögensbildung immer wieder ein. Von daher ist es wichtig, dass der Anwalt auch die Beispiele rechnen kann, wenn der Einwand der Vermögensbildung vorgebracht wird, da nur so die Berechnung überprüft werden kann. Sollten also in einem Sachverhalt der Getötete und seine Ehefrau über ein großes Einkommen verfügen, so dass es auch zur Vermögensbildung herangezogen wurde, dann ist exemplarisch sowohl ein Beispiel mit Zahlen durchgerechnet als auch ein Blanko-Muster dargestellt. Im Prinzip ändert sich bei den einzelnen Stufen nicht viel. Lediglich bei der ersten Stufe ist vom Nettoeinkommen der prozentuale Anteil an der Vermögensbildung abzuziehen. Es ist daher konkret der Mandant zu fragen, wie viel Geld im Monat für eine Vermögensbildung zurückgelegt wurde. Nehmen wir einmal an, der Betrag wäre monatlich mit 500,00 EUR anzusetzen, dann ist in der ersten Stufe hiervon der prozentuale Anteil des Getöteten abzuziehen. Die beiden Nettoeinkommen des Getöteten und der Ehefrau sind dementsprechend ins Verhältnis zu setzen und hiervon der Anteil an der Vermögensbildung abzuziehen. Hatte also, wie in unserem Berechnungsmuster 1 angenommen, der Ehemann ein Nettoeinkommen von 3.000,00 EUR und die Ehefrau ein Nettoeinkommen von 1.800,00 EUR, so beträgt das Verhältnis an den beiden Nettoeinkommen 62,5 % zu 37,5 %. Es wird insofern auf das Berechnungsmuster 1 (siehe Rdn 46) verwiesen. Konkret beträgt der Anteil an der Vermögensbildung bei dem Ehemann daher 62,5 % von der Gesamtvermögensbildung von 500,00 EUR, mithin 312,50 EUR. Zum besseren Verständnis ist die Abweichung von den sonstigen Mustern umrandet dargestellt. Hinsichtlich der weiteren Stufen bleibt alles beim Alten, nur in der 5. Stufe im Bereich des Vorteilsausgleichs muss wieder der prozentuale Anteil an der Vermögensbildung abgesetzt werden. Konkret bedeutet dies, dass auf die Witwe bei einem prozentualen Anteil von 37,5 % bei einer Vermögensrücklage von 500,00 EUR monatlich der Betrag von 187,50 EUR entfällt. Zum besseren Verständnis wurde auch diese Abweichung von den Standardmustern umrandet, so dass diese Besonderheit besser ins Auge fällt und bei der Berechnung leichter zu berücksichtigen ist. Ansonsten ändert sich bei den Berechnungen nichts, so dass nun auch der Anwalt auf den Einwand des Versicherers hinsichtlich einer etwaigen Vermögensbildung reagieren kann und die Unterschiede mit und ohne Vermögensbildung gegenüberstellen kann. Im Ergebnis wird der Anwalt sehen, dass die Geschädigten besser fahren, wenn die Vermögensbildung nicht abgesetzt wird, da dann unterm Strich ein höherer Anspruch verbleibt. Aus Vereinfachungsgründen ist lediglich ein Beispiel mit der Vermögensbildung aufgeführt mit einem anliegenden Blanko-Muster. Sollten andere Quoten eine Rolle spielen, so sind die Variablen entsprechend zu ändern. 59

3. Ansprüche Witwe/Witwer (Barunterhalt)

a) Alleinverdiener ohne Kind (ohne Mithaftung)

60 *Beispiel*

Ehemann verstirbt, *Alleinverdiener*, keine Kinder, Nettoeinkommen Ehemann 3.100,00 EUR, fixe Kosten 1.500,00 EUR, Witwenrente 500,00 EUR, Mitverschulden 0 %

Lösung:

1. Stufe				
Nettoeinkommen Ehemann			3.100,00	EUR mtl.
2. Stufe				
abzgl. fixe Kosten		–	1.500,00	EUR mtl.
		=	**1.600,00**	**EUR mtl.**
3. Stufe				
Unterhaltsquote Witwe	**45 %**	=	**720,00**	**EUR mtl.**
(Tabelle 1 siehe Rdn 29)			(45 % von 1.600,00	EUR)
4. Stufe				
zzgl. Anteile fixe Kosten (Tabelle 3 siehe Rdn 31)	**100 %**	+	1.500,00	EUR mtl.
		=	**2.220,00**	**EUR mtl.**
5. Stufe: entfällt				
6. Stufe				
abzgl. Witwenrente		–	500,00	EUR mtl.
Zwischensumme		=	**1.720,00**	**EUR mtl.**
abzgl. Mitverschulden	**0** %	–	0,00	EUR mtl.
Ergebnis Barunterhalt		**=**	**1.720,00**	**EUR mtl.**

Blanko-Muster in Kapitel 12 (siehe § 12 Rdn 6).

b) Alleinverdiener ohne Kind (mit Mithaftung)

61 *Beispiel*

Ehemann verstirbt, *Alleinverdiener*, keine Kinder, Nettoeinkommen Ehemann 3.100,00 EUR, fixe Kosten 1.500,00 EUR, Witwenrente 500,00 EUR, Mitverschulden 30 %

Lösung:

1. Stufe		
Nettoeinkommen Ehemann	3.100,00	EUR mtl.

2. Stufe				
abzgl. fixe Kosten		–	1.500,00	EUR mtl.
		=	**1.600,00**	**EUR mtl.**
3. Stufe				
Unterhaltsquote Witwe	**45 %**	=	**720,00**	**EUR mtl.**
(Tabelle 1 siehe Rdn 29)		(45 % von	1.600,00	EUR)
4. Stufe				
zzgl. Anteile fixe Kosten	**100 %**	+	1.500,00	EUR mtl.
(Tabelle 3 siehe Rdn 31)				
		=	**2.220,00**	**EUR mtl.**
5. Stufe: entfällt				
6. Stufe				
abzgl. Witwenrente		–	500,00	EUR mtl.
Zwischensumme		=	**1.720,00**	**EUR mtl.**
abzgl. Mitverschulden	**30 %**	–	516,00	EUR mtl.
Ergebnis Barunterhalt		**=**	**1.204,00**	**EUR mtl.**

Blanko-Muster in Kapitel 12 (siehe § 12 Rdn 7).

c) Alleinverdiener mit 1 Kind (ohne Mithaftung)

Beispiel 62

Ehemann verstirbt, *Alleinverdiener*, ein Kind, Nettoeinkommen Ehemann 3.100,00 EUR, fixe Kosten 1.500,00 EUR, Witwenrente 500,00 EUR, Mitverschulden 0 %

Lösung:

1. Stufe				
Nettoeinkommen Ehemann			3.100,00	EUR mtl.
2. Stufe				
abzgl. fixe Kosten		–	1.500,00	EUR mtl.
		=	**1.600,00**	**EUR mtl.**
3. Stufe				
Unterhaltsquote Witwe	**35 %**	=	560,00	EUR mtl.
(Tabelle 1 siehe Rdn 29)		(35 % von	1.600,00	EUR)
4. Stufe				
zzgl. Anteile fixe Kosten	**66,6 %**	+	1.000,00	EUR mtl.
(Tabelle 3 siehe Rdn 31)		(66,6 % aus	1.500,00	EUR)
		=	**1.560,00**	**EUR mtl.**

5. Stufe entfällt

6. Stufe

abzgl. Witwenrente		–	500,00	EUR mtl.
Zwischensumme		=	**1.060,00**	**EUR mtl.**
abzgl. Mitverschulden	**0 %**	–	0,00	EUR mtl.
Ergebnis Barunterhalt		**=**	1.060,00	EUR mtl.

Blanko-Muster in Kapitel 12 (siehe § 12 Rdn 8).

d) Alleinverdiener mit 1 Kind (mit Mithaftung)

63 *Beispiel*

Ehemann verstirbt, *Alleinverdiener*, ein Kind, Nettoeinkommen Ehemann 3.100,00 EUR, fixe Kosten 1.500,00 EUR, Witwenrente 500,00 EUR, Mitverschulden 30 %

Lösung:

1. Stufe

Nettoeinkommen Ehemann			3.100,00	EUR mtl.

2. Stufe

abzgl. fixe Kosten		–	1.500,00	EUR mtl.
		=	**1.600,00**	**EUR mtl.**

3. Stufe

Unterhaltsquote Witwe	**35 %**	=	560,00	EUR mtl.
(Tabelle 1 siehe Rdn 29)		(35 % von	1.600,00	EUR)

4. Stufe

zzgl. Anteile fixe Kosten	**66,6 %**	+	1.000,00	EUR mtl.
(Tabelle 3 siehe Rdn 31)		(66,6 % aus	1.500,00	EUR)
		=	**1.560,00**	**EUR mtl.**

5. Stufe: entfällt

6. Stufe

abzgl. Witwenrente		–	500,00	EUR mtl.
Zwischensumme		=	1.060,00	EUR mtl.
abzgl. Mitverschulden	**30 %**	–	318,00	EUR mtl.
Ergebnis Barunterhalt		**=**	**742,00**	**EUR mtl.**

Blanko-Muster in Kapitel 12 (siehe § 12 Rdn 9).

e) Alleinverdiener mit 2 Kindern (ohne Mithaftung)

Beispiel 64

Ehemann verstirbt, *Alleinverdiener*, zwei Kinder, Nettoeinkommen Ehemann 3.100,00 EUR, fixe Kosten 1.500,00 EUR, Witwenrente 500,00 EUR, Mitverschulden 0 %

Lösung:

1. Stufe				
Nettoeinkommen Ehemann			3.100,00	EUR mtl.
2. Stufe				
abzgl. fixe Kosten		–	1.500,00	EUR mtl.
		=	**1.600,00**	**EUR mtl.**
3. Stufe				
Unterhaltsquote Witwe	**30 %**	=	**480,00**	**EUR mtl.**
(Tabelle 1 siehe Rdn 29)		(30 % von	1.600,00	EUR)
4. Stufe				
zzgl. Anteile fixe Kosten	**50 %**	+	750,00	EUR mtl.
(Tabelle 3 siehe Rdn 31)		(50 % aus	1.500,00	EUR)
		=	**1.230,00**	**EUR mtl.**
5. Stufe: entfällt				
6. Stufe				
abzgl. Witwenrente		–	500,00	EUR mtl.
Zwischensumme		=	**730,00**	**EUR mtl.**
abzgl. Mitverschulden	**0 %**	–	0,00	EUR mtl.
Ergebnis Barunterhalt		**=**	**730,00**	**EUR mtl.**

Blanko-Muster in Kapitel 12 (siehe § 12 Rdn 10).

f) Alleinverdiener mit 2 Kindern (mit Mithaftung)

Beispiel 65

Ehemann verstirbt, *Alleinverdiener*, zwei Kinder, Nettoeinkommen Ehemann 3.100,00 EUR, fixe Kosten 1.500,00 EUR, Witwenrente 500,00 EUR, Mitverschulden 30 %

Lösung:

1. Stufe		
Nettoeinkommen Ehemann	3.100,00	EUR mtl.

2. Stufe				
abzgl. fixe Kosten		–	1.500,00	EUR mtl.
		=	**1.600,00**	**EUR mtl.**
3. Stufe				
Unterhaltsquote Witwe	**30 %**	=	480,00	EUR mtl.
(Tabelle 1 siehe Rdn 29)			(30 % von 1.600,00	EUR)
4. Stufe				
zzgl. Anteile fixe Kosten	**50 %**	+	750,00	EUR mtl.
(Tabelle 3 siehe Rdn 31)			(50 % aus 1.500,00	EUR)
		=	**1.230,00**	**EUR mtl.**
5. Stufe: entfällt				
6. Stufe				
abzgl. Witwenrente		–	500,00	EUR mtl.
Zwischensumme		=	**730,00**	**EUR mtl.**
abzgl. Mitverschulden	**30 %**	–	219,00	EUR mtl.
Ergebnis Barunterhalt		**=**	**511,00**	**EUR mtl.**

Blanko-Muster in Kapitel 12 (siehe § 12 Rdn 11).

g) Alleinverdiener mit 3 Kindern (ohne Mithaftung)

66 *Beispiel*

Ehemann verstirbt, *Alleinverdiener*, drei Kinder, Nettoeinkommen Ehemann 3.100,00 EUR, fixe Kosten 1.500,00 EUR, Witwenrente 500,00 EUR, Mitverschulden 0 %

Lösung:

1. Stufe				
Nettoeinkommen Ehemann			3.100,00	EUR mtl.
2. Stufe				
abzgl. fixe Kosten		–	1.500,00	EUR mtl.
		=	**1.600,00**	**EUR mtl.**
3. Stufe				
Unterhaltsquote Witwe	**27 %**	=	**432,00**	**EUR mtl.**
(Tabelle 1 siehe Rdn 29)			(27 % von 1.600,00	EUR)
4. Stufe				
zzgl. Anteile fixe Kosten	**40 %**	+	600,00	EUR mtl.
(Tabelle 3 siehe Rdn 31)			(40 % aus 1.500,00	EUR)
		=	**1.032,00**	**EUR mtl.**

5. Stufe: entfällt				
6. Stufe				
abzgl. Witwenrente		–	500,00	EUR mtl.
Zwischensumme		=	**532,00**	**EUR mtl.**
abzgl. Mitverschulden	**0 %**	–	0,00	EUR mtl.
Ergebnis Barunterhalt		**=**	**532,00**	**EUR mtl.**

Blanko-Muster in Kapitel 12 (siehe § 12 Rdn 12).

h) Alleinverdiener mit 3 Kindern (mit Mithaftung)

Beispiel 67

Ehemann verstirbt, *Alleinverdiener*, drei Kinder, Nettoeinkommen Ehemann 3.100,00 EUR, fixe Kosten 1.500,00 EUR, Witwenrente 500,00 EUR, Mitverschulden 30 %

Lösung:

1. Stufe				
Nettoeinkommen Ehemann			3.100,00	EUR mtl.
2. Stufe				
abzgl. fixe Kosten		–	1.500,00	EUR mtl.
		=	**1.600,00**	**EUR mtl.**
3. Stufe				
Unterhaltsquote Witwe	**27 %**	=	**432,00**	**EUR mtl.**
(Tabelle 1 siehe Rdn 29)			(27 % von 1.600,00	EUR)
4. Stufe				
zzgl. Anteile fixe Kosten	**40 %**	+	600,00	EUR mtl.
(Tabelle 3 siehe Rdn 31)			(40 % aus 1.500,00	EUR)
		=	**1.032,00**	**EUR mtl.**
5. Stufe: entfällt				
6. Stufe				
abzgl. Witwenrente		–	500,00	EUR mtl.
Zwischensumme		=	**532,00**	**EUR mtl.**
abzgl. Mitverschulden	**30 %**	–	159,60	EUR mtl.
Ergebnis Barunterhalt		**=**	**372,40**	**EUR mtl.**

Blanko-Muster in Kapitel 12 (siehe § 12 Rdn 13).

i) Doppelverdiener ohne Kind (ohne Mithaftung)

68 *Beispiel*

Ehemann verstirbt, *Doppelverdiener*, keine Kinder, Nettoeinkommen Ehemann 3.000,00 EUR, Nettoeinkommen Witwe (Ehefrau) 1.800,00 EUR, fixe Kosten 2.000,00 EUR, Witwenrente 500,00 EUR, Mitverschulden 0 %, prozentualer Fixkostenanteil Ehemann 1.250,00 EUR (62,5 % von 2.000,00 EUR, Berechnungsmuster 1), prozentualer Fixkostenanteil Witwe/Ehefrau 750,00 EUR (37,5 % von 2.000,00 EUR, Berechnungsmuster 1)

Lösung:

1. Stufe

Nettoeinkommen des Getöteten		=	3.000,00	EUR mtl.
2. Stufe				
abzgl. prozentualer Fixkostenanteil Ehemann		–	1.250,00	EUR mtl.
(Berechnungsmuster 1 siehe Rdn 46)			(62,5 % von 2.000	EUR mtl.)
		=	**1.750,00**	**EUR mtl.**
3. Stufe				
Unterhaltsquote der Witwe (Tabelle 2 siehe Rdn 30)	**50** %	=	**875,00**	**EUR mtl.**
4. Stufe				
zzgl. Anteil (Tabelle 3 siehe Rdn 31) des prozentualen Fixkostenanteils Ehemann (Berechnungsmuster 1 siehe Rdn 46)	**100** %	+	1.250,00	EUR mtl.
Zwischensumme		=	**2.125,00**	**EUR mtl.**

5. Stufe

abzgl. Vorteilsausgleich/ersparter Unterhalt

Nettoeinkommen Witwe			1.800,00 EUR mtl.
abzgl. prozentualer Fixkostenanteil Witwe		–	750,00 EUR mtl.
(Berechnungsmuster 1 siehe Rdn 46)			(37,5 % aus 2.000 EUR)
		=	**1.050,00 EUR mtl.**
Unterhaltsquote getöteter Ehemann (Tabelle 2 siehe Rdn 30)	**50** %	=	**525,00 EUR mtl.**

	–	525,00	EUR mtl.
	=	**1.600,00**	**EUR mtl.**

6. Stufe

abzgl. Witwenrente		–	500,00	EUR mtl.
Zwischensumme		=	1.100,00	EUR mtl.
abzgl. Mitverschulden	**0 %**	–	0,00	EUR mtl.
Ergebnis Barunterhalt		**=**	**1.100,00**	**EUR mtl.**

Blanko-Muster in Kapitel 12 (siehe § 12 Rdn 14).

j) Doppelverdiener ohne Kind (mit Mithaftung)

Beispiel 69

Ehemann verstirbt, *Doppelverdiener*, keine Kinder, Nettoeinkommen Ehemann 3.000,00 EUR, Nettoeinkommen Witwe (Ehefrau) 1.800,00 EUR, fixe Kosten 2.000,00 EUR, Witwenrente 500,00 EUR, Mitverschulden 50 %, prozentualer Fixkostenanteil Ehemann 1.250,00 EUR (62,5 % von 2.000,00 EUR, Berechnungsmuster 1) prozentualer Fixkostenanteil Witwe/Ehefrau 750,00 EUR (37,5 % von 2.000,00 EUR, Berechnungsmuster 1)

Lösung:

1. Stufe

Nettoeinkommen des Getöteten		=	3.000,00	EUR mtl.

2. Stufe

abzgl. prozentualer Fixkostenanteil Ehemann		–	1.250,00	EUR mtl.
(Berechnungsmuster 1 siehe Rdn 46)			(62,5 % von 2.000,00	EUR)
		=	**1.750,00**	**EUR mtl.**

3. Stufe

Unterhaltsquote der Witwe (Tabelle 2 siehe Rdn 30)	**50 %**	=	**875,00**	**EUR mtl.**

4. Stufe

zzgl. Anteil (Tabelle 3 siehe Rdn 31) des prozentualen Fixkostenanteils Ehemann (Berechnungsmuster 1 siehe Rdn 46)	**100 %**	+	1.250,00	EUR mtl.
Zwischensumme		=	**2.125,00**	**EUR mtl.**

5. Stufe

abzgl. Vorteilsausgleich/
ersparter Unterhalt

Nettoeinkommen Witwe 1.800,00 EUR mtl.

abzgl. prozentualer Fixkostenanteil Witwe (Berechnungsmuster 1 siehe Rdn 46)		750,00 EUR mtl. (37,5 % von 2.000 EUR)	
	=	1.050,00 EUR mtl.	
Unterhaltsquote getöteter Ehemann (Tabelle 2 siehe Rdn 30)	**50 %** =	525,00 EUR mtl.	
			– 525,00 EUR mtl.
			= **1.600,00 EUR mtl.**
6. Stufe			
abzgl. Mitverschulden	**50 %**		
	=	800 EUR mtl.	
aber: Quotenvorrecht!			
Verrechnung mit erspartem Unterhalt möglich (Stufe 5)	–	525,00 EUR	
	=	**275,00 EUR**	
			– 275,00 EUR mtl.
abzgl. Witwenrente			– 500,00 EUR mtl.
Ergebnis Barunterhalt			**= 825,00 EUR mtl.**

Blanko-Muster in Kapitel 12 (siehe § 12 Rdn 15).

k) Doppelverdiener mit 1 Kind (ohne Mithaftung)

70 *Beispiel*

Ehemann verstirbt, *Doppelverdiener*, ein Kind, Nettoeinkommen Ehemann 3.000,00 EUR, Nettoeinkommen Witwe (Ehefrau) 1.800,00 EUR, fixe Kosten 2.000,00 EUR, Witwenrente 500,00 EUR, Mitverschulden 0 %, prozentualer Fixkostenanteil Ehemann 1.250,00 EUR (62,5 % von 2.000,00 EUR, Berechnungsmuster 1) prozentualer Fixkostenanteil Witwe/Ehefrau 750,00 EUR (37,5 % von 2.000,00 EUR, Berechnungsmuster 1)

Lösung:

1. Stufe

Nettoeinkommen des Getöteten	=	3.000,00 EUR mtl.

2. Stufe

abzgl. prozentualer Fixkostenanteil Ehemann	–	1.250,00 EUR mtl.

(Berechnungsmuster 1 siehe Rdn 46)			(62,5 % von 2.000,00	EUR)
		=	**1.750,00**	**EUR mtl.**
3. Stufe				
Unterhaltsquote der Witwe (Tabelle 2 siehe Rdn 30)	**40 %**	=	**700,00**	**EUR mtl.**
4. Stufe				
zzgl. Anteil (Tabelle 3 siehe Rdn 31) des prozentualen Fixkostenanteils Ehemann	**66,6 %**	+	833,33	EUR mtl.
(Berechnungsmuster 1 siehe Rdn 46)			(66,6 % aus 1.250,00	EUR)
Zwischensumme		=	**1.533,33**	**EUR mtl.**
5. Stufe				
abzgl. Vorteilsausgleich/ ersparter Unterhalt				
Nettoeinkommen Witwe	1.800,00 EUR mtl.			
abzgl. prozentualer Fixkostenanteil Witwe (Berechnungsmuster 1 siehe Rdn 46)	– 750,00 EUR mtl. (37,5 % aus 2.000 EUR)			
	= **1.050,00 EUR mtl.**			
Unterhaltsquote getöteter Ehemann (Tabelle 2 siehe Rdn 30)	**40 % =** **420,00 EUR mtl.**			
		–	420,00	EUR mtl.
		=	**1.113,33**	**EUR mtl.**
6. Stufe				
abzgl. Witwenrente		–	500,00	EUR mtl.
Zwischensumme		=	**613,33**	**EUR mtl.**
abzgl. Mitverschulden	**0 %**	–	0,00	EUR mtl.
Ergebnis Barunterhalt		**=**	**613,33**	**EUR mtl.**

Blanko-Muster in Kapitel 12 (siehe § 12 Rdn 16).

l) Doppelverdiener mit 1 Kind (mit Mithaftung)

Beispiel 71

Ehemann verstirbt, *Doppelverdiener*, ein Kind, Nettoeinkommen Ehemann 3.000,00 EUR, Nettoeinkommen Witwe (Ehefrau) 1.800,00 EUR, fixe Kosten 2.000,00 EUR, Witwenrente 500,00 EUR, Mitverschulden 50 %, prozentualer Fixkostenanteil Ehemann 1.250,00 EUR (62,5 % von 2.000,00 EUR, Berechnungsmuster 1) prozentualer Fixkostenanteil Witwe/Ehefrau 750,00 EUR (37,5 % von 2.000,00 EUR, Berechnungsmuster 1)

Lösung:

1. Stufe

Nettoeinkommen des Getöteten		=	3.000,00	EUR mtl.

2. Stufe

abzgl. prozentualer Fixkostenanteil Ehemann		–	1.250,00	EUR mtl.
(Berechnungsmuster 1 siehe Rdn 46)			(62,5 % von 2.000,00	EUR)
		=	**1.750,00**	**EUR mtl.**

3. Stufe

Unterhaltsquote der Witwe (Tabelle 2 siehe Rdn 30)	**40 %**	=	**700,00**	**EUR mtl.**

4. Stufe

zzgl. Anteil (Tabelle 3 siehe Rdn 31) des prozentualen Fixkostenanteils Ehemann	**66,6 %**	+	833,33	EUR mtl.
(Berechnungsmuster 1 siehe Rdn 46)			(66,6 % aus 1.250,00	EUR)
Zwischensumme		=	**1.533,33**	**EUR mtl.**

5. Stufe

abzgl. Vorteilsausgleich/ ersparter Unterhalt					
Nettoeinkommen Witwe		1.800,00 EUR mtl.			
abzgl. prozentualer Fixkostenanteil Witwe (Berechnungsmuster 1 siehe Rdn 46)	–	750,00 EUR mtl. (37,5 % aus 2.000,00 EUR)			
	=	1.050,00 EUR mtl.			
Unterhaltsquote getöteter Ehemann (Tabelle 2 Rdn 30)	**40 %** =	420,00 EUR mtl.			
			–	420,00	EUR mtl.
			=	**1.113,33**	**EUR mtl.**

6. Stufe

abzgl. Mitverschulden	**50 %**		
		=	556,66 EUR mtl.

aber: Quotenvorrecht!

Verrechnung mit erspartem Unterhalt möglich (Stufe 5)	– 420,00 EUR mtl.			
	= 136,66 EUR mtl.			
		–	136,66	EUR mtl.
abzgl. Witwenrente		–	500,00	EUR mtl.
Ergebnis Barunterhalt		**=**	**476,67**	**EUR mtl.**

Blanko-Muster in Kapitel 12 (siehe § 12 Rdn 17).

m) Doppelverdiener mit 2 Kindern (ohne Mithaftung)

Beispiel 72

Ehemann verstirbt, *Doppelverdiener*, zwei Kinder, Nettoeinkommen Ehemann 3.000,00 EUR, Nettoeinkommen Witwe (Ehefrau) 1.800,00 EUR, fixe Kosten 2.000,00 EUR, Witwenrente 500,00 EUR, Mitverschulden 0 %, prozentualer Fixkostenanteil Ehemann 1.250,00 EUR (62,5 % von 2.000,00 EUR, Berechnungsmuster 1) prozentualer Fixkostenanteil Witwe/Ehefrau 750,00 EUR (37,5 % von 2.000,00 EUR, Berechnungsmuster 1)

Lösung:

1. Stufe

Nettoeinkommen des Getöteten		=	3.000,00	EUR mtl.

2. Stufe

abzgl. prozentualer Fixkostenanteil Ehemann (Berechnungsmuster 1 siehe Rdn 46)		–	1.250,00 (62,5 % von 2.000,00	EUR mtl. EUR)
		=	**1.750,00**	**EUR mtl.**

3. Stufe

Unterhaltsquote der Witwe (Tabelle 2 siehe Rdn 30)	**35 %**	=	**612,50**	**EUR mtl.**

4. Stufe

zzgl. Anteil (Tabelle 3 siehe Rdn 31) des prozentualen Fixkostenanteils Ehemann	**50 %**	+	625,00	EUR mtl.
(Berechnungsmuster 1 siehe Rdn 46)			(50 % aus 1.250,00	EUR)
Zwischensumme		=	**1.237,50**	**EUR mtl.**

5. Stufe

abzgl. Vorteilsausgleich/
ersparter Unterhalt

Nettoeinkommen Witwe	1.800,00 EUR mtl.	

abzgl. prozentualer Fixkostenanteil Witwe (Berechnungsmuster 1 siehe Rdn 46)		– 750,00 EUR mtl. (37,5 % aus 2.000,00 EUR)			
		= 1.050,00 EUR mtl.			
Unterhaltsquote getöteter Ehemann (Tabelle 2 siehe Rdn 30)	**35 %** =	367,50 EUR mtl.			
			–	367,50	EUR mtl.
			=	**870,00**	**EUR mtl.**
6. Stufe					
abzgl. Witwenrente			–	500,00	EUR mtl.
Zwischensumme			=	**370,00**	**EUR mtl.**
abzgl. Mitverschulden		**0 %**	–	0,00	EUR mtl.
Ergebnis Barunterhalt			**=**	**370,00**	**EUR mtl.**

Blanko-Muster in Kapitel 12 (siehe § 12 Rdn 18).

n) Doppelverdiener mit 2 Kindern (mit Mithaftung)

73 *Beispiel*

Ehemann verstirbt, *Doppelverdiener*, zwei Kinder, Nettoeinkommen Ehemann 3.000,00 EUR, Nettoeinkommen Witwe (Ehefrau) 1.800,00 EUR, fixe Kosten 2.000,00 EUR, Witwenrente 500,00 EUR, Mitverschulden 50 %, prozentualer Fixkostenanteil Ehemann 1.250,00 EUR (62,5 % von 2.000,00 EUR, Berechnungsmuster 1) prozentualer Fixkostenanteil Witwe/Ehefrau 750,00 EUR (37,5 % von 2.000,00 EUR, Berechnungsmuster 1)

Lösung:

1. Stufe

Nettoeinkommen des Getöteten		=	3.000,00	EUR mtl.
2. Stufe				
abzgl. prozentualer Fixkostenanteil Ehemann (Berechnungsmuster 1 siehe Rdn 46)		–	1.250,00 (62,5 % von 2.000,00	EUR mtl. EUR)
		=	**1.750,00**	**EUR mtl.**
3. Stufe				
Unterhaltsquote der Witwe (Tabelle 2 siehe Rdn 30)	**35 %**	=	**612,50**	**EUR mtl.**

4. Stufe				
zzgl. Anteil (Tabelle 3 siehe Rdn 31) des prozentualen Fixkostenanteils Ehemann	**50 %**	+	625,00	EUR mtl.
(Berechnungsmuster 1 siehe Rdn 46)			(50 % aus 1.250,00	EUR)
Zwischensumme		=	**1.237,50**	**EUR mtl.**

5. Stufe				
abzgl. Vorteilsausgleich/ ersparter Unterhalt				
Nettoeinkommen Witwe	1.800,00 EUR mtl.			
abzgl. prozentualer Fixkostenanteil Witwe	– 750,00 EUR mtl.			
(Berechnungsmuster 1 siehe Rdn 46)	(37,5 % aus 2.000,00 EUR)			
	= 1.050,00 EUR mtl.			
Unterhaltsquote getöteter Ehemann (Tabelle 2 siehe Rdn 30)	**35 %** = 367,50 EUR mtl.			
		–	367,50	EUR mtl.
		=	**870,00**	**EUR mtl.**
6. Stufe				
abzgl. Mitverschulden	**50 %**			
	= 435,00 EUR mtl.			
aber: Quotenvorrecht!				
Verrechnung mit erspartem Unterhalt möglich (Stufe 5)	– 367,50 EUR mtl.			
	= 67,50 EUR mtl.			
		–	67,50	EUR mtl.
abzgl. Witwenrente		–	500,00	EUR mtl.
Ergebnis Barunterhalt		**=**	**302,50**	**EUR mtl.**

Blanko-Muster in Kapitel 12 (siehe § 12 Rdn 19).

o) Doppelverdiener mit 3 Kindern (ohne Mithaftung)

Beispiel 74

Ehemann verstirbt, *Doppelverdiener*, drei Kinder, Nettoeinkommen Ehemann 3.000,00 EUR, Nettoeinkommen Witwe (Ehefrau) 1.800,00 EUR, fixe Kosten 2.000,00 EUR, Witwenrente 500,00 EUR, Mitverschulden 0 %, prozentualer Fixkostenanteil Ehemann 1.250,00 EUR (62,5 % von 2.000,00 EUR, Berechnungsmuster 1) prozentualer Fixkostenanteil Witwe/Ehefrau 750,00 EUR (37,5 % von 2.000,00 EUR, Berechnungsmuster 1)

Lösung:

1. Stufe

Nettoeinkommen des Getöteten		=	3.000,00	EUR mtl.

2. Stufe

abzgl. prozentualer Fixkostenanteil Ehemann	–	1.250,00	EUR mtl.
(Berechnungsmuster 1 siehe Rdn 46)		(62,5 % von 2.000,00	EUR)
	=	**1.750,00**	**EUR mtl.**

3. Stufe

Unterhaltsquote der Witwe (Tabelle 2 siehe Rdn 30)	**30,5 %**	=	**533,75**	**EUR mtl.**

4. Stufe

zzgl. Anteil (Tabelle 3 siehe Rdn 31) des prozentualen Fixkostenanteils Ehemann	**40 %**	+	500,00	EUR mtl.
(Berechnungsmuster 1 siehe Rdn 46)			(40 % aus 1.250,00	EUR)
Zwischensumme		=	**1.033,75**	**EUR mtl.**

5. Stufe

abzgl. Vorteilsausgleich/ ersparter Unterhalt						
Nettoeinkommen Witwe			1.800,00 EUR mtl.			
abzgl. prozentualer Fixkostenanteil Witwe		–	750,00 EUR mtl.			
(Berechnungsmuster 1 siehe Rdn 46)			(37,5 % aus 2.000,00 EUR)			
		–	1.050,00 EUR mtl			
Unterhaltsquote getöteter Ehemann (Tabelle 2 siehe Rdn 30)	**30,5 %**	=	320,25 EUR mtl.			
				–	320,25	EUR mtl.
				=	**713,50**	**EUR mtl.**

6. Stufe

abzgl. Witwenrente	–	500,00	EUR mtl.
Zwischensumme	=	**213,50**	**EUR mtl.**

abzgl. Mitverschulden	**0 %**	–	0,00	EUR mtl.
Ergebnis Barunterhalt		=	**213,50**	**EUR mtl.**

Blanko-Muster in Kapitel 12 (siehe § 12 Rdn 20).

p) Doppelverdiener mit 3 Kindern (mit Mithaftung)

Beispiel 75

Ehemann verstirbt, *Doppelverdiener*, drei Kinder, Nettoeinkommen Ehemann 3.000,00 EUR, Nettoeinkommen Witwe (Ehefrau) 1.800,00 EUR, fixe Kosten 2.000,00 EUR, Witwenrente 500,00 EUR, Mitverschulden 50 %, prozentualer Fixkostenanteil Ehemann 1.250,00 EUR (62,5 % von 2.000,00 EUR, Berechnungsmuster 1) prozentualer Fixkostenanteil Witwe/Ehefrau 750,00 EUR (37,5 % von 2.000,00 EUR, Berechnungsmuster 1)

Lösung:

1. Stufe

Nettoeinkommen des Getöteten		=	3.000,00	EUR mtl.

2. Stufe

abzgl. prozentualer Fixkostenanteil Ehemann	–	1.250,00	EUR mtl.
(Berechnungsmuster 1 siehe Rdn 46)		(62,5 % von 2.000,00	EUR)
	=	**1.750,00**	**EUR mtl.**

3. Stufe

Unterhaltsquote der Witwe (Tabelle 2 siehe Rdn 30)	**30,5 %**	=	**533,75**	**EUR mtl.**

4. Stufe

zzgl. Anteil (Tabelle 3 siehe Rdn 31) des prozentualen Fixkostenanteils Ehemann	**40 %**	+	500,00	EUR mtl.
(Berechnungsmuster 1 siehe Rdn 46)			(40 % aus 1.250,00	EUR)
Zwischensumme		=	**1.033,75**	**EUR mtl.**

5. Stufc

abzgl. Vorteilsausgleich/ ersparter Unterhalt

Nettoeinkommen Witwe		1.800,00 EUR mtl.
abzgl. prozentualer Fixkostenanteil Witwe	–	750,00 EUR mtl.
(Berechnungsmuster 1 siehe Rdn 46)		(37,5 % aus 2.000,00 EUR)
	=	1.050,00 EUR mtl.

Unterhaltsquote getöteter Ehemann (Tabelle 2 siehe Rdn 30)	**30,5 %** =	320,25 EUR mtl.			
			–	320,25	EUR mtl.
			=	**713,50**	**EUR mtl.**
6. Stufe					
abzgl. Mitverschulden	**50 %**				
	=	356,75 EUR mtl.			
aber: Quotenvorrecht!					
Verrechnung mit erspartem Unterhalt möglich (Stufe 5)	–	320,25 EUR mtl.			
	=	36,50 EUR mtl.			
			–	36,50	EUR mtl.
abzgl. Witwenrente			–	500,00	EUR mtl.
Ergebnis Barunterhalt			**=**	**177,00**	**EUR mtl.**

Blanko-Muster in Kapitel 12 (siehe § 12 Rdn 21).

q) Doppelverdiener ohne Kinder (ohne Mithaftung/mit Vermögensbildung)

76 *Beispiel*

Ehemann verstirbt, *Doppelverdiener*, keine Kinder, Nettoeinkommen Ehemann 3.000,00 EUR, Nettoeinkommen Witwe (Ehefrau) 1.800,00 EUR, fixe Kosten 2.000,00 EUR, Witwenrente 500,00 EUR, Mitverschulden 0 %, prozentualer Fixkostenanteil Ehemann 1.250,00 EUR (62,5 % von 2.000,00 EUR, Berechnungsmuster 1) prozentualer Fixkostenanteil Witwe/Ehefrau 750,00 EUR (37,5 % von 2.000,00 EUR, Berechnungsmuster 1), Vermögensbildung 500,00 EUR, Verhältnis des Nettoeinkommens 62,5 % zu 37,5 %, vgl. Berechnungsmuster 1 siehe Rdn 46.

Lösung:

1. Stufe

Nettoeinkommen des Getöteten	=	3.000,00	EUR mtl.
abzgl. 62,5 % Anteil Vermögensbildung	–	312,50	EUR mtl.
	(62,5 % von 500,00		EUR)
	=	**2.687,50**	**EUR**

2. Stufe

abzgl. prozentualer Fixkostenanteil Ehemann	–	1.250,00	EUR mtl.

(Berechnungsmuster 1 siehe Rdn 46)			(62,5 % von 2.000,00	EUR)	
			=	**1.437,50**	**EUR mtl.**
3. Stufe					
Unterhaltsquote der Witwe (Tabelle 2 siehe Rdn 30)		**50 %**	=	**718,75**	**EUR mtl.**
4. Stufe					
zzgl. Anteil (Tabelle 3 siehe Rdn 31) des prozentualen Fixkostenanteils Ehemann (Berechnungsmuster 1 siehe Rdn 46)		**100 %**	+	1.250,00	EUR mtl.
Zwischensumme			=	**1.968,75**	**EUR mtl.**
5. Stufe					
abzgl. Vorteilsausgleich/ ersparter Unterhalt					
Nettoeinkommen Witwe	1.800,00 EUR mtl.				
abzgl. 37,5 % Anteil an Vermögensbildung	– 187,50 EUR mtl. (37,5 % von 500,00 EUR)				
	= 1.612,50 EUR mtl.				
abzgl. prozentualer Fixkostenanteil Witwe (Berechnungsmuster 1 siehe Rdn 46)	– 750,00 EUR mtl. (37,5 % aus 2.000,00 EUR)				
	= 862,50 EUR mtl.				
Unterhaltsquote getöteter Ehemann (Tabelle 2 siehe Rdn 30)	**50 %** = 431,25 EUR mtl.				
			–	431,25	EUR mtl.
			=	**1.537,50**	**EUR mtl.**
6. Stufe					
abzgl. Witwenrente			–	500,00	EUR mtl.
abzgl. Mitverschulden		**0 %**	–	0,00	EUR mtl.
Ergebnis Barunterhalt			**=**	**1.037,50**	**EUR mtl.**

Blanko-Muster in Kapitel 12 (siehe § 12 Rdn 22).

4. Unterhaltsansprüche der Waisen

a) Allgemeines

77 Wie bereits mehrfach erwähnt, ist streng zwischen den einzelnen Unterhaltsgläubigern zu unterscheiden.

Hat der Anwalt sowohl die hinterbliebene Ehefrau als auch die Kinder zu vertreten, muss für die Kinder (**Waisen**) jeweils getrennt der Unterhaltsschaden ausgerechnet werden. Die Waisen haben nur dann einen Anspruch, wenn sie gemäß § 1602 BGB bedürftig sind (BGH 1962, 176; NJW 1974, 745). Insofern ist dies ein Unterschied zu den **Ehegatten**, da diese unabhängig von einer Bedürftigkeit einen Unterhaltsanspruch gegeneinander haben. Es ist also zu prüfen, ob das Kind eigene Einkünfte hat.

78 Hinsichtlich einer **Erbschaft** ist zu unterscheiden, ob es eine fremde Erbschaft ist, die mit diesem Tötungsfall nichts zu tun hat, oder ob es sich um eine Erbschaft handelt, die der Waise deswegen erhalten hat, weil z.B. sein Vater oder seine Mutter unfallbedingt verstorben ist. Lediglich eine fremde Erbschaft muss sich das Kind anrechnen lassen. Für den Fall, dass der Getötete selber der Erblasser war, ist streitig, ob eine Anrechnung im Rahmen des Vorteilsausgleichs zu berücksichtigen ist. Nach der Quellentheorie des BGH (BGHZ 115, 228) ist ein Vorteilsausgleich aus einer Erbschaft oder einer Versicherung nicht anzurechnen, sofern diese bei Weiterleben des Getöteten nicht für den Unterhalt verwendet worden wären. Die Argumente hierfür überzeugen auch, da das Kind zu einem späteren Zeitpunkt diese Vermögenswerte **sowieso** erhalten hätte und zwar dann, wenn z.B. der Vater oder die Mutter ohne den vorliegenden Verkehrsunfall verstorben wäre. Der Anwalt sollte sich daher nicht pauschal Abzüge oder Vorteilsausgleiche anrechnen lassen, wenn diese nicht begründet sind. Im Einzelnen ist hier Vieles streitig. Die Waisen müssen sich in jedem Fall nicht die Zahlungen von **privaten Versicherern** anspruchskürzend anrechnen lassen. Dies sind z.B. Leistungen aus der privaten Unfallversicherung oder Lebensversicherung (BGH NJW 1979, 760).

> *Praxistipp*
>
> Im Allgemeinen hilft dem Anwalt gegenüber dem Versicherer daher folgendes Argument: Ohne das schädigende Ereignis (den Verkehrsunfall, bei dem z.B. der Vater verstorben ist) hätte das Kind die Einkünfte aus dem Vermögen zu einem späteren Zeitpunkt ohnehin erhalten. Deshalb hat eine Anrechnung im Wege des Vorteilsausgleichs nicht zu erfolgen.

b) Technik der Unterhaltsberechnung

79 Auch hier ist die Heranziehung des **Blankovordrucks** der erste Schritt. Dort können bereits während des Mandantengesprächs die entsprechenden Daten eingetragen werden. Grundlage ist das Nettoeinkommen des verstorbenen Ehemannes/Vaters. Hiervon werden die Fixkosten abgezogen. Sodann wird die Unterhaltsquote des Kindes (**Waisen**) aus der Tabelle 1 (siehe Rdn 29) abgelesen. Als nächster

Schritt wird der Fixkostenanteil dazugerechnet. Hier geht man nach Tabelle 3 (siehe Rdn 31) und übernimmt den dort angegebenen Wert. Als nächster Schritt ist zu schauen, ob das Kind eine Waisenrente bekommt. Sollte dies der Fall sein, muss diese abgezogen werden. Schließlich erhält man den Anspruch des jeweiligen Waisen. Sollte hier ein Fall der Mithaftung gegeben sein, muss am Ende noch die Mithaftungsquote gebildet werden, d.h. von dem errechneten Unterhaltsschaden werden z.B. 30 % abgezogen. Auch dies ist in den jeweiligen Fallsammlungen aufgeführt, so dass der Anwalt einfach nur „seinen Fall" ausrechnen muss, je nachdem, ob er ein Kind, zwei Kinder oder drei Kinder vertritt, oder ob es sich um eine Alleinverdiener- oder um eine Doppelverdienerehe handelt.

c) Musterfälle: Ansprüche der Waisen/Kinder (Barunterhalt)

aa) Alleinverdiener mit 1 Kind (ohne Mithaftung)

Beispiel 80

Ehemann (Vater) verstirbt, *Alleinverdiener*, ein Kind, Nettoeinkommen Ehemann 3.100,00 EUR, fixe Kosten 1.500,00 EUR, Waisenrente 200,00 EUR, Mithaftung 0 %

Lösung:

1. Stufe

Nettoeinkommen Ehemann/Vater		=	3.100,00	EUR mtl.
2. Stufe				
	abzgl. fixe Kosten	–	1.500,00	EUR mtl.
		=	**1.600,00**	**EUR mtl.**
3. Stufe				
Unterhaltsquote Kind	**20 %**	=	**320,00**	**EUR mtl.**
(Tabelle 1 siehe Rdn 29)		(20 % von	1.600,00	EUR)
4. Stufe				
zzgl. Anteile fixe Kosten	**33,3 %**	+	500,00	EUR mtl.
(Tabelle 3 siehe Rdn 31)		(33,3 % aus	1.500,00	EUR)
		=	**820,00**	**EUR mtl.**
5. Stufe: entfällt				
6. Stufe				
abzgl. Waisenrente		–	200,00	EUR mtl.
Zwischensumme		=	**620,00**	**EUR mtl.**
abzgl. Mitverschulden	**0 %**	–	0,00	EUR mtl.
Ergebnis Barunterhalt		**=**	**620,00**	**EUR mtl.**

Blanko-Muster in Kapitel 12 (siehe § 12 Rdn 23).

bb) Alleinverdiener mit 1 Kind (mit Mithaftung)

81 *Beispiel*

Ehemann (Vater) verstirbt, *Alleinverdiener*, ein Kind, Nettoeinkommen Ehemann 3.100,00 EUR, fixe Kosten 1.500,00 EUR, Waisenrente 200,00 EUR, Mithaftung 30 %

Lösung:

1. Stufe				
Nettoeinkommen Ehemann/Vater		=	3.100,00	EUR mtl.
2. Stufe				
abzgl. fixe Kosten		–	1.500,00	EUR mtl.
		=	**1.600,00**	**EUR mtl.**
3. Stufe				
Unterhaltsquote Kind	**20 %**	=	**320,00**	**EUR mtl.**
(Tabelle 1 siehe Rdn 29)			(20 % von 1.600,00	EUR)
4. Stufe				
zzgl. Anteile fixe Kosten	**33,3 %**	+	500,00	EUR mtl.
(Tabelle 3 siehe Rdn 31)			(33,3 % aus 1.500,00	EUR)
		=	**820,00**	**EUR mtl.**
5. Stufe entfällt				
6. Stufe				
abzgl. Waisenrente		–	200,00	EUR mtl.
Zwischensumme		=	**620,00**	**EUR mtl.**
abzgl. Mitverschulden	**30 %**	–	186,00	EUR mtl.
Ergebnis Barunterhalt		**=**	**434,00**	**EUR mtl.**

Blanko Muster in Kapitel 12 (siehe § 12 Rdn 24).

cc) Alleinverdiener mit 2 Kindern (ohne Mithaftung)

82 *Beispiel*

Ehemann (Vater) verstirbt, Alleinverdiener, zwei Kinder, Nettoeinkommen Ehemann 3.100,00 EUR, fixe Kosten 1.500,00 EUR, Waisenrente 200,00 EUR, Mithaftung 0 %

Lösung:

1. Stufe				
Nettoeinkommen Ehemann/Vater		=	3.100,00	EUR mtl.

2. Stufe				
abzgl. fixe Kosten		–	1.500,00	EUR mtl.
		=	**1.600,00**	**EUR mtl.**
3. Stufe				
Unterhaltsquote Kind	**15 %**	=	**240,00**	**EUR mtl.**
(Tabelle 1 siehe Rdn 29)		(15 % von	1.600,00	EUR)
4. Stufe				
zzgl. Anteile fixe Kosten	**25 %**	+	**375,00**	EUR mtl.
(Tabelle 3 siehe Rdn 31)		(25 % aus	1.500,00	EUR)
		=	**615,00**	**EUR mtl.**
5. Stufe: entfällt				
6. Stufe				
abzgl. Waisenrente		–	200,00	EUR mtl.
Zwischensumme		=	**415,00**	**EUR mtl.**
abzgl. Mitverschulden	**0 %**	–	0,00	EUR mtl.
Ergebnis Barunterhalt		**=**	**415,00**	**EUR mtl.**

Blanko-Muster in Kapitel 12 (siehe § 12 Rdn 25).

dd) Alleinverdiener mit 2 Kindern (mit Mithaftung)

Beispiel 83

Ehemann (Vater) verstirbt, *Alleinverdiener*, zwei Kinder, Nettoeinkommen Ehemann 3.100,00 EUR, fixe Kosten 1.500,00 EUR, Waisenrente 200,00 EUR, Mithaftung 30 %

Lösung:

1. Stufe				
Nettoeinkommen Ehemann/Vater		=	3.100,00	EUR mtl.
2. Stufe				
abzgl. fixe Kosten		–	1.500,00	EUR mtl.
		=	**1.600,00**	**EUR mtl.**
3. Stufe				
Unterhaltsquote Kind	**15 %**	=	**240,00**	**EUR mtl.**
(Tabelle 1 siehe Rdn 29)		(15 % von	1.600,00	EUR)
4. Stufe				
zzgl. Anteile fixe Kosten	**25 %**	+	**375,00**	EUR mtl.

(Tabelle 3 siehe Rdn 31)			(25 % aus 1.500,00	EUR)
		=	**615,00**	**EUR mtl.**

5. Stufe: entfällt

6. Stufe

abzgl. Waisenrente		–	200,00	EUR mtl.
Zwischensumme		=	**415,00**	**EUR mtl.**
abzgl. Mitverschulden	**30 %**	–	124,50	EUR mtl.
Ergebnis Barunterhalt		**=**	**290,50**	**EUR mtl.**

Blanko-Muster in Kapitel 12 (siehe § 12 Rdn 26).

ee) Alleinverdiener mit 3 Kindern (ohne Mithaftung)

84 *Beispiel*

Ehemann (Vater) verstirbt, *Alleinverdiener*, drei Kinder, Nettoeinkommen Ehemann 3.100,00 EUR, fixe Kosten 1.500,00 EUR, Waisenrente 200,00 EUR, Mithaftung 0 %

Lösung:

1. Stufe

Nettoeinkommen Ehemann/Vater		=	3.100,00	EUR mtl.

2. Stufe

abzgl. fixe Kosten		–	1.500,00	EUR mtl.
		=	**1.600,00**	**EUR mtl.**

3. Stufe

Unterhaltsquote Kind	**13 %**	=	**208,00**	**EUR mtl.**
(Tabelle 1 siehe Rdn 29)			(13 % von 1.600,00	EUR)

4. Stufe

zzgl. Anteile fixe Kosten	**20 %**	+	300,00	EUR mtl.
(Tabelle 3 siehe Rdn 31)			(20 % aus 1.500,00	EUR)
		=	**508,00**	**EUR mtl.**

5. Stufe: entfällt

6. Stufe

abzgl. Waisenrente		–	200,00	EUR mtl.
Zwischensumme		=	**308,00**	**EUR mtl.**
abzgl. Mitverschulden	**0 %**	–	0,00	EUR mtl.
Ergebnis Barunterhalt		**=**	**308,00**	**EUR mtl.**

Blanko-Muster in Kapitel 12 (siehe § 12 Rdn 27).

ff) Alleinverdiener mit 3 Kindern (mit Mithaftung)

Beispiel 85

Ehemann (Vater) verstirbt, *Alleinverdiener*, drei Kinder, Nettoeinkommen Ehemann 3.100,00 EUR, fixe Kosten 1.500,00 EUR, Waisenrente 200,00 EUR, Mithaftung 30 %

Lösung:

1. Stufe				
Nettoeinkommen Ehemann/Vater		=	3.100,00	EUR mtl.
2. Stufe				
abzgl. fixe Kosten		–	1.500,00	EUR mtl.
		=	**1.600,00**	**EUR mtl.**
3. Stufe				
Unterhaltsquote Kind	**13 %**	=	**208,00**	**EUR mtl.**
(Tabelle 1 siehe Rdn 29)		(13 % von	1.600,00	EUR)
4. Stufe				
zzgl. Anteile fixe Kosten	**20 %**	+	300,00	EUR mtl.
(Tabelle 3 siehe Rdn 31)		(20 % aus	1.500,00	EUR)
		=	**508,00**	**EUR mtl.**
5. Stufe: entfällt				
6. Stufe				
abzgl. Waisenrente		–	200,00	EUR mtl.
Zwischensumme		=	**308,00**	**EUR mtl.**
abzgl. Mitverschulden	**30 %**	–	92,40	EUR mtl.
Ergebnis Barunterhalt		**=**	**215,60**	**EUR mtl.**

Blanko-Muster in Kapitel 12 (siehe § 12 Rdn 28).

gg) Doppelverdiener mit 1 Kind (ohne Mithaftung)

Beispiel 86

Ehemann (Vater) verstirbt, *Doppelverdiener*, ein Kind, Nettoeinkommen Ehemann 3.000,00 EUR, Nettoeinkommen Witwe/Ehefrau 1.800,00 EUR, fixe Kosten 2.500,00 EUR, Waisenrente 200,00 EUR, Mithaftung 0 %, prozentualer Fixkostenanteil Ehemann/Vater 1.562,50 EUR (62,5 % von 2.500,00 EUR, Berechnungsmuster 1), prozentualer Fixkostenanteil Ehefrau/Mutter 937,50 EUR (37,5 % von 2.500,00 EUR, Berechnungsmuster 1)

Lösung:

1. Stufe

Nettoeinkommen Ehemann/Vater		=	3.000,00	EUR mtl.

2. Stufe

abzgl. prozentualer Fixkostenanteil Ehemann/Vater (Berechnungsmuster 1 siehe Rdn 46)		–	1.562,50	EUR mtl.
		=	**1.437,50**	**EUR mtl.**

3. Stufe

Unterhaltsquote Kind	**20 %**	=	**287,50**	**EUR mtl.**
(Tabelle 2 siehe Rdn 30)	(20 % von		1.437,50	EUR)

4. Stufe

zzgl. Anteile	**33,3 %**	+	520,83	EUR mtl.
(Tabelle 3 siehe Rdn 31) des prozentualen Fixkostenanteils des Ehemanns/Vaters (Berechnungsmuster 1 siehe Rdn 46)	(33,3 % von		1.562,50	EUR)
		=	**808,33**	**EUR mtl.**

5. Stufe: entfällt

6. Stufe

abzgl. Waisenrente		–	200,00	EUR mtl.
Zwischensumme		=	**608,33**	**EUR mtl.**
abzgl. Mitverschulden	**0 %**	–	0,00	EUR mtl.
Ergebnis Barunterhalt		**=**	**608,33**	**EUR mtl.**

Blanko-Muster in Kapitel 12 (siehe § 12 Rdn 29).

hh) Doppelverdiener mit 1 Kind (mit Mithaftung)

87 *Beispiel*

Ehemann (Vater) verstirbt, *Doppelverdiener*, ein Kind, Nettoeinkommen Ehemann 3.000,00 EUR, Nettoeinkommen Witwe/Ehefrau 1.800,00 EUR, fixe Kosten 2.500,00 EUR, Waisenrente 200,00 EUR, Mithaftung 30 %, prozentualer Fixkostenanteil Ehemann/Vater 1.562,50 EUR (62,5 % von 2.500,00 EUR, Berechnungsmuster 1), prozentualer Fixkostenanteil Ehefrau/Mutter 937,50 EUR (37,5 % von 2.500,00 EUR, Berechnungsmuster 1)

Lösung:

1. Stufe

Nettoeinkommen Ehemann/Vater		=	3.000,00	EUR mtl.
2. Stufe				
abzgl. prozentualer Fixkostenanteil Ehemann/Vater (Berechnungsmuster 1 siehe Rdn 46)		–	1.562,50	EUR mtl.
		=	**1.437,50**	**EUR mtl.**
3. Stufe				
Unterhaltsquote Kind	**20 %**	=	**287,50**	**EUR mtl.**
(Tabelle 2 siehe Rdn 30)		(20 % von	1.437,50	EUR)
4. Stufe				
zzgl. Anteile	**33,3 %**	+	520,83	EUR mtl.
(Tabelle 3 siehe Rdn 31) des prozentualen Fixkostenanteils des Ehemanns/Vaters (Berechnungsmuster 1 siehe Rdn 46)		(33,3 % von	1.562,50	EUR)
		=	**808,33**	**EUR mtl.**
5. Stufe: entfällt				
6. Stufe				
abzgl. Waisenrente		–	200,00	EUR mtl.
Zwischensumme		=	**608,33**	**EUR mtl.**
abzgl. Mitverschulden	**30 %**	–	182,50	EUR mtl.
Ergebnis Barunterhalt		**=**	**425,83**	**EUR mtl.**

Blanko-Muster in Kapitel 12 (siehe § 12 Rdn 30).

ii) Doppelverdiener mit 2 Kindern (ohne Mithaftung)

Beispiel 88

Ehemann (Vater) verstirbt, *Doppelverdiener*, zwei Kinder, Nettoeinkommen Ehemann 3.000,00 EUR, Nettoeinkommen Witwe/Ehefrau 1.800,00 EUR, fixe Kosten 2.500,00 EUR, Waisenrente 200,00 EUR, Mithaftung 0 %, prozentualer Fixkostenanteil Ehemann/Vater 1.562,50 EUR (62,5 % von 2.500,00 EUR, Berechnungsmuster 1), prozentualer Fixkostenanteil Ehefrau/Mutter 937,50 EUR (37,5 % von 2.500,00 EUR, Berechnungsmuster 1)

Lösung:

1. Stufe

Nettoeinkommen Ehemann/Vater		=	3.000,00	EUR mtl.

2. Stufe

abzgl. prozentualer Fixkostenanteil Ehemann/Vater (Berechnungsmuster 1, siehe Rdn 44)		–	1.562,50	EUR mtl.
		=	**1.437,50**	**EUR mtl.**

3. Stufe

Unterhaltsquote Kind	**15 %**	=	**215,62**	**EUR mtl.**
(Tabelle 2 siehe Rdn 30)	(15 %	von	1.437,50	EUR)

4. Stufe

zzgl. Anteile	**25 %**	+	390,62	EUR mtl.
(Tabelle 3 siehe Rdn 31) des prozentualen Fixkostenanteils des Ehemanns/Vaters (Berechnungsmuster 1 siehe Rdn 46)	(25 %	von	1.562,50	EUR)
		=	**606,24**	**EUR mtl.**

5. Stufe: entfällt

6. Stufe

abzgl. Waisenrente		–	200,00	EUR mtl.
Zwischensumme		=	**406,24**	**EUR mtl.**
abzgl. Mitverschulden	**0 %**	–	0,00	EUR mtl.
Ergebnis Barunterhalt		**=**	**406,24**	**EUR mtl.**

Blanko-Muster in Kapitel 12 (siehe § 12 Rdn 31).

jj) Doppelverdiener mit 2 Kindern (mit Mithaftung)

89 *Beispiel*

Ehemann (Vater) verstirbt, *Doppelverdiener*, zwei Kinder, Nettoeinkommen Ehemann 3.000,00 EUR, Nettoeinkommen Witwe/Ehefrau 1.800,00 EUR, fixe Kosten 2.500,00 EUR, Waisenrente 200,00 EUR, Mithaftung 30 %, prozentualer Fixkostenanteil Ehemann/Vater 1.562,50 EUR (62,5 % von 2.500,00 EUR, Berechnungsmuster 1), prozentualer Fixkostenanteil Ehefrau/Mutter 937,50 EUR (37,5 % von 2.500,00 EUR, Berechnungsmuster 1)

Lösung:

1. Stufe

Nettoeinkommen Ehemann/Vater		=	3.000,00	EUR mtl.

2. Stufe				
abzgl. prozentualer Fixkostenanteil Ehemann/Vater (Berechnungsmuster 1 siehe Rdn 46)		–	1.562,50	EUR mtl.
		=	**1.437,50**	**EUR mtl.**
3. Stufe				
Unterhaltsquote Kind	**15 %**	=	**215,62**	**EUR mtl.**
(Tabelle 2 siehe Rdn 30)		(15 % von	1.437,50	EUR)
4. Stufe				
zzgl. Anteile	**25 %**	+	390,62	EUR mtl.
(Tabelle 3 siehe Rdn 31) des prozentualen Fixkostenanteils des Ehemanns/Vaters (Berechnungsmuster 1 siehe Rdn 46)		(25 % von	1.562,50	EUR)
		=	**606,24**	**EUR mtl.**
5. Stufe: entfällt				
6. Stufe				
abzgl. Waisenrente		–	200,00	EUR mtl.
Zwischensumme		=	**406,24**	**EUR mtl.**
abzgl. Mitverschulden	**30 %**	–	121,87	EUR mtl.
Ergebnis Barunterhalt		**=**	**284,37**	**EUR mtl.**

Blanko-Muster in Kapitel 12 (siehe § 12 Rdn 32).

kk) Doppelverdiener mit 3 Kindern (ohne Mithaftung)

Beispiel 90

Ehemann (Vater) verstirbt, *Doppelverdiener*, drei Kinder, Nettoeinkommen Ehemann 3.000,00 EUR, Nettoeinkommen Witwe/Ehefrau 1.800,00 EUR, fixe Kosten 2.500,00 EUR, Waisenrente 200,00 EUR, Mithaftung 0 %, prozentualer Fixkostenanteil Ehemann/Vater 1.562,50 EUR (62,5 % von 2.500,00 EUR, Berechnungsmuster 1), prozentualer Fixkostenanteil Ehefrau/Mutter 937,50 EUR (37,5 % von 2.500,00 EUR, Berechnungsmuster 1)

Lösung:

1. Stufe			
Nettoeinkommen Ehemann/Vater	=	3.000,00	EUR mtl.
2. Stufe			
abzgl. prozentualer Fixkostenanteil Ehemann/Vater (Berechnungsmuster 1 siehe Rdn 46)	–	1.562,50	EUR mtl.
	=	**1.437,50**	**EUR mtl.**

3. Stufe

Unterhaltsquote Kind	**13 %**	=	**186,87**	**EUR mtl.**
(Tabelle 2 siehe Rdn 30)		(13 % von	1.437,50	EUR)

4. Stufe

zzgl. Anteile (Tabelle 3 siehe Rdn 31) des prozentualen Fixkostenanteils des Ehemanns/Vaters (Berechnungsmuster 1 siehe Rdn 46)	**20 %**	+	312,50	EUR mtl.
		(20 % von	1.562,50	EUR)
		=	**499,37**	**EUR mtl.**

5. Stufe: entfällt

6. Stufe

abzgl. Waisenrente		–	200,00	EUR mtl.
Zwischensumme		=	**299,37**	**EUR mtl.**
abzgl. Mitverschulden	**0 %**	–	0,00	EUR mtl.
Ergebnis Barunterhalt		**=**	**299,37**	**EUR mtl.**

Blanko-Muster in Kapitel 12 (siehe § 12 Rdn 33).

II) Doppelverdiener mit 3 Kindern (mit Mithaftung)

91 *Beispiel*

Ehemann (Vater) verstirbt, *Doppelverdiener*, drei Kinder, Nettoeinkommen Ehemann 3.000,00 EUR, Nettoeinkommen Witwe/Ehefrau 1.800,00 EUR, fixe Kosten 2.500,00 EUR, Waisenrente 200,00 EUR, Mithaftung 30 %, prozentualer Fixkostenanteil Ehemann/Vater 1.562,50 EUR (62,5 % von 2.500,00 EUR, Berechnungsmuster 1), prozentualer Fixkostenanteil Ehefrau/Mutter 937,50 EUR (37,5 % von 2.500,00 EUR, Berechnungsmuster 1)

Lösung:

1. Stufe

Nettoeinkommen Ehemann/Vater		=	3.000,00	EUR mtl.

2. Stufe

abzgl. prozentualer Fixkostenanteil Ehemann/Vater (Berechnungsmuster 1 siehe Rdn 46)		–	1.562,50	EUR mtl.
		=	**1.437,50**	**EUR mtl.**

3. Stufe

Unterhaltsquote Kind	**13 %**	=	**186,87**	**EUR mtl.**
(Tabelle 2 siehe Rdn 30)		(13 % von	1.437,50	EUR)

4. Stufe				
zzgl. Anteile	**20 %**	+	312,50	EUR mtl.
(Tabelle 3 siehe Rdn 31) des prozentualen Fixkostenanteils des Ehemanns/Vaters (Berechnungsmuster 1 siehe Rdn 46)		(20 % von 1.562,50		EUR)
		=	**499,37**	**EUR mtl.**
5. Stufe entfällt				
6. Stufe				
abzgl. Waisenrente		–	200,00	EUR mtl.
Zwischensumme		=	**299,37**	**EUR mtl.**
abzgl. Mitverschulden	**30 %**	–	89,81	EUR mtl.
Ergebnis Barunterhalt		**=**	**209,56**	**EUR mtl.**

Blanko-Muster in Kapitel 12 (siehe § 12 Rdn 34).

C. Haushaltsführungsschaden

Die nachfolgenden Ausführungen enthalten inhaltliche Überschneidungen zum Praxishandbuch Haushaltsführungsschaden, 1. Aufl. 2017, was auf die identische Autorenschaft zurückzuführen ist. Zum besseren Verständnis – insbesondere der nachfolgenden Beispiele – empfiehlt es sich das Praxishandbuch Haushaltsführungsschaden „daneben“ zu legen. Die hiesigen Beispiele sind dort nicht enthalten. **92**

I. Grundlagen

Der Haushaltsführungsschaden im Tötungsfall ist ein Anspruch der Hinterbliebenen und als solcher ein **Unterhaltsschaden**. Hinterbliebene in diesem Sinne sind Ehepartner und Partner einer eingetragenen Lebensgemeinschaft sowie eigene und adoptierte Kinder des Getöteten. **93**

Inwieweit auch Partner einer nichtehelichen Lebensgemeinschaft einen Anspruch auf Ersatz des Haushaltsführungsschadens im Tötungsfall haben, ist diskussionswürdig. Während im Grundsatz häufig vorgetragen wird, Partnern einer nichtehelichen Lebensgemeinschaft sei mangels gesetzlich normierter Unterhaltspflicht keine solche Anspruchsberechtigung zuzusprechen, bedarf es insoweit vor dem Hintergrund jüngerer gesetzgeberischer und judikativer Entwicklungen inzwischen einer differenzierteren Betrachtung. **94**

§ 844 Abs. 2 BGB knüpft ausdrücklich an die gesetzliche Unterhaltspflicht an. Jedoch hat der Gesetzgeber begonnen, dem Bedürfnis, eine Entschädigungspflicht auch außerhalb traditioneller Lebenskonstellationen auf solche Personen zu erstrecken, die mit dem Getöteten anderweitig in einer engen Verbindung standen, Rechnung zu tragen. Diese Entwicklung manifestiert sich in der neu eingeführten Norm des § 844 Abs. 3 BGB, in welcher nunmehr auf das weiter gefasste „besondere persönliche Näheverhältnis" Bezug genommen wird.

Im Verletzungsfall ist auf Seiten der Rechtsprechung zudem zwischenzeitlich betont worden, dass sich eine Unterhaltsverpflichtung bei erkennbar auf Dauer angelegten nichtehelichen Lebensgemeinschaften sowohl aus einer vertraglichen Vereinbarung als auch auf faktischer Ebene ergeben kann (vgl. hierzu auch § 4 Rdn 287 ff.). Wird in solchen Fällen (denkbar ist nicht nur das Zusammenleben in nichtehelicher Partnerschaft, sondern auch in Wohngemeinschaften o.ä. Konstellationen) eine entsprechende Unterhaltsabrede hinreichend substantiiert vorgetragen, so kann der Haushaltsführungsschaden, auch soweit er dogmatisch den Fremdversorgungsanteil betrifft, als ersatzfähiger Schaden eigeordnet werden (vgl. OLG Jena, Urt. v. 13.4.2020 – 2 U 1250/20, BeckRS 2022, 9455 Rn 78; OLG Düsseldorf, Urt. v. 12.6.2006 – 1 U 241/05, Rn 23, juris).

Sowohl die Erweiterung des Kreises möglicher Anspruchsberechtigter im Falle des § 844 Abs. 3 BGB als auch die im Verletzungsfall bereits aufgeweichte Rechtsprechung zu Haushaltsführungsschäden nichtehelicher Partner spiegeln die erforderliche Reaktion auf die zunehmende Gleichstellung von Ehe und nichtehelichen Partnerschaften sowie den erfolgten Wandel des Zusammenlebens wider. Das tradierte Familienbild des zusammenwohnenden, verheirateten Ehepaares mit klarer Haushalts- und Arbeitsaufteilung kann nicht mehr als zeitgemäß angesehen werden. Eine Neubewertung der Anspruchsberechtigung von Partnern in einer nichtehelichen Lebensgemeinschaft in Bezug auf den Haushaltsführungsschaden ist vor diesem Hintergrund auch im Tötungsfall geboten.

95 *Praxistipp*

Bei der Geltendmachung eines Haushaltsführungsschadens **im Verletzungsfall** empfiehlt es sich, sofern die verletzte Person vor dem Schadensereignis in einer nichtehelichen Lebensgemeinschaft gelebt hat, so substantiiert wie möglich vorzutragen, inwieweit eine vertragliche bzw. jedenfalls eine faktisch ähnlich verbindliche Vereinbarung bezüglich der gemeinsamen Haushaltsführung bestanden hat (vgl. hierzu auch § 4 Rdn 290).

Nur beispielhaft lassen sich Anhaltspunkte hierfür etwa aus angefertigten Putz- oder sonstigen Haushaltsplänen gewinnen.

Bei der Geltendmachung eines Haushaltsführungsschadens **im Tötungsfall** empfiehlt es sich, sofern die getötete Person vor dem Schadensereignis in einer nichtehelichen Lebensgemeinschaft gelebt hat, unter Verweis auf die neue, weitgefasstere Formulierung des Gesetzgebers in § 844 Abs. 3 BGB, den Wandel der tradierten Wohnverhältnisse sowie die aufgezeigte Lockerung der Rechtsprechung im Verletzungsfall zugunsten einer Anspruchsberechtigung zu argumentieren und ebenfalls substantiiert zu (faktisch) verbindlichen Haushaltsvereinbarungen vorzutragen.

§ 844 Abs. 2 BGB gewährt den Hinterbliebenen eines getöteten Haushaltsführenden einen Schadensersatzanspruch wegen der entgangenen Haushaltstätigkeit. Anknüpfungspunkt ist die gesetzliche Unterhaltspflicht des Getöteten für den hinterbliebenen Ehepartner, Lebensgemeinschaftspartner und die Halbwaisen. Die nachfolgenden Ausführungen betreffen deshalb immer auch die eingetragene Lebenspartnerschaft. Nach § 5 LPartG sind die Lebenspartner einander verpflichtet, durch ihre Arbeit und mit ihrem Vermögen die partnerschaftliche Lebensgemeinschaft angemessen zu unterhalten. § 5 S. 2 LPartG verweist auf § 1360 S. 2 BGB, so dass die nachfolgenden Ausführungen zu § 1360 BGB für alle Formen des gesetzlich begründeten Unterhaltsanspruchs gleichzeitig gelten. Nach § 1360 BGB sind Ehegatten einander verpflichtet, durch ihre Arbeit und mit ihrem Vermögen die Familie angemessen zu unterhalten. Ist einem Ehegatten die Haushaltsführung überlassen, so erfüllt er seine Verpflichtung, durch Arbeit zum Unterhalt der Familie beizutragen, in der Regel durch die Führung des Haushaltes. 96

Auf der ersten Stufe enthält § 1360 BGB die **Leitbilder**, in denen gesetzlicher Unterhalt geschuldet wird. Innerhalb der Ehe entscheiden sich die Partner für eines dieser Leitbilder oder verändern die Entscheidung von einem Leitbild weg und zu einem anderen Leitbild hin, wenn sich die privaten Parameter entsprechend verändert haben. Die Leitbilder sind: die sogenannte **Haushaltsführungsehe**, die **Doppelverdiener-Ehe** sowie die **Zuverdiener-Ehe**. In der Realität hat sich jedoch ein weiteres Leitbild entwickelt, welches hier als **„modernes Leitbild"** bezeichnet werden soll. Es ist immer mehr zu beobachten, dass beide Partner in der Ehe – insbesondere wenn Kinder vorhanden sind – einer Teilzeitbeschäftigung auf dem Arbeitsmarkt nachgehen und auf der anderen Seite sich beide in der verbleibenden Zeit gemeinsam in die Haushaltsführung einbringen und die Kinder entsprechend auch gemeinsam erziehen. 97

Auf der zweiten Stufe räumt § 1360 BGB den Eheleuten ein, die inhaltliche **Ausgestaltung dieser Leitbilder** individuell vorzunehmen. Geschuldet ist die Erwerbstätigkeit auf der einen Seite und die Haushaltsführung auf der anderen Seite, so wie es dem **Einvernehmen** beider Gatten entspricht. Diese Absprachen über die jeweilige Aufteilung der Anteile der Haushaltsführung, die die Eheleute untereinander getroffen haben, sind schadensersatzrechtlich vollumfänglich zu berücksichtigen. Konkret bedeutet dies, dass der Schädiger diese Absprachen akzeptieren muss, es sei denn, sie stehen in einem **offensichtlichen Missverhältnis** zueinander (BGH VersR 1983, 688). Ein offensichtliches Missverhältnis wäre es beispielsweise, wenn beide Partner zu 50 % berufstätig sind und gleichwohl die Absprache besteht, dass die Ehefrau 100 % des Haushalts führt und alleine die Kinder betreut, während dem Ehemann keine Mithilfepflicht obliegt. Eine solche Absprache wäre in der Schadensregulierung nicht berücksichtigungsfähig.

> *Praxistipp*
>
> Der Anwalt, der den Haushaltsführungsschaden berechnet, sollte daher als erstes den Mandanten danach befragen, wie die Absprache zum Umfang der Haushaltsführung aussah.

98 Die inhaltliche Ausgestaltung eines der vorgenannten Leitbilder zur Konkretisierung der Mithilfepflicht wird auch als **Einvernehmensregelung** der Partner bezeichnet. Das, was die Ehegatten für sich als stimmig kommuniziert und gelebt haben hinsichtlich der jeweiligen Versorgungsanteile in der Haushaltsführung für den gesamten Haushalt, ist dasjenige, was im Tötungsfall bei der Berechnung des Schadensersatzanspruchs als **Mithilfepflicht** bezeichnet wird. Der Umfang der Mithilfepflicht bestimmt sich also nach dem Umfang der geleisteten Haushaltsführungstätigkeit vor dem Schadensereignis. Mit anderen Worten: Das, was der überlebende Ehegatte im Rahmen der Ehe in der Haushaltsführung als Beitrag geleistet hat, stellt die Mithilfepflicht dar, die bei der Anspruchsberechnung nach § 844 Abs. 2 BGB ebenfalls wieder Anrechnung findet. Die Mithilfepflicht vergrößert sich nicht im Tötungsfall und sie verringert sich nicht im Tötungsfall. Rechnerisch bleibt sie konstant.

99 Die **Mithilfepflicht für Kinder** hat die Rechtsprechung in etwa bei einem Alter ab 14 Jahren angenommen, wobei die Mithilfepflicht zwischen ein bis zwei Stunden pro Tag beträgt (BGH v. 24.4.1990, VersR 1990, 907; OLG München v. 14.4.1981, VersR 1982, 376). Nach § 1619 BGB sind Kinder im elterlichen Haushalt, soweit sie von den Eltern erzogen und unterhalten werden, ebenfalls verpflichtet, nach ihren Kräften familiäre Dienste zu leisten. Damit ist eine Unterhaltsverpflichtung von Kindern für den Familienunterhalt in gewisser Hinsicht konstituiert. Allerdings gilt auch hier wieder die Einvernehmensregelung. Entsprechend kann die Mithilfe also unterhalb von 1 Std./Tag oder aber auch oberhalb von 1 Std./Tag liegen. Der entsprechend konkretisierte Zeitansatz ist bei der Berechnung des Anspruchs nach § 844 Abs. 2 BGB abzusetzen. Maßgeblich sind wieder die individuellen Besonderheiten des zu regulierenden Sachverhaltes.

100 Der **Zeitbedarf** im Tötungsfall weicht vom **Zeitaufwand** im Verletzungsfall deshalb ab, weil hier der Anteil an der Haushaltsführungstätigkeit abzusetzen ist, der auf die Eigenversorgung des getöteten Haushaltsführenden entfiel. Der Ersatzanspruch des/der Unterhaltsberechtigten erstreckt sich nur auf den Anteil an der Haushaltsführung, der im Sinne der Erwerbstätigkeit (= Haushaltsführung für die Familie) vom Getöteten für die Unterhaltsberechtigten erbracht worden ist. Damit verbietet sich ein Vorgehen nach Kopfteilen. Es gilt der Grundsatz, wonach ein erheblicher Teil der Haushaltsführung gerade nicht von der Personenanzahl abhängig ist und

dieses Volumen an Haushaltsführungstätigkeit eben auch im **reduzierten Haushalt** aufrechterhalten bleiben muss.

Der erforderliche Zeitbedarf im reduzierten Haushalt bemisst sich deshalb auch ausschließlich nach Tabellen, weil eine individuelle Festlegung innerhalb des betroffenen Haushaltes überhaupt nicht möglich ist. Der BGH hat die Anwendung von statistischen Angaben innerhalb von Tabellen bei der Ermittlung des Zeitbedarfs im reduzierten Haushalt gebilligt (BGH NJW 1979, 1501; BGH VersR 1988, 490). Aus diesem Grund kann die Tabelle 2 (IFH-Tabelle/*Schah Sedi*, § 5 Rn 1 ff.) vollumfänglich im Tötungssachverhalt bei der Schadensermittlung für den **Naturalunterhalt** herangezogen werden (vgl. für die Anwendung dieses Tabellenwerks auch das OLG Frankfurt a.M., BeckRS 2018, 27125). Ergänzend ist die Tabelle 4 (§ 7 Rn 6 ff.) desselben Werks zu berücksichtigen, wenn es sich um einen Haushalt mit Kindern handelt.

Sofern eine konkrete Einvernehmensregelung über die jeweiligen Unterhaltsbeiträge zum Familienunterhalt zum Zeitpunkt des Todesfalls des einen Partners nicht gelebt werden konnte (z.B. weil einer der Partner aus beruflichen Gründen länger ortsabwesend war oder aber weil einer der Partner aus gesundheitlichen Gründen für einen gewissen Zeitraum der Einvernehmensregelung nicht nachkommen konnte), kann auf die Werte der Tabelle 1 (IFH-Tabelle/*Schah Sedi*, § 4 Rn 1 ff.) zurückgegriffen werden. Dieses ist bereits deshalb zulässig, weil in Ermangelung konkreter Anhaltspunkte anderenfalls keine Zahlen zur Verfügung stehen würden.

Wie bei den Verletzungsfällen ist auch im Tötungsfall zu unterscheiden, ob eine **Ersatzkraft eingestellt** wurde oder ob die Hausarbeit unentgeltlich durch Familienangehörige übernommen worden ist. Im Falle der Einstellung einer Ersatzkraft sind nicht nur deren Kosten voll zu ersetzen (Arbeitgeberbrutto), sondern auch Weihnachts- und Urlaubsgeld ebenfalls vom Schädiger zu erstatten (BGH VersR 1986, 790). **101**

Im Fall der normativen Abrechnung (d.h., wenn Familienangehörige oder sonstige Dritte die Leistungen der Haushaltsführung für den Getöteten unentgeltlich erbracht haben) ist der Nettolohn einer vergleichbaren Ersatzkraft zu entschädigen. Anhaltspunkte für den Stundenverrechnungssatz bieten die Tabelle 7 (IFH-Tabelle/*Schah Sedi*, § 10 Rn 1 ff.) sowie insbesondere auch die unter § 4 Rdn 194 ff. gemachten Ausführungen.

Mehrere Unterhaltsberechtigte sind nicht **Gesamtgläubiger**, sondern **Teilgläubiger**. **102** Das bedeutet, der gesamte Ersatzbetrag ist auf die Unterhaltsberechtigten aufzuteilen. Die anspruchsberechtigten Halbwaisen teilen sich den Ersatzbetrag mit dem verbliebenen Elternteil. Dabei kann davon ausgegangen werden, dass je jünger ein Kind ist, der Betreuungsaufwand im Vergleich zu den Geschwisterkindern größer ist und sich dieses auch in dem Prozentanteil vom Naturalunterhalt niederschlägt und entsprechend der Anteil des darauf entfallenden Ersatzbetrages größer sein muss. Nach § 287 ZPO ist die Zuweisung der einzelnen Anteile am gesamten Ersatzbetrag zu schätzen. Letztlich hängt es vom Sachverhalt ab, ob die Witwe/der Witwer die Hälfte des Ersatzbetrages auf sich vereint und sich die Kinder die andere Hälfte teilen. Je mehr Kinder vorhanden sind, desto kleiner wird der Anteil der auf die Witwe/den Witwer entfällt. Gleichzeitig erhalten ältere Kinder von dem auf die Kinder insgesamt anfallenden Anteil einen kleineren Anteil, als das jüngste Kind. **Volljährige Kinder** sind so lange anspruchsberechtigt, wie sie im elterlichen Haushalt leben und sie sich zugleich in der Ausbildung befinden (LG Arnsberg v. 13.10.2011 – 1 O 533/10). Das pflegebedürftige erwachsene Kind im Haushalt des Hinterbliebenen ist ebenso anspruchsberechtigt (BGH v. 25.4.2006 – VI ZR 114/05).

103 Schlussendlich kann sich noch die Reduzierung des Ersatzbetrages auf den Haushaltsführungsschaden durch den Abzug der **Unterhaltsersparnis** des verbliebenen Ehegatten ergeben. Diese Unterhaltsersparnis kann sich jedoch bereits bei dem **Barunterhaltsschaden** realisiert haben, weshalb ein nochmaliger Abzug an dieser Stelle bei Naturalunterhaltsschaden nicht möglich ist.

104 Bei Mitverschulden verhält es sich beim Naturalunterhaltsschaden ebenso wie bei allen anderen materiellen Schadensersatzpositionen: Die **Quotierung** erfolgt erst am Ende der Berechnung. Der ermittelte Euro-Betrag wird in Höhe der Mitverschuldensquote gekürzt, die bei der Haftung dem Grunde nach festgelegt wurde; allerdings hat der erwerbstätige überlebende Ehegatte ein **Quotenvorrecht**. Er darf den durch die weggefallene Unterhaltsverpflichtung erzielten finanziellen Vorteil vollumfänglich zunächst zum Ausgleich der wegen der Mithaftung ungedeckten Quote verwenden (BGH NJW-RR 86/1400).

105 Der **Naturalunterhaltsanspruch** besteht für die gesamte Lebensdauer. Bei Kindern ist er nicht auf die Minderjährigkeit beschränkt. Die gegenteilige Auffassung verkennt den familienrechtlichen Anspruch auf Bar- und Naturalunterhaltsleistung des Volljährigen, solange sich dieser in der Ausbildung befindet. Volljährige Kinder sind, wie obig aufgezeigt, anspruchsberechtigt, solange sie im Haushalt der Witwe/des Witwers leben und sie sich in der Ausbildung befinden (LG Arnsberg v. 13.10.2011 – 1 O 533/10).

II. Berechnungsgrundsätze

1. Die 4-Schritt-Methode

106 Der Zeitaufwand im Haushalt wird durch Befragung des hinterbliebenen Partners ermittelt: Welcher Anteil ist von jedem Partner in der Haushaltsführung vor dem Schadensfall übernommen worden? Mit anderen Worten: Wie sah konkret die Einvernehmensregelung aus? Hilfsweise, wenn es keine Informationen zu den tatsächlichen Verhältnissen gibt – kann auf die Tabelle 1 (IFH-Tabelle/*Schah Sedi*, § 4 Rn 1 ff.) zurückgegriffen werden.

Hinweis

Es ist wichtig, für jeden Partner den Zeitaufwand konkret zu ermitteln, denn für den überlebenden Partner entspricht der Zeitaufwand im nicht reduzierten Haushalt seiner Mithilfepflicht im Tötungsfall. Wenn Kinder im Haushalt leben, auch volljährige, die sich jedoch noch in der Ausbildung befinden, so ist deren Betreuungsaufwand zu schätzen und der Betreuungsaufwand für Minderjährige aus der Tabelle 4 (IFH-Tabelle/*Schah Sedi*, § 7 Rn 6 ff.) anteilig unter den Ehepartnern zu verteilen und dem Wert aus der Tabelle 1 (IFH-Tabelle/*Schah Sedi*, § 4 Rn 1 ff.) hinzuzufügen.

a) 1. Schritt: Berechnung des Arbeitszeitbedarfs im reduzierten Haushalt

Der Arbeitszeitbedarf im reduzierten Haushalt wird aus Tabelle 2 (IFH-Tabelle/ **107**
Schah Sedi, § 5 Rn 1 ff.) abgelesen. Der 2-Personenhaushalt vor dem Tötungsfall ist jetzt der reduzierte 2-Personenhaushalt usw. Man verwendet entweder die Tages-, die Wochen- oder die Monatstabelle. Es ist darauf zu achten, dass die Zeitbedarfstabelle und die Zeitaufwandstabelle nicht vermischt in dem Sinne Anwendung finden, dass einmal z.B. mit der Wochentabelle aus Tabelle 1 und einmal mit der Monatstabelle aus Tabelle 2 gearbeitet wird. Bei der parallelen Anwendung der Tabelle 1 und der Tabelle 2 ist auch darauf zu achten, dass die Haushaltstypen nicht versehentlich vermischt werden. Der Haushaltstyp 1 bleibt in der Tabelle 1 eben auch der Haushaltstyp 1 in der Tabelle 2 usw. Kinderzuschläge aus Tabelle 4 sind im gleichen Umfang dem Zeitbedarf im reduzierten Haushalt hinzuzurechnen. Der Tod eines Elternteils reduziert nicht den Betreuungsbedarf von Kindern.

b) 2. Schritt: Feststellung der Mithilfepflicht der Hinterbliebenen

Als nächstes wird die Mithilfepflicht der Unterhaltsberechtigten ermittelt. Die **kind- 108**
liche Mithilfepflicht muss exakt dem Anteil entsprechen, den die Kinder in zeitlicher Hinsicht bereits vor dem Tötungsfall geleistet haben. Auch hier ist wiederum auf die Einvernehmensregelung abzustellen.

Was die Mithilfepflicht des **überlebenden Ehegatten** angeht, so entspricht diese im **109**
reduzierten Haushalt exakt dem Anteil der tatsächlich geleisteten Haushaltsführungstätigkeit im nicht reduzierten Haushalt. An dieser Stelle kommt es wiederum auf die Einvernehmensregelung der Partner vor dem Tötungsfall an. Damit kann festgehalten werden, dass der Naturalunterhaltsschaden dem Zeitbedarf im reduzierten Haushalt (Tabelle 2, IFH-Tabelle/*Schah Sedi*, § 5 Rn 1 ff.) abzüglich der Mithilfepflicht entspricht. Von der Gesamtstundenzahl, d.h. dem Zeitbedarf im reduzierten Haushalt (Tabelle 2) wird die Mithilfepflicht des überlebenden Ehepartners (= der bereits vor dem Tötungsfall geleistete Haushaltsführungsanteil ggf. aus Tabelle 1 abzulesen) abgezogen. Ebenso wird ggf. eine kindliche Mithilfepflicht abgezogen, wobei das rechnerische Ergebnis dann genau dem Schadensersatzanspruch nach § 844 Abs. 2 BGB entspricht.

c) 3. Schritt: Ermittlung des Schadensersatzbetrages

110 Das rechnerische Ergebnis, welches im vorherigen Schritt gefunden wurde, muss jetzt mit einem Geldbetrag bewertet werden. Dies erfolgt genauso wie im Verletzungsfall. Für die Ersatzkraft ist ein monatlicher Euro-Betrag zu bestimmen. Auch hier gilt wiederum, eine konkret eingestellte Ersatzkraft ist auf der Basis des Arbeitgeberbruttobetrags mit allen Nebenkosten zu entschädigen oder aber es erfolgt die normative Abrechnung nach den oben genannten Grundsätzen (vgl. insbes. auch § 4 Rdn 194 ff.).

In dem Fall, dass keine Ersatzkraft beschäftigt wird, ist nach der aufgezeigten Argumentation auch an dieser Stelle zu berücksichtigen, dass der für eine normative Abrechnung gewählte Stundensatz gleichsam eine Anpassung an aktuelle Lohnentwicklungen widerspiegeln muss, eine Orientierung an Vergleichsentscheidungen die richtige Perspektive (vgl. § 4 Rdn 197) erfordert und auch wenn der Mindestlohn die Untergrenze eines anzusetzenden Bruttolohns bilden muss, ein Brutto-Netto-Abschlag nicht ohne Weiteres vorgenommen werden kann (vgl. § 4 Rdn 198).

d) 4. Schritt: Aufteilung des Ersatzbetrages auf die Hinterbliebenen nach Quoten

111 Folgende Quoten werden vorgeschlagen:

Tabelle 4: Aufteilung auf Hinterbliebene nach Quoten

Konstellation	**Quote**	
Hinterbliebener ohne Kinder	Hinterbliebener	100 %
Hinterbliebener und 1 Kind	Hinterbliebener	2/3 (66,7 %)
	Kind	1/3 (33,3 %)
Hinterbliebener und zwei Kinder	Hinterbliebener	1/2 (50 %)
	Kind 1	1/4 (25 %)
	Kind 2	1/4 (25 %)
Hinterbliebener und drei Kinder	Hinterbliebener	2/5 (40 %)
	Kind 1	1/5 (20 %)
	Kind 2	1/5 (20 %)
	Kind 3	1/5 (20 %)

Diese Quoten basieren auf der Rechtsprechung des BGH (BGH VersR 1984, 875; BGH VersR 1972, 176)

112 In dem Fall, in dem die Nur-Hausfrau verstirbt und der Witwer Ansprüche wegen des Haushaltsführungsschadens geltend macht, ist ausnahmsweise noch ein **fünfter Schritt** durchzuführen, der den Mandanten zwar schwer verständlich zu machen, jedoch nach der Rechtsprechung zu berücksichtigen ist. Hierbei handelt es sich um die **Unterhaltsersparnis** des Witwers.

e) Ggf. Unterhaltsersparnis abziehen

Der BGH begründet den Vorteilsausgleich damit, dass der Ehemann durch den Tod seiner Ehefrau von seiner Barunterhaltspflicht ihr gegenüber entlastet wird (BGH NJW 1971, 2066) – für den Fall der „Nur-Haushaltsführungsehe". Obgleich diese Rechtsprechung aus dem Jahr 1971 schon etwas in die Jahre gekommen ist, gilt sie bis heute unverändert. Diese Unterhaltsersparnis wird genauso ausgerechnet, wie dies im Rahmen der Barunterhaltsberechnung geschieht. Es wird also das Nettoeinkommen des Ehemannes ermittelt, hiervon werden die fixen Kosten abgezogen und anschließend wird die Unterhaltsquote nach der obigen Tabelle 1 Rdn 29 bzw. Tabelle 2 Rdn 30 gebildet. 113

f) Mithaftung

Im Falle der quotalen Haftung verhält es sich beim Naturalunterhaltsschaden ebenso wie bei allen anderen materiellen Schadensersatzpositionen: Die Quotierung erfolgt am Ende. Es gilt jedoch auch hier, wie beim Unterhaltsschaden, das **Quotenvorrecht** (BGH VersR 1987, 70). Das bedeutet, der hinterbliebene Ehemann kann den **ersparten Unterhalt** zunächst mit dem von ihm zu tragenden **Mitverschuldensanteil** verrechnen. Ein solcher Fall ist in den nachfolgenden Beispielen erläutert. 114

Im Falle des Todes innerhalb der Nur-Haushaltsführungsehe gilt bei 30 %igem Mitverschulden der Getöteten Folgendes: Würde der monatliche Naturalunterhalt 1.000,00 EUR betragen, wäre nach Kürzung um die Mitverschuldensquote noch ein Betrag von 700,00 EUR zu regulieren. Bei einem 2/3-Anteil aus der oben abgedruckten Tabelle 4 ist rechnerisch von 466,67 EUR auszugehen. Von diesem Betrag kann der Geschädigte nun den errechneten Betrag der Unterhaltsersparnis in vollem Umfang mit der Mitverschuldensquote verrechnen. Läge beispielsweise eine Unterhaltsersparnis von 350,00 EUR vor, so könnte von diesem Betrag der Geschädigte vorweg seinen Mitverschuldensanteil abziehen. 2/3 von 300,00 EUR sind 200,00 EUR. Das heißt, von 350,00 EUR Unterhaltsersparnis darf der Geschädigte zunächst die 200,00 EUR (30 % Mitverschulden) absetzen. 350,00 EUR abzüglich 200,00 EUR ergibt 150,00 EUR. Dieser Betrag wird nun von den oben errechneten 466,67 EUR subtrahiert, so dass ein Betrag von 316,67 EUR verbleibt. Die Anwendung des Quotenvorrechts bedeutet daher im Fall des Todes der (Nur-)Hausfrau, in dem die Unterhaltsersparnis berücksichtigt werden muss, einen deutlichen Vorteil für den Geschädigten, da eine Vorwegverrechnung mit seinem Mitverschuldensanteil möglich ist. Das nachfolgende Beispiel soll das Ganze noch einmal verdeutlichen:

> *Beispiel* 115
>
> Es ist von einem angenommenen Haushaltsführungsschaden von 1.000,00 EUR auszugehen. Ferner existiert ein Kind, die angenommene Unterhaltsersparnis liegt bei 350,00 EUR. Es wird einmal mit, einmal ohne Quotenvorrecht gerechnet.

ohne Quotenvorrecht		mit Quotenvorrecht	
Haushaltsführungs-schaden	1.000,00 EUR	Haushaltsführungs-schaden	1.000,00 EUR
Mithaftung 30 %	– 300,00 EUR	Mithaftung 30 %	– 300,00 EUR
	= 700,00 EUR		= 700,00 EUR
Quote 66,7 % (Tabelle 4)	= 466,67 EUR	Quote 66,7 % (Tabelle 4)	= 466,67 EUR
abzgl. Unterhalts-ersparnis	– 350,00 EUR	**abzgl.** Unterhalts-ersparnis, aber Vorwegverrechnung mit Mitverschulden	– 150,00 EUR
Ergebnis (Naturalunterhaltsanspruch)	**= 116,66 EUR**	**Ergebnis (Naturalunterhaltsanspruch)**	**= 316,66 EUR**

2. Stellungnahme

116 Es ist fraglich, ob nicht auch der tatsächlich geleistete Unterhalt anstelle des gesetzlich geschuldeten Unterhalts anzusetzen ist, da die Rechtsprechung auch nicht unterscheidet, ob die Verhältnisse einer nicht intakten Ehe genauso zu bewerten sind, wie bei einer intakten Ehe (z.B. getrenntlebende Partner). Auch ist der erneute Abzug des ersparten Unterhalts für den Fall, dass die Nur-Hausfrau getötet wird, dogmatisch weder nachvollziehbar noch sauber begründbar. Die Aufteilung des BGH nach Quoten (siehe oben Rdn 29, 30) ist weder wissenschaftlich noch empirisch belegt.

3. Beispiele

a) Ansprüche des Witwers, wenn die nicht erwerbstätige Hausfrau verstirbt

117 Dieses o.g. 5-Stufen-Modell soll nun anhand eines Beispiels durchgerechnet werden. Im Anhang ist das entsprechende Blanko-Muster abgedr. (Anhang siehe § 12 Rdn 35), welches der Anwalt nur noch kopieren muss und für seinen Sachverhalt verwenden kann.

- Für die Höhe des Stundensatzes wird sich nachfolgend gleich dem Rechenbeispiel in § 4 Rdn 273 ff. an der Entscheidung des **LG Köln v. 22.12.2020 (– 3 O 224/16)** orientiert, in welcher das Gericht differenziert unter Einbeziehung eines Sachverständigengutachtens bereits für einen Haushaltsführungsschaden ab dem Jahr 2019 einen Stundensatz in Höhe von **15,25 EUR** ermittelte.

Beispiel

Ehemann ist **Alleinverdiener**, Nettoeinkommen 2.500,00 EUR, fixe Kosten 1.250,00 EUR, 15-jähriger Sohn, Mitarbeitspflicht des Ehemanns im Haushalt laut Absprache 0 %, die **nicht erwerbstätige Hausfrau verunglückt tödlich**, Haushaltstyp 2, Tabelle 2, IFH-Tabelle/*Schah Sedi*, § 5 Rn 5 ff., Haftung 100 %, das Kind beteiligt sich 1 Std./Tag an der Hausarbeit.

Lösung: Berechnung des Haushaltsführungsschadens des **Witwers**

1. Schritt	monatlicher Arbeitsbedarf reduzierter Haushalt				
3 Personenhaushalt	**222,98**	Std./Monat			
Zuschlag Kind	**133,06**	Std./Monat			
	= **356,04**	Std./Monat			
2. Schritt	Mithilfepflicht Hinterbliebene				
Abzug Monatsstunden:	**0**	Ehegatte			
	30,1	Kind	=	**325,73**	Std./Monat
3. Schritt	Multiplikation der errechneten Stundenzahl mit Stundenlohn einer Hilfskraft (normative Abrechnung)				
325,73 Std./Monat	15,25 EUR= 4.967,38 EUR/Monat				
4. Schritt	Aufteilung des errechneten Nettobetrages auf Hinterbliebene gem. Quote Tabelle 4 Rdn 111				
66,7 (2/3) %	= 3.313,23 EUR mtl. Netto				

5. Schritt	Unterhaltsersparnis	
Nettoeinkommen Ehemann:	2.500,00 EUR mtl.	
abzgl. fixe Kosten:	– 1.250,00 EUR mtl.	
=	**1.250,00 EUR mtl.**	

davon Abzug Unterhaltsquote der Getöteten (Ehefrau)

	35 % (Tabelle 1 Rdn 29)	= 437,50 EUR (35 % von 1.250,00 EUR)	
Zwischenergebnis:		**= 2.875,74 EUR mtl.** (3.313,24 EUR – 437,50 EUR)	
evtl. Mithaftung	**100** % Haftung		= 2.875,74 EUR mtl.
evtl. Quotenvorrecht			= 2.875,74 EUR mtl.
Ergebnis Anspruch Haushaltsführungsschaden			**= 2.875,74 EUR mtl.**

b) Ansprüche der Witwe, wenn der Alleinverdiener verstirbt

Vertritt man die Auffassung, dass das moderne Rollenbild der Ehe nicht so ausgestaltet ist, dass der Alleinverdiener im Haushalt mit Kindern nach Beendigung seiner Arbeitstätigkeit gar nichts mehr verrichtet, so kann die Witwe in diesem Fall **118** einen eigenen Haushaltsführungsschaden geltend machen, wenn ihr alleinverdienender Ehemann verstirbt. Sein Anteil an der Hausarbeit betrifft in diesem Musterfall die Miterziehung des Kindes, Gartenarbeit am Wochenende und den gemeinsamen Wochenendeinkauf mit der Ehefrau. Das sollen vorliegend 20 % der Hausarbeit für die Gesamtfamilie sein. Dies bedeutet dann für die Ehefrau, dass sie diesen Anteil beim Tod des Ehemanns als Haushaltsführungsschaden geltend machen kann. Die Berechnung dieses Haushaltsführungsschadens erfolgt nach der **4-Schritt-Methode**. Im Grunde genommen ist dieselbe Methode anzuwenden, die zuvor bei den Ansprüchen des Witwers angewandt wurde. Es wird auf die einzelnen Schritte dort verwiesen. Daher werden hier nur die Besonderheiten oder die Abweichungen innerhalb der 4-Schritt-Methode erwähnt:

aa) 1. Schritt: Berechnung des wöchentlichen Arbeitszeitbedarfs beim reduzierten Haushalt

119 In einem ersten Schritt ist der Arbeitszeitbedarf der Tabelle 2 (IFH-Tabelle/*Schah Sedi*, § 5 Rn 1 ff.) zu entnehmen.

120 Wenn Kinder zum Haushalt gehören, findet die Tabelle 4 (IFH-Tabelle/*Schah Sedi*, § 7 Rn 6 ff.) ergänzend Anwendung.

bb) 2. Schritt: Abzug der Mithilfepflicht der Hinterbliebenen (Ehemann, Ehefrau, Waisen) in Wochenstunden

121 Auch hier verweisen wir auf die Ausführungen, die bereits zuvor gemacht wurden (siehe Rdn 108).

(1) Ehepartner

122 Geht man beispielsweise davon aus, dass die überwiegende Hausarbeit von der nicht berufstätigen Ehefrau erledigt wurde, so ist es angemessen, die Mithilfepflicht der Ehefrau mit **80** % anzusetzen. Konkret bedeutet dies, dass der Ehemann als Alleinverdiener 20 % im Haushalt hilft. An dieser Stelle wird die Einvernehmensregelung wieder relevant. Die Absprache muss der Versicherer gegen sich gelten lassen. Dies ist nur dann nicht zulässig, wenn es sich um ein krasses Missverhältnis handelt. Davon ist beim Alleinverdiener mit 20 % Haushaltsführungstätigkeit jedoch nicht auszugehen.

(2) Kinder (Waisen)

123 Auch insofern wird auf die Ausführungen im vorherigen Beispiel verwiesen (siehe Rdn 117). Sollten Kinder vorhanden sein, müssen diese im Haushalt ab einem bestimmten Lebensjahr mithelfen (§ 1619 BGB). Die Rechtsprechung nimmt bei **14-jährigen Kindern** eine Mithilfepflicht von etwa **sieben Stunden wöchentlich** an.

(3) Abzug Mitarbeitspflicht

Die oben genannten Werte sollen ebenfalls anhand eines Beispiels näher erläutert werden. Der Ehemann ist Alleinverdiener, er verunglückt tödlich, Das Nettoeinkommen beträgt 3.500,00 EUR/Monat. Die Mitarbeitspflicht der Ehefrau beträgt nach Absprache 80 %. Der Sohn ist 7 Jahre alt. 124

In diesem Fall würde sich der Abzug der wöchentlichen Mitarbeitspflicht der Hinterbliebenen wie folgt berechnen.

Tabelle 2 (IFH-Tabelle/*Schah Sedi*, § 5 Rn 1 ff.)	205,00 Std./Monat
Tabelle 4 (IFH-Tabelle/*Schah Sedi*, § 7 Rn 6 ff.)	133,06 Std./Monat
Summe	*338,06 Std./Monat*
80 % Mithilfepflicht Ehefrau	270,44 Std./Monat

Eine Mithilfepflicht des Kindes ist nicht abzuziehen, da dieses Kind noch keine 14 Jahre alt ist.

Vom Arbeitszeitbedarf im reduzierten Haushalt ist die tatsächlich geleistete Tätigkeit (Summe der Anteile von Frau und Mann der Tabelle 1 und 4) abzusetzen wie folgt: 125

Tabelle 1 (Frau + Mann) (3 Personenhaushalt)	173,28 Std./Monat
	95,15 Std./Monat
+ Tabelle 4	133,06 Std./Monat
Summe	*401,49 Std./Monat*
davon 20 % laut Einvernehmensregelung für den Ehemann	79,99 Std./Monat

Das heißt:

Arbeitszeitbedarf reduzierter Haushalt (siehe Rdn 124)	338,06 Std./Monat
abzgl. Mithilfepflicht Ehefrau (80 % laut Einvernehmensregelung)	321,19 Std./Monat
Schadensersatzanspruch	16,87 Std./Monat

cc) 3. Schritt: Multiplikation dieser errechneten Wochenstundenzahl mit dem normativen Stundenlohn einer Hilfskraft

Nachdem der wöchentliche Arbeitszeitbedarf unter Abzug der Mitarbeitspflicht ausgerechnet wurde, muss dieser nun mit dem Stundenlohn einer Ersatzkraft multipliziert werden. Anwendbar ist im Rahmen der normativen Abrechnung ein Stundensatz in Höhe von 15,25 EUR (vgl. § 4 Rdn 273 ff.). 126

Es ergibt sich der Betrag wie folgt: 16,87 Std./Monat x 15,25 EUR/Std. = 257,27 EUR/Monat.

dd) 4. Schritt: Aufteilung errechneter monatlicher Nettoschaden auf die Hinterbliebenen nach Quoten (Witwe, Witwer, Waisen nach Tabelle 4)

127 In den drei vorherigen Schritten wurde der monatliche Nettobetrag des Haushaltsführungsschadens errechnet. Dieser Betrag ist in dem vierten Schritt auf die Hinterbliebenen, d.h. auf den überlebenden Ehegatten und das Kind, aufzuteilen. $^2/_3$ entfallen auf die Witwe (171,50 EUR/Monat) und $^1/_3$ auf das Kind (85,75 EUR/Monat). Hier gilt die Tabelle 4 Rdn 111.

128 Als fünfter Schritt ist wiederum die Unterhaltsersparnis (Vorteilsausgleich) zu berücksichtigen. Im Ergebnis bleibt daher oftmals in dieser Fallgruppe kein Haushaltsführungsschaden übrig. Die Unterhaltsersparnis ist dem Mandanten oftmals auch sehr schwer zu vermitteln, da keine Witwe oder kein Witwer einen Vorteil darin sieht, wenn die Ehefrau oder der Ehemann „wegfällt“. Es gibt aber die Rechtsprechung des BGH (VersR 84, 189; VersR 84, 79) dazu. Gleichwohl sollte versucht werden, in einem Regulierungsgespräch diese Rechtsprechung in Frage zu stellen. Denn dogmatisch lässt sich der Vorteilsausgleich nur schwer begründen. Im Ergebnis führt diese nicht nachvollziehbare Rechtsprechung dazu, dass oftmals ein Schadensersatzanspruch komplett entfällt. Eine solche Missachtung der Haushaltstätigkeit des Getöteten kann kaum im Sinne des Gesetzgebers gewesen sein. Weiterhin schwankt der BGH auch in seinen Entscheidungen. In der Entscheidung BGH NJW 52, 459 hatte der BGH eine komplette Anrechnung sämtlicher Vorteile noch abgelehnt. In der Entscheidung BGH FamRZ 71, 566 soll nun die Einschränkung nicht mehr gelten. Schließlich sollen aber wieder in den Entscheidungen BGH VersR 79, 670 und BGH VersR 84, 189 Ausnahmen von der vollen Vorteilsausgleichspflicht zulässig sein. In der BGH-Entscheidung VersR 79, 670 ging es darum, dass das Nähen von Kleidern für die Familie oder das Ernten von Früchten aus dem eigenen Garten nicht mehr zum gesetzlichen Unterhalt gehört, sondern eine überobligationsmäßige Unterhaltsleistung der Hausfrauen darstelle.

129 Von einer Beispielrechnung wurde hier abgesehen, da regelmäßig aufgrund der Vorteilsausgleichsrechtsprechung des BGH kein Haushaltsführungsschaden (Naturalunterhalt) rechnerisch übrig bleibt. Der Barunterhalt bleibt dagegen und muss selbstverständlich geltend gemacht werden.

D. Betreuungsunterhaltsschaden

I. Allgemeines

130 Dogmatisch ist zwischen dem **Barunterhalt**, dies sind die Unterhaltsleistungen in Geld, und dem **Betreuungsunterhalt** zu trennen. Zum Betreuungsunterhalt zählt neben der klassischen Haushaltsführung (Einkauf, Geschirr spülen, putzen, Gartenarbeit etc.) auch die Beaufsichtigung und Erziehung der Kinder. Bei den Kindern wird häufig in der Praxis dieser sog. Betreuungsunterhaltsschaden sträflich nicht beachtet.

131 Es existieren hier zwei verschiedene Möglichkeiten zur Regulierung. Entweder wird der Betreuungsunterhaltsschaden separat errechnet und dann entsprechend nach Quoten aufgeteilt oder aber, was dogmatisch sauberer ist, im Rahmen des Haushaltsführungsschadens berücksichtigt. Aus diesem Grund sind die Werte der Tabelle 4 (IFH-Tabelle/*Schah Sedi*, § 7 Rn 6 ff.) immer den Werten der Tabelle 1 und Tabelle 2 hinzuzurechnen.

Von daher kann nicht oft genug darauf hingewiesen werden, dass der Betreuungsunterhaltsschaden bei Kindern einen erheblichen monatlichen Betrag ausmacht und dieser vom Anwalt unbedingt zu berücksichtigen ist. Hierbei spielt es keine Rolle, ob man ihn dogmatisch korrekt mit einem Zuschlag im Rahmen des Haushaltsführungsschadens berechnet oder aber, separat ausrechnet.

132 Die Tabellen sollten nicht pauschal aufgrund des Alters der Kinder unreflektiert angewandt werden. So weist die Tabelle 4 (IFH-Tabelle/*Schah Sedi*, § 7 Rn 6 ff.) „bis zu" Werte aus, die durch Sachvortrag zu konkretisieren sind. Wenn die Zahlen vom Mandanten realistisch wiedergegeben werden, sind diese dem Versicherer mitzuteilen. Dies ist auch deswegen sachgerechter, weil nicht jedes Kind gleichviel Betreuung und Aufsicht benötigt. Kinder, die an ADS oder ADHS leiden, sind wesentlich betreuungsintensiver. Ferner wird jede Mutter und jeder Vater bestätigen, dass es Schlafkinder gibt, die häufiger und länger schlafen als durchschnittlich üblich. Dagegen gibt es Kinder, die auch in sehr jungen Jahren mit weitaus weniger Schlaf auskommen und mehr beschäftigt werden müssen. Es spielt auch eine Rolle, ob die Eltern die Nahrung selber zubereiten oder lediglich vorgefertigte Nahrung aus dem Supermarkt aufwärmen. Schließlich sind manche Kinder auch pflegebedürftig und benötigen deutlich mehr Zeit und Aufwand in der Woche als Kinder, die weite Teile ihrer Grundversorgung selbst beherrschen.

> *Praxistipp*
>
> Sollten in der Familie z.B. **Zwillinge** vorhanden sein, ist es gerechtfertigt, mit dem 2,5-fachen Kindersatz zu rechnen: Zwei gleichaltrige Kinder sind mindestens bis zur Einschulung betreuungsintensiver als zwei Kinder unterschiedlichen Alters.

133 Auch Kinder in der Pubertät bedürfen einer erhöhten Betreuung und einer erhöhten Aufmerksamkeit seitens der Eltern. Schließlich ist es auch erwiesen, dass die Pubertät heute bei den Kindern schon früher beginnt als dies noch vor Jahren der Fall war. Die „Vorpubertät" beginnt heute mittlerweile ab einem Alter von ca. 10 bis 11 Jahren.

134 Der Betreuungsunterhaltsschaden endet in der Regel mit dem 18. Lebensjahr. Wenn die Kinder aber noch während der Ausbildung oder des Studiums bei den Eltern wohnen, ist auch hier ein angenommenes Ende der Ausbildung – mit spätestens **27 Jahren** – gerechtfertigt. Der Arbeitszeitbedarf bei größeren Kindern, die studieren oder den größten Teil des Tages in der Schule oder Berufsschule verbrin-

gen, ist geringer anzusetzen als bei Kleinkindern und Kindern mittleren Alters. Auch hier ist eine konkrete Befragung des Mandanten hinsichtlich des Arbeitszeitbedarfs notwendig, um diesen individuell zu ermitteln. In Regulierungsgesprächen kann auf die Rechtsprechung des BGH hingewiesen werden, wonach minderjährige Kinder ein Recht auf Betreuung haben (BGH NJW 1994, 2234). Ferner ergibt sich dies aus dem Gesetz (§ 1606 Abs. 3 S. 2 BGB).

135 Ob beim Betreuungsunterhaltsschaden die Quote bezüglich des Haushaltsführungsschadens 1 zu 1 zu übernehmen ist oder aber eventuell bei Kleinkindern den Kindern eine höhere Quote zuzubilligen ist, ist umstritten und muss im Rahmen eines Regulierungsgespräches erörtert werden. Der BGH billigt dem hinterbliebenen Ehegatten beim Betreuungsunterhalt eine höhere Quote als dem Kind zu (BGH NJW 1974, 1238). Das OLG Stuttgart (VersR 1993, 1536) sieht dagegen die höhere Quote beim Kind. Auch beim Betreuungsunterhaltsschaden sind die **Absprachen der Eltern** zu beachten, d.h. der Versicherer muss die Absprachen hinsichtlich des Arbeitszeitbedarfs bei dem Betreuungsunterhaltsschaden akzeptieren. Lediglich wenn diese Absprachen in einem krassen Missverhältnis stehen (BGH NJW 1988, 2365), ist eine Korrektur vorzunehmen.

136 Dass es hinsichtlich des Arbeitszeitbedarfs schwierig ist, bei dem Betreuungsunterhaltsschaden der Kinder mit festen Tabellen zu arbeiten, hat das OLG Stuttgart in seiner Entscheidung VersR 1993, 1537 auch noch einmal betont. Das OLG Stuttgart vertritt zu Recht die Auffassung, dass sich der Arbeitszeitbedarf nach dem Umfang der gesetzlich geschuldeten Unterhaltsführung richtet und somit nach dem sozialen Stand der Familie, der Größe und Ausstattung des Haushalts, der Zahl, dem Alter sowie dem Gesundheitszustand der einzelnen Familienmitglieder. Die Tabelle 2 (IFH-Tabelle/*Schah Sedi*, § 5 Rn 1 ff.) kann hier als Richtlinie herangezogen werden. Im Rahmen des Arbeitszeitbedarfs der Kinderbetreuung und Kindererziehung dürfen die Kinderzuschläge nach Tabelle 4 (IFH-Tabelle/*Schah Sedi*, § 7 Rn 6 ff.) nicht vergessen werden.

II. Fallkonstellationen

1. Tod der alleinerziehenden Mutter

137 Für den Fall, dass die alleinerziehende Mutter verstirbt und die Halbwaisen bei Verwandten untergebracht werden, ist der Haushaltsführungsschaden inkl. des Betreuungsunterhaltsschadens separat zu errechnen. Auch hier können die IFH-Tabellen herangezogen werden, um den Arbeitszeitbedarf zu ermitteln. Ferner sind die Kosten zu ersetzen, die die Verwandtschaft oder die Pflegefamilie tatsächlich für die Aufnahme der Kinder oder des Kindes aufgewendet hat. Hier ist z.B. an die Schaffung von zusätzlichen Kinderzimmern oder den Kauf eines größeren Autos zu denken. Ferner sind die Nettokosten einer Ersatzkraft zugrunde zu legen. Im Einzelfall können sogar die Arbeitgeberbruttobeträge und nicht die Nettobeträge zu berücksichtigen sein, insbesondere dann, wenn die einspringende Pflegekraft/Erziehungsperson ihre eigene berufliche Erwerbstätigkeit aufgegeben hat.

2. Tod beider Elternteile

Für den Fall, dass beide Eltern bei einem Schadensfall ums Leben kommen, muss der Schädiger sowohl den kompletten Naturalunterhaltsschaden (Haushaltsführungsschaden inkl. Betreuungsunterhaltsschaden) als auch den kompletten Barunterhaltsschaden der Vollwaisen ersetzen (siehe hierzu auch die BGH-Entscheidung VersR 1986, 264). 138

3. Unterbringung in einem Pflegeheim

Sollten die Waisen in einem **Pflegeheim** untergebracht werden, sind die konkret angefallenen Kosten vom Schädiger zu ersetzen (LG Duisburg VersR 1985, 698). 139

4. Tötung des Kindes/Ansprüche der Eltern

Für den Fall, dass nicht die Eltern bei einem Unfall versterben, sondern das Kind getötet wird, kann den Eltern ebenfalls ein Unterhaltsersatzanspruch gegen den Schädiger zustehen (§§ 1601 ff. BGB). Da dieser in der Regel noch nicht aktuell besteht, müssten die hinterbliebenen Eltern ggf. eine Feststellungsklage erheben (siehe OLG Celle NJW-RR 1988, 990), sofern der Schädiger diesen Vorbehalt nicht außergerichtlich mit der Wirkung eines rechtskräftigen Feststellungsurteils erklärt hat. Das Feststellungsinteresse kann bereits bejaht werden, wenn die bloße Möglichkeit einer zukünftigen Unterhaltspflicht besteht (OLG Koblenz NJW 2003, 521). 140

E. Beerdigungskosten

I. Anspruchsberechtigte Personen

§ 844 Abs. 1 BGB besagt, dass die Kosten der Beerdigung demjenigen zu ersetzen sind, welchem die Verpflichtung obliegt, diese Kosten zu tragen (vgl. auch § 10 Abs. 1 S. 2 StVG, § 5 Abs. 1 S. 2 HaftPflG, § 35 Abs. 1 S. 2 LuftVG, § 7 Abs. 1 S. 2 ProdHG, § 12 Abs. 1 S. 2 UmweltHG, § 32 Abs. 4 S. 2 GenTG, § 86 Abs. 1 S. 2 AMG, § 28 Abs. 1 S. 2 AtG). Gem. § 1968 BGB ist dies der **Erbe**. Liegt eine Erbenmehrheit vor, hat die Erbengemeinschaft die Kosten zu tragen. 141

Es kann aber auch sein, dass der Unterhaltsverpflichtete die **Beerdigungskosten** zu tragen hat, soweit die Bezahlung nicht von dem Erben zu erlangen ist (§ 1615 Abs. 2 BGB, siehe ferner § 1615m, § 1360a Abs. 3 und § 1361 Abs. 4 S. 4 BGB; § 5 S. 2 LPartG).

Schließlich kann auch ein Anspruch aus GoA gemäß §§ 670, 677, 679, 683 BGB in Betracht kommen, was insbesondere bei Partnern einer nichtehelichen Lebensgemeinschaft, getrennt lebenden Ehegatten oder unter Geschwistern der Fall sein kann (*Wenker*, VersR 1998, 557; BGH, Urt. v. 17.11.2011 – III ZR 53/11; LG Heilbronn, Urt. v. 6.2.2023 – Ad 7 S 1/22).

II. Überholende Kausalität

142 Der Schädiger oder der hinter ihm stehende Versicherer können nicht argumentieren, die Beerdigungskosten seien nicht zu übernehmen, da der Getötete bereits schwer krank war und von daher in Kürze sowieso verstorben wäre. Der Schädiger darf sich nicht auf überholende Kausalität berufen. Dem Geschädigten kommt beim Nachweis über die Kausalität zwischen Verletzungen und Tod die Beweiserleichterung des § 287 ZPO zugute (vgl. BGH NJW 1992, 3298; OLG Karlsruhe NZV 1992, 444; OLG Düsseldorf zfs 1994, 405; OLG München, Urt. v. 21.5.2010 – 10 U 2853/06).

III. Umfang der Ersatzpflicht

143 Im Rahmen von § 1968 BGB sind die Kosten einer **standesgemäßen Beerdigung** zu ersetzen. Diese richtet sich nach der Herkunft, der Lebensstellung und den wirtschaftlichen Verhältnissen des Erblassers, wobei eine würdige und angemessene Bestattung der Maßstab ist.

> *Praxistipp*
>
> Wenn jüngere Personen versterben und kein nennenswerter Nachlass vorhanden ist, ist auf die soziale Stellung der Eltern abzustellen. Ferner sind auch der Herkunftskreis des Erblassers und der betroffene Kulturkreis zu berücksichtigen. Schließlich können auch regionale Besonderheiten dazu führen, dass bestimmte Kosten vom Schädiger zu übernehmen sind.

144 Im Einzelnen können viele Positionen streitig werden. Teilweise gehen Gerichte (z.B. KG VersR 1999, 504) auch dazu über, nicht immer nur die jeweiligen Einzelpositionen einer Beerdigung zu überprüfen, sondern auf die Gesamtbelastung abzustellen. Dies scheint auch sinnvoll, da es mitunter, z.B. der trauernden Witwe schwer verständlich zu machen ist, dass der Versicherer eine detaillierte Liste der Beerdigungsteilnehmer haben möchte und geprüft werden muss, ob diese in einem Verwandtschafts- oder Bekanntschaftsverhältnis zum Erblasser standen.

IV. Beerdigungskosten – Blanko-Muster

145 Beerdigungskosten von 10.000,00 EUR bis 15.000,00 EUR sind durchaus üblich und in diesem Umfang auch zu erstatten. Nachfolgend ist ein Blanko-Muster abgedruckt, welches die Einzelpositionen enthält, die nach der Rechtsprechung erstattungsfähig sind. Ansonsten wird auf die Literatur (*Teda*, DAR 1985, 10 ff. sowie *Wenker*, VersR 1998, 557; *Pardey/Balke/Link*, Schadenrecht, 1. Aufl. 2023) verwiesen.

▼

Muster 5.4: Beerdigungskosten

Überführungskosten an den Heimatort und eventuelle Umbettung	EUR
Kosten des Sarges (inkl. Kissen, Decke, Hemd)	EUR
Kosten der Einsargung	EUR
Aufbahrungskosten	EUR
ggf. Kosten der Einäscherung	EUR
ggf. Kosten der Urne	EUR
Kosten der Sargträger/Urnenträger	EUR
Blumenschmuck	EUR
Pfarrer	EUR
Musik/Chor	EUR
Gebühren (kirchliche und behördliche Gebühren anlässlich des Todesfalls, z.B. Sterbeurkunden)	EUR
Verdienstausfall (Vorbereitungstag und Tag der Beerdigung) (OLG Hamm VersR 1956, 666)	EUR
Kosten Todesanzeigen (Karten, Porto, Zeitungsanzeigen etc.)	EUR
Kosten Trauerkleidung	EUR
Bewirtungskosten und Unterbringung von Trauergästen	EUR
Kosten der Grabstätte	EUR
Kosten Kränze und Erstbepflanzung	EUR
Kosten Grabstein, Grablaterne und sonstige Grabausstattung	EUR
Gesamtkosten	EUR

▲

Im Einzelnen kann gesagt werden, dass einige Punkte insbesondere der Höhe nach 146
streitig sein können, wie z.B. der Vorteilsausgleich bei der **Trauerkleidung**. Wobei hier auch zu unterscheiden ist, ob es sich um Kleidung handelt, die konkret für die Beerdigung angeschafft worden ist oder um Kleidungsstücke, die für die gesamte Trauerzeit erworben wurden (OLG Stuttgart, Urt. v. 29.10.2008 – 3 U 111/08). Versicherer wenden hier immer wieder ein, dass schwarz doch eine modische Farbe sei und die Trauerkleidung auch privat sehr gerne getragen werde. Häufig wird diese Position jedenfalls vom Versicherer zunächst reduziert. Diese Rechtsauffassung ist den Geschädigten nur schwer zu vermitteln. Zudem schaden sich Versicherer mit einer derartigen Auffassung in erheblichem Maße selbst. Denn im Ergebnis sind die Kosten der Trauerkleidung in der Regel so minimal, dass es seitens des Versicherers viel klüger wäre, über diese Position nicht zu diskutieren, anstelle das Risiko eines Klageverfahrens heraufzubeschwören. Schließlich ist es auch eher unüblich, dass die Trauerkleidung „gerne“ noch privat getragen wird. Diese Bekleidung wird we-

gen ihrer emotionalen Wirkung nie wieder, bestenfalls zur nächsten Beerdigung noch einmal, getragen.

Praxistipp

Da einzelne Positionen hier streitig sein können, sollte mit dem Sachbearbeiter des Versicherers in einem Telefonat eine Klärung erreicht werden, anstatt Einzelpositionen gerichtlich einzuklagen.

147 Aus der Praxis lässt sich noch sagen, dass die Kosten eines **Doppelgrabs** und Doppelgrabsteins oder Familiengrabs nie komplett übernommen werden, sondern immer nur in Bezug auf denjenigen, der verstorben ist, d.h. in Höhe der Kosten für ein Einzelgrab oder einen Einzelgrabstein. Ferner akzeptiert die Rechtsprechung zurzeit auch die Kosten der Testamentseröffnung, des Erbscheins sowie der Testamentsvollstreckung nicht, vgl. OLG Koblenz zfs 1982, 7; LG Stuttgart, Urt. v. 8.9.2022 – 6 O 240/20. Weiterhin sind die Kosten der Pflege und Instandhaltung des Grabes nach der Rechtsprechung nicht zu ersetzen (OLG Brandenburg, Urt. v. 27.3.2008 – 12 U 239/06). Diese Auffassung überzeugt ebenfalls nicht, da dogmatisch gesehen diese Kosten auf den Schadensfall zurückzuführen sind. Insbesondere in Fällen, in denen der Verstorbene noch sehr jung war, kann nicht davon gesprochen werden, dass die Grabpflegekosten in ähnlichem Umfang sowieso angefallen wären. Nur am Rande erwähnt, aber wohl selbstverständlich ist, dass spezielle Grabsteinanfertigungen von Künstlern oder spezielle Figuren als Grabstein nicht erstattungsfähig sind (OLG Düsseldorf VersR 1995, 1195). Streit herrscht oftmals auch über die Erstattungsfähigkeit von **Reisekosten von Verwandten, Freunden oder Kollegen**, die aus ganz Deutschland oder sogar aus dem Ausland zur Beerdigung fahren müssen. Die Rechtsprechung besagt hier, dass diese per se nicht erstattungsfähig sind (BGH VersR 1960, 357; OVG Lüneburg, Beschl. v. 4.7.2017 – 5 LA 192/16). Etwas anderes gilt dann, wenn die nahen Angehörigen bedürftig sind und die Kosten für die Reise selber nicht aufbringen konnten. Dann wird aus ethisch-moralischen Gründen argumentiert, dass ausnahmsweise die Kosten der Schädiger zu tragen hat. Nach der Rechtsprechung sind auch solche Kosten nicht zu erstatten, die dadurch entstanden sind, dass aufgrund der Todesnachricht ein Urlaub abgebrochen werden musste (LG Frankfurt a.M., Urt. v. 20.8.1999 – 2/21 O 6/99).

F. Hinterbliebenengeld und geerbtes Schmerzensgeld

Literatur:

Bergmann, Das Hinterbliebenengeld im Wandel – ein aktueller Überblick, DAR 1/2025; *Jaeger/Luckey*, Handbuch Schmerzensgeld, 12. Aufl. 2024, IV. Gesetz zur Einführung eines Anspruchs auf Hinterbliebenengeld; *Jaeger*, Gesetz zur Einführung eines Anspruchs auf Hinterbliebenengeld, VersR 2017, 1041–1057; *Küppersbusch/Höher*, Ersatzansprüche bei Personenschaden, 14. Aufl. 2024; *Luckey*, Handbuch Personenschaden, 4. Aufl. 2025; *Müller*, Der Anspruch auf Hinterbliebenengeld VersR 2017, 321–325; BT-Drucks. 18/11397 v. 7.3.2017; *Nugel*, Das Hinterbliebenengeld bei Unfällen im Straßenverkehr – eine Herausforderung für die Praxis, zfs 2018, 72–78; *Prütting/Wegen/Weinreich*, BGB – Kommentar, 19. Aufl. 2024; *Staudinger*, Gedankensplitter zu § 844 Abs. 3 BGB, DAR 2019, 601.

I. Hinterbliebenengeld

1. Aktuelle Rechtslage

Mit der Einführung des § 844 Abs. 3 BGB am 17.7.2017 (BGBl I S. 2421) hat der Gesetzgeber für die **Hinterbliebenen** einer getöteten Person einen unmittelbaren Entschädigungsanspruch geschaffen. 148

§ 844 Abs. 3 BGB lautet:

> „(3) Der Ersatzpflichtige hat dem Hinterbliebenen, der zur Zeit der Verletzung zu dem Getöteten in einem besonderen persönlichen Näheverhältnis stand, für das dem Hinterbliebenen zugefügte seelische Leid eine angemessene Entschädigung in Geld zu leisten. Ein besonderes persönliches Näheverhältnis wird vermutet, wenn der Hinterbliebene der Ehegatte, der Lebenspartner, ein Elternteil oder ein Kind des Getöteten war."

Gleichlautend wurde der Anspruch auf Hinterbliebenengeld ebenfalls in die nachfolgenden Gesetze eingefügt:

§ 86 Abs. 3 Arzneimittelgesetz,

§ 32 Abs. 4 Gentechnikgesetz,

§ 7 Abs. 3 Produkthaftungsgesetz,

§ 12 Abs. 3 Umwelthaftungsgesetz,

§ 28 Abs. 3 Atomgesetz,

§ 10 Abs. 3 Straßenverkehrsgesetz,

§ 5 Abs. 3 Haftpflichtgesetz und

§ 35 Abs. 3 Luftverkehrsgesetz.

Seit dem Inkrafttreten sind bereits einige Entscheidungen – sowohl gerichtlich als auch im Rahmen der außergerichtlichen Schadensregulierung – ergangen, welche die Anwendungsfälle, aber auch Problemfelder des Anspruchs auf Hinterbliebenengeld aufzeigen.

Die Umsetzung des Hinterbliebenengeldes war, wie schon beim 50. Verkehrsgerichtstag in Goslar im Jahr 2012, beim 63. Verkehrsgerichtstag 2025 erneut Thema eines Arbeitskreises. Dieser befasste sich mit den aktuellen Entwicklungen des Anspruchs auf Hinterbliebenengeld seit seiner Einführung im Jahr 2017. Der Arbeitskreis hat unter anderem festgestellt, dass sich die Einführung des Anspruchs grundsätzlich bewährt habe, da es den Hinterbliebenen dabei helfen könne, den erlittenen Verlust zu verarbeiten. 149

2. Sinn und Zweck des Anspruches

Sinn und Zweck des Hinterbliebenengeldes ist es, einen Ausgleich für das erlittene seelische Leid zu schaffen, wobei die monetäre Leistung das Leid weder aufwiegen soll noch kann (BT-DS 18/11397 S. 8; BGH, Urt. v. 23.5.2023 – VI ZR 161/22; OLG Celle, Urt. v. 24.8.2022 – 14 U 22/22). Die durch die Tötung und den Verlust eines 150 nahestehenden Menschen verursachte **Trauer** und **das seelische Leid** sollen durch die Entschädigung aber jedenfalls gemindert werden.

3. Alte Rechtslage

151 Im Deliktsrecht steht mittelbar Geschädigten kein eigener Ersatzanspruch zu. Hierzu zählen insbesondere Hinterbliebene einer getöteten Person. Denn Hinterbliebene sind von der Tötung einer ihnen nahestehenden Person nur mittelbar betroffen (Ausnahme: sog. Schockschaden), da sie selbst keine eigene Rechtsgutsverletzung erleiden. Neben materiellen Schadensersatzansprüchen, wonach Hinterbliebene gem. § 844 Abs. 1 BGB Beerdigungskosten, gem. § 844 Abs. 2 BGB den durch die Tötung entfallenen Unterhalt und gem. § 845 BGB entgangene Dienste ersetzt verlangen konnten, standen ihnen allerdings zumeist keine immateriellen Schadensersatzansprüche für das erlittene seelische Leid zu.

152 Vor der Einführung des Anspruchs auf Hinterbliebenengeld konnten nahe Angehörige eines Getöteten die Kompensation immaterieller Schäden nur im Rahmen des **Schockschadens** gem. § 823 Abs. 1 BGB i.V.m. § 253 Abs. 2 BGB geltend machen. Voraussetzung für einen solchen Anspruch ist eine eigene Rechtsgutsverletzung in Form einer Gesundheitsverletzung. Diese muss bei dem durch die Tötung eines Dritten nur mittelbar Betroffenen als pathologischer Krankheitszustand messbar sein (BGH, Urt. v. 12.11.1985 – VI ZR 103/84; BGH, Urt. v. 4.4.1989 – VI ZR 97/88; BGH, Urt. v. 22.5.2007 – VI ZR 17/06; BGH, Urt. v. 27.1.2015 – VI ZR 548/12).

4. Verhältnis von Schockschaden und Hinterbliebenengeld

153 Die Gerichte haben für **Schockschäden** strenge Maßstäbe gebildet, welche die potentiellen Anwendungsfälle stark reduzieren. Nahen Angehörigen, denen ein medizinisch messbarer Trauerschmerz von Krankheitswert und damit eine eigene Rechtsgutsverletzung aufgrund der Tötung diagnostiziert worden ist – etwa ein depressives Syndrom –, konnten lange Zeit keine Schmerzensgelder zugesprochen werden. Denn der Schock und die damit einhergehenden pathologischen Begleitfolgen mussten über das gewöhnliche Maß hinausgehen, welches Betroffene in einer gleichartigen Situation erleben (BGH, Urt. v. 21.5.2019 – VI ZR 299/17). Das Erfordernis dieser **Erheblichkeitsschwelle** hat der BGH inzwischen aufgegeben (BGH, Urt. v. 6.12.2022 – VI ZR 168/21). Nunmehr ist es ausreichend, wenn sich ein unfallbedingter Schock pathologisch manifestiert.

154 Die Frage, wie sich die Ansprüche auf Hinterbliebenengeld und Schockschaden zueinander verhalten, wird dann relevant, wenn der Trauerschmerz der Hinterbliebenen **pathologisch messbar** wird. Teilweise wird argumentiert, dass das Hinterbliebenengeld, sobald die Schwelle von tiefer Trauer zu einem pathologischen Zustand überschritten wird, im Anspruch auf Schmerzensgeld in Form des Schockschadens aufgeht. Beide Ansprüche könnten nicht nebeneinander stehen (LG Osnabrück, Urt. v. 5.5.2023 – 1 O 1857/21; BT-Drucks. 18/11397, S. 12; *Nugel*, zfs 2018, 74).

Dies dürfte jedoch angesichts der dogmatischen Herleitung höchst zweifelhaft sein. Der Anspruch auf Hinterbliebenengeld ist gerade kein eigener Schmerzensgeldanspruch. Anders als beim Schockschaden wird kein eigenes Rechtsgut verletzt. Vielmehr sollen die Hinterbliebenen für die Trauer und das seelische Leid, das sich gerade nicht in einem pathologischen Zustand verwirklicht hat, entschädigt werden. Auch der BGH geht in seiner Entscheidung vom 6.12.2022 (– VI ZR 73/21) davon aus, dass es sich bei dem Hinterbliebenengeld und dem Schockschaden um zwei unterschiedliche Rechtsinstitute handelt. Richtig ist es daher, beide Ansprüche nebeneinander bestehen zu lassen (OLG Schleswig, Urt. v. 23.2.2021 – 7 U 149/20; OLG Celle, Urt. v. 24.8.2022 –14 U 22/22; *Jäger*, VersR 2017, 1055; *Staudinger*, DAR 2019, 468). Der Anspruch auf Hinterbliebenengeld erweist sich daher als immaterieller Ersatzanspruch eigener Art (BGH, Urt. v. 8.2.2022 – VI ZR 3/21). 155

5. Systematische Einordnung

Anders als der immaterielle Anspruch gem. § 823 Abs. 1 BGB i.V.m. § 253 Abs. 1 BGB ersetzt der Anspruch auf Hinterbliebenengeld gem. § 844 Abs. 3 BGB nicht den Schaden aus einer eigenen Rechtsgutverletzung, sondern einen **mittelbaren Schaden**. Im Rahmen des Gesetzgebungsverfahrens wurde daher sowohl eine Ergänzung des § 253 BGB als auch eine Erweiterung der §§ 844 f. BGB in Betracht gezogen (BT-Prot. Nr. 18/143 v. 26.4.2017: Stellungnahme v. *Christian Katzenmeier*, S. 45; Stellungnahme v. *Gerda Müller*, S. 60). Die Verortung des Hinterbliebenengeldes in § 844 BGB wurde u.a. als sachgerecht empfunden, da dieser Paragraph bereits Ansprüche bei der Tötung eines Dritten regelte. Demgegenüber gewährt § 253 BGB nur unmittelbar Geschädigten immateriellen Schadensersatz. Darüber hinaus zählt das – durch das Hinterbliebenengeld zu ersetzende – seelische Leid nicht zu den in § 253 Abs. 2 BGB abschließend aufgezählten Rechtsgütern. Insbesondere die Folge, dass § 253 BGB das Hinterbliebenengeld für Fälle der vertraglichen Haftung eröffnen würde, wurde berücksichtigt. 156

6. Anspruchsvoraussetzungen

Die Voraussetzungen für das Bestehen eines Anspruchs auf Hinterbliebenengeld gem. § 844 Abs. 3 BGB erfordern eine **unerlaubte Handlung** i.S.d. § 823 Abs. 1 BGB, § 823 Abs. 2 BGB i.V.m. einem Schutzgesetz oder der §§ 831, 832, 833, 836, 839 BGB und dem dadurch **kausal** verursachten **Tod eines Menschen**. Zwischen dem Hinterbliebenen und dem Getöteten muss im Zeitpunkt der Verletzungshandlung ein **besonderes persönliches Näheverhältnis** bestehen. Sofern dem Geschädigten ein eigenes Verschulden, etwa durch die Betriebsgefahr, den Ausschluss oder die Minderung der Verantwortlichkeit gem. §§ 827, 828 BGB, ein Mitverschulden gem. §§ 846, 254 BGB zur Last fällt, ist der Anspruch um den Verschuldensanteil zu kürzen (BT-DS 18/11397 S. 12). Sofern es sich um einen Arbeitsunfall handelt, ist 157 die Haftung gem. §§ 104 Abs. 1, 105 Abs. 1 SGB VII ausgeschlossen (BGH, Urt. v. 8.2.2022 – VI ZR 3/21).

> *Praxistipp*
>
> Im Rahmen der Anspruchsbegründung ist insbesondere auf die Anspruchsberechtigten und deren besonderes persönliches Näheverhältnis einzugehen, um die Höhe des Hinterbliebenengeldes nachvollziehbar zu begründen.

a) Anspruchsberechtigte

158 Dem Wortlaut des § 844 Abs. 3 S. 1 BGB folgend verlangt der Anspruch auf Hinterbliebenengeld ein **besonderes persönliches Näheverhältnis** zwischen dem Hinterbliebenen und dem Getöteten im Zeitpunkt der Verletzung. Ein besonderes persönliches Näheverhältnis ist regelmäßig bei nahen Familienangehörigen gegeben (BT-DS 18/11397 S. 14). Gem. § 844 Abs. 3 S. 2 BGB wird dieses besondere persönliche Näheverhältnis für Ehegatten, Lebenspartner, Eltern oder Kinder **gesetzlich vermutet**. Der Gegenseite steht der Systematik entsprechend die Möglichkeit offen, diese Vermutung gem. § 292 S. 1 ZPO zu widerlegen.

159 Der Kreis der Anspruchsberechtigten ist über die gesetzliche Vermutung hinaus zu erweitern. Bereits in der Gesetzesbegründung wird darauf verwiesen, dass auch andere Personen anspruchsberechtigt sein können, sofern diese ein besonderes persönliches Näheverhältnis darlegen und gegebenenfalls beweisen können (BT-DS 18/11397 S. 12). Dabei muss die Beziehung zwischen Hinterbliebenem und Getötetem eine Intensität aufweisen, die denen der gesetzlichen Vermutung des § 844 Abs. 3 S. 2 BGB entspricht (BGH, Beschl. v. 28.10.2021 – 4 StR 300/21).

160 Mit der Vermutungsregelung soll insbesondere auch modernen Familienkonzepten Rechnung getragen werden (BT-DS 18/11397 S. 15; BT-Prot. Nr. 18/143 v. 26.4.2017, S. 38). Zu denken ist hierbei an Patchworkfamilien und Personen, die in einer nichtehelichen- oder nichtlebenspartnerschaftlichen Gemeinschaft leben. Dies ist auch notwendig, um dem Sinn und Zweck des Hinterbliebenengeldes zu entsprechen. Denn dieser soll das seelische Leid mildern (BT-DS 18/11397 S. 14; OLG Koblenz, Beschl. v. 31.8.2020 – 12 U 870/20). Seelisches Leid entsteht nicht nur – und dort auch nicht zwingend – in den gesetzlich vermuteten Fällen. Ein besonderes persönliches Näheverhältnis kann gerade auch in anderen sozialen Konstellationen bestehen.

161 Es kommt also nicht nur darauf an, dass das Näheverhältnis besteht, sondern auch darauf, dass es tatsächlich gelebt wird. Ein Näheverhältnis dieser Art besteht beispielsweise dann nicht mehr, wenn im Unfallzeitpunkt formal eine Ehe bestand, aber die Scheidung bereits eingereicht worden war oder schon seit geraumer Zeit kein Kontakt mehr zwischen dem Verstorbenen und dem Hinterbliebenen bestand (LG Traunstein, Urt. v. 9.7.2019 – 1 O 1047/19).

162 Die Problematik, dass durch die gesetzliche Vermutungsregelung eine Privilegierung derer mit formalem Familienband entsteht, wurde auch im Rahmen der Gesetzgebung diskutiert (BT-Prot. Nr. 18/143 v. 26.4.2017, Stellungnahme v. *Kim Matthias Jost*, S. 41, Stellungnahme v. *Gerda Müller*, S. 63). Dies ist insbesondere dann ungünstig, wenn tatsächlich nur noch ein rein formales Familienband besteht und eine besondere persönliche Nähebeziehung darüber hinaus nicht mehr gegeben ist. Denn diese Situation soll eigentlich keinen Anspruch begründen. Es ist daher zweckmäßig, dass durch die gesetzliche Vermutungsregelung auch die Möglichkeit zur Widerlegung eröffnet worden ist.

163 Zwar ist es nicht Sinn und Zweck der gesetzlichen Vermutung, dass auch die „privilegierten" Hinterbliebenen das besondere persönliche Näheverhältnis darlegen müssen. Andererseits wird man nicht umhinkommen, mit einer gegenteiligen Auffassung des Gegners konfrontiert zu werden. Dem kann dann jedoch durch eine saubere und detaillierte Darstellung der Lebensumstände und der Beziehung zwischen Hinterbliebenem und Getötetem begegnet werden. Da es beispielsweise für den Haftpflichtversicherer mangels privater Einblicke in die Lebensumstände nur sehr schwer möglich ist, die Vermutung zu widerlegen, werden die Anspruchsteller im Wege der sekundären Darlegungslast zu Ausführungen verpflichtet.

164 Bisher hat sich jedoch gezeigt, dass die meisten gegnerischen Versicherer das Bestehen eines besonderen persönlichen Näheverhältnisses nur dann anzweifeln, wenn Anlass hierzu besteht. Dies ist auch richtig, da diese Voraussetzung in den meisten Familienverhältnissen auch tatsächlich gegeben ist und darüber hinaus der emotionale Druck, unter dem eine Person nach dem Tod eines nahen Angehörigen steht, belastend genug ist.

165 Für die Fälle, in denen die gesetzliche Vermutungsregelung nicht eingreift, aber ein besonderes persönliches Näheverhältnis besteht, ist auf die **Darlegungs- und Beweislast des Hinterbliebenen** hinzuweisen. Ein solches Näheverhältnis kann durch die unterschiedlichen Lebensumstände in vielen Konstellationen bestehen. Zu denken ist hierbei an ein besonders enges Verhältnis zwischen Geschwistern, Enkeln und Großeltern, nichtehelichen Lebenspartnern, Stiefgeschwistern/-kindern/-eltern, Verlobten usw. (BT-DS 18/11397 S. 15, Stellungnahme des Gesetzgebungsverfahrens, S. 81; vgl. hierzu: LG Itzehoe, Urt. v. 17.3.2023 – 7 O 269/22; LG Hildesheim, Urt. v. 14.6.2022 – 3 O 30/22 (bestätigt durch OLG Celle, Urt. v. 21.9.2022 – 5 U 97/22); LG Tübingen, Urt. v. 17.9.2019 – 3 O 108/18). Hierbei darf allerdings nicht vergessen werden, dass das jeweilige besondere persönliche Näheverhältnis den gesetzlich vermuteten Beziehungen gleichkommen muss.

166 Der BGH hat in seinem Beschl. v. 28.10.2021 (– 4 StR 300/21) verdeutlicht, dass es auf den Nachweis einer **tatsächlich gelebten sozialen Beziehung** ankomme, deren Intensität der Verbundenheit entsprechen müsse, wie sie zwischen den in § 844 Abs. 3 S. 2 BGB bezeichneten nahen Familienangehörigen typischerweise bestehe. Als nicht ausreichend hat der BGH die ca. drei Monate bestehende Beziehung zwi-

schen der Hinterbliebenen und ihrem getöteten Partner angesehen, welche diese zunächst heimlich führten und der Getötete die Anspruchstellerin täglich abends besuchte und bei ihr übernachtete. Hierzu ist anzumerken, dass bereits andere Gerichte bei einer Beziehung von ähnlicher Dauer ein Hinterbliebenengeld zugesprochen haben (OLG Celle, Hinweisbeschluss v. 21.9.2022 – 5 U 97/22). Deutlich wird, dass es jeweils auf die genauen Umstände des Näheverhältnisses ankommt. Es obliegt dem Rechtsanwalt, das Näheverhältnis substantiiert vorzutragen.

Praxistipp

Anhaltspunkte, die das Bestehen einer der Intensität der Vermutung gleichkommenden Nähebeziehung belegen, können sein: gegenseitige finanzielle Unterstützung, ein gemeinsamer Haushalt, tägliche Besuche, besondere Familienstrukturen, z.B. in einer Patchworkfamilie, ein Kind, das bei seinen Pateneltern oder anderen Verwandten aufwächst, regelmäßige Telefonate oder Videochats, gemeinsames Erleben prägender Momente, regelmäßige gemeinsame Urlaube usw.

Praxistipp

Der Rechtsanwalt sollte die aktuelle Rechtsprechung zur Nähebeziehung im Einzelfall recherchieren und entsprechende Anhaltspunkte beim Mandanten im Gespräch abfragen. Oft finden sich Lebenssachverhalte, die noch nicht entschieden sind, sich aber ähnlich denjenigen darstellen, über die bereits Urteile gesprochen wurden.

b) Anspruchshöhe

167 Einigkeit besteht bei den Gerichten, auch entsprechend der Gesetzesbegründung dahingehend, dass es sich bei dem dort vorgegebenen Betrag i.H.v. 10.000,00 EUR lediglich um eine **Orientierungshilfe** handelt (OLG Koblenz, Beschl. v. 31.8.2020 – 12 U 870/20; OLG Brandenburg, Beschl. v. 18.10.2022 – 12 U 30/22; OLG Celle, Urt. v. 24.8.2022 – 14 U 22/22; BGH, Urt. v. 25.5.2023 – VI ZR 161/22; BGH, Urt. v. 6.12.2022 – VI ZR 73/21). Folglich kann von dem genannten Betrag nach oben und nach unten abgewichen werden. Bei dem Orientierungswert sind bereits heute die Inflation und die Geldentwertung zu berücksichtigen, um den Entschädigungswert nicht im Laufe der Zeit immer weiter zu schmälern.

168 Sowohl gerichtlich als auch außergerichtlich liegen die Hinterbliebenengelder in Bereichen zwischen ca. 2.000,00 EUR und 25.000,00 EUR. Auf die Höhe des Betrages haben neben dem tatsächlich gelebten Näheverhältnis zwischen Hinterbliebenen und dem Verstorbenen ebenfalls der Umstand des Todes und das Alter der Beteiligten Einfluss. Auch hier gilt, dass mit dem Mandanten die sensiblen Informationen der Nähebeziehung intensiv besprochen werden müssen, um die Intensität des Trauerschmerzes plausibel darlegen zu können.

Praxistipp

Für die Begründung der Höhe der Forderung ist ein detaillierter Vortrag essentiell. Vorab sollte der Anwalt mit dem Mandanten über dieses sensible Thema sprechen. Wichtig ist es auch, von vornherein klarzustellen, in welchem Bereich sich der Ersatzanspruch der Höhe nach bewegen kann, um keine falschen, von internationalen Beträgen beeinflussten Vorstellungen zu wecken.

II. Das geerbte Schmerzensgeld

Schadensersatzrechtlich ist an den Schmerzensgeldanspruch zu denken, den der Verletzte inne hatte und der nach seinem Tod auf die Erben übergegangen ist. Ein Nachweis über die Erbenstellung durch einen Erbschein kann erforderlich sein. **169**

Praxistipp

Der Anwalt muss daher in den Fällen, in welchen der Verletzte noch eine Weile lebte und erst nach einiger Zeit verstorben ist, daran denken, dass die Erben diesen Schmerzensgeldanspruch geltend machen (können).

Nach der Rechtsprechung des BGH ist eine Gesamtbetrachtung der immateriellen Beeinträchtigung vorzunehmen. Es sind Art und Schwere der Verletzung zu berücksichtigen sowie das Leiden und dessen Wahrnehmung durch den Verletzten, aber auch das Zeitfenster, wann die Verletzung eingetreten ist und wann der Verletzte gestorben ist (BGH NJW 1998, 2741). Danach ist es nicht zwangsläufig so, dass der Verletzte die Verletzungen auch tatsächlich noch empfunden haben muss (BGH NJW 1998, 2741). Im Einzelnen ist hier Vieles rechtlich noch nicht ausgeurteilt, da der Großteil dieser Fälle außergerichtlich gegen geringe Zahlungen abgefunden wird. Die Urteile reichen von 10.000,00 DM (OLG Schleswig NJW 1988, 569) bis 35.000,00 EUR (OLG Oldenburg VersR 1996, 736). **170**

Es kann aber auch Fälle geben, in denen der Tod erst viel später – nach wochenlangem Todeskampf – eintritt. Dann ist der Leidensweg des Geschädigten natürlich viel länger gewesen, so dass ein höheres Schmerzensgeld ausgeurteilt wird. Die Entscheidung des LG Trier (*Hacks/Wellner/Klein/Kohake*, Schmerzensgeld-Beträge 2025, Nr. 2191) sah z.B. ein Schmerzensgeld von 200.000,00 EUR bei Eintritt des Todes nach 2 3/4 Jahren vor. Die Entscheidung des LG Paderborn (*Hacks/Wellner/Klein/Kohake*, Schmerzensgeld-Beträge 2025, Nr. 2415) sah ein Schmerzensgeld in Höhe von 250.000,00 EUR bei einem Leidensweg von 19 Monaten bis zum Todeseintritt vor. **171**

§ 6 Kapitalisierung von Schadensersatzrenten

Literatur:

Gräfenstein/Deller, Kapitalisierung von Renten – Zinsfuß, Dynamisierung, Kapitalertragsteuer, zfs 2014, 69 ff.; Grüneberg/*Sprau*, § 843 BGB Kommentar, 84. Aufl. 2025; *Haus/Krumm/Quarch*, Gesamtes Verkehrsrecht, 3. Aufl. 2021; *Himmelreich/Halm*, Handbuch des Fachanwalts für Verkehrsrecht, 7. Aufl. 2022; *Jahnke*, Abfindung von Personenschadenansprüchen, 4. Aufl. 2024; *Jaeger*, VersR 2019, 577 ff.; *Küppersbusch/Höher*, Ersatzansprüche bei Personenschäden, 14. Aufl. 2024; *Kornes*, Die Abfindung von Personenschadensersatzansprüchen: Abfindungszins, Lebenserwartung, Sterbetafeln, VersR 2015, 794; *Löffler/Kruschwitz/Heintzen/Schiller*, Zur Kapitalisierung von Renten, r+s 2013, 477; *Luckey*, Handbuch Personenschaden, 4. Aufl. 2025; *Mittelstädt*, Der Kapitalisierungsanspruch des Verletzten gemäß § 843 Abs. 3 BGB (Diss. 2014); *Nehls*, Der Abfindungsvergleich beim Personenschaden, SVR 2005, 161 ff.; *ders.*, Kapitalisierung und Verrentung von Schadensersatzforderungen, zfs 2004, 193 ff.; *ders.*, Kapital statt Rente: Rechnungszins näher bei 0 Prozent als bei 5 Prozent – Disputation mit G. Küppersbusch, Lang und Schneider; *Nehls/Nehls*, Kapitalisierungstabellen, 2. Aufl. 2001 (Tabellen mit Zinsfüßen von minus 5 % bis plus 10 %); *Pardey*, Berechnung von Personenschäden, 4. Aufl. 2010; *Quirmbach/Gräfenstein/Strunk*, Kapitalisierungstabellen, Ersatzansprüche bei Personenschäden richtig berechnen, 3. Aufl. 2020; *Schah Sedi/Schah Sedi*, Abfindung oder Rente beim Personenschaden? – aus Anwaltssicht, zfs 2008, 183 ff.; *Schah Sedi/Grotelüschen*, Kapitalisierungstabellen, 2023; *Schneider*, Nochmals: Kapitalisierung und Verrentung von Schadensersatzforderungen, zfs 2004, 541 ff.; *Schwintowski*, Schutzfunktion und wichtiger Grund in § 843 Abs. 3 BGB, VersR 2010, 149 ff.; *Stauffer/Schaetzle/Schaetzle/Weber*, Barwerttafeln und Berechnungsprogramme, 7. Aufl. 2019, Band 1, 2013.

A. Begrifflichkeiten und Problemkreise

I. Kapitalisierung

1 Die **Kapitalisierung** von Schadensersatzansprüchen stellt einen der anspruchsvollsten Bereiche im **Personenschadensrecht** dar. Trotz ihrer zentralen Bedeutung wird sie in der juristischen Praxis häufig nur rudimentär erfasst und unzureichend umgesetzt. Dies ist insbesondere vor dem Hintergrund der maßgeblichen Rolle der Kapitalisierung bei der Bestimmung der dem Geschädigten zustehenden Schadenshöhe bemerkenswert, da im Rahmen außergerichtlicher Schadensregulierungen häufig eine abschließende Abfindung erfolgt, bei der laufende Ansprüche in eine Einmalzahlung umgewandelt werden. Diese Praxis birgt erhebliche haftungsrechtliche Risiken für den bearbeitenden Anwalt.

Die Komplexität des Themas und die weit verbreiteten Defizite im Umgang mit der Kapitalisierung erfordern eine fundierte Auseinandersetzung und ein vertieftes Verständnis. Innerhalb der Anwaltschaft zeigt sich jedoch oftmals eine Unsicherheit im Umgang mit den relevanten Berechnungsmethoden und rechtlichen Grundlagen, was zu fehlerhaften Anwendungen führt und bei dem Mandanten zu einem erheblichen monetären Schaden führen kann. Ziel dieses Abschnitts ist es, einen ersten Überblick zu vermitteln und die Relevanz der Thematik herauszustellen. Die vorliegenden Ausführungen sollen dazu beitragen, das Problembewusstsein zu schärfen und die Grundlage für eine vertiefte Beschäftigung mit der Materie zu schaffen.

Es sei ausdrücklich darauf hingewiesen, dass eine umfassende Behandlung des Themas die Konsultation weiterführender Fachliteratur erfordert. Die hier dargelegten Überlegungen im Zusammenhang mit der vorangestellten Literatur sollen als Ausgangspunkt dienen, um sich intensiver mit den theoretischen und praktischen Aspekten der Kapitalisierung von Schadensersatzansprüchen auseinanderzusetzen. Ohne eine solche Vorbereitung würden wir vor der Übernahme entsprechender Mandate dringend abraten und empfehlen, diese in die Hände erfahrener Kollegen abzugeben. Hier können schnell Schäden im siebenstelligen Bereich entstehen.

Bei der Diskussion dieses Themas fällt regelmäßig eine Vielzahl wirtschaftsmathematischer und juristischer Fachbegriffe, darunter „Kapitalisierungszinsfuß", „Diskontierung", „Zinsschwankungen", „Barwert", „Barwerttafeln", „wichtiger Grund" i.S.d. § 843 Abs. 3 BGB, „Rentendynamik", „Laufzeiten von Schadensersatzrenten", „Inflationsbereinigung/Geldentwertung", „Abgeltungssteuer" sowie die „Günstigerprüfung". Die Komplexität dieser wirtschaftlichen und finanzmathematischen Konzepte stellt insbesondere für im Personenschadensrecht nicht spezialisierte Rechtsanwälte eine erhebliche Herausforderung dar. Ohne eine entsprechende Spezialisierung und vertiefte Kenntnisse der Materie ist es annähernd unmöglich, mit der Gegenseite auf Augenhöhe zu verhandeln. In der Praxis führt dies dazu, dass spezialisierten Sachbearbeitern von Versicherungsunternehmen ein erheblicher Interpretationsspielraum hinsichtlich der Bemessung von Abfindungssummen und Risikovergleichen überlassen wird, was deren Einfluss auf die Schadensregulierung maßgeblich verstärkt und mit an Sicherheit grenzender Wahrscheinlichkeit zu einem alles andere als optimalen Ergebnis für den Mandanten führt.

2 Im Folgenden werden die zentralen Themen und Fachbegriffe systematisch erläutert, um ein grundlegendes Verständnis für die Thematik der Kapitalisierung zu vermitteln. Ziel ist es, durch die Auseinandersetzung mit diesem Kapitel eine erhöhte Sensibilität für die damit verbundenen wirtschaftlichen und rechtlichen Fragestellungen zu schaffen. Dadurch soll es Rechtsanwälten ermöglicht werden, in Vergleichsverhandlungen fundiertere Argumente zugunsten der Geschädigten vorzubringen und somit verbesserte Verhandlungsergebnisse zu erzielen.

> *Praxistipp*
>
> Die mit der Regulierung von Personengroßschäden beauftragten Rechtsanwälte weisen gerade im Bereich der **Kapitalisierung von Dauerschäden bzw. von Rentenansprüchen** erheblichen Nachholbedarf auf, da sie diesen zentralen Aspekt der Schadensregulierung häufig den Versicherern überlassen. Die Versicherungsunternehmen verfügen über hochqualifiziertes Fachpersonal, wodurch der Sachbearbeiter, der mit dem Anwalt des Geschädigten über Personenschäden verhandelt, oftmals im Vorteil ist. Dieses Ungleichgewicht muss durch eine vertiefte eigene Kenntnis im Bereich der Kapitalisierung von Rentenansprüchen behoben werden. Eine präzise Kapitalisierung spielt eine ent-

scheidende Rolle für den Verlauf und das Ergebnis von **Vergleichsgesprächen** und ist daher von erheblicher Bedeutung.

Praxistipp

Ein effektives Vorgehen in der Schadensregulierung setzt voraus, dass der Rechtsanwalt dem professionell geschulten Sachbearbeiter des Versicherers auf Augenhöhe begegnet. Nur durch fundierte Sachargumente, vertiefte Kenntnisse der einschlägigen Rechtsprechung sowie ein Verständnis für die wirtschaftlichen und politischen Rahmenbedingungen der Kapitalisierung lässt sich eine angemessene Durchsetzung der Schadensersatzansprüche zugunsten des Geschädigten erreichen. Versicherungsunternehmen sind in der Regel als Aktiengesellschaften organisiert und primär auf Gewinnmaximierung ausgerichtet. Es entspricht daher nicht ihrer unternehmerischen Logik, höhere Entschädigungsleistungen aus ethisch-moralischen Erwägungen oder anderen altruistischen Motiven zu erbringen. Gute Ergebnisse werden daher nur in den Fällen erzielt werden können, in denen der gegnerische Anwalt über eine gleichwertige fachliche Expertise verfügt und glaubhaft darlegen kann, dass eine gerichtliche Auseinandersetzung mit erheblichen Kosten- und Prozessrisiken für den Versicherer verbunden wäre. Vor diesem Hintergrund birgt die korrekte Kapitalisierung erhebliches Potenzial für die anwaltliche Interessenvertretung. Eine methodisch präzise und fundierte Herangehensweise ermöglicht es, deutlich höhere Entschädigungsleistungen für den Mandanten zu erzielen. Demgegenüber führt eine intuitive oder unsystematische Vorgehensweise häufig zu suboptimalen Ergebnissen. Die sachgerechte Anwendung kapitalisierungsspezifischer Berechnungen trägt entscheidend dazu bei, den tatsächlichen Schaden in seiner Gesamtheit zu erfassen und die berechtigten Interessen des Geschädigten umfassend und im Ergebnis monetär angemessen durchzusetzen.

Wie in den vorherigen Kapiteln erläutert, können einem Geschädigten verschiedene Ansprüche zustehen, die unterschiedliche Schadenspositionen betreffen. Beispielsweise kann ein Anspruch auf Ersatz eines Haushaltsführungsschadens bestehen, der eine monatliche Zahlung rechtfertigt. Zusätzlich können ein Erwerbsschaden und Ansprüche aufgrund vermehrter Bedürfnisse vorliegen, die ebenfalls jeweils monatliche Zahlungen begründen. 3

Nachdem die jeweiligen monatlichen Beträge für jede einzelne Schadensposition – seien es vermehrte Bedürfnisse, Erwerbsschaden oder Haushaltsführungsschaden – ermittelt und beziffert wurden, hat der Geschädigte das Recht, den Versicherer aufzufordern, diese **Rentenzahlungen gemäß §§ 843 Abs. 1, 2 BGB und § 760 BGB** quartalsweise im Voraus zu leisten. Dieses Vorgehen dient dazu, dem Geschädigten eine kontinuierliche und planbare finanzielle Absicherung zu gewährleisten und seine Ansprüche zeitnah und vollständig zu befriedigen.

4 Der Geschädigte hat alternativ die Möglichkeit, seinen Anwalt zu konsultieren, um zu klären, ob eine **Kapitalabfindung**, also eine Einmalzahlung auch für die Zukunft, durch den Versicherer realisierbar ist. In diesem Kontext spricht man von der Kapitalisierung einer Schadensersatzrente bzw. aller relevanten Schadensersatzrenten. **Kapitalisierung** bedeutet, dass die regelmäßig ausgezahlten Schadensersatzrenten, wie etwa der Haushaltsführungsschaden, Erwerbsschaden oder die Deckung erhöhter Bedürfnisse, nicht mehr in monatlichen oder vierteljährlichen Intervallen ausgezahlt werden. Stattdessen erfolgt eine einmalige Abfindung, die sämtliche zukünftige Ansprüche umfasst. Ziel der Kapitalisierung ist es, dem Geschädigten einen Betrag zur Verfügung zu stellen, der während der prognostizierten Laufzeit der Rente, unter Berücksichtigung des Zinsertrags, ausreicht, die ursprünglich geschuldeten regelmäßigen Rentenzahlungen abzudecken. Dies bedeutet, dass am Ende der Rentenlaufzeit der Kapitalbetrag vollständig aufgebraucht sein sollte. Mit der Einmalzahlung soll der Geschädigte so gestellt werden, als hätte er die monatlichen Schadensersatzleistungen für den gesamten prognostizierten Zeitraum direkt vom Versicherer erhalten.

5 *Zusammenfassende Definition/Grundsätze der Kapitalisierung:*

Die Kapitalisierung ist ein finanzmathematisches Verfahren zur Bestimmung des gegenwärtigen Kapitalwerts künftiger, regelmäßig anfallender Zahlungen, insbesondere von Renten oder sonstigen wiederkehrenden Leistungen. Ziel ist es, zu berechnen, welches Kapital heute erforderlich ist, um solche Zahlungen über einen bestimmten Zeitraum – etwa bis zum statistischen Lebensende oder Renteneintritt – vollständig (vor) zu finanzieren.

Der so ermittelte heutige Kapitalwert wird als Barwert bezeichnet. Dieser ergibt sich aus der Summe der künftigen Rentenzahlungen, wobei jede einzelne Zahlung mit ihrer Eintrittswahrscheinlichkeit gewichtet und unter Anwendung eines angemessenen Kapitalisierungszinsfußes diskontiert (abgezinst) wird. Ein grundlegendes Prinzip der Kapitalisierung ist die rechnerische Gleichwertigkeit von Kapitalwert und Rentenzahlungen. Da die Auszahlung entweder in Form einer einmaligen Kapitalleistung oder als laufende Rentenzahlungen erfolgen kann, wird die unterschiedliche Zahlungsweise durch den Prozess der Abzinsung berücksichtigt. Hierdurch wird sichergestellt, dass der einmalige Kapitalbetrag wirtschaftlich der Summe der zukünftigen Rentenzahlungen entspricht.

Jahresrente x Faktor = Barwert

II. Kapitalisierungszinsfuß, Zinsertrag, Rentendynamik etc.

6 Die Bestimmung des **angemessenen Zinsertrags**, der für die **Diskontierung** zukünftiger Zahlungen verwendet wird, ist ein seit langem kontrovers diskutiertes Thema zwischen Versicherern und den rechtlichen Vertretern der Geschädigten. Versicherer fordern, dass Geschädigte die Kapitalabfindung, die sie als Ausgleich für zukünf-

tige Ansprüche vorzeitig erhalten haben, zu einem Zinssatz anlegen, um entsprechende Erträge zu erwirtschaften. Dabei stützen sich Versicherer auf die Schadensminderungspflicht gemäß § 254 Abs. 2 BGB und argumentieren, dass die Kapitalabfindung zu einem hohen Zinssatz angelegt werden sollte. Traditionell wird auf ein Urteil des BGH v. 8.1.1981 verwiesen (– BGH VI ZR 128/79), das einen Zinssatz von 5 % als maßgeblich erachtet. Diese Praxis führte zu einer Reduktion der Kapitalwerte bzw. Schadensersatzzahlungen, da von höheren Zinserträgen ausgegangen wurde, als diese durch die Geschädigten erwirtschaftet werden konnten.

Im Gegensatz dazu argumentieren Vertreter der Geschädigten, dass angesichts des derzeit historisch niedrigen Zinsniveaus ein Zinssatz von 5 % unrealistisch ist. Sie plädieren für die Anwendung eines deutlich niedrigeren Zinssatzes, der zwischen 1,5 % und 2,5 % liegt, um den aktuellen wirtschaftlichen Bedingungen gerecht zu werden. Diese Anpassung sei notwendig, um eine realistische und gerechte Schadensbewertung zu gewährleisten. In der gerade beendeten 0 %- Zinsphase (2008 bis 2022) gab es gehörige Stimmen und Argumente für eine Anwendung von teilweise sogar negativen Zinssätzen. Der **Kapitalisierungszins** rangierte in diesem Zeitraum zwischen -1 % bis +4 %.

Der Diskurs über die angemessene Höhe des Zinssatzes wird seit Jahren intensiv in der juristischen und wirtschaftlichen Fachliteratur geführt und findet auch in der Praxis der Schadensregulierung sowie in Vergleichsgesprächen Anwendung. Zu den führenden Befürwortern eines reduzierten Zinssatzes zählen Experten wie *Jaeger*, *Nehls*, *Hillmann/Schneider*, *Kornes*, *Quirmbach/Gräfenstein/Strunk*, *Löffler/Kruschwitz/Heintzen/Schiller*, *Mittelstädt* und *Schah Sedi & Schah Sedi*, die in zahlreichen Publikationen ihre Positionen untermauert haben. Auf Seiten der Versicherer stehen Vertreter wie *Jahnke* und *Küppersbusch*, die weiterhin für die Beibehaltung des höheren Zinssatzes eintreten.

Da die Zinsen aktuell wieder etwas gestiegen sind und man risikolos 2,75 % auf einem Tagesgeldkonto erwirtschaften kann (z.B. Trade Republic – Stand: Februar 2025), sollte der Kapitalisierungszins auch in diesem Bereich verhandelt werden.

Praxistipp 7

Die Vielzahl und die Aktualität der Veröffentlichungen, die eine Abkehr von der Höhe der vom Versicherer angesetzten Abzinsung unterstützen, sollten für den Rechtsanwalt der Geschädigten ausreichend Anlass sein, eine Kapitalisierung und Abfindung auf Basis eines angemessenen und den aktuellen wirtschaftlichen Gegebenheiten angepassten Zinssatzes zu fordern und die Vorgaben des Versicherers entschieden abzulehnen. Ein objektiver und fundierter Blick auf die gegenwärtige Zinslandschaft verdeutlicht, dass ein solcher Zinssatz selbst nach der neuerlichen, moderaten Erhöhung durch die Europäische Zentralbank nicht mehr den wirtschaftlichen Realitäten entspricht. Es ist wichtig zu beachten, dass in verschiedenen Fachseminaren, die von Vertretern der Versicherungswirtschaft angeboten werden, weiterhin oder wieder ein Zinssatz von

5 % als gerechtfertigt dargestellt wird. Der sachkundige Rechtsanwalt sollte diese Darstellung kritisch hinterfragen und sie keinesfalls unreflektiert in die Schadensbewertung und -regulierung einfließen lassen. Eine derartige Berechnung ist nach Ansicht der Verfasser eindeutig unzutreffend und könnte darüber hinaus ein erhebliches Haftungsrisiko für den Anwalt des Geschädigten darstellen.

8 Im Rahmen des Streits über den „richtigen Zinssatz" gilt es folgende weitere Aspekte zu berücksichtigen:

- Den Kapitalisierungszinsfuß senkende Faktoren
  - **Steuern**: Auf die Zinsen sind Steuern zu zahlen (25 %) – Stichwort: „Abgeltungssteuer";
  - **Verwaltungskosten des Kapitals (1 %)**: Wenn eine Kapitalsumme heute angelegt werden soll, verlangen die Banken oder Fondsmanager hierfür Verwaltungskosten;
  - **Rentendynamik und Inflation/Dynamisierungen wegen Gehaltssteigerungen und Preissteigerungen**: Für den Geschädigten ist es wenig hilfreich, wenn die nach der Unterzeichnung einer Abfindungserklärung ausgezahlte Summe in 15 Jahren real stark an Kaufkraft verliert, da die Lebenshaltungskosten gestiegen sind. Zudem könnte ein vergleichbarer Arbeitnehmer, der keinen Unfall erlitten hat und weiterhin erwerbstätig ist, im gleichen Zeitraum mehrere Lohnerhöhungen erhalten haben. Dadurch würde dieser Arbeitnehmer über ein deutlich höheres Einkommen verfügen als der Geschädigte, dessen Erwerbsschaden durch eine einmalige Abfindung nach dem Unfall kompensiert wurde. Diese Diskrepanz zwischen der statischen Abfindung und der dynamischen Einkommensentwicklung des Vergleichsarbeiters verdeutlicht die Problematik einer unzureichenden Berücksichtigung inflationsbedingter und wirtschaftlicher Veränderungen bei der Festlegung des Abzinsungssatzes.
  - **Verlustrisiko (0,5 bis 1 %)**: Ungeachtet der Prämisse, dass ein Geschädigter grundsätzlich dazu tendieren wird/sollte, eine sichere, risikoärmere Anlageform zu wählen, ist gerade unter dem Eindruck der jüngsten Risiken und Turbulenzen an den Finanzmärkten, der gewissen Instabilität der Märkte und der ungewissen wirtschaftlichen Zukunftsprognosen ergänzend ein Verlustrisiko zu berücksichtigen. Zugunsten des Geschädigten sollte daher ein Risikoausgleich im Wege eines prozentualen Abschlags von weiteren 0,5 bis 1% vorgenommen werden
- Den Kapitalisierungszinsfuß erhöhende Faktoren
  - **Unfallunabhängige Erkrankungen**;
  - **Arbeitsplatzrisiken**;
  - **Längerfristige Zinsschwankungen mit einhergehender Nivellierung des Zinsniveaus**: Im Kontext der Kapitalisierung von Schadensersatzansprüchen ist es von grundlegender Bedeutung, die langfristige Natur dieser Berechnun-

gen zu berücksichtigen. In der Regel erstrecken sich solche Prognosen über mehrere Jahre oder Jahrzehnte, in denen Zinsschwankungen unvermeidlich sind. Daher sollte bei der Festlegung des Kapitalisierungszinsfußes nicht lediglich der zum Zeitpunkt der Berechnung aktuelle Realzins als statische Referenz herangezogen werden. Vielmehr ist es essenziell, einen Zinssatz zu wählen, der sowohl das gegenwärtige Zinsniveau als auch die historischen und zukünftigen Entwicklungen umfassend berücksichtigt. Ein solcher Ansatz würde dem aktuellen Markt(real)zins sowie einem durchschnittlichen Realzins Rechnung tragen. Für eine fundierte Prognose über einen Zeitraum von 30 Jahren ist es sinnvoll, die durchschnittlichen Zinsentwicklungen der vergangenen 30 Jahre zu analysieren und als Vergleich heranzuziehen. Nach Auffassung der Autoren sollte der Kapitalisierungszinsfuß primär die aktuellen wirtschaftlichen Gegebenheiten widerspiegeln, während gleichzeitig vergangene und prognostizierte Zinsentwicklungen in die Bewertung einfließen. Die genaue Bestimmung der relevanten Faktoren hängt jedoch stets von den individuellen Umständen des Einzelfalls ab, einschließlich der wirtschaftlichen und persönlichen Verhältnisse sowie der spezifischen Zukunftsplanungen des Geschädigten. Der BGH hat in seinem Urteil von 1981 bereits deutlich hervorgehoben, dass neben dem „jeweiligen Zinsniveau" auch die **Dynamisierung durch Preissteigerungen, Gehaltssteigerungen, Steuern auf Zinsen** sowie die **Verwaltungskosten des Kapitals** bei der Bemessung des Zinsfußes berücksichtigt werden müssen. Diese umfassende Betrachtung zeigt, dass eine einfache Übernahme traditioneller Praxis ohne kritische Analyse nicht ausreicht. Vielmehr erweist sich eine solche Praxis häufig als unhaltbar und bedarf einer Anpassung an die aktuellen wirtschaftlichen Realitäten. Ein Blick auf die Zinslandschaft zur Zeit der BGH-Entscheidung zeigt, dass festverzinsliche Bundesschuldverschreibungen mit einer Laufzeit von zehn Jahren damals Zinserträge von 9 % p.a. boten – ein Szenario, das sich angesichts der heutigen Entwicklung für Geldeinlagen auf Girokonten (aktuell unter 1 %) drastisch verändert hat. Die Autoren weisen zudem auf die möglichen Auswirkungen eines konkreten, konservativen Finanzierungsplans hin, den ein Geschädigter mit Unterstützung seiner Bank vorlegt und der beispielsweise einen Zinsgewinn von lediglich 2,5 % bis 3,5 % für die nächsten 30 Jahre prognostiziert. Sollte der Geschädigte angesichts der Unsicherheiten auf den Finanzmärkten und des damit verbundenen Verlustrisikos auf eine risikobehaftete Anlage verzichten, wäre es fragwürdig, ihm einen Verstoß gegen die Schadensminderungspflicht gemäß § 254 BGB vorzuwerfen. Eine solche Zurückhaltung kann keineswegs als Pflichtverletzung angesehen werden.

Praxistipp

Angesichts der relevanten Bemessungsfaktoren, die überwiegend zu einer Absenkung des Kapitalisierungszinsfußes führen, sowie der aktuellen Renditemöglichkeiten, dem nach dem historisch niedrigen Zinsniveau lediglich moderat gestiegenen Zinsen und den absehbaren Entwicklungen auf dem Zinsmarkt, sollte der Kapitalisierungszinsfuß derzeit nicht über 3,0 % liegen. Für die Beibehaltung des von Versicherern propagierten Zinssatzes von 5 % fehlt es sowohl in tatsächlicher als auch in rechtlicher Hinsicht an einer tragfähigen Grundlage. Die Festlegung eines derart hohen Zinssatzes erscheint unter den gegenwärtigen ökonomischen Bedingungen als unangemessen und nahezu „unseriös", da an einer überholten und widerlegten Rechtsauffassung festgehalten wird. Die realen und rechtlichen Gegebenheiten lassen kaum eine andere Schlussfolgerung zu. Auch globale Wahl neuer Regierungen und die daraus resultierenden weltpolitischen und finanziellen Folgen müssen hierbei im Auge behalten werden. Dieser Standpunkt sollte vom Anwalt des Geschädigten in Vergleichsverhandlungen mit Nachdruck vertreten werden. Andernfalls drohen erhebliche finanzielle Einbußen zulasten des Mandanten, da durch die Anwendung eines zu hohen Zinssatzes potenzielle Ansprüche nicht vollständig ausgeschöpft werden. Ein überhöhter Zinssatz kann zudem zu einer späteren Unterdeckung führen und damit eine unzureichende finanzielle Absicherung des Geschädigten zur Folge haben. Die potenziellen Konsequenzen sollten dem Anwalt des Geschädigten stets bewusst sein und beinhalten auch immer ein eigenes Haftungsrisiko des Anwalts. Dies auch noch nach vielen Jahren.

Zu beachten ist:

„niedriger Zinssatz = hoher Bar-/Kapitalwert",

„hoher Zinssatz = niedriger Bar-/Kapitalwert".

III. Der „wichtige Grund" i.S.d. § 843 Abs. 3 BGB

9 Zu Beginn ist es ratsam, den Gesetzeswortlaut des § 843 Abs. 3 BGB genau zu studieren. Vielen Rechtsanwälten ist nicht bewusst, ab wann ein Geschädigter einen – nötigenfalls – einklagbaren Anspruch auf eine Kapitalabfindung hat, das heißt, ab welchem Zeitpunkt die Schwelle zum „**wichtigen Grund**" erreicht ist. § 843 Abs. 3 BGB bildet den normativen Anknüpfungspunkt und stellt die gesetzliche Grundlage für den Anspruch auf Kapitalisierung dar. Sollte zwischen dem Versicherer und dem Geschädigten, beispielsweise aufgrund unterschiedlicher Ansichten über den anzusetzenden Zinssatz, keine außergerichtliche Einigung erzielt werden können – eine Differenz von 2 % zu 3 % Zinsen kann bei langfristigen Zahlungen zu erheblichen, sechsstelligen Differenzbeträgen führen – hat der Geschädigte das Recht, seine Ansprüche gerichtlich auf Grundlage von § 843 Abs. 3 BGB geltend zu machen. Eine Garantie für die Gewährung einer kapitalisierten Abfindung gibt es

selbstverständlich – wie stets vor Gericht – nicht. Im Bereich der außergerichtlichen Regulierung von Personengroßschäden existiert diese Problematik so gut wie nie, da dem Versicherer auch daran gelegen ist, die Angelegenheit final zu beenden und er einer Kapitalisierung somit in den allermeisten Fällen zustimmen wird.

§ 843 Abs. 3 lautet: **„Statt der Rente kann der Verletzte eine Abfindung in Kapital verlangen, wenn ein wichtiger Grund vorliegt.“** Dies bedeutet, dass dem Geschädigten anstelle eines Rentenanspruchs ein einklagbarer Anspruch auf **Kapitalabfindung** gemäß § 843 Abs. 3 BGB zusteht, sofern ein „wichtiger Grund“ vorliegt. Da das Gesetz keine Legaldefinition dieses Begriffs enthält, ergeben sich Anhaltspunkte für dessen Anwendung und Auslegung primär aus der Judikatur, der juristischen Literatur und der Rechtspraxis. Die Literatur orientiert sich bei der Kapitalabfindung und der Auslegung des „wichtigen Grundes“ im Wesentlichen an den von der Rechtsprechung herausgearbeiteten Kriterien und ergänzt diese durch eigene Erwägungen. Dadurch werden weitere Fallkonstellationen entwickelt, die potenziell unter das Tatbestandsmerkmal des „wichtigen Grundes“ i.S.d. § 843 Abs. 3 BGB fallen könnten. 10

In der Rechtspraxis wird die Kapitalisierung in außergerichtlichen Schadensregulierungen häufig vorgenommen, schätzungsweise in 90 % aller Fälle. Allerdings existiert in der Rechtsprechung nur eine begrenzte Anzahl veröffentlichter Entscheidungen zu § 843 Abs. 3 BGB. Die juristische Literatur und Rechtsprechung entwickeln den Begriff des „wichtigen Grundes“ weitgehend durch eine kasuistische Herangehensweise und übernehmen dabei etablierte Argumentationsmuster und Behandlungsweisen. Es ist jedoch falsch, anzunehmen, dass § 843 Abs. 3 BGB ein Regel-Ausnahme-Verhältnis aufstellt, bei dem die Rente die Regel und die Kapitalisierung die Ausnahme darstellt. Eine gründliche Analyse der Vorschrift und der Rechtspraxis unter rechtlich-dogmatischen Gesichtspunkten führt vielmehr zu dem Ergebnis, dass die Behauptung, die Kapitalisierung sei eine absolute Ausnahme und der „wichtige Grund“ quasi nie gegeben, sachlich und rechtlich unbegründet ist. Eine dogmatisch fundierte Auslegung des § 843 Abs. 3 BGB zeigt, dass der Zweck der Vorschrift in der Sicherstellung eines effektiven Schutzes des Geschädigten liegt. Um diesen Leitgedanken zu verwirklichen, erscheint es geboten, das Tatbestandsmerkmal des „wichtigen Grundes“ im Interesse des Geschädigten extensiv auszulegen.

Der zentrale Zweck der Norm besteht darin, dem Geschädigten ein erhöhtes Schutzniveau zu bieten. Daher sollte die Auslegung des Begriffs „wichtiger Grund“ unter Berücksichtigung des intendierten Gesetzeszwecks aus der Perspektive des Schutzbedarfs der verletzten Person erfolgen.

Das Reichsgericht hielt im Jahr 1910 einen wichtigen Grund für gegeben, wenn die Einmalabfindung eine heilende Auswirkung auf den Zustand des Klägers habe (RG JW 1933, 840-RG, Urt. v. 26.1.1933 – VI. 352/32). Im Rahmen einer Entscheidung im Jahre 1983 sah der BGH einen wichtigen Grund als gegeben an, wenn diese 11

Art der Schadensersatzleistung die zur Ausgleichung von dauernden Nachteilen geeignete Form darstelle (BGH, Urt. v. 19.5.1981 – VI ZR 108/79; NJW 1982, 757). Das OLG Koblenz stellte in einer Entscheidung im Jahre 1997 darauf ab, ob sich die Kapitalabfindung günstig auf den seelischen Zustand des Geschädigten auswirke (OLG Koblenz, Urt. v. 7.7.1997 – 12 U 276/96, OLG Koblenz 1997, 332). Das OLG Stuttgart bejahte das Vorliegen eines wichtigen Grundes, wenn der Zweck der Ersatzleistung besser und nachhaltiger dadurch erreicht werden könne, dass dem Verletzten eine größere Geldsumme auf einmal in die Hand gegeben werde (OLG Stuttgart, Urt. v. 30.1.1997 – 14 U 45/95). Das OLG Celle nimmt einen wichtigen Grund an, wenn der Zweck der Ersatzleistung durch die Abfindung in einem Betrag eher als durch fortlaufende Zahlungen erreicht werden könne (OLG Celle Urt. v. 30.11.2011 – 14 U 182/10).

Wie sich anhand der Auswertung der beispielhaft dargestellten Urteile ergibt, ist das Vorliegen eines „wichtigen Grundes" i.S.d. § 843 Abs. 3 BGB stets dann anzunehmen, wenn diese Einmalzahlung für den Geschädigten günstiger ist als eine Rentenzahlung. Diese Voraussetzung ist gegeben, wenn der Zweck der Ersatzleistung, den Gesundheitszustand des Geschädigten zumindest zu fördern, bestärkt wird. Durch eine solche Einmalzahlung kann ein Geschädigter einen „Schlussstrich" unter die Schadensregulierung und damit auch unter das Schadensereignis ziehen. Es kann Ruhe in sein Leben einkehren und der Geschädigte kann sich wieder anderen Dingen widmen, anstatt bei jeder ausstehenden Rentenzahlung erneut an das Schadensereignis erinnert zu werden.

Genauso kann die Kapitalisierung auch eine Absicherung der Familie bedeuten. Verstirbt der Geschädigte, so kann der unverbrauchte Restbetrag des Kapitals vererbt werden, anstatt dass ausstehende Rentenzahlungen einfach eingestellt werden. Auch dieses Wissen, dass für die Familie gesorgt ist, kann Geschädigte beruhigen und sie im Heilungsverlauf bestärken.

12 Ohne einen entsprechenden Wunsch des Verletzten bleibt es jedoch stets beim Regelfall der Geldrente, mögen auch noch so gute Gründe für eine Kapitalabfindung sprechen. Ebenso ist der (einseitig bleibende) Wunsch des Verletzten nach einer Kapitalabfindung unbeachtlich, wenn er nicht einen wichtigen Grund im Sinne des Gesetzes dafür geltend machen kann. Diese Einschränkung ist nicht nachvollziehbar. Es muss dem Geschädigten stets unbenommen sein, die Art der Kompensation wählen zu dürfen, ohne dass ein Gericht darüber entscheiden muss, ob der für ihn wichtige und entscheidende Grund für einen Anspruch auf Kapitalabfindung ausreichend ist. Über all dies muss der Anwalt detailliert aufklären und dem Geschädigten das Für und Wider seiner Entscheidung und die sich daraus ergebenden Konsequenzen aufzeigen.

Dies wird auch deutlich, da es auf einen wichtigen Grund nicht ankommt, wenn sich die Parteien auf eine Kapitalabfindung einigen, was in der Praxis sogar den Regelfall darstellt.

Praxistipp

Für den Rechtsanwalt des Geschädigten ist es von entscheidender Bedeutung, die Vorschrift des § 843 Abs. 3 BGB aus rechtlich-dogmatischer Perspektive im Auge zu behalten. Diese Norm zielt darauf ab, die individuellen Interessen des Geschädigten zu gewährleisten, indem sie ein höheres Niveau im Rahmen des effektiven Opferschutzes bereitstellt. Dementsprechend ist das Tatbestandsmerkmal des „wichtigen Grundes" weit auszulegen. Es empfiehlt sich, systematisch nach Argumenten zu suchen, die im Interesse des Geschädigten unter dieses Merkmal subsumiert werden können. Bei einer substantiellen Darlegung der Sachverhalte und einer korrekten juristischen Anwendung und Auslegung des § 843 Abs. 3 BGB ist die Annahme des „wichtigen Grundes" in vielen Fällen gerechtfertigt.

Versicherungsunternehmen argumentieren in außergerichtlichen Regulierungsgesprächen häufig, dass das Problem des **„wichtigen Grundes"** i.S.d. § 843 Abs. 3 BGB nicht relevant sei, da sie grundsätzlich ein Interesse an einer **Kapitalabfindung** hätten. In der Praxis werde daher eine langfristige Zahlung von Schadenspositionen auf Rentenbasis kaum durchgeführt. Diese Aussage ist sachlich zwar korrekt, spiegelt jedoch nicht die vollständigen tatsächlichen Gegebenheiten wider. Zwar besteht seitens der Versicherer ein erhebliches Interesse an einer Kapitalabfindung, da hierdurch Verwaltungs- und Personalkosten entfallen und die Akten nach Abschluss des Falls archiviert werden können. Allerdings versuchen die Versicherer in den Verhandlungen, die Bedingungen der Kapitalabfindung einseitig festzulegen, insbesondere durch die Vorgabe spezifischer Berechnungsparameter für die Kapitalisierung. Werden diese Parameter nicht akzeptiert, droht der Versicherer mit dem Abbruch der Verhandlungen und verweist auf die Möglichkeit einer „Abfindungsklage", da aus seiner Sicht kein Rechtsanspruch auf Kapitalisierung bestehen würde. 13

In der Praxis zeigt sich, dass die rechtlichen Vertreter der Geschädigten häufig versäumen, die Norm des § 843 Abs. 3 BGB explizit anzuführen und dessen Anwendung auf den konkreten Fall einzufordern. Dies kann darauf zurückgeführt werden, dass entweder die Vorschrift nicht bekannt ist oder ihr weitreichender Anwendungsbereich verkannt wird. In einem früheren Beitrag (zfs 2008, 183 ff.) wurde dieses Problem aufgearbeitet und zusammengefasst. Geschädigte nehmen im Rahmen eines Abfindungsvergleichs auf Kapitalisierungsbasis oftmals das Angebot des Versicherers an, ohne auf eine rechtliche Durchsetzung ihrer Ansprüche zu bestehen. Dabei ist zu beobachten, dass Rechtsanwälte in vielen Fällen eine gerichtliche Auseinandersetzung scheuen und es versäumen, sich auf § 843 Abs. 3 BGB zu berufen, obwohl diese Vorschrift sowohl im außergerichtlichen als auch im gerichtlichen Verfahren eine tragfähige Anspruchsgrundlage darstellt.

Praxistipp

Der Anspruch auf Kapitalisierung ist sowohl außergerichtlich als auch gerichtlich konsequent geltend zu machen. Sollte der Versicherer eine Kapitalisierung verweigern oder nicht von seinen Berechnungsparametern abrücken, ist es erforderlich, den Rechtsweg zu beschreiten und eine Klage in Erwägung zu ziehen. In solchen Fällen erfordert es juristischen Nachdruck und eine detaillierte Darlegung des wichtigen Grundes mit substantiiertem Vortrag, um die berechtigten Ansprüche des Geschädigten durchsetzen zu können.

14 In der Rechtsprechung der letzten Jahrzehnte finden sich bemerkenswerterweise nur wenige veröffentlichte Entscheidungen, in denen Gerichte zur Auslegung des Begriffs des „wichtigen Grundes" i.S.d. § 843 Abs. 3 BGB Stellung genommen haben. Zudem bieten die vorhandenen Urteile nur begrenzte Anhaltspunkte für eine präzise juristische Anwendung und Auslegung dieses unbestimmten Rechtsbegriffs. Häufig folgen die Gerichte einer kasuistischen Betrachtungsweise, ohne dabei eine fundierte dogmatische Begründung zu liefern. In einigen Fällen wird die Vorschrift des § 843 Abs. 3 BGB sogar entgegen den gesetzlichen Vorgaben zu restriktiv ausgelegt.

Die eigentliche Rechtsproblematik wird entweder nicht erkannt oder nur unzureichend analysiert. Eine genaue Lektüre der Entscheidungen zeigt zudem, dass sich die Gerichte nicht immer mit der erforderlichen Tiefe mit den rechtlichen Voraussetzungen des § 843 Abs. 3 BGB auseinandergesetzt haben. Dies könnte mitunter auch auf eine unzureichende oder fehlerhafte Argumentation seitens der Prozessbevollmächtigten der Kläger, also der Geschädigtenvertreter, zurückzuführen sein. Dennoch lässt sich den veröffentlichten Entscheidungen entnehmen, dass das Tatbestandsmerkmal des „wichtigen Grundes" in vielfältiger Weise erfüllt sein kann.

15 Allen in Rechtsprechung und Literatur diskutierten Konstellationen ist gemein, dass die Schutzinteressen des Geschädigten im Mittelpunkt der Betrachtung stehen müssen. Während einige Ansätze diesen Schutz weit auslegen, verfolgen andere eine restriktivere Herangehensweise. Auffällig ist dabei, dass Gerichte in einigen Fällen über den Vortrag des Klägers hinweggehen und aus eigener subjektiver Perspektive entscheiden, ob eine Kapitalisierung für den Geschädigten vorteilhafter sei als eine Rentenzahlung. Dies stellt eine Verletzung oder zumindest eine Missachtung des Grundsatzes dar, dass der Geschädigte als „Herr des Restitutionsverfahrens" selbst darüber zu befinden hat, welche Zahlungsweise für ihn günstiger ist.

Die Art und Weise, in der der Geschädigte die Zahlungen zu verwenden gedenkt, sowie die Frage, ob ein vorzeitiger Verbrauch des Kapitals droht, entziehen sich grundsätzlich der rechtlichen Bewertung durch das Gericht oder den Versicherer. Dies entspricht der Rechtslage in anderen Schadensersatzkontexten, in denen sowohl eine konkrete als auch eine fiktive Abrechnung zulässig ist. Ob eine Kapitalabfindung für den Geschädigten vorteilhafter ist, richtet sich ausschließlich nach den rechtlichen Vorgaben des § 843 Abs. 3 BGB – insbesondere der Frage, ob ein „wichtiger Grund" vorliegt – sowie nach dem entsprechenden Vortrag des Geschädigten. Eigenständige Erwägungen des Gerichts oder des Versicherers, die nicht auf den Schutz des geschäftsfähigen Geschädigten abzielen, sind aus rechtlicher Sicht nicht vorgesehen und damit unzulässig.

Praxistipp

Für die erfolgreiche Darlegung des „wichtigen Grundes" i.S.d. § 843 Abs. 3 BGB ist eine schlüssige und substantiiert begründete Argumentation erforderlich, die den Anforderungen des § 286 ZPO Rechnung trägt. Dies verdeutlicht exemplarisch die Entscheidung des LG Coburg vom 19.1.2011, in der ausdrücklich festgestellt wurde, dass der Kläger den „wichtigen Grund" nicht hinreichend substantiiert dargelegt habe. In den Entscheidungsgründen heißt es hierzu: *„Damit ist der Kläger seiner Beweislast zum Vorliegen eines wichtigen Grundes nicht nachgekommen."* Daraus folgt, dass ein Anspruch auf Kapitalisierung nur dann erfolgreich durchgesetzt werden kann, wenn der „wichtige Grund" sorgfältig herausgearbeitet und inhaltlich präzise sowie prozessual einwandfrei vorgetragen wird. Eine unzureichende Darlegung kann dazu führen, dass der Anspruch bereits an der fehlenden Substantiierung scheitert.

Folgende Fallkonstellationen, die zur Bejahung des wichtigen Grundes führen könnten, seien nachstehend hervorgehoben:

1. Zahlungsschwierigkeiten/Regulierungsverhalten des Ersatzpflichtigen 16

Die Rechtsprechung hat einen „wichtigen Grund" i.S.d. § 843 Abs. 3 BGB beispielsweise dann anerkannt, wenn **Zahlungsschwierigkeiten des Ersatzpflichtigen** drohen. Da jedoch in der Mehrzahl der Fälle eine Haftpflichtversicherung hinter dem Schädiger steht und große Versicherungsunternehmen in der Regel nicht zahlungsunfähig werden, fehlt es für den Geschädigten in den meisten Fällen an einem entsprechenden „wichtigen Grund". Eine Ausnahme könnte in Konstellationen bestehen, in denen die Deckungssumme überschritten ist – etwa bei älteren Schadensfällen („Altfälle"). In solchen Fällen könnten Zahlungsschwierigkeiten des Schädigers und damit auch seines Haftpflichtversicherers im Rahmen des gesetzlichen Schuldbeitritts vorliegen, sodass ein „wichtiger Grund" in Betracht käme.

In einer entsprechenden Entscheidung, dem Hinweisbeschluss des OLG Köln v. 11.8.2011, wurde zudem hervorgehoben, dass ein **„besonders unverständliches Regulierungsverhalten"** des beklagten Krankenhausträgers bzw. des dahinterstehenden Haftpflichtversicherers einen „wichtigen Grund" für die Zubilligung einer Kapitalabfindung anstelle einer Rentenzahlung darstellen kann.

Die Entscheidung verdeutlicht, dass der „wichtige Grund" hier aus der **Sphäre des Ersatzpflichtigen bzw. des Schädigers** hergeleitet wurde.

17 **2. „Kapitalisierung – der bessere Weg für den Geschädigten" – LG Stuttgart**

In der Entscheidung des LG Stuttgart (DAR 2007, 467) wurde ein **„wichtiger Grund"** für die Kapitalabfindung aus den persönlichen Umständen des Klägers hergeleitet. Der Kläger litt unter einer starken Geräuschempfindlichkeit, weshalb das Gericht zu der Auffassung gelangte, dass er ein Wohnumfeld benötige, das möglichst frei von Stressfaktoren sei. Da die monatlichen Rentenzahlungen nicht ausreichten, um einen Umzug in eine geeignetere Wohnsituation zu ermöglichen, sah das Gericht eine Kapitalabfindung als erforderlich an.

In den Entscheidungsgründen heißt es wörtlich:

> *„Der Kläger ist stark geräuschempfindlich [...]. Daraus folgt, dass der Kläger ein Wohnumfeld benötigt, welches möglichst wenige Stressfaktoren setzt. Die Ehefrau hat [...] plausibel geschildert, dass die derzeitige* ***Wohnsituation*** *für den Kläger und seine Ehefrau nicht befriedigend ist, da der Kläger aufgrund seines Ruhebedürfnisses und seines distanzsuchenden Verhaltens in der Nachbarschaft aneckt. Hieraus können sich Konflikte ergeben, die den Kläger zusätzlich belasten. Dem labilen Wesen des Klägers entspricht mehr ein* ***Wohnumfeld****, das dem Kläger ausreichend* ***Rückzugsmöglichkeiten*** *gibt und bei dem der Kläger in seinem Verhalten nicht auf die Nachbarschaft Rücksicht zu nehmen hat. Die Ehefrau des Klägers hat einen dahingehenden gemeinsamen Wohnwunsch geäußert und das Vorhaben erläutert, in ein Haus in einer weniger dicht besiedelten Gegend umzuziehen. Zur Verwirklichung dieses Umzugs besteht ein hoher Kapitalbedarf. Bei monatlichen Rentenzahlungen wäre der Handlungsspielraum des Klägers demgegenüber erheblich eingeschränkt. Er müsste dann weiterhin mit möglichen Konflikten rechnen, denen er bei einer Kapitalabfindung und einer für ihn günstigeren Wohnsituation aus dem Weg gehen kann."*

Zusätzlich spielte eine erhebliche Verzögerung der Regulierungsverhandlungen durch den Versicherer eine Rolle – diese dauerten bereits über 20 Jahre an. Ein hinzugezogener Sachverständiger bestätigte, dass die fortgesetzte Unsicherheit für den Kläger äußerst belastend sei und eine **Kapitalabfindung daher die bessere Lösung** darstelle.

Diese Entscheidung zeigt, dass ein „wichtiger Grund" nicht nur aus der Sphäre des Schädigers oder des Versicherers, sondern auch ausschließlich aus der individuellen Situation des Geschädigten abgeleitet werden kann.

> *Praxistipp*
>
> Die Entscheidung des LG Stuttgart verdeutlicht, dass Anwälte im Hinblick auf den „wichtigen Grund" mehr Mut zeigen sollten. Es ist ratsam, die individuellen Fälle gründlich zu prüfen, um zu ermitteln, ob für den konkreten Fall ein solcher Grund zu bejahen sein könnte. Bei einer sorgfältigen und detaillierten Überprüfung sowie der Berücksichtigung der persönlichen Angaben und Wünsche des

Mandanten, wird der Anwalt in vielen Fällen auf einen „wichtigen Grund“ stoßen, der eine Kapitalabfindung rechtfertigen kann. Ein proaktiver, aufmerksamer Umgang mit den konkreten Umständen kann so die Grundlage für eine erfolgreiche Durchsetzung des Anspruchs auf Kapitalisierung bilden.

IV. Ansatz von Schwintowski

Nach der sogenannten **„Günstiger-Formel“** (*Schwintowski*, VersR 2010, 149 ff.) 18
hat der Geschädigte immer dann ein Recht auf Kapitalabfindung, wenn diese für ihn – allein aus seiner Sicht – vorteilhaft ist. *Schwintowski* führt in seinem Aufsatz mehrere Argumente und Beispiele an, die belegen sollen, dass eine Kapitalabfindung seelische und psychische Vorteile für den Geschädigten haben kann und daher häufiger als günstiger angesehen werden sollte.

Als Beispiele führt er an,

- wenn der Geschädigte durch die Abfindung die Möglichkeit hat, ihm nahestehende Personen räumlich in einem Haus einzubinden,
- wenn er sich durch die Kapitalabfindung selbstständig machen kann und dadurch seinem Wunsch auf berufliche Umgestaltung gerecht werden kann.
- wenn ein Umzug in ein Haus in einem naturbelassenen Stadtteil, welches barrierefrei ist, sich auf das seelische Gleichgewicht des Geschädigten günstig auswirkt.

Schwintowski stützt seine Argumentation auf den historischen Hintergrund des § 843 Abs. 3 BGB und kommt zu dem dogmatisch fundierten Schluss, dass es keiner Änderung des Gesetzeswortlauts bedarf, um die Kapitalisierung häufiger anzuwenden. Stattdessen plädiert er dafür, dass der bestehende Paragraph schlichtweg anders ausgelegt und verstanden werden sollte. Bei einer gründlichen Analyse und unter Berücksichtigung der ursprünglichen Motive hinter der Schaffung der Norm wird deutlich, dass der Geschädigte im Wesentlichen ein **Wahlrecht** haben muss, zu entscheiden, ob ein „wichtiger Grund“ vorliegt oder nicht. Diese Sichtweise hebt hervor, dass die rechtliche Beurteilung des „wichtigen Grundes“ nicht nur auf objektiven Kriterien basieren kann, sondern vielmehr die individuelle Perspektive des Geschädigten entscheidend ist. Schwintowski argumentiert somit, dass der Geschädigte faktisch darüber entscheidet, ob die Voraussetzungen für eine Kapitalabfindung gegeben sind, und dass die rechtliche Auslegung des § 843 Abs. 3 BGB dieser Flexibilität und dem individuellen Ermessen Rechnung tragen sollte (ähnlich: *Mittelstädt*, Diss. 2013)

Diese Auffassung stärkt die Autonomie des Geschädigten und unterstreicht, dass seine Entscheidung, welche Form der Schadensersatzleistung er bevorzugt, rechtlich anerkannt und beachtet werden sollte.

Praxistipp

In diesem Zusammenhang können sowohl der Aufsatz von *Schwintowski* als auch die Dissertation von *Mittelstädt* als wertvolle Impulse für Rechtsanwälte dienen, um eine mutigere und offensivere Argumentation in Bezug auf den „wichtigen Grund" i.S.v. § 843 Abs. 3 BGB zu entwickeln. Ob die Gerichte der dort vertretenen Auffassung folgen werden, dass es keiner gesetzlichen Änderung dieser Norm bedarf, sondern dass der bestehende Wortlaut dem Geschädigten bereits heute ein faktisches Wahlrecht einräumt, bleibt abzuwarten und wird sicherlich von Fall zu Fall auch unterschiedlich entschieden werden.

Es erscheint durchaus denkbar, dass der Bundesgerichtshof (BGH) – sofern ihm die Gelegenheit zur grundsätzlichen Klärung dieser Frage durch entsprechende Vorlage gegeben würde – die methodisch stringenten und dogmatisch überzeugenden Argumente in seine Entscheidung einfließen lassen würde. Allerdings besteht ebenso die Möglichkeit, dass sich der BGH, wie in anderen Rechtsgebieten häufig zu beobachten ist, nicht auf eine generelle Linie festlegt, sondern vielmehr eine fallbezogene Einzelfallprüfung vornimmt. Dies entspräche der bekannten richterlichen Zurückhaltung des Gerichts, das sich traditionell nur insoweit festlegt, wie es für die Entscheidung des konkreten Falls erforderlich ist.

B. Vertiefung: Kapitalisierungszinsfuß

19 Die Festlegung des Zinssatzes für die Kapitalabfindung ist ein zentrales und entscheidendes Element, da sie direkte Auswirkungen auf die Höhe der Abfindung hat. Die Kapitalabfindung ist als eine Art Vorauszahlung auf die zukünftigen Rentenzahlungen zu betrachten. Insofern muss der Geschädigte den erhaltenen Betrag so anlegen, dass er für die zukünftigen Ausgaben – die ursprünglich durch die monatliche Rente gedeckt werden sollten – ausreichend abgesichert ist.

Ein zu niedriger Zinssatz bei der Berechnung der Kapitalabfindung würde dazu führen, dass der Geschädigte weniger erhält, als er bei einer Rentenzahlung über den gleichen Zeitraum erhalten würde und ihm tatsächlich zustünde. Insbesondere in Zeiten niedriger Zinsen ist die Berechnung des Zinssatzes entscheidend, um sicherzustellen, dass der Geschädigte die gleiche finanzielle Absicherung behält. Das bedeutet, dass der Zinssatz realistisch und an die tatsächlichen Marktzinsen angepasst sein muss, um den Geschädigten nicht zu benachteiligen.

20 *Praxistipp*

Es wäre aus einer wirtschaftswissenschaftlichen Perspektive unzutreffend, wenn ein Anwalt im Rahmen eines Regulierungsgesprächs einen hohen Zinssatz für seinen Mandanten anstreben würde. Nach dem ökonomischen Prinzip **„Je niedriger der Zinssatz, desto höher der Barwert"** ist es in einem solchen Fall für den Anwalt im Interesse seines Mandanten notwendig, einen möglichst niedrigen Zinssatz anzusetzen. Dies begründet sich darin, dass der Barwert des anstehenden Auszahlungsbetrags durch die Wahl eines niedrigeren Zinssatzes steigt, da dieser die Höhe der erzielbaren Zinsen bis zum Fälligkeitstermin verringert. Aus diesem Grund streben Versicherer an, den Zinssatz so hoch wie möglich zu wählen, während Vertreter der Geschädigten bestrebt sind, diesen so niedrig wie möglich zu halten.

I. Anwendungshilfen für die Rechtspraxis

Anwälte sind im Rahmen der Schadensregulierung verpflichtet, der Festlegung des Zinssatzes mit höchster Sorgfalt und Präzision zu begegnen. Während bei einzelnen Schadenspositionen in Absprache mit dem Mandanten gegebenenfalls Kompromisse möglich sind, sollte hinsichtlich des Zinssatzes eine möglichst niedrige Festsetzung angestrebt werden, da dieser Faktor die größte finanzielle Auswirkung für den Mandanten hat. Ein Nachgeben in diesem Punkt würde nicht nur die aktuellen wirtschaftlichen Rahmenbedingungen der Finanzmärkte unzureichend berücksichtigen, sondern auch die Rechtsprechung des Bundesgerichtshofs (BGH) aus dem Jahr 1981 zum *„jeweiligen Zinsniveau“* sowie die überwiegende Meinung in der juristischen Fachliteratur unangemessen außer Acht lassen. **21**

Achtung:

Eine derartige fehlerhafte Vorgehensweise könnte aus juristischer Perspektive potenziell eine Haftung des Anwalts begründen. Insbesondere wenn die Festsetzung eines unangemessen hohen Zinssatzes nachweislich zu einem finanziellen Nachteil für den Mandanten führt, könnte dies als Verletzung der anwaltlichen Sorgfaltspflicht gewertet werden. In diesem Zusammenhang wäre zu prüfen, inwieweit eine solche Pflichtverletzung kausal für einen wirtschaftlichen Schaden des Mandanten ist und ob ein haftungsrechtlich relevanter Verstoß gegen die berufsrechtlichen oder zivilrechtlichen Vorgaben vorliegt.

Freyberger verweist in seinem Seminar „Der Abfindungsvergleich bei Personenschaden“ auf das sogenannte **„Jesus“-Beispiel**, um die immense Bedeutung des Zinssatzes in langfristigen Berechnungen zu verdeutlichen. Das Gedankenexperiment illustriert den Effekt des Zinseszinses: Angenommen, Jesus hätte zur Geburt von seinem Vater einen Cent geschenkt bekommen und diesen bei einer Bank mit einer jährlichen Verzinsung von 4 % angelegt, dann würde das Kapital nach 2.000 Jahren auf etwa 1,042000 Cent anwachsen. Dies entspräche einem derart hohen Betrag, dass man die Erde damit theoretisch zweimal in Gold aufwiegen könnte. Dieses Beispiel verdeutlicht die erheblichen finanziellen Auswirkungen des Zinssatzes über lange Zeiträume hinweg. Genau aus diesem Grund versuchen Versicherer in Regulierungsgesprächen, einen für sie günstigen Zinssatz als feststehend darzustellen, um eine Diskussion über dessen Angemessenheit zu vermeiden. **22**

Praxistipp

Da die Außenregulierer und Sachbearbeiter der Versicherer häufig mit der Prämisse in Verhandlungen treten, dass alle Aspekte der Schadensregulierung diskutierbar seien – mit Ausnahme des Zinssatzes –, ist es für den Anwalt essenziell, eine strategische Verhandlungstaktik zu wählen und zu beherrschen. In diesem Zusammenhang stehen heute zahlreiche Tabellenwerke und Rechenprogramme zur Verfügung, mit denen sich Schadenspositionen unter Berücksichtigung variabler Zinssätze berechnen lassen. Beispiele hierfür sind *Schah Sedi/Grotelüschen*, „Kapitalisierungstabellen“, *Quirmbach/Gräfenstein/Strunk* „Kapitalisierungstabellen“, *Stauffer/Schaetzle/Schaetzle/Weber*, „Barwerttafeln und Berechnungsprogramme“.

Da die Printexemplare der unterschiedlichen Autoren veraltet sind, stehen die für die Kapitalisierung von Renten im Personenschaden im Wesentlichen notwendigen jährlich aktualisierten Barwerttafeln **kostenfrei** auf **www.schah-sedi.de** zur Verfügung.

Diese Hilfsmittel ermöglichen eine differenzierte Berechnung der jeweiligen Schadenspositionen unter Annahme von Zinssätzen, die auch unterhalb der 5 %-Marke liegen. Je nach Laufzeit der Zahlung kann sich dabei eine signifikante Differenzsumme ergeben.

Eine mögliche Verhandlungstaktik besteht darin, diesen Differenzbetrag einer anderen Schadensposition zuzuordnen, sodass sich die Gesamtentschädigung für den Mandanten inhaltlich nicht ändert, sondern lediglich strukturell anders ausgewiesen wird. Durch diese Methode kann der Versicherer sein Verhandlungsmandat wahren und argumentieren, dass eine Kapitalisierung lediglich mit 4,5 % oder 5 % erfolgt sei. Entscheidend für die rechtliche Zulässigkeit dieses Vorgehens ist eine transparente Aufklärung des Mandanten durch den Anwalt. Wird der Mandant über diese Strategie detailliert informiert und stimmt er ihr ausdrücklich zu, so wäre ein derartiger Vergleich rechtlich unbedenklich, und der Anwalt würde kein haftungsrechtliches Risiko tragen.

Praxistipp

Sollte der Außenregulierer oder Sachbearbeiter der Versicherung in den Verhandlungen keinerlei Kompromissbereitschaft zeigen und auf einem Zinssatz von 5 % oder 5,5 % beharren, ohne alternative Vergleichsmöglichkeiten in Betracht zu ziehen, kann es in der Praxis eine effektive Strategie sein, die Kapitalabfindung zunächst offen zu lassen. In diesem Fall würde in Abstimmung mit dem Mandanten keine sofortige Kapitalisierung erfolgen, sondern der Versicherer wäre verpflichtet, quartalsweise vorschüssige Zahlungen zu leisten.

Diese Vorgehensweise hat für die Versicherung den Nachteil eines erhöhten Verwaltungsaufwands, da regelmäßig Belege für sämtliche relevante Schadenspositionen eingereicht und geprüft werden müssen. Dadurch entsteht eine fortlaufende Bearbeitungspflicht für die Sachbearbeiter, was insbesondere in Unternehmen mit strikten Controlling-Mechanismen zusätzliche Kosten verursacht. In vielen Fällen kann dies dazu führen, dass der Versicherer nach einer gewissen Zeit von seiner starren Position abrückt und zu einer für den Geschädigten vorteilhafteren Einigung bereit ist.

Daher sollte eine **Kapitalabfindung** keinesfalls um jeden Preis angestrebt werden. Sie ist nur dann sinnvoll, wenn die **wirtschaftlichen Rahmenbedingungen** – insbesondere der Zinssatz – vorteilhaft sind. Zudem muss sichergestellt sein, dass der **Mandant die Kapitalisierung ausdrücklich wünscht**, sie für ihn wirtschaftlich sinnvoll ist und er über die rechtlichen Konsequenzen einer abschließenden Regulierung umfassend aufgeklärt wurde.

II. Die Höhe des Zinssatzes bzw. Kapitalisierungszinsfußes

1. Marktgegebenheiten

Bei der Festlegung des Zinssatzes setzen Versicherer regelmäßig voraus, dass Geschädigte auf dem Kapitalmarkt eine Rendite von mindestens 5 % erzielen könnten. Eine solche Annahme steht jedoch im Widerspruch zu den realen Bedingungen des Finanzmarktes, insbesondere in den vergangenen Jahren. Tatsächlich ist es für einen Geschädigten, der eine Kapitalabfindung von beispielsweise 500.000,00 EUR erhält und diese sicher anlegen möchte, nahezu unmöglich, eine Verzinsung von 5 % oder gar 6 % zu realisieren. 23

Die aktuellen Marktzinsen zeigen, dass klassische Anlageformen weit unter diesen Werten liegen: Sparbücher bieten im Durchschnitt lediglich 0,25 % Zinsen, Festgeldkonten bewegen sich im Bereich von 2,5–3,5 %, Umlaufrenditen öffentlicher Anleihen (z.B. Bundesanleihen) liegen zwischen 2,0–2,5 %, langfristige konservative Anlagen erzielen maximal 3–4 %.

Ein fundierter Anwalt sollte regelmäßig Wirtschaftspublikationen und Finanzportale auswerten, um aktuelle Zinssätze zu recherchieren. Auffällig ist, dass in den vergangenen Jahren sogar Bundesanleihen mit einem Kupon von 0 % ausgegeben wurden. In einigen Fällen wurde am Markt sogar über Negativzinsen berichtet. Diese Phase sollte seit Ende 2022 jedoch beendet sein.

Da die Kapitalabfindung für den Geschädigten häufig die einzige finanzielle Lebensgrundlage darstellt, sind spekulative Anlageformen für ihn nicht tragbar. Es wäre wirtschaftlich und rechtlich nicht vertretbar, die Kapitalisierung auf Basis eines fiktiven Zinssatzes vorzunehmen, der am Markt nicht erzielbar ist. Dies erklärt, warum Versicherer vermeiden, dass Gerichte sich mit der Zinssatzproblematik befassen. Würden Gerichte regelmäßig unter Einbeziehung von Sachverständigen realistische Zinssätze festlegen, würde deutlich werden, dass ein angemessener Zinssatz aktuell eher im Bereich von 2,0–2,5 % anzusetzen wäre.

2. Urteil des LG Stuttgart vom 26.1.2005

24 In diesem Zusammenhang ist auch nochmals auf die **Entscheidung des LG Stuttgart aus dem Jahre 2005** hinzuweisen, in der in den Entscheidungsgründen festgehalten wurde, dass das Gericht dem in der Literatur seinerzeit als üblich bezeichneten 5 %-igen Zinsfuß bereits damals **ausdrücklich nicht folgt**. Das LG Stuttgart führte zur Begründung an: *„Die Umlaufrendite ist damit ein Maß für das Zinsniveau am Rentenmarkt (Quelle: www.boerse.ard.de). [...] Im Jahr 2004 bewegte sich die Umlaufrendite im Bereich von 3,6 %, im Dezember sogar nur zwischen 3,25 und 3,50 %. Das Zinsniveau* ***festverzinslicher Wertpapiere*** *hat sich damit seit 1991 etwa halbiert."* Ferner führte das Gericht aus, dass die Erträge nach § 43 Abs. 1 Nr. 7 EStG um die damals geltende Kapitalertragssteuer zu kürzen sind (jetzt aktuell 25 %). Das Gericht führte im Weiteren aus: *„Es verbleibt dem Anleger dann eine* ***effektive Rendite*** *von noch 3,75 %."*

Bezüglich dieser im Jahr 2005 ausgeurteilten 3,75 % ist anzumerken, dass das Gericht im Rahmen seiner Entscheidung die **Verwaltungskosten des Kapitals, die Dynamisierung wegen Preissteigerungen, die Dynamisierung wegen Gehaltserhöhungen und das Anlage-Verlustrisiko** nicht berücksichtigte. Legt man diese Bemessungskriterien auch noch zugrunde, so wäre seinerzeit ein Zins von 1,0–1,5 % sicherlich als gerechtfertigt und angemessen zu bewerten gewesen. In der Niedrigzinsphase von 2008 bis 2022 wäre auch ein Faktor von 0 argumentativ darstellbar gewesen. Heute hat sich die Lage, wie bereits beschrieben, wieder geändert und eine Kapitalisierung zwischen 2,0–3,0 % erscheint verhältnismäßig und angemessen.

3. Bemessungsfaktoren des BGH

25 Zur Erinnerung: In der Grundsatzentscheidung des BGH von 1981 hatte dieser ausdrücklich aufgezeigt, dass weitere Faktoren zu berücksichtigen sind – und zwar:

- Dynamisierung wegen Gehaltserhöhungen,
- Dynamisierung wegen Preissteigerungen,
- Steuern auf die Zinsen (Abgeltungssteuer),
- Verwaltungskosten des Kapitals.

Diese werden nachstehend zur Orientierung noch weitergehend erläutert.

a) Dynamisierung wegen Preissteigerungen

26 Wie bereits dargelegt, muss die Einmalkapitalabfindung – einschließlich des daraus erzielbaren Zinsertrags – für den Geschädigten ausreichen, um über die gesamte prognostizierte Laufzeit hinweg monatliche Entnahmen zu ermöglichen, sodass das Kapital erst am Ende der Laufzeit vollständig aufgezehrt ist. Dabei ist es zwingend erforderlich, den Zinssatz nicht isoliert zu betrachten, sondern die **Dynamisierung aufgrund von Preissteigerungen** zu berücksichtigen, da sich die Lebenshaltungskosten im Laufe der Zeit kontinuierlich erhöhen. Historische Daten zeigen, dass

die Preisniveaus seit dem Zweiten Weltkrieg stetig gestiegen sind, und es ist mit hoher Wahrscheinlichkeit davon auszugehen, dass sich dieser Trend auch in Zukunft fortsetzen wird. Prognosen, die von einer langfristigen Preisstabilität oder gar fallenden Preisen ausgehen, sind wirtschaftlich nicht realistisch. Zur fundierten Ermittlung der jeweiligen Preissteigerungsraten bzw. der Inflationsentwicklung sollten aktuelle Daten herangezogen werden.

Durch die Berücksichtigung der Inflation kann gewährleistet werden, dass die Abfindungssumme nicht nur in nominellen, sondern auch in realen Werten über die gesamte Laufzeit hinweg ausreicht, um den geschädigten Mandanten finanziell angemessen zu entschädigen.

b) Dynamisierung wegen Gehaltserhöhungen

Die Analyse der Arbeits- und Sozialstatistik des Bundesministeriums zeigt, dass die **27** Gehälter in den vergangenen Jahren kontinuierlich gestiegen sind. Dies spiegelt sich unter anderem in wiederholten Arbeitskämpfen und Streikbewegungen wider, die regelmäßig zu Tarifsteigerungen führen. Betrachtet man die Entwicklung der Gewerkschaften und die entsprechenden Tarifabschlüsse, so lassen sich auch hier deutliche Lohnsteigerungen feststellen.

Laut statistischen Erhebungen und Studien der Bundesregierung sind nominale Lohnsteigerungen von bis zu 3 % jährlich bis zum Jahr 2050 als realistisch einzustufen. Dabei gilt die Faustregel, dass sich mit einer positiven wirtschaftlichen Entwicklung automatisch Forderungen der Gewerkschaften nach höheren Löhnen und Gehältern verstärken. Diese ökonomischen Rahmenbedingungen dürfen in der rechtlichen und wirtschaftlichen Bewertung nicht außer Acht gelassen werden.

Folglich erscheint es sachgerecht, bei der Berechnung des angemessenen Zinssatzes einen Abzug von 0,5 % bis 1 % vorzunehmen, um der prognostizierten Einkommensentwicklung Rechnung zu tragen. Realistischerweise müsste man sogar bis zu 3 % ansetzen, was jedoch kein Versicherer mitmachen wird. Dies hätte zur Konsequenz, dass der in Regulierungsgesprächen angesetzte Zinssatz erst nach Abzug dieser 1–2 % als realistisch anzusehen wäre.

Bereits in seiner Grundsatzentscheidung aus dem Jahr 1981 hat der Bundesgerichtshof (BGH) ausdrücklich betont, dass es zur Aufgabe des Tatrichters gehört, im Rahmen des § 287 ZPO alle maßgeblichen wirtschaftlichen Faktoren in seine Schätzung einzubeziehen. Dazu zählt ausdrücklich auch das Kriterium der „Lohn- und Gehaltssteigerungen". Insofern stützen sowohl historische Präzedenzfälle als auch aktuelle wirtschaftliche Entwicklungen die Forderung, bei der Berechnung des Barwerts eine realistische Anpassung des Zinssatzes vorzunehmen.

c) Abgeltungssteuer

Zusätzlich zur Inflations- und Lohnsteigerungsproblematik muss auch die steuerli- **28** che Belastung der Zinserträge berücksichtigt werden. Die Zinsen, die ein Geschädigter aus der Anlage seiner Kapitalabfindung erzielt, unterliegen der **Abgeltungssteuer**. Aktuell beträgt diese pauschal 25 %, zuzüglich Solidaritätszuschlag und gegebenenfalls Kirchensteuer. Dies bedeutet, dass der tatsächlich verfügbare Nettozinsertrag deutlich unter dem nominalen Zinssatz liegt. Um diese steuerliche Belastung realistisch abzubilden, wäre es sachgerecht, den Zinssatz um weitere 1 % zu reduzieren.

Kombiniert mit den zuvor genannten Anpassungen – insbesondere der Inflations- und Lohnsteigerungsrate – ergibt sich somit eine weitere Reduzierung des ursprünglich angesetzten Zinssatzes von 5 %. In der Praxis könnte dies bedeuten, dass ein wirtschaftlich realistischer Zinssatz letztlich schon damals eher im Bereich von 2 % bis 3 % lag.

Angesichts dieser Faktoren ist es aus anwaltlicher Sicht entscheidend, dass die Kapitalisierung von Schadensersatzansprüchen nicht auf Basis eines überhöhten Zinssatzes erfolgt. Vielmehr muss eine realistische Berechnung erfolgen, die sowohl wirtschaftliche als auch steuerliche Rahmenbedingungen angemessen berücksichtigt.

d) Verwaltungskosten des Kapitals

29 Neben der Berücksichtigung von Inflation, Lohnsteigerungen und steuerlichen Belastungen müssen auch die **Verwaltungskosten des Kapitals** einkalkuliert werden. In seiner Grundsatzentscheidung von 1981 hat der BGH ausdrücklich darauf hingewiesen, dass kein Finanzinstitut oder Fondsmanager eine Vermögensverwaltung kostenlos anbietet – insbesondere nicht bei größeren Anlagevolumina, wie sie bei Schadensersatzzahlungen auf Kapitalisierungsbasis regelmäßig vorkommen.

Jeder, der Kapital professionell verwalten lässt, muss entsprechende Gebühren entrichten. Die Verwaltungskosten variieren je nach Anlageform und Anbieter, doch realistisch liegen diese bei 1,5 % bis 2 % des Vermögenswertes pro Jahr. Daher ist es zwingend erforderlich, diese Kosten bei der Berechnung des Barwertes zu berücksichtigen.

Um eine realistische Kapitalisierungsbasis zu schaffen, sollte in der Praxis mindestens 1 % Verwaltungskosten vom ursprünglichen Zinssatz in Abzug gebracht werden. Dies bedeutet, dass sich der ursprüngliche Zinssatz bereits durch folgende Faktoren erheblich reduziert:

- Inflations- und Lohnsteigerungen (Abzug von 1–2 %)
- Steuerliche Belastung durch Abgeltungssteuer (Abzug von ca. 1 %)
- Verwaltungskosten des Kapitals (Abzug von ca. 1 %)

Berücksichtigt man diese wirtschaftlichen Realitäten, ergibt sich aktuell ein effektiver Zinssatz von 1,5 % bis 2,5 %, was deutlich unter dem von Versicherern oft pauschal angesetzten Wert liegt.

Daraus folgt, dass eine ordnungsgemäße Berechnung des Kapitalisierungszinssatzes all diese Parameter zwingend einbeziehen muss, um eine realistische und faire Bewertung der Abfindungssumme für den Geschädigten sicherzustellen.

4. Schlussfolgerung

Die voranstehenden Ausführungen verdeutlichen nochmals, dass es absolut realistisch und auch angemessen ist, den Effektivzinssatz, d.h. den Zinsfuß, der tatsächlich am Ende im Rahmen der Berechnung des Kapitalwerts anzuwenden ist, aktuell mit einem Wert zwischen 1,5 % und 2 % anzusetzen. 30

Ein Blick in das benachbarte Ausland, insbesondere in die Schweiz, zeigt, dass dort im Bereich der Kapitalisierung von Schadensersatzansprüchen seit Jahren ein klar definierter Zinssatz zur Anwendung kommt. Das Schweizer Bundesgericht hat im Jahr 2000 einen Zinssatz von 3,5 % festgelegt, welcher 2004 im Urteil des Bundesgerichts (Urt. v. 22.6.2004 – 4C.3/2004) bestätigt wurde. Dieser Zinssatz wurde jedoch im Laufe der Zeit zunehmend kritisch hinterfragt, insbesondere in Anbetracht der aktuellen Marktbedingungen. Mehrere seriöse Finanzexperten sind zu dem Ergebnis gekommen, dass der tatsächliche Zinssatz in der heutigen Zeit mit ca. 2 % realistisch anzusetzen ist, da der ursprünglich festgelegte Zinssatz von 3,5 % aufgrund der gesunkenen Marktzinssätze nicht mehr den tatsächlichen wirtschaftlichen Verhältnissen entspricht. 31

Es ist in diesem Zusammenhang von besonderer Bedeutung, dass der Zinsfuß in der Schweiz seit dem Beretta-Entscheid (BGE 125 III 312) von ursprünglich als Nominalzins festgelegten 3,5 % zu einem Realzins umgewandelt wurde. Diese Entwicklung reflektiert die Tatsache, dass die Schweiz im Bereich der Schadensersatz- und Kapitalisierungsrechtsprechung eine flexiblere Herangehensweise verfolgt als beispielsweise Deutschland, wo restriktivere Vorgaben existieren. Insbesondere wird in der Schweiz den Geschädigten ein Wahlrecht zwischen Kapitalabfindung und Rente ausdrücklich gesetzlich zugestanden, was die Handhabung von Kapitalisierungsfragen erleichtert und häufiger zu gerichtlichen Auseinandersetzungen führt, um den tatsächlichen Zinssatz zu ermitteln.

Praxistipp

Sollte der Versicherer trotz aller oben aufgeführten Argumente nicht von seinem Standpunkt bezüglich der Höhe des Zinses abweichen, so kann man diesem eine gerichtliche Überprüfung unter Hinzuziehung eines entsprechenden Gutachters anbieten. Die Argumentation lautete dabei: Wenn der Zinssatz tatsächlich realistisch und gerechtfertigt ist, dann könnte er auch problemlos durch ein Gericht überprüft werden, ohne dass der Versicherer dabei ein Risiko eingehen würde.

Interessanterweise scheut der Versicherer meist, diesen Schritt zu gehen und den Zinssatz einer ordentlichen gerichtlichen Überprüfung zu unterziehen. Diese Weigerung lässt den Schluss zu, dass diejenigen, die sich intensiv mit der Materie befassen, erkennen, dass die außergerichtliche Regulierungspraxis in der Tat zulasten der Geschädigten geht. Die Tatsache, dass der Versicherer eine gerichtliche Klärung weitestgehend vermeidet, könnte darauf hinweisen, dass das Regulierungsverhalten nicht die objektive Realität des Marktes widerspiegelt und möglicherweise in einem gerichtlichen Verfahren zu einer Anpassung des Zinssatzes führen würde, der dann zugunsten des Geschädigten ausfiele.

Es ist jedoch wichtig zu betonen, dass den Versicherern kein Vorwurf zu machen ist, wenn sie diese Auffassung hartnäckig vertreten. Bei Aktiengesellschaften geht es primär um Wirtschaftsunternehmen mit dem Ziel der Gewinnmaximierung. Daraus ergibt sich geradezu die Pflicht, solche Positionen zu vertreten, um im Markt wettbewerbsfähig zu bleiben und auch im Sinne der Aktionäre zu handeln. Dennoch sollte dieses Vorgehen offen und ehrlich kommuniziert werden, da nur auf diesem Weg die Transparenz in der Schadensregulierung und das Vertrauen in den gesamten Prozess gefördert werden können. Eine ehrliche und klare Kommunikation würde sowohl den Geschädigten als auch den Anwälten ermöglichen, fundierte Entscheidungen zu treffen, und könnte zu einer faireren und ausgewogeneren Regulierungspraxis führen.

Praxistipp

Es ist von wesentlicher Bedeutung, dass jede einzelne Schadensposition, die kapitalisiert werden soll, unter Berücksichtigung des jeweiligen Zinssatzes sowie der spezifischen materiell-rechtlichen Laufzeit individuell untersucht wird. Besonders relevant wäre dies im Bereich der vermehrten Bedürfnisse, wie etwa den Pflegeleistungen oder anderen medizinischen Positionen. Hier ist in Zukunft mit deutlich höheren Preissteigerungen zu rechnen, die die allgemeine Inflation weit übertreffen werden. Dies gilt insbesondere für den medizinischen Bereich, wo die Kostensteigerungen in den kommenden Jahren voraussichtlich dramatisch ansteigen werden. Im Bereich der Pflege und Betreuung ist aus anwaltlicher Vorsicht eine Kapitalisierung grundsätzlich abzulehnen. Die Risiken sind nicht zu überschauen und eine Fehleinschätzung in diesem Bereich hätte für den Geschädigten fatale Folgen. Sollten die Umstände dies in einem absoluten Ausnahmefall einmal zulassen oder der Mandant darauf bestehen, so müsste sich dieses Risiko in einem erheblich niedrigeren Zinsfuß widerspiegeln. Darüber hinaus bedürfte es einer extrem umfassenden Aufklärung des Mandanten, um als Anwalt nicht später im Rahmen des Regresses in Anspruch genommen zu werden.

Dieser Gedanke wurde auch vom Landgericht Stuttgart in einem seiner Urteile berücksichtigt. Dort heißt es wörtlich:

„Für die Zukunft ist zu berücksichtigen, dass im Gesundheitswesen mit Preissteigerungen zu rechnen ist, die über die Steigerung der allgemeinen Lebenshaltungskosten hinaus gehen. Aufgrund der reformbedingten Einschnitte, vor allem bei den Leistungen der Krankenversicherer, ist zu erwarten, dass der Kläger für die Inanspruchnahme ärztlicher Leistungen und für den Erwerb von Heilmitteln einen – deutlich – höheren Eigenanteil zu tragen hat als in der Vergangenheit.“

Dieses Urteil unterstreicht die Notwendigkeit, bei der Kapitalisierung von vermehrten Bedürfnissen die spezifischen Zukunftsprognosen und die damit verbundenen Kostensteigerungen zu berücksichtigen, um den Geschädigten eine realistische und angemessene Entschädigung zu gewährleisten.

Praxistipp

Die Korrektheit des von der Versicherung angesetzten Zinssatzes wird insbesondere dadurch infrage gestellt, dass die für **Rückstellungen** oder **Reservierungen** in der Versicherungsbranche verwendeten Kapitalisierungszinssätze erheblich unterhalb dieses Wertes liegen. Vor diesem Hintergrund kann ein juristischer Vertreter im Rahmen von Regulierungsgesprächen die Offenlegung des für die Reservierung des konkreten Falls verwendeten Zinssatzes seitens des Versicherers erbitten. Ebenso kann die Information über den Zinssatz angefordert werden, der im Rahmen des Regresses gegenüber dem Sozialversicherungsträger angesetzt wird. In der Praxis verweigern Versicherer in der Regel die Offenlegung dieser internen Berechnungsgrundlagen. Dieser Widerspruch lässt jedoch darauf schließen, dass die Argumentation der Versicherer bezüglich eines pauschalen Zinssatzes nicht stichhaltig ist. Dies eröffnet in Vergleichsverhandlungen die Möglichkeit, für geschädigte Mandanten eine höhere Abfindungssumme zu erzielen.

Ein prägnantes Beispiel für die juristische Relevanz dieser Thematik stellt die Entscheidung des BGH v. 8.1.1981 dar, in der die Angelegenheit an das OLG Frankfurt a.M. zurückverwiesen wurde. In der anschließenden Entscheidung des OLG Frankfurt a.M. wurde ein Beweisbeschluss gefasst, der die *Einholung eines Sachverständigengutachtens über den Barwert der dem Geschädigten zustehenden Erwerbsausfallrente vorsah. Die Berechnung des Tabellenzinssatzes (Effektivzinssatzes) für die Jahre 1974 bis 1983 basierte auf der Differenz zwischen der durchschnittlichen jährlichen statistischen Rendite festverzinslicher Wertpapiere (in Prozent) und einer Reduktion um zwei Prozentpunkte, abzüglich der jeweiligen tatsächlichen prozentualen Erhöhung der Beamtenbezüge des Bundes in diesen Jahren. Für den Zeitraum ab dem 1.1.1985 wurde ein Zinssatz von 2 % festgelegt.*

Die Tragweite dieser Entscheidung wird dadurch verdeutlicht, dass der vom OLG Frankfurt a.M. bestellte Sachverständige einen kapitalisierten Verdienstausfall in Höhe von rund 1,3 Millionen DM errechnete. Die beteiligten Parteien einigten sich letztlich auf diesen Betrag, sodass es zu keinem abschließenden Urteil kam. Dies zeigt, dass Versicherer beziehungsweise deren Interessenvertretungen, wie der Gesamtverband der Deutschen Versicherungswirtschaft (GDV), in der Vergangenheit vergleichsweise zügige Einigungen bevorzugten, um für die Branche potenziell nachteilige Präzedenzfälle zu vermeiden, die in Fachzeitschriften und Seminaren publiziert werden könnten. Eine umfassende öffentliche Dokumentation des Folgeverfahrens blieb daher aus.

Die Entscheidung des OLG Frankfurt a.M. illustriert eindrucksvoll, welche finanziellen Ansprüche geschädigte Personen realisieren können, wenn gerichtlich bestellte Sachverständige mit entsprechender Fachkenntnis in Zinsberechnungen hinzugezogen werden. Dies unterstreicht die Bedeutung einer fundierten wirtschaftlichen Analyse im juristischen Kontext von Schadensersatzverfahren.

Dies soll anhand eines einfachen Rechenbeispiels verdeutlicht werden: Die im Jahr 2025 volljährig werdende und auf Dauer (unfallkausal) arbeitsunfähige Geschädigte erhält (lediglich) den Mindestlohn in Höhe von 12,82 EUR (Seit dem 1.1.2025). Dies würde einem monatlichen Verdienst in Höhe von 2.220,42 EUR netto und einem Jahresverdienst in Höhe von 26.645,09 EUR netto entsprechen. Bei einer Kapitalisierung mit 1,5 % ergibt sich ein auszuzahlender Betrag in Höhe von 1.106.946,28 EUR (Faktor 41,5441, **Kapitalisierungstabellen** *Schah Sedi/Grotelüschen*, S. 32, 33), bei 2,0 % verbleiben 969.321,73 EUR. Dieses Beispiel zeigt zum einen, was alleine die Differenz von 0,5 % für das Resultat bedeutet und wie immens wichtig ein gutes Verhandlungsgeschick des rechtlichen Vertreters ist; zum anderen kann man sich leicht vorstellen, was mit dem Ergebnis passiert, wenn man einen akademischen Beruf und nicht lediglich den Mindestlohn als Vergleichskarriere ansetzt.

C. Aufklärungspflichten des Anwalts über den Kapitalisierungszinsfuß und den wichtigen Grund

32 Vor dem Hintergrund der Rechtsprechung zum Anwaltsrecht (vgl. unter anderem OLG Celle, Urt. v. 6.5.2009 – 3 U 294/08, OLGR Celle 2009, 661 H) ist es als unabdingbar anzusehen, dass Rechtsanwälte ihre Mandanten im Rahmen einer schriftlichen Aufklärung darüber informieren, welche Zahlungen voraussichtlich gerichtlich zugesprochen werden könnten, sofern ein wichtiger Grund i.S.v. § 843 Abs. 3 BGB vorliegt. Darüber hinaus sollte das Aufklärungsschreiben eine Darlegung der angestrebten außergerichtlichen Einigung mit dem Versicherer enthalten. Nur auf dieser Grundlage ist der Mandant in der Lage, eine fundierte Entscheidung darüber zu treffen, ob er einem außergerichtlichen Vergleich zustimmt, eine gerichtliche Auseinandersetzung mit dem Versicherer zur Kapitalisierung in Betracht zieht oder alternativ eine monatliche bzw. vierteljährliche Rentenzahlung als Form der Schadensregulierung bevorzugt.

Zur Veranschaulichung möglicher finanzieller Szenarien empfiehlt sich der Einsatz spezieller Rechenprogramme, da diese eine systematische und transparente Darstellung verschiedener Berechnungsvarianten ermöglichen. Mithilfe solcher Übersichten kann der Mandant nachvollziehen, welche konkreten Beträge sich in seinem individuellen Fall ergeben, beispielsweise bei einer Kapitalisierung mit 2 % anstelle von 5 %. Es ist essenziell, dass der Anwalt den Mandanten über die Zinssatzproblematik und die daraus resultierenden Differenzen in der Höhe der Schadensersatzzahlungen aufklärt. Anderenfalls wäre der Mandant nicht in der Lage, die Tragweite eines Vergleichs vollständig zu erfassen und die potenziellen langfristigen Auswirkungen eines zu gering angesetzten Abfindungsbetrags auf Kapitalisierungsbasis angemessen einschätzen zu können.

Rechtsanwälte, die sich mit Berufshaftpflichtversicherungen befassen, sind sich der hohen Anforderungen bewusst, die der Bundesgerichtshof (BGH) an die anwaltliche Aufklärungspflicht stellt. In diesem Zusammenhang ist insbesondere die Rechtsprechung des BGH zur sogenannten antizipierenden Sichtweise (NJW 1993, 734) von Bedeutung. Der BGH hat hierbei klargestellt, dass der Anwalt verpflichtet ist, potenzielle Entwicklungen der Rechtsprechung vorausschauend zu erkennen und den Mandanten auf mögliche Risiken hinzuweisen. Selbst ein fehlerhaftes Urteil des BGH entbindet den Anwalt nicht von seiner Haftungspflicht. 33

Darüber hinaus verlangt der BGH, dass Rechtsanwälte nicht nur bestehende rechtliche Rahmenbedingungen berücksichtigen, sondern auch Änderungen in der Rechtsprechung frühzeitig antizipieren und Mandanten entsprechend informieren. Ein Irrtumsprivileg, das eine fehlerhafte Einschätzung entschuldigen könnte, besteht für Anwälte nicht; eine solche rechtliche Konstruktion ist ausschließlich für Richter vorgesehen.

Praxistipp

In diesem Zusammenhang ist darauf hinzuweisen, dass mittlerweile spezialisierte Rechtsanwaltskanzleien existieren, die sich auf die Bearbeitung von Anwaltshaftungsfällen fokussieren. Diese Kanzleien überprüfen die Tätigkeit von Kollegen gezielt auf mögliche Fehler und leiten gegebenenfalls haftungsrechtliche Schritte ein. Vor diesem Hintergrund ist es umso bedeutsamer, dass Rechtsanwälte ihrer Aufklärungspflicht in umfassender Weise nachkommen. Die sicherste Vorgehensweise besteht darin, den Mandanten über sämtliche relevante Aspekte detailliert zu informieren – vorzugsweise in schriftlicher Form, auch wenn dies mit zusätzlichem Aufwand verbunden ist. Eine schriftliche Dokumentation trägt nicht nur zur bestmöglichen Orientierung des Mandanten bei, sondern dient zugleich der haftungsrechtlichen Absicherung des Anwalts.

Praxistipp

Darüber hinaus ist es empfehlenswert, das Aufklärungsschreiben vom Mandanten schriftlich gegenzeichnen zu lassen, um die ordnungsgemäße Aufklärung zu dokumentieren. Zur Sicherstellung der Vollständigkeit kann es zudem sinnvoll sein, die einzelnen Seiten des Dokuments in geeigneter Weise miteinander zu verbinden, etwa durch eine Heftung. Eine noch höhere Beweiskraft ließe sich erzielen, indem der Mandant jede einzelne Seite gesondert abzeichnet, um nachweisen zu können, dass sämtliche Inhalte zur Kenntnis genommen wurden.

Bei Personengroßschäden können professionelle Aufklärungsschreiben aufgrund der Vielzahl betroffener Schadenspositionen und Einzelfragen innerhalb eines Gesamtvergleichs einen Umfang von 15 bis 25 Seiten erreichen. In solchen Fällen ist es für den Anwalt essenziell, sich in einem gesonderten Abschlussgespräch ausreichend Zeit für eine umfassende Erörterung sämtlicher relevanter Aspekte mit dem Mandanten zu nehmen. Dadurch wird sichergestellt, dass der Mandant den Inhalt der Aufklärung vollständig verstanden hat und der Anwalt seiner Sorgfaltspflicht in angemessener Weise nachgekommen ist.

D. Technik der Kapitalisierung

I. Einleitung

34 Für die **Berechnung eines Kapitalabfindungsbetrags** ist zunächst eine Differenzierung zwischen vergangenen und zukünftigen Ansprüchen erforderlich. Vergangene Ansprüche betreffen bereits entstandene und fällige Leistungen, die in der Regel ohne weitere Diskontierung oder Kapitalisierung zu berechnen sind. Sie ergeben sich aus tatsächlich eingetretenen Schäden und können unmittelbar beziffert werden. Zukünftige Ansprüche hingegen erfordern eine Kapitalisierung, da sie sich auf künftige, wiederkehrende Zahlungen beziehen. Hierbei wird der sogenannte Barwert ermittelt, indem die erwarteten Zahlungen mit ihrer jeweiligen Wahrscheinlichkeit gewichtet und unter Berücksichtigung eines Kapitalisierungszinsfußes abgezinst werden. Diese Berechnung stellt sicher, dass der heutige Einmalbetrag wirtschaftlich gleichwertig zu den zukünftigen Zahlungen ist.

II. Vergangenheit

35 Schadenspositionen, die bereits in der Vergangenheit angefallen sind, werden durch einfache Addition der jeweils fälligen Beträge ermittelt. Dies soll anhand eines Beispiels veranschaulicht werden:

Ein Geschädigter macht einen monatlichen Haushaltsführungsschaden in Höhe von 520,00 EUR geltend. Der Verkehrsunfall ereignete sich am 15.10.2021, das Regulierungsgespräch, in dem eine Kapitalisierung erfolgen soll, findet am 15.3.2024 statt. In diesem Zeitraum sind zwei volle Jahre und fünf zusätzliche Monate, also insgesamt 29 Monate, vergangen. Die Berechnung des Schadensbetrags für diesen Zeitraum erfolgt wie folgt:

$$520{,}00\ \text{EUR} \times 29\ \text{Monate} = 15.080{,}00\ \text{EUR}$$

Der Geschädigte hat somit einen Anspruch auf eine Nachzahlung in Höhe von 15.080,00 EUR für den Haushaltsführungsschaden der Vergangenheit, zuzüglich Verzugszinsen. Auf den Zinsanspruch sollte jedenfalls in gerichtlichen Verfahren nicht verzichtet werden, da dieser als Sanktionsmechanismus für verzögerte oder unangemessene Schadensregulierungen seitens des Versicherers dient. Allerdings kann der Anspruch auf Verzugszinsen in der außergerichtlichen Verhandlungstaktik eine strategische Rolle spielen: In bestimmten Situationen kann es sinnvoll sein, auf den Zinsschaden zu verzichten – jedoch nur unter der Voraussetzung, dass der Versicherer im Gegenzug eine höhere Entschädigungsleistung gewährt. Dementsprechend stellt der Verzugszins eine verhandlungsstrategische Komponente dar, deren Bedeutung nicht unterschätzt werden sollte. Ein erfahrener Rechtsanwalt wird sich dieses taktischen Spielraums bewusst sein und ihn gezielt zur Optimierung der Entschädigungssumme für den Geschädigten nutzen.

Das Vorgehen zur Ermittlung vergangener Schadenspositionen erfolgt nach einem **36** einheitlichen Schema, das nicht nur für den Haushaltsführungsschaden, sondern auch für andere Schadenspositionen – insbesondere auf den Verdienstausfall – Anwendung findet.

Analog zur vorherigen Berechnung wird zunächst der monatliche Schaden bestimmt. Anschließend werden die bis zum Stichtag der Kapitalisierung aufgelaufenen monatlichen Beträge ab dem Zeitpunkt des schädigenden Ereignisses aufsummiert. Dieses Verfahren ermöglicht es, für jede einzelne Schadensposition eine exakte Gesamtsumme für die Vergangenheit zu ermitteln. Diese Summe bildet dann die Grundlage für die weiteren Verhandlungen über die endgültige Schadensregulierung. Auch hier sind etwaige Verzugszinsen zu berücksichtigen, die im Rahmen der Vergleichsverhandlungen eine strategische Verhandlungsmasse darstellen können.

III. Zukunft

Für zukünftige Schadensersatzansprüche erfolgt die Kapitalisierung, um den heuti- **37** gen Barwert der künftig anfallenden monatlichen Zahlungen zu bestimmen. Während vergangene Schäden durch einfache Addition der bereits fälligen Beträge berechnet werden, erfordert die Bewertung künftiger Ansprüche eine finanzmathematische Berechnung, bei der zukünftige Zahlungen auf den Kapitalisierungsstichtag diskontiert (abgezinst) werden. Durch diesen Prozess wird ermittelt, welcher Einmalbetrag heute erforderlich wäre, um die ausstehenden Schadensersatzzahlungen vollständig abzudecken. Dabei finden Faktoren wie der Kapitalisierungszinsfuß, die Laufzeit des Anspruchs (etwa bis zum statistischen Lebensende oder Renteneintritt) sowie die Inflationsentwicklung Berücksichtigung. Auf die zuvor erläuterten Begriffsbestimmungen zur Kapitalisierung (siehe Rdn 1 ff.) wird an dieser Stelle nochmals verwiesen.

E. Zusammenfassung: Was braucht man für die Kapitalisierung?

I. Stichtag der Kapitalisierung

38 Der Stichtag spielt eine zentrale Rolle in der Kapitalisierung, da er als Grundlage für die Berechnung des Barwerts der zukünftigen Schadensersatzansprüche dient. Dieser Stichtag kann beispielsweise das Datum des Regulierungsgesprächs oder das Ende des laufenden Jahres sein. Der Stichtag ermöglicht es, zwischen den bereits aufgelaufenen Schadenspositionen (die der Vergangenheit zugeordnet werden) und den zukünftigen Zahlungen zu differenzieren. Durch die Festlegung eines klaren Stichtags kann präzise bestimmt werden, welcher Betrag kapitalisiert werden muss, um die zukünftigen Zahlungen zu finanzieren, und welcher Teil bereits als Vergangenheitswert berücksichtigt werden kann. Diese Unterscheidung ist notwendig, um eine korrekte und vollständige Berechnung der gesamten Schadensersatzforderung zu gewährleisten.

II. Geburtsdatum des Geschädigten

39 Ein weiteres wesentliches Kriterium bei der Kapitalisierung ist das Geburtsdatum des Geschädigten. Das exakte Alter des Geschädigten zum Zeitpunkt der Kapitalisierung ist von entscheidender Bedeutung, da die Kapitalisierungstabellen üblicherweise nach dem Alter des Geschädigten untergliedert sind. Dies führt dazu, dass sich der Kapitalabfindungsbetrag maßgeblich nach dem Alter des Geschädigten richtet. Ein junger Geschädigter, der voraussichtlich noch viele Jahre im Erwerbsleben stehen wird, erhält in der Regel eine höhere Kapitalabfindung als ein älterer Geschädigter, dessen verbleibende Erwerbsjahre bereits begrenzt sind. Ein älterer Geschädigter, der möglicherweise nur noch fünf bis zehn Jahre im Erwerbsleben tätig gewesen wäre, steht dem Zeitpunkt des Ausscheidens aus dem Arbeitsmarkt – etwa mit 67 Jahren – deutlich näher als ein jüngerer Geschädigter. Diese Tatsache hat unmittelbare Auswirkungen auf die Höhe der zukünftigen Schadensersatzzahlungen, die im Rahmen der Kapitalisierung berücksichtigt werden.

III. Kapitalisierungstabellen

40 Zur Kapitalisierung von Schadensansprüchen werden sogenannte **Kapitalisierungstabellen** verwendet. Diese Tabellen stellen eine Kombination aus **Sterbetafeln** und **Barwerttabellen** dar. Eine alternative Möglichkeit zur Ermittlung des **Rentenbar-**

werts besteht darin, versicherungsmathematische Sachverständige mit der Berechnung zu beauftragen. In der bisherigen praktischen Schadensregulierung haben sich jedoch Kapitalisierungstabellen, wie beispielsweise die von *Schah Sedi/Grotelüschen*, *Quirmbach/Gräfenstein/Strunk*, *Nehls* oder *Küppersbusch* bewährt. Da die Printexemplare der unterschiedlichen Autoren veraltet sind, stehen die für die Kapitalisierung von Renten im Personenschaden im Wesentlichen notwendigen jährlich aktualisierten Barwerttafeln **kostenfrei** auf **www.schah-sedi.de** zur Verfügung.

Praxistipp

Es erscheint geboten, die traditionelle Verwendung von Kapitalisierungstabellen, die insbesondere für juristische Laien schwer verständlich sein können, als überholt zu betrachten. Angesichts der fortschreitenden Digitalisierung und der damit verbundenen Effizienzsteigerung sollte in der rechtswissenschaftlichen Praxis verstärkt auf computergestützte oder webbasierte Berechnungsprogramme zurückgegriffen werden. Dies dient nicht nur der Vereinfachung komplexer Berechnungen, sondern auch einer präziseren und effizienteren Handhabung im praktischen Rechtsalltag. Hierfür wird ab Mitte 2025 auf der Website **www.schah-sedi.de** ein **kostenloser** digitaler Service zur Verfügung stehen.

Die Anwendung von Kapitalisierungstabellen ist vom BGH ausdrücklich akzeptiert **41**
worden. Wir verweisen in diesem Zusammenhang erneut auf die Entscheidung des BGH vom 8.1.1981 (zfs 1981, 105 ff.). Allerdings hat der BGH bezüglich der Anwendung von Kapitalisierungstabellen in den Entscheidungsgründen ausdrücklich Folgendes festgehalten:

> *„Indessen darf nicht übersehen werden, dass die Kapitalisierungstabellen im Wesentlichen entwickelt worden sind, um den Versicherungsgesellschaften die Errechnung der erforderlichen Rücklagen unter Berücksichtigung der für die Versichertengemeinschaft geltenden Durchschnittswerte zu ermöglichen. Soll, wie im Streitfall, eine Abfindungssumme für den Verletzten festgesetzt werden, so müssen unabdingbar dessen individuelle Verhältnisse berücksichtigt werden, soweit sie von diesen statistischen Durchschnittswerten abweichen.“*

Daher ist – wie bei der Anwendung sämtlicher Tabellenwerke – davor zu warnen, Kapitalisierungstabellen unreflektiert oder schematisch heranzuziehen und sie als starres, unverrückbares Dogma zu betrachten. Im Rahmen der Kapitalisierung sind stets die individuellen Verhältnisse der geschädigten Person einzubeziehen. Dabei ist kritisch zu prüfen, ob im konkreten Einzelfall eine Abweichung von den Tabellenwerten geboten ist. Dies wurde insbesondere bei Tötungsfällen bereits im Zusammenhang mit der Quotenregelung thematisiert. Tabellenwerte stellen in diesem Kontext lediglich Orientierungswerte dar. Gleichwohl sind Kapitalisierungstabellen und Berechnungsprogramme in der Praxis ein unverzichtbares Instrument, um im Bereich des Personenschadens eine sachgerechte und rechtssichere Ermittlung von Abfindungsvergleichen zu ermöglichen.

Praxistipp

Der Einsatz computergestützter Berechnungsprogramme im Rahmen von Regulierungsgesprächen vermittelt nicht nur einen professionellen Eindruck, sondern verschafft dem Rechtsanwalt zugleich einen erheblichen Informations- und Verhandlungsvorteil. Während Außenregulierer und Sachbearbeiter vielfach weiterhin auf gedruckte Tabellenwerke angewiesen sind und Berechnungen mit dem Taschenrechner manuell und potenziell fehleranfällig durchführen müssen, ermöglicht der Einsatz moderner Software eine präzisere und effizientere Berechnung. Wie alle Berechnungsprogramme erleichtern sie dem Anwender die Arbeit erheblich. Ein besonderer Vorteil dieser Programme liegt darin, dass sie in Regulierungsgesprächen eine schnelle und transparente Gegenüberstellung verschiedener Zinssätze und deren Auswirkungen ermöglichen. So kann beispielsweise unmittelbar verdeutlicht werden, welche Beträge sich für den Geschädigten bei Zinssätzen von 1,5 %, 4 % oder 5 % ergeben, wodurch die Verhandlungsspielräume und potenziellen Vorteile zugunsten des Geschädigten nachvollziehbar dargelegt werden können.

42 *Beispiel*

Zur Veranschaulichung wird nachfolgend eine beispielhafte Berechnung dargestellt. Darin wird von einem **30-jährigen Mann** ausgegangen, der eine **lebenslange** monatliche Rente i.H.v. **600,00 EUR** erhalten soll. Angenommen, es wurde sich mit dem Versicherer auf einen **Kapitalisierungszinssatz** von **2 %** geeinigt, so liegt der entsprechende **Kapitalisierungsfaktor** bei **30,8546** (*Schah Sedi/Grotelüschen* 2023, S. 29).

1. Zunächst wird aus der monatlichen Rente ein Jahresbetrag errechnet.
   600,00 EUR x 12 Monate = 7.200,00 EUR
2. Der Jahresbetrag wird mit dem Kapfaktor multipliziert
   7.200,00 EUR p.a. x 30,8546 = **222.153,12 EUR**

Der Geschädigte erhält einen kapitalisierten Betrag i.H.v. 222.153,12 EUR.

IV. Schadenspositionen, die einer Kapitalisierung unterliegen

43 Schadenspositionen, die einer Kapitalisierung unterliegen, sind:

- Erwerbsschaden, aktuell grundsätzlich bis 67 je nach Lebensalter des Geschädigten, Ausnahme: längere Zeitspanne beim selbstständig Tätigen; des Weiteren ist daran zu denken, dass zunehmend ein „Arbeitsmarkt für Rentner“ besteht, da ältere Menschen allein aufgrund faktischer Zwänge (zu geringe Altersrente) darauf angewiesen sind, auch noch bis ins hohe Alter zu arbeiten;
- Pflegeaufwendungen, lebenslänglich;

- Haushaltsführungsschaden, richtigerweise lebenslänglich (OLG Koblenz – 12 U 996/15), allerdings strittig; jedoch mindestens bis 75 Jahre und danach Vorbehalt (so auch *Küppersbusch/Höher*, Rn 210).
- vermehrte Bedürfnisse, lebenslänglich.

Für die praktische Anwendung bedeutet dies, dass bei der Kapitalisierung einzelner Schadenspositionen stets die einschlägige Tabelle innerhalb der Kapitalisierungstabellen auszuwählen ist. Sofern eine lebenslange Kapitalisierung erforderlich ist, muss insbesondere zwischen den Tabellen für Männer und Frauen differenziert werden, sodass entweder die Tabelle „lebenslängliche Leibrente Männer" oder „lebenslängliche Leibrente Frauen" heranzuziehen ist. Bereits dieses Vorgehen verdeutlicht die Komplexität der Berechnungen und sollte dem Rechtsanwalt hinreichenden Anlass geben, ein digitales, computergestütztes Berechnungsprogramm zu nutzen, um eine präzise, effiziente, rechtssichere und korrekte Schadensberechnung zu gewährleisten. **44**

V. Laufzeit der Rente

Man unterscheidet zwischen verschiedenen Rentenarten. **45**

1. Lebenslängliche Leibrente

Die **lebenslängliche Leibrente** erlischt mit dem Versterben des Mandanten/Geschädigten. Ihrer Berechnung liegt die statistische Sterbewahrscheinlichkeit sowie die daraus abgeleitete durchschnittliche Lebenserwartung des Geschädigten zugrunde. **46**

2. Temporäre Leibrente

Bei der **temporären Leibrente** erfolgt die Berechnung – im Gegensatz zur lebenslänglichen Leibrente – nicht bis zum Versterben des Geschädigten, sondern bis zu einem vordefinierten Alter. Wie bereits dargelegt, sollte für die meisten Schadenspositionen die lebenslängliche Leibrente zugrunde gelegt werden. Beim Erwerbsschaden hingegen ist regelmäßig eine temporäre Leibrente heranzuziehen, wobei umstritten ist, bis zu welchem Zeitpunkt diese berechnet werden sollte. Versicherer vertreten häufig die Auffassung, dass Arbeitnehmer typischerweise nicht bis zum gesetzlichen Renteneintrittsalter tätig sind, sondern regelmäßig vorzeitig in den Ruhestand treten. Diese Annahme ist jedoch nicht zwingend zutreffend. Angesichts der demografischen Entwicklung sind zunehmend ältere Beschäftigte am Arbeitsmarkt vertreten, die sowohl physisch als auch kognitiv in der Lage sind, über das bisher übliche Renteneintrittsalter hinaus erwerbstätig zu bleiben. In Zukunft könnte sich die Diskussion daher verstärkt darauf richten, eine Berechnung bis mindestens zum 70. Lebensjahr vorzunehmen, da sich die Lebensarbeitszeit perspektivisch weiter verlängern dürfte. **47**

48 Zudem ist bei der Berechnung der temporären Leibrente die jeweilige Berufsgruppe des Geschädigten zu berücksichtigen, da insbesondere zwischen abhängig Beschäftigten und Selbstständigen erhebliche Unterschiede bestehen. Während für Arbeitnehmer häufig eine Orientierung am gesetzlichen Renteneintrittsalter erfolgt, kann bei Selbstständigen eine längere Erwerbsdauer sachgerecht sein. Da viele Selbstständige ihre berufliche Tätigkeit nicht bereits mit 60 oder 65 Jahren aufgeben, sondern oft bis in ein höheres Alter arbeiten, erscheint es in diesen Fällen gerechtfertigt, die temporäre Leibrente über diesen Zeitpunkt hinaus festzulegen.

49 Die temporäre Leibrente und die lebenslange Leibrente stellen die mit Abstand häufigsten Rentenarten dar, die in der Kapitalisierungspraxis von Bedeutung sind. Neben diesen beiden Hauptformen existieren jedoch weitere Rentenarten, die an dieser Stelle zumindest kurz thematisiert werden sollen.

3. Aufgeschobene Rente

50 Eine **aufgeschobene Rente** liegt vor, wenn eine Abfindung bereits zum Kapitalisierungszeitpunkt erfolgt, die Rentenzahlung jedoch erst zu einem späteren Zeitpunkt beginnen soll. Solche Rentenarten finden insbesondere Anwendung, wenn junge Menschen, etwa Kinder, infolge eines Unfalls geschädigt wurden und der Schaden erst in der Zukunft entsteht – beispielsweise mit Aufnahme einer eigenen Haushaltsführung oder einer beruflichen Tätigkeit. Dennoch kann bereits zum Kapitalisierungszeitpunkt eine Einigung über eine Abfindungszahlung mit dem Versicherer erzielt werden, obwohl der Schaden – etwa in Form eines monatlichen Haushaltsführungs- oder eines Erwerbsschadens – erst zu einem späteren Zeitpunkt eintritt.

51 Alternativ kann das Verfahren offengehalten werden, sodass die Schadensberechnung erst zu einem späteren Zeitpunkt – beispielsweise mit Vollendung des 18. Lebensjahres – erfolgt. In diesem Fall ist es jedoch erforderlich, die Akte durch eine Verjährungsverzichtserklärung abzusichern. Dies geschieht in der Regel durch einen ausdrücklichen Zukunftsschadensvorbehalt sowie die Erklärung des Verzichts des Schädigers oder dessen Versicherers auf die Einrede der Verjährung.

52 Die Berechnung einer aufgeschobenen Leibrente gestaltet sich vergleichsweise komplex. Grundsätzlich wird der Barwert ermittelt, indem die Differenz zwischen einer sofort beginnenden lebenslänglichen Leibrente und einer temporären Leibrente gebildet wird. Zur Verdeutlichung soll dies anhand eines Beispiels illustriert werden:

Eine 35-jährige Witwe erhält eine jährliche Unterhaltszahlung von 12.000,00 EUR. Nach zehn Jahren, mit Abschluss der Ausbildung ihres Kindes, würde sich die jährliche Unterhaltszahlung auf 15.000,00 EUR erhöhen. Für die Berechnung ist zunächst der Kapitalisierungsfaktor einer lebenslänglichen Leibrente gemäß Tabelle 26 bei *Quirmbach/Gräfenstein/Strunk* (3. Aufl., § 10 Rn 31) für eine 35-jährige Frau bei einem Zinssatz von 3 % heranzuziehen. Dieser beträgt 25,373. Davon ist der Faktor der temporären Leibrente bis zum 67. Lebensjahr abzuziehen, welcher bei einem Zinssatz von 3 % mit 20,325 angegeben ist (Tabelle 41, § 10 Rn 46). Die Differenz beträgt somit 5,048. Multipliziert man diesen Faktor mit der Jahresrente von 15.000,00 EUR, ergibt sich der Barwert für die spätere Rentenerhöhung. Zusätzlich ist für die ersten zehn Jahre der Jahresrentenbetrag von 12.000,00 EUR mit dem Faktor 20,325 zu multiplizieren. Beide Werte werden abschließend addiert, um den Gesamtkapitalwert zu bestimmen.

Alternativ kann die Berechnung durch den Einsatz moderner Berechnungsprogramme erheblich vereinfacht werden. Digitale Lösungen – etwa jene von *Weber/Schätzle* – ermöglichen es, die relevanten Ausgangsparameter in eine vorgefertigte Eingabemaske einzugeben und die Berechnung mit einem Klick auszuführen. Der Vorteil dieser digitalen Methode liegt in ihrer Effizienz, Fehlerfreiheit und der Möglichkeit, unterschiedliche Szenarien schnell und präzise zu vergleichen.

4. Verbindungsrente

Eine **Verbindungsrente** liegt vor, wenn eine Rente an zwei Personen – typischer- 53
weise Ehegatten – bis zum Tod des zuerst Versterbenden gezahlt wird, also bis zur Auflösung der Bedarfsgemeinschaft durch Tod. Zur Berechnung des entsprechenden Kapitalisierungswertes ist zunächst der Altersunterschied zwischen beiden Personen zu bestimmen. Hierzu existieren Tabellenwerke mit abgestuften Altersdifferenzen in 5-Jahres-Schritten, etwa für den Fall, dass der Mann zehn Jahre jünger, fünf Jahre jünger, gleich alt, fünf Jahre älter oder zehn Jahre älter ist. Solche Tabellen sind beispielsweise in *Quirmbach/Gräfenstein/Strunk* (3. Aufl., § 10 Rn 56 ff.) zu finden.

Allerdings ist bei der Anwendung dieser Tabellen eine kritische Betrachtung geboten, da sie lediglich eine Annäherung an den konkreten Einzelfall ermöglichen. Insbesondere sieht dieses Tabellenwerk – anders als konkurrierende Berechnungsmodelle – eine differenzierte Zinssatzbandbreite von 0 % bis 5 % vor, während andere Varianten vielfach noch mit festgelegten Zinssätzen von 5 % oder 3–5 % arbeiten. Diesen Ansätzen sollte aus Sicht des Geschädigten mit Skepsis begegnet werden.

Die Verbindungsrente ergibt sich letztlich aus der Verbindung der voraussichtlichen Lebenserwartungen beider Personen. In der Praxis ist die Berechnung solcher Renten häufig umstritten, sodass eine genaue Gegenüberstellung der zugrunde liegenden Parameter erforderlich ist. Aus praktischer Erfahrung lässt sich zudem feststellen, dass Verbindungsrenten oftmals zu ungünstigeren Ergebnissen für den Geschädigten führen als eine klassische Kapitalisierung ohne Verbindungsrente. Daher ist vor einer vorschnellen und unkritischen Anwendung dieser Berechnungsmethode ausdrücklich zu warnen.

Im Kontext von Unterhaltsansprüchen, insbesondere in Fällen mit tödlichem Aus- 54
gang, versuchen Versicherer regelmäßig, die Verbindungsrente anzuwenden. Der rationale Hintergrund für dieses Vorgehen ist offensichtlich: Durch die Anwendung

der Verbindungsrente anstelle einer Leibrente ergeben sich geringere Kapitalisierungsfaktoren, was zur Folge hat, dass der Versicherer eine geringere Zahlung an den Geschädigten zu leisten hätte. Die Schaffung der Verbindungsrente verfolgt das Ziel, die ursprüngliche Kapitalisierungstabelle zu modifizieren. In der ursprünglichen Tabelle wird ausschließlich die Lebenserwartung des verstorbenen **Unterhaltspflichtigen** zugrunde gelegt, während die Lebenserwartung des Unterhaltsberechtigten keine Berücksichtigung findet. Dies soll die Möglichkeit einbeziehen, dass der **Unterhaltsberechtigte** während der Laufzeit der Rente ebenfalls versterben könnte.

Dogmatisch betrachtet ist diese Vorgehensweise jedoch problematisch, da theoretisch auch die Person mit der längeren Lebenserwartung vor Ablauf der Rentenlaufzeit versterben kann. In diesem Zusammenhang wird der Gesetzeswortlaut von § 844 Abs. 2 BGB relevant, der gegen die Anwendung einer Verbindungsrente spricht. Der Wortlaut dieses Paragrafen lautet wie folgt:

> „Stand der Getötete zur Zeit der Verletzung zu einem Dritten in einem Verhältnis, vermöge dessen er diesem gegenüber kraft Gesetzes unterhaltspflichtig war oder unterhaltspflichtig werden konnte, und ist dem Dritten infolge der Tötung das Recht auf den Unterhalt entzogen, so hat der Ersatzpflichtige dem Dritten durch Entrichtung einer Geldrente insoweit Schadensersatz zu leisten, als der Getötete während der mutmaßlichen Dauer seines Lebens zur Gewährung des Unterhalts verpflichtet gewesen sein würde …“

In § 844 BGB ist jedoch explizit nicht vorgesehen, dass der Schädiger der Witwe einen Unterhaltsanspruch bis zur Auflösung der Beziehung durch den Tod des zuerst Verstorbenen zu zahlen hat. Diese gesetzliche Regelung impliziert vielmehr, dass der Schadensersatzanspruch des Unterhaltsberechtigten auf den Zeitraum beschränkt ist, in dem der Getötete tatsächlich unterhaltspflichtig gewesen wäre, basierend auf seiner Lebenserwartung. Die Annahme einer Verbindungsrente lässt sich daher dogmatisch nicht aus dem Gesetz ableiten, weshalb sie zu Recht abzulehnen ist. Stattdessen wäre es dogmatisch korrekt, die Leibrente gemäß den Vorgaben des § 844 BGB anzuwenden und diese gegebenenfalls mit einem geringfügigen Abschlag zu versehen, um den Umstand zu berücksichtigen, dass die tatsächliche Lebenserwartung des Unterhaltspflichtigen in der Kapitalisierung berücksichtigt werden muss. Diese Vorgehensweise steht im Einklang mit den gesetzlichen Regelungen und berücksichtigt die konkrete Lebenssituation des Unterhaltsberechtigten und des Getöteten.

VI. Kapitalisierungszinssatz

55 Wie bereits dargelegt, stellt die korrekte Wahl des Zinssatzes einen zentralen Aspekt im Rahmen der Kapitalisierung dar. Der Zinssatz, der in den jeweiligen Kapitalisierungstabellen aufgeführt ist, ist in der Regel in der obersten Spalte zu finden. In Anbetracht der vorherigen Ausführungen wäre es aus der Perspektive des Anwalts des Geschädigten grob fahrlässig und folglich fehlerhaft, lediglich auf die ge-

nannten Werke zurückzugreifen und deren Anwendung durch den Versicherer nicht zu beanstanden. Stattdessen sollten auch andere Tabellenwerke sowie spezialisierte Berechnungsprogramme für die Kapitalisierung herangezogen werden, da diese eine präzisere und rechtlich fundiertere Grundlage bieten. Das Ergebnis der Verhandlung wird oft im Bereich zwischen diesen beiden Werten liegen.

Die **Kapitalisierungsformel** lautet stets: 56

Barwert (Kapitalbetrag) = Jahresrente x Kapitalisierungsfaktor

Der Zinssatz spielt eine entscheidende Rolle, da der Kapitalisierungsfaktor naturgemäß ansteigt, je niedriger der Zinssatz angesetzt wird. Je nach Kapitalisierungsrate – sei es 2 % oder 5 % – kann sich im Einzelfall eine monetäre Differenz im fünf- bis sechsstelligen Bereich ergeben. Wird darüber hinaus berücksichtigt, dass der Zinssatz jede einzelne Schadensposition beeinflusst – etwa den Haushaltsführungsschaden, die vermehrten Bedürfnisse, die Pflegekosten und auch den Erwerbsschaden – wird die Bedeutung der verhandelten Höhe des Zinssatzes noch deutlicher. Die jeweilige Differenz der einzelnen Schadenspositionen summiert sich zu einem immensen Gesamtdelta. Abhängig von Art, Schwere und dem Umfang der Verletzungen können sich hierbei Differenzen von bis zu 500.000,00 EUR ergeben.

Die Unterschiede können sogar noch größer ausfallen, wenn Berechnungen mit verschiedenen auf dem Markt verfügbaren Berechnungsprogrammen verglichen werden. Die von den Versicherern üblicherweise verwendeten Kapitalisierungstabellen und die daraus resultierenden Kapitalisierungsergebnisse fallen tendenziell am niedrigsten aus. Anwälte von Geschädigten sollten sich dieser Tatsache bewusst sein, um die bestmögliche Berechnungsgrundlage für ihre Mandanten zu gewährleisten und gegebenenfalls gegen die verwendeten Tabellen und Berechnungsprogramme der Versicherer argumentativ vorzugehen zu können.

F. Appell und Ausblick

Die finanzielle Tragweite der Wahl eines Zinssatzes von 2 % anstelle von 5 % für die Versicherungsbranche lässt sich durch eine überschlägige Berechnung veranschaulichen: 57

- Statistisch betrachtet erleiden jährlich rund 400.000 Menschen Verletzungen im Straßenverkehr. Nach den Erhebungen des Statistischen Bundesamts lag die Zahl der verletzten Verkehrsteilnehmer im Jahr 2024 bei 366.557. Allerdings zählt nicht jeder Verkehrsverletzte zu den Schwerstverletzten. Vielmehr entfällt der Großteil auf Leichtverletzte, bei denen Fragen der Kapitalisierung in der Regel keine Rolle spielen. Über die Jahrzehnte hinweg lässt sich jedoch ein durchschnittlicher Wert ableiten, wonach jährlich etwa 30.000 bis 40.000 Personen als Schwer- oder Schwerstverletzte im Straßenverkehr erfasst werden müssen.

- Geht man von einem realistischen Einsparpotenzial von 200.000,00 EUR pro Schwerstverletztenfall für die Versicherung aus – bedingt durch die Differenz zwischen einer Kapitalisierung mit 5 % statt mit 2 % – lassen sich die finanziellen Auswirkungen für die Versicherungsbranche leicht nachvollziehen.
- Berücksichtigt man zudem, dass diese Einsparungen lediglich die Haftpflichtfälle im Straßenverkehr betreffen und damit nur einen marginalen Anteil der Versicherungsfälle darstellen, wird die finanzielle Dimension noch deutlicher. Die Zinsproblematik spielt nicht nur bei Verkehrsunfällen eine Rolle, sondern erstreckt sich auch auf weitere Haftpflichtbereiche wie die Arzthaftung, private Haftpflichtfälle, Tierhalterhaftpflichtschäden und sonstige Haftpflichtansprüche, was die strategische Bedeutung der Zinssatzwahl für den Versicherer verdeutlicht.
- Zudem ist zu berücksichtigen, dass der Geschädigte lediglich in Höhe eines Drittels des Schadens aktivlegitimiert ist. Die verbleibenden zwei Drittel eines Großschadens können nicht durch den Geschädigten selbst geltend gemacht werden, da insoweit die Sozialversicherungsträger – insbesondere die Berufsgenossenschaften, die Deutsche Rentenversicherung, die gesetzlichen Krankenkassen sowie die Pflegeversicherung – anspruchsberechtigt sind. In der Praxis erfolgt die Abgeltung der Sozialversicherungsträger häufig unter Zugrundelegung überhöhter Zinssätze, insbesondere im Rahmen von Sammelgesprächen. Basierend auf zahlreichen Gesprächen mit Vertretern der Sozialversicherungsträger und Regulierungsverantwortlichen lässt sich jedoch die Tendenz beobachten, dass sich der Regress gegenüber den Sozialversicherungsträgern für die Versicherer zunehmend schwieriger gestaltet. Insbesondere wird ersichtlich, dass Abzinsungen auch nicht mehr in der gewünschten Höhe akzeptiert werden. Die Relevanz der Zinssatzfrage ergibt sich folglich unmittelbar aus den dargestellten weit gefächerten wirtschaftlichen Auswirkungen.

Sollte seitens der Versicherer erneut das Argument vorgebracht werden, dass Geschädigte keine höheren Abfindungsbeträge fordern dürften, da dies zu einer nachhaltigen Erhöhung der Versicherungsprämien und damit zu einer Belastung der Versichertengemeinschaft führen würde, wäre dem konsequenterweise mit den oben dargelegten tatsächlichen Einsparungen zu entgegnen. Zudem wäre der Versicherer aufzufordern, eine nachvollziehbare Berechnung seiner Prämienkalkulation offenzulegen. Es handelt sich mutmaßlich um ein Scheinargument, da die Prämienkalkulation – insbesondere im Bereich der Kfz-Schadensregulierung – maßgeblich von anderen Faktoren beeinflusst wird, etwa durch den Wettbewerbsdruck im Rahmen des Verdrängungswettbewerbs. Im Übrigen gibt es keine Versichertengemeinschaft. Größtenteils handelt es sich bei Versicherungsgesellschaften um Kapitalgesellschaften, die ausschließlich ihren Anteilseignern finanziell verpflichtet sind und gerade nicht ihren Kunden, die gerne fälschlich als finanziell schutzwürdige Versichertengemeinschaft bezeichnet werden.

Vor dem Hintergrund dieser Erkenntnisse erscheint es nicht nur gerechtfertigt, sondern vielmehr zwingend geboten, dass Geschädigte im Rahmen von Abfindungsvergleichen oder der Kapitalisierung von Schadensersatzansprüchen den Kapitalisierungszins der Versicherer nicht akzeptieren. Vielmehr ist stets die Anwendung eines Zinssatzes zu fordern, der sich an den aktuellen wirtschaftlichen Gegebenheiten orientiert. 58

Eine Änderung der bestehenden Kapitalisierungspraxis der Versicherer kann ausschließlich durch ein konsequentes, beharrliches und entschlossenes Vorgehen erreicht werden, welches insbesondere darin besteht, dass

- die Vorschrift des § 843 Abs. 3 BGB konsequent sowie dogmatisch zutreffend ausgelegt und angewendet wird – und zwar umfassend zugunsten des Geschädigten;
- ein Anspruch auf Kapitalisierung geltend gemacht wird und dieser Anspruch dann auch dezidiert zu berechnen ist und man sich nicht lediglich auf den vom Versicherer vorgeschlagenen pauschalierten Abfindungsvergleich einlässt;
- keinesfalls ohne Prüfung der aktuellen wirtschaftlichen Rahmenbedingungen mit dem von der Versicherung angesetzten Kapitalisierungszinsfuß gearbeitet wird.

§ 7 Einwände des Versicherers und Gegenargumente

A. Einleitung

Für den Anwalt, der Personenschäden auf Geschädigtenseite vertritt und bearbeitet, ist es extrem wichtig, dass er auf die Einwände, die der Versicherer anlässlich der einzelnen Schadenspositionen vorträgt, reagieren kann. Deswegen haben wir in der Neuauflage dieses Standardwerkes eine Einwandliste verfasst. Versicherer arbeiten fast immer mit Textbausteinen, in denen exakt zu dem jeweiligen juristischen Problem ein Einwand mit Zitat erfolgt. Meistens ist es ein Sachargument, gekoppelt mit einer für den Versicherer günstigen Entscheidung aus der Rechtsprechung. Wenn jetzt der Anwalt, der Geschädigte vertritt, darauf fachlich reagieren kann, zeugt das von Professionalität und bringt ihn auf gleiche Augenhöhe mit dem Versicherer. 1

Außerdem sind Versicherer, wenn sie merken, dass der Anwalt ganz konkret auf ihre Einwände vortragen kann, eher gewillt ein Regulierungsgespräch durchzuführen. Der Versicherer wägt nämlich ab, ob er in eine Klage geht – mit ungewissem Ausgang – oder ob er sich außergerichtlich mit der Gegenseite verständigen will. Kann der Anwalt auf der Geschädigtenseite ganz konkret die Einwände des Versicherers entkräften, wird er vom Versicherer ernst genommen. Versicherer sind hinsichtlich der konkreten Schadenspositionen mit den sich daraus ergebenden Problemen extrem gut geschult. Zum einen gibt es Anbieter wie z.B. MWV Seminare, die Versicherer extrem gut auf die einzelnen Schadenspositionen vorbereiten. Ferner buchen Versicherer In-House-Schulungen, wo die Schadensachbearbeiter exakt auf jedes Problem innerhalb der einzelnen Schadenspositionen mit entsprechender Rechtsprechung geschult werden.

Die Autoren dieses Buches haben in unzähligen Schreiben und Regulierungsgesprächen die Argumente aus der Einwandliste vorgetragen und dadurch außergerichtlich erhebliche Mehrleistungen für ihre Mandanten erreicht. Die Einwandliste ist daher ein Praxistool, was aus unserer Sicht unerlässlich ist für eine professionelle Regulierung.

Hinzu kommt, dass die Mehrzahl der Sachbearbeiter der Versicherer nur durch Sachargumente überzeugt werden können und nicht durch Effekthascherei oder Showeffekte. Ein konkretes Beispiel verdeutlicht das: Wenn der Anwalt, der Geschädigte vertritt, weiß, wo sich der Unfall abgespielt hat, dann kann er nach § 32 ZPO die Rechtsprechung des zuständigen Landgerichtes und Oberlandesgerichtes heraussuchen und ganz konkret gegenüber dem Versicherer vortragen. Der Versicherer kann nun in aller Ruhe abwägen, ob er in einen Prozess geht oder nicht. Es ist dann nicht entscheidend, was irgendein Oberlandesgericht vorträgt, sondern was das hier konkret zuständige Oberlandesgericht voraussichtlich sagen würde, wenn es zu einem Prozess käme. Derartige Sachargumente überzeugen die Versicherer. Genauso verhält es sich mit den korrekten Einwänden gegenüber dem Versicherer.

Wir versuchen die Einwandliste weiter fortzusetzen und sind daher dankbar, wenn der ein oder andere Leser uns mitteilt, welche Argumente ihm der Versicherer vorgetragen hat. Nachfolgend sind konkrete Argumente des Versicherers in wörtlicher Rede aufgelistet und die Gegenargumente des Rechtsanwaltes vorgetragen.

B. Alle materiellen Ansprüche

2

Einwand Versicherer	mögliche Gegenargumentation
Materieller Feststellungsanspruch	
„Der von Ihnen geforderte materielle Feststeller muss aus unserer Sicht nicht abgegeben werden, weil keine Verjährung droht. Wir stehen mit Ihnen in Verhandlungen, so dass aktuell kein Feststeller nötig ist."	*„Es handelt sich hierbei nicht um ein Problem der Verjährung, sondern um einen Anspruch, den der Geschädigte hat. Sie sind daher verpflichtet, einen materiellen Feststeller folgender Art abzugeben:* *Die ... (Versicherung) verpflichtet sich mit Wirkung eines zum xx.xx.xxxx rechtskräftigen Feststellungsurteils, Herrn/Frau ... (Geschädigte/r) sämtliche materiellen und immateriellen Schäden zu ersetzen, welche ihm/ihr aus dem Verkehrsunfall vom xx.xx.xxxx (Ihre Schadennummer .... betreffend) entstanden sind und noch entstehen werden, soweit die hierauf gerichteten Ansprüche nicht auf Sozialversicherungsträger oder sonstige Dritte übergegangen sind. Die Erklärung gilt mit gleicher Wirkung für die bei der ... (Versicherung) versicherten Personen.* *Zudem vereinbaren die Parteien einen umfassenden Verzicht auf die Einrede der Verjährung, insbesondere dahingehend, dass die in dieser Erklärung begründeten Forderungen, einschließlich aller künftig regelmäßig wiederkehrenden Leistungen i.S.d. § 197 Abs. 2 BGB, einer 30-jährigen Verjährung unterliegen, die mit dem gesetzlichen Verjährungsbeginn zu laufen beginnt. Längere gesetzliche Verjährungsfristen bleiben ebenso unberührt wie Vorschriften über den Verjährungsbeginn, die Ablaufhemmung, die Hemmung und den Neubeginn der Verjährung.* *Nach der Rechtsprechung des BGH (VersR 2001, 874) reicht, wenn die Feststellung der Pflicht zum Ersatz zukünftigen Schadens aus einer bereits eingetretenen Rechtsgutverletzung beantragt wird, für das Feststellungsinteresse die Möglichkeit eines Schadenseintritts aus, die nur verneint werden darf,*

Einwand Versicherer	mögliche Gegenargumentation
	wenn aus Sicht des Klägers bei verständiger Würdigung kein Grund besteht, mit dem Eintritt des Schadens wenigstens zu rechnen. Vorliegend ist aufgrund der Ihnen vorliegenden Arztberichte ein Dauerschaden eingetreten, so dass Sie auch verpflichtet sind, unserem entsprechenden Feststellungsbegehren nachzugehen."

C. Schmerzensgeld

Einwand Versicherer	mögliche Gegenargumentation
Mitverschulden „Aufgrund des Mitverschuldens von 50 % ist hier ein Schmerzensgeld nicht von 200.000,00 EUR angemessen, sondern lediglich von 100.000,00 EUR. Das Schmerzensgeld ist in gleichem Umfang zu quotieren wie sonstige materielle Ansprüche."	*„Es ist zwar richtig, dass der Geschädigte sich ein etwaiges Mitverschulden auch beim Schmerzensgeldanspruch nach § 254 BGB anrechnen lassen muss. Keinesfalls ist es jedoch richtig, dass das Schmerzensgeld wie die anderen materiellen Ansprüche quotiert werden kann. Nach der Rechtsprechung des BGH (VersR 1970, 624) ist das Schmerzensgeld unter Berücksichtigung der Haftungsquote zu bestimmen. Hierbei ist allerdings das Verschulden nur ein Bemessungsfaktor von vielen. Im Rahmen der Doppelfunktion des Schmerzensgeldes (Ausgleichs- und Genugtuungsfunktion) ist das Mitverschulden lediglich ein Bemessungsfaktor, aber keinesfalls der beherrschende Bemessungsfaktor. Wir halten daher unter Berücksichtigung des Mitverschuldens ein Schmerzensgeld von 140.000,00 EUR für angemessen."*
Schmerzensgeld zu hoch – taggenaue Berechnung des Schmerzensgeldes „Das von Ihnen geltend gemachte Schmerzensgeld ist trotz des erheblichen Dauerschadens Ihres Mandanten viel zu hoch. Darüber hinaus lehnen wir eine taggenaue Berechnung des Schmerzensgeldes ab. Wir verweisen auf die Rechtsprechung des BGH (Urt. vom 23.2.2022 – VI ZR 937/20)."	*„Losgelöst davon, ob Sie die taggenaue Berechnung des Schmerzensgeldes ablehnen oder nicht, hat die jüngste Rechtsprechung gezeigt, dass bei schwerstgeschädigten Personen ein deutlicher Anstieg der Schmerzensgelder zu verzeichnen ist. Wir verweisen exemplarisch auf die Entscheidung des Landgerichts Aurich (800.000,00 EUR – Urt. v. 23.11.2018 – 2 O 165/12), des Landgerichts Oldenburg (800.000,00 EUR – Urt. v. 18.3.2020 – 5 U 196/18), des Landgerichts Gießen (800.000,00 EUR – Urt. v. 6.11.2019 – 5 O 376/18) und des Landgerichts Limburg (1.000.000,00 EUR – Urt. v. 28.6.2021 – 1 O 45/15). Die Tendenz geht in der Rechtsprechung zu deutlich höheren Schmerzensgeldern."*

3

Einwand Versicherer	**mögliche Gegenargumentation**
Streit über Vergleichsentscheidungen aus den gängigen Tabellen „Nach der von Ihnen zitierten Rechtsprechung … siehe Tabelle *Hacks/Wellner/Klein/Kohake* … halten wir ein Schmerzensgeld in Höhe von … für angemessen."	*„Die gängigen Schmerzensgeldtabellen wie Hacks/Wellner/Klein/Kohake, Slyzik oder Jaeger/Luckey können den individuellen Einzelfall nicht wiedergeben, sondern dienen lediglich als grober Anhaltspunkt. Dass die Tabellen generell eher unbrauchbar sind, können Sie vertieft in der zfs (zfs 08/2019, S. 424–430) nachlesen. Gerade bei einem Polytrauma, d.h. mehrfach lebensbedrohlichen Verletzungen, spiegeln die Tabellen meistens nur eine Verletzung wider, aber nicht die mehrfachen Verletzungen. Zudem fehlt bei Ihnen eine Indexierung, d.h. die von Ihnen zitierte Entscheidung ist auf die heutige Zeit anzupassen und zu indexieren. Schließlich zitieren Sie Entscheidungen, die älter als zehn Jahre sind. Eine solche Entscheidung kann nicht verwendet werden, da wir allein schon aus Gründen der Inflation und der Verteuerung nur aktuelle Entscheidungen verwenden. In einem Gerichtsverfahren würden wir selbstverständlich ebenfalls so vortragen."*
Immaterieller BGH-Vorbehalt „Gerne sind wir bereit, Ihnen einen sogenannten immateriellen Vorbehalt einzuräumen, welcher der Rechtsprechung des BGH (Urt. v. 14.2.2006 – VI ZR 322/04, zfs 2006, 381 ff.) entspricht."	*„Der von Ihnen erklärte sogenannte BGH-Vorbehalt beim Schmerzensgeld kann von uns so nicht akzeptiert werden, da dieser Vorbehalt wertlos ist. Nach der Rechtsprechung des BGH sind nämlich sämtliche Spätfolgen und Komplikationen, die medizinisch objektiv vorhersehbar sind, bereits im Schmerzensgeld eingepreist und rechtfertigen im Eintrittsfall keine Erhöhung des konkreten Schmerzensgeldes. Nach der Rechtsprechung des BGH sind fast alle Spätfolgen und Komplikationen medizinisch vorhersehbar. Nur bei absoluten Ausnahmen, die hier nicht vorliegen, wäre eine erneute Geltendmachung des Schmerzensgeldes möglich. In dem hier zu entscheidenden Fall ging es um ein Schädelhirntrauma 3. Grades. Die Spätfolgen und Komplikationen, die hier aus ärztlicher Sicht auftreten können, ist eine Epilepsie. Bitte nehmen Sie daher den Vorbehalt wie folgt auf: Sollte es im weiteren Verlauf zu einer Epilepsie kommen, ist über das Schmerzensgeld erneut zu verhandeln. Dieser Vorbehalt hat die Wirkung eines mit heutigem Datum rechtskräftigen Feststellungsurteils."*

Einwand Versicherer	mögliche Gegenargumentation
	Tipp: Im konkreten Fall hat der Anwalt daher immer anhand der AWMF Leitlinien der Ärzte zu schauen, was in seinem konkreten Fall an Spätfolgen und Komplikationen zu erwarten ist. Zudem ist Rücksprache mit den einzelnen Fachärzten zu halten, in Erfahrung zu bringen, welche Spätfolgen und Komplikationen bei derartigen Verletzungen für den Mandanten eintreten können. Diese Spätfolgen und Komplikationen sind dann enumerativ aufzulisten und als konkreter Vorbehalt dem Versicherer gegenüber vorzutragen. Hierbei ist die Absicherung mit Wirkung eines gerichtlichen Feststellungsurteils (also 30 Jahre) notwendig. Sollte die Spätfolge oder Komplikation eintreten, kann der Geschädigte dann ein weiteres Schmerzensgeld geltend machen. Wenn dann zum Beispiel in 10 oder 15 Jahren die Epilepsie oder andere Spätfolgen eintreten, ist möglicherweise das Schmerzensgeld in dieser Zeit exorbitant gestiegen, so dass dann auch ein weiteres erhöhtes Schmerzensgeld geltend gemacht werden kann. Manchmal bietet der Versicherer auch eine pauschale Erhöhung des Schmerzensgeldes um 25 %–50 % an, weil die Spätfolgen und Komplikationen ja auch nicht eintreten können. Wir persönlich halten die Absicherung durch den oben genannten Zukunftsschadensvorbehalt für sinnvoller, weil der Anwalt immer den sichersten Weg für den Geschädigten gehen sollte. Es gibt aber auch Kollegen, die sich den Vorbehalt „abkaufen“ lassen, dann ist eine exakte und saubere Aufklärung dem Geschädigten gegenüber allerdings dringend notwendig.
Schmerzensgeldrente „Neben dem oben genannten Schmerzensgeldbetrag der Einmalzahlung sind wir bereit, Ihrem Mandanten eine Schmerzensgeldrente von monatlich 1.000,00 EUR lebenslang zu entrichten. Bitte teilen Sie uns mit, ob Sie mit dem Vorgehen einverstanden sind oder nicht.“	*„Unser Mandant ist mit einer Schmerzensgeldrente nicht einverstanden, sondern bevorzugt eine Einmalzahlung. Gerade vor dem Hintergrund, dass eine Schmerzensgeldrente nach der Rechtsprechung des BGH (VersR 1973, 1087) nicht durch Kopplung an den Lebenshaltungskostenindex dynamisch ausgestaltet werden darf, wäre eine Schmerzensgeldrente unwirtschaftlich. Da die Schmerzen zum Zeitpunkt des Unfalls bereits vorlagen, wäre es nur fair, dass das Schmerzensgeld auch komplett durch eine Einmalzahlung anfällt. Anderenfalls würde unser Mandant Ihnen rechnerisch ein zinsloses Darlehen gewähren.“* **Tipp:** Versicherer versuchen die Schmerzensgeldrente oftmals einzubauen, um aus zwei Gründen Vorteile zu ziehen. Zum ei-

Einwand Versicherer	mögliche Gegenargumentation
	nen versuchen sie durch die Rente die zu zahlende Einmalzahlung erheblich zu reduzieren und so ein zinsloses Darlehen vom Geschädigten zu erhalten. Zum anderen spielt für Versicherer bei Schwerstgeschädigten das Argument des Vorversterbens eine Rolle. Denn sollte der Geschädigte nicht das statistische Lebensalter erreichen und aufgrund seiner Verletzungen oder aufgrund eines anderen Umstandes vorher versterben, würde in dem Fall die Schmerzensgeldrente gestoppt sein. Bei einer Einmalzahlung würden die Erben das volle Schmerzensgeld erben.
Schmerzensgeldreduzierung, da Unfall durch Familienangehörige verursacht „Das Schmerzensgeld ist bei der Schadensverursachung durch Familienangehörige zu reduzieren, da die Genugtuungsfunktion nicht zum Tragen kommt."	*„Angesichts der Schwere der Verletzungen ist das von Ihnen vorgetragene Argument nicht von großer Bedeutung. Die Genugtuungsfunktion von bloß fahrlässig verursachten Verkehrsunfällen tritt gegenüber der Ausgleichsfunktion vollständig in den Hintergrund. Nach der Entscheidung des großen Zivilsenats vom 6.7.1955 (BGH Z18, S. 149 ff.) ist die Lebensbeeinträchtigung entscheidend. Im vorliegenden Fall ist die Lebensbeeinträchtigung unseres Mandanten hier erheblich eingeschränkt. Die Genugtuungsfunktion spielt daher eher bei dem Grad des Verschuldens des Schädigers eine Rolle, d.h. bei grob fahrlässigem oder sogar vorsätzlichem Verhalten hat die Genugtuungsfunktion ihre Rechtfertigung (vgl. BGH Z18, S. 149, Rn 20). Insgesamt bleibt es daher bei der von uns geforderten Schmerzensgeldsumme …"*

D. Haushaltsführungsschaden

4

Einwand Versicherer	mögliche Gegenargumentation
Kinder haben keinen Haushaltsführungsschaden	*„Die familienrechtlich geschuldete Pflicht zur Mithilfe sieht der BGH mit Beginn des 14. Lebensjahres (BGH VersR 1990, 907). Die tägliche Mithilfepflicht beträgt etwa ein bis zwei Stunden mit steigendem Alter."* **Hinweis**: Auch das verletzte Kind kann einen eigenen Anspruch auf Ersatz des Haushaltsführungsschadens haben. Wenn das verletzte Kind schwerst pflegebedürftig ist, fällt gewöhnlich mehr Wäsche für dieses Kind an und es müssen min-

Einwand Versicherer	mögliche Gegenargumentation
	destens im unmittelbaren Umfeld des Kindes extreme hygienische Bedingungen erfüllt werden. Der Mehraufwand in beiden Fällen ist im Rahmen der vermehrten Bedürfnisse zu regulieren. Das volljährige Kind im Haushalt der Eltern hat ebenfalls einen Haushaltsführungsschaden bei Verletzung. Es liegt dann ein Haushalt, bestehend aus drei Erwachsenen vor. Das volljährige Kind ist nach § 1619 BGB verpflichtet, sich an der Haushaltsführung der Familie zu beteiligen. In dieser Konstellation wird der gesamte Hausarbeitsaufwand in Wochenstunden auf drei Köpfe verteilt. Das volljährige Kind im alleinerziehenden Haushalt nimmt die Position des fehlenden Partners im Haushaltsführungsschaden ein. Der BGH legt bei einer Haushalts- und Wirtschaftsgemeinschaft eines Volljährigen mit seiner Mutter einen vollwertigen Zwei-Personen-Haushalt zugrunde (BGH 6.6.1989 – VI ZR 66/88, NJW 1989, 2539). Bei Verletzung des minderjährigen Kindes im alleinerziehenden Haushalt besteht bei Verletzung des Kindes und Vereitelung der kindlichen Mithilfe (BGH VersR 1990, 907) ebenfalls ein Haushaltsführungsschaden.
Wer 24/7 pflegebedürftig ist, hat keinen Haushaltsführungsschaden.	*„Pflege und Haushaltsführung sind zwei grundsätzlich unterschiedliche Schadensersatzpositionen, die grundsätzlich keinerlei Überschneidung aufweisen. Es gilt folgende Faustformel: Bei Ausübung der Haushaltsführungstätigkeit für den geschädigten Mandanten muss die haushaltsführende Person den Mandanten nicht berühren. Bei Erbringung von Pflegeleistungen ist es unabdingbar, dass die pflegende Person den geschädigten Mandanten berührt. Damit ist es denknotwendig ausgeschlossen, dass mit der Vergütung von Pflegeleistungen zugleich der Haushaltsführungsschaden abgegolten ist. Soweit jedoch Pflegekräfte zugleich Teile der Haushaltsführungstätigkeit übernehmen, ist dieser zeitliche Einsatz von den Pflegeleistungen abzugrenzen. Nur diese Zeit ist kongruent zum Haushaltsführungsschaden. Es verbleibt darüber hinaus der Löwenanteil des Haushaltsführungsschadens im Direktanspruch zur unmittelbaren Regulierung.“* **Tipp:** Schauen Sie sich die Verträge mit den Pflegediensten und auch die Verträge im Arbeitgebermodell gründlich an. Wenn dort nichts zur hauswirtschaftlichen Verrichtung enthalten ist, dann bleibt der Haushaltsführungsschaden zu 100 %

Einwand Versicherer	**mögliche Gegenargumentation**
	vollumfänglich bestehen. Soweit hauswirtschaftliche Verrichtungen vom Pflegedienst und auch vom angestellten Pflegepersonal erbracht werden, muss genau geprüft werden, welche Tätigkeit mit welchem Zeiteinsatz pro Tag erfüllt wird.
Bei stationären Aufenthalten gibt es keinen Haushaltsführungsschaden.	*„Der BGH hat bereits im Jahr 2009 (BGH v. 3.2.2009 – VI ZR 183/08) entschieden, dass in einem Ein-Personen-Haushalt während der Zeit der stationären Behandlung ein Haushaltsführungsschaden besteht. Wenn der BGH das bereits für den Ein-Personen-Haushalt entschieden hat, dann kann es sich im Mehrpersonenhaushalt nicht anders verhalten. In jedem Fall ist im Mehrpersonenhaushalt die gesetzliche Mithilfepflicht im Sinne des Erwerbsschadensanteils an der Haushaltsführung durch die stationäre Unterbringung zu 100 % vereitelt und ersatzpflichtig. Im Hinblick auf den Haushaltsführungsschaden als vermehrtes Bedürfnis ist der Mandant daran gehindert, die von ihm im Krankenhaus getragene Privatwäsche selbst zu reinigen. Auch dieser Aspekt ist im Haushaltsführungsschaden mit abzugelten."*
Befristete Zahlung Haushaltsführungsschaden bis 75. Lebensjahr	Grds.: unbefristete, lebenslange Zahlung **OLG Koblenz, Urt. v. 18.4.2016 – 12 U 996/15**
Eine pauschale Bezugnahme auf Tabellenwerke ersetzt nicht die substantiierte Bezifferung des Aufwandes.	Anmerkung: Dieser Einwand ist leider zutreffend! Da nicht abschließend geklärt ist, wie hoch der Substantiierungsaufwand zu betreiben ist, sollte wenigstens ein Minimum an Substantiierung erfolgen. Anzahl und Lebensalter der Haushaltsmitglieder, Wohnfläche, ggf. Gartenfläche, Straßenreinigungspflicht/Schneeräumpflicht – dazu muss vorgetragen werden. Außerdem ist anhand der neun Tätigkeitsbereiche in der Hauswirtschaft vorzutragen, welche Person ohne das schädigende Ereignis welche Tätigkeit mit welchem Zeiteinsatz pro Woche durchgeführt hat. Sodann ist vorzutragen, welche Person welchen hauswirtschaftlichen Anteil nach dem Schadensereignis übernommen hat. Damit ist zunächst der Substantiierung Genüge getan.

E. Verdienstausfall

5

Einwand Versicherer	mögliche Gegenargumentation
Pauschaler prozentualer Abzug „Von dem Nettolohn haben wir 10 % wegen der ersparten Aufwendungen abgezogen."	*„Nach der Rechtsprechung des OLG Düsseldorf (zfs 2000, 531) ist eine prozentuale Schätzung sogar generell nicht zulässig. Zitat OLG Düsseldorf: „Die bei der Ermittlung des Verdienstausfallschadens zwecks Vorteilsausgleich abzusetzenden ersparten berufsbedingten Aufwendungen des Verletzten, wie Fahrtkosten zur Arbeitsstätte, müssen konkret berechnet oder aufgrund einer hinreichenden Tatsachengrundlage geschätzt werden. Ist die Entfernung von der Wohnung des Verletzten zu dessen Arbeitsstelle und die Höhe der Benzinkosten nicht bekannt, ist eine Schätzung allein aufgrund eines Prozentsatzes des Nettoeinkommens objektiv willkürlich."*
10 % Abzug allgemeines Arbeitsplatzrisiko „Von dem errechneten Nettolohn haben wir 10 % wegen eines allgemeinen Arbeitsplatzrisikos abgezogen. Wir verweisen auf folgende Rechtsprechung …"	*„Der Einwand des allgemeinen Arbeitsplatzrisikos greift aktuell nicht. Wir haben zurzeit eine Vollbeschäftigung. Es werden händeringend Arbeitnehmer gesucht. Es gibt hunderte von Beispielen, auf denen auf Lkws oder auf Plakaten geworben wird „Komm in unser Team", „Wir suchen…", etc. Aktuell haben wir einen absoluten Arbeitnehmermarkt, da die Zeit der geburtenschwachen Jahrgänge vorherrscht und nicht mehr die der Babyboomer. Darüber hinaus verweisen wir auf die Zahlen des ehemaligen Arbeitgebers unseres Mandanten. Sie können ersehen, dass diese laut Bilanzen hervorragend sind. Unser Mandant wäre ohne das schädigende Ereignis bei seiner Firma geblieben, so dass der Hinweis des allgemeinen Arbeitsplatzrisikos und konkret hier nicht greift."*
10 % Abzug berufsbedingte Ersparnisse (Vorteilsausgleich) „Dann haben wir von dem monatlichen Nettolohn weitere 10 % berufsbedingte Ersparnisse abgezogen. Wir verweisen auf die Rechtsprechung des BGH NJW 2011, 1146 ff. und des OLG München, SVR 2019, 222."	*„Der pauschale Einwand der berufsbedingten Ersparnisse ist unzulässig, da der Einzelfall durch eine individuelle Sichtweise herangezogen werden muss. Es ergibt sich bereits aus dem Leitsatz der Entscheidung des OLG München, dass lediglich in Ermangelung anderer Angaben die Pauschalierung der berufsbedingten Aufwendungen in Höhe von 10 % des Nettoeinkommens vorzunehmen ist, wenn keine besonderen, vom Geschädigten vorgetragenen Umstände vorliegen, aus denen sich*

Einwand Versicherer	**mögliche Gegenargumentation**
	niedrigere Aufwendungen ergeben. Die von Ihnen zitierte BGH-Entscheidung aus dem Jahr 2010 verhält sich zum Abzug von 10 % des hypothetischen Einkommens schlicht überhaupt nicht. Ich zitiere: „Das Berufungsgericht hat den Vortrag der Beklagten, die Klägerin müsse sich Werbungskosten oder sonstige ersparte berufsbedingte Aufwendungen in Höhe von 10 % ihres hypothetischen Einkommens anrechnen lassen, unberücksichtigt gelassen, weil dieser nach Schluss der mündlichen Verhandlung erfolgte; die Wiedereröffnung der mündlichen Verhandlung hat es abgelehnt.“ Wie Sie darauf kommen, den BGH für die Rechtfertigung eines 10 %igen Abzugs vom Nettoentgelt wegen ersparter Aufwendungen heranzuziehen, ist nicht nachvollziehbar. Ganz im Gegenteil, die Versichererseite ist in jener Entscheidung mit diesem Einwand nicht durchgedrungen. Wir verweisen nunmehr auf die Entscheidung des OLG Brandenburg vom 27.4.2023 – 12 U 65/21 sowie des LG Hamburg vom 21.10.2016 – 306 O 141/16. Beide Gerichte sind der Auffassung, dass im Hinblick ersparter Aufwendungen regelmäßig eine pauschale Quotierung zu einem bestimmten Prozentsatz vom Einkommen des Geschädigten nicht ohne Weiteres in Betracht kommt. Vielmehr erfolgt eine Schätzung ersparter berufsbedingter Aufwendungen nur anhand der konkreten Umstände des Einzelfalls. Dieser Prozentsatz lässt sich aber nicht generell festlegen (insoweit OLG Celle, MDR 2006, 985 f.). Insoweit ist also nicht in jedem Fall ein pauschaler Abzug von 5 % oder 10 % vorzunehmen (LG Hamburg, a.a.O.). Nach alledem ergibt sich: die Berechnung hat einzelfallbezogen zu erfolgen. Zu berücksichtigen ist aber auch, dass der Schädiger für die konkrete Ersparnis berufsbedingter Aufwendungen darlegungs- und beweispflichtig ist (LG Hamburg, a.a.O.). Wir haben Ihnen im vorliegenden Fall umfänglich vorgetragen, in welcher Größenordnung sich ersparte Aufwendungen ergeben. Diese sind wir nach wie vor bereit, vergleichsweise vom Nettoerwerbsschaden abzusetzen. Allerdings erfolgt zugleich eine Aufrechnung mit den Kosten, die unser Mandant nunmehr durch die häusliche Verpflegung vermehrt hat. Er kann nicht mehr am Mittagessen partizipieren, das maßgeblich vom Arbeitgeber querfinanziert wird. Unser Mandant hat auch keine ersparten Fahrtkosten, da er zum einen Inhaber des Deutschlandtickets ist und mit der Bahn zur Arbeit fahren würde (möglicherweise

Einwand Versicherer	mögliche Gegenargumentation
	fuhr der Mandant auch mit dem Fahrrad oder einer Fahrgemeinschaft). Ferner verweisen wir auf die ständige Rechtsprechung des Bundesfinanzhofes (BFH, Urt. v. 26.2.2009 – VI R 17/07). Hiernach sind ersparte Aufwendungen bei der Schadensbezifferung nicht zu berücksichtigen, da der Betroffene diese Kosten als sogenannte Pendlerpauschale ab dem ersten Kilometer in seiner Einkommensteuererklärung geltend machen kann. Der von Ihnen vorgenommene pauschale Abzug von 10 % berufsbedingter Ersparnisse greift vorliegend durch diese individuelle Betrachtungsweise nicht.“
5 % Abzug berufsbedingter Ersparnisse wegen Berufskleidung „Ferner haben wir von dem Nettolohn 5 % berufsbedingte Aufwendungen für Berufskleidung in Abzug gebracht, vgl. OLG Schleswig, NJW RR 2004, 99.“	*„Auch dieser Einwand des pauschalen Abzuges ist hier nicht gerechtfertigt, da der Arbeitgeber die Kosten für die Reinigung der Berufskleidung übernommen hat, so dass diese ersparten Aufwendungen nicht erkennbar sind. Zudem verbietet sich generell ein pauschaler Abzug, es ist immer der Einzelfall zu berücksichtigen.“*
Schadensminderungspflicht „Nach § 254 BGB ist der Geschädigte zur sogenannten Schadensminderungspflicht verpflichtet, d.h. er ist nach der ständigen Rechtsprechung des BGH unter anderem auch grundsätzlich verpflichtet, die verbleibende Arbeitskraft in zumutbarer Weise nutzbringend einzusetzen (BGH VersR 83, 488; BGH DAR 2007, 141).“	*„Es ist zwar richtig, dass es diese Schadensminderungspflicht nach § 254 BGB gibt. Unser Mandant ist jedoch auf dem allgemeinen Arbeitsmarkt aufgrund seiner starken Verletzungen nicht vermittelbar. Er hat kein weiteres Restleistungsvermögen. Eine etwaige Arbeit wäre insofern* **überobligatorisch**. *Der von Ihnen eingeschaltete Reha-Dienst sieht dies ebenso. Es war nicht möglich unseren Mandanten trotz Bemühen auf dem ersten Arbeitsmarkt einzusetzen. Von daher ist auch kein Abzug bei dem Erwerbsschaden vorzunehmen.“* **Tipp:** Versicherer argumentieren trotz Schwerstschädigungen oftmals damit, dass der Geschädigte ein Restleistungsvermögen hat und sich nicht ausreichend auf dem Arbeitsmarkt um einen Job bemüht hat. Hier ist das Argument des überobligatorischen Arbeitens als Gegenargument zu bringen. Ferner sollte Geschädigten dringend davon abgeraten werden, in sozialen Medien zu erwähnen, was er trotz des Unfalls alles kann. Manchmal wird in sozialen Medien auch bewusst übertrieben. Wir haben es auch schon erlebt, dass durch entspre-

Einwand Versicherer	mögliche Gegenargumentation
	chende Filter Tatsachen in sozialen Medien verfälscht gepostet werden, um nach Außen Stärke zu zeigen. Da Versicherer grundsätzlich die sozialen Medien beobachten, ist ein derartiges Übertreiben kontraproduktiv und zu unterlassen. Die Einschaltung eines Reha-Dienstes im Hinblick auf die berufliche Wiedereingliederung ist sinnvoll. Gelingt es am Ende dem Reha-Dienst trotz Bemühungen nicht, den Geschädigten wieder in Lohn und Brot zu bringen, so kann der Anwalt auf Geschädigtenseite argumentieren: Wenn es noch nicht einmal ein professioneller Schadensmanager schafft, den Geschädigten auf dem ersten Arbeitsmarkt zu vermitteln, so kann dem Geschädigten ein Verstoß gegen die Schadensminderungspflicht nach § 254 BGB keinesfalls vorgeworfen werden. Durch die Einschaltung eines Reha-Dienstes kann daher für den Geschädigten das Argument der Schadensminderungspflicht nach § 254 BGB entkräftet werden.
Steuervorbehalt Erwerbsschaden „Die Berechnung nach der sogenannten modifizierten Nettolohntheorie ergibt monatlich folgenden Wert .... Wir haben uns erlaubt, diesen auf Ihr Anderkonto zu überweisen.“ (Der Versicherer erklärt von sich aus keinen Steuervorbehalt)	*„Wir dürfen Sie bitten zusätzlich folgenden Steuervorbehalt aufzunehmen:* *Die ____-Versicherung verpflichtet sich, einen weiteren zukünftigen Erwerbsschaden bei unfallbedingter weiterer Reduzierung und/oder vollständigem Verlust der Erwerbsfähigkeit unter Anrechnung übergegangener Ansprüche auf Dritte zu erstatten und die darauf ggf. anfallenden Steuern auf Nachweis zu zahlen. Der Vorbehalt wird mit Wirkung eines zum xx.xx.xxxx rechtskräftigen Feststellungsurteils erklärt.* *Der oben genannte Steuervorbehalt in der ausgearbeiteten Form ist so notwendig, da wir durch die angewandte modifizierte Nettolohntheorie die Einkommenssteuer zu regulieren haben. Wir haben ferner berücksichtigt, dass die Zahlung auf den Schaden Ihrerseits im folgenden Jahr wiederum eine zu versteuernde Einnahme darstellt. Auch der darauf anfallende Einkommensteuerbetrag muss entsprechend von Ihnen gegen Nachweis übernommen werden (sogenannte Steuerschraube). Am besten erfolgt dies durch Vorlage des Steuerbescheides, den unser Mandant Ihnen unverzüglich zukommen lässt, sobald dieser von seinem zuständigen Finanzamt vorliegt.“*

Einwand Versicherer	mögliche Gegenargumentation
Erwerbsschaden des Selbstständigen „Die modifizierte Nettolohntheorie ergibt daher einen Betrag von …“	*„Bei Selbstständigen ist nicht nach der modifizierten Nettolohntheorie, sondern nach der Bruttomethode abzurechnen (BGH, NJW 1995, 389). Dies ergibt sich unter anderem auch daraus, dass der Selbstständige keine Sozialversicherungsabgaben und auch keine Lohnsteuer bezahlt. Wir schlagen vor, dass wir für die Ermittlung des Erwerbsschadens unseres Mandanten folgenden Gutachter benennen …“* **Tipp:** Es ist wichtig, dass der Geschädigtenanwalt ein Netzwerk an Gutachtern hat, die professionell einen hypothetischen Unternehmensgewinn ermitteln, Bilanzen lesen und die steuerrechtlichen Gesichtspunkte berücksichtigen können. Hier ist neben den Gutachtern auch dringend das Zusammenarbeiten mit einem Steuerberater notwendig, da Versicherer von sich aus immer bestimmte Gutachter bei der Ermittlung des Erwerbschadens eines Selbstständigen einschalten. Diese Gutachter machen in der Regel immer wieder die selben „Fehler“ zugunsten des Versicherers nach dem Motto „Wes Brot ich ess`, des Lied ich singe“. Von daher ist es extrem wichtig, dass der Geschädigtenanwalt auf gleicher Augenhöhe argumentiert und den Erwerbsschaden des Selbstständigen mit einem professionellen Gutachter seines Vertrauens bespricht oder sogar diesen als gemeinsamen Gutachter durchbringt. Gerade die Schadensposition des Erwerbschaden des Selbstständigen birgt in der Praxis erhebliche Probleme, die man durch professionelle Arbeitsweise im Vorfeld außergerichtlich lösen kann, so dass dieser Punkt nicht zwangsläufig in einer Klage münden muss.

F. Vermehrte Bedürfnisse

6

Einwand Versicherer	mögliche Gegenargumentation
Vereitelte Eigenleistungen „Bezüglich der von Ihrem Mandanten behaupteten Eigenleistungen beim Hausbau besteht seitens der Rechtsprechung be-	*„Dass mein Mandant über entsprechende handwerkliche Fähigkeiten verfügt, ergibt sich daraus, dass er gelernter Tischler, Fliesenleger, etc. ist. Ferner kann durch Zeugenbeweis von … dargelegt werden, dass er über entsprechende handwerkliche Fähigkeiten verfügt, da mein Mandant mit dem Zeugen bereits*

Einwand Versicherer	mögliche Gegenargumentation
kanntlich ein strenger Beweismaßstab. Nach der Rechtsprechung ist es so, dass der Verletzte unter anderem darzulegen hat, dass das Bauvorhaben tatsächlich angegangen worden wäre und dass er dabei Eigenleistungen erbracht hätte (OLG Hamm, 28.6.1995 – 13 U 12/95). Daneben ist zu prüfen, ob der Verletzte überhaupt handwerklich in der Lage gewesen wäre, die Arbeiten durchzuführen (BGH, 6.6.1989 – VI ZR 66/88). Zudem kann die Schadensminderungspflicht nach § 254 BGB erfordern, dass geplante Baumaßnahmen unter anderem bis zu einer Genesung zu verschieben sind (OLG Celle, 23.9.1993 – 14 U 150/92).“	*Bauvorhaben in nachbarschaftlicher Hilfe durchgeführt hat. Ferner können Sie anhand des vorhandenen Bauantrages sehen, dass derartige Maßnahmen geplant waren, allerdings jetzt durch den Unfall nicht durchgeführt werden konnten. Des Weiteren verweisen wir auf Rechnungen des Baumarktes ..., die belegen, dass auch bereits Baumaterialien erworben worden sind. Diese Maßnahmen können auch nicht nach dem Unfall bis zu einer Genesung verschoben werden, da mein Mandant über einen Dauerschaden verfügt, der es eben nicht mehr ermöglicht, derartige handwerkliche Tätigkeiten durchzuführen. Wir schlagen daher vor, dass wir uns hinsichtlich der vereitelten Eigenleistungen im Rahmen eines Regulierungsgespräches verständigen.“* **Tipp:** Gerade bei der Position der vereitelten Eigenleistungen empfiehlt es sich, einen vernünftigen Vergleich anzustreben, da die Rechtsprechung des BGH hier sehr streng und restriktiv ist. Der BGH begründet diese Beweisanforderung damit, dass ein Missbrauch durch vorgetäuschte Schadenskonstruktionen vermieden werden soll (BGH NJW 1989, 2539). Pauschale Angaben wie: „Ohne den Unfall hätte ich das Dach für 150.000,00 EUR ausgebaut.“, werden daher nicht zum Ziel und zur Einigung mit dem Versicherer führen.
Pflege normativ „Wir nehmen zur Kenntnis, dass Ihr Mandant aufgrund der Schwere der Verletzungen ein Pflegefall ist. Er hat laut Pflegegutachten Pflegegrad 4. Wir schlagen daher pauschal einen monatlichen Betrag zur Abgeltung der Pflege von 8.000,00 EUR vor. Bitte teilen Sie uns mit, ob wir den Betrag direkt an Ihren Mandanten oder auf Ihr Anderkonto auskehren sollen.“	*„Ihren Vorschlag, die Pflege normativ abzurechnen, lehnen wir ab. Wir schlagen daher vor, dass wir einen professionellen Reha-Dienst, entweder ... oder ..., einschalten. Dieser wird den Pflegebedarf fachgerecht ermitteln. Anschließend wird ein Arbeitgebermodell installiert, bei dem die betroffenen Personen offiziell zur Sozialversicherung und Berufsgenossenschaft angemeldet werden. Dies ist auch notwendig, da eine Pflegekraft der Vater unseres Mandanten sein wird. Dieser wird seine jetzige Stelle aufgeben und Arbeitnehmer im Arbeitgebermodell sein. Damit ihm kein Rentenschaden entsteht, ist es zwangsweise notwendig, dass er als Arbeitnehmer im Arbeitgebermodell Berücksichtigung findet. Eine normative Abrechnung kommt daher für uns nicht in Frage, zumal dann auch der Verdacht der „Schwarzarbeit“ entstehen könnte. Schließlich müssen die betroffenen Pflegekräfte auch bei der*

Einwand Versicherer	mögliche Gegenargumentation
	Berufsgenossenschaft angemeldet sein, damit bei etwaigen Arbeitsunfällen ein Schutz gewährleistet ist. Nach Ermittlung des Bedarfs und Installierung des Arbeitgebermodells durch den Reha-Dienst können wir gerne außergerichtlich noch einmal über die einzelnen Modalitäten sprechen. Sie teilten uns zwar am Telefon mit, dass wir keinen Reha-Dienst benötigen, da Sie den Pflegebedarf auch selber bestimmen können. Diese Argumentation teilen wir jedoch nicht. Es ist eine ordnungsgemäße Installation eines Arbeitgebermodells angesichts des erheblichen Pflegegrades unseres Mandanten dringend notwendig."

G. Sonstiges

7

Einwand Versicherer	mögliche Gegenargumentation
Kapitalisierung „Soweit Ihr Mandant eine Kapitalisierung des Erwerbschadens/des Haushaltsführungsschadens wünscht, können wir diesem nicht entsprechen, da der Geschädigte grundsätzlich keinen Anspruch auf eine Kapitalisierung hat."	*„Pauschal ist dies nicht zutreffend. Der Geschädigte hat einen Anspruch auf Kapitalisierung nach § 843 Abs. 3 BGB, sofern ein „wichtiger Grund" vorliegt. Zwar ist die Rechtsprechung bezüglich des wichtigen Grundes äußerst dürftig (Magna Charta Entscheidung BGH, NJW 1981, 818; LG Stuttgart, SVR 2005, 188; LG Köln, VersR 2005, S. 710). Wir schlagen daher vor, dass wir uns im Rahmen eines Regulierungsgespräches bezüglich der Kapitalisierung verständigen werden. Auch für Sie liegt in der Kapitalisierung ein Vorteil, da die Akte dann erledigt ist und Sie erhebliche Verwaltungskosten sparen. Ferner müssten Sie aufgrund des Risikovergleichs auf Veränderungen nach unten oder oben nicht mehr reagieren."*
Kapitalisierung Abzinsung mit 5 % „Soweit Sie den Wunsch äußern, die Angelegenheit für Ihren Mandanten zu kapitalisieren, teilen wir Ihnen mit, dass nach der Rechtsprechung Ihr Mandant verpflichtet ist, den vorfällig erlangten Betrag auf dem Zinsmarkt anzulegen. Wir gehen von einer	*„Einer Abzinsung von 5 % stimmen wir nicht zu. Die Magna-Charta Entscheidung des BGH (NJW 1981, 818) ist von 1981! Damals bewegte sich das Zinsniveau auf dem Kapitalmarkt auf fast 10 %. Berücksichtigt man ferner die Dynamisierung wegen Preissteigerung, die Dynamisierung wegen Gehaltserhöhungen und die Verwaltungskosten des Kapitals, so ist eine 5 %ige Abzinsung völlig unrealistisch. Hinzukommt, dass wir in den letzten 10 Jahren fast eine Nullzinsphase hatten. Selbst wenn jetzt der Zins etwas angehoben wurde, so ist unter Berücksichtigung der Gesamtlaufzeit daher ein Zinsfak-*

Einwand Versicherer	**mögliche Gegenargumentation**
5 %igen Abzinsung aus, so dass dieser im Rahmen der Kapitalisierung durch den sogenannten Kapitalisierungsfaktor Berücksichtigung findet. Bei Ihrem Mandanten beträgt der Faktor …, da er aufgrund seines Alters von … und den gängigen Kapitalisierungstabellen von Küppersbusch den entsprechenden Kapitalisierungsfaktor aufweist."	*tor von maximal 1 % bis 2 % realistisch (57. Deutscher Verkehrsgerichtstag 2019, Empfehlung Arbeitskreis IV, Ziff. 3). Nicht zu vergessen ist auch die Situation, dass zuweilen „Strafzinsen" von den Banken für Guthabenkonten berechnet werden, so dass wir unter 0 % lagen. Schließlich ist der Geschädigte verpflichtet, eine konservative Anlage zu betreiben und keine spekulativen Geschäfte vorzunehmen. Wir schlagen vor, dass wir uns alle Einzelheiten der Kapitalisierung und auch der Höhe des Zinssatzes in unserem Regulierungsgespräch vornehmen sollten."*
Verzugsschaden „Soweit Sie schriftlich vorgetragen haben, dass Sie einen Verzugsschaden geltend machen, weil aufgrund der langen Regulierungsdauer unter Berücksichtigung der geleisteten Vorschüsse ein Verzugsschaden entstanden ist, weisen wir diesen zurück. Zum einen lag die lange Verhandlungsdauer an der Arbeit des Voranwaltes Ihres Mandanten. Darüber hinaus haben wir als Versicherer ein Prüfungsrecht und können erst nach Vorhandensein sämtlicher relevanter Daten entscheiden, ob hier eine Fälligkeit des Anspruches gegeben ist oder nicht."	*„Wir haben uns erlaubt einmal einen Zinsrechner zu bemühen und zu berücksichtigen, welcher Zinsgewinn bei acht Jahren Regulierungsdauer und einer 7 %igen Anlage als Zinsschaden ermittelt worden ist. Es handelt sich hierbei um einen Betrag von 1,8 Mio. EUR! Diesem gegenüber haben Sie unserem Mandanten bisher einen Vorschuss in Höhe von 100.000,00 EUR geleistet. Es ist nicht ersichtlich, warum unser Mandant Ihnen ein zinsloses Darlehen von über 1,7 Mio. EUR gewähren soll. Sie haben dieses Geld auf dem Kapitalmarkt angelegt und entsprechende Gewinne erzielt. Sie können sich diesbezüglich auch nicht auf mangelnde Fälligkeit berufen, da zum Beispiel der Schmerzensgeldanspruch im Zeitpunkt des Unfalls fällig geworden ist. Schließlich haben Sie eine Nachfrageobliegenheit, wenn Leistungen von dritter Seite (SVT's) nicht bedient wurden. Sie können hier nicht die lange Verfahrensdauer berücksichtigen. Sollten wir bezüglich des Verzugsschadens keine Einigung finden, werden wir unserem Mandanten raten, diese Problematik anhängig zu machen. Wir verweisen stellvertretend auch auf § 3a PflVG, wonach der Versicherer spätestens innerhalb von drei Monaten bei unstreitiger Eintrittspflicht auf die Schadensbezifferung ein Angebot vorzulegen hat. Vorliegend sind jedoch faktisch bereits nicht drei Monate, sondern acht Jahre verstrichen!"* **Tipp:** Das Thema des Verzugsschadens ist ein extrem heikles Thema, welches Versicherer extrem scheuen, weil dies die Grundlage für Ihre Anlagepolitik darstellt. Versicherer reser-

Einwand Versicherer	mögliche Gegenargumentation
	vieren den Fall professionell und können so erhebliche Anlagegewinne erzielen. Würden Geschädigte immer den Verzugszins fordern, wären erhebliche Anlagegewinne reduziert oder sogar gänzlich in Frage gestellt. Von daher hilft das Drohen mit einer Klage manchmal, damit Versicherer dann die Vergleichssumme großzügig aufrunden oder sich diesen Zinsgewinn gegen eine ordentliche pauschale Zahlung „abkaufen" lassen.

§ 8 Kürzungs- und Verteilungsverfahren – bei (vermeintlicher) Überschreitung der Deckungssumme

Literatur:

Berger, Probleme der Heilwesenversicherung – unzureichende Deckung und Bedeutung des Verteilungsverfahrens [Manuskript]. AG Medizinrecht, 2013; *Böhme/Biela/Tomson*, Kraftverkehrs-Haftpflicht-Schäden, 26. Aufl. 2018; *Car*, Die große Unbekannte – Die Deckungssumme in der Haftpflichtversicherung, Fachtagung Personenschaden 2024, S. 51–70; *ders.*, Das Überschreiten der Deckungssumme in der Haftpflichtversicherung. Versicherungswissenschaft in Berlin – Berliner Reihe, 2015; *Deichl/Küppersbusch/Schneider*, Kürzungs- und Verteilungsverfahren, 2010, S. 1–9; *dies.*, Kürzungs- und Verteilungsverfahren nach §§ 155 Abs. 1 und 156 Abs. 3 VVG in der Kfz-Haftpflichtversicherung, 1985; *Deutsche Rentenversicherung Bund*, Unsere Sozialversicherung, 52., überarbeitete Aufl. 2024: https://www.deutsche-rentenversicherung.de/SharedDocs/Downloads/DE/Broschueren/national/unsere_sozialversicherung.pdf?__blob=publicationFile&v=8; *Freistaat Thüringen, & Finanzministerium*, Leitfaden für Wirtschaftlichkeitsuntersuchungen. Freistaat Thüringen, 2023. https://finanzen.thueringen.de/fileadmin/medien_tfm/Haushalt/2023/leitfaden_wirtschaftlichkeitsuntersuchungen_barrierefrei.pdf; *Gesamtverband der Versicherer (GDV),* Allgemeine Versicherungsbedingungen für die Haftpflichtversicherung von genehmigter Tätigkeit mit Kernbrennstoffen und sonstigen radioaktiven Stoffen in den Fällen des § 26 Atomgesetz (AHB Strahlen), 2023: https://www.gdv.de/resource/blob/5902/3b87ec03f81adf856630c022fdb5cd79/06-allgemeine-versicherungsbedingungen-fuer-die-haftpflichtversicherung-von-genehmigter-taetigkeit-mit-kernbrennstoffen-und-sonstigen-radioaktiven-stoffen-in-den-faellen-des-26-atomgesetz-ahbstr--data.pdf; *Heß/Löfflad/Weng,* Lebensversicherungsmathematik (Bd. 4), 2023: https://werde-aktuar.de/Documents/Schulmaterialien_Band_4_Lebensversicherung.pdf; *Hoppenrath/Wohlleben,* Positionen, 2000: https://www.psvag.de/documents/6/positionen.pdf; *Lieder*, ArbG Münster, Beschl. v. 2.9.2004 – 3 Ca 563/04, Rechtsweg zur Verfolgung der persönlichen Gesellschafterhaftung im Insolvenzverfahren. Deutsche Zeitschrift für Wirtschafts- und Insolvenzrecht, 14(12)/2004, 509–512; *Mittelstädt,* Praxisleitfaden zur Kapitalisierung von Rentenansprüchen im Personenschadensrecht, 2023; *Nicklaus*, Die Kollision von verlängertem Eigentumsvorbehalt und Factoringzession im deutschen und englischen Recht, 2021; *Schiemann*, Der drittverschuldete Beitragsausfallschaden der gesetzlichen Krankenversicherungsträger, GesundheitsRecht, 21 (1)/2022; *Schrüfer*, Vom diffusen Konzept zum gestuften Modell. Ein Beitrag zur Optimierung der interkulturellen Erziehung im Geographieunterricht. Zeitschrift für Geographiedidaktik (ZGD), 37(4), 2009, 153–177; *Zeising*, Benachteiligungsverbot und Befriedigungsvorrecht bei Legalzession im Gesamtschuldverhältnis. Deutsche Zeitschrift für Wirtschafts- und Insolvenzrecht, 20(8), 2010.

A. Allgemeines

Die gerechte Verteilung begrenzter Ressourcen stellt ein zentrales und praxisrelevantes Problem in der anwaltlichen Tätigkeit, insbesondere in der Regulierung von Personengroßschäden im Zusammenhang mit dem Kürzungs- und Verteilungsverfahren, dar. Das **Kürzungs- und Verteilungsverfahren** setzt voraus, dass die **Deckungssumme** der eintrittspflichtigen Haftpflichtversicherung nicht ausreicht, um die Ansprüche sämtlicher Geschädigter vollständig zu befriedigen. Solche Verfahren haben in der Praxis, vor allem bei hohen Schadensforderungen, wie z.B. bei Personengroßschäden oder Schadensfällen mit mehreren Geschädigten, erheblich an Bedeutung gewonnen. Dabei stellt sich die entscheidende Frage, wie eine faire 1

Verteilung der verfügbaren Mittel gewährleistet werden kann, insbesondere da jenseits der Deckungssumme der Schädiger bzw. der Versicherungsnehmer die versicherten Risiken selbst tragen muss. Das Kürzungs- und Verteilungsverfahren ist nicht nur relevant für die Ansprüche (unter Umständen mehrerer) unmittelbar Geschädigter, sondern spielt auch eine zentrale Rolle im Zusammenspiel mit weiteren möglichen Anspruchstellern, z.B. den Sozialversicherungsträgern. Allein hieran zeigt sich bereits die Komplexität, aber auch Bedeutung dieser Thematik.

2 Von den Fällen der Erschöpfung der Deckungssumme sind solche zu unterscheiden, bei denen der Schädiger ausschließlich aus Betriebsgefahr (§ 7 StVG) haftet. In diesen Fällen gilt die Haftungshöchstsumme nach § 12 StVG. Außerdem haften in diesen Konstellationen sowohl der Versicherer als auch der Schädiger selbst ausschließlich im Rahmen dieser Haftungshöchstsumme. Die aktuelle Haftungshöchstsumme beträgt 5 Mio. EUR.

Von den Fallkonstellationen, in denen die Deckungssumme oder die Haftungshöchstsumme nach § 12 StVG einschlägig sind, sind zudem die Fälle zu unterscheiden, in denen die **Mindestversicherungssumme** eine Rolle spielt. Dies betrifft z.B. Fälle, in denen ausschließlich eine vorläufige Deckung besteht. Oder es handelt sich um Konstellationen, in denen ein sogenanntes „krankes Versicherungsverhältnis“, z.B. aufgrund nicht bezahlter Versicherungsprämien, vorliegt. Auch in dieser Konstellation haftet der Schädiger über die Mindestversicherungssumme hinaus in voller Höhe für eingetretene Schäden.

3 Dieses Kapitel beschäftigt sich jedoch ausschließlich mit Fällen, in denen die Deckungssumme (vermeintlich) nicht ausreichend ist, um die Ansprüche sämtlicher Geschädigter vollständig zu befriedigen.

B. Rechtlicher Rahmen des Kürzungs- und Verteilungsverfahrens

4 Das **Kürzungs- und Verteilungsverfahren** findet seine gesetzlich normierten Grundlagen vor allem in den §§ 107 und 109 Versicherungsvertragsgesetz (VVG). Insbesondere diese Normen sollen neben den ebenfalls einschlägigen § 118 VVG sowie § 116 Abs. 4 SGB X die Basis für eine möglichst gerechte Verteilung begrenzter Mittel unter den Anspruchstellern schaffen.

Um einen Wettlauf zwischen den unterschiedlichen Anspruchstellern um eine möglichst umfassende Befriedigung aus der **Deckungssumme** (Prinzip der „vertikalen temporalen Teilung“) zu verhindern, hat der Gesetzgeber in § 109 S. 1 VVG das Prinzip der „horizontalen temporalen Teilung“ verankert. Als Folge dieser Regelung hat der Versicherer alle berechtigten Forderungen – unter Umständen von mehreren Geschädigten – lediglich nach dem Verhältnis ihrer Beträge zu erfüllen. Für den ungedeckten Teil der berechtigten Forderungen wiederum ist der Schädiger selbst eintrittspflichtig, soweit er in diesem Umfang überhaupt solvent ist (*Car*,

Die große Unbekannte – Die Deckungssumme in der Haftpflichtversicherung, S. 51–70).

Nach einhelliger Auffassung obliegt dem Versicherer aufbauend auf § 109 S. 2 VVG nicht nur die Verpflichtung, die bereits an ihn herangetragenen Forderungen, sondern auch die absehbaren, aber noch nicht konkret erhobenen Forderungen zu berücksichtigen (BGH VersR 1982, 791, 793). Diese Verpflichtung führt dazu, dass der Versicherer eine **Schadensprognose** über den gesamten und damit auch zukünftigen Schadensverlauf sowie mögliche Schadenaufwendungen zu erstellen hat. Kommt der Versicherer dieser Verpflichtung nicht nach, besteht für ihn das Risiko, über die Deckungssumme hinaus leisten zu müssen. Eine aufgrund fehlender oder fehlerhaft erbrachte Zuvielleistung des Versicherers wird nicht auf die Deckungssumme angerechnet, soweit zukünftig mit der Geltendmachung weiterer, auch entfernt liegender Ansprüche, zu rechnen war (*Car*, Die große Unbekannte – Die Deckungssumme in der Haftpflichtversicherung, S. 51–70). Durch diese Vorgaben soll der Versicherer in die Lage versetzt werden, seiner gesetzlichen Verpflichtung nachzukommen, ohne dabei einzelne Parteien zu bevorzugen oder zu benachteiligen. 5

Das Kürzungs- und Verteilungsverfahren erweist sich somit – trotz einer vermeintlich überschaubaren Anzahl an einschlägigen gesetzlichen Regelungen – als ein komplexer Prozess, der sowohl rechtliche als auch wirtschaftliche und mathematische Aspekte umfasst. Das Kürzungs- und Verteilungsverfahren verfolgt das Ziel, eine gerechte und transparente Verteilung der begrenzten Deckungssumme zu gewährleisten. 6

Daher ist, um das Kürzungs- und Verteilungsverfahren rechtssicher und effektiv durchführen zu können, eine vollständige Dokumentation aller Ansprüche sowie eine transparente Kommunikation zwischen der Haftpflichtversicherung, den Geschädigtenvertretern und weiteren Anspruchstellern ratsam und unerlässlich. Diese Maßnahmen sollen Transparenz schaffen und das Vertrauen der Betroffenen in den Verteilungsprozess fördern (*Lieder*, DZWIR 14(12)/2004, 509–512). Klarheit in der Kommunikation reduziert potenzielle Missverständnisse und stellt sicher, dass die Verteilung auf nachvollziehbaren Berechnungen basiert (*Heß/Löfflad/Weng*). Fehlerhafte oder lückenhafte Dokumentationen können nicht nur rechtliche Konflikte nach sich ziehen, sondern auch den gesamten Ablauf des Verfahrens verzögern (Deutsche Rentenversicherung Bund, 2024). Um den Interessen insbesondere der unmittelbar Geschädigten gerecht zu werden, ist daher ein konsequent systematisches und transparentes Vorgehen erforderlich, welches die komplexen Anforderungen des Kürzungs- und Verteilungsverfahrens erfüllt. 7

C. Deckungssumme

Die einschlägige **Deckungssumme** (**Versicherungssumme**) bildet die Grundlage für eine faire und gerechte Verteilung der finanziellen Mittel. Daher ist die Ermittlung der einschlägigen Deckungssumme grundlegend dafür, zunächst einmal prüfen 8 zu können, ob die Notwendigkeit zur Durchführung des **Kürzungs- und Verteilungsverfahren** überhaupt besteht.

Zentrale Aspekte bei der Ermittlung der einschlägigen Deckungssumme sind zunächst die gesetzlichen und vertraglichen Regelungen dazu. Zu berücksichtigen ist zudem die Pflicht der Haftpflichtversicherung zur Bildung eines **Rentendeckungsstocks**. Durch eine gewissenhafte Ermittlung der Deckungssumme wird die rechtliche Transparenz und Fairness im Umgang mit Ansprüchen verschiedener Geschädigter sichergestellt, was in der Gesamtheit des Verfahrens von zentraler Bedeutung ist.

I. Gesetzliche und vertragliche Grundlagen

9 Die einschlägige Deckungssumme ergibt sich vorrangig aus der versicherungsvertraglichen Vereinbarung zwischen dem Versicherungsnehmer (vermeintlicher Schädiger) und seiner (Haftpflicht-)Versicherung.

10 Im Bereich der Haftpflichtversicherungen wird der Mindestumfang der Deckungssumme zudem gesetzlich bestimmt. Für eingetretene Versicherungsfälle ab dem 1.1.2009 gilt entsprechend § 114 Abs. 1 VVG, dass *„die Mindestversicherungssumme bei einer Pflichtversicherung, soweit durch Rechtsvorschrift nichts anderes bestimmt ist, 250.000 EUR je Versicherungsfall“* beträgt. Diese Norm ist jedoch als Auffangvorschrift zu verstehen. Für die meisten Haftpflichtversicherungen gelten zum Teil deutlich höhere **Mindestversicherungssummen**. Insbesondere für die zentrale Kfz-Haftpflichtversicherung regelt Ziff. 1 Buchst. a) der Anlage zu § 4 Abs. 2 Pflichtversicherungsgesetz (PflVG) eine Mindestdeckungssumme in Höhe von 7,5 Mio. EUR (*Car*, Die große Unbekannte – Die Deckungssumme in der Haftpflichtversicherung, S. 51–70).

11 Die Allgemeinen Versicherungsbedingungen (AHB) ergänzen die gesetzlichen Regelungen, indem sie spezifische Klauseln zur Deckungssumme enthalten, insbesondere zur Behandlung von Serienschäden. Diese Klauseln stellen klar, dass mehrere Schadensereignisse mit sachlichem und zeitlichem Zusammenhang als ein Versicherungsfall zu betrachten sind. Dies soll der effektiven Verwaltung komplexer Schadensereignisse dienen (*GDV*). Allerdings zeigt sich in der praktischen Umsetzung, dass die Definition des sachlichen und zeitlichen Zusammenhangs nicht immer eindeutig ist, was potenzielle Streitigkeiten zwischen Versicherern und Anspruchsberechtigten hervorruft. Eine detaillierte Dokumentation dieser Zusammenhänge ist notwendig, um die Serienschadenregelungen transparent und rechtlich wasserdicht anzuwenden (*Mittelstädt*).

12 Die Ermittlung der einschlägigen Deckungssumme bildet das Fundament für die Regulierung von Haftpflichtansprüchen und deren gerechter Verteilung im Schadensfall. § 107 VVG legt fest, dass die Versicherungssumme bzw. Deckungssumme den Höchstbetrag der Entschädigungsleistungen pro Versicherungsfall bestimmt. Diese Begrenzung soll nicht nur der finanziellen Stabilität des Versicherers dienen,

sondern auch einen klaren Rahmen für die Anspruchsberechtigten schaffen, indem sie maximale Planungssicherheit bietet (*GDV*). Trotz der Schutzfunktion für den Versicherer sollte kritisch beleuchtet werden, ob die starre Begrenzung für alle Schadensfälle den berechtigten Ansprüchen der Beteiligten, insbesondere den unmittelbar Geschädigten, gerecht wird, vor allem bei Großschadensereignissen mit unter Umständen einer Vielzahl von Geschädigten.

Somit wird deutlich, dass die gesetzlichen sowie vertraglichen Grundlagen der Deckungssumme eine unverzichtbare Basis für die Prüfung der Notwendigkeit der Durchführung des Kürzungs- und Verteilungsverfahren darstellen. Dennoch zeigt sich, dass die praktische Umsetzung durch vielfältige Variablen geprägt ist, die eine präzise und transparente Herangehensweise erfordern, um eine gerechte Verteilung zu gewährleisten. 13

Praxistipp

In den Fällen, in welchen der Versicherer den Einwand der Erschöpfung der Deckungssumme erhebt, sollte immer die Vorlage der Versicherungsbedingungen und der einschlägigen AHB verlangt werden.

II. Rentendeckungsstock

Die zeitliche Streckung von Ansprüchen, insbesondere durch **Rentenforderungen**, bietet den Versicherern durch potenzielle zwischenzeitliche **Zinsgewinne** die Möglichkeit, einen wirtschaftlichen Vorteil zu generieren. 14

Dieser wirtschaftliche Vorteil aufgrund der zeitlichen Streckung darf allerdings nur berücksichtigt werden, wenn er auch vorausschauend aus ex-ante-Sicht realisierbar ist. Es kommt hingegen nicht darauf an, ob aus ex-post-Sicht auf das gedachte Kapital Zinsgewinne tatsächlich realisiert wurden. Es bleibt dem Versicherer überlassen, diese Zinsgewinne als allgemeine Kapitalerträge seiner Tätigkeit tatsächlich zu realisieren. Diese Zinsgewinne führen faktisch zu einer Erhöhung der Deckungssumme als Haftungsgrenze (*Car*, Die große Unbekannte – Die Deckungssumme in der Haftpflichtversicherung, S. 51–70).

Praxistipp

Der Versicherer sollte in jedem Fall auf die Verpflichtung zur Bildung des **Rentendeckungsstocks** hingewiesen werden. Es ist nicht das Problem des Geschädigten, wenn der Versicherer keinen Rentendeckungsstock bildet oder gebildet hat. Vielmehr muss er sich so behandeln lassen, als hätte er ihn gebildet.

Die Einordnung eines Anspruchs als Rente führt zur Anrechnung der geringeren **Rentenbarwerte** auf die Deckungssumme (vgl. unten). Der Versicherer muss sich insoweit Zinserträge (faktisch) anrechnen lassen, die als Ergebnis der allgemeinen Geschäftstätigkeit des Versicherers erwirtschaftet werden. Die Themen Kapitalisie- 15 rung von Rentenforderungen und Zinsgewinne des Versicherers sind daher eng miteinander verbunden und beeinflussen direkt die Handhabung und die Herausforderungen, die sich aus der Verteilung ergeben.

16 Es wird die Auffassung vertreten, dass diese Zinserträge sogar „rückwirkend" berücksichtigt werden müssen, obwohl auch bei sorgfältiger Prognose ein Überschreiten der Deckungssumme erst zu einem späteren Zeitpunkt (lange) nach dem Unfallereignis ersichtlich war (so wohl *Böhme/Biela/Tomson*, § 17 Rn 27). Eine Berücksichtigung von Zinserträgen für den Zeitraum zwischen dem Unfallereignis und der Erkennbarkeit einer möglichen **Deckungssummenüberschreitung** könnte den Versicherer benachteiligen, denn immerhin besaß dieser keine Möglichkeit, diese Erträge auch tatsächlich planvoll zu erwirtschaften. Auch die Tatsache, dass diese Erträge Ausfluss der allgemeinen Geschäftstätigkeit sind und nicht aus einem separat zu verwaltenden Kapital stammen, ändert daran nichts, denn der Versicherer muss auch nach Bilanz- und Aufsichtsrecht entsprechend § 341g HGB Rückstellungen erst vornehmen, wenn deren Anfall ersichtlich ist (*Car*, Das Überschreiten der Deckungssumme in der Haftpflichtversicherung).

17 Dieses Problem wird wohl auch in der Praxis am ehesten gelöst, indem auf den Zeitpunkt der Erkennbarkeit einer möglichen Deckungssummenüberschreitung abgestellt wird. Ab diesem Zeitpunkt treffen den Versicherer grundsätzlich sehr viel weitergehende Pflichten. Er muss insbesondere weitere Zahlungen sorgfältig prüfen und trägt die Gefahr der Zuvielleistung, wenn er die Möglichkeit eines Überschreitens der Deckungssumme falsch beurteilt. Es bietet sich daher an, diesen Zeitpunkt – der Erkennbarkeit einer möglichen Deckungssummenüberschreitung – als Ausgangspunkt für die Durchführung des Kürzungs- und Verteilungsverfahrens anzusehen (*Car*, Das Überschreiten der Deckungssumme in der Haftpflichtversicherung).

> *Praxistipp*
>
> Dennoch sollte der Geschädigtenvertreter argumentieren, dass die Möglichkeit der Überschreitung der **Deckungssumme** möglichst frühzeitig (zum Unfallzeitpunkt) erkennbar war und somit drauf hinwirken, dass der **Rentendeckungsstock** bereits ab dem Unfallzeitpunkt zu berechnen ist.

D. Kürzungs- und Verteilungsverfahren

18 Die Beachtung der rechtlichen Rahmenbedingungen, korrekte Berechnungen sowie eine transparente Durchführung des Kürzungs- und Verteilungsverfahrens sind entscheidende Aspekte für die gerechte Verteilung begrenzter finanzieller Mittel unter den verschiedenen Anspruchsstellern. Im Mittelpunkt dieses Prozesses stehen neben der Ermittlung der einschlägigen Deckungssumme zentrale Elemente wie die Ermittlung der relevanten Schadenssummen, die Kapitalisierung von Rentenansprüchen und die Festlegung von Verteilungsschlüsseln und Quoten.

I. Ermittlung der relevanten Schadenssummen

Die für den gesamten Schadensfall prognostizierten Schadenssummen müssen addiert werden. Dabei werden Schadenspositionen, die nicht wiederkehrend anfallen (**Kapitalforderungen**), mit ihrem nominalen Wert berücksichtigt. Schadenspositionen, die wiederkehrend anfallen (Renten), werden entsprechend § 107 VVG mit dem sogenannten Rentenbarwert berücksichtigt (*Car*, Die große Unbekannte – Die Deckungssumme in der Haftpflichtversicherung, S. 51–70). 19

Die präzise Ermittlung der relevanten Schadenssummen ist im ersten Schritt neben der Ermittlung der einschlägigen Deckungssumme entscheidend, um die Frage beantworten zu können, ob tatsächlich ein Fall der Überschreitung der Deckungssumme vorliegt. Im zweiten Schritt ist dann die korrekte Ermittlung der Schadenssummen grundlegend für eine faire Verteilung der (Rest-)Deckungssumme.

Die präzise Ermittlung der Gesamtschadenssumme bildet eine zentrale Grundlage für die Durchführung des Kürzungs- und Verteilungsverfahrens. Hierbei müssen sämtliche Schadensarten berücksichtigt werden, einschließlich Kapitalforderungen und kapitalisierter **Rentenforderungen** (Rentenbarwerte). Gleichzeitig müssen Kapital- und Rentenforderungen klar differenziert werden, um eine transparente Berechnung des Verteilungsschlüssels zu ermöglichen, die sowohl den rechtlichen als auch den finanziellen Anforderungen gerecht wird (*Mittelstädt*). Durch eine detaillierte Bewertung und Dokumentation der Schadensbeträge wird sichergestellt, dass alle Ansprüche zunächst gleichberechtigt in die Verteilung der Deckungssumme einbezogen werden (*Heß/Löfflad/Weng*; Bundesministerium der Justiz & Bundesamt für Justiz, 1976). Dabei unterliegt die Kapitalisierung der Rentenforderungen spezifischen Anforderungen, wie der Berücksichtigung der Rentenlaufzeit, des Alters der Geschädigten sowie der Anwendung eines objektiv vertretbaren Zinssatzes.

Eine ungenaue Bewertung der Schadenssummen birgt das Risiko fehlerhafter Verteilungsentscheidungen und kann geschädigte Parteien motivieren, rechtliche Schritte einzuleiten (Deutsche Rentenversicherung Bund, 2024), da Fehler in diesem Prozess die Verteilungsgerechtigkeit erheblich beeinträchtigen können (*Mittelstädt*). 20

> *Praxistipp*
>
> Für die genaue Bewertung einzelner Schadenspositionen vgl. § 5 Ansprüche bei Verletzungen sowie § 7 Bezifferung der Ansprüche und Kapitalisierung im Detail.

> *Praxistipp*
>
> Ein anschauliches Beispiel aus der Praxis dafür, dass die Deckungssumme trotz des Einwandes der Erschöpfung ebendieser oft doch ausreicht, stellt das Urt. des LG Hamburg v. 26.7.2011 – 302 O 192/08 dar. In diesem Fall wurde der Ein-

wand der Erschöpfung der Deckungssumme erhoben, und das Gericht musste nach umfangreichen Berechnungen und Ausführungen zu den Kapitalforderungen, aber auch insbesondere zu den Berechnungen von Rentenbarwerten im Ergebnis feststellen, dass die Summe sämtlicher Schadensforderungen unter der Deckungssumme des Kfz-Haftpflichtversicherungsvertrages lag. Der Einwand der Erschöpfung der Deckungssumme griff in diesem Fall nicht durch und ist insbesondere deshalb interessant, da das Gericht ausführliche Berechnungen vor allem zu den Rentenforderungen und der Berechnung der Rentenbarwerte vornimmt.

1. Kapitalforderungen

21 Als Kapitalforderung ist insbesondere bei Personenschäden das Schmerzensgeld zu berücksichtigen. Zudem können aber auch Heilbehandlungskosten oder andere notwendige Maßnahmen zur Schadensbehebung im Einzelfall als Kapitalforderung qualifiziert werden. Kapitalforderungen unterscheiden sich grundlegend von Rentenansprüchen, da sie unmittelbar in ihrer Nominalhöhe angerechnet werden und keine Kapitalisierung oder Abzinsung erfordern (*Berger*). Kapitalforderungen werden in ihrer vollen Höhe und ohne Berücksichtigung künftiger Wertveränderungen angesetzt. Dies bedeutet, dass sie keine zusätzliche Bewertung oder Anpassung erfordern und somit eine transparente und vereinfachte Eingliederung in die Gesamtsumme der relevanten Schadenssummen ermöglichen. Dies sorgt nicht nur für eine Vereinfachung ihrer Integration in das Kürzungs- und Verteilungsverfahren, sondern vermeidet auch mögliche Fehler, die z.B. im Zusammenhang mit der Berechnung von Rentenbarwerten entstehen können.

22 Die Ermittlung der Kapitalforderungen basiert auf einer klaren und umfassenden Dokumentation der entstandenen Schäden. Rechnungen und Gutachten dienen als Hauptgrundlage, um die fälligen Ansprüche präzise darzustellen und ihre Berechtigung im Verfahren nachzuweisen. Diese Grundlage ist besonders wichtig, da unzureichend belegte Forderungen von der Haftpflichtversicherung potenziell angefochten werden können. Dies könnte die Durchführung des Kürzungs- und Verteilungsverfahren deutlich erschweren. Heilbehandlungskosten, die beispielsweise medizinische Behandlungen, Rehabilitationsmaßnahmen oder Medikamente umfassen, sind üblicherweise klar dokumentierbar und stellen somit eine der am leichtesten anzuerkennenden Schadenspositionen dar (*Car*, Die große Unbekannte – Die Deckungssumme in der Haftpflichtversicherung, S. 51–70). Ein Sonderfall in diesem Zusammenhang hingegen ist der Schmerzensgeldanspruch, welcher als immaterielle Entschädigung Schmerz und Leid ausgleicht. Im Gegensatz zu den bereits aufgeführten Kapitalforderungen ist die Bewertung des Schmerzensgeldes häufig subjektiver Natur, was zu Uneinigkeiten oder Streitigkeiten führen kann (*Deichl/Küppersbusch/Schneider*, S. 1–9). Diese Vielfalt in den Schadenspositionen

verlangt eine differenzierte Herangehensweise bei deren Bewertung und Einbindung in das Verfahren.

Daher ist eine klare Abgrenzung zwischen Kapitalforderungen und anderen Arten von Ansprüchen essenziell für die Transparenz des Verfahrens. Durch diese Differenzierung wird gewährleistet, dass alle Anspruchsarten gemäß ihrer spezifischen Eigenschaften korrekt berücksichtigt werden, was wiederum eine faire Verteilung der **Deckungssumme** ermöglicht. 23

Abschließend zeigt sich, dass Kapitalforderungen aufgrund ihrer meist klaren Berechenbarkeit und einfachen Integration nicht im Mittelpunkt des Kürzungs- und Verteilungsverfahrens stehen. Dennoch sind deren präzise Dokumentation und Nachweisführung essenziell, um ihre Berücksichtigung zu gewährleisten und rechtliche Konflikte zu vermeiden. 24

2. Rentenbarwerte

Aufgrund der, insbesondere bei Personengroßschäden, häufig langfristig auftretenden Schadensverläufe wird das in § 109 VVG verankerte Grundprinzip durch § 107 VVG für **Rentenforderungen** ergänzt. Diese Forderungen sollen den Geschädigten grundsätzlich eine langfristige unfallbedingt notwendige finanzielle Absicherung gewährleisten. 25

Im Gegensatz zu den Kapitalforderungen werden demnach nicht die nominellen Rentenaufwendungen auf die **Deckungssumme** angerechnet, sondern „lediglich" deren Barwerte (BGH VersR 2006, 1679, 1680).

Eine wesentliche Voraussetzung, um Rentenforderungen mit Kapitalforderungen vergleichbar zu machen und eine gerechte Verteilung zu ermöglichen, ist deren **Kapitalisierung** (Ermittlung des Barwertes der Rentenforderung). Die Kapitalisierung dieser Ansprüche soll eine einheitliche Bewertungsgrundlage für die Verteilung der Deckungssumme schaffen. Diese Bewertungsgrundlage verhindert die bevorzugte Behandlung spezifischer Ansprüche und trägt zur Transparenz innerhalb des Verfahrens bei. Insbesondere ermöglicht die Kapitalisierung eine gleichwertige Verrechnung von Rentenzahlungen mit einmaligen Kapitalforderungen. 26

Die **Rentenbarwerte** sind nach versicherungsmathematischen Grundsätzen aus ex ante-Sicht zu ermitteln. Für die Berechnung der Rentenbarwerte sind insbesondere Faktoren wie die Laufzeit der Renten, die Lebenserwartung der Geschädigten, das Geschlecht und die gesundheitliche Prognose der Geschädigten einzubeziehen. Insbesondere ist zudem der wirtschaftliche Vorteil (mögliche Zinsgewinne auf die Zahlungen) durch die sogenannte Abzinsung zu berücksichtigen.

> *Praxistipp*
>
> Eine detaillierte Darstellung der Kapitalisierung von Rentenansprüchen und der Ermittlung von **Rentenbarwerten** findet sich unter § 7 Bezifferung der Ansprüche und Kapitalisierung.

27 Die korrekte Handhabung der Kapitalisierung und insbesondere der **Abzinsung** ist entscheidend, um Verteilungsgerechtigkeit zu gewährleisten. Fehlerhafte Berechnungen können das Vertrauen in das Verfahren gefährden. Besondere Aufmerksamkeit ist dabei der Einbindung aktueller Sterbetafeln und der Berücksichtigung individueller Faktoren wie Alter und gesundheitlicher Zustand zu widmen, um eine präzise und gerechte Kapitalisierung der Rentenansprüche zu erreichen (Deutsche Rentenversicherung Bund, 2024). Gleichzeitig muss eine klare Trennung zwischen direkten und indirekten Schadensansprüchen erfolgen, um sicherzustellen, dass die Deckungssumme den tatsächlich berechtigten Anspruchstellern zugutekommt. Diese klare Trennung ist nicht nur rechtlich notwendig, sondern auch buchhalterisch unabdingbar (*Freistaat Thüringen & Finanzministerium*).

28 Die für die Ermittlung der **Rentenbarwerte** maßgeblichen Faktoren Laufzeit, Zinssatz und Sterbewahrscheinlichkeit werden juristisch verknüpft durch den Versicherungsvertrag, welcher die Gefahrtragung zwischen Schädiger und Haftpflichtversicherung regelt. Entscheidend sind die einschlägig vereinbarten Versicherungsbedingungen, die durch gesetzliche oder untergesetzliche Vorgaben, insbesondere § 8 KfzPflVV, wiederum ergänzt werden (*Car*, Die große Unbekannte – Die Deckungssumme in der Haftpflichtversicherung, S. 51–70).

29 Die Höhe der Rentenbarwerte wird maßgeblich durch den Zinssatz und die Sterbetafel für die Sterbewahrscheinlichkeit beeinflusst. Je höher die Rentenbarwerte ausfallen, desto höhere Schadenssummen sind auf die **Versicherungssumme** anzurechnen. In diesen Fällen droht eine stärkere Inanspruchnahme des Schädigers selbst. Dieser dürfte hieran kein Interesse haben, ebenso wenig die Anspruchsteller (die Geschädigten), die an einem zuverlässigen und solventen Schädiger in Form eines Versicherers interessiert sein sollten (*Car*, Die große Unbekannte – Die Deckungssumme in der Haftpflichtversicherung, S. 51–70).

30 In den allgemeinen Haftpflichtversicherungen sind immer noch Versicherungsbedingungen und alte Versicherungsverträge ohne konkrete Festlegungen oder mit veralteten Sterbewahrscheinlichkeiten zu finden. Neuere Versicherungsbedingungen wiederum wiederholen oftmals nur die Formulierung in § 8 KfzPflVV bzw. nehmen Bezug auf diese Vorschrift (*Car*, Die große Unbekannte – Die Deckungssumme in der Haftpflichtversicherung, S. 51–70).

31 In der Kfz-Haftpflichtversicherung wird entsprechend einer Entscheidung der Bundesanstalt für Finanzdienstleistungsaufsicht, gestützt auf § 8 KfzPflVV, die mittlerweile fast 30 Jahre alte Sterbetafel DAV 1997 HUR zur Ermittlung der **Rentenbarwerte** herangezogen (*Car*, Die große Unbekannte – Die Deckungssumme in der Haftpflichtversicherung, S. 51–70).

Diese Festlegung stellt wohl trotz Vorliegens neuerer Berechnungsgrundlagen weiterhin das Mindestmaß der Absicherung dar. Wenn die zuständige Aufsichtsbehörde diese Rechtsgrundlagen für den Bereich der Kfz-Haftpflichtversicherung „bis auf weiteres" für zutreffend hält, dann fällt es argumentativ schwer, hiervon abzuweichen, zumal dies auch der Rechtsprechung des BGH entsprechen dürfte, wonach der Rentenbarwert nach versicherungsmathematischen Grundsätzen zu berechnen ist (*Car*, Die große Unbekannte – Die Deckungssumme in der Haftpflichtversicherung, S. 51–70; BGH VersR 1980, 279).

Die gleiche Überlegung gilt auch für den Zinssatz als Berechnungsgrundlage. Der BGH hat 1986 hierzu einmal entschieden, dass der Wert des Haftpflichtversicherungsschutzes nicht allein vom momentanen Zinsniveau abhängen könne (BGH VersR 1986, 392 und 525). 32

Es erscheint richtig, dass nicht der aktuelle, sondern der künftige Zinsgewinn prognostiziert werden muss. Prognosen aber können dabei immer nur die Vergangenheit in die Zukunft fortschreiben. Entsprechend bedarf es, wie § 8 Abs. 1 S. 3 KfzPflVV zu entnehmen ist, eines Referenzzeitraumes. Ebenso muss für die Ermittlung des Zinssatzes auf Anlageformen abgestellt werden, aus deren Zins- und Tilgungszahlungen eine Rentenzahlung erbracht werden kann (BGH VersR 1986, 392, 394; *Car*, Die große Unbekannte – Die Deckungssumme in der Haftpflichtversicherung, S. 51–70). Dieses Vorgehen entspricht dem „Prinzip der großen Zahl", auf dem Versicherungen beruhen. Ein Versicherer erzielt Kapitalerträge aus seiner gesamten Geschäftstätigkeit und nicht in einzelnen Schadensfällen. In der großen Zahl an Schadensfällen und der Vielzahl an Kapitalanlagen gleichen sich die Schwankungen der einzelnen Kapitalanlagen über einen gewissen Zeitraum aus (*Jaeger*, VersR 2006, 1328; *Car*, Die große Unbekannte – Die Deckungssumme in der Haftpflichtversicherung, S. 51–70).

> *Praxistipp*
>
> Die Kapitalisierung von **Rentenforderungen** stellt eine zentrale, aber auch äußerst komplexe Aufgabe im Rahmen des **Kürzungs- und Verteilungsverfahrens** dar. Die präzise Berechnung, die Berücksichtigung individueller Faktoren und die Anpassung an rechtliche und wirtschaftliche Anforderungen sind entscheidend, um eine gerechte Verteilung der **Deckungssumme** zu gewährleisten.

II. Quotierung

Die Regelung zur proportionalen Kürzung der Ansprüche bei Überschreitung der einschlägigen **Deckungssumme** stellt sicher, dass alle Anspruchsteller entsprechend ihres Anteils berücksichtigt werden. Jedoch zeigt die Praxis, dass Fehler in der Berechnung der Verteilungsquoten schwerwiegende rechtliche Konflikte verursachen können, weshalb Transparenz bei der Analyse sämtlicher variablen Faktoren unerlässlich ist (*GDV*). Die Komplexität dieser Quotenberechnungen verdeutlicht, dass eine dynamische und rechtssichere Anwendung notwendig ist, um sowohl die Interessen der Versicherer als auch insbesondere der Geschädigten zu schützen. 33

Der Verteilungsschlüssel im Kürzungs- und Verteilungsverfahren wird maßgeblich durch die Gesamthöhe der Schadensforderungen sowie die einschlägige Deckungs- 34 summe der Haftpflichtversicherung bestimmt. Die genaue Berechnung der Schadenssummen, bestehend aus Kapitalforderungen und kapitalisierten Rentenansprüchen (vgl. oben), ist daher neben der Ermittlung der einschlägigen Deckungssumme (vgl. oben) von zentraler Bedeutung.

35 In der Praxis erfolgt die Berechnung der Verteilungsquoten auf Basis einer proportionalen Aufteilung der verfügbaren Deckungssumme, bei der jede Forderung – unabhängig von ihrer Art – anteilig gekürzt wird. Die Gleichbehandlung von kapitalisierten Rentenansprüchen (Ermittlung der Rentenbarwerte) und Kapitalforderungen ist dabei zentral, da diese in Relation zur Gesamtschadenshöhe berücksichtigt werden müssen.

Die **Verteilungsquote** berechnet sich demnach wie folgt:

Aufstellung

$$\text{Quote} = \frac{\text{(Rest-)Deckungssumme}}{\text{Summe der Rentenbarwerte} + \text{Summe aller sonstigen Forderungen}}$$

36 Die praktische Umsetzung des Verfahrens wird durch potenzielle Uneinigkeiten zwischen den Parteien erschwert. Insbesondere unstimmige Forderungshöhen oder unzureichende Nachweise können den Ablauf verzögern. In solchen Fällen ist eine klare und vollständige Dokumentation der Ansprüche unabdingbar, um Streitigkeiten vorzubeugen (*Berger*).

> *Praxistipp*
>
> Die Ermittlung des **Verteilungsschlüssels** im Kürzungs- und Verteilungsverfahren hängt somit von vielen rechtlichen sowie wirtschaftlichen und mathematischen Faktoren ab. Eine transparente, rechtssichere und präzise Vorgehensweise ist essenziell, um Konflikte zu minimieren und eine gerechte Verteilung der einschlägigen Deckungssumme sicherzustellen.

III. Verteilung – Rangfolge der Anspruchsteller

37 Nachfolgend soll insbesondere die hervorgehobene Stellung der unmittelbar Geschädigten, aber auch die Rolle der Sozialversicherungsträger und weiterer Anspruchsteller dargestellt werden, um die komplexen Wechselwirkungen und rechtlichen Rahmenbedingungen aufzuzeigen. Durch die Darlegung der rechtlichen Prioritäten und der Herausforderungen in der Praxis soll ein gewisses Verständnis für die Dynamik und die damit verbundenen Konflikte geschaffen werden, die in diesen Verfahren auftreten können.

> *Praxistipp*
>
> Die gesetzlich vorgegebene Rangfolge ist entscheidend für eine faire Verteilung der Ansprüche. Gemäß § 116 Abs. 4 SGB X sowie § 118 VVG **genießen Ansprüche unmittelbar Geschädigter Vorrang**. Dies führt häufig dazu, dass die

verbleibenden Mittel für andere Anspruchsgruppen wie z.B. die Sozialversicherungsträger oder sekundäre Anspruchsteller stark eingeschränkt sind. Eine klare Abgrenzung der Ansprüche unmittelbar Geschädigter ist daher erforderlich, um sicherzustellen, dass schwerwiegende und unmittelbare Schäden wie Personenschäden prioritär behandelt werden (*Schiemann*, 2022).

1. Befriedigungsvorrecht – § 116 Abs. 4 SGB X

1983 wurde die bis dahin gültige Rechtsprechung des BGH, wonach aufbauend auf dem historischen § 1542 RVO, „nach allgemeinen Rechtsgrundsätzen" ohne ausdrückliche gesetzliche Anordnung der Neugläubiger seine Rechte nicht zum Nachteil des Altgläubigers geltend machen können soll, wenn auf ihn nur ein Teil eines Gesamtanspruchs übergeht (BGH VersR 1975, 558 f.), in § 116 Abs. 4 SGB X gesetzlich geregelt. **38**

§ 116 Abs. 4 SGB X besagt: *„Stehen der Durchsetzung der Ansprüche auf Ersatz eines Schadens tatsächliche Hindernisse entgegen, hat die Durchsetzung der Ansprüche des Geschädigten und seiner Hinterbliebenen Vorrang vor den übergegangenen Ansprüchen…"* **39**

Ein entscheidender Aspekt der Verteilung ist somit das allgemeine **Befriedigungsvorrecht** des unmittelbar Geschädigten gemäß § 116 Abs. 4 SGB X. Dieses Vorrangrecht stellt sicher, dass schwerwiegende (unmittelbare) Schäden prioritär kompensiert werden.

Das Befriedigungsvorrecht des unmittelbar Geschädigten ist somit eine maßgebliche Regelung für das Kürzungs- und Verteilungsverfahren, die sicherstellen soll, dass die Ansprüche dieser Personengruppe priorisiert behandelt werden. Gemäß § 116 Abs. 4 SGB X wird den unmittelbar Geschädigten der Vorrang eingeräumt, sodass deren Forderungen vorrangig aus der einschlägigen Deckungssumme erfüllt werden. Diese gesetzliche Grundlage etabliert eine klare Hierarchie der Anspruchsgruppen, die darauf abzielt, diejenigen zu schützen, die durch den Schaden am stärksten betroffen sind (Bundesministerium der Justiz & Bundesamt für Justiz, 1976). Hierbei steht insbesondere die Deckung gravierender persönlicher und finanzieller Schäden im Vordergrund. Das Befriedigungsvorrecht minimiert das Risiko, dass unmittelbar Geschädigte aufgrund der Begrenztheit der Deckungssumme auf einen Teil ihrer Ansprüche verzichten müssen (*Freistaat Thüringen & Finanzministerium*). **40**

Diese Abfolge der Prioritäten ist nicht nur rechtlich, sondern auch praktisch strikt einzuhalten, um Missverständnisse und Rechtsstreitigkeiten zwischen den Anspruchstellern zu vermeiden.

Allerdings sollte zwingend beachtet werden, dass die unmittelbar Geschädigten nach § 116 Abs. 4 SGB X lediglich gegenüber ihren eigenen Rechtsnachfolgern ein Befriedigungsvorrecht besitzen. Die Ansprüche der jeweiligen Rechtsnachfolger **41** werden so lange zugunsten ihrer jeweiligen Rechtsvorgänger vermindert, bis der unmittelbar Geschädigte als Rechtsvorgänger seine Ansprüche voll ersetzt bekommt oder bei den Rechtsnachfolgern die Partizipationsquote auf null gesunken ist (*Car*, Die große Unbekannte – Die Deckungssumme in der Haftpflichtversicherung, S. 51–70; BGH VersR 2003, 1295).

42 Für jeden Anspruchsteller kann sich somit eine individuelle Verteilungsquote zu seiner Befriedigung aus der Deckungssumme ergeben. Dabei kann es durchaus vorkommen, dass nicht alle unmittelbar Geschädigten ihre Ansprüche in voller Höhe ersetzt bekommen (*Car*, Die große Unbekannte – Die Deckungssumme in der Haftpflichtversicherung, S. 51–70).

2. Befriedigungsvorrecht – § 118 VVG

43 Dieses in § 116 Abs. 4 SGB X allgemein geregelte Befriedigungsvorrecht kann zu ungerechten Ergebnissen führen, weil der durch Zufall anderweitig besser abgesicherte unmittelbar Geschädigte für seine ungedeckte Schadensspitze im Direktanspruch gegen den Haftpflichtversicherer und den Schädiger umfangreicheren Ersatz erhält als der durch Zufall anderweitig weniger gut abgesicherte unmittelbar Geschädigte.

Aufgrund dieser Tatsache hat der Gesetzgeber im Zuge der VVG-Novelle 2008 mit § 118 VVG für den Bereich der Pflicht-Haftpflichtversicherung die Rangfolge detailliert normiert (*Car*, Die große Unbekannte – Die Deckungssumme in der Haftpflichtversicherung, S. 51–70). Für den Fall, dass *„die Ansprüche auf Entschädigung, die aufgrund desselben Schadensereignisses zu leisten sind, die Versicherungssumme“* übersteigen, wird entsprechend § 118 Abs. 1 VVG die *„Versicherungssumme nach folgender Rangfolge, bei gleichem Rang nach dem Verhältnis ihrer Beträge, an die Ersatzberechtigten ausgezahlt:*

- *für Ansprüche wegen Personenschäden, soweit die Geschädigten nicht vom Schädiger, von einem anderen Versicherer als dessen Haftpflichtversicherer, einem Sozialversicherungsträger oder einem sonstigen Dritten Ersatz ihrer Schäden erlangen können;*
- *für Ansprüche wegen sonstiger Schäden natürlicher und juristischer Personen des Privatrechts, soweit die Geschädigten nicht vom Schädiger, einem anderen Versicherer als dessen Haftpflichtversicherer oder einem Dritten Ersatz ihrer Schäden erlangen können;*
- *für Ansprüche, die nach Privatrecht auf Versicherer oder sonstige Dritte wegen Personen- und sonstiger Schäden übergegangen sind;*
- *für Ansprüche, die auf Sozialversicherungsträger übergegangen sind;*
- *für alle sonstigen Ansprüche.“*

44 Die Wechselwirkungen zwischen den Ansprüchen der unmittelbar Geschädigten, Ansprüchen, die nach Privatrecht auf Versicherer übergehen sowie den Ansprüchen der Sozialversicherungsträger erfordern eine transparente und rechtlich fun-

dierte Handhabung. Die Sozialversicherungsträger müssen sich nachrangig einordnen, wenn die Deckungssumme nicht zur vollständigen Befriedigung aller Ansprüche ausreicht. Dies unterstreicht die Bedeutung einer exakten Dokumentation der Ansprüche und ausgezahlten Beträge, um eine reibungslose Abwicklung des Verfahrens zu gewährleisten (Deutsche Rentenversicherung Bund, 2024).

Das Vorrangrecht der unmittelbar Geschädigten hebt zudem den sozialen Charakter und die **moralisch-ethische Verantwortung** innerhalb des **Kürzungs- und Verteilungsverfahrens** hervor. Es reflektiert die gesellschaftliche Verpflichtung, diejenigen zu schützen, die durch den Schadensfall einen erheblichen finanziellen und/ oder gesundheitlichen Nachteil erlitten haben. 45

Besonders laufende Kosten wie Heilbehandlungskosten und Lebensunterhaltskosten sollen durch die bevorzugte Behandlung schneller gedeckt werden, was eine wirtschaftliche und gesundheitliche Stabilisierung der Geschädigten erleichtern soll (Deutsche Rentenversicherung Bund, 2024). Gleichzeitig reduziert das Verfahren die Bearbeitungszeiten für Direktgeschädigte. Dies wird durch die priorisierte Abwicklung ihrer Ansprüche erreicht und ist ein direkter Ausdruck der sozialen Schutzfunktion dieser Regelung (*Freistaat Thüringen & Finanzministerium*).

Die gesetzlich geregelte Rangfolge beeinflusst die Stellung der weiteren Anspruchsteller maßgeblich, indem ihre Ansprüche nur nachrangig bedient werden. In der Praxis bedeutet dies, dass Kapitalforderungen und kapitalisierte Rentenforderungen der lediglich mittelbar Geschädigten Anspruchsteller nur dann in vollem Umfang Berücksichtigung finden, wenn die Deckungssumme nach Befriedigung der priorisierten Ansprüche noch ausreicht (*Mittelstädt*). 46

Es bleibt festzuhalten, dass das **Befriedigungsvorrecht** des unmittelbar Geschädigten eine zentrale Bedeutung im **Kürzungs- und Verteilungsverfahren** einnimmt. Es schützt die Interessen der am stärksten Betroffenen und soll durch eine transparente und gerechte Handhabung zur gesellschaftlichen Fairness beitragen. Die damit verbundenen Herausforderungen erfordern jedoch präzise rechtliche und mathematische Ansätze, um Konflikte zu vermeiden und eine effektive Schadensregulierung zu gewährleisten. 47

Praxistipp

In den Fällen der tatsächlichen Erschöpfung der Deckungssumme gilt es aus haftungsrechtlichen Erwägungen für den Geschädigtenvertreter unbedingt § 118 Abs. 2 VVG zu beachten. Nach dieser Regelung kann sich, nach Erschöpfung der Deckungssumme unter Berücksichtigung nachrangiger Ansprüche, *„ein vorrangig zu befriedigender Anspruchsberechtigter, der bei der Verteilung nicht berücksichtigt worden ist, nachträglich auf Absatz 1 nicht berufen, wenn der Versicherer mit der Geltendmachung dieses Anspruchs nicht gerechnet hat und auch nicht rechnen musste.“*

E. Besondere Konstellationen und Herausforderungen

48 Die gerechte Verteilung der einschlägigen **Deckungssummen** in Haftpflichtfällen wird durch besondere Konstellationen und Herausforderungen maßgeblich beeinflusst. Insbesondere die Beteiligung mehrerer Geschädigter oder das Bestehen streitiger Ansprüche stellen besondere Herausforderungen in der anwaltlichen Praxis dar. Zudem ist die Berücksichtigung von Prozesskosten und Verzugszinsen ein zentraler Aspekt, der die finanziellen Spielräume der Beteiligten stark beeinflussen kann.

I. Mehrere Geschädigte

49 Die Beteiligung mehrerer Geschädigter am Kürzungs- und Verteilungsverfahren erfordert ein präzises Vorgehen, um eine gerechte Verteilung der begrenzten Deckungssumme sicherzustellen.

50 Dabei sind eine genaue Ermittlung und Gewichtung der einzelnen Schadensersatzansprüche zentral. Schadenspositionen wie z.B. Heilbehandlungskosten, Schmerzensgeld, Verdienstausfall oder Haushaltsführungsschaden etc. müssen unter Umständen unter Einbezug von Gutachten und Nachweisen konkretisiert werden. Dies bildet die Grundlage, um die jeweiligen Ansprüche rechtlich abzusichern und transparent zu gestalten.

51 Die **Kapitalisierung von Rentenforderungen** stellt bei mehreren Beteiligten eine besondere Herausforderung dar, insbesondere bei der Verteilung unter mehreren Geschädigten. Hier müssen unterschiedliche Schadenshöhen und Laufzeiten in den Verteilungsschlüssel integriert werden. Rentenforderungen müssen kapitalisiert werden, um mit Kapitalforderungen vergleichbar zu sein. Die verschiedenen Schadenshöhen und Laufzeiten führen zu einer komplexen Berechnung der Quoten.

52 Zusätzlich spielt die Nähe des Schadens zum Unfallereignis eine entscheidende Rolle bei der Gewichtung, insbesondere, da unmittelbar Geschädigte gemäß § 116 Abs. 4 SGB X und § 118 VVG priorisiert behandelt werden. Durch diese Regelung wird eine klare Hierarchie geschaffen, die sicherstellt, dass unmittelbar Betroffene bevorzugt entschädigt werden (*Schiemann*, 2022).

53 Die gesetzlichen Grundlagen in den §§ 107 und 109 VVG verpflichten die Haftpflichtversicherung darüber hinaus, sicherzustellen, dass jeder berechtigte Anspruch unabhängig von seiner Komplexität Berücksichtigung findet. Fehler während dieses Prozesses können erhebliche rechtliche Konsequenzen nach sich ziehen (*Nicklaus*).

54 Die Sozialversicherungsträger spielen ebenfalls eine zentrale Rolle im Kürzungs- und Verteilungsverfahren. Häufig treten diese Sozialversicherungsträger in Fällen auf, in denen sie bereits Leistungen an die Geschädigten erbracht haben, und machen Regressansprüche geltend. Diese Regressansprüche stehen dabei im Rahmen der Deckungssumme insbesondere in Konkurrenz zu den vorrangigen Ansprüchen

der unmittelbar Geschädigten (Bundesministerium der Justiz & Bundesamt für Justiz, 1976; Deutsche Rentenversicherung Bund, 2024). Sozialversicherungsträger verfolgen unter anderem Kapitalforderungen und kapitalisierte Rentenansprüche, die ebenfalls im Kürzungs- und Verteilungsverfahren berücksichtigt werden müssen. Die systematische und transparente Berechnung dieser Ansprüche ist verpflichtend, um rechtliche Auseinandersetzungen zu vermeiden (*Lieder*, DZWIR 14(12)/2004, 509–512). Eine realistische und umfassende Dokumentation der Forderungen erleichtert die Einbindung der Sozialversicherungsträger in den Verteilungsprozess und minimiert Konflikte zwischen den Parteien (*Hoppenrath/Wohlleben*).

Praxistipp

Die gerechte Verteilung der einschlägigen Deckungssumme bei mehreren Geschädigten setzt eine genaue Dokumentation der Schadenssummen und Verteilungsentscheidungen voraus. Fehler oder Unklarheiten können nicht nur die Rechtssicherheit gefährden, sondern auch die individuellen Ansprüche der Geschädigten beeinträchtigen. Die Dokumentation muss sämtliche Schadenspositionen und Berechnungen des Verteilungsschlüssels nachvollziehbar festhalten, um rechtliche Schritte zu vermeiden (*Nicklaus*). Die Verpflichtung der Haftpflichtversicherung, alle Entscheidungen transparent zu gestalten, trägt wesentlich zur Rechtssicherheit bei und fördert die Akzeptanz des Verfahrens. Fehler in der Dokumentation, insbesondere bei der Kapitalisierung von Rentenforderungen, können jedoch weitreichende Folgen haben und die Gleichheit der Verteilung beeinträchtigen (BGH, Urt. v. 18.5.2010 – VI ZR 142/09). Eine sorgfältige und umfassende Dokumentation der Rangfolge und Quoten stärkt das Vertrauen der Beteiligten in das Verfahren und stellt sicher, dass die Kürzung und Verteilung gesetzeskonform und fair durchgeführt werden (*Schrüfer*, ZGD 37 (4) 2009, 153–177).

II. Streitige Ansprüche

Streitige bzw. unklare Kapital- und/oder Rentenforderungen stellen eine besondere Herausforderung dar, da ihre Höhe oder Fälligkeit nicht eindeutig festgelegt ist. **55**

Solche Forderungen könnten beispielsweise zunächst bis zu deren Klärung aus dem Kürzungs- und Verteilungsverfahren ausgenommen werden, um die Berechnungen nicht zu verzögern oder nachträgliche Anpassungen der Verteilungsquote zu vermeiden (*Deichl/Küppersbusch/Schneider*, S. 1–9). Diese Vorgehensweise ermöglicht zunächst eine reibungslose Abwicklung der unstrittigen Teile des Verfahrens und gewährleistet, dass die Deckungssumme effektiv verteilt wird, ohne den Gesamtprozess zu blockieren (*Berger*). Gleichzeitig sollten die Dokumentationspflichten im Kontext streitiger Forderungen strikt eingehalten werden, um sowohl den Status der jeweiligen Forderungen eindeutig festzustellen als auch spätere recht- **56** liche Konflikte zu vermeiden (*Car*, Die große Unbekannte – Die Deckungssumme in der Haftpflichtversicherung, S. 51–70).

57 Die Klärung streitiger Forderungen erfolgt in der Regel durch außergerichtliche Verhandlungen zwischen den Parteien oder letzten Endes durch gerichtliche Verfahren.

58 Die exakte rechtliche Trennung zwischen geklärten und ungeklärten Forderungen reduziert das Risiko von Konflikten. Gleichzeitig ist der Versicherer dazu verpflichtet, das Verfahren rechtzeitig einzuleiten, um Verzögerungen zu vermeiden, die negative Folgen für alle Beteiligten nach sich ziehen könnten. Eine klare Kommunikation zwischen Versicherer und Anspruchstellern ist entscheidend, da Transparenz über den Status streitiger Ansprüche Missverständnisse verhindert und Vertrauen in den Ablauf fördert.

Die Unsicherheit bezüglich der endgültigen Schadenshöhe stellt eine besondere Herausforderung bei der Integration streitiger Ansprüche dar. Fehlerhafte Einschätzungen können dazu führen, dass die Deckungssumme entweder überschritten oder unzureichend ausgeschöpft wird, was wiederum eine Korrektur der Verteilung aus ex-nunc-Sicht erforderlich machen könnte.

59 Die Prognosen des Versicherers müssen daher sorgfältig und auf Grundlage umfassender Daten erstellt und unbedingt durch die Geschädigtenvertreter überprüft werden. Unpräzise Einschätzungen könnten nicht nur Über- oder Unterkompensationen einzelner Parteien nach sich ziehen, sondern auch den gesamten Verfahrensablauf verzögern. Eine klare Abgrenzung und Dokumentation streitiger Forderungen ist daher unerlässlich, um potenzielle Fehler frühzeitig zu identifizieren.

Ein effektives Management streitiger Ansprüche erfordert fundierte Prognosen seitens des Versicherers. Diese bilden die Basis für die Festlegung der verbleibenden Deckungssumme und die gerechte Verteilung. Fehlerhafte Vorhersagen können durch gerichtliche Überprüfung gemäß § 109 S. 2 VVG korrigiert werden, wodurch Rechtmäßigkeit und Transparenz des Verfahrens gestärkt werden. Eine engmaschige und fundierte Abwägung potenzieller Forderungen ist somit unabdingbar. Externe Gutachter können die Qualität und Validität solcher Prognosen verbessern, indem sie eine objektive Bewertung der Schadenshöhe gewährleisten (*Car*, Die große Unbekannte – Die Deckungssumme in der Haftpflichtversicherung, S. 51–70).

60 Die Behandlung von Rückforderungsansprüchen, die aus Zuvielleistungen durch den Versicherer resultieren, ist ein zentrales Element, das besondere Herausforderungen birgt. Eine präzise Nachberechnung der ursprünglich geleisteten Zahlungen ist notwendig, um eine gerechte Nachverteilung sicherzustellen. Die Rückforderung bereits gezahlter Beträge ist jedoch oft mit komplexen rechtlichen und administrativen Hürden verbunden (z.B. Stichwort: Entreicherung), weshalb eine frühzeitige Vermeidung von Fehlern im ursprünglichen Verteilungsverfahren entscheidend ist. Eine transparente Überprüfung der Verteilungsquote kann dabei helfen, Konflikte zu vermeiden und die Interessen aller Beteiligten zu schützen.

Praxistipp

Es hat sich gezeigt, dass die Integration streitiger Ansprüche erhebliche Herausforderungen mit sich bringt. Sorgfältige Prognosen, klare rechtliche Abgrenzungen, transparente Dokumentation und eine offene Kommunikation zwischen allen Beteiligten sind die zentralen Elemente, um Konflikte zu minimieren und eine gerechte Verteilung der Deckungssumme sicherzustellen.

III. Prozesskosten und Verzugszinsen

Die Prozesskosten im Rahmen des Kürzungs- und Verteilungsverfahrens stellen **61** eine weitere Herausforderung dar, da sie häufig die verfügbaren Mittel zur Befriedigung der Schadensansprüche belasten. Diese Kosten umfassen insbesondere Anwaltsgebühren, Gerichtskosten sowie Kosten für Sachverständigengutachten, die im Zuge der rechtlichen und faktischen Klärung eines Falles anfallen. Der Umfang der Prozesskosten kann stark variieren und hängt von der Komplexität des jeweiligen Schadensfalles sowie der Anzahl der Beteiligten ab. Eine fehlerhafte oder unzureichende Berücksichtigung dieser Kosten kann zu Streitigkeiten zwischen den Parteien führen. Daher ist es essenziell, dass auch die Prozesskosten klar dokumentiert und innerhalb der Deckungssumme fair verteilt werden, um Ungerechtigkeiten und rechtliche Konflikte zu vermeiden.

Verzugszinsen stellen eine weitere Belastung für die Deckungssumme dar, ins- **62** besondere wenn der Haftpflichtversicherer seinen Zahlungsverpflichtungen nicht rechtzeitig nachkommt. Nach deutschem Recht werden Verzugszinsen üblicherweise mit einem Zinssatz von 5 Prozentpunkten über dem Basiszinssatz gemäß § 288 Abs. 1 BGB berechnet. Diese Regelung ist jedoch nicht unumstritten, da sie in Niedrigzinsphasen eine erhebliche finanzielle Last darstellt. Verzugszinsen können in komplexen Schadensfällen zu einem zentralen Streitpunkt werden, insbesondere wenn unklare Schuldensituationen vorliegen. Die genaue Festlegung des Zeitpunkts, ab dem Verzugszinsen berechnet werden, hängt maßgeblich von der rechtzeitigen und korrekten Geltendmachung der Ansprüche ab. Fehlerhafte oder verzögerte Bearbeitungen durch die Haftpflichtversicherung können die Höhe der Verzugszinsen deutlich erhöhen und somit die Deckungssumme erheblich belasten. Eine präzise Kalkulation dieser Zinsen sowie eine transparente Bearbeitung der Ansprüche sind essenziell, um Konflikte zwischen den Anspruchstellern und der Versicherung zu minimieren.

Die korrekte Abgrenzung sowie die transparente Dokumentation von Prozesskos- **63** ten und Verzugszinsen sind zentral, um innerhalb des Kürzungs- und Verteilungsverfahrens eine gerechte Verteilung der Deckungssumme zu gewährleisten. Daher ist eine rechtlich fundierte Differenzierung zwischen den verschiedenen Kostenpositionen notwendig (*Zeising*, DZWIR 20(8), 2010).

64 Zudem erfordern langwierige und komplexe Rechtsstreitigkeiten eine frühzeitige Abstimmung der Parteien, um die entstehenden Kosten möglichst gering zu halten. Insbesondere nachrangige Anspruchsteller wie Sozialversicherungsträger tragen häufig die Hauptlast der Kürzungen, da Prozesskosten in der Regel Vorrang vor Schadensersatzansprüchen genießen (*Berger*).

65 Ein weiterer relevanter Aspekt ist die Rangfolge der Ansprüche im Hinblick auf Prozesskosten und Verzugszinsen. Diese Kosten besitzen häufig eine Vorrangstellung in der Hierarchie der Anspruchsbedienung, was nachrangige Forderungen, insbesondere die von Sozialversicherungsträgern, stark beeinträchtigen kann. Die vorrangige Berücksichtigung von Prozesskosten und Verzugszinsen führt oftmals zu einer erheblichen Kürzung nachrangiger Ansprüche (*Berger*). Die Priorisierung solcher Kosten macht eine transparente Auflistung aller Kosten und Ansprüche notwendig, um die berechtigten Interessen aller Anspruchsteller angemessen zu berücksichtigen.

66 Die praktische Umsetzung der Verteilung von Prozesskosten und Verzugszinsen bleibt dennoch herausfordernd, insbesondere im Hinblick auf die vollständige Ausschöpfung der Deckungssumme.

> *Praxistipp*
>
> Die Einbindung von Sozialversicherungsträgern und weiteren Anspruchsgruppen in das Verfahren erfordert eine abgestimmte Kommunikation, um die Einhaltung der gesetzlichen Vorgaben zu gewährleisten. Dies kann insbesondere dann problematisch werden, wenn Prozesskosten oder Verzugszinsen berücksichtigt werden müssen, die die verfügbaren Mittel zusätzlich einschränken (*Car*, Die große Unbekannte – Die Deckungssumme in der Haftpflichtversicherung, S. 51–70). Daher erfordert die Einbindung von Prozesskosten und Verzugszinsen in das Kürzungs- und Verteilungsverfahren eine präzise Berechnungsmethodik, eine transparente Dokumentation und eine enge Zusammenarbeit zwischen den Beteiligten auf Augenhöhe. Nur durch eine klare rechtliche und mathematische Grundlage können Konflikte reduziert und eine faire Verteilung der Deckungssumme, insbesondere im Interesse der unmittelbar Geschädigten, sichergestellt werden.

F. Fazit

67 Wie kann unter den Bedingungen begrenzter Ressourcen eine faire und transparente Verteilung der Deckungssumme in Haftpflichtfällen gewährleistet werden?

Grundsätzlich bieten die gesetzlichen Grundlagen klare Leitlinien für die Durchführung des Kürzungs- und Verteilungsverfahrens bei unzureichender Deckungssumme. Jedoch ist die praktische Umsetzung mit zahlreichen methodischen und organisatorischen Herausforderungen verbunden. Hierbei stellen insbesondere die

Ermittlung der einschlägigen Deckungssumme, die Kapitalisierung von Rentenforderungen und die damit verbundene Abzinsung zukünftiger Ansprüche wesentliche Elemente für die Schaffung vergleichbarer Bewertungsgrundlagen dar. Diese Aspekte bilden die Basis für die mathematische Präzision und Transparenz, die bei der Verteilung der begrenzten Deckungssumme erforderlich sind.

Ein weiterer zentraler Aspekt ist die gesetzlich vorgegebene **Rangfolge der Anspruchsgruppen**, die eine Priorisierung der Ansprüche unmittelbar Geschädigter gemäß der §§ 116 Abs. 4 SGB X und 118 VVG vorsieht. Diese Rangordnung führt in der Praxis häufig zu Spannungen zwischen den Beteiligten, insbesondere, wenn die Deckungssumme tatsächlich nicht ausreicht, um alle Ansprüche vollständig zu befriedigen. 68

Während das **Befriedigungsvorrecht** der unmittelbar Geschädigten einen sozialen Ausgleich ermöglicht und den Fokus auf besonders schwerwiegende Schäden legt, stehen dadurch nachrangige Anspruchsteller häufig vor der Herausforderung, ihre Rechte angesichts stark begrenzter Mittel geltend zu machen. Diese Wechselwirkungen zwischen sozialen, rechtlichen und finanziellen Interessen heben die Bedeutung einer präzisen Dokumentation und transparenten Kommunikation in den Kürzungs- und Verteilungsverfahren hervor.

Ebenso spielt die Pflicht zur Bildung eines Rentendeckungsstocks eine entscheidende Rolle, um langfristige Ansprüche, insbesondere Rentenzahlungen, abzusichern. Gleichzeitig ist die Berechnung und Dimensionierung dieses Rentendeckungsstocks in der Praxis ebenfalls mit erheblichen Schwierigkeiten verbunden. 69

Zudem wird die Verteilung der Deckungssumme durch zusätzliche Faktoren wie Prozesskosten und Verzugszinsen weiter belastet. Der Vorrang solcher Kosten vor nachrangigen Ansprüchen führt in der Praxis häufig zu Konflikten und betont die Notwendigkeit klarer rechtlicher Regelungen sowie einer präzisen und transparenten Berechnung aller Kostenpositionen. 70

Die hier identifizierten Herausforderungen zeigen, dass die praktische Umsetzung der gesetzlichen Vorgaben hohe Ansprüche an die fachliche Expertise und die Zusammenarbeit zwischen den beteiligten Parteien stellen. 71

Praxistipp

Die Bearbeitung dieser hochkomplexen Thematik in der rechtsanwaltlichen Praxis, insbesondere durch die Geschädigtenvertreter, bedarf eines fundierten Zusammenspiels von Theorie und Praxis. Die erfolgreiche Durchführung des Kürzungs- und Verteilungsverfahrens hängt von einer präzisen rechtlichen und auch mathematischen Methodik ab, die durch Transparenz, Dokumentation und Kooperation gestützt werden sollte. Dabei ist eine systematische Herangehensweise unverzichtbar, um den Interessen aller Beteiligten, aber insbesondere der unmittelbar Geschädigten gerecht zu werden und zugleich den gesellschaftlichen Anforderungen an Gerechtigkeit und Fairness in der Schadensregulierung zu genügen.

§ 9 Abfindungsvergleich bei außergerichtlicher Regulierung

A. (Un)Wirksamkeit/Abänderung

Literatur:

Ernst, Der Abfindungsvergleich beim Personenschaden: Chancen und Risiken, Verkehrsrecht aktuell 2010, 149 ff.; *Höke*, Münchener Anwaltshandbuch Straßenverkehrsrecht, 6. Aufl. 2025; *Jahnke*, Abfindung von Personenschadenansprüchen, 4. Aufl. 2024; *Köck*, Der Abfindungsvergleich beim Personenschaden, DAR 2015, 557 ff.; *Luckey*, Handbuch Personenschaden, 4. Aufl. 2025; *Pardey*, Berechnung von Personenschäden, 4. Aufl. 2010; *Schneider*, Das verkehrsrechtliche Mandat, Bd. 2: Verkehrszivilrecht, 8. Aufl. 2020.

I. Einleitung

Gerade bei Personenschäden spielt der **Abfindungsvergleich** eine entscheidende 1 Rolle, da rund 95 % der Personen(groß)schäden außergerichtlich abgeschlossen werden. Dies gilt zumindest für den Verkehrsunfallbereich; im Arzthaftpflichtbereich sind es deutlich weniger Fälle, die außergerichtlich abgeschlossen werden. Vielfach haben sich die Gerichte dort bereits mit der Frage zum Haftungsgrund auseinanderzusetzen, was im Verkehrsunfallbereich in der Mehrzahl der Fälle unstreitig ist. In der Praxis der Schadensregulierung – sowohl außergerichtlich als auch gerichtlich – spielt der Abfindungsvergleich beim Personenschaden eine große Rolle. Durch ihn sollen Schadensersatzansprüche umfassend und abschließend geregelt werden. Gegenstand der Ausführungen in diesem Kapitel ist der außergerichtliche Abfindungsvergleich.

Bei einem Abfindungsvergleich handelt es sich um einen **gegenseitigen Vertrag** nach § 779 BGB. Es sind daher auch die allgemeinen Regeln über **Rechtsgeschäfte**, z.B. nach §§ 104 ff., 119, 123, 138 BGB anwendbar, ebenso wie die Regeln der **Allgemeinen Geschäftsbedingungen** in den §§ 305–310 BGB.

Generell kann gesagt werden, dass die diskutierten Fragestellungen zur Unwirk- 2 samkeit oder Abänderbarkeit eines Vergleiches in der Praxis eher die Ausnahme darstellen. Die Rechtsprechung ist äußerst restriktiv, wenn es darum geht, dass Geschädigte **Nachforderungen** geltend machen können. Vergleiche sind nur ausnahmsweise unwirksam bzw. können nur ausnahmsweise abgeändert werden. Dies erfolgt dann entweder unter dem Aspekt von **Treu und Glauben** (§ 242 BGB) oder bei **Störung der Geschäftsgrundlage** (§ 313 BGB) bzw. bei nachträglicher gravierender **Äquivalenzstörung** und bei **Nichtigkeit** des Vergleiches. Auf diese Aspekte wird im Folgenden einzugehen sein.

> *Praxistipp*
>
> Wegen der restriktiven Rechtsprechung ist es umso wichtiger, dass der Anwalt zur Verminderung seines Haftungsrisikos im Vorfeld seine Hausaufgaben erle-

digt. Alle rechtlichen und tatsächlichen Aspekte des Sachverhaltes sind umfänglichst mit dem Mandanten zu besprechen (und dieses ist zu dokumentieren), bevor es zur Unterzeichnung einer Abfindungserklärung kommt. Mit der Unterschrift auf der Abfindungserklärung ist „der Bart ab“. Nachforderungen sind so gut wie ausgeschlossen. Abfindungserklärungen sollten nie unter Zeitdruck abgegeben werden und schon gar nicht im Krankenhaus. Es ist zu beobachten, dass bei einigen KH-Versicherern der Außenschadensregulierer am Krankenbett mit Zahlen hantiert und schon manch Geschädigter aus Unkenntnis die vermeintlich große Summe zur Erledigung sämtlicher Ansprüche akzeptiert hat. Kein Vertrag – so auch der Abfindungsvergleich – ist so gut, dass dieser in Eile unterschrieben werden muss. Wenn das Angebot wirklich so seriös ist, dann hält es auch einer rechtlichen Überprüfung durch einen spezialisierten Rechtsanwalt stand und kann durchaus einige Tage später angenommen werden.

3 Abfindungsvergleiche sind gerade im Bereich des Personenschadensrechts ein sinnvolles Instrument. Damit kann einem Geschädigten meistens mehr geholfen werden, als wenn ein Rechtsstreit bis zum bitteren Ende durch mehrere Instanzen geführt wird. Den Anwalt kann sich der Geschädigte selbst aussuchen, den Richter nicht. Zumeist ist der Richter kein Spezialist auf dem Gebiet der Personen(groß)schadensregulierung. Eine Prognose zum voraussichtlichen Ausgang des Rechtsstreits ist deshalb fast nicht möglich. Der triviale Spruch „auf hoher See und vor Gericht ist man in Gottes Hand“ trifft daher in der Gerichtspraxis auch beim Personenschaden durchaus zu.

4 Ein zweiter großer Aspekt bei der gerichtlichen Auseinandersetzung ist die **Verfahrenslaufzeit.** Teilweise können solche Rechtsstreitigkeiten durchaus zwischen 10 und 20 Jahren dauern. Die Betroffenen sind dann allein aufgrund der Länge des Gerichtsverfahrens psychisch am Ende. Es tritt ein **Zermürbungseffekt** ein mit der Folge, dass zur Verfahrensbeendigung letztlich ein richterlicher Vergleichsvorschlag Akzeptanz findet, der weit hinter den ursprünglichen Erwartungen des Klägers zurückbleibt und oftmals nicht wesentlich anders aussieht als das, was der eigene Anwalt mit dem gegnerischen Haftpflichtversicherer bereits vor Jahren zur außergerichtlichen Erledigung besprochen hat. Der Rechtsanwalt sollte dem Mandanten auch diese Aspekte aufzeigen, neben der Tatsache, dass es sich zumeist um Rechtsprobleme innerhalb des § 287 ZPO handelt, wobei es im Rahmen der Schadensschätzung gerade kein alleinig richtiges mathematisches Ergebnis gibt. Theoretisch kann über jede einzelne Schadensersatzposition mindestens eine Beweisaufnahme stattfinden. Erkenntnisreich ist da ein Blick in die Fixkostenliste beim Unterhaltsschaden (siehe § 5 Rdn 42 ff.). Wenn der Versicherer will, kann er jede einzelne Position streitig stellen, so dass es Jahre dauert, bis alle Punkte – mittels Sachverständigengutachten und/oder Zeugenbeweis – abgearbeitet sind. An dieser Stelle ist der Anwalt gefordert, seinem Mandanten nachhaltig klar zu machen, dass es beim Klageverfahren nicht darum geht, mit gerichtlicher Hilfe Maximalforderungen durch-

zusetzen, sondern dass im Wege der Schadensschätzung auch ganz andere Ergebnisse am Ende herauskommen können, als vom Geschädigten erwartet. Dies gilt umso mehr in Zeiten, in denen Geschädigte im Internet nach Parallelfällen fahnden, solche vermeintlich auch finden und den eigenen Anwalt quasi nötigen, ebensolche Ergebnisse auch „herauszuklagen". Oft wird dabei aber übersehen, dass bei vordergründig ähnlichen Lebenssachverhalten eben doch Teilabweichungen vorhanden sind, die eine andere rechtliche Würdigung erfordern.

Im Rahmen einer Befragung ihrer eigenen Mandanten haben die Verfasser festgestellt, dass die Zufriedenheit mit dem Abschluss ihres Falles bei derjenigen Gruppe deutlich höher lag, die einen außergerichtlichen Vergleich geschlossen haben, als in der Gruppe, die ihren Fall nach Jahren gerichtlich abgeschlossen haben. Nicht zu unterschätzen ist die psychologische Komponente, die darin liegt, dass die Mandanten nach einer außergerichtlichen Abfindungslösung endlich die Ruhe finden können, sich um ihre Gesundheit zu kümmern, statt permanent Kontakt zum Anwalt, medizinischen Sachverständigen oder dem Gericht haben zu müssen. Bekanntlich ändert sich nach einem Personengroßschaden für den Betroffenen das gesamte Leben, so dass dieser eigentlich seine Kraft für sein neues Leben benötigt und nicht für jahrelange streitige Auseinandersetzungen vor Gericht. 5

Andererseits darf ein Vergleich natürlich nicht um jeden Preis geschlossen werden; die Abwägung aller Umstände, nicht nur der rechtlichen Erfolgsaussichten, ist hier maßgeblich. 6

Praxistipp

Es ist die hohe Kunst der Advokatur, außergerichtlich für den Mandanten das Optimum zu erreichen. Hier trennt sich die Spreu vom Weizen und es zeigt sich, ob der Anwalt gut oder schlecht berät. Fachliches Wissen alleine ist nicht ausreichend. Der Anwalt sollte darüber hinaus auch psychologisch geschult sein. Es bringt bei weitem mehr, wenn er nicht bereits im ersten oder zweiten Schreiben gegenüber dem Versicherer auf Konfrontationskurs geht, obgleich dieser der Gegner ist. Mehr erreicht er, wenn er professionell und gut vorbereitet mit dem Versicherer auf gleicher Augenhöhe verhandelt. Der Versicherer ist im Bereich der Personenschadensregulierung Profi und kann sehr wohl abschätzen, ob es aus seiner Sicht riskanter ist, in einen Prozess zu gehen oder aber sich außergerichtlich zu einigen. Um das Ziel herbeizuführen, nämlich eine außergerichtliche Einigung, kann es dabei auch einmal notwendig sein, die **Bundesanstalt für Finanzdienstleistungsaufsicht** (BaFin) oder die **Medien** einzuschalten. Dabei handelt es sich jedoch um Ausnahmefälle.

Natürlich muss der Anwalt durch Sachargumente überzeugen. Drohungen alleine bringen nichts, wenn demgegenüber die Ansprüche nie substantiiert dargelegt werden und die Forderungen so ein „Papiertiger" bleiben. Das ist mit Sicherheit ohne Wirkung für den Mandanten und verhärtet nur unnötig die Fronten. Vor Abschluss 7 eines Abfindungsvergleiches schuldet der Anwalt dem Mandanten umfassende Aufklärung und Beratung, durch welche der Mandant in die Lage versetzt werden muss, eine eigenverantwortliche und sachgerechte Entscheidung zu treffen. Zu seiner eigenen Sicherheit sollte der Anwalt dies schriftlich dokumentieren.

II. Anfechtbarkeit eines Abfindungsvergleiches

1. Arglistige Täuschung (§ 123 BGB)

8 Wenn ein Vergleich durch **arglistige Täuschung** zustande kommt, so kann dieser nach § 123 BGB angefochten werden. Allerdings bildet dieser **Anfechtungsgrund** die Ausnahme. In der langjährigen Regulierungspraxis der Verfasser ist ein derartiger Fall erst einmal zu Tage getreten. Es handelte sich dabei um einen Sachverhalt, in dem eine große, namhafte, deutsche Haftpflichtversicherung bei einem Hausbesuch den Geschädigten eine vorgefertigte Abfindungserklärung hat unterzeichnen lassen, nachdem der Außenschadensregulierer dem (nicht anwaltlich vertretenen) Geschädigten die Ansprüche mündlich erläutert hat. Die Besonderheit des Sachverhaltes lag darin, dass der Geschädigte beinahe vollständig taub war und deshalb die Erklärungen des Außenschadensregulierers akustisch gar nicht wahrnehmen konnte. Auf entsprechende anwaltliche Aufforderung hin hat der Versicherer erklärt, sich an die Abfindungserklärung des Geschädigten nicht mehr gebunden zu fühlen und die Angelegenheit dann neu außergerichtlich verhandelt. Im Ergebnis hat der Geschädigte dann den sechsfachen Betrag der zunächst „ausgehandelten" Vergleichssumme außergerichtlich erhalten. Es muss jedoch nochmals erwähnt werden, dass es sich hierbei um einen absoluten Ausnahmefall in der Regulierungspraxis gehandelt hat.

2. Irrtumsanfechtung (§ 119 BGB)

9 Es kommt auch vor, dass Geschädigte sich deshalb von einem Abfindungsvergleich lösen möchten, weil „sie sich geirrt haben". Bei näherem Hinsehen handelt es sich oftmals um einen **unbeachtlichen Motivirrtum,** zum Beispiel über den Gesundheitszustand und seine zukünftige Entwicklung oder aber zukünftige Verdienstmöglichkeiten waren bei Abgabe einer Abfindungserklärung zu optimistisch eingeschätzt worden. Der **Irrtum im Beweggrund** beinhaltet jedoch kein Anfechtungsrecht.

III. Unwirksamkeit eines Abfindungsvergleiches (§ 779 Abs. 1 BGB)

10 § 779 Abs. 1 BGB ist ein gesetzlich geregelter Sonderfall der Störung der Geschäftsgrundlage (BGH NJW RR 94, 434) und besagt, dass ein Vergleich unwirksam ist, *„wenn der nach dem Inhalt des Vertrags als feststehend zugrunde gelegte Sachver-*

halt der Wirklichkeit nicht entspricht und der Streit oder die Ungewissheit bei Kenntnis der Sachlage nicht entstanden sein würde.“

Auch dieser Bereich des Loslösens von dem Abfindungsvergleich ist in der Praxis eher selten vorzufinden. Die Unwirksamkeit nach § 779 Abs. 1 BGB setzt einen gemeinsamen Tatsachenirrtum voraus, wobei sich dieser nur auf solche Sachverhaltsumstände beziehen darf, welche von den Parteien für die Vergleichsfindung zugrunde gelegt worden sind. Erfasst von § 779 Abs. 1 BGB sind demnach beiderseitige Fehlvorstellungen über die **Vergleichsgrundlage**. Nicht gegeben ist eine Unwirksamkeit i.S.d. Norm, soweit ein reiner Rechtsirrtum vorliegt oder sich der Irrtum der Parteien auf solche (künftige) Umstände erstreckt, für welche die Parteien mit dem Vergleichsabschluss das Risiko einer für sie ungünstigen Abweichung übernommen haben (so z.B. in aller Regel bei der Entwicklung des Gesundheitszustands oder sich ergebender Verdienstmöglichkeiten).

Praxistipp

Genau aus diesem Grunde ist vor Abschluss des Vergleiches die zukünftige Prognose von Bedeutung, um zu prüfen, ob die Entwicklung diesen oder jenen Verlauf nehmen wird. Um es nochmals zu betonen: Es sind im Vorfeld entsprechende „Hausaufgaben“ zu machen. So muss beim Verdienstausfall eine Vergleichsperson herangezogen werden, um zu prüfen, wie sich die zukünftigen Entwicklungen ohne den Unfall wahrscheinlich ergeben hätten. Bei einer Laufbahn im öffentlichen Dienst lassen sich detailliert fiktive Karrierepläne erstellen, bei denen exakt aufgelistet ist, wie die berufliche Entwicklung des Geschädigten voraussichtlich ohne den Unfall verlaufen wäre. Dies sind Sachargumente, mit denen der Versicherer überzeugt werden kann, um anschließend eine höhere Schadensersatzzahlung für den Mandanten zu erreichen. In diesem Fall ist es auch sinnvoll, wenn der Anwalt über ein Netzwerk verfügt, um an entsprechende Informationen zu gelangen.

IV. Störung der Geschäftsgrundlage (§ 313 BGB)

Hierbei geht es in der Regel um eine **Anpassung des Abfindungsbetrages**, wenn 11
den Parteien unter dem Gesichtspunkt von Treu und Glauben ein Festhalten an dem geschlossenen Vergleich nicht zugemutet werden kann. In der Praxis spielt diese Form des Loslösens von dem ursprünglichen Vergleich die größte Rolle. Es ist bei später auftretenden, unvorhersehbaren schwerwiegenden Spätschäden des Geschädigten eine Anpassung möglich. Die Rechtsprechung führt in diesen Fällen aus, es sei für den Geschädigten eine **ungewöhnliche Härte,** wenn sich dieser an den nunmehr geschlossenen Vergleich halten müsse (LG Bremen VersR 1992, 230). Allerdings führt nicht jede unvorhersehbare Spätfolge zu einer Anpassung des Vergleiches (OLG Hamm NZV 2000, 127). Ferner muss der Geschädigte für den Fall, dass er sich von dem Vergleich lossagen und diesen anpassen will, darlegen, warum

er an dem ursprünglich geschlossenen Vergleich nicht festhalten kann. Die Darlegungs- und Beweislast trifft den Geschädigten. Nach der Rechtsprechung muss es sich beim Auftreten der Spätschäden um ein **krasses Missverhältnis** zwischen Schaden und Abfindungsbetrag handeln, durch welches sich ein Festhalten an der Abfindungserklärung als unzumutbare Härte darstellen würde. Wann ein solches krasses Missverhältnis, das sich zudem gerade nicht aus dem abgefundenen Risikobereich ergeben darf, vorliegt, wird von der Rechtsprechung unterschiedlich beurteilt.

12 Versicherer zitieren in diesem Zusammenhang immer wieder gerne die Entscheidung des OLG Frankfurt a.M. zfs 2004, 16, wonach ein solches krasses Missverhältnis erst ab dem Faktor 10 vorliegen würde d.h., wenn die Summe, die ohne Abfindung und unter Berücksichtigung etwaiger Verschlechterungen zu zahlen wäre, den Wert der Abfindung um ein Zehnfaches übersteigt. In dieser Entscheidung ging es um eine Klage auf Zahlung eines weiteren Schmerzensgeldes nach Abschluss eines Abfindungsvergleiches. Der Anspruchsteller hatte im Alter von 10 Jahren eine Querschnittslähmung erlitten und kurz nach seinem 18. Geburtstag eine Abfindungserklärung unterzeichnet, wobei eine Entschädigungssumme von insgesamt 660.000 DM zu zahlen war. Von der Regelung waren auch Schäden umfasst, die zum damaligen Zeitpunkt nicht vorhersehbar, aber vorstellbar waren. Der Gesundheitszustand hat sich später beim Anspruchsteller verschlechtert. Er konnte seinen Beruf nicht mehr ausüben und wurde zum Pflegefall. Der Anspruchsteller hat später eine Erhöhung des Schmerzensgeldes gefordert. Das Landgericht hatte seinen Antrag auf Prozesskostenhilfe abgewiesen. Hiergegen hatte er sofortige Beschwerde eingelegt. Diese wurde jedoch als unzulässig zurückgewiesen. Das OLG Frankfurt a.M. hat darauf hingewiesen, dass bei einem Abfindungsvergleich grundsätzlich der Berechtigte das Risiko übernimmt, dass die für die Berechnung maßgeblichen Faktoren auf Schätzungen beruhen. Sinn und Zweck eines solchen Vergleiches ist gerade, dass die Unsicherheit über die zukünftige Entwicklung eines Schadens ausgeräumt werden soll. Ein Abfindungsvergleich deckt nach Ansicht des Gerichts auch absehbare Risiken und zu einem solchen Risiko zählt nun einmal auch die Verschlechterung des Gesundheitszustandes. Das Gericht führt dann in seiner Entscheidung aus, dass es dem Anspruchsteller, der zudem noch anwaltlich vertreten war, problemlos freigestanden hätte, in die Abfindungserklärung einen entsprechenden **Vorbehalt** aufzunehmen. (Anmerkung der Verfasser: Das darf bezweifelt werden. Ob der Versicherer dazu tatsächlich bereit war, ist Jahre später nicht mehr aufklärbar und hätte im Übrigen der vom Versicherer forcierten endgültigen Erledigung entgegengestanden.)

13 Genau dies ist generell das Problem bei Abfindungserklärungen. Insofern kann auf die Notwendigkeit eines entsprechenden Vorbehaltes, insbesondere in solchen Fällen, in denen sich die Entwicklung der gesundheitlichen Situation nicht absehen lässt, nicht oft genug hingewiesen werden; Gleiches gilt für die Absicherung der vorbehaltenen Ansprüche gegen die Verjährung. Das Gericht kommt dann in seiner Kernaussage zu dem Ergebnis, dass nur, wenn ein krasses Missverhältnis besteht,

eine Anpassung eines Vergleiches nach § 313 Abs. 1 BGB möglich ist. Hierzu führt es wörtlich aus:

> *„Im Übrigen kann schon gar nicht bei der Frage einer etwaigen Äquivalenzstörung zugrunde gelegt werden, dass sich möglicherweise die Schadensersatzbeträge, die heute teilweise im Rahmen des Ausgleichs von Personenschäden gezahlt werden, gegenüber der Zeit, zu der der Abfindungsvergleich geschlossen wurde, nicht unerheblich erhöht haben. Abgesehen davon wäre selbst unter dieser Voraussetzung eine krasse Äquivalenzstörung um den Faktor 10, wie sie der BGH in seinem Urteil VersR 1966, 243, 244 angenommen hatte, nicht gegeben."*

Diese Entscheidung zeigt allerdings, dass geringfügige Änderungen oder das Auftreten von Spätschäden nicht automatisch zu einer Anpassung des Vergleichs führen. Ein krasses Missverhältnis ist jedoch nicht immer erst bei einem Faktor 10 gegeben.

So wurde exemplarisch in der Entscheidung des OLG Köln (NJW-RR 1988, 924 ff.) **14** ein krasses Missverhältnis zwischen Schaden und Abfindungssumme angenommen, da der Zukunftsschaden bei der Festlegung der Abfindungssumme nur eine untergeordnete Rolle gespielt hatte. In diesem Fall ging es um einen Vergleich in Höhe von 6.000,00 DM, anstatt einer angemessenen Summe von 25.000,00 DM.

In einem weiteren Fall, in dem die Rechtsprechung eine Anpassung eines Verglei- **15** ches vorgenommen hat, ging es beim OLG Oldenburg (zfs 2003, 590) darum, dass der Einwand der **unzulässigen Rechtsausübung** zutraf, weil die nicht vorhergesehenen Spätfolgen in so einem krassen Missverhältnis zwischen der Vergleichssumme und dem Schaden standen, dass der Schädiger bei Festhalten am Vergleich gegen Treu und Glauben verstoßen würde. Der 35-jährige Kläger, der als Fahrradfahrer schwer verletzt wurde, hatte einen Abfindungsvergleich mit dem Versicherer geschlossen, allerdings mit einem Vorbehalt, wonach der Kläger „unter Zugrundelegung der Rechtsprechung des BGH (VersR 1980, 975) auch künftig immaterielle Schäden beanspruchen könne.“ In dem Fall hatte der Kläger eine Vergleichs- und Abfindungserklärung unterschrieben, wonach er insgesamt lediglich 20.690,00 DM erhalten sollte. Der Kläger hatte einen Oberschenkelhalsbruch rechts, einen offenen Nasenbruch sowie ein Schädelhirntrauma ersten Grades erlitten. Nach Unterzeichnung der Abfindungserklärung stellte ein Facharzt fest, dass der Kläger unfallbedingt unter einer Arthrose und eine Hüftkopfnekrose (Absterben des Knochens des Hüftkopfes) litt. Die Folge war, dass der Kläger an Gehstützen gehen musste und er ein künstliches Hüftgelenk bekam. Es war nur noch eine Arbeitsfähigkeit für leichte Arbeiten feststellbar, ohne Tragen, Bücken, Hocken oder Knien. In dieser Entscheidung hat das OLG Oldenburg argumentiert, dass die nunmehr beim Kläger eingetretenen, von den Parteien damals nicht vorhergesehenen Verletzungsfolgen so schwerwiegend gewesen seien, dass dem Kläger ein Festhalten an dem Vergleich nicht mehr zuzumuten sei. Die Erwerbsfähigkeit des Klägers sei mindestens zu 30 % gemindert, wobei sogar mit einer Verschlechterung des Zustandes durch eine Lockerung der Hüftprothese zu rechnen sei. Es sei daher mit weiteren Operationen zu rechnen. Außerdem habe der Kläger auch chronische Schmerzen. Die schmerzfreie Sitzzeit betrüge lediglich eine Stunde. Diese dargestellten Verletzungsfolgen seien nach Ansicht des OLG Oldenburg geeignet, ein Festhalten an dem damaligen Abfindungsbetrag von lediglich 20.690,00 DM als unzumutbar erscheinen zu lassen. Der Kläger sei durch diese eingetretene Hüftkopfnekrose in seiner gesamten Lebensführung sowohl beruflich als auch privat schwer beeinträchtigt. Er sei in seinen Entfaltungsmöglichkeiten schwer eingeschränkt, habe chronische Schmerzen und lebe angesichts seines jungen Alters mit einer ungewissen Prognose. Die anschließende Nichtzulassungsbeschwerde der Beklagten wurde durch Beschluss des BGH vom 30.9.2003 zurückgewiesen.

Praxistipp

Aus diesem Grund kann nur nochmals darauf hingewiesen werden, dass die „Hausaufgaben" seitens des beauftragten Rechtsanwalts vor Abgabe einer Abfindungserklärung zu erledigen sind. Insbesondere ist aus diesem Grund auch das Kapitel der medizinischen Spätfolgen und Risiken (siehe § 11 Rdn 231 ff.) von Bedeutung, da bei den einzelnen Verletzungen immer Rücksprache mit den Ärzten gehalten werden sollte, um etwaige Spätfolgen einschätzen zu können und in die Abfindungserklärungen entsprechende Vorbehalte aufzunehmen. Alternativ ist der Mandant bei vorbehaltloser Abfindung über die Folgen aufzuklären. In diesem Zusammenhang muss der Rechtsanwalt beim Versicherer auf eine Erhöhung der Abfindungszahlung hinwirken. Sollte der Versicherer sich auf keine dieser Varianten einlassen, muss der Anwalt notfalls dem Mandanten von dem Abfindungsvergleich abraten und gegebenenfalls eine Feststellungsklage wegen des Zukunftsschadens erheben. Die Rechtsprechung des BGH zum Feststellungsinteresse ist geschädigtenfreundlich, so dass nach einer solchen isolierten Klage der Versicherer durchaus bereit ist, sich der Sache zur Schadenshöhe außergerichtlich noch einmal anzunehmen. Auch hier kann der Anwalt nur durch Sachargumente und durch ein entsprechend sicheres Auftreten punkten.

16 Ferner sind auch **Rechtsänderungen** möglich, nachdem der Vergleich zwischen Geschädigtem und Schädiger/Versicherer geschlossen wurde, so dass eine Loslösung vom Abfindungsvergleich angestrebt wird. In diesem Zusammenhang ist auf die Entscheidung des BGH vom 12.2.2008 (zfs 2008, 441) hinzuweisen. Hier hat der BGH ausgeführt, dass nur schwerwiegende Veränderungen im sozialen Leistungssystem die Wirksamkeit der Abfindungsvereinbarung berühren können. In der Entscheidung vom 12.2.2008 ging es darum, dass der Kläger nach einem Verkehrsunfall schwerste Verletzungen erlitt und auf beiden Augen erblindet war. Der Kläger hatte eine Abfindungserklärung unterschrieben, in der folgender Text stand:

„Mit der Zahlung der Summe von 750.000,00 DM ist der Kläger für alle bisherigen und möglicherweise künftig noch entstehenden Ansprüche, seien sie vorhersehbar oder nicht vorhersehbar, endgültig und vorbehaltlos abgefunden."

Der Kläger vertrat nunmehr die Auffassung, dass er, nachdem das ihm gewährte **Landesblindengeld** reduziert worden ist, trotz dieser Abfindungserklärung die Differenz vom Versicherer verlangen könne, weil die **Geschäftsgrundlage** für den Abfindungsvergleich entfallen sei. Der Kläger vertrat weiterhin die Auffassung, dass in den Verhandlungen mit dem Versicherer immer darauf hingewiesen worden sei, dass er das Blindengeld bis zum Tode beziehen würde. Dies sei auch der maßgebliche Fakt für die Bemessung der Abfindungssumme gewesen. Der BGH hat dies jedoch anders gesehen und hat in diesem hier speziellen Fall eine Anpassung des Vergleiches abgelehnt, weil der Geschädigte in Ermangelung eines entsprechenden Vorbehaltes dieses Risiko übernommen habe.

Es kann daher für den Fall der Kürzung von Sozialleistungen aufgrund von Gesetzesänderungen nicht generell gesagt werden, dass eine Anpassung möglich ist. Es kann selbst für den Fall des hier zur Entscheidung stehenden Landesblindengesetzes keine allgemeine Aussage zur Anpassung eines Vergleiches getroffen werden, da der BGH ausdrücklich darauf hingewiesen hat, dass in dem hiesigen Fall die erhebliche Abfindungssumme von 750.000,00 EUR zu berücksichtigen sei. Ferner beziehe der Kläger eine Pension in Höhe von 1.400,00 EUR und schließlich sei es dem Kläger auch gelungen, wieder beruflich tätig zu werden. Von daher sei die Reduzierung des Landesblindengeldes von 510,00 EUR auf 409,00 EUR nach Aussage des BGH hier nicht so stark ins Gewicht gefallen, dass von einer erheblichen Äquivalenzstörung auszugehen sei. 17

Es ist daher immer der Einzelfall zu berücksichtigen. Generell hat der BGH allerdings ausgeführt, dass der Charakter des Landesblindengeldes den Zweck habe, Blinden angesichts der mit der Erblindung einhergehenden schweren Belastung unabhängig von ihrer wirtschaftlichen Situation und ihrer konkreten Beeinträchtigung eine pauschale, finanzielle Unterstützung zu gewähren. In Anbetracht der fiskalischen Lage des Landes sei es für die Parteien nicht überraschend gewesen, dass der Landesgesetzgeber derartige freiwillige Leistungen überprüft und die Zahlung des weiteren Blindengeldes davon abhängig gemacht habe, ob der Landeshaushalt dies zulasse. 18

Auch diese Entscheidung verdeutlicht wieder einmal, dass die Mehrzahl der Abfindungsvergleiche endgültig ist und der Geschädigte sich darauf einstellen sollte, dass er mit der Zahlung der Kapitalabfindung auch zukünftige Entwicklungen mit eingeschlossen hat. 19

In einer anderen Entscheidung betreffend Änderungen von Sozialleistungen hat das OLG München (zfs 1992, 263 ff.) die Anpassung des Abfindungsvergleichs für möglich gehalten. Streitgegenständlich war eine Änderung des Sozialversicherungsrechts, wodurch nur 90 % der unfallbedingten Heilbehandlungskosten erstattet wur- 20 den. Das OLG München hat dem Geschädigten das Recht eingeräumt, den Abfindungsvergleich nachträglich anzupassen.

21 All diese Entscheidungen zeigen jedoch, dass es aus Sicht des Geschädigten sinnvoll ist, auch einen Vorbehalt wegen etwaiger zukünftiger Gesetzesänderungen zu vereinbaren, wenn nicht ein umfänglicher immaterieller und materieller Zukunftsschadensvorbehalt vereinbart wurde. Gerade im Bereich der Pflegeleistungen empfiehlt sich ein solcher Vorbehalt, da es angesichts der Kürzungen des Gesetzgebers im Sozialbereich nicht abwegig ist, dass in Zukunft vielleicht sogar die heute an den Geschädigten unmittelbar gewährten Leistungen aus der gesetzlichen Pflegeversicherung drastisch gesenkt werden. Möglicherweise würde eine totale Streichung eine Äquivalenzstörung sein, die für den Geschädigten eine ungewöhnliche Härte darstellt. Ob der BGH das so sieht, ist ungewiss. In diesem Fall ist daher ein Vorbehalt, wonach Gesetzesänderungen zur Nachverhandlung berechtigen, wichtig (weitere Einzelheiten zur Gestaltung der erforderlichen Vorbehalte vgl. Rdn 37 ff.).

Praxistipp

Generell kann der Tipp gegeben werden, dass Anwälte, die Personenschäden bearbeiten und Geschädigte vertreten, durchaus einmal den Versuch unternehmen sollen, in ihrem Fall bei einer unbilligen Härte Rechtsprechung zu „produzieren“. Dies erfordert mutige Anwälte und mutige Mandanten: Sollte die Gefahr eines abweisenden Urteils drohen und die Klage zum „Bumerang“ werden, kann sich notfalls immer noch „wegverglichen“ werden oder die Klage (leider kostenpflichtig) zurückgenommen werden.

22 Abschließend sei noch auf die besondere Konstellation des **„verdeckten Arbeitsunfalls“** hingewiesen. Hierbei handelt es sich um den Fall, dass sich nach Abschluss eines Abfindungsvergleichs herausstellt, dass es sich bei dem Schadensereignis um einen Arbeitsunfall und nicht um einen zivilrechtlichen Haftpflichtschaden handelt mit der Folge, dass der falsche Sozialversicherungsträger (GKV) geleistet hat, obwohl eigentlich die gesetzliche Unfallversicherung eintrittspflichtig gewesen wäre. Sollten bei dem geschlossenen Abfindungsvergleich, wie bei Personengroßschäden nicht unüblich, die vom falschen Sozialversicherungsträger erbrachten Leistungen vor allem im Rahmen der Kongruenz Berücksichtigung gefunden haben, liegt ein klarer Fall des Wegfalls der Geschäftsgrundlage nach § 313 Abs. 1 BGB vor.

V. Abänderbarkeit (§ 323 ZPO)

23 Was im prozessualen Bereich aufgrund der §§ 323, 323a ZPO möglich ist, gilt nicht automatisch für außergerichtliche Abfindungsvergleiche. Grundsätzlich besteht kein Rechtsanspruch auf **Nachregulierung**, auch wenn **wesentliche Änderungen der Verhältnisse** eingetreten sind. Will sich der Geschädigte daher einen entsprechenden Anspruch für die Zukunft sichern, muss er dies mit dem Versicherer ver-

einbaren und in die Abfindungserklärung aufnehmen. Fehlt eine solche Vereinbarung, kann wieder nur mit dem stumpfen Schwert von Treu und Glauben gefochten werden (wegen der weiteren Einzelheiten eines solchen Vorbehaltes siehe Rdn 37 ff.).

VI. Gerichtliche Genehmigung: Vertreter, Ergänzungspfleger, Vormund, Betreuer

1. Einleitung

Eine gerichtliche Genehmigung ist im Rahmen von Vergleichsverhandlungen bei Personen(groß)schäden häufiger erforderlich, als man zunächst annehmen mag. Die Beantwortung der Frage, ob es einer solchen Genehmigung bedarf, ist jedoch grundlegend für die Wirksamkeit des zu schließenden Vergleichs und somit ein haftungsrelevanter Punkt für den beauftragten Rechtsanwalt. Um die Frage der Erforderlichkeit einer gerichtlichen Genehmigung beantworten zu können, sind unterschiedliche Konstellationen denkbar. Zunächst kommt es darauf an, ob bei dem Geschädigten ein Vertretungsverhältnis besteht. Daran ist neben Sachverhalten mit einem minderjährigen Geschädigten insbesondere dann zu denken, wenn sich der Geschädigte Verletzungen im Kopfbereich zugezogen hat, beispielsweise bei einem schweren Schädelhirntrauma oder einem hypoxischen Hirnschaden. Sollte ein Vertretungsverhältnis bestehen, ist zu unterscheiden, ob die Vertreter an dem schädigenden Ereignis beteiligt waren oder die Schädigung allein durch Dritte erfolgte. Besteht keine Beteiligung der Vertretungsberechtigten an dem Unfall, so muss bei der Mandantschaft erfragt werden, welche Vertretungsform vorliegt. Bei Volljährigen kann ein Betreuer bestellt sein. Demgegenüber ist bei Minderjährigen zwischen dem Regelfall der elterlichen Sorge und der Bestellung eines Vormundes zu unterscheiden. In den Fällen, in denen die Vertretungsberechtigten an dem Unfall beteiligt waren, muss dringend an die Einrichtung einer Ergänzungsbetreuung für Volljährige oder Ergänzungspflegschaft für Minderjährige gedacht werden. 24

Sollte der beauftragte Rechtsanwalt an das Erfordernis der gerichtlichen Genehmigung nicht denken, kann er für den Fall haften, dass der Versicherer aus ungerechtfertigter Bereicherung vorgeht, die Abfindungszahlungen beim Geschädigten jedoch bereits aufgebraucht sind. Allerdings wird man dem Versicherer entgegenhalten können, dass es ein ihm selbst durchaus bekanntes Risiko ist, auf einen schwebend unwirksamen Vertrag abschließend zu leisten. Allerdings sollte der Anwalt seinen Mandanten zur eigenen Absicherung auf das Risiko der Rückforderung hinweisen. 25

2. Außergerichtlicher Vergleich

Die gerichtliche Genehmigung ist eine Wirksamkeitsvoraussetzung für den außergerichtlichen Abfindungsvergleich, da es sich um eine gesetzlich angeordnete Be- 26 schränkung der Vertretungsmacht handelt. Zuständig für die Erteilung der Genehmigung in Angelegenheiten, die Minderjährige betreffen, ist das Familiengericht (vgl. §§ 1643, 1799 Abs. 1, 1813 BGB i.V.m. § 1799 Abs. 1 BGB). Bei volljährigen Anspruchstellern ist das Betreuungsgericht (vgl. § 1854 BGB) zuständig. Oftmals bestellt das zuständige Gericht in diesem Zusammenhang einen **Verfahrensbeistand,** der dem Rechtspfleger entweder eine Empfehlung für den Abschluss des außergerichtlichen Vergleichs ausstellt oder seine Bedenken äußert, damit das zuständige Gericht entsprechend im Beschlussweg entscheiden kann. Grundsätzlich sollte die Genehmigung vor Abschluss des außergerichtlichen Vergleichs eingeholt werden. Damit wird der Vergleich sofort wirksam. Auch das nachträgliche Einholen einer Genehmigung ist in den meisten Fällen noch möglich. Der Vergleich ist dann zunächst schwebend unwirksam und wird mit der Mitteilung der erteilten Genehmigung gegenüber der Gegenseite wirksam (§ 1856 Abs. 1 BGB).

> *Praxistipp*
>
> Die Einholung der gerichtlichen Genehmigung ist als gesonderte Angelegenheit zu vergüten. Regelmäßig ist aufgrund der notwendigen, umfangreichen Kommunikation eine 2,0 Gebühr anzusetzen. Dies sollte vorab mit dem Haftpflichtversicherer vereinbart werden (vgl. Rdn 148 ff.).

a) Vertretungsberechtigte waren am Unfall nicht beteiligt

aa) Volljähriger Anspruchsteller

27 Die Betreuung (§§ 1814–1881 BGB) gilt für Erwachsene, die ihre Angelegenheiten ganz oder teilweise wegen einer Krankheit oder einer Behinderung nicht mehr selbst besorgen können. Die Betreuung kann vollumfänglich oder nur für bestimmte Aufgabenkreise angeordnet werden. Wenn der volljährige Anspruchsteller unter Betreuung steht, bedarf es für den wirksamen Abschluss eines Abfindungsvergleichs der Genehmigung durch das Betreuungsgericht (§§ 1823, 1854 Nr. 6 BGB). Eine Genehmigung ist nur in den Fällen entbehrlich, in denen der Gegenstandswert des außergerichtlichen Vergleichs den Betrag von 6.000,00 EUR nicht übersteigt oder der Vergleich einem schriftlichen oder protokollierten gerichtlichen Vergleichsvorschlag entspricht (§ 1854 Nr. 6 BGB).

> *Praxistipp*
>
> Bei schweren Verletzungen, insbesondere Kopfverletzungen, sollte die Mandantschaft immer danach befragt werden, ob der Mandant unter Betreuung steht. Sollte dies der Fall sein, ist eine entsprechende Kopie des Betreuerausweises bzw. der Betreuerbestellung zur Akte zu nehmen.

28 Auch wenn das volljährige „Kind" unter Betreuung steht und nicht ein Dritter, sondern ein Elternteil zum Betreuer bestellt worden ist, bedarf es einer betreuungsgerichtlichen Genehmigung gemäß §§ 1823, 1854 Nr. 6 BGB, da das Gesetz nicht

unterscheidet, ob der Betreuer ein Elternteil des Anspruchstellers ist oder ein anderer Dritter. Grundsätzlich sollte die Genehmigung des Betreuungsgerichts vor dem Abschluss eines außergerichtlichen Vergleichs eingeholt werden. Erfolgt der Vergleichsschluss ohne die entsprechende Genehmigung, ist der Vergleich schwebend unwirksam. Der Vergleich wird gem. § 1856 Abs. 1 BGB erst dann wirksam, wenn die Genehmigung nachträglich durch das Betreuungsgericht erteilt wird und dies der Gegenseite durch den Betreuer mitgeteilt wird. Es ist stets zu berücksichtigen, dass gem. § 1856 Abs. 2 BGB für den Vertragspartner die Möglichkeit besteht, den Betreuer zur Mitteilung darüber aufzufordern, ob eine entsprechende Genehmigung vorliegt. Hierfür bestimmt das Gesetz eine zweimonatige Frist. Wird die Genehmigung innerhalb dieser Frist nicht mitgeteilt, so gilt sie als verweigert. Die Folge ist, dass der Vergleich unwirksam wird. Daher ist dringend zu empfehlen, die betreuungsgerichtliche Genehmigung vor dem Vergleichsabschluss einzuholen. Wie viel Zeit das Betreuungsgericht für die Erteilung der Genehmigung benötigen wird, ist im Vorhinein nur schwer abzuschätzen.

bb) Minderjährige Anspruchsteller

Bei minderjährigen Anspruchstellern ist zunächst bei der Mandantschaft zu erfragen, ob für den Minderjährigen ein Vormund (§§ 1773–1808 BGB) bestellt ist. In Fällen, in denen keine Vormundschaft besteht, bedarf es in der Mehrzahl der Fälle keiner gerichtlichen Genehmigung. Denn gemäß § 1626 Abs. 1 S. 2 BGB umfasst die elterliche Sorge sowohl die Sorge für die Person des Kindes als auch für das Vermögen des Kindes. Da das Kind von den Eltern gemeinschaftlich vertreten wird (§ 1629 Abs. 1 BGB), bedarf es der Unterschrift beider Elternteile zum Abschluss des Abfindungsvergleichs. Bei nichtehelichen Kindern obliegt das Sorgerecht in der Regel der Mutter (§ 1626a Abs. 3 BGB) und es bedarf lediglich ihrer Unterschrift, es sei denn, es liegt einer der Fälle von § 1626a Abs. 1, 2 BGB vor. Hierzu ist die Mandantschaft zu befragen und die entsprechenden Dokumente sind zur Akte zu nehmen. 29

> *Praxistipp*
>
> Es empfiehlt sich, diese Unterlagen bereits zu Mandatsbeginn zu besorgen, in der Akte deutlich zu kennzeichnen und im Laufe der Mandatsbearbeitung fortlaufend zu aktualisieren.

Dies bedeutet, dass in der Regel keine Genehmigung des Familiengerichts erforderlich ist, wenn ein Abfindungsvergleich für Kinder geschlossen werden soll. Selbst wenn das geschädigte Kind schwerstverletzt ist und möglicherweise einen Millionenbetrag vom Versicherer bekommen soll, bedarf es in aller Regel keiner Genehmigung des Familiengerichts. Dies ergibt sich aus § 1643 Abs. 1, 5 BGB wonach die Anwendung des § 1854 Nr. 6 BGB ausgeschlossen ist und ein Vergleich, dessen Gegenstandswert 6.000,00 EUR übersteigt, keiner Genehmigung bedarf. § 1629 Abs. 2 S. 1 BGB beschränkt die Vertretungsmacht der Eltern unter Verweis auf das Be- 30 treuungsrecht, konkret § 1824 BGB. Darüber hinaus sind Eltern in ihrer Vertretungsmacht ggf. dann beschränkt, wenn der Abfindungsvergleich, etwa aufgrund des Verzichts der Geltendmachung weiterer Ansprüche, im Einzelfall eine „Verfügung über sein Vermögen im Ganzen" nach §§ 1643 Abs. 1, 1854 Nr. 1 BGB darstellt. Wenn der Vergleich Zukunftsschadensvorbehalte enthält, besteht diese Gefahr jedoch nicht.

31 Ist für den Minderjährigen ein Vormund angeordnet worden, muss für den wirksamen Vergleichsabschluss eine gerichtliche Genehmigung eingeholt werden. Eine Vormundschaft wird für einen Minderjährigen gem. § 1773 BGB immer dann angeordnet, wenn er nicht unter elterlicher Sorge steht, seine Eltern nicht berechtigt sind, ihn in den seine Person oder sein Vermögen betreffenden Angelegenheiten zu vertreten oder sein Familienstand nicht zu ermitteln ist. Besteht für den minderjährigen Geschädigten eine Vormundschaft i.S.d. §§ 1773 ff. BGB, sind die betreuungsrechtlichen Vorschriften für die Vermögenssorge zu beachten. Diese finden gem. §§ 1798 Abs. 2 S. 1, 1799 BGB auch für die Vormundschaft Anwendung. Bei dem Abschluss eines außergerichtlichen Vergleichs ist daher ebenso wie bei einem Volljährigen, der unter Betreuung steht, insbesondere der Genehmigungsvorbehalt gem. §§ 1799 Abs. 1, 1854 Nr. 6 BGB zu beachten. Die Genehmigung ist durch den Vormund beim zuständigen Familiengericht einzuholen.

b) Vertretungsberechtigte waren am Unfall beteiligt

aa) Volljährige Anspruchsteller

32 War der Betreuer an dem Verkehrsunfall beteiligt, muss an die Bestellung eines Ergänzungsbetreuers gem. § 1817 Abs. 5 BGB gedacht werden. Ein Ergänzungsbetreuer kann für einzelne Angelegenheiten bestellt werden, wenn der Betreuer aus rechtlichen Gründen verhindert ist, diese wahrzunehmen. Ein solcher rechtlicher Grund liegt etwa vor, wenn der Betreuer gem. § 1824 Abs. 1 Nr. 3 BGB von der Vertretungsmacht ausgeschlossen ist. Wenn beispielsweise die Eltern als Betreuer für ihr nunmehr volljähriges Kind eingesetzt worden sind, diese aber selbst an der Schadensentstehung beteiligt waren, kann eine Interessenkollision (vgl. § 181 BGB) entstehen. Die abstrakte Gefahr einer Interessenkollision ist hierfür bereits ausreichend. Eine solche kann sich im Verkehrsrecht daraus ergeben, dass Fahrer und Halter dem verletzten Insassen gegenüber gesamtschuldnerisch mit dem Haftpflichtversicherer haften. Zwangsläufig würde bspw. die zum Unfallzeitpunkt fahrzeugführende und später als Betreuerin ihres erwachsenen Sohnes eingesetzte Mutter auf der Gegenseite stehen. Die Interessenkollision muss für das Erfordernis eines Ergänzungsbetreuers noch nicht eingetreten sein. Um einer möglichen Interessengefährdung des Betreuten vorzubeugen, ist ein Ergänzungsbetreuer zu bestellen. Dieser muss den Rechtsanwalt beauftragen.

Zwar erfasst der Wortlaut des § 1824 Abs. 1 Nr. 3 BGB lediglich einen „Rechtsstreit". Um eine mögliche Interessengefährdung des Betreuten auszuschließen, sollte § 1824 Abs. 1 Nr. 3 BGB jedoch auch im außergerichtlichen Verfahren Anwendung finden. Denn solche Interessensgegensätze entstehen auch, wenn es sich nicht um einen gerichtlich anhängigen Rechtsstreit handelt, sondern lediglich außergerichtlich Ansprüche geltend gemacht werden. Insbesondere da das Gericht im gerichtlichen Verfahren die Interessen beider Parteien berücksichtigen muss, darf außergerichtlich kein geringerer Maßstab angelegt werden. Bei sachgerechter Anwendung des § 1824 Abs. 1 Nr. 3 BGB ist daher auch bei der außergerichtlichen Regulierung ein Ergänzungsbetreuer zu bestellen. Für einen außergerichtlichen Vergleich ist dann gem. § 1854 Nr. 6 BGB eine betreuungsgerichtliche Genehmigung notwendig, sofern der Gegenstand des Vergleichs 6.000,00 EUR übersteigt. 33

bb) Minderjähriger Anspruchsteller

Waren die Eltern des minderjährigen Geschädigten an dem Verkehrsunfall beteiligt, ist im Regelfall eine Ergänzungspflegschaft (§§ 1809–1813 BGB) notwendig. Die Pflegschaft allgemein bezieht sich nur auf die Besorgung einzelner Maßnahmen bzw. eines Kreises von Angelegenheiten, weil hierfür ein besonderes Schutzbedürfnis für den Anspruchsteller besteht. Der Pfleger ist für diesen konkreten Bedarf der gesetzliche Vertreter, der dann für den Pflegling handeln kann, wenn dieser selbst nicht in der Lage ist, seine Interessen wahrzunehmen bzw. ein bereits vorhandener gesetzlicher Vertreter von der Vertretung ausgeschlossen ist. Gem. § 1629 Abs. 2 BGB wird die Vertretungsmacht der Sorgeberechtigten insoweit beschränkt, wie auch ein Betreuer gem. § 1824 BGB in seiner Vertretungsmacht beschränkt wäre. Die mögliche Gefährdung der Interessen des geschädigten Minderjährigen sollen insoweit gewahrt werden, als dass der Ergänzungspfleger für diese bestimmte Angelegenheit eingesetzt wird. Soll für den Minderjährigen ein außergerichtlicher Vergleich geschlossen werden, ist auch im Rahmen der Ergänzungspflegschaft der Genehmigungsvorbehalt zu beachten (§ 1854 Nr. 6 BGB). Die Genehmigung für den außergerichtlichen Vergleich muss der Ergänzungspfleger beim Familiengericht einholen. Das Erfordernis dieser familiengerichtlichen Genehmigung wird, wie oben bereits erwähnt, vor allem dann oft übersehen, wenn z.B. die Mutter oder der Vater Halter des Kfz sind und/oder das Auto gefahren haben, in dem der Geschädigte saß und verletzt worden ist. 34

Gem. § 1789 Abs. 2 BGB i.V.m. § 1824 Abs. 1 Nr. 3 BGB und § 1799 Abs. 1 BGB i.V.m. § 1854 Nr. 6 BGB gilt selbiges bei einer bestehenden Vormundschaft. 35

3. Gerichtlicher Vergleich

Die vorgenannten Ausführungen beziehen sich auf die Fälle, in denen es zu einem außergerichtlichen Vergleich kommt. Liegt dagegen ein gerichtlicher Vergleich vor, sieht § 1854 Nr. 6 BGB vor, dass eine gerichtliche Genehmigung nicht erforderlich 36 ist, wenn der Vergleich einem schriftlichen oder protokollierten gerichtlichen Vergleichsvorschlag entspricht. Sinn und Zweck dieser gesetzlichen Regelung besteht darin, dass, wenn bereits ein ordentliches Gericht den Vergleichsvorschlag unterbreitet, nicht noch ein zweites Gericht (Betreuungsgericht/Familiengericht) zusätzlich diesen Vergleich genehmigen muss. Es ist davon auszugehen, dass das Gericht bereits die berechtigten Interessen beider Parteien berücksichtigt hat.

B. Vorbehalte in der Abfindungserklärung

Literatur:

Burghart, Der Abfindungsvergleich beim Personenschaden, 43. Deutscher Verkehrsgerichtstag 2005, S. 147 ff.; *Ernst*, Der Abfindungsvergleich beim Personenschaden: Chancen und Risiken, Verkehrsrecht aktuell 2010, 149 ff.; *Höke*, Münchener Anwaltshandbuch Straßenverkehrsrecht, 6. Aufl. 2025; *Jahnke*, Schadensersatzansprüche und deren Versteuerung, NJW Spezial 2009, 601; *Langheid/Wandt*, Münchner Kommentar zum Versicherungsvertragsgesetz, 3. Aufl. 2024; *Schneider*, Das verkehrsrechtliche Mandat, Bd. 2: Verkehrszivilrecht, 8. Aufl. 2020; *Schweiger*, Risiken beim Abfindungsvergleich mit der gegnerischen Haftpflichtversicherung, AnwBl 2013, 372 ff.

I. Sicherster Weg: keine vorbehaltlose Abfindungserklärung und Verjährungsschutz beachten

1. Keine vorbehaltlose Abfindungserklärung

37 Gewöhnlich wünscht der Versicherer den Abschluss einer Schadensangelegenheit mit endgültigem **Abfindungsvergleich**, in dem oftmals die Formulierung enthalten ist: *„Damit sind alle materiellen und immateriellen Ansprüche des Anspruchstellers aus dem Unfallereignis vom (…) abgefunden, seien sie bekannt oder unbekannt, vorhersehbar oder nicht, vergangen, gegenwärtig oder zukünftig."*

38 In jedem Einzelfall ist jedoch zu prüfen, ob eine regelmäßig vom Versicherer vorformulierte Abfindungserklärung sinnvollerweise mit **Zukunftsschadensvorbehalten** oder anderen Ausnahmetatbeständen zu versehen ist. Vorbehalte für die Vergangenheit sind denknotwendig ausgeschlossen, weil mit Vorbehalten ein dynamischer zukünftiger Prozess geregelt werden soll und Ansprüche der Vergangenheit in der Abfindungssumme als rückständige Leistungen aufaddiert sind und dem Abfindungsbetrag hinzugerechnet werden. Damit ist der **Vorbehalt** eine Einschränkung der **umfassenden Abfindungserklärung**. Vorbehalte müssen eindeutig formuliert werden und so wenig Interpretationsspielraum wie möglich bieten. Man denke an dieser Stelle an Sachbearbeiterwechsel sowohl auf Versicherer- als auch auf Anwaltsseite, die durch Zeitablauf unvermeidbar sind. Beide Sachbearbeiter wissen bei Abschluss einer Abfindungslösung mit Vorbehalten, worüber eine Einigung herbeigeführt war und ihnen ist der Hintergrund der formulierten Vorbehalte präsent. Für nachfolgende Sachbearbeiter gilt dies nicht uneingeschränkt, was im Interesse der beiderseitigen Rechtssicherheit präzise und unmissverständliche Formulierun-

gen erfordert. Insoweit sollen eindeutige Erklärungen in Abfindungsvergleichen gewählt werden, wie die Formulierung, wonach (konkret) bestimmte Ansprüche von der Abfindung „ausgenommen" oder „ausgeschlossen" oder „mit dem Abfindungsbetrag nicht abgegolten" werden.

Außergerichtliche Vorbehalte leiten sich aus dem **Feststellungsanspruch** ab, wonach der Schädiger dem Geschädigten alle immateriellen und materiellen Ansprüche aus einem Schadensereignis zu ersetzen hat, soweit diese Ansprüche nicht auf Dritte übergegangen sind oder in der Zukunft übergehen werden. 39

> *Praxistipp*
>
> Um die Verhandlungsposition von Anfang an zu stärken und in einem Regulierungsgespräch den Zukunftsschaden möglichst vollumfänglich abzusichern, sollte der Versicherer (schriftlich) zur Abgabe eines immateriellen und materiellen Zukunftsschadensvorbehaltes (siehe Rdn 52) einige Zeit **vor** dem geplanten Regulierungsgespräch aufgefordert werden.

Der Versicherer sollte unter **Fristsetzung** aufgefordert werden, diese Erklärung abzugeben. In den dann folgenden Regulierungsverhandlungen ist somit eine günstige Ausgangsbasis für die Regulierung aller, aber vor allem der zukünftigen materiellen Ansprüche geschaffen. Der Anwalt kann die Vergangenheit abrechnen und ist mit diesem Vorbehalt vollumfänglich für die Zukunft seines Mandanten abgesichert. 40

Lediglich dann, wenn ein solcher materieller und immaterieller Zukunftsschadensvorbehalt nicht vom Versicherer abgefordert werden kann bzw. der Versicherer nicht bereit ist, diesen vollumfänglich zu erklären, und der Geschädigte kein Interesse an einer streitigen Auseinandersetzung darüber hat, dann wird es erforderlich sein, weitere **Einzelvorbehalte** zu vereinbaren. Insoweit sei auf die im Späteren dargestellten Vorbehalte zum Anspruch auf Schmerzensgeld (siehe Rdn 55), Erwerbsschadensersatz – inkl. Steuervorbehalt (siehe Rdn 57 ff., 75 ff.) und Haushaltsführungsschadensersatz (siehe Rdn 63 ff.) sowie den Ersatz der vermehrten Bedürfnisse (siehe Rdn 68 ff.) verwiesen. 41

Bei einem außergerichtlichen Vergleich wird der Versicherer regelmäßig nicht dazu bereit sein, einen umfassenden Feststellungsanspruch für die Zukunft hinsichtlich aller immateriellen und materiellen Ansprüche zu erklären, sondern er will in aller Regel mit einer einmaligen Zahlung die Schadensangelegenheit möglichst vorbehaltlos und für die Zukunft abschließend beenden. 42

Konträr dazu steht ggf. das Interesse des Geschädigten, wenn mit weiteren gesundheitlichen Verschlechterungen zu rechnen ist, die möglicherweise eine Erhöhung des Schmerzensgeldes rechtfertigen, die nicht ohne Einfluss auf die Höhe der MdH bleiben und ggf. den Erwerbsschaden vergrößern, weil der Geschädigte aus dem Erwerbsleben vollkommen ausscheiden muss sowie weil weitere gesundheitliche Verschlechterungen vermehrte Bedürfnisse auslösen, die zum Zeitpunkt des Abschlusses des Abfindungsvergleiches noch nicht zur Diskussion standen, wie z.B. eine et- 43 waige Pflegebedürftigkeit. Dieser Aspekt ist umso wichtiger, je jünger die Geschädigten sind, insbesondere bei Kindern und Heranwachsenden. Eine vorbehaltlose Abfindung schwerverletzter Kinder und Jugendlicher dürfte unvermeidbar zur Haftungsfalle des Anwalts werden. Aus diesem Grunde sollte der Anwalt bei bestehender Ungewissheit einer zukünftigen Schadensentwicklung darauf drängen, diese im Wege eines Vorbehalts abzufangen.

Praxistipp

Wenn der Versicherer demgegenüber zur „Abwehr" eines Zukunftsschadensvorbehaltes darauf hinweist, dass aufgrund der vorliegenden Arztberichte mit einer Verschlechterung des Gesundheitszustandes nicht zu rechnen ist, dann kann dem argumentativ in dem Sinne begegnet werden, dass für genau diesen Fall die Abgabe eines entsprechenden Vorbehaltes für den Versicherer vollkommen risikolos ist, weil der Vorbehalt sich in der Zukunft ohnehin nicht realisieren wird, der Anwalt aber aus berufsrechtlichen Gründen den sichersten Weg für den Mandanten zu wählen hat. Oftmals zeigt sich nach einer solchen Argumentation beim Versicherer ein gewisser Argumentationswandel. Man sieht dann auch dort plötzlich ein zukünftiges Schadensrisiko und bietet an, die Abfindungssumme zu reduzieren, um auf diesem Wege einen Vorbehalt zu erklären. Da jedoch nach übereinstimmender Argumentation das Risiko eines zukünftigen Schadenseintritts als gering einzustufen ist, sollte ein solcher Vorbehalt lediglich ein paar symbolische EUR kosten. Eine ähnliche Argumentation ist auch bei materiellen Ansprüchen aus dem Schadensereignis denkbar (Erwerbsschaden, Haushaltsführungsschaden, vermehrte Bedürfnisse).

Praxistipp

Der Anwalt sollte dem Mandanten beide Lösungsmöglichkeiten aufzeigen: eine erhöhte Abfindungssumme bei vorbehaltloser Abfindung oder aber eine leicht reduzierte Abfindungssumme bei Erklärung eines Zukunftsschadensvorbehalts. Es ist dann die Sache des Geschädigten, sein individuelles Risiko einzuschätzen und sich für die eine oder die andere Variante zu entscheiden. (Selbstverständlich muss der Anwalt diese Aufklärung über zwei Abwicklungsmöglichkeiten und die unmissverständliche Entscheidung des Mandanten aus haftungsrechtlichen Gründen dokumentieren.)

44 Die im Folgenden abgedruckten Formulierungsbeispiele für die Vereinbarung von Vorbehalten entsprechen – soweit ersichtlich – der derzeit aktuellen Rechtslage. Die Verfasser übernehmen keine Haftung für die Bestandskraft dieser Formulierungsvorschläge. Es wird auch ausdrücklich davor gewarnt, vorformulierte Vorbehalte in die Abfindungserklärung unreflektiert zu übernehmen. Insbesondere ersetzen die nachfolgenden Ausführungen nicht das Nachdenken über die Notwendigkeit individueller weiterer Vorbehalte im gegebenen Sachverhalt. Kein Schadensfall ist wie der andere und selbst identische Ausgangsverletzungen haben oftmals sehr unterschiedliche rechtliche Folgen. Das ist dem Lebenssachverhalt des jeweils Geschädigten geschuldet, in dem er sich zum Zeitpunkt des Unfalles befindet. So wie die einzelnen Schadensersatzansprüche maßgeblich von der Intensität der Verletzung, dem Lebensalter des Geschädigten, seiner familiären Einbindung und seiner Stellung im Berufsleben geprägt sind, so müssen spiegelbildlich dazu die erforderlichen Zukunftsschadensvorbehalte verhandelt und formuliert werden. Aus diesem Grunde verbieten sich eine statische Checkliste und die unreflektierte Übernahme von vorformulierten Vorbehalten. Die im Nachfolgenden dargestellten Vorbehalte können nur Beispielscharakter haben und sollen den Geschädigtenvertreter dafür sensibilisieren, die in seinem zur Regulierung anstehenden Sachverhalt erforderlichen Vorbehalte sorgfältig herauszuarbeiten und umsichtig zu formulieren.

2. Verjährungsschutz beachten

Vorbehalte wirken sich grundsätzlich nicht auf die Dauer der **Verjährung** aus. Der Direktanspruch gegen den Haftpflichtversicherer verjährt wie der Anspruch gegen den Schädiger in drei Jahren (§ 115 Abs. 2 VVG, § 14 StVG, § 195 BGB, § 852 Abs. 1 BGB a.F.), gerechnet ab dem Zeitpunkt, in welchem der Verletzte von dem Schaden und der Person des Ersatzpflichtigen Kenntnis erlangt. 45

Die Verjährung der Ansprüche ist gem. § 115 Abs. 2 VVG von dem Zeitpunkt an gehemmt, zu welchem die Ansprüche angemeldet werden. Die Hemmung endet mit dem „Eingang der schriftlichen Entscheidung des Versicherers" (§ 115 Abs. 2 VVG). Eine Entscheidung in diesem Sinne ist auch der Abschluss einer Abfindungsvereinbarung. Die Verhandlungszeit wird in die Verjährungszeit nicht eingerechnet (§ 209 BGB). Die Hemmung der Verjährung vorbehaltener Ansprüche (§ 115 Abs. 2 VVG) endet mit dem Vergleichsschluss, ohne dass es dazu einer weiteren förmlichen Erklärung des Versicherers bedarf (BGH NJW 2002, 1878, 1880). 46

Außerhalb eines gerichtlichen Verfahrens kann eine Erklärung oder sonstige Handlung allein des Geschädigten die Verjährung nicht neu beginnen lassen oder verlängern. Es ist darüber hinaus die Mitwirkung des Versicherers an einer dahingehenden Vereinbarung (§ 202 Abs. 2 BGB) oder sein Anerkenntnis (§ 212 Abs. 1 Nr. 1 BGB) erforderlich. Nur die Formulierung, wonach neben der Abfindungsleistung „Vorbehalte vereinbart" werden, genugt hierfür nicht. Um neben einem oder mehreren bloßen Vorbehalten eine Verlängerung der Verjährung zu erreichen, bedarf es einer ausdrücklichen dahingehenden Vereinbarung (BGH NZV 1998, 456). Die Akzeptanz des Vorbehalts allein beinhaltet keinen Verjährungsverzicht des Schädigers (BGH NJW 2003, 1524). 47

Zusätzlich zu der Vereinbarung von Zukunftsschadensvorbehalten ist es somit zwingend erforderlich, in geeigneter Form den **Eintritt der Verjährung zu verhindern**. Ein Zukunftsschadensvorbehalt stellt ein deklaratorisches Anerkenntnis dar und führt zum Neubeginn der Verjährung gemäß § 212 BGB (BGH DAR 1992, 375). Sie tritt also unweigerlich ein, wenn in den folgenden drei Jahren keine Maß- 48 nahmen zur Hemmung oder zum Neubeginn der Verjährung ergriffen werden. Nur ein gerichtliches Feststellungsurteil unterliegt gemäß § 197 Abs. 1 Nr. 3 BGB der 30-jährigen Verjährungsfrist und verhindert demnach in dieser Zeit den Eintritt der Verjährung. Diese Wirkung kann auch durch übereinstimmende Erklärung beider Vertragsparteien erzielt werden, sich so behandeln zu lassen, als wäre ein gerichtliches Feststellungsurteil ergangen (*Schneider*, § 12 Rn 70 ff.). Dieses titelersetzende Anerkenntnis könnte wie folgt formuliert werden:

▼

Muster 9.1: Allgemeiner Vorbehalt (Variante 1)

Die Haftpflichtversicherung verpflichtet sich mit der Wirkung eines zum rechtskräftigen Feststellungsurteils vorzubehalten.

▲

Alternativ kann formuliert werden:

▼

Muster 9.2: Allgemeiner Vorbehalt (Variante 2)

Alle vereinbarten Vorbehalte werden mit der Wirkung eines zum rechtskräftigen Feststellungsurteils erklärt.

▲

Diese Erklärung führt dazu, dass die vorbehaltenen Ansprüche einem titulierten Anspruch nach § 197 Abs. 1 Nr. 3 BGB entsprechen und in 30 Jahren seit Rechtskraft (§ 201 BGB) verjähren. Das gilt allerdings nur für das Stammrecht.

49 Für alle wiederkehrenden Leistungen (Erwerbsschaden, Haushaltsführungsschaden, vermehrte Bedürfnisse, entgangener Unterhalt etc.) gilt anstelle der 30-jährigen Verjährungsfrist aus der Feststellungserklärung die regelmäßige Verjährungsfrist von drei Jahren (§ 197 Abs. 2 BGB), die jeweils mit Ende des Jahres beginnt, in dem die Ansprüche fällig geworden sind (§ 199 Abs. 1 BGB). Das bedeutet, dass, wenn der Geschädigte nicht vor Ablauf der dreijährigen Verjährungsfrist die Ansprüche reguliert bekommt, er vom Versicherer eine erneute **Verjährungsverzichtserklärung** einholen muss. Wegen dieser Regelung in § 197 Abs. 2 BGB sollte der Rechtsanwalt also in der Abfindungsvereinbarung mit dem Versicherer darauf hinwirken, dass die Verjährungsfrist unter Verzicht auf die Einrede nach § 197 Abs. 2 BGB vertraglich auf 30 Jahre verlängert wird.

50 Nach § 202 BGB sind Vereinbarungen über die Verjährung möglich – allerdings nur bis zu einer Frist von 30 Jahren. Von dieser gesetzlichen Regelung sollte so oft wie möglich bei wiederkehrenden Leistungen Gebrauch gemacht werden. Wenn der Versicherer zur Abgabe einer solchen Verjährungsverzichtserklärung nicht bereit ist, dann muss der Anwalt seinen Mandanten darauf hinweisen, dass mit Abfindungszahlung und trotz Vorbehalt binnen drei Jahren ein weiteres Anerkenntnis

des Versicherers eingeholt werden muss (§ 212 Abs. 1 Nr. 1 BGB). Alternativ muss eine Feststellungsklage erhoben werden (§ 204 Abs. 1 Nr. 1 BGB), um die Gefahr des Verjährungseintritts der vorbehaltenen Ansprüche zu verhindern.

Praxistipp 51

Bei **Mandatsbeendigung** muss der Mandant vollumfänglich über die Verjährungsfrist des Stammrechts aufgeklärt werden, wenn der Versicherer diesbezüglich einen immateriellen/materiellen Feststeller erklärt hat. Gerade bei jungen Geschädigten ist es unabdingbar, dass sich diese dann rechtzeitig vor Ablauf der 30-jährigen Verjährung um einen weiteren titelersetzenden Verzicht auf die Einrede der Verjährung oder aber um die oben dargestellte Feststellungserklärung kümmern. Fernerhin ist der Mandant darüber aufzuklären, dass die 30-jährige Verjährung nur für das Stammrecht gilt, nicht jedoch für die wiederkehrenden Leistungen. Hier sollte ihm ausdrücklich vor Augen geführt werden, dass § 197 Abs. 2 BGB in Form der kurzen Verjährung für alle wiederkehrenden Leistungen gilt. Es könnte sinnvoll erscheinen, wenn der Rechtsanwalt dem Mandanten an dieser Stelle ein Rechenbeispiel hinsichtlich der Verjährung von wiederkehrenden Leistungen gibt. In diesem Zusammenhang ist der Mandant darüber aufzuklären, dass er rechtzeitig die wiederkehrenden Leistungen beim Versicherer reguliert oder aber rechtzeitig für verjährungshemmende bzw. verjährungsunterbrechende Maßnahmen innerhalb der Frist des § 197 Abs. 2 BGB sorgen muss.

II. Vollumfänglicher immaterieller und materieller Zukunftsschadensvorbehalt

Grundsätzlich ist die Kehrseite des Feststellungsurteils im streitigen Verfahren der außergerichtliche immaterielle und materielle Zukunftsschadensvorhalt. Die Ausgangsbasis für die Regulierung aller Schadensersatzansprüche des Mandanten stellt zunächst die vollumfängliche Feststellungserklärung mit Wirkung eines rechtskräftigen Feststellungsurteils der gegnerischen Versicherung dar. Nach der Regulierung der aus der Vergangenheit resultierenden Zahlungsansprüche verbleibt dann ein vollumfänglicher Zukunftsschadensvorbehalt mit Wirkung eines rechtskräftigen Feststellungsurteils. Diese vollumfängliche Feststellungserklärung könnte wie folgt formuliert werden: 52

Formulierungsbeispiel

Die Haftpflichtversicherung … verpflichtet sich mit der Wirkung eines zum … rechtskräftigen Feststellungsurteils, Herrn/Frau … sämtliche immateriellen und materiellen Schäden, welche ihm/ihr aus dem Verkehrsunfall vom … entstanden sind und/oder noch entstehen werden, zu ersetzen. Die Erklärung gilt mit gleicher Wirkung für die bei der Haftpflichtversicherung … versicherten Personen.

53 Oftmals sind Versicherer nicht bereit, diese vollumfängliche Feststellungserklärung im Zusammenhang mit einem Abfindungsvergleich abzugeben. Wenn z.B. einzelne Ansprüche kapitalisiert worden sind, wird ein Versicherer diese Erklärung nicht mehr abgeben wollen. In dem Fall ist die Feststellungserklärung zu modifizieren. Es kann die oben vorgeschlagene Formulierung gewählt werden und als Zusatz die Formulierung verwendet werden:

> *Formulierungsbeispiel*
>
> Davon ausgenommen ist der Haushaltsführungsschaden. *(Wahlweise auch andere – bereits abgefundene – Ansprüche, wie z.B. der Erwerbsschaden.)*

54 Wenn nach dem Haushaltsführungsschaden noch weitere Ansprüche für die Zukunft mit abgefunden werden, so sind diese der Ausnahmeformulierung hinzuzufügen. Entscheidend ist, dass die nicht abgefundenen Ansprüche für die Zukunft vorbehalten bleiben, ohne dass diese enumerativ aufgezählt werden müssen. Gerade im Hinblick auf die vermehrten Bedürfnisse ist das anderenfalls kaum zu bewerkstelligen. Wenn alle materiellen Ansprüche mit Ausnahme der vermehrten Bedürfnisse abgefunden worden sind, dann sollte der Begriff der vermehrten Bedürfnisse im Hinblick auf den Zukunftsschadensvorbehalt ausdrücklich Verwendung finden. Es handelt sich dabei um einen Oberbegriff für eine Vielzahl von einzelnen Ansprüchen, die möglicherweise auch erst mit weiterem Zeitablauf entstehen. Oftmals ist bei Abschluss eines Abfindungsvergleichs nicht vorhersehbar, ob der Geschädigte in Zukunft pflegebedürftig sein wird oder nicht. Um das Risiko der Pflegebedürftigkeit in die Schadensregulierung einzubeziehen, müssen also alle vermehrten Bedürfnisse für die Zukunft vorbehalten bleiben, soweit diese nicht bereits in der Abfindungssumme mit abgegolten sind. Hier ist es bereits aus haftungsrechtlichen Gesichtspunkten wichtig, dass der Rechtsanwalt genau hinsieht und exakt herausarbeitet, welche Positionen im Einzelnen abgefunden sind und welche für die Zukunft vorbehalten werden müssen. Entsprechend kommt es auf eine exakte Formulierung des Zukunftsschadensvorbehalts an.

III. Immaterieller Zukunftsschadensvorbehalt bei Teilschmerzensgeldabfindung

55 An dieser Stelle sei zunächst nochmals auf die Vorhersehbarkeitsrechtsprechung des BGH verwiesen (siehe § 4 Rdn 55 ff.). Objektiv vorhersehbare gesundheitliche Folgeschäden sind mit der Zahlung eines Schmerzensgeldbetrages im Zusammenhang mit einer Abfindungserklärung umfassend abgegolten. Demgegenüber ist es jedoch auch zulässig, das Schmerzensgeld bis zum Zeitpunkt des Abfindungsvergleiches zu begrenzen und das gesamte Zukunftsrisiko über eine Feststellungserklärung aufzufangen (BGH NJW 1975, 1463, 1465). Außergerichtlich können also Teil-Abfindungsvergleiche in Bezug auf das Schmerzensgeld völlig unproblematisch ver-

einbart werden. Allerdings muss der restliche Schmerzensgeldanspruch wirksam gegen Verjährung geschützt werden.

Hier könnte wie folgt formuliert werden:

▼

Muster 9.3: Immaterieller Zukunftsschadensvorbehalt bei Teilschmerzensgeldabfindung

Mit der Zahlung von EUR sind die Schmerzensgeldansprüche des Anspruchstellers bis zum abgegolten. Zukünftige immaterielle Schäden, auch solche, die bereits zum Zeitpunkt der Unterzeichnung der Abfindungserklärung objektiv vorhersehbar sind, bleiben ausdrücklich entgegen der Rechtsprechung des BGH vom 14.2.2006, VI ZR 322/04, vorbehalten. Grundlage für die Höhe des vereinbarten Schmerzensgeldes ist das Gutachten/der Arztbericht von Dr. vom , insbesondere der darin festgestellte Dauerschaden. Nicht mit abgegolten sind zukünftige immaterielle Beeinträchtigungen, die über das Gutachten/den Arztbericht von Dr. hinausgehen. Sollte der Zustand des Anspruchstellers sich gegenüber den Feststellungen von Dr. verschlechtern, stehen ihm weitergehende immaterielle Ansprüche zu (oder alternativ: Sollte der Zustand des Anspruchstellers sich von derzeit 50 % MdE auf 60 % MdE verschlechtern, stehen ihm weitergehende immaterielle Ansprüche zu.) Bezüglich dieser Ansprüche wird sich der Versicherer so behandeln lassen, als sei gegen ihn am Tage der Unterzeichnung der Abfindungserklärung ein gerichtliches Feststellungsurteil ergangen.

▲

In dem vom Thüringischen OLG (9.8.2006 – 7 U 289/06 = zfs 2007, 27 ff.) entschie- 56
denen Fall hatte der Rechtsanwalt im Wege einer „Sondervereinbarung" wie folgt formuliert:

> *„Vorbehalten bleiben weitere immaterielle Ansprüche, für den Fall einer Verschlechterung der Beschwerden sowie Auslagen zur Wahrnehmung erforderlicher Heilbehandlungen, BGH-Rechtsprechung (VersR 1980, 975)."*

In der Folge trat eine Verschlechterung des Gesundheitszustandes der Klägerin ein, wobei durch einen Sachverständigen festgestellt worden war, dass schon zum Zeitpunkt des Abschlusses des Vergleiches die Vergrößerung der Beschwerden vorhersehbar war. Das Thüringische OLG hat die Geltendmachung der weiteren Schmerzensgeldansprüche auf der Grundlage dieses Vorbehaltes (leider zu Recht) ausgeschlossen. Der Vorbehalt wurde nicht bedingungslos vereinbart, sondern unter den Voraussetzungen, die der BGH in seiner Entscheidung vom 8.7.1980 (VersR 1980, 975) an die Erlangung eines Schmerzensgeldes nach einer rechtskräftigen Entscheidung gestellt hat. Der Inhalt dieser Entscheidung war ausdrücklich Gegenstand der zwischen den Parteien getroffenen Abfindungsvereinbarung. Die Zitierung der BGH-Entscheidung ließ nur den Schluss zu, dass deren Grundsätze auch für das Verhältnis zwischen den Parteien Geltung haben sollte. Nach den Feststellungen des Sachverständigen (die bereits zum Zeitpunkt der Abfindungserklärung objektiv vorhersehbare Verschlechterung ist eingetreten) bestand damit kein Anspruch auf ein weiteres Schmerzensgeld.

Praxistipp

Wenn der Versicherer einwendet, dass die vom Anwalt vorgetragenen objektiv vorhersehbaren Folgen „völlig aus der Luft gegriffen" seien und mit deren Eintritt unter gar keinen Umständen zu rechnen wäre, dann sollte in einem Vorbehalt ausdrücklich geregelt werden, dass bei Eintritt der namentlich zu benennenden objektiv vorhersehbaren medizinischen Folgen entgegen der Rechtsprechung des BGH vom 14.2.2006 (zfs 2006, 381 ff.) gleichwohl ein weiterer Schmerzensgeldanspruch besteht und weiterhin zusätzlich immaterielle Ansprüche für objektiv nicht vorhersehbare Folgen vorbehalten bleiben. Dieser Vorbehalt ist mit der Wirkung eines am Tage der Unterzeichnung der Abfindungserklärung rechtskräftigen Feststellungsurteils abzugeben.

Hinweis

Bei der Formulierung eines immateriellen Schadensvorbehaltes ist größte Umsicht geboten. Je exakter der Vorbehalt formuliert ist, desto werthaltiger ist er für den Mandanten. Die Ausgangsbasis bei der Bemessung des Schmerzensgeldes sieht oftmals so aus, dass der Geschädigtenvertreter das Schadensbild dramatisiert, hingegen der Versicherer exakt das gleiche Schadensbild bagatellisiert. Aus diesem Grunde ist die Inbezugnahme einer objektiven Feststellung des Gesundheitszustandes am Tage der Abfindung unabdingbare Voraussetzung dafür, dass der Geschädigte in Zukunft aus dem immateriellen Vorbehalt erfolgreich vorgehen kann.

IV. Vorbehalt zum Anspruch auf Ersatz des Erwerbsschadens

57 Ein solcher Vorbehalt ist lediglich erforderlich, sollte kein umfänglicher materieller Zukunftsschadensvorbehalt erklärt werden. Hierbei ist grundsätzlich zwischen drei Konstellationen zu differenzieren:

1. Der Erwerbsschaden wird kapitalisiert und somit für die Vergangenheit und Zukunft durch die einmalige Zahlung eines Gesamtbetrags abgefunden.
2. Aufgrund der Art und des Umfangs der erlittenen Verletzungen und des Genesungsprozesses ist bei dem Geschädigten lediglich ein Erwerbsschaden für einen bestimmten Zeitraum in der Vergangenheit aufgelaufen.
3. Aufgrund der Art und des Umfangs der erlittenen Verletzungen ist bei dem Geschädigten nicht nur lediglich ein Erwerbsschaden für einen bestimmten Zeitraum in der Vergangenheit aufgelaufen, sondern dieser läuft auch auf unbe-

stimmte Zeit in der Zukunft auf und wird in Form einer Rente durch den Versicherer fortlaufend gemäß §§ 843 Abs. 2, 760 BGB gezahlt.

Für den Fall der ersten Konstellation bedarf es keiner Vereinbarung eines Vorbehalts zum Anspruch auf Erwerbsschaden, da dieser bereits vollständig für die Vergangenheit und Zukunft Berücksichtigung gefunden hat. Allerdings ist zwingend an die Vereinbarung eines **Steuervorbehalts** zu denken (vgl. unten Rdn 75 ff.). 58

Praxistipp

Diese Variante der Abfindung des Erwerbsschadens hat den Vorteil, dass sich der Geschädigte alle zukünftigen Einkommensersatzleistungen oder selbst erzielten Einkünfte nicht auf den Erwerbsschaden anrechnen lassen muss. Auf der anderen Seite trifft den Geschädigten das Prognoserisiko dafür, dass der zugrunde gelegte Betrag für die Kapitalisierung des Erwerbsschadens zu niedrig bemessen ist und nicht für die gesamte zukünftige Laufzeit ausreicht.

Für den Fall der zweiten Konstellation sollte ein **Erwerbsschadensvorbehalt** dahingehend vereinbart werden, dass ein sich etwaig bei erneuter oder weiterer unfallbedingter gesundheitlicher Verschlechterung zukünftig ergebender Erwerbsschaden vom Versicherer über die bereits für die Vergangenheit geleistete Abfindungszahlung hinaus verlangt werden kann. Der Versicherer wird dies oftmals an die Bedingung knüpfen, dass der Geschädigte in diesem Zusammenhang einen Anspruch auf Erwerbsminderungsrente/Verletztenrente zu stellen hat, so dass dann die ungedeckte Schadensspitze zum Ausgleich kommt. Auch in dieser Konstellation ist zwingend an die Vereinbarung eines Steuervorbehalts zu denken (vgl. unten Rdn 75 ff.). 59

Eine Formulierung könnte wie folgt aussehen:

Formulierungsbeispiel: Erwerbsschadensvorbehalt

Der Versicherer verpflichtet sich, einen zukünftigen Erwerbsschaden bei verletzungsbedingter Reduzierung und/oder vollständigem Verlust der Erwerbsfähigkeit unter Anrechnung übergegangener Ansprüche auf Dritte zu erstatten und die darauf ggf. anfallenden Steuern auf Nachweis zu zahlen.

Hinweis

Der Anwalt hat in dieser Konstellation auf den Verjährungsschutz zu achten. Daher sollte auch dieser Vorbehalt mit der Wirkung eines rechtkräftigen Feststellungsurteils erklärt werden.

Auch für den Fall der dritten Konstellation sollte ein **Erwerbsschadensvorbehalt** dahingehend vereinbart werden, dass ein etwaig bei weiterer gesundheitlicher Verschlechterung sich ergebender weiterer Erwerbsschaden (z.B. bei vollständiger Erwerbsunfähigkeit) vom Versicherer zusätzlich über die bereits geleisteten Abfin- 60 dungszahlungen und die laufende Rentenzahlung hinaus reguliert wird (vgl. auch unten Rdn 73 f.). Auch in dieser Konstellation dürfen der Steuervorbehalt und der Verjährungsschutz nicht vergessen werden.

Ein Formulierungsvorschlag könnte so lauten:

> *Formulierungsbeispiel: Erwerbsschadensvorbehalt*
>
> Die ...-Versicherung verpflichtet sich, einen weiteren zukünftigen Erwerbsschaden bei unfallbedingter weiterer Reduzierung und/oder vollständigem Verlust der Erwerbsfähigkeit unter Anrechnung übergegangener Ansprüche auf Dritte zu erstatten und die darauf ggf. anfallenden Steuern auf Nachweis zu zahlen. Der Vorbehalt wird mit Wirkung eines zum ... rechtskräftigen Feststellungsurteils erklärt.

> *Praxistipp*
>
> Je nach Ausgestaltung des konkreten Einzelfalls kann auch an einen Vorbehalt gedacht werden, welcher dem Geschädigten das Recht einräumt (ggf. für ihn sozialversicherungsbeitragsfreie) Einkünfte zu erwerben, die auf die Schadensersatzsumme anrechnungsfrei bleiben. Der Hintergrund dieses Vorbehalts könnte darin bestehen, dass der Geschädigte sich überobligatorisch um derartige Einkünfte bemüht.

61 Bei der Regulierung des Erwerbsschadens ist seit 2008 eine erhebliche Problematik aufgetreten. Mit der Rentenreform 2008 wurde mit § 77 SGB VI ein sog. Zugangsfaktor zur Rente eingeführt. Dies bedeutet, dass jeder, der vor Erreichen der sozialversicherungsrechtlichen Regelaltersgrenze eine Rente bezieht, hier Abschläge hinnehmen muss. Dies trifft insbesondere bei der Schadensregulierung die Fälle, in denen vor Erreichen der sozialversicherungsrechtlichen Regelaltersgrenze eine Erwerbsunfähigkeitsrente bezogen wird. Mit Bezug der Erwerbsunfähigkeitsrente wird ein Zugangsfaktor unterhalb von 1,0 festgelegt. Dieser Zugangsfaktor wird auch mit Erreichen der Regelaltersgrenze nicht mehr nach oben korrigiert. Das bedeutet, dass der Verletzte trotz Durchführung des Beitragsregresses gem. § 119 SGB X nicht die Altersrente erhält, welche er ohne das Unfallereignis erhalten würde. Der Zugangsfaktor wird insoweit nicht mehr angepasst. Dem steht auch nicht entgegen, dass zwischenzeitlich der Beitragsregress gem. § 119 SGB X durchgeführt wurde. Insoweit ist der Wortlaut des § 77 SGB VI eindeutig. Die Deutsche Rentenversicherung sieht sich bis dato außer Stande, hier die Rente nach oben anzupassen bzw. den Zugangsfaktor auf 1,0 zu korrigieren.

Die Gesetzeslage führt in der Praxis im Ergebnis dazu, dass bis zu 250,00 EUR monatliche Altersrente weniger bezahlt werden, als wenn nicht vorzeitig Erwerbsunfähigkeitsrente bezogen worden wäre; der Geschädigte steht mithin gerade nicht so, wie er ohne das Schadensereignis gestanden hätte.

Hinweis

Wie das beschriebene Problem zu lösen ist, war mangels aktueller Rechtsprechung lange Jahre Diskussionsgegenstand zwischen Haftpflichtversicherern und der Deutschen Rentenversicherung. Mit Urt. v. 20.12.2016 (– VI ZR 664/15) hat der BGH den Rentenschaden als durch den Schädiger zu ersetzenden Schaden im Grundsatz anerkannt. Hieran anknüpfend ist auch eine Entscheidung des BSG (Urt. v. 13.12.2017 – B 13 R 13/17 R) ergangen, wonach in dem Fall, in dem eine vorzeitige Altersrente durch den Schädiger an den Rentenversicherungsträger erstattet wird, darüber hinausgehend eine **sozialrechtliche Kompensation zugunsten des Geschädigten** erfolgen muss. Hierfür sei, so das BSG, die nach § 77 Abs. 2 SGB VI vorgenommene **Kürzung des Zugangsfaktors rückgängig** zu machen. Begründen lässt sich dies damit, dass der Sinn der Kürzung in Form einer Entlastung der Solidargemeinschaft wegen vorzeitiger Inanspruchnahme der Rente in der genannten Konstellation nicht gegeben ist.

Die Rechtsprechung des BGH, wonach in einem Rentenschaden, der durch die schadensbedingte vorzeitige Inanspruchnahme der Altersvorsorge entsteht, ein ersatzfähiger Schaden liegt, lässt sich auch auf den praxisrelevanten Rentenschaden, der dem Geschädigten durch die Inanspruchnahme einer Erwerbsminderungsrente entsteht, erstrecken.

Für den Anwalt besteht ein nicht unerhebliches **Haftungsrisiko**. Daher ist der Vorbehalt eines eventuellen Rentenschadens aufzunehmen. Ein solcher kommt trotz der nach der Rechtsprechung erforderlichen sozialrechtlichen Kompensation auch weiterhin in Betracht, sobald der Regressanspruch des Rentenversicherungsträgers während der vorzeitig beanspruchten Alters- oder Erwerbsminderungsrente niedriger ausfällt als seine Rentenleistung. Insoweit wird die Solidargemeinschaft in Anspruch genommen, was wiederum eine Rentenkürzung zulasten des Geschädigten begründet (vgl. Langheid/Wandt/*Car*, SGB X § 119, Rn 51 ff.). Diese ist durch den Schädiger auszugleichen. 62

Formulierungsbeispiel: Rentenschadensvorbehalt

Vorbehalten bleibt ein eventueller Rentenschaden mit der Wirkung eines rechtskräftigen Feststellungsurteils.

V. Vorbehalt zum Anspruch auf Ersatz des Haushaltsführungsschadens

Ein solcher Vorbehalt ist lediglich erforderlich, sollte kein umfänglicher materieller Zukunftsschadensvorbehalt erklärt werden. Auch hierbei ist grundsätzlich zwischen drei Konstellationen zu differenzieren: 63

1. Der Haushaltsführungsschaden wird kapitalisiert und somit für die Vergangenheit und Zukunft durch die einmalige Zahlung eines Gesamtbetrags abgefunden.
2. Aufgrund der Art und des Umfangs der erlittenen Verletzungen und des Genesungsprozesses ist bei dem Geschädigten lediglich ein Haushaltsführungsschaden für einen bestimmten Zeitraum in der Vergangenheit aufgelaufen.
3. Aufgrund der Art und des Umfangs der erlittenen Verletzungen ist bei dem Geschädigten nicht nur ein Haushaltsführungsschaden für einen bestimmten Zeitraum in der Vergangenheit aufgelaufen, sondern dieser läuft auch auf unbestimmte Zeit in der Zukunft auf und wird in Form einer Rente durch den Versicherer fortlaufend gemäß §§ 843 Abs. 2, 760 BGB gezahlt.

64 Für den Fall der ersten Konstellation bedarf es keiner Vereinbarung eines Vorbehalts zum Anspruch auf Haushaltsführungsschaden, da dieser bereits vollständig für die Vergangenheit und Zukunft Berücksichtigung gefunden hat.

65 Für den Fall der zweiten Konstellation sollte ein **Haushaltsführungsschadensvorbehalt** dahingehend vereinbart werden, dass sich ein etwaig bei erneuter oder weiterer unfallbedingter gesundheitlicher Verschlechterung zukünftig ergebender Haushaltsführungsschadensersatz vom Versicherer über die bereits für die Vergangenheit geleistete Abfindungszahlung hinaus verlangt werden kann. Eine Formulierung könnte wie folgt aussehen:

> *Formulierungsbeispiel: Haushaltsführungsschadensvorbehalt*
>
> Der Versicherer verpflichtet sich, einen zukünftigen unfallbedingten Haushaltsführungsschaden zu erstatten.

> *Hinweis*
>
> Der Anwalt hat auch in dieser Konstellation auf den Verjährungsschutz zu achten. Daher sollte auch dieser Vorbehalt mit der Wirkung eines rechtskräftigen Feststellungsurteils erklärt werden.

66 Auch für den Fall der dritten Konstellation sollte ein **Haushaltsführungsschadensvorbehalt** dahingehend vereinbart werden, dass ein sich etwaig ergebender weiterer Haushaltsführungsschadensersatz vom Versicherer zusätzlich über die bereits geleisteten Abfindungszahlungen und die laufende Rentenzahlung hinaus verlangt werden kann (vgl. auch unten Rdn 73 f.). Auch in dieser Konstellation darf der Verjährungsschutz nicht vergessen werden. Ein Formulierungsvorschlag könnte wie folgt lauten:

> *Formulierungsbeispiel: Haushaltsführungsschadensvorbehalt*
>
> Der Versicherer verpflichtet sich, einen weiteren zukünftigen Haushaltsführungsschaden zu erstatten. Der Vorbehalt wird mit Wirkung eines zum … rechtskräftigen Feststellungsurteils erklärt.

67 Bei der Formulierung des Haushaltsführungsschadensvorbehalts kann auch hier – ähnlich wie beim immateriellen Vorbehalt – auf den Gesundheitszustand am Tag der Abfindungszahlung unter Bezugnahme auf ein bestimmtes Arztgutachten abgestellt werden. Es kann auch eine konkrete MdH genannt werden, bei deren Vorliegen ein weiterer Anspruch auf Ersatz des Haushaltsführungsschadens entsteht. Die tatsächliche Schwierigkeit eines solchen Vorbehalts liegt jedoch darin, dass es regelmäßig kein Gutachten zur MdH in der Schadensregulierung gibt. Man kann sich jedoch auch damit behelfen, dass eine sozialversicherungsrechtliche MdE zum Maßstab genommen wird, bei deren Erreichen erneut über einen Haushaltsführungsschaden verhandelt werden kann. Dies wäre z.B. der Fall, wenn die MdE um weitere 10 % seit dem Tag der Abfindungserklärung angestiegen ist, was jedoch medizinisch festzustellen ist. Damit ist dann zwar nichts über die Höhe der MdH gesagt, jedoch hat der Geschädigte bei Anstieg seiner sozialversicherungsrechtlichen MdE um 10 % wieder die Möglichkeit, nach § 287 ZPO in die Schadensregulierung seines Haushaltsführungsschadens einzusteigen. Die Höhe des weiteren Haushaltsführungsschadens ist dann erneute Verhandlungssache.

VI. Vorbehalt zum Anspruch auf Ersatz der vermehrten Bedürfnisse

68 Ein solcher Vorbehalt ist lediglich erforderlich, sollte kein umfänglicher materieller Zukunftsschadensvorbehalt erklärt werden. Auch hierbei ist wiederum grundsätzlich zwischen drei Konstellationen zu differenzieren:

1. Die vermehrten Bedürfnisse werden kapitalisiert und somit für die Vergangenheit und Zukunft durch die einmalige Zahlung eines Gesamtbetrags abgefunden.
2. Aufgrund der Art und des Umfangs der erlittenen Verletzungen und des Genesungsprozesses sind bei dem Geschädigten lediglich vermehrte Bedürfnisse für einen bestimmten Zeitraum in der Vergangenheit aufgelaufen.
3. Aufgrund der Art und des Umfangs der erlittenen Verletzungen sind bei dem Geschädigten nicht nur lediglich vermehrte Bedürfnisse für einen bestimmten Zeitraum in der Vergangenheit aufgelaufen, sondern diese laufen auch auf unbestimmte Zeit in der Zukunft auf und werden in Form einer Rente durch die Versicherung fortlaufend gemäß §§ 843 Abs. 2, 760 BGB gezahlt.

69 Für den Fall der ersten Konstellation bedarf es keiner Vereinbarung eines Vorbehalts zum Anspruch auf Ersatz der vermehrten Bedürfnisse, da diese bereits vollständig für die Vergangenheit und Zukunft Berücksichtigung gefunden haben.

70 Für den Fall der zweiten Konstellation sollte ein Vorbehalt für die Geltendmachung von vermehrten Bedürfnissen dahingehend vereinbart werden, dass zukünftig unfallbedingt entstehende vermehrte Bedürfnisse vom Versicherer über die bereits für die Vergangenheit geleistete Abfindungszahlung hinaus reguliert werden. Eine Formulierung könnte wie folgt aussehen:

Formulierungsbeispiel: Vorbehalt vermehrte Bedürfnisse

Der Versicherer verpflichtet sich, zukünftig unfallbedingt entstehende vermehrte Bedürfnisse zu erstatten.

Hinweis

Auch in dieser Konstellation hat der Rechtsanwalt auf den Verjährungsschutz zu achten. Daher sollte auch dieser Vorbehalt mit der Wirkung eines rechtskräftigen Feststellungsurteils erklärt werden.

71 Auch für den Fall der dritten Konstellation sollte ein Vorbehalt für die vermehrten Bedürfnisse dahingehend vereinbart werden, dass ein sich in Zukunft unfallbedingt ergebender weiterer Bedarf an vermehrten Bedürfnissen vom Versicherer zusätzlich über die bereits geleisteten Abfindungszahlungen und die laufende Rentenzahlung hinaus zur Regulierung verlangt werden kann (vgl. auch unten Rdn 73 f.). Auch in dieser Konstellation darf der Verjährungsschutz nicht vergessen werden. Eine Formulierung könnte wie folgt lauten:

Formulierungsbeispiel: Vorbehalt vermehrte Bedürfnisse

Der Versicherer verpflichtet sich, unfallbedingt weitere vermehrte Bedürfnisse zu erstatten. Der Vorbehalt wird mit Wirkung eines zum … rechtskräftigen Feststellungsurteils erklärt.

72 Mit einer weiteren Verschlechterung des Gesundheitszustands ergeben sich oftmals veränderte vermehrte Bedürfnisse gegenüber dem Zeitpunkt des Regulierungsstichtags in der Abfindungserklärung. Wegen seiner großen Bedeutung für den Mandanten und seiner Haftungsrelevanz für den beauftragten Rechtsanwalt soll an dieser Stelle auf den Aspekt einer möglicherweise eintretenden **Pflegebedürftigkeit (Pflegerisiko)** hingewiesen werden. Der Versicherer könnte einwenden, dass bei Entstehen eines Pflegerisikos kein weiterer Schadensersatzanspruch auflebt, weil dieses Risiko bereits mit der Abfindung des Haushaltsführungsschadens aufgefangen sei. Der Hintergrund ist der, dass bei der Realisierung eines Pflegerisikos und einer ggf. stationären Betreuung in einer Pflegeeinrichtung gerade kein Haushaltsführungsschaden mehr besteht, weil kein eigener Haushalt mehr zu führen ist. An dieser Stelle ist der Versicherer jedoch darauf zu verweisen, dass sich das Pflegerisiko auch in der ungedeckten Schadensspitze unterhalb der Pflegestufe 1, oberhalb der Pflegestufe 1 und unterhalb der Pflegestufe 2, oberhalb der Pflegestufe 2 und unterhalb der Pflegestufe 3 sowie oberhalb der Pflegestufe 3 realisieren kann (zu den neuen Pflegegraden vgl. § 4 Rdn 300 ff.). So ist es gerade nicht ausgeschlossen, dass ein Geschädigter ebenfalls einen Anspruch auf Ersatz seines Haushaltsführungsschadens neben einem Anspruch auf Ersatz seiner ungedeckten Schadensspitze für Pflegeaufwendungen hat, wenn er lediglich teilweise pflegebedürftig wird. (Abgesehen davon kann im Mehrpersonenhaushalt trotz Vollpflege des Geschädigten ein Haushaltsführungsschaden bereits deshalb bestehen, weil er seiner Mitwirkung in der Haushaltsführung für die übrigen Familienmitglieder nicht mehr nachkommen kann. Von der Pflege ist bestenfalls der Eigenanteil in der Haushaltsführung überlagert.) Es ist zwar möglich, dass sich der Anspruch auf Ersatz des Haushaltsführungsschadens ein Stück reduziert, jedoch übersteigt der Zahlbetrag der ungedeckten Schadensspitze beim Pflegefall diese Reduzierung in der Regel deutlich. Mit dieser Argumentation kann dem Versicherer oftmals deutlich gemacht werden, dass ein Vorbehalt hinsichtlich eines etwaigen zukünftigen Pflegerisikos zu erklären ist. Ein solcher Pflegevorbehalt könnte wie folgt formuliert werden:

> *Formulierungsbeispiel: Pflegevorbehalt*
>
> Nicht erfasst von dem Vergleich, sondern vorbehalten bleibt die ungedeckte Schadensspitze für den Fall des Eintritts einer unfallbedingten Pflegebedürftigkeit unter Berücksichtigung kongruenter Leistungen.

> *Hinweis*
>
> Der Anwalt muss auch hier auf den Verjährungsschutz achten. Daher ist auch dieser Vorbehalt mit der Wirkung eines rechtskräftigen Feststellungsurteils zu erklären.

VII. Vorbehalt der Abänderbarkeit wiederkehrender Leistungen

Wenn in der Abfindungserklärung wiederkehrende Leistungen (Erwerbsschaden, **73**
Haushaltsführungsschaden, vermehrte Bedürfnisse, entgangener Unterhalt) vereinbart worden sind, bedarf es einer zusätzlichen vertraglichen Vereinbarung, dass §§ 323, 323a ZPO anwendbar sein sollen. Damit ist dann gewährleistet, dass Vergleiche mit wiederkehrenden Leistungen veränderten Bedingungen des Lebenssachverhaltes angeglichen werden können. Eine Formulierung im Abfindungsvergleich könnte wie folgt aussehen:

> *Formulierungsbeispiel: Vorbehalt der Abänderbarkeit wiederkehrender Leistungen*
>
> Die Parteien erklären mit der Wirkung eines am heutigen Tage rechtskräftigen Feststellungsurteils die §§ 323 Abs. 1, 4 bzw. 323a ZPO für anwendbar.

Zur Vermeidung von späteren Streitigkeiten über den Umfang zwischenzeitlicher **74**
Änderungen empfiehlt es sich – je nach Sachverhalt – exakt die Parameter zu benennen, bei deren Veränderung eine Rente abänderbar sein soll.

> *Formulierungsbeispiel*
>
> Die Parteien dieses Vergleichs vereinbaren mit der Wirkung eines rechtskräftigen Feststellungsurteils, dass bei jeder Änderung der zugrunde liegenden Berechnungsparameter der Rentenzahlung (z.B. veränderter Pflegeumfang, veränderte Pflegevergütung, andere Pflegepersonen usw.) diese angeglichen wird.

VIII. Steuervorbehalt

75 Zunächst ist zu beachten, dass der Geschädigte die Schadensersatzzahlungen, die er auf den Erwerbsschaden erhält, zu versteuern hat, was zur Zahlung von **Einkommensteuern** (zzgl. derzeit Solidaritätszuschlag und ggf. Kirchensteuer) führen kann. Die Steuerpflicht ergibt sich daraus, dass der Erwerbsschaden des abhängig Beschäftigten nach der **Nettolohntheorie** ermittelt wird und dieser dem Geschädigten in voller Höhe zur Verfügung stehen muss. Der Erwerbsschaden des **Selbstständigen** errechnet sich grundsätzlich nach der **Bruttolohntheorie** und besteht aus dem **entgangenen Gewinn**. Daher besteht nach dieser Berechnungsmethode grundsätzlich kein Bedürfnis nach einem Steuervorbehalt, da der **Selbstständige** seinen Gewinn auch ohne den Unfall zu versteuern hätte. Aus diesem Grund sollte zumindest für den Fall, dass der Erwerbsschaden nach der **Nettolohntheorie** errechnet wird, die Verpflichtung des Versicherers aufgenommen werden, etwaig zu zahlende Steuern auf den Erwerbsschaden ergänzend zu übernehmen. Der Rechtsgrund hierfür ist in § 34 EStG zu finden, wonach eine Abfindung des Erwerbsschadens einkommensteuerpflichtig ist. Die Formulierung eines solchen Vorbehaltes könnte folgendermaßen lauten:

> *Formulierungsbeispiel: Steuervorbehalt bei Erwerbsschaden*
>
> Auf die Abfindungszahlung des Erwerbsschadens in Höhe von ... EUR sind vom Versicherer auf Nachweis die zu entrichtenden Steuern zusätzlich zu übernehmen. Das gilt auch für die jeweiligen Folgejahre, wenn die Entschädigungsleistung auf die Steuer als Einnahme wiederum zu versteuern ist.

> *Hinweis*
>
> Auch dieser Vorbehalt muss mit der Wirkung eines rechtskräftigen Feststellungsurteils erklärt werden.

76 Der Rechtsanwalt sollte seinen Mandanten über die Tatsache der Einkommensteuerpflicht und der daraus evtl. resultierenden **Steuerschraube** nach § 34 EStG aufklären und mit dem Versicherer aus Vereinfachungsgründen vereinbaren, dass der Geschädigte dem Versicherer einen bzw. mehrere entsprechende Einkommensteuerbescheide zum Ausgleich der Steuerzahllast unmittelbar zukommen lässt.

77 Selbst wenn nach derzeitiger Rechtslage Abfindungszahlungen nur im Hinblick auf den Erwerbsschaden steuerpflichtig sind (vertiefend soll an dieser Stelle auf den Beitrag von *Jahnke* zur Versteuerung von Schadensersatzansprüchen in NJW Spezial 2009, 601 ff. hingewiesen werden), darf nicht davon ausgegangen werden, dass diese Rechtslage unverändert für die Zukunft bestehen bleibt. Gesetzesänderungen aus fiskalischen Gesichtspunkten sind nicht ausgeschlossen. Daher könnte ein entsprechender **allgemeiner Steuervorbehalt** wie folgt formuliert werden:

Formulierungsbeispiel: Allgemeiner Steuervorbehalt

Die auf die Abfindungszahlung als solche etwaig zu entrichtenden Steuern sind auf Nachweis vom Versicherer zusätzlich zu übernehmen.

Hinweis

Der Anwalt muss auch für Verjährungsschutz sorgen. Daher ist der Vorbehalt mit der Wirkung eines rechtskräftigen Feststellungsurteils zu erklären.

IX. Kinder haften für ihre Eltern, §§ 1601, 1602 BGB

Die Notwendigkeit eines weiteren **Vorbehaltes bei Schwerstverletzung oder Tötung von Kindern und Jugendlichen** ergibt sich aus einer möglichen späteren Pflegebedürftigkeit der Eltern der geschädigten oder getöteten jungen Menschen. Gemäß § 1602 Abs. 1 BGB haben Eltern im Falle eigener Pflegebedürftigkeit auch gegenüber ihren Kindern einen **Unterhaltsanspruch.** Nach dem Gesetz haben die Kinder pflegebedürftiger Eltern anteilig und nach ihren Erwerbs- und Vermögensverhältnissen für die ungedeckten Kosten aufzukommen. In diesem Fall kann ein Vorbehalt des Inhaltes vereinbart werden, wonach sich der Versicherer verpflichtet, im Falle einer Bedürftigkeit der Eltern nach § 1602 Abs. 1 BGB der/des Geschädigten/Getöteten den Unterhaltsschaden zu ersetzen. Auch hier ist für Verjährungsschutz zu sorgen. 78

Formulierungsbeispiel: Vorbehalt „Kinder haften für ihre Eltern"

Die ...-Versicherung erklärt mit der Wirkung eines am heutigen Tage rechtskräftigen Feststellungsurteils, für die Unterhaltsverpflichtung des geschädigten Kindes ... gegenüber dessen Eltern im gesetzlichen Umfang gem. §§ 1601, 1602 BGB einzustehen, sofern ... (*das geschädigte Kind*) unfallkausal diesem Unterhaltsanspruch nicht nachkommen kann.

X. Vorbehalt übergegangener und übergehender Ansprüche auf Dritte

Im Rahmen der Abfindungserklärung muss das Augenmerk auch auf die **Aktivlegitimation** des Geschädigten gerichtet werden: Soweit Sozialversicherungsträger, Arbeitgeber, Sozialhilfeträger und ggf. private Versicherer Leistungen aufgrund des Schadensereignisses erbracht haben und/oder erbringen werden, für deren Ersatz der Schädiger einzustehen hat, verfügt das Gesetz über einen Übergang dieser Ersatzansprüche vom Geschädigten auf den Leistenden. Damit soll ausgeschlossen werden, dass der Geschädigte zulasten der Sozialversicherungssysteme oder einer versicherten Gemeinschaft doppelt entschädigt wird (BGHZ 155, 342, 349). Insgesamt soll der Schaden nur einmal ausgeglichen werden, und zwar vom Schädiger 79 bzw. dessen Haftpflichtversicherung. Gesetzliche Forderungsübergänge enthalten die §§ 116 Abs. 1, 119 Abs. 1 SGB X, § 6 Abs. 1 EFZG und § 86 Abs. 1 VVG.

80 Auf den privaten Krankenversicherer geht der Anspruch gegen den Haftpflichtversicherer im Zeitpunkt der Erbringung der Versicherungsleistung gem. § 86 Abs. 1 S. 1 VVG über. Für den Arbeitgeber ist dies der Zeitpunkt, zu dem er die Entgeltfortzahlung gem. § 6 Abs. 1 EFZG leistet. Auf den Sozialhilfeträger und auf die Bundesagentur für Arbeit geht der Anspruch nach § 116 Abs. 1 SGB X über, sobald mit der **Hilfsbedürftigkeit** des Geschädigten ernsthaft zu rechnen ist. Nach der Rechtsprechung des BGH kommt es für die Kenntnis des Versicherers vom Forderungsübergang (§§ 412, 407 Abs. 1 BGB) allein auf die Absehbarkeit künftiger Hilfsbedürftigkeit an (BGHZ 127, 120, 128; BGHZ 131, 274, 286).

81 Eine erhebliche Haftungsfalle für den Anwalt entsteht, wenn er mit dem Versicherer die Abfindung des Geschädigten auch hinsichtlich der zukünftigen materiellen Schäden vorbehaltlos reguliert, weil er dann den **privaten Krankenversicherer** von seiner Leistungspflicht befreit (§ 86 Abs. 1 VVG) und der Anwalt des Geschädigten darüber hinaus den Arbeitgeber seines Mandanten zur Verweigerung künftiger Entgeltfortzahlung berechtigt (§ 7 Abs. 1 Nr. 2, Abs. 2 EFZG).

82 Leistet der Versicherer an den Geschädigten, ohne zu wissen, dass bereits ein Anspruchsübergang auf einen Sozialhilfeträger oder die Bundesagentur für Arbeit stattgefunden hat, muss der Geschädigte diese Leistungen erstatten, soweit sie wegen der Legalzession dem Sozialhilfeträger bzw. der Bundesagentur für Arbeit zustanden (§ 116 Abs. 7 SGB X).

83 Immerhin kann der Sozialhilfeträger bzw. die Bundesagentur für Arbeit gegen laufende Ansprüche bis zur Pfändungsfreigrenze aufrechnen (§§ 51 Abs. 1, 52, 54 Abs. 4 SGB I). Wenn im Regress des Sozialhilfeträgers bzw. der Bundesagentur für Arbeit der Haftpflichtversicherer in Anspruch genommen wird, welcher die Hilfsbedürftigkeit voraussehen konnte, dann kann dieser einen Anspruch wegen ungerechtfertigter Bereicherung gegen den Geschädigten geltend machen, weil er mit der Abfindungsleistung den bezweckten Erfolg nicht erreichen konnte.

Praxistipp

Wenn sich der Anwalt einen Überblick über die unfallbedingt bereits gezahlten Ersatzleistungen eines Sozialversicherungsträgers, des Arbeitgebers, eines privaten Versicherers, eines Sozialhilfeträgers oder der Bundesagentur für Arbeit verschafft hat, dann empfiehlt es sich, den Versicherer uneingeschränkt über diesen Sachverhalt aufzuklären, um den eigenen Mandanten nicht einem Anspruch des Haftpflichtversicherers nach § 812 Abs. 1 S. 2 Alt. 2 BGB auszusetzen.

Praxistipp

Fernerhin muss der Rechtsanwalt eine Prognose darüber erstellen, ob mit der Inanspruchnahme von Leistungen der Bundesagentur für Arbeit oder eines Sozialhilfeträgers zu rechnen ist. Um auch hier den sichersten Weg zu gehen, sollte der Geschädigtenvertreter einen Vorbehalt in den Vergleich aufnehmen, wonach zukünftig übergehende Ansprüche eines Sozialhilfeträgers bzw. der Bundesagentur für Arbeit oder eines privaten Versicherers mit der Abfindungszahlung nicht abgefunden sind.

Da nach § 116 SGB X die Ansprüche des Verletzten auf den Sozialversicherungsträger bereits im Zeitpunkt des Verkehrsunfalls übergehen, ist der Geschädigtenvertreter für jedwede Vorbehaltsgestaltung nicht aktivlegitimiert, so dass die Formulierung, wonach übergegangene und zukünftig übergehende Ansprüche eines Sozialversicherungsträgers von der Abfindung nicht umfasst sind, ohnehin lediglich deklaratorischen Charakter hat.

Um die übergegangenen und übergehenden Ansprüche wirksam im Rahmen einer Abfindungserklärung vorzubehalten, könnte wie folgt formuliert werden: **84**

Formulierungsbeispiel: Vorbehalt übergegangener und übergehender Ansprüche auf Dritte – Variante 1

Alle bestehenden und zukünftigen Ansprüche des Verletzten, die auf seinen Arbeitgeber, auf Sozialversicherungsträger und Sozialhilfeträger einschließlich der Bundesagentur für Arbeit und auf private Versicherer kraft Gesetzes schon übergegangen sind oder künftig übergehen werden, bleiben von der geschlossenen Abfindungsvereinbarung unberührt und werden mit dem Abfindungsbetrag nicht abgegolten.

Alternativ kann formuliert werden:

Formulierungsbeispiel

Alle bestehenden und zukünftigen Ansprüche des Verletzten, die auf Dritte kraft Gesetzes schon übergegangen sind oder künftig übergehen werden, bleiben von der geschlossenen Abfindungsvereinbarung unberührt und werden mit dem Abfindungsbetrag nicht abgegolten.

Beide Vorbehalte könnten noch durch folgenden Zusatz ergänzt werden:

Formulierungsbeispiel: Vorbehalt übergegangener und übergehender Ansprüche auf Dritte (Zusatz)

Gleiches gilt auch für zukünftige Ansprüche, die jetzt noch nicht bekannt sind, aber aufgrund eines neuen Gesetzes entstehen werden.

Hinweis

Der Hintergrund dieser erweiternden Formulierung liegt darin, dass der Gesetzgeber gesellschaftliche Entwicklungen dynamisch erfasst und gerade die sozialversicherungsrechtliche Gesetzgebung nicht statisch ist. In diesem Zusammenhang sei an die Einführung der Pflegeversicherung erinnert, die in Altfällen und dort formulierten Vorbehalten möglicherweise zu Überraschungen geführt hat. Zwar lässt sich kaum ein Versicherer auf eine solche Formulierung ohne Weiteres ein, weil das damit im Zusammenhang stehende Risiko kaum abschätzbar ist. Wegen dieser Ungewissheit ist unter Verzicht auf die erweiterte Vorbehaltsformulierung durchaus an eine moderate Anhebung der Abfindungssumme zu denken.

C. Tipps für die optimale Gestaltung des Regulierungsgespräches

85 Die im Nachfolgenden zusammengestellten Tipps für die Durchführung des **Regulierungsgespräches** basieren ausschließlich auf jahrelanger Erfahrung und Auswertung von mehreren Hunderten Regulierungsgesprächen der Verfasser beim Personenschaden. Literatur zu diesem Thema ist – soweit ersichtlich – bislang in dieser Form nicht vorhanden.

86 Wenn im Folgenden der Begriff des Regulierungsgesprächs Verwendung findet, dann ist damit in der Mehrzahl der Fälle das persönliche Gespräch zwischen Rechtsanwalt und schadensregulierendem Sachbearbeiter eines Haftpflichtversicherers gemeint, aber auch alternativ die fernmündliche Verhandlung der Schadensersatzansprüche. Zudem besteht die Möglichkeit über sog. Außenregulierer in der Kanzlei des Rechtsanwalts zu verhandeln, wobei diese Möglichkeit aufgrund von Personaleinsparungen bei den Versicherern immer weniger zum Tragen kommt. Man sollte sich davor hüten anzunehmen, dass der Außenregulierer die Akte nicht oder nur schlecht kennt. Dieser ist im Regelfall ebenso gut über den gesamten Akteninhalt informiert (oftmals auch über erstaunlich kleine Details!) wie der eigentliche Schadenssachbearbeiter im Innendienst, mit dem die vorangegangene – mitunter langjährige – Korrespondenz im Schadensfall geführt wurde.

87 Das Regulierungsgespräch ist das Finale einer nicht selten langjährigen, kontroversen Kommunikation mit dem Versicherer um den finanziellen Umfang eines für den Mandanten einschneidenden Unfallgeschehens. Der optimale Zeitpunkt ist der Abschluss der medizinischen Behandlung, wenn der Mandant lediglich noch erhaltungstherapeutische Maßnahmen in Anspruch nimmt. Dies ist oftmals in einem Zeitfenster von 1 bis 3 Jahren nach dem Unfall der Fall. Abschließende Schadensregulierungen verbieten sich so lange, wie noch geplante Operationen zur Versorgung der Unfallverletzungen anstehen. Es ist nicht auszudenken, welchem Haftungsrisiko sich der Anwalt aussetzt, wenn er den Abschluss der Regulierung zu ei-

nem Zeitpunkt herbeiführt, in dem eine Prognose über die weitere Schadensentwicklung noch nicht möglich ist. Als Richtgröße steht neben dem Zeitfenster von 1 bis 3 Jahren nach dem Unfallereignis die operative Metallentfernung im Raume. Wenn diese erfolgreich abgeschlossen ist, bestehen keine Bedenken, in die Regulierungsverhandlungen zum Abschluss der Angelegenheit einzusteigen.

Ein abschließendes Regulierungsgespräch bezüglich aller immateriellen und materiellen Schadensersatzansprüche setzt eine umfassende **Bezifferung** dieser Positionen vom Geschädigtenvertreter voraus. Andernfalls ist ein Regulierungsgespräch sinnlos. Diese Bezifferung kann durchaus – je nach Intensität der Ausgangsverletzungen und Dauerschäden – den Umfang von 20 bis 40 Seiten annehmen und ist dem Versicherer mindestens zwei bis drei Wochen zuvor zugänglich zu machen. 88

Bevor ein Regulierungsgespräch terminiert wird, muss die **medizinische Indikation** hinsichtlich der in die Schadensregulierung eingeführten Hilfs- und Heilmittel im Rahmen der vermehrten Bedürfnisse vom behandelnden Arzt des Mandanten schriftlich vorliegen. Diese wird ergänzt durch eine schriftliche Stellungnahme der Krankenversicherung zur Frage der **Kostenübernahme** einzelner oder aller aufgeführten Hilfs- und Heilmittel. Ohne diese zwei Schriftstücke ist in der Regel eine Regulierung der vermehrten Bedürfnisse nicht möglich bzw. der Versicherer weist diese mit dem pauschalen Hinweis auf den Vorrang der Leistungspflicht des Sozialversicherungsträgers zurück. Der Geschädigtenvertreter muss an dieser Stelle also vorher seine Hausaufgaben machen. 89

Die Terminierung des Regulierungsgespräches darf nicht unter Zeitdruck stehen, weil die intensiven Vergleichsverhandlungen mit dem Sachbearbeiter des Versicherers nicht selten einen Aufwand von 5 bis 6 Stunden am Stück (ohne Pause!) erfordern. Weitere Termine an diesem Tage sollte der Anwalt nicht einplanen. Es ist eine Selbstverständlichkeit, dass während eines Regulierungsgespräches keine Telefonate durchgestellt werden und das Handy ausgeschaltet ist. 90

Für das Gespräch sollten deshalb ausreichend Getränke zur Verfügung stehen, wozu auch regelmäßig frischer Kaffee oder Tee gehört. Bereits morgens gekochter Kaffee aus der Bürothermoskanne hilft nach Stunden der intensiven juristischen Auseinandersetzung definitiv nicht mehr durch das unvermeidbare Leistungstief hindurch. 91

Das Regulierungsgespräch sollte möglichst nicht im Beisein des Mandanten geführt werden. Hierbei geht es nicht darum, etwa ein Misstrauen gegen den eigenen Mandanten zu entwickeln oder aber **Geheimverhandlungen** zu führen, sondern vielmehr darum, dass der Mandant aufgrund seiner Verletzungsfolgen oftmals physisch und psychisch nicht über die notwendige Kondition für derartig lang andauernde Verhandlungen verfügt. Es besteht dann die Gefahr, dass der Mandant sehr schnell an seine Leistungsgrenzen stößt und „klein beigibt“ und sich mit einem schlechten Vergleichsangebot zufrieden gibt, obwohl eigentlich eine höhere Abfindungszahlung bei längerer Regulierungsdauer im Bereich des Möglichen gewesen wäre. 92

Mandanten, die darauf drängen, beim Regulierungsgespräch zugegen zu sein, sollten über diesen Mechanismus aufgeklärt werden und darauf hingewiesen werden, dass in diesem Gespräch nichts Verbindliches ohne ihre Zustimmung auf der Basis eines umfänglichen Aufklärungsschreibens vor Unterzeichnung des Abfindungsvergleiches, welches den gesamten Verlauf des Regulierungsgespräches wiedergibt, ausgehandelt wird.

93 Das Regulierungsgespräch erfordert einige Tage zuvor eine **gründliche Vorbereitung**, vergleichbar mit derjenigen für eine mündliche Verhandlung vor Gericht. Der Anwalt muss so gut im Sachverhalt und der rechtlichen Würdigung der anspruchsbegründenden Tatsachen stehen, dass eine Verhandlung mit dem Versicherer auf gleicher Augenhöhe möglich ist. Hierbei muss sich der Anwalt immer wieder vor Augen führen, dass sein Verhandlungspartner ein hoch spezialisierter Volljurist ist, dessen Arbeitgeber weder Kosten noch Mühen scheut, um seine Mitarbeiter zu schulen. Es ist immer wieder feststellbar, dass Schadensregulierer durchweg über hervorragende Spezialkenntnisse der Personenschadensregulierung verfügen, an die die Richterschaft in Ermangelung entsprechender Fortbildungsangebote selten heran kommt. So liegt es in der Hand des den Personenschaden regulierenden Rechtsanwalts, sich ebenfalls um das Spezialwissen (Fachanwaltschaften, Fortbildung und Lektüre einschlägiger Fachzeitschriften und Fachbücher) zu bemühen, um auf gleicher Augenhöhe im Regulierungsgespräch kommunizieren zu können. Zu der guten Vorbereitung im oben genannten Sinne zählt es, den gesamten Akteninhalt präsent zu haben. Das bezieht sich sowohl auf sämtliche Arztberichte als auch die Abrechnungsunterlagen zum Ist-Verdienst sowie Hätte-Verdienst bei der Ermittlung des Erwerbsschadens. Nicht selten stellt der Versicherer im Regulierungsgespräch ein kleines Detail aus einem der Arztberichte oder aus seiner Regressakte mit dem Sozialversicherungsträger in den Vordergrund, um Ansprüche betragsmäßig gering zu halten. Der Anwalt muss dann in der Lage sein, mithilfe seiner Arztberichte und Abrechnungsunterlagen des Arbeitgebers/Sozialversicherungsträgers/Sozialhilfeträgers den Einwendungen substantiiert entgegenzutreten.

94 Wenn der Anwalt bei der Vorbereitung des Regulierungsgespräches feststellt, dass zwischen der umfänglichen schriftlichen Schadensbezifferung und dem Regulierungsgespräch so viel Zeit vergangen ist, dass zwischenzeitlich aktuellere Rentenbescheide beim Mandanten vorliegen dürften, die jedoch nicht zur Akte gelangt sind, besteht noch ausreichend Zeit, diese beim Mandanten telefonisch anzufordern. Bereits deshalb verbietet sich eine Vorbereitung des Regulierungsgespräches eine Stunde vor dem Termin mit dem Versicherer.

95 Bereits an anderer Stelle war oben (siehe § 4 Rdn 55 ff.) im Rahmen der sog. Vorhersehbarkeitsrechtsprechung des Bundesgerichtshofes bei der Schmerzensgeldbezifferung auf das Erfordernis hingewiesen worden, dass die objektiv vorhersehbaren Folgeschäden einer Verletzung herausgearbeitet werden müssen, da sie schmerzensgeldrechtlich erhebliche Relevanz haben. Um im Regulierungsgespräch

über das Schmerzensgeld auf gleicher Augenhöhe verhandeln zu können, ist es erforderlich, dass der Anwalt möglichst auf einer DIN A4-Seite die Ausgangsverletzungen, Dauerfolgen und objektiv vorhersehbaren physischen und psychischen Unfallfolgen zusammenstellt, um diese ggf. sogar dem Versicherer im Regulierungsgespräch nochmals bei der Verhandlung des Schmerzensgeldes auszuhändigen.

Zur Vorbereitung gehört die Abwägung des **Prozessrisikos** der einzelnen geltend gemachten Ansprüche auf der Basis der Darlegungs- und Beweislast nach §§ 286, 287 ZPO. Nur wer das exakt herausarbeitet, kann Schwächen und Stärken der einzelnen Anspruchspositionen erkennen und sich im Regulierungsgespräch an der einen oder anderen Stelle auch einmal bewusst argumentativ zurückhalten. 96

Die Vorbereitung des Regulierungsgespräches fordert ein Denken in Alternativen: Wiederkehrende Leistungen sollten im Vorwege bereits mit unterschiedlichen Zinssätzen kapitalisiert werden, um ein pauschaliertes Abfindungsangebot des Versicherers stichhaltig überprüfen zu können. Zur Vorbereitung eines Kapitalisierungsvorgangs in der Diskussion mit dem Versicherer ist es erforderlich, die banalen Ausgangsdaten, wie das Geburtsdatum des Mandanten, das Lebensalter am Unfalltag und das Lebensalter zum Regulierungszeitpunkt griffbereit zu haben. In diesem Zusammenhang ist darauf zu achten, dass wiederkehrende Leistungen bis zum Tag der Abfindungszahlung aufaddiert werden und zukünftige Ansprüche kapitalisiert werden, wobei der Stichtag für die Kapitalisierung der Tag der voraussichtlich abzugebenden Abfindungserklärung ist. Ferner sollte man sich vor dem Regulierungsgespräch die unterschiedlichen Laufzeiten der einzelnen wiederkehrenden Leistungen (Erwerbsschaden bis zum Eintritt in das gesetzliche Rentenalter, Haushaltsführungsschaden über das 75. Lebensjahr hinaus, vermehrte Bedürfnisse je nach Einzelposition bis 75 oder lebenslänglich) vergegenwärtigen. 97

Unabdingbare Hilfsmittel im Regulierungsgespräch sind Taschenrechner, Textmarker, Kapitalisierungstabellen, Tabellen zur Ermittlung des Haushaltsführungsschadens (*Schah Sedi*, Praxishandbuch Haushaltsführungsschaden mit IFH-Tabellen) und ebenso die Schmerzensgeldtabellen z.B. von *Hacks/Wellner/Klein/Kohake* in der neuesten Auflage. 98

Das Regulierungsgespräch ist sachlich zu führen, polemische und beleidigende Äußerungen verbieten sich von selbst und sind oftmals Ausdruck mangelnder fachlicher und sozialer Kompetenz. Selbstverständlich ist das Regulierungsgespräch eine streitige Auseinandersetzung um die rechtliche Bewertung eines Lebenssachverhaltes. Dennoch darf die professionelle juristische Ebene nicht verlassen werden. Man kann unterschiedliche Rechtsauffassungen vertreten, sollte sich vergleichsweise möglichst an obergerichtlicher Rechtsprechung zu einzelnen entbrannten Streitfragen orientieren. Wenn die Verhandlungen bei einer Schadensposition ins Stocken geraten, sollte die streitige Position ausdrücklich offen bleiben und man sollte übereinstimmend zur nächsten Schadensersatzposition übergehen. Um die offen gelassene Position nicht zu vergessen, ist diese unbedingt mit einem Textmarker zu mar- 99 kieren. Wenn dann alle Schadensersatzpositionen besprochen sind, wird am Ende die farbig markierte nochmals verhandelt. Oft lässt sich plötzlich ein Konsens finden, weil alle anderen Positionen bereits durchgesprochen sind und keine der beiden Seiten das Gespräch an der dann noch offenen, letzten Schadensersatzforderung scheitern lassen möchte.

100 Das Regulierungsgespräch mündet in einen Abfindungsvergleich. Nach der Legaldefinition ist der Vergleich ein gegenseitiges Nachgeben (§ 779 Abs. 1 BGB). Anders formuliert: Ein Vergleich ist nur dann gut, wenn er beiden Seiten wehtut und jede Partei ein lachendes und ein weinendes Auge behält. Aus taktischen Gründen ist es deshalb aus Sicht des Geschädigtenvertreters erforderlich, in die Front der Schadensersatzpositionen einige Bauernopfer einzubauen, die im Einzelfall „geopfert“ werden können, ohne dass wichtige Rechtspositionen aufgegeben werden müssen. In diesem Zusammenhang ist es wichtig, sich immer wieder vor Augen zu führen, dass der Rechtsanwalt nicht bei allen maßgeblichen Stellschrauben in der Schadensbezifferung nachgeben darf. Hierbei sei auf den oftmals gebrachten Einwand des Versicherers hingewiesen, wonach ein Erwerbsschaden nicht bis zum Eintritt in das gesetzliche Rentenalter zu kapitalisieren ist, sondern maximal bis zum 63. Lebensjahr. Der Versicherer begründet dies damit, dass kaum ein Arbeitnehmer wirklich bis zur Altersrente arbeitet. Dabei ist auf die Darlegungs- und Beweislast zu verweisen: Das vorzeitige Ausscheiden aus dem aktiven Erwerbsleben hat der Versicherer im Prozess darzulegen und zu beweisen. Nur für wenige Berufsgruppen existiert diesbezüglich statistisches Material. Man wird wohl bestenfalls davon ausgehen dürfen, dass körperlich anstrengende Berufe (zum Beispiel im Baugewerbe) möglicherweise faktisch zu einem vorzeitigen Ausstieg aus dem Berufsleben führen können. Flächendeckend für alle Berufsgruppen ist eine derartige Annahme jedoch unzutreffend, dies umso mehr als derzeit annähernd Vollbeschäftigung in Deutschland herrscht und Rentner oft über die gesetzliche Altersrente hinaus aktiv im Berufsleben stehen.

101 Die **Stellschrauben beim Haushaltsführungsschaden** sind folgende: der tatsächliche Zeitaufwand für die Haushaltsführungstätigkeit vor dem Unfall, die dauerhafte MdH, die Höhe der Vergütung pro Stunde sowie die Laufzeit des Anspruches im Rahmen der Kapitalisierung. Der Geschädigte muss im streitigen Verfahren lediglich substantiierten Sachvortrag zum Umfang der Haushaltsführung vor dem Unfall, zu den unfallbedingten Beeinträchtigungen und seinen unfallbedingten Einschränkungen in der Haushaltsführung machen. Hinsichtlich aller anderen Stellschrauben gilt das Beweismaß des § 287 ZPO. Eine Schadensschätzung muss nicht zwangsläufig immer zum Nachteil des Geschädigten ausfallen.

102 Während der Außenregulierer bzw. der das Regulierungsgespräch führende Sachbearbeiter der Schadensangelegenheit sich selbst Aktennotizen über den Gesprächsverlauf anfertigt, muss auch der Anwalt ein umfängliches **Protokoll** für seine eigenen Unterlagen fertigen. Dieses Protokoll kann nicht erst im Anschluss an das

Regulierungsgespräch geschrieben werden, sondern es sollte den gesamten Gesprächsverlauf in seinen wesentlichen Zügen wiedergeben und parallel zu den Verhandlungen notiert werden. Umfangreiche Kapitalisierungsberechnungen sind am Folgetag ohne entsprechende Notizen kaum noch zu rekonstruieren. Ohne detaillierte Notizen wird es dem Anwalt nahezu unmöglich sein, den Mandanten vor Unterzeichnung der Abfindungserklärung über das Zustandekommen jeder einzelnen Schadensersatzposition zu unterrichten. Um den Mandanten auch über das Prozessrisiko aufzuklären, bedarf es der sorgfältigen Erfassung der Einwendungen und Rechenwege des Versicherers. Damit der Anwalt im Regulierungsgespräch nicht den Überblick verliert, empfiehlt es sich, die Teilergebnisse für jede Schadensersatzposition getrennt sowohl für die Vergangenheit (Addition rückständiger Beträge) sowie für die Zukunft (Jahresbetrag, Kapitalisierungsfaktor und kapitalisierter Endbetrag) mit unterschiedlichem Textmarker zu kennzeichnen. Diese **Teilergebnisse** sollten zum Schluss nochmals mit dem Gesprächspartner abgeglichen werden und die Gesamtsumme durch gemeinsame Addition der Teilbeträge gebildet werden. Später entdeckte Rechenfehler sind ärgerlich und erfordern eine erneute telefonische Abstimmung über die Abfindungssumme, was zu erheblichen **Zeitverzögerungen** führen kann.

Praxistipp

Zur Vereinfachung des Abgleiches der Regulierungsergebnisse kann es sinnvoll sein, wenn ein Flipchart zur Verfügung steht, auf dem die jeweiligen Teilergebnisse stichwortartig und betragsmäßig notiert werden. Die beschriebenen Seiten können dann am Ende des Regulierungsgespräches abfotografiert werden und per E-Mail sowohl zur Akte des Versicherers als auch zur Akte des Anwalts gespeichert werden. Es muss allerdings davor gewarnt werden, das Flipchart nur halbherzig für einzelne Positionen bzw. nur unvollständig für einzelne Positionen zu verwenden. Hier gilt das Motto: Alles, was die verhandelnden Parteien darauf notiert haben, ist besprochen und alles, was dort nicht steht, ist dann wohl auch nicht verhandelt worden. Insoweit sollte man sich über die Bedeutung einer solchen gemeinsamen Mitschrift durchaus im Klaren sein.

Für den Fall, dass ein Protokoll über die laufenden Verhandlungen geführt wird, empfiehlt es sich, dieses von allen unterzeichnen zu lassen, damit ein späteres Abweichen von den bereits ausgehandelten Positionen bzw. Missverständnisse darüber vermieden werden können.

Bei einem **Quotenfall** kann aus Vereinfachungsgründen die vollständige Schadensersatzsumme auf der Basis einer 100 %igen Haftung ermittelt werden und erst zum Schluss sollte rechnerisch quotiert werden. Sonst kann es vorkommen, dass einzelne Schadensersatzpositionen im mehrstündigen Gespräch sofort quotiert werden, andere jedoch aus unerfindlichen Gründen zu 100 % in die Regulierung rechnerisch eingestellt werden. **Achtung: Die Quotierung gilt nicht für das Schmerzensgeld**. Dort ist das Mitverschulden nur ein Bemessungskriterium unter vielen anderen. 103

104 Wenn als Ergebnis stundenlanger Verhandlungen endlich ein Abfindungsbetrag rechnerisch ermittelt worden ist, dürfen die zu vereinbarenden **Vorbehalte** nicht in Vergessenheit geraten. Insoweit wird auf die Darstellungen oben (siehe Rdn 37 ff.) verwiesen. Nicht selten lehnt der Regulierer alle werthaltigen Vorbehalte pauschal unter Hinweis auf die aus seiner Sicht sehr großzügig ermittelte Abfindungssumme ab. Davon sollte sich der Geschädigtenvertreter jedoch nicht irritieren lassen. Wenn es vertretbar erscheint, einzelne Vorbehalte zur Disposition zu stellen, dann muss dafür die Abfindungssumme nochmals erhöht werden. Keinesfalls dürfen Vorbehalte ersatzlos „unter den Tisch fallen", nur weil nach vielen Stunden des Regulierungsgespräches die Konzentration abgeflacht ist. Argumentationshilfen zur Durchsetzung der Vorbehalte finden sich oben (siehe Rdn 37 ff.).

105 Wenn die Verhandlungen in der Sache selbst (vorläufig) zu einem Ende geführt worden sind, dann muss der Anwalt ausdrücklich darauf hinweisen, dass die gefundenen Ergebnisse dieses Tages unter dem Vorbehalt der Zustimmung des Mandanten stehen. Keinesfalls darf der Anwalt sofort eine Abfindungserklärung unterzeichnen oder verbindliche Zusagen treffen. Es ist nicht der Anwalt, der mit diesem Vergleich den Rest seines Lebens bestreiten muss, sondern der Mandant. Dieser ist der Herr des Verfahrens und ihm muss zugebilligt werden, einen mehrtätigen **Entscheidungsfindungsprozess** zu durchlaufen. Im Übrigen stellt auch der Versicherer sein Abfindungsangebot am Ende eines solchen Regulierungsgespräches unter den Vorbehalt der **Vorstandsgenehmigung**. Die **Waffengleichheit** gebietet es, dieses Recht auch dem Geschädigtenvertreter zuzubilligen.

106 Ganz zum Schluss darf der Anwalt nicht vergessen, die eigenen **Honoraransprüche** zu verhandeln. Maßgeblich für den **Erledigungswert**, auf den beim Versicherer abgerechnet wird, ist nicht nur die Höhe einer Abfindungszahlung, sondern auch der Wert der Vorbehalte. Soweit privates **Schadensmanagement** in der Schadensregulierung stattgefunden hat, stellt dieses ebenfalls einen eigenen Abrechnungstatbestand dar. Falls es noch erforderlich sein sollte, eine **vormundschaftliche Genehmigung** des Abfindungsvergleiches einzuholen, so hat der Versicherer auch für die damit im Zusammenhang stehenden **Anwaltsgebühren** aufzukommen (Rdn 148 ff.). Hinsichtlich der Gebühren bei Einschaltung des Reha-Managements wird auf die Ausführungen zum Ablauf des Reha-Managements verwiesen (siehe § 3 Rdn 45 ff.).

107 Nach Abschluss der Regulierungsverhandlungen – definitiv erst dann, wenn der Versicherer das Haus verlassen hat – sollte der Geschädigtenvertreter eine **selbstkritische Analyse** des Gesprächsverlaufes vornehmen, um so seine Fähigkeiten für das nächste Regulierungsgespräch zu optimieren.

D. Aufklärung des Mandanten vor Abschluss eines Abfindungsvergleiches

Literatur:

Burghart, Der Abfindungsvergleich beim Personenschaden, 43. Deutscher Verkehrsgerichtstag 2005, 147 ff.; *Euler*, Der Abfindungsvergleich in der Regulierungspraxis: Chancen und Risiken im Personenschadenbereich, SVR 2005, 10 ff.; *Nehls*, Der Abfindungsvergleich beim Personenschaden, SVR 2005, 161 ff.; *Nugel*, Der Abfindungsvergleich in der außergerichtlichen Schadenregulierung, zfs 2006, 190 ff.; *Schah Sedi/Schah Sedi*, Die anwaltliche Beratungspflicht zu Beginn des Mandates und vor Abschluss eines außergerichtlichen Abfindungsvergleiches unter besonderer Berücksichtigung des Personenschadens, zfs 2008, 491 ff.; *Thode*, Anforderungen an die anwaltliche Beratung vor Abschluss eines Abfindungsvergleichs, jurisPR-BGHZivilR 2/2024 Anm. 3.

I. Einleitung

Der den Personenschaden regulierende Anwalt ist häufig das letzte Glied einer Kette von Menschen, die dem Geschädigten über einen langen Zeitraum zur Seite gestanden haben, bevor dieser mit seiner **veränderten Lebenssituation** aufgrund des Schadensereignisses alleine klarkommen muss. Insoweit muss der Anwalt neben dem Risiko eines Abfindungsvergleiches für seinen Mandanten auch die darin liegende Chance begreifen, dessen Zukunft positiv zu gestalten. 108

Gelingen wird dies dem Anwalt, der nicht nur über profunde Rechtskenntnisse der Personenschadensregulierung verfügt, sondern darüber hinaus die Fähigkeit besitzt, sich in die Sorgen und Nöte seines verletzten Mandanten hineinzuversetzen und es außerdem versteht, auf gleicher Augenhöhe mit dem Gegner zu verhandeln. Häufig ist der Mandant psychisch extrem belastet, wenn er endlich kurz vor dem Abschluss eines Abfindungsvergleiches steht. Er möchte die Angelegenheit nach Jahren der durch Vorschüsse gekennzeichneten Regulierung endlich abschließen und ist auch deshalb zu dem einen oder anderen Zugeständnis bereit. Oft ermöglicht der Abfindungsvergleich dem Geschädigten, seinen Blick in die Zukunft zu richten und sich damit auf eine **eigenverantwortliche Lebensgestaltung** zu konzentrieren. Der Anwalt trägt dabei nicht nur in rechtlicher Hinsicht eine große Verantwortung, sondern insbesondere auch in menschlicher Hinsicht. 109

Die Beratung eines Mandanten vor Abschluss eines Abfindungsvergleiches beim Personenschaden gilt deshalb zu Recht als besonders haftungsträchtig (*Laschkow*, AnwBl 2007, 374; *Burghart*, 43. VGT 2005, 151; *Nugel*, zfs 2006, 191). 110

II. Pflicht des Rechtsanwalts zur umfassenden Aufklärung des Mandanten

Nach einhelliger Auffassung in Rechtsprechung und Literatur hat der Anwalt seinen Mandanten vor Abschluss des Vergleiches über den Inhalt sowie die **Vor- und Nachteile** umfassend aufzuklären (BGH NJW 2002, 292 ff. m.w.N.; OLG Celle, Urt. 111

v. 6.5.2009 – 3 U 294/08 = OLGR Celle 2009, 661 ff.; AG Karlsruhe-Durlach AnwBl 2008, 793 ff.; OLG Frankfurt a.M., Urt. v. 3.12.2019 – 8 U 128/18; *Euler*, SVR 2005, 18; *Nehls*, SVR 2005, 166; *Nugel*, zfs 2006, 191; *Schah Sedi/Schah Sedi*, zfs 2008, 494). Der Mandant muss darauf basierend eine **eigenverantwortliche Entscheidung** über den Abschluss oder Nichtabschluss eines Abfindungsvergleiches treffen können (*Euler*, SVR 2005, 18).

112 Der Rechtsanwalt muss deshalb im Einzelnen darlegen, welche Aspekte für und welche Aspekte gegen den Abschluss des Vergleiches sprechen. **Chancen und Risiken** für den Mandanten müssen herausgearbeitet werden und es ist darüber aufzuklären, welche Art von Schadensersatzansprüchen dem Grunde und der Höhe nach abgegolten werden. Dem außergerichtlichen Abfindungsangebot ist gegenüberzustellen, wie ein Gericht bei Rechtshängigkeit voraussichtlich entscheiden würde und zwar sowohl im Falle einer Verurteilung zur Rentenzahlung als auch im Einzelfall bei Vorliegen eines wichtigen Grundes im Sinne des § 843 Abs. 3 BGB. Der Mandant ist auch für den Fall einer Kapitalisierung einzelner oder aller Schadenspositionen über den **Kapitalisierungszins** und dessen Ermittlung aufzuklären. Über die Anforderungen hinausgehend hat der Arbeitskreis III des 43. VGT 2005 in Goslar die Empfehlung ausgesprochen, dass der Rechtsanwalt auch über die alternative Rentenzahlung aufzuklären hat (Empfehlungen des Arbeitskreises III, 43. VGT 2005, S. 9). Hinsichtlich jeder einzelnen Schadensersatzposition, die rentenfähig ist, muss der Anwalt dem Mandanten den **Rentenbetrag** und den korrespondierenden **Barwert** bei Abfindung gegenüberstellen. Um sein Haftungsrisiko gering zu halten, sollte der Rechtsanwalt die Empfehlungen des 43. VGT 2005 im Arbeitskreis III umsetzen. Die dort geforderte weitere Aufklärung über die alternative Rentenzahlung bedeutet nichts anderes, als dem Mandanten im Detail vorzurechnen, welcher Rentenbetrag auf den einzelnen Schadensersatzanspruch zu zahlen ist und demgegenüber welcher Barwert sich aus der Rente ermittelt, der mit dem Abfindungsbetrag abgegolten sein soll. Nur wenn der Mandant in Kenntnis darüber gesetzt ist, wie der Barwert seines Rentenanspruches errechnet wird und welche **Berechnungsparameter** (Laufzeit der Renten und Zinsfuß) zugrunde liegen, kann er eine sachgerechte und interessengerechte Entscheidung für sich selbst treffen.

113 Der Anwalt, der den vom Versicherer angebotenen Abfindungsgesamtbetrag für seinen Mandanten nicht rechnerisch zerlegt und nicht auch auf alternative Berechnungsergebnisse bei Anwendung eines geringeren Zinsfußes hinweist, erhöht – häufig ohne sich darüber im Klaren zu sein – sein Haftungsrisiko immens. So können sich hier leicht Regresssummen im hohen sechsstelligen Euro-Bereich ergeben.

114 Der Anwalt darf seine Aufklärungspflicht nicht darauf reduzieren, dem Mandanten lediglich die Kopien des den Vergleich vorbereitenden Schriftverkehrs zu übersenden (BGH NJW 1994, 2085 f.). Vielmehr sollte daneben auch eine umfangreiche schriftliche Aufklärung erfolgen und ein Gespräch zwischen Anwalt und Mandant stattfinden, um alle aufkommenden Fragen zu erörtern.

Praxistipp

Bei ausländischen Mandanten oder Mandanten mit Sprachbarriere sollte zuvor abgesichert werden, ob ggf. ein **Dolmetscher** für das Aufklärungsschreiben erforderlich ist. Die damit im Zusammenhang stehenden Kosten trägt der Haftpflichtversicherer, weil diese eine adäquat kausale Unfallfolge sind.

III. Aufklärung über Vor- und Nachteile des beabsichtigten Vergleiches und Prozessrisikos

Weiterhin sind bei der Abwägung der Vor- und Nachteile eines Vergleiches neben rechtlichen auch **wirtschaftliche und persönliche Interessen** des Mandanten zu berücksichtigen. 115

Der Anwalt muss dem Mandanten auch das **Prozessrisiko** als Alternative zum Abschluss eines Abfindungsvergleiches aufzeigen und die **Beweislage** einschätzen. 116

Insbesondere dann, wenn der Anwalt nicht sicher sein kann, dass sein Mandant Inhalt und Tragweite des Vergleiches kennt, muss er von einem Vergleich abraten, wenn eine begründete Aussicht besteht, dass im Falle einer gerichtlichen Entscheidung ein wesentlich günstigeres Ergebnis zu erzielen ist (OLG Karlsruhe, Urt. v. 31.10.2000 – 7 U 269/96, juris). Diese Aussichten sind mit dem Mandanten zu erörtern. In diesem Zusammenhang sollte auch eine umfangreiche Kostenaufklärung für ein Gerichtsverfahren erfolgen. 117

Beim Abschluss eines außergerichtlichen Abfindungsvergleiches unterliegt der Anwalt einer gesteigerten Verantwortung: Er muss den Mandanten deutlich und unmissverständlich über die Tragweite des Vergleiches informieren (OLG Braunschweig, Urt. v. 28.12.1994 – 3 U 35/94, juris). Die intensive Aufklärung über die Vor- und Nachteile des Vergleiches hat insbesondere dann zu erfolgen, wenn der Rechtsanwalt Anhaltspunkte dafür hat, dass der Mandant sich mehr vom Vergleichsinhalt verspricht. Selbst wenn der Rechtsanwalt der Meinung ist, das von ihm ausgehandelte Ergebnis sei schon das Äußerste, was bei der Gegenseite zu erreichen ist, entbindet ihn das nicht von seiner **Aufklärungspflicht** (BGH NJW 2002, 292). 118

Praxistipp

Die Aufklärung über Vor- und Nachteile sowie das alternativ im streitigen Verfahren zu beachtende Prozessrisiko müssen sich am **Empfängerhorizont** des Mandanten orientieren. Eine umfängliche und detaillierte Aufklärung über diese Aspekte erfüllt dann nicht die Anforderungen an die **Belehrungspflicht** und **Aufklärungspflicht** des Rechtsanwalts, wenn der Mandant die Ausführungen inhaltlich nicht versteht, weil sie für seinen Empfängerhorizont zu juristisch formuliert sind. Nützlich ist deshalb an dieser Stelle eine einfache und klare Sprache in kurzen Sätzen. Juristische Fachtermini sollten vermieden werden. Zur

Veranschaulichung sind Beispiele oft hilfreich. Wenn der Mandant das Aufklärungsschreiben inhaltlich nicht versteht, dann ist er nicht aufgeklärt und der Anwalt haftet ggf. für diese Folgen.

119 Zu den persönlichen Interessen des Mandanten zählt meist der Wunsch, die Regulierung endlich abzuschließen, um einen Schlussstrich ziehen zu können. Die Verhandlungen mit den Versicherern erstrecken sich erfahrungsgemäß häufig über mehrere Jahre, teilweise Jahrzehnte. Der Mandant und seine Familie unterliegen während dieser Zeit einer erheblichen psychischen Belastung, welche nicht zu unterschätzen ist. Hinzu kommen auch andere Gründe, wie beispielsweise das voranschreitende Alter und der Wunsch nach Sicherheit in der Zukunft. Auch über diese Beweggründe muss der Anwalt mit seinem Mandanten sprechen und jene im Rahmen der Aufklärung berücksichtigen.

IV. Aufklärung über Rechtsfolgen des Abfindungsvergleiches bzw. Rechtsfolgen vereinbarter Vorbehalte im Hinblick auf die Abänderbarkeit wiederkehrender Leistungen und die Verjährung vorbehaltener Ansprüche

120 Wenn der Versicherer keine Bereitschaft zeigt, einen Abfindungsvergleich mit Vorbehalt für Zukunftsschäden zu schließen, dann muss der Anwalt den Mandanten darüber besonders intensiv aufklären und ihm die Tragweite für die Zukunft aufzeigen. Zugleich ist bei der Bezifferung der Abfindungssumme auf deren angemessene Erhöhung als Gegengewicht für den Verlust des Vorbehaltes hinzuwirken. Der Mandant ist intensiv über die Folgen der Endgültigkeit des Abfindungsvergleiches zu beraten. Das gilt insbesondere dann, wenn von dauerhaften gesundheitlichen Beeinträchtigungen – womöglich mit Verschlechterungstendenz – auszugehen ist.

121 Wenn der Anwalt in der Abfindungserklärung wiederkehrende Leistungen in Rentenform ausgehandelt hat (z.B. hinsichtlich des Erwerbsschadens und/oder des Haushaltsführungsschadens und/oder der vermehrten Bedürfnisse), hat er, um die **Abänderbarkeit** der Rentenzahlung zu sichern, §§ 323, 323a ZPO im Einvernehmen mit dem Haftpflichtversicherer für anwendbar zu erklären (vgl. Rdn 73) oder konkret die Parameter zu verhandeln, bei deren Änderung eine Abänderung des Vergleichs erfolgen kann.

122 An dieser Stelle ist der Mandant darüber aufzuklären, unter welchen Voraussetzungen im konkreten Fall die ausgehandelten Rentenzahlungen in ihrer Höhe abänderbar sind.

123 Da sich die Vorbehalte für wiederkehrende Leistungen nicht auf die Dauer der Verjährung auswirken, hat der Anwalt für nicht abgefundene zukünftige Ansprüche eine titelersetzende Wirkung durch entsprechenden **Vorbehalt** herbeizuführen (siehe Rdn 45 ff.).

In diesem Zusammenhang sollte der Anwalt darum bemüht sein, mit dem Versicherer eine Vereinbarung über die Verjährung zu treffen. Entweder gelingt es, einen Verjährungsverzicht mit einer Frist von 30 Jahren (seit Abgabe der Abfindungserklärung) gem. § 202 BGB zu vereinbaren oder aber er sollte davon abweichend die Erklärung des Versicherers verlangen, für einen kürzeren Zeitraum, welcher datumsmäßig bestimmt ist, auf die Einrede der Verjährung zu verzichten (siehe Rdn 49 ff.). 124

Aufgrund dieser titelersetzenden Wirkung ggf. i.V.m. dem Verjährungsverzicht ist der Mandant darüber aufzuklären, bis zu welchem Tag er spätestens außergerichtlich und notfalls gerichtlich wegen der ausgehandelten Vorbehalte die titelersetzende Wirkung und den Verjährungsverzicht vom Versicherer durch ausdrückliche Erklärung verlängern lassen muss. Er ist fernerhin darüber aufzuklären, innerhalb welcher Frist diese Ansprüche notfalls auch auf dem Rechtswege erstritten werden müssen (spätestes Datum für den Eingang einer Klageschrift bei Gericht). Oft ist das nicht möglich, weil durch Vormandatierung anderer Anwälte dem letzten Anwalt in der Kette nicht bekannt ist, ob und wenn ja welche verjährungshemmenden/verjährungsunterbrechenden Maßnahmen vor seiner Tätigkeit vorgenommen wurden. Dann genügt der Hinweis, dass wegen der Vormandatierung nichts zur Verjährung gesagt werden kann, mit der Empfehlung, kurzfristig Klage einzureichen. 125

Weiterhin ist der Mandant darauf hinzuweisen, dass er alle weiteren **Fristen** selbstständig überwachen und einhalten muss, da das Mandat mit Auszahlung der Abfindungssumme und Abrechnung des Anwaltshonorars beendet ist. 126

V. Anwaltliches Haftungsrisiko

Leider ist es keine Seltenheit, dass Anwälte einzelne Schadensersatzpositionen vollkommen „vergessen", da sie ihnen schlicht nicht bekannt sind. Neben einer Vielzahl vermehrter Bedürfnisse des Mandanten wird auch heute immer noch der Haushaltsführungsschaden häufig übersehen oder aber falsch berechnet. Hier kann es leicht zu einem Schaden in sechsstelliger Höhe für den Mandanten kommen. Berücksichtigt man, dass viele Anwälte, die Personenschäden regulieren, lediglich mit der **Haftpflichtmindestsumme** berufshaftpflichtversichert sind, so liegt es auf der Hand, dass dieser Betrag im Ernstfall nicht reicht und das Mandat mit den bekannten Konsequenzen der persönlichen Haftung unterversichert ist. 127

Im Ergebnis wäre jedoch die Verhinderung eines für den Mandanten wirtschaftlich und persönlich sinnvollen Abfindungsvergleiches aus dem eigenen Sicherheitsbedürfnis des Rechtsanwalts heraus der falsche Weg (*Euler*, SVR 2005, 18). Der Anwalt, der aus Angst vor Haftung einen außergerichtlichen Abfindungsvergleich von vornherein als Handlungsalternative ausschließt, macht sich unter Umständen gerade deshalb regresspflichtig, wenn der Mandant z.B. aus psychischen Gründen ein Klageverfahren nicht durchsteht und bereits deshalb den außergerichtlichen Vergleich vorgezogen hätte. 128

129 Die Regulierung eines Personen(groß)schadens ist immer haftungsträchtig für den Anwalt und erfordert deshalb eine umsichtige und fundierte Mandatsbearbeitung. Um jedwedes Missverständnis auszuschließen, sollte der Rechtsanwalt niemals eine Abfindungserklärung für den eigenen Mandanten unterschreiben. Es ist der Mandant, der mit den Folgen seiner Abfindungserklärung in der Zukunft leben muss, weshalb er die Abfindungserklärung auch eigenhändig unterschreiben sollte. Im Falle der Unterzeichnung durch den Rechtsanwalt besteht die Gefahr, dass der Mandant später behauptet, der Rechtsanwalt hätte weisungswidrig gehandelt.

Praxistipp

Der Rechtsanwalt sollte seinem Mandanten einige Tage Bedenkzeit einräumen, bevor er die vom Versicherer vorgefertigte Abfindungserklärung und die ggf. auf einem gesonderten Blatt festgehaltenen Vorbehalte gegenzeichnet. Deshalb sollte der vom Versicherer vorformulierte Text der Abfindungserklärung sowie der Text der vorbehaltenen Ansprüche immer mit dem Aufklärungsschreiben fest verbunden werden (nicht getackert, sondern geöst!), so dass ein späterer Austausch einzelner Seiten aus dem Aufklärungsschreiben und auch der Verlust einzelner Seiten aus dem Aufklärungsschreiben ausgeschlossen wird.

Praxistipp

Wenn der Mandant die unterzeichnete Abfindungserklärung an den Anwalt zurückgibt, sollte zugleich ein zweites Exemplar des Aufklärungsschreibens vom Mandanten entweder auf jeder Seite oder aber mindestens auf der letzten Seite gegengezeichnet zur Schadensakte des Anwalts genommen werden. Auch hier kann der Verlust bzw. der spätere Austausch einzelner Seiten dadurch verhindert werden, dass auch die Kopie des Aufklärungsschreibens, welches der Mandant im Original gegenzuzeichnen hat, nicht getackert, sondern ebenfalls geöst wird.

Praxistipp

Um die umfängliche und lückenlose Aufklärung des Mandanten vor Abschluss des Abfindungsvergleiches dokumentieren zu können, sollte der Anwalt die Kopie des Aufklärungsschreibens mit der Originalunterschrift des Mandanten in einem Ordner außerhalb der Handakte ebenso wie eine Kopie der Abfindungserklärung gesondert von der Handakte aufbewahren. Damit kann verhindert werden, dass das möglicherweise später zu Beweiszwecken erforderliche Aufklärungsschreiben sowie die Abfindungserklärung aufgrund der gesetzlichen Aufbewahrungspflichten der Handakten bereits vernichtet werden, obgleich der Mandant daraus noch Ansprüche gegen den Haftpflichtversicherer herleiten kann. Zu diesem „Service" ist der Rechtsanwalt weder gesetzlich noch vertraglich verpflichtet. Es handelt sich bestenfalls um einen Aspekt der Nachbetreuung des Mandats.

VI. Muster: Umfassendes Aufklärungsschreiben an den Mandanten

Alle in diesem Abschnitt genannten Fundstellen und Gerichtsurteile sind rein fiktiv 130
und dienen lediglich der Veranschaulichung.

▼

Muster 9.4: Umfassendes Aufklärungsschreiben an den Mandanten

Frau

(Geschädigte)

A-Straße 1
12345 Musterstadt
1.2.2025

Unser Zeichen:

Sehr geehrte Frau *(Geschädigte)*,

in Ihrer Unfallangelegenheit übersenden wir Ihnen in der Anlage eine Abfindungserklärung nebst Beiblatt der X-Versicherungs-AG vom 6.1.2025. Wie Sie der Abfindungserklärung entnehmen können, bietet der Kfz-Haftpflichtversicherer zur Abgeltung sämtlicher Ansprüche aus dem Unfallereignis vom 31.3.2021 die Zahlung eines Betrages in Höhe von 180.000,00 EUR an, wobei bereits geleistete Zahlungen in Höhe von 106.000,00 EUR abzusetzen sind. Wir dürfen Sie bitten, die Abfindungserklärung sorgfältig und genau zu lesen.

I.

Im Einzelnen konnten mit dem Haftpflichtversicherer folgende Schadenspositionen als Ausgleich verhandelt werden:

1. Schmerzensgeld:	**130.000,00 EUR**
2. Haushaltsführungsschaden bis 31.3.2025:	**18.000,00 EUR**
3. Erwerbsschaden bis 31.3.2025:	**16.989,50 EUR**
4. Vermehrte Bedürfnisse:	**15.000,00 EUR**
Insgesamt aufgerundet	**180.000,00 EUR**

II.

Wir möchten Sie an dieser Stelle darauf hinweisen, dass der Abschluss eines Abfindungsvergleiches mit nicht unerheblichen Risiken verbunden ist. Mit dem Abfindungsvergleich werden sämtliche Ansprüche aus dem Verkehrsunfall vom 31.3.2021 bis zum 31.3.2025 abgefunden. Wir konnten mit dem Versicherer davon zu Ihren Gunsten einige wichtige Ausnahmen verhandeln. Darauf möchten wir im Folgenden eingehen.

Mit der Zahlung von 130.000,00 EUR sind Ihre Schmerzensgeldansprüche für die Vergangenheit und Zukunft ausgeglichen. In diesen Betrag sind sämtliche Veränderungen Ihres Gesundheitszustandes (positive wie negative) bereits einbezogen. Davon ausgenommen sind lediglich solche Spätschäden und Verschlechterungen, die aus heutiger Sicht medizinisch nicht vorhersehbar sind. Wenn solche in der Zukunft doch eintreten, dann sind Sie ggf. berechtigt, einen erneuten Schmerzensgeldanspruch gegenüber der X-Versicherung geltend zu machen. Das Eintreten einer völlig aus der Art schlagenden Verletzungsfolge ist allerdings äußerst selten.

Ihr Anspruch auf Ersatz des Erwerbsschadens wurde aus dem Nettobetrag ermittelt. Damit sind Sie verpflichtet, diesen Zahlbetrag dem Finanzamt mitzuteilen und darauf Einkommensteuer zu zahlen. Ergänzend zum Regulierungsergebnis hat sich die X-Versicherung verpflichtet, den Einkommenssteuerbetrag, der auf diese Schadensersatzposition entfällt, dann ebenfalls an Sie auszukehren. Dies gilt auch für den wiederum darauf anfallenden Steuerbetrag. Hierfür ist dann jeweils die Vorlage des Einkommensteuerbescheids erforderlich. Sie sind verpflichtet, den Einkommenssteuerbescheid unverzüglich an den Versicherer weiterzuleiten. Darüber hinaus sollten Sie fristgerecht Einspruch einlegen, damit der Versicherer die Möglichkeit hat, den Steuerbescheid überprüfen zu lassen.

Mit der oben genannten Zahlung sind die Ansprüche auf den Haushaltsführungsschaden ebenfalls bis zum 31.3.2025 abschließend reguliert. Die weiteren Ansprüche ab dem 1.4.2025 werden Gegenstand gesonderter Verhandlungen sein. Hierbei ist dann insbesondere zu berücksichtigen, dass Sie eine eigene Wohnung mit Ihrem Lebensgefährten bewohnen und nicht mehr im Haushalt Ihrer Eltern mitversorgt werden.

Hinsichtlich sämtlicher materieller Schadensersatzansprüche, die nicht Gegenstand dieses Vergleiches sind (also z.B. weiterer Haushaltsführungsschaden, weitere Erwerbsschadensersatzansprüche, weitere Ansprüche auf Ersatz vermehrter Bedürfnisse, wozu insbesondere auch zukünftige Pflegeleistungen – soweit die Leistungen der Pflegekasse nicht ausreichen – zählen), wurde ein Verjährungsvorbehalt verhandelt. Darin hat die X-Versicherung erklärt, Ihnen alle materiellen Schäden aufgrund des Unfallereignisses vom 31.3.2021 zu ersetzen und Sie diesbezüglich so zu stellen, als hätten Sie zum 6.1.2025 ein rechtskräftiges Feststellungsurteil erwirkt. Das bedeutet, dass diese Ansprüche einer taggenauen dreißigjährigen Verjährungsfrist unterliegen (§ 197 Abs. 1 i.V.m. § 201 BGB). Die Verjährungsfrist beginnt also ab dem 7.1.2025 zu laufen. Das gilt für das Stammrecht. Ende der Verjährungsfrist ist der 6.1.2055. Sicherheitshalber sollten Sie sich schon nach Ablauf von 29 Jahren mit der X-Versicherung oder deren Rechtsnachfolger in Verbindung setzen und die Verlängerung dieses Vorbehaltes fordern. Wir werden uns den Fristablauf nicht vermerken und Sie auch nicht an den Ablauf der Frist erinnern. Bei den wiederkehrenden Leistungen (z.B. Steuerschaden, Rentenschaden, vermehrte Bedürfnisse etc.) ist es erforderlich, dass Sie diese innerhalb von drei Jahren seit ihrer Entstehung bei der X-Versicherung abrechnen oder rechtshängig machen. Wenn hier nämlich Kosten auflaufen, die Sie über einen Zeitraum von mehr als drei Jahren nicht abrechnen oder rechtshängig machen, müssen Sie davon ausgehen, dass diese Ansprüche ggf. verjähren (§§ 197 Abs. 2, 195 BGB). Die dreijährige Verjährungsfrist beginnt jeweils zum Ablauf des Jahres, in dem der Anspruch entstanden ist (§ 199 Abs. 1 BGB).

Fernerhin haben wir mit der X-Versicherung vereinbart, dass mit diesem Vergleich alle bestehenden und zukünftigen Ansprüche Ihrerseits, die auf Ihren Arbeitgeber, auf Sozialversicherungsträger und Sozialhilfeträger einschließlich der Bundesagentur für Arbeit und auf private Versicherer kraft Gesetzes schon übergegangen sind oder künftig übergehen werden, von der geschlossenen Vereinbarung unberührt bleiben und mit dem Abfindungsbetrag nicht abgegolten werden. Das bedeutet, dass im Falle eines Regresses von Arbeitgeber, Sozialversicherungsträger, Sozialhilfeträger sowie privatem Versicherer gegen die X-Versicherung diese nicht einwenden darf, dass deren Ansprüche bereits mit der an Sie gezahlten Abfindungssumme ausgeglichen und abgefunden sind.

Alle anderen Schadensersatz- und Schmerzensgeldpositionen unter I., die nicht von diesen Vorbehalten erfasst sind, werden mit der Abfindungszahlung endgültig und unwiderruflich für die Vergangenheit und die Zukunft bzw. in den ausgewiesenen Einzelfällen bis zum 31.3.2025 abgegolten. Das gilt auch für solche Schadensersatzansprüche, die nicht in Ziffer I. enthalten sind, aber möglicherweise bereits entstanden sind oder/und in der Zukunft entstehen werden.

III.

Damit beinhaltet der Vergleichsvorschlag in der anliegenden Abfindungserklärung für Sie also Vorteile, aber auch Nachteile. Um die sich aus der Endgültigkeit der Regulierung der übrigen Ansprüche ergebenden Vor- und Nachteile besser einschätzen zu können, möchten wir Ihnen im Folgenden die regulierten Einzelpositionen näher darstellen. Wir haben die Vergleichsparameter für Sie lediglich verhandelt. Ob Sie den Vergleich des Versicherers akzeptieren, ist Ihnen überlassen. Sollten Sie sich dagegen entscheiden und den Klageweg beschreiten wollen, müssen Sie die Prozesskosten (Gerichtskosten, Anwaltsgebühren – je nach Ausgang eigene und die der Gegenseite –, Sachverständigenkosten) in Ihre Erwägungen mit einbeziehen.

1. Schmerzensgeld

Unter Bezugnahme auf die Entscheidungen des LG Dortmund vom 4.11.2001 (Az.: 115 O 110/99) sowie des OLG Koblenz vom 5.2.2005 (Az.: 7 U 228/02) und unter Hinweis auf das Urteil des OLG München vom 29.12.2008 (Az.: 10 U 3815/06) haben wir ein Schmerzensgeld in Höhe von 130.000,00 EUR zuzüglich eines immateriellen Zukunftsschadensvorbehaltes gefordert.

In diesem Zusammenhang möchten wir darauf hinweisen, dass es sich bei der Entscheidung des OLG München mit einem ausgeurteilten Betrag von rund 105.000,00 EUR um die Entscheidung handelt, in welcher der höchste Betrag überhaupt für derartige Verletzungsfolgen ausgeurteilt worden ist. Die Summen in allen anderen Entscheidungen bewegen sich deutlich darunter. Die X-Versicherung ist bereit, den von uns geforderten Schmerzensgeldbetrag zu zahlen. Wir möchten darauf hinweisen, dass in einem gerichtlichen Verfahren dieser Betrag voraussichtlich nicht steigerungsfähig ist. Es gibt sogar Entscheidungen, in denen bei vergleichbaren Ausgangsverletzungen, in denen Geschädigte jedoch bereits über epileptische Anfälle klagten, Schmerzensgeldbeträge von 45.000,00 EUR zur Auszahlung gekommen sind. Insoweit verweisen wir auf die Entscheidung des OLG Hamm (Az.: 13 U 115/01) sowie des LG München I (Az.: 19 O 10521/04).

Die überwiegende Anzahl der Gerichtsentscheidungen bewegt sich bei Schmerzensgeldbeträgen zwischen 50.000,00 EUR und 75.000,00 EUR für vergleichbare Verletzungen wie in Ihrem Fall. Insoweit wäre im Falle eines Klageverfahrens realistischerweise mit einem ausgeurteilten Schmerzensgeldbetrag zwischen 50.000,00 EUR und 75.000,00 EUR zu rechnen. Wir gehen jedoch davon aus, dass ein Gericht den Schmerzensgeldbetrag von 130.000,00 EUR – der bis zum heutigen Tage für ein solches Verletzungsbild wie das Ihrige noch nicht ausgeurteilt worden ist – auch in diesem Falle nicht zusprechen würde. Damit haben wir einen höheren Betrag für Sie reguliert, als dies in einem etwaigen Klageverfahren möglich wäre. Selbstverständlich können wir nicht ausschließen, dass das Gericht doch einen Schmerzensgeldbetrag in ähnlicher Höhe zuspricht. Wir halten dies jedoch in Anbetracht der vorstehend dargestellten Vergleichsentscheidungen für äußerst unwahrscheinlich.

2 Haushaltsführungsschaden

Die Berechnung des Haushaltsführungsschadens war in Ihrem Falle von erheblichen Besonderheiten geprägt. Zum Unfallzeitpunkt hatten Sie bereits einen eigenen Haushalt begründet. Nach dem Unfall sind Sie wieder in den Haushalt Ihrer Eltern zurückgezogen, wo Sie überwiegend hauswirtschaftlich mitversorgt worden sind. Nun ist nach der Rechtsprechung davon auszugehen, dass erwachsene Kinder im elterlichen Haushalt gleichwohl gewisse Pflichten auch in der Haushaltsführung haben. Man kann davon ausgehen, dass diese bei rund 14 Stunden pro Woche liegen. Insoweit wird Bezug genommen auf *Schah Sedi*, Praxishandbuch zum Haushaltsführungsschaden 1. Aufl. § 4 Rn 6. Aufgrund Ihrer Verletzungen sind wir von einer sogenannten MdH von 50 % ausgegangen. Es handelt sich hierbei um einen reinen Schätzwert, welcher keinesfalls identisch ist mit der sozialversicherungsrechtlichen MdE. Aufgrund dessen sind wir zu einem Schadensersatzanspruch für maximal 7 Stunden wöchentlich auf der Basis eines Nettoverrechnungssatzes von 17,00 EUR/Std. netto, mithin 515,27 EUR (17,00 EUR netto/Std. x 7 Std./Woche x 4,33 Wochen/Monat) gelangt. Der von uns ermittelte Schadensersatzanspruch beläuft sich demnach auf 24.732,96 EUR im oben genannten Zeitraum (48 Monate).

Zunächst bot die X-Versicherung einen Betrag i.H.v. 15.000,00 EUR an. Nach intensiven Verhandlungen erklärte sich die X-Versicherung schließlich bereit, einen Betrag i.H.v. 18.000,00 EUR zu regulieren.

In einem gerichtlichen Verfahren gehen wir davon aus, dass der Anspruch auf Ersatz des Haushaltsführungsschadens der Begutachtung durch einen öffentlich bestellten und vereidigten Sachverständigen für die Ermittlung des Haushaltsführungsschadens bedarf. Nun ist es so, dass die Rückkehr erwachsener Kinder in den elterlichen Haushalt schadensersatzrechtlich eher selten vorkommt und deshalb die Gerichte geneigt sind, „über den breiten Daumen" zu schätzen. Wir gehen davon aus, dass ein monatlicher Schadensersatzbetrag zwischen 250,00 EUR und maximal 380,00 EUR als realistisch angesehen werden kann. Da die X-Versicherung bereits jetzt den Betrag von monatlich 375,00 EUR als Entschädigungsbetrag angeboten hat, besteht das Risiko, dass in einem Klageverfahren ein höherer Betrag nicht zur Ausurteilung gelangt. Im Übrigen ist dabei zu berücksichtigen, dass es sich um einen im Wesentlichen abgeschlossenen Zeitraum handelt. Zwar haben Sie bereits gegen Ende dieses Zeitfensters wieder einen eigenen Haushalt mit Ihrem Lebensgefährten begründet. Allerdings ist zu berücksichtigen, dass der Haushaltsführungsschaden vom Gericht geschätzt wird und sich deshalb einer rein mathematischen Ermittlung verschließt. Wir gehen jedoch davon aus, dass im Klageverfahren ein wesentlich höherer Betrag als 18.000,00 EUR für dieses Zeitfenster kaum zu erreichen sein wird. In einem Klageverfahren wird sowohl über die Anzahl der Stunden als auch über die Höhe des Stundensatzes streitig verhandelt. Außerdem werden zumeist auch solche Zeiten betragsmäßig reduziert, in denen Sie in stationärer Behandlung gewesen sind.

Für die Zukunft ab dem 1.4.2025 wird der Haushaltsführungsschaden neu verhandelt werden. Nach dem Gesetz handelt es sich um einen monatlichen Schadensersatzanspruch. Im Regulierungsgespräch stellte sich jedoch heraus, dass sich die X-Versicherung einer Abfindung dieses isolierten Schadensersatzanspruches auch nicht verschließt. Insoweit werden wir also ab April 2025 erneute Verhandlungen über den Haushaltsführungsschaden führen und dabei die Parameter einer Abfindung besprechen.

3. Erwerbsschaden

Wir haben den Erwerbsschaden auf der Basis Ihres letzten Einkommens bei Firma F beziffert und auf dieser Grundlage rechnerisch bis zum 30.9.2023 einen Hätte-

Verdienst in Höhe von 6.780,42 EUR ermittelt. Hiervon abzusetzen waren sämtliche sogenannte kongruente Leistungen, d.h. beispielsweise Zahlungen der Krankenkasse und Zahlungen der Bundesagentur für Arbeit. Unter Berücksichtigung der Leistungen der Sozialversicherungsträger ergab sich bis zum 30.9.2023 ein Schaden in Höhe von 3.411,14 EUR netto.

Ab Oktober 2023 haben wir eine Gehaltssteigerung berücksichtigt. Ohne den Unfall hätten Sie voraussichtlich monatlich 2.138,39 EUR brutto verdient, was einem Nettobetrag von 1.561,25 EUR entspricht. Nach Abzug der kongruenten Leistungen ergibt sich ein Schaden i.H.v. 740,56 EUR netto/Monat. Für die Zeit vom 1.10.2023 bis zum 31.3.2024 belief sich der Nettoschaden auf 4.443,36 EUR netto (740,56 EUR x 6 Monate).

Ab dem 1.4.2024 bis zum 31.3.2025 haben wir auf der Basis eines Netto-Differenzbetrages zu Ihrem Hätte-Einkommen ohne den Unfall in Höhe von monatlich 761,25 EUR reguliert. Für diesen Zeitraum ergibt sich ein Schaden i.H.v. 9.135,00 EUR.

Insgesamt ergibt sich seit dem Unfall bis zum 31.3.2025 ein Verdienstausfallschaden i.H.v. 16.989,50 EUR.

Ab dem 1.4.2025 ist die X-Versicherung bereit, unter Berücksichtigung eines geringen Steigerungsfaktors, den Betrag von 780,00 EUR netto zur Auszahlung zu bringen. Solange Ihr befristetes Arbeitsverhältnis läuft, soll dieser Betrag maßgeblich sein. Sollte es zur Verlängerung des Arbeitsvertrages kommen, dann wird mit der X-Versicherung erneut über einen Steigerungsfaktor zu sprechen sein. Sollte das Arbeitsverhältnis nicht verlängert werden, dann wird über den Erwerbsschaden ab 1.4.2025 ohnehin vollständig neu verhandelt werden.

4. Vermehrte Bedürfnisse

Als vermehrte Bedürfnisse werden alle unfallbedingten und ständig wiederkehrenden Aufwendungen, die den Zweck haben, die Nachteile auszugleichen, die dem Verletzten in Folge dauernder Beeinträchtigungen seines körperlichen Wohlbefindens entstehen, bezeichnet (BGH VersR 1974, 162).

In diesem Zusammenhang haben wir den vermehrten Betreuungsaufwand berücksichtigt, den Ihre Eltern hatten, als Sie zu Hause gewohnt haben. Hierbei ist festzustellen gewesen, dass dieser Betreuungsaufwand in der Anfangszeit größer war als in der Schlussphase. Wir sind dabei davon ausgegangen, dass man unter den Begriff der Betreuungsleistungen auch solche Leistungen zu zählen hat, die sich auf das Trostspenden und das liebevolle und emotional warmherzige Umsorgen beziehen können. Wir gehen davon aus, dass weder Sie noch Ihre Eltern über diesen Aufwand Buch geführt haben, sodass wir hier einen Schadensersatzbetrag in Höhe von 3.000,00 EUR geschätzt haben. Die X-Versicherung ist bereit, diesen Betrag zu leisten.

Fernerhin standen noch Fahrtkosten zur Regulierung aus. Nach den Unterlagen des vormals beauftragten Rechtsanwalts waren bereits bis November 2020 sämtliche Fahrtkosten ebenso wie der Sachschaden abgerechnet worden. Nach unseren Unterlagen waren Sie jedoch vom 6.10.2020 bis zum 19.12.2020 in stationärer Aufnahme im Klinikum K. Wir hatten hier an den zehn Heimfahrtswochenenden je vier Einzelfahrten zugrunde gelegt und den Betrag von 3.729,60 EUR ermittelt. Da davon auszugehen ist, dass auch Ihre Eltern in diesem Zusammenhang noch einige „Botenfahrten" für Sie unternommen haben, haben wir unsere Forderung auf insgesamt 4.000,00 EUR aufgestockt. Diesen Betrag ist die X-Versicherung bereit zu zahlen.

Darüber hinaus haben wir sonstige vermehrte Fahrtkosten ebenso wie Begleitkosten geltend gemacht. Es handelt sich dabei um solche Fahrten, die Sie ohne den Unfall mit dem Fahrrad zurückgelegt hätten. Das sind oftmals Kurzstreckenfahrten, für die nun das Auto verwendet wird anstelle des Fahrrades. Nach unseren Erkenntnissen standen hier noch Fahrten zur Physiotherapie und zu verschiedenen Ärzten zur Regulierung an. Außerdem sind wir davon ausgegangen, dass Sie eine Zeit lang von Ihren Eltern zu diesen Terminen begleitet worden sind, weil Sie die Fahrten noch nicht alleine durchführen konnten. Wir haben deshalb pauschal den Betrag in Höhe von 5.000,00 EUR geltend gemacht, den der Versicherer bereit ist zu zahlen.

Schließlich waren noch Zuzahlungen zur Physiotherapie zu leisten wie Zuzahlungen für Hilfs- und Heilmittel. Auch Portokosten standen noch an. Wir haben diese geschätzt und hierfür den Pauschalbetrag von 3.000,00 EUR geltend gemacht. Die X-Versicherung ist bereit, die geforderten 3.000,00 EUR zu zahlen.

Die von uns geforderten Beträge wurden vollumfänglich gezahlt, sodass wir keinen Bedarf für die Durchführung eines Klageverfahrens sehen.

IV.

Im Ergebnis halten wir das Angebot der X-Versicherungs-AG, Ihre Schmerzensgeldansprüche sowie Ihre materiellen Ansprüche bis zum 31.3.2025 mit dem Betrag von insgesamt 180.000,00 EUR (unter Abzug der bereits an Sie geleisteten Zahlungen) abzufinden, durchaus für angemessen. Bitte prüfen Sie, ob Ihnen bisher Vorschüsse i.H.v. 106.000,00 EUR gezahlt worden sind. Diesen Betrag hat uns der Versicherer mitgeteilt.

Wir möchten Sie darauf hinweisen, dass die Zinsen aus einer Abfindung als Ertrag aus dem Kapital zu versteuern sind. Da wir jedoch eine steuerrechtliche Beratung an dieser Stelle nicht vornehmen können, möchten wir Sie bitten, sich mit einem Steuerberater diesbezüglich in Verbindung zu setzen.

Hinsichtlich aller Schadensersatzansprüche, die wir oben umfänglich dargestellt haben, kommt eine spätere Nachverhandlung nicht mehr in Betracht. Diese Ansprüche sind dann mit der Zahlung der Abfindungssumme abgegolten. Gleiches gilt auch für solche Schadensersatzansprüche, die oben nicht dargestellt sind, die aber möglicherweise in der Vergangenheit bereits entstanden sind. Zukünftige Schadensersatzansprüche können weiterhin reguliert werden.

Die höchstrichterliche Rechtsprechung verpflichtet uns dazu, Sie eingehend über die Risiken eines Abfindungsvergleiches aufzuklären. Dieses haben wir mit den umfänglichen vorangegangenen Ausführungen getan. Damit wir dies für die Zukunft auch dokumentieren können, bitten wir Sie höflichst, das in der Anlage beigefügte Doppel dieses Schreibens auf der letzten Seite gegenzuzeichnen und an uns zurückzusenden. Sollten Sie mit dem ebenfalls beigefügten Abfindungsvergleich der X-Versicherungs-AG einverstanden sein, so senden Sie uns bitte die von Ihnen unterschriebene Abfindungserklärung im Original ebenfalls zu. Wir werden diese dann unverzüglich an die Gegenseite weiterleiten, so dass Sie innerhalb einer relativ kurzen Frist damit rechnen können, den Abfindungsbetrag auf Ihrem Konto gutgeschrieben zu erhalten.

Mit freundlichen Grüßen

Rechtsanwalt

Anlagen:

Abfindungserklärung der X-Versicherungs-AG nebst Anlage 1

Doppel dieses Schreibens

Schmerzensgeldurteile – wie im Text erwähnt –

gelesen und einverstanden:
Datum
Unterschrift Mandantin

gelesen und nicht einverstanden:
Datum
Unterschrift Mandantin

▲

Praxistipp

Wenn der Anwalt über die Möglichkeit verfügt, das Aufklärungsschreiben vollständig mit einer Öse zu versehen, dann genügt die Unterschrift des Mandanten auf der letzten Seite des Aufklärungsschreibens. Sollte der Anwalt hingegen das Aufklärungsschreiben lediglich mit einem Tacker zusammenfassen können, dann besteht das Erfordernis, dass der Mandant auf jeder Seite gegenzeichnet, um vollständig dokumentieren zu können, dass es sich um die Originalfassung handelt, die der Mandant in den Händen hielt, wobei späterer Seitenaustausch bzw. Seitenverlust ausgeschlossen werden können.

E. Gebühren des Rechtsanwalts

Literatur:

Enders, RVG für Anfänger, 21. Aufl. 2023; *Glensing*, Die Deckungsanfrage: gesetzliches Honorar oder Kulanzleistung?, AnwBl 2010, 688 ff.; *Meinel*, Die Erstattungsfähigkeit von Gebühren für die Einholung einer Deckungszusage beim Rechtsschutzversicherer gegenüber dem Unfallverursacher – Entstehen, Erforderlichkeit und Durchsetzbarkeit einer derartigen Schadensposition, zfs 2010, 312; *Onderka/Pießkalla*, Anwaltsgebühren in Verkehrssachen, 6. Aufl. 2021; *Schneider*, Das verkehrsrechtliche Mandat, Bd. 2: Verkehrszivilrecht, 8. Aufl. 2020; *Schneider/Volpert*, AnwaltKommentar RVG, 9. Aufl. 2021.

I. Einleitung

Die überwiegende Anzahl der Angelegenheiten in der Personenschadensregulierung endet im außergerichtlichen Vergleich. Die außergerichtlichen Gebühren des Rechtsanwalts nehmen daher eine große Bedeutung ein. Die nachfolgenden Ausführungen sollen auf gebührenrechtliche Probleme hinweisen, die im Rahmen der Regulierung von Personenschäden immer wieder eine Rolle spielen. **131**

Praxistipp

Generell kann gesagt werden, dass sich sowohl erfahrene Anwälte als auch Berufsanfänger mit dem Thema der Rechtanwaltsgebühren intensiv beschäftigen sollten, da je nach Gegenstandswert derselbe Fall durchaus 1.000 EUR bis 2.000 EUR mehr Gebühren einbringen kann, wenn die Rechtsprechung im Hinblick auf die einzelnen RVG-Tatbestände bekannt ist. In diesem Zusammenhang sollten auch Fortbildungsveranstaltungen zum Gebührenrecht immer wieder auf der Tagesordnung der Kanzleien stehen – sie werden sich sehr schnell in der Praxis bezahlt machen.

Praxistipp

Ferner empfiehlt es sich beim Abschluss eines Mandats – entweder in der Abfindungserklärung selber oder im Begleitschreiben an den Versicherer – die vereinbarten Parameter für das Rechtsanwaltshonorar mit dem gegnerischen Haftpflichtversicherer schriftlich festzuhalten, da so Streit über die Höhe der Vergütung vermieden werden kann. Dies gilt umso mehr, wenn es zum Sachbearbeiterwechsel auf Versichererseite kommt. Der neue Sachbearbeiter kennt die lediglich mündlich verhandelten Vereinbarungen zur Vergütung nicht und der Anwalt muss erneut in die Verhandlung um sein Honorar einsteigen.

II. Außergerichtliche Gebühren

1. Erstattbarkeit der Rechtsanwaltsgebühren

Zunächst ist festzuhalten, dass der Anwalt einen Anspruch auf seine Vergütung in dem Moment erhält, in dem ein Vertrag zwischen ihm und seinem Mandanten geschlossen wird. Hierfür ist keine schriftliche Vereinbarung notwendig, sondern es **132** genügt auch ein mündlicher Abschluss. Allerdings wird der Mandant, der seinem Anwalt eine Unfallangelegenheit zur Regulierung überträgt, naturgemäß den Wunsch äußern, nicht selber die Gebühren tragen zu müssen, sondern diese von einem Dritten erstattet zu bekommen. Der Dritte ist in der Regel der Haftpflichtversicherer der Gegenseite. Insofern ist es wichtig zu wissen, dass die Anwaltskosten – auf der Basis des Erledigungswertes – grundsätzlich im Straßenverkehrshaftungsrecht von der Kfz-Haftpflichtversicherung des Unfallverursachers zu ersetzen sind, da die **Kosten der Rechtsverfolgung** zum Schaden gehören. Dieses hat der BGH bereits 1970 (BGH VersR 1970, 41) entschieden. Nicht erforderlich ist es, den Haftpflichtversicherer zuvor in Verzug zu setzen.

> *Praxistipp*
>
> Diese Durchbrechung des Grundsatzes, dass die Kosten der Rechtsverfolgung nur ersetzt werden, wenn der Gegner zuvor in Verzug gesetzt wird, ist im Verkehrshaftpflichtrecht ein Vorteil, der nicht oft genug betont werden kann. Dies ist geradezu ein Marketinginstrument der Anwaltschaft. Von daher sollte es für alle Anwälte selbstverständlich sein, auf diese Besonderheit zugunsten des geschädigten Mandanten hinzuweisen.

133 Es erklärt sich von selbst, dass diese Grundsätze nur dann gelten, wenn der Versicherer die Haftung wenigstens teilweise übernommen hat. Bei Teilregulierungen aufgrund eines Mitverschuldens des eigenen Mandanten übernimmt der Versicherer selbstverständlich nicht die gesamten Rechtsanwaltskosten, sondern nur in Höhe der Haftung seines Versicherungsnehmers.

134 Der BGH hat bereits 1960 entschieden, dass diese Besonderheit in Verkehrsunfallsachen gerechtfertigt ist und der Geschädigte unter dem Gesichtspunkt der Waffengleichheit sofort einen Anwalt beauftragen darf (BGH VersR 1960, 1046). Dies ist in der Praxis auch gerechtfertigt, da in der Tat das gesamte Verkehrsunfallschadensrecht extrem kompliziert ist und der Geschädigte ohne anwaltliche Vertretung gegen das geballte Fachwissen der Versicherer keine Chance hat.

2. Geschäftsgebühr, Nr. 2300 VV RVG

135 Wenn der Mandant dem Rechtsanwalt den Auftrag – entweder schriftlich oder mündlich – erteilt, ihn außergerichtlich in einer zivilrechtlichen Verkehrsangelegenheit zu vertreten, entsteht die **Geschäftsgebühr** nach Nr. 2300 VV RVG. Dabei handelt es sich um eine **Rahmengebühr** von 0,5 bis 2,5.

136 Nr. 2300 VV RVG sieht vor, dass eine Gebühr von mehr als 1,3 nur dann gefordert werden kann, wenn die Tätigkeit umfangreich oder schwierig war. Dies bemisst sich anhand der Kriterien des § 14 RVG wie folgt:

- Umfang und Schwierigkeit der anwaltlichen Tätigkeit,
- Einkommens- und Vermögensverhältnisse des Auftraggebers,
- Bedeutung der Angelegenheit für den Auftraggeber.

Nach § 14 Abs. 1 S. 2 RVG kann bei der Bemessung der Gebühr als weiterer Aspekt ein besonderes Haftungsrisiko des Anwalts herangezogen werden. 137

Die Gewichtung der Kriterien nach § 14 RVG kann zwischen Anwalt und erstattungspflichtigem Dritten zu erheblichen Streitigkeiten führen. Seit Jahren werden deshalb zu diesem Thema immer wieder die Gerichte angerufen. Eine umfangreiche Rechtsprechungsübersicht findet sich bei *Schneider*, § 8 Rn 479 ff. 138

Bei der Personenschadensregulierung kommt es auf diese Rechtsprechung in der Regel nur dann an, wenn es sich um einen leichten Personenschaden handelt. In all den Fällen, in denen Personenschäden einen größeren Umfang annehmen (sowohl auf Seiten des Verletzten als auch auf Seiten des Anwalts bei der Bearbeitung der Angelegenheit), ist es in der Regel gerechtfertigt, mindestens eine 2,0 Geschäftsgebühr oder aber eine 2,5 Geschäftsgebühr anzusetzen. 139

Praxistipp

Bei der Regulierung eines Personengroßschadens sollte sich der Rechtsanwalt wegen seines Honorars auf keine Diskussion mit dem Haftpflichtversicherer einlassen. Unstreitig ist die Regulierung eines Personengroßschadens umfangreich, haftungsträchtig, zeitaufwendig und sie ist von existenzieller Bedeutung für den Mandanten, so dass immer eine 2,5 Geschäftsgebühr angemessen ist. Der Außenschadensregulierer wird in einem Regulierungsgespräch an dieser Stelle immer argumentieren, dass eine solch hohe Gebühr vom Versicherer noch in keinem anderen Fall bezahlt worden sei. Demgegenüber darf der Anwalt darauf hinweisen, dass offensichtlich auch aus Sicht des Haftpflichtversicherers die vorliegende Angelegenheit umfangreich und schwierig zu regulieren ist, was letztlich die Anwesenheit des Außenschadensregulierers im Büro des Rechtsanwalts beweist. Wenn der Sachverhalt rechtlich einfach gelagert ist und keinerlei Schwierigkeiten in der Regulierung macht, dann hätte er unproblematisch vom Innendienst bearbeitet werden können und hätte auf Seiten des Anwalts eine Gebühr unterhalb von 2,5 ausgelöst. Da nun aber einmal der Außenschadensregulierer zum Anwalt angereist ist, darf es keine Diskussion um eine Vergütung in Höhe einer 2,5 Geschäftsgebühr geben.

Praxistipp

Es schadet nichts, wenn sich der Anwalt einmal die Kommentierung zu § 14 RVG angeschaut hat und einige Argumente herausarbeitet. Dieser verhältnismäßig geringe Zeitaufwand in eigener Sache erleichtert die Durchsetzung einer 2,5 Geschäftsgebühr.

Im Zusammenhang mit Nr. 2300 VV RVG steht auch die Regelung in § 49b Abs. 5 BRAO. Danach muss der Anwalt den Mandanten vor Übernahme des Auftrags darauf hinweisen, dass sich die Gebühren nach dem Gegenstandswert richten. In seinem eigenen Interesse sollte sich jeder Anwalt diesen Hinweis vom Mandanten 140 schriftlich gegenzeichnen lassen, damit er den notwendigen Beweis führen kann, falls es einmal zu einem Rechtsstreit über das Anwaltshonorar kommen sollte. Der unterlassene Hinweis nach § 49b Abs. 5 BRAO kann ggf. zu einer Schadensersatzpflicht des Anwalts führen (BGH NJW 2007, 2332).

3. Einigungsgebühr, Nr. 1000 VV RVG

141 Die zweite gebührenrechtliche Säule bei der Abrechnung einer außergerichtlichen Erledigung ist neben der Geschäftsgebühr die **Einigungsgebühr** nach Nr. 1000 VV RVG in Höhe von 1,5. Inzwischen ist kein **Vergleich** im Sinne von § 779 BGB mehr erforderlich, d.h. es muss kein **gegenseitiges Nachgeben** vorliegen. Allerdings ist der Gebührentatbestand der Einigungsgebühr dann nicht erfüllt, wenn der Versicherer von sich aus eine Abrechnung vornimmt und mitteilt, wie er die Ansprüche regulieren möchte und entsprechend zahlt. Verzichtet in einem solchen Fall der Geschädigte auf die Geltendmachung weiterer Ansprüche, z.B. indem er den Zahlbetrag kommentarlos vereinnahmt, dann entsteht gerade keine Einigungsgebühr (BGH MDR 2007, 492).

> *Praxistipp*
>
> Um die Einigungsgebühr zu verdienen, sollte der Anwalt mit dem Versicherer aktiv eine Vereinbarung treffen, wonach auf weitergehende Schadensersatzansprüche verzichtet wird.

142 Eine Einigungsgebühr entsteht selbstredend immer dann, wenn der Versicherer eine Abfindungserklärung verschickt und diese vom Geschädigten unterschrieben wird.

> *Praxistipp*
>
> Der Anwalt sollte bei Abfindungsvergleichen darauf achten, dass die Einigungsgebühr über den gesamten Erledigungswert festgeschrieben wird. Versicherer argumentieren gerne, dass hinsichtlich der unstreitigen Positionen (z.B. Sachschaden) keine Einigung erfolgte, sondern möglicherweise nur über den Teilbereich des Personenschadens. Eine solche Vorgehensweise ist für den Geschädigtenanwalt wirtschaftlich ungünstig, da die Einigungsgebühr dann nur über einen Teil des Gegenstandswerts abgerechnet werden kann.

4. Außergerichtliche Einigung trotz Klageauftrags

143 Nicht selten entwickelt sich der Lebenssachverhalt so, dass ein Mandant mit dem Regulierungsverhalten des Haftpflichtversicherers nicht einverstanden ist und deshalb seinem Anwalt einen **Klageauftrag** erteilt. In einem letzten Telefonat oder aufgrund eines letzten Schreibens des Anwalts vor Rechtshängigkeit zeigt sich der Versicherer dann doch noch außergerichtlich regulierungsbereit und es kommt nach

nochmaliger Besprechung der Sache zum Abschluss eines außergerichtlichen Abfindungsvergleiches. In einem solchen Fall wird wie folgt abgerechnet:

Beispiel

Gegenstandswert: 100.000 EUR

2,5 Geschäftsgebühr §§ 2, 13 RVG, Nr. 2300 VV	4.137,50 EUR
0,8 Verfahrensgebühr §§ 2, 13 RVG, Nr. 3101 Nr. 1, 3100 VV	1.324,00 EUR
0,75 Anrechnung gem. Vorbemerkung 3 (4) VV	– 1.241,25 EUR
1,2 Terminsgebühr §§ 2, 13 RVG, Nr. 3104 VV	1.986,00 EUR
1,5 Einigungsgebühr §§ 2, 13 RVG, Nr. 1000 VV	2.482,50 EUR
Zwischensumme der Gebührenpositionen	8.688,75 EUR
Post- und Telekommunikationspauschale, Nr. 7002 VV	40,00 EUR
Zwischensumme netto	8.728,75 EUR
Umsatzsteuer (MwSt) Nr. 7008 VV (19 %)	1.658,46 EUR
Endsumme	**10.387,21 EUR**

Praxistipp

Um gegenüber dem Versicherer nachweisen zu können, dass der Mandant einen Klageauftrag erteilt hat, empfiehlt es sich, diesen immer schriftlich zu dokumentieren.

5. Hebegebühr, Nr. 1009 VV RVG

Die **Hebegebühr** ist die sicherlich umstrittenste Gebühr überhaupt. Der Anwalt erhält sie, wenn der Versicherer des Unfallverursachers an den Rechtsanwalt des Geschädigten Zahlungen leistet und anschließend der Rechtsanwalt diese Gelder an seinen Mandanten weiterleitet. In der Regel haben Mandanten wenig Verständnis dafür, dass ihnen von der Entschädigungsleistung die Hebegebühr abgesetzt wird, zumal der Anwalt für die reine Geldweiterleitung an sich keine anwaltliche Tätigkeit entfaltet. Genau genommen handelt es sich dabei lediglich um einen kanzleiinternen Buchhaltungsvorgang, für den der Mandant in der Regel nicht bereit ist, Geld auszugeben. 144

Praxistipp

Es ist sinnvoll, den Versicherer gleich im ersten Schreiben anzuweisen, die Entschädigungsleistung direkt auf das Konto des Mandanten zu überweisen und nicht erst auf das Anderkonto des beauftragten Rechtsanwalts. Das OLG Düsseldorf hat entschieden, dass in dem Fall, in dem der Versicherer trotz dieses schriftlichen Hinweises auf das Anderkonto des Anwalts leistet, selbiger berechtigt ist, die Hebegebühr vom Versicherer zu verlangen (OLG Düsseldorf VersR 1986, 243).

145 Oftmals lassen Anwälte derartige Zahlungen gerne über ihr Anderkonto erfolgen, um so das eigene Honorar „zu sichern“. Regelmäßig leistet der Versicherer das Anwaltshonorar ohne Schwierigkeiten direkt an den Anwalt, so dass das Bedürfnis entfällt, Fremdgeld auf dem Anderkonto zu vereinnahmen.

> *Praxistipp*
>
> Um das Regulierungsverhalten des Versicherers transparent zu halten, sollte dieser vom Anwalt aufgefordert werden, jedwede Zahlung, die direkt an den Mandanten geleistet wird, dem Anwalt gegenüber schriftlich der Höhe nach mitzuteilen. Oftmals gehen die Mandanten nämlich fälschlich davon aus, dass bei Eingang einer Zahlung des Versicherers auf ihrem Konto automatisch auch der Anwalt informiert wird, und sie „vergessen“, ihren Anwalt hiervon in Kenntnis zu setzen. Nicht selten führt diese fehlerhafte Annahme dazu, dass der Anwalt im Regulierungsgespräch über den Umfang der Bevorschussung nur rudimentär unterrichtet ist.

6. Differenzgebühr

146 Die **Differenzgebühr** ist kein isolierter Gebührentatbestand nach dem RVG, sondern betrifft die Gebührendifferenz, die sich zwischen dem Abrechnungswert im Innenverhältnis zum Mandanten und dem Abrechnungswert im Außenverhältnis mit dem Haftpflichtversicherer ergibt. Bei Unfallangelegenheiten hat der Geschädigte im außergerichtlichen Bereich einen Anspruch auf Erstattung der Anwaltskosten in Höhe des Erledigungswertes gegen den Haftpflichtversicherer. In der Regel ist es jedoch so, dass der Anwalt einen höheren Schadensersatzbetrag beim Versicherer fordert, dann aber – nach Rücksprache und mit Zustimmung des Mandanten – eine Einigung auf der Basis eines niedrigeren Erledigungswertes erzielt hat. Das Anwaltshonorar gegenüber dem Auftraggeber bemisst sich jedoch nicht nach dem Erledigungswert, den der Haftpflichtversicherer erstattet, sondern nach dem ursprünglichen Auftrag im Innenverhältnis zum Mandanten. Der Erledigungswert im Außenverhältnis bleibt daher oftmals gegenüber dem Auftragswert im Innenverhältnis zum eigenen Mandanten zurück. Die Differenzgebühr betrifft genau diesen Zwischenraum. Sie ermittelt sich wie folgt:

- Ermittlung des Honorars auf der Basis des Auftragswertes.
- Von diesem Betrag wird dann der Zahlbetrag des Versicherers auf das Anwaltshonorar auf der Basis des Erledigungswertes abgesetzt.
- Der Restbetrag ist die Differenzgebühr, die vom Auftraggeber zu zahlen ist. (Falls der Mandant über eine Rechtsschutzversicherung verfügt, hat der Rechtsschutzversicherer seinen Versicherungsnehmer in Höhe dieser Differenzgebühr freizuhalten.)

147 Ein weiterer offensichtlicher Anwendungsfall für die Differenzgebühr ist der Sachverhalt, in dem der Mandant den Anwalt beauftragt, 100 % seiner Schadensersatz-

ansprüche zu regulieren, sich dann jedoch herausstellt, dass der eigene Mandant ein Mitverschulden am Schaden trägt, so dass sich der Auftrag um die Mitverschuldensquote reduziert. Wenn das Mitverschulden schon bei Auftragserteilung offensichtlich ist, kann die Differenzgebühr nicht im Umfang bis zur 100 %-Regulierung abgerechnet werden. Hier ist auf den prozentualen Anteil des Mitverschuldens abzustellen, der aus Geschädigtensicht vertretbar ist. Beispiel: Geschädigter will 70 % reguliert erhalten und bekommt nur 50 %. Die Differenzgebühr bezieht sich auf die dazwischen liegenden 20 %. Auch hier entsteht eine Differenzgebühr, die den Zwischenraum zwischen der ausgehandelten Haftungsquote dem Grunde nach und 50 % gegnerischer Haftung ausfüllt.

7. Sonderprobleme

a) Familien-/ Betreuungsgerichtliche Genehmigung

Die Einholung einer gerichtlichen Genehmigung ist eine eigene Angelegenheit im Sinne des § 15 RVG und entsprechend gesondert zu vergüten (AG Hanau zfs 2003, 309; MAH StraßenVerkehrsR/*Baschek*, 5. Aufl. 2020, § 33 Rn 92). 148

Über den Umstand der gesonderten Vergütungspflicht sind sowohl der Mandant als auch der Haftpflichtversicherer hinzuweisen. Oftmals wendet der Haftpflichtversicherer in diesem Zusammenhang ein, dass der Mandant die erforderliche Genehmigung des Gerichts formlos selbst beantragen könne und es der Einschaltung eines Anwalts deshalb nicht bedürfe. An dieser Stelle ist dem Versicherer aufzuzeigen, dass es gerade eben nicht so einfach ist, da oft bereits der zuständige Rechtspfleger beim Gericht mit der Beurteilung der Sach- und Rechtslage überfordert ist und seinerseits einen – zumeist anwaltlichen – Ergänzungspfleger/-betreuer bestellt. Dessen Aufgabe besteht darin, das Regulierungsergebnis auf Herz und Nieren zu prüfen, um dem Gericht eine Empfehlung dahingehend auszusprechen, ob der ausgehandelte außergerichtliche Vergleich genehmigt werden soll oder nicht. 149

Dieser Umstand zeigt bereits, dass es mit der bloßen formlosen Antragstellung auf Genehmigung eines Vergleiches nicht getan ist. Letztlich hat auch der Versicherer ein Interesse daran, dass die Genehmigung vom regulierenden Rechtsanwalt eingeholt wird, um den Vorteil der Bestandskraft einer ausgehandelten Abfindungserklärung für sich verbuchen zu können. 150

Die Höhe der Geschäftsgebühr nach Nr. 2300 VV RVG dürfte im Regelfall bei einer 2,0 Gebühr liegen. Den Gegenstandswert bildet der Erledigungswert in der Haftpflichtsache. 151

> *Praxistipp*
>
> Die Einholung der gerichtlichen Genehmigung sollte vorab mit dem Versicherer vereinbart werden. In diesem Zusammenhang ist die dafür anfallende Gebühr ebenfalls festzusetzen.

Die erhöhte Gebühr ist mit dem erheblichen Umfang, der für die Einholung der Genehmigung erforderlich ist, zu begründen.

Insgesamt gibt es im Genehmigungsverfahren viele Beteiligte, mit denen der Anwalt umfangreich kommunizieren muss.

152 Zunächst beantragt der Anwalt beim zuständigen Gericht die Bestellung eines Ergänzungspflegers für die Annahme des Vergleichsangebotes. Das ist regelmäßig mit etlichen Nachfragen verbunden, weil die Materie sehr umfangreich ist.

153 Sobald der Ergänzungspfleger bestellt wurde, muss der Anwalt diesen über Umfang und Tragweite des Vergleiches aufklären. Im besten Fall unterzeichnet der Ergänzungspfleger den Vergleich nach umfänglicher Prüfung und mehrfacher Rücksprache mit dem Anwalt. Der Ergänzungspfleger verfügt häufig nicht über vertiefte Kenntnisse im Personengroßschaden, weshalb regelmäßig zahlreiche Besprechungen über die Vor- und Nachteile des Vergleiches sowie deren Abwägung geführt werden müssen. Dann erst wird der Vergleich zurückgereicht. Der Anwalt beantragt schließlich die Genehmigung des Vergleiches beim zuständigen Gericht. In diesem Kontext ist regelmäßig mindestens eine längere persönliche Besprechung mit dem Rechtspfleger erforderlich, da dort meist keine Kenntnisse der rechtlichen Besonderheiten eines derart schweren Schadensfalls vorliegen.

b) Ersatzfähigkeit der Rechtsverfolgungskosten gegen den eigenen Unfallversicherer

154 Die Ersatzfähigkeit der Rechtsverfolgungskosten gegen den eigenen **Unfallversicherer** durch den Schädiger ist ein weitgehend unbekannter Gebührentatbestand. Er betrifft Fälle, in denen der Rechtsanwalt für den Geschädigten gegenüber seinem privaten Unfallversicherer tätig war. Der BGH hat entschieden, dass auch die Anwaltskosten, die im Zusammenhang mit der Durchsetzung der vertraglichen Ansprüche aus der privaten Unfallversicherung entstanden sind, vom gegnerischen Haftpflichtversicherer zu erstatten sind (BGH zfs 2006, 448 ff.). Dieser Entscheidung lag ein Sachverhalt zugrunde, in dem der Kläger aufgrund seiner schweren Verletzungen nicht in der Lage war, sich selbst um die Geltendmachung seiner Ansprüche aus der privaten Unfallversicherung zu kümmern. Er musste sich eines Rechtsanwalts bedienen, der für ihn die kurzen Fristen nach den AUB überwachte und die Ansprüche bei der Unfallversicherung geltend machte.

Praxistipp

Naturgemäß wird für den Fall, dass der Anwalt die Kosten aufgrund der Durchsetzung der vertraglichen Ansprüche aus der privaten Unfallversicherung geltend macht, dieser Anspruch seitens des Haftpflichtversicherers als unbegründet zurückgewiesen. Oftmals wird eingewendet, der Mandant könne die Ansprüche dort auch selber geltend machen.

Aus dem Dilemma der fehlenden Kostenerstattung kommt der Anwalt heraus, wenn er sich hinsichtlich der Regulierung der Ansprüche aus der privaten Unfallversicherung beauftragen lässt, solange der Mandant noch in stationärer Aufnahme ist. Dann kann am besten argumentiert werden, dass er selbst nicht dazu im Stande war, zum damaligen Zeitpunkt dem privaten Unfallversicherer gegenüber die Ansprüche geltend zu machen. Nach diesseitiger Auffassung muss die Entscheidung des BGH auch auf andere Personenversicherungen Anwendung finden, z.B. in den Sachverhalten, in denen der Rechtsanwalt nicht nur die Ansprüche gegenüber der privaten Unfallversicherung, sondern auch gegenüber der Berufsunfähigkeitszusatzversicherung reguliert. **155**

c) Erstattungsfähigkeit von Gebühren für die Einholung einer Deckungszusage beim Rechtsschutzversicherer

Unstreitig ist die Einholung einer **Deckungszusage beim Rechtsschutzversicherer** eine andere Angelegenheit im Sinne von § 15 RVG. Fraglich ist jedoch, wer für diese Kosten einzustehen hat: der Mandant oder sein Schädiger? Eine Rechtsprechungsübersicht zur Erstattungsfähigkeit als Schadensersatzposition aus unerlaubter Handlung findet sich bei *Glensing* (AnwBl 2010, 688 f.). **156**

Die Höhe dieser Geschäftsgebühr nach Nr. 2300 VV RVG dürfte im Regelfall bei einer 1,3 Gebühr liegen, wobei sich der Gegenstandswert nach den zu erwartenden Verfahrenskosten des ersten Rechtszuges richtet. **157**

Davon abweichend kann selbstverständlich auch eine höhere Gebühr anfallen, zumal gerade bei der Großschadensregulierung umfänglicher Schriftverkehr mit dem Rechtsschutzversicherer zu führen ist. **158**

Praxistipp

Oftmals gelingt es relativ zügig dem Rechtsschutzversicherer zu vermitteln, dass eine Deckungszusage wenigstens dem Grunde nach für das außergerichtliche Tätigwerden zu erteilen ist. Wenn der Rechtsschutzversicherer dann jedoch eine Anspruchsbezifferung wünscht, um sein kaufmännisches Risiko kalkulieren zu können, sollte mit dem Sachbearbeiter vereinbart werden, dass die Bezifferung der Schadenshöhe unaufgefordert dann erfolgt, wenn eine gewisse „Regulierungsreife“ der Angelegenheit gegeben ist. Anderenfalls würde sich der Anwalt unnötig mehrfache Arbeit machen. Es ist dann relativ leicht, dem Rechtsschutzversicherer später eine Kopie des dezidierten Anspruchsschreibens an den Haftpflichtversicherer zur Kenntnis zu geben, um dann die Deckungszusage für das außergerichtliche Tätigwerden auch der Höhe nach zu erhalten.

Wenn der Haftpflichtversicherer die Kosten für die Einholung der Deckungszusage beim Rechtsschutzversicherer nicht übernehmen möchte – was meistens der Fall ist –, dann muss diese Frage nach Abschluss der Schadensangelegenheit notfalls gerichtlich geklärt werden. **159**

Praxistipp

Mitunter lässt sich diese Gebührenposition des Rechtsanwalts auch auf einer anderen Ebene verhandeln. Es könnte sich beispielsweise eine Anhebung des Erledigungswertes um einen Gebührensprung anbieten, um so die Kosten des Rechtsanwalts für die Einholung der Deckungszusage beim Rechtsschutzversicherer mit zu erfassen. Der Vorteil für den Anwalt liegt darin, dass er nicht kostenlos gearbeitet hat und auch nicht für ein relativ geringes Honorar eine streitige Auseinandersetzung mit viel Schreibaufwand führen muss.

d) Gebühren für Beschwerden gegenüber der Bundesanstalt für Finanzdienstleistungsaufsicht (BaFin)

160 Die **BaFin** ist im öffentlichen Interesse tätig und soll ein funktionsfähiges und stabiles Finanzsystem gewährleisten. Es kommt immer wieder vor, dass Versicherer sich gegenüber dem Geschädigten unfair verhalten, indem sie ein ganzes Repertoire an Verzögerungstaktiken zum Einsatz bringen, um sich so berechtigten Zahlungsansprüchen zu entziehen. In diesem Fall kann versucht werden, eine schmerzensgelderhöhende Regulierung zu erlangen (siehe § 4 Rdn 25). Im außergerichtlichen Bereich kann der Geschädigte in solchen Fällen die Bundesanstalt für Finanzdienstleistungsaufsicht einschalten und sich über das Verhalten des Versicherers beschweren. Für diesen ist ein solches Verfahren mit erheblichen Unannehmlichkeiten verbunden, so dass mit einer Beschwerde die außergerichtliche Regulierungsbereitschaft beim Versicherer stark gefördert werden kann. Allerdings sollte von diesem Instrument nur im Ausnahmefall Gebrauch gemacht werden, nämlich dann, wenn der Versicherer offensichtlich gegen die Grundlagen der angemessenen Regulierung verstößt, indem er z.B. bewusst die Regulierung verzögert, Vereinbarungen bewusst nicht einhält oder Unwahrheiten verbreitet. In den Fällen, in denen der Versicherer schlicht eine andere Rechtsauffassung vertritt als der Rechtsanwalt, sollte von einem solchen Schritt Abstand genommen werden. Die Behörde dient nicht dazu, beim Versicherer die Rechtsaufassung des Anwalts durchzusetzen. Dieses Verfahren sollte als „**ultima ratio**“ verstanden werden, bevor die Sache anderenfalls anhängig gemacht werden muss.

161 Wenn ein solches Vorgehen ausnahmsweise aus Sicht des Geschädigten notwendig ist, stellt sich die Frage nach der Vergütung des Rechtsanwalts für die Tätigkeit. Selbstverständlich handelt es sich um eine andere Angelegenheit im Sinne von § 15 RVG. Die Verfasser vertreten die Auffassung, dass Nr. 3500 VV RVG anwendbar ist, wonach eine 0,5 Verfahrensgebühr für ein „Verfahren über die Beschwerde …“ anfällt. Der Anwalt sollte also versuchen, die Kosten seines Tätigwerdens auf dieser Basis beim Versicherer abzurechnen. Der Gegenstandswert bemisst sich wiederum nach dem Erledigungswert.

e) Anwaltshonorar bei Vertretung innerhalb des privaten Schadensmanagements

Bei der Vertretung innerhalb des privaten Schadensmanagements handelt sich um eine andere Angelegenheit im Sinne von § 15 RVG. Der Gegenstandswert bemisst sich nach den Aufwendungen des Haftpflichtversicherers für das **private Schadensmanagement**. Im Übrigen gilt das im Kapitel Personenschadensmanagement Gesagte (siehe § 3 Rdn 45 ff.). 162

§ 10 Personenversicherungen

A. Private Unfallversicherung

Literatur:

Grimm, Unfallversicherung AuB Kommentar, 6. Aufl. 2021; *Marlow/Spuhl*, Das Neue VVG kompakt, 4. Aufl. 2010; *Naumann/Brinkmann*, Die private Unfallversicherung in der Beraterpraxis, 2. Aufl. 2012; *Prölss/Martin*, Versicherungsvertragsgesetz, 32. Aufl. 2024; *Schwintowski/Brömmelmeyer/Ebers*, Praxiskommentar zum Versicherungsrecht, 4. Aufl. 2022; *van Bühren*, (Hrsg.), Handbuch Versicherungsrecht, 8. Aufl. 2025; *van Bühren*, Das verkehrsrechtliche Mandat, Bd. 4: Versicherungsrecht, 3. Aufl. 2016.

I. Einleitung

Im Bereich der Personenschäden tritt zwangsläufig die Frage nach einer **privaten Unfallversicherung** auf. Jeder Rechtsanwalt, der Personenschäden bearbeitet, sollte daher seinen Mandanten fragen, ob dieser über Personenversicherungen, wie z.B. die private Unfallversicherung, verfügt. In größeren Kanzleien ist es manchmal üblich, dass ein Sachbearbeiter den Bereich des Versicherungsrechts bearbeitet und der andere Sachbearbeiter den Bereich des Verkehrsrechts. Auch in diesen Fällen ist zwangsläufig eine Kommunikation der einzelnen Dezernate notwendig. Zum einen deshalb, weil die Bearbeitung der privaten Unfallversicherungsangelegenheit eine neue Sache ist und somit ein neues Mandat darstellt. Zum anderen deshalb, weil z.B. aus den Arztberichten, die in derselben Sache eingeholt werden, aber unter unterschiedlichen Gesichtspunkten Fragen beantworten, Nutzen für den Mandanten gezogen werden können. Konkret heißt dies, dass z.B. durch ärztliche Angaben bei der Begutachtung im Rahmen der privaten Unfallversicherung nützliche Informationen erlangt werden können, die für die Bearbeitung des verkehrsrechtlichen Mandates gegenüber dem gegnerischen Haftpflichtversicherer für den Mandanten von Vorteil sein können. 1

Von daher enthält dieses Buch auch die Basisgrundlage für die Bearbeitung eines unfallversicherungsrechtlichen Mandates und zeigt die entsprechenden Probleme auf. Naturgemäß ist z.B. bei den Ausschlüssen nicht jeder Ausschluss in den AUBs aufgezählt und behandelt, sondern nur derjenige, der bei Personenschäden von Bedeutung ist, also z.B. speziell die Bewusstseinsstörungen aufgrund von Alkoholstraftaten im Straßenverkehr oder die Problematik der ärztlichen Behandlungsfehler bei Gesundheitsschädigungen durch Heilmaßnahmen. 2

Bei der privaten Unfallversicherung handelt es sich um eine Personenversicherung mit der Aufgabe, den Versicherungsnehmer vor den wirtschaftlichen Folgen zu schützen, die durch einen Unfall eintreten können. Gesetzlich geregelt ist die private Unfallversicherung in den §§ 178–191 VVG. 3

Darüber hinaus existieren verschiedene Allgemeine Unfallversicherungsbedingungen. Die letzten durch den Gesamtverband der Versicherer herausgegebenen Be- 4 dingungen sind die AUB 2020. Es handelt sich hierbei um unverbindliche Musterbedingungen, die vom Gesamtverband der Deutschen Versicherungswirtschaft (GDV) empfohlen wurden. Daneben überarbeiten die Unfallversicherer ihre eigenen Bedingungen quasi jährlich. Die nachstehenden Ausführungen nehmen Bezug auf die AUB 2020 des GDV.

5 *Praxistipp*

Die Unverbindlichkeit der AUB bedeutet, dass der Rechtsanwalt, der einen Fall aus der privaten Unfallversicherung behandelt, nicht blind diese Musterbedingungen anwenden soll, sondern sich immer konkret die Police und deren Bedingungen von dem Mandanten aushändigen lassen **muss**, die dieser abgeschlossen hat. Da es sich um einen vertraglichen Anspruch handelt, sind nämlich die individuell abgeschlossenen vertraglichen Grundlagen einzig und allein von Bedeutung. Darüber hinaus ist es dringend notwendig, in der Police zu sehen, welche Leistungsarten konkret für diesen Einzelfall beim Versicherungsnehmer versichert sind.

Wenn ein versicherungsrechtliches Mandat beginnt, ist daher mit die erste Frage, die der Rechtsanwalt seinem Mandanten stellt, ob dieser ihm die Police und die entsprechenden Allgemeinen Unfallversicherungsbedingungen (AUB) aushändigen kann. Verfügt der Mandant nicht mehr über die Bedingungen oder hat er sogar die Police verlegt, können entsprechende Abschriften bei jedem Versicherer eingeholt werden. Ohne diese notwendigen Unterlagen kann der entsprechende Fall jedoch nicht bearbeitet werden.

6 *Praxistipp*

Nach Erhalt der Unterlagen und der Police empfiehlt es sich, diese querzulesen und insbesondere in der Police nachzusehen, welche Leistungsarten vom Versicherungsschutz umfasst sind. Mitunter gibt es, worauf wir noch einmal direkt zu sprechen kommen, kurze Fristen, die der Versicherungsnehmer zu beachten hat, um bestimmte Leistungen aus der privaten Unfallversicherung geltend zu machen bzw. als Verhaltensnorm zu beachten hat, damit der Versicherungsschutz nicht gefährdet wird.

7 *Praxistipp*

Es ist auch deswegen unerlässlich, sich die Bedingungen und die Police des Mandanten aushändigen zu lassen, da mitunter der Mandant Erweiterungen zu den AUBs in seinem Vertrag eingeschlossen hat und sich aus den Erweiterungen zu den AUBs z.B. ergeben kann, dass für den hier zu entscheidenden Fall vertraglich eine verbesserte Gliedertaxe Anwendung findet oder innerhalb der Progressionsstaffel positive Vereinbarungen für den Versicherungsnehmer gelten.

Praxistipp 8

Die private Unfallversicherung ist eine **Summenversicherung**, sodass Schadensersatzansprüche gegen den Unfallverursacher nicht nach § 86 VVG übergehen. Der Geschädigte erhält daher die Leistungen aus der privaten Unfallversicherung, losgelöst von etwaigen Schadensersatzansprüchen, die dieser gegenüber dem gegnerischen Haftpflichtversicherer geltend macht. Er muss sich diese daher nicht anrechnen lassen. Der Geschädigte kann sogar mehrere Verträge im Bereich der privaten Unfallversicherung abgeschlossen haben und jeweils aus diesen mehreren Verträgen addiert die Versicherungsleistungen erhalten, ohne dass er sich diese in irgendeiner Weise anrechnen lassen muss.

Praxistipp 9

Oftmals weiß der Mandant auch gar nicht, dass er eine private Unfallversicherung abgeschlossen hat. Daher ist der Mandant stets daraufhin zu befragen, da z.B. manchmal Unfallversicherungen über Reiseveranstalter, über Sportvereine, über einen Arbeitgeber oder über Kreditkarteninstitute abgeschlossen sind, ohne dass der Mandant an derartiges gedacht hat.

Die private Unfallversicherung nimmt in dem Bereich der Personenversicherungen einen größeren Umfang ein als z.B. die Berufsunfähigkeitszusatzversicherung (BUZ). Statistisch gesehen haben mehr Bürger eine private Unfallversicherung als eine Berufsunfähigkeits(zusatz)versicherung. 10

Der Versicherungsschutz umfasst nach den Bedingungen Unfälle in der ganzen Welt. Von daher kann z.B. auch nach Unfällen im Ausland der private Unfallversicherer direkt in Anspruch genommen werden. 11

II. Unfallbegriff

Was unter dem **Begriff Unfall** zu verstehen ist, ist nunmehr in § 178 Abs. 2 VVG in Anlehnung an die Allgemeinen Unfallversicherungsbedingungen (vgl. 1.3 AUB 2020) im Gesetz definiert. Ein Unfall liegt demnach vor, *„wenn die versicherte Person durch ein plötzlich von außen auf ihren Körper wirkendes Ereignis unfreiwillig eine Gesundheitsschädigung erleidet“*. 12

Der Unfallbegriff setzt sich daher aus vier Komponenten zusammen: 13

1. plötzlich (siehe Rdn 16 ff.)
2. Einwirkung von außen (siehe Rdn 19)
3. unfreiwillig (siehe Rdn 20)
4. Gesundheitsschädigung (siehe Rdn 23).

Darüber hinaus können die Bedingungen auch einen erweiterten Unfallbegriff enthalten, wie Ziff. 1.4 AUB 2020 deutlich macht. Danach gilt als Unfall auch, wenn sich die versicherte Person durch eine erhöhte Kraftanstrengung 14

- ein Gelenk an Gliedmaßen oder der Wirbelsäule verrenkt.

- Muskeln, Sehnen, Bänder oder Kapseln an Gliedmaßen oder der Wirbelsäule zerrt oder zerreißt.

Klarstellend wird darauf verwiesen, dass Bandscheiben und Menisken hierunter nicht fallen.

15 Die erhöhte Kraftanstrengung wird definiert als *„eine Bewegung, deren Muskeleinsatz über die normalen Handlungen des täglichen Lebens hinausgeht“*, wobei maßgeblich für die Beurteilung des Muskeleinsatzes die individuellen körperlichen Verhältnisse der versicherten Person sind. Hierfür genügt nach OLG Hamm (Beschl. v. 11.2.2011 – 20 U 151/10) beispielsweise nicht, wenn ein Taxifahrer beim Herausheben eines 20 kg schweren Koffers, der sich im Auto verkantet, die Bizepssehne reißt. Hier darf gefragt werden, wie viel Kraft notwendig ist, bis eine solche Sehne reißt und ob nicht der Riss in diesem Fall sogar die erhöhte Kraftanstrengung indiziert. Uns Verfassern ist nicht bekannt, dass eine Bizepssehne quasi nebenbei mal reißt. Aber genau diese Fälle will der Versicherer, und so darf auch der Versicherungsnehmer diese Klausel verstehen, aus dem Unfallbegriff herausnehmen.

Praxistipp

Die nach ihrem Wortlaut individuell auf die körperlichen Verhältnisse der versicherten Person zugeschnittene Formulierung hält einer AGB-rechtlichen Prüfung stand und ist nicht intransparent (BGH, Urt. v. 20.11.2019 – IV ZR 159/18). Versicherungsbedingungen sind nach ständiger Rechtsprechung des BGH so auszulegen, wie sie der durchschnittliche Versicherungsnehmer ohne versicherungsrechtlichen Sachverstand versteht. Dieser wird verstehen, dass die Klausel eine qualifizierte Form der Muskelkraft verlangt, die über das natürliche und gewöhnliche Maß hinausgeht, wie sie z.B. beim Gehen, Laufen, Aufstehen, Hinsetzen oder Bücken anzutreffen ist. Der Einsatz von Muskelkraft muss so gesteigert sein, dass diese normalen Tätigkeiten übertroffen werden, ohne dass es eines völlig außergewöhnlichen oder extremen Krafteinsatzes bedarf, vgl. BGH a.a.O.

1. Plötzlich

16 Plötzlich bedeutet, dass das **Unfallereignis** innerhalb eines kurz bemessenen Zeitraumes auf den Körper des Versicherungsnehmers einwirkt (vgl. BGH VersR 1988, 952). Insofern grenzt man den Begriff des „Plötzlichen“ von dem Gegenbegriff des „Allmählichen“ ab. „Allmählich“ bedeutet, dass über einen längeren Zeitraum oder eine längere Dauer auf den Körper eingewirkt wird. Im Bereich des Straßenverkehrs entstehen bei diesem Tatbestandsmerkmal keine Probleme.

Allerdings soll der Begriff nicht ausschließlich auf ein zeitliches Element reduziert werden. So ergibt sich aus der Gesetzesbegründung, dass Plötzlichkeit auch dann vorliegt, wenn das den Versicherungsschutz auslösende Ereignis für die versicherte Person **unerwartet**, **überraschend und deshalb unentrinnbar eingetreten** ist (BT-

Drucks. 16/3945, 107). In diesem Kontext ist auch die sog. Jauchegasentscheidung des BGH (Urt. v. 13.7.1988 – IVa ZR 204/87) zu nennen, in welcher der BGH das Einatmen von Jauchegas an zwei Tagen über mehrere Stunden noch als Unfall verstanden hat.

Einen Sonderbereich stellen ärztliche Behandlungen dar, die grundsätzlich nach 5.2.3 AUB 2020 vom Versicherungsschutz zunächst ausgeschlossen sind und nur dann wieder eingeschlossen werden, wenn der Grund der Heilmaßnahme in einem versicherten Unfall liegt. Zu älteren AUB wird in der Rechtsprechung argumentiert, dass ein **operativer Eingriff**, unabhängig vom Eintritt des gewünschten Erfolges, kein plötzliches Ereignis und von daher keinen Unfall im Sinne der AUB darstellt (vgl. LG Köln, VersR 2003, 848). Das OLG Schleswig (VersR 2003, 587) hat argumentiert, dass bei einem ärztlichen Eingriff nur dann ein Unfall vorliegen würde, wenn es zu einer plötzlichen Abweichung vom geplanten Ablauf des Eingriffs kommt und hierdurch der Patient eine **Gesundheitsschädigung** erleidet.

Ansonsten spielen sich die Probleme im Bereich der „plötzlichen" Einwirkungen 17
eher in den Fällen ab, in denen z.B. giftige Dämpfe von Klebemitteln über mehrere Tage und jeweils mehrere Stunden eingeatmet wurden und die Rechtsprechung argumentiert, dass dann kein „plötzliches" Ereignis mehr vorliegt, sondern ein eher allmähliches, welches nicht versichert ist (vgl. OLG Koblenz VersR 1999, 436).

Zu beachten ist allerdings, dass lediglich die Einwirkung des Ereignisses auf den 18
Körper „plötzlich" sein muss. Die hierdurch verursachte Gesundheitsschädigung kann sich dagegen auch später erst allmählich entwickeln. Als Beispiel ist hier der Fall zu nennen, in dem ein Stein gegen eine Windschutzscheibe flog und daher das plötzliche Element eines Unfalls gegeben war, der Tod durch diesen Unfall dagegen erst Stunden später, sprich allmählich, eintrat (vgl. BGH VersR 1972, 582).

2. Einwirkung von außen

Dieses plötzliche Ereignis muss von **außen** auf den Körper einwirken. Im Verkehrs- 19
bereich sind geradezu klassische Beispiele für die Einwirkung von außen, wenn es zu Zusammenstößen im Straßenverkehr kommt. Man spricht immer dann von „außen", wenn die Kräfte, die auf den Körper einwirken, außerhalb des Einflussbereichs des eigenen Körpers liegen. Genauso verhält es sich bei Zusammenstößen im Straßenverkehr, so dass es in der Mehrzahl der Fälle, in denen die Unfallversicherung bei Verkehrsunfällen zur Anwendung kommt, hinsichtlich dieses Merkmales keine Probleme gibt. Im Bereich des Straßenverkehrs gab es zum Teil Probleme hinsichtlich des Tatbestandsmerkmals der Einwirkung von außen, als es zu einem Knöchelbruch oder einer Verstauchung beim Aussteigen aus einem Autobus kam. Denn hier ist stets zu diskutieren, ob die Verletzung tatsächlich von außen ausgelöst wurde, weil beispielsweise beim Verlassen des Busses die Treppe verfehlt wurde (dann von außen) oder ob lediglich eine ungeschickte Eigenbewegung die Verletzung bedingte (dann keine Einwirkung von außen). So liegt ein Unfall nicht

vor, wenn die versicherte Person beim Aussteigen aus einem Auto mit dem Fuß umknickt, ohne dass ein unvorhergesehenes Hindernis oder eine Bodenunebenheit der Bewegung einen anderen als den gewollten Verlauf gegeben hat (vgl. OLG Hamm, Urt. v. 27.11.1997 – 4 U 164/96, ähnl. OLG Köln, Urt. v. 10.5.2013 – 20 U 30/11). Ebenso gab es Probleme, als es zu einer Rotatorenmanschettenruptur kam, als der Versicherungsnehmer die Windschutzscheibe seines Pkws reinigte (vgl. OLG Hamm VersR 2003, 496). Ansonsten weist die Rechtsprechung überwiegend Probleme im Bereich der Einwirkung von außen für die Fälle auf, in denen es eine Abgrenzung zu Gesundheitsschädigungen gibt, die bei **sportlichen Aktivitäten** entstehen.

3. Unfreiwillig

20 Bei dem Merkmal der **Unfreiwilligkeit** (vgl. BGH VersR 1985, 177) ist wichtig zu wissen, dass die Gesundheitsschädigung, jedoch nicht das Unfallereignis, unfreiwillig erfolgen muss. Im Umkehrschluss bedeutet Freiwilligkeit, dass der Versicherungsnehmer den körperschädigenden Einfluss des Ereignisses gerade vorausgesehen und in seinen Willen mit aufgenommen haben muss. Konkret fallen hierunter die Fälle, in denen der Verletzte sich selber verletzen wollte oder gar in Tötungsabsicht handelte, wie dies beim Suizid der Fall ist. Besteht diese Verletzungs- oder Tötungsabsicht im Bereich des Verkehrsunfalls, sind die Ansprüche des Verletzten oder auch der Hinterbliebenen ausgeschlossen, da dann das Element der Unfreiwilligkeit nicht gegeben ist (OLG Köln VersR 1998, 883; BGH VersR 1998, 1231 und OLG Oldenburg NVersZ 1999, 380).

21 Was passiert aber, wenn eine gewollte Gesundheitsschädigung einen ganz anderen ungeplanten Verlauf nimmt? Der BGH hat in einem Fall den Unfallbegriff und damit die Unfreiwilligkeit bejaht, als sich die versicherte Person bewusst eine Kokaininjektion setzte, die jedoch nicht zum beabsichtigten Rausch, sondern zum Tod führte. Grundsätzlich ergeben sich, soweit sich das Merkmal der Unfreiwilligkeit auf die Gesundheitsschädigung bezieht, keine Einschränkungen dahingehend, dass damit nur die erste Gesundheitsschädigung gemeint ist, die ggf. sogar geringfügig sein kann.

> *„Hat die versicherte Person bei der Durchführung risikoreicher Handlungen zwar mit Verletzungen gerechnet, infolge einer Abweichung vom vorgestellten Kausalverlauf jedoch nicht mit deren konkretem, die Leistungspflicht des Versicherers auslösendem Ausmaß, so erleidet sie die Gesundheitsschädigung unfreiwillig". (BGH, Urt. v. 16.10.2013 – IV ZR 390/12).*

22 Sollte ein Fall der **fehlgeschlagenen Selbsttötung** vorliegen, z.B. dass ein Versicherungsnehmer sich mit seinem eigenen Auto töten wollte, muss mitunter differenziert werden, da der BGH (BGH VersR 1998, 887) entschieden hat, dass es bei einer fehlgeschlagenen Selbsttötung nicht von vornherein ausgeschlossen ist, dass die hierdurch erlittenen Verletzungen gerade nicht freiwillig gewesen sind, da der Be-

troffene in Tötungsabsicht handelte. Sollte in der Praxis ein solcher Fall einmal vorkommen, kann eventuell mit der Argumentation dieser BGH-Rechtsprechung gegenüber dem privaten Unfallversicherer erreicht werden, dass eine Zahlung aus der privaten Unfallversicherung erfolgt. Die Gegenmeinung vertritt die Auffassung, dass der Tötungsvorsatz auch die Körperverletzung mit umfasst und zwar als notwendiges Durchgangsstadium. Liegen bei den Suizidfällen keine Abschiedsbriefe vor, versucht man sich oft mit der Frage zu helfen, ob aufgrund der Umstände eher von einer unfreiwilligen Verletzung auszugehen ist als von einer freiwilligen. Teilweise wird vertreten, dass die wirtschaftliche Lage des Verletzten zu prüfen ist oder ob dieser kurz vor dem Ereignis seinen Versicherungsschutz unverhältnismäßig erhöht hat. In der Sache wird es jedoch schwierig, dieses tatsächlich zu beweisen, so dass derjenige, der einen solchen Fall zu bearbeiten hat, zunächst erst einmal von der Unfreiwilligkeit auszugehen hat. Allerdings ist die Beweislastumkehr und die Vermutung nach § 178 Abs. 2 S. 2 VVG zu berücksichtigen. Es obliegt dem Versicherer, die Vermutung zu widerlegen.

4. Gesundheitsschädigung

Das Unfallereignis muss eine **Gesundheitsschädigung** verursachen. Nach den Regeln der ärztlichen Kunst muss diese Gesundheitsschädigung objektiv festgestellt werden. Konkret bedeutet dies, dass es nicht ausreicht, dass der Geschädigte angibt, er fühle sich in seiner Gesundheit beeinträchtigt. Allerdings können neben den normalen äußeren und organischen Verletzungen des Körpers auch psychische Schäden und Folgen geltend gemacht werden, wenn diese ärztlich festgestellt sind und nicht unter etwaige Ausschlussklauseln fallen. 23

Praxistipp

Bereits in der Schadensmeldung sollten alle Merkmale des Unfallbegriffs beachtet und dargelegt werden. Nachträgliche Korrekturen lassen die Darstellung des Unfalls zweifelhaft erscheinen (OLG Naumburg, Urt. v. 19.4.2012 – 4 U 37/10 = VersR 2013, 229). Widersprüchlicher Vortrag zum Unfall gefährdet gar den Versicherungsschutz. So kann der Versicherer Leistungen von vornherein ablehnen, wenn in der Schadensmeldung ohne nähere Darlegung lediglich behauptet wird, man habe sich „beim Fußballspielen das rechte Knie verdreht“. Hier fehlt es an der Darstellung des Merkmals von außen. Ist die Verdrehung des Knies durch eine Bodenunebenheit, einen Tritt ins Leere oder durch ein Foul ausgelöst worden, sollte dies auch zwingend in der Schadensanzeige stehen.

5. Kausalität

Zwischen dem Unfallereignis und der Gesundheitsschädigung muss ein kausaler Zusammenhang bestehen. Dabei ist häufig zu beobachten, dass gerade Mediziner diesen verneinen, weil Krankheiten oder Gebrechen an der dauerhaften Gesund- 24 heitsbeeinträchtigung mitgewirkt haben. Dieser Rückschluss ist fehlerhaft, da er in der Prüfungsreihenfolge systemwidrig ist und erst im Bereich der Leistungskürzung zu diskutieren ist. So sah es auch der BGH (Urt. v. 19.10.2016 – IV ZR 521/14 = VersR 2016, 1492):

> *„In der privaten Unfallversicherung genügt es für einen adäquaten Kausalzusammenhang zwischen Unfallereignis und Gesundheitsbeeinträchtigung, dass das Unfallereignis an der eingetretenen Funktionsbeeinträchtigung mitgewirkt hat, wenn diese Mitwirkung nicht gänzlich außerhalb aller Wahrscheinlichkeit liegt. Eine wesentliche oder richtungsgebende Mitwirkung ist – anders als im Sozialversicherungsrecht – nicht zu verlangen. Daher schließt das Vorhandensein von Vorschäden für sich genommen die Kausalität nicht aus."*

III. Leistungsarten

1. Invaliditätsleistung

25 Die mit Abstand wichtigste Leistung in der privaten Unfallversicherung ist die **Invaliditätsleistung.** Der Versicherungsnehmer erhält vom Versicherer eine Geldsumme, deren Höhe sich nach der am Unfalltag vereinbarten Grundsumme und dem anhand der AUB zu ermittelnden Invaliditätsgrad richtet. Da auch in der Unfallversicherung vereinbart sein kann, dass Leistung und Beitrag dynamisch steigen, bedarf es stets einer individuellen Prüfung des Versicherungsschutzes zum Unfalltag. Durch die Reform des VVG zum 1.1.2008 und die Option, Versicherungsbedingungen anzupassen, können daher auch neue Versicherungsbedingungen bestehen. Schon aus diesem Grunde ist es unerlässlich, dass der Anwalt neben den Bedingungen den Versicherungsschein sowie ggf. den Nachtrag zum Zeitpunkt des Unfallgeschehens vom Mandanten erhält. Nur so kann die Invaliditätsleistung ausgerechnet werden.

26 Die Voraussetzungen der Invaliditätsleistung sind in Ziff. 2.1.1 AUB 2020 geregelt. Danach bedarf es

- des Eintritts der Invalidität
- der ärztlichen Feststellung der Invalidität und
- der Geltendmachung beim Versicherer.

a) Invalidität

27 Nach den Unfallversicherungsbedingungen Ziff. 2.1.1.1 AUB 2020 liegt eine Invalidität vor, wenn unfallbedingt die körperliche oder geistige Leistungsfähigkeit dauerhaft beeinträchtigt ist. Dauerhaft ist die Beeinträchtigung, wenn sie voraussichtlich länger als drei Jahre bestehen wird und eine Änderung des Zustandes nicht zu erwarten ist. Der Begriff der Invalidität entspricht damit der gesetzlichen Vorgabe des § 180 VVG.

Offenkundig ist, dass die Bedingungen keine absolute Sicherheit verlangen, wenn es um die Frage der Dauerhaftigkeit geht. Eine Prognose, die Leistungsfähigkeit sei dauerhaft beeinträchtigt, ist also ausreichend. Deutlich wird dies auch aus der Regelung in Ziff. 2.1.1.2 AUB 2020. Denn diese verlangen, dass die Invalidität binnen 15 Monaten seit dem Unfall eingetreten sein muss. Da also der Eintritt noch vor Ablauf des 3-Jahreszeitraums feststehen muss, ist eine Prognose völlig ausreichend. 28

Je schwerer die Verletzung ist, desto einfacher ist die Prognose. Demgegenüber bereiten häufig gut behandelbare Verletzungen, z.B. Knochenbrüche, bei der Beurteilung der Dauerhaftigkeit Probleme, wenn sich im Heilungsverlauf Komplikationen zeigen. Hier besteht die Gefahr, dass eine Prognose nicht (rechtzeitig) möglich ist, da die Ärzte an einen vollständigen Heilungsverlauf glauben, ohne dass es zu einem Dauerschaden kommt. Das Risiko, keine Invaliditätsleistung zu bekommen, ist dann sehr hoch. 29

> *Praxistipp*
>
> In solchen Fällen sollte stets im Wege der Individualvereinbarung versucht werden, den Prognosezeitpunkt nach hinten verschieben zu dürfen bzw. den Versicherer bitten, auf die Fristenregelung in Ziff. 2.1.1.2 AUB 2020 längstens bis zum Ende des dritten Unfalljahres zu verzichten. Dies sollte rechtzeitig beim Versicherer angemeldet werden. Denn wenn die Invaliditätsfristen abgelaufen sind, wird sich ein leistungsfreier Versicherer ungern auf den Abschluss einer Individualvereinbarung einlassen.

b) Formelle Voraussetzungen (Fristen)

Die **Fristen** bei der Invaliditätsentschädigung sind eines der Problemfelder, mit denen sich die Gerichte immer wieder im Bereich der privaten Unfallversicherung beschäftigen müssen. Nach Ziff. 2.1.1.2 AUB 2020 muss die Invalidität innerhalb von 15 Monaten nach dem Unfall eingetreten und von einem Arzt schriftlich festgestellt worden sein. Die Fristenberechnung erfolgt dabei taggenau gem. §§ 186 ff. BGB. 30

> *Praxistipp*
>
> Da nicht alle Unfallversicherungsverträge den Musterbedingungen AUB 2020 folgen, sind eine große Vielzahl an Fristenregelungen für den Eintritt der Invalidität am Markt vertreten. Typischerweise sind in den unterschiedlichen AUB Fristenregelungen von 12, 15, 24 oder 36 Monaten zu finden. Daher gilt einmal mehr für jeden Rechtsanwalt: Lassen Sie sich den Versicherungsschein und die Bedingungen geben!

Das Tückische an diesen Fristen ist, dass es sich hierbei um keine Obliegenheiten nach Eintritt des Versicherungsfalls handelt, so dass auch nicht § 28 Abs. 2 u. 3 VVG zur Anwendung kommen, sondern die Einhaltung der Fristen für den Eintritt der Invalidität und die ärztliche Feststellung objektive Tatbestandsmerkmale sind. 31

Konkret heißt dies, dass der Anspruch bei Fristversäumung ausgeschlossen ist, ohne dass es Entlastungsmöglichkeiten des Versicherungsnehmers gibt (vgl. BGH VersR 1978, 1036; OLG Koblenz VersR 2002, 430).

32 Dagegen wird die 15-Monats-Frist für die Geltendmachung der Invalidität als Ausschlussfrist angesehen. Dies bedeutet, wenn der Versicherungsnehmer diese Frist versäumt, ist ein sog. Entschuldigungsbeweis zulässig (vgl. BGH NJW 1982, 2779).

33 Die ratio dieser Fristen besteht darin, dass schwer aufklärbare und kaum zu übersehende **Spätschäden** ausgeschlossen werden sollen. Der BGH (vgl. z.B. BGH VersR 1998, 175 oder BGH VersR 2005, 639; in dieser Entscheidung hatte der BGH entschieden, dass die Fristenregelung der §§ 1 u. 7 AUB 94 dem Transparenzgebot entspricht) hatte die einzelnen AUB-Klauseln zur Prüfung vorliegen und hat entschieden, dass sie auch mit dem AGB-Gesetz vereinbar sind. Von daher sind diese Fristen ohne Wenn und Aber zu beachten und gerade von dem Rechtsanwalt, der private Unfallversicherungen bearbeitet, als das A und O der Mandatsbearbeitung anzusehen.

aa) Eintritt und ärztliche Feststellung der Invalidität innerhalb von 15 Monaten

34 Die Regelung in Ziff. 2.1.1.2 AUB 2020 ist objektive Anspruchsvoraussetzung. Ist eine dieser Voraussetzungen nicht erfüllt, besteht kein Anspruch. Wenn die Invalidität eingetreten ist, muss diese also spätestens 15 Monate nach dem Unfall ärztlich festgestellt werden. Innerhalb der ärztlichen Feststellung der Invalidität entstehen immer wieder Probleme hinsichtlich der einzelnen Formulierungen. Obwohl es sich hierbei in der Praxis nur um eine sehr kurze Bescheinigung eines Arztes handelt, treten hier immer wieder Schwierigkeiten auf, da viele Ärzte Formulierungen bei der Invalidität verwenden, die falsch sind oder von der Rechtsprechung nicht akzeptiert werden. Die erste Hürde bei der **ärztlichen Feststellung** ist, dass die Invalidität **unfallbedingt** eingetreten ist. Dies bedeutet nichts anderes, als dass die Feststellung des Arztes die Invalidität als kausale Dauerfolge des Unfalls enthalten muss. Deshalb ist eine ärztliche Bescheinigung, in der bloß festgehalten wurde, dass bei dem Patienten eine Invalidität als solche eingetreten ist, nicht ausreichend. Es fehlt dabei das wichtige Wort „unfallbedingt" oder „Folge des Unfalls". Hierauf muss der bearbeitende Rechtsanwalt achten. Am besten ist es, wenn der bearbeitende Rechtsanwalt hinsichtlich der **Invaliditätsfeststellung** selber einen Vordruck der ärztlichen Bescheinigung entwirft, oder er bedient sich der Vordrucke der Versicherer.

> *Praxistipp*
>
> Der Versicherer ist nicht verpflichtet, die ärztliche Invaliditätsfeststellung fristgerecht einzuholen! Von daher muss der die Angelegenheit betreuende Anwalt diese Fristen selber überwachen und notfalls selber die medizinische Feststellung durch einen Arzt in die Wege leiten.

Praxistipp

Probleme entstehen immer dann, wenn der Arzt selber eigene ärztliche Bescheinigungen hinsichtlich der Invaliditätsfeststellung erstellt. Von daher sollten die Vordrucke seitens des Rechtsanwalts oder des Versicherers verwendet und diese von den Ärzten lediglich ausgefüllt, gestempelt und unterschrieben werden. So lässt sich eine Vielzahl von Fehlern vermeiden. Ein Muster ist in Rdn 39 abgedruckt.

Als nächster wichtiger Punkt innerhalb der ärztlichen Invaliditätsfeststellung müssen die verschiedenen Körperteile oder die Bereiche, in denen eine Invalidität gegeben ist, aufgezählt werden. Dies ist deshalb von Wichtigkeit, weil oftmals mehrere Körperbereiche von einem Unfall betroffen sind. 35

Dieser Problembereich ist derjenige, in welchem am häufigsten Fehler auftreten. Es ist dem Rechtsanwalt daher dringend zu raten, dass er seinen Mandanten nach sämtlichen Invaliditätsbereichen hinsichtlich der Körperteile und auch der Bereiche außerhalb der Gliedertaxe befragt und nach Rücksprache mit den Ärzten dafür sorgt, dass sämtliche Invaliditätsbereiche ärztlich erfasst werden. In diesem Zusammenhang ist auf die Rechtsprechung des BGH (Urt. v. 7.3.2007 – IV ZR 137/06, zfs 2007, 400) hinzuweisen. Hier hatte der Kläger sich einen Hüftschaden zugezogen. Dieser Hüftdauerschaden wurde ärztlich festgestellt, so dass der Versicherer insgesamt 17.000 EUR leistete. Darüber hinaus hatte der Kläger aber auch noch durch den Unfall erhebliche Schmerzattacken, Kopfschmerzen, Schwindel, Konzentrationsstörungen und eine schwere Depression erlitten. Hierfür verlangte der Kläger insgesamt 750.000 EUR Invaliditätsentschädigung. Das Problem war, dass die schwere Depression als Invalidität nicht ärztlich innerhalb der vertraglichen 15-Monats-Frist festgestellt wurde, so dass bereits aus diesem Grunde der Anspruch vom BGH abgelehnt wurde. Es kann nicht oft genug auf diese tückische Rechtsprechung hingewiesen werden, da oftmals gerade im Bereich der psychischen Probleme die Patienten nach einem schweren Verkehrsunfall zunächst mit anderen Dingen im Krankenhaus beschäftigt sind, wie z.B. der Heilung der Knochen oder der Regeneration von Folgeoperationen und erst später diese Depressionen und Probleme außerhalb der Gliedertaxe ärztlich festgestellt werden, obwohl sie bereits vorher eingetreten waren. Wenn der Rechtsanwalt dann nicht darauf achtet, dass sämtliche Beschwerden ärztlich als Invaliditätsschaden festgestellt wurden, kann schon aus formalen Gründen der Anspruch ausgeschlossen sein, obwohl der Mandant tatsächlich einen solchen Dauerschaden hat und normalerweise der Versicherer leisten müsste. 36

Da Ärzte oftmals nicht wissen, wie die exakten Formulierungen hinsichtlich der Invaliditätsfeststellung auszusehen haben, treten Probleme auf, mit denen sich die Rechtsprechung beschäftigen musste. Im Folgenden sind enumerativ ein paar Formulierungen aufgelistet, die von der Rechtsprechung nicht akzeptiert wurden. Fol- 37 gende Formulierungen in Arztberichten sind hinsichtlich der Invaliditätsfeststellung daher unbrauchbar:

- arbeitsunfähig bis auf Weiteres (OLG Köln r+s 1994, 36)
- Dauerschaden noch nicht vorhersehbar (OLG Köln r+s 1992, 105)
- endgültige Beurteilung erst im nächsten halben Jahr möglich (OLG Karlsruhe r+s 1992, 359)
- Arbeitsunfähigkeit dauert bis auf Weiteres an (OLG Celle r+s 2000, 258)
- es ist Invalidität zu befürchten (LG Hamburg r+s 2003, 212)
- es ist mit einem Dauerschaden zu rechnen (OLG Naumburg VersR 2005, 970).

38 In einer anderen Entscheidung des OLG Koblenz ging es darum, dass lediglich die Invalidität mit angegeben war, bei den Körperteilen dagegen lediglich erwähnt wurde, dass eine chronische Überbelastung der rechten Schulter vorlag. Das OLG Koblenz (VersR 2003, 53) vertrat die Auffassung, dass dies nicht ausreicht, da eine Funktionsbeeinträchtigung der rechten Schulter durch eine chronische Überbelastung nicht automatisch im Zusammenhang mit einer unfallbedingten Invalidität stehe. Zur besseren Verständigung zwischen Rechtsanwalt und Arzt sowie Versicherer ist anliegend ein Vordruck aufgeführt, welcher verwendet werden kann.

39 ▼

Muster 10.1: Ärztliche Invaliditätsbescheinigung für die versicherte Person

Zur Vorlage beim privaten Unfallversicherer

1 Ist die körperliche oder geistige Leistungsfähigkeit aufgrund des Unfalls vom .... dauerhaft beeinträchtigt?
 □ ja
 □ nein

2 Ist die dauerhafte Beeinträchtigung innerhalb von 15 Monaten nach dem Unfall eingetreten?
 □ ja
 □ nein

3 Wenn ja, an welchen Körperteilen und Sinnesorganen einschließlich der Psyche wird die Invalidität verursacht?

4 Lässt sich das Ausmaß der dauernden Beeinträchtigung, d.h. die Höhe des Invaliditätsgrades, bereits gutachtlich feststellen?
 □ ja
 □ nein

5 Wenn nein, wann ist diese Feststellung möglich?

6 Auf welchen Fachgebieten ist eine Untersuchung zur Prüfung der Invaliditätsfrage erforderlich?

Ort/Datum		Unterschrift des Arztes/Stempel

▲

Bei 1. ist zunächst generell nach der Invalidität gefragt. Unter 3. sind die Körperteile seitens des Arztes anzugeben, die bei der Invalidität unfallbedingt eine Rolle spielen. Wenn z.B. eine Depression vorliegt, muss der Arzt notfalls die einzelnen Beschwerden aufzählen, wie z.B. Kopfschmerzen, Schwindel, Konzentrationsstörungen oder Schmerzattacken an den einzelnen Körperteilen. Der Grund für diese strenge Auffassung des BGH liegt auch darin, dass nur, wenn der Versicherer exakt weiß, an welchen Körperteilen eine Invalidität eingetreten ist, dieser den Sachverhalt weiter aufklären kann und durch Einholung von Spezialgutachten die Höhe des Invaliditätsgrades bemessen kann (vgl. BGH zfs 2007, 400 ff.). Mitunter sind unterschiedliche Abteilungen in der Uniklinik einzuschalten und mehrere Gutachten in Auftrag zu geben. Insofern sind diese strengen Voraussetzungen durchaus sinnvoll und seitens des Rechtsanwalts deshalb zu beachten. 40

Die Entscheidung des BGH zu den inhaltlichen Anforderungen der ärztlichen Invaliditätsfeststellung hat an Diskussionswürdigkeit nicht verloren. Einerseits hebt der BGH hervor, dass die Fristenregelung dem berechtigten Interesse der Versicherer an der Klärung ihrer Einstandspflicht dient und zugleich die Ausgrenzung von Spätfolgen ermöglicht, die nur schwer abklärbar und überschaubar sind. Dabei verkennt der BGH in unseren Augen, dass sich gerade Schwerstgeschädigte auf den Heilungs- und Genesungsprozess konzentrieren und dabei nicht alle möglichen Fachärzte konsultieren mit dem Ziel, in den jeweiligen Fachgebieten den Eintritt eines Dauerschadens abzuprüfen. Sie fokussieren sich auf das Ziel der Genesung, ggf. wird auch der Eintritt eines Dauerschadens verdrängt und daher, gerade auf psychischem Gebiet nicht behandelt, geschweige denn binnen Ausschlussfrist ärztlich festgestellt.

Zudem verkennt der BGH, dass der Versicherer durch die dem Versicherungsnehmer auferlegte Darlegungs- und Beweislast ausreichend geschützt ist. Denn es ist der Versicherungsnehmer, der mit den Mitteln des Strengbeweises sowohl den Unfall als auch den Dauerschaden beweisen muss. Beweiserleichterungen mit dem Maßstab des § 287 ZPO kommen ihm lediglich bei der anspruchsausfüllenden Kausalität zu Gute (BGH VersR 2011, 1171). Im Übrigen ist im Lichte des medizinischen Fortschritts und den hieraus fließenden Kenntnissen den Sachverständigen die Beantwortung entsprechender Kausalitätsfragen möglich. Dass allein eine unpräzise Invaliditätsbescheinigung des Arztes die Interessen der Versicherer nicht wahrt, scheint daher nicht interessengerecht.

Innerhalb der zweiten Frist ist noch von Bedeutung, dass der Versicherungsnehmer, der selber Arzt ist, sich die Bescheinigung nicht selber ausstellen darf. Dies muss stattdessen ein Dritter erledigen. Diesen Fall hatte das OLG Koblenz (OLG Koblenz VersR 1999, 1227) zu entscheiden, in welchem die Versicherungsnehmerin Ärztin war und eine Invalidität in Eigendiagnose festgestellt hatte. Das OLG Koblenz vertrat die Auffassung, dass dies nach den Bedingungen nicht ausreiche, sondern ein Dritter diese Feststellungen zu treffen habe. 41

42 Da die **psychischen Erkrankungen** anlässlich von Unfällen immer häufiger vorkommen und in der Praxis eine zunehmende Rolle spielen, sei nochmals auf eine weitere Entscheidung hingewiesen. Hier hatte das OLG Frankfurt a.M. (vgl. OLG Frankfurt a.M. VersR 2008, 248) in Anlehnung an die höchstrichterliche Rechtsprechung vom 7.3.2007 entschieden, dass psychische Erkrankungen nicht berücksichtigt werden können, weil es an der fristgerechten ärztlichen Feststellung innerhalb der 15-Monats-Frist fehle. Dies gelte unabhängig davon, ob eventuell ein Ausschlusstatbestand wegen psychischer Erkrankungen greife.

43 Bei Personengroßschäden sind manchmal bereits aus den Verletzungsarten zwangsläufig Dauerschäden ersichtlich, wie z.B. bei einer Querschnittslähmung oder einer Amputation (vgl. OLG Köln r+s 1994, 236). Grundsätzlich entheben auch diese Fälle nicht von der Verpflichtung der fristgerechten ärztlichen Feststellung der Invalidität. Es scheint sich hier jedoch um eine bloße Förmelei zu handeln, da bei schwersten Verletzungen der Dauerschaden auf der Hand liegt. Sollte sich in diesen Fällen der Versicherer tatsächlich auf den Fristablauf berufen, hilft § 242 BGB weiter. Auch ein Blick auf die mehrfach erwähnte Entscheidung des BGH (zfs 2007, 400) vom 7.3.2007 macht deutlich, dass der von der Regelung verfolgte Zweck nicht im Ansatz gefährdet wird.

44 Die Verfasser vertreten die Auffassung, dass dieser BGH-Entscheidung äußerst kritisch zu begegnen ist. Dort beschreibt der BGH die Anforderungen an die ärztliche Invaliditätsfeststellung. Danach muss sich die ärztliche Invaliditätsbescheinigung innerhalb der vertraglich vereinbarten Fristen zu **Ursache und Auswirkung** des Dauerschadens erklären. Hierzu darf ausgeführt werden, dass sich der Kläger neben dem Hüftgelenkspfannenbruch als unfallbedingtem Dauerschaden auch eine Cephalgie und eine Gedächtnisreduzierung vom Arzt bestätigen ließ und sodann wegen einer unfallbedingten Depression die Versicherungsleistung begehrte. Leistung wegen Depression lehnte der BGH ab, da diese in der Invaliditätsbescheinigung vom Arzt nicht festgestellt worden sei. Eine Prüfung der Beeinträchtigung der geistigen Leistungsfähigkeit müsse daher nicht erfolgen. Die Begründungsansätze, die der BGH in dieser Entscheidung formuliert, entfernen sich allerdings vom Bedingungswortlaut. Was ungeprüft bleibt: Die Bedingungen sehen keine Leistung wegen Depression vor, sondern bereits wegen einer dauerhaften Beeinträchtigung der körperlichen oder geistigen Leistungsfähigkeit.

45 Der verständige Versicherungsnehmer kann von sich aus nicht die Zusammenhänge überblicken und genau auseinanderhalten, welche ärztliche Invaliditätsbescheinigungen innerhalb der vertraglichen Fristen einzuholen sind, zumal der Versicherungsnehmer auch keine Einsicht in die Arztunterlagen nimmt. Das Auslegungsverständnis sollte daher mit der Maßgabe geändert werden, dass generell die Invalidität innerhalb der jeweiligen Frist festgestellt und geltend gemacht werden muss, nicht jedoch unter Berücksichtigung der einzelnen fachspezifischen Arztabteilungen. Die Aussage, dass die körperliche und/oder geistige Leistungsfähigkeit auf

Dauer beeinträchtigt ist, sollte für die ärztliche Invaliditätsfeststellung ausreichend sein, da die Bedingungen zunächst nicht mehr vom Versicherungsnehmer verlangen. Eine weitere Aufklärung scheint auch in einem zweiten Schritt möglich und beeinträchtigt die Interessen des Versicherers nicht. Berücksichtigt man zudem, dass sich der schwerstverletzte Versicherungsnehmer in der Regel innerhalb der 15 Monate nach dem Unfall ausschließlich um seine Genesung und Heilung kümmert, so ist es noch unverständlicher, warum der Versicherungsnehmer hier benachteiligt wird.

Praxistipp

Sollte der Rechtsanwalt Fälle erhalten, in denen zuvor ein Kollege tätig war oder die Frist vom Versicherungsnehmer nicht eingehalten wurde, empfiehlt es sich dennoch, beim Versicherer die Invaliditätsleistungen geltend zu machen, da Versicherer mitunter auch aus Kulanz leisten. Entweder leisten sie die volle Summe oder reduzierte Kulanzbeträge, die immer noch besser sind, als wenn der Anspruch gar nicht geltend gemacht wird. In Absprache mit seinem Mandanten kann der Rechtsanwalt daher den einen oder anderen Fall so doch noch zu einem vernünftigen Ergebnis führen, wenn Fehler in der Vergangenheit geschehen sind.

bb) Geltendmachung der Invalidität innerhalb von 15 Monaten

Bei der dritten Frist ist von Bedeutung, dass die Invalidität innerhalb von **15 Monaten** nach dem Unfall geltend gemacht werden muss. Dies ist keine Anspruchsvoraussetzung, sondern eine **Ausschlussfrist**, was bedeutet, dass der Versicherungsnehmer die Möglichkeit hat, bei Versäumnis der Frist diese zu entschuldigen. 46

Wichtig ist bei dieser dritten Frist, dass der Invaliditätsgrad noch nicht in den Prozentzahlen feststehen muss, sondern es reicht die einfache Behauptung, dass Invalidität eingetreten ist und diese nunmehr geltend gemacht wird. Zwar ist in den Bedingungen nicht geregelt, dass die Geltendmachung der Invalidität schriftlich zu erfolgen hat. Es ist dies jedoch allein wegen der Beweislast zu empfehlen, zumal die Rechtsprechung dies auch teilweise fordert. 47

Praxistipp

Wie auch sonst üblich ist Voraussetzung, dass das Schreiben dem Versicherer zugegangen sein muss, wobei die Beweislast hier der Versicherungsnehmer trägt. Bekanntlich ist auch hier, wie bei anderen Zugangsnachweisen, der Sendebericht des Faxes nicht ausreichend. Insofern ist es aus praktischen Gründen am einfachsten, beim Versicherer anzurufen und den Zugang bestätigen zu lassen. Uhrzeit und Name des Sachbearbeiters sind als Aktennotiz aufzuschreiben. Auf diese Weise lässt sich der Zugang des Schreibens beweisen.

48 In der Entscheidung des BGH vom 13.3.2002 (VersR 2002, 698) ging es um einen Entschuldigungsgrund, wobei sich der Kläger darauf berufen hatte, er sei seit dem Unfall schwerstverletzt, geschäftsunfähig bzw. unverschuldet nicht in der Lage gewesen, den Anspruch beim Versicherer geltend zu machen. Es beginnt damit keine neue Frist zu laufen, sondern der Versicherungsnehmer muss ohne schuldhaftes Zögern die Invalidität beim Versicherer nachträglich geltend machen.

49 Erwähnenswert ist auch die Entscheidung des OLG Stuttgart vom 14.5.2009 (– 7 U 174/08, VersR 2009, 1065). Werden in einer fristgerechten Unfallanzeige Verletzungsfolgen aufgeführt, die notwendig zu einer Invalidität führen, so enthält die Unfallanzeige bereits selbst die Geltendmachung der Invalidität. Werden in der Unfallanzeige konkret „Ganzkörperverbrennungen dritten Grades“ benannt, bei denen aufgrund des mitgeteilten Grades für den Versicherer erkennbar ist, dass ein großer Teil der Körperoberfläche betroffen ist und erfahrungsgemäß bei diesem Schadenbild Dauerschäden unausweichlich sind, so erfüllt die Schadenmeldung gleichzeitig die Pflicht zur Geltendmachung der Invalidität.

Praxistipp

Ein Blick auf die Unfallmeldung ist also lohnenswert, wenn der Mandant sich mit dem Ablehnungsgrund konfrontiert sieht, er habe nicht innerhalb von 15 Monaten nach dem Unfall die Invalidität geltend gemacht. Vielleicht liegt die Geltendmachung bereits in der Schadensanzeige, die unmittelbar nach dem Unfall versandt wurde. Denn dass die Geltendmachung der Invalidität zwangsläufig erst nach Erfüllung der vorangegangenen Tatbestandsmerkmale (Eintritt der Invalidität und ärztliche Feststellung) zu erfolgen hat, ist nicht anzunehmen.

50 Darüber hinaus existiert noch ein großer Umfang an Urteilen (vgl. BGH VersR 1978, 1036; OLG Saarbrücken, VersR 1997, 956; OLG Oldenburg, NVersZ 2000, 85), nach denen das Berufen auf die Fristversäumung seitens des Versicherers treuwidrig ist. Dies ist z.B. dann der Fall, wenn der Versicherer selber umfangreiche und belastende Untersuchungen des Versicherungsnehmers veranlasst und sich anschließend auf den Fristablauf beruft. In der Praxis kommt es häufig vor, dass z.B. auch der Versicherer von sich aus ein ärztliches Gutachten einholt. In diesen Fällen kann der Versicherer sich dann nicht auf den Fristablauf berufen, da dies zu dem vorangegangenen Verhalten des Versicherers treuwidrig wäre. Ferner gibt es in der Praxis auch häufig Fälle, in denen aufgrund der Primärverletzung der Dauerschaden feststeht oder nahe liegt. Auch in diesem Fall wäre es treuwidrig seitens des Versicherers, sich auf den Fristablauf zu berufen. Ein verständiger Prüfer des Versicherers käme daher zu dem Ergebnis, dass hier aufgrund der Primärverletzungen der Dauerschaden feststeht. Gerade bei Personenschäden und Personengroßschäden ist es daher wichtig, seitens des Anwalts hierauf zu achten.

Praxistipp

Manchmal ist es auch so, dass der Rechtsanwalt ein „Wechsel-Mandat" hat und er von einem Kollegen den Fall übernommen hat. Der Kollege hat aber von sich aus nicht an die Ansprüche aus dem Personenversicherungsbereich gedacht. Wenn nun der neu eingeschaltete Rechtsanwalt, der das Personenschadensmandat übernommen hat, feststellt, dass die Ansprüche aus der privaten Unfallversicherung noch gar nicht geltend gemacht wurden, kommt es vor, dass der Versicherer von sich aus sagt, dass derartige Ansprüche nunmehr nicht mehr geltend gemacht werden können, weil die Fristen nach den AUB abgelaufen sind. In diesem Fall kann der Rechtsanwalt sich oftmals mit Erfolg auf das rechtsmissbräuchliche Verhalten des Versicherers berufen, da aufgrund der erheblichen Primärverletzung ein Dauerschaden nahe gelegen hat oder feststand, so dass die Invaliditätsansprüche nunmehr trotz Fristablaufs noch durchgesetzt werden können. Es ist daher wichtig für den Rechtsanwalt, diese Rechtsprechung zu kennen. Der Werbeeffekt für den Rechtsanwalt, der nunmehr den Fall wieder „geradegebogen" hat, ist hier umso größer. Der BGH (VersR 2006, 352) hatte ebenfalls den Fall zu entscheiden, wo ein unfallbedingter Dauerschaden nahe lag, aber die Bescheinigung noch fehlte oder unzureichend war. Manchmal kann es auch so sein, dass der Versicherer Teilzahlungen leistet oder sonstige Erklärungen den Eindruck erwecken, der Versicherer werde auch bei Fristversäumung zahlen. So war es beim OLG Saarbrücken (VersR 2005, 929) und OLG Köln (VersR 1994, 1220). Auch in diesem Fall sollte der Rechtsanwalt die Rechtsprechung zur Treuwidrigkeit kennen.

Sollte die Abwicklung des Unfallschadens über einen **Versicherungsmakler** erfolgt sein, ist unbedingt auf die Entscheidung des BGH vom 16.7.2009 (zfs 2009, 690 ff.) hinzuweisen. In diesem Fall hatte der Makler die Unfallschadensanzeige des Versicherungsnehmers an den Versicherer geschickt. Allerdings hatte der Versicherer nur dem Versicherungsnehmer mit einer Frage geantwortet und den Versicherungsmakler nicht informiert. Der Versicherungsnehmer hat die Sache liegen lassen und die Invaliditätsansprüche nicht innerhalb der 15-Monats-Frist beim Versicherer geltend gemacht. In diesem Fall hatte der BGH entschieden, dass der Versicherungsmakler für den Schaden komplett zu haften habe. Der Makler hat die Fristen zu überwachen und den Versicherungsnehmer zu informieren. Der Makler ist hier auch nicht als Rechtsberater tätig, sondern es wird eine Hinweispflicht als Nebenpflicht des Versicherungsmaklervertrages begründet. Der BGH hat in dieser lesenswerten Entscheidung sogar die Ansicht vertreten, dass den Versicherungsnehmer, der ebenfalls die Fristen nicht beachtet habe, selber kein Mitverschulden treffe. 51

Praxistipp

Generell kann zu den Fristen und zu den jeweiligen Bedingungen gesagt werden, dass der Rechtsanwalt, der versicherungsrechtliche Mandate bearbeitet, kreativ sein muss und die von den Versicherern ausgearbeiteten Bedingungen keinesfalls ungeprüft anwenden darf. Möglicherweise sind diese auch unwirksam. Er sollte daher auf der Klaviatur der §§ 307 ff. BGB, was die generelle Klauselwirksamkeit betrifft, spielen können. So ist in diesem Zusammenhang auf die Entscheidung des OLG Hamm (Urt. v. 19.10.2007 – 20 U 215/06, VersR 2008, 811) hinzuweisen. Dort wurde festgehalten, dass die 15-Monats-Frist-Klausel in den AUB 2000 möglicherweise unwirksam ist, da diese Klausel lediglich unter der Überschrift *„Welche Leistungen können vereinbart werden?“* stand, aber nicht unter der Überschrift *„Was ist nach einem Unfall zu beachten?“*. Insofern hat sich das OLG positioniert, dass diese Klausel gegen das sog. Transparenzgebot verstoßen würde und daher unzulässig sei. Von daher ist gerade bei der Neufassung der einzelnen AUB der Rechtsanwalt gefordert, der diese Klauseln überprüft und möglicherweise auf Fehler durch Gerichte überprüfen lässt. So kann er für den Versicherungsnehmer Erfolge erzielen. So ein Erfolg spricht sich schnell herum.

52 Im Zusammenhang mit den Fristen ist auch noch eine wichtige Entscheidung des OLG Karlsruhe (NJW 2010, 1760) von Bedeutung. Hiernach muss der Rechtsanwalt, der ein unfallversicherungsrechtliches Mandat hat, auf die versicherungsvertraglichen Fristen (Ausschlussfristen AUB) für die Geltendmachung von Invaliditätsleistungen hinweisen, auch wenn er keinerlei Kenntnis davon hat, dass beim Mandanten ein Dauerschaden vorliegt. Diese Rechtsprechung ist insofern sehr weitgehend, da das OLG Karlsruhe hier in Anlehnung an den IX. Senat des BGH von dem Rechtsanwalt immer den sichersten Weg verlangt. Ähnlich wie beim Versicherungsmakler muss auch der Anwalt daher den Mandanten darauf hinweisen, welche Konsequenzen es hat, wenn die Fristen nicht eingehalten werden oder der Anwalt womöglich gar nicht weiß, dass hier ein Dauerschaden beim Mandanten vorliegt. Selbst wenn der Versicherer ein Merkblatt versandt hat, welches Bezug auf die AUB-Fristen nimmt, muss der Rechtsanwalt von sich aus selber den Mandanten noch auf die AUB-Fristen hinweisen. Diese Rechtsprechung zeigt wieder einmal, dass die Fristen das A und O sind und diese ganz genau genommen werden müssen.

c) Hinweis nach § 186 VVG

53 Sind diese Fristen nicht eingehalten, kann sich der Versicherungsnehmer nicht mehr auf die Intransparenz der einzelnen Klauseln berufen. Mehr Erfolg verspricht daher ein genauer Blick auf den erteilten Hinweis nach § 186 S. 1 VVG. Danach hat der Versicherer die Pflicht, den Versicherungsnehmer auf die vertraglichen **Anspruchs- und Fälligkeitsvoraussetzungen in Textform** (§ 126b BGB) hinzuweisen. Wurde dieser Hinweis nicht erteilt, kann sich der Versicherer auf mögliche Fristversäumnisse nicht berufen, § 186 S. 2 VVG. Ob dies jedoch auch für die Monatsfrist gilt, innerhalb derer die Invalidität eingetreten sein muss, scheint fraglich (Abl. *Schwintowski/Brömmelmeyer*, 2. Aufl. 2010, § 186 Rn 10; *Marlow*, in: Marlow/Spuhl, Rn 1256), da der Versicherungsnehmer hierauf keinen Einfluss hat.

Nach dem Willen des Gesetzgebers (Begr. BT-Drucks. 16/3945, S. 109) soll der Versicherer zur Leistung nur nach Vorlage medizinischer Dokumente verpflichtet sein. Lange Behandlungszeiträume, ungewisse Prognosen, mangelnde medizinische Kenntnisse des Versicherungsnehmers, gepaart mit der fehlenden Kenntnis zeitlicher Anspruchsvoraussetzungen, provozieren geradezu Probleme. *„Um diesen vermeidbaren Problemen zu begegnen, soll den Versicherer bei Anzeige eines Versicherungsfalles eine Informationsobliegenheit treffen, den Versicherungsnehmer auf solche speziellen Anspruchs- und Fälligkeitsvoraussetzungen hinzuweisen“* (Begr. BT-Drucks a.a.O.). Diese Hinweispflicht erfüllt der Versicherer in der Praxis dadurch, dass er die einschlägigen AUB ohne nähere Erläuterungen, beispielsweise Ziff. 2.1.1.2 AUB 2020, zitiert. 54

Das **reine Zitieren** der in den AUB enthaltenen Fristen stellt nicht nur nach der Auffassung der Verfasser keinen ordnungsgemäßen Hinweis auf die vertraglichen Anspruchs- und Fälligkeitsvoraussetzungen gem. § 186 S. 1 VVG dar (vgl. auch *Schwintowski/Brömmelmeyer*, 2. Aufl. 2010, § 186 Rn 13). Dabei muss der Versicherer sicherlich nicht auf ein Bestehen des Versicherungsvertrages oder den Eintritt des Unfalls im Versicherungszeitraum hinweisen, auch wenn es sich dabei dem Grunde nach um Fälligkeitsvoraussetzungen handelt (*Marlow*, in: Marlow/Spuhl, Rn 1255). Insoweit wird § 186 S. 1 VVG teleologisch zu reduzieren sein und nur Bezug nehmen auf die „speziellen Fälligkeitsvoraussetzungen“, namentlich die einzuhaltenden Fristen. 55

Die Hinweispflicht soll sich aber in jedem Fall auf Voraussetzungen erstrecken, auf deren Eintritt der Versicherungsnehmer Einfluss nehmen kann. Dass hierunter der fristgemäße Eintritt der Invalidität nicht fällt, liegt auf der Hand. Einfluss hat der Versicherungsnehmer aber auf die fristgemäße ärztliche Feststellung der Invalidität und die fristgemäße Geltendmachung der Invaliditätsleistung. Insoweit würde eine Wiedergabe der AUB sicherlich genügen. 56

Erweiternd muss aber verlangt werden, dass der Versicherer auch über die **inhaltlichen Anforderungen an die ärztliche Invaliditätsfeststellung** aufzuklären ist. Deutlich wird dies im Zusammenhang mit der Entscheidung des BGH vom 7.3.2007 (zfs 2007, 400). Hier hatte der BGH betont, dass die Fristenregelung zur ärztlichen Invaliditätsfeststellung dem berechtigten Interesse des Versicherers an der baldigen Klärung seiner Einstandspflicht dient. Zugleich betonte er, dass die ärztliche Invaliditätsbescheinigung dem Versicherer die Möglichkeit verschaffen soll, den Versicherungsfall und seine Leistungspflicht zu prüfen. Zugleich soll sie eine Ausgrenzung von Spätschäden ermöglichen, die in der Regel nur schwer abklärbar und überschaubar sind und die der Versicherer daher von der Deckung herausnehmen will. Daher sollen nur die in der ärztlichen Invaliditätsfeststellung aufgeführten Dauerschäden bei der Invaliditätsfeststellung beachtet werden. 57

„Daraus folgt: Erforderlich ist die Angabe eines konkreten, die Arbeitsfähigkeit des Versicherten beeinflussenden Dauerschadens. […] Nur einem Dauerschaden, zu dessen Ursache und Auswirkungen sich die Bescheinigung bereits verhält, kann der Versicherer nachgehen. Führt die ärztliche Bescheinigung hingegen einen Dauerschaden, auf den sich der Versicherungsnehmer später für seinen Anspruch auf Invaliditätsleistung beruft, noch gar nicht auf, kann der mit der Regelung in § 7 I (1) Abs. 2 AUB 95 verfolgte Zweck nicht erreicht werden. Der Versicherer hat für diesen Fall keinen Anlass, den Sachverhalt weiter abzuklären, weil ihm der Dauerschaden, den der Versicherungsnehmer später geltend macht, durch die ärztliche Feststellung nicht bekannt wird. Umgekehrt kann der Versicherungsnehmer nicht davon ausgehen, dass eine ärztliche Bescheinigung, die (nur) einen bestimmten Dauerschaden benennt, ihn davon enthebt, einen weiteren, dort nicht aufgeführten Dauerschaden, der nach seiner Auffassung zusätzlich vorliegt, ärztlich feststellen zu lassen". (BGH a.a.O.)

Dass diese Entscheidung auf andere AUB mit gleichem Bedingungsinhalt übertragbar ist, liegt auf der Hand.

58 Dass ein reines Zitieren der AUB zu den Fristenregelungen nicht ausreicht, sondern auch auf den **Inhalt der ärztlichen Feststellung** hinzuweisen ist, wird auch durch die Entscheidung des BGH (Urt. v. 1.4.2015 – IV ZR 104/13) bekräftigt. Dort hatte sich der BGH zum notwendigen Inhalt der fristgebundenen ärztlichen Invaliditätsfeststellung erklärt, die *„die Schädigung sowie den Bereich, auf den sie sich auswirkt, ferner die Ursachen, auf denen der Dauerschaden beruht"*, benennen muss.

59 Da Fälligkeitsvoraussetzung neben der fristgemäßen ärztlichen Feststellung auch ihre inhaltliche Richtigkeit ist, muss erst recht vom Versicherer, der im Übrigen „seine Interessen durch die ärztliche Feststellung gewahrt wissen will", verlangt werden, nicht nur auf die formellen Voraussetzungen einer rechtzeitigen ärztlichen Invaliditätsfeststellung hinzuweisen, sondern auch auf ihren Inhalt. Denn wenn in diesem Zusammenhang ggf. Rechtsanwalt und Makler haften (vgl. OLG Karlsruhe NJW 2010, 1760), muss der Versicherer nicht geschützt werden, wenn er nach dem Willen des Gesetzgebers zur Hinweiserteilung verpflichtet ist.

60 So nahm der BGH (Urt. v. 16.7.2009, zfs 2009, 690 ff.) eine Haftung des Versicherungsmaklers an, der für den Versicherungsnehmer die Schadensanzeige an den Versicherer meldete, sich dann aber um die Einhaltung der Fristen nicht mehr kümmerte. Da die Fristen letztlich nicht eingehalten wurden, berief sich der Versicherer auf Leistungsfreiheit. Dies genügte dem BGH, um den Makler vollständig haften zu lassen.

Praxistipp

Für eine ordnungsgemäße Hinweiserteilung nach § 186 S. 1 VVG ist der Versicherer darlegungs- und beweisbelastet. Hierzu gehört auch der **Zugang** des Hinweises. Erklärt sich der Hinweis nach § 186 S. 1 VVG nicht zu den inhaltlichen Anforderungen an die ärztliche Invaliditätsfeststellung, weil er lediglich die besonderen Fristen zitiert, ist bei Bedarf grundsätzlich dem Versicherer mit dem Einwand des § 186 S. 2 VVG zu begegnen.

d) Treuwidriges Berufen auf Fristversäumnis, § 242 BGB

Unter bestimmten Voraussetzungen kann es möglich sein, dass der Versicherer verpflichtet ist, auf eine nicht ordnungsgemäße ärztliche Invaliditätsfeststellung hinzuweisen. So hat das OLG Naumburg (Urt. v. 19.4.2012 – 4 U 37/10, VersR 2013, 229) entschieden, dass der Versicherer sich nach Treu und Glauben dann nicht auf die Ausschlussfrist zu Ziff. 2.1.1.1 S. 2 AUB 99 berufen kann, wenn er nach selbst eingeholten Arztberichten eine anspruchsbegründende Invalidität für möglich erachtet und es verabsäumt, den Versicherungsnehmer darauf hinzuweisen, dass sein rechtzeitig eingereichtes ärztliches Attest nicht den Anforderungen einer Invaliditätsfeststellung nach Ziff. 2.1.1.1 AUB 99 genügt. 61

Ein Sichberufen auf das Fristversäumnis der ärztlichen Invaliditätsfeststellung ist auch dann treuwidrig, wenn der Versicherer zunächst zwar belehrt, in einem späteren Schreiben den Versicherungsschutz wegen eines Ausschlusses (Straftat) jedoch verweigert und zugleich dem Versicherungsnehmer anbietet, bei für ihn günstigem Ausgang des Strafverfahrens erneut die Leistungspflicht prüfen zu wollen. Mit dieser Öffnung der Leistungsprüfung hat der Versicherer deutlich gemacht, gerade nicht auf die Einhaltung der Feststellungsfrist zu bestehen, sondern ausschließlich den Ausgang des Strafverfahrens abwarten zu wollen (OLG Naumburg, Beschl. v. 19.7.13 – 4 W 6/13). Etwas anderes hätte (wohl) dann gegolten, wenn der Versicherer erneut in seinem Ablehnungsschreiben auf die Fristen hingewiesen hätte. 62

Mit unterschiedlichen Ergebnissen beantworten das OLG Bamberg (Urt. v. 24.1.2013 – 1 U 124/12), und das OLG Saarbrücken (Urt. v. 13.3.2013 – 5 U 242/12) die Frage, ob der Versicherer treuwidrig handelt, wenn er das Fehlen der ärztlichen Feststellung selbst rügt. Das OLG Bamberg hat diese Frage verneint und die Klage als unbegründet abgewiesen, da selbst im letzten Termin zur mündlichen Verhandlung diese Bescheinigung nicht vorlag. 63

Begründung: Die Hinweispflichten des § 186 VVG machen das Vorliegen der Anspruchsvoraussetzungen nicht entbehrlich. Anmerkung: Die Nichtzulassungsbeschwerde zum BGH wurde dort zurückgewiesen (BGH, Beschl. v. 4.12.13 – IV ZR 79/13).

Dagegen hat das OLG Saarbrücken diese Frage bejaht. Allerdings hatte dort der Versicherer ein Sachverständigengutachten ohne ärztliche Invaliditätsfeststellung eingeholt. Selbst wenn der Versicherungsnehmer im Rechtsstreit eine solche Erklärung nicht vorlegen kann, scheitert die Klage nicht an diesem Umstand.

Praxistipp

§ 242 BGB ist Rettungsanker. Dabei zeigen die hier genannten Beispiele, dass häufig der Einzelfall über Erfolg und Misserfolg entscheidet. Und, wer Lesen kann, ist klar im Vorteil. Was hat der Versicherer in seinen Schreiben mitgeteilt? Hat er unmissverständlich abgelehnt, oder doch bei Eintritt bestimmter Ereignisse einen neuen Einstieg in seine Leistungsprüfung angekündigt? Zudem eröffnet § 242 BGB dem Anwalt ein breites Argumentationsspektrum. Kreativität siegt. Wem ein Klagerisiko zu hoch erscheint, kann sich in diesen Fällen auch einmal vertrauensvoll an den Vorstand der Versicherung oder den Ombudsmann wenden. Häufig, so zeigt unsere Erfahrung, lässt sich mit diesen Mitteln auch ein außergerichtlicher Vergleich erzielen.

e) Invaliditätsbemessung (Grad der Invalidität)

64 Die Bewertung des jeweiligen **Invaliditätsgrades** erfolgt gem. Ziff. 2.1.2.2 AUB 2020 nach der Gliedertaxe (Ziff. 2.1.2.2.1 AUB 2020), wenn die betroffenen Körperteile oder Sinnesorgane dort genannt sind; ansonsten danach, in welchem Umfang die normale körperliche oder geistige Leistungsfähigkeit dauerhaft beeinträchtigt ist (Ziff. 2.1.2.2.2 AUB 2020).

65 Dabei unterscheiden die AUB zwischen der **Erstbemessung** (Ziff. 2.1.2.2 AUB 2020) und der **Neubemessung** (Ziff. 9.4 AUB 2020). Die Erstbemessung hat dabei nach den in den jeweiligen AUB geregelten Fristen zu erfolgen. Am Beispiel der AUB 2020 hat die Invalidität innerhalb von 15 Monaten einzutreten. Damit ist Maßstab der Erstbemessung spätestens 15 Monate nach dem Unfall. Allerdings stellt Ziff. 2.1.2.2 AUB 2020 auch für die Erstbemessung auf den unfallbedingten Zustand ab, der spätestens am Ende des dritten Unfalljahres erkennbar ist. Für den Sachverständigen bedeutet dies einen Blick in die Zukunft. Er trifft also 15 Monate nach dem Unfall eine Prognose, wie sich der Gesundheitszustand zum Ende des dritten Unfalljahres zeigen wird.

66 Zum besseren Verständnis der Invaliditätsbemessung ist die Gliedertaxe aus den AUB 2020 und die Regelung für die Bemessung außerhalb der Gliedertaxe nachfolgend abgedruckt. Da ab den AUB 2008 die sog. Im-Gelenk-Klauseln aufgegeben wurden, haben wir diese in Klammern gesetzt.

67 ■ Als feste Invaliditätsgrade gelten – unter Ausschluss des Nachweises einer höheren oder geringeren Invalidität – bei Verlust oder Funktionsunfähigkeit

	☐	Arm (im Schultergelenk)	70 Prozent
	☐	Arm bis oberhalb des Ellenbogengelenks	65 Prozent
	☐	Arm unterhalb des Ellenbogengelenks	60 Prozent
	☐	Hand (im Handgelenk)	55 Prozent
	☐	Daumen	20 Prozent
	☐	Zeigefinger	10 Prozent

	☐	anderer Finger	5 Prozent
	☐	Bein über die Mitte des Oberschenkels	70 Prozent
	☐	Bein bis zur Mitte des Oberschenkels	60 Prozent
	☐	Bein bis unterhalb des Knies	50 Prozent
	☐	Bein bis zur Mitte des Unterschenkels	45 Prozent
	☐	Fuß (im Fußgelenk)	40 Prozent
	☐	große Zehe	5 Prozent
	☐	andere Zehe	2 Prozent
	☐	Auge	50 Prozent
	☐	Gehör auf einem Ohr	30 Prozent
	☐	Geruchssinn	10 Prozent
	☐	Geschmacksinn	5 Prozent

- Bei Teilverlust oder teilweiser Funktionsbeeinträchtigung gilt der entsprechende Teil des genannten Invaliditätsgrades
- Für andere Körperteile oder Sinnesorgane richtet sich der Invaliditätsgrad danach, in welchem Umfang die normale körperliche oder geistige Leistungsfähigkeit insgesamt dauerhaft beeinträchtigt ist. Maßstab ist eine durchschnittliche Person gleichen Alters und Geschlechts. Die Bemessung erfolgt ausschließlich nach medizinischen Gesichtspunkten.

aa) Invaliditätsbemessung nach Gliedertaxe

(1) Auslegungsverständnis

Zum Verständnis der Gliedertaxe des BGH (Urt. v. 14.11.12 – IV ZR 34/11): 68

„Die Gliedertaxe bestimmt nach einem abstrakten und generellen Maßstab feste Invaliditätsgrade bei Verlust oder diesem gleichgestellter Funktionsunfähigkeit der mit ihr benannten Glieder. Gleiches gilt bei Verlust oder Funktionsunfähigkeit eines durch die Gliedertaxe abgegrenzten Teilbereichs eines Gliedes. Demgemäß beschreibt die Regelung abgegrenzte Teilbereiche eines Armes und Beines und ordnet jedem Teilbereich einen festen Invaliditätsgrad zu, der mit Rumpfnähe des Teilgliedes steigt. Die Gliedertaxe stellt damit für den Verlust und für die Funktionsunfähigkeit der in ihr genannten Gliedmaßen oder deren Teilbereiche durchgängig allein auf den Sitz der unfallbedingten Schädigung ab.“

Praxistipp

Die richtige Anwendung der Gliedertaxe verlangt auch medizinische Grundkenntnisse. Durch die abstrakten und festen Prozentangaben soll die Gleichbehandlung der Versicherungsnehmer gewährleistet werden. Allerdings gibt es für bestimmte Berufe manchmal Zusatzbedingungen, die individuell ausgehandelt wurden, sodass bei bestimmten Verletzungen andere Prozentsätze gelten als in der abgedruckten **Gliedertaxe**. Von daher kann nicht oft genug der Tipp gegeben werden, dass grundsätzlich die Bedingungen, die der Versicherungsnehmer individuell abgeschlossen hat, eingesehen werden müssen und anhand dieser Bedingungen der Einzelfall gelöst werden muss.

69 Anders als im Schadensersatzrecht kommt es auch nicht auf die persönlichen Verhältnisse des Versicherungsnehmers an, wie Haushalt, Ausbildung, welchen Beruf der Versicherungsnehmer ausübt oder in welchen Wohnverhältnissen er lebt.

70 Die Aufzählung innerhalb dieser Gliedertaxe zeigt, dass es sich überwiegend um orthopädische Bereiche handelt. Liegt dagegen eine andere Verletzung vor, muss die Invalidität **außerhalb der Gliedertaxe** bemessen werden, so z.B. bei **Hautverletzungen, Zahnverletzungen, Verletzungen der Geschlechtsorgane, Verletzungen der inneren Organe, Verletzungen des Brust- und Bauchraumes, Verletzungen der Wirbelsäule, Verletzungen von Kopf und Gehirn, Brandverletzungen sowie psychischen Beeinträchtigungen**.

(2) Invaliditätsgrad ist Rechtsfrage

71 Die in der Gliedertaxe genannten Invaliditätsgrade machen zugleich deutlich, dass der Invaliditäts**grad** nicht einem Sachverständigen zur Beantwortung übertragen werden kann, da es sich um eine **Rechtsfrage** handelt. Dies wird spätestens dann erkennbar, wenn z.B. eine verbesserte Gliedertaxe einen höheren Invaliditätsgrad für den Verlust oder die Funktionsunfähigkeit vorgibt. Während der Sachverständige ggf. den Verlust des Armes bestätigt, ermittelt das Gericht unter Auslegung des Vertragswerkes den Invaliditätsgrad und prüft, ob die verbesserte Gliedertaxe zu einem höheren Invaliditätsgrad führt.

72 Dies gilt natürlich nicht nur für die Ermittlung des Invaliditätsgrades bei Verlust oder Funktionsunfähigkeit. Vielmehr, und hier erfährt die Invaliditätsbemessung ihren praktischen Schwerpunkt, auch im Zusammenhang mit der Funktionsbeeinträchtigung. So sah es auch das Kammergerichtes Berlin (KG v. 7.12.12 – 6 U 74/12):

> *„Die Annahme einer (Gesamt-)Beeinträchtigung des Gliedes „Fuß im Fußgelenk" mit 7,5/10 ist ebenfalls nicht zu beanstanden. Soweit die Beklagte meint, das Landgericht hätte schon mangels eigener Sachkunde lediglich den vom Sachverständigen festgestellten Wert von 6/10 zugrunde legen dürfen, folgt der Senat ihr nicht. Denn das Landgericht hat in seinem Urteil die auf seinem Sachgebiet festgestellten Befunde des Sachverständigen nicht in Frage gestellt und ist auch nicht ohne die Darlegung einer eigenen Sachkunde davon abgewichen. Das Landgericht hat vielmehr bei seiner Entscheidung die Untersuchungsergebnisse des Sachverständigen – sowohl zum Umfang der Bewegungseinschränkungen des oberen und unteren Sprunggelenks als auch hinsichtlich der für die Zukunft bereits absehbaren Verschlechterungen im Bereich des oberen Sprunggelenks – zugrunde gelegt. Dass das Landgericht dennoch –*

rechnerisch – zu einem höheren Invaliditätswert gekommen ist, beruht allein auf einer Anwendung des Rechts, nämlich der Auslegung der zwischen den Parteien vereinbarten Versicherungsbedingungen. Denn die Berechnung der Höhe der Invaliditätsleistung hängt neben der tatsächlichen Feststellung, in welchem Umfang der Kläger im Gebrauch des verletzten Gliedes beeinträchtigt ist, auch von der rechtlichen Frage ab, in welcher Höhe die Parteien für eine derartige Beeinträchtigung die zu leistende Invaliditätsleistung vereinbart haben. Dass das Landgericht sich für diese Frage auf eine eigene Sachkunde stützen kann, wird ersichtlich von der Beklagten auch nicht in Abrede gestellt werden.“

Praxistipp

Jedenfalls dann, wenn die Bemessung nach der Gliedertaxe erfolgt, sollte nicht übersehen werden, dass der medizinische Sachverständige kein Jurist ist. Seine Einschätzung des Invaliditätsgrades kann keine Bindungswirkung haben. Sie ist allenfalls im Sinne einer Empfehlung zu verstehen.

(3) Invaliditätsgrad bei Funktionsbeeinträchtigung

In der Praxis bereiten Verlust oder Funktionsunfähigkeit keine großen Probleme, wenn es um die Ermittlung des Invaliditätsgrades geht. In der Regel ist eine Funktions**beeinträchtigung** Gegenstand der Invaliditätsbemessung. Die konkrete Funktionsbeeinträchtigung der einzelnen Bereiche aus der Gliedertaxe wird durch den Arzt festgestellt. So regelt Ziff. 7.3 AUB 2020, dass der Versicherer Ärzte beauftragt, wenn dies für seine Leistungsfrist erforderlich ist. Von diesen muss sich die versicherte Person untersuchen lassen, wobei die Kosten einschließlich der notwendigen Kosten der versicherten Person (z.B. Fahrtkosten, Verdienstausfall) der Versicherer trägt. 73

Praxistipp

Sobald diese Gutachten der Versicherer dem Anwalt vorliegen, muss dieser die Gutachten genau überprüfen, da Versicherer in der Regel selbsternannte Institute beauftragen, die überwiegend ihre Aufträge vom Versicherer bekommen. Insofern ist hinsichtlich solcher Institute äußerste Skepsis geboten, da bekanntlich das Sprichwort gilt: „Wes' Brot ich ess', des' Lied ich sing.“ Oftmals ergibt eine nähere Betrachtung dieser Gutachten, dass die behandelnden Ärzte Literatur verwenden, die Empfehlungen zum Invaliditätsgrad enthält. Interessant ist dabei, dass zum einen niemand die Empfehlung des Invaliditätsgrades auf Richtigkeit überprüft hat und zum anderen die Bedingungen keine festen Invaliditätsgrade für die Funktionsbeeinträchtigung enthalten. Gleichwohl beobachten wir, dass sich durch die Bewertungspraxis anhand der Literaturempfehlung eine schablonenförmige Bemessung des Invaliditätsgrades etabliert hat.

74 Eine standardisierte Ermittlung des Invaliditätsgrades nach den „**Gutachterempfehlungen**" sieht weder das Bedingungswerk noch die Rechtsprechung vor. Diese ist nur für den Verlust oder die Funktionsunfähigkeit der in der Gliedertaxe genannten Gliedmaßen erlaubt. Interessant ist in diesem Kontext auch die Entscheidung des LG Krefeld (Urt. v. 21.7.202121 – 2 O 170/19), die jedoch nicht rechtskräftig geworden ist. Das Gericht, welches ebenfalls den vom Sachverständigen ermittelten Invaliditätsgrad nach oben korrigiert und damit deutlich macht, dass dieser Rechtsfrage ist, führt aus:

> *„Die Bewertung von Arthroseschmerzen (und wohl auch die Bewertung von Schmerzen insgesamt) erfolgt in den Standardtabellenwerken zur Unfallversicherung wie demjenigen von Schiltenwolf/Hollo/Gaidzik, Begutachtung der Haltungs- und Bewegungsorgane, Thieme Verlag grundsätzlich fehlerhaft, so dass die hierauf gestützte sachverständige Bewertung ebenfalls unzureichend ist."*

75 *Praxistipp*

Wird der Invaliditätsgrad ärztlich festgestellt, muss der Anwalt diesen nicht nur auf Richtigkeit prüfen, sondern auch, ob ab diesem festgestellten Invaliditätsgrad die **Progression** greift. Diese sog. **Progressionsstaffeln** sind nicht automatisch vereinbart, sondern müssen ausdrücklich vertraglich festgehalten werden und gelten ab einem bestimmten Grad der Invalidität. Je nach Prozentsatz kann sich die Invalidität verdoppeln, verdreifachen oder sogar vervierfachen. Insofern ist an die Progression immer bei der Ermittlung des Invaliditätsgrades zu denken.

76 *Praxistipp*

Ferner ist nach festgestellter Invalidität zu prüfen, ob eine Rente vereinbart ist. Viele Bedingungen sehen vor, dass ab einem Invaliditätsgrad z.B. von 50 % eine monatliche Rente zu leisten ist. Da diese Rente in der Regel lebenslang zu entrichten ist, ist hieran unbedingt aus Anwaltssicht zu denken, da diese Zahlungen monatlich addiert erhebliche Summen ergeben können.

77 Wenn der Grad der Funktionsbeeinträchtigung feststeht und auch feststeht, welcher Bereich aus der Gliedertaxe betroffen ist, ist die Berechnung und Bemessung der Höhe der Invaliditätsleistung recht einfach. Dies soll anhand eines Falles kurz skizziert werden.

78 *Fall:*

Der Versicherungsnehmer hat einen Dauerschaden am linken Bein, am rechten Bein sowie am Becken. Das Arztgutachten kommt zu einer Funktionsbeeinträchtigung von 1/2 beim linken Bein und von 1/10 beim rechten Bein sowie 1/10

Gesamtinvalidität infolge der Beckenverletzung. Der Versicherer würde dann dem Versicherungsnehmer bzw. seinem Anwalt schreiben:

„Die Höhe der Invaliditätsleistung bemisst sich bei einer Grundsumme von 100.000 EUR wie folgt:

Gliedmaß	Invalidität bei Verlust	Anteil bei Funktionsbeeinträchtigung
Bein links	70 %	1/2 = 35 %
Bein rechts	70 %	1/10 = 7 %
Becken	gem. Gutachten	10 %
Gesamtbewertung		**52** %

Insgesamt ergibt sich daher eine Invaliditätsleistung von 52.000 EUR. Darüber hinaus muss geprüft werden, ob in diesem Fall die **Progression** zu berücksichtigen ist. Nach bestimmten **Progressionsstaffeln**, die vertraglich vereinbart werden müssen und nicht automatisch gelten, werden ab bestimmten Invaliditätsgraden die Leistungen vervielfacht, ggf. bis zum Zehnfachen. In der Regel erfolgt die Erhöhung des Invaliditätsgrades nach folgendem Schema: 79

Invaliditätsgrad	**Leistung**
1–25 %	Einfach
26–50 %	Zweifach
51–100 %	Dreifach

Konkret auf diesen Fall angewandt führt dies zu folgender Berechnung: 80

52 % Invaliditätsgrad

25 %-Punkte einfach	= 25 % aus 100.000 EUR	= 25.000 EUR
25 %-Punkte zweifach	= 50 % aus 100.000 EUR	= 50.000 EUR
2 %-Punkte dreifach	= 6 % aus 100.000 EUR	= 6.000 EUR

Damit errechnet sich eine Invaliditätsleistung von 81.000 EUR.

Praxistipp

Sieht der Vertrag bei einem Invaliditätsgrad ab 50 % eine Unfallrente vor, kommt es nicht auf die progressiv ermittelte Invaliditätsleistung an, sondern auf die ermittelte Invalidität. Liegt diese beispielhaft bei 45 %, aufgrund der Progression aber bei 65 %, besteht kein Rentenanspruch.

(4) Invaliditätsgrad bei Mehrfachverletzungen

Innerhalb der Invaliditätsbemessung (Grad der Invalidität) kommt es immer wieder zu Problemen, wenn mehrere Schädigungen vorliegen. Zunächst hat der BGH in ständiger Rechtsprechung, zuletzt 2012 (VersR 2012, 351) festgehalten, dass **keine Addition der Invaliditätsgrade von körpernahen und körperfernen Teilgliedern** 81 erfolgt. Denn der Verlust des körpernahen Teils schließt den Verlust des körperfernen Teils ein. Der Verlust des Armes bedingt auch den Verlust der Hand. Diese Fälle bereiten in der Praxis keine Probleme.

82 Komplizierter wird die Ermittlung des Invaliditätsgrades bei Mehrfachschädigungen eines Gliedmaßes, die zu einer Funktionsbeeinträchtigung führen. Im o.g. Urteil des BGH waren eine Schulterverletzung und eine Schädigung des den Arm und die Hand versorgenden Nervengeflechts zu beurteilen. Da die Bedingungen die Klausel „Arm im Schultergelenk" enthielten, richtete sich die Invaliditätsbemessung vollständig nach der Gliedertaxe. Dabei definiert der BGH das Verhältnis zwischen den körperfernen und körpernahen Teilen eines Gliedmaßes in seinem 2. Leitsatz wie folgt:

> *„Führt die Funktionsunfähigkeit des rumpfferneren Körperteils zu einem höheren Invaliditätsgrad als die Funktionsunfähigkeit des rumpfnäheren Körperteils, so stellt die Invaliditätsleistung für das rumpffernere Körperteil die Untergrenze der geschuldeten Versicherungsleistung dar."*

> *Praxishinweis*
>
> In einem solchen Fall scheint es, als ob der BGH eine Addition der einzelnen Teilwerte des Invaliditätsgrades zulässt.

83 Anders verhält es sich, wenn es um die einzelnen Werte mehrerer Gliedertaxenkörperteile geht, so z.B. wenn der Arm und das Bein betroffen wurde. Dann sind die Invaliditätsgrade selbstverständlich zu addieren. Gleiches gilt auch, wenn z.B. die Hand und die Wirbelsäule betroffen sind. Insofern gibt es diese Rechtsprechung immer nur bei den oben genannten Fällen. Wenn jedoch mehrere Glieder oder mehrere Organe aus der Gliedertaxe betroffen sind, wird natürlich addiert.

> *Praxistipp*
>
> Trotz vorzunehmender Addition der einzelnen Invaliditätsgrade kann der maximale Invaliditätsgrad nicht mehr als 100 % betragen. Hat der Versicherungsnehmer unfallbedingt beide Beine verloren, liegt der Invaliditätsgrad je Bein bei 70 %, in der Addition jedoch nur bei 100 %. Er erhält damit die maximale Invaliditätsleistung aus dem Vertrag unter Beachtung der ggf. vereinbarten Progression.

(5) Invaliditätsgrad bei Im-Gelenk-Klausel

84 Der BGH erklärte die Klausel Hand-im-Handgelenk für unwirksam, da sie **unklar** ist (Urt. v. 9.7.2003 – IV ZR 74/02). Denn wörtlich genommen kann das Auslegungsergebnis einerseits das Handgelenk sein – worunter der Versicherungsnehmer die bewegliche Verbindung zwischen dem Unterarm und der Hand verstehen wird – andererseits aber auch die gesamte Funktion der Hand erfassen. Sind beide Auslegungsergebnisse denkbar, ist die Klausel unklar, was zu Lasten des Verwenders

geht. Im Ergebnis streicht der BGH diese Klausel nicht, sondern lässt die für die versicherte Person **günstigste Auslegungsregel** zu. War im Fall des BGH das Handgelenk (hier das Gelenk zwischen Hand und Unterarm) versteift und zeigte die Hand selbst noch ein restliches Funktionsvermögen bzgl. Bewegung der Finger, Gefühl und Kraft, war gleichwohl die Hand im Handgelenk ohne Funktion mit der Folge, dass der volle Gliedertaxwert den Invaliditätsgrad unverrückbar festlegte.

Praxistipp

Diese Rechtsprechung ist auf die übrigen im-Gelenk-Klauseln, namentlich Arm im Schultergelenk und Fuß im Fußgelenk zu übertragen. Die Versicherungswirtschaft hat auf diese Rechtsprechung reagiert und die im-Gelenk-Klauseln aus der Gliedertaxe genommen. Ältere Bedingungen enthalten sie aber weiterhin.

bb) Invaliditätsbemessung außerhalb der Gliedertaxe

(1) Grad der Behinderung als Orientierung?

Da die Bemessung ausschließlich nach **medizinischen Erkenntnissen** zu erfolgen hat, ist der Invaliditätsgrad hier keine Rechtsfrage. Vergleichsmaßstab ist die körperliche oder geistige Leistungsfähigkeit einer durchschnittlichen (unverletzten) Person gleichen Alters und Geschlechts. Für die Bemessung des Invaliditätsgrades außerhalb der Gliedertaxe verlangt der BGH (Urt. v. 28.1.2009 – IV ZR 6/08) in jedem Fall die Einholung eines **Sachverständigengutachtens**, welches sich auch zum Invaliditätsgrad erklärt. Und dennoch stellt sich die Frage, ob die medizinischen Sachverständigen auch zur Vermeidung unterschiedlicher Ergebnisse einen Rechtsraum zu beachten haben. 85

Anhaltspunkte für die außerhalb der Gliedertaxe zu bemessende Invalidität sollten in unseren Augen der **Grad der Behinderung (GdB)** oder der **Grad der Schädigung (GdS)** sein. Die Ermittlung dort richtet sich nach den **Grundsätzen der Versorgungsmedizin-Verordnung (VersMedV)**. Dabei ist auffällig, dass der GdB deckungsgleich dem Grad der Schädigung (GdS) ermittelt wird. Entscheidend ist, dass beide Begriffe nach den Erläuterungen der VersMedV die „Auswirkungen von Funktionsbeeinträchtigungen in allen Lebensbereichen zum Inhalt haben“. Zudem setzen GdB und GdS eine Regelwidrigkeit gegenüber dem für das Alter typischen Gesundheitszustand voraus. Wir erinnern, dass die AUB auf die Leistungsfähigkeit einer unverletzten Person gleichen Alters und Geschlechts abgestimmt werden. 86

Wenn nun die Grundsätze der VersMedV die Ermittlung einer Funktionsbeeinträchtigung in allen Lebensbereichen erlauben, die AUB von einer Beeinträchtigung der körperlichen oder geistigen Leistungsfähigkeit sprechen, so werden beide Bewertungssysteme keine signifikanten Unterschiede für den um Verständnis bemühten durchschnittlichen Versicherungsnehmer begründen, wenn es um die Ermittlung von GdB/GdS oder der normalen körperlichen bzw. geistigen Leistungsfähigkeit geht. Umso mehr sind wir zur **rechtlichen Überzeugung** gelangt, dass sich 87 die Invalidität außerhalb der Gliedertaxe nicht aus einem rechtsfreien Raum ermitteln lassen darf, sondern ebenfalls nach strengen medizinischen Erkenntnissen zu erfolgen hat. Eine dieser medizinischen Erkenntnisse bildet zweifelsohne die VersMedV.

88 Unterstützung finden wir dabei in der Bewertungspraxis nach der Gliedertaxe. Dort ist überwiegend die Anwendung von „Bewertungs- oder Regulierungsempfehlungen der Literatur“ zu beobachten, obwohl die Bedingungen klar von einer Funktionsbeeinträchtigung des betroffenen Gliedmaßes sprechen. Wenn nun „Empfehlungen“ über den Grad der Invalidität innerhalb der Gliedertaxe entscheiden – dies ist eigentlich dem Bedingungswortlaut nicht zu entnehmen – weshalb sollte dann die Bewertung der Invalidität außerhalb der Gliedertaxe nicht der VersMedV folgen?

(2) Gliedertaxe als Kontrollmechanismus

89 Das OLG Karlsruhe (Urt. v. 30.12.2016 – 12 U 97/16) vertritt in dieser Entscheidung die Auffassung, dass auch bei der Bewertung des Invaliditätsgrades außerhalb der Gliedertaxe diese als Kontrollmaßstab herangezogen werden kann, wenn **Wertungswidersprüche** drohen. Dies ist jedenfalls dann der Fall, wenn sich der Sitz der Schädigung außerhalb der Gliedertaxe befindet, die Auswirkungen sich aber ausschließlich in einem in der Gliedertaxe genannten Körperteil finden. In der Zwischenzeit hat sich der BGH (Beschl. v. 27.9.2017 – IV ZR 511/15) dieser Auffassung unter ausdrücklichem Bezug auf das OLG Karlsruhe angeschlossen.

f) Leistungskürzung

90 Neben der Vorinvalidität werden in den AUB Krankheiten und Gebrechen genannt, die Einfluss auf die Leistungshöhe haben können. Sie reduzieren den Invaliditätsgrad und haben damit Einfluss auf die Progression oder die Frage nach dem Bezug der Unfallrente. Die Anrechnung erfolgt also nicht erst auf der Ebene der berechneten Invaliditätsleistung.

91 Die Beweislast – hier ist Maßstab der Strengbeweis – trägt der Versicherer, wobei dem Versicherungsnehmer eine sekundäre Darlegungslast abverlangt wird. Nur er kann sich zu einer Vorinvalidität oder zu Krankheiten bzw. Gebrechen erklären. Steht zur Überzeugung und mit den Mitteln des Strengbeweises fest, dass eine Vorinvalidität oder Krankheiten und Gebrechen am Invaliditätsgrad mitgewirkt haben, ist der Anteil jedoch gem. § 287 ZPO der Schätzung zugänglich.

92 Die Bedingungen stehen einer Reduzierung des Invaliditätsgrades bei kumulativem Zusammentreffen von Vorinvalidität und der Mitwirkung von Krankheiten oder Gebrechen nicht entgegen (BGH, Beschl. v. 27.9.2017 – IV ZR 511/15).

aa) Minderung bei Vorinvalidität

93 Der Invaliditätsgrad ist nach Ziff. 2.1.2.2.3 AUB 2020 zu reduzieren, wenn vor dem Unfall bereits betroffene Körperteile oder Sinnesorgane dauerhaft beeinträchtigt waren, sog. Vorinvalidität. Diese Vorinvalidität wird nach den Regelungen der Invalidität, also anhand der Gliedertaxe bzw. nach den Grundsätzen außerhalb der Gliedertaxe ermittelt. Häufig wird die Vorinvalidität bei Augenverletzungen erörtert, wenn die versicherte Person bereits vor dem Unfall eine Brille trug (LG Köln, Urt. v. 25.11.2020 – 26 O 340/16).

bb) Mitwirkung von Krankheiten und Gebrechen

94 Neben der Leistungskürzung wegen Vorinvalidität kann es zu einer Invalidität kommen, bei der Krankheiten oder Gebrechen mitgewirkt haben. Im Gegensatz zur Vorinvalidität sind vor dem Unfall bestehende Beeinträchtigungen also nicht zu beklagen gewesen. Denkbar sind z.B. Heilungsstörungen wegen Diabetes. In solchen Fällen sieht Ziff. 3.2 AUB 2020 eine Minderung des Invaliditätsgrades entsprechend dem Anteil der Mitwirkung vor. Allerdings will der Versicherer nicht jede Mitwirkung zu seinem Vorteil nutzen. Die AUB 2020 sehen daher vor, dass ein Mitwirkungsanteil von weniger als 25 % keine Minderung des Invaliditätsgrades auslöst.

> *Praxistipp*
>
> Die Versicherer haben die Mitwirkungsklausel, insbesondere die Grenzen, bis zu denen keine Anrechnung erfolgt, individualisiert. Häufig finden sich diese bei 40, 50 oder 75 %. Im günstigsten Fall erfolgt eine Anrechnung erst dann, wenn die Krankheit oder das Gebrechen zu 100 % mitgewirkt hat.

95 **Krankheiten** sind behandlungsbedürftige Gesundheitszustände, die in der Regel Arbeitsunfähigkeit auslösen. Dabei ist das Merkmal der Arbeitsunfähigkeit nicht zwingend. Beispielhaft nennen die AUB 2020 Diabetes und Gelenkserkrankungen.

96 Ein **Gebrechen** ist nach der Entscheidung des BGH (BGH v. 22.1.20 – IV ZR 125/18) ein dauernder abnormer Gesundheitszustand, der eine einwandfreie Ausübung normaler Körperfunktionen (teilweise) nicht mehr zulässt. Demgegenüber sind Zustände, die noch im Rahmen der medizinischen Normen liegen, selbst dann keine Gebrechen, wenn sie eine gewisse Disposition für Gesundheitsstörungen bedeuten.

> *Praxistipp*
>
> Vereinfacht ausgedrückt kommt Gebrechen eine leistungskürzende Wirkung nur dann zu, wenn das **alterstypische Maß überschritten** ist. Auch wenn ältere Versicherungsnehmer mit Gebrechen belastet sind, sollen sie keinen reduzierten Versicherungsschutz erfahren, der mit den alterstypischen Gebrechen begründet wird. Ließe man dies zu, würden ältere Versicherungsnehmer naturgemäß nie mehr volle Leistung erhalten, obwohl sie über die Prämie gleichen Versicherungsschutz bezahlen. Zeigt sich z.B. im Alter eine altersgerechte Arthrose im

Kniegelenk, löst diese nicht das Kürzungsrecht der Mitwirkungsklausel aus. Bei der Prüfung der Gutachten ist gerade bei älteren Mandanten darauf zu achten, dass der Sachverständige alterstypische Gebrechen nicht unter die Mitwirkungsklausel subsumiert. Notfalls muss hier nachgefragt werden.

g) Neubemessung der Invalidität

97 Nicht selten kommen Gutachter im Rahmen der Erstbemessung zu der Prognose, dass sich der Gesundheitszustand weiter verändern wird. Wird sich dieser verbessern, wird der Versicherer gemeinsam mit seiner Leistungsentscheidung mitteilen, dass er von seinem Recht der Neubemessung zum Ende des dritten Unfalljahres Gebrauch machen wird. Kommt es dann zu einem geringeren Invaliditätsgrad, muss der Versicherungsnehmer die **Invaliditätsleistung zurückzahlen**.

Praxistipp

Wir beobachten, dass die Versicherer in der Leistungsentscheidung den Hinweis erteilen, *„Sie und wir sind berechtigt, den Grad der Invalidität jährlich erneut ärztlich bemessen zu lassen. Dieses Recht steht Ihnen und uns längstens bis zu drei Jahren nach dem Unfall zu. Wenn wir eine Neubemessung wünschen, teilen wir Ihnen dies zusammen mit der Erklärung über unsere Leistungspflicht mit. Wenn Sie eine Neubemessung wünschen, müssen Sie uns dies vor Ablauf der Frist mitteilen"* und damit einen Teil der vertraglichen Regelung des Ziff. 9.4 AUB zitieren. Dies genügt in unseren Augen nicht für die Ausübung der Neubemessung durch den Versicherer. Denn der reine Hinweis des Versicherers auf das Bestehen eines solchen Rechts bedeutet nicht, dieses auch in Anspruch zu nehmen.

Praxistipp

Für den Versicherungsnehmer ist die Neubemessung nur sinnvoll, wenn sich sein Zustand verschlechtert hat, da er sich auch in das **Risiko der Rückzahlung** begibt – selbst dann, wenn der Versicherer auf sein Recht der Neubemessung verzichtet hat (BGH, Urt. v. 2.11.2022 – IV ZR 257/21). Zur Vermeidung einer fehlerhaften Bearbeitung des Mandates sollte der Anwalt den Mandanten auf dieses Risiko hinweisen und sich dies bestätigen lassen.

h) Inhalt des Gutachtens

98 Liegen die Voraussetzungen für die Leistungspflicht vor, lässt der Versicherer in der Regel ein Gutachten zum Grad der Invalidität erstellen. Spätestens mit dessen Zugang wird oftmals erst richtig in die Auseinandersetzung mit dem Versicherer eingestiegen. Dabei geraten die medizinischen Gutachter ins Kreuzfeuer der Kritik. Denn ihre Einschätzung zum Invaliditätsgrad hängt maßgeblich von der richtigen Fragestellung ab. Ein Blick in die einschlägigen AUB macht es deutlich.

Zunächst ist darauf hinzuweisen, dass, richtet sich die Invalidität nach der Gliedertaxe, die dort angegebenen Werte unumstößlich sind. Kommen Gutachter aufgrund eines Verlustes des Arms, der nach der Gliedertaxe mit 70 % bewertet wird, zu der Annahme, die besonderen Umstände des Einzelfalles gebieten eine Überschreitung oder Unterschreitung des Wertes, so ist dies falsch. 99

Ist ein Verlust des Gliedes nicht zu beklagen, muss die Funktionsbeeinträchtigung ermittelt werden. Dabei ist ein Augenmerk auf die Formulierung der Gliedertaxe zu werfen. Geht diese beispielhaft von „Arm im Schultergelenk = 70 %" aus und liegt eine vollständige Versteifung vor, kommt es auf eine Beweglichkeit des Unterarms und der Hand nicht an, da die Versteifung zu einem Funktionsverlust des „Arms **im** Schultergelenk" geführt hat (vgl. hierzu zuletzt BGH VersR 2014, 365.). Der Invaliditätsgrad beträgt 70 %. Interessant ist bei dieser Entscheidung des BGH auch, dass der Gutachter für die Bemessung des Invaliditätsgrades auf medizinische Fachliteratur, dort *Rompe/Erlenkämper*, Begutachtung von Haltungs- und Bewegungsorganen, 3. Aufl., zurückgriff, die bei Versteifung des Schultergelenkes eine Invalidität von 4/10 bis ½ Armwert vorgab. Diese medizinische Einschätzung deckte sich aber nicht mit den einschlägigen AUB. Während in *Rompe/Erlenkämper* in diesem Fall bei der Invaliditätsbemessung noch das Restleistungsvermögen des Armes berücksichtigt wurde, musste dies im Fall des BGH gerade nicht beachtet werden. Ob die Entscheidung des Gutachters bei der Geltung der AUB 2020 richtig wäre, kann hier offenbleiben. 100

Ein für den Richter, die Prozessparteien und ihre Bevollmächtigten gutes und nachvollziehbares Gutachten sollte dabei neben den Verletzungen auch den Heilungsverlauf und den Dauerschaden benennen. Da die Bedingungen bei Anwendung der Gliedertaxe auf die Funktionsbeeinträchtigung abstellen, hat der Gutachter auch grundsätzlich die Funktion des betroffenen Gliedes, also das Leistungsvermögen unmittelbar vor dem Unfall, aufzuzeigen. Vorschäden werden dabei ausdrücklich zu benennen sein. Anschließend hat der Gutachter gleichsam einer Schablone die dauerhaften Verletzungsfolgen über die Funktionen zu legen und sich dazu zu erklären, inwieweit diese Verletzungen die Funktion beeinträchtigen. Sodann darf, muss aber nicht, diese Beeinträchtigung (Delta zwischen dem Funktionsumfang vor und nach dem Unfall) wertmäßig benannt und begründet werden. 101

Häufig erklären sich Gutachten nicht zur Funktion des betroffenen Gliedes. So werden beispielhaft bei Beinverletzungen Beugung und Streckung nach der Neutral-Null-Methode ermittelt und sich zu den beschwerdefrei zu bewältigenden Wegstrecken – mit und ohne Hilfsmittel – erklärt. Anschließend kommt der Gutachter zu dem Ergebnis, dass eine Invalidität von 3/10 Beinwert besteht. Für den Leser häufig nicht nachvollziehbar, hätte der Wert genauso gut bei 5/10 oder 2/10 liegen können. Hintergrund ist, dass sich der Gutachter nur zum aktuellen Leistungsvermögen erklärt, nicht aber zum Leistungsvermögen vor dem Unfall. Dieses Delta und die da- 102 mit einhergehende unfallbedingte Funktionsbeeinträchtigung sind aber für ein fehlerfreies und nachvollziehbares Gutachten entscheidend.

103 Weiterhin muss sich der Sachverständige auch zu absehbaren Folgen aus den feststehenden Verletzungsfolgen erklären und diese in die Bewertung mit einfließen lassen. Bemisst der Gutachter den Invaliditätsgrad ausschließlich anhand der Anknüpfungstatsachen, wie sie sich am Untersuchungstag zeigen und „friert den Gesundheitszustand ein", ist dies fehlerhaft. Drohende Amputationen, Gelenksversteifungen oder die Gefahr eines künstlichen Gelenkes haben Einfluss auf den Invaliditätsgrad.

104 Bliebe noch die Frage zu beantworten, wie denn die Funktion und damit das Leistungsvermögen vor dem Unfall aussah. Antworten werden sich regelmäßig in den Arztberichten finden. Sind in den Arztberichten Vorerkrankungen nicht erwähnt, wird vom normalen altersgerechten Zustand mit entsprechendem Leistungsvermögen auszugehen sein. Da die Bedingungen regelmäßig Anrechnungsvorschriften beinhalten und damit die Leistung kürzen, sind sie gleichsam einer Einwendung vom Versicherer darzulegen und ggf. zu beweisen. Hilfreich und von der Rechtsprechung ausdrücklich unterstützt, ist der **Seitenvergleich** mit dem unverletzten paarigen Gliedmaß (vgl. KG v. 11.8.2015 – 6 U 147/13).

> *Praxistipp*
>
> Der das Unfallversicherungsrecht bearbeitende Anwalt sollte grundsätzlich mit spezialisierten Ärzten, insbesondere mit Orthopäden zusammenarbeiten, da überwiegend der Invaliditätsgrad auf diesem Gebiet bestimmt wird.

> *Praxistipp*
>
> Kommt der Mandant mit einem vom Versicherer unterbreiteten **Regulierungsvorschlag**, liegt in der Regel ein **Rechtsschutzfall** vor, da sich der Unfallversicherer mit diesem Angebot nicht „vertragstreu" verhält. Denn nach Ziff. 9.1 AUB 2020 erklärt sich der Versicherer innerhalb bestimmter Fristen, ob und in welchem Umfang er die Leistung anerkennt. Ein Regulierungsvorschlag ist kein Anerkenntnis.

2. Unfallrente

105 Sieht die Versicherungspolice auch die Zahlung einer Unfallrente vor, sind ihre Voraussetzungen in Ziff. 2.2 AUB 2020 geregelt. Die AUB verlangen einen unfallbedingten Invaliditätsgrad von mindestens 50 %, dessen Bemessung sich nach der Gliedertaxe oder den Bestimmungen außerhalb der Gliedertaxe richtet. Die Kürzungsvorschriften zur Vorinvalidität und zur Mitwirkung sind ausdrücklich zu beachten. Während sich dies für die Vorinvalidität aus der Systematik von 2.1.2.2.3 AUB 2020 ergibt, wird dies für die Mitwirkung von Krankheiten und Gebrechen in Ziff. 3.2.1 AUB 2020 ausdrücklich genannt.

Praxistipp

Die Progressionsregelungen haben keinen Einfluss auf den Invaliditätsgrad und entscheiden nicht über den Bezug der Rente. Sie geben nur die Höhe der Invaliditätsleistung vor.

Die Unfallrente wird rückwirkend ab Beginn des Monats gezahlt, in dem sich der Unfall ereignet hat, und danach monatlich im Voraus. Sie wird lebenslang gezahlt. Allerdings hat der Versicherer die Möglichkeit, gem. Ziff. 9.4 AUB 2020 bis zum Ende des dritten Unfalljahres die Voraussetzungen des Rentenbezugs zu prüfen. Ergibt die Neubemessung einen geringeren Invaliditätsgrad, der für den Bezug der Rente erforderlich ist, wird der Versicherer leistungsfrei. Anders als bei der Invaliditätsleistung droht dem Versicherungsnehmer **keine Rückzahlungspflicht der Rente**. 106

Praxistipp

Der Streitwert der Unfallrente errechnet sich aus der Addition der rückständigen Renten und dem nach § 9 ZPO zu ermittelnden zukünftigen Renten, wobei hier ein Abschlag von 20 % zu erfolgen hat.

3. Tagegeld

Haben die Parteien als versicherte Leistung ein Tagegeld vereinbart, richten sich dessen Voraussetzungen nach Ziff. 2.4 AUB 2020. Erforderlich ist, dass der Unfall zu einer **Beeinträchtigung der Arbeitsfähigkeit** geführt hat und die versicherte Person sich deshalb in **ärztlicher Behandlung** befindet. 107

Die Höhe des Tagegeldes wird durch die vereinbarte Höhe und durch den unfallbedingten Grad der Beeinträchtigung der Arbeitsfähigkeit bestimmt. Ziff. 2.4.2 AUB 2020 stellt dabei nicht auf die allgemeine Arbeitsfähigkeit ab, sondern nimmt den bis zum Unfall konkret ausgeübten Beruf als Beurteilungsmaßstab. Nur wenn keine Berufsausübung bestand, soll auf die allgemeine Arbeitsfähigkeit abgestellt werden. Konkret bedeutet dies, dass eine Beeinträchtigung der Arbeitsfähigkeit um 50 % auch nur zu einem hälftigen Zahlungsanspruch des versicherten Tagesgeldes führt. Dieser besteht längstens für ein Jahr. 108

Praxistipp

Die schlüssige Darstellung des Anspruchs auf Tagegeld ist mit Blick auf den häufig geringen Streitwert eine undankbare Aufgabe. Denn sie verlangt, dass der bis zum Unfall konkret ausgeübte Beruf genau beschrieben wird. Auf die Ausführungen zur Berufsunfähigkeit kann an dieser Stelle Bezug genommen werden. Daneben muss die unfallbedingte Beeinträchtigung, also die Auswirkung der unfallbedingten Verletzungen auf die Arbeitsfähigkeit, dargestellt werden.

4. Krankenhaustagegeld

109 Nach Ziff. 2.5 AUB 2020 kann auch eine solche Leistungsart vertraglich festgehalten werden. Das **Krankenhaustagegeld** wird für jeden Kalendertag gezahlt, an welchem sich der Versicherungsnehmer wegen des Unfalls in medizinisch notwendiger, vollstationärer Heilbehandlung befindet. Wie der Wortlaut schon sagt, ist Voraussetzung zum einen die medizinische Notwendigkeit, zum anderen die vollstationäre Heilbehandlung. Versagt wird der Schutz, wenn trotz stationären Aufenthaltes nicht die akute Heilbehandlung, sondern die medizinische Rehabilitation im Vordergrund steht. Dies ist notfalls durch die Behandelnden oder den Sachverständigen zu klären. Versicherungsschutz soll auch bestehen, wenn sich die versicherte Person einer ambulanten Operation unterzieht.

110 In jedem Fall sind Aufenthalte in Sanatorien, hierunter versteht die Rechtsprechung auch Rehabilitationskliniken (vgl. BGH, Urt. v. 8.1.2020 – IV ZR 240/18), und in Erholungsheimen keine medizinisch notwendige Heilbehandlung.

111 Die Höhe bestimmt sich nach dem Vertrag, wobei auch die Zahlungsdauer in den jeweiligen AUB zeitlich begrenzt wird, häufig auf drei Jahre.

5. Todesfallleistung

112 Stirbt die versicherte Person innerhalb eines Jahres nach dem Unfall, zahlt der Versicherer die vereinbarte Todesfallsumme, Ziff. 2.6 AUB 2020. Die Regelungen enthalten auch einen Hinweis auf die in Ziff. 7.5 AUB 2020 geregelte Informationspflicht des Versicherers. Der Tod ist diesem binnen 48 Stunden zu melden.

> *Praxistipp*
>
> Es empfiehlt sich, den Versicherer unverzüglich, am besten sofort und telefonisch zu informieren, um das weitere Vorgehen abzustimmen. Mitunter wünscht der Versicherer eine **Obduktion**, weshalb unverzügliches Handeln geboten ist. Wenn dies mit dem Versicherer abgestimmt wird, kann er sich nicht auf Obliegenheitsverletzungen berufen.

6. Sonstiges

113 Neben den oben genannten Leistungsarten existieren noch erheblich weitere Leistungsmöglichkeiten. Es würde jedoch zu weit führen, diese aufzuzählen. Der bearbeitende Rechtsanwalt muss sich daher anhand der Police das Leistungsspektrum anschauen, welches der Versicherungsnehmer konkret abgeschlossen hat. Ohne Anspruch auf Vollständigkeit ist an folgende weitere Leistungsarten zu denken:

- **Schmerzensgeld** nach vertraglich vereinbarten Schmerzensgeldtabellen;
- **Komageld**, wenn z.B. der Versicherungsnehmer aufgrund eines Unfalls im Koma liegt;

- **Gipsgeld** (Manchmal existiert in den Bedingungen bzw. in den Versicherungsscheinen ein Anspruch auf Zahlung, wenn der Verletzte einen Gips tragen musste.);
- **rooming-in** (In manchen Bedingungen ist auch geregelt, dass z.B. der Erwachsene bei seinem verletzten Kind im Krankenhaus übernachten kann. Dann wird ein pauschalisierter Kostenzuschuss gezahlt. Die Höhe ist den Bedingungen und der Police zu entnehmen.);
- **Bergungskosten**;
- **Kurkostenbeihilfe;**
- **Reha-Beihilfe**.

IV. Ausschlüsse

Obwohl alle sonstigen Voraussetzungen für eine Leistungspflicht gegeben sind, gibt es eine Vielzahl von Gründen, durch die der Leistungsanspruch gleichwohl entfällt, wenn der **Leistungsausschlusskatalog** aus Ziff. 5 AUB 2020 greift. Dort ist eine Aufzählung der Ausschlüsse festgehalten. Befasst sich der erste Teil mit ausgeschlossenen Unfällen, sind im zweiten Teil ausgeschlossene Gesundheitsschäden normiert. Vorliegend soll sich lediglich auf einige Probleme beschränkt werden, die insbesondere auch im Straßenverkehrsbereich eine Rolle spielen, ohne auf die übrigen Ausschlüsse detailliert einzugehen. Sollten hier Probleme auftauchen, wird auf den Kommentar von *Grimm*, Unfallversicherungen, verwiesen oder alternativ auf *Prölss/Martin*, Versicherungsvertragsgesetz. In der jeweils neuesten Auflage ist hier ausgiebig Rechtsprechung zu den Ausschlüssen zu finden. 114

> *Praxistipp*
>
> Sieht sich der Rechtsanwalt mit einem Leistungsausschluss konfrontiert, lohnt sich auch ein Blick auf die Beweislast. Liegt diese beim Versicherer und sind die Grenzen fließend, z.B. bei der Bewusstseinsstörung infolge Alkohol, ist häufig Raum für eine gütliche Lösung. Liegt dagegen die Beweislast beim Mandanten, z.B. beim zunächst ausgeschlossenen Bandscheibenschaden, wird man sich häufig für den Nachweis seines Wiedereinschlusses die „Zähne ausbeißen“.

1. Ausgeschlossene Unfälle

a) Durch Bewusstseinsstörungen

Die **Bewusstseinsstörung** spielt in der Rechtsprechung eine ganz entscheidende Rolle und ist gerade im Bereich des Straßenverkehrs von erheblicher Bedeutung. Eine Bewusstseinsstörung liegt vor, wenn die versicherte Person in ihrer Aufnahme- und Reaktionsfähigkeit so beeinträchtigt ist, dass sie den Anforderungen der konkreten Gefahrenlage nicht mehr gewachsen ist. Ursachen können neben gesundheitlichen Beeinträchtigungen auch Medikamente, Alkohol und Drogen sein. Der Grund für diesen Leistungsausschluss des Versicherers liegt im gesteigerten Risiko, 115 einen Unfall zu erleiden. Der Versicherer argumentiert, dass in einer solchen Situation der Versicherungsnehmer nicht mehr in der Lage ist, die Gefahr zu erkennen, so dass der Versicherer dieses Risiko nicht übernehmen will. Die Mehrzahl der Bewusstseinsstörungen, mit denen sich die Gerichte zu beschäftigen hatten, waren **alkoholbedingte Bewusstseinsstörungen**.

aa) Außerhalb des Straßenverkehrs

116 Außerhalb des Straßenverkehrs gibt es keine festen Promillegrenzen, anhand welcher sich Aussagen dazu treffen ließen, ab wann von einer alkoholbedingten Bewusstseinsstörung auszugehen ist (vgl. BGH VersR 1993, 960). Der Versicherungsnehmer muss aber jedenfalls erheblich alkoholisiert sein. In der Rechtsprechung ist zu beobachten, dass in jedem Fall bei Werten von über 2 ‰ die Bewusstseinsstörung bejaht wird. So genügte 2,4 ‰ dem OLG Nürnberg (r+s 2000, 437) und 2,67 ‰ dem OLG Köln (r+s 2006, 252). Das OLG Hamm (Beschl. v. 20.9.2017 – 20 U 122/17) bestätigte den Ausschlusstatbestand bereits bei 1,81 ‰, da der Fußgänger zuvor mehrmals zwischen Bürgersteig und Fahrbahn schwankte und damit zu erkennen gab, den Anforderungen des Straßenverkehrs nicht mehr gewachsen zu sein.

bb) Innerhalb des Straßenverkehrs

117 Liegt dagegen ein Unfall im Straßenverkehr vor, so setzt die Rechtsprechung die **alkoholbedingte Bewusstseinsstörung** mit der aus dem Strafrecht bekannten relativen und absoluten Fahruntüchtigkeit gleich. Anders als im Strafrecht setzt der BGH bei der alkoholbedingten Bewusstseinsstörung nach den AUB dagegen die untere Grenze bei 0,8 an. Demgegenüber reicht die obere Grenze der relativen Fahruntüchtigkeit bis unter 1,1 ‰. Liegt ein solcher Fall vor, d.h. ein Wert von 0,8 bis unter 1,1 ‰, so muss ein alkoholtypisches Fehlverhalten hinzukommen, wie im Strafrecht. Der Unterschied zum Strafrecht liegt jedoch darin, dass die relative Fahruntüchtigkeit nicht bereits bei 0,3 ‰, sondern laut BGH (VersR 1988, 950) erst bei 0,8 ‰ beginnt. Liegt dagegen ein Fall der absoluten Fahruntüchtigkeit vor, und zwar ein Promillewert ab 1,1, wie wir ihn bei Kraftfahrern (Auto, Motorräder, Lkw, Busse etc.) kennen, so ist automatisch auch eine alkoholbedingte Bewusstseinsstörung nach den AUB gegeben, wobei auch hier nicht die Möglichkeit des Gegenbeweises gegeben ist. Konkret bedeutet dies, dass, selbst wenn der Versicherungsnehmer behauptet, er könne zwei Flaschen Wodka und zwei Flaschen Whiskey trinken und würde nichts merken, dieser Versicherungsnehmer mit diesen Argumenten nicht gehört wird, sondern allein aufgrund der BAK der Ausschluss gegeben ist. Bei der sog. relativen Fahruntüchtigkeit in der Prüfung der alkoholbedingten Bewusstseinsstörung nach den AUB sind die Beispiele in der Rechtsprechung ähnlich wie im Strafrecht gelagert, in denen bei einer BAK von 0,97 ‰ ein alkoholtypisches Fehlverhalten bejaht wird. Es gibt hier folgende Beispiele:

- Umfahren eines Verkehrsschildes auf einer Verkehrsinsel innerorts, BAK 0,97 ‰ (OLG Koblenz, VersR 2002, 181);

- Abkommen von einer geraden oder leicht kurvigen Fahrbahn (OLG Düsseldorf, VersR 2004, 1041);
- zu spätes Erkennen von Hindernissen (OLG Nürnberg, VersR 1990, 480);
- links abbiegen ohne Beachtung des Gegenverkehrs, BAK 0,94 ‰ (OLG Nürnberg, VersR 1990, 480).

Dagegen ist es kein **alkoholtypischer Fahrfehler**, wenn der Versicherungsnehmer mit einer BAK von 0,8 ‰ von einer trockenen, schnurgeraden Autobahn abkommt, da dies auch ohne Alkohol einem müden Fahrer passieren kann oder bei einem Reifenplatzer oder beim Abkommen von der Fahrbahn bei Glatteis (OLG Düsseldorf VersR 2004, 1041; OLG Saarbrücken VersR 2004, 1262; BGH r+s 2005, 282). Bei diesen Fällen kann auch ohne Alkohol der Unfall eintreten, so dass kein Ausschluss aufgrund einer Bewusstseinsstörung greift. 118

Praxistipp

Generell kann gesagt werden, dass individuell bei jedem Fall zu prüfen ist, ob ein alkoholtypisches Fehlverhalten des Versicherungsnehmers vorliegt oder nicht. Wenn es gerade nicht alkoholtypisch ist und auch einem nüchternen Fahrer dieser Fehler hätte passieren können, hat der Rechtsanwalt gute Chancen, trotz relativer Fahruntüchtigkeit keine alkoholbedingte Bewusstseinsstörung im Sinne der AUB bejahen zu müssen. Es ist daher immer zu prüfen, ob sog. verzeihliche Fahrfehler innerhalb der Prüfung der relativen Fahruntüchtigkeit (0,8 bis unter 1,1 ‰) gegeben sind.

Generell können die Grundgedanken aus dem Strafrecht herangezogen werden, um zu prüfen, ob die Blutprobe ordnungsgemäß entnommen wurde und ob diese nach den standardisierten Regeln ausgewertet worden ist. Liegen hier Beweisverwertungsprobleme vor, so kann auch aus diesem Grunde selbstverständlich nicht von (einem Ausschluss) der alkoholbedingten Bewusstseinsstörung ausgegangen werden.

cc) Sonstige Verkehrsteilnehmer

Hinsichtlich der alkoholbedingten Bewusstseinsstörung bei anderen Verkehrsteilnehmern hat die Rechtsprechung folgende Werte ausgearbeitet: 119

Radfahrer	ab 1,6 ‰	(vgl. OLG Karlsruhe VersR 1999, 634)
Fußgänger	ab 2,0 ‰	(vgl. OLG Hamm r+s 2003, 167; OLG Köln VersR 2006, 255; OLG Saarbrücken zfs 338)
Beifahrer	ab 2,0 ‰	(vgl. OLG Hamm VersR 1997, 1344; OLG Karlsruhe VersR 1998, 836).

Es ist jedoch generell zweifelhaft, ob man den Begriff der Fahruntüchtigkeit mit dem der Bewusstseinsstörung nach den AUB gleichsetzen darf, da Versicherungsbedingungen immer so auszulegen sind, wie ein durchschnittlicher Versicherungs- 120 nehmer sie bei verständiger Würdigung, aufmerksamer Durchsicht und Berücksichtigung des erkennbaren Sinnzusammenhanges verstehen kann (BGH VersR 1999, 748). Gerade bei Beifahrern ist erhebliche Skepsis angebracht, ob per se aufgrund des Alkoholisierungsgrades von 2,0 ‰ von einer Bewusstseinsstörung auszugehen ist. Es ist auch äußerst unwahrscheinlich, dass sich ein normaler und durchschnittlicher Versicherungsnehmer Gedanken macht, ob die Tätigkeit, die er gerade ausübt, in Kombination mit Alkohol zu unterschiedlichen Ergebnissen führen kann, mit der Folge, dass entweder ein Ausschluss nach den AUB gegeben ist oder nicht. Ferner stellt sich auch die Frage, ob ein Versicherungsnehmer tatsächlich als durchschnittlicher Versicherungsnehmer bei verständiger Würdigung erkennen kann, dass leichte und mittlere Grade von Alkoholisierung eine Bewusstseinsstörung nach den AUB begründen, da der Wortlaut der AUB gerade hier keine Einschränkungen enthält, sondern lediglich von den Bewusstseinsstörungen spricht. Darüber hinaus unterliegen die Klauseln dem Transparenzgebot (§ 307 Abs. 1 S. 1 BGB).

Praxistipp

In einem solchen Fall kann der Rechtsanwalt auch argumentieren, dass es dem Versicherer problemlos möglich gewesen wäre, den Begriff der Bewusstseinsstörung näher zu erläutern oder den Hinweis auf eine Verkehrsuntüchtigkeit im Sinne der Kraftfahrzeugversicherungen als Parallele heranzuziehen. Darüber hinaus wäre es auch möglich gewesen, wie das in einigen Zusatzbedingungen auch der Fall ist, konkret mit Promillewerten zu arbeiten.

121 Von daher sollte der Rechtsanwalt einen solchen Fall mit der nötigen Skepsis bearbeiten und notfalls das eine oder andere Mal auch einmal mutig versuchen, gerichtlich klären zu lassen. Möglicherweise kann mit einer geschickten Argumentation auch außergerichtlich mit dem Versicherer eine Einigung erzielt werden.

122 Versicherer lesen sich die polizeiliche Unfallakte genau durch und schauen, welche Angaben der Versicherungsnehmer zum Unfallhergang gemacht hat. Oftmals sagt der Versicherungsnehmer bei der Polizei von sich aus zu viel oder teilweise etwas Falsches. Eine Korrektur seiner Angaben ist später schwierig. Lassen diese Angaben Rückschlüsse auf eine Bewusstseinsstörung zu, wird sich in der Regel der Versicherer hierauf berufen und seine Leistungsfreiheit geltend machen. Diese Angaben in der polizeilichen Akte können z.B. sein, dass dem Versicherungsnehmer „**schwarz vor Augen**" wurde oder eine **Kreislaufstörung**, ein **Schwächeanfall** oder eine **Kreislaufschwäche** vorlag. Wenn solche Schlagwörter in der Akte auftauchen, beruft sich der Versicherer oftmals auf die Bewusstseinsstörung und auf einen Ausschluss gem. Ziff. 5.1.1 AUB 2020.

Praxistipp

Vorsorglich sollte der Mandant auf sein Aussageverweigerungsrecht hingewiesen werden. Dieses hat nicht nur Einfluss auf die strafrechtliche Ermittlung, sondern kann auch dem Unfallversicherer den Nachweis der Bewusstseinsstörung erschweren. Soll der Versicherungsnehmer als Zeuge vernommen werden, empfiehlt sich eine Rücksprache mit dem Rechtsanwalt. Hierdurch können zweideutige Aussagen vermieden werden, die nachher nur schwer wieder richtiggestellt werden können. Nach der Rechtsprechung ist es nämlich so, dass eine Bewusstseinsstörung nach den AUB nicht den Eintritt völliger **Bewusstlosigkeit** voraussetzt. Es genügt insofern für den Ausschluss schon eine teilweise Beeinträchtigung, und zwar dann, wenn man den Sicherheitsanforderungen seiner Umwelt in der konkreten Situation nicht mehr Herr wird. Für das sog. „Schwarz vor Augen werden" gibt es eine Reihe von Rechtsprechung (vgl. OLG Celle, r+s 2010, 476; OLG Düsseldorf, zfs 2013, 95; OLG Hamburg, r+s 2007, 386, bei dem es um einen plötzlichen Schwindelanfall ging, siehe auch **hitzebedingte Kreislaufreaktion**, BGH VersR 2008, 1683). Wenn diese Entscheidungen teilweise nicht im Zusammenhang mit dem Verkehrsrecht stehen, so können selbstverständlich diese Bewusstseinsstörungen oder vorübergehenden Beeinträchtigungen, die während des Straßenverkehrs aufgetreten sind, dementsprechend durchaus auch auf diese Situation anzuwenden sein. Es ist daher generell darauf zu achten, was in den Akten zum Unfallhergang vorgetragen wird.

Praxistipp

Der Rechtsanwalt, der solche Fälle bearbeitet, muss generell auch die Beweislast beachten, da der Versicherer zwar den Ausschlusstatbestand der Bewusstseinsstörung beweisen muss, allerdings den Versicherungsnehmer die sekundäre Darlegungslast trifft, wie es zu dem Unfall als solchem kam. Der Versicherungsnehmer hat sich insofern wahrheitsgemäß zum Geschehen zu äußern. Oftmals beruft sich der Versicherungsnehmer auf fehlende Erinnerung, manchmal kann dies allerdings auch als Hinweis auf eine Bewusstseinsstörung oder als ein Indiz auf eine Bewusstseinsstörung gewertet werden. Hier ist die Schwere des Unfalls jeweils zu berücksichtigen. Mitunter muss diese Frage auch durch einen Mediziner geklärt werden.

b) Durch vorsätzliche Straftat

Nach Ziff. 5.1.2 AUB 2020 besteht kein Versicherungsschutz, wenn Unfälle entstehen, die dem Versicherten dadurch zustoßen, dass er vorsätzlich eine **Straftat** ausführt oder versucht. Straftaten sind deswegen vom Unfallschutz ausgeschlossen, weil es dabei statistisch zu einem erhöhten Unfallrisiko kommt. Sei es, dass die Straftat als solche ausgeübt wird oder dass der Täter sich auf der Flucht befindet und von daher einer erhöhten Unfallgefahr ausgesetzt ist. Im Straßenverkehr spielt in der Rechtsprechung hier insbesondere das Fahren ohne Fahrerlaubnis eine große Rolle neben den sonstigen vorsätzlichen Straßenverkehrsdelikten. Nach den Bedingungen muss es sich allerdings um eine Straftat handeln. Bei Ordnungswidrigkeiten ist kein Ausschluss gegeben. Dagegen ist auch ein Anstifter oder ein Gehilfe unter den Ausschluss zu subsumieren. Es kann also auch sein, dass ein Beifahrer jeman- 123 den zu einer Straftat anstiftet oder aber der Beifahrer weiß, dass der Fahrer alkoholbedingt fahruntüchtig ist und dennoch sein Fahrzeug dem Fahrer überlässt.

124 Trotz Vorliegens einer Straftat sind Ausnahmen möglich, insbesondere dann, wenn zwischen Unfall und Straftat keine kausale Beziehung besteht. Allerdings muss der Versicherte beweisen, dass der Unfall z.B. durch das Verhalten eines Dritten allein verursacht wurde und dass die von dem Versicherten begangene Rechtsverletzung auch nicht mitursächlich für den Schadenseintritt wurde (vgl. BGH VersR 1982, 465). Der BGH spricht hier von der Ausnahme der Ausnahme. Der hier vom BGH entschiedene Fall war so gelagert, dass der Versicherungsnehmer zwar ohne erforderliche Fahrerlaubnis ein Kfz führte, aber ein Fahrfehler des Versicherungsnehmers ausschied und der Unfall ausschließlich auf Ursachen zurückzuführen war, auf die der Versicherungsnehmer keinen Einfluss hatte. In diesem seltenen Fall lag eine Ausnahme von der Ausnahme vor, so dass der Ausschluss nicht zum Tragen kam mit der Folge, dass der Unfallversicherer leisten musste.

c) Durch Rennen mit Motorfahrzeugen

125 Nach Ziff. 5.1.5 AUB 2020 sind auch solche Unfälle vom Versicherungsschutz ausgeschlossen, die durch Teilnahme an Rennen mit Motorfahrzeugen entstehen. Teilnehmer ist nach den AUB nicht der Zuschauer, sondern nur der Fahrer, Beifahrer oder Insasse eines Motorfahrzeugs. Rennen definieren die AUB als Wettfahrten oder dazugehörige Übungsfahrten, bei denen es auf die Erzielung von Höchstgeschwindigkeiten ankommt. Auch dieser Ausschluss ist nachvollziehbar, da dem Rennen wegen der Erzielung von Höchstgeschwindigkeiten natürlich ein extrem erhöhtes Unfallrisiko anhaftet, das der Versicherer nicht zu übernehmen bereit ist. Gerade bei jungen Führerscheininhabern realisiert sich dieser Ausschluss öfter.

126 Ziff. 5.1.5 AUB 2020 enthält aber auch eine Ausnahme. So sollen Unfälle auf einer öffentlichen Kartbahn in Deutschland den Versicherungsschutz nicht beseitigen, wenn das Rennen als reine Freizeitveranstaltung daherkommt und die versicherte Person kein Berufs-, Lizenz- oder Vertragssportler, Vertragsamateur oder Vereinsmitglied im Bereich Motorsport ist. Private Rennen von Freunden auf der Kartbahn z.B. anlässlich einer Geburtstagsfeier tangieren den Ausschlusstatbestand also nicht.

> *Praxistipp*
>
> Mit der Einführung des § 315d StGB – verbotene Kraftfahrzeugrennen – hat der Gesetzgeber einen Straftatbestand geschaffen, der immer häufiger Gegenstand von Ermittlungen wird. Häufig enden diese Rennen in verheerenden Unfällen mit teils tödlichen Verletzungen unbeteiligter Dritter. Wird dabei auch der Fahrer oder der Insasse verletzt und ergeben die Ermittlungen den Verdacht der Tatbestandsverwirklichung, wird zweifelsohne der Unfallversicherer seine Leistungsfreiheit erklären. Dies wird auch dann anzunehmen sein, wenn lediglich eine Flucht vor der Polizei erfolgt und es hierdurch zur Tatbestandsverwirk-

lichung des § 315d StGB kommt. Solange aber eine rechtskräftige Verurteilung nicht erfolgt, wird es der Unfallversicherer schwer haben, den Ausschlusstatbestand zu beweisen.

2. Ausgeschlossene Gesundheitsschäden

a) Bandscheibenschäden und Blutungen aus inneren Organen und Gehirnblutungen

Der Ausschluss ist nicht generell. Denn wenn zu mehr als 50 % ein Unfallereignis diese Gesundheitsschäden verursacht hat und für dieses Unfallereignis Versicherungsschutz besteht, dann soll der Ausschluss nicht greifen. Für den **Wiedereinschluss** ist jedoch der Versicherungsnehmer darlegungs- und beweisbelastet. 127

Obwohl dieser Beweis in der Praxis ganz selten zu erbringen ist, spielen in den Gerichtsentscheidungen Bandscheibenschäden eine große Rolle. Die Mehrzahl der Bandscheibenschäden entsteht ohne äußere Einwirkungen. Es sind schicksalhafte oder anlagebedingte Abnutzungserscheinungen des Körpers. Statistisch gesehen sollen sogar 70 % bis 80 % der Bandscheibenschäden psychischer Natur sein. Generell kann gesagt werden, dass Bandscheibenschäden nur sehr schwer in den Versicherungsschutz einbezogen werden können. Exemplarisch ist hier auf die Entscheidung des OLG Frankfurt a.M. vom 20.7.2005 (r+s 2006, 165) zu verweisen. In diesem Fall hatte sich der Versicherungsnehmer neben seinen Bürostuhl gesetzt und dabei erheblich verletzt. Die Beschädigung der Bandscheibe und der Lendenwirbelsäule sollten bei der Unfallversicherung reguliert werden. Die Klage wurde jedoch abgewiesen, da der Versicherungsnehmer nicht beweisen konnte, dass die Beschädigungen überwiegend Folgen des Unfalls waren. Selbst vorgelegte Röntgenaufnahmen konnten hier nicht den Beweis erbringen. Ferner wurde der Kläger nicht mit dem Argument gehört, dass er vor dem Unfall beschwerdefrei war, da das Gericht die Auffassung vertrat, dass auch degenerative Veränderungen auftreten können, ohne dass vor dem Unfall Beschwerden aufgetreten waren. Im Großen und Ganzen ist dieses Urteil jedoch äußerst kritisch zu betrachten. Der Anwalt sollte sich hier mit Spezialisten im Bereich der Orthopädie unterhalten und prüfen, ob der Einzelfall für eine Gerichtsentscheidung geeignet ist oder nicht. Möglicherweise steckt hinter dieser Rechtsprechung auch wieder einmal das gewünschte Ziel, so dass entsprechende Begründungen „gezimmert" werden. 128

Praxistipp

Bandscheibenvorfälle spielen in der gerichtlichen Praxis eine große Rolle. So hatte das OLG Koblenz (Urt. v. 11.4.2008 – 10 U 1848/05 = VersR 2008, 1683) ausgeführt, dass bei einer aufprallbedingten Bewegungsenergie von 6,3 g bis 7,2 g eine überwiegende Unfallverursachung eines Bandscheibenvorfalls bewiesen sein kann. Eine solche Belastung ist geeignet, einen Bandscheibenvorfall an der Halswirbelsäule auszulösen. Dieses Urteil ist insofern lesenswert, da bei Bandscheibenfällen immer wieder der Einwand seitens des Versicherers erhoben wird, dass diese entweder rein psychisch bedingt oder degenerativer Natur seien, weshalb kein Leistungsanspruch gegeben sei. Wichtig ist in diesem Zusammenhang, dass der Mandant nach dem Unfall gleich zu einem Arzt geht und dieser entsprechende Feststellungen trifft, da später ohne ärztliche Dokumentationen auftretende Bandscheibenprobleme nur schwer als unfallkausal zu beweisen sind.

In dieser Entscheidung hat das OLG auch nochmals darauf hingewiesen, dass die Gutachter, die medizinische Bewertungen vornehmen, durch den Anwalt überprüft werden müssen, da oftmals sozialversicherungsrechtliche Aspekte mit versicherungsrechtlichen Kriterien der AUB vermengt werden und die Gefahr besteht, dass falsche Gutachten geschrieben werden.

b) Durch Strahlen

129 Dieser in Ziff. 5.2.2 AUB 2020 geregelte Ausschluss ist eher selten. Allerdings gibt es zwei Bereiche, die in Betracht kommen könnten. Zum einen sind dies Verletzungen, die durch **Laserstrahlen** in einer Diskothek verursacht werden (vgl. BGH, VersR 1998, 670) oder auch durch **Laserpointer**, wie sie bei PowerPoint-Präsentationen verwendet werden oder sogar durch **Mikrowellenstrahlung**. Da hier jedoch vieles streitig ist, sollte gegenüber dem Versicherer versucht werden, dass der Ausschluss nicht greift. Es kann hier sicherlich so argumentiert werden, dass von derartigen Strahlen, die im normalen Bereich des täglichen Lebens eingesetzt werden, keine erhöhte Unfallgefahr ausgeht und von daher dort der Ausschluss nicht greift.

c) Durch Heilmaßnahmen und Eingriffe

130 Dieser Ausschluss spielt insbesondere im Arzthaftungsrecht eine Rolle, da unter diesen Ausschluss in der Regel die medizinischen oder aber auch nur kosmetischen Behandlungen am Körper fallen. Normalerweise geschehen Operationen mit Einwilligung des Patienten. Verlaufen diese planmäßig, wird man die unfreiwillige Gesundheitsschädigung verneinen müssen. In diesem Fall liegt bereits kein Unfall vor.

131 Ist der Behandlungsverlauf vom Behandlungswillen nicht gedeckt, ist das Merkmal der unfreiwilligen Gesundheitsschädigung jedoch zu bejahen. Man erinnere sich nur an die Fälle, in denen das falsche Bein amputiert wird. Dass für solche Behandlungsfehler der Unfallversicherer nicht aufkommen möchte, liegt auf der Hand. Durch diesen Ausschluss sind also auch unplanmäßige Verläufe von Operationen und Eingriffen ausgeschlossen, also z.B. auch alle **missglückten Operationen** oder **fehlerhaften Maßnahmen der Heilbehandlung**, wenn z.B. Medikamente verwechselt oder falsche Dosen an Medizin verabreicht werden (OLG Karlsruhe r+s 2002, 393).

132 Wie bei den Bandscheibenschäden kann ein Wiedereinschluss erfolgen. Voraussetzung hierfür ist, dass die Heilmaßnahme oder der Eingriff durch einen Unfall ver-

anlasst waren und dieser Unfall auch unter den Versicherungsschutz fällt. Als Beispiel nennt Ziff. 5.2.3 AUB 2020 den Behandlungsfehler während einer unfallbedingten Operation.

d) Krankhafte Störungen infolge psychischer Reaktionen

Nach Ziff. 5.2.6. AUB 2020 sind krankhafte Störungen infolge **psychischer Reaktionen** vom Versicherungsschutz ausgeschlossen. Dieser Ausschluss, der unter dem Begriff der „Psychoklausel“ bekannt ist, ist in der Rechtsprechung und in der außergerichtlichen Praxis ein sehr umstrittener aber auch gleichzeitig sehr häufig vorkommender Ausschluss. Gerade bei schweren Verkehrsunfällen spielt diese psychische Ausschlussklausel oftmals eine Rolle, da neben den organischen Körperschäden auch psychische Gesundheitsschädigungen nach schweren Verkehrsunfällen sehr häufig vorkommen. Zudem wird in der Versicherungsbranche oftmals das Vorurteil vertreten, dass generell psychische Gesundheitsschädigungen nicht unter den Unfallversicherungsschutz der privaten Unfallversicherung fallen. Von daher ist es für den Rechtsanwalt, der Personenschäden bearbeitet, extrem wichtig, dass es nach der Rechtsprechung des Bundesgerichtshofs nicht so ist, dass generell psychische Gesundheitsschäden ausgeschlossen sind. Es bedarf vielmehr einer genauen Betrachtung des Einzelfalls. Im Einzelnen ist hier in der Rechtsprechung vieles streitig. Als generelles Prüfungsschema müssen jedoch zunächst zwei Fragen gestellt werden: 133

1. Liegt überhaupt ein unfallbedingter **organischer Körperschaden** vor, welcher die psychische Gesundheitsschädigung vermittelt haben kann? Wenn dies nicht der Fall ist, greift der Ausschluss in jedem Fall.
2. Trat die psychische Gesundheitsschädigung bzw. krankhafte Störung (also z.B. Depression oder neurologische Defizite) aufgrund des organischen Körperschadens oder wegen des Unfallgeschehens auf?

Dies ist das generelle Prüfungsschema. Allerdings ergibt sich bei Frage 2 schon ein Problem, weil die überwiegende Rechtsprechung nun schaut, ob die krankhafte Störung oder psychische Beeinträchtigung, wie z.B. Depression oder neurologische Defizite, aufgrund des **organischen Körperschadens** nachvollziehbar ist oder nicht. Nach der Rechtsprechung ist dies immer dann der Fall, wenn eine gravierende und andauernde Substanzverletzung vorliegt. Die Rechtsprechung argumentiert so, dass dann die psychische Gesundheitsschädigung als Reaktion auf die organische Verletzung zurückzuführen ist und nicht als Reaktion auf das **Unfallgeschehen**. In diesen Fällen ist die psychische Beeinträchtigung physisch hervorgerufen worden. Insofern ist im Folgenden auf bedeutende Urteile hinzuweisen, in denen diese Unterscheidung gemacht wird. Die wichtigsten Urteile lauten wie folgt:

aa) BGH, Urt. v. 23.6.2004

In seinem ersten Urt. v. 23.6.2004 hat der BGH (zfs 2004, 422) festgehalten, dass der 134
Leistungsausschluss für krankhafte Störungen infolge psychischer Reaktionen, wel-

cher in § 2 IV AUB 94 erfasst ist, nur für Gesundheitsschädigungen, die rein **seelisch-psychische Reaktionen** darstellen, aber nicht dagegen für solche Gesundheitsschädigungen, die organisch-psychischer Natur sind, gilt. Insofern ist es wichtig, dieses Urteil zu kennen, da Versicherer generell bei psychischen Schäden auf den Ausschluss hinweisen. Durch diese BGH-Entscheidung wird jedoch verdeutlicht, dass hier exakt zu differenzieren ist.

bb) BGH, Urt. v. 29.9.2004

135 In dem zweiten Urt. v. 29.9.2004 hatte der BGH (zfs 2005, 142) ausgeführt, dass krankhafte Störungen, die eine organische Ursache haben, gerade nicht gem. § 2 IV AUB 88 vom Versicherungsschutz ausgeschlossen sind.

cc) OLG Hamm, Urt. v. 25.1.2006

136 Schließlich hatte das OLG Hamm (zfs 2006, 335 ff.) dargelegt, dass der Ausschluss dann greife (§ 2 IV AUB 94), wenn der Unfall und seine psychischen Folgen quasi nur Auslöser einer bereits, wenn auch nur latent vorhandenen, psychischen Erkrankung sind. Im zugrunde liegenden Sachverhalt hatte sich der Kläger beim Abkuppeln eines Anhängers schwer verletzt. Der Kläger klagte anschließend über psychische Störungen bis hin zur Inkontinenz, Durchschlafstörungen und Somatisierungsstörungen. In dem Urteil hatte ein Sachverständiger jedoch ausgeführt, dass die eingetretenen psychischen Störungen auch durch ein anderes Ereignis hätten auftreten können, da die Störung sich hier in einer „narzisstischen Persönlichkeitsstruktur" des Klägers manifestiert hatte. Das Urteil des OLG Hamm ist aber gleichwohl von Bedeutung, da man wohl generell sagen kann, dass immer dann, wenn die psychischen Störungen durch die unfallbedingte Verletzung und die daraus resultierenden Beschwerden hervorgerufen werden, der Ausschluss gerade nicht greift.

137 **Zusammenfassend** und im Kern auf den Punkt gebracht hat die Ausschlussklausel das KG (r+s 2022, 338) erklärt:

> *„Gemäß § 5 Ziff. 5.2.6 AUB ist ein Anspruch auf Versicherungsleistungen jedoch ausgeschlossen für krankhafte Störungen infolge psychischer Reaktionen, auch wenn diese durch den Unfall verursacht worden sind. Diese Ausschlussklausel ist wirksam. Nach ständiger Rechtsprechung des Bundesgerichtshofs (BGH, Urt. v. 23.6.2004 zu IV ZR 130/03, zitiert nach juris, dort 16 ff.; Urt. v. 29.9.2004 zu IV ZR 233/03, zitiert nach juris, dort Rdz. 10 ff.) versteht ein durchschnittlich verständiger Versicherungsnehmer diesen Ausschlusstatbestand dahingehend, dass der Versicherer seine Leistungspflicht nur für solche Störungen infolge psychischer Reaktionen ausschließen will, die unabhängig von einer unfallbedingten körperlichen Erstverletzung entstanden sind; soweit dagegen die psychischen Reaktionen Folge einer bei dem Unfall erlittenen kör-*

perlichen oder organischen Erstverletzung sind, greift der Ausschlusstatbestand nicht ein."

Insofern muss in jedem Fall exakt überprüft werden, ob die psychische Erkrankung Folge einer sich aus dem Unfall ergebenden organischen Erkrankung ist, wie z.B. einer HWS-Distorsion oder einer Beckenringfraktur oder ähnlichem. Wenn dies der Fall ist, dann greift die Ausschlussklausel gerade nicht. Es ist zu prüfen, ob die psychische Erkrankung auf der körperlichen Primärverletzung beruht. Ferner muss diese in angemessener Relation zum Verletzungsbild stehen. Da psychische Erkrankungen mitunter von erheblicher Dauer und auch Intensität sein können, hat dies auch erhebliche Auswirkungen auf den Gegenstandswert entsprechender Fälle. Insofern versuchen Versicherer natürlich, sämtliche psychischen Erkrankungen unter die Ausschlussklausel zu subsumieren. Der Anwalt sollte daher in Zusammenarbeit mit Ärzten, Psychologen, Neurologen, Psychiatern und Psychotherapeuten exakt überprüfen, ob im vorliegenden Fall die psychische Erkrankung doch in den Versicherungsschutz eingeschlossen ist. Die drei oben genannten Entscheidungen helfen hier weiter. Insbesondere die BGH-Entscheidung vom 29.9.2004 (zfs 2005, 142) hat klar zum Ausdruck gebracht, dass es keinerlei Einschränkungen bei den psychischen Leiden gibt. Das heißt, sämtliche psychischen Leiden, die auf einer organischen Schädigung beruhen, sind nicht von der Klausel ausgeschlossen und fallen daher unter den Versicherungsschutz. Man kann sagen, dass der Versicherungsschutz für psychische Schäden dann besteht, wenn ein Unfallereignis vorliegt, daraus eine organische Schädigung erfolgt und hieraus wiederum psychische Beeinträchtigungen oder Schäden resultieren. **138**

Praxistipp

Oftmals werden **posttraumatische Belastungsstörungen** oder posttraumatische Depressionen und Anpassungsstörungen pauschal von den Versicherern unter dem Ausschluss der Psychoklausel subsumiert. Es wird sich hier häufig auf die Entscheidungen des OLG Hamm (r+s 2013, 88), OLG Düsseldorf (r+s 2010, 165) sowie OLG Koblenz (r+s 2013, 89) berufen. Auf dieser Linie ist auch das OLG Frankfurt a.M. (Urt. v. 13.7.2022 – 7 U 88/21) unterwegs und sah den Ausschlusstatbestand als erfüllt an, obwohl die Klägerin behauptet hatte, durch die unfallbedingte Armverletzung sei eine posttraumatische Belastungsstörung ausgelöst worden. Für uns scheint, aber die Verfasser sind keine Ärzte, bereits fraglich, ob der Unfall selbst geeignet ist, eine posttraumatische Belastungsstörung anzunehmen, da nach den ICD10 Kriterien die PTBS ein Ereignis verlangt, welches mit einer außergewöhnlichen Bedrohung oder katastrophenartigem Ausmaß einhergeht, das bei fast jedem eine tiefe Verzweiflung hervorrufen würde. Eine Armverletzung scheint uns diese Kriterien nicht zu erfüllen. Und deshalb empfiehlt sich mitunter auch zu prüfen, ob die Diagnose überhaupt korrekt ist. So mag im Fall des OLG Frankfurt a.M. ggf. eine Anpassungsstörung infolge der bleibenden Armverletzungen die „richtigere" Diagnose gewesen sein, die vielleicht zum Erfolg der Klage geführt hätte. Ansonsten scheint die Auffassung des OLG Frankfurt a.M. nicht im Einklang mit der Auffassung des BGH zu stehen. Hier sollte der Anwalt den Einzelfall genau prüfen und notfalls dagegenhalten. Denn immer dann, wenn die psychische Gesundheitsschädigung, wie also die posttraumatische Belastungsstörung oder die posttraumatische Depression, gerade nicht eine Reaktion auf das Unfallgeschehen ist, sondern Folge der organischen Verletzung, greift der Ausschluss nicht. Es empfiehlt sich hier, Rücksprache mit den Ärzten, insbesondere mit dem Neurologen zu halten, damit diese notfalls zu dieser elementar wichtigen Frage Stellung nehmen und attestieren, dass diese psychische Gesundheitsschädigung, die beim Mandanten vorliegt, eine Reaktion aufgrund der organischen Verletzung ist und nicht eine Reaktion auf das Unfallgeschehen als solches.

Praxistipp

Der Anwalt, der Personenschäden oder Personengroßschäden bearbeitet, sollte sich auf der Klaviatur der Psychoschäden auskennen, da diese immer mehr in der Praxis zunehmen und auch zusammen mit den anderen organischen Körperschäden einen durchaus hohen Invaliditätsgrad verursachen können. Mitunter kann es auch so sein, dass die zusätzlichen psychischen Gesundheitsschädigungen im Invaliditätsgrad dazu führen, dass gerade die Progressionsklausel greift oder aber sogar ein Invaliditätsgrad von 100 % dadurch erreicht wird. Je nach Vertragsgestaltung kann dies daher in der Gesamtbetrachtung durchaus so sein, dass dann von 6-stelligen Eurobeträgen auszugehen ist. Von daher sollte dieses Thema beherrscht werden, da der Anwalt bei richtiger Anwendung dieser durchaus schwierigen Problematik viel für seinen Mandanten erreichen kann.

139 Wenn man sich sämtliche Gerichtsentscheidungen zu den psychischen Beeinträchtigungen und dem Ausschluss der sog. Psychoklausel anschaut, kann man feststellen, dass insbesondere, wenn es sich um Bagatellverletzungen handelt oder wenn der unfallbedingte organische Körperschaden nur leichter Natur ist, die Gerichte einen Ausschluss bejahen. Dies bedeutet aber im Umkehrschluss, dass gerade bei Personengroßschäden, wo schwere organische Körperschäden vorliegen, wie z.B. SHT-Fälle oder auch Beckenringfrakturen in Kombination mit den auftretenden psychischen Beeinträchtigungen, wie posttraumatische Belastungsstörungen, Depressionen oder sonstige neurologische Defizite, dieser sog. Psychoausschluss in der privaten Unfallversicherung gerade die **Ausnahme** ist und nicht wie von den Versicherern vorgetragen die **Regel**.

140 Im Zusammenhang mit der sog. Psychoklausel sei auf das Urteil des OLG Köln (zfs 2013, 165) vom 25.4.2012 hinzuweisen.

In diesem Fall erlitt die Klägerin eine Thoraxprellung und unter anderem eine HWS-Distorsion. Die Sache hatte sich so weit ausgewirkt, dass die Klägerin nach eigenen Angaben an Schmerzen und Verspannungen im Schulter- und Nackenbereich litt. Dies führte zu Gefühlsstörungen, Taubheit und Kraftlosigkeit. Es ist zu Schwindel und Störungen des Sehens, Hörens und Riechens sowie zu einem Aufmerksamkeitsdefizit gekommen. Nach Angaben der Klägerin war der Invaliditätsgrad bei ihr unfallbedingt mit 100 % anzusetzen. In diesem Urteil hat das OLG Köln noch einmal die Grundsätze der Psychoklausel und der Rechtsprechung des BGH aufgearbeitet und auch herauskristallisiert, dass die Ausschlussklausel nur dann eingreift, wenn die krankhafte Störung des Körpers nur mit ihrer psychischen Natur erklärt werden kann (vgl. hierzu auch BGH, VersR 2010, 60 ff.). Wenn dagegen die krankhafte Störung oder die medizinische, unfallbedingte Beeinträchtigung eine organische Ursache hat, greift der Ausschluss nicht ein (vgl. BGH, Urt. v. 29.9.2004, zfs 2005, 142). Die Klägerin hatte eine sog. Bagatellverletzung (HWS-Distorsion) ohne Weichteilverletzung. In diesem Fall hatte das OLG Köln argumentiert, dass die psychischen Gesundheitsbeschädigungen ohne jegliche organische Ursache seien und deshalb die Ausschlussklausel greife. Anders wäre die Entscheidung möglicherweise ausgefallen, wenn die Klägerin eine HWS-Distorsion mit Weichteilverletzungen, wie z.B. der Zerreißung von Bandscheibenmaterial oder Bändern oder sogar von Einblutungen erlitten hätte, die in der Regel nur durch eine Kernspintomographie bewiesen werden können. Es ist daher auch bei solch kleinen Verletzungen notwendig, gleich am Anfang für eine medizinisch gesicherte Archivierung zu sorgen.

Praxistipp

In diesem Zusammenhang ist nochmals darauf hinzuweisen, dass die psychischen Schäden, die durch eine organische Beeinträchtigung als Unfallfolge hervorgerufen werden, ärztlicherseits innerhalb der 15-Monats-Frist als Dauerschaden festgehalten werden müssen, da andernfalls der Versicherer sich auf die BGH-Entscheidung vom 7.3.2007 berufen wird, wonach sämtliche eventuellen Dauerschäden ärztlich festgehalten sein müssen (zfs 2007, 400). Der Versicherer muss darlegen und beweisen, dass der Dauerschaden ohne organischen Zusammenhang und damit rein psychischer Natur ist, soweit er sich auf den Ausschluss berufen will.

Die Rechtsprechung zwingt regelrecht den bearbeitenden Rechtsanwalt, die inhalt- **141**
liche Richtigkeit der ärztlichen Invaliditätsfeststellung zu überprüfen und darauf zu achten, dass in dieser auch die psychischen unfallbedingten Dauerschäden benannt werden. Es ist geradezu eine **Haftungsfalle** des Rechtsanwalts, wenn dieses nicht beachtet wird. Zur Erinnerung: Die Rechtsprechung der Oberlandesgerichte und des Bundesgerichtshofs verlangen bei der unfallbedingten dauerhaften Beschädigung mehrerer Körperteile, dass sich die ärztliche Invaliditätsbescheinigung zu allen Dauerschäden und zu deren Umfang und Ausmaß erklärt. Hierzu gehören auch Angaben zum Eintritt innerhalb der vereinbarten Frist. Mit anderen Worten: Sind mehrere Bereiche der einzelnen Facharztgebiete tangiert, müssen jeweils unterschiedliche ärztliche Feststellungen eingeholt werden. Mitunter kann es so sein,

dass Fachärzte auf dem Gebiet der Augenheilkunde, des HNO-Bereichs, der Neurologie, der Orthopädie oder anderer Fachgebiete konsultiert werden müssen. Geschieht dies nicht, kann der Versicherer sich nach dieser absolut ungünstigen Rechtsprechung für den Versicherungsnehmer auf die Ausschlussfrist berufen.

V. Obliegenheiten nach einem Unfall

1. Obliegenheiten

142 Der Versicherungsnehmer hat nach Ziff. 7 AUB 2020 Obliegenheiten geregelt, die nach einem Unfall einzuhalten sind. Nach einem Unfall, der voraussichtlich zu einer Leistung führen wird, muss ein Arzt hinzugezogen werden, dessen Weisungen zu befolgen sind. Weiterhin hat der Versicherungsnehmer den Versicherer über den Unfall zu informieren.

143 Der Versicherungsnehmer hat die Unfallanzeige vollständig und wahrheitsgemäß auszufüllen und an den Versicherer zurückzusenden. In der Regel richtet sich diese **Auskunftsobliegenheit** nach den Fragen in dem Schadensformular des Versicherers. Allerdings ist nicht alles anzugeben. Verschweigt der Versicherungsnehmer z.B. in der Unfallschadensanzeige einen vor 36 Jahren im Kindesalter durch einen Sturz aus dem Kinderbett erlittenen, folgenlos ausgeheilten Knochenbruch, so stellt dies keine zur Leistungsfreiheit des Versicherers führende Obliegenheitsverletzung dar (vgl. OLG Frankfurt a.M., VersR 2001, 1149).

Praxistipp

Auch bei den Auskunftsobliegenheiten muss der Anwalt, der versicherungsrechtliche Mandate bearbeitet, nicht blind die Fragestellungen der Versicherer akzeptieren, da diese mitunter unklar formuliert sind und in diesem Fall der Versicherungsnehmer, der auf diese unklaren Fragestellungen antwortet, keine Obliegenheitsverletzungen begeht. In diesem Zusammenhang ist auf die Entscheidung des OLG Hamm (v. 4.6.2008 – 20 U 77/07, zfs 2008, 404) zu verweisen. Im zugrunde liegenden Sachverhalt war die Frage aufgestellt worden: „Bestehen oder bestanden unabhängig von den Folgen des jetzigen Unfalls Krankheiten oder Gebrechen? Gegebenenfalls welche Namen und Anschriften der behandelnden Ärzte?“ In diesem Fall kann die Frage auch dergestalt missverstanden werden, dass nach allen Krankheiten und Gebrechen des Versicherungsnehmers gefragt ist, die er jemals hatte, also mitunter auch Krankheiten oder Gebrechen, die dieser bereits kurz nach der Geburt erlitten hat. Von daher ist eine derartige Klausel missverständlich und damit unklar. Insofern wird fast immer – auch seitens der Gerichte – fehlerhaft argumentiert, wenn eine falsche Antwort vorliegt, liegt auch Leistungsfreiheit vor, ohne genau zu überprüfen, ob die gestellte Frage des Versicherers überhaupt aus der Sicht eines Erklärungsempfängers und eines durchschnittlichen Versicherungsnehmers eindeutig war und ohne Zweideutigkeit zu verstehen war.

Es wird erwartet, dass sich der Versicherungsnehmer ärztlich untersuchen lässt oder dem Versicherer ermöglicht, Auskünfte bei Dritten, namentlich Ärzten, anderen Versicherungen oder Behörden einzuholen. Oftmals taucht die Frage des Mandanten auf, ob er tatsächlich hierzu verpflichtet ist, den vom Versicherer beauftragten Arzt aufzusuchen, um sich untersuchen zu lassen. Nach der Rechtsprechung (vgl. OLG Stuttgart VersR 2004, 323; OLG Düsseldorf VersR 2004, 503) ist dies so. Lediglich dann, wenn die Untersuchungsmethode für den Versicherungsnehmer gefährlich ist oder gar mit einem Eingriff verbunden ist (Arthroskopie), der nicht notwendig ist, muss der Versicherungsnehmer sich nicht dieser Untersuchung unterziehen. Wenn die Operation vom Risiko her lediglich als vertretbar, aber nicht als gering eingestuft wird, muss der Versicherungsnehmer sich auf eine solche ebenfalls nach der Rechtsprechung nicht einlassen (vgl. OLG Frankfurt a.M., r+s 2006, 164). Ansonsten hat er sich aber von den beauftragten Ärzten untersuchen zu lassen. In der Praxis holt der Versicherungsnehmer mitunter eigene Privatgutachten ein, um die Arztgutachten des Versicherers zu widerlegen. In einem gerichtlichen Verfahren muss das Gericht sich damit sorgfältig auseinandersetzen (vgl. BGH, VersR 1998, 853). Insofern sollte der Versicherungsnehmer nicht vorbehaltlos die Angaben des Gesellschaftsarztes des Versicherers oder der sog. selbsternannten Institute akzeptieren, sondern diese in Rücksprache mit behandelnden Ärzten überprüfen. 144

Eine besondere Anzeigefrist gilt für den Unfalltod. Dieser muss binnen 48 Stunden gemeldet werden. 145

2. Folgen der Obliegenheitsverletzung

Die in Ziff. 8 AUB 2020 geregelte Verletzung folgt den in § 28 VVG normierten Schritten und führt bei Vorsatz zur Leistungsfreiheit, bei grob fahrlässiger Verletzung zur Leistungskürzung, die dem Verhältnis der Schwere des Verschuldens folgt. Möglich bleibt stets der Kausalitätsgegenbeweis, es sei denn, die Obliegenheit wurde arglistig verletzt. 146

VI. Leistungsentscheidung

1. Ablehnung oder Anerkenntnis

Die AUB sehen einheitlich vor, dass der Versicherer verpflichtet ist zu erklären, ob und in welchem Umfang er den Anspruch anerkennt, Ziff. 9.1 AUB 2020. Hierbei hat er sich, werden Invaliditätsleistungen oder Unfallrenten geltend gemacht, eine dreimonatige Frist, in den übrigen Fällen eine Monatsfrist gesetzt. Diese beginnt jedoch erst zu laufen, wenn alle notwendigen Unterlagen dem Versicherer vorgelegt werden, namentlich 147

- der Nachweis zum Unfallhergang,
- der Nachweis der Unfallfolgen

- und bei Invaliditätsleistung und/oder Unfallrente der Nachweis über den Abschluss des Heilverfahrens, soweit dies für die Bemessung des Invaliditätsgrads notwendig ist.

Praxistipp

Unterbreitet der Versicherer, obwohl die Voraussetzungen für ein Anerkenntnis vorliegen, ein Regulierungsangebot, ist im Sinne der Rechtsschutzversicherungsbedingungen der Versicherungsfall eingetreten. Ein Versicherungsfall liegt danach vor, wenn einer der Vertragspartner gegen Pflichten aus dem Versicherungsvertrag verstößt. Da ein Angebot zur Regulierung des Versicherungsfalles nach den Bedingungen gerade nicht geschuldet ist, vielmehr eine Ablehnung oder ein Anerkenntnis, hat der Rechtsschutzversicherer Deckung zu erteilen.

2. Anerkenntnis mit Vorbehaltserklärung

148 Neben dem Anerkenntnis kann der Versicherer sich auch die jährliche Neubemessung des Invaliditätsgrades, längstens bis zum Ende des dritten Unfalljahres, vorbehalten. Dieses Recht der Neubemessung (vgl. Rdn 149) kann der Versicherer jedoch nicht „irgendwann" ausüben. Will er tatsächlich von diesem Gebrauch machen, so hat er dies in seinem Anerkenntnis dem Versicherungsnehmer gegenüber unmissverständlich mitzuteilen, Ziff. 9.4 AUB 2020.

VII. Nachprüfung und Neubemessung der Invalidität

149 § 188 VVG ermöglicht nunmehr sowohl dem Versicherer als auch dem Versicherten die Möglichkeit, den Grad der Invalidität neu zu bemessen; allerdings lediglich längstens bis zu drei Jahren seit Eintritt des Unfalls. Diese aus den AUB stammende Regelung ist heute also gesetzlich verankert, bleibt aber nach wie vor Regelungsinhalt der Ziff. 9.4 AUB 2020.

Praxistipp

Eine **Neubemessung** nach § 188 VVG betrifft den Grad der Invalidität, aber nicht die Frage, ob überhaupt eine Invalidität vorliegt. Der Versicherte wird daher immer die Nachprüfung wählen, wenn er mit der Entscheidung des Versicherers, dass grundsätzlich eine Invalidität vorliegt, einverstanden ist, er jedoch innerhalb des 3-Jahres-Zeitraumes davon ausgeht, dass es zu einer Verschlimmerung gekommen ist.

Praxistipp

Allerdings sollte die Neubemessung seitens des Versicherten nur nach vorheriger Rücksprache mit Fachärzten initiiert werden, da sie auch ein Bumerang werden kann. Denn die reformatio in peius (Verböserungsverbot) gilt nicht. Konkret heißt das nichts anderes, als dass im Fall der Verbesserung des Gesundheitszustandes der Versicherer bereits zu viel geleistete Zahlungen nach § 812 BGB vom Versicherungsnehmer zurückfordern kann. Insofern ist mit dem Instrument der Neubemessung sorgsam umzugehen. Dies gilt im Übrigen auch dann, wenn sich der Versicherer in seiner Abrechnung die Neubemessung nicht vorbehalten hat, der Versicherungsnehmer sie aber wünscht. Ergibt sich dann ein geringerer Invaliditätsgrad, wird er den zu viel gezahlten Betrag zurückzahlen müssen (vgl. BGH v. 2.11.2022 – IV ZR 257/21).

VIII. Rechtsverfolgungskosten

Bei den **Rechtsverfolgungskosten** ist es so, dass anders als im Haftpflichtrecht, wo der Haftpflichtversicherer des Unfallverursachers die Anwaltskosten als adäquate Schadensfolge zu tragen hat, der private Unfallversicherer diese grundsätzlich nicht trägt. Begründet wird dies damit, dass der private Unfallversicherer die Leistungen noch zu überprüfen hat und von daher der Anspruch noch nicht fällig ist. Die Kostentragung unter dem Aspekt des Verzugs scheidet damit aus. 150

Ferner übernimmt die **Rechtsschutzversicherung** diese Kosten auch nicht, weil noch kein Rechtsschutzfall im Sinne der ARB eingetreten ist. Hat also der private Unfallversicherer z.B. die Leistungen noch nicht abgelehnt, sondern prüft lediglich, ob die Leistungen gegeben sind und wie hoch der Grad der Invalidität ist, dann muss in der Regel weder der private Unfallversicherer noch der Rechtsschutzversicherer die Kosten des Rechtsanwalts ausgleichen, sondern der Mandant muss selbst dafür aufkommen. 151

Insofern ist in diesem Zusammenhang auf eine sehr wichtige Entscheidung des BGH (zfs 2006, 43 ff.) hinzuweisen. In diesem Urteil hat der BGH entschieden, dass die Rechtsverfolgungskosten gegen den eigenen Unfallversicherer unter Umständen der gegnerische Haftpflichtversicherer zu tragen hat. In dem Fall ging es darum, dass der Geschädigte eine gewisse Zeit im Krankenhaus lag und deswegen nicht selber in der Lage gewesen ist, die Ansprüche bei seinem privaten Unfallversicherer geltend zu machen. In diesem Fall seien die **Rechtsverfolgungskosten erforderliche Kosten** gewesen, so dass der Haftpflichtversicherer des Unfallverursachers für diese Kosten aufzukommen habe. Der BGH hat in seiner lesenswerten Entscheidung ausgeführt, dass zu den ersatzpflichtigen Aufwendungen des Geschädigten grundsätzlich auch die durch das Schadensereignis erforderlichen Rechtsverfolgungskosten zählen würden. Allerdings seien nicht automatisch alle adäquat verursachten Rechtsanwaltskosten zu ersetzen, sondern immer nur solche, die aus der Sicht des Geschädigten zur Wahrnehmung seiner Rechte erforderlich und zweckmäßig waren. Bei Schwerstverletzten kann daher problemlos argumentiert werden, dass diese einen Anwalt brauchten, damit die Rechte aus der privaten Unfallversicherung überhaupt geltend gemacht werden konnten. Insofern ist diese Entscheidung erwähnenswert, da sie trotz der Tatsache, dass es sich um eine BGH-Entscheidung handelt, weitgehend unbekannt ist. Hierdurch kann erreicht werden, dass der Man- 152 dant die Rechtsverfolgungskosten in der Unfallversicherungsangelegenheit mit dem eigenen Versicherer vom Haftpflichtversicherer des Gegners ersetzt bekommt.

B. Berufsunfähigkeitszusatzversicherung (BUZ)

Literatur:

Benkel/Hirschberg, Lebens- und Berufsunfähigkeitsversicherung, 2. Aufl. 2011; *van Bühren*, Handbuch Versicherungsrecht, 8. Aufl. 2025; *Voit/Neuhaus*, Berufsunfähigkeitsversicherung, 4. Aufl. 2019; *Terbille*, Münchener Anwaltshandbuch Versicherungsrecht, 3. Aufl. 2013.

I. Einleitung

153 Die **Berufsunfähigkeits(zusatz)versicherung** ist neben der Unfallversicherung eine der lukrativsten Versicherungen für die Versicherer. Die Berufsunfähigkeits(zusatz) versicherung hat auch in der Gesellschaft einen relativ hohen Stellenwert. Laut de. statista hatten im Jahr 2021 rund 14,31 Mio. Personen ab dem 14. Lebensjahr eine Berufsunfähigkeitsversicherung. Viele Schadensfälle in diesem Zusammenhang enden vor den Gerichten, da im Leistungsfall auch erhebliche Summen seitens der Versicherer zu zahlen sind und die zu zahlenden Renten nicht erst mit dem 65. bzw. 67. Lebensjahr, bei Selbstständigen ggf. auch erst mit dem 70. Lebensjahr enden. Insofern ergibt die Addition der Leistungen erhebliche Geldbeträge. Neben der Berufsunfähigkeits(zusatz)versicherung, die an eine Lebensversicherung gekoppelt ist und die den Großteil dieser Versicherungen ausmacht, gibt es auch noch eine reine Berufsunfähigkeitsversicherung (BUV). Für die Frage der Versicherungsleistung decken sich in den Grundzügen jedoch die Bedingungen der BUZ mit denen der BUV.

II. Zweck der BUZ

154 Für den Fall, dass der Versicherungsnehmer durch gesundheitliche Beeinträchtigungen nicht mehr imstande ist, seinen Beruf auszuüben, soll er eine vorher vertraglich vereinbarte feste Leistung erhalten. Da die Berufsunfähigkeits(zusatz)versicherung – kurz BUZ – an eine Hauptversicherung, in der Regel handelt es sich um eine Renten- oder Lebensversicherung, gebunden ist, ist die Befreiung von der Prämienzahlung und häufig auch die Zahlung einer monatlichen Rente vereinbart. Hierdurch wahrt der Versicherungsnehmer den Erhalt der Rentenversicherung, die im Zweifel seinen Lebensabend absichern sollte. Die Rente sichert den aktuellen sozialen Status. Die Berufsunfähigkeitszusatzversicherung ist eine **Summenversicherung** und keine Schadensversicherung.

155 Insofern ist es auch wichtig, dass das Bereicherungsverbot nicht gilt und auch kein Forderungsübergang stattfindet, so dass z.B. gerade bei schweren Verkehrsunfällen kein Versicherer, der aus der Berufsunfähigkeits(zusatz)versicherung leistet, Regress beim Haftpflichtversicherer nehmen kann. Die betroffene Person kann daher

dementsprechend auch gegenüber dem Haftpflichtversicherer den vollen Schadensersatz geltend machen und darüber hinaus die BUZ-Leistungen vollständig behalten. Dies ist auch losgelöst von etwaigen privaten Unfallversicherungen möglich. Im Zweifel kann der Geschädigte in ein und demselben Schadensfall daher „3-mal“ kassieren: einmal gegenüber dem Haftpflichtversicherer, dann aus der Privaten Unfallversicherung und das dritte Mal aus der Berufsunfähigkeitszusatzversicherung. Dies ist damit begründet, dass sich der Versicherte durch seine Prämie diese Leistungen vertraglich erkauft hat.

Rechtlich geregelt ist die Berufsunfähigkeitszusatzversicherung in den §§ 172 ff. VVG und in den Allgemeinen Versicherungsbedingungen. 156

Praxistipp

Auch hier ist zwingend erforderlich, dass der Anwalt sich die zum Eintritt des Versicherungsfalles geltenden Bedingungen und die Police vom Mandanten geben lässt, da er nur so individuell prüfen kann, welcher Vertragsinhalt und welche Bedingungen hier zugrunde liegen. Ohne diese Unterlagen lässt sich ein Fall aus der Berufsunfähigkeitszusatzversicherung nicht bearbeiten. Manche Mandanten können dies zunächst schwer nachvollziehen und fragen, ob sie denn tatsächlich das ganze „Kleingedruckte“ in ihren Unterlagen suchen müssen. In diesem Fall kann die Antwort nur lauten, dass der Mandant sich diese Mühe zwingend machen muss, da das in seinem Interesse ist.

Zwar ist im VVG die Berufsunfähigkeit in den §§ 172 ff. VVG geregelt, die jeweilig zugrundeliegenden Versicherungsbedingungen sind jedoch auch nach der VVG-Reform maßgeblich und stets zu berücksichtigen. 157

Die Berufsunfähigkeitszusatzversicherung ist vom Bestand der jeweiligen Hauptversicherung (Renten- oder Lebensversicherung) abhängig. Es besteht Akzessorietät. Wenn die Hauptversicherung gekündigt wird, ist daher auch die Beendigung der Berufsunfähigkeitszusatzversicherung gegeben. In diesem Zusammenhang ist auf eine Entscheidung des OLG Karlsruhe (v. 16.2.2006 – 12 U 261/05 = VersR 2006, 1348) hinzuweisen. In dem zugrunde liegenden Sachverhalt war die BUZ an eine Lebensversicherung gekoppelt und an eine Bank abgetreten, wobei es anschließend zur Kündigung kam. Das OLG Karlsruhe hatte hier jedoch entschieden, dass sich ein Ausschluss der Leistungspflicht nur für die Versicherungsfälle ergibt, die **nach** der Kündigung eingetreten sind. 158

Ferner sind in diesem Zusammenhang die Entscheidungen des OLG Saarbrücken (VersR 2007, 780) und des BGH (VersR 1989, 588) von Bedeutung, wonach für den Fall der Kündigung nach Eintritt der Berufsunfähigkeit ein Wegfall der Leistungspflicht verneint wurde, da es sich bei der BUZ um einen sog. **gedehnten Versicherungsfall** handelt. 159

Zudem ist die Entscheidung des OLG Karlsruhe (v. 20.3.2007 – 12 U 11/07 = VersR 2007, 1359) zu erwähnen, wonach die Umwandlung des Vertrages in eine beitrags- 160 freie Versicherung die Leistungspflicht für einen zuvor eingetretenen Versicherungsfall nicht entfallen lässt. Diese Fälle können immer wieder, gerade auch in finanziellen Krisen eine Rolle spielen, wenn eine Umwandlung in eine beitragsfreie Versicherung vereinbart wurde, da möglicherweise etwaige Rückkaufswerte bei Kündigung der Lebensversicherung für den Versicherungsnehmer nachteilig wären.

> *Praxistipp*
>
> Der Rechtsanwalt, der BUZ-Fälle bearbeitet, sollte nach Erhalt der Allgemeinen Versicherungsbedingungen durch den Mandanten diese generell einer Inhaltskontrolle unterziehen und unter Maßgabe von § 307 BGB die vorhandenen Klauseln überprüfen. Alle Versicherungsbedingungen und somit auch die Versicherungsbedingungen der Berufsunfähigkeitszusatzversicherungen sind nach ständiger Rechtsprechung des BGH (vgl. z.B. BGH, VersR 2001, 1502) *„immer so auszulegen, wie ein durchschnittlicher Versicherungsnehmer sie bei verständiger Würdigung, aufmerksamer Durchsicht und Berücksichtigung des erkennbaren Sinnzusammenhanges verstehen muss"*.

> *Praxistipp*
>
> Nicht zuletzt unter Marketing-Gesichtspunkten für die Kanzlei ist es mit Sicherheit ein Erfolgserlebnis, wenn der bearbeitende Rechtsanwalt es erreicht, dass die eine oder andere Klausel in den Versicherungsbedingungen für unzulässig erklärt und von der Rechtsprechung „gekippt" wird. Eine solche Erfolgsmeldung spricht sich unter den Multiplikatoren und den Mandanten sehr schnell herum und zeigt, dass Qualität und Spezialwissen sich durchsetzen.

III. Begriff der Berufsunfähigkeit

161 Den folgenden Ausführungen liegen die Allgemeinen Bedingungen für die Berufsunfähigkeits-Versicherung des GDV mit Stand 11.2022 zugrunde, so keine anderen Bedingungen ausdrücklich genannt werden. Abgekürzt werden sie mit ABB.

1. Definition

a) Berufsunfähigkeit – konkrete Verweisungsklausel, § 2 Abs. 1 ABB

162 **Berufsunfähigkeit** liegt dann vor, wenn die versicherte Person

- infolge von Krankheit, Körperverletzung oder mehr als altersentsprechenden Kräfteverfalls, die ärztlich nachzuweisen sind,
- voraussichtlich auf Dauer
- ihren zuletzt ausgeübten Beruf, so wie er ohne gesundheitliche Beeinträchtigung ausgestaltet war, nicht mehr zu mindestens ...% ausüben kann
- und auch keine andere Tätigkeit ausübt, die ihrer bisherigen Lebensstellung entspricht.

- Der bisherigen Tätigkeit entspricht nur eine Tätigkeit, die in ihrer Vergütung und sozialen Wertschätzung nicht spürbar unter das Niveau der bislang ausgeübten Tätigkeit absinkt.

Leistungen des Versicherers werden immer ab einem **bestimmten Grad** der Berufs- 163
unfähigkeit geleistet. Meistens wird die 50 %-Klausel verwendet. Konkret heißt dies, dass der Versicherer erst ab einer Berufsunfähigkeit von 50 % leistet. Unterhalb dieses Grades werden keinerlei Leistungen erbracht. Naturgemäß führen derartige Verträge zu häufigem Streit, da Versicherer oftmals bei der Prüfung des Grades der Berufsunfähigkeit zu dem Ergebnis gelangen, dass die gesundheitliche Beeinträchtigung nicht die Schwelle von 50 %iger Berufsunfähigkeit erreicht. In diesem Fall kann es für den Versicherungsnehmer nur Hopp oder Topp heißen, d.h. wenn er z.B. über eine Rechtsschutzversicherung oder ausreichend finanzielle Möglichkeiten verfügt, sollte er in Zusammenarbeit mit Fachärzten und Fachanwälten prüfen lassen, ob ihm eine Klage weiterhilft. Dabei ist die Frage der gesundheitlichen Beeinträchtigung und ihre Auswirkung auf die berufliche Tätigkeit vom Sachverständigen zu beantworten. Ob damit zugleich eine mindestens 50 %ige Berufsunfähigkeit besteht, ist und bleibt **Rechtsfrage**!

Daher ist auch die Entscheidung des OLG Saarbrücken (Urt. v. 19.12.2013 – 5 W 164
69/13) durchaus wegweisend. Dort litt eine Kosmetikerin und Fußpflegerin an einer Epilepsie, die zu unvorhergesehenen sekundenweisen Absencen führte, dies bis zu 20 Mal täglich für vier bis fünf Sekunden. Bei einem normalen Arbeitstag mit 70 % Nagelmodellage und 30 % verschiedenen kosmetischen und fußpflegerischen Tätigkeiten belaufen sich die „Aussetzer" im günstigsten Fall auf gut 1 ½ Minuten. Es liegt auf der Hand, dass bei rein zeitlicher Betrachtung die 50 % Grenze nicht annähernd erreicht wird. Gleichwohl bejahte das OLG die Berufsunfähigkeit. Denn der Umgang mit Feilen, Scheren, Pinzetten und ähnlichen Instrumenten ist für Kunden gefährlich. Die prägende Tätigkeit der Nagelmodellage war damit beeinträchtigt und dies nicht nur in einem Umfang von ca. 1 ½ Minuten. Da die BU-Versicherung auch kein Unmittelbarkeitserfordernis kennt, wäre Berufsunfähigkeit sogar auch dann anzunehmen, wenn die Kunden infolge der vorgetragenen Irritation wegblieben.

Praxistipp

Die Erfahrung zeigt, dass bei einer gerichtlichen Überprüfung in diesen Fällen große Erfolge erzielt werden können, möglicherweise auch durch einen vernünftigen Vergleich, denn naturgemäß gibt es keine alleinige mathematische Wahrheit bei der Feststellung der jeweiligen Prozente der Berufsunfähigkeit. Gerade im Bereich der medizinischen Gutachten gibt es erhebliche Abweichungen nach unten oder nach oben, je nachdem aus welchem Blickwinkel die Sache betrachtet wird. Man stelle sich nur vor, dass ein kleiner zeitlicher Teilbereich der beruflichen Tätigkeit aus gesundheitlichen Gründen nicht möglich ist. Fällt damit aber die berufliche Tätigkeit in sich zusammen, kann auch dies schon Berufsunfähigkeit bedeuten (so auch BGH, Urt. v. 26.2.2003 – IV ZR 238/01). Daher gilt: Berufsunfähigkeit ist Rechtsfrage.

Praxistipp

Schon bei Abschluss eines BUZ-Vertrages empfiehlt es sich nicht, die 50:50-Klausel zu verwenden, sondern stattdessen eine sog. 25:75-Klausel zu vereinbaren. Dies bedeutet, dass bis zu 25 % Berufsunfähigkeit keine Leistung fällig ist, jedoch bereits ab 25 % Teilleistungen fällig werden. Durch den Abschluss einer solchen Klausel wird viel Streit vermieden und außergerichtlich hier oftmals eine Einigung erzielt.

165 Da die Frage der Berufsunfähigkeit auch davon abhängt, dass die versicherte Person tatsächlich auch keine andere Tätigkeit ausübt, die ihrer bisherigen Lebensstellung entspricht, spricht man von der sog. konkreten Verweisungsklausel *(…und auch keine andere Tätigkeit ausübt, die ihrer bisherigen Lebensstellung entspricht)*.

Praxistipp

Verliert der Konzertpianist drei Finger seiner Hand, wird er sicherlich als Konzertpianist berufsunfähig sein. Wird er nunmehr als Konzertdirigent bei gleicher Bezahlung tätig, wird eine Berufsunfähigkeit ausscheiden, da seine bisherige Lebensstellung als Konzertpianist durch die Tätigkeit als Dirigent nicht beeinträchtigt sein sollte.

b) Berufsunfähigkeit – abstrakte Verweisungsklausel

166 Schlechtere Bedingungen enthalten keine konkrete, sondern eine abstrakte Verweisungsklausel. In diesem Fall findet sich folgende Regelung in § 2 Abs. 1 ABB:

Berufsunfähigkeit liegt vor, wenn die versicherte Person

- infolge von Krankheit, Körperverletzung oder mehr als altersentsprechenden Kräfteverfalls, die ärztlich nachzuweisen sind,
- voraussichtlich auf Dauer
- ihren zuletzt ausgeübten Beruf, so wie er ohne gesundheitliche Beeinträchtigung ausgestaltet war, nicht mehr zu mindestens …% ausüben kann
- und außerstande ist, eine andere Tätigkeit auszuüben, zu der sie aufgrund ihrer Ausbildung und Fähigkeit in der Lage ist und die ihrer bisherigen Lebensstellung entspricht.
- Der bisherigen Tätigkeit entspricht nur eine Tätigkeit, die in ihrer Vergütung und sozialen Wertschätzung nicht spürbar unter das Niveau der bislang ausgeübten Tätigkeit absinkt.

167 Die abstrakte Verweisungsklausel macht den Eintritt der Berufsunfähigkeit nicht von der tatsächlichen Ausübung abhängig. Vielmehr genügt die theoretische Möglichkeit, einen anderen Beruf auszuüben. Dass dieser konkret im Sinne eines Jobangebotes in der Nähe vorhanden sein muss, ist nicht Voraussetzung. Voraussetzung

ist lediglich, dass die versicherte Person aufgrund Ausbildung und Fähigkeit in der Lage ist, diesen Beruf auszuüben und er der bisherigen Lebensstellung entspricht.

Praxistipp

Verliert der Konzertpianist drei Finger seiner Hand, wird er sicherlich als Konzertpianist berufsunfähig sein. Kann er aufgrund seiner Ausbildung und Fähigkeit auch als Konzertdirigent arbeiten, kann der Versicherer ihn auf diesen Beruf verweisen mit der Folge, dass eine Berufsunfähigkeit nicht eingetreten ist. Dass die Tätigkeit als Konzertdirigent seiner bisherigen Lebensstellung als Konzertpianist entspricht, wird in diesem Beispiel unterstellt.

2. Berufsunfähigkeit und verwandte Rechtsbereiche

Die Berufsunfähigkeit im Sinne der Berufsunfähigkeitszusatzversicherung als pri- **168**
vatrechtlichem Vertrag ist ein Rechtsbegriff, welcher losgelöst ist von anderen Berufsunfähigkeitsvokabeln aus anderen Rechtsgebieten. Dies ist für die Erklärung gegenüber dem Mandanten wichtig, da oftmals Berufsunfähigkeit aus anderen Rechtsgebieten (z.B. aus dem Sozialrecht) mit Berufsunfähigkeit im Sinne der Versicherungswirtschaft gleichgesetzt wird.

Praxistipp

Man darf daher auf keinen Fall die eigenständigen Begriffe der **Dienstunfähigkeit** oder **Berufs- und Erwerbsunfähigkeit des Sozialversicherungsträgers** oder **des Krankentagegeldversicherers** und auch nicht den Begriff der **Arbeitsunfähigkeit auf dem allgemeinen Arbeitsmarkt** miteinander gleichsetzen. Dies sind völlig voneinander losgelöste Dinge. Allerdings muss auch erkannt werden, dass der sozialrechtliche Begriff der Erwerbsminderung bzw. früher der Erwerbsunfähigkeit gewichtiger Indikator für den Eintritt der Berufsunfähigkeit ist. So wird der Rechtsanwalt häufig erleben, dass sich der Streit um den Eintritt der Berufsunfähigkeit spätestens dann auflöst, wenn der versicherten Person Rente wegen voller Erwerbsminderung bewilligt wird. Denn die sprachliche Reichweite der Erwerbsunfähigkeit ist deutlich weiter als die der Berufsunfähigkeit. Zwar bleibt es dabei, dass allein anhand der Versicherungsbedingungen zu prüfen ist, ob eine bedingungsgemäße Berufsunfähigkeit vorliegt. Die entsprechenden Arztberichte und Bescheide können jedoch hinsichtlich der medizinischen Feststellungen verwertet werden, ob eine Berufsunfähigkeit im Sinne der BUZ-Bedingungen gegeben ist. So können sich im Bericht der Rehaklinik Anhaltspunkte für die Berufsunfähigkeit finden, z.B. wenn der zuletzt ausgeübte Beruf als „nicht mehr leidensgerecht" oder nur noch „unter 3 Stunden" ausführbar beurteilt wird. Eine Kopplung oder einen Automatismus aufgrund dieser Bescheide gegenüber der Berufsunfähigkeit im Sinne der BUZ gibt es allerdings nicht.

Praxistipp

Wenn außergerichtlich oder gerichtlich Sachverständige die Berufsunfähigkeit zu prüfen haben, ist auch seitens des Anwalts das Ergebnis genau zu prüfen. Es wäre daher absolut falsch, wenn lediglich, z.B. aufgrund der Tatsache, dass der Versicherungsnehmer einen negativen **Rentenbescheid** erhalten hat, der Sachverständige erklärt, damit sei der Versicherungsnehmer auch automatisch nicht berufsunfähig im Sinne der Bedingungen.

Praxistipp

Es kann sogar der scheinbar widersprüchliche Fall eintreten, dass der Krankentagegeldversicherer kein Krankentagegeld mehr zahlt, weil Berufsunfähigkeit gemäß der MB/KT-Bedingungen eingetreten ist, der BUZ-Versicherer jedoch nicht zahlt, weil er eine andere Berufsunfähigkeitsdefinition zugrunde legt. Ein solches Ergebnis dem Mandanten zu erklären, der nicht juristisch vorgebildet ist, fällt mitunter sehr schwer.

Praxistipp

Wenn der Versicherer die Ärzte anschreiben will, ist bei der Erhebung personenbezogener Gesundheitsdaten auf § 213 VVG zu achten. Nach der Entscheidung des Bundesverfassungsgerichts vom 23.10.2006 (– 1 BvR 2027/02 = zfs 2007, 34) ist durch das allgemeine Persönlichkeitsrecht auch die Befugnis des Einzelnen umfasst, über die Preisgabe und Verwendung seiner Daten selbst zu bestimmen. Der Versicherer muss daher den Versicherungsnehmer mit einem Schreiben informieren, dass er die entsprechenden Ärzte anschreiben will.

Durch die Einführung des § 213 VVG muss dem Versicherungsnehmer also vor Erhebung der Daten berichtet werden. Er kann der Erhebung widersprechen und seine Einwilligung jederzeit widerrufen. Ferner ist der Versicherungsnehmer auf seine Rechte hinzuweisen. Daher ist in Absprache mit dem Anwalt seitens des Mandanten zu klären, welche Daten notwendig sind. In der Entscheidung des BGH (VersR 2010, 97) ging es darum, dass der Versicherer im Vertrauen auf die Wirksamkeit einer Schweigepflichtentbindungserklärung Informationen erlangte, die es rechtfertigten, von einer arglistigen Täuschung zu sprechen. Ist dies der Fall, muss eine Güteabwägung erfolgen, wie mit den gewonnenen Daten umzugehen ist. Ähnlich war es in einem Fall des BGH vom 25.5.2011 (VersR 2011, 1249). Auch hier war im Einzelfall zu prüfen, ob der Versicherer, wenn er diese Information erlangt hat, einem Verwertungsverbot hinsichtlich dieser Informationen unterliegt oder ob er diese verwerten und dann notfalls den Vertrag anfechten kann. Als genereller Maßstab kann festgehalten werden, dass der Versicherer keine Daten „ins Blaue hinein“ erheben kann, sondern er immer nur dann, wenn wirkliche Anhaltspunkte des Versicherers vorliegen, die notwendigen Angaben bei den Ärzten erfragen darf.

Hierbei ist die Frage in der Rechtsprechung auch innerhalb des § 213 VVG ungeklärt, ob z.B. der Versicherungsnehmer von sich aus sagen kann, „gut, dann besorge ich dem Versicherer die Daten und schicke diese“ oder ob der Versicherungsnehmer es gestatten muss, dass der Versicherer den Arzt direkt anschreibt. Die Verfasser vertreten die Auffassung, dass sich der Versicherungsnehmer im Rahmen des § 213 VVG auch die Daten selber von den Ärzten einholen und diese dann an den Versicherer schicken kann. Dies hat natürlich erhebliche Vorteile für den Versicherungsnehmer, da er so klären kann, welche Daten relevant sind und welche nicht. Auf diese Art und Weise kommt der Versicherer gar nicht in den Genuss, alle Gesundheitsdaten zu erlangen.

3. Auf welche Tätigkeit ist abzustellen?

§ 172 Abs. 2 VVG und die Bedingungen stellen auf den **zuletzt ausgeübten Beruf** ab, so wie er ohne gesundheitliche Beeinträchtigungen ausgestaltet war. Maßgebend ist der Zeitpunkt, für den der Versicherungsnehmer die Berufsunfähigkeit behauptet. 169

Praxistipp

Der Mandant ist danach zu befragen, ab welchem Zeitpunkt er behauptet, berufsunfähig zu sein. Ist dies z.B. der März 2024, so ist zu prüfen, welchen Beruf der Versicherungsnehmer im März 2024 ausgeübt hat.

Es kommt also nicht auf den Zeitpunkt an, in dem der Versicherungsnehmer die Leistung begehrt. Ferner ist nicht auf den Zeitpunkt abzustellen, in dem der Versicherungsantrag gestellt wurde. 170

Praxistipp

Es ist in diesem Zusammenhang wichtig zu wissen, dass der Versicherungsnehmer keine Obliegenheitsverletzung begeht, wenn er dem Versicherer einen Berufswechsel nach Vertragsschluss nicht anzeigt. Allerdings muss er bei der Schadensmeldung detaillierte Angaben zu dem zuletzt ausgeübten Beruf machen, da der Versicherer hier dringend auf die Angaben des Versicherungsnehmers angewiesen ist.

Selbst wenn der **Berufswechsel** mit einer Gefahrerhöhung verbunden ist, was das Eintreten einer Berufsunfähigkeit betrifft, besteht keine Hinweispflicht seitens des Versicherungsnehmers. 171

Ferner spielen auch geplante berufliche Veränderungen keine Rolle, da die Berufsunfähigkeitsversicherung keine Karriereversicherung ist. Es soll vielmehr der soziale Status abgesichert werden, den der Versicherungsnehmer vor Eintritt seiner Berufsunfähigkeit innehatte. 172

173 Hat der Versicherungsnehmer mehrere Berufe zugleich ausgeübt, dann sind die unterschiedlichen Tätigkeitsbereiche separat zu untersuchen, da mitunter Versicherungsnehmer teilzeitbeschäftigt sind und darüber hinaus noch anderen beruflichen Tätigkeiten nachgehen.

174 Der BGH (VersR 1993, 1470) hat sich hinsichtlich des maßgeblichen Zeitpunkts eindeutig positioniert und festgestellt, dass *„die letzte konkrete Berufsausübung, wie sie in noch gesunden Tagen ausgestaltet war“* entscheidend ist.

4. Individuelle Tätigkeit

175 Ganz entscheidend bei der zuletzt ausgeübten Tätigkeit ist, dass der Versicherungsnehmer **seine** Tätigkeit oder **seinen** Beruf beschreiben muss. Es geht nicht allgemein um ein Berufsbild, sondern um den **individuell und konkret ausgeübten Beruf** des Versicherungsnehmers.

> *Praxistipp*
>
> Verkehrt wäre, wenn der Anwalt allgemeine Betrachtungen zu dem Beruf des Malers machen würde, da es 20 verschiedene Untergliederungen des Malerberufs gibt.

176 Da der Eintritt der Berufsunfähigkeit zu den Anspruchsvoraussetzungen zählt, trifft den Versicherungsnehmer auch die Darlegungs- und Beweislast. Insofern ist ganz entscheidend, dass hinsichtlich der Aufstellung und Beschreibung des Berufs die Hausaufgaben gemacht werden. In Klageverfahren werden oft pauschale Behauptungen hinsichtlich der beruflichen Tätigkeiten gemacht, ohne dass exakt aufgelistet wird, wie die berufliche Tätigkeit des Versicherungsnehmers konkret aussah und wie seine Lebensstellung war. Die Folge ist die Klageabweisung.

177 Zur Vortragslast des Versicherungsnehmers gehört es, seine Berufstätigkeit nach Art, Umfang und Häufigkeit der regelmäßig anfallenden Arbeiten sowie ihrer Anforderungen an die körperliche und geistige Leistungsfähigkeit konkret zu beschreiben (OLG Köln, r+s 2009, 515). Dabei ist im Idealfall eine stundenplanmäßige Darstellung erforderlich. Ist jedoch wegen wechselhafter Tätigkeiten dies nicht möglich, muss zumindest durch Hochrechnungen der Durchschnitt dargelegt werden. Dabei kann in Abhängigkeit der Vielfalt des konkreten Berufsbildes eine Darstellung auf eine Arbeitswoche, ggf. auch auf einen Monat hochgerechnet werden.

> *Praxistipp*
>
> Bei der Beschreibung der konkreten beruflichen Tätigkeit liegt die Hauptarbeit des Anwalts im Vorfeld des außergerichtlichen Tätigwerdens. Wer hier sauber arbeitet, wird am Ende belohnt und muss auch im Klageverfahren nicht permanent nachbessern.

Praxistipp

Den Antragsvordrucken der Versicherer sind notfalls mehrere Zusatzseiten anzuheften, um die konkrete Beschreibung der Tätigkeit des Versicherungsnehmers darzustellen. Mitunter reichen die vorgegebenen Zeilen in den Vordrucken bei weitem nicht aus. In diesem Fall hat ein Verweis zu erfolgen, dass die konkrete Tätigkeit auf folgenden anliegenden Seiten im Anhang beschrieben wird. Sinnvoll ist es, den Antrag mit dem Vordruck fest zu verbinden, d.h. zu ösen.

Es hat eine Beschreibung des **kompletten Tagesablaufs** eines typischen Arbeitstages des Versicherungsnehmers zu erfolgen. Insofern muss der Mandant detailliert befragt werden. Der Mandant kann z.B. sagen, dass er eine Stunde am Tag gewisse Geräte hin- und hertragen musste. Dann hat genau die Gewichtsangabe der Geräte zu erfolgen, damit geprüft werden kann, ob er aus gesundheitlichen Gründen diese Tätigkeit noch oder nicht mehr ausüben kann, da diese für seinen verletzten Körper nunmehr zu schwer ist. Ferner kann der Mandant z.B. weiter angeben, dass er eine Stunde am Tag im Labor war und am Computer gearbeitet hat. Dann muss konkret geprüft werden, ob das Sitzen vor dem Computer für den Zeitraum einer Stunde dem Versicherten noch zumutbar ist. Insofern ist der vollständige Arbeitstag nach Zeitaufwand der ausgeführten Tätigkeiten aufzuführen. **178**

Für die Ermittlung des Umfangs der Berufsunfähigkeit kann dann der Arzt genau einordnen, z.B. dass der Versicherungsnehmer die Teiltätigkeit 1 am Tag nur noch zu so und so viel Prozent ausüben kann, die Teiltätigkeit 2 dagegen nach wie vor möglich ist, die Teiltätigkeit 3 mehr als 45 Minuten am Arbeitstag dagegen überhaupt nicht mehr möglich ist. Der behandelnde Arzt kann dann die Prozente und das Endergebnis errechnen. **179**

Praxistipp

Mitunter empfiehlt es sich auch, dass der Anwalt die örtlichen Gegebenheiten des Arbeitsplatzes anschaut oder Bilder desselben vom Versicherungsnehmer bekommt. Erfahrene Anwälte können selbst auch beurteilen, ob z.B. eine gewisse Teiltätigkeit noch zu so und so viel Prozent ausgeübt werden kann oder nicht, um intern beurteilen zu können, ob die 50 %-Marke erreicht wird. So kann das Prozessrisiko besser ausgelotet werden.

Praxistipp

Am besten arbeitet man mit Tabellen, in denen die Arbeitszeit des Versicherungsnehmers beschrieben wird, z.B. von 08:00 Uhr bis 08:30 Uhr wird notiert, welche Teiltätigkeit der Versicherungsnehmer in dieser Zeit ausgeübt hat und dann wird in einer weiteren Spalte als weiterer Teilbereich ausgeführt, warum diese Teiltätigkeit jetzt vom Versicherungsnehmer nicht mehr ausgeübt werden kann. Tabellarisch ist der konkrete Arbeitstag des Versicherungsnehmers anschaulich besser nachzuvollziehen und leichter einzuordnen als in Textform.

180 Lediglich für den Ausnahmefall, dass die Berufsunfähigkeit definitiv feststeht, weil die gesundheitlichen Beeinträchtigungen so gravierend sind, dass die Berufsunfähigkeit in jedem Fall gegeben ist, sind an die Darlegungs- und Beweislast deutlich geringere Anforderungen zu stellen. In der Mehrzahl der Fälle wird dies jedoch nicht der Fall sein.

5. Selbstständige

181 Zunächst unterscheiden sich die **Selbstständigen** von den Arbeitnehmern hinsichtlich der konkreten Arbeitszeitbeschreibung nicht. Das heißt, auch der Selbstständige hat für eine schlüssige Klage oder für die Ansprüche außergerichtlich konkret seine Tätigkeitsbereiche aufzulisten und mit den entsprechenden Zeitangaben zu versehen. Hier gilt oben Gesagtes (siehe Rdn 175 ff.) ebenso. Zugleich ist vorzutragen, welche Tätigkeiten aus gesundheitlichen Gründen nicht mehr ausgeübt werden können.

182 Allerdings unterscheidet sich der Selbstständige vom Arbeitnehmer dadurch, dass er nicht weisungsabhängig ist, d.h. der Selbstständige kann seine Mitarbeiter anweisen, gewisse Arbeiten auszuführen, die er vorher z.B. selber durchgeführt hat. Aus diesem Grund hat die Rechtsprechung (vgl. BGH VersR 1996, 1090 – mitarbeitender Geschäftsinhaber) beim Selbstständigen die **Umorganisation der eigenen Tätigkeit** ins Spiel gebracht. Grundlage der Umorganisation ist die Tätigkeit, den Betrieb zu führen und Weisungen an Mitarbeiter zu geben. Dieser Teilaspekt der beruflichen Tätigkeit kann auch dazu benutzt werden, durch Weisung einen eigenen Beschäftigungsbereich zu schaffen, der trotz der gesundheitlichen Einschränkung die Berufsunfähigkeit entfallen lässt. Diese unternehmerische Gestaltungsmacht ist im Ergebnis eine Umorganisation. Der dagegenstehenden Argumentation des Berufungsgerichtes, eine Umorganisation unter dem Aspekt der Verweisung als unzumutbar abzulehnen, erteilte der BGH zugleich eine Absage. Dies darf kritisch gesehen werden. Auch wenn das Organisationsrecht sicherlich beim Betriebsinhaber liegt, kommt es doch für die Frage der Berufsunfähigkeit darauf an, wie sich die berufliche Tätigkeit konkret zeigte, also wie häufig der Betriebsinhaber mit der Erteilung von Weisungsaufgaben befasst war, die zu seinem Tätigkeitsbereich gehören. Es kommt also nicht für ihn auf das Ergebnis der Weisung an, sondern auf die Fähigkeit, Weisungen zu erteilen.

Praxistipp

Die neueren Bedingungen enthalten bei Selbstständigen im Zusammenhang mit der Berufsunfähigkeit isoliert die Umorganisation. Die oben getroffenen Aussagen sind daher weitestgehend überholt. Findet sich im Bedingungswerk keine isolierte Aussage zur Umorganisation, dann ist zu beachten, dass der BGH diese nicht aus der Verweisung ableitet, sondern aus der beruflichen Tätigkeit. Gleichwohl lohnt sich der von uns behauptete Ansatz, dass die Weisungserteilung gerade eine berufliche Tätigkeit ist, wie z.B. auch das Führen von Kundengesprächen oder das Erledigen der Buchhaltung. Es kommt also nicht auf das Ergebnis der Weisung an, sondern auf die Frage, ob Weisungen noch erteilt werden können. Es wird jedoch zu vermuten sein, dass sich die Gerichte den Vorgaben des BGH unterwerfen und daher entsprechender Vortrag zur Umorganisation bzw. deren Unmöglichkeit erforderlich ist. Insofern sind sämtliche Verträge, egal ob sie eine Verweisklausel enthalten oder nicht, bei einem Selbstständigen daraufhin zu prüfen, ob er zu einer Umorganisation verpflichtet war. Es kann also sein, dass der Selbstständige zwar praktisch zu 50 % berufsunfähig ist, aber aufgrund einer Umorganisation, die er vornehmen muss, unterhalb der 50 %-Grenze verbleibt.

Praxistipp

Für eine schlüssige Klage muss ausgeführt werden, warum keine Umorganisation der Arbeit möglich ist. Insofern sind exakte Angaben zum Betriebsgegenstand, zur Betriebsgröße und der Anzahl der Arbeitnehmer erforderlich. Weiter ist die Stellenbeschreibung der Arbeitsplätze im Innen- wie Außendienst erforderlich. Ferner ist gegebenenfalls vorzutragen, dass eine Umorganisation mit erheblichen finanziellen Kosten verbunden ist, weil z.B. neue Maschinen anzuschaffen sind oder neues Personal eingestellt werden muss, was dem Versicherungsnehmer nicht zuzumuten ist.

Praxistipp

Von daher ist in der Rechtsprechung anerkannt, dass gerade bei kleineren Betrieben eine Umorganisation viel schwieriger ist, da es dem Versicherungsnehmer nicht zuzumuten ist, neue Mitarbeiter einzustellen, nur damit er seiner Umorganisationspflicht nachkommt. Bei größeren Betrieben mit 100 oder mehr Mitarbeitern ist im Umkehrschluss eine Umorganisation naturgemäß leichter möglich. Dass es sich bei der Betriebsumorganisation nicht um eine Verweisung „auf eine andere Tätigkeit" handelt, hat der BGH (VersR 1989, 579) bereits 1989 entschieden.

Ebenso hat das OLG Hamm (Urt. v. 26.9.2012 – I-20 U 23/12 = zfs 2013, 217) entschieden, dass es gerade bei Kleinbetrieben nahe liegt, dass eine Umorganisation durch Einstellung einer Ersatzkraft nicht zumutbar ist, weil dies zu nennenswerten wirtschaftlichen Nachteilen führt. Insofern wird auch hier die Rechtsprechung des BGH bestätigt.

Wichtig ist dem BGH (VersR 2011, 552) für die Bejahung der Berufsunfähigkeit auch, dass zusammenhängende Arbeiten nicht auseinandergerissen werden dürfen (dort selbstständiger Automatenaufsteller).

Praxistipp

In der außergerichtlichen Praxis wird oftmals die Umorganisation zumutbar sein, wenn der Versicherungsnehmer vorher teilweise in dem Betrieb körperlich mitgearbeitet hat und nunmehr eher leitend tätig sein muss und von daher seine bisherige Tätigkeit umorganisieren kann. Das Stichwort lautet: weg von der Werkbank, hin zum Schreibtisch.

Praxistipp

Der Rechtsanwalt muss seinen Mandanten auch detailliert befragen, ob z.B. aufgrund der ausgeprägten Spezialisierung des Betriebes oder der besonderen Fachkenntnisse des Betriebsinhabers andere Mitarbeiter diese Tätigkeit überhaupt ausüben können und daher eine Umorganisation eventuell ausscheidet. Verkürzt dargestellt folgendes Beispiel: Hat der überwiegend handwerklich tätige Betriebsinhaber eine Bürokraft und kann er zu mindestens 50 % die handwerklichen Arbeiten nicht mehr ausüben, wird die Bürokraft infolge einer Umorganisation nicht in der Lage sein, diese handwerklichen Arbeiten zu erledigen, auch wenn der Betriebsinhaber ins Büro wechselt. Hier wird eine Umorganisation also scheitern.

Praxistipp

Gerade im Zeitalter der Spezialisierung ist es notwendig, den Mandanten danach zu befragen, ob Meisterbriefe vorliegen, ob Spezialseminare besucht wurden oder Zertifizierungen vorliegen, die lediglich in der einen Person gegeben sind, aber nicht bei anderen Mitarbeitern, so dass diese nicht die bisherige Tätigkeit des Geschädigten ausführen können.

Praxistipp

Sollte der Versicherer dem berufsunfähigen Landwirt vorschlagen, den Betrieb zu verpachten, um von den Pachteinnahmen zu leben, so kann der Versicherungsnehmer sich auf die überwiegende Rechtsprechung beziehen, wonach dies unzumutbar ist und keinen Fall der Betriebsumorganisation darstellt (vgl. OLG Karlsruhe VersR 1990, 608; OLG Koblenz, NVersZ 2001, 212).

183 Ist nach diesen Grundsätzen eine Umorganisation möglich, verbleibt der versicherten Person jedoch keine gesundheitlich noch zu bewältigende Betätigungsmöglichkeit, die bedingungsgemäße Berufsunfähigkeit ausschließen würde, liegt gleichwohl Berufsunfähigkeit vor (BGH VersR 1996, 1090; OLG Saarbrücken zfs 2012, 161).

184 Dem OLG Hamm (VersR 2011, 384) genügt genauso wie dem OLG Koblenz (r+s 2011, 345) eine qualitative Betrachtung des konkreten Tätigkeitsbildes. Sind die prägenden Tätigkeiten nicht mehr möglich und gleichwohl der Schwellenwert von 50 % nicht erreicht, soll gleichwohl Berufsunfähigkeit vorliegen. Dabei müssen die verbleibenden Tätigkeiten nicht mehr sinnvoll sein, besser formuliert, sie dürfen keine Werthaltigkeit enthalten.

> *Praxistipp*
>
> Vorgreiflich sei erwähnt, dass Umorganisationsmöglichkeiten, die dem Versicherer schon bei Abgabe seines Anerkenntnisses zu Gebote standen, nicht im Nachprüfungsverfahren nachgeholt werden können. Hier gilt unseres Erachtens die Rechtsprechung (vgl. OLG Nürnberg VersR 2023, 30 ff.) zur Verweisung.

6. Beamte

Beim berufsunfähigen **Beamten** ist im entsprechenden Versicherungsvertrag genau 185
zu überprüfen, welche Klauseln in den Bedingungen vereinbart wurden. Oftmals findet man in deren Verträgen folgende Klausel: *„Bei Beamten des öffentlichen Dienstes gilt die Versetzung in den Ruhestand wegen Dienstunfähigkeit bzw. die Entlassung wegen Dienstunfähigkeit als vollständige Berufsunfähigkeit."*

> *Praxistipp*
>
> Es ist genau zu prüfen, ob eine solche sog. Beamtenklausel vereinbart wurde oder ob lediglich die allgemeine Berufsunfähigkeitsklausel im Sinne des § 172 Abs. 2 VVG oder des § 2 Abs. 1 der Musterbedingungen vereinbart wurde. Wurde nämlich keine Beamtenklausel vereinbart, so ist wie bei einem Nichtbeamten auf die zuletzt ausgeübte Tätigkeit abzustellen (vgl. BGH VersR 2007, 821).

Ansonsten kann es für den Beamten bei Vereinbarung einer solchen Klausel güns- 186
tig sein, dass er seine allgemeine Dienstunfähigkeit im Rahmen der beamtlichen Landes- und Bundesgesetzgebung nachweist und damit dann Leistungen aus der privaten Berufsunfähigkeitszusatzversicherung verlangen kann, ohne dass eine Verweisungstätigkeit geprüft werden muss. Im Beamtenrecht sind derartige Dienstunfähigkeitsentscheidungen Ermessensentscheidungen des Dienstherrn und mitunter recht unkompliziert zu erlangen.

7. Auszubildende/Schüler/Studenten

Bei **Auszubildenden, Schülern und Studenten** stellt sich das Problem, dass diese 187
noch nicht in ihrem angestrebten Beruf arbeiten, sondern sich noch in der „Ausbildung" befinden. Die Rechtsprechung stellt beim Azubi darauf ab, ob er voraussichtlich dauernd außerstande ist, seinen „Beruf" auszuüben, wobei auf das zuletzt bestehende **Ausbildungsverhältnis** zu schauen ist (vgl. OLG Dresden 18.6.2007 – 4 W 618/07, VersR 2008, 1251 und OLG München VersR 1993, 1000).

In der Praxis kommen bei den Auszubildenden oftmals Verweisungstätigkeiten (sie- 188
he Rdn 191 (Verweisungsrecht des Versicherers auf einen anderen Beruf) in Betracht. Die Verweisrechtsprechung geht sogar so weit, eine auszubildende Zahnarzthelferin auf eine Ausbildung in der Verwaltung, bei Banken, Versicherungen oder

einem Rechtsanwalt zu verweisen (vgl. OLG Köln r+s 1988, 310), obwohl diese Berufe nicht ansatzweise vergleichbar sind.

189 Die Vortragslast zum Tätigkeitsbild schwankt. So hat das OLG Dresden (NJW-RR 2019, 480) in einem PKH-Prüfungsverfahren es für ausreichend erachtet, dass der Antragsteller lediglich vorträgt, er habe an mindesten fünf Tagen sieben bis zehn Stunden gearbeitet und dabei in der Bibliothek am PC und in Büchern gelesen, recherchiert und Notizen gefertigt. *„Ist die Tätigkeit als Student versichert und behauptet der Antragsteller, in Vorbereitung seiner Abschlussarbeit seine Tage überwiegend mit dem Selbststudium verbracht zu haben, ist die Vorlage eines exemplarischen Wochenplanes zur Schlüssigkeit des Vorbringens nicht erforderlich"*.

8. Arbeitslose

190 Nach der Rechtsprechung des OLG Hamm (Urt. v. 18.6.2008 – 20 U 187/07 = VersR 2009, 818) ist auch ein gekündigtes Arbeitsverhältnis eine **zuletzt ausgeübte Tätigkeit** im Rahmen der Berufsunfähigkeitsversicherung. In dem Fall ging es darum, dass die Versicherungsnehmerin berufsunfähig wurde und auf ihre frühere Tätigkeit als Chefsekretärin (ihr Beruf) abzustellen war, auch wenn die Versicherungsnehmerin bei Abschluss des Versicherungsvertrages arbeitslos war. Das Gericht hat entschieden, dass dies die letzte von der Versicherungsnehmerin in gesunden Tagen ausgeübte Tätigkeit war, welche daher maßgeblich sei. In einem anderen Fall war es so, dass das Ende des Arbeitsverhältnisses erst nachträglich durch Vergleich zurückdatiert wurde, so dass auch die Berufsunfähigkeit während der Vertragsdauer eingetreten war (vgl. OLG Düsseldorf, NVersZ 2002, 355). In diesem Zusammenhang ist auf die Sonderbestimmung in den Musterbedingungen von § 2 Abs. 4 BUZ hinzuweisen, wenn der Versicherungsnehmer bewusst und gewollt aus dem Arbeitsleben ausgeschieden ist. Mit einer ungewollten Arbeitslosigkeit kann dies jedoch nicht gleichgesetzt werden. Hier ist z.B. an Aussteiger zu denken, die aufhören zu arbeiten, um ihren Lebensabend auf Mallorca oder sonst wo zu verbringen.

IV. Verweisungsrecht des Versicherers auf einen anderen Beruf

1. Konkrete Verweisung

191 Nachdem feststeht, dass der Mandant nicht mehr in der Lage ist, seinem bisher konkret ausgeübten Beruf weiter nachzugehen, muss jedoch noch die zweite Hürde übersprungen werden. Dies ist die sog. Verweisungsklausel. Grundsätzlich enthalten die vom GDV und hier beachteten Bedingungen nur eine konkrete Verweisungsklausel.

192 Damit es überhaupt zur Anwendung der konkreten Verweisungsklausel kommt, muss die versicherte Person nach dem oben Gesagten nicht nur bereits berufsunfähig sein, sondern sie muss auch eine andere Tätigkeit konkret ausüben. Ist sie also

weiterhin arbeitsunfähig krankgeschrieben und nicht beruflich anderweitig tätig, bedarf es keiner Prüfung der konkreten Verweisungsklausel.

Anderenfalls muss nun geprüft werden, ob die andere und konkret ausgeübte Tätigkeit der bisherigen Lebensstellung entspricht. Wird dies verneint, ist der Anspruch auf Versicherungsleistung anzuerkennen. Die Bedingungen haben die bisherige Lebensstellung dahingehend definiert, dass die aktuelle Tätigkeit in ihrer Vergütung und sozialen Wertschätzung nicht spürbar unter das Niveau der bislang ausgeübten Tätigkeit absinkt. 193

Damit rückt eine Vergleichsbetrachtung der beruflichen Tätigkeiten in den Fokus. Bezüglich der **Vergütung** hat sich in der Rechtsprechung etabliert, dass eine **Einkommenseinbuße ab 20 %** stets eine Vergleichbarkeit entfallen lässt. In einem Beschl. v. 22.5.2017 hat das OLG Celle (– 8 U 59/17) noch eine weitere Abstufung vorgenommen und in seinem Leitsatz ausgeführt: 194

> „Hinsichtlich der finanziellen Zumutbarkeit eines Verweisungsberufs kommt es auf einen Vergleich des aktuell erzielten Einkommens mit dem früher tatsächlich erzielten Einkommen an. Mit dem aktuellen Beruf etwaig verbundener Einkommenseinbußen überschreiten nicht die Zumutbarkeitsgrenze, wenn das Lohnniveau um bis zu 10 % absinkt. Bei einer Absenkung von bis zu 20 % ist die Gleichwertigkeit der Lebensstellung fraglich."

Die **soziale Wertschätzung** nimmt das Ansehen, das durch den Beruf vermittelt wird, in den Bewertungsfokus. Zugleich muss geprüft werden, ob mit der Verweisungstätigkeit auch ein „sozialer" Abstieg verbunden ist. Dabei wird nicht das persönliche Ansehen des Versicherungsnehmers bewertet, sondern auf das **öffentliche Ansehen** der konkreten Tätigkeit im Vergleich zur ursprünglichen beruflichen Tätigkeit abgestellt. Die Kontrollfrage lautet also, ob der Nachbar mir die gleiche Wertschätzung aufgrund meiner neuen Tätigkeit entgegenbringt, oder ob er einen sozialen Abstieg erkennt. Gesteigertes Ansehen verbindet das OLG Dresden (Urt. v. 27.10.2023 – 3 U 725/23) mit Berufen, die eine besondere Vertrauenswürdigkeit voraussetzen oder die Betrauung von Vorgesetztenaufgaben. Auch die Entscheidungsbefugnis über Personen, Sachen oder Geldwerte trägt zur sozialen Wertschätzung genauso bei, wie gesteigerter persönlicher Einsatz. Selbst ein hoher Anteil an Überstunden dürfte damit geeignet sein, eine hohe soziale Wertschätzung zu begründen. Demgegenüber machte das OLG Dresden aber auch klar, dass einfache berufliche Tätigkeiten ohne große Qualifikationsanforderungen häufig in Bezug auf die soziale Wertschätzung wertungsfrei sind. 195

> *Praxistipp*
>
> Ältere Bedingungen verbinden mit der Verweisungstätigkeit andere Zulassungsvoraussetzungen und definieren diese dahingehend, dass die konkrete Tätigkeit der Ausbildung, Erfahrung und bisherigen Lebensstellung entsprechen muss. In diesem Fall wird die bisherige Lebensstellung durch die Rechtspre-

chung nicht nur auf die in den aktuellen Bedingungen formulierte Vergütung und Wertschätzung begrenzt, sondern auch um das Merkmal erweitert, dass die neue Tätigkeit nicht spürbar unter das Anforderungsprofil herabsinken darf. In der „Hufbeschlagschmied-Entscheidung" hat der BGH (VersR 2018, 152) deutlich gemacht, dass zunächst die ursprüngliche berufliche Tätigkeit die bisherige Lebensstellung prägt. Zugleich werden dadurch alle Tätigkeiten ausgesondert, deren Ausübung deutlich geringere Fähigkeiten und Erfahrungen erfordern, als die bisher ausgeübte Tätigkeit. Daher soll eine Vergleichstätigkeit nur dann gefunden sein, *„...wenn die neue Erwerbstätigkeit keine deutlich geringeren Kenntnisse und Fähigkeiten erfordert und in ihrer Vergütung sowie in ihrer sozialen Wertschätzung nicht spürbar unter das Niveau des bislang ausgeübten Berufs absinkt"*. **Gut zu wissen:** Für den BGH war der Mehrverdienst in der neuen Tätigkeit kein Kriterium für die Zulässigkeit der Verweisung!

196 In der Rechtsprechung gibt es mittlerweile mehrere Urteile, wonach bei den konkret ausgeübten Berufen Verweisungen zulässig sind und ebenso solche, nach denen Verweisungen unzulässig sind. Daher muss der Rechtsanwalt seinen Mandanten detailliert befragen, ob im konkreten Fall eine Verweisung zumutbar ist oder nicht. Im neuen VVG ist die Verweisung in § 172 Abs. 2, 3 VVG geregelt.

Beispiele

BGH r+s 2003, 164 – die Verweisung eines Selbstständigen in eine abhängige Beschäftigung ist nicht grundsätzlich unzumutbar.

OLG Karlsruhe, 6.12.2012 – 12 U 93/12 – zur Unzumutbarkeit der Verweisung eines Selbstständigen, wenn die Verweisungstätigkeit gegenüber der früheren Tätigkeit geringere Anforderungen an die Qualifikation und geringere gesellschaftliche Wertschätzung aufweist; kürzere Arbeitszeit, höheres Entgelt und sozialversicherungsrechtliche Absicherung kompensieren dieses Minus nicht

OLG Karlsruhe a.a.O. – konkrete Verweisung nach Erwerb neuer beruflicher Qualifikation nur bei Festanstellung

2. Abstrakte Verweisung

197 Nur ältere Bedingungen enthalten auch häufig die Möglichkeit der abstrakten Verweisung. Die Formulierung lautet häufig: *„[...] oder eine andere Tätigkeit auszuüben, die aufgrund seiner Ausbildung und Erfahrung ausgeübt werden kann und seiner bisherigen Lebensstellung entspricht."* Eine abstrakte Vergleichstätigkeit ist gefunden, wenn

- sie nicht mehr an Kenntnissen und Fähigkeiten verlangt, als sie bei der versicherten Person nach deren Ausbildung und Erfahrung zu erwarten sind (Obergrenze) und

- keine deutlich geringeren Kenntnisse und Fähigkeiten erfordert und auch in ihrer Vergütung und Wertschätzung nicht spürbar unter das Niveau des bisherigen Berufes fällt (Untergrenze)

Der BGH (VersR 1986, 1113) hat 1986 entschieden, dass als Voraussetzung einer solchen Verweisungstätigkeit *„die aufgezeigte Erwerbstätigkeit keine deutlich geringeren oder höheren Kenntnisse und Fähigkeiten erfordert und auch in ihrer Vergütung wie in ihrer Wertschätzung nicht spürbar unter das Niveau des bislang ausgeübten Berufs absinkt."*

Innerhalb der abstrakten Verweisungsklausel muss der Versicherungsnehmer die **198**
Darlegungslast erfüllen. So muss er darlegen, dass er seinen Beruf in der zuletzt ausgeübten Form nicht mehr ausüben kann; ferner, dass er keine andere Tätigkeit mehr verrichten kann, welche er aufgrund seiner Ausbildung und Erfahrung ausüben könnte, die seiner bisherigen Lebensstellung entsprechen würde. Es wird quasi vom Versicherungsnehmer ein Negativbeweis verlangt. Damit dieser geführt werden kann, trifft den Versicherer die sog. **Aufzeigeobliegenheit** (BGH VersR 1994, 1095). Der Versicherer muss daher den Vergleichsberuf substantiiert aufzeigen, d.h. dem Versicherten die prägenden Merkmale dieses Vergleichsberufs in Bezug auf Arbeitsbedingungen, die Arbeitsplatzverhältnisse, die Arbeitszeiten, die Entlohnung und die Fähigkeiten des Versicherungsnehmers erläutern. Nachdem der Versicherer diesen Vergleichsberuf detailliert dargelegt hat, kann der Versicherungsnehmer aus seiner Sicht den Negativbeweis erbringen und aufzeigen, dass dieser Vergleichsberuf für ihn in seiner konkreten Lage nicht zumutbar ist.

3. Kenntnisse und Fähigkeiten, Ausbildung und Erfahrungen

In einigen Bedingungen ist geregelt, dass der Verweisungsberuf den Kenntnissen **199**
und Fähigkeiten oder der Ausbildung und Erfahrung des Versicherungsnehmers entsprechen muss. Dies gilt sowohl für die konkrete als auch abstrakte Verweisungsklausel. Es sind daher der alte Beruf und der Vergleichsberuf miteinander zu vergleichen und es ist zu prüfen, ob der Versicherungsnehmer hinsichtlich Kenntnissen, Fähigkeiten, Ausbildung und Erfahrung weder unter- noch überfordert ist. Hierzu hat sich Rechtsprechung herauskristallisiert. Es wird auf die einschlägige Literatur verwiesen, da an dieser Stelle nicht jeder Beruf erläutert werden kann. Es kann lediglich anhand von ein paar Beispielen aufgezeigt werden, wie dieser Unterbereich der Verweisklausel einzuordnen ist. Es ist nach der Rechtsprechung z.B. unzulässig, eine Bäckermeisterin auf den Beruf einer Hotelfachfrau zu verweisen, weil die Tätigkeit der Hotelfachfrau konkret deutlich geringere Kenntnisse und Fähigkeiten erfordert als der Beruf der Bäckermeisterin, so dass dann der Versicherer die Versicherungsnehmerin nicht auf diesen neuen Beruf verweisen darf (vgl. OLG Köln zfs 2002, 292). Der BGH (r+s 1997, 260) hatte einen Fall vorliegen, bei dem er entschied, dass derjenige, der in dem alten Beruf vorwiegend eine von Kreativität geprägte Tätigkeit im EDV-Bereich ausgeübt und sogar eine stellvertretende Lei-

tungsbefugnis hatte, nicht auf eine ausschließliche Schreibtischtätigkeit verwiesen werden kann, da der Vergleichsberuf nicht den bisherigen Kenntnissen und Fähigkeiten und auch nicht der Ausbildung und Erfahrung der versicherten Person entsprach.

Praxistipp

Nach OLG Nürnberg (VersR 2023, 30 ff.) kommt eine abstrakte Verweisung nicht mehr in Betracht, wenn der Versicherer im Leistungsprüfungsverfahren zur Anerkennung der Berufsunfähigkeit von ihr keinen Gebrauch gemacht hat.

Praxistipp

Auch hier sollte der Rechtsanwalt kreativ und gut argumentieren können, da dann außergerichtlich gute Ergebnisse erzielt werden können.

4. Arbeitsmarktlage

200 Schwierig für den Versicherungsnehmer zu verstehen, aber durch die Rechtsprechung des BGH entschieden, ist die reale Nichtverfügbarkeit des Arbeitsplatzes. Der BGH (VersR 1998, 1537) hat entschieden, dass es nicht darauf ankomme, ob der Versicherungsnehmer einen Arbeitsplatz gefunden habe, da die Sicherheit des Arbeitsplatzes in der Vergleichsbetrachtung nicht zu berücksichtigen sei. Mehrere Oberlandesgerichte sehen dies zum Teil anders.

Wichtig ist im Zusammenhang mit dem Verweisungsberuf auch, dass dieser in der Tat existieren muss, also kein Fantasieprodukt des Versicherers sowie kein Nischen- oder Schonarbeitsplatz ist (VersR 2008, 479).

Praxistipp

Wenn der Versicherer in dieser Form argumentiert, kann der Rechtsanwalt entgegenhalten, dass die dem Versicherungsnehmer aufgezeigte Verweistätigkeit überhaupt nicht auf dem allgemeinen Arbeitsmarkt existiert. Allerdings trägt der Versicherte diesbezüglich die Beweislast (vgl. OLG Düsseldorf r+s 1998, 299). Auch dies soll an einem Beispiel erläutert werden: Wenn ein Zahntechniker berufsunfähig geworden ist, kann er generell nach entsprechender Umschulung zum Heilpraktiker auf diesen Beruf im Anstellungsverhältnis verwiesen werden. Wenn es aber keinen Arbeitsmarkt im räumlichen Umfeld für angestellte Heilpraktiker gibt, da die Tätigkeit auf eine Selbstständigkeit ausgerichtet ist, dann ist der Versicherer nicht leistungsfrei (vgl. LG Saarbrücken VersR 1999, 1534).

Praxistipp

Der Rechtsanwalt, der solche Fälle bearbeitet, muss sich eine entsprechende Marktanalyse vom Mandanten geben lassen, um zu klären, ob für den Verweisberuf überhaupt ein Arbeitsmarkt in einem für den Betroffenen erreichbaren Umfeld existiert oder nicht, damit er so dem Versicherer den Wind aus den Segeln nimmt.

5. Ortswechsel

Auch ein Wohnungs- oder Ortswechsel wird nach der Rechtsprechung danach beurteilt, ob dieser dem Versicherungsnehmer **zumutbar** ist. Hierbei ist die Gesundheit des Versicherungsnehmers, das Alter, der finanzielle Hintergrund, aber auch die familiäre Bindung, die Anzahl der Kinder sowie die Wegstreckenentfernung für den Pendler zu berücksichtigen. 201

Praxistipp

Auch hier muss der Rechtsanwalt kreativ sein und seinen Mandanten nach möglichen Argumenten befragen, warum dieser z.B. nicht von A nach B ziehen kann. So hat das OLG Saarbrücken entschieden, dass es einem Versicherungsnehmer nicht zumutbar ist, in ein Hochgebirge umzuziehen, weil er unter einer Pollenallergie leidet und der Ortswechsel für ihn mit erheblichen Belastungen verbunden wäre. Migräneanfällige Versicherungsnehmer müssen an der Küste und können nicht in einem Stadtgebiet leben, wie in München, wo Föhn herrscht oder in Wiesbaden, wo eine Kessellage gegeben ist. Es ist auch unzumutbar, einen „Großstadtmenschen“ auf einen Arbeitsplatz auf einer ostfriesischen Insel zu verweisen. Dagegen wird man Pendelverkehr von ca. 100 km im Rhein/Main-Gebiet noch als zumutbar ansehen müssen. Versicherer werten Internetanzeigen und Zeitungen aus und kommen so auf entsprechende Verweisungsberufe.

6. Beispiele

Die Rechtsprechungsübersicht zu den einzelnen Verweisungsberufen ist sehr umfangreich. Es wird auf Spezialliteratur wie das Handbuch Versicherungsrecht von *van Bühren* verwiesen. Die **der Verweisung stattgebende Rechtsprechung** reicht vom Berufskraftfahrer, der auf eine Hausmeistertätigkeit verwiesen werden kann (vgl. OLG Köln VersR 1999, 1532) über den Kfz-Lackierer, der auf eine Tätigkeit als Fachverkäufer verwiesen werden darf (KG VersR 1995, 1473) bis zum Versicherungsagenten im Außendienst, der in den Innendienst verwiesen werden darf (OLG Saarbrücken VersR 2004, 54), dem Masseur, der auf den Beruf des Automobilverkäufers verwiesen werden darf (BGH VersR 1995, 159), der Kommunikationsreferentin, die auf ihre neue Tätigkeit als Veranstaltungs- und Projektmanagerin verwiesen werden kann (OLG Dresden, Urt. v. 22.8.2023 – 4 U 943/20) oder dem selbständigen Imbissbetreiber, der als Verwaltungswirt tätig ist (OLG Hamm, Urt. v. 4.4.25 – 20 U 33/21) bis zu den **ablehnenden Entscheidungen**, in denen ein Geschäftsinhaber im Einzelhandel nicht auf die Position des Pförtners verwiesen werden durfte (BGH VersR 1993, 953) über den LKW-Fahrer, der nicht in einem 202

Versandhandel auf den Büroposten verwiesen werden durfte (OLG Köln VersR 1993, 955), der Zahnarzthelferin, die nicht auf den Job als Hotelempfangsdame verwiesen werden durfte (BGH VersR 1993, 953), dem selbständigen Hufbeschlagschmied, der trotz höheren Einkommens nicht auf die Tätigkeit als Maschinenführer verwiesen werden kann (BGH, Urt. v. 20.12.2017 – IV ZR 11/16) bis hin zum Dachdeckerhelfer, der in Abhängigkeit der Einkommensvergleiche auch auf die konkret ausgeübte Tätigkeit des Kaufmanns verwiesen werden könnte (BGH, Urt. v. 26.6.2019 – IV ZR 19/18). Auch eine Vollzeittätigkeit wiegt höher, so dass auf eine Teilzeittätigkeit nicht verwiesen werden kann (KG, Urt. v. 8.8.2023 – 6 U 32/22). Wie bereits erwähnt, ist im Einzelnen hier vieles streitig.

203 Es empfiehlt sich daher, im Einzelfall eine Rechtsprechungsanalyse, z.B. mit Hilfe von juris oder in der Spezialliteratur vorzunehmen, da hier sehr viel Kasuistik existiert und nicht jeder Einzelfall erläutert werden kann.

7. Zeitpunkt der abstrakten Verweisung

204 Maßgeblicher Zeitpunkt ist nach BGH (VersR 2007, 479) derjenige des Eintritts des Versicherungsfalls. Dabei bleiben Umschulungen oder Fortbildungen, die neue Kenntnisse vermitteln könnten, außen vor. Nur der aktuelle Stand wird berücksichtigt. Daher kann der Versicherer von einer abstrakten Verweisungsmöglichkeit keinen Gebrauch erst im Nachprüfungsverfahren machen.

Durch die Aufnahme der konkreten Verweisungsklausel in den Begriff der Berufsunfähigkeit wird auch diese bei Eintritt des Versicherungsfalles zu prüfen sein. Ergibt die Prüfung, dass der Eintritt der Berufsunfähigkeit auf einen Zeitpunkt fällt, in dem keine andere Tätigkeit ausgeübt worden ist, dann greift die konkrete Verweisungsklausel nicht. Vielmehr muss der Versicherer prüfen, ob er durch das Nachprüfungsverfahren wegen der neuen und konkret ausgeübten Tätigkeit leistungsfrei geworden ist.

8. Rück- oder Fortwirkungsfiktion der Berufsunfähigkeit

205 Die Frage der Berufsunfähigkeit ist eine Prognose, wie das Wort „voraussichtlich auf Dauer“ in den Bedingungen deutlich macht. Um den Versicherten nicht mangels Prognose schutzlos zu lassen, enthalten quasi alle Bedingungen eine Regelung, die eine Vermutung dieser Prognose als bewiesen ansieht. So heißt es:

Ist die versicherte Person mindestens 6 Monate ununterbrochen infolge Krankheit, Körperverletzung oder mehr als altersentsprechenden Kräfteverfalls, die ärztlich nachzuweisen sind, zu mindestens 50 % außerstande gewesen, ihren zuletzt ausgeübten Beruf, so wie er ohne gesundheitliche Beeinträchtigung ausgestaltet war, auszuüben und hat sie in dieser Zeit auch keine andere Tätigkeit ausgeübt, die ihrer bisherigen Lebensstellung entspricht,

- *gilt der Zustand von Beginn an als Berufsunfähigkeit (Rückwirkungsfiktion)*

- *gilt die Fortdauer dieses Zustandes als Berufsunfähigkeit (Fortwirkungsfiktion)*

Praxishinweis

Die Regelung besagt nicht, dass eine 6-monatige Arbeitsunfähigkeit den Eintritt der Berufsunfähigkeit fingiert. Dessen auch in der Klausel normierte Voraussetzungen müssen nach wie vor bewiesen werden! Gelingt aber dieser Nachweis, dann ist entweder von Anfang an der Eintritt der Berufsunfähigkeit gegeben oder aber nach der 6-monatigen Dauer anzunehmen.

Praxishinweis

In der Häufigkeit der Fälle ist eine krankheitsbedingte Berufsunfähigkeit zu beobachten, die nicht immer unfallbedingt ist, sondern sich durch Erkrankung schleichend entwickelt. Die Prognose der Dauerhaftigkeit kann häufig erst nach sechs Monaten getroffen werden, wirkt mitunter nach den Bedingungen dann aber auf den Zustand von Anfang an zurück. Wird im Laufe der Zeit dann eine neue Beschäftigung gefunden, kommt der Versicherer häufig zu dem Ergebnis der konkreten Verweisung und meint, gar nicht leisten zu müssen. Dies ist nicht richtig. Denn für die konkrete Verweisungsklausel ist nicht der Zeitpunkt der Leistungsentscheidung maßgeblich, sondern der Eintritt der Berufsunfähigkeit.

Ein Beispiel: Wegen einer Kahnbeinfraktur ist der Maurermeister ab dem 30.12.2022 arbeitsunfähig krank. Der zunächst positiv prognostizierte Heilungsverlauf gestaltet sich kompliziert; im August 2022 erfolgt sogar eine Versteifung des Handgelenkes. Der Einritt der Berufsunfähigkeit ist nun und in Abhängigkeit der Bedingungen zu ermitteln. Im günstigsten Fall findet sich eine Rückwirkungsfiktion, wonach der Zustand von Anfang an als Berufsunfähigkeit gilt, mithin ab dem 30.12.2022. Wurde nach der Versteifungs-OP der Versicherungsfall angezeigt und findet der Versicherungsnehmer zum 1.1.2024 eine neue Anstellung als Bauleiter, dann greift nicht die konkrete Verweisungsklausel. Denn im Zeitpunkt des Eintritts der Berufsunfähigkeit am 30.12.2022 war der Versicherte nicht konkret als Bauleiter tätig. Dem Versicherer bleibt in diesem Fall die Anerkennung seiner Leistungspflicht und das erfolgreiche Nachprufungsverfahren nicht erspart.

V. Berufsunfähigkeit infolge Pflegebedürftigkeit

Die Berufsunfähigkeit infolge **Pflegebedürftigkeit** liegt vor, wenn die versicherte Person infolge Krankheit, Körperverletzung oder mehr als altersentsprechenden Kräfteverfalls, die ärztlich nachzuweisen sind, voraussichtlich auf Dauer für die genannten gewöhnlichen und regelmäßig wiederkehrenden Verrichtungen im Ablauf des täglichen Lebens täglich der Hilfe einer anderen Person bedarf. Die Bedingun- 206 gen sehen einen Punktekatalog vor, der je Tätigkeit, für die Hilfe benötigt wird, einen Punkt vergibt.

207 Genannt und näher beschrieben werden in den Bedingungen
- Fortbewegen im Zimmer
- Aufstehen und Zubettgehen
- An- und Auskleiden
- Einnehmen von Mahlzeiten und Getränken
- Waschen, Kämmen, Rasieren
- Verrichten der Notdurft

Nach wie vor gilt, dass unterschiedliche Leistungssysteme in den Bedingungen vereinbart werden können, so dass stets individuell geprüft werden muss, ob Berufsunfähigkeit infolge Pflegebedürftigkeit besteht. So sind Regelungen aktiv, die bei Erreichen von drei Punkten den Eintritt der Berufsunfähigkeit infolge von Pflegebedürftigkeit bejahen. Die vom GDV 11.2022 herausgegebenen Bedingungen sehen ein Modell von drei Pflegestufen vor, die unterschiedliche Anzahl von Punkten verlangen. Ab welcher Pflegestufe man Leistung erhält, sagt der Versicherungsvertrag.

VI. Leistungsarten

208 Die beiden Hauptleistungsarten, die in der Regel in den Verträgen vereinbart sind, sind:
1. Beitragsbefreiung,
2. Zahlung einer Berufsunfähigkeitsrente.

1. Beitragsbefreiung

209 **Beitragsbefreiung** bedeutet, dass die Beitragszahlungspflicht sowohl auf die Hauptversicherung (Lebensversicherung) als auch auf alle eingeschlossenen Zusatzversicherungen entfällt.

> *Praxistipp*
>
> Auch hier muss der Anwalt in die Bedingungen schauen, da mitunter bis zu einer Entscheidung des Versicherers zu seiner Leistungspflicht der Versicherungsnehmer verpflichtet bleibt, die Beiträge zu entrichten. Macht er dies nicht, besteht die Gefahr, dass der Versicherer den Vertrag kündigt.

2. Zahlung einer Berufsunfähigkeitsrente

210 Das Kernstück ist die Zahlung einer **Berufsunfähigkeitsrente**. Oftmals enthalten die Verträge auch eine **Dynamik**. Dies bedeutet, dass sowohl die Prämie als auch die Höhe der Rente dynamisch ansteigen, ohne dass erneute Gesundheitsprüfungen vorzunehmen sind. Für den Versicherer bedeutet dies natürlich automatisch steigende Einnahmen. Es muss jeder Versicherungsnehmer für sich entscheiden, ob er

über entsprechende Gelder verfügt und eine Dynamik vereinbart oder diese ausschließt. Bei der Berufsunfähigkeitsrente achten Versicherer jedoch darauf, dass die Höhe der Rente und die beantragte Summe in etwa dem Jahreseinkommen des Versicherungsnehmers entsprechen, da die Berufsunfähigkeitszusatzversicherung, wie das Wort schon sagt, eine Absicherung des Versicherungsnehmers darstellt, falls dieser berufsunfähig wird und somit seinen alten Beruf mit dem zugehörigen Einkommen nicht mehr ausüben kann. Würde dagegen die Versicherungssumme erheblich über dem tatsächlichen Einkommen des Versicherungsnehmers liegen, bestünde die Gefahr, dass dieser versucht, mit eigenen Mitteln „berufsunfähig" zu werden, um sich so ein deutlich angenehmeres Leben zu schaffen, als er es vor Eintritt der Berufsunfähigkeit gelebt hat.

Praxistipp

Die Verträge sind ferner daraufhin zu prüfen, ob sich Rentensteigerungen auch aus den **Überschussbeteiligungen** ergeben. Im Einzelnen sind die Berechnungen dieser Überschussbeteiligungen sehr kompliziert. Überschüsse entstehen dann, wenn das Berufsunfähigkeitsrisiko und die Kosten sich günstiger entwickeln, als bei der Tarifkalkulation angenommen worden war. Es gibt hierzu in § 153 VVG geregelte gesetzliche Vorgaben. In diesem Zusammenhang ist auf eine Entscheidung des BGH vom 23.5.2007 (– IV ZR 3/06 = VersR 2007, 1290) hinzuweisen, wonach die Rechtskraft eines auf Zahlung der Berufsunfähigkeitsrente beschränkten Urteils sich nicht auf die vertraglich neben der Rente zugesagten Überschussanteile erstreckt. Wie bereits erwähnt, muss der Anwalt sich den vertraglichen Leistungsumfang genau anschauen. Hinsichtlich der Höhe ist der Vertragsstand zum Zeitpunkt der behaupteten BU maßgebend (Nachträge beachten), wobei in der Regel die dynamischen Steigerungen der Versicherungsleistung mit dem Eintritt der BU auch enden.

VII. Obliegenheiten des Versicherungsnehmers

Den Versicherten trifft die in § 7 ABB geregelte **Informations- und Mitwirkungspflicht**, wenn er Leistungen wegen Berufsunfähigkeit geltend macht. Der Versicherer hat sich daher das Recht eingeräumt, die Angaben exakt zu überprüfen und die Person, die berufsunfähig ist, begutachten zu lassen. Deshalb enthalten die Bedingungen Mitwirkungspflichten, in denen z.B. geregelt ist, dass der Versicherungsnehmer immer seine Geburtsurkunde, eine Darstellung der Ursache für den Eintritt der Berufsunfähigkeit sowie ausführliche Arztberichte von den behandelnden Ärzten vorzulegen hat; er muss Angaben zur voraussichtlichen Dauer des Leidens, zu seinem Bildungsstand und seinen Qualifikationen, zu seinem Einkommen, zu seiner zukünftigen Berufsplanung oder auch zu etwaigen Pflegestufen machen. Ferner enthalten die Bedingungen weitergehende Mitwirkungspflichten, wonach der Versicherer, wenn er diese Unterlagen von seinem Versicherungsnehmer erhalten hat, 211 prüfen darf, ob z.B. weitere Arztgutachten eingeholt werden müssen. Auf seine Kosten darf der Versicherer dann weitere ärztliche Untersuchungen anordnen und zusätzlich Auskünfte verlangen. Der Versicherungsnehmer ist weiter verpflichtet, die Ärzte von ihrer Verschwiegenheitspflicht zu entbinden. Allerdings sind sämtliche Mitwirkungspflichten unter den Vorbehalt der Zumutbarkeit gestellt. Das heißt, der Versicherungsnehmer muss nicht sämtliche Anweisungen des Versicherers erfüllen. So muss z.B. eine vom Versicherer angeordnete Therapie nicht befolgt werden, wenn diese keine Aussicht auf Erfolg bietet. Ferner hat das OLG Celle (vgl. r+s 2005, 166) entschieden, dass es nicht ausreicht, dass lediglich der Versicherungsnehmer die Arztauskünfte einholt und diese dann an den Versicherer weiterleitet, sondern dass es zulässig ist, dass der Versicherungsnehmer den Versicherer selber ermächtigt, entsprechende Arztberichte bei den behandelnden Ärzten anzufordern. Dabei muss der Versicherungsnehmer sich notfalls auch einfachen und gefahrlosen medizinischen Maßnahmen unterziehen, um seine gesundheitlichen Beeinträchtigungen abzustellen. So hatte das OLG Saarbrücken (VersR 2005, 63) entschieden, dass ein von Rückenschmerzen geplagter Versicherungsnehmer sich einer Krankengymnastik über zwei bis drei Monate unterziehen muss. Unterlässt dies der Versicherungsnehmer, ist der Versicherer leistungsfrei.

VIII. Entscheidung über Leistungspflicht

212 Nach § 173 Abs. 1 VVG muss sich der Versicherer, wenn ein Leistungsantrag vorliegt, bei Fälligkeit in Textform erklären, ob er seine **Leistungspflicht** anerkennt oder nicht. Nach der Neuregelung des § 173 VVG und den entsprechenden Bedingungen hat der Versicherer daher drei Möglichkeiten:

- er erkennt die Leistung an,
- er erkennt die Leistungsfrist für einen begrenzten Zeitraum an
- er lehnt die Leistung ab.

Dabei stehen Anerkenntnis und befristetes Anerkenntnis in einem Rangverhältnis zueinander. Bei Bejahung der Berufsunfähigkeit ist ein Anerkenntnis abzugeben. Nur wenn besondere Gründe bestehen, kann eine einmalige zeitliche Befristung erfolgen. Im Folgenden wird auf die Einzelheiten eingegangen, wobei Schwerpunkt das befristete Anerkenntnis ist.

1. Leistungsanerkenntnis

213 Gibt der Versicherer eine positive Entscheidung über den Antrag, liegt ein Anerkenntnis eigener Art vor. Damit ist der Leistungsanspruch zementiert. Das Leistungsanerkenntnis hat damit für den Versicherer und den Versicherungsnehmer erhebliche Bedeutung. Selbst für den Fall, dass der Versicherer erkennt, einen Fehler gemacht zu haben oder wenn er im Nachhinein verbesserte Informationen erlangt, die eine andere Entscheidung rechtfertigen würden, so kann er von diesem Anerkenntnis aus diesen Gründen nicht abrücken. Von dieser Entscheidung kann sich

der Versicherer nur wieder durch das sog. Nachprüfungsverfahren lösen, worauf an geeigneter Stelle eingegangen werden soll.

Die aus dem Anerkenntnis fließende Leistungsdauer wird durch den Antrag und den Versicherungsschein geregelt. Sie ist nicht zwingend identisch mit der Versicherungsdauer, wie das OLG Karlsruhe (zfs 2009, 223, 224) deutlich gemacht hat. Dort hatte der Versicherungsnehmer eine Leistungsdauer bei Berufsunfähigkeit von zehn Jahren, eine Versicherungsdauer von zehn Jahren und eine Beitragszahlungsdauer von zehn Jahren beantragt, die auch policiert wurde. Ca. zwei Jahre vor Ende der Versicherungsdauer wurde er berufsunfähig. Der Versicherer erkannte an, wollte aber nur bis zum Ende der Versicherungsdauer zahlen. Demgegenüber forderte der Versicherungsnehmer eine insgesamt zehn-jährige Leistungspflicht unter Hinweis auf seinen Antrag. Zu Recht, wie das OLG entschied, da er dieses beantragt hat und der Versicherungsschein keinen Hinweis auf eine Abweichung vom Antrag enthielt.

Praxishinweis

Die Entscheidung des OLG Karlsruhe ist insoweit beachtenswert, weil sie die häufig vernachlässigte Prüfung des Versicherungsantrags an den Anfangspunkt stellt. Häufig belassen es Rechtsanwälte dabei, sich die Bedingungen und die Police geben zu lassen. Allerdings ist festzustellen, dass aktuelle Anträge auf Abschluss der Berufsunfähigkeits(zusatz)versicherung heute das Ende der Leistungsdauer und nicht die Leistungsdauer an sich erfragen.

2. Befristetes Anerkenntnis

Rechtlich und tatsächlich viel interessanter in der Bearbeitung des Leistungsanspruchs ist das befristete Anerkenntnis. In der Vergangenheit waren hierzu unterschiedliche Befristungen zu beobachten, die in der Zwischenzeit durch die Rechtsprechung bestimmten Grenzen unterworfen sind. Führend waren 214

- ein zeitlich befristetes Anerkenntnis,
- ein wiederholt zeitlich befristetes Anerkenntnis oder
- ein befristetes Anerkenntnis für die Vergangenheit

Praxistipp

Der BGH (vgl. Urt. v. 12.11.2003 – IV ZR 173/02, VersR 2004, 96) hat Versuchen der Versicherer, nach behauptetem Eintritt der Berufsunfähigkeit die Rechte des Versicherungsnehmers durch einseitige Erklärungen vertragswidrig zu beschränken, in ständiger Rechtsprechung eine Absage erteilt!

a) Zeitlich befristetes Anerkenntnis

Es herrscht Einigkeit, dass sich die Frage der Zulässigkeit der Befristung nicht aus der gesetzlichen Regelung des § 173 Abs. 2 VVG herleiten lässt, sondern ausschließ- 215 lich aus dem Bedingungswortlaut. Findet sich also in den Bedingungen keine Regelung zum befristeten Anerkenntnis, kann der Versicherer eine solche einseitige befristete Leistungserklärung nicht abgeben. Hierzu das LG Berlin (Urt. v. 19.3.14 – 23 O 87/12)

> *„§ 173 Abs. 2 VVG schafft kein vom Vertrag unabhängig bestehendes selbstständiges Befristungsrecht des Versicherers. Die Vorschrift gilt nur für diejenigen Verträge, deren Bedingungen eine Befristung des Anerkenntnisses schon geregelt haben."*

216 Weiterhin ist zu beobachten, dass viele Bedingungen die durch den Gesetzgeber nicht vorgegebene Dauer der Befristung mit 12 Monaten vorgeben. In diesem Zusammenhang stellt sich die Frage, ob eine Befristung bis 12 Monate nicht den Vertragszweck gefährdet, da die Berufsunfähigkeitsversicherung einerseits auf Dauer angelegt ist und andererseits bereits mitunter nach sechs Monaten die Voraussetzungen für die Abgabe des Anerkenntnisses erfüllt sind. Dies verneint der BGH (VersR 2022, 500) und weist darauf hin, dass in den Fällen des eindeutigen Eintritts der Berufsunfähigkeit mangels sachlichen Grundes sowieso kein Raum für eine Befristung besteht. Hier hat der Versicherer vielmehr sein Anerkenntnis bedingungslos zu erklären. Gleichzeitig wird deutlich, dass er für die Abgabe eines befristeten Anerkenntnisses auch einen sachlichen Grund verlangt. Fehlt dieser, bleibt es bei der Rangfolge, dass unbefristetes Anerkenntnis zu erklären ist.

217 Wichtig ist zu wissen, dass dieser sachliche Grund dem Versicherungsnehmer mitzuteilen ist. Der BGH (Urt. v. 23.2.2022 – IV ZR 101/20 = VersR 2022, 500) liest in die Möglichkeit der Befristung hinein, dass diese gegenüber dem unbefristeten Anerkenntnis nachrangig ist. Da die Erwartungshaltung des Versicherungsnehmers der Erhalt eines unbefristeten Anerkenntnisses ist, wird er durch die Befristung enttäuscht, die deshalb nach einer Begründung verlangt.

b) Wiederholt zeitlich befristetes Anerkenntnis

218 Reflexartig würde man meinen, dass sich auch dieses nur aus den Bedingungen ergeben kann, was mit Blick auf die Ausführungen zum zeitlich befristeten Anerkenntnis zu stimmen scheint. Jedoch ist und bleibt Kontrollmaßstab § 173 Abs. 2 VVG. Und dieser sieht ausdrücklich vor, dass eine zeitliche Befristung nur **einmalig** möglich ist. Eine wiederholte zeitliche Befristung ist dem Versicherer genommen.

> *Praxistipp*
>
> Bei der gesetzlichen Regelung des § 173 VVG zum Anerkenntnis und befristeten Anerkenntnis handelt es sich um halbzwingende Normen, von denen nicht zum Nachteil des Versicherers abgewichen werden kann, § 175 VVG. Selbst wenn Bedingungen, dessen Existenz wir nicht bestätigen können, eine mehrmalige Befristung vorsehen, würden sie an diesen gesetzlichen Vorgaben von § 173, 175 VVG scheitern und wären unwirksam.

c) Befristetes Anerkenntnis für die Vergangenheit

Ist dagegen nach den Bedingungen eine Befristung möglich, kann sie nur für die Zukunft, nicht aber für die Vergangenheit erklärt werden. Auch hierzu das LG Berlin (Urt. v. 19.3.2014 – 23 O 87/12): *„§ 173 Abs. 2 VVG erfasst nur Befristungen, die sich in die Zukunft erstrecken, nicht aber auch in der Vergangenheit abgeschlossene Zeiträume."* 219

Dieser Standpunkt war lange Zeit umstritten (vgl. zum Streitstand BGH, Urt. v. 23.2.2022 – IV ZR 101/20, Rn 13), wurde nun aber in der Entscheidung des BGH vom 23.2.2022 dahingehend beantwortet, dass eine Befristung für einen in der Vergangenheit abgeschlossenen Sachverhalt nicht möglich ist. Der Versicherer ist daher gehalten, im Rahmen einer sog. uno-actu-Entscheidung die Leistungspflicht anzuerkennen und sogleich das Nachprüfungsverfahren einzuleiten. 220

d) Zusammenfassung befristetes Anerkenntnis

Zusammenfassend ergibt sich, dass ein befristetes Anerkenntnis nur dann zulässig ist, 221

- wenn es in den Bedingungen ausdrücklich vorgesehen ist,
- der Versicherer einen sachlichen Grund für die Befristung nennt und
- der zu befristende Sachverhalt noch nicht abgeschlossen ist.

Praxistipp

Die Folge einer unzulässigen Befristung ist ein unbefristetes Anerkenntnis. Der Versicherer kann sich hiervon nur durch das erfolgreiche Nachprüfungsverfahren lösen.

Praxistipp

Der rechtsschutzversicherte Versicherungsnehmer hat in diesen Fällen auch einen Deckungsanspruch gegen den Rechtsschutzversicherer.

3. (Unzulässiges) Fingiertes Anerkenntnis

Von einem fingierten Anerkenntnis spricht man, wenn der Versicherer die Befristung unzulässig ausgesprochen hat, z.B. weil er dies nach den Bedingungen gar nicht konnte oder aber nicht in der Form. Beispiel nach LG Dortmund (Urt. v. 4.12.2014 – 2 O 124/14): 222

Die Regelungen in den Bedingungen zur Anerkennung der Leistungspflicht sahen ein *„zeitlich begrenztes Anerkenntnis unter einstweiliger Zurückstellung der Frage, ob die versicherte Person eine andere Tätigkeit im Sinne von § 2 Abs. 1* [Anmerkung Verfasser: abstrakte Verweisungsklausel] *ausüben kann, vor."* Die Leistungsentscheidung vom 8.8.2011 lautete auszugsweise: *„nach inzwischen durchgeführter Prüfung erkennen wir unsere Leistungspflicht aufgrund der Berufsunfähigkeit ab dem 1.8.2010 bis einschließlich 31.3.2011 an."* Neben der bereits angesprochenen

Unzulässigkeit wegen rückwirkendem Anerkenntnis war die Befristung auch nach den Bedingungen selbst unwirksam. Denn diese konnte nur *„unter einstweiliger Zurückstellung der Frage, ob die versicherte Person eine andere Tätigkeit im Sinne von § 2 Abs. 1 ausüben kann“* erklärt werden.

In diesem Zusammenhang klärte das Gericht auch, ob die Klausel selbst vor dem Hintergrund des § 173 Abs. 2 VVG wirksam ist und bejahte dies, weil sie nur für den Fall des Vorbehalts der Verweisung eine Befristung zulässt und damit zum Vorteil von § 173 Abs. 2 VVG abweicht.

4. Kulanzentscheidungen

223 Der Duden definiert „Kulanz“ als Entgegenkommen, Gefälligkeit, Großzügigkeit oder auch Kompromissbereitschaft. Im Allgemeinen wird der Empfänger einer „Kulanzleistung“ eine Leistung verstehen, zu welcher der Leistende nicht verpflichtet ist, der Empfänger sie auch unter rechtlichen Voraussetzungen nicht einfordern kann, sie gleichwohl aber erbracht wird. In der Praxis werden diese Kulanzleistungen daher mit *„ohne Anerkennung einer Rechtspflicht“* angekündigt.

5. Folgen unwirksamer befristeter oder fingierter Anerkenntnisse/ Folgen von Kulanzentscheidungen

224 Leider bedeutet ein unwirksam befristetes Anerkenntnis nicht automatisch, dass der Versicherungsnehmer dann unbegrenzt, längstens bis zum Ende der Versicherungsdauer, Leistung beanspruchen kann. Vielmehr ist der Versicherer nun gehalten, ein Nachprüfungsverfahren anzustrengen, mit der Folge, dass er den Wegfall der Berufsunfähigkeit beweisen muss. Gelingt ihm dieser Nachweis, muss er – auch in einem Prozess – die Gründe für den Wegfall der Berufsunfähigkeit in Textform dem Versicherungsnehmer mitteilen (vgl. OLG Karlsruhe, Urt. v. 30.9.2014 – 12 U 204/14). Nicht ausreichend ist dabei, dass der Versicherer im Prozess auf ein Sachverständigengutachten verweist (vgl. OLG Karlsruhe, Urt. v. 16.4.2013 – 12 U 191/12). Nur wenn ihm dies gelingt und er auch die formellen Voraussetzungen erfüllt, ist er zur Leistungseinstellung frühestens mit dem Ablauf des dritten Monats ab Zugang der Veränderungsmitteilung berechtigt.

Hiermit vergleichbar sind die Folgen der Kulanzentscheidung.

> *„Teilt die Versicherung dem Versicherungsnehmer mit, um eine bei genauer Anwendung der Versicherungsbedingungen entstehenden Härte zu vermeiden, habe man sich entschlossen, ihm – ohne Anerkennung einer Rechtspflicht – „die Leistungen aus der Berufsunfähigkeits-Zusatzversicherung zu vergüten“, ist diese Erklärung als Anerkenntnis der Leistungspflicht gemäß § 5 BUZ zu verstehen. Trotz des Hinweises „ohne Anerkennung einer Rechtspflicht“ darf der Versicherungsnehmer die Erklärung so verstehen, dass die Versicherung ihm trotz Bedenken hinsichtlich des vollständigen Vorliegens der Leistungs-*

voraussetzungen kulanterweise ein Anerkenntnis bedingungsgemäßer Leistungserbringung erteilt. Ein solches aus Kulanz abgegebenes Leistungsanerkenntnis kann nicht zurückgefordert werden, nur weil der Anerkennende sich später anders besinnt oder sich außerhalb der ihm auch bei einem Anerkenntnis vertraglich offenstehenden Möglichkeit zur Leistungseinstellung ohne Einhaltung von deren Voraussetzungen von seiner Leistungspflicht lösen möchte. Auch wenn man die Erklärung im Sinne einer für die Zukunft frei rücknehmbaren Leistungszusage verstehen würde, müsste sich die Versicherung nach den Grundsätzen zum fingierten Anerkenntnis so behandeln lassen, als hätte sie die sachlich gebotene unbedingte Leistungszusage erteilt, sofern sie nach der Sachlage verpflichtet war, ein Leistungsanerkenntnis nach § 5 BUZ zu erklären. Auch in diesem Fall könnte sich die Versicherung nur durch ein ordnungsgemäßes Nachprüfungsverfahren nach § 7 BUZ von ihrer Leistungspflicht lösen". (OLG Karlsruhe, Urt. v. 21.7.2011 – 12 U 55/11)

Damit wird offenkundig, dass unwirksam befristete oder fingierte Anerkenntnisse **225**
und Kulanzentscheidungen immer ein Nachprüfungsverfahren nach sich ziehen. Ohne dieses wird es dem Versicherer nicht gelingen, sich von seiner Leistungspflicht zu lösen.

6. Vereinbarungen zwischen Versicherer und Versicherungsnehmer

a) Anforderungen

Versicherer kennen die Risiken einseitiger Leistungsentscheidungen, die unter Vor- **226**
behalten erklärt werden. Daher stellt man heute zunehmend fest, dass die Leistungsentscheidung in eine Vereinbarung mit dem Versicherungsnehmer verpackt wird. Enthalten diese Vereinbarungen entgegen den Versicherungsbedingungen plötzlich Befristungen, so stellt sich die Frage der Zulässigkeit. Solche Vereinbarungen sind **grundsätzlich zulässig** (OLG Köln VersR 2002, 1365; BGH VersR 2007, 633 [Krabbenfischer]). Allerdings setzt der BGH in dieser Entscheidung diesen zulässigen Vereinbarungen enge Grenzen. Diese **Grenzen** lassen sich wie folgt zusammenfassen:

- keine Ausnutzung der überlegenen Sach- und Rechtskenntnis des Versicherers zum Nachteil des Versicherungsnehmers;
- lauteres und vertrauensvolles Zusammenwirken der Vertragspartner bei der Erstellung der Vereinbarung, das auf Ergebnisse abzielt, die den Tatsachen und der Rechtslage entsprechen

Praxistipp

In der Praxis werden manchmal auch Kulanzzahlungen oder Leistungen aufgrund einzelner Vereinbarungen zwischen Versicherungsnehmer und Versicherer erbracht, wenn der Versicherungsnehmer dringend auf eine Teilzahlung angewiesen ist, da er durch die Berufsunfähigkeit kein Einkommen mehr hat, sich die Sache aber aufgrund noch verzögernder ärztlicher Fachgutachten in die Länge zieht. In diesen Fällen schließen die Parteien häufig Vereinbarungen, wonach Kulanzzahlungen oder Teilzahlungen bis zu einem bestimmten Zeitraum geleistet werden.

Praxistipp

Ob die Vereinbarung dem Gebot von Treu und Glauben standhält, ist grundsätzlich eine Frage des Einzelfalles. Neben der Prüfung der Bedingungen wird daher auch grundsätzlich die Vereinbarung einer tiefen juristischen Prüfung unterzogen werden müssen. Gutes Argumentationsgeschick erleichtert den Weg zum Erfolg.

227 Eine treuwidrige Vereinbarung begründete der BGH (BGH VersR 2007, 633, Rn 14 [Krabbenfischer]) in seiner **Krabbenfischerentscheidung** wie folgt:

- *„Ein starkes Indiz für einen Verstoß gegen Treu und Glauben ist regelmäßig anzunehmen, wenn die nach dem Vertrag bestehende Rechtslage zum Nachteil des Versicherungsnehmers abgeändert und seine Rechtsposition dadurch stark ins Gewicht fallend verschlechtert wird."* Beispiel: Die Vereinbarung verschafft dem Versicherer eine nicht in den Bedingungen vorgesehene Verweisung.
- *„Treuwidrig handelt auch der Versicherer, der bei nahe liegender Berufsunfähigkeit die ernsthafte Prüfung seiner Leistungspflicht durch das Angebot einer befristeten Kulanzleistung hinausschiebt und so das nach Sachlage gebotene Anerkenntnis unterläuft."*

228 Die Entscheidung des BGH sagt allerdings nicht nur, wann eine solche Vereinbarung gegen das Gebot von Treu und Glauben verstößt, sondern auch, wann sie diesem standhält:

> *„Sie setzen eine – aus verständiger Sicht – noch unklare Sach- und Rechtslage voraus. Sie erfordern vor ihrem Abschluss klare, unmissverständliche und konkrete Hinweise des Versicherers darauf, wie sich die vertragliche Rechtsposition des Versicherungsnehmers darstellt und in welcher Weise diese durch den Abschluss der Vereinbarung verändert oder eingeschränkt wird."*

b) Rechtsfolge – Anerkenntnis?

229 Hält eine solche Vereinbarung den von der Rechtsprechung aufgestellten Anforderungen nicht stand, kann sich der Versicherer nicht auf eine solche berufen. Er handelt dann rechtsmissbräuchlich. Ob deswegen ein Leistungsanspruch besteht, hängt dagegen vom Einzelfall ab.

Praxistipp

Dass eine rechtsmissbräuchliche Vereinbarung die Folgen eines Anerkenntnisses auslöst, ist bislang nicht entschieden. Zu dieser Auffassung wird man jedoch gelangen müssen, wenn die Vereinbarung ihrem Wortlaut nach nicht auf ein lauteres und vertrauensvolles Zusammenwirken der Parteien zurückzuführen ist,

Dies wird einerseits dann anzunehmen sein, wenn die Tatsachenlage eine abschließende Klärung der Rechtsfrage – Eintritt der Berufsunfähigkeit – zulässt. Andererseits wird eine Vereinbarung die Wirkung des Anerkenntnisses auslösen, wenn sie ausschließlich einseitige Erklärungen des Versicherers beinhaltet. Es ist nämlich nicht nachvollziehbar, warum in solchen Fällen die „Zustimmung durch Unterschrift" dem Versicherungsnehmer die Vorteile eines Anerkenntnisses nehmen soll.

IX. Nachprüfungsverfahren

Ist Berufsunfähigkeit einmal gegeben, bedeutet dies für den Versicherungsnehmer 230 nicht, dass Zahlungen automatisch bis zum Tod erfolgen. Sollte sich nämlich der **Gesundheitszustand** des Versicherten wieder **bessern**, obwohl die Ärzte zunächst davon ausgegangen sind, dass dies nicht der Fall sein werde, so kann der Versicherer diesen Zustand nachprüfen und gegebenenfalls für die Zukunft leistungsfrei werden. Auch diesbezüglich hat der Versicherungsnehmer wieder eine Mitwirkungsobliegenheit. Hierüber muss der Rechtsanwalt, der Berufsunfähigkeitsfälle bearbeitet, aufklären. Versicherer überprüfen daher fast jährlich den Gesundheitszustand des Versicherten, indem sie Fragebögen an diesen verschicken, die er ausfüllen muss. Wenn sich der Zustand nicht verändert hat und keine Besserung eingetreten ist, kann der Versicherungsnehmer diese Bögen gefahrlos zurückschicken, da dann alles beim Alten bleibt. In der Praxis kommt eine Verbesserung des Gesundheitszustandes in Betracht, wenn sich aus dem Vergleich alter Arztunterlagen mit den jetzt neu eingeholten Unterlagen eine Verbesserung ergibt mit der Folge, dass keine Berufsunfähigkeit mehr gegeben ist. Allerdings muss sich der beauftragte Gutachter mit den Zustandsveränderungen seit dem **Anerkenntnis** befassen, da ein Irrtum über das damalige Anerkenntnis den Versicherer nicht berechtigt, von der Bewertung abzuweichen (BGH VersR 1999, 958). Möglicherweise hat sich aber der Zustand des Versicherungsnehmers nach dem Anerkenntnis verbessert oder es existieren mittlerweile neue medizinische Methoden, die die Sache in ein anderes Licht rücken können. Ferner ist auch wichtig, dass sich nach dem Anerkenntnis nunmehr im Nachprüfungsverfahren die Beweislast zu Lasten des Versicherers ändert, d.h. dieser muss die Verbesserung des Gesundheitszustandes beim Versicherungsnehmer beweisen.

Die Berücksichtigung **neuer beruflicher Fähigkeiten und Kenntnisse** ist in älteren 231 Bedingungen ausdrücklich zulässig. Die Bedingungen des GDV 2022 erlauben in § 9 die Berücksichtigung **neu erworbener beruflicher Fähigkeiten**. Allerdings sind die Hürden hierfür recht hoch. Die neuen beruflichen Kenntnisse (und Fähigkeiten) muss der Versicherungsnehmer bereits erworben haben und nicht erst in Zukunft erwerben können (vgl. BGH VersR 1997, 436). Darüber hinaus muss er, nachdem er sich z.B. hat umschulen lassen, auch einen entsprechenden Arbeitsplatz gefunden haben oder aber ein ihm angebotener Arbeitsplatz darf nicht unzumutbar sein.

Schließlich muss die neue Tätigkeit auch seiner bisherigen Lebensstellung entsprechen. Im Grunde genommen trifft dies immer Fälle, bei denen der Versicherungsnehmer mehr macht, als er machen muss, denn theoretisch muss der Versicherungsnehmer sich nicht weiterqualifizieren oder umschulen lassen. Macht der Versicherungsnehmer dies aber trotzdem, um z.B. so der häuslichen Lethargie zu entfliehen, verlangt die Rechtsprechung jedoch als Gegenleistung, dass der Versicherungsnehmer auch tatsächlich einen Arbeitsplatz findet und es nicht lediglich bei der Möglichkeit bleibt, im umgeschulten Beruf neue Arbeit zu finden. Auch hier tritt eine Beweislastumkehr ein, d.h. der Versicherer trägt im Nachprüfungsverfahren auch hinsichtlich der neueren beruflichen Kenntnisse und Fähigkeiten die Darlegungs- und Beweislast.

232 Grundsätzlich ist zu beachten, dass sich durch das Anerkenntnis der Versicherer in einem Nachprüfungsverfahren nicht mehr auf solche Umstände berufen kann, die ihm im Zeitpunkt der ersten Entscheidung bereits bekannt waren. Nur neu hinzugetretene Umstände können Beachtung finden. Begründet wird dies mit dem Anerkenntnis, welches sich auf die gesundheitlich bedingte Unfähigkeit bezieht, die zuletzt in gesunden Tagen ausgeübte Tätigkeit noch zu mindestens 50 % erbringen zu können. Haben diese Umstände seinerzeit die Abgabe des Anerkenntnisses bedingt, dann können diese für eine nachträgliche Abänderung nicht verwendet werden (vgl. zuletzt BGH VersR 2011, 655).

233 Bei Selbstständigen, bei denen eine Umorganisation bei Abgabe des Leistungsanerkenntnisses verneint wurde, können jedoch später hinzutretende Umstände auch im Nachprüfungsverfahren den Einwand begründen, eine Umorganisation ließe den Grad der Berufsunfähigkeit entfallen. So kann etwa eine veränderte Betriebsstruktur durch Einstellung von Personal eine Umorganisation auch nach Anerkenntnis erlauben (OLG Frankfurt a.M., zfs 2020, 161).

Zu den grundsätzlichen Anforderungen des Nachprüfungsverfahrens, an dessen Ende eine **Veränderungsmitteilung in Textform** dem Versicherungsnehmer zugehen muss, gehört nach ständiger Rechtsprechung des BGH (zitiert nach juris, BGH, Urt. v. 24.2.10 – IV ZR 119/09):

> *„Sie [der Versicherer] ist daher gehindert, sich bei unverändertem Fortbestand der für die damalige Beurteilung maßgeblichen, ihr bekannt gewordenen Umstände von dieser Erklärung wieder zu lösen. Der Versicherer ist aufgrund der mit seinem Leistungsanerkenntnis verbundenen Selbstbindung nicht befugt, die Berufsunfähigkeit der versicherten Person ohne Änderung der tatsächlichen Verhältnisse und/oder seiner Kenntnis hiervon abweichend zu bewerten.*
>
> *Nachträglichen Änderungen im Gesundheitszustand der Klägerin, die eine bedingungsgemäße Berufsunfähigkeit entfallen lassen, kann der Versicherer nur im Wege eines Nachprüfungsverfahrens nach § 9 Abs. 1 B-BUZ Rechnung tragen. Allein auf diese Weise kann er erreichen, dass seine bereits anerkannte Leistungspflicht wieder endet. Dabei ist es Sache des Versicherers, im Nachprü-*

fungsverfahren zu beweisen, dass die Voraussetzungen des § 1 Abs. 1 B-BUZ nicht mehr gegeben sind.

Maßgeblich dafür ist der Vergleich des Gesundheitszustandes, wie er dem Anerkenntnis zugrunde gelegen hat, mit dem Gesundheitszustand der versicherten Person zu einem späteren Zeitpunkt. Der Versicherer kann von seinem Leistungsanerkenntnis erst dann wieder abrücken, wenn er belegen kann, dass sich der Gesundheitszustand des Versicherten derart gebessert hat, dass dies zu bedingungsgemäß relevanten Auswirkungen auf seine beruflichen Betätigungsmöglichkeiten führt. *"*

X. Vorvertragliche Anzeigepflichtverletzung

Der Versicherer kennt denjenigen, der eine Berufsunfähigkeitsversicherung abschließen möchte, persönlich nicht. Von daher ist er dringend auf die Angaben des potentiellen Versicherungsnehmers angewiesen, um prüfen zu können, ob und zu welchen Bedingungen (eventuell mit Zuschlag) die Person versichert werden kann. Manche Versicherungsnehmer werden bei entsprechend gravierenden Vorerkrankungen sogar gar nicht versichert. Aus diesem Grund kommt der vorvertraglichen Anzeigepflicht des Versicherungsnehmers in der Praxis erhebliche Bedeutung zu, da oftmals Streit darüber herrscht, ob dieses oder jenes bei Antragstellung mit angegeben werden musste oder nicht. 234

Praxistipp

Generell kann bereits jetzt gesagt werden, dass in der Regel seitens des Versicherungsnehmers eher mehr anzugeben ist, als zu wenig. Notfalls muss auf einem gesonderten Blatt enumerativ aufgezählt werden, welche Beschwerden, Krankheiten oder Störungen vorgelegen haben. Ganz viele der Fälle, die gerichtlich entschieden werden, betreffen die Situation, dass der Versicherungsnehmer die Angaben in dem Antrag für nicht wichtig hielt oder aus Unachtsamkeit bestimmte Angaben unterlassen hat. Dann herrscht Streit, ob der Versicherungsnehmer positive Kenntnis hatte oder nicht.

Das Tückische an den vorvertraglichen Anzeigepflichten ist, dass der Versicherungsnehmer sich in Sicherheit wiegt, d.h. er glaubt, für den Fall, dass er berufsunfähig wird, habe der Versicherer zu leisten. Später erfährt er dann vom Versicherer, dass in dem „uralten" Antrag die eine oder andere Angabe möglicherweise fehlerhaft war, mit der Folge, dass der Versicherer nicht zu leisten braucht. Die Prämie kann dagegen der Versicherer über die Jahre hinweg, bis die Berufsunfähigkeit eingetreten ist, behalten. 235

Generell kann gesagt werden, dass anzeigepflichtig seitens des Versicherungsnehmers alle gefahrerheblichen Umstände sind (vgl. § 19 Abs. 1 S. 1 VVG). Die Rechtsprechung zu den einzelnen Beschwerden, Störungen oder Krankheiten ist sehr umfangreich. Es wird auf die gängige Fachliteratur, wie *van Bühren* (Handbuch Ver- 236 sicherungsrecht, 8. Aufl. 2025), verwiesen. Generell ist es so, dass lediglich geringe Beschwerden, Krankheiten oder Störungen nicht anzuzeigen sind, die nur einmaliger Art waren oder vorübergehend von selbst wieder verschwunden sind. So sind z.B. einmalige Schmerzen in der Lendengegend nach einem Fußballspiel nicht anzeigepflichtig, ebenso wenig wie leichter Verspannungsschmerz (vgl. OLG Frankfurt a.M. NVersZ 2000, 130) oder eine einmalige Lumbalgie (vgl. BGH VersR 1991, 578).

237 In Bezug auf die Rechtsprechung hinsichtlich der Beschwerden, die dagegen anzeigepflichtig sind, kann generell gesagt werden: Sobald diese Beschwerden ein gewisses Krankheitsbild oder eine mehrmalige Konsultation eines Arztes zur Folge haben, sind diese anzuzeigen und gefahrerheblich.

> *Praxistipp*
>
> In der Bevölkerung herrscht dagegen nach wie vor die Auffassung, dass nur schwerere Krankheiten oder Beschwerden von deutlichem Gewicht anzuzeigen sind. Dies ist nach der Rechtsprechung gerade nicht der Fall. Notfalls sollte der Versicherungsnehmer einen Prämienzuschlag akzeptieren, um den vollen Versicherungsschutz zu erhalten.

238 In der Praxis spielt es auch immer wieder eine Rolle, dass der Versicherungsnehmer selber entweder gegenüber seinem Agenten (nicht gegenüber dem Makler) oder gegenüber dem vom Versicherer beauftragten Arzt Angaben gemacht hat. In diesen Fällen kann der Versicherungsnehmer sich auf die sog. Auge und Ohr-Rechtsprechung beziehen. Konkret bedeutet dies, dass sich der Versicherer alles zurechnen lassen muss, auch wenn der Versicherungsnehmer dies dem Versicherer im direkten Verhältnis nicht mitgeteilt hat.

> *Praxistipp*
>
> Insofern hat der Rechtsanwalt seinen Mandanten immer danach zu fragen, ob dieser mündlich dem Versicherungsagenten oder dem Arzt gegenüber Angaben gemacht hat, auch wenn diese schriftlich im Antrag nicht festgehalten wurden. Wie bereits erwähnt, gilt diese **„Auge und Ohr"-Rechtsprechung** auch für einen Arzt, wenn dieser vom Versicherer beauftragt war, ein ärztliches Zeugnis zu erstellen und dann vom Versicherungsnehmer zu beantwortende Fragen in dem Formular ausfüllt (vgl. BGH VersR 1990, 77).

> *Praxistipp*
>
> Da die vorvertraglichen Anzeigepflichtverletzungen mit den dazugehörenden Antragsfragen in den Versicherungsanträgen eine große Rolle in der Rechtsprechung einnehmen, sollte der Rechtsanwalt generell immer die Antragsfragen des Versicherers kritisch überprüfen und diese nicht automatisch als zulässig hinnehmen. Mitunter sind die Fragen unklar formuliert und deshalb zugunsten des Versicherungsnehmers auszulegen (vgl. OLG Hamm VersR 1993, 1135).

XI. Wissenswertes

1. Prozessuales

Für den Eintritt der Berufsunfähigkeit ist der Versicherungsnehmer darlegungs- und beweisbelastet; im Nachprüfungsverfahren trifft dies den Versicherer. 239

Ist der Eintritt der Berufsunfähigkeit im Streit und rechtshängig, so wird in der Regel ein Sachverständigengutachten den Eintritt der Berufsunfähigkeit belegen müssen. Häufig „schießen" Sachverständige bei der Beantwortung über das Ziel hinaus und stellen nebenbei auch fest, dass die Berufsunfähigkeit zwar zum Tag X eingetreten sei, jedoch anlässlich der Untersuchung festgestellt worden ist, dass diese aktuell wieder unter 50 % liege. In einem solchen Fall kann das Gericht die Klage, die auf Zahlung der rückständigen und zukünftigen Renten gerichtet ist, nicht auf den vom Gutachter festgestellten Zeitraum begrenzen. Denn mit der Bejahung der Berufsunfähigkeit ist auch das Gericht an die vertraglich vereinbarten Folgen gebunden. Und diese sind auf ein Anerkenntnis ausgerichtet.

Es ist daher Sache des Versicherers, noch im Klageverfahren das Nachprüfungsverfahren einzuleiten. Er hat dabei auch die formellen Voraussetzungen einzuhalten.

2. Verjährung

Lesenswert: OLG Stuttgart, VersR 2014, 1115. 240

> *„Die Gesamtansprüche (sog. „Stammrecht") aus einem dem Versicherer vom Versicherungsnehmer mitgeteilten Versicherungsfall der Berufsunfähigkeit sind mit konkreter Anzeige beim Versicherer erhoben und verjähren innerhalb der regelmäßigen Verjährung gem. §§ 195, 199 BGB mit der Entstehung des Anspruchs. Die Entstehung eines Anspruchs gem. § 199 Abs. 1 BGB, auch eines versicherungsrechtlichen Anspruchs, setzt seine Fälligkeit voraus. Die Fälligkeit eines versicherungsrechtlichen Anspruchs ist nach den Fälligkeitsvorschriften des § 14 Abs. 1 VVG in der Fassung vom 23.11.2007 (= § 11 Abs. 1 VVG a.F.) zu bestimmen."*

Bedeutung hat diese Entscheidung auch für die zukünftigen Ansprüche. Ist das Stammrecht verjährt, sind auch diese zukünftigen Rentenansprüche bzw. Ansprüche auf Beitragsbefreiung mit dem Risiko des Verjährungseinwands behaftet (OLG Hamm VersR 2015, 705).

3. Streitwerte

(Siehe hierzu auch BGH VersR 2012, 76.)

a) BUZ-Leistungsklagen

Bis zur Klageeinreichung geltend gemachte Rückstände und, bei Beitragsbefreiung die Rückzahlungsansprüche der Beiträge, werden zum Nennwert addiert, § 42 241

Abs. 3 GKG. Hinzu kommen die zukünftigen monatlichen Renten ggf. zzgl. Beitragsbefreiung mit dem 42-fachen Monatswert, §§ 3, 9 ZPO analog. Ein Abzug erfolgt nicht.

b) BUZ-Feststellungsklagen

242 Ist der Fortbestand des Versicherungsvertrages streitig, wird sowohl die Rente als auch die ggf. vereinbarte Beitragsbefreiung zunächst mit dem 42-fachen Monatsbetrag angesetzt.

Ist der Eintritt der Berufsunfähigkeit streitig, erfolgt für den Feststellungsantrag auf Fortbestand des Vertrages ein Abzug von 50 %, ist er unstreitig sogar von 80 %.

Wird neben der Klage auf Feststellung des Vertragsfortbestandes auch auf Leistung geklagt, wird wegen der Teilidentität von Leistungs- und Feststellungsklage grundsätzlich die Feststellungsklage mit 20 % des 42-fachen Monatswertes angesetzt; die Leistungsanträge errechnen sich gem. a).

c) Abfindungsvergleiche

243 Der nach den obigen Grundsätzen ermittelte Streitwert soll auch bei einem Abfindungsvergleich gelten, selbst dann, wenn der Abfindungsbetrag den Streitwert deutlich übersteigt. Ein Vergleichsmehrwert wird verneint (BGH VersR 2004, 1578). Hintergrund ist die Tatsache, dass im Zweifel bereits auch alle zukünftigen Leistungen aus der Versicherung Gegenstand des Rechtsstreits sind; ein Mehrwert aus nicht rechtshängigen Ansprüchen kann also nicht hergeleitet werden.

Etwas anderes soll aber dann gelten, wenn nicht nur der Versicherungsfall, sondern auch der Versicherungsvertrag durch den Vergleich abgefunden bzw. beendet werden soll. Hier hatte das OLG Karlsruhe (OLG Karlsruhe v. 21.10.14 – 9 W 33/14) einen Aufschlag von 20 % aus dem 42-fachen Monatswert der Versicherungsleistung zugesprochen. Denn der Fortbestand des Vertrages war schließlich nicht im Streit.

> *Praxistipp*
>
> Abfindungsvergleiche bergen grundsätzlich ein erhöhtes Haftungsrisiko. Sie erfordern daher auch eine umfassende Belehrung des Mandanten. Dabei hat sich gezeigt, dass eine Belehrung den aktuellen Streitstand beinhalten soll. Auch sollte auf die aktuellen Probleme bei der Darlegungs- und Beweislast eingegangen werden. Schließlich sollte dem Mandanten auch ein hypothetischer Verlauf des Prozesses aufgezeigt werden. Dass schlussendlich eine Darstellung über die Folgen eines Vergleiches in die Belehrung mit einfließen muss, liegt auf der Hand. Hierhin gehört auch das Risiko, dass ein neuer Versicherungsvertrag, der das Risiko bei Berufsunfähigkeit abdeckt, ggf. nicht mehr oder unter Ausschluss be-

sonderer Risiken oder zu deutlich teureren Konditionen geschlossen werden kann. Wir empfehlen die Schriftform und das Unterzeichnen durch den Mandanten.

Praxistipp

Das Haftungsrisiko eines Abfindungsvergleichs wird durch die Streitwertfestsetzung nicht ausreichend berücksichtigt. Beträgt der Streitwert 60.000 EUR und wird der Versicherungsfall bei Aufhebung des Vertrages mit 180.000 EUR abgefunden, bekäme der Rechtsanwalt seine Gebühren nach einem Gegenstandswert von 60.000,00 EUR. Die Begrenzung der zukünftigen Leistungsansprüche durch die §§ 3, 9 ZPO stehen hier einer vorteilhaften Streitwertfestsetzung entgegen. Da bietet es sich an, mit dem Mandanten für diesen Fall eine Gebührenvereinbarung aufzusetzen, die als Gegenstandswert auf den Abfindungsbetrag Bezug nimmt, mindestens jedoch den gerichtlich festgesetzten Streitwert.

§ 11 Unfallmedizin für Anwälte

A. Einleitung

Literatur:

Graf/Grill/Wedig, Beschleunigungsverletzung der Halswirbelsäule, 1. Aufl. 2008; *Kuklinski/Schemionek*, Schwachstelle Genick, 4. Aufl. 2007.

I. Medizinische Fachbegriffe

Es empfiehlt sich, die medizinischen (lateinischen) Fachbegriffe in den Arztberichten jeweils zu übersetzen. Hierzu hat sich das Internet als sehr hilfreich erwiesen, da sämtliche medizinischen Fachbegriffe eingegeben werden können und eine Übersetzung, oftmals in Verbindung mit einer kurzen Erklärung, greifbar ist. 1

Nachdem der Rechtsanwalt mehrere Personenschäden oder Arzthaftungsfälle bearbeitet hat, verfügt er zudem über ein eigenes medizinisches Grundwissen, so dass er immer wiederkehrende Fachbegriffe nicht mehr nachlesen muss. 2

II. Bedeutung

Das Themengebiet der **Unfallmedizin** stellt sich für den Rechtsanwalt zumeist als ein unbekanntes Fachgebiet dar. Wenn der Anwalt in diesem Themengebiet jedoch Kenntnisse erlangt hat, kann er in der Regel für seinen Mandanten deutlich höhere Schadensersatzleistungen aushandeln. Es ist an dieser Stelle nochmals zu betonen, dass Versicherer immer nur dann bereit sind, höhere Schadensersatzleistungen zu erbringen, wenn sie feststellen, dass der gegnerische Anwalt mit ihnen auf gleicher Augenhöhe verhandeln kann. Je detailreicher die Kenntnisse der Anwaltschaft im Bereich der Unfallmedizin sind, desto höher wird das Prozessrisiko des Versicherers. 3

Allein die kaufmännische Betrachtung kann beim Versicherer schon dazu führen, dass er im Einzelfall höhere Schadensersatzleistungen erbringt, um sich erhebliche Rechtsverfolgungskosten (einschließlich der Kosten für diverse Sachverständigengutachten) zu ersparen. Darüber hinaus hat kein Versicherer Interesse an rechtskräftigen Entscheidungen, die auf Geschädigtenseite Schule machen könnten. Die außergerichtliche Vergleichsbereitschaft wächst enorm, wenn der Anwalt mit Sachkenntnissen aus dem Fachbereich der Unfallmedizin aufwarten und diese gezielt in der Regulierungsverhandlung einbringen kann. 4

Momentan haben Versicherer gegenüber den meisten Anwälten noch einen erheblichen Wissensvorsprung im Bereich der medizinischen Grundkenntnisse. Versicherer selber müssen sich mit dem Bereich der Unfallmedizin und eventuellen Komplikationen, Spätfolgen oder Risiken beschäftigen, da sie nur so professionell den jeweiligen Fall reservieren können. 5

6 Das momentane Ungleichgewicht zugunsten der Versichererseite zeigt sich dann, wenn Seminare zu unfallmedizinischen und versicherungsrechtlichen Themen zu 90 % von Sachbearbeitern aus Großschadensabteilungen und lediglich zu 10 % von der Anwaltschaft gebucht werden.

Es ist daher auch Ziel dieses Kapitels, diese Wissenslücke der Anwälte zu schließen.

7 Insbesondere das Kapitel „Erläuterung der häufigsten Komplikationen/Spätfolgen/Risiken in der Personenschadensregulierung“ (siehe Rdn 231 ff.) ist aus Anwaltssicht von Bedeutung. Denn nur, wenn der Anwalt bei dem zu bearbeitenden Fall und dem entsprechenden Verletzungsbild die Komplikationen, Spätfolgen und eventuellen Risiken kennt, kann er diese auch gegenüber dem Versicherer vortragen.

> *Praxistipp*
>
> Dies kann sich für den Mandanten in barer Münze auszahlen, da sich sowohl die Standardschadenspositionen Schmerzensgeld, Haushaltsführungsschaden, Erwerbsschaden als auch vermehrte Bedürfnisse gravierend verändern können, wenn die objektiv vorhersehbaren Komplikationen/Spätfolgen/Risiken bereits von Anfang an in die Bezifferung der Ansprüche eingearbeitet werden. Es ist deshalb zwingend erforderlich, dass der Anwalt sich mit den objektiv vorhersehbaren Verletzungsfolgen bei jedem einzelnen Verletzungsbild auskennt.

8 Unterschätzte Primärverletzungen und Nichterkennen von Spätfolgen sind ein extrem häufiger Haftungsgrund für Rechtsanwälte. Nicht selten werden auch scheinbar einfache Verletzungen zu schweren Dauerschäden. Insbesondere kommt es immer wieder vor, dass aus einer an sich unproblematischen Schlüsselbeinfraktur ein Dauerschaden dahingehend entsteht, dass der Geschädigte vollständig erwerbsunfähig wird. Wird hier zu früh, ohne Berücksichtigung dieser Risiken, reguliert, entsteht zum einen ein extremer Ausfall beim Geschädigten, zum anderen ein extremes Haftungsrisiko beim Anwalt. Auch eine einfache HWS-Verletzung führt in 5 % der Fälle dazu, dass tatsächlich eine vollständige Erwerbsunfähigkeit aufgrund dieser scheinbar leichten Verletzung eintritt.

> *Hinweis*
>
> Daher ist es zwingend erforderlich, sich vor Abschlussregulierung zum einen zu vergewissern, dass tatsächlich ein medizinisch gefestigter Zustand erreicht wurde, zum anderen muss sich der Anwalt durch Rückfrage beim Arzt versichern, dass Zukunftsrisiken angemessen berücksichtigt werden. Unterlässt dies der Anwalt, begeht er bei der Personenschadensregulierung einen Kardinalfehler.

9 Bevor der Anwalt die medizinischen Berichte liest, ist es ganz wichtig, dass er seinen Mandanten zum Hergang des Unfalls befragt. Denn jeder Unfall hat einen sehr speziellen Hergang, der, wenn er genau analysiert wird, Rückschlüsse auf die zu erwartenden späteren Verletzungsfolgen zulässt. Es ist genau zu erforschen, was in

dem Moment des Unfalls mit dem Verunfallten passiert ist. Hier ist es wichtig, in welcher Position der Körper des Verunfallten war, wie er gefallen ist oder gegen was er geprallt ist. In erster Linie sind die Erinnerungen des Verunfallten entscheidend, mitunter aber auch Aussagen von Mitinsassen. Wenn dies nicht zeitnah festgehalten wird, werden die Erinnerungen immer schwächer und es gehen wertvolle Informationen verloren. Die polizeilichen Protokolle sind hier weniger geeignet, weil diese immer erst gefertigt werden, nachdem der Unfall geschehen ist bzw. nachdem der Verletzte schon ins Krankenhaus transportiert wurde. Als erstes sind neben den Erinnerungen der Beteiligten die Notfallprotokolle des Notarztes bzw. des Rettungsdienstes und der Sanitäter als wichtige Dokumente einzusehen. Dann ist das Aufnahmeprotokoll der Klinik neben sämtlichen Bildgebungen, also Röntgen, CT aber auch MRT, wichtig. Diese müssen gesichert werden (am besten auf CD). Die Operationsberichte, Narkoseprotokolle, OP-Protokolle, der kumulative Intensivbericht und der abschließende Arztbericht sind ebenfalls festzuhalten. Bei der Entlassung des Patienten ist darauf zu achten, dass die Befunde dokumentiert sind und festgehalten wurden. Das Gleiche gilt für die Aufnahmeberichte bei Reha-Einrichtungen. Bei der Archivierung dieser wichtigen Dokumente ist darauf zu achten, dass diese chronologisch zur Akte gelangen.

1. Schmerzensgeld

Wenn der Anwalt die Komplikationen/Spätfolgen/Risiken in Bezug auf die einzel- 10
nen Verletzungsfolgen seines Mandanten kennt, kann dies auf die Höhe des **Schmerzensgeldes** erheblichen Einfluss haben. In diesem Zusammenhang ist auf die Grundsatzentscheidung des BGH vom 14.2.2006 (– VI ZR 322/04, zfs 2006, 381) hinzuweisen. Nach dieser Rechtsprechung gebietet es „der Grundsatz der Einheitlichkeit des Schmerzensgeldes, die Höhe des dem Geschädigten zustehenden Anspruchs aufgrund einer ganzheitlichen Betrachtung der den Schadensfall prägenden Umstände unter Einbeziehung der **absehbaren künftigen Entwicklungen des Schadensbildes** zu bemessen."

Es geht um die Benennung möglicher Verletzungsfolgen, die zum Beurteilungszeit- 11
punkt zwar noch nicht eingetreten sind, deren Eintritt aber **objektiv vorhersehbar** erscheint, mit denen also gerechnet werden muss, obgleich sich die Folgen im Einzelfall auch nie realisieren müssen. Es geht also um die theoretische Möglichkeit des Eintritts weiterer gesundheitlicher Verschlechterungen, auch dann wenn diese unwahrscheinlich sind. Insofern hat der Geschädigte hier ganz klar die Rechtsprechung des BGH auf seiner Seite.

Zu den Einzelheiten der Vorhersehbarkeitsrechtsprechung des BGH sei auf § 4 12
Rdn 55 ff. verwiesen. Wegen der Besonderheiten der Gestaltung eines entsprechenden Zukunftsschadensvorbehaltes verweisen wir auf § 9 Rdn 38 ff.

Da die Regulierung des Schmerzensgeldes sich immer an den objektiv vorherseh- 13
baren Folgeschäden orientieren muss, muss der Anwalt dem Versicherer zu den

Ausgangsverletzungen des Mandanten die möglichen Spätfolgen, Komplikationen und Risiken aufzeigen, um auf diese Art und Weise eine deutliche Erhöhung des Schmerzensgeldes zu erreichen. Im Umkehrschluss bedeutet dies: Wenn die Spätfolgen, Komplikationen und Risiken, die eine Ausgangsverletzung mit sich bringt, im weiteren Verlauf jedoch nie eintreten, dann kann der Mandant trotzdem das deutlich erhöhte Schmerzensgeld behalten und muss dieses auch später nicht zurückzahlen.

14 Problematisch ist es, wenn der Anwalt das Schmerzensgeld (zu gering) lediglich auf der Basis der Ausgangsverletzungen beziffert und der Versicherer den Schaden mit Abfindungserklärung außergerichtlich abschließend reguliert hat und sich dann zu einem späteren Zeitpunkt eine objektiv vorhersehbare medizinische Komplikation einstellt. Unter Hinweis auf die Vorhersehbarkeitsrechtsprechung des BGH (siehe § 4 Rdn 55 ff.) ist der Schädiger leistungsfrei und der Anwalt hat ein Haftungsproblem.

15 Im Regulierungsgespräch kommt es vor, dass der Haftpflichtversicherer die vom Anwalt vorgetragenen Komplikationen/Spätfolgen/Risiken bestreitet und stattdessen lediglich ein Schmerzensgeld auf der Basis der unstreitigen Ausgangsverletzungen anbietet, welches naturgemäß erheblich geringer ist. Oftmals wird argumentiert, das Risiko des Eintritts der behaupteten Komplikationen/Spätfolgen/Risiken sei so gering, dass es schmerzensgeldrechtlich nicht ins Gewicht fällt.

An dieser Stelle kann sich folgende Vorgehensweise anbieten: Der Anwalt verhandelt mit dem Versicherer zunächst einen Schmerzensgeldbetrag lediglich für die Ausgangsverletzungen. Im Wege eines Vorbehaltes wird vereinbart, dass bei Eintritt ausdrücklich benannter Komplikationen/Spätfolgen/Risiken aufgrund dieser Ausgangsverletzungen die Zahlung eines weiteren Schmerzensgeldes verlangt werden kann. Es sollte der ausdrückliche Hinweis erfolgen, dass diese Vereinbarung in Abweichung zur Vorhersehbarkeitsrechtsprechung des BGH erfolgt. Ergänzend muss der Versicherer den allgemeinen immateriellen Vorbehalt erklären, welcher sich nach der Vorhersehbarkeitsrechtsprechung dann nur noch auf objektiv nicht vorhersehbare Folgeschäden bezieht. Dieser dreistufige Regulierungsaufbau sichert dem Geschädigten eine umfassende Rechtsposition und minimiert zugleich das Risiko der Anwaltshaftung. Zur Bestimmung, welche Komplikationen/Spätfolgen/Risiken objektiv vorhersehbar sind, sollte sich der Rechtsanwalt mit dem Versicherer auf die Einholung eines Arztgutachtens verständigen. Dieses Gutachten ist dann Gegenstand der Abfindungserklärung.

16 Die gewonnenen Erkenntnisse aus einer Begutachtung zu den Komplikationen/Spätfolgen/Risiken eröffnen es dem Anwalt darüber hinaus, mit dem Versicherer über eine spätere Angleichung des Erwerbsschadens, Haushaltsführungsschadens und der damit im Zusammenhang stehenden vermehrten Bedürfnisse zu verhandeln. Das muss jedoch ausdrücklich in einem Vorbehalt erfasst werden. In diesem

Zusammenhang sollte das Augenmerk dann auch auf einen eventuellen Pflegevorbehalt gerichtet werden. Wenn die objektiv vorhersehbaren Komplikationen/Spätfolgen/Risiken darauf hindeuten, dass in der Zukunft eine Pflegebedürftigkeit entstehen kann, dann sollte der Anwalt im Regulierungsgespräch darauf hinwirken, dass der Versicherer bei Eintritt dieser objektiv vorhersehbaren Folgen seine Eintrittspflicht für die ungedeckte Schadensspitze bei erforderlichen Pflegeleistungen erklärt. Auch hier bedarf es einer entsprechenden Vorbehaltsregelung.

2. Haushaltsführungsschaden

Auch der **Haushaltsführungsschaden** kann sich erheblich durch medizinische Kom- 17
plikationen, Spätfolgen oder Risiken erhöhen. Für diese Schadenspositionen gilt das bereits oben Gesagte. Nur dann, wenn der Anwalt weiß, welche Komplikationen, Spätfolgen oder Risiken im jeweiligen Verletzungsbereich eintreten können, kann dieser sie auch gegenüber dem Haftpflichtversicherer darlegen. Treten zum Beispiel die Komplikationen Epilepsie, Nekrose, Gefäßschäden, Thrombose, Achsfehlstellungen, eine Embolie, eine Infektion oder Sonstiges ein, hat dies naturgemäß je nach Betroffenheit der einzelnen Körperteile und Gliedmaßen auch Auswirkungen auf den Haushaltsführungsschaden.

In diesem Fall braucht der Anwalt lediglich, nachdem er Kenntnis über die Kompli- 18
kationen, Spätfolgen und Risiken in diesem Kapitel erlangt hat, im Praxishandbuch Haushaltsführungsschaden in der IFH-Tabelle 6 (*Schah Sedi*, Praxishandbuch Haushaltsführungsschaden, § 9 Rn 2) nachzuschauen und zu überprüfen, welchen Einfluss die jeweilige Komplikation auf den Grad der haushaltsspezifischen MdE hat. Relativ leicht lässt sich die Differenz zwischen dem Schadensersatzbetrag für die Ausgangsverletzung und dem für die Spätschäden dieser Ausgangsverletzung ausrechnen. Im Falle eines Haushaltsführungsschadens kann das kapitalisiert einen Mehrbetrag im fünfstelligen Eurobereich ausmachen. Hier ist zu berücksichtigten, dass für den Haushaltsführungsschaden der Arzt kein geeignetes Beweismittel ist. Hier ist für die endgültige Beurteilung der haushaltsspezifischen Beeinträchtigungen und der daraus resultierenden Schadensersatzansprüche das Gutachten eines öffentlich bestellten und vereidigten Sachverständigen für die Ermittlung des Haushaltsführungsschadens zwingend erforderlich. Häufig machen hier Gerichte den Fehler, einen Haushaltsführungsschaden durch einen Arzt begutachten zu lassen. Dieser hat nicht die dafür notwendige Qualifikation und ein solches Gutachten ist daher im Sinne der Rechtsprechung des BGH kein geeignetes Beweismittel zur Feststellung der Höhe des Haushaltsführungsschadens.

3. Erwerbsschaden

Auch beim **Erwerbsschaden** können eventuell eintretende Komplikationen, Spät- 19
folgen oder Risiken bei den Ausgangsverletzungen zu erhöhten Schadensersatzansprüchen führen. Hier besteht generell die Möglichkeit, entweder die Risiken

durch Zukunftsschadensvorbehalte abzusichern oder aber sich die etwaigen Komplikationen durch höhere Schadensersatzleistungen abfinden zu lassen. Durch Nachfrage beim Mandanten muss das einzelne Berufsbild durchgesprochen und geklärt werden, ob etwaige Komplikationen Auswirkungen auf den Beruf haben können. So hat zum Beispiel eine schwere Lunatumluxation im Bereich des Handgelenks mit einer Komplikation infolge einer Nekrose des Kahnbeins für einen Maler, der sein Handgelenk permanent benutzt, erhebliche Auswirkungen auf seinen zukünftigen Erwerbsschaden.

20 Etwaige Risiken, Spätfolgen oder Komplikationen haben auch Auswirkungen auf die **vermehrten Bedürfnisse**, da Verschlechterungen mitunter dazu führen, dass Hilfsmittel notwendig werden, die der Geschädigte vorher nicht gebraucht hat. Sind diese Hilfsmittel medizinisch notwendig und fallen sie nicht in den Heil- und Hilfsmittelkatalog nach § 139 SGB V, so ist die Kostenübernahme im Rahmen der vermehrten Bedürfnisse mit dem Versicherer abzusprechen.

Praxistipp

Es ist wichtig, dass Kanzleien, die Personengroßschäden bearbeiten, über ein umfangreiches Kontingent an Fachärzten im Hintergrund zu den Fachbereichen Neurologie, Paraplegie, Internistik, Unfallchirurgie, Handchirurgie, Neurochirurgie, Ophthalmologie oder HNO verfügen. Der Versicherer greift demgegenüber auf seine Gesellschaftsärzte zurück. Um auf gleicher Augenhöhe verhandeln zu können, muss der Rechtsanwalt dafür sorgen, exzellente medizinische Informationen zum Schadensfall zur Akte zu bekommen.

21 Im Nachfolgenden werden in alphabetischer Reihenfolge die **häufigsten Verletzungsbilder** wichtiger einzelner Körperteile dargestellt. Es wird aufgezeigt, welcher medizinische Fachbereich am ehesten Aussagen zur Ausgangsverletzung, Behandlungsmöglichkeiten und den Komplikationen, Spätfolgen und Risiken Stellung nehmen kann. Schließlich werden die einzelnen Komplikationen, Spätfolgen und Risiken, die objektiv vorhersehbar sind und die mit der Ausgangsverletzung an dem jeweils betroffenen Organ einhergehen können, umfassend dargestellt. Dem Rechtsanwalt sei dringend angeraten, an dieser Stelle Kontakt mit dem behandelnden Facharzt des Mandanten aufzunehmen und eine individuelle Abklärung herbeizuführen, mit welchen möglicherweise darüber hinausgehenden Komplikationen, Spätfolgen und Risiken im Sinne der Vorhersehbarkeitsrechtsprechung des Bundesgerichtshofes bei dem vorliegenden Verletzungsbild des Mandanten zu rechnen ist. Sinnvoll ist es, wenn der Anwalt den behandelnden Arzt schriftlich danach befragt, um die schriftliche Aussage dann zum Gegenstand der Abfindungsverhandlungen machen zu können und um entsprechende Zukunftsschadensvorbehalte vereinbaren zu können.

In der Praxis ist es hilfreich, Begriffe, die man auf Anhieb nicht versteht, zu googeln. Auch Wikipedia gibt hier wichtige Hinweise und liefert Ansatzpunkte für das Verständnis der Verletzungen des Mandanten. 22

B. Körperteile

I. Arm

1. Oberarm

a) Oberarmschaftfraktur

aa) Grundlagen

Die Oberarmschaftfraktur heißt in den Arztberichten Humerusschaftfraktur (Humerus = Oberarm). Es handelt sich um eine Bruchverletzung im mittleren Teil des Langknochens (bei den Arm- und Beinknochen handelt es sich um sogenannte Langknochen). Nicht gemeint ist ein Bruch in Schulter- oder Ellenbogengelenksnähe. Hier spricht man von einer Humeruskopf- bzw. Ellenbogenfraktur (siehe hierzu Rdn 28, 68 ff.). Die sog. Humerusschaftfraktur ist die knöcherne Kontinuitätsdurchtrennung des Humerusschafts. Eine solche Oberarmschaftfraktur kann durch ein direktes Trauma entstehen, wenn ein Schlag auf den Oberarm erfolgt, aber auch durch ein indirektes Trauma, wie den Sturz auf den Arm, Ellenbogen oder die Hand. Gerade bei Verkehrsunfällen, die außerhalb des Fahrzeugs stattfinden, wie bei Kollisionen mit Fußgängern, Radfahrern, Mofafahrern oder Motorradfahrern, treten solche Verletzungen durch Stürze häufig auf. Man unterscheidet zwischen verschiedenen Frakturen je nach Richtung der Gewalteinwirkung zwischen Querfrakturen, Spiralfrakturen oder Stückfrakturen. Entweder werden die Fälle konservativ durch Ruhigstellung behandelt, zum Beispiel durch einen Desault-Verband oder operativ durch Verwendung von Nägeln. Bei der konservativen Therapie wird heute nicht nur eine Ruhigstellung durch Gips oder Kunststoff vorgenommen, sondern man nutzt zur Ruhigstellung auch einen sog. Sarmiento-Brace, welcher so angelegt wird, dass angrenzende Gelenke frei bleiben. Diese Methode wird häufig bei jungeren Patienten angewandt, wo ein guter Muskelmantel für die konservative Art der Behandlung spricht. 23

bb) Arztkontakt/Rücksprache

Als Facharzt für diese Verletzung sollte der **Unfallchirurg** und/oder der **Orthopäde** konsultiert werden. 24

cc) Komplikationen, Spätfolgen und Risiken

Bei der Oberarmschaftfraktur oder Humerusschaftfraktur besteht oftmals die Gefahr der Verletzung des Radialisnervs. Dieser Nerv kreuzt im mittleren Oberarmdrittel knochennah den Humerus und ist in der Region bis zu 15 % begleitverletzt. 25

Allerdings kann dieser Nerv auch bei einer Metallentfernung (Nagelentfernung) verletzt werden. Wenn der Nerv geschädigt ist, tritt die sog. Fallhand ein, d.h. durch Ausfall der Handstruktur fällt die Hand nach vorne und kann nicht waagerecht gehalten werden.

26 Als weitere Komplikation kann die Pseudarthrose auftreten (siehe Rdn 293). Die Pseudarthrose ist eine verzögerte Knochenheilung oder eine endgültige unvollständige Knochenheilung. Die Knochenfragmente bleiben getrennt und wachsen nicht zusammen. Es können auch Durchblutungsstörungen oder Infektionen auftreten. Bei den Pseudarthrosen kann es häufig auch zu Dauerschäden in Form von Funktionseinschränkungen einzelner Gelenke oder Körperteile in der Beweglichkeit kommen. Ferner hat der Geschädigte oftmals dauerhaft Schmerzen und muss Medikamente zu sich nehmen. All diese Einschränkungen haben naturgemäß auf die einzelnen Schadenspositionen Einfluss.

27 Als weitere Komplikation kann es zu Nervenschädigungen oder auch zu Infektionen, Lähmungen, Gefühlsstörungen oder vegetativen Störungen kommen. Von einer Infektion spricht man, wenn Krankheitserreger zu einer Schädigung des Wirtes führen. Es kann zu bakteriellen Gelenkinfektionen kommen, wodurch irreversible Schädigungen oder eine vorzeitige Arthrose auftreten können. Dies kann dann je nach Art und Umfang einen langwierigen und schwierigen Krankheitsverlauf nehmen.

b) Oberarmkopffraktur

aa) Grundlagen

28 Die **Oberarmkopffraktur** kommt sehr häufig vor. Es handelt sich hierbei um eine Fraktur des schulternahen Oberarms am Gelenkkopf. Man unterscheidet in der Medizin mehrere Bruchformen, je nachdem, an welcher Stelle der Bruch war. Insbesondere die sog. Luxationsfraktur ist sehr kompliziert und mit einem hohen Risiko von Spätfolgen verbunden. Je nach Bruchform und Typ kann diese Verletzung entweder konservativ durch Ruhigstellung behandelt werden oder muss operativ versorgt werden.

29 Die Oberarmkopffraktur geht häufig einher mit einer massiven Schulterverletzung, beispielsweise einer Verletzung der Rotatorenmanschette etc. Dies birgt weitere immense medizinische Schwierigkeiten und Spätfolgen in sich.

bb) Arztkontakt/Rücksprache

30 Es sollten **Orthopäde**, **Unfallchirurg** und **Physiotherapeut** kontaktiert werden, um etwaige individuelle Spätfolgen abzuklären.

cc) Komplikationen, Spätfolgen und Risiken

- Einsteifen des Schultergelenks 31

Der Physiotherapeut ist auch deswegen wichtig, da der Geschädigte bei der Oberarmkopffraktur frühzeitig mit Übungen beginnen sollte, um ein Einsteifen des Schultergelenks zu verhindern.

- Humeruskopfnekrose

Das größte Problem besteht in der sog. Humeruskopfnekrose. Der Humerus ist der Oberarmknochen. Nekrose bedeutet in der Medizin ein Absterben von Gewebe, wenn keine Blutversorgung mehr erfolgt. Es kann ein kompletter Oberarmkopfersatz durch eine Prothese erforderlich werden. Auch danach kann es noch zu weiteren Komplikationen kommen, da selbst mit einer erfolgreichen Prothese die Funktion des Oberarms oftmals eingeschränkt ist, da die meisten Schultermuskeln am Oberarmkopf ansetzen und viele Weichteile beschädigt werden.

- Implantatlockerung

Wenn eine Implantateinsetzung erfolgte, kann es als weiteres Risiko anlässlich einer Operation zu einer Implantatlockerung kommen. Dies hat oftmals zur Folge, dass eine erneute, nicht eingeplante OP durchgeführt werden muss, um die Implantate zu entfernen.

- Bewegungseinschränkungen

Fast immer kommt es bei den Spätfolgen auch zu Bewegungseinschränkungen, was bei der privaten Unfallversicherung auch Auswirkungen auf den Grad der Invalidität hat.

Da bei der Oberarmkopffraktur sowohl die konservative Behandlung als auch die operative Behandlung je nach Fall möglich sind, sind die allgemeinen Operationsrisiken und Komplikationen wie **Thrombose**, **Nervenschädigungen** und **Infektionen** zu bedenken (siehe Rdn 264 f., 298 f.).

Als weitere Komplikationen kommen in Betracht die **Pseudarthrose** und die **Schultergelenksarthrose**. Es kann auf die nachfolgenden Erläuterungen (siehe Rdn 293 ff.) verwiesen werden.

c) Bizepssehnenabriss

aa) Grundlagen

Der **Bizepssehnenabriss (Bizepssehnenruptur)** ist sowohl konservativ als auch operativ behandelbar. In häufigen Fällen muss eine Operation erfolgen, um die Kraft und Beweglichkeit im Arm wiederherzustellen. Beim Bizeps handelt es sich um einen Muskel im vorderen Bereich des Oberarms. Dieser Muskel hat unter anderem die Funktion, den Arm zu heben und zu beugen. Er ist wichtig, da der Muskel und die Sehnen einen Großteil der Kraft im Arm aushalten müssen. Ein solcher Bizepssehnenabriss kann durch ein Trauma oder auch durch mechanische Überlastungen entstehen. 32

bb) Arztkontakt/Rücksprache

33 Es sollten **Orthopäde**, **Unfallchirurg** und **Physiotherapeut** kontaktiert werden. Insbesondere die Rücksprache mit dem Physiotherapeuten ist notwendig, da bei konservativer und operativer Behandlung eine frühzeitige und gezielte Krankengymnastik notwendig erscheint.

cc) Komplikationen, Spätfolgen und Risiken

34 Bei dem Bizepssehnenabriss handelt es sich um eine Verletzung, die in der Regel gut ausheilt. Nur bei schweren Komplikationen kann es zu erheblichen Problemen in der Erwerbsfähigkeit und Haushaltsführung kommen. Bei einer OP bestehen die allgemeinen Risiken, wie **Thrombose**, **Nervenschädigungen** und **Infektionen** (siehe Rdn 264 f., 298 f.). Wenn eine Nervenverletzung vorliegt, können **Sensibilitätsstörungen** und **Lähmungserscheinungen** auftreten. Ferner kann es zu **Wundheilungsstörungen** und **überschießender Narbenbildung** kommen. Außerdem kann durch den Druck des Verbandes ein Schaden an Nerven und Gefäßen entstehen. Zudem kann durch Unfall, OP oder konservative Behandlung das sog. **Sudecksyndrom** eintreten. Es wird insoweit auch auf spätere Ausführungen (siehe Rdn 271 f.) verwiesen. Das Sudecksyndrom wird auch Morbus Sudeck oder C.R.P.S. (*Complex regional pain syndrome*) genannt. Generell kann gesagt werden, dass Morbus Sudeck eines der Gebiete ist, die am meisten beforscht werden, da vieles medizinisch noch ungeklärt ist. Im Stadium 3 kann dieses Schmerzsyndrom bis zur hochgradigen Bewegungsstörung, Minderung der Kraft und sogar Einsteifungen führen. Kommt es einmal zu einem Schmerzsyndrom, führt dies oftmals zu erheblichen Dauerschäden. Es kommen in der Regel psychische Probleme im Zusammenhang mit Schmerztherapien hinzu. Bei der Mehrzahl der Bizepssehnenabrisse kommt es aber nicht zu derartigen Komplikationen.

2. Unterarm

a) Unterarmschaftfraktur

aa) Grundlagen

35 Bei der **Unterarmschaftfraktur** handelt es sich um den Bruch beider **Unterarmknochen**. Es können jedoch auch isolierte Frakturen des Radius (Speiche) oder der Ulna (Elle) erfolgen. Ferner gibt es die komplizierten Brüche, wie die sog. **Monteggia-Fraktur**. Dies ist eine Ulnaschaftfraktur mit gleichzeitiger Luxation des Radiuskopfes, d.h. die Ulna ist gebrochen und gleichzeitig ist eine Luxation des Radiusköpfchens eingetreten. Die zweite Sonderform ist die sog. **Galeazzi-Fraktur**. Hierbei ist der Radius gebrochen und die Ulna im Handgelenk luxiert. Als dritte Sonderform gibt es noch die sog. **Essex-Lopresti-Läsion**. Hierbei handelt es sich um eine Radiuskopffraktur mit Ruptur der Membrana interossea. Die Unterarmschaftfraktur kann sowohl konservativ als auch operativ behandelt werden. Die meisten Brüche werden operativ behandelt. Bei einer konservativen Behandlung

besteht die Problematik, dass eine lange Ruhigstellung erfolgen muss. Es ist eine deutliche Einschränkung der Unterarmdrehung vorgegeben und es besteht ein hohes Pseudarthroserisiko. Von daher wird statistisch gesehen die Mehrzahl derartiger Frakturen operiert. Unterarmschaftfrakturen entstehen häufig durch eine Gewalteinwirkung gegen den Unterarm. Speziell bei Verkehrsunfällen, wie Fahrradunfällen, Motorradunfällen oder auch Fußgängerstürzen, kommen derartige Brüche häufig vor. Die Fraktur des Ulnaschafts (Parierfraktur) entsteht dadurch, dass eine direkte Gewalteinwirkung auf die Ulna erfolgt. Man hat dies oftmals bei Fällen, wenn der Kopf geschützt werden soll und hierzu der Unterarm nach oben gehalten wird.

bb) Arztkontakt/Rücksprache

Hier sind **Unfallchirurg** und/oder **Orthopäde** zu kontaktieren. 36

cc) Komplikationen, Spätfolgen und Risiken

- **Funktionseinschränkungen des Unterarms** 37
  - Insbesondere was die Drehbewegung betrifft, sind oftmals Einschränkungen von Dauer möglich. Es kann ferner zu **Fehlstellungen** kommen.
  - Bei Einzelfrakturen besteht oftmals das Risiko der sog. **Pseudarthrose** (siehe Rdn 293). Sie tritt zum Beispiel auf, wenn das Implantat am Radius zu klein war.
- Ferner bestehen die Operationsrisiken **Thrombose**, **Nervenschädigungen** und **Infektionen** (siehe Rdn 264 f., 298 f.).
  - Bei Komplikationen und Dauerschäden kann dies auch Auswirkungen auf die **Funktion der Hand** haben. Je nach dem Beruf des Geschädigten können derartige Einschränkungen Konsequenzen in den einzelnen Schadenspositionen haben.
- Häufig wird die **Luxation** übersehen.
- Des Öfteren tritt eine **Instabilität** im Hand- und Ellenbogengelenk auf.
- Mitunter kommt es zu **vorzeitiger Arthrose**.
- Gefahr der Schädigung der Radialisnerven oder Ulnaris
- Oftmals besteht auch die Gefahr einer **Refraktur**, wenn die Metallentfernung zu früh vorgenommen wird.

Liegen schwere Autounfälle vor, bei denen auch Quetsch- oder Überrollverletzungen gegeben sind, kann es oftmals auch zu einem sog. **Kompartmentsyndrom** kommen (siehe Rdn 266). Bei einem Kompartmentsyndrom sind das Gewebe oder die Organe infolge eines Gewebedrucks geschädigt. Es tritt dann ein dauerhafter Schaden der in der Loge befindlichen Nerven und Muskeln auf. Es führt wieder zu Nekrosen, also zum Absterben von Gewebe, mit der Folge, dass irreversible Funktionseinschränkungen eintreten. Oftmals muss dies operativ durch Spaltung von einem Weichteilmantel und den Faszien erfolgen. 38

b) Distale Radiusfraktur

aa) Grundlagen

39 Die sog. **distale Radiusfraktur**, die auch **Speichenbasisfraktur** oder **Smith-Fraktur** heißt, ist die am häufigsten vorkommende Fraktur beim Menschen überhaupt. Sie macht bis zu 25 % aller Brüche aus. Es handelt sich um einen Bruch des körperfernen Endes des Radius, der Speiche. Solche Frakturen treten häufig auf, wenn ein Sturz auf das Handgelenk erfolgt, wobei die Hand dann abgewinkelt ist, um das Körpergewicht aufzufangen. Dies kommt gerade im Verkehrsbereich bei allen Unfällen mit Zweirädern in Betracht, sei es bei Fahrradverletzungen, Motorradverletzungen oder auch Fußgängerverletzungen. Wie bei den meisten Brüchen gibt es hier auch Einordnungen der Frakturtypen nach der sog. AO-Klassifikation von Typ A bis Typ B und Typ C, wobei Typ C naturgemäß der Bruch ist, der am schlimmsten und kompliziertesten ist. Auch dieser Bruch kann sowohl konservativ durch Ruhigstellung als auch operativ behandelt werden.

Wichtig ist auch die Untersuchung des Handgelenks, weil dieses möglicherweise in dem Zusammenhang oftmals auch verletzt ist.

bb) Arztkontakt/Rücksprache

40 Hier sind **Unfallchirurg** und/oder **Orthopäde** zu kontaktieren.

cc) Komplikationen, Spätfolgen und Risiken

41
- Wird der Bruch nicht konservativ behandelt, sondern durch eine Operation, bestehen die allgemeinen Operationsrisiken wie **Thrombose** und **Infektionen** (siehe Rdn 264 f., 298 f.).
- **Verletzung von Nerven und Blutgefäßen im Operationsgebiet.**
- **Bewegungseinschränkungen**: Oftmals bleibt als Dauerfolge auch eine Bewegungseinschränkung zurück, so dass dies naturgemäß Auswirkungen auf die einzelnen Schadenspositionen wie Schmerzensgeld, Haushaltsführungsschaden, Erwerbsschaden oder vermehrte Bedürfnisse hat. Dies muss wie generell bei jeder Verletzung individuell überprüft werden anhand etwaiger möglicher Komplikationen, die eintreten können.
- **Morbus Sudeck** (siehe Rdn 271 f.)
- **Posttraumatisches Karpaltunnelsyndrom**: Als begleitende Komplikation kann auch ein sog. posttraumatisches Karpaltunnelsyndrom auftreten. Hierbei handelt es sich um ein Kompressionssyndrom des Nervus medianus im Bereich der Handwurzel. Das ist ein akuter oder auch chronischer Druckschaden des Nervus medianus im Bereich der Handwurzel. Dieses Syndrom heißt so, weil der Karpaltunnel eine fest umschlossene Röhre vom Unterarm zur Hand und tunnelartig ausgestaltet ist. Die Geschädigten klagen über Schmerzen in der Hand bis zum gesamten Armbereich. Es entsteht ein Taubheitsgefühl in Daumen, Zeigefinger, Mittelfinger und Ringfinger. Oftmals treten die Schmerzen nachts auf

und dies führt zu Schlafstörungen. Die Geschädigten müssen ihre Hand dann schütteln, damit die Beschwerden etwas nachlassen. Versicherer wenden oftmals ein, dass das Karpaltunnelsyndrom zum Beispiel durch Risikofaktoren wie Übergewicht, Diabetes, Nierenerkrankungen oder Schilddrüsenunterfunktionen oder aber auch durch eine Schwangerschaft ausgelöst worden sein kann. Mitunter kann es auch durch Alkoholmissbrauch entstanden sein. Von daher ist immer zu überprüfen, ob der eingetretene Schaden monokausal war.

II. Auge

1. Verletzung der Augenhöhle/Sehnerv

a) Grundlagen

Bei schweren Verletzungen, wie zum Beispiel Schädelbasisfrakturen, kann es auch 42
zur Verletzung des **Sehnervs** kommen. Die Verletzung wird durch Gesichtsfeldausfälle, Sehstärkenverlust oder durch Ausfall der Pupillenreaktion sichtbar. In der Regel wird hoch dosiert Kortison verabreicht, um die Abschwellung des Sehnervs zu erreichen. Tritt keine Besserung ein, muss operiert werden. Da Komplikationen teilweise auch erst nach Jahren auftreten und Folgeuntersuchungen notwendig sind, muss eine entsprechende Absicherung gegen Verjährung bei derartigen Verletzungen vorgenommen werden.

b) Arztkontakt/Rücksprache

Hier sind **Neurochirurg** und/oder **Ophthalmologe** zu kontaktieren. 43

c) Komplikationen, Spätfolgen und Risiken

Je nach Schwere der Verletzung kann es zu erheblichen **Sehstörungen** kommen – 44
bis zur **Erblindung.** Es kann auch zur Schädigung des Sehnervs (**Grüner Star**) kommen, da die Probleme auch noch nach mehreren Jahren auftreten können. Es müssen entsprechende Vorbehalte vereinbart werden oder bei Aufklärung des Mandanten über einen Vorbehaltsverzicht eine Erhöhung der Schadensersatzleistungen erfolgen. Naturgemäß hat die Einschränkung der Sehkraft oder sogar der Verlust der Sehkraft massive Auswirkungen auf die Haushaltsführung und den Beruf, was ebenfalls durch Vorbehalte geregelt werden sollte.

2. Zerebrale Sehstörung

a) Grundlagen

Es handelt sich hierbei um **Sehstörungen**, welche durch Gehirnverletzungen (z.B. 45
Schädelhirntrauma) entstehen können. Es kommt zu **Gesichtsfeldstörungen**, wobei sogar das gesamte Gesichtsfeld betroffen sein kann. Es gibt spezielle Trainingsprogramme zur Verbesserung der Beschwerden. Hierbei kann es zu Doppelbildern, Farbbildstörungen, Beeinträchtigungen der Lesefähigkeit, Gesichtsfeldausfällen

oder Sehfeldverletzungen kommen. Da diese Therapien auch konventionell behandelt werden, wird speziell mit computerunterstützten Schreib-Lese-Programmen und anderen Trainingsprogrammen gearbeitet. Dies ist im Rahmen der vermehrten Bedürfnisse auch von Bedeutung, da nach dem Heil- und Hilfsmittelkatalog nicht alle technischen Unterstützungsmöglichkeiten vom Sozialversicherungsträger gezahlt werden. In diesem Fall können diese als Schadensposition geltend gemacht werden.

b) Arztkontakt/Rücksprache

46 Hier sind **Neuropsychologe**, **Neuroophthalmologe**, **Ophthalmologe** und/oder **Orthoptist** zu kontaktieren.

c) Komplikationen, Spätfolgen und Risiken

47 Gerade bei den zerebralen Sehstörungen kann es zu ausgeprägten **Seh- oder Gesichtsfeldausfällen** kommen. In diesem Fall ist bei dem Geschädigten eine **visuelle Orientierung** erheblich gemindert. Ferner ist die **Lesefähigkeit** gemindert. Diese Auswirkungen haben naturgemäß Einfluss auf den Haushaltsführungsschaden und selbstverständlich auch auf den Beruf sowie auch auf die Fahrtauglichkeit, wobei mitunter die Verwaltungsbehörden bei derartigen Dauerschäden dem Geschädigten die Fahrtauglichkeit absprechen. Dies hat natürlich auch schadensersatzrechtliche Konsequenzen, da dann der Geschädigte ggf. einen Fahrer braucht oder öffentliche Verkehrsmittel in Anspruch nehmen muss oder aber Begleitpersonen benötigt, die ihn orientieren. Diese Menschen haben oftmals auch im Alltag Probleme, da sie Personen oder Hindernisse übersehen und stürzen können. Die räumliche Orientierung ist nicht so ausgeprägt wie beim gesunden Menschen. Menschen mit der zerebralen Sehstörung finden sich in einer fremden Umgebung schlecht zurecht.

48 In ganz gravierenden Fällen tritt ein sog. visueller Neglect auf. Dabei hat der Geschädigte quasi eine Raumhälfte „vergessen“. Es handelt sich um eine **schwerwiegende Aufmerksamkeitsstörung**. Es gibt verschiedene Trainingsmöglichkeiten, wie Lesetraining, Sehtraining und Muskeltraining, um die Beeinträchtigungen und Probleme zu verbessern.

III. Bandscheibenvorfälle

49 Ein Bandscheibenvorfall (BSV) wird von den Versicherern ganz selten als eine Unfallfolge angesehen. In der absoluten Mehrzahl der Fällte wirft der Versicherer dem Mandanten vor, dass dieser Vorfall entweder degenerativ ist oder generell psychische Ursachen hat. Nach neuen medizinischen Gesichtspunkten ist es allerdings so, dass ein traumatisch unfallbedingter BSV nicht automatisch an die Bedingung geknüpft ist, dass umgebende Strukturen, wie z.B. Gelenke, Bänder oder Wirbelkörper, mitverletzt sein müssen. Immer wieder taucht auch heute noch in aktuellen

Arztberichten auf, dass ein sog. **traumatischer BSV** eine solche Begleitverletzung mitaufweisen muss. Dies ist nach heutigem Stand der Wissenschaft definitiv nicht mehr der Fall. Insbesondere selbsternannte „Gutachteninstitute“ versuchen heute solche traumatischen BSV auf diese Art und Weise als Traumafolge abzulehnen. Der Anwalt sollte daher extrem darauf achten und sich den BSV genau ansehen.

Mittlerweile ist wissenschaftlich anerkannt, dass der isolierte BSV traumatisch entstehen kann. Die Grundbedingung hierfür ist die **plötzliche und unerwartete Krafteinwirkung**, welche dann zu einer **Knickbewegung in der Wirbelsäule** führt. Daneben muss die Bandscheibe intakt gewesen sein, was man rückschließen kann aus kernspintomographischen Befunden der darüber unter darunter liegenden Bandscheiben. Es dürfen keine sogenannten „Blackdiscs“ in der TE-Sequenz zu sehen sein mit einem gut erkennbaren hellen Kern im Zentrum der Bandscheibe. Ferner darf keine floride Osteochondrose (entzündliche Veränderung der Knochenscheibenregion als Zeichen einer Degeneration) vorliegen. 50

Aber selbst bei **degenerativer Veränderung** ist eine Anerkennung als Traumafolge nicht immer automatisch ausgeschlossen. Es ist dann nach der Wesentlichkeit des Traumas zu fragen. Der Anwalt muss hier genau darauf achten, dass der eingeschaltete Gutachter das Für und Wider diskutiert und nicht einfach lapidar sagt, aufgrund der Unfallursache kann dies ausgeschlossen werden. Es kann nicht häufig genug betont werden, dass der Unfallhergang entscheidend ist. Dieser muss erfragt werden und festgehalten werden. Dieser genaue Unfallhergang ist extrem wichtig, weil er Beweischarakter hat, um so medizinischen Gutachtern, die gerne mal pauschal behaupten, dass aufgrund des Unfallhergangs ein Bandscheibenvorfall als Traumafolge ausgeschlossen werden kann, entgegenzuwirken. 51

IV. Becken

1. Beckenringverletzung

a) Grundlagen

Bei **Beckenringverletzungen** handelt es sich um knöcherne Verletzungen des Beckens. Man unterscheidet zwischen vorderen und hinteren Beckenringfrakturen. Generell kann gesagt werden, dass die hinteren Beckenringfrakturen deutlich komplizierter sind und erheblich mehr Dauerschäden nach sich ziehen als der Bruch des vorderen Beckenrings. 52

> *Praxistipp*
>
> In den Arztberichten sollte immer bei Beckenringfrakturen geprüft werden, ob der vordere oder hintere Beckenring gebrochen ist. Bei unklarer Formulierung der Diagnose muss beim Arzt nachgefragt werden! Die Ursachen einer solchen Beckenringfraktur können indirekte oder direkte Gewalteinwirkungen auf das Becken sein, zum Beispiel bei Motorradunfällen, aber auch bei Einklemmungen im Kfz oder beim sog. Überrolltrauma.

53 Es gibt verschiedene Einordnungen der Beckenringfrakturen nach Typ A, B und C. Sehr schwer und problematisch ist Typ C, da diese in allen Ebenen instabil sind. In den Arztberichten ist manchmal auch von den sog. vertical shear-Verletzungen die Rede. Diese Verletzungen müssen oftmals auch mit einem sog. Fixateur externe als Erstmaßnahme behandelt werden, um insbesondere eine Reposition vorzunehmen, eine Stabilisierung und vor allem eine Blutstillung.

> *Praxistipp*
>
> Sollte in den Arztberichten daher von einem Fixateur externe bei einer Beckenverletzung die Rede sein, ist auch hier äußerste Vorsicht geboten und zu berücksichtigen, dass dann wahrscheinlich eine Typ C-Fraktur vorliegt, die in der Regel Dauerschäden nach sich zieht.

54 Früher wurden Beckenringfrakturen des Typs C fast immer operiert. Hierbei gab es sehr, sehr viele Tote, da in dieser Region massive Muskelmassen vorhanden sind und oft starke Blutungen entstehen. Die Geschädigten verlieren literweise Blut und von daher geht man heute dazu über, zunächst eine Stabilität zu erreichen, wobei die Fixateure verwendet werden, um anschließend eine Operation durchzuführen. Hierdurch konnten viele der Schwerstverletzten gerettet werden.

55 Viele der Beckenringverletzten haben auch zusätzlich erhebliche Verletzungen, sind oftmals polytraumatisiert, d.h. es liegen mehrere lebensbedrohliche Verletzungen auf einmal vor. Statistisch gesehen sind sogar 60 % der Geschädigten nach einer Beckenfraktur polytraumatisiert.

b) Arztkontakt/Rücksprache

56 Da es sich um eine äußerst komplizierte und schwerwiegende Verletzung handelt, ist es unumgänglich, sich bei den entsprechenden Fachärzten (**Orthopäde**, **Physiotherapeut**, **Gynäkologe**, **Urologe**, **Neurologe** und **Chirurg**) über die individuelle Verletzung und deren mögliche Folgeprobleme für den Mandanten zu informieren.

c) Komplikationen, Spätfolgen und Risiken

57
- Beckenverletzungen bergen ein großes **Thromboserisiko** (siehe Rdn 298 f.).
- Ferner kommt es oftmals zu **Beinlängendifferenzen**, **Bewegungseinschränkungen** und **Rückenschmerzen**. All diese Dinge haben Auswirkungen auf den Erwerbsschaden, den Haushaltsführungsschaden, das Schmerzensgeld oder auch die vermehrten Bedürfnisse. Bei Beinlängendifferenzen ist zum Beispiel an Spezialschuhe zu denken oder an entsprechende Matratzen, da die Patienten über Rückenschmerzen oder über Beschwerden beim Schlafen klagen. Mitunter sind Fahrzeuge auf Automatikgetriebe umzurüsten, da ein Schaltgetriebe nicht mehr gefahren werden kann und es werden Schwenksitze benötigt.
- Ferner können häufig Beschwerden wie **Inkontinenz**, **Potenzstörungen** oder **Geburtshindernisse** auftreten.

- Es kann zu **Gehbehinderungen** kommen aufgrund von Schiefstellungen oder Beinlängendifferenzen.
- Da es sich um eine komplizierte Operation handelt, bestehen die allgemeinen Operationsrisiken **Thrombose**, **Nervenschädigungen** und **Infektionen** (siehe Rdn 264 f., 298 f.). Darüber hinaus kann es in dem Fall, wenn die Anatomie nicht vollständig wieder hergestellt wird, naturgemäß auch zu frühzeitigen **Arthrosen** (siehe Rdn 244 f.) kommen.
- **Schmerzzustände**: Patienten mit Beckenringfrakturen nehmen in der Regel Schmerzmittel ein, da sie zum Teil dauerhaft Schmerzen haben.
- Es kann zu Problemen mit Nerven und Gefäßen kommen.

Unter Umständen sind **mehrere Operationen** notwendig, was auch Auswirkungen auf das Schmerzensgeld hat oder für die Zukunft haben kann. Ferner ist die **Behandlungsdauer sehr lang**.

2. Acetabulumfraktur

a) Grundlagen

58 Bei der **Acetabulumfraktur** handelt es sich um eine **Hüftpfannenfraktur**, wobei diese als Sonderstellung im Rahmen der Beckenfraktur eingeordnet wird. Es handelt sich hierbei um eine Gelenkfraktur. Von daher kann dies auch unter die Rubrik „Hüfte" eingeordnet werden, wird jedoch dogmatisch sauber als Beckenfraktur in der Medizin bezeichnet. Auch diese Acetabulumfraktur als Beckenfraktur kann durch ein direktes Trauma oder indirektes Trauma verursacht werden. Bei Verkehrsunfällen hat man dies oftmals als Knieanprall am Armaturenbrett bei einem schweren Auffahrunfall (sog. dashboard injury). Oftmals tritt die Acetabulumfraktur auch mit einer Hüftgelenksluxation auf.

> *Praxistipp*
>
> Ferner ist als typische Begleitverletzung der Acetabulumfraktur bei den Arztberichten zu schauen, ob der Nervus ischiadicus verletzt wurde. Die Statistik sagt, dass dies in 15 % der Fälle gegeben ist. Zudem ist bei der Acetabulumfraktur als Begleitverletzung oftmals auch eine Patellafraktur oder eine Hüftkopffraktur möglich.

b) Arztkontakt/Rücksprache

59 Hier sind **Unfallchirurg**, **Orthopäde**, **Physiotherapeut** und/oder **Neurologe** zu kontaktieren.

c) Komplikationen, Spätfolgen und Risiken

60 Bei 3 von 4 Patienten entwickelt sich im Laufe der Zeit eine schwere **Coxarthrose**. Bei der Coxarthrose handelt es sich um eine chronische, meist abnutzungsbedingte Erkrankung des Hüftgelenks. Damit spielt das Thema der frühzeitigen Arthrose bei

der Acetabulumfraktur eine sehr, sehr große Rolle in der Regulierung dieser Ausgangsverletzung.

61 Oftmals kommt es zum **vorzeitigen Gelenkersatz,** wobei eine Totalprothese notwendig ist. Bei der Acetabulumfraktur ist sehr häufig eine Umschulung notwendig, da alle Berufe, bei denen der Geschädigte stehen muss, in der Regel problematisch auszuführen sind. Es sind fast immer Bewegungseinschränkungen gegeben. Dies hat naturgemäß Auswirkungen auf den Haushaltsführungsschaden und den Erwerbsschaden.

Praxistipp

Bei Abfindungserklärungen ist daher dringend auf diese eventuell eintretenden Folgen Rücksicht zu nehmen, da bei einer vorbehaltlosen Abfindung in dem Fall, dass der Geschädigte seinen Beruf nicht mehr ausüben kann, seitens des Anwalts Haftungsprobleme entstehen, wenn dieser die eventuell entstandenen Komplikationen und Risiken nicht berücksichtigt hat.

62 Ebenfalls naturgemäß hat wiederum der Eintritt eines solchen Risikos auch Auswirkungen auf den Haushaltsführungsschaden und die sonstigen Schadensersatzpositionen.

63 Da es sich in der Regel auch um eine operative Versorgung handelt, sind die damit verbundenen normalen Gefahren wie **Thrombose**, **Nervenschädigungen** und **Infektionen** mit zu berücksichtigen.

64 Häufig tritt auch eine sog. **Hüftkopfnekrose** ein, d.h. der Hüftkopf stirbt ab. Solche Folgeerscheinungen sind sehr langwierig und können starke Auswirkungen auf Beruf und Haushalt haben, da Prothesen zurzeit bis zu 30 Jahre halten und in Zukunft **Folgeoperationen** anstehen.

V. Brustkorb: Thoraxtrauma

1. Grundlagen

65 Beim **Thoraxtrauma** handelt es sich um eine **Brustkorbverletzung**, zum Beispiel durch Gewalteinwirkung von außen. Bei Verkehrsunfällen kommt es häufig durch den Aufprall zum stumpfen Thoraxtrauma. Häufig liegen bei Thoraxverletzten Begleitverletzungen des Kopfes vor, da diese Thoraxverletzungen häufig nur dann entstehen, wenn erhebliche Gewalt auf den Körper einwirkt. Es ist hier immer zu prüfen, ob ein Polytrauma vorliegt. Da die Rippen neben dem Brustbein und der Brustwirbelsäule das Skelett des Brustkorbes bilden, ist in den Arztberichten auch immer zu schauen, ob der Begriff Rippenfraktur oder Rippenserienfraktur vorkommt, da diese oftmals mit Brustkorbverletzungen einhergehen. Eine Rippenserienfraktur liegt immer vor, wenn ein Bruch von mindestens 3 oder mehreren aufeinanderfolgenden Rippen gegeben ist. Solche Rippenserienfrakturen führen zu einem instabilen Thorax, so dass es zu Atemproblemen kommen kann. Es kann auch eine Herz-

kontusion als Begleitverletzung auftreten. In den Arztberichten ist nachzuschauen, wie der Patient untersucht wurde, da auf Röntgenbildern nicht automatisch eine Rippenfraktur zu erkennen ist.

Praxistipp

Da in der Regel eine erhebliche Gewalteinwirkung auf den Körper vorliegt, können die Rippen, wenn sie brechen, natürlich die Weichteile verletzen oder sogar das Herz oder die Lunge oder andere größere Gefäße in Mitleidenschaft ziehen oder deren Funktion beeinträchtigen. Das sog. stumpfe Thoraxtrauma im Verkehrsbereich tritt auch bei einem Überrolltrauma ein.

2. Arztkontakt/Rücksprache

Hier sind **Unfallchirurg**, **Physiotherapeut** und/oder **Orthopäde** zu kontaktieren. 66

3. Komplikationen, Spätfolgen und Risiken

Es ist zu prüfen, ob es zu einem **Pneumothorax** kam. Dies ist eine Ansammlung 67
von Luft im Lungenbereich. Das kann dann zum teilweisen oder auch vollständigen Kollaps des Lungenflügels führen. Weitere Verletzungen können auch an inneren Organen im Brustkorbraum – wie Speiseröhre oder Luftröhre – liegen.

VI. Ellenbogen

1. Ellenbogenluxation

a) Grundlagen

Nach der Verrenkung des Schultergelenks ist die Luxation des Ellenbogengelenks 68
die am zweithäufigsten vorkommende Luxation eines großen Gelenks. Die Ursache ist häufig ein Sturz des Geschädigten, wobei der Geschädigte versucht, sein Körpergewicht abzufangen, in dem er seinen Arm ausstreckt.

b) Arztkontakt/Rücksprache

Es sind **Physiotherapeut**, **Unfallchirurg** und/oder **Orthopäde** zu kontaktieren. 69
Nach der Behandlung ist die Rücksprache mit dem Physiotherapeuten wichtig, da oftmals Bewegungseinschränkungen bei den Ellenbogenluxationen eine Rolle spielen und mit dem Physiotherapeuten achsengerechte Beuge- und Streckübungen durchgeführt werden müssen. Bei der Berechnung des Haushaltsführungsschadens muss berücksichtigt werden, dass in der Regel ein Tragen von Gewichten (z.B. Wassergebinde) von mehr als 2 kg erst nach 3 Monaten möglich ist.

c) Komplikationen, Spätfolgen und Risiken

Statistisch gesehen bleiben in 40 % der Fälle **Streck- und Beugehemmungen** sowie 70
Rotationshemmungen bestehen. Allerdings ist dies je nach Einzelfall zu unter-

suchen. Bei schwereren Verletzungen kann es auch zu erheblichen **Bewegungseinschränkungen** kommen.

- Als mögliche Spätfolgen können auch **chronische Instabilitäten** auftreten.
- Ferner kann die **Verletzung des Ulnarisnervs** eintreten.
- Ebenfalls kann als Risiko das sog. **Kompartmentsyndrom** auftreten (siehe Rdn 266). Es handelt sich hierbei um die Schädigung von Gewebe, zum Beispiel durch einen Bluterguss oder die Schwellung eines Muskels. Nach einem Unfall kann es zu diesem erhöhten Gewebedruck kommen und zu Schädigungen des Gewebes führen.
- Arthrose
- Wenn die Verletzung nicht konservativ behandelt wird, sondern operiert wird, besteht das allgemeine Operationsrisiko für **Thrombosen**, **Nervenschädigungen** und **Infektionen** (siehe Rdn 264 f., 298 f.).
- Wenn zusätzlich eine Zerreißung der Seitenbänder und der Lenkkapsel vorliegt, besteht die Gefahr einer sog. **Reluxation**, wobei es zur Ausbildung einer **habituellen posttraumatischen Luxation** kommen kann.

2. Radiusköpfchenfraktur

a) Grundlagen

71 Bei der **Radiusköpfchenfraktur** handelt es sich um eine häufige Fraktur des Ellenbogens. So kann zum Beispiel beim Sturz auf die ausgestreckte oder gebeugte Hand eine indirekte Gewalteinwirkung auf den Ellenbogen entstehen, mit der Folge, dass eine Radiusköpfchenfraktur eintritt. Es tritt also ein Knochenbruch im Bereich des Radiusköpfchens auf. Statistisch gesehen ist $^1/_5$ aller Verletzungen im Bereich des Ellenbogens auch eine Radiusköpfchenfraktur. Ferner ist zu prüfen, wie die Gewalteinwirkung war, da mitunter dann auch eine Fraktur im Bereich der Ulna gegeben ist.

b) Arztkontakt/Rücksprache

72 Hier sind **Unfallchirurg** und/oder **Orthopäde** zu kontaktieren.

c) Komplikationen, Spätfolgen und Risiken

73 Normalerweise verheilen derartige Brüche recht gut. Bei starker Deformation und je nach Ausmaß der Verletzungen kann jedoch eine Komplikation entstehen durch **Instabilität** und **Bewegungseinschränkungen** sowie **Drehbehinderungen des Unterarms**.

74 Darüber hinaus besteht das allgemeine Operationsrisiko wie **Thrombose**, **Nervenschädigung** und **Infektion** natürlich auch (siehe Rdn 264 f., 298 f.).

3. Olekranonfraktur

a) Grundlagen

Bei einer **Olekranonfraktur** ist ein Bruch des Olekranon gegeben. Es handelt sich hierbei um die Oberkante der Elle am Unterarm, wo die Sehne des Armstreckers ansetzt. Meistens entsteht diese Fraktur durch Gewalteinwirkungen auf das gebeugte Ellenbogengelenk. Diese Fraktur kann beim Sturz auf das Ellenbogengelenk eintreten. Nach dem Sturz tritt in der Regel eine starke Schwellung auf mit erheblichen schmerzhaften Einschränkungen in der Bewegung. Insbesondere ist die Ellenbogenstreckung aufgehoben. Die Verletzung kann sowohl konservativ als auch operativ behoben werden. Neben den Verletzungen des reinen Ellenbogens kann auch der Schleimbeutel (Bursa olecrani), der zwischen Haut und Ellenbogen liegt, verletzt sein. Dieser infiziert sich häufig und eine Entfernung kann notwendig werden. 75

b) Arztkontakt/Rücksprache

Hier sind **Physiotherapeut**, **Orthopäde** und/oder **Unfallchirurg** zu kontaktieren. 76

c) Komplikationen, Spätfolgen und Risiken

Die Komplikationen reichen von leichten **Beuge- und Streckdefiziten** bis zu massivsten Defiziten. Die **Bewegungseinschränkungen** haben sowohl Einfluss auf die private Unfallversicherung, was den Grad der Invalidität betrifft, als auch auf die Haftpflichtangelegenheit, da je nach Bewegungseinschränkung erhebliche Auswirkungen auf den Erwerbsschaden und auch auf die Haushaltsführung vorliegen können. 77

Insbesondere bei **verbleibender Gelenkstufenbildung** tritt eine **frühzeitige Arthrose** ein.

- Wundheilungsstörungen

Mitunter treten auch **Infektionen des Knochens** auf. Dies führt zu einer **Nachoperation**. Die eingebrachten Drähte, Schrauben und Platten müssen entfernt werden. Bei einer entstandenen Arthrose verschlechtert sich allmählich generell auch die Beweglichkeit des Ellenbogens. Darüber hinaus ist die Arthrose oft auch sehr schmerzhaft.

Es kann auch zu **Verletzungen des Nervus ulnaris (Schädigung des Ellennervs)** kommen, wobei hier entsprechende Vorbehalte in die Abfindungserklärung aufgenommen werden müssen, da Lähmungen auch noch mehrere Jahre nach dem eigentlichen Bruch auftreten können. In der Regel beklagen die Geschädigten zunächst ein **Taubheitsgefühl oder Kribbeln am Ringfinger und am kleinen Finger**. Oftmals klagen sie auch über eine **generelle Schwäche der Hand**, da der Ellennerv Nervus ulinaris verschiedene kleine Muskeln in der Hand versorgt.

Es bestehen Operationsrisiken wie **Thrombose**, **Infektionen** und **Nervenschädigungen** (siehe Rdn 264 f., 298 f.).

VII. Fuß

1. Kalkaneusfraktur

a) Grundlagen

78 Es handelt sich hierbei um eine **Fersenbeinfraktur**. Es ist die häufigste Tarsalia-Fraktur. Die Ursache hierfür ist oftmals ein Sturz aus der Höhe oder aber im Verkehrsbereich sehr häufig, wenn die Geschädigten ihre Füße unter den Pedalen einklemmen.

79 Ferner ist eine solche Verletzung häufig Bestandteil von Mehrfachverletzungen. Beim Schmerzensgeld ist zu berücksichtigen, dass eine relativ lange Sporteinschränkung besteht. Bis zu 1,5 Jahre kann der Geschädigte keinen Sport treiben.

80 Generell kann gesagt werden, dass diese Fraktur häufig zu Dauerschäden und Bewegungseinschränkungen führt, weil das Gesamtgewicht des Körpers auf den Fuß trifft und damit Probleme beim Stehen und Gehen entstehen. Zudem ist bei den vermehrten Bedürfnissen zu berücksichtigen, dass fast immer orthopädisches Schuhwerk notwendig ist. Weiterhin sind Pufferabsätze erforderlich und darüber hinaus eine Fersenpolsterung sowie eine Sohlenrolle. Im Rahmen der vermehrten Bedürfnisse ist mit einem Orthopädietechniker zu klären, wie lange der Geschädigte dieses Schuhwerk benötigt. Liegt ein Dauerschaden vor, muss für das gesamte Leben dieses Hilfsmittel angeschafft werden. Es sind dann die Zuzahlungsbeträge zu kapitalisieren.

81 Diese Fraktur ist sowohl konservativ behandelbar als auch operativ. Die aktuelle Medizin verwendet bei derartigen Verletzungen auch Gleitkissen aus Silikon. Oftmals schließt sich nach der Operation eine stationäre Reha an.

b) Arztkontakt/Rücksprache

82 Hier sind **Physiotherapeut**, **Unfallchirurg**, **Orthopäde** und/oder **Orthopädietechniker** zu kontaktieren. Insbesondere im Bereich der vermehrten Bedürfnisse ist eine Rücksprache mit dem Orthopädietechniker sinnvoll, da bei derartigen Verletzungen fast immer orthopädisches Schuhwerk notwendig ist sowie weitere technische Hilfsmittel eingesetzt werden müssen. Mitunter sind auch komplette Maßschuhe erforderlich, weil industriell hergestellte Schuhe nicht mehr ausreichen. Die Rücksprache mit dem Physiotherapeuten ist notwendig, da nach 10 bis 12 Wochen erst mit einem langsamen Belastungsaufbau begonnen werden darf. Es bedarf einer Gangschule mit besonderer Beachtung der Abrollbewegungen, damit keine Beschwerden und Dauerschäden eintreten.

c) Komplikationen, Spätfolgen und Risiken

83
- Fast immer Dauerschäden;
- Oft Arthrosen;
- Fast immer Bewegungseinschränkungen;

- Bei operativer Behandlung sehr hohes Risiko von **Wundheilungsstörungen** und **Wundrandnekrosen** (siehe Rdn 274);
- Verletzung des Nervus suralis;
- Bei **Trümmerfrakturen** erhebliche Bewegungseinschränkungen und Behinderungen mit **chronischer Schmerzentwicklung;**
- **Kompartmentsyndrom** (siehe Rdn 266);
- Gefahr der **Arthrodese** (= Versteifung des Gelenks).

Insofern sollte hier auch immer mit einem Vorbehalt unter ausdrücklicher Benennung der Folgeschäden gearbeitet werden, da die Wahrscheinlichkeit einer Arthrose bei derartigen Verletzungen extrem hoch ist. Daraufhin kann mitunter später eine Versteifung des Gelenks eintreten und dies massive Auswirkungen auf Beruf, Haushalt und Schmerzensgeld haben. Beim Kompartmentsyndrom an der Fußsohle kann es zu Krallenzehen kommen.

2. Talusfraktur

a) Grundlagen

Beim **Talus** handelt es sich um das **Sprungbein**. Talusfrakturen können wie die Kal- 84
kaneusfrakturen durch einen Sturz aus großer Höhe entstehen oder aber auch durch Verletzungen im Fußraum, wenn es zu Pkw-Kollisionen kommt. Oftmals geht die Fraktur auch mit einer Luxation des sog. **Chopart-Gelenks** einher. Die Geschädigten haben starke Schmerzen und sind erheblich eingeschränkt. Ferner ist eine Schwellung des Sprunggelenks sehr häufig.

b) Arztkontakt/Rücksprache

Hier sind **Physiotherapeut**, **Unfallchirurg** und/oder **Orthopäde** zu kontaktieren. 85
Sowohl bei der konservativen Behandlung als auch bei der OP ist eine Rücksprache mit dem Arzt notwendig, da individuelle Therapiekonzepte erarbeitet werden müssen. Weil hier das gesamte Gewicht des Körpers auf dem Fuß liegt, muss geprüft werden, wie weit der Fuß belastet werden kann. Es erfolgt meistens auch eine stationäre Reha.

c) Komplikationen, Spätfolgen und Risiken

Da die Blutversorgung in der Regel schlecht ist, besteht eine erhebliche Gefahr der 86
Nekrose des Talus, d.h. es führt zu einem **Absterben des Knochens**. Statistisch gesehen wird dieses Risiko je nach Typenklassifizierungen eingeordnet. Beim Typ 4, welches eine Kombination von Typ 3 mit einer Luxation des Talonaviculargelenks ist, beträgt die Nekrosegefahr sogar 80 % bis 100 %.

Ferner besteht auch hier die Gefahr des **Kompartmentsyndroms** (siehe Rdn 266). 87

Darüber hinaus kann eine **Ankylose** eintreten. Dies bedeutet für den Geschädigten 88
eine **erneute Operation**, da die Gelenksversteifung operativ behandelt wird. Natur-

gemäß hat dies erhebliche Auswirkungen auf Beruf, Haushalt und den sonstigen Alltag mit den entsprechenden Schadenspositionen.

Posttraumatische Arthrosen entstehen je nach Fall und Schwere des Schadens mit einer Wahrscheinlichkeit von 50 % bis 90 %.

89 Es kann zu **Wundheilungsstörungen**, **Bewegungseinschränkungen** und **Gefäß- und Nervenverletzungen kommen**.

90 Zudem besteht das allgemeine Operationsrisiko der **Thrombose**, **Infektion** und **Nervenschädigung** (siehe Rdn 264 f., 298 f.).

91 Generell kann gesagt werden, dass sowohl die Kalkaneusfraktur als auch die Talusfraktur fast immer zu Dauerschäden, Arthrosen und Bewegungseinschränkungen führen, die sehr schmerzhaft und langwierig sind.

3. Mittelfußfraktur

a) Grundlagen

92 Bei **Mittelfußfrakturen** sind häufig mehrere Mittelfußknochen betroffen, da diese Frakturen oftmals auch durch eine Gewalteinwirkung auf den Fuß entstehen. Die Mittelfußknochen sind für das Fußgewölbe von besonderer Bedeutung. Diese Fraktur kann konservativ oder operativ behandelt werden.

b) Arztkontakt/Rücksprache

93 Hier sind **Physiotherapeut**, **Unfallchirurg**, **Orthopäde** und/oder **Orthopädietechniker** zu kontaktieren. Geschädigte müssen oft Einlagen tragen und orthopädische Hilfsmittel benutzen. Deshalb ist die Rücksprache mit einem Orthopädietechniker wichtig.

c) Komplikationen, Spätfolgen und Risiken

94 Es kann zum **Spreiz- oder Plattfuß** kommen und zu **schmerzhaften Bewegungseinschränkungen**. Gerade bei Trümmerfrakturen kommt es oftmals zu posttraumatischen Spreiz- und Plattfüßen. Es besteht das Risiko eines **Kompartmentsyndroms** (siehe Rdn 266).

Es kann ebenso zur **Pseudarthrose** kommen (siehe Rdn 293).

- Arthrosegefahr (siehe Rdn 244 f.);
- Bei Operationen kann es wieder zu den üblichen Folgen wie **Thrombose**, **Nervenschädigungen** und **Infektionen** kommen (siehe Rdn 264 f., 298 f.).

Bei offenen Frakturen kann als Komplikation auch die sog. **Osteitis** entstehen (siehe Rdn 289 f.).

Wenn es zu bleibenden Deformierungen kommt, hat das naturgemäß Auswirkungen auf die Geh- und Stehfähigkeit bei den Geschädigten. Dies führt dann zu erheblichen Erhöhungen des Schmerzensgeldes und hat Auswirkungen auf Beruf und Haushalt.

4. Fußwurzelfraktur

a) Grundlagen

Fußwurzelfrakturen entstehen oftmals auch bei Einklemmungen im Pkw-Fußraum. 95
Ferner treten sie häufig in Kombination mit einem Polytrauma auf. Es ist zu beachten, dass diese Frakturen häufig übersehen werden.

b) Arztkontakt/Rücksprache

Es sind **Orthopäde**, **Unfallchirurg**, **Orthopädietechniker** und **Physiotherapeut** zu 96
kontaktieren. Oftmals bleiben Beeinträchtigungen und Fußfehlstellungen treten ein. Daher brauchen die Geschädigten spezielle orthopädische Schuhe, so dass eine Rücksprache mit dem Orthopädietechniker sinnvoll ist.

c) Komplikationen, Spätfolgen und Risiken

Es kann hier als Spätfolge eine **posttraumatische Arthrose** (siehe Rdn 244 ff.) ent- 97
stehen. Solche Beeinträchtigungen können dazu führen, dass der Geschädigte keine lang anhaltenden stehenden Tätigkeiten mehr verrichten kann. Dies kann sowohl juristische Auswirkungen im Haftpflichtbereich, was die einzelnen Schadenspositionen betrifft (Schmerzensgeld, Haushaltsführungsschaden, Erwerbsschaden und vermehrte Bedürfnisse), als auch Auswirkungen im Bereich der privaten Unfallversicherung oder im Bereich der BUZ haben. Dies ist immer dann der Fall, wenn der Geschädigte einen stehenden Beruf ausübt und er dies aufgrund seiner Verletzungen und seines Dauerschadens nicht mehr kann. Es ist zu beachten, dass bei der BUZ jeweils der ausgeübte Beruf maßgebend ist und nicht der erlernte (siehe Rdn 120).

VIII. Gesicht: Gesichtsschädelfraktur

1. Grundlagen

Bei den **Gesichtsschädelfrakturen** ist die häufigste die **Nasenbeinfraktur**. Es kann 98
aber auch zu **Unterkieferfrakturen** oder **Mittelgesichtsfrakturen** kommen. Im Straßenverkehr treten diese deutlich seltener auf. Dies hängt insbesondere damit zusammen, dass solche Verletzungen aufgrund der Anschnallpflicht und der Sicherheitssysteme im Auto nicht mehr so häufig sind. Schwerste Gesichtsschädelfrakturen können zum Beispiel entstehen, wenn der Geschädigte nicht angeschnallt war und mit dem Kopf gegen den Rückspiegel stößt. Naturgemäß muss er sich dann ein Mitverschulden nach § 254 BGB anrechnen lassen. Heute sind Gesichtsschädelfrakturen auch im Bereich von Gewalttaten oder bei Verletzungen im Bereich von Freizeitaktivitäten zu finden. Sie treten oftmals im Zusammenhang mit polytraumatischen Verletzungen anlässlich eines schweren Verkehrsunfalls auf. Sie können sich auch bei Motorradfahrern oder Fahrradfahrern zeigen, die mit anderen Fahrzeugen

direkt zusammenstoßen. Oftmals kann dies auch beim Fahrradfahrer der Fall sein, wenn dieser keinen Helm trägt. Innerhalb der Klassifizierung muss auch immer geschaut werden, ob das Gehirn mit verletzt wurde oder ob lediglich Brüche im Gesichtsschädelbereich vorgelegen haben. Bei den Gehirnverletzungen unterscheidet man zwischen der Gehirnerschütterung, der Gehirnprellung und der Gehirnquetschung.

99 Bei Gesichtsverletzungen ist ganz wichtig, die vielen Computertomographien – sowohl die Bilder als auch die CD als auch die schriftlichen Befunde – zu archivieren, um hieraus Rückschlüsse zu ziehen. Viele Strukturschäden sind nach einer gewissen Zeit nicht mehr nachweisbar. Versicherer wenden dann oftmals das Beweisproblem ein. Deswegen ist gleich am Anfang auf entsprechende Befunde zu achten. Generell kann bei Gesichtsschädelfrakturen gesagt werden, dass vor allem Verletzungen der Augenmuskel bzw. der Gesichtsnerven (N. facialis et trigeminus) bedeutsam sind, weil dann ein Dauerschaden zu erwarten ist. Des Weiteren sind natürlich Gesichtsschädelfrakturen auch kosmetisch bedeutsam, weil sie im Blickfeld sind und nicht durch Kleidungsstücke verdeckt werden können.

2. Arztkontakt/Rücksprache

100 Hier sind **HNO-Facharzt**, **Plastischer Chirurg** und/oder **Mund-Kiefer-Gesichtschirurg** zu kontaktieren.

3. Komplikationen, Spätfolgen und Risiken

101 Die Komplikationen hängen von der Intensität der Gesichtsschädelfraktur ab. Ferner ist zu prüfen, ob weitere Verletzungen eingetreten sind. Bei Gesichtsschädelfrakturen kommt es oftmals auch zu schweren **Augenverletzungen** bis zur **Erblindung**. Oft ist das Gesicht auch **deformiert**. Dies hat natürlich erhebliche Auswirkungen auf das Schmerzensgeld, nicht zuletzt auch wegen der damit verbundenen psychischen Befindlichkeiten. Es kann zu **chronischen Nasennebenhöhlenentzündungen** kommen. Da das Gesicht betroffen ist, können auch **Kaufunktionsstörungen** auftreten. Ferner kann der **Geruchssinn**, **Geschmackssinn** und der **Sehsinn** verloren gehen. Es kann zu **Sprechstörungen und Schluckstörungen** kommen.

102 Es kann weiterhin zu **psychischen Störungen** kommen. Beim Zahnverlust ist zu prüfen, welche Zahnarztkosten von den Krankenkassen übernommen werden, da mitunter auch kosmetische Operationen dabei eine Rolle spielen.

103 Es bestehen die üblichen OP-Risiken wie **Thrombosen**, **Nervenschädigungen** und **Infektionen** (siehe Rdn 264 f., 298 f.).

IX. Hand/Handgelenk

1. Kahnbeinfraktur

a) Grundlagen

Der sog. **Kahnbeinbruch** ist die Fraktur, die am häufigsten im Bereich der **Handwurzel** auftritt. Gerade bei einem Sturz auf das ausgestreckte Handgelenk kann es zu einem Kahnbeinbruch kommen. Häufig tritt dies bei Motorradunfällen, Fahrradunfällen oder auch bei Fußgängern auf, wenn diese stürzen und sich abstützten wollen. Für die Funktion des Handgelenks ist das Kahnbein von entscheidender Bedeutung. 104

Praxistipp

Kahnbeinfrakturen werden oftmals übersehen, da auf üblichen Röntgenbildern eine solche Fraktur nicht zu sehen ist. Darüber hinaus kommen die Geschädigten oftmals nur mit leichten Schmerzen zum Arzt und fälschlicherweise gehen sie selber und auch der Arzt von einer Verstauchung aus. Hier besteht die große Gefahr, dass der Unfall dann eventuell auch durch eine schnelle Abfindungserklärung abgeschlossen ist, ohne dass ein tatsächlicher Kahnbeinbruch diagnostiziert wurde.

Ferner ist beim Kahnbein das Problem, dass dieses nur schlecht durchblutet ist. Das proximale Drittel des Kahnbeins ist am kritischsten durchblutet. Von daher kann es auch zu einem hohen Risiko einer Nekrose, d.h. eines kompletten Absterbens des Knochengewebes, kommen. Bei Kahnbeinfrakturen sind oftmals auch Arzthaftungsfälle gegeben, da der Arzt lediglich eine Röntgenuntersuchung vorgenommen hat und dadurch die Kahnbeinfraktur übersehen hat. Im Zweifel hätte der Arzt eine Computertomografie des Kahnbeins in Dünnschnitttechnik in Längsrichtung des Kahnbeins durchführen müssen, um auf Nummer sicher zu gehen. 105

b) Arztkontakt/Rücksprache

Es sind **Ergotherapeut**, **Orthopäde**, **Physiotherapeut** und **Handchirurg** zu kontaktieren. Da es sich um einen komplizierten Bruch handelt, ist die Rücksprache mit einem Handchirurgen notwendig. 106

c) Komplikationen, Spätfolgen und Risiken

Die Rate der **Kahnbeinpseudarthrosebildung** ist ausgesprochen hoch. Dies muss bei der Abfindungserklärung und auch bei der Schmerzensgeldzahlung berücksichtigt werden, da dann eine Folgeoperation notwendig ist und dies wieder ein Eingriff ist, der mit den normalen Risiken, wie **Infektionen**, **Nervenschädigungen** und **Thrombose** (siehe Rdn 264 f., 298 f.) einhergeht. Wie bereits erwähnt, sind nach der Rechtsprechung des BGH im Bereich des Schmerzensgeldes sämtliche objektiv vorhersehbaren Folgen zu berücksichtigen. So sind etwaige Folgeoperationen auch be- 107 reits jetzt in der Schmerzensgeldzahlung zu berücksichtigen. Wenn der Anwalt den Versicherer hierauf nicht hinweist, erhält er nicht die optimalen Schadensersatzleistungen für seinen Mandanten. Es kann bei den Kahnbeinfrakturen auch zu **Nervenverletzungen des Nervus medialus** kommen sowie zum **Morbus Sudeck** (siehe Rdn 271 f.).

2. Fraktur/Luxation der Handwurzel

a) Grundlagen

108 Diese Verletzungen entstehen am häufigsten durch ein indirektes Trauma, zum Beispiel durch einen Sturz auf die Hand. Dies kann bei Fußgängern, Fahrradfahrern oder Motorradfahrern vorkommen. Die Luxationen (Verrenkungen) betreffen meist das Mondbein (Os lunatum). Auch diese Verletzung wird oftmals übersehen. Daneben gibt es noch die sog. perilunäre Handwurzelluxation. Hier bleibt das Mondbein in der anatomisch korrekten Position zur Speiche stehen. Auch hier tritt eine Fehlstellung des Handgelenks mit Schmerzen bei der Bewegung ein. Beide Verletzungen sind nicht zu unterschätzen und bergen die hohe Gefahr von Durchblutungsstörungen.

b) Arztkontakt/Rücksprache

109 Es sind **Physiotherapeut**, **Ergotherapeut**, **Orthopäde** und **Handchirurg** zu kontaktieren. Auch hier ist ein Handchirurg wichtig, da nur dieser über die notwendigen Spezialkenntnisse verfügt, um die Probleme einzuordnen, da fast immer bei derartigen Verletzungen die Bewegung des Handgelenks dauerhaft eingeschränkt ist und dies natürlich auch gerade im Bereich des jeweiligen Berufs und der Haushaltsführung bei Frauen und Männern erhebliche Auswirkungen hat. Die Geschädigten haben weniger Kraft in der Hand und mitunter Dauerschmerzen.

c) Komplikationen, Spätfolgen und Risiken

110 Auch hier besteht die Gefahr der **Nekrose** (Absterben des Gewebes, siehe Rdn 282) sowohl des Mondbeins als auch des Kahnbeins. Darüber hinaus besteht die Gefahr einer **frühzeitigen Arthrose** (siehe Rdn 244 f.) im Handgelenk.

In der Regel kann es zu **schmerzhaften Bewegungseinschränkungen** kommen.

Eine weitere Folge kann **Instabilität** und die sog. **Pseudarthrose** (siehe Rdn 293) sein. Darüber hinaus kann es bei einem operativen Eingriff zu **Nervenschädigungen**, **Infektionen** und **Thrombose** (siehe Rdn 264 f., 298 f.) kommen.

3. Mittelhandfraktur

a) Grundlagen

111 Man unterteilt die **Mittelhandfrakturen** in **Kopffrakturen**, **subkapitale Frakturen**, **Schaftfrakturen** und **Basisfrakturen**. Die häufigste Ursache ist der Sturz auf die Hand, wie er bei Fahrradfahrern, Fußgängern oder Motorradfahrern vorkommt,

wenn diese verunfallen. Die subkapitale Mittelhandfraktur ist dagegen eher Folge einer Faustschlagverletzung (boxer's fracture). Dies tritt eher bei Auseinandersetzungen auf Dorffesten im alkoholisierten Zustand ein und weniger im Straßenverkehr. Man unterscheidet zwischen offenen Brüchen und geschlossenen Brüchen. Bei einem offenen Bruch besteht die Notwendigkeit einer Operation. Allerdings besteht hier das Risiko, dass es zu einer Infektion kommt. Diese Infektion wird durch Keime verursacht, die sich auf der Haut befinden und über die Wunde in den Bereich des Knochenbruchs gelangen. Es kann dann zu einer **Osteomyelitis (= Knochenmarksentzündung)** kommen.

b) Arztkontakt/Rücksprache

Hier sind **Unfallchirurg**, **Handchirurg** und/oder **Orthopäde** zu kontaktieren. 112

c) Komplikationen, Spätfolgen und Risiken

In der Regel sind die Abläufe und die Prognosen recht gut. Es kann natürlich zu 113 **dauerhaften Bewegungseinschränkungen** kommen, zu **Fehlstellungen** und **posttraumatischen Bewegungseinschränkungen**. Es kann auch mitunter **Pseudarthrose** (siehe Rdn 293) entstehen. Ferner besteht das allgemeine Operationsrisiko der **Thrombose**, **Nervenschädigung** oder **Infektion** (siehe Rdn 264 f., 298 f.).

X. Hüftgelenk

1. Hüftgelenksluxation/Hüftluxation

a) Grundlagen

Von einer **Hüftgelenksluxation** spricht man, wenn der Hüftkopf aus der Hüftpfan- 114 ne ausrenkt. Das Hüftgelenk ist ein sehr stabiles Gelenk, da der sog. Femurkopf durch die knöcherne Pfanne und das kräftige Labrum acetabulare umschlossen ist. Ferner wirkt die Muskulatur noch zusätzlich stabilisierend. Es bedarf daher einer relativ großen Gewalteinwirkung, damit eine traumatische Hüftgelenksluxation entsteht. Autounfälle sind die mit Abstand häufigste Ursache für eine solche Luxation bei Erwachsenen. Mitunter kann es auch bei einem Sturz aus großer Höhe zu einer Hüftgelenksluxation kommen. Bei Autounfällen ist die Ursache meist dadurch gegeben, dass das Knie auf das Armaturenbrett aufprallt. Es ist dann auch immer an Begleitverletzungen im Bereich des Mittelfußes und des Knies zu denken, da durch die Wucht und durch die große Gewalteinwirkung in der Regel auch Folgeverletzungen an anderen Körperteilen wahrscheinlich sind. Durch die Luxation und die starke Gewalteinwirkung auf das Hüftgelenk können in der Regel auch Weichteile, Blutgefäße und Nerven beschädigt werden. In diesem Fall kann der Oberschenkelkopf absterben (Hüftkopfnekrose). In der Regel dauert die Behandlung bei Hüftgelenksluxationen 6–12 Wochen.

b) Arztkontakt/Rücksprache

115 Hier sind **Unfallchirurg** und/oder **Orthopäde** zu kontaktieren.

c) Komplikationen, Spätfolgen und Risiken

116 Statistisch gesehen tritt in 10 % der Fälle, in denen eine Hüftgelenksluxation vorkommt, eine **Hüftkopfnekrose** ein. In diesen Fällen entstehen natürlich erhebliche Auswirkungen auf Beruf, Haushaltsführung und auch vermehrte Bedürfnisse, da mitunter dann eine **Totalendoprothese** droht.

Es kann auch zur **Arthrose** (siehe Rdn 244 f.) kommen. Ferner ist nicht ausgeschlossen, dass eine **Schädigung des Nervus ischiadicus und des Nervus femoralis** eintritt.

2. Hüftkopffraktur

a) Grundlagen

117 Die **Hüftkopffraktur** ist oftmals auch eine Begleitverletzung bei einer Hüftluxation. Ebenso wie die Hüftgelenksluxation ist diese häufig im Straßenverkehr anzutreffen, wenn es innerhalb des Fahrzeugs zu einem Anpralltrauma des Knies an das Armaturenbrett mit fortgeleiteter kinetischer Energie kommt. Man spricht dann auch von der sog. **dashboard injury**. Das klinische Beschwerdebild ist ähnlich dem eines Patienten mit einer Hüftluxation, allerdings treten bei der Hüftkopffraktur fast immer Probleme auf. Es folgt fast immer eine Arthrose. Die Behandlungsdauer beträgt in der Regel auch 6–12 Wochen. Diese Verletzung kann konservativ behandelt werden, wird jedoch meist operiert.

b) Arztkontakt/Rücksprache

118 Hier sind **Orthopäde**, **Unfallchirurg** und/oder **Physiotherapeut** zu kontaktieren.

c) Komplikationen, Spätfolgen und Risiken

119 ■ Fast immer tritt eine **Arthrose** ein.

Die Prognose ist allgemein schlecht. Häufig tritt auch eine **Hüftkopfnekrose** (siehe Rdn 285 f. – Praxistipp) ein mit der Folge einer **erneuten Operation** und einer **Totalendoprothese,** d.h. es kommt zu einem **frühzeitigen Gelenkersatz**. Bekanntlich können Prothesenoperationen auch kompliziert sein, da ein erheblicher **Blutverlust** eintreten kann.

> *Praxistipp*
>
> Generell kann bei Prothesen gesagt werden, dass hier mit entsprechenden Vorbehalten gearbeitet werden oder der Mandant bei deren Verzicht aufgeklärt werden muss. Dies ist auch gegenüber dem Versicherer zu erwähnen, da es ca. 150 Arten von Prothesen gibt, aber lediglich bei ca. 10–15 Arten Langzeitanalysen hierüber existieren. Der Einsatz einer Prothese ist in der Regel eine um-

fangreiche Operation. Die Muskulatur und das Weichteilgewebe müssen entfernt werden. Es kommt zu starken Blutungen. Darüber hinaus halten die jetzigen auf dem Markt verwendeten Prothesen in der Regel nur ca. 15 Jahre, d.h. bei jungen Patienten sind dann Folgeoperationen erforderlich. Deswegen wird bei älteren Patienten und Patienten mittleren Alters versucht, Protheseneinsätze so lange wie möglich hinauszuzögern. Sollte daher ein jüngerer Patient verletzt sein und eine Nekrose oder eine Endoprothese in Betracht kommen, so ist hieran immer zu denken, da zwangsläufig dann Folgeoperationen und Folgekomplikationen eintreten werden.

Die Hüftkopffraktur kann auch zu **Versteifungen des Hüftgelenks** führen. Natur- 120
gemäß haben derartige Prothesen und Nekrosen erhebliche Auswirkungen auf den Beruf und die Haushaltsführung. Es ist in rechtlicher Hinsicht bei derartigen Komplikationen an alle Fachbereiche zu denken. Das Sozialrecht ist zu beachten. Es sind mitunter Umschulungen in beruflicher Hinsicht notwendig. Ferner spielt das private Unfallversicherungsrecht oder die Berufsunfähigkeits-Zusatzversicherung hier eine Rolle, da, egal von welcher Warte aus betrachtet, derartige Komplikationen sowohl Auswirkungen auf die AUB als auch auf die Berufsunfähigkeit haben können.

Praxistipp

Es ist zu prüfen, ob der Mandant überwiegend im Stehen arbeitet, da in diesen Fällen oftmals Umschulungen stattfinden müssen und der Mandant seinen alten Beruf nicht mehr ausüben kann. Berücksichtigt man ferner, dass es auch zu Änderungen im Bereich der Dauerschäden kommen kann, hat dies natürlich auch Auswirkungen auf die einzelnen Kapitalisierungsfaktoren.

- Es kann zu **Gefäß- und Nervenschädigungen** (siehe Rdn 262 f.) kommen, die 121
den Nervus ischiadicus betreffen.
- Darüber hinaus besteht das normale Operationsrisiko für **Thrombose**, **Nervenschädigungen** und **Infektionen** (siehe Rdn 264 f., 298 f.).

3. Schenkelhalsfraktur

a) Grundlagen

Von einer **Schenkelhalsfraktur** spricht man bei einem hüftgelenksnahen Knochen- 122
bruch des Halses vom Oberschenkelknochen. Die Unfallursache ist oftmals ein Sturz seitlich auf die Hüfte oder auf ein gestrecktes oder abgespreiztes Bein. Speziell bei älteren Menschen geschieht dies häufig auch als Fußgänger im Straßenverkehr, wenn diese stürzen. Es genügt hier schon ein schreckhaftes Ausrutschen. Es kommt dabei schon deshalb häufig zu Frakturen, weil bei älteren Menschen an der Hüfte wenig Muskulatur oder sonstige Weichteile, wie Fettschichten, vorhanden sind. Ferner können Ältere oftmals keine sinnvollen Sturzabwehrreflexe mehr vorweisen, so dass diese auf die Hüfte fallen und es dadurch zu Schenkelhalsfrakturen

kommt. Deshalb ist die Prognose bei jüngeren Patienten noch eher günstiger, was die Heilung betrifft als bei älteren. Die Behandlung kann konservativ oder operativ erfolgen. Die Mehrzahl erfolgt jedoch durch eine Operation. Bei älteren Menschen folgt oftmals eine Hüftkopf-Totalendoprothese.

b) Arztkontakt/Rücksprache

123 Es sind **Unfallchirurg**, **Orthopäde** und **Physiotherapeut** zu kontaktieren. Insbesondere der Physiotherapeut ist auch hier wichtig, da eine frühzeitige Mobilisation wichtig ist. Unter anderem werden die Patienten schon am ersten Tag nach der Operation auf die Bettkante gesetzt, um Übungen zu machen. Ferner spielt hier oftmals auch der Internist eine Rolle, da die älteren Patienten auch noch Begleiterkrankungen wie Diabetes oder Herzinsuffizienz haben, so dass dann Medikamente nur in Absprache mit einem Internisten vergeben werden. Hier kann es mitunter auch schon einmal zu haftungsrechtlichen Problemen im medizinischen Bereich kommen, wenn dies nicht beachtet wird. In der Regel schließt sich auch eine Reha-Behandlung von drei bis vier Wochen nach der Operation an.

c) Komplikationen, Spätfolgen und Risiken

124
- Bewegungseinschränkungen;
- Hüftkopfnekrosen mit Gefahr der Totalendoprothese;
- Ankylose;
- Pseudarthrose;
- Ferner kann es bei der Totalendoprothese auch zu **Prothesenlockerungen** kommen, so dass dann in der Zukunft weitere Probleme entstehen werden. Darüber hinaus ist, wie bei allen Prothesen, immer an die Haltbarkeit der Prothesen zu denken, d.h. es entstehen eventuell **Folgeoperationen** in den darauf folgenden Jahren, da die Prothesen ausgetauscht werden müssen. Bei älteren Patienten und entsprechenden Unfällen kann es zu Komplikationen mit anderen Begleitverletzungen oder Problemen kommen, wie z.B. der **Osteoporose**. Dann müssen die Patienten **zusätzliche Medikamente** einnehmen, die eventuell auch wieder Nebenwirkungen verursachen. Hier ist aber auch auf die Rechtsprechung des BGH hinzuweisen, wonach der Schädiger den Verletzten so hinnehmen muss, wie dieser zum Zeitpunkt des Unfalls war. Es kann daher einem älteren Geschädigten nicht vorgeworfen werden, dass dieser nicht mehr über solch intakte Knochen verfügt wie ein junger Mensch. Ferner ist bei älteren Menschen daran zu denken, dass für diese eine längere Bettruhe erheblich gefährlicher sein kann, da sie für die Komplikationen, wie **Thrombose**, **Embolie** (siehe Rdn 298 f., 253 f.), **Pneumonie** und **Dekubitus** (Hautschaden durch längeres Liegen), anfälliger sind.

4. Pertrochantäre Femurfraktur

a) Grundlagen

Die **pertrochantäre Femurfraktur** ist ein Fachbegriff für einen **Knochenbruch des Oberschenkelknochens**, wobei der Bereich zwischen großem Rollhügel und kleinem Rollhügel betroffen ist. Bei älteren Menschen kann diese Verletzung auch durch einen Sturz auf die Hüfte hervorgerufen werden, sei es, dass sie ausrutschen oder unglücklich vom Fahrrad fallen oder als Fußgänger betroffen sind. Bei jüngeren Menschen kann dies auch bei Verkehrsunfällen mit dem Kfz auftreten. Konservativ wird diese Fraktur in der Regel nicht behandelt, da das aufgrund ihrer hohen Instabilität selten möglich ist. Deshalb erfolgt eine Behandlung in der Regel operativ. Früher wurden derartige Frakturen durch eine Streckvorrichtung behandelt. Es gab jedoch Komplikationen durch die lange Bettlägerigkeit. Oftmals traten Lungenentzündungen und Thrombosen auf, was zu einer relativ hohen Sterblichkeit führte. Heute werden operativ Implantate eingesetzt (dynamische Hüftschraube und Gammanagel). 125

b) Arztkontakt/Rücksprache

Hier sind **Unfallchirurg**, **Orthopäde** und/oder **Physiotherapeut** zu kontaktieren. 126

c) Komplikationen, Spätfolgen und Risiken

Hüftkopfnekrosen treten häufig mit den sich daraus ergebenden Problemen bis zur **Totalendoprothese** und der bereits erwähnten Spätfolge in Form einer **erneuten Operation auf,** da die Prothesen nicht dauerhaft halten und ausgetauscht werden müssen. Es können **Bewegungseinschränkungen**, **Kraftverlust**, **Beinverkürzungen und vorzeitige Arthrose** (siehe Rdn 244 ff.) auftreten. Es kann zu **Pneumonien** (Lungenentzündungen), zu **Thrombosen** oder **Embolien** (siehe Rdn 298 ff., 253 f.) kommen. Ferner kann es zu **Protheselockerungen** kommen. Solche können auch noch Jahre nach der Operation entstehen. Wenn hier die Abfindungserklärung keinen passgenauen Zukunftsschadensvorbehalt mit der Wirkung eines gerichtlichen Feststellungsurteils und entsprechendem Verzicht auf die Einrede der Verjährung enthält, kann der Geschädigte später keine Schadensersatzleistungen mehr gegenüber dem Haftpflichtversicherer durchsetzen. Man muss dann genau in die Abfindungserklärung hineinschreiben, dass z.B. bei Prothesenlockerung erneute immaterielle und materielle Ansprüche geltend gemacht werden können. Insofern birgt dies auch ein hohes Anwaltsrisiko, wenn dieser nicht professionell auf derartige Probleme, Komplikationen und Risiken achtet. Ferner kann es durch den Blutverlust auch zu **Blutmangel** kommen. Es müssen **Blutübertragungen** vorgenommen werden. Auch hier ist arzthaftungsrechtlich an die damit verbundenen Gefahren und die Rechtsprechung hinsichtlich der Blutübertragungsfälle zu denken. 127

XI. HWS: Schleudertrauma

1. Grundlagen

128 Das **Schleudertrauma**, welches auch **Beschleunigungstrauma der Halswirbelsäule** genannt wird, ist sicherlich die umstrittenste Verletzung bei Verkehrsunfällen überhaupt. In der Medizin ist das **HWS-Syndrom** ein Sammelbegriff für Beschwerden, welche von der Halswirbelsäule ausgehen. Es wird auch als Zervikalsyndrom oder Halswirbelsäulensyndrom oder auch **Tension-Neck-Syndrom** bezeichnet. Zum besseren Verständnis muss man wissen, dass die Halswirbelsäule zwischen Kopf und Thorax ein relativ schwaches Bindeglied darstellt, welches nach allen Seiten frei beweglich ist. Kommt es nun zu Stauchungen oder Verbiegungen dieser Halswirbelsäule, können die bekannten Beschwerden wie Schwindel, Kopfschmerzen, Nackenschmerzen, etc. auftreten. Derartige Verletzungen entstehen bekanntermaßen häufig durch Auffahrunfälle, da es hier zu einem Heckaufprall kommt, bei dem der Kopf zuerst nach hinten pendelt und dann nach vorne. Denkbar ist auch der Frontaufprall mit entgegengesetzter Pendelbewegung.

129 Das größte Problem an der HWS-Distorsion, zu der es geschätzt mehrere 100 Publikationen gibt und so ziemlich jeder Mediziner, Versicherungsexperte oder Anwalt schon etwas darüber geschrieben hat, ist, dass es bis auf wenige Ausnahmefälle keine allgemein anerkannten medizinischen Methoden gibt, diese Beschwerden und Schädigungen definitiv nachzuweisen. An dieser Stelle soll nicht auf die aufwendigen Untersuchungsmethoden verschiedenster medizinischer Fachgebiete eingegangen werden (z.B. Bewegungs-MRT), die kostenintensiv sind und nicht von der gesetzlichen Sozialversicherung bezahlt werden. Es stehen Erkenntnismethoden zur Verfügung, die teilweise im Ausschlussverfahren in Verbindung mit bildgebenden Verfahren das Vorliegen eines HWS-Traumas bestätigen können. Allein der Kostenaspekt steht einer Verifizierung in weniger gravierenden Fällen entgegen. Dies räumt sowohl dem Geschädigten die Möglichkeit ein, Beschwerden zu behaupten, obwohl diese tatsächlich nicht vorliegen, als auch auf Seiten der Versicherer die Möglichkeit, derartige Beschwerden zurückzuweisen. Sowohl der Geschädigte als auch der Versicherer können für ihre Aussagen nicht belangt werden, da die Aussagen medizinisch nicht überprüft werden können.

130 HWS-Schleudertraumata können kompliziert werden, wenn die Situation eintritt, dass es sich um schräge Kollisionsbilder handelt, so dass sowohl das Fahrzeug als auch die Insassen in Rotation versetzt wurden und entsprechend beim Aufprall und am Ende der Bewegungen Rotationskräfte auf den Kopf und die Halswirbel wirkten. In diesem Fall ist von großer Bedeutung, dass eine exakte Beschreibung der Kollision, aber auch der Sitzposition der Insassen vorliegt. Die Blickrichtung im Moment des Aufpralls ist ebenso von Bedeutung wie Fotos vom Unfallort und vom Pkw, damit Rückschlüsse auf evtl. Rotationskräfte gezogen werden, die auf den Körper des Mandanten wirkten. Gerade am Anfang sind ordnungsgemäße Aufnahmen und Befunde der Klinik bzw. der Ambulanz notwendig. Oftmals werden solche

Verletzungen bagatellisiert und entsprechend nicht dokumentiert. Hierauf ist gleich am Anfang, wenn der Anwalt über den Kontakt verfügt, zu achten. Ebenfalls wichtig ist eine Röntgenuntersuchung direkt nach dem Unfall. Diese Röntgenbilder sind dann auch frühzeitig zu archivieren. Sie sind nämlich der einzige aussagefähige Primärbefund, der dann nicht mehr subjektiv interpretiert werden kann. Oftmals wird bei diesen Röntgenbildern auch nicht darauf geachtet, ob z.B. eine Subluxation der Kopfgelenke vorlag oder nicht.

Man unterteilt die HWS-Distorsion in verschiedene Grade. Grad 1 sind leichte Beschleunigungsverletzungen. In 95 % der Fälle klingen diese innerhalb weniger Wochen oder eines Monats ab. Bei Grad 2 liegen schon Muskelzerrungen oder starke Überdehnungen des HWS-Bandapparates vor. Die Beschwerden können hier über Wochen oder Monate anhalten. Es empfiehlt sich in diesem Fall auch die frühzeitige Konsultation eines Facharztes. Der 3. Grad sind dagegen schwere Beschleunigungsverletzungen, wo Luxationen oder auch Rückenmarksschäden vorkommen und die zu neurologischen Reiz- und Ausfallerscheinungen sowie bis zur Instabilität der Wirbelsäule führen. Hier können die Beschwerden länger als ein Jahr dauern und dauerhaft verbleiben. 131

Das Problem ist der Mangel der Nachweisbarkeit dieses Schadens auf Kosten der gesetzlichen Sozialversicherung und dies führt dazu, dass eine geringe Anzahl der HWS-Verletzten auch in schwierigen Fällen mit an sich nachweisbaren Schäden oftmals als Simulanten abgetan werden. Diese Problematik ist sicherlich auch dadurch entstanden, dass es viele leichtverletzte HWS-Geschädigte gibt, die in Kenntnis der Nachweisproblematik versuchen, die Beschwerden in die Länge zu ziehen, um so höhere Schmerzensgeldzahlungen zu erreichen. Leider dient hierzu auch das Internet, in dem mitunter pauschal Aussagen anzutreffen sind, dass die Oberlandesgerichte pro Woche Krankschreibung 250 EUR bis 300 EUR Schmerzensgeld ausurteilen. Auf diese Art und Weise können sich auch einfach strukturierte Geschädigte schmerzensgelderhöhend verhalten. 132

Praxistipp

Da Versicherer die HWS-Distorsionsproblematik viel Geld kostet, wird quasi detektivisch nach Hinweisen gesucht, ob hier eine „HWS-Simulation" vorliegt. Versicherer gründen ihre Ablehnungen auch oftmals auf interne Untersuchungen, in denen geprüft wird, ob der Geschädigte zum Beispiel ein „doctor hopping" betreibt. Dies ist immer dann der Fall, wenn der Geschädigte sehr oft den Arzt wechselt, weil er mit dem, was der Arzt vor hatte zu diagnostizieren oder in den Bericht hineinzuschreiben, nicht zufrieden ist. Versicherer prüfen auch, ob eine frühzeitige Berentung geplant ist oder beantragt wurde durch Stellung von Rentenanträgen. Ferner wird nach Vorschäden untersucht, ob der Geschädigte sonstige schmerztherapeutische Behandlungen vorgenommen hat. Generell kann gesagt werden, dass hinsichtlich solcher „Pseudoargumente" äußerste Vorsicht geboten ist, da es wissenschaftlich bisher nicht geklärt ist, ob irgendwelche degenerativen Vorschäden eine Rolle beim HWS-Schleudertrauma spielen oder nicht. Ferner versuchen Versicherer sogar, sich das soziale Umfeld des Geschädigten anzuschauen. Auch dem ist mit äußerster Vorsicht zu begegnen, da auf keinen Fall pauschal gesagt werden kann, dass ein Geschädigter, der zum Beispiel aus einem sozial schwachen Umfeld kommt, automatisch simuliert. Wahrscheinlich kann das Problem „HWS-Distorsion" noch über lange Zeit nicht gelöst werden, es sei denn, es wird medizinisch irgendwann möglich, mit einfachen Mitteln zuverlässig einen Nachweis zu erbringen.

133 Es kann generell gesagt werden, wenn neurologische Ausfälle vorliegen, sollte ein Facharzt aufgesucht werden. Ferner sind dann auch psychotherapeutische Beratungen sinnvoll, damit es nicht zu einem chronischen Verlauf kommt. Dies kann sowohl im Interesse der Geschädigten als auch im Interesse der Versicherer passieren, da für den Fall, dass chronische Beschwerden entstehen, naturgemäß ein Großschaden bis hin zur Pflegebedürftigkeit eintreten kann mit allen sich ergebenden Konsequenzen wie Arbeitsunfähigkeit, Beeinträchtigung der Haushaltsführung etc. Da Versicherer in der Regel außergerichtlich solche Großschäden ablehnen, bleibt oftmals nur der Klageweg übrig. Bei dem Klageweg ist nach der jetzt geltenden Rechtsprechung das Ergebnis völlig offen, zudem verfügen nur wenige Gerichte über Spezialisten im Bereich des Verkehrsrechts und Versicherungsrechts. Im Ergebnis besteht ein erhebliches Prozessrisiko.

134 Versicherer kommen bei dem HWS-Schleudertrauma immer wieder mit dem „Delta-V-Argument". Es handelt sich hierbei um die **Differenzgeschwindigkeit** des gestoßenen Fahrzeugs aufgrund des Unfalls. Es wird argumentiert, dass eine kollisionsbedingte Geschwindigkeitsänderung Δv von kleiner oder gleich 10 km/h keine HWS-Distorsion hervorrufen könne und man deswegen von einer Harmlosigkeitsgrenze sprechen muss. Diese Rechtsprechung ist überholt und man kann generell sagen, dass es bei geringeren Differenzgeschwindigkeiten des gestoßenen Fahrzeugs wahrscheinlich zu weniger Verletzungen kommt. Es kann aber nicht generell von einer Harmlosigkeitsgrenze ausgegangen werden, da es auch Fälle gibt, in denen unter $\Delta v = 10$ km/h HWS-Distorsionen entstanden sind. Wie in der gesamten Thematik versucht hier entweder der Geschädigte etwas für sich herauszuholen oder aber der Versicherer berechtigte Ansprüche zurückzuweisen. Arbeitet man professionell, kommt man zu dem Ergebnis, dass es keine generelle Harmlosigkeitsgrenze gibt, da die Kausalitätsfrage eben nicht nur von der Differenzgeschwindigkeit abhängt, sondern auch andere Faktoren eine Rolle spielen, wie zum Beispiel der Zustand des Sitzes. Ferner ist die Sitzposition entscheidend, die der Geschädigte zum Unfallzeitpunkt eingenommen hat. So gibt es zum Beispiel bei einer Rotation des Kopfes bis heute in allen wissenschaftlichen Publikationen keine verlässliche Studie, dass es durch die Rotation des Kopfes und des geringen Heckaufpralls nicht zu einer HWS-Distorsion gekommen sein kann. Es kann zum Beispiel so gewesen sein, dass der Geschädigte gerade den Kopf gedreht hatte, um in die Nachbarstraße zu

schauen, als er vom nachfolgenden Fahrzeug nach vorne geschubst wurde. Mittlerweile hat der BGH sich gegen diese Harmlosigkeitsgrenze ausgesprochen (BGH zfs 2003, 287 ff.; BGH DAR 2008, 587 ff.).

Versicherer argumentieren auch häufig, dass auf dem Jahrmarkt beim **Autoscooterzusammenstoß** statistisch gesehen weniger HWS-Schleudertraumafälle geltend gemacht werden. Dieses Argument ist nur bedingt richtig, da selbst für den Fall, wenn HWS-Distorsionen beim Autoscooter entstehen, der Geschädigte diese gerichtlich auch nicht ansatzweise durchsetzen kann, da er sich selber in die Gefahr begeben hat und nicht gezwungen wurde, Autoscooter zu fahren. Insofern ist dieses Argument in der Diskussion wenig hilfreich. 135

Das ebenfalls gerne vom Versicherer ins Feld geführte Auslandsargument besagt, dass im Ausland Rechtssysteme existieren, in denen der Unfallgegner für nichts zahlen muss und deswegen statistisch gesehen weniger HWS-Distorsionen vorkommen. Auch dieses Argument ist wenig hilfreich, da damit nicht statistisch bewiesen ist, wie viele Menschen tatsächlich eine HWS-Distorsion erlitten haben, nur weil sie wissen, dass diese Ansprüche nicht durchsetzbar sind. 136

Abschließend kann gesagt werden, dass die HWS-Distorsion wahrscheinlich die Gerichte noch in einer Vielzahl von Fällen beschäftigen wird. 137

2. Arztkontakt/Rücksprache

Es sind **Orthopäde**, **Unfallchirurg**, **Neurologe** und **Physiotherapeut** zu kontaktieren. Es kann generell gesagt werden, dass, falls Komplikationen auftreten, frühestmöglich mit Fachärzten Kontakt aufgenommen werden muss, um Chronifizierungen zu vermeiden und um entsprechenden fachlichen Rat einzuholen. Sollte es zu prozessualen Streitigkeiten kommen oder sollten Dauerschäden drohen, ist die Auswahl eines Sachverständigen von besonderer Bedeutung und es sind frühzeitig Beweise zu sichern, da viele Prozesse daran scheitern, dass im Vorfeld nicht sauber gearbeitet wurde. 138

3. Komplikationen, Spätfolgen und Risiken

Wie bereits erwähnt, ist die Mehrzahl der HWS-Distorsionen unproblematisch (90 %). Je nach Einordnung in die jeweilige Gradstufe kann es zu **Instabilitäten** kommen und zu **chronischen Kopfschmerzen**, **Bewegungseinschränkungen**, **Schwindel**, **Sehstörungen** und **Gleichgewichtsstörungen**. In Ausnahmefällen kann sogar eine **Pflegebedürftigkeit** eintreten. 139

XII. Knie

1. Tibiakopffraktur

a) Grundlagen

140 Bei der **Tibiakopffraktur** handelt es sich um einen **Knochenbruch des Schienbeins** (Tibia) im Bereich des Schienbeinkopfes. In der Regel ist eine direkte Gewalteinwirkung auf das Kniegelenk notwendig. Dies kann zum Beispiel auch bei schwereren Autounfällen passieren, sei es zum Beispiel, dass ein schwerer Anprall unter dem Armaturenbrett gegeben war. In der Regel muss auch eine Kniegelenkspunktion vorgenommen werden, da sich fast immer ein Kniegelenkserguss bildet. Aus Sicherheitsgründen bietet sich neben einer Röntgenaufnahme in zwei Ebenen auch ein CT an. Die Tibiakopffraktur ist in 3 Klassifikationen eingeteilt, von Typ A bis Typ C, wobei Typ C eine vollständige Gelenksfraktur darstellt. Oftmals sind auch Kreuz- und Seitenbänder beschädigt und es kommt zu Meniskusschäden. Liegen sogar Trümmerfrakturen vor, besteht die Gefahr eines Kompartmentsyndroms des Unterschenkels. Die Versorgung erfolgt operativ, wobei der Physiotherapeut darauf achten muss, dass nur gewisse Teilbelastungen möglich sind. Dies hat dann auch Auswirkungen auf eventuelle Schadensersatzansprüche. Nach der Operation darf in der Regel bis zu 12 Wochen das Knie nicht voll belastet werden, so dass dann naturgemäß auch gewisse Arbeiten im Beruf und Haushalt nicht mehr möglich sind.

b) Arztkontakt/Rücksprache

141 Hier sind **Orthopäde**, **Unfallchirurg** und/oder **Physiotherapeut** zu kontaktieren.

c) Komplikationen, Spätfolgen und Risiken

142
- Es können Bewegungseinschränkungen auftreten.
- **Kompartmentsyndrom** (siehe Rdn 266)
- Es kann zur **Arthrose** führen, sowie zur **Pseudarthrose** (siehe Rdn 244 f., 293).
- allgemeine Operationsrisiken wie Thrombose, Nervenschädigungen, Embolien und Infektionen
- Ferner kann bei Trümmerfrakturen und Luxationsfrakturen eine **Gefäßverletzung der Arteria Poplitea** auftreten.

2. Patellafraktur

a) Grundlagen

143 Von einer **Patellafraktur** spricht man, wenn die **Kniescheibe** gebrochen ist. Es kann zu Längs-, Quer- oder Mischbrüchen kommen. Längsbrüche sind immer besser in der Versorgung als Querbrüche oder gar Mischbrüche. Die häufigste Ursache für einen Kniescheibenbruch ist der Sturz auf ein gebeugtes Kniegelenk oder durch einen direkten Anprall im Auto. Man spricht deswegen auch von einer sog. dashboard injury. So ist ein Längsbruch noch konservativ behandelbar. Dagegen sind Quer- oder Mischbrüche operativ zu behandeln. Auch hier ist bei der Nachbehand-

lung zu beachten, dass das operierte Bein in der Regel nicht mit mehr als 20 kg belastet wird.

b) Arztkontakt/Rücksprache

Hier sind **Orthopäde**, **Unfallchirurg** und/oder **Physiotherapeut** zu kontaktieren. 144
Der Physiotherapeut ist auch für die Nachbehandlung wichtig, da in den ersten 6 Wochen keine Vollbelastung möglich ist. Die Behandlungsdauer beträgt 12 Wochen.

c) Komplikationen, Spätfolgen und Risiken

In der Regel treten **Bewegungseinschränkungen** im Kniegelenk auf. Es kann zu 145
Arthrosen (siehe Rdn 244 f.) kommen und zu **Pseudarthrosen** (siehe Rdn 293) sowie zum **Kraftverlust.** Ferner ist zu berücksichtigen, dass statistisch gesehen ein Drittel aller Patienten trotz optimaler Versorgung und Beachtung sämtlicher ärztlicher Regeln über **Dauerschmerzen** klagen. Gerade bei Trümmerbrüchen oder Mehrfragmentfrakturen besteht eine erhebliche Gefahr von Dauerbeschwerden. Dies hat natürlich Auswirkungen auf Beruf und Haushalt in allen Rechtsgebieten (Sozialrecht, Versicherungsrecht, Arbeitsrecht etc.). Zudem ist das Auftreten einer **Kniescheibenarthrose** nach einer Patellafraktur deutlich erhöht. Es besteht auch die Gefahr einer **Gelenksvernarbung** (Arthrofibrose).

Gelegentlich tritt auch **Morbus Sudeck** auf (siehe Rdn 271 f.). 146

Darüber hinaus besteht das allgemeine Operationsrisiko der **Thrombose**, **Embolie**, 147
Nervenschädigungen und **Infektionen** (siehe Rdn 298 f., 264, 253).

3. Patellaluxation

a) Grundlagen

Bei der **Patellaluxation** handelt es sich um eine **Kniescheibenverrenkung**. Statis- 148
tisch gesehen passieren derartige Verletzungen meistens durch Verkehrsunfälle, Arbeitsunfälle, aber auch manchmal beim Sport. Geschädigte haben hierbei starke Schmerzen. Es kommt zu starken Weichteilschwellungen. Generell kann gesagt werden, dass eine Kniegelenksluxation einen Notfall darstellt. Es haben aus ärztlicher Sicht hier die entsprechenden Maßnahmen, wie die sofortige Reposition und Stabilisierung, zu erfolgen. Insbesondere ist die Motorik, Durchblutung und Sensibilität exakt seitens des Arztes zu untersuchen. Wenn hier Fehler entstehen, kann es zu Arzthaftungsfällen kommen. In der Regel sind bei derartigen Luxationen Nervenverletzungen als Begleitverletzungen vorhanden, wie zum Beispiel die Verletzung des Nervus peroneus. Manchmal ist auch der Nervus tibialis verletzt. Gefäßverletzungen sollten sofort operativ behandelt werden, da sonst größerer Schaden droht. Bei Autounfällen entsteht die Patellaluxation auch oftmals durch einen Anstoß des Fahrzeugs, indem die direkte Gewalteinwirkung auf die Patella bei leicht gebeugtem Knie erfolgt. Es ist auch zu prüfen, ob der Geschädigte im Beruf oft ste-

hen oder viel gehen muss, da dann bei Dauerschäden mitunter der alte Beruf nicht mehr ausgeübt werden kann. Dies hat Auswirkungen auf sämtliche rechtlichen Bereiche, zum Beispiel im Sozialrecht, Versicherungsrecht etc.

b) Arztkontakt/Rücksprache

149 Hier sind **Orthopäde**, **Unfallchirurg** und/oder **Physiotherapeut** zu kontaktieren. Insbesondere der Physiotherapeut ist auch hinsichtlich der Nachbehandlung extrem wichtig, da die Muskulatur des Oberschenkels optimal behandelt werden muss. Der Physiotherapeut muss speziell den inneren vorderen Oberschenkelmuskel trainieren. Darüber hinaus muss die hintere Oberschenkelmuskulatur entsprechend gedehnt werden. Wenn dies physiotherapeutisch richtig gemacht wird, können Dauerschäden verhindert werden.

c) Komplikationen, Spätfolgen und Risiken

150 Mittelfristig treten **Arthrosen** (siehe Rdn 244 f.) auf. Es kann zu **Bewegungseinschränkungen** des Kniegelenks kommen. Ferner kann eine **chronische Instabilität** entstehen. Schließlich sind die üblichen Operationsrisiken wie **Thrombose**, **Embolien**, **Nervenschädigungen** und **Infektionen** zu berücksichtigen (siehe Rdn 298 f., 255, 253).

4. Kniebandverletzungen

a) Grundlagen

151 In der Regel versteht man hierunter die Ruptur, d.h. das Zerreißen von Bändern, die das Kniegelenk halten und auch führen. Hier ist das Seitenband oder aber das Kreuzband betroffen. Seitenbandrupturen am Kniegelenk werden heute eher konservativ behandelt und nicht operiert. Wenn operiert wird, wird Bandplastik verwendet. Manchmal kommen Meniskuseinklemmungen vor, die zusätzlich zu Komplikationen führen. In der Regel sind typische Begleitverletzungen Knorpelläsionen und Verletzungen des Außenmeniskushinterhorns. Es ist immer eine chronische Instabilität zu bedenken, die zu Meniskus- und Knorpelschäden führen können.

b) Arztkontakt/Rücksprache

152 Hier sind **Orthopäde**, **Unfallchirurg** und/oder **Physiotherapeut** zu kontaktieren. Auch hier ist der Heilungsverlauf davon abhängig, wie die Verletzung behandelt wurde und auch die Nachbehandlung stattfindet. Später sollten die Geschädigten Treppensteigen und eine Belastung des Knies vermeiden. Die Behandlung kann einschließlich Nachbehandlung bis zu einem Jahr dauern.

c) Komplikationen, Spätfolgen und Risiken

Es kann zu **Bewegungseinschränkungen** kommen mit einer **reduzierten Belastbarkeit**. Hierbei ist der individuelle Beruf des Geschädigten zu berücksichtigen, auch ob dieser lange stehen muss oder Kniebelastungen unterliegt. Ferner hat dies Auswirkungen im Haushalt und es kann zu **chronischen Instabilitäten** und **chronischen Schmerzen** kommen sowie zu einer **vorzeitigen Arthrose** (siehe Rdn 244 f.). Ferner können auch **Nachbargelenke** in Mitleidenschaft gezogen werden. Darüber hinaus besteht das übliche Operationsrisiko für **Thrombosen**, **Embolien**, **Nervenschädigungen** und **Infektionen** (siehe Rdn 298 f., 264 f.). 153

5. Meniskusschaden

a) Grundlagen

Das **Kniegelenk** ist das größte Gelenk des menschlichen Körpers mit einer optimalen Funktion, damit ein optimaler Halt gewährleistet ist. Es existieren ca. ein Dutzend Bänder. Zur Stabilität des Kniegelenks tragen aber auch die Menisken bei. Es gibt 2 Menisken in jedem Kniegelenk. Wenn ein solcher Meniskus gerissen ist oder ein Verschleiß vorhanden ist, spricht man von einem **Meniskusschaden**. Die Mehrzahl der Meniskusschäden entstehen beim Sport, aber auch im Verkehrsbereich kann es dazu kommen, bei einer ungeschickten Drehbewegung bei Belastung des Unterschenkels, wenn schreckhaft unkontrollierte Bewegungen von Fußgängern erfolgen. Die Schäden können sowohl konservativ als auch operativ behandelt werden, wobei heute weitestgehend die Vorgabe existiert, den Meniskus nicht zu entfernen. 154

b) Arztkontakt/Rücksprache

Hier sind **Orthopäde**, **Unfallchirurg** und/oder **Physiotherapeut** zu kontaktieren. Auch hier ist der Physiotherapeut wichtig, da durch ausgeprägtes Muskeltraining ein Meniskusschaden und auch Schmerzen eingeengt werden können. 155

c) Komplikationen, Spätfolgen und Risiken

Es kann langfristig häufig zu **Arthrosen** (siehe Rdn 244 f.) kommen, bis zur kompletten **Entfernung des Meniskus.** Dies bedeutet naturgemäß eine **erneute Operation** mit den sich ergebenden Risiken. Dies muss bei Abfindungserklärungen berücksichtigt werden. Es kann zu **Blockaden in der Bewegung** kommen, was die **Belastbarkeit des Kniegelenks** betrifft. Schließlich kann in Ausnahmefällen eine **Kniegelenkssteife** eintreten. Dies hat erhöhte Auswirkungen auf den Beinwert innerhalb der Wertung der Unfallversicherungstabelle, was die AUB betrifft. Bei einer Versteifung des Kniegelenks in ungünstiger Stellung können bis zu **60 % MdE** gutachterlich angesetzt werden. Auch ein geringer Meniskusschaden kann sich problematisch entwickeln. In der Regel ist die Prognose bei derartigen Schäden jedoch günstig. 156

XIII. Nerven

1. Grundlagen

157 **Nervenschäden** sind Störungen der Reizwahrnehmung. Nervenleitungen verbinden das Gehirn mit den einzelnen Organen. Hierdurch können Empfindungen wahrgenommen werden und die Gliedmaßen bewegt werden. Sind die Nerven geschädigt, führt dies zu einem oftmals vorhandenen Dauerschmerz. Das Problem bei Nervenverletzungen ist, dass sie durch Unfälle eintreten können, aber auch infolge von Stoffwechselleiden, Diabetes, Entzündungen oder anderen Faktoren, wie Überbelastung und Rheuma. Gegenüber dem Versicherer ist es daher mitunter nicht leicht, die Kausalität dieser Nervenschäden zu beweisen. Für die Geschädigten bedeutet dies oftmals, dass die Sache außergerichtlich nicht zu Ende geführt werden kann, sondern mehrere Dinge zu Gericht gelangen. Da ein geschädigter Nerv keine Impulse mehr weiterleiten kann, treten Schmerzen, Lähmungen und Gefühlsstörungen auf. Das Problem an den Nervenschäden ist auch, dass diese sehr lange dauern und mitunter erst nach zwei Jahren Wartezeit beurteilt werden kann, ob überhaupt ein Dauerschaden vorliegt. Kommt es zu Operationen, dauert es auch sehr lange, um festzustellen, ob Erfolge erzielt werden, da die Nerven nur sehr langsam wachsen. In der Literatur und der Wissenschaft gewinnen diese Nervenschädigungen an Bedeutung. Es existieren immer mehr Veröffentlichungen zu den begleitenden Schmerzformen. Bereits jetzt ist festzuhalten, dass derartige Störungen von Fachleuten untersucht werden sollten. Es sollte dazu ein Spezialist auf dem Gebiet der Neurologie die Behandlung durchführen, da bei kompletten Ausfällen erhebliche körperliche Beeinträchtigungen entstehen und dies naturgemäß auch Auswirkungen auf Beruf, Alltag und Haushalt haben kann. Dies geht sogar bis zur eventuell eintretenden Pflegebedürftigkeit, da die Patienten oftmals über starke Schmerzen klagen und Schmerztherapien durchgeführt werden müssen. Es gibt heute mittlerweile objektive Befunde. Entsprechende Fachärzte für Neurologie können dies feststellen. Allerdings sind die Dauerschäden meist erst nach 2 Jahren vom Gutachter festzustellen. Unbehandelt können sie sogar zu vollständigen Lähmungen führen.

158 In der Unfallmedizin kommt häufig auch das sog. **Karpaltunnelsyndrom** (CTS) vor. Es ist ein Kompressionssyndrom des Nervus medianus im Bereich der Handwurzel. Patienten können nicht mehr richtig zupacken und haben Probleme beim Tastgefühl. Hier streiten sich die Geschädigten und die Versicherer oftmals, ob es auch durch andere Ursachen zu diesem Karpaltunnelsyndrom gekommen sein kann, wie zum Beispiel durch eine Arthrose, eine Überbelastung, Stoffwechselerkrankungen oder Rheuma. Das Karpaltunnelsyndrom kann konservativ behandelt werden, aber manchmal wird auch eine Operation vorgenommen. Es gibt verschiedene Operationstechniken, entweder eine offene Operationstechnik oder eine endoskopische Operationstechnik. In der Vergangenheit gab es hier auch Probleme in arzthaftungsrechtlichen Bereichen, da negative Operationsfolgen und Komplika-

tionen auftraten. Es kann in Ausnahmefällen dann auch zu einer sehr schmerzhaften Knochenentkalkung kommen bis zu Gelenksversteifungen oder einem Morbus Sudeck (siehe Rdn 271 f.).

2. Arztkontakt/Rücksprache

Hier sind **Neurologe** und/oder **Unfallchirurg** zu kontaktieren. 159

3. Komplikationen, Spätfolgen und Risiken

Wie bereits erwähnt, können bei Nervenschädigungen sehr viele Probleme auftreten, wie **Bewegungseinschränkungen**, **komplette Lähmungen**, **Teillähmungen**, **Kraftverlust**, **chronische Schmerzen** und **Muskelschwund.** Darüber hinaus besteht das allgemeine Operationsrisiko einer **Thrombose**, **Embolie**, **Infektion** und von **erneuten Nervenschädigungen** (siehe Rdn 298 f., 253 f., 264). 160

Abschließend kann generell gesagt werden, dass hier die weiterführende Literatur zu beachten ist, da dieses Gebiet sehr komplex und zudem vieles streitig ist, weil Nervenschädigungen auch durch viele Ursachen entstehen können (z.B. Alkohol, Medikamente, Diabetes, Infektionen, aber auch Umweltgifte, Rheuma etc.). Vieles kann heute jedoch durch Spezialisten und entsprechende Befunde wie NLG (Nervenleitgeschwindigkeit), EMG (Elektromyographie – es handelt sich hierbei um eine Diagnostik in der Neurologie, bei der die elektrische Muskelaktivität gemessen wird), SSEP (Somato-sensorisch evozierte Potentiale – es handelt sich hierbei um eine Hirnstrommessung bei Tastreizen) und MEP (Motorisch-evozierte Potenziale – dies sind elektrische Spannungsänderungen eines Muskels, welche durch einen gezielten Reiz an einem Teil des motorischen Systems ausgelöst werden) objektiviert werden. Hier ist eine Rücksprache mit einem Fachmann unumgänglich. 161

XIV. Oberschenkel

1. Oberschenkelschaftfraktur

a) Grundlagen

Die **Oberschenkelschaftfraktur** entsteht in der Regel durch hohe Gewalteinwirkung und Blutverlust durch Einblutung in das umliegende Gewebe. Die Mehrzahl der Fälle wird operativ behandelt. Dies geschieht durch einen in den Knochen eingebrachten Nagel. Rein isolierte Oberschenkelfrakturen sind in der Regel selten. Häufig findet man diese bei Polytraumafällen und oftmals auch zu Begleitverletzungen, wie erheblichen Weichteilschädigungen, Gelenkstrukturenschädigungen, Schädigungen der Kapselbänder und Menisken. Sind erhebliche Weichteile verletzt, erkennt man dies in den Arztberichten auch oftmals daran, dass von einem Fixateur externe die Rede ist. Dies findet man bei polytraumatisierten Menschen, wenn Trümmerfrakturen oder auch Frakturen mit ausgeprägten Weichteilschäden vorhanden sind. Dann wird dieser Fixateur externe angewandt. Wenn diese Begriffe im 162

Arztbericht auftauchen, kann generell davon ausgegangen werden, dass es sich um einen schweren Schaden handelt. Erst wenn sich der Zustand des Patienten verbessert hat, wird der Fixateur externe durch einen Marknagel ausgetauscht. Aus ärztlicher Sicht sollte das Kniegelenk dann immer auf Begleitverletzungen untersucht werden. Oftmals entstehen hier auch Arzthaftungsfälle, bei denen dies vergessen wird. Bei Oberschenkelfrakturen besteht mindestens auch eine Sporteinschränkung von einem halben Jahr. Dies hat natürlich Auswirkungen auf das Schmerzensgeld.

b) Arztkontakt/Rücksprache

163 Hier sind **Orthopäde**, **Unfallchirurg** und/oder **Physiotherapeut** zu kontaktieren. Der Physiotherapeut ist wichtig, da nach der Reha eine spezielle Gehschulung notwendig ist, die sich in der Regel mit vier Wochen stationärem Aufenthalt an die Operation anschließt. Der Physiotherapeut ist auch deshalb wichtig, da der Muskelaufbau wieder stattfinden muss und oftmals auch Einfluss auf die vollständige Wiederherstellung hat. Mitunter kann es ein Jahr dauern, bis überhaupt eine vollständige Wiederherstellung gegeben ist.

c) Komplikationen, Spätfolgen und Risiken

164 Da es sich um eine sehr komplizierte und langwierige Verletzung handelt, tritt oft ein **Blutverlust mit Gerinnungsproblemen** auf. Ein Blutverlust von bis zu 3 Litern ist möglich. Es kann ein **hypovolämischer Schock** entstehen. Auch kann eine sog. **Fettembolie** auftreten, da durch die Fraktur größere Mengen fettreichen Knochenmarks im Blut eingeschwemmt werden können und es so zu **Gefäßverschlüssen** im Bereich der Lunge oder des Gehirns kommen kann. Es besteht natürlich die Gefahr der **Thrombose** oder **Lungenembolie.** Es kann zu **Infektionen**, **Osteitis**, **Pseudarthrosen** (siehe Rdn 264 f., 289, 293) und zum **Kompartmentsyndrom** kommen (siehe Rdn 266 ff.). Es kann zu **Nervenschädigungen** führen, zum Beispiel des Nervus ischiadicus. Ferner ist zu berücksichtigen, dass die Metallentfernung in der Regel erst nach 1,5 bis 2 Jahren erfolgt. Dies bedeutet eine **erneute Operation** mit erneuten Risiken, wie **Embolie**, **Nervenschädigungen**, **Infektionen** und **Thrombosen** (siehe Rdn 253, 299, 264, 298). Ferner kann es zu **Beinlängendifferenzen** kommen, bei der auch orthopädische Maßnahmen notwendig sind. Es sind Fachleute heranzuziehen, um ein entsprechendes Konzept auszuarbeiten. Je nachdem kann dies Auswirkungen auf den Beruf, den Haushalt und den Alltag haben. Es kann zu **Bewegungseinschränkungen** kommen, es können aber auch **Schmerzen im Bereich der Gelenke oder der Wirbelsäule** auftreten. Insofern drohen **Folgeoperationen**, wenn es zu **Achsfehlstellungen** (siehe Rdn 235 ff.) gekommen ist.

2. Distale Oberschenkelfraktur

a) Grundlagen

165 Eine **distale Oberschenkelfraktur** kann im Unfallbereich durch ein Anpralltrauma im Auto entstehen. Häufig sind weitere Verletzungen eingetreten, wie Knorpel-

oder Bandschäden. Aber auch im Rahmen eines Polytraumas ist mit weiteren Verletzungen zu rechnen. Die distale Oberschenkelfraktur kann entweder mit Beteiligung des Kniegelenks oder ohne erfolgen. Erfolgt sie mit Beteiligung des Kniegelenks, entstehen größere Schäden. Ähnlich wie bei der normalen Oberschenkelfraktur ist auch die distale Oberschenkelfraktur durch eine Operation mit einem entsprechenden Implantat zu behandeln. Es handelt sich bei einer distalen Oberschenkelfraktur um einen Bruch des körperfernen Endes des Oberschenkels, wobei der Bereich der Gelenkrollen betroffen ist.

b) Arztkontakt/Rücksprache

Hier sind **Orthopäde**, **Unfallchirurg** und/oder **Physiotherapeut** zu kontaktieren. 166
Der Physiotherapeut ist auch hier wichtig, da nach der Operation nur gewisse Teilbelastungen möglich sind.

c) Komplikationen, Spätfolgen und Risiken

Es kann zur **Arthrose** (siehe Rdn 244 f.) kommen, die speziell dann auftritt, wenn 167
das Gelenk mitbetroffen ist. Es können **Achsfehlstellungen** entstehen. Weitere mögliche Folgen sind die **Pseudarthrose** (siehe Rdn 293), **Bewegungseinschränkungen** bis zur **Versteifung oder Amputation** (siehe Rdn 239 f.). Ferner ist in der Regel eine **sehr lange Reha erforderlich**. Außerdem besteht das allgemeine Operationsrisiko mit **Nervenschädigungen**, **Infektionen**, **Embolien** und **Thrombosen** (siehe Rdn 253, 264, 298, 299). Ebenso wie bei der normalen Oberschenkelfraktur ist zu berücksichtigen, dass die **Metallentfernung** relativ spät erfolgt, nach bis zu 1,5 Jahren. Dies bedeutet eine **erneute Operation mit erneuten Risiken**. Je nachdem, ob das Kniegelenk mitbetroffen ist oder ob es sich um ein Polytrauma handelt, können schwere Auswirkungen auf den Beruf, die Haushaltsführung und den Alltag eintreten.

XV. Ohr: Pyramidenlängsfraktur

1. Grundlagen

Die **Pyramidenlängsfraktur** zählt zu den Schädel-Basis-Frakturen. Sie kommt im 168
Verkehrsbereich sehr häufig bei Unfällen mit deutlich seitlich einwirkender Kraft vor. Der Arzt kann mithilfe eines Ohrmikroskops im Gehörgang das zerrissene Trommelfell sehen. Ferner werden die Gesichtsnerven überprüft und umfangreiche medizinische Untersuchungen durchgeführt, um diese schwere Verletzung zu diagnostizieren. Ca. jede 5. Pyramidenlängsfraktur beinhaltet auch eine Schädigung des Gesichtsnervs (Facialisnerv). Dieser Nervus facialis ist für die Aktivierung der mimischen Muskulatur zuständig. Die Geschädigten können dann nicht die Nase rümpfen und nicht den Mund spitzen, da der Mundwinkel hängt, was auch optisch zu sehen ist. Wenn der Gesichtsnerv anlässlich eines Schädelbasisbruches mit Pyramidenlängsfraktur geschädigt ist, wird in der Regel operiert. Es handelt sich hierbei

um eine sehr schwere Verletzung, bei der auch mitunter Arzthaftungsprobleme auftreten können.

2. Arztkontakt/Rücksprache

169 Hier sind **Neurologe**, **HNO-Arzt** und/oder **Unfallchirurg** zu kontaktieren.

3. Komplikationen, Spätfolgen und Risiken

170 Es kann zu Infektionen durch Blutungsstörungen kommen. Die Patienten sind logopädisch zu betreuen. Die Hörstörungen können Auswirkungen auf den Beruf und den Haushalt haben. Ferner hängt die Art der Spätschäden auch davon ab, wie das Gehirn verletzt wurde. Es können Keime und Erreger aufsteigen, was zu Gehirnhautentzündungen (Meningitis) führen kann. Speziell bei Schädelhirntraumafällen ist auch immer an Hörstörungen zu denken.

XVI. Querschnittslähmung

1. Grundlagen

171 Von einer **Querschnittslähmung** spricht man immer, wenn eine Kombination von Symptomen vorliegt, die bei der Unterbrechung der Nervenleistung auftritt. Es kann zu einer kompletten oder inkompletten Schädigung des Rückenmarks kommen mit entsprechenden Lähmungserscheinungen. Statistisch gesehen ist die häufigste Ursache mit 40 % ein Verkehrsunfall mit Frakturen der Wirbelsäule, wobei insbesondere die Halswirbelsäule betroffen ist. Je nachdem, wie akut die Rückenmarksschädigung ist, gibt es komplette Lähmungen, wobei die Leitungsfunktion des Rückenmarks dann völlig unterbrochen ist oder inkomplette Lähmungen, wobei die Leitungsfunktion des Rückenmarks nur teilweise unterbrochen ist. Ferner unterscheidet man je nach Schwere zwischen einer **Plegie** (komplette motorische Lähmung) oder einer **Parese** (inkomplette motorische Lähmung). Ferner unterscheidet man zwischen einer **Paraplegie** und einer **Tetraplegie**. Bei der Paraplegie ist das Rückenmark im Bereich der Brust- und Lendenwirbelsäule beschädigt. Bei der Tetraplegie, also der vollständigen Lähmung aller vier Gliedmaßen (Beine und Arme), ist dagegen das Rückenmark schon im Bereich der Halswirbelsäule geschädigt. Innerhalb der Querschnittslähmung gibt es ferner verschiedene Abstufungen. So können Rückenmarksschädigungen zu Störungen der motorischen Reflexe führen, bis zum Ausfall von Eigen- und Fremdreflex. Es kann aber auch zum kompletten Ausfall der Kontrolle von Blase und Mastdarm kommen. Dann kommt es zum unkontrollierten Abgang von Urin und Stuhl. Schließlich kann aber auch die gesamte Sensibilität ausfallen, was das Schmerzempfinden betrifft, das Kalt-Warm-Empfinden, das Nass-Trocken-Empfinden oder das Tastempfinden. Man erlebt diese gestörte Regulation der Körpertemperatur oftmals auch, wenn man Quer-

schnittsgelähmte besucht, weil man dort eine Überhitzung der Räume feststellen kann.

Gerade bei der Tetraplegie ist innerhalb der Arztberichte zu gucken, wo die Lähmung eingesetzt hat. Bei der Tetraplegie ist das Rückenmark im Bereich der Halswirbelsäule geschädigt (Höhe C1 – TH1). Es empfiehlt sich hier, die Arztberichte anzuschauen und zu gucken, wo die Tetraplegie vorlag.

Der oberste Halswirbel wird Atlas genannt. Der darunterliegende zweite Halswirbel heißt Axis. Beide zusammen bilden die Kopfgelenke mit der Schädelbasis. Das obere Kopfgelenk befindet sich zwischen der Schädelbasis und dem Atlas und das untere Kopfgelenk zwischen Atlas und Axis. Verletzungen der Kopfgelenke sind nicht immer auch Verletzungen des Rückenmarks. Auf dieser Höhe ist jedoch das Rückenmark mitbetroffen. So wird der Verletzte diese Verletzungen oft nicht überleben, weil die Atmung aussetzt. Sofern diese Verletzungen überlebt werden, resultiert daraus eine Querschnittslähmung auf Höhe **C2**. Dann ist eine dauerhafte Beatmung erforderlich.

Man kann sonst als Grobeinteilung unterscheiden: Unterhalb **C3 bis C4** liegt eine vollständige Abhängigkeit von der Pflege vor, d.h. der Geschädigte kann selber fast gar nichts mehr machen. Es besteht noch nicht einmal eine Handfunktion. Unterhalb von **C4 bis C5** ist ebenfalls eine vollständige Pflegeabhängigkeit gegeben. Es besteht eine passive Funktionshand. Der Geschädigte benötigt aber immer noch einen Elektrorollstuhl unterhalb von **C5 bis C6.** Hier ist eine aktive Funktionshand vorhanden und auch noch eine aktive Rollstuhlbenutzung. In der Regel kann der Geschädigte bei einer Tetraplegie hier mit einer Handbedienung auch Autofahren. Unterhalb **C6 bis C7** ist auch eine teilweise Pflegeabhängigkeit gegeben. Hier ist sogar seitens des Geschädigten noch eine Oberkörperpflege möglich. Dies muss allerdings jeweils mit den Pflegegutachtern geklärt werden. Bei einer Tetraplegie unterhalb von **C7 bis TH1** ist sogar noch eine Greiferhand gegeben. Bei der Tetraplegie sind die unteren Gliedmaßen und Arme und Hände sowie Sensibilität in diesem Bereich funktionsgestört. Es handelt sich um schwerste Verletzungen, welche immer Auswirkungen auf Beruf, Haushaltsführung und den häuslichen Umbau haben.

> *Praxistipp*
>
> Bereits jetzt kann gesagt werden, dass im Rahmen der vermehrten Bedürfnisse immer an einen Energiemehrbedarf zu denken ist, da Querschnittsgelähmte oftmals mehr heizen müssen und daher diese Schadensposition auszugleichen ist.

Statistisch gesehen handelt es sich bei der Paraplegie um 60 % der Querschnittslähmungen und bei der Tetraplegie um 40 %. Querschnittslähmungen sind eine der schlimmsten Verletzungen überhaupt. Aus diesem Grund ist in der Rechtsprechung auch die Tendenz zu erkennen, dass in diesem Bereich höhere Schmerzensgelder ausgeurteilt werden. **172**

173 Bereits jetzt lässt sich sagen, dass bei der Querschnittslähmung (je nach Ausmaß) das größte Problem in der Regel die Pflegebedürftigkeit darstellt. Je nachdem, wie groß der Betreuungsaufwand ist, kann mitunter auch eine Doppelassistenz von Nöten sein, so dass hier mit Spezialisten zusammengearbeitet werden muss. Erforderlich ist die Einschaltung von Reha-Management mit dem Ziel der Optimierung von Pflegeleistungen. Nicht selten sind dafür Beträge von mehr als 20.000 EUR monatlich aufzuwenden.

> *Praxistipp*
>
> Es ist wichtig, bei solchen Personengroßschäden mit Unfallanalytikern zusammenzuarbeiten, da eines der Hauptprobleme bei Querschnittslähmungsfällen das vom Versicherer ins Feld geführte Mitverschulden ist. Mitunter wird viel zu schnell eine Quote seitens des Geschädigten akzeptiert. Sollte zum Beispiel eine Quote von 85 % anstatt 100 % seitens des Geschädigten vorschnell akzeptiert werden, bedeutet dies nicht nur, dass sich der Geschädigte in sämtlichen Schadenspositionen 15 % abziehen lassen muss. Dies bedeutet gerade bei der Pflege, dass er eine monatliche Unterdeckung nominell von mehreren tausend EUR haben kann, die ihn letztlich zwingt, alle Schadensersatzzahlungen für die Pflege einzusetzen. Wer sich hier vorschnell auf Quoten einlässt, ohne den Unfallverlauf auf Ersatzkausalitäten durch Unfallanalytiker überprüft zu haben, kann seinem Mandanten erheblichen Schaden zufügen. So hat die Rechtsprechung in dem größten Anwendungsfall des Mitverschuldens des Querschnittsgelähmten, nämlich dem Nichtanlegen des Sicherheitsgurtes, ausgeurteilt, dass der Mitverschuldenseinwand nicht zum Tragen kommt, wenn der Unfallverursacher erheblich schuldhaft gehandelt hat.

> *Praxistipp*
>
> Auch unter Berücksichtigung der Darlegungs- und Beweislast für den Einwand der Verletzung der Gurtpflicht kann das Mitverschulden des Geschädigten entfallen. Vage Aussagen oder Vermutungen von Polizeibeamten genügen hier nicht. Erforderlich ist ein Sachverständigengutachten auf der Basis des ausgebauten Sicherheitsgurtes.

174 Das Rückenmark ist Teil des zentralen Nervensystems. Es beginnt oberhalb des ersten Halswirbels und endet über dem zweiten Lendenwirbel. Es leitet die im Gehirn entstandenen Nervenimpulse für eine Bewegung an die Muskeln weiter. Ferner ist die Kontrolle der Funktion der inneren Organe, wie der Herzfrequenz oder der Weite der Blutgefäße, über spezielle Nervenstränge im Rückenmark zu beachten. Insofern ist dies eines der zentralen und wichtigsten Körperteile, die naturgemäß durch Schädigungen erhebliche Beeinträchtigungen nach sich ziehen. Bei einer schweren Querschnittslähmung kann es zu einer Beatmungspflicht kommen. Es kann zur kompletten Bettlägerigkeit führen. Aber selbst mittlere Querschnittslähmungen resultieren in erheblichen Einschränkungen wie Hautschädigungen, erhöh-

ter Thrombosegefahr, starken Schmerzen aufgrund eintretender Spastik, Blasen- und Mastdarmstörungen. Es kommt zu einer erhöhten Blasen- und Niereninfektionsgefahr und Sexualstörungen. Da das Rückenmark so eine entscheidende Bedeutung hat, ist also nicht nur die Motorik gestört, sondern oftmals sind weitere Funktionen des Körpers beeinträchtigt.

2. Arztkontakt/Rücksprache

Hier sind **Orthopäde**, **Unfallchirurg**, **Neurologe**, **Physiotherapeut**, **Psychotherapeut**, **Ergotherapeut** und/oder **Orthopädietechniker** zu kontaktieren. Aufgrund der Komplexität dieser Schädigung ist nur ein Zusammenwirken sämtlicher Fachleute zielführend. Gerade im Bereich der vermehrten Bedürfnisse ist gründliche Arbeit erforderlich, da Querschnittsgelähmte viele verschiedene Hilfsmittel benötigen, damit ihr eingeschränktes Leben lebenswert bleibt. 175

3. Komplikationen, Spätfolgen und Risiken

Die Komplikationen und Risiken sind extrem hoch. Neben **Hautschädigungen** kommt es zu **Blasen- und Mastdarmstörungen** und zu **Störungen der Sexualfunktion**, da das Rückenmark auch wesentliche Anteile des Sexuallebens steuert. Es besteht eine erheblich erhöhte **Thrombosegefahr** (siehe Rdn 298 f.). Es kommt zu **Schmerzen** aufgrund der **Spastik**, die durch Schmerzmittel therapiert werden müssen. Es ist generell zu sagen, dass eine **lebenslange Nachsorge** durchgeführt werden muss. Es sind alle **wichtigen Organe** und Körperfunktionen zu überprüfen, wie die Atmung, die Blase, der Mastdarm, die Nieren etc. 176

Ferner ist es so, dass bei Querschnittslähmungen in der Regel die Versicherer die Akte offen lassen, d.h. diese Ansprüche werden nicht kapitalisiert. Ein Grund ist unter anderem auch die **verkürzte Lebenserwartung,** gerade bei Tetraplegikern. Konkret ist dem Versicherer hier noch nicht einmal ein Vorwurf zu machen, dass dies zynisch sei, da der Versicherer für den Fall, dass der Geschädigte früher stirbt, Geld spart. Auf der anderen Seite wird die medizinische Versorgung besser, so dass auch Querschnittsgelähmte mit ihren erheblichen Einschränkungen durchaus länger leben können. Schließlich gibt es in der Forschung und Rehabilitation gute Ansatzpunkte, dass in der Zukunft Querschnittsgelähmten deutlich besser geholfen werden kann. Es gibt zum Beispiel in der Uniklinik Heidelberg spezielle Roboter, die eingesetzt werden, wenn nicht alle Nervenbahnen durchtrennt sind. Hier werden dann Gehbewegungen durchgeführt. Diese Rückenmarkstrukturen können durch den Roboter unabhängig vom Gehirn Gehbewegungen auslösen. Ferner ist die Universität Tübingen auch sehr weit, was Querschnittsgelähmte betrifft. Hier werden sog. free hand-Systeme angewandt. Den Geschädigten werden unter der Haut Elektroden in die Muskeln implantiert. Dadurch können die Geschädigten teilweise wieder ihre Hände schließen oder Gegenstände greifen. Dies ist gerade bei Tetraplegikern sehr wichtig, da diese quasi keinen Handgriff mehr alleine aus- 177 üben können und deshalb fast permanent auf Hilfe Dritter angewiesen sind. Ferner hat die Uni Tübingen auch als erste Universität eine Blasenoperation mit dem Ziel der selbstständigen Blasenentleerung durchgeführt. Dadurch könnten häufig vorkommende Harnwegsinfekte und Nierenschäden verhindert werden.

178 Vor 15 Jahren hatte es noch niemand für möglich gehalten, dass eine zerstörte Nervenbahn wieder wachsen kann. Es beginnen klinische Tests, in denen versucht wird, durch Medikamente zu erreichen, dass die Nerven im Rückenmark wieder wachsen können. Das Medikament wird in das Rückenmark gespritzt. Man ist sich in der Forschung einig, dass gerade bei Unfallopfern in den ersten 2 Tagen nach dem Unfall eventuell Zukunftsbehandlungserfolge eintreten können. Dagegen werden wohl Querschnittsgelähmte, die schon länger gelähmt sind, nicht kurzfristig von der Forschung und Wissenschaft profitieren.

179 Abschließend kann gesagt werden, dass Querschnittslähmungen generell mit der nötigen Sensibilität auch seitens des Anwalts bearbeitet werden müssen, weil psychische Verletzungsfolgen Hand in Hand mit physischen Ausgangsverletzungen gehen.

XVII. Schulter

1. Schulterbeinfraktur (Klavikulafraktur)

a) Grundlagen

180 Der **Schlüsselbeinbruch** ist nach dem Bruch der Speiche der zweithäufigste Knochenbruch bei erwachsenen Menschen. Er entsteht oftmals durch einen direkten Sturz auf die Schulter oder durch einen Sturz auf den ausgestreckten Arm. In der Regel wird diese Verletzung nicht operiert, sondern durch einen Rucksackverband konservativ behandelt. Hierdurch wird die Schulter ruhig gestellt. Generell kann gesagt werden, dass die Schlüsselbeinfraktur in der Regel gut verheilt. Manchmal kann es zu einer Kombination der Schlüsselbeinfraktur und des sog. Scapulahalses führen. Dann tritt eine Instabilität der Schulter ein, die als „floating shoulder“ bezeichnet wird.

b) Arztkontakt/Rücksprache

181 Hier sind **Unfallchirurg**, **Orthopäde** und/oder **Physiotherapeut** zu kontaktieren.

c) Komplikationen, Spätfolgen und Risiken

182 Es kann zu **Bewegungseinschränkungen mit erheblichen Schmerzen** kommen. Wenn operiert wird, besteht das allgemeine Operationsrisiko in Form von **Thrombose**, **Nervenschädigungen**, **Infektionen und Embolie** (siehe Rdn 298, 264, 299, 253). Manchmal kann es auch dazu kommen, dass der sog. Nervus ulnaris beschädigt wird. Wenn operiert und ein **Implantat** eingesetzt wurde, ist eine **erneute Ope-**

ration notwendig mit den entsprechenden **erneuten Operationsrisiken,** da das Metall nach ca. 2 bis 4 Monaten wieder entfernt wird.

2. Schultereckgelenkssprengung

a) Grundlagen

Von einer **Schultereckgelenkssprengung** spricht man, wenn es zu einer Verrenkung des seitlichen Endes des Schlüsselbeins zum Schulterdach kommt, mit Verletzungen des Kapsel- und Bandapparates des Schultereckgelenks. Statistisch gesehen entstehen derartige Verletzungen am häufigsten durch einen Sturz auf die Schulter mit direkter Krafteinleitung auf das Schultereckgelenk. Im Straßenverkehr geschieht dies, wenn es zu Stürzen vom Fahrrad oder vom Motorrad kommt. Man unterteilt die Schultereckgelenkssprengung in Klassifikationen und zwar in **Tossy I**, **Tossy II** und **Tossy III**. Bei Tossy I ist nur eine geringe Verletzung vorhanden. Tossy II erfasst größere Einrisse bis Teilrupturen der Bandstrukturen. Bei Tossy III dagegen liegt eine komplette Zerreißung des Kapselbandapparates vor. Wie so oft ist auch hier eine konservative Behandlung oder eine Operation möglich. Es hängt davon ab, wie die Verletzung ausgeprägt ist, welche Beschwerden der Geschädigte hat und wie aktiv er ist. Wenn operiert wird, nimmt man oftmals einen sich langsam auflösenden stabilen Faden. Das hat den Vorteil, dass es zu keinen Implantationen von Metallen kommt. Allerdings können hierbei Nerven verletzt werden. Ferner ist es möglich, dass keine dauerhafte Festigung eintritt, weil das seitliche Schlüsselbeinende wieder nach oben wandert. 183

b) Arztkontakt/Rücksprache

Hier sind **Unfallchirurg**, **Physiotherapeut** und/oder **Orthopäde** zu kontaktieren. 184

c) Komplikationen, Spätfolgen und Risiken

In der Regel gibt es bei der Schultereckgelenkssprengung nicht viele Komplikationen, allerdings kann es zu einer **Schultereckgelenksarthrose** (siehe Rdn 244 f.) kommen, die auch erst nach Jahren eintreten kann. Von daher müssen entsprechende Vorbehalte mit dem Versicherer vereinbart oder eine Erhöhung der Schadensersatzleistungen erreicht werden. Bei der **Metallentfernung,** die im operativen Bereich vorkommt, ist ferner daran zu denken, dass dies eine **erneute Operation** ist und generell Operationen zu Komplikationen wie **Thrombose**, **Infektionen**, **Embolien** und **Nervenschädigungen** (siehe Rdn 299, 298, 264, 253) führen können. Ferner sind **Einschränkungen der Beweglichkeit** oder sogar **chronische Beschwerden** möglich. Darüber hinaus ist auch immer zu schauen, was der Geschädigte beruflich macht. Hat er zum Beispiel Überkopfarbeiten zu leisten oder ist er ein Leistungssportler, kann es zu einer besonderen Beanspruchung des Schultereckgelenks kommen und dann zu **Arthrosen** (siehe Rdn 244 f.), die sehr schmerzhaft sein können. Ferner ist der Weichteilmantel über dem Schlüsselbein sehr dünn. Es kann daher zu einer **postoperativen Infektion** (siehe Rdn 264) kommen. Die Gefahr ist nicht un- 185 erheblich. Wenn Implantate verwendet werden, können **Metalllockerungen** entstehen, da auf das Schlüsselbein starke dynamische Kräfte einwirken. Der Physiotherapeut ist wichtig, da **krankengymnastische Behandlungen** unabdingbar sind.

3. Rotatorenmanschettenruptur

a) Grundlagen

186 Da die Muskeln die Schulter wie eine Manschette umhüllen, werden sie als Rotatorenmanschetten bezeichnet. Die Rotatorenmanschette ermöglicht das Bewegen des Armes und des Schulterblattes. Wenn ein teilweiser Anriss oder ein vollständiger Riss einer einzelnen Sehne oder auch mehrerer Sehnen beteiligt ist, spricht man von einer **Rotatorenmanschettenruptur**. Hinsichtlich der Ursachen gibt es in der außergerichtlichen Schadensregulierung sehr oft Streit, da Rotatorenmanschettenrupturen durch einen Unfall, aber auch durch degenerative Veränderungen entstehen können. Es stellt sich daher die Frage, ob der eingetretene Schaden durch einen Unfall oder einen degenerativen Effekt eingetreten ist. Versicherer wollen naturgemäß nur den Unfallschaden bezahlen. Auch diese Verletzung kann konservativ oder operativ behandelt werden.

Praxistipp

Versicherer versuchen oftmals zu argumentieren, dass ein Seitenanprall im Pkw eher nicht zu einer traumatischen Ruptur führt, da es vergleichbar ist mit einem Sturz auf den angelegten Arm. Auch hier ist diesem Argument mit Vorsicht zu folgen, da der Arm durchaus auch im Auto abgestützt worden sein kann und es dann zu der Rotatorenmanschettenruptur gekommen ist, z.B. im Überschlagsfall. Generell kann gesagt werden, dass die Fälle der Rotatorenmanschettenrupturen oftmals Streit mit sich bringen.

Praxistipp

Für eine solche Verletzung spricht auch, wenn die Symptome sofort aufgetreten sind und der Geschädigte gleich zum Arzt gegangen ist, wenn ein Bluterguss oder ein Hämatom an der Schulter oder dem Oberarm aufgetreten ist oder wenn es zu einem kompletten Kraftverlust kommt, einem sog. **drop arm sign**. Möglicherweise ist der Ultraschall oder das MRT auszuwerten, ob ein Erguss vorliegt oder eine komplette Ruptur.

Praxistipp

Man sollte den Mandanten auch danach befragen, ob er Begleiterkrankungen wie Rheuma aufzuweisen hat, da diese oftmals eine Rolle spielen bei einer degenerativen Rotatorenmanschettenruptur. Versicherer fragen auch gerne nach dem Beruf oder sportlichen Aktivitäten, ob Überkopfarbeiten dauerhaft ausgeführt wurden, um zu prüfen, ob eine degenerative Rotatorenmanschettenruptur vorliegt. Ideal ist auch, wenn innerhalb von einem Monat nach dem Unfall entsprechende kernspintomografische Untersuchungen vorliegen, da dann die Beurteilung leichter ist, als wenn 3 oder 4 Monate vergangen sind.

b) Arztkontakt/Rücksprache

Hier sind **Unfallchirurg**, **Physiotherapeut** und/oder **Orthopäde** zu kontaktieren. 187

c) Komplikationen, Spätfolgen und Risiken

Da die Rotatorenmanschettenruptur in der Regel sehr **schmerzhafte Bewegungseinschränkungen** nach sich zieht und es oftmals auch zu einer **Reruptur** kommen kann, versuchen Versicherer, die Kausalität zu bestreiten. Die Geschädigten haben oftmals auch eine **Kraftminderung** und **Muskelschwäche**. Es kann bis zur **Schultersteife** oder zu einem **Schulterhochstand** kommen, aber auch zur sog. **frozen shoulder**. Wenn solche Wörter in den Arztberichten auftauchen, ist immer mit Vorsicht an die Sache heranzugehen. **Arthrosen** (siehe Rdn 244 f.) sind auch sehr häufig. Ferner besteht das allgemeine Operationsrisiko der **Thrombose**, **Nervenschädigungen** und **Infektionen** (siehe Rdn 298 f., 264 f.). Wenn eine **Bewegungsunfähigkeit**, eine Schultersteife oder eine „frozen shoulder" vorliegt, kann die Invalidität 40 % bis 50 % betragen und bei den einzelnen AUBs bis zu 6/10 Armwert ausmachen. Wenn mit Menschen mit einer „frozen shoulder" gesprochen wird, teilen diese mit, dass die **Schmerzen** extrem sind. Sie nehmen **starke Schmerzmittel** ein. Darüber hinaus ist eine **Ausheilung sehr langwierig**. Aus diesem Grunde wird bei der Rotatorenmanschettenruptur in der außergerichtlichen Regulierung auch häufig gestritten. 188

4. Schulterluxation

a) Grundlagen

Die **Verrenkung des Schultergelenks** (**Auskugeln der Schulter**) tritt sehr häufig ein. Generell kann bei sämtlichen Schulterverletzungen gesagt werden, dass diese sehr langwierig sind. Jeder Geschädigte, der schon einmal auf die Schulter gefallen ist, kann davon berichten. Das Kugelgelenk hat eine sehr kleine Gelenkpfanne. Es kommt daher am Schultergelenk viel häufiger zu Luxationen als an anderen Gelenken des menschlichen Körpers. Statistisch gesehen sind 50 % aller Luxationen **Schultergelenksluxationen**. Ursächlich ist oftmals der Sturz auf den ausgestreckten Arm bei Unfällen im Straßenverkehr, zum Beispiel beim Sturz mit dem Fahrrad oder Motorrad. In 80 % bis 90 % der Fälle luxiert die Schulter nach vorne. In den restlichen Fällen liegt eine hintere Luxation vor. Die hintere Luxation wird sehr häufig übersehen. In den Röntgenaufnahmen scheint der Oberarmkopf korrekt in der Pfanne zu stehen. Es ist daher eine transaxilläre Röntgenaufnahme erforderlich. Hier passieren auch sehr viele Arzthaftungsfehler, wenn diese Verletzungen übersehen werden oder falsche Röntgenaufnahmen durchgeführt werden. Ferner führen 189

Schulterluxationen oft zu Folgeschäden an beiden Gelenkpartnern, sowohl der Gelenkpfanne als auch dem Humeruskopf.

b) Arztkontakt/Rücksprache

190 Hier sind **Orthopäde**, **Physiotherapeut** und/oder **Unfallchirurg** zu kontaktieren.

c) Komplikationen, Spätfolgen und Risiken

191 Es kann bis zu 2 Jahre dauern, bis die Schulter wieder vollständig hergestellt ist. Von daher ist die Sache sehr **langwierig** und **kompliziert**. Es kann zu einer **chronischen Instabilität** kommen. Es können aber auch die **Nerven geschädigt** werden. Wichtig sind auch der Physiotherapeut und der Geschädigte selber, da der Physiotherapeut zunächst Übungen vornimmt und anschließend dem Geschädigten nur noch Anweisungen für die Übungen gibt. Wenn dies nicht therapiert wird, ist sogar eine **Einsteifung der Schulter** mit allen sich daraus ergebenden Konsequenzen (**Operation**) möglich. Ferner kann es bei der Schulterluxation zu **Krafteinschränkungen** kommen, zu **Bewegungseinschränkungen** sowie zu **chronischen Schmerzen.** Generell sind Schulterverletzungen sehr schmerzhaft, so dass bei derartigen Komplikationen immer auch die **Schmerzmitteleinnahme** zu beachten ist, welche **Nebenwirkungen** haben kann, die auch langfristig zu Schädigungen führen können. Gerade bei Schulterverletzungen sind Schmerzen manchmal chronisch, so dass die Geschädigten über sehr lange Zeit **Schmerzmittel** einnehmen müssen. Dies ist bei den Schadensersatzzahlungen zu berücksichtigen.

XVIII. Sprunggelenk/Unterschenkel

1. Unterschenkelschaftfraktur

a) Grundlagen

192 Eine **Unterschenkelschaftfraktur**, d.h. ein Bruch des Unterschenkels, ist medizinisch dann gegeben, wenn die Fraktur ohne Beteiligung des angrenzenden Kniegelenks und des angrenzenden Sprunggelenks erfolgt. Oftmals ist die Ursache eine direkte Gewalteinwirkung, zum Beispiel bei Verkehrsunfällen. Sehr häufig sind Geschädigte auch polytraumatisiert, d.h. es liegen mehrfache lebensbedrohliche Verletzungen vor. Mitunter ist nicht nur eine Unterschenkelfraktur, sondern auch eine Oberschenkelfraktur gegeben oder Fußbrüche desselben Beins mit Weichteilschädigungen.

193 Generell kann gesagt werden, dass besondere Risiken bei der Unterschenkelfraktur immer dann entstehen, wenn ein kniegelenksnaher Bruch vorliegt. Es ist daher exakt zu ermitteln, wo der Bruch war.

194 Es gibt verschiedene Klassifikationen von Typ A bis Typ C. A ist ein einfacher Bruch, B ein Keilbruch und C ist eine Komplexfraktur.

Praxistipp

Ferner ist bei der Unterschenkelschaftfraktur immer darauf zu schauen, inwieweit Weichteile beschädigt wurden (Muskel, Bindegewebe, Haut). Wichtig ist auch, in den Arztberichten zu überprüfen, ob eine Schädigung des Nervus peroneus eingetreten ist, welche unter dem Stichwort „**Fußheberdefizit**" oftmals eine Rolle spielt und große Probleme in der Prognose bedeutet. Des Weiteren ist bei geschlossenen Frakturen und auch bei schwereren Quetschverletzungen immer darauf zu achten, ob ein Kompartmentsyndrom eingetreten ist, d.h. ob durch den erhöhten Gewebedruck eine Schädigung von Gewebe eingetreten ist. Solche Syndrome sind rechtzeitig zu operieren. Geschieht dies verspätet, können erhebliche Invaliditätsprobleme entstehen. Arzthaftungsrechtlich ist dies ebenfalls immer zu beachten.

b) Arztkontakt/Rücksprache

Hier ist der **Unfallchirurg** und Orthopäde zu kontaktieren. 195

c) Komplikationen, Spätfolgen und Risiken

Es kann zu **Schwellungen** des Beins kommen und zu **Fehlstellungen.** Es können 196 **Refrakturen** entstehen, sowie **Achsfehlstellungen** (siehe Rdn 235 f.). Darüber hinaus besteht ein **Kompartmentrisiko** (siehe Rdn 266 f.), ein **hohes Thromboserisiko** (siehe Rdn 298 f.) und die Gefahr der **Pseudarthrose** (siehe Rdn 293). Die Prognose ist generell ungünstig. Es ist eine **sehr lange Heilungsdauer** zu verzeichnen von bis zu 2 Jahren und länger. Es kann zu **Gefäß- und Nervenschädigungen** kommen und zu **Infektionen** (siehe Rdn 264 f.). Je nachdem, welche Weichteile verletzt wurden und wie schwer die Blutgefäße und die Nerven in Mitleidenschaft gezogen sind, besteht bei Unterschenkelfrakturen mitunter auch ein **Amputationsrisiko** (siehe Rdn 239 f.). Hieran ist bei Abfindungserklärungen (Vorbehalte) zu denken, da naturgemäß etwaige eingetretene Folgen dann sowohl für den Anwalt, der dies nicht beachtet hat, ein Haftungsproblem darstellen als auch für den Geschädigten erhebliche Auswirkungen auf Beruf, Haushalt und sonstige Tätigkeiten hat.

Unterschenkelfrakturen sind nicht als problemlos einzustufen.

2. Pilon-Tibiale-Fraktur

a) Grundlagen

Es handelt sich hierbei um eine Verletzung, bei der die tragende, in der Horizontal- 197 ebene stehende, Gelenkfläche der Tibia betroffen ist. Ursächlich ist häufig ein Sturz, aber auch ein Auffahrunfall im Straßenverkehr. Aufgrund des geringen Weichteilmantels handelt es sich in ca. einem Viertel der Fälle um offene Frakturen. Generell kann gesagt werden, dass dies eine der schwierigsten und komplikationsreichsten Verletzungen überhaupt ist. Aus ärztlicher und arzthaftungsrechtlicher Sicht sind das Sprungbein und das Fersenbein zu prüfen. Es sind in der Regel sehr viele Operationen notwendig. Auch erfahrene Unfallchirurgen tun sich mit derartigen Verletzungen schwer. Es kommt sehr häufig zu Einschränkungen der Belastbarkeit und Funktion des Gelenks. Ferner ist die Prognose natürlich abhängig von der Zerstörung der Gelenksfläche. Insgesamt handelt es sich um eine sehr komplizierte Fraktur.

b) Arztkontakt/Rücksprache

198 Hier sind **Unfallchirurg**, **Orthopäde** und/oder **Physiotherapeut** zu kontaktieren.

c) Komplikationen, Spätfolgen und Risiken

199 Die Prognose hängt davon ab, inwieweit es zu Zerstörungen der Gelenksfläche und Beschädigungen der Weichteile gekommen ist und ob es sich um Mehrfachverletzungen handelt. Es kann **zu Wundheilstörungen** kommen, zu **starken Infektionen**, zu **Pseudarthrosen** (siehe Rdn 293), zu **Thrombosen** (siehe Rdn 298 f.), zum **Kompartmentsyndrom** (siehe Rdn 266 f.), zu **Nervenverletzungen und Verletzungen von Blutgefäßen**. Es gibt bei derartigen Frakturen auch eine lange **Schwellneigung** mit **erheblichen Schmerzen**. Mitunter kann es auch zu **chronischen Schwellneigungen** des Beins kommen.

All diese Komplikationen sind im Rahmen einer eventuellen Abfindungserklärung bei Unterschenkelfrakturen und Sprunggelenksfrakturen immer mit zu berücksichtigen.

200 Es bestehen natürlich auch die allgemeinen Operationsrisiken wie **Thrombose**, **Nervenschädigungen**, **Infektionen** und **Embolie** (siehe Rdn 299, 298, 264, 253).

201 Da die Prognose bei derartigen Frakturen oftmals schlecht ist, sind auch der Beruf und das soziale Umfeld des Geschädigten zu überprüfen und festzustellen, ob beruflich eventuell eine starke Belastbarkeit des Beines notwendig ist. Muss der Geschädigte lange stehen oder viel laufen, so ist dies in die Überlegung bei Abfindungserklärungen mit einzubeziehen, da der Geschädigte dann mitunter später seinen Beruf nicht mehr ausüben kann und er bei einer vorbehaltlosen Abfindung keinen Gehaltsdifferenzschaden oder Erwerbsschaden mehr geltend machen kann.

202 Insofern haben Unterschenkelfrakturen und Sprunggelenksfrakturen fast immer Auswirkungen auf den Beruf und die Haushaltsführung, da sie häufig hochgradig instabile Frakturen sind. Schließlich kann es auch zur sog. **Arthrodese**, d.h. zur operativen Versteifung des Gelenks kommen. Auch dies bedeutet eine **erneute Operation** mit den sich ergebenden Risiken und natürlich die mögliche Komplikation einer **Versteifung eines Gelenks**.

3. Sprunggelenksfraktur

a) Grundlagen

203 Die **Sprunggelenksfraktur** wird auch **Malleolarfraktur** oder auch **Weberfraktur A, B, C** genannt. Es handelt sich hierbei um die Fraktur des Außenknöchels und/oder

des Innenknöchels. Dies ist häufig begleitet von einer Fraktur der vorderen oder hinteren Tibiakante sowie einer Ruptur von Bändern. Ähnlich wie die Pilonfraktur ist auch dies eine äußerst komplizierte und unangenehme Fraktur, die hochgradig instabil ist. Die Sprunggelenksfraktur entsteht oftmals durch starkes Umknicken des Fußes. Wenn sowohl der Innen- als auch der Außenknöchel betroffen sind, spricht man von einer Bimalleolarfraktur. Man unterscheidet die Frakturen in Weber A bis Weber C Frakturen. Bei Weber C ist der Bruch oberhalb der Syndesmose, das Band gerissen und das Gelenk instabil. Weber C ist sehr schwierig und führt oftmals zu Komplikationen. Ferner entstehen arzthaftungsrechtlich oftmals Probleme, wenn geprüft wird, ob die Syndesmose auch verletzt ist. Bei Weber C ist die Syndesmose mit gerissen, wenn die sog. Bimalleolarefraktur vorliegt, d.h. beide Knöchel außen und innen gebrochen sind. Die Komplikationen sind oftmals sehr schwierig. Die Arthrosegefahr ist extrem groß.

b) Arztkontakt/Rücksprache

Hier sind **Unfallchirurg**, **Orthopäde** und/oder **Physiotherapeut** zu kontaktieren. 204

c) Komplikationen, Spätfolgen und Risiken

Es kann zu **Sensibilitätsstörungen** kommen, zu **chronischen Schwellneigungen des Knöchels**, zu **Instabilität** und zu **Fehlstellungen**. Ferner können als Spätfolge **Schwellneigungen mit Schmerzen** entstehen und dadurch auch **Bewegungsdefizite**. Weiterhin kann es zu **Arthrosen** (siehe Rdn 244 f.) und **Pseudarthrosen** (siehe Rdn 293) kommen. Es können die Operationsrisiken wie **Thrombose**, **Nervenschädigungen**, **Infektionen** und **Embolien** (siehe Rdn 299, 298, 264, 253) bestehen. Ferner kann es auch zum **Morbus Sudeck** (siehe Rdn 271 f.) kommen. 205

C. Tipps zur Vermeidung von Fehlern bei der Beurteilung medizinischer Sachverhalte

Gerade Spätfolgen und Risiken bei den einzelnen Verletzungen werden viel zu wenig beachtet. Anwälte, die leichtfertig den Mandanten dazu raten, eine vorbehaltlose Abfindungserklarung zu unterschreiben, bedenken oftmals derartige Risiken nicht. 206

Objektiv vorhersehbare Folgen aus der Regulierung des Personenschadens aus Unkenntnis auszuklammern, kann erhebliche negative Folgen für das Schmerzensgeld, den Haushaltsführungsschaden, den Erwerbsschaden sowie auch die vermehrten Bedürfnisse und sogar die Pflege haben, wenn sich derartige Risiken, die die einzelnen Verletzungen in sich bergen, tatsächlich realisieren. 207

Es gibt in diesem Bereich zwei Handlungsalternativen. Die eine ist, der Anwalt vereinbart entsprechende Vorbehalte mit der Wirkung eines gerichtlichen Feststellungsurteils für die Zukunft unter Verzicht auf die Einrede der Verjährung. Die 208 zweite Möglichkeit ist, der Geschädigte unterschreibt gleichwohl eine vorbehaltlose Abfindungserklärung, wobei er in Absprache mit seinem Anwalt und nach entsprechender Aufklärung über die Risiken sich diesen Vorbehalt vom Versicherer „abkaufen“ lässt. Dies kann für den Geschädigten einen erheblichen finanziellen Vorteil haben, da sich die möglichen Risiken und Spätfolgen nicht immer realisieren.

209 Man stelle sich einmal vor, der Geschädigte hat eine vorbehaltlose Abfindungserklärung unterschrieben und die Sache ist für den Versicherer beendet. Nach einiger Zeit tritt eine Nekrose ein mit der sich ergebenden Konsequenz, dass es zu einer Totalendoprothese kommt oder gar zu einer Amputation. In diesem Fall hat dies erhebliche Auswirkungen auf das Leben des Geschädigten. Dieser kann seinen Beruf nicht mehr ausüben und ist im Haushalt erheblich eingeschränkt.

210 Die nachfolgenden 7 Tipps sollen dem Anwalt helfen, alle Facetten eines medizinischen Sachverhalts zu ergründen, um so die Ansprüche des verletzten Mandanten optimal zu regulieren.

I. Was ist dauerhaft geschädigt? Was bedeutet dies für den Geschädigten in Beruf und Alltag?

211 Dies ist grundsätzlich immer die erste Frage. Es ist zu prüfen, welche Verletzung der Geschädigte hat. Kommt es zu einem Dauerschaden oder ist die Verletzung vollständig ausgeheilt? Es ist zu prüfen, ob das Bein, der Finger, der Arm, die Schulter, die Zehen, der Kopf, das Becken oder die Wirbelsäule dauerhaft geschädigt sind. Wenn es zu einer dauerhaften Schädigung gekommen ist, muss gefragt werden, ob dies Auswirkungen auf den Alltag oder auf den Beruf des Geschädigten hat. Welche berufliche Zukunftsprognose ist möglich? Was ist geplant? Stehen Veränderungen an? Kann er den Beruf und seinen Alltag mit dem Dauerschaden bewerkstelligen? Es ist immer zu prüfen, wie Beruf und Verletzungsbild des Geschädigten zusammenpassen oder eben auch nicht. Hierbei sind mögliche Spätfolgen unter Berücksichtigung ärztlicher Einschätzung einzubeziehen (siehe auch II.). Bei der Beurteilung, wie die dauerhafte Entwicklung sein wird, ist selbstverständlich auch das Alter des Mandanten zu berücksichtigen. Ein junger Mensch kann möglicherweise seinen Beruf mit dieser Verletzung noch einige Zeit, manchmal bis zu zehn oder zwanzig Jahren ausüben. Es ist jedoch angesichts vieler Verletzungsbilder bereits zum Schadenszeitpunkt vorhersehbar, dass der Beruf nicht bis zum Erreichen des Rentenalters ausgeübt werden kann. Dies ist bei der Regulierung zu berücksichtigen.

212 Diese Fragen sind **immer** in Rücksprache mit den behandelnden Ärzten zu besprechen. Deshalb ist auch der folgende zweite Tipp von Bedeutung.

II. Rücksprache Facharzt/Arztliste

Juristen, die Personengroßschäden bearbeiten, sind zwar in der Regel durch die langjährige Arbeit medizinisch ganz gut informiert. Keinesfalls ersetzt dies jedoch ein Medizinstudium oder gar eine Facharztausbildung. Von daher ist es zwingend notwendig, dass bei sämtlichen Bereichen eine Rücksprache mit dem entsprechenden Facharzt getroffen wird. Es ist zu prüfen, welche Komplikationen, Spätfolgen und Risiken neben den bekannten zusätzlich noch auftreten können. Es ist hier auch an entsprechende wissenschaftliche Abhandlungen zu denken, da die Medizin sich permanent weiterentwickelt und es zum Beispiel auch im positiven Sinne erhebliche Weiterentwicklungen für den Patienten oder Geschädigten gibt. So vertreten einige namhafte Mediziner die Auffassung, dass sogar Querschnittsgelähmte eines Tages wieder laufen können, weil die Wissenschaft in der Rückenmarkforschung sehr fortgeschritten ist. 213

Anwälte, die Personenschäden bearbeiten, sollten daher immer mit Fachärzten zusammenarbeiten. Es gibt mittlerweile für fast jeden Bereich Fachärzte. Es ist daher entsprechend den Verletzungen mit einem **Unfallchirurgen, Neurologen, Internisten, Orthopäden, Psychotherapeuten, Radiologen, HNO-Facharzt, Urologen** etc. zusammenzuarbeiten. Es gibt auch Spezialisten im Mund-Kiefer-Bereich. Es gibt einen Neurochirurgen sowie einen Facharzt für Kinder- und Jugendpsychiatrie und -psychotherapie. Insofern sollte der Kontakt zu den verschiedenen medizinischen Fachbereichen aufgebaut werden. Versicherer arbeiten ebenfalls nach diesem Muster, indem sie sich entsprechender Gesellschaftsärzte bedienen. In der Regel sind diese Ärzte ehemalige Klinikärzte, die sich in den einzelnen Fachgebieten extrem gut auskennen und über entsprechende Spezialkenntnisse verfügen. 214

Dieser Tipp kann nicht oft genug betont werden, da Versicherer im Bereich der Medizin gegenüber den Juristen deutliche Wissensvorsprünge haben. 215

III. Brüche/Frakturen

Wenn der Geschädigte Brüche erlitten hat, sollte der Anwalt immer schauen, ob es sich um einen Bruch **mit** einer Gelenksbeteiligung handelt oder einen Bruch **ohne** eine Gelenksbeteiligung. Dies ist deshalb von Bedeutung, da Brüche mit Gelenksbeteiligung viel komplizierter sind und erheblich mehr Risiken in sich bergen. Insbesondere das Arthroserisiko ist beim Bruch mit Gelenksbeteiligung deutlich höher. Insofern ist diese Unterteilung für die Einordnung eventueller Spätfolgen sehr wichtig. 216

Generell ist bei den Beschwerden immer zu schauen, ob es Strukturbeschwerden sind oder Funktionsbeschwerden. Die Struktur ist alles, aus dem wir bestehen (Knochen, Sehnen, Muskeln etc.). Die Funktion ist unsere Fähigkeit und Leistung. Strukturelle Beschwerden wie Frakturen etc. kann man objektiv feststellen (MRT, Röntgen). Funktionelle Beschwerden kann man nicht objektiv feststellen. 217

IV. Weichteilschädigung

218 Ferner ist der Fall immer darauf zu untersuchen, ob eine **Fraktur** oder eine **Luxation** oder aber eine **Weichteilschädigung** vorliegt. Zudem ist zu prüfen, ob es sich um eine leichte Schädigung oder schwerste Weichteilschädigungen handelt. Generell bedeuten Weichteilschädigungen nicht immer Dauerschäden. Die Prognose ist bei korrekter Therapie oftmals gut, bei schwereren Weichteilschädigungen kann es jedoch zu erheblichen Komplikationen wie Infektionsgefahr, Pseudarthrose, Kompartmentsyndrom, Amputation etc. kommen. Gerade im Bereich der größeren Weichteilschädigungen kann es Probleme geben, wenn der Mandant lange stehen, gehen, heben muss oder schwere Sachen zu tragen hat. Muskeln bauen sich dreimal so schnell ab, wie sie sich aufbauen. Es ist daher auch im Unfallbericht danach zu schauen, ob zum Beispiel Quetschungen oder sogar ein Überrolltrauma vorgelegen haben. Anhaltspunkte dafür bilden Sachverhalte, in denen Motorradfahrer, Fahrradfahrer oder Fußgänger von anderen Fahrzeugen überfahren wurden.

V. Operation

219 Da Verletzungen entweder **konservativ** oder aber **operativ** behandelt werden können, ist immer zu überprüfen, wenn eine Operation erfolgte, ob alles ordnungsgemäß und korrekt lief. Dies hat arzthaftungsrechtliche Auswirkungen, da sehr viele Fehler in der Klinik geschehen. Es können bei Operationen immer vermeidbare Nervenschädigungen, Thrombose, Embolie und Infektionen auftreten.

VI. Begleitverletzungen

220 Ferner ist immer zu prüfen, ob neben einer Ausgangsverletzung wie einem Bruch auch **Begleitverletzungen** eingetreten sind. Solche Begleitverletzungen können zum Beispiel Nervenschädigungen sein. Wenn dies der Fall ist, sind auch immer entsprechende Risiken zu berücksichtigen, die wiederum neue Dauerfolgen auslösen können. Ferner ist bei den Begleitverletzungen auch immer an Sekundärfolgen an anderen Gelenken oder Knochen zu denken. Speziell bei Trümmerbrüchen ist daher zu prüfen, welche anderen Knochen oder Gelenke zusätzlich noch in Mitleidenschaft gezogen worden sind. Hier sind dann deren medizinische Folgen herauszuarbeiten.

VII. Gutachter = Operateur

221 Ferner ist immer anhand der Arztberichte zu prüfen, ob zum Beispiel der **Gutachter** auch der **Operateur** war. Sollte dies der Fall sein, ist immer mit Vorsicht an die Sache heranzugehen, da in der Regel dann die Einteilung der Minderung der Erwerbsfähigkeit geringer ausfällt, da im Umkehrschluss eine hohe MdE bedeuten würde, dass der Operateur schlecht operiert hätte. Daher ist es immer günstiger, dass der Gutachter nicht gleichzeitig dieselbe Person ist, die operiert hat.

VIII. Allgemeine Tipps zur Prüfung von medizinischen Gutachten

In der Praxis ist es immer wieder zu beobachten, dass Anwälte lediglich das Fazit des Gutachters zur Kenntnis nehmen und dies zur Grundlage der weiteren Regulierung und ihrer Beurteilung machen. Dies ist zu kurz gegriffen. Es ist selbstverständlich die Pflicht des Anwalts, der Personenschäden bearbeitet, das Gutachten vollständig zu lesen und vollständig zur Kenntnis zu nehmen. Nur so ist gewährleistet, dass auch tatsächlich alle von dem Mandanten beklagten Unfallfolgen überhaupt untersucht und berücksichtigt wurden. Nicht selten ist es so, dass ein Versicherer hier entweder einen eingeschränkten Auftrag erteilt oder der Arzt den Auftrag nur eingeschränkt versteht. Wird beispielsweise der Arm und das Bein verletzt, kommt es vor, dass nur eines der beiden Körperteile untersucht wird; darüber hinaus muss der Anwalt prüfen, ob die Gutachten insgesamt vollständig sind. Erwähnt beispielsweise der Gutachter in seinen Ausführungen eine Nervenschädigung, ist die Einholung eines neurologischen Zusatzgutachtens unabdingbar. Wird eine Bruchverletzung beurteilt, muss zwingend ein radiologisches Zusatzgutachten eingeholt werden. Nur dann, wenn die Gutachten vollständig sind, können die Unfallfolgen auch tatsächlich vollständig beurteilt und in die Argumentation gegenüber dem Versicherer einbezogen werden. Hier lauert ein immenses Haftungsrisiko. 222

Der wichtigste Teil des Gutachtens findet sich bei chirurgischen Gutachten am Ende. Es handelt sich um das sogenannte Messblatt für Gliedmaßen. Man sollte immer darauf bestehen, dass dieses dem Gutachten beigefügt wird. Aus diesem Messblatt kann man ersehen, wie gravierend die Einschränkungen beim Mandanten tatsächlich sind. 223

Die Messblätter sind weitestgehend selbsterklärend. Die Bewegungseinschränkungen werden im Regelfall nach der sog. **Neutral-Null-Methode** ermittelt. Was damit gemeint ist, zeigen die Bilder auf der rechten Seite des Messblatts. Es wird jeweils die Beweglichkeit nach einer Seite, zum Ruhezustand sowie nach der anderen Seite angegeben. 224

Entscheidend bei den Messblättern ist, dass sowohl von den oberen als auch von den unteren Extremitäten jeweils zwei vorhanden sind. Entscheidend ist daher nicht alleine der Vergleich mit den auf den rechten Schaubildern angegebenen Normwerten, sondern vor allem der sog. **Seitenvergleich**. Das heißt, man muss im konkreten Fall berücksichtigen, welche Verletzungen auf jeder Seite vorliegen.

Name: Mustermann Aktenzeichen:

Untersuchungstag:

☐ Rechtshänder ☒ Linkshänder

Messblatt für obere Gliedmaßen (nach der Neutral - 0 - Methode)

	Rechts			Links		
Schultergelenke:						
Arm seitwärts / körperwärts (Abb. 1)	140	0	20	155	0	20
Arm rückwärts / vorwärts (Abb. 2)	35	0	125	40	0	150 0
Arm auswärts / einwärts drehen (Oberarm anliegend) (Abb. 3)	60	0	45	65	0	60
Arm auswärts / einwärts (Oberarm 90° seitwärts abgehoben) (Abb. 4)	85	0	65	85	0	80
Ellenbogengelenke:						
Streckung / Beugung (Abb. 5)	0	0	125	10	0	130
Unterarmdrehung:						
auswärts / einwärts (Abb. 6)	90	0	90	90	0	80
Handgelenke:						
handrückenwärts / hohlhandwärts (Abb. 7)	40	0	50	50	0	40
speichenwärts / ellenwärts (Abb. 8)	30	0	15	25	0	10

Fingergelenke: Abstände in cm:	II	III	IV	V	II	III	IV	V
Fingerkuppe von der queren Hohlhandbeugefalte (Abb. 9)	0	0	0	0	2	1,5	2	1,5
Fingerkuppe von der verlängerten Handrückenebene (Abb. 10)	0	0	0	0	0	0	1,5	1,5

Daumengelenke: Streckung / Beugung:						
Grundgelenk	0	25	85	0	55	90
Endgelenk	10	0	35	10	0	55
Abspreizung (Winkel zwischen 1. und 2. Mittelhandknochen)						
In der Handebene (Abb. 11)	0	65°		0	35°	
Rechtwinklig zur Handebene (Abb. 12)	0	50		0	50	90

	II	III	IV	V	II	III	IV	V
Ankreuzen, welche Langfingerkuppen mit der Daumenspitze erreicht werden können	x	x	x	x	x	x	x	x

	Rechts	Links
Handspanne:		
Größter Abstand in cm zwischen Daumen- und Kleinfingerkuppe	25	18,5
Umfangmaße in cm: (Hängender Arm)		
15 cm oberhalb äußerem Oberarmknochen	32	33
Ellenbogengelenk	29	29
10 cm unterhalb äußerem Oberarmknochen	27,5	27,5
Handgelenk	19	19,5
Mittelhand (ohne Daumen)	21	21
Armlänge in cm:		
Schulterhöhe / Speichenende	51	51
Stumpflängen in cm:		
Schulterhöhe / Stumpfende		
Äußerer Oberarmknochen / Stumpfende		

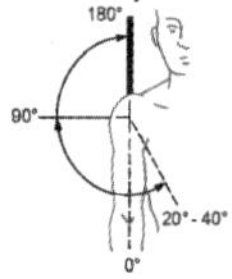

seitw./körperw.
Abb. 1

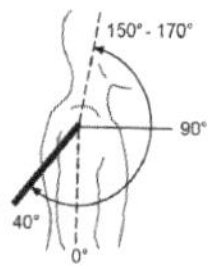

rückw./vorw.
Abb. 2

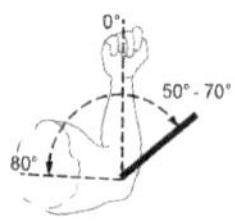

Drehg. ausw./einw.
Abb. 3

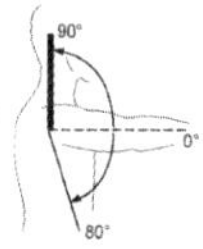

Drehg. ausw./einw.
Abb. 4

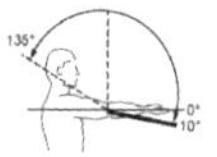

Streck./Beugg.
Abb. 5

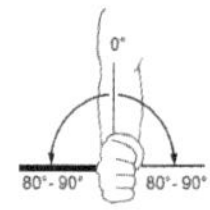

Drehg. ausw./einw.
Abb. 6

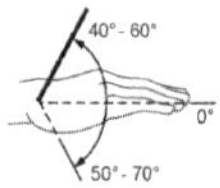

handrückenw./hohlhandw.
Abb. 7

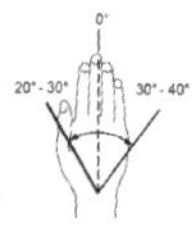

speichenw./ellenw.
Abb. 8

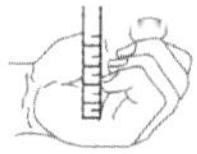
Abb. 9

Abb. 10

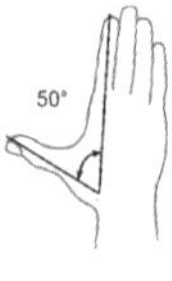

Abb. 11

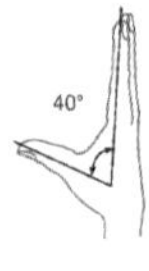

Abb. 12

F 4222 1115 Messblatt obere Gliedmaßen

...

In diesem Messblatt lag auf der linken Seite eine handgelenksnahe Fraktur des Radius (der Elle) vor. Am rechten Arm lagen schwere Verbrennungen bis zum 3. Grad vor. Diese erfassten den gesamten Arm. Bei der Messung der Beweglichkeit der Schultergelenke fällt auf, dass diese rechts leicht eingeschränkt sind. Man kann davon ausgehen, dass bei einer Abweichung bis etwa 20 % (hier 140–0–20 statt 155–0–20) von einer **geringgradigen** Beeinträchtigung geredet wird. Bei einer höheren Beeinträchtigung spricht man auch von einer **hochgradigen** Beeinträchtigung. Die Begriffe „geringgradig" und „hochgradig" kann man hier wörtlich verstehen. 225

Das Messblatt zeigt auch, dass insbesondere bei Gliedmaßen Verbrennungsverletzungen mit nachfolgenden Vernarbungen zu zumindest geringgradigen, teilweise aber auch zu erheblichen Beeinträchtigungen der Beweglichkeit führen können.

Auf der linken Seite liegt eine handgelenksnahe Ellenfraktur vor. Daher ist auf der linken Seite die Beweglichkeit einerseits bei der Unterarmdrehung leicht eingeschränkt, andererseits auch die Beweglichkeit der Handgelenke. Vor allem fällt auf, dass die Fingerkuppen auf der linken Seite nicht mehr zusammengeführt werden können.

Praxistipp

Insbesondere aus Abständen zwischen Fingerkuppen und aus höhergradigen Beeinträchtigungen ergeben sich nicht nur höhere Schmerzensgelder, sondern vor allem auch größere Beeinträchtigungen bei der Haushaltsführung. Je nach Beruf muss auch geschaut werden, ob hier berufliche Einschränkungen vorhanden sind.

Name: Mustermann Aktenzeichen:

Untersuchungstag:

Standbein: ☐ rechts ☒ links

Messblatt für untere Gliedmaßen (nach der Neutral - 0 - Methode)

	Rechts			Links		
Hüftgelenke:						
Streckung / Beugung (Abb.1 a und 1 b)	0	0	110	0	0	90
Abspreizen / Anführen (Abb. 2)	20	0	20	30	0	30
Drehung auswärts / einwärts (Hüftgelenk. 90° gebeugt) (Abb. 3)	30	0	0	/	/	/
Drehung auswärts / einwärts (Hüftgelenk gestreckt) (Abb. 4)	20	0	10	/	/	/
Kniegelenke:						
Streckung / Beugung (Abb. 5)	0	10	120	0	20	30
Obere Sprunggelenke:						
Heben / Senken des Fußes (Abb. 6)	10	0	40	/	/	/

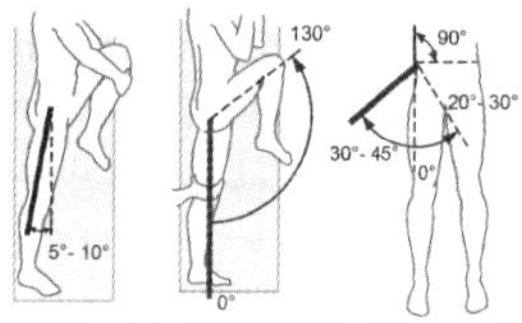

Streck./Beugg. Abb. 1a Abb. 1b

Abspreiz./Anführen Abb. 2

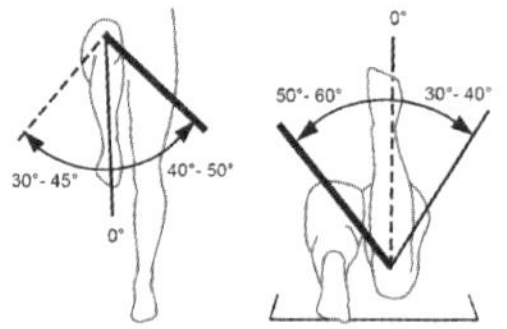

Drehg. ausw./einw. Abb. 3

Abb. 4

	Rechts	Links
Untere Sprunggelenke: Gesamte Beweglichkeit (Fußaußenrand heben Abb. 7 a / senken Abb. 7 b) (in Bruchteilen der normalen Beweglichkeit)	1/1	/
Zehengelenke: (in Bruchteilen der normalen Beweglichkeit)	1/1	/

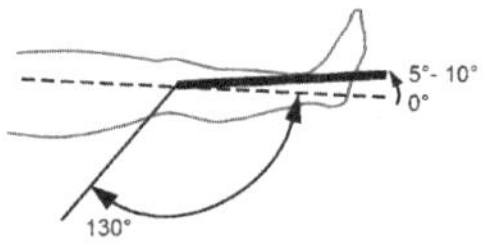

Streck./Beugg. Abb. 5

Umfangmaße in cm:	Rechts	Links
20 cm ob. innerer Knie-Gelenkspalt	57	60
10 cm ob. innerer Knie-Gelenkspalt	47	49
Kniescheibenmitte	45	43
15 cm unterhalb innerer Gelenkspalt	40	/
Unterschenkel, kleinster Umfang	25	/
Knöchel	27	/
Rist über Kahnbein	27	/
Vorfußballen	25	/

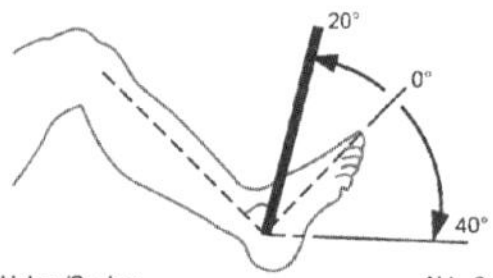

Heben/Senken Abb. 6

Beinlänge in cm:	Rechts	Links
Vorderer oberer Darmbeinstachel - Außenknöchelspitze	89	/

Stumpflänge in cm:	Rechts	Links
Sitzbein - Stumpfende	/	38
Innerer Knie-Gelenkspalt - Stumpfende	/	12

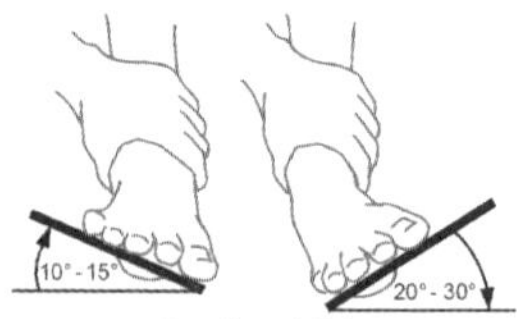

Gesamtbeweglichkeit

Abb. 7 a Außenrand heben

Abb. 7 b Außenrand senken

F 4224 0713 Messblatt untere Gliedmaßen

Diesem Messblatt lag eine Amputation des linken Unterschenkels zugrunde. Aufgrund der Amputation sind hier die Maße nur bis zum Kniegelenk eingefügt. Auf der anderen Seite ist eine Stumpflänge angegeben. Es zeigt sich, dass die Beweglichkeit der Hüftgelenke nahezu seitengleich ist. Auffallend ist, dass das Kniegelenk sich nur zum Teil bewegen lässt. Dies ist insbesondere von Bedeutung für die Frage einer Prothesenversorgung und für die Frage, wie weit das Bein mit entsprechender Prothese anschließend beweglich sein wird. Was die Länge des Stumpfes angeht, so hängt hiervon entscheidend auch wieder die Prothesenversorgung ab. 226

Hinweis

Insbesondere bei Amputationen ist darauf abzustellen, wie viel von der Gliedmaße noch erhalten geblieben ist. Darüber hinaus ist bei einer Amputation immer die Stumpfversorgung entscheidend. Nur bei einer optimalen Stumpfversorgung kann auch eine Prothesenversorgung optimal erfolgen.

Bei der **Prothesenversorgung** kommt es jeweils auf den Einzelfall an. Hier ist immer ein Spezialist hinzuzuziehen, der sämtliche praktische Fragen wie Erwerbsfähigkeit, Haushaltsführung etc. beurteilt. Darüber hinaus ist bei Amputationen wie hier stets auch an die Frage von **Phantomschmerzen** zu denken, welche erheblich schmerzensgelderhöhend wirken. Darüber hinaus führen diese teilweise zu Erwerbsunfähigkeit und Ausschluss der Möglichkeit, den Haushalt zu führen. 227

Praxistipp

Es empfiehlt sich immer dann, wenn ein Messblatt für Gliedmaßen vorliegt, dies mit der klinischen Untersuchung abzugleichen. Darüber hinaus empfiehlt es sich immer, bei Unsicherheiten auf jeden Fall einen Arzt zu Rate zu ziehen, der die Messblätter und die klinischen Untersuchungen erläutern kann.

Weiteres Augenmerk sollte der Anwalt unbedingt auf den Teil des Gutachtens legen, in dem die **Anamnese** (nicht selten tauchen hier Vorerkrankungen auf, welche der Versicherer dem Anwalt im Regulierungsgespräch sicher entgegenhalten wird) und die **klinische Untersuchung** beschrieben werden. Dabei ist zu berücksichtigen, dass bei der klinischen Untersuchung im Regelfall unbeobachtete Momente des Mandanten beschrieben werden. Hieraus kann auch der Anwalt ersehen, ob der Mandant beispielsweise zur Aggravation neigt oder auch zur Dissimulation. Hinkt beispielsweise der Mandant zu Beginn der Untersuchung in das Untersuchungszimmer, kann sich dann jedoch flüssig ohne Zuhilfenahme von Hilfsmitteln oder fremder Hilfe entkleiden, ist dies ein Hinweis darauf, dass der Mandant zur Aggravation neigt. Betritt er jedoch betont locker und flüssig das Untersuchungszimmer und hat im Anschluss daran Schwierigkeiten, sich zu entkleiden, ist dies immer ein Hinweis darauf, dass der Mandant dissimuliert. Das bedeutet nichts weniger, als dass er die Unfallfolgen gegenüber Dritten versucht herunterzuspielen. Der Versicherer wird sich genau diese Teile des Gutachtens regelmäßig sehr genau ansehen. 228

229 Man kann die Plausibilität von Gutachten überprüfen. Einerseits ist das Messblatt für Gliedmaßen maßgeblich. Andererseits muss man wissen, dass Gelenke in dem Moment, in dem sie ruhiggestellt werden, sehr schnell einsteifen. Am gravierendsten gilt dies für das Schultergelenk. Hier gilt die Faustregel, dass das, was innerhalb einer Woche steifer wird, einen Monat Krankengymnastik zur Wiedererlangung der Beweglichkeit erfordert. Wenn ein Gelenk steif bleibt, so führt dies zu einem folgendem Phänomen: Wird die aktive Beweglichkeit (das heißt Beweglichkeit durch den Geschädigten selbst) eingeschränkt, so schränkt sich im selben Maße nach und nach auch die passive Beweglichkeit ein. Das bedeutet, dass beispielsweise der Arm ebenfalls nur noch eingeschränkt angehoben werden kann, wenn der Geschädigte den Arm selbst nur noch eingeschränkt anheben kann. Hier sind Stichworte wie „aktive Beweglichkeit" und „passive Beweglichkeit" Schlüsselworte. Wenn es so ist, dass die passive Beweglichkeit uneingeschränkt ist, die aktive Beweglichkeit jedoch stark eingeschränkt ist, spricht dies dafür, dass der erhobene Befund nicht mit den Tatsachen übereinstimmt. Hier ist davon auszugehen, dass das Gelenk tatsächlich auch aktiv uneingeschränkt beweglich ist. Dies ist ein wichtiger Hinweis dafür, dass der Mandant simuliert oder aggraviert. Dies wird ein Versicherer im Regulierungsgespräch ganz sicher entgegenhalten.

230 All diese Tipps dienen dazu, Argumente zu finden, die in einem Regulierungsgespräch gegenüber dem Versicherer vorgebracht werden können. Dies ist deshalb wichtig, um es noch einmal zu betonen, da Versicherer sich nur durch Sachargumente überzeugen lassen, höhere Zahlungen vorzunehmen. Nur wenn der Versicherer merkt, es besteht aufgrund der guten Sachargumente ein Prozessrisiko, lenkt er eventuell ein und leistet eine höhere Schadensersatzzahlung.

D. Erläuterung der häufigsten Komplikationen/Spätfolgen/ Risiken in der Personenschadensregulierung

I. Einleitung

231 Die nachfolgenden, alphabetisch geordneten Komplikationen, Spätfolgen und Risiken sind Schlagworte, die von Bedeutung sein können. Immer wenn eines dieser Schlagworte, wie zum Beispiel Achsfehlstellungen, Amputationen, Embolien, Kompartmentsyndrom, Osteitis, Nekrose etc., in Arztberichten zu lesen ist, müssen die Alarmglocken angehen, da dies zu Komplikationen führen kann mit den bereits mehrfach erläuterten Auswirkungen für den Geschädigten.

232 Generell kann gesagt werden, dass diese Komplikationen auch in Fällen der Arzthaftung eine Rolle spielen können. Innerhalb der Rechtsfolgen oder der haftungsausfüllenden Kausalität ist ein Arzthaftungsfall mit einem Verkehrsunfall mit Personenschaden jedoch fast identisch. In beiden Fällen sind die Schäden zu beziffern mit den bekannten Schadensersatzleistungen, wie Schmerzensgeld, Haushaltsführungsschaden, Erwerbsschaden und vermehrten Bedürfnissen. Die Ausführungen

können daher auch für Arzthaftungsfälle herangezogen werden. Allerdings ist das Gebiet der Arzthaftung hinsichtlich des Haftungsgrundes deutlich komplizierter. Schließlich ist das Problem bei den Arzthaftungsfällen auch, dass sehr viel weniger außergerichtlich reguliert wird. Dies hängt wahrscheinlich mit der Position der Ärzte und der Kliniken zusammen, wonach Fehler generell erst einmal abgestritten werden. Darüber hinaus ist die Materie auch viel komplexer, da mitunter nicht nur ein monokausaler Sachverhalt vorliegt, sondern mehrere Ursachen eine Rolle spielen können. Von daher ist es auch leichter zu behaupten, der andere Behandler habe Schuld oder es gebe für den eingetretenen Schaden andere Ursachen.

Mittlerweile steigen die Prämien für die Vermögensschadenshaftpflichtversicherung 233
der Ärzte immer weiter. Es gibt sogar Kliniken, die bei ihrer Vermögensschadenshaftpflichtversicherung eine Selbstbeteiligung im siebenstelligen Bereich abgeschlossen haben. Anderenfalls können sich die Kliniken eine Vermögensschadenshaftpflichtversicherung in manchen Fachbereichen nicht mehr leisten.

Wichtig ist auch, dass auf ein **Schmerzprotokoll** geschaut wird. Ein solches muss bei 234
langem schmerzhaften Verlauf detailliert geführt werden. Hierbei ist neben der Schilderung der Schmerzqualität die visuelle Analogskala (VAS) von 1 bis 10 zu verwenden. Nummer 1 bedeutet, der Schmerz ist gerade eben noch zu fühlen und Nummer 10 bedeutet, der Schmerz ist unerträglich, wie bei einem Kolikschmerz oder bei einem Venenschmerz. Zwischendrin erfolgen graduelle Abstufungen, wie der Betroffene es gerade fühlt. Es ist darauf zu achten, dass ein 8er Schmerz nicht über längere Zeit ertragen wird, ohne dass Hilfe, wie z.B. Medikamente oder manuelle Techniken in Anspruch genommen werden. 4er oder 5er Schmerzen können ohne Hilfe noch ertragen werden. Manche Menschen halten durchaus auch stärkere Schmerzen aus. Es ist allerdings darauf zu drängen, dass die Einstufung realistisch erfolgt, damit dadurch die Beweiskraft erhöht wird. Die Einnahme von Medikamenten, Akupunktur oder Akupressur sind ebenfalls in Verbindung mit der Schmerzeinteilung zu protokollieren, um so einen Nachweis über die Behandlung und die Schmerzen zu erhalten.

II. Alphabetische Begriffe

1. Achsfehlstellungen

Achsfehlstellungen können zu erheblichen Dauerschäden führen, speziell nach 235
schwereren Verletzungen wie Trümmerfrakturen. Achsfehlstellungen können aber auch nach konservativen Behandlungen durch Ruhigstellungen eintreten. Die sonstigen Achsfehlstellungen, wie sie bei Wachstumsstörungen von Kindern auftreten, sollen hier nicht diskutiert werden, da diese in der Regel nicht unfallursächlich sind.

Aufgrund dieser Achsfehlstellungen kann es zu Verschleißerscheinungen wie 236
Arthrosen kommen und zu Schmerzen, die teilweise chronisch verlaufen können. Generell kann gesagt werden, wenn eine Verschiebung des Körperschwerpunkts

geschieht, treten Arthrosen auf. Wenn es zu Beinverkürzungen kommt, ist zu prüfen, wie hoch der Schaden ist. Je nach Anzahl der Zentimeter geschieht dies entweder durch orthopädische Maßnahmen, wie Erhöhungen, Einlagen, Sohlen oder durch ein Spezialschuhwerk. Ab 3 cm Beinlängendifferenz wird auch oftmals operativ behandelt, um eine Achsfehlstellung auszugleichen.

237 Achsfehlstellungen sind generell nicht zu unterschätzen. Es wird versucht, insbesondere durch gelenkerhaltende Eingriffe, wie eine Achskorrektur, die Verbesserung der Gelenkanatomie zu erreichen. Wenn dies nicht möglich ist, müssen Prothesen eingesetzt werden, was zu erneuten Operationen führt und weitere Risiken auslöst. Ferner besteht bei Prothesen das Problem, dass diese nicht dauerhaft halten und es bisher nicht über alle Prothesen Langzeitstudien gibt. Von daher kann sich eine normale Achsfehlstellung zu einem Dauerschaden entwickeln, der sich sowohl auf Beruf als auch auf Haushalt und den sonstigen Alltag massiv auswirkt. Es ist auch immer zu schauen, welche Gelenke und welche Körperteile betroffen sind. Diesbezüglich sind Rücksprachen mit Fachärzten vorzunehmen. Wenn Achsfehler vorliegen, müssen in der Regel Korrekturoperationen vorgenommen werden oder Folgebehandlungen, wie zum Beispiel eine Korrekturosteotomie. Bei einer Osteotomie handelt es sich um eine operative Knochendurchtrennung. Insoweit zieht sich eine Behandlung jahrelang hin und führt zu erheblichen Einschränkungen.

238 Achsfehlstellungen sind auch deshalb problematisch, weil sie eine deutliche Erhöhung der Gelenkbelastung mit den sich daraus ergebenden Problemen bedeuten.

Je nach Ausprägung der entsprechenden Achsenfehlstellung kann es zu Folgeschäden kommen. Es kann eine Fehlbelastung der benachbarten Gelenke eintreten, wodurch auch an den benachbarten Gelenken dann weitere Dauerschäden, wie Arthrose oder Prothesen entstehen können.

2. Amputationen

239 **Amputation** bedeutet die Abtrennung eines Körperteils. Man unterscheidet zwischen Amputation als chirurgischem Eingriff und traumatischer Amputation als Unfallfolge. Man differenziert ferner zwischen Amputationen aufgrund von arteriellen Verschlusskrankheiten und den Amputationen aufgrund eines Unfalls. Hier handelt es sich meistens um starke, offene Frakturen. Wenn ein ausgedehntes Kompartmentsyndrom vorliegt, dann sind Nerven und Blutgefäße unwiederbringlich zerstört und als ultima ratio bleibt nur die Amputation.

240 Ganz entscheidend ist bei den Amputationen, dass diese naturgemäß nicht nur eine erhebliche körperliche Einschränkung in Haushalt, Beruf und Alltag bedeuten, sondern auch eine psychische Belastung eintritt, da viele Geschädigte mit dem Verlust nicht klarkommen. Wichtig ist auch, dass eine Rücksprache mit dem Unfallchirurgen, dem Orthopäden, dem Psychologen, dem Physiotherapeuten und dem Orthopädietechniker erfolgt, da heutzutage gute Prothesen existieren. Allerdings kosten diese auch unterschiedlich viel Geld, je nach Ausstattung. Die Geschädigten müssen

ferner mit einem Physiotherapeuten und Ergotherapeuten zusammenarbeiten, da spezielle Gleichgewichts- und Belastungstrainings erfolgen. Ferner gibt es spezielle Übungen im Bereich der Gangschulung.

Des Weiteren ist bei Amputationen zu beachten, dass es zu erheblichen Schmerzen 241 bei den Geschädigten kommt. Es sind Phantomschmerzen im amputierten Teil der Gliedmaßen zu verzeichnen. Außerdem kann eine Amputation zu Allergien führen und zu massiven psychologischen Problemen.

Amputationen findet man oftmals auch nach schweren Verkehrsunfällen, wenn er- 242 hebliche Weichteilverletzungen vorliegen, bei denen der Arzt auch mit einem Fixateur externe arbeitet. Sehr häufig ist dies zum Beispiel bei Unterschenkelfrakturen mit erheblicher Beschädigung des Knochens und der Weichteile der Fall. Dann steht der Arzt vor der Entscheidung, ob er möglicherweise das Leben des Geschädigten gefährdet oder eine Amputation vornimmt. Insofern kann eine frühzeitige Amputation dann das Leben des Geschädigten retten, den Leidensweg verkürzen und auch zur Rehabilitation beitragen.

In jedem Fall ist jedoch von einem erheblichen Dauerschaden auszugehen, der sich 243 in einigen Rechtsgebieten auswirken kann (Sozialrecht, private Unfallversicherung, BUZ). Schließlich spielen naturgemäß auch die vermehrten Bedürfnisse eine Rolle, da oftmals erhebliche Kosten für orthopädische Hilfsmittel auflaufen, die nicht immer vom Sozialhilfeträger voll getragen werden.

3. Arthrose

Von einer **Arthrose** spricht man, wenn eine chronische Erkrankung des Gelenks 244 vorliegt durch Abnahme des Gelenkknorpels. Der Gelenkknorpel erneuert sich ab dem 18. Lebensjahr nicht mehr, da er keine Nerven hat. Wie bereits bei den Achsfehlstellungen erörtert, ist Hauptgrund der Arthrose eine Schiefhaltung des Körpers, wie sie bei Achsfehlstellungen der Fall ist, aber auch bei Verletzungen der Gelenkflächen anlässlich eines Bruchs, eines Knorpelschadens oder eines Bänderschadens. Von daher ist immer bei derartigen Verletzungen automatisch an die Folgen einer Arthrose zu denken.

Eine Arthrose kann sich grundsätzlich in jedem Gelenk bilden. Häufig tritt sie je- 245 doch beim Sprunggelenk auf, beim Knie und bei der Hüfte. Das Problem der Arthrose wird, wenn über eventuelle noch eintretende Dauerschäden geredet wird, seitens der Versicherer oftmals heruntergespielt. Je nachdem, wie schwer die Arthrose ist und welches Gelenk betroffen ist, kann es hierbei jedoch zu erheblichen Problemen kommen, die erhebliche Auswirkungen auf Beruf und Alltag haben.

Bei einer beginnenden Arthrose kann es zunächst bei leichten Schmerzen verblei- 246 ben mit gewissen Funktionsbeeinträchtigungen der Gelenke. Es kann jedoch auch später eine Endoprothese erforderlich werden: ein künstliches Gelenk, wie dies häufig beim Knie und bei der Hüfte geschieht. Oder es wird zu einer Arthrodese kommen, welches das Endstadium einer Arthose ist, d.h. es kommt zu einer Gelenksversteifung, wie dies häufig beim Sprunggelenk, beim Ellenbogengelenk, beim Schultergelenk oder bei der Wirbelsäule der Fall ist.

247 Sowohl die Endoprothese als auch die Arthrodese haben erhebliche Auswirkungen für den Beruf und für den Alltag. Das Thema Arthrose darf daher keinesfalls kleingeredet werden, denn wenn die Abfindungserklärung erst einmal vorbehaltlos unterzeichnet ist, kann später keine Erhöhung der Schadensersatzansprüche mehr gefordert werden, wenn diese Folgen, die durch die Arthrose ausgelöst werden, eintreten. Der Geschädigte kann dann zum Beispiel seinen Beruf nicht mehr ausüben, weil er eine Endoprothese bekommt oder eine Gelenksversteifung eintritt. Diesbezüglich ist daher auch mit Orthopäden, Unfallchirurgen, Physiotherapeuten und Orthopädietechnikern Rücksprache zu halten. In diesem Zusammenhang ist bei der Arthrose auch wichtig, dass diese nicht heilbar ist. Das heißt, man kann lediglich versuchen, den einsetzenden Prozess hinauszuzögern, sei es, dass durch den Physiotherapeuten Muskelaufbautraining betrieben wird oder andere physiotherapeutische Maßnahmen eingeleitet werden.

248 Das Problem bei der Arthrose ist, dass die Geschädigten dann versuchen, zum Beispiel das andere Bein mehr zu belasten, um die Schmerzen zu kompensieren. Dies führt zu einer Schiefstellung, was das Gangbild betrifft. Dies hat dann wieder Auswirkungen auf die Wirbelsäule – mit der Folge, dass beim Geschädigten nun Rückenschmerzen eintreten, die vorher nicht existierten. Resultat ist dann eine Kettenfolge. Am Ende kann ein komplizierter Bandscheibenvorfall stehen.

> *Praxistipp*
>
> Oftmals empfiehlt es sich, das Thema Arthrose ausgiebig innerhalb der Vergleichsverhandlungen anzusprechen und möglicherweise ein deutlich höheres Schmerzensgeld und deutlich höhere Schadensersatzansprüche geltend zu machen, wenn eine Arthrose als Folge droht. Dies ist oftmals sinnvoller, als entsprechende Vorbehalte zu vereinbaren, weil Arthrosen mittlerweile fast eine Volkskrankheit geworden sind und mit zunehmendem Alter immer mehr Menschen betreffen. Das erschwert den späteren Kausalitätsnachweis, wenn Versicherer argumentieren, dass die Arthrose auch durch sonstige Überbelastungen oder durch eine Stoffwechselerkrankung oder allgemein als degenerativer Prozess eingetreten ist, der mit dem Unfall nichts zu tun hat. Es ist dann nach mehreren Jahren möglicherweise ein Prozess zu führen, um dieses Problem zu klären. Mitunter kann es daher in Absprache mit dem Mandanten sinnvoller sein, sich das Risiko einer Arthrose „abkaufen“ zu lassen.

249 Statistisch gesehen gibt es ca. 10 Mio. Deutsche, die unter Arthrose leiden. Weitere 20 Mio. Deutsche haben Knorpelschädigungen mit einer möglicherweise später eintretenden Arthrose. Von daher ist das Problem der Kausalität gar nicht so abwegig. Mittlerweile gibt es auch sehr viele Forschungsthemen im Bereich der Arthrose, da dies so viele Menschen betrifft. Die Uni Tübingen hat zum Beispiel herausgefun-

den, dass die Ernährung und die Bewegung dabei helfen, das Arthroseproblem in den Griff zu bekommen, denn wenn die Knorpelzelle noch vorhanden ist und lebt, kann durch Ernährung und Bewegung versucht werden, den Knorpel aufzubauen, so dass es zu einer Regeneration der Gelenke kommt.

Praxistipp

Generell sind Arztberichte danach durchzuschauen, ob anhaltende Schmerzen in Gelenken bei den Geschädigten auftreten, da dann oftmals auch Knorpelverletzungen vorliegen und oft eine Arthrose eintritt.

4. Arthrofibrose

Eine **Arthrofibrose** ist eine **Gelenksvernarbung**, die mit einer schmerzhaften Bewegungseinschränkung einhergeht. Diese Gelenkserkrankung tritt oftmals nach Verletzungen und Operationen ein. Es kommt zu einer Einschränkung der Beweglichkeit der Gelenke. 250

Teilweise ist in der Forschung hier noch einiges ungeklärt. Geschädigte berichten über eine sehr schmerzhafte Einschränkung der Beweglichkeit. Bei Kreuzbandverletzungen tritt dies sehr häufig im Bereich des Kniegelenks auf. 251

Im Bereich der Arzthaftung spielen derartige Folgen der Arthrofibrose auch eine Rolle, da es auch oftmals zu Arthrofibrosen kommt, wenn Operationsfehler geschehen. Manchmal kann aber auch bei einer ungenügenden postoperativen Nachbehandlung eine solche Arthrofibrose auftreten, wenn eine zu lange Ruhigstellung erfolgt und nicht rechtzeitig mit der Mobilisierung begonnen wurde. Es kommt dann zu einer Kapselschrumpfung, zum Beispiel des Kniegelenks. Gerade wenn Kreuzbandoperationen anstehen und später im Operationsbericht von einer Arthrofibrose die Rede ist, sollten die Alarmglocken läuten, da neben dem handwerklichen Fehler manchmal auch zu früh operiert wird. Es empfiehlt sich daher, immer erst zu operieren, wenn das Kniegelenk frei beweglich und schmerzfrei ist und auch kein Gelenkerguss mehr vorhanden ist. 252

5. Embolie

Von einer **Embolie** spricht man, wenn ein **Verschluss eines Blutgefäßes** vorliegt. Hierzu können körpereigene, aber auch körperfremde Substanzen wie Fetttropfen, Blutgerinnsel oder Luftblasen führen. Es kommt zu einer Durchblutungsstörung, d.h. es ist kein Rückfluss des Blutes mehr möglich. Meist lag vorher eine Thrombose vor, d.h. auch ein Verschluss eines Blutgefäßes durch ein Blutgerinnsel. Wenn sich jedoch das Gerinnsel von seiner normalen Entstehungsstelle löst, kann dieses mit dem Blut durch den Körper geschwemmt werden und dann zu einer Embolie führen. 253

254 Ursachen hierfür können zum Beispiel lange Bettruhe sein, eine Venenentzündung, aber auch eine normale Operation oder ein Gipsverband sowie auch die Auswirkungen von Medikamenten. Durch Ultraschall kann dies erkannt werden. Embolien können bis zum Tod des Geschädigten führen. Es kann eine operative Gerinnselentfernung erfolgen, was naturgemäß mit erneuten Problemen behaftet ist. Folgen einer Thrombose können auch das sog. postthrombotische Syndrom sein. Es kommt zu Schwellungen und Geschwürbildungen mit der Folge, dass eine erhebliche Infektionsgefahr bis zur Amputationsnotwendigkeit des betroffenen Körperteils eintreten kann. Es treten lebenslange Schädigungen auf, mit erheblichen Auswirkungen auf Beruf und Haushalt. Die Embolie kann sowohl Venen als auch Arterien betreffen. Die bekannteste Embolie ist die Lungenembolie, als Folge einer venösen Thrombose im Bein oder im Becken. Es kann aber auch zu einer Verstopfung im Herzbereich kommen oder die Thrombose kann eine Schlagader verschließen. Das kann zum Schlaganfall führen.

255 In der Mehrzahl der Fälle wird ein Medikament gegeben, in der Regel Heparin. Dadurch soll erreicht werden, dass sich das Blutgerinnsel wieder auflöst. Es werden dann vorbeugend weiterhin blutverdünnende Mittel verschrieben.

6. Epilepsie

256 **Epilepsie** ist eine Krankheit, die vom Gehirn ausgeht. Man kann diese behandeln und ausheilen. Es gibt hier spezielle Kliniken und Spezialisten, die man konsultieren sollte. Im Unfallbereich ist hieran immer zu denken, wenn **Kopfverletzungen** vorliegen. Liegen sogar Hirnverletzungen oder schwere Kopfverletzungen vor, ist als eventuell eintretende Dauerfolge die Epilepsie in Betracht zu ziehen.

257 Die Epilepsie muss noch nicht eingetreten sein, kann sich aber später realisieren. Wenn dann die Abfindungserklärung keine Vorbehalte aufweist oder an die Epilepsie nicht gedacht wird, kann dies erhebliche Auswirkungen haben. Normalerweise können Epilepsien mit Medikamenten behandelt werden. Einige Patienten sprechen aber auch auf keine Medikamente an. Dann steht mitunter auch ein kompli zierter chirurgischer Eingriff bevor.

258 Epilepsie kann erhebliche Folgeschäden nach sich ziehen, wie Müdigkeit, Kopfschmerzen, kognitive Störungen, Nieren- oder Leberprobleme, Haarausfall, Gewichtsverlust. Es kann zu hohen Konzentrationsschwierigkeiten bis zu Schlaganfällen und Gehirnblutungen kommen. Wenn also eine Kopfverletzung vorliegt, muss das Epilepsierisiko berücksichtigt werden.

259 Ferner ist im verwaltungsrechtlichen Sinne zu beachten, dass Geschädigte mit einer Epilepsie in der Regel ihre Fahrerlaubnis verlieren, da die Teilnahme am Straßenverkehr zu riskant ist. Insofern kann die Epilepsie erhebliche Auswirkungen auf Haushalt, Beruf und Alltag haben. Es ist jedoch auch erwiesen, dass sehr viele Epileptiker durch Medikamente anfallsfrei bleiben.

Insofern kann auch hier eventuell mit einem sog. Abkaufen eines Epilepsierisikos, möglicherweise nach umfangreicher Rücksprache mit den entsprechenden Fachärzten, für den Mandanten etwas erreicht werden, da sich das Risiko nicht zwangsläufig in der Zukunft realisieren muss. 260

7. Fixateur externe

Ein **Fixateur externe** heißt übersetzt ein „**äußerer Festhalter**". Es ist ein Haltesystem, um einen Knochenbruch ruhig zu stellen. Der Fixateur externe tritt oftmals bei schweren Verletzungen auf. Er wird insbesondere bei offenen Frakturen mit erheblichen Weichteilschädigungen und auch bei Trümmerfrakturen angewendet. 261

> *Praxistipp*
>
> Sollte in einem Arztbericht der Ausdruck Fixateur externe enthalten sein, ist erhöhte Aufmerksamkeit geboten.
>
> Erhebliche Weichteilschädigungen können auch zu einer Infektion des Knochens (Osteitis) führen oder es kommt zu einem Muskelschwund, zur Verkürzung von Sehnen und Bändern, zur Schrumpfung von Gelenkkapseln etc. Fixateurs externes werden auch bei Beckenringfrakturen eingesetzt, da auch hier Weichteilschädigungen vorliegen und Blutverluste eintreten. Hierdurch wird eine Stabilisierung des Knochens erreicht. Wenn ein Fixateur externe verwendet wurde, ist auch immer an eine eventuelle Pininfektion zu denken.

8. Gefäßschäden

Die Gefäßinnenwand ist bedeutend, da sie einen reibungslosen Durchfluss des Blutes ermöglicht. Wenn die Gefäßinnenwand beschädigt ist, wird der Blutfluss behindert. Immer wenn endoprothetische Operationen anstehen, kann es auch zu Beschädigungen der Gelenke oder von arteriellen Gefäßen kommen. Aber auch bei Luxationen ist immer daran zu denken und zu prüfen, ob es zu Schädigungen an Gefäßen oder auch an Nerven kommt. 262

Generell kann gesagt werden, dass es bei jeder Fraktur durch die Gewalteinwirkung zur Mitverletzung eines Blutgefäßes oder von Nerven kommen kann. Bei bestimmten Frakturen sind einzelne Nerven besonders gefährdet. Es ist hier an den Nervus radialis bei der Oberarmschaftfraktur zu denken. Ferner ist der Nervus medianus bei Oberarmbrüchen zu nennen. Bei Hüftgelenksluxationen ist immer an die Verletzung des Nervus ischiadicus zu denken. Der Nervus peroneus kann gefährdet sein bei kniegelenksnahen Frakturen oder bei Kniegelenksluxationen. 263

9. Infektionen

Eine **Infektion** ist das Eindringen von Krankheitserregern (**Bakterien, Pilze, Viren**) in den Wirt oder deren Vermehrung, was zu einer Schädigung führen kann. So- 264 bald die Verletzung operativ behandelt wird, ist an das Infektionsrisiko durch eine Operation zu denken. Bekannt sind die Osteitis, die Knochenentzündung und die infektiöse Arthritis, die eine bakterielle Gelenkinfektion darstellt. Wenn eine solche Gelenkinfektion vorliegt, führt dies zu einer nicht wieder behebbaren Knorpelschädigung. Die Folge ist dann eine Arthrose mit den sich ergebenden Risiken und potentiellen Gefahren.

265 Eine Infektion kann folgenlos behandelt werden, kann aber auch zu schwersten Schädigungen mit massiven Konsequenzen für Beruf, Haushalt und Alltag führen. Bei größeren Weichteilverletzungen ist auch automatisch immer an etwaige Infektionsgefahren zu denken.

10. Kompartmentsyndrom

266 Es handelt sich hierbei um die Schädigung von Gewebe und von Organen aufgrund eines Gewebedrucks. Generell kann gesagt werden, dass jede Art von körperlichem Trauma ein **Kompartmentsyndrom** als Folge haben kann. Deswegen ist bei Unfällen immer an dieses Risiko zu denken. Es kann durch einen Druck von innen als Folge einer Blutung entstehen oder aber durch einen Druck von außen, zum Beispiel von einem Gipsverband. Ein solches Kompartmentsyndrom kann zunächst zu einer vorübergehenden Funktionsminderung führen bis hin zum dauerhaften Verlust mit sich ergebenden Muskel- und Nervennekrosen. Das Kompartmentsyndrom als Risiko darf nicht unterschätzt werden, da es zu operativen Folgeeingriffen kommen kann. Unter Umständen müssen entstehende Nekrosen oder Muskeln entfernt werden. Dies führt wiederum zu erheblichen Einschränkungen im Beruf und im Alltag.

267 Generell kann bei Unterschenkelfrakturen und sich ergebenden Operationen an das Kompartmentsyndrom gedacht werden, da statistisch gesehen das Kompartmentsyndrom dort am häufigsten auftritt. Eher seltener tritt es beim Unterarm auf.

268 Ferner ist auch immer bei Unfällen, wenn es zu Quetsch- oder Überrollverletzungen gekommen ist, an das Kompartmentsyndrom zu denken. Wenn ein solches eingetreten ist, müssen oftmals durch eine Operation Spaltungen des Weichteilmantels und der Faszien vorgenommen werden, damit eine Druckreduktion entsteht.

269 Wenn Knochenbrüche, Muskelquetschungen, zum Beispiel durch Einklemmungen im Pkw, oder Weichteilschädigungen vorliegen, ist daher immer an das Kompartmentsyndrom zu denken.

270 Ferner ist auch immer wieder im Operationsbericht die Dauer der Operation zu beachten, weil bei langen Operationen von mehr als 5 Stunden durch die einseitige Lage des Patienten auch ein Kompartmentsyndrom auftreten kann. Von daher werden heute oftmals auch Pausen bei Operationen gemacht, um die Lagerung der Beine zu ändern. Das Kompartmentsyndrom darf nicht unterschätzt werden, da am Ende sogar eine Lähmung oder der Verlust betroffener Gliedmaßen stehen kann.

Am Unterarm kann es auch zu einer Gelenksteife kommen. Oftmals sind auch je nach Ausmaß des Kompartmentsyndroms Hauttransplantationen nötig.

11. Morbus Sudeck

Morbus Sudeck wird auch als **Sudeck-Syndrom** oder in der neueren Medizin als **CRPS** bezeichnet. Dies ist die Abkürzung für „**complex regional pain syndrome**". Woher das Sudeck-Syndrom genau kommt, ist weitestgehend unbekannt. Das Syndrom ist Gegenstand zahlreicher Forschungsprojekte. Zu einem Morbus Sudeck kann es bei jeder Arm- oder Beinverletzung kommen. **271**

Heute heißt Morbus Sudeck, wie gesagt, überwiegend CRPS. Seinen Namen verdankt es dem Erstbeschreiber. Aufgrund einer vegetativen Fehlregulierung kommt es infolge von Starkschmerzen zu einer Durchblutungsverminderung im kapillaren Bereich (also der kleinsten Gefäße). Dies führt zu einer schlechten Stoffwechsellage, welche zu einer Fibrosierung (Vernarbung) des Bindegewebes führt. Es führt zu einer Abnahme der Knochensubstanz, einer Störung der Schweißdrüsenfunktion mit Temperaturregulationsstörung und Funktionsverlust von Sehnenkapseln und Gelenken. Grundsätzlich ist dieser Zustand reversibel, allerdings muss die Situation frühzeitig erkannt werden und entsprechend behandelt werden. Bei dem CRPS unterteilt man in Grad 1 (primäre Nervenverletzung) und Grad 2 (ohne Nervenverletzung). **272**

Die Geschädigten äußern einen Brennschmerz im Arm oder im Bein. Dieser Berührungsschmerz kann so schlimm sein, dass die Geschädigten panische Angst haben, dass der Arm, die Hand oder das Bein von einem Arzt auch nur leicht berührt wird. **273**

Ferner ist in Arztberichten darauf zu achten, ob ein Morbus Sudeck vorlag, da dies erhebliche Auswirkungen mit oft schweren Schäden haben kann. Das Problem beim Morbus Sudeck ist, dass dies zunächst nicht erkannt wird oder von Anwälten bei der Bearbeitung übersehen wird. Ein einfacher harmloser Sturz auf die Hand ohne komplizierte Folgen oder Frakturen kann später zu einem Morbus Sudeck führen. Wenn jetzt entsprechende Abfindungserklärungen unterschrieben wurden und später der Morbus Sudeck nach Unterschrift der Abfindungserklärung auftritt, kann dies erhebliche haftungsrechtliche Probleme auslösen.

Es kommt zu einer Schwellung, zu Hautverfärbungen und zu Temperaturveränderungen. Wie genau diese starken Veränderungen zustande kommen, ist heute wissenschaftlich noch nicht geklärt. Man vermutet, dass die Ursache eine Störung im zentralen Nervensystem ist, die die entsprechenden Veränderungen in der Hand oder in dem Arm auslösen kann. **274**

Der Morbus Sudeck kann sowohl nach einem Unfall entstehen, aber auch als Folge einer Operation. Es ist daher auch bei jeder Operation im weitesten Sinne an den Morbus Sudeck zu denken. **275**

276 Der Morbus Sudeck ist äußerst folgenreich, da er auch oft zu einer Versteifung der Gelenke führt mit allen sich ergebenden Konsequenzen in Beruf und Haushalt.

277 Ferner ist das Problem beim Morbus Sudeck, dass noch nicht mal eine Fraktur vorgelegen haben muss. Es kann theoretisch auch eine leichte Prellung als Ursache reichen. Von daher kann bei leichten Verletzungen manchmal schon nach ein paar Wochen eine Abfindungserklärung unterschrieben worden sein, ohne dass an den Morbus Sudeck gedacht wurde. Das Problem ist ferner, dass dann zu den Schmerzen und Belastungen oftmals psychische Probleme bei den Geschädigten dazukommen. Am Ende kann sogar ein Dauerschaden oder ein Personengroßschaden drohen.

> *Praxistipp*
>
> Da diese Erkrankung für die Versicherer erhebliche Auswirkungen haben kann und die Forschung diesbezüglich noch keine brauchbaren Ergebnisse liefert und zudem auch theoretisch andere Ursachen als ein Unfall zu einem Morbus Sudeck führen können, gibt es wegen der Unfallkausalität oftmals Streit zwischen den Geschädigten und den Versicherern.

278 Statistisch entsteht ein Morbus Sudeck in ca. 50 % bis 55 % der Fälle nach Frakturen, in ca. 20 % bis 25 % der Fälle nach einem Weichteiltrauma und in 20 % der Fälle nach einem Trauma und nur in 3 % der Fälle nach Infektionen.

279 Ferner müssen die Morbus Sudeck-Geschädigten oftmals auch psychologisch betreut werden und unterliegen speziellen Schmerztherapien, da die Beschwerden extrem unangenehm sind. Ferner besteht teilweise die Gefahr der Ausbreitung bis zur Schulter.

> *Praxistipp*
>
> Sollten frühe Symptome für einen Morbus Sudeck auftreten, wie zum Beispiel Rötung, Schwellung, Angst vor Berührung, so ist hier unverzüglich ein Spezialist aufzusuchen, da der Morbus Sudeck im frühen Stadium wesentlich besser therapiert werden kann, als wenn die Erkrankung schon deutlich fortgeschritten ist.

280 In diesem Zusammenhang empfiehlt sich auch immer die Einschaltung privaten Rehamanagements, da Versicherer ein elementares Interesse haben, Morbus Sudeck-Fälle so schnell wie möglich „in den Griff" zu bekommen. Wenn erst einmal Stadium 2 oder Stadium 3 des Morbus Sudeck eingetreten ist, führt dies zwangsläufig zu extremen Kosten, da in der Regel oftmals Arbeitsunfähigkeit, Verrentung und deutlich erhöhte Schadensersatzleistungen die Folge sind.

281 Die Wissenschaft wird auch weiterhin das Morbus Sudeck-Syndrom stark beschäftigen, da bis heute nicht geklärt ist, warum einige Menschen Morbus Sudeck bekommen und andere bei gleicher Ausgangsverletzung nicht. Bekannt ist nur, dass es sich um eine vegetative Fehlsteuerung im zentralen Nervensystem handelt. Generell kann gesagt werden, dass der Morbus Sudeck nach wie vor eines der größten Rätsel

der Unfallmedizin darstellt, absolut ernst zu nehmen ist und von Profis und Schmerztherapeuten behandelt werden sollte. Hier hilft nur eine Zusammenarbeit zwischen Geschädigten, Versicherern und Medizinern.

12. Nekrose

Die **Nekrose** ist ein **Absterben von Gewebe**. Das Absterben des Gewebes ist die Folge fehlender Blutversorgung. 282

Nekrosen kommen sehr häufig bei Verletzungen von Hüftkopf, Sprungbein (Talus), Kahnbein der Hand und Mondbein vor. Nekrosen sind oft mit erheblichen Dauerschäden verbunden. Im Frühstadium versucht man, das Gelenk noch zu erhalten. Wenn sie jedoch schon fortgeschritten ist, kann das Gelenk meistens nicht mehr erhalten werden. Dann droht eine Totalendoprothese oder eine Versteifung. 283

Bei den Nekrosen gibt es oftmals auch außergerichtlich Streit mit den Versicherern, da diese immer überprüfen, ob die eingetretenen Nekrosen auch wirklich unfallkausal waren oder ob andere Faktoren eine Rolle gespielt haben könnten. Oftmals wird eine Fettstoffwechselstörung, ein Übermaß an Alkohol, Nikotin oder ein vorhandenes Rheumaproblem als Ursache angeführt. Versicherer untersuchen daher auch oftmals die Gegenseite, z.B. wird die gegenüberliegende Hüfte danach untersucht, ob dort auch eine Nekrose auftritt oder eine Nekrose im Frühstadium zu erkennen ist, da dann oftmals eine andere Kausalität vorliegt. 284

Praxistipp

Sollte es zu Verbrennungen gekommen sein, treten in dem Zusammenhang Nekrosen auf. Wenn zum Beispiel durch einen Überschlag ein Fahrzeug in Brand geraten ist und der Geschädigte Verbrennungen erlitten hat, ist automatisch immer an das Problem einer Nekrose zu denken.

Folge einer Hüftgelenksnekrose ist oftmals, dass dann eine sog. Endoprothese eingebaut wird. Allerdings gibt es 150 Arten von Prothesen, aber bisher nur bei 15 Arten Langzeitanalysen. Ferner sind Operationen, wenn Endoprothesen eingesetzt werden, extrem kompliziert, da die gesamte Muskulatur entfernt wird. Es kommt zu starken Blutungen. Schließlich halten Endoprothesen im optimalsten Fall 30 Jahre. Deswegen wird zum Beispiel auch beim Knie versucht, eine Endoprothesen-OP so lange wie möglich hinauszuzögern. 285

Praxistipp

Da die Hüftkopfnekrose große Probleme mit sich bringen kann, ist bei Schenkelhalsfrakturen immer an die posttraumatische Hüftkopfnekrose zu denken und im Rahmen der Risiken bei komplizierten Schenkelhalsfrakturen immer mit zu berücksichtigen. Hier ist Vorsicht besser, da eine solche später eintretende Nekrose massive Auswirkungen auf den Beruf und den Alltag sowie den Haushalt hat.

13. Offene Frakturen

286 Wenn ein **Knochenbruch** vorliegt, bei dem es zusätzlich noch zu einer Öffnung der Haut und des Weichteilgewebes kommt, spricht man von einer **offenen Fraktur**. Solange die Haut und die Weichteile nicht verletzt sind, spricht man dagegen von einer **geschlossenen Fraktur**. Offene Frakturen bergen ein Risiko, da eine Wunde vorhanden ist, bei der es leicht zu Infektionen durch Keime und Bakterien kommen kann. Es ist daher in den Arztberichten immer besondere Vorsicht geboten, wenn von offenen Frakturen die Rede ist.

287 **Offene Frakturen** werden meist nach Gradeinteilung **I bis IV** behandelt. Dies ist der Fall, wenn man die Einteilung nach *Tscherne* und *Oestern* vornimmt. Oder aber sie sind eingeteilt nach Grad I bis III, wenn man die Einteilung nach *Gustilo* und *Andersen* vornimmt. Die Einteilung nach *Tscherne* ist am gebräuchlichsten. Hier gibt es vier Gradeinteilungen.

- **Grad I** bedeutet eine einfache Fraktur mit einer geringen Kontamination. Die Weichteile sind im Wesentlichen noch intakt.
- **Grad II:** Hier liegt schon eine komplexere Fraktur vor, eine erhöhte Kontamination und es ist eine Weichteilschädigung gegeben.
- **Grad III:** Hier liegt eine Weichteilzerstörung vor mit Gefäß- und Nervenverletzungen, eine Trümmerfraktur mit starker Kontamination. Muskeln und Sehnen sind ebenfalls geschädigt.
- **Grad IV:** Dies ist die schlimmste Fraktur. Es kommt hier zu einer subtotalen oder totalen Amputation. Man spricht dann davon, wenn weniger als ein Viertel des Weichteilmantels überhaupt noch erhalten ist. In diesem Fall sind auch erhebliche Gefäß- und Nervenstrukturen durchtrennt. Solche massiven Weichteilverletzungen und offenen Frakturen des vierten Grades kommen speziell bei Überrolltraumafällen vor oder bei schweren Quetschungen. Wenn im Arztbericht von einem Fixateur externe die Rede ist, ist Vorsicht geboten: oft liegt eine Fraktur mit Grad IV vor.

Derartige schwere Frakturen bringen auch arzthaftungsrechtliche Probleme mit sich, da mitunter manchmal Infektionen und Schädigungen in der Klinik verursacht werden. Es kann zum Kompartmentsyndrom kommen. Ferner geht es darum, dass operativ in den ersten Stunden das Richtige unternommen wird. Es besteht ein Thrombose- und Embolierisiko.

14. Geschlossene Frakturen

288 Geschlossene Frakturen werden gemäß des aktuellen Traumascores aus 2016 auch in vier Grade eingeteilt, wobei 0 eine unbedeutende oder fehlende Weichteilschädigung, z.B. beim indirekten Trauma, darstellt und III schwere Frakturformen, Trümmerfrakturen, Verletzungen eines Hauptgefäßes und ein manifestes Kompartmentsyndrom bedeuten. Entsprechend der Weichteilschädigung erfolgt dann die Versorgung in den höheren Graden der Schädigung mit einem sog. Fixateur externe.

Dieser bietet die Möglichkeit, ohne weiteren Gewebeschaden auch komplizierte Frakturen zu richten, so dass durch kleine Inzisionen (Einschnitte in die Haut) Metallschrauben mit langem Schaft (sog. Pins) direkt in den Knochen eingebohrt werden. Die Frakturen werden damit gerichtet und von außen mit entsprechenden Stangen fixiert. Dies ist die eleganteste Gewebeschonung, die es gibt. Die Nachteile des Verfahrens sind die dauerhafte Verbindung von der Haut zum Knochen, was Infektionen begünstigt. Allerdings ist die moderne und erfolgreiche Unfallchirurgie ohne den Einsatz des Fixateur externe nicht mehr denkbar.

15. Osteitis

Die nach einem Trauma entstandene Knochenentzündung wird als **Osteitis** bezeichnet. Entweder tritt sie nach einer operativen Behandlung auf oder aufgrund einer offenen Fraktur. 289

Ziel der Behandlung ist es, die Infektion so schnell wie möglich zu bekämpfen, da sonst eine chronische Osteitis entsteht. Fast immer sind hier auch erhebliche Weichteilprobleme die Folge. Die Osteitis ist äußerst unangenehm und sehr schwierig in den Griff zu bekommen. Am Ende kann es zu einem kompletten Funktionsverlust kommen, zu Amputationen des jeweiligen Bereichs bis hin zum sog. Multiorganversagen, an dessen Ende der Geschädigte stirbt.

Im Frühstadium kommt es bei der Osteitis noch nicht zur Eiterbildung. Später tritt diese ein. Dann muss der gesamte Entzündungsherd großräumig ausgeräumt werden. Osteitisgeschädigte haben je nach Fall oftmals mehrere OP-Eingriffe zu befürchten. Der Verlauf geht mitunter über Jahre. 290

> *Praxistipp*
>
> Es gibt spezielle Kliniken mit Osteitisabteilungen, bei denen Spezialisten vorhanden sind.

Man erkennt oftmals auch bei schweren Weichteilverletzungen und Osteitisproblemen, wenn eine Schwächung des Knochens vorliegt, dass auch hier ein Fixateur externe verwendet wurde. Manchmal muss anschließend auch eine sog. Knochenrekonstruktion vorgenommen werden. Auch dies ist sehr kompliziert und langwierig. Ferner besteht das große Problem, dass oftmals aus ärztlicher Sicht nicht gesagt werden kann, ob die Osteitis in den Griff zu bekommen ist oder nicht. Häufig tritt auch ein chronischer Verlauf ein, wenn bereits Implantate oder Prothesen verwendet wurden. Wenn neben der Knochenentzündung auch noch eine Markentzündung vorliegt, spricht man von einer Osteomyelitis; wenn es zu einer Knochenhautentzündung kommt von einer Periostitis. 291

Generell kann gesagt werden, dass sich die Osteitis als Knocheninfektion immer ergeben kann, wenn Bakterien oder andere Krankheitserreger, zum Beispiel nach einem Knochenbruch, aber auch nach einer Weichteilverletzung oder nach einer 292

Operation am Knochen in den Knochen gelangen und dann zu einer Entzündung führen. Es kann auch zu einer Blutvergiftung kommen.

16. Pseudarthrose

293 Eine **Pseudarthrose** ist eine sog. **Falschgelenkbildung**. Es liegt dann eine fehlende knöcherne Heilung nach einem Bruch vor. Damit eine Fraktur ungestört heilen kann, ist ein möglichst enger Kontakt der Frakturfragmente mit ausreichender Durchblutung und entsprechender Ruhigstellung notwendig. Je nach Schwere der Verletzung, aber auch wenn Fehler in ärztlicher Hinsicht entstehen, kann es zu einer fehlenden knöchernen Heilung kommen. Wenn nach einer Fraktur nach ca. 6 Monaten noch keine Anzeichen einer knöchernen Durchbauung vorliegen, spricht man von einer verzögerten Frakturheilung. Nach 6 Monaten und darüber hinaus spricht man dann von einer sog. Pseudarthrose. Ursachen für die Pseudarthrose können in der Regel die nicht vorhandene Ruhigstellung sein, mangelnde Durchblutung der einzelnen Knochenfragmente oder aber eine Infektion. Man erkennt dies immer daran, dass sich kein Kallus bildet. Beim Kallus handelt es sich um ein Knochengewebe, das gebrochene Knochen zusammenschließt. Ohne eine solche Kallusbildung liegt dann die Pseudarthrose vor.

Praxistipp

Ist daher in den Arztberichten von Pseudarthrosen die Rede, ist immer auch an Komplikationen zu denken, da Pseudarthrosen oftmals zu erheblichen Funktionseinschränkungen führen, die auch dauerhaft bleiben. Die Beweglichkeit ist eingeschränkt und es treten dauerhaft Schmerzen auf.

294 Bei folgenden Frakturen sollte an ein Pseudarthroserisiko gedacht werden:

- Unterschenkelfraktur;
- Oberschenkelfraktur;
- Oberarmfraktur;
- Unterarmfraktur;
- Kahnbeinfraktur;
- Handwurzelfraktur.

295 Wenn es zu einem falschen Zusammenwachsen der Knochenfragmente kommt, führt dies auch naturgemäß dazu, dass der Körperteil nicht entsprechend belastet werden kann. Es tritt eine Fehlstellung ein und die Funktion ist eingeschränkt oder es droht sogar ein kompletter Verlust.

296 Durch die sog. Pseudarthrose können erneute Probleme auftreten, da mitunter eine Folgeoperation droht. Allerdings bedeutet dies auch, dass dadurch nicht automatisch die Pseudarthrose behoben werden kann. Oberarmfrakturen mit Pseudarthrosen lassen sich besser in den Griff bekommen als Oberschenkelfrakturen.

297 Manchmal kommt es auch nach einer Pseudarthrose mit anschließender Operation zu erneuten Falschgelenksbildungen. Man spricht dann von einem Rezidiv. Auch

eine Versteifung des Gelenks ist möglich. Manchmal kann es auch zu den Problemen des Morbus Sudeck mit den sich ergebenden Konsequenzen kommen.

17. Thrombose

Thrombose ist der Verschluss eines Blutgefäßes und ist im engen Zusammenhang 298
mit der Embolie zu sehen. Sie kann in allen Gefäßen auftreten, meistens jedoch bei Beinen und Becken. Eine Thrombose kann durch Bettruhe, Stauung, Venenentzündung, aber auch durch einen Gips sowie durch ein Trauma oder durch Operationen entstehen.

Folge einer Thrombose kann eine Embolie sein. Sie wird medikamentös durch He- 299
parin behandelt. Wichtig ist, dass der Geschädigte nach einer Operation rasch mobilisiert wird. Thrombosen können nach jeder Operation auftreten und sind daher als Operationsrisiko zu verzeichnen. Daneben können sie aber auch allgemein traumatischer Natur sein, z.B. bei Verletzungen oder wenn es zu Quetschungen und großen Weichteilverletzungen kommt.

18. Verbrennungen

Eine **Verbrennung** liegt dann vor, wenn eine Schädigung der Haut oder der 300
Schleimhaut durch Hitzeeinwirkung entsteht. Die Mehrzahl der Verbrennungen geschieht durch Flammen. Häufig kommen diese bei Verletzungsunfällen im Straßenverkehr vor, wenn das Auto Feuer fängt. Wie so oft in der Medizin gibt es hier auch verschiedene Einteilungen nach Schweregrad, je nachdem wie viel Hautfläche verbrannt wurde. Hier ist die Forschung in den letzten Jahren sehr viel weiter gekommen, so dass auch schwerstverletzte Unfallopfer heute ihre Verbrennungen überleben können.

> *Praxistipp*
>
> Wichtig ist hier, dass Spezialkliniken aufgesucht werden und eine Rücksprache mit Spezialisten erfolgt, da dies in der Medizin ein absolutes Spitzenthema ist. Je nach Umfang der Verbrennungen stehen Hauttransplantationen an, entweder mit eigener Haut, mit fremder Haut oder durch Hautersatz. Ferner gibt es auch in dem Bereich der plastischen Chirurgie mittlerweile erhebliche Fortschritte und tolle Ergebnisse.

Sind Brandverletzungen im Spiel, muss immer damit gerechnet werden, dass dies 301
sehr langwierig ist. Daher sollte bei entsprechenden Abfindungserklärungen hieran gedacht werden. Plastische chirurgische Eingriffe erfolgen manchmal erst mehrere Jahre nach dem eigentlichen Unfall. Ferner ist zu beachten, dass Brandwunden hochgradig infektionsanfällig sind. Es kann bei Brandverletzungen sekundär auch zu einem Kreislaufschock kommen. Im schlimmsten Fall ist auch ein Funktionsverlust, wie akutes Nierenversagen möglich. Man spricht dann von einer Verbren-

nungskrankheit. Das Thromboserisiko ist auch recht hoch, da Geschädigte mit Verbrennungen sehr lange im Bett liegen müssen.

302 Daneben spielen bei Verbrennungsgeschädigten sehr oft psychische Probleme eine Rolle. Es ist genau zu prüfen, wo die Verbrennungen sind und ob diese durch Kleidung abdeckt werden können oder im Gesicht oder an sonstigen Körperstellen vorhanden sind, die zu sehen sind.

> *Praxistipp*
>
> Generell kann gesagt werden, dass bei schwereren Verbrennungen, wenn mehr als 10 % der Körperoberfläche betroffen sind, bei Kindern bereits bei 5 % der Körperoberfläche, die Geschädigten sofort in eine Spezialklinik transportiert werden müssen. Wenn Kleinkinder durch Brandverletzungen verletzt werden, sind diese immer in eine Spezialklinik zu bringen. Wenn schwerere Narbenbildungen vorhanden sind, kann mitunter eine lebenslange Nachbehandlung notwendig sein. Daher kann auch generell bei Verbrennungen gesagt werden, dass hier ausgiebige Rücksprachen mit Spezialisten notwendig sind, um das Ausmaß und den Umfang der Verletzungen mit den sich ergebenden Konsequenzen und Risiken besser beurteilen zu können, bevor eine Abfindungserklärung bei schweren Verbrennungsschäden unterschrieben wird.

303 Generell kann zudem gesagt werden, dass Verbrennungsschäden in den letzten Jahren medizinisch besser versorgt werden konnten. Vor 20 Jahren wären Geschädigte bereits an Verbrennungen von 30 % KOF (Körperoberfläche) gestorben, heute überleben zum Teil Geschädigte von Verbrennungen mit 75 % KOF. Es gibt heute spezielle Zentren zur Behandlung von Verbrennungen und Spezialkliniken, die über entsprechende Erfahrung und Know-how verfügen.

§ 12 Anhang

A. Muster zu § 4 – Ansprüche bei Verletzung

I. Beispiel – Schmerzensgeldbezifferung

Sämtliche Angaben dienen lediglich einer beispielhaften Darstellung. Insbesondere die stichpunktartige Darstellung des Verletzungsbildes und der entsprechenden Therapien wurden sehr stark verkürzt dargestellt. 1

▼

Muster 12.1: Schmerzensgeld: 1.300.000,00 EUR zzgl. immaterieller Zukunftsschadensvorbehalt

Nachfolgend erhalten Sie unsere Schmerzensgeldbezifferung für das Kind Max Mustermann. Zur besseren Übersicht stellen wir das Verletzungsbild und den therapeutischen Verlauf unseres zum Unfallzeitpunkt vierjährigen Mandanten zunächst stichpunktartig dar.

1. Verletzungsbild

a) Primäre Diagnosen:

- Polytrauma nach schwerem VKU
- Reanimation am Unfallort
- Instabile HWS-Luxationsfraktur HWK 5/6 und Luxation HWK 1/2 bei ligamentärer Instabilität
- **Hoher Querschnitt** bei ausgedehnter Myelopathie (Zerreißungstrauma) und Hirnstammläsion durch Akzellerations-Dezellerations-Trauma
- Intrakranielle Blutung, subarachnoidale Blutung, Venrtrikelkompression, Kompression der Hirnstammzisterne
- Zentrale Temperaturregulationsstörung

b) Therapeutischer Verlauf:

- 6.1.2020: CT-Polytrauma, MRT Schädel, MRT Wirbelsäule
- 6.1.2020: Spondylodese (*Wirbelsäulenversteifung*) HWK 5+6 dorsal mit Laminektomie (*Die Laminektomie ist eine Operationsmethode an der Wirbelsäule, bei welcher der Wirbelbogen mit dem Dornfortsatz entfernt wird. Sie dient der Dekompression des Spinalkanals*) und Duraplastik (*Bei der Duraplastik handelt es sich um eine Art Reparatur oder Erweiterung der Dura (der äußeren Hülle des Gehirns), wenn diese während einer Operation aufgeschnitten wurde. Sie wird häufig mit einem anderen kompatiblen Weichteilmaterial geschlossen, das aus einem anderen Körperteil entnommen wurde*)
- 9.1.2020: Spondylodese (Wirbelsäulenversteifung) HWK 1+2 mit Reposition
- 3.-13.1.2020: externe Ventrikeldrainage in den Seitenventrikeln rechts

- 18.1.2020: Tracheostoma-Anlage (*Zugang zur Luftröhre durch Luftröhrenschnitt*)
- 1.2.2020: PEG-Anlage (*Anlage einer Ernährungssonde*)
- 8.7.2022, 18.5.2024: PEG-Wechsel

c) **Verlaufsdiagnosen:**
- Neurogene Dysphagie
- Neurogene Blasen-Darm-Entleerungsstörung
- Langzeitige Abhängigkeit vom Respirator, keine Weaning-Potenzial
- Tracheostoma, Gastrostoma, Zystostoma
- Einschießende Spastik in den unteren Extremitäten
- Chronische respiratorische Insuffizienz Typ 2
- Ein- und Durchschlafstörungen
- Schluck- und Artikulationsstörung

d) **unfallbedingte Dauerschäden:**
- **GdB: 100**
- Merkzeichen: aG, B, H, G, RF
- **Pflegegrad: 100**
- **Lebenslange Beatmungspflichtigkeit**
- **Hohe Querschnittslähmung**
- Schlaffe Tetraparese
- neurogene **Blasen-Darm-Entleerungsstörung**
- Schwere Kommunikationsstörung
- Spitzfußstellung

e) **medizinisch objektiv vorhersehbare Verletzungsfolgen (ständige höchstrichterliche Rechtsprechung):**
- Keine Veränderung auf die **vollständige Pflegebedürftigkeit**
- mögliche **Epilepsie** infolge des hirnverletzungsbedingt erhöhten Risikos
- deutlich erhöhtes **Schlaganfall**risiko
- **Dekubitusgefahr**
- Völlige soziale Isolation und erhebliche psychische Beeinträchtigung

2. Bezifferung eines angemessenen Schmerzensgeldes

Unter Berücksichtigung der medizinischen sowie tatsächlichen und rechtlichen Gegebenheiten erachten wir ein Schmerzensgeld in Höhe von mindestens

1.300.000,00 EUR

für gerechtfertigt und angemessen. Hinzu kommt ein immaterieller Zukunftsschadensvorbehalt.

a) Begrifflichkeit und Funktion

Gemäß § 253 Abs. 2 BGB sind Geschädigte berechtigt, erlittene immaterielle Schäden in Geld ersetzt zu verlangen, die sie wegen einer Verletzung ihrer Gesundheit erlitten haben. Dieses vielfach so bezeichnete „Schmerzensgeld" ist ein Anspruch auf Schadensersatz als Ausgleich für **sämtliche immaterielle Schäden**, d.h. alle Schäden nicht vermögensrechtlicher Art. Neben Körperschäden sollen hierdurch alle Unannehmlichkeiten, seelischen Belastungen und sonstige Unwohlgefühle wiedergutgemacht werden, die mit einer erlittenen Verletzung am Körper einhergehen.

Ein angemessenes Schmerzensgeld dient dem **Ausgleich** der erlittenen immateriellen Beeinträchtigungen und der **Genugtuung** des Geschädigten. Es erfüllt auf diese Weise eine Doppelfunktion, wobei der Ausgleichsgedanke innerhalb des deutschen Schadensersatzrechtes jedoch ausdrücklich im Vordergrund steht. Selbst ein angemessener monetärer Ausgleich kann ein Leben in körperlicher Gesundheit nicht wiederherstellen; durch ihn kann aber, vorbehaltlich seiner Angemessenheit, zumindest ein Teil der verlustig gegangenen Lebensqualität erhalten werden.

b) Aktuelles Bemessungssystem

Im aktuellen System der Schmerzensgeldberechnung fordert der BGH eine Bemessung des Schmerzensgeldes nach billigem Ermessen des Gerichts. Gemäß § 287 Abs. 1 S. 1 ZPO soll eine Bemessung des Schmerzensgeldbetrages unter **Würdigung aller Umstände** nach freier Überzeugung des Gerichts erfolgen. Es ist mithin die Aufgabe des Richters, alle maßgeblichen Umstände für die Höhe des Schmerzensgeldes zu erfassen und zu bewerten. Er soll sich mit diesen Umständen in seinem Urteil auseinandersetzen und seine Berechnungsgrundlage darlegen. Dabei sind die künftige Entwicklung des Schadensbildes und dessen Auswirkungen auf die konkrete Lebensführung zu prognostizieren.

Zur umfassenden Abgeltung des Schadens ist nach aktueller höchstrichterlicher Rechtsprechung erforderlich, **Heftigkeit**, **Dauer der Schmerzen** und das **Leiden** als Grundlage der Bemessung eines angemessenen Schmerzensgeldes heranzuziehen und insbesondere das hieraus in seiner Gesamtheit resultierende Maß der **Lebensbeeinträchtigung** zu berücksichtigen.

Die bisherige langjährige Regulierungspraxis greift zur Bezifferung von Schmerzensgeldern regelmäßig auf Vergleichsentscheidungen aus sogenannten Schmerzensgeldtabellen zurück, die, gegliedert nach diversen Verletzungsbildern, eine Vielzahl von Präjudizen enthalten. Häufig angeführt werden in diesem Rahmen die Werke von *Slizyk* (Beck'sche Schmerzensgeldtabelle), *Jaegar/Luckey* oder *Hacks/Wellner/Klein/Kohake*.

c) Argumente gegen die unreflektierte Anwendung von Schmerzensgeldtabellen

Verkannt bzw. nur unzureichend berücksichtigt wird in diesem Zusammenhang zumeist, dass die Tabellenwerke weder eine Verbindlichkeit begründen noch eine untere oder gar obere Grenze für die Bemessung des Schmerzensgeldes oder das richterliche Ermessen festlegen. Vielmehr können sie lediglich einen **ersten Anknüpfungspunkt** bieten, um sich innerhalb der komplexen Thematik zu orientieren.

Auch in Anbetracht der Rechtsprechung des BGH (BGH, Urt. v. 15.2.2022 – VI ZR 937/20; BGH, Beschl. v. 6.7.1955 GSZ 1/55; BGH, Beschl. v. 16.9.2016 – VGS 1/16) welcher die konkreten Lebensbeeinträchtigungen, also die einzelfallbezogenen Auswirkungen nach einem Schadensfall, als **Schwerpunkt** der Schmerzensgeldbemessung einordnet, können Vergleichsentscheidungen lediglich zur groben Orientierung dienen.

So ist in den Blick zu nehmen, dass es sich bei den Fallsammlungen der Tabellenwerke um willkürlich ausgewählte Judikatur handelt, die zudem **ausschließlich gerichtliche Entscheidungen** erfasst. Das damit verbundene Außerachtlassen außergerichtlich regulierter Schmerzensgelder muss nicht zuletzt vor dem Hintergrund besonders kritisch gesehen werden, dass im Personengroßschadenrecht mehr als 90 % aller Fälle außergerichtlich verglichen werden.

d) Tendenz der Rechtsprechung

Angesichts jüngerer Entwicklungen bedarf es einer kritischen Auseinandersetzung und Weiterentwicklung der kritikbelasteten herkömmlichen Methode; Beachtung erfahren müssen in diesem Zusammenhang sowohl die **für den Geschädigten nachteilig veränderten wirtschaftlichen Rahmenbedingungen** als auch die von Literatur und Judikatur geführte Debatte über **alternative Bemessungsansätze und deren Grundgedanken**.

In der Judikatur vereinzelt steigende Schmerzensgeldbeträge für Schwerstschäden bedingen in einer Zusammenschau mithin nur auf den ersten Blick eine positive Tendenz (vgl. exemplarisch v.a. LG Aurich, Urt. v. 23.11.2018 – 2 O 165/12, OLG Oldenburg Urt. v. 18.3.2020 – 5 U 196/18, welches dem Kläger, dem behandlungsfehlerbedingt beide Unterschenkel amputiert wurden, ein Schmerzensgeld von 800.000,00 EUR zusprach; sowie LG Gießen, Urt. v. 6.11.2019 – 5 O 376/18, welches, unter anderem unter Bezugnahme auf die Niedrigzinsphase, für den Kläger, der einen schweren hypoxischen Hirnschaden erlitt, ebenfalls ein Schmerzensgeld von 800.000,00 EUR ausurteilte; sowie LG Limburg, Urt. v. 28.6.2021 – 1 O 45/15, welches dem durch einen schweren hypoxischen Hirnschaden geschädigten Kläger ein Schmerzensgeld in Höhe von 1.000.000,00 EUR zusprach; sowie OLG

Schleswig, Urt. v. 28.9.2021 – 7 U 29/16, welches einem Geschädigten mit einem hohen Querschnitt ein Schmerzensgeld von 800.000,00 EUR zusprach).

Bei wirtschaftlich kritischer Betrachtung ergibt sich jedoch insgesamt eine sogar rückläufige Höhe ausgeurteilter Schmerzensgelder.

Denn unter Berücksichtigung der Kaufkraftentwertung des Geldes ist schon bei einer Zugrundelegung von 2,2 % Inflation innerhalb von 10 Jahren mit einem Kaufkraftverlust von ca. 20 % zu rechnen. Innerhalb von 30 Jahren reduziert sich die Kaufkraft dramatisch um nahezu 48 %. Dieses massive Abschmelzen des Kapitalbetrages darf bei der Bemessung des Schmerzensgeldes nicht unberücksichtigt bleiben und muss auch zukünftig zu nach oben angepassten Beträgen führen.

e) Behandlungs- und Genesungsverlauf von Max Mustermann

Max Mustermann erlitt durch den Verkehrsunfall am 6.1.2020 eine instabile HWS-Luxationsfraktur HWK 5/6 und HWK 1/2-Luxation bei ligamentärer Instabilität, einen hohen Querschnitt bei ausgedehnter Myelopathie und Hirnstammläsion durch Akzellerations-Dezellerations-Trauma, sowie eine schwere Atemantriebsstörung mit kontinuierlicher Beatmungspflichtigkeit und eine neurogene Blasenentleerungsstörung. Nach Reanimation am Unfallort wurde er als Polytraumapatient intubiert und beatmet in die Kinderintensivstation der Universitätsklinikums verbracht, in welcher er zunächst vier Wochen verblieb.

Aufgrund seines kritischen Gesundheitszustandes bedurfte es zur Behandlung unseres Mandanten einer komplexen stationären intensivmedizinischen Therapie, in deren Verlauf unser Mandant zunächst am 6.1.2020 eine externe Ventrikeldrainage zur Messung des Hirndrucks angelegt wurde, durch welche der intrakranielle Druck abgeleitet wurde. Ebenfalls erfolgte am 6.1.2020 die Spondylodese der HWK 5+6 dorsal mit Laminektomie und Duraplastik. Am 9.1.2020 erfolgte dann die Spondylodese der HWK 1+2 mit Reposition. Nach Reduktion der Analgosedierung zeigte unser Mandant keine suffiziente Atmung bei unvollständiger Ansteuerung der Atemmuskulatur bei hohem Querschnittsyndrom. Daher erfolgte am 18.1.2020 die operative Anlage eines Tracheostomas. Aufgrund fehlender Schluckbewegungen kam es hier zu übermäßigem Speichelfluss mit Verschluckungsgefahr. Aufgrund des hohen Querschnitts und der damit einhergehenden Beatmungspflicht und Schluckstörung wurde am 1.2.2020 eine PEG-Sonde angelegt, damit ein Kostaufbau erfolgen konnte.

Zum Zeitpunkt der Verlegung ca. vier Wochen nach dem Schadensereignis, bestand nach wie vor die Beatmungspflicht und eine Mobilisation konnte nicht erreicht werden, lediglich die Kommunikation über einen Ja-Nein-Code war möglich.

Die anschließende neuropädiatrische Frührehabilitationsmaßnahme wurde über einen Zeitraum von knapp sieben Monaten in der S-Klinik vorgenommen.

Im rehabilitativen Verlauf erhielt unser Mandanten Physio-, Ergo- und Logopädie, welche der Dehnung zu Verkürzung neigender Strukturen, zur Einrichtung und Training des Elektro-Rollstuhls und der Einrichtung und des Trainings mit einem Augensteuerungs-PC, sowie der Verbesserung der Kommunikationsmöglichkeiten und der Mund- und Schluckmotorik dienten. Es wurde abschließend festgestellt, dass die Beatmung aufgrund des hohen Querschnittes lebenserhaltend ist und nicht gemindert werden kann. Eine weitere Rehabilitationsmaßnahme erfolge im Jahr 2022.

Unser Mandant war im Sommer 2023 in der V-Klinik zur intensiven neurologischen Rehabilitation stationär untergebracht. Bezüglich der anfangs bestehenden Fähigkeiten unseres Mandanten möchten wir an dieser Stelle auf den Bericht der V-Klinik verweisen. Im multimodalen Therapieprogramm konnte erstmals eine aktive Kopfbewegung von rechts nach links festgestellt werden, die Ansteuerung und Wiederholung ist jedoch Schwerstarbeit für unseren Mandanten.

Im Sommer 2024 erfolgte eine erneute Rehabilitationsmaßnahme in der S-Klinik. Eine großartige Verbesserung der Fähigkeiten konnte nicht erreicht werden.

Das Schadensereignis vom 6.1.2020 hat das Leben unseres zum Unfallzeitpunkt vierjährigen Mandanten nahezu von Anfang an zerstört. Unser Mandant hatte nicht die Chance auf ein normales Leben, kann aber das volle Ausmaß seiner Beeinträchtigungen durch den Unfall erkennen. Er wird jeden Tag zu Hause daran erinnert, insbesondere da er das Leben seines gesunden Bruders mitverfolgen kann.

Unser Mandant leidet auch heute – über vier Jahre nach dem Unfall – noch unter den einschneidenden Verletzungsfolgen und **eine Besserung wird sich hier nicht mehr einstellen**.

Zusammenfassend befand sich Max Mustermann vom Tag des Unfalls am 6.1.2020 bis zum 18.5.2024 über ein Jahr in stationärer medizinischer Behandlung, von der Intensivstation bis zur Rehabilitation und Folgeaufenthalte. **Auch mehr als vier Jahre nach dem Schadensereignis** ist der inzwischen Achtjährige auf die Wahrnehmung diverser Therapietermine angewiesen, ein auch nur im Ansatz mit gleichaltrigen Kindern vergleichbarer Alltag besteht nicht.

f) Konkrete Lebensbeeinträchtigung von Herrn Mustermann

Unser Mandant ist in seiner gesamten Lebensführung schwerstwiegend beeinträchtigt. Der Unfall ereignete sich im Kindergartenalter. Jegliche Träume die junge Menschen entwickeln, wie etwa die Welt zu bereisen, eine Karriere aufzubauen, eine Familie zu gründen usw., sind für Max Mustermann von vornherein aussichtslos. Er wird sein Leben lang gepflegt werden müssen. Dafür ist er dauerhaft auf fremde Hilfe angewiesen. Er kann nie allein sein oder selbstbestimmte Entscheidungen treffen.

g) Vergleichsentscheidung

Die obigen Kritikpunkte an der Hinzuziehung von Vergleichsentscheidungen werden nachfolgend zum Anlass genommen, die Judikatur lediglich als ersten Anknüpfungspunkt, d.h. als Orientierungshilfe hinzuzuziehen.

Nach ständiger höchstrichterlicher Rechtsprechung sind bereits heute medizinisch objektiv vorhersehbare Folgen der erlittenen Verletzungen in das Schmerzensgeld einzupreisen (**Einheitlichkeit des Schmerzensgeldes**) und in diesem Zusammenhang „sämtliche Umstände" des Einzelfalles zu berücksichtigen.

Mit einzubeziehen sind folglich sämtliche gesundheitliche Risiken und Spätfolgen, die sich aus den erlittenen Verletzungen noch ergeben können. Angesichts der erlittenen Hirnverletzung ist sowohl das Risiko für Schlaganfälle als auch für eine mögliche Epilepsie stark erhöht worden. Nicht außer Acht zu lassen ist, dass die objektiv vorhersehbare Verschlechterung des physischen Zustandes von Max Mustermann in engem Zusammenhang mit seiner psychischen Gesundheit steht, bezüglich derer im Verschlechterungsfall die vollständige soziale Isolation und massive depressive Verstimmungen im Rahmen des Naheliegenden scheinen.

Die Kammer des Landgerichts Kiel hat dem zum Zeitpunkt des Verkehrsunfalls 3 ½- jährigen Kläger ein Schmerzensgeld i.H.v. 500.000,00 EUR zzgl. einer monatlichen Schmerzensgeldrente i.H.v. 500,00 EUR zugesprochen. Dabei nahm die Kammer eine Restlebenserwartung bis zum 60. Lebensjahr an. Bei der Schmerzensgeldbemessung berücksichtigte die Kammer u.a., dass sich der Kläger in dem Zeitraum nach dem Unfall insgesamt acht Monate in stationärer Behandlung befunden habe. In der Häuslichkeit ist er auf ständige Betreuung durch diverse Pflegekräfte angewiesen. Es erfolge eine dauerhaft notwendige Beatmung. Der Kläger könne seine Wünsche nicht selbst verbal äußern. Er sei dauerhaft auf fremde Hilfe angewiesen. Darüber hinaus sei sich der Kläger seines Zustandes bewusst und er habe Erinnerungen an den Unfall. Eine Hoffnung auf die Verbesserung des Zustandes bestehe nicht. Eine geregelte schulische Ausbildung sei nur extrem schwer zu erreichen. Der Unfallfolgen des Klägers seien schwerwiegender kaum vorstellbar. Erschwerend komme hinzu, dass die dem Kläger erhalten gebliebenen geistigen Fähigkeiten und die vorhandenen Erinnerungen an den Unfall dazu führen, dass ihm die Grausamkeit und Ausweglosigkeit seiner Situation bewusst sei und er dadurch fortwährende seelische Qualen erleide. Der Kläger habe keinerlei Perspektiven für ein annähernd der üblichen Entwicklung und Entfaltung entsprechendes Leben. Er habe daher kaum noch Aussicht auf Lebensfreude und Zufriedenheit, während er ein Höchstmaß an Leid erfahre.

Unser Mandant leidet an einem sehr ähnlichen Schicksal. Parallelen ergeben sich nicht nur in Bezug auf das noch sehr junge Alter und den Unfallhergang. Auch die Unfallfolgen weisen einen ähnlich dramatischen, wie auch tragischen Gleichlauf

auf. Herr Mustermann muss dauerhaft und lebenserhaltend beatmet werden. Es erfolgt eine Rund-um-die-Uhr Betreuung durch festes Pflegepersonal. Die Pflege wird zusätzlich durch die Eltern unterstützt. Unser Mandant kann ebenfalls nur sehr eingeschränkt kommunizieren und ist hierzu auf ständige Assistenz angewiesen. Max Mustermann wurde ebenfalls im Kindergartenalter schwer verletzt. Ein weiterer Lebenslauf, der einem gesunden Kind gleicht, ist für ihn unvorstellbar. Da sich sein Gesundheitszustand nur unwesentlich verbessern wird, wird unser Mandant niemals in eine reguläre Schule gehen, einen festen Freundeskreis, mit dem er Unternehmungen, Ausflüge und Reisen machen kann, entwickeln. Er wird voraussichtlich keine Liebesbeziehungen eingehen und auch keine Familie gründen. Stattdessen wird er in vollem Bewusstsein über seine Situation miterleben, wie sein älterer Bruder ein geregeltes Leben führen kann.

Die Entscheidung des Landgerichts Kiel würde für unseren Mandanten heute ein Schmerzensgeld i.H.v. ca. 1.179.000,00 EUR bedeuten. Unser Mandant war zum Unfallzeitpunkt vier Jahre alt. Der Kapitalisierungszinssatz beträgt 1 %. Zur Ermittlung des Kapitalisierungsfaktors haben wir die Tabelle 1 (*T1.1 Mann, lebenslange Leibrente*) von *Schah Sedi/Grotelüschen*, 2023 verwendet. Zur Indexierung wurde der Preisindexrechner von beck-online genutzt.

Schmerzensgeldbetrag	500.000,00 EUR
+ monatl. Rente	500,00 EUR
+ immaterieller Vorbehalt	
100 % Haftung, 3-jähriger Junge	

1. Der Kapitalbetrag wird indexiert

Kapitalbetrag indexiert (01/2025):	719.497,61 EUR

2. Zunächst wird aus der monatlichen Rente ein Jahresbetrag berechnet und mit dem Kapfaktor multipliziert

Rente kapitalisiert (500,00 EUR x 12 x 52,3698)	314.218,80 EUR

3. Der kapitalisierte Rentenbetrag wird indexiert

Kapitalisierte Rente indexiert (01/2025)	452.159,35 EUR

4. Der indexierte Kapitalbetrag wird zum indexierten Rentenbetrag addiert

Gesamtbetrag	1.171.656,96 EUR

h) Zusammenfassung

Das Schmerzensgeldniveau, welches sich aus Vergleichsentscheidungen und somit zumindest als Ansatzpunkt geeigneten Urteilen ergibt, beläuft sich folglich etwa auf einen Betrag i.H.v. 1,2 Mio. EUR.

Mit Blick auf die seit sämtlichen Entscheidungen vergangenen Jahre und die, wie obig aufgezeigt, zu Ungunsten des Geschädigten veränderte wirtschaftliche Lage bedarf es zwecks tatsächlicher **Angemessenheit** jedoch einer entsprechenden schmerzensgelderhöhenden Korrektur:

Folgend aus dem äußerst schwerwiegenden Verletzungsbild unseres Mandanten sowie aus sämtlichen aufgeführten Argumenten fordern wir ein Schmerzensgeld in Höhe von gerundet mindestens 1.300.000,00 EUR zzgl. eines immateriellen Zukunftsschadensvorbehaltes als Mindestschaden.

▲

II. Fragebogen zur Pflege/Betreuung

▼ 2

Muster 12.2: Pflege- und Betreuungsübersicht für Unfallereignisse

		Pflege im engeren Sinne Stunden/Tag	Betreuung/ Begleitung Stunden/Tag	Beobachtungspflege Stunden/Tag
Zeitraum 1:	Montag – Freitag			
von	an Feiertagen/Wochenenden			
bis	bei Krankheit			
	Tagesdurchschnitt			
	jährlicher durchschnittlicher Aufwand			
Zeitraum 2:	Montag – Freitag			
von	an Feiertagen / Wochenenden /Ferien			
bis	bei Krankheit			
	Tagesdurchschnitt			
	jährlicher durchschnittlicher Aufwand			
Zeitraum 3:	Montag – Freitag			
von	an Feiertagen / Ferien / Wochenenden			
bis	bei Krankheit			
	Tagesdurchschnitt			
	jährlicher durchschnittlicher Aufwand			
Zeitraum 4:	Montag – Freitag			
von	an Feiertagen / Wochenenden			

		Pflege im engeren Sinne Stunden/Tag	Betreuung/ Begleitung Stunden/Tag	Beobachtungs-pflege Stunden/Tag
bis	bei Krankheit			
	Tagesdurchschnitt			
	jährlicher durchschnittlicher Aufwand			

Definitionen:

Pflege i.e. Sinne	Beobachtungspflege Direkte Pflege an der Person z.B. Körperwäsche, Ankleiden, Auskleiden, Nahrung zuführen usw.
Betreuung/ Begleitung	Begleiten und Betreuen außerhalb der Häuslichkeit bspw. bei Arztbesuchen oder sonstigen außerhäuslichen Aktivitäten und Freizeitgestaltungen Beobachten des Geschädigten und Eingreifen bei Gefahrensituation i.S. einer Sicherheitsaufsicht

▲

3 ▼

Muster 12.3: Fragebogen Pflege/Betreuung/Begleitung

Rollstuhl ja ☐ nein ☐

In welchem Zeitraum wurde dieser genutzt?

von ____________________ bis ____________________

von ____________________ bis ____________________

von ____________________ bis ____________________

von ____________________ bis ____________________

von ____________________ bis ____________________

Gehstützen ja ☐ nein ☐

In welchem Zeitraum wurden diese genutzt?

von ____________________ bis ____________________

von ____________________ bis ____________________

von ____________________ bis ____________________

von ____________________ bis ____________________

von ____________________ bis ____________________

ohne Hilfsmittel ja ☐ nein ☐ teilweise ☐

▲

B. Muster zu § 5 – Ansprüche bei Tötung

I. Fragebogen zur Ermittlung des Barunterhaltsschadens

▼ 4

Muster 12.4: Fragebogen zur Ermittlung des Barunterhaltsschadens

a) Alleinverdiener Ehe:
- ja
- nein

b) Doppelverdiener Ehe:
- ja
- nein

c) Wer ist gestorben?
- Ehemann
- Ehefrau

d) Wer macht Ansprüche geltend?
- Ehefrau
- Ehemann
- Kind 1
- Kind 2
- Kind 3

e) Nettoeinkommen des Verstorbenen:

f) Nettoeinkommen der/des Witwe/Witwers:

g) Fixkosten:

h) Witwenrente:

i) Waisenrente Kind 1:

j) Waisenrente Kind 2:

k) Waisenrente Kind 3:

l) Haftungsquote:

m) Prozentualer Fixkostenanteil Ehemann (Berechnungsmuster 1 siehe § 5 Rdn 46):

n) Prozentualer Fixkostenanteil Ehefrau (Berechnungsmuster 1 siehe § 5 Rdn 46):

o) Unterhaltsquote Alleinverdiener (Tabelle 1 siehe § 5 Rdn 29):

p) Unterhaltsquote Doppelverdiener (Tabelle 2 siehe § 5 Rdn 30):

q) Anteile Fixkosten (Tabelle 3 siehe § 5 Rdn 31):

▲

II. Fixkostenliste

5 ▼

Muster 12.5: Fixkostenliste

I. Monatliche Aufwendungen für Wohnung (Liste alphabetisch geordnet)

- Batteriekosten für Elektrogeräte (z.B. Fernbedienung etc.) EUR
- Bettenreinigung EUR
- Christbaum mit Zubehör EUR
- Energiekosten wie z.B. Gas einschließlich Grundgebühr, Heizöl, Fernwärme EUR
- Ersatzkosten (Ersatz für Haushaltsgeräte, Koch- und Essgeschirr, Küchenutensilien) EUR
- Feuerlöscherwartung EUR
- Gartengeräte, Werkzeug EUR
- Gebühr für Straßen- und Gehwegreinigung EUR
- Gemeinschaftsanlagen (Strom und Wartung) EUR
- Grundsteuer EUR
- Hausmeisterkosten EUR
- Kaminkehrer samt Abgasmessungen EUR
- Kerzen (Zier-, Advents- und Notfallkerzen) EUR
- Miete/Mietwert EUR
- Müllabfuhr EUR
- Nebenkosten, Stromgeld samt Grundgebühr und Zählermiete, Wasser- und Abwasserkosten samt Wasseruhrmiete, Warmwasserkosten EUR

- Reinigungsmaterialien/Putzmittel, Spültabs, Spülmaschinensalz, Klarspüler, Waschmittel, Entkalker EUR
- Reparaturaufwendungen (beim Mieter Kleinreparaturen gem. Vertrag) EUR
- Rücklagen Ersatzbeschaffung (z.B. Mobiliar) EUR
- Schönheitsreparaturen/Rücklagen (mietvertragliche oder übliche) EUR
- Straßenreinigung EUR
- Streumaterial, Eisschaber, Schneeräumgeräte EUR
- Teppichreinigung EUR
- Ungezieferbekämpfung EUR
- Verbrauchserfassungskosten, Zählermiete EUR
- Wartungskosten Heizkessel samt Brenner/Blitzableiter EUR
- Wartungskosten EDV, Computer etc. und Rücklage für Neuanschaffung oder Erweiterung EUR
- Wohnungseinrichtung (Raten/Rücklagen für Neu-/Ersatzkäufe, Instandhaltung) [in der heutigen Zeit eine nicht zu unterschätzende Position, da ganze Wohnungseinrichtungsgegenstände vielfach finanziert werden] EUR
- Zimmerpflanzen (Schnitt- und Topfpflanzen) EUR
- Zins- und Instandhaltungsaufwendungen bis zur Höhe der fiktiven Miete [BGH, VersR 1988, 954: wenn der Hinterbliebene nicht zur Miete wohnt, sondern ein eigenes Haus besitzt] EUR

II. Monatlicher Aufwand für Garten

- Düngemittel EUR
- Ersatzpflanzen für Zier- und Nutzgarten EUR
- Gärtner EUR
- Herbizide, Insektizide EUR
- Obstbaumschnitt EUR
- Rasenmäher (Treibstoff, Wartung) EUR
- Erde, Mulch EUR

III. Grabpflege

- Grabpflegekosten bei Fremdvergabe EUR
- jahreszeitliche Neubepflanzung EUR

IV. Tierhaltung

- Tierfutter EUR
- Hundepensionskosten bei Abwesenheit EUR

- Hundesteuer EUR
- Tierarztkosten EUR

V. Monatlicher Aufwand für Freizeit, Information, Unterhaltung, Bildung

- GEZ-Gebühren EUR
- Büchereinkäufe für Familie/Buchclub EUR
- Fernseh- und Radioprogramm-Zeitschrift EUR
- Fernsehgebühren wie Pay-TV (Premiere Abos) EUR
- Gemeindeblatt/Amtsblatt/Kirchenblatt/Sonntagszeitung EUR
- Illustrierte/Lesezirkel, Fachzeitschriften EUR
- Kabelanschlussgebühr (Sattelitenempfangsgebühr bei Eigenanlage) EUR
- Kindergartenbeitrag [BGH, VersR 1998, 333] EUR
- Leasinggebühr für Fernseher und HiFi-Anlage EUR
- Tageszeitung, regional und überregional EUR
- Telefongrundgebühr/Handygrundgebühr EUR
- Trinkgeld Zeitungsträger/Postzusteller EUR
- Vereinsbeiträge bei Familienmitgliedschaft für Tennis, Golf, Fußball etc. EUR

VI. Monatlicher Aufwand für Versicherungen

- Auslandskrankenversicherung EUR
- Familienunfallversicherung EUR
- Familienhaftpflichtversicherung EUR
- Familienrechtsschutzversicherung EUR
- Gebäudeversicherung, Sturmschaden- u. Leitungswasserschadenversicherung EUR
- Gewässerschadenversicherung EUR
- Hausratsversicherung EUR
- Tierhalterhaftpflichtversicherung (Hund, Pferd) EUR
- Insassenunfallversicherung EUR
- Kaskoversicherung EUR
- Kraftfahrzeughaftpflichtversicherung EUR
- Krankenversicherung, Krankentagegeldzusatzversicherung EUR
- Neuwertversicherung Elektro- und Gasgeräte des Hausrats EUR
- Öltankversicherung EUR
- Privathaftpflichtversicherung EUR
- Reisegepäckversicherung EUR

- Sterbegeldversicherung EUR
- Verkehrs-Rechtsschutzversicherung EUR

VII. Monatlicher Aufwand für Familienfahrzeug

- AU-Untersuchung (jährlich) EUR
- Automobilclub-Beitrag (wie ADAC, AVD) EUR
- Benzinkosten (streitig; wohl ja, bei Fahrten, die die Familie betreffen, wie Urlaubsfahrten, Verwandten und Bekanntenbesuche) EUR
- Garagenmiete/Stellplatzkosten EUR
- Kraftfahrzeugsteuer EUR
- Reparaturrücklagen oder Reparaturkosten EUR
- Rücklagen/Raten für Ersatz- oder Neufahrzeug/Abschreibung EUR
- Schutzbriefe EUR
- TÜV-Gebühren (Anfall 2 Jahre) EUR
- Wagenpflege (Waschen, Konservieren, Pflegemittel, Münzstaubsauger) EUR
- Wartungsdienst EUR

▲

III. Muster zur Unterhaltsberechnung

1. Ansprüche Witwe/Witwer

a) Alleinverdiener ohne Kind (ohne Mithaftung)

▼ 6

Muster 12.6: Alleinverdiener ohne Kind (ohne Mithaftung)

Ehemann verstirbt, *Alleinverdiener*, keine Kinder, Nettoeinkommen Ehemann EUR, fixe Kosten EUR, Witwenrente EUR, Mitverschulden 0 %

Lösung:

1. Stufe

Nettoeinkommen Ehemann			EUR mtl.
2. Stufe			
abzgl. fixe Kosten		–	EUR mtl.
		=	EUR mtl.
3. Stufe			
Unterhaltsquote Witwe (Tabelle 1 siehe § 5 Rdn 29)	**45 %**	=	EUR mtl.

4. Stufe			
zzgl. Anteile fixe Kosten	**100 %**	+	EUR mtl.
(Tabelle 3 siehe § 5 Rdn 31)			
5. Stufe: entfällt		=	EUR mtl.
6. Stufe			
abzgl. Witwenrente		–	EUR mtl.
Zwischensumme		=	EUR mtl.
abzgl. Mitverschuldens	**0 %**	–	EUR mtl.
Ergebnis Barunterhalt		**=**	EUR **mtl.**

▲

b) Alleinverdiener ohne Kind (mit Mithaftung)

7 ▼

Muster 12.7: Alleinverdiener ohne Kind (mit Mithaftung)

Ehemann verstirbt, *Alleinverdiener*, keine Kinder, Nettoeinkommen Ehemann EUR, fixe Kosten EUR, Witwenrente EUR, Mitverschulden %

Lösung:

1. Stufe			
Nettoeinkommen Ehemann			EUR mtl.
2. Stufe			
abzgl. fixe Kosten		–	EUR mtl.
		=	EUR mtl.
3. Stufe			
Unterhaltsquote Witwe	**45 %**	=	EUR mtl.
(Tabelle 1 siehe § 5 Rdn 29)			
4. Stufe			
zzgl. Anteile fixe Kosten	**100 %**	+	EUR mtl.
(Tabelle 3 siehe § 5 Rdn 31)			
5. Stufe: entfällt		=	EUR mtl.
6. Stufe			
abzgl. Witwenrente		–	EUR mtl.
Zwischensumme		=	EUR mtl.
abzgl. Mitverschulden	%	–	EUR mtl.
Ergebnis Barunterhalt		**=**	EUR **mtl.**

▲

c) Alleinverdiener mit 1 Kind (ohne Mithaftung)

▼ 8

Muster 12.8: Alleinverdiener mit 1 Kind (ohne Mithaftung)

Ehemann verstirbt, *Alleinverdiener*, ein Kind, Nettoeinkommen Ehemann EUR, fixe Kosten EUR, Witwenrente EUR, Mitverschulden 0 %

Lösung:

1. Stufe			
Nettoeinkommen Ehemann			EUR mtl.
2. Stufe			
abzgl. fixe Kosten		–	EUR mtl.
		=	EUR mtl.
3. Stufe			
Unterhaltsquote Witwe	**35 %**	=	EUR mtl.
(Tabelle 1 siehe § 5 Rdn 29)			
4. Stufe			
zzgl. Anteile fixe Kosten	**66,6 %**	+	EUR mtl.
(Tabelle 3 siehe § 5 Rdn 31)			
5. Stufe: entfällt		=	EUR mtl.
6. Stufe			
abzgl. Witwenrente		–	EUR mtl.
Zwischensumme		=	EUR mtl.
abzgl. Mitverschulden	**0 %**	–	EUR mtl.
Ergebnis Barunterhalt		**=**	EUR **mtl.**

▲

d) Alleinverdiener mit 1 Kind (mit Mithaftung)

▼ 9

Muster 12.9: Alleinverdiener mit 1 Kind (mit Mithaftung)

Ehemann verstirbt, *Alleinverdiener*, ein Kind, Nettoeinkommen Ehemann EUR, fixe Kosten EUR, Witwenrente EUR, Mitverschulden %

Lösung:

1. Stufe			
Nettoeinkommen Ehemann			EUR mtl.

2. Stufe			
abzgl. fixe Kosten		–	EUR mtl.
		=	EUR mtl.
3. Stufe			
Unterhaltsquote Witwe (Tabelle 1 siehe § 5 Rdn 29)	**35 %**	=	EUR mtl.
4. Stufe			
zzgl. Anteile fixe Kosten (Tabelle 3 siehe § 5 Rdn 31)	**66,6 %**	+	EUR mtl.
5. Stufe: entfällt		=	EUR mtl.
6. Stufe			
abzgl. Witwenrente		–	EUR mtl.
Zwischensumme		=	EUR mtl.
abzgl. Mitverschulden	%	–	EUR mtl.
Ergebnis Barunterhalt		**=**	EUR **mtl.**

▲

e) Alleinverdiener mit 2 Kindern (ohne Mithaftung)

10 ▼

Muster 12.10: Alleinverdiener mit 2 Kindern (ohne Mithaftung)

Ehemann verstirbt, *Alleinverdiener*, zwei Kinder, Nettoeinkommen Ehemann EUR, fixe Kosten EUR, Witwenrente EUR, Mitverschulden 0 %

Lösung:

1. Stufe			
Nettoeinkommen Ehemann			EUR mtl.
2. Stufe			
abzgl. fixe Kosten		–	EUR mtl.
		=	EUR mtl.
3. Stufe			
Unterhaltsquote Witwe (Tabelle 1 siehe § 5 Rdn 29)	**30 %**	=	EUR mtl.
4. Stufe			
zzgl. Anteile fixe Kosten (Tabelle 3 siehe § 5 Rdn 31)	**50 %**	+	EUR mtl.
5. Stufe: entfällt		=	EUR mtl.

6. Stufe			
abzgl. Witwenrente		–	EUR mtl.
Zwischensumme		=	EUR mtl.
abzgl. Mitverschulden	**0 %**	–	EUR mtl.
Ergebnis Barunterhalt		**=**	EUR **mtl.**

▲

f) Alleinverdiener mit 2 Kindern (mit Mithaftung)

▼ 11

Muster 12.11: Alleinverdiener mit 2 Kindern (mit Mithaftung)

Ehemann verstirbt, *Alleinverdiener*, zwei Kinder, Nettoeinkommen Ehemann EUR, fixe Kosten EUR, Witwenrente EUR, Mitverschulden %

Lösung:

1. Stufe			
Nettoeinkommen Ehemann			EUR mtl.
2. Stufe			
abzgl. fixe Kosten		–	EUR mtl.
		=	EUR mtl.
3. Stufe			
Unterhaltsquote Witwe (Tabelle 1 siehe § 5 Rdn 29)	**30 %**	=	EUR mtl.
4. Stufe			
zzgl. Anteile fixe Kosten (Tabelle 3 siehe § 5 Rdn 31)	**50 %**	+	EUR mtl.
5. Stufe: entfällt		=	EUR mtl.
6. Stufe			
abzgl. Witwenrente		–	EUR mtl.
Zwischensumme		=	EUR mtl.
abzgl. Mitverschulden	%	–	EUR mtl.
Ergebnis Barunterhalt		**=**	EUR **mtl.**

▲

g) Alleinverdiener mit 3 Kindern (ohne Mithaftung)

12 ▼

Muster 12.12: Alleinverdiener mit 3 Kindern (ohne Mithaftung)

Ehemann verstirbt, *Alleinverdiener*, drei Kinder, Nettoeinkommen Ehemann EUR, fixe Kosten EUR, Witwenrente EUR, Mitverschulden %

Lösung:

1. Stufe			
Nettoeinkommen Ehemann			EUR mtl.
2. Stufe			
abzgl. fixe Kosten		–	EUR mtl.
		=	EUR mtl.
3. Stufe			
Unterhaltsquote Witwe (Tabelle 1 siehe § 5 Rdn 29)	**27 %**	=	EUR mtl.
4. Stufe			
zzgl. Anteile fixe Kosten (Tabelle 3 siehe § 5 Rdn 31)	**40 %**	+	EUR mtl.
5. Stufe: entfällt		=	EUR mtl.
6. Stufe			
abzgl. Witwenrente		–	EUR mtl.
Zwischensumme		=	EUR mtl.
abzgl. Mitverschulden	**0 %**	–	EUR mtl.
Ergebnis Barunterhalt		**=**	EUR **mtl.**

▲

h) Alleinverdiener mit 3 Kindern (mit Mithaftung)

13 ▼

Muster 12.13: Alleinverdiener mit 3 Kindern (mit Mithaftung)

Ehemann verstirbt, *Alleinverdiener*, drei Kinder, Nettoeinkommen Ehemann EUR, fixe Kosten EUR, Witwenrente EUR, Mitverschulden %

Lösung:

1. Stufe	
Nettoeinkommen Ehemann	EUR mtl.

2. Stufe			
abzgl. fixe Kosten		–	EUR mtl.
		=	EUR mtl.
3. Stufe			
Unterhaltsquote Witwe (Tabelle 1 siehe § 5 Rdn 29)	**27 %**	=	EUR mtl.
4. Stufe			
zzgl. Anteile fixe Kosten (Tabelle 3 siehe § 5 Rdn 31)	**40 %**	+	EUR mtl.
5. Stufe: entfällt		=	EUR mtl.
6. Stufe			
abzgl. Witwenrente		–	EUR mtl.
Zwischensumme		=	EUR mtl.
abzgl. Mitverschulden	%	–	EUR mtl.
Ergebnis Barunterhalt		**=**	EUR **mtl.**

▲

i) Doppelverdiener ohne Kind (ohne Mithaftung)

▼ 14

Muster 12.14: Doppelverdiener ohne Kind (ohne Mithaftung)

Ehemann verstirbt, *Doppelverdiener*, keine Kinder, Nettoeinkommen Ehemann EUR, Nettoeinkommen Witwe (Ehefrau) EUR, fixe Kosten EUR, Witwenrente EUR, Mitverschulden 0 %, prozentualer Fixkostenanteil Ehemann EUR (% von EUR, Berechnungsmuster 1 siehe § 5 Rdn 45) prozentualer Fixkostenanteil Witwe/Ehefrau EUR (% von EUR, Berechnungsmuster 1 siehe § 5 Rdn 45)

Lösung:

1. Stufe			
Nettoeinkommen des Getöteten		=	EUR mtl.
2. Stufe			
abzgl. prozentualer Fixkostenanteil Ehemann (Berechnungsmuster 1 siehe § 5 Rdn 45)		–	EUR mtl.
		=	EUR mtl.
3. Stufe			
Unterhaltsquote der Witwe	**50 %**	=	EUR mtl.

(Tabelle 2 siehe § 5 Rdn 30)			
4. Stufe			
zzgl. Anteil (Tabelle 3 siehe § 5 Rdn 31) des prozentualen Fixkostenanteils Ehemann (Berechnungsmuster 1 siehe § 5 Rdn 45)	**100 %**		+ EUR mtl.
Zwischensumme			= EUR mtl.
5. Stufe			
abzgl. Vorteilsausgleich/ersparter Unterhalt			
Nettoeinkommen Witwe		EUR mtl.	
abzgl. prozentualer Fixkostenanteil Witwe (Berechnungsmuster 1 siehe § 5 Rdn 46)	–	EUR mtl.	
	=	EUR mtl.	
Unterhaltsquote getöteter Ehemann (Tabelle 2 siehe § 5 Rdn 30)	**50 %** =	EUR mtl.	
			– EUR mtl.
			= EUR mtl.
6. Stufe			
abzgl. Witwenrente			– EUR mtl.
Zwischensumme			= EUR mtl.
abzgl. Mitverschulden	**0 %**		– EUR mtl.
Ergebnis Barunterhalt			= **EUR mtl.**

▲

j) Doppelverdiener ohne Kind (mit Mithaftung)

15 ▼

Muster 12.15: Doppelverdiener ohne Kind (mit Mithaftung)

Ehemann verstirbt, *Doppelverdiener*, keine Kinder, Nettoeinkommen Ehemann EUR, Nettoeinkommen Witwe (Ehefrau) EUR, fixe Kosten EUR, Witwenrente EUR, Mitverschulden %, prozentualer Fixkostenanteil Ehemann EUR (% von EUR, Berechnungsmuster 1 siehe § 5 Rdn 45) prozentualer Fixkostenanteil Witwe/

Ehefrau EUR (% von EUR, Berechnungsmuster 1 siehe § 5 Rdn 46)

Lösung:

1. Stufe					
Nettoeinkommen des Getöteten				=	EUR mtl.
2. Stufe					
abzgl. prozentualer Fixkostenanteil Ehemann (Berechnungsmuster 1 siehe § 5 Rdn 46)				–	EUR mtl.
				=	EUR mtl.
3. Stufe					
Unterhaltsquote der Witwe (Tabelle 2 siehe § 5 Rdn 30)	**50 %**			=	EUR mtl.
4. Stufe					
zzgl. Anteil (Tabelle 3 siehe § 5 Rdn 31) des prozentualen Fixkostenanteils Ehemann (Berechnungsmuster 1 siehe § 5 Rdn 46)	**100 %**			+	EUR mtl.
				=	EUR mtl.
5. Stufe					
abzgl. Vorteilsausgleich/ersparter Unterhalt					
Nettoeinkommen Witwe			EUR mtl.		
abzgl. prozentualer Fixkostenanteil Witwe (Berechnungsmuster 1 siehe § 5 Rdn 46)		–	EUR mtl.		
		=	EUR mtl.		
Unterhaltsquote getöteter Ehemann (Tabelle 2 siehe § 5 Rdn 30)	**50 %**	=	EUR mtl.		
				–	EUR mtl.
				=	EUR mtl.

6. Stufe

abzgl. Mitverschulden % = EUR mtl.

aber: Quotenvorrecht!

Verrechnung mit erspartem Unterhalt möglich (Stufe 5) – EUR mtl.

= EUR mtl.

– EUR mtl.

= EUR mtl.

abzgl. Witwenrente – EUR mtl.

Ergebnis Barunterhalt = EUR **mtl.**

▲

k) Doppelverdiener mit 1 Kind (ohne Mithaftung)

16 ▼

Muster 12.16: Doppelverdiener mit 1 Kind (ohne Mithaftung)

Ehemann verstirbt, *Doppelverdiener*, ein Kind, Nettoeinkommen Ehemann EUR, Nettoeinkommen Witwe (Ehefrau) EUR, fixe Kosten EUR, Witwenrente EUR, Mitverschulden 0 %, prozentualer Fixkostenanteil Ehemann EUR (% von EUR, Berechnungsmuster 1 siehe § 5 Rdn 46) prozentualer Fixkostenanteil Witwe/Ehefrau EUR (% von EUR, Berechnungsmuster 1 siehe § 5 Rdn 46)

Lösung:

1. Stufe

Nettoeinkommen des Getöteten = EUR mtl.

2. Stufe

abzgl. prozentualer Fixkostenanteil Ehemann – EUR mtl.

(Berechnungsmuster 1 siehe § 5 Rdn 46)

= EUR mtl.

3. Stufe

Unterhaltsquote der Witwe **40 %** = EUR mtl.

(Tabelle 2 siehe § 5 Rdn 30)

4. Stufe					
zzgl. Anteil (Tabelle 3 siehe § 5 Rdn 31) des prozentualen Fixkostenanteils Ehemann (Berechnungsmuster 1 siehe § 5 Rdn 46)	**66,6 %**			+	EUR mtl.
Zwischensumme				=	EUR mtl.
5. Stufe					
abzgl. Vorteilsausgleich/ ersparter Unterhalt					
Nettoeinkommen Witwe			EUR mtl.		
abzgl. prozentualer Fixkostenanteil Witwe (Berechnungsmuster 1 siehe § 5 Rdn 46)		–	EUR mtl.		
		=	EUR mtl.		
Unterhaltsquote getöteter Ehemann (Tabelle 2 siehe § 5 Rdn 30)	**40 %**	=	EUR mtl.		
				–	EUR mtl.
				=	EUR mtl.
6. Stufe					
abzgl. Witwenrente				–	EUR mtl.
Zwischensumme				=	EUR mtl.
abzgl. Mitverschuldens	**0 %**			–	EUR mtl.
Ergebnis Barunterhalt				**=**	EUR **mtl.**

▲

l) Doppelverdiener mit 1 Kind (mit Mithaftung)

▼ 17

Muster 12.17: Doppelverdiener mit 1 Kind (mit Mithaftung)

Ehemann verstirbt, *Doppelverdiener*, ein Kind, Nettoeinkommen Ehemann EUR, Nettoeinkommen Witwe (Ehefrau) EUR, fixe Kosten EUR, Witwenrente EUR, Mitverschulden %, prozentualer Fixkostenanteil Ehemann EUR (% von EUR, Berechnungsmuster 1 siehe § 5 Rdn 46) prozentualer Fixkostenanteil Witwe/Ehefrau EUR (% von EUR, Berechnungsmuster 1 siehe § 5 Rdn 46)

Lösung:

1. Stufe				
Nettoeinkommen des Getöteten			=	EUR mtl.
2. Stufe				
abzgl. prozentualer Fixkostenanteil Ehemann (Berechnungsmuster 1 siehe § 5 Rdn 46)			–	EUR mtl.
			=	EUR mtl.
3. Stufe				
Unterhaltsquote der Witwe (Tabelle 2 siehe § 5 Rdn 30)	**40 %**		=	EUR mtl.
4. Stufe				
zzgl. Anteil Fixkosten (Tabelle 3 siehe § 5 Rdn 31) des prozentualen Fixkostenanteils Ehemann (Berechnungsmuster 1 siehe § 5 Rdn 46)	**66,6 %**		+	EUR mtl.
Zwischensumme			=	EUR mtl.
5. Stufe				
abzgl. Vorteilsausgleich/ersparter Unterhalt				
Nettoeinkommen Witwe		EUR mtl.		
abzgl. prozentualer Fixkostenanteil Witwe (Berechnungsmuster 1 siehe § 5 Rdn 46)		– EUR mtl.		
		= EUR mtl.		
Unterhaltsquote getöteter Ehemann (Tabelle 2 siehe § 5 Rdn 30)	**40 %**	= EUR mtl.		
			–	EUR mtl.
			=	EUR mtl.
6. Stufe				
abzgl. Mitverschulden	%		=	EUR mtl.
		= EUR mtl.		

aber: Quotenvorrecht!

Verrechnung mit erspartem Unterhalt möglich (Stufe 5)	– EUR mtl.		
	= EUR mtl.		
		–	EUR mtl.
abzgl. Witwenrente		–	EUR mtl.
Ergebnis Barunterhalt		=	EUR **mtl.**

▲

m) Doppelverdiener mit 2 Kindern (ohne Mithaftung)

▼ 18

Muster 12.18: Doppelverdiener mit 2 Kindern (ohne Mithaftung)

Ehemann verstirbt, *Doppelverdiener*, zwei Kinder, Nettoeinkommen Ehemann EUR, Nettoeinkommen Witwe (Ehefrau) EUR, fixe Kosten EUR, Witwenrente EUR Mitverschulden 0 %, prozentualer Fixkostenanteil Ehemann EUR (% von EUR, Berechnungsmuster 1 siehe § 5 Rdn 46) prozentualer Fixkostenanteil Witwe/Ehefrau EUR (% von EUR, Berechnungsmuster 1 siehe § 5 Rdn 46)

Lösung:

1. Stufe			
Nettoeinkommen des Getöteten		=	EUR mtl.
2. Stufe			
abzgl. prozentualer Fixkostenanteil Ehemann (Berechnungsmuster 1 siehe § 5 Rdn 46)		–	EUR mtl.
		=	EUR mtl.
3. Stufe			
Unterhaltsquote der Witwe (Tabelle 2 siehe § 5 Rdn 30)	**35 %**	=	EUR mtl.
4. Stufe			
zzgl. Anteil (Tabelle 3 siehe § 5 Rdn 31) des prozentualen Fixkostenanteils Ehemann (Berechnungsmuster 1 siehe § 5 Rdn 46)	**50 %**	+	EUR mtl.
Zwischensumme		=	EUR mtl.

5. Stufe

abzgl. Vorteilsausgleich/ ersparter Unterhalt

Nettoeinkommen Witwe	EUR mtl.		
abzgl. prozentualer Fixkostenanteil Witwe (Berechnungsmuster 1 siehe § 5 Rdn 44)	– EUR mtl.		
	= EUR mtl.		
Unterhaltsquote getöteter Ehemann (Tabelle 2 siehe § 5 Rdn 30)	**35 %** = EUR mtl.		
		–	EUR mtl.
		=	EUR mtl.

6. Stufe

abzgl. Witwenrente		–	EUR mtl.
Zwischensumme		=	EUR mtl.
abzgl. Mitverschulden	**0 %**	–	EUR mtl.
Ergebnis Barunterhalt		=	EUR **mtl.**

▲

n) Doppelverdiener mit 2 Kindern (mit Mithaftung)

19 ▼

Muster 12.19: Doppelverdiener mit 2 Kindern (mit Mithaftung)

Ehemann verstirbt, *Doppelverdiener*, zwei Kinder, Nettoeinkommen Ehemann EUR, Nettoeinkommen Witwe (Ehefrau) EUR, fixe Kosten EUR, Witwenrente EUR, Mitverschulden %, prozentualer Fixkostenanteil Ehemann EUR (% von EUR, Berechnungsmuster 1 siehe § 5 Rdn 46), prozentualer Fixkostenanteil Witwe/ Ehefrau EUR (% von EUR, Berechnungsmuster 1 siehe § 5 Rdn 46)

Lösung:

1. Stufe

Nettoeinkommen des Getöteten	=	EUR mtl.

2. Stufe					
abzgl. prozentualer Fixkostenanteil Ehemann (Berechnungsmuster 1 siehe § 5 Rdn 46)				–	EUR mtl.
				=	EUR mtl.
3. Stufe					
Unterhaltsquote der Witwe (Tabelle 2 siehe § 5 Rdn 30)	**35 %**			=	EUR mtl.
4. Stufe					
zzgl. Anteil (Tabelle 3 siehe § 5 Rdn 31) des prozentualen Fixkostenanteils Ehemann (Berechnungsmuster 1 siehe § 5 Rdn 46)	**50 %**			+	EUR mtl.
Zwischensumme				=	EUR mtl.
5. Stufe					
abzgl. Vorteilsausgleich/ersparter Unterhalt					
Nettoeinkommen Witwe			EUR mtl.		
abzgl. prozentualer Fixkostenanteil Witwe (Berechnungsmuster 1 siehe § 5 Rdn 46)		–	EUR mtl.		
		=	EUR mtl.		
Unterhaltsquote getöteter Ehemann (Tabelle 2 siehe § 5 Rdn 30)	**35 %**	=	EUR mtl.		
				–	EUR mtl.
				=	EUR mtl.
6. Stufe					
abzgl. Mitverschulden			%		
		=	EUR mtl.		
aber: Quotenvorrecht!					
Verrechnung mit erspartem		–	EUR mtl.		
Unterhalt möglich (Stufe 5)		=	EUR mtl.		
				–	EUR mtl.
abzgl. Witwenrente				–	EUR mtl.
Ergebnis Barunterhalt				**=**	EUR **mtl.**

▲

o) Doppelverdiener mit 3 Kindern (ohne Mithaftung)

20 ▼

Muster 12.20: Doppelverdiener mit 3 Kindern (ohne Mithaftung)

Ehemann verstirbt, *Doppelverdiener*, drei Kinder, Nettoeinkommen Ehemann EUR, Nettoeinkommen Witwe (Ehefrau) EUR, fixe Kosten EUR, Witwenrente EUR, Mitverschulden 0 %, prozentualer Fixkostenanteil Ehemann EUR (% von EUR, Berechnungsmuster 1 siehe § 5 Rdn 46), prozentualer Fixkostenanteil Witwe/Ehefrau EUR (% von EUR, Berechnungsmuster 1 siehe § 5 Rdn 46)

Lösung:

1. Stufe				
Nettoeinkommen des Getöteten			=	EUR mtl.
2. Stufe				
abzgl. prozentualer Fixkostenanteil Ehemann (Berechnungsmuster 1 siehe § 5 Rdn 46)			–	EUR mtl.
			=	EUR mtl.
3. Stufe				
Unterhaltsquote der Witwe (Tabelle 2 siehe § 5 Rdn 30)	**30,5 %**		=	EUR mtl.
4. Stufe				
zzgl. Anteil (Tabelle 3 siehe § 5 Rdn 31) des prozentualen Fixkostenanteils Ehemann (Berechnungsmuster 1 siehe § 5 Rdn 46)	**40 %**		+	EUR mtl.
Zwischensumme			=	EUR mtl.
5. Stufe				
abzgl. Vorteilsausgleich/ersparter Unterhalt				
Nettoeinkommen Witwe		EUR mtl.		
abzgl. prozentualer Fixkostenanteil Witwe (Berechnungsmuster 1 siehe § 5 Rdn 46)		– EUR mtl.		
		= EUR mtl.		

Unterhaltsquote getöteter Ehemann (Tabelle 2 siehe § 5 Rdn 30)	**30,5%**	= EUR mtl.	
			– EUR mtl.
			= EUR mtl.
6. Stufe			
abzgl. Witwenrente			– EUR mtl.
Zwischensumme			= EUR mtl.
abzgl. Mitverschulden	**0 %**		– EUR mtl.
Ergebnis Barunterhalt			**=** EUR **mtl.**

▲

p) Doppelverdiener mit 3 Kindern (mit Mithaftung)

▼ 21

Muster 12.21: Doppelverdiener mit 3 Kindern (mit Mithaftung)

Ehemann verstirbt, *Doppelverdiener*, drei Kinder, Nettoeinkommen Ehemann EUR, Nettoeinkommen Witwe (Ehefrau) EUR, fixe Kosten EUR, Witwenrente EUR, Mitverschulden %, prozentualer Fixkostenanteil Ehemann EUR (% von EUR, Berechnungsmuster 1 siehe § 5 Rdn 46) prozentualer Fixkostenanteil Witwe/Ehefrau EUR (% von EUR, Berechnungsmuster 1 siehe § 5 Rdn 46)

Lösung:

1. Stufe		
Nettoeinkommen des Getöteten		= EUR mtl.
2. Stufe		
abzgl. prozentualer Fixkostenanteil Ehemann (Berechnungsmuster 1 siehe § 5 Rdn 46)		– EUR mtl.
		= EUR mtl.
3. Stufe		
Unterhaltsquote der Witwe (Tabelle 2 siehe § 5 Rdn 30)	**30,5 %**	= EUR mtl.
4. Stufe		
zzgl. Anteil	**40 %**	+ EUR mtl.

(Tabelle 3 siehe § 5 Rdn 31) des prozentualen Fixkostenanteils Ehemann (Berechnungsmuster 1 siehe § 5 Rdn 46)			
Zwischensumme			= EUR mtl.
5. Stufe			
abzgl. Vorteilsausgleich/ersparter Unterhalt			
Nettoeinkommen Witwe		EUR mtl.	
abzgl. prozentualer Fixkostenanteil Witwe (Berechnungsmuster 1 siehe § 5 Rdn 46)		– EUR mtl.	
		= EUR mtl.	
Unterhaltsquote getöteter Ehemann (Tabelle 2 siehe § 5 Rdn 30)	**30,5 %**	= EUR mtl.	
			– EUR mtl.
			= EUR mtl.
6. Stufe			
abzgl. Mitverschulden		%	
		= EUR mtl.	
aber: Quotenvorrecht!			
Verrechnung mit erspartem		– EUR mtl.	
Unterhalt möglich (Stufe 5)		= EUR mtl.	
			– EUR mtl.
abzgl. Witwenrente			– EUR mtl.
Ergebnis Barunterhalt			= EUR **mtl.**

▲

q) Doppelverdiener ohne Kind (ohne Mithaftung/mit Vermögensbildung)

22 ▼

Muster 12.22: Doppelverdiener ohne Kind (ohne Mithaftung/mit Vermögensbildung)

Ehemann verstirbt, *Doppelverdiener*, keine Kinder, Nettoeinkommen Ehemann EUR, Nettoeinkommen Witwe (Ehefrau) EUR, fixe Kosten EUR, Witwenrente EUR, Mitverschulden 0 %, prozentualer Fixkostenanteil Ehemann EUR (% von EUR, Berechnungsmuster 1 siehe § 5 Rdn 46) prozentualer Fixkostenanteil Witwe/Ehefrau EUR (% von EUR, Berechnungsmuster 1 siehe § 5 Rdn 46), Vermögensbildung EUR

Lösung:

1. Stufe			
Nettoeinkommen des Getöteten			= EUR mtl.
abzgl. % Anteil Vermögensbildung			– EUR mtl.
			= EUR mtl.
2. Stufe			
abzgl. prozentualer Fixkostenanteil Ehemann (Berechnungsmuster 1 siehe § 5 Rdn 46)			– EUR mtl.
			= EUR mtl.
3. Stufe			
Unterhaltsquote der Witwe (Tabelle 2 siehe § 5 Rdn 30)	**50 %**		= EUR mtl.
4. Stufe			
zzgl. Anteil (Tabelle 3 siehe § 5 Rdn 31) des prozentualen Fixkostenanteils Ehemann (Berechnungsmuster 1 siehe § 5 Rdn 46)	**100 %**		+ EUR mtl.
Zwischensumme			= EUR mtl.
5. Stufe			
abzgl. Vorteilsausgleich/ersparter Unterhalt			
Nettoeinkommen Witwe		EUR mtl.	
abzgl. % Anteil an Vermögensbildung		– EUR mtl.	
		= EUR mtl.	
abzgl. prozentualer Fixkostenanteil Witwe (Berechnungsmuster 1 siehe § 5 Rdn 46)		– EUR mtl.	
		= EUR mtl.	

Unterhaltsquote getöteter Ehemann (Tabelle 2 siehe § 5 Rdn 30)	**50 %**	= EUR mtl.		
			–	EUR mtl.
			=	EUR mtl.
6. Stufe				
abzgl. Witwenrente			–	EUR mtl.
abzgl. Mitverschulden	%		–	EUR mtl.
Ergebnis Barunterhalt			**=**	EUR **mtl.**

▲

2. Ansprüche Waisen/Kinder

a) Alleinverdiener mit 1 Kind (ohne Mithaftung)

23 ▼

Muster 12.23: Alleinverdiener mit 1 Kind (ohne Mithaftung)

Ehemann (Vater) verstirbt, *Alleinverdiener*, ein Kind, Nettoeinkommen Ehemann EUR, fixe Kosten EUR, Waisenrente EUR, Mithaftung 0 %

Lösung:

1. Stufe			
Nettoeinkommen Ehemann/Vater		=	EUR mtl.
2. Stufe			
abzgl. fixe Kosten		–	EUR mtl.
		=	EUR mtl.
3. Stufe			
Unterhaltsquote Kind (Tabelle 1 siehe § 5 Rdn 29)	**20 %**	=	EUR mtl.
4. Stufe			
zzgl. Anteile fixe Kosten (Tabelle 3 siehe § 5 Rdn 31)	**33,3 %**	+	EUR mtl.
5. Stufe: entfällt		=	EUR mtl.
6. Stufe			
abzgl. Waisenrente		–	EUR mtl.
Zwischensumme		=	EUR mtl.
abzgl. Mitverschulden	**0 %**	–	EUR mtl.
Ergebnis Barunterhalt		**=**	EUR **mtl.**

▲

b) Alleinverdiener mit 1 Kind (mit Mithaftung)

▼ 24

Muster 12.24: Alleinverdiener mit 1 Kind (mit Mithaftung)

Ehemann (Vater) verstirbt, Alleinverdiener, ein Kind, Nettoeinkommen Ehemann EUR, fixe Kosten EUR, Waisenrente EUR, Mithaftung %

Lösung:

1. Stufe			
Nettoeinkommen Ehemann/Vater		=	EUR mtl.
2. Stufe			
abzgl. fixe Kosten		–	EUR mtl.
		=	EUR mtl.
3. Stufe			
Unterhaltsquote Kind	**20 %**	=	EUR mtl.
(Tabelle 1 siehe § 5 Rdn 29)			
4. Stufe			
zzgl. Anteile fixe Kosten	**33,3 %**	+	EUR mtl.
(Tabelle 3 siehe § 5 Rdn 31)			
5. Stufe: entfällt		=	EUR mtl.
6. Stufe			
abzgl. Waisenrente		–	EUR mtl.
Zwischensumme		=	EUR mtl.
abzgl. Mitverschulden	%	–	EUR mtl.
Ergebnis Barunterhalt		**=**	EUR **mtl.**

▲

c) Alleinverdiener mit 2 Kindern (ohne Mithaftung)

▼ 25

Muster 12.25: Alleinverdiener mit 2 Kindern (ohne Mithaftung)

Ehemann (Vater) verstirbt, *Alleinverdiener*, zwei Kinder, Nettoeinkommen Ehemann EUR, fixe Kosten EUR, Waisenrente EUR, Mithaftung 0 %

Lösung:

1. Stufe			
Nettoeinkommen Ehemann/Vater		=	EUR mtl.

2. Stufe				
abzgl. fixe Kosten		–		EUR mtl.
		=		EUR mtl.
3. Stufe				
Unterhaltsquote Kind (Tabelle 1 siehe § 5 Rdn 29)	**15 %**	=		EUR mtl.
4. Stufe				
zzgl. Anteile fixe Kosten (Tabelle 3 siehe § 5 Rdn 31)	**25 %**	+		EUR mtl.
5. Stufe: entfällt		=		EUR mtl.
6. Stufe				
abzgl. Waisenrente		–		EUR mtl.
Zwischensumme		=		EUR mtl.
abzgl. Mitverschulden	**0 %**	–		EUR mtl.
Ergebnis Barunterhalt		**=**		EUR **mtl.**

▲

d) Alleinverdiener mit 2 Kindern (mit Mithaftung)

26 ▼

Muster 12.26: Alleinverdiener mit 2 Kindern (mit Mithaftung)

Ehemann (Vater) verstirbt, *Alleinverdiener*, zwei Kindern, Nettoeinkommen Ehemann ____ EUR, fixe Kosten ____ EUR, Waisenrente ____ EUR, Mithaftung ____ %

Lösung:

1. Stufe				
Nettoeinkommen Ehemann/Vater		=		EUR mtl.
2. Stufe				
abzgl. fixe Kosten		–		EUR mtl.
		=		EUR mtl.
3. Stufe				
Unterhaltsquote Kind (Tabelle 1 siehe § 5 Rdn 29)	**15 %**	=		EUR mtl.
4. Stufe				
zzgl. Anteile fixe Kosten (Tabelle 3 siehe § 5 Rdn 31)	**25 %**	+		EUR mtl.

5. Stufe: entfällt		=	EUR mtl.
6. Stufe			
abzgl. Waisenrente		–	EUR mtl.
Zwischensumme		=	EUR mtl.
abzgl. Mitverschulden	%	–	EUR mtl.
Ergebnis Barunterhalt		**=**	EUR **mtl.**

▲

e) Alleinverdiener mit 3 Kindern (ohne Mithaftung)

▼ 27

Muster 12.27: Alleinverdiener mit 3 Kindern (ohne Mithaftung)

Ehemann (Vater) verstirbt, *Alleinverdiener*, drei Kinder, Nettoeinkommen Ehemann EUR, fixe Kosten EUR, Waisenrente EUR, Mithaftung 0 %

Lösung:

1. Stufe			
Nettoeinkommen Ehemann/Vater		=	EUR mtl.
2. Stufe			
abzgl. fixe Kosten		–	EUR mtl.
		=	EUR mtl.
3. Stufe			
Unterhaltsquote Kind (Tabelle 1 siehe § 5 Rdn 29)	**13 %**	=	EUR mtl.
4. Stufe			
zzgl. Anteile fixe Kosten (Tabelle 3 siehe § 5 Rdn 31)	**20 %**	+	EUR mtl.
5. Stufe: entfällt		=	EUR mtl.
6. Stufe			
abzgl. Waisenrente		–	EUR mtl.
Zwischensumme		=	EUR mtl.
abzgl. Mitverschulden	**0 %**	–	EUR mtl.
Ergebnis Barunterhalt		**=**	EUR **mtl.**

▲

f) Alleinverdiener mit 3 Kindern (mit Mithaftung)

28 ▼

Muster 12.28: Alleinverdiener mit 3 Kindern (mit Mithaftung)

Ehemann (Vater) verstirbt, *Alleinverdiener*, drei Kinder, Nettoeinkommen Ehemann EUR, fixe Kosten EUR, Waisenrente EUR, Mithaftung %

Lösung:

1. Stufe			
Nettoeinkommen Ehemann/Vater		=	EUR mtl.
2. Stufe			
abzgl. fixe Kosten		–	EUR mtl.
		=	EUR mtl.
3. Stufe			
Unterhaltsquote Kind	**13 %**	=	EUR mtl.
(Tabelle 1 siehe § 5 Rdn 29)			
4. Stufe			
zzgl. Anteile fixe Kosten	**20 %**	+	EUR mtl.
(Tabelle 3 siehe § 5 Rdn 31)			
5. Stufe: entfällt		=	EUR mtl.
6. Stufe			
abzgl. Waisenrente		–	EUR mtl.
Zwischensumme		=	EUR mtl.
abzgl. Mitverschulden	%	–	EUR mtl.
Ergebnis Barunterhalt		**=**	EUR **mtl.**

▲

g) Doppelverdiener mit 1 Kind (ohne Mithaftung)

29 ▼

Muster 12.29: Doppelverdiener mit 1 Kind (ohne Mithaftung)

Ehemann (Vater) verstirbt, *Doppelverdiener*, ein Kind, Nettoeinkommen Ehemann EUR, Nettoeinkommen Witwe/Ehefrau EUR, fixe Kosten EUR, Waisenrente EUR, Mithaftung 0 %, prozentualer Fixkostenanteil Ehemann/Vater EUR (% von EUR, Berechnungsmuster 1 siehe § 5 Rdn 46), prozentualer Fixkostenanteil Ehefrau/Mutter EUR (% von EUR, Berechnungsmuster 1 siehe § 5 Rdn 46)

Lösung:

1. Stufe				
Nettoeinkommen Ehemann/Vater		=		EUR mtl.
2. Stufe				
abzgl. prozentualer Fixkostenanteil Ehemann/Vater (Berechnungsmuster 1 siehe § 5 Rdn 46)		–		EUR mtl.
		=		EUR mtl.
3. Stufe				
Unterhaltsquote Kind (Tabelle 1 siehe § 5 Rdn 29)	**20 %**	=		EUR mtl.
4. Stufe				
zzgl. Anteil (Tabelle 3 siehe § 5 Rdn 31)	**33,3 %**	+		EUR mtl.
des prozentualen Fixkostenanteils des Ehemanns/Vaters (Berechnungsmuster 1 siehe § 5 Rdn 46)		=		EUR mtl.
5. Stufe: entfällt				
6. Stufe				
abzgl. Waisenrente		–		EUR mtl.
Zwischensumme		=		EUR mtl.
abzgl. Mitverschulden	**0 %**	–		EUR mtl.
Ergebnis Barunterhalt		**=**		EUR **mtl.**

▲

h) Doppelverdiener mit 1 Kind (mit Mithaftung)

▼ 30

Muster 12.30: Doppelverdiener mit 1 Kind (mit Mithaftung)

Ehemann (Vater) verstirbt, *Doppelverdiener*, ein Kind, Nettoeinkommen Ehemann EUR, Nettoeinkommen Witwe/Ehefrau EUR, fixe Kosten EUR, Waisenrente EUR, Mithaftung %, prozentualer Fixkostenanteil Ehemann/Vater EUR (% von EUR, Berechnungsmuster 1 siehe § 5 Rdn 46), prozentualer Fixkostenanteil Ehefrau/Mutter EUR (% von EUR, Berechnungsmuster 1 siehe § 5 Rdn 46)

Lösung:

1. Stufe				
Nettoeinkommen Ehemann/Vater		=		EUR mtl.
2. Stufe				
abzgl. prozentualer Fixkostenanteil Ehemann/Vater (Berechnungsmuster 1 siehe § 5 Rdn 46)		–		EUR mtl.
		=		EUR mtl.
3. Stufe				
Unterhaltsquote Kind (Tabelle 1 siehe § 5 Rdn 29)	**20 %**	=		EUR mtl.
4. Stufe				
zzgl. Anteil (Tabelle 3 siehe § 5 Rdn 31)	**33,3 %**	+		EUR mtl.
des prozentualen Fixkostenanteils des Ehemanns/Vaters (Berechnungsmuster 1 siehe § 5 Rdn 46)		=		EUR mtl.
5. Stufe: entfällt				
6. Stufe				
abzgl. Waisenrente		–		EUR mtl.
Zwischensumme		=		EUR mtl.
abzgl. Mitverschulden	%	–		EUR mtl.
Ergebnis Barunterhalt		**=**		EUR **mtl.**

▲

i) Doppelverdiener mit 2 Kindern (ohne Mithaftung)

31 ▼

Muster 12.31: Doppelverdiener mit 2 Kindern (ohne Mithaftung)

Ehemann (Vater) verstirbt, *Doppelverdiener*, zwei Kinder, Nettoeinkommen Ehemann EUR, Nettoeinkommen Witwe/Ehefrau EUR, fixe Kosten EUR, Waisenrente EUR, Mithaftung 0 %, prozentualer Fixkostenanteil Ehemann/Vater EUR (% von EUR, Berechnungsmuster 1 siehe § 5 Rdn 46), prozentualer Fixkostenanteil Ehefrau/Mutter EUR (% von EUR, Berechnungsmuster 1 siehe § 5 Rdn 46)

Lösung:

1. Stufe			
Nettoeinkommen Ehemann/Vater		=	EUR mtl.
2. Stufe			
abzgl. prozentualer Fixkostenanteil Ehemann/Vater (Berechnungsmuster 1 siehe § 5 Rdn 46)		–	EUR mtl.
		=	EUR mtl.
3. Stufe			
Unterhaltsquote Kind (Tabelle 1 siehe § 5 Rdn 29)	**15 %**	=	EUR mtl.
4. Stufe			
zzgl. Anteil (Tabelle 3 siehe § 5 Rdn 31)	**25 %**	+	EUR mtl.
des prozentualen Fixkostenanteils des Ehemanns/Vaters (Berechnungsmuster 1 siehe § 5 Rdn 46)		=	EUR mtl.
5. Stufe: entfällt			
6. Stufe			
abzgl. Waisenrente		–	EUR mtl.
Zwischensumme		=	EUR mtl.
abzgl. Mitverschulden	**0 %**	–	EUR mtl.
Ergebnis Barunterhalt		=	EUR **mtl.**

▲

j) Doppelverdiener mit 2 Kindern (mit Mithaftung)

▼ 32

Muster 12.32: Doppelverdiener mit 2 Kindern (mit Mithaftung)

Ehemann (Vater) verstirbt, *Doppelverdiener*, zwei Kinder, Nettoeinkommen Ehemann EUR, Nettoeinkommen Witwe/Ehefrau EUR, fixe Kosten EUR, Waisenrente EUR, Mithaftung %, prozentualer Fixkostenanteil Ehemann/Vater EUR (% von EUR, Berechnungsmuster 1 siehe § 5 Rdn 46), prozentualer Fixkostenanteil Ehefrau/Mutter EUR (% von EUR, Berechnungsmuster 1 siehe § 5 Rdn 46)

Lösung:

1. Stufe			
Nettoeinkommen Ehemann/Vater		=	EUR mtl.
2. Stufe			
abzgl. prozentualer Fixkostenanteil Ehemann/Vater (Berechnungsmuster 1 siehe § 5 Rdn 46)		–	EUR mtl.
		=	EUR mtl.
3. Stufe			
Unterhaltsquote Kind (Tabelle 1 siehe § 5 Rdn 29)	**15 %**	=	EUR mtl.
4. Stufe			
zzgl. Anteil (Tabelle 3 siehe § 5 Rdn 31)	**25 %**	+	EUR mtl.
des prozentualen Fixkostenanteils des Ehemanns/Vaters (Berechnungsmuster 1 siehe § 5 Rdn 46)		=	EUR mtl.
5. Stufe: entfällt			
6. Stufe			
abzgl. Waisenrente		–	EUR mtl.
Zwischensumme		=	EUR mtl.
abzgl. Mitverschulden	%	–	EUR mtl.
Ergebnis Barunterhalt		**=**	EUR **mtl.**

▲

k) Doppelverdiener mit 3 Kindern (ohne Mithaftung)

33 ▼

Muster 12.33: Doppelverdiener mit 3 Kindern (ohne Mithaftung)

Ehemann (Vater) verstirbt, *Doppelverdiener*, drei Kinder, Nettoeinkommen Ehemann EUR, Nettoeinkommen Witwe/Ehefrau EUR, fixe Kosten EUR, Waisenrente EUR, Mithaftung 0 %, prozentualer Fixkostenanteil Ehemann/Vater EUR (% von EUR, Berechnungsmuster 1 siehe § 5 Rdn 46), prozentualer Fixkostenanteil Ehefrau/Mutter EUR (% von EUR, Berechnungsmuster 1 siehe § 5 Rdn 46)

Lösung:

1. Stufe			
Nettoeinkommen Ehemann/Vater		=	EUR mtl.
2. Stufe			
abzgl. prozentualer Fixkostenanteil Ehemann/Vater (Berechnungsmuster 1 siehe § 5 Rdn 46)		–	EUR mtl.
		=	EUR mtl.
3. Stufe			
Unterhaltsquote Kind (Tabelle 1 siehe § 5 Rdn 29)	**13 %**	=	EUR mtl.
4. Stufe			
zzgl. Anteil (Tabelle 3 siehe § 5 Rdn 31)	**20 %**	+	EUR mtl.
des prozentualen Fixkostenanteils des Ehemanns/Vaters (Berechnungsmuster 1 siehe § 5 Rdn 46)		=	EUR mtl.
5. Stufe: entfällt			
6. Stufe			
abzgl. Waisenrente		–	EUR mtl.
Zwischensumme		=	EUR mtl.
abzgl. Mitverschulden	**0 %**	–	EUR mtl.
Ergebnis Barunterhalt		=	EUR **mtl.**

▲

I) Doppelverdiener mit 3 Kindern (mit Mithaftung)

▼ 34

Muster 12.34: Doppelverdiener mit 3 Kindern (mit Mithaftung)

Ehemann (Vater) verstirbt, *Doppelverdiener*, drei Kinder, Nettoeinkommen Ehemann EUR, Nettoeinkommen Witwe/Ehefrau EUR fixe Kosten EUR, Waisenrente EUR, Mithaftung %, prozentualer Fixkostenanteil Ehemann/Vater EUR (% von EUR, Berechnungsmuster 1 siehe § 5 Rdn 46), prozentualer Fixkostenanteil Ehefrau/Mutter EUR (% von EUR, Berechnungsmuster 1 siehe § 5 Rdn 46)

Lösung:

1. Stufe			
Nettoeinkommen Ehemann/Vater		=	EUR mtl.
2. Stufe			
abzgl. prozentualer Fixkostenanteil Ehemann/Vater (Berechnungsmuster 1 siehe § 5 Rdn 46)		–	EUR mtl.
		=	EUR mtl.
3. Stufe			
Unterhaltsquote Kind (Tabelle 1 siehe § 5 Rdn 29)	**13 %**	=	EUR mtl.
4. Stufe			
zzgl. Anteil (Tabelle 3 siehe § 5 Rdn 31)	**20 %**	+	EUR mtl.
des prozentualen Fixkostenanteils des Ehemanns/Vaters (Berechnungsmuster 1 siehe § 5 Rdn 46)		=	EUR mtl.
5. Stufe: entfällt			
6. Stufe			
abzgl. Waisenrente		–	EUR mtl.
Zwischensumme		=	EUR mtl.
abzgl. Mitverschulden	%	–	EUR mtl.
Ergebnis Barunterhalt		=	EUR **mtl.**

▲

IV. Muster zum Haushaltsführungsschaden

1. Ansprüche bei Alleinverdienerehe

a) Ansprüche des Witwers, wenn die nicht erwerbstätige Hausfrau verstirbt

35 ▼

Muster 12.35: Ansprüche des Witwers, wenn die nicht erwerbstätige Hausfrau verstirbt

Berechnung des Haushaltsführungsschadens des **Witwers**

1. Schritt wöchentlicher Arbeitsbedarf reduzierter Haushalt

Personenhaushalt Wochenstunden

	% Zuschlag			Wochenstunden
	Abschlag			Wochenstunden
			=	Wochenstunden

2. Schritt Mithilfepflicht Hinterbliebene

Abzug Wochenstunden		Ehegatte		
		Kind 1		
		Kind 2		
		Kind 3		
			=	Wochenstunden

3. Schritt Multiplikation der errechneten wöchentlichen Stundenzahl mit Stundenlohn einer Hilfskraft

(IFH-Tabelle/*Schah Sedi*, Tabelle 7, § 10 Rn 2)

Wochenstunden	/TVÖD	=	EUR mtl.

4. Schritt Aufteilung des errechneten Nettobetrags auf Hinterbliebene gem. Quote

(Tabelle 4 siehe § 5 Rdn 111)

Prozent	=	EUR mtl.

5. Schritt Unterhaltsersparnis

Nettoeinkommen Ehemann:		EUR mtl.		
abzgl. fixe Kosten:		EUR mtl.		
	=	EUR mtl.		
davon Abzug Unterhaltsquote der Getöteten (Ehefrau):		%		
(Tabelle 1 siehe § 5 Rdn 29)	–	EUR mtl.		
	=	EUR mtl.		
Zwischenergebnis:			=	EUR mtl.
evtl. Mithaftung		% Haftung	=	EUR mtl.
evtl. Quotenvorrecht			=	EUR mtl.
Ergebnis			=	EUR mtl.

▲

b) Ansprüche der Witwe, wenn Alleinverdiener verstirbt

36 ▼

Muster 12.36: Ansprüche der Witwe, wenn Alleinverdiener verstirbt

Berechnung des Haushaltsführungsschadens der **Witwe**

1. Schritt wöchentlicher Arbeitsbedarf reduzierter Haushalt

	Personenhaushalt			Wochenstunden
	% Zuschlag			Wochenstunden
	Abschlag			Wochenstunden
		=		Wochenstunden

2. Schritt Mithilfepflicht Hinterbliebene

Abzug Wochenstunden		Ehegatte		
		Kind 1		
		Kind 2		
		Kind 3		
			=	Wochenstunden

3. Schritt Multiplikation der errechneten wöchentlichen Stundenzahl mit Stundenlohn einer Hilfskraft

(IFH-Tabelle/*Schah Sedi*, Tabelle 7, Tabelle 5, § 10 Rn 2, § 8 Rn 1 ff.)

Wochenstunden	/TVÖD	=		EUR mtl.

4. Schritt Aufteilung des errechneten Nettobetrags auf Hinterbliebene gem. Quote

(Tabelle 4 siehe § 5 Rdn 111)

Prozent		=		EUR mtl.
Zwischenergebnis:		=		EUR mtl.
evtl. Mithaftung	% Haftung	=		EUR mtl.
Ergebnis		**=**		**EUR mtl.**

▲

c) Ansprüche des Witwers, wenn mitverdienende Ehefrau verstirbt

37 ▼

Muster 12.37: Ansprüche des Witwers, wenn mitverdienende Ehefrau verstirbt

Lösung: Berechnung des Haushaltsführungsschadens des Witwers

1. Schritt wöchentlicher Arbeitsbedarf reduzierter Haushalt

	Personenhaushalt			Wochenstunden
	% Zuschlag			Wochenstunden
	Abschlag			Wochenstunden

= Wochenstunden

2. Schritt Mithilfepflicht Hinterbliebene

Abzug Wochenstunden Ehegatte
Kind 1
Kind 2
= Wochenstunden

3. Schritt Multiplikation der errechneten wöchentlichen Stundenzahl mit Stundenlohn einer Hilfskraft

(IFH-Tabelle/*Schah Sedi*, Tabelle 7, § 10 Rn 2)

Wochenstunden /TVÖD = EUR mtl.

4. Schritt Aufteilung des errechneten Nettobetrags auf Hinterbliebene gem. Quote (Tabelle 4 siehe § 5 Rdn 111)

Prozent	=	EUR mtl.
Zwischenergebnis:	=	EUR mtl.
evtl. Mithaftung % Haftung	=	EUR mtl.
Ergebnis Anspruch Haushaltsführungsschaden	**=**	EUR **mtl.**

▲

d) Ansprüche der Witwe, wenn mitverdienender Ehemann verstirbt

▼ 38

Muster 12.38: Ansprüche der Witwe, wenn mitverdienender Ehemann verstirbt

Lösung: Berechnung des Haushaltsführungsschadens der Witwe

1. Schritt wöchentlicher Arbeitsbedarf reduzierter Haushalt

Personenhaushalt		Wochenstunden
% Zuschlag		Wochenstunden
Abschlag		Wochenstunden
	=	Wochenstunden

2. Schritt Mithilfepflicht Hinterbliebene

Abzug Wochenstunden Ehegatte
Kind 1
Kind 2
= Wochenstunden

3. Schritt Multiplikation der errechneten wöchentlichen Stundenzahl mit Stundenlohn einer Hilfskraft

Wochenstunden	/TVÖD	=	EUR mtl.

(IFH-Tabelle/*Schah Sedi*, Tabelle 7, § 10 Rn 2)

4. Schritt Aufteilung des errechneten Nettobetrags auf Hinterbliebene gem. Quote (Tabelle 4 siehe § 5 Rdn 111)

Prozent		=	EUR mtl.
Zwischenergebnis:		=	EUR mtl.
evtl. Mithaftung	% Haftung	=	EUR mtl.
Ergebnis Anspruch Haushaltsführungsschaden		=	EUR **mtl.**

▲

2. Ansprüche der Waisen

39 ▼

Muster 12.39: Ansprüche der Waisen

Berechnung des Haushaltsführungsschadens der **Waisen**

1. Schritt wöchentlicher Arbeitsbedarf reduzierter Haushalt

Personenhaushalt			Wochenstunden
% Zuschlag			Wochenstunden
Abschlag			Wochenstunden
		=	Wochenstunden

2. Schritt Mithilfepflicht Hinterbliebene

Abzug Wochenstunden	Ehegatte		
	Kind 1		
	Kind 2		
	Kind 3		
		=	Wochenstunden

3. Schritt Multiplikation der errechneten wöchentlichen Stundenzahl mit Stundenlohn einer Hilfskraft

Wochenstunden	/TVÖD	=	EUR mtl.

(IFH-Tabelle/*Schah Sedi*, Tabelle 7, § 10 Rn 2)

4. Schritt Aufteilung des errechneten Nettobetrags auf Hinterbliebene gem. Quote

(Tabelle 4 siehe § 5 Rdn 111)

% (nach Tabelle 4 siehe § 5 Rdn 111)		=	EUR mtl.
Zwischenergebnis:		=	EUR mtl.
evtl. Mithaftung	% Haftung	=	EUR mtl.
Ergebnis		=	EUR **mtl.**

▲

V. Beerdigungskosten

▼ 40

Muster 12.40: Beerdigungskosten

Kosten des Sarges (inkl. Kissen, Decke, Hemd)	EUR
Kosten der Einsargung	EUR
Aufbahrungskosten	EUR
Kosten der Sargträger	EUR
Blumenschmuck	EUR
Pfarrer	EUR
Musik/Chor	EUR
Gebühren (kirchliche und behördliche Bestattungsgebühren, Sterbeurkunden)	EUR
Verdienstausfall (Vorbereitungstag und Tag der Beerdigung) (OLG Hamm VersR 1956, 666)	EUR
Kosten Todesanzeigen (Karten, Zeitungsanzeigen etc.)	EUR
Kosten Trauerkleidung	EUR
Bewirtungskosten und Unterbringung von Trauergästen	EUR
Überführungskosten an den Heimatort und eventuelle Umbettung	EUR
Kosten Kränze und Erstbepflanzung	EUR
Kosten Grabstein, Grablaterne und sonstige Grabausstattung	EUR
Gesamtkosten	= EUR

▲

C. Muster zu § 10 Personenversicherungen: Ärztliche Bescheinigung für die versicherte Person

41 ▼

Muster 12.41: Ärztliche Bescheinigung für die versicherte Person

Zur Vorlage beim Privaten Unfallversicherer

1 Werden dauernde, die Funktionsfähigkeit von Gliedmaßen oder Sinnesorganen bzw. die körperliche oder geistige Leistungsfähigkeit beeinträchtigende Folgen des Unfalles (Invalidität) oder psychische Dauerschäden, gleichgültig welchen Ausmaßes, zurückbleiben?

□ ja □ nein

2 Wenn ja, an welchen Körperteilen wird die Invalidität verursacht?

3a Lässt sich das Ausmaß der dauernden Beeinträchtigung, d.h. in Höhe des Invaliditätsgrades, bereits gutachtlich feststellen?

□ ja □ nein

3b Wenn nein, wann ist diese Feststellung möglich?

4 Auf welchen Fachgebieten ist eine Untersuchung zur Prüfung der Invaliditätsfrage erforderlich?

Ort/Datum *Unterschrift des Arztes/Stempel*

▲

Stichwortverzeichnis

fette Zahlen = Paragrafen, magere Zahlen = Randnummern

A

Abänderbarkeit
– Rentenzahlung **9** 121
Abfindungsbetrag
– Anpassung **9** 11
Abfindungserklärung **2** 25
– Aktivlegitimation **9** 79
– Genehmigung **9** 106
Abfindungsklage **6** 13
Abfindungsvergleich **6** 22; **9** 108 ff.
– Anfechtung **9** 8 ff.
– außergerichtliche Regulierung **9** 1 ff.
– Unwirksamkeit **9** 10
– vorbehaltloser **9** 37
– Zukunftsschadensvorbehalt **9** 38
Abgeltungssteuer **6** 26
Abzinsung **8** 26 f.
– Kürzungs- und Verteilungsverfahren **8** 21 ff., 67
Acetabulumfraktur **11** 58
Achsfehlstellung **11** 235
Ärztliche Bescheinigung **10** 39 ff.
Ärztliche Invaliditätsfeststellung
– Inhalt **10** 34
Aktenführung **2** 10 ff.
Aktivlegitimation **9** 79
Amputation **11** 239
Anatomie **4** 73
Anfechtung
– arglistige Täuschung **9** 8
– Irrtum im Beweggrund **9** 9
– unbeachtlicher Motivirrtum **9** 9
Angehörige **5** 148
Anrechenbarkeit
– Schmerzensgeld **4** 69 ff.
Anspruchsübergang **9** 79 ff.
Arbeitgebermodell **3** 28, 35
Arbeitsgemeinschaft Verkehrsrecht des Deutschen Anwaltsvereins **3** 42
Arbeitslosengeld I **5** 34
Arbeitsloser **10** 190
Arbeitsunfähigkeit **10** 168
ARGE Verkehrsrecht des Deutschen Anwaltvereins **3** 29
Arthrofibrose **11** 250
Arthrose **11** 244
Aufklärungspflicht **9** 108 ff., 118
– Aufklärungsschreiben **9** 130
Aufwandsentschädigung **5** 34
Ausgangsverletzung **2** 14 ff.
Ausgleichsbedarf **4** 50
Ausgleichsfunktion
– Schmerzensgeld **4** 12
Auskunftsobliegenheit **10** 143
Außergerichtliche Regulierung **9** 1 ff.
Auszubildender **10** 187

Bagatellverletzungen **4** 58
Bakterien **11** 264
Bandscheibenschäden **10** 127 f.
Barrierefreies Umfeld **3** 36
Barunterhalt **5** 18, 130
Barunterhaltsschaden
– 6-Stufen-Modell **5** 25
– Anspruchsberechnung **5** 9 ff.
– Anspruchslaufzeit **5** 20
– Erwerbstätigkeitspflicht **5** 12
– Fragebogen zur Ermittlung **5** 25
– Unterhaltsberechtigte **5** 9
– Vermögensbildung **5** 19
– Wiederheirat **5** 14
Barwert **6** 56; **9** 112
Barwerttabellen **6** 40
Basisfraktur **11** 111

Beamte **10** 185
Beckenringverletzung **11** 52
Beerdigungskosten **5** 141
– Doppelgrab **5** 147
– Reisekosten von Verwandten **5** 147
– Trauerkleidung **5** 146
Befriedigungsvorrecht **8** 39 ff., 43, 68
– Kürzungs- und Verteilungsverfahren **8** 47
Begleitverletzung **11** 220
Behandlungsfehler **4** 68
Beirat **3** 29
Beitragsbefreiung **10** 209
Belehrungspflicht **9** 118
Bereitschaftspflege **4** 311
Bergungskosten **10** 113
Berufliche Rehabilitation **3** 34
Berufliches Reha-Management **3** 1 ff., 11, 32
Berufliches Schadensmanagement **3** 32
Berufs- und Erwerbsunfähigkeit
– Krankentagegeldversicherer **10** 168
– Sozialversicherungsträger **10** 168
Berufshaftpflichtversicherung **2** 9 ff.
Berufsunfähigkeit
– abstrakte Verweisungsklausel **10** 166 f.
– konkrete Verweisungsklausel **10** 162 ff.
Berufsunfähigkeitsrente **10** 210
Berufsunfähigkeitsversicherung
– Nachprüfungsverfahren **10** 230
– vorvertragliche Anzeigepflichtverletzung **10** 234
Berufsunfähigkeits(zusatz) versicherung **10** 153 ff.
Berufswechsel **10** 171
Beschleunigungstrauma der Halswirbelsäule **11** 128
Betreuung **9** 27 ff.
Betreuungspflege **4** 311
Betreuungsunterhalt **5** 130
– Pflegeheim **5** 139
– Zwillinge **5** 132
Betreuungsunterhaltsschaden **5** 130 ff.
Betriebsgewinn **5** 35
Beweislast **4** 34 f.
Beweismaß **4** 34
Bewusstseinsstörung **10** 115
– alkoholbedingte **10** 116 ff.
BGH-Vorbehalt **4** 19
Bizepssehnenabriss **11** 32
Bizepssehnenruptur **11** 32
Blutungen **10** 127
Brustkorbverletzung **11** 65
Bürgergeld **4** 69; **5** 34

Chopart-Gelenk **11** 84
Code of Conduct **3** 13 ff., 29
– Ziff. 2 **3** 29
– Ziff. 3 **3** 37
Complex Regional Pain Syndrome **11** 271

Dauerfolge **2** 14 ff.
Deckungssumme
– Kürzungs- und Verteilungsverfahren **8** 1 ff., 4 ff., 8 ff., 18 ff., 25 ff., 33, 44, 46 f., 49, 56 ff., 61 ff., 67
Deckungssummenüberschreitung **8** 16 f.
Deckungszusage
– Rechtsschutzversicherer **9** 156
Dienstunfähigkeit **10** 168
Differenzgebühr **9** 146
Differenzgeschwindigkeit **11** 134
Diskontierung **6** 6
Dispositionsmaxime **5** 9
Distale Oberschenkelfraktur **11** 165
Distale Radiusfraktur **11** 39
Doppelfunktion des Schmerzensgeldes **4** 11

Doppelverdienerehe **5** 27
– ersparter Unterhalt **5** 53
– Fixkosten **5** 48 f.
Dynamik
– Berufsunfähigkeitsrente **10** 210

Eigenheimzulage **5** 34
Eigenversorgung **4** 166
Einigungsgebühr **9** 141
Einwendung
– unzulässige Rechtsausübung **9** 15
Einwirkung von außen **10** 19
Ellenbogenluxation **11** 68
Elterliche Sorge **9** 29
Embolie **11** 253
Empfängerhorizont **9** 118
Entbindungserklärung
– von der ärztlichen Schweigepflicht **2** 12 ff.
Entgeltersatzleistungen **2** 18 ff.
Erbe **5** 141
Erblindung **11** 44
Erbschaft **5** 78
Ergänzungsbetreuung
– Interessenkollision **9** 32
Ergänzungspfleger **9** 148 ff.
Ergänzungspflegschaft **9** 34
Erheblichkeitsschwelle **5** 153
Erledigungswert **9** 106
Erwerbsminderungsrente **4** 86
Erwerbsschaden **2** 18 ff.; **4** 80 ff.; **11** 19
– Arbeitslose **4** 158 ff.
– Ermittlung **4** 116 ff.
– Regulierung **4** 84 ff.
– Sozialhilfeempfänger **4** 161 ff.
– zukünftiger **4** 125 ff.
Essex-Lopresti-Läsion **11** 35

Fallmanager **3** 31, 35
Falschgelenkbildung **11** 293
Familienunternehmen **5** 36
Fersenbeinfraktur **11** 78
Feststellungsanspruch **9** 39
Fixateur externe **11** 261
Fixkosten **5** 31, 38, 46
– Deutsche Rentenversicherung **5** 39
Fixkostenliste **5** 42, 45
Folgeschaden psychische Störung **4** 53
Fraktur
– geschlossene **11** 286
– offene **11** 286
Freie richterliche Überzeugung **4** 34
Fremdversorgung **4** 166
Fristen **9** 126
– Invaliditätsentschädigung **10** 30 ff.
Fristversäumnis
– Treuwidrigkeit **10** 61
Fußwurzelfraktur **11** 95

Galeazzi-Fraktur **11** 35
Gebrechen **10** 94
Gedehnter Versicherungsfall **10** 159
Gefährdungshaftung **4** 49
Gelenksvernarbung **11** 250
Genehmigung **9** 24 ff.
– Genehmigungsverfahren **9** 148 ff.
– gerichtliche Genehmigung **9** 148 ff.
Genugtuungsfunktion
– Schmerzensgeld **4** 13
Gerichtliche Genehmigung **9** 106
Gesamtbetrachtung
– Schmerzensgeld **4** 16 ff.
Gesamtwürdigung
– Bemessung Schmerzensgeld **4** 44
Geschäftsgebühr **9** 135
Geschäftsgrundlage **9** 16
– Störung **9** 11 ff.
Gesichtsfeldstörung **11** 45
Gesichtsschädelfraktur **11** 98
Gesundheitsschädigung **10** 23
Gipsgeld **10** 113
Gleichheitsgrundsatz **4** 37
Gliedertaxe **10** 68
– Im-Gelenk-Klausel **10** 84

Grüner Star **11** 44
Grundsatz der Einheitlichkeit **4** 55
Grundsicherung **5** 34
Günstigerformel **6** 18

Haftpflichtmindestsumme **9** 127
Haftungsausfüllende Kausalität **4** 36
Haftungsquote **4** 29 ff., 30
Handaktenblatt **2** 12 ff.
Handwurzel **11** 104, 107
Haushaltsführung
– doppelte **4** 103
Haushaltsführungsschaden **2** 21; **5** 92 ff., 130; **11** 17
– 4-Schritt-Methode **5** 106 ff.
– Abfindungsvergleich **9** 63 ff.
– als vermehrtes Bedürfnis **4** 331
– Berechnungsmethoden **5** 106 ff.
– im Tötungsfall **5** 92 ff.
– Kinder **5** 99
– Muster **12** 35
– Spätfolgen **11** 17 f.
– Stellschrauben **9** 101
– Tod Alleinverdiener **5** 118 ff.
– Tod Nur-Hausfrau **5** 117
– Unterhaltsanspruch Witwe **5** 118
– Unterhaltsanspruch Witwer **5** 117
– Vorbehalt **9** 63
Haushaltsführungsschaden im Verletzungsfall **4** 164 ff.
– § 21 JVEG **4** 201
– Altersgrenze **4** 257
– Anknüpfungstatsachen **4** 172
– Berechnungsmethoden **4** 176 ff., 219 ff., 260 ff., 271 ff.
– Brutto-Netto-Abschlag **4** 197
– Darlegungs- und Beweislast **4** 170
– Differenzmethode **4** 177
– Eigenversorgung **4** 166
– Einzelfragen bei Bemessung **4** 225
– Fremdversorgung **4** 166
– Gerichtsentscheidungen zur Stundensatzhöhe **4** 209
– Haustiere **4** 255
– Kinder **4** 252 ff., 267
– Kompensationsgrenze **4** 236
– kongruente Leistungen Dritter **4** 240 ff.
– konkrete Abrechnung **4** 191
– nichteheliche Lebensgemeinschaft **4** 246
– normative Abrechnung **4** 194
– Prüfungsschema **4** 258 ff.
– psychische Verletzungen **4** 226
– Quotenmethode **4** 178
– statistische Durchschnittswerte **4** 185
– Stundensatz **4** 196
– Substantiierungsanforderungen **4** 172
– Tabellen **4** 185 ff.
– Tarifverträge **4** 206
– technische Haushaltsgeräte **4** 231
– überobligatorischer Einsatz **4** 238
– Umorganisation **4** 229
– Vergleichsentscheidungen **4** 197
– Zeitverwendungserhebung des Statistischen Bundesamts **4** 185
Hebegebühr **9** 144
Heil- und Hilfsmittelverzeichnis **4** 286
Heilbehandlung
– fehlerhafte Maßnahmen **10** 130
Hilfs-/Heilmittel **2** 22 ff.
Hilfsbedürftigkeit **9** 80
Hinterbliebene **5** 148
Hinterbliebenengeld **5** 148
– Erheblichkeitsschwelle **5** 153
– mittelbarer Schaden **5** 156
– Näheverhältnis **5** 158 ff.
– Schockschaden **5** 153
– seelisches Leid **5** 150
– Trauer **5** 150
Hobby **4** 50

Honoraranspruch **9** 106
Hüftgelenksluxation **11** 114
Hüftkopffraktur **11** 117
Hüftpfannenfraktur **11** 58
Humerusschaftfraktur **11** 23
HWS-Syndrom **11** 128

Im-Gelenk-Klausel
– Gliedertaxe **10** 84
Immaterieller Schadensersatz **4** 7
Immaterieller Vorbehalt **4** 19
Infektion **11** 264
Informations- und Mitwirkungspflicht **10** 211
Integrationsamt **4** 326
Invalidität **10** 27 ff.
– Gutachten **10** 98
– Leistungskürzung **10** 90 ff.
– Neubemessung **10** 97
Invaliditätsbemessung **10** 67 ff.
Invaliditätsentschädigung
– Belehrung § 186 VVG **10** 53
– Fristen **10** 30 ff.
– Geltendmachung **10** 46
Invaliditätsgrad **10** 64 ff.
– Erstbemessung **10** 65
– Mehrfachverletzungen **10** 81
– Neubemessung **10** 65
Invaliditätsleistung **10** 25 ff.

Jubiläumszuwendung **5** 34

Kahnbeinbruch **11** 104
Kalkaneusfraktur **11** 78
Kapitalabfindung **6** 4
– Abgeltungssteuer **6** 28
– Dynamisierung **6** 26 f.
– effektive Rendite **6** 24
– festverzinsliche Wertpapiere **6** 24
– Günstigerformel **6** 18
– Jesus-Beispiel **6** 22
– Lebenshaltungskosten **6** 8
– Rückstellungen **6** 31
– Steuern **6** 8
– Verwaltungskosten **6** 8, 24, 29
– Wahlrecht **6** 18
– wichtiger Grund i.S.d. § 843 Abs. 3 BGB **6** 9 ff., 13 ff., 17
Kapitaleinkünfte **5** 34
Kapitalertragszinsen **5** 34
Kapitalforderungen **8** 19 ff.
Kapitalisierung **6** 1 ff., 4
– Schadenspositionen **6** 43 f.
Kapitalisierungsformel **6** 56
Kapitalisierungstabellen **6** 40 ff.
Kapitalisierungszins **6** 55 f.; **9** 112
Karpaltunnelsyndrom **11** 158
Kinder **4** 51
Kindergeld **5** 34
Kniebandverletzung **11** 151
Kniescheibe **11** 143
Kniescheibenverrenkung **11** 148
Knochenbruch **11** 286
– des Oberschenkelknochens **11** 125
– des Schienbeins **11** 140
Knochenmarksentzündung **11** 111
Komageld **10** 113
Kompartmentsyndrom **11** 266
Kompensation **4** 11 f.
Kontrollfunktion **3** 46
Kopffraktur **11** 111
Kosten
– Rechtsverfolgung **9** 132
Kostenübernahme **9** 89
Krankengeld **5** 34
Krankenhaustagegeld **10** 109
Krankheiten **10** 94
Krasses Missverhältnis **9** 11
Kündigung
– krankheitsbedingte **4** 99
Kürzungs- und Verteilungsverfahren **8** 4 ff., 8 ff., 34 ff.
– Abzinsung **8** 21 ff., 26 f., 67

– Befriedigungsvorrecht **8** 39 ff., 43, 47, 68
– Deckungssumme **8** 1 ff., 8 ff., 18 ff., 25 ff., 33, 44, 46 f., 49, 56 ff., 61 ff., 67
– Deckungssummenüberschreitung **8** 16 f.
– Kapitalforderungen **8** 19 ff.
– Mindestversicherungssumme **8** 10
– moralisch-ethische Verantwortung **8** 45
– Rentenbarwerte **8** 15, 26 ff., 31, 35
– Rentendeckungsstock **8** 14, 69
– Rentenforderungen **8** 14 ff., 19 ff., 25 f., 32, 46, 51, 55, 67
– Schadensprognose **8** 5
– Versicherungssumme **8** 29
– Zinsgewinn **8** 14 ff., 26
Kurkostenbeihilfe **10** 113

Landesblindengeld **9** 16
Lebensbeeinträchtigung **4** 26
Lebensstellung **10** 193
– soziale Wertschätzung **10** 195
– Vergütung **10** 194
Leibrente
– lebenslängliche **6** 46, 47 ff.
– temporäre **6** 47 ff.
Leistungsanerkenntnis **10** 213 ff.
Leistungsausschlusskatalog **10** 114
Leistungsentscheidung **10** 147
Leistungskürzung **10** 90 ff.
Leistungspflicht **10** 212

Malleolarfraktur **11** 203
Mandant
– Schriftverkehr **2** 16
Mandat
– Beendigung **9** 51
– Sachverhaltsermittlung **2** 1 ff.
Medien **9** 6
Medizinische Erkenntnisse **10** 85
Medizinische Indikation **9** 89
Medizinische Rehabilitation **3** 31 f., 47
Medizinisches Reha-Management **3** 1 ff., 11
Medizinisches Schadensmanagement **3** 31
Mehrfachverletzungen
– Invaliditätsgrad **10** 81
Meniskusschaden **11** 154
Minderjähriger **9** 24 ff.
Mindesteinkommen **4** 136
Mindestversicherungssumme
– Kürzungs- und Verteilungsverfahren **8** 2, 10
Mittelfußfraktur **11** 92
Mittelgesichtsfraktur **11** 98
Mittelhandfraktur **11** 111
Mitverschulden **4** 62; **5** 55
Monteggia-Fraktur **11** 35
Morbus Sudeck **11** 271

Nachforderungen **9** 2
Nachprüfungsverfahren
– Berufsunfähigkeitsversicherung **10** 230
Nachregulierung **9** 23
Nasenbeinfraktur **11** 98
Naturalunterhalt **5** 18
Nebenverdienst **5** 34
Nekrose **11** 282
Neubemessung
– Invalidität **10** 149
Nichtvermögensschaden **4** 7

Obduktion **10** 112
Oberarmkopffraktur **11** 28
Oberarmschaftfraktur **11** 23
Oberschenkelschaftfraktur **11** 162
Objektive Vorhersehbarkeit **4** 19, 55
Obliegenheitsverletzung **10** 146
Olekranonfraktur **11** 75
Operation
– missglückte **10** 130

Osteitis/Osteomyelitis **11** 289
Osteomyelitis **11** 111

Paraplegie **11** 171
Parese **11** 171
Parteiverrat **2** 4 ff.
Patellafraktur **11** 143
Patellaluxation **11** 148
Persönliches Budget **3** 9
Personengroßschaden **2** 6 ff.
Personenschaden **2** 1 ff.
– Aktenführung **2** 10 ff.
– Ausgangsverletzung **2** 14 ff.
– Dauerfolge **2** 14 ff.
– Kapitalisierung **6** 1 ff.
– Mandat **2** 1 ff.
– Sachverhaltsermittlung **2** 1 ff.
– Tötungsfälle **5** 1 ff.
Personenschadensmanagement **3** 1 ff., 10 ff., 33
– privates **3** 14 ff.
Pertrochantäre Femurfraktur **11** 125
Pflegebedürftigkeit **4** 298 ff.; **9** 68; **10** 206 f.
Pflegekosten **2** 22 ff.
Pflegemanagement **3** 1 ff., 11, 35 f.
Pflegerisiko **9** 68
Pilon-Tibiale-Fraktur **11** 197
Pilz **11** 264
Plegie **11** 171
Plötzlichkeit
– überraschend **10** 16
– unentrinnbar **10** 16
– Unfallbegriff **10** 16
Präventionsfunktion
– Schmerzensgeld **4** 14
Privatärztliche Behandlung **3** 31
Privatärztliche Verordnung **3** 31
Private Unfallversicherung **10** 1 ff.
Privater Krankenversicherer **9** 81
Privater Reha-Dienstleister **3** 14 ff.
Privates Personenschadensmanagement **3** 14 ff.
Progressionsstaffeln **10** 75 ff.
Protokoll
– Regulierungsgespräch **9** 102
Prozesskostenhilfe **4** 71
Prozessrisiko **9** 96, 116
Pseudarthrose **11** 293
Psychische Reaktion **10** 133
Psychische Unfallfolgen **2** 2 ff.; **4** 53
Pyramidenlängsfraktur **11** 168

Quellentheorie **5** 36
Querschnittslähmung **11** 171
Quotenfall **9** 103
Quotenvorrecht **5** 57

Radiusköpfchenfraktur **11** 71
Rahmengebühr **9** 135
Rechtsanwalt
– Gebühren **9** 106, 131
– Haftungsrisiko **9** 127 ff.
Rechtsschutzversicherung **10** 150
– Schriftverkehr **2** 16
Rechtsverfolgungskosten **10** 150
Regulierungsgespräch **9** 85 ff.
– Geheimverhandlungen **9** 92
– Honorar **9** 106
– Protokoll **9** 102
– Quotenfall **9** 103
Regulierungsverzögerung **4** 65
Reha-Anbieter **3** 13 ff.
Reha-Beihilfe **10** 113
Reha-Dienst **3** 13 ff., 29
Reha-Dienstleister **3** 31, 36, 38 ff.
– privater **3** 14 ff.
Reha-Management **3** 13 ff., 27 f., 29, 34 f., 37 ff.
– berufliches **3** 1 ff., 11, 32
– medizinisches **3** 1 ff., 11
– sozialrechtliches **3** 5
– zivilrechtliches **3** 27 f.

Reha-Manager **3** 31
Reha-Ziel **3** 13 ff., 29, 32, 39 ff.
Rehabilitation **3** 2
– berufliche **3** 34, 40
– ganzheitliche **3** 3
– medizinische **3** 3, 31, 40
Rehabilitationsvereinbarung
– Muster **3** 43
Rennen mit Motorfahrzeugen **10** 125
Rente
– aufgeschobene **6** 50 ff.
Rentenbarwert **6** 40; **8** 15, 26 ff., 31, 35
Rentenbescheid **10** 168
Rentenbetrag **9** 112
Rentendeckungsstock **8** 14, 69
– Kürzungs- und Verteilungsverfahren **8** 8
Rentenforderungen **8** 14 ff., 19 ff., 32, 46, 51, 55, 67
– Kürzungs- und Verteilungsverfahren **8** 25 f.
Rentenlaufzeit **6** 45 ff.
Rentenminderungsschaden **4** 138
Rentenzahlung **6** 3
Restlebenserwartung **4** 29 ff.
Restleistungsvermögen **3** 33
Rooming-in **10** 113
Rotatorenmanschettenruptur **11** 186
Rückstellungen **6** 31

Sachbezüge **5** 34
Sachverhaltsermittlung **2** 1 ff.
Sachverständigengutachten **10** 85
Sanktionsfunktion **4** 11
– Schmerzensgeld **4** 15
Schadensersatz
– Bezifferung im Regulierungsgespräch **9** 88
Schadensersatzpflichtiger
– Zahlungsschwierigkeiten **6** 16
Schadensmanagement **3** 34, 38 ff., 45 ff.; **9** 106
– berufliches **3** 32
– gebührenrechtliche Bedeutung **3** 48
– medizinisches **3** 31
– privates **9** 162
– sozialrechtliches **3** 1 ff.
– zivilrechtliches **3** 1 ff., 10 ff.
Schadensmanager **3** 36
Schadensminderungspflicht **4** 110
Schadensprognose
– Kürzungs- und Verteilungsverfahren **8** 5
Schadensvorbehalt
– immaterieller Zukunftsschadensvorbehalt **9** 55
Schaftfraktur **11** 111
Schenkelhalsfraktur **11** 122
Schleudertrauma **11** 128
Schlüsselbeinbruch **11** 180
Schmerzbewusstsein **4** 23
Schmerzensgeld **2** 2 ff., 17 ff.; **5** 148; **10** 113; **11** 10
– Analogieverbot **4** 6
– Ausgleich **4** 2
– Ausgleichsfunktion **4** 11 ff.
– Bezifferung **9** 88
– Doppelfunktion **4** 2
– Funktionen **4** 11 ff.
– Genugtuung **4** 2
– Genugtuungsfunktion **4** 11 ff.
– Gesamtbetrachtung **4** 16 ff.
– immaterieller Schadensersatz **4** 7
– keine Sanktionsfunktion **4** 11 ff.
– Nichtvermögensschaden **4** 7
– Präventionsfunktion **4** 11 ff.
– taggenaues **4** 10
– Vererblichkeit **5** 169
Schmerzensgeldanspruch **4** 1 ff.
Schmerzensgeldbeträge **4** 27 ff.
Schmerzensgeldrente **4** 29 ff.
Schmerzensgeldtabellen **4** 37 ff.

Schockschaden **5** 153
Schüler **10** 187
Schultereckgelenkssprengung **11** 183
Schultergelenksluxation **11** 189
Schweigepflicht
– Entbindungserklärung **2** 12 ff.
Sehnerv **11** 42
Sehstörung **11** 44 ff.
Selbstständiger **10** 181
Selbsttötung **10** 22
Smith-Fraktur **11** 39
Sowieso-Kosten **4** 296
Spätschäden **10** 33
Speichenbasisfraktur **11** 39
Spesen **5** 34
Sprungbein **11** 84
Sprunggelenksfraktur **11** 203
Sterbetafeln **5** 20; **6** 40
Steuerrückerstattung **4** 92; **5** 34
Steuervorbehalt **9** 75
Straftat **10** 123
Strahlen **10** 129
Student **10** 187
Subkapitale Fraktur **11** 111
Sudeck-Syndrom **11** 271
Summenversicherung **10** 8, 154

Tagegeld **10** 107
Taggenaues Modell
– Bemessung Schmerzensgeld **4** 45
Taggenaues Schmerzensgeld **4** 10
Talusfraktur **11** 84
Technikmanagement **3** 1 ff., 11, 36
Teilhabe
– Leistungen zur medizinischen Rehabilitation **3** 2
– Leistungen zur Teilhabe am Arbeitsleben **3** 2
– Leistungen zur Teilhabe am Leben in der Gemeinschaft **3** 2 ff.
– unterhaltssichernde und andere ergänzende Leistungen **3** 2
Teilhabeleistungen **3** 12
Tension-Neck-Syndrom **11** 128
Tetraplegie **11** 171
Thoraxtrauma **11** 65
Thrombose **11** 298
Tibiakopffraktur **11** 140
Tiere **4** 52
Todesfallleistung **10** 112
Tötungsfälle **5** 1 ff.
– Anspruchsberechnung **5** 9 ff.
Tossy I-III **11** 183
Treueprämie **5** 34
Treuwidrigkeit
– Fristversäumnis **10** 61
Trinkgeld **5** 34

Überstundenvergütung **5** 34
Unbezifferte Schmerzensgeldanträge **4** 4
Unfall **10** 12 ff.
Unfallbegriff
– Einwirkung von außen **10** 12
– Gesundheitsschädigung **10** 12
– plötzlich **10** 12
– unfreiwillig **10** 12
Unfallfolgen
– Folgeschaden psychische Störung **4** 53
– psychische **4** 53
Unfallrente **10** 105
Unfallversicherer **9** 154
Unfreiwilligkeit **10** 20
Ungewöhnliche Härte **9** 11
Unterarmknochen **11** 35
Unterarmschaftfraktur **11** 35
Unterhaltsanspruch **5** 34; **9** 78
– Minderung durch Mitverschulden **5** 55
– Selbstständiger **5** 35
– Witwenrente **5** 56
Unterhaltsberechnung **5** 24, 60, 77, 80
– 6-Stufen-Modell **5** 26

- Vermögensbildung **5** 59
- Waisen **5** 79

Unterhaltsberechnung Waisen
- Alleinverdiener, 1 Kind, keine Mithaftung **12** 23
- Alleinverdiener, 1 Kind, Mithaftung **5** 81; **12** 24
- Alleinverdiener, 2 Kinder, keine Mithaftung **5** 82; **12** 25
- Alleinverdiener, 2 Kinder, Mithaftung **5** 83; **12** 26
- Alleinverdiener, 3 Kinder, keine Mithaftung **5** 84; **12** 27
- Alleinverdiener, 3 Kinder, Mithaftung **5** 85; **12** 28
- Doppelverdiener, 1 Kind, keine Mithaftung **5** 86; **12** 29
- Doppelverdiener, 1 Kind, Mithaftung **5** 87; **12** 30
- Doppelverdiener, 2 Kinder, keine Mithaftung **5** 88; **12** 31
- Doppelverdiener, 2 Kinder, Mithaftung **5** 89; **12** 32
- Doppelverdiener, 3 Kinder, keine Mithaftung **5** 90; **12** 33
- Doppelverdiener, 3 Kinder, Mithaftung **5** 91; **12** 34

Unterhaltsberechnung Witwe/Witwer
- Alleinverdiener, 1 Kind, keine Mithaftung **5** 62; **12** 8
- Alleinverdiener, 1 Kind, Mithaftung **5** 63; **12** 9
- Alleinverdiener, 2 Kinder, keine Mithaftung **5** 64; **12** 10
- Alleinverdiener, 2 Kinder, Mithaftung **5** 65; **12** 11
- Alleinverdiener, 3 Kinder, keine Mithaftung **5** 66; **12** 12
- Alleinverdiener, 3 Kinder, Mithaftung **5** 67; **12** 13
- Alleinverdiener, keine Kinder, keine Mithaftung **12** 6
- Alleinverdiener, keine Kinder, Mithaftung **5** 61; **12** 7
- Doppelverdiener, 1 Kind, keine Mithaftung **5** 70; **12** 16
- Doppelverdiener, 1 Kind, Mithaftung **5** 71; **12** 17
- Doppelverdiener, 2 Kinder, keine Mithaftung **5** 72; **12** 18
- Doppelverdiener, 2 Kinder, Mithaftung **5** 73; **12** 19
- Doppelverdiener, 3 Kinder, keine Mithaftung **5** 74; **12** 20
- Doppelverdiener, 3 Kinder, Mithaftung **5** 75; **12** 21
- Doppelverdiener, keine Kinder, keine Mithaftung **5** 68; **12** 14
- Doppelverdiener, keine Kinder, keine Mithaftung, Vermögensbildung **5** 76; **12** 22
- Doppelverdiener, keine Kinder, Mithaftung **5** 69; **12** 15

Unterhaltsberechtigter
- aufgrund vertraglicher Vereinbarung **5** 9
- Geschwister **5** 9
- Lebenspartnerschaft **5** 9
- nichteheliche Kinder **5** 9
- Pflegekinder **5** 9
- Stiefkinder **5** 9
- Verlobte **5** 9
- Verwandte in gerader Linie **5** 9

Unterhaltsquoten
- Alleinverdiener **5** 29, 47
- Doppelverdiener **5** 30, 48
- Fixkosten **5** 31
- Quotenvorrecht **5** 57

Unterhaltsschaden **5** 9 ff.

Unterkieferfraktur **11** 98

Unterschenkelschaftfraktur **11** 192

Unwirksamkeit
- gemeinsamer Tatsachenirrtum **9** 10
- Rechtsirrtum **9** 10

Unzureichender Vorschuss **4** 65
Urlaubsgeld **5** 34

Verbindungsrente **6** 53
Verbrennung **11** 300
Verfahrenslaufzeit **9** 4
Vergleich **9** 141
Verjährung
– verjährungshemmende Maßnahmen **3** 44
– verjährungsunterbrechende Maßnahmen **3** 44
– Verzicht auf die Einrede der Verjährung **3** 44
Verjährungsverzicht **9** 45
Verjährungsverzichtserklärung **2** 25; **9** 49
Verletztengeld **5** 34
Verletztenrente **4** 86; **5** 34
Verletzungsbilder **11** 21
Vermehrte Bedürfnisse **2** 22 ff.; **4** 275 ff., 286; **11** 20
– Auflistung **4** 287 ff.
– außergerichtliche Geltendmachung **4** 296
– Bedarfsermittlung **4** 289
– behindertengerechtes Kfz **4** 321
– Behinderter **4** 305
– Fälligkeit **4** 284
– Fahrdienst **4** 322
– Fitnessstudio **4** 324
– Haushaltsangehörigenprivileg **4** 330
– Haushaltsführung **4** 331
– Heizungsenergie **4** 320
– höhere Miete **4** 320
– Kongruenz **4** 335
– Kur **4** 325
– Leistung, kongruente **4** 327
– Pflegebedürftiger **4** 305
– Schwimmbad **4** 324
– Umfang **4** 277
– Umzugskosten **4** 320
– Vorbehalt **9** 68
Vermögensbildung **5** 19, 34
Versicherung
– Schriftverkehr **2** 16
Versicherungsmakler **10** 51
Versicherungssumme
– Kürzungs- und Verteilungsverfahren **8** 8, 29
Versorgungsmedizinverordnung **10** 86
Vertreter **9** 24 ff.
Verweisung
– abstrakte **10** 197 f.
– konkrete **10** 191 ff.
Verweisungsklausel **10** 191 ff.
Verweisungsrecht
– des Versicherers **10** 191 ff.
Verzug **4** 65
Virus **11** 264
Vollmacht **2** 12 ff.
Vorbehalt **4** 19
– Abänderung wiederkehrender Leistungen **9** 73
– Abfindungsvergleich **9** 38
– Erwerbsschadensanspruch **9** 57
– Haushaltsführungsschaden **9** 63
– titelersetzende Wirkung **9** 45, 123
Vorerkrankung **4** 60
Vorinvalidität **10** 93
Vormund **9** 31
Vormundschaft **9** 29
Vorschaden **4** 60 f.
Vorteilsausgleich **4** 100 ff.
Vorversterbensrisiko **4** 31 ff.

Wahlrecht **6** 18
Waisen **5** 77
– Alleinverdiener, 1 Kind, keine Mithaftung **5** 80
Weberfraktur A, B, C **11** 203
Weihnachtsgeld **5** 34

Werkzeuggeld **5** 34
Wichtiger Grund i.S.d. § 843 Abs. 3 BGB
– Kapitalabfindung **6** 9 ff., 13 ff., 17
Wiedereinschluss **10** 127
Win-win-Situation **3** 16, 28, 31
Witwe/Witwer
– Alleinverdiener, keine Kinder, keine Mithaftung **5** 60
Witwenrente **5** 56
Wohnraum **4** 318
Zahlungsschwierigkeiten
– des Ersatzpflichtigen **6** 16
Zermürbungseffekt **9** 4
Zinsanspruch **4** 65
Zinsertrag **6** 6
Zinsgewinn **8** 14 ff., 26
Zivilrechtliches Schadensmanagement **3** 10 ff.
Zufallsbefunde **3** 40
Zugewinnausgleich **4** 70
Zukunftsschadensvorbehalt **9** 38
Zulagen **5** 34